CÓDIGO DOS RESÍDUOS

MARIA ALEXANDRA DE SOUSA ARAGÃO
Assistente da Universidade de Coimbra

CÓDIGO DOS RESÍDUOS

ALMEDINA

TÍTULO:	CÓDIGO DOS RESÍDUOS
AUTOR:	MARIA ALEXANDRA DE SOUSA ARAGÃO
EDITOR:	LIVRARIA ALMEDINA – COIMBRA www.almedina.net
LIVRARIAS:	LIVRARIA ALMEDINA ARCO DE ALMEDINA, 15 TELEF. 239 851900 FAX. 239 851901 3004-509 COIMBRA – PORTUGAL livraria@almedina.net LIVRARIA ALMEDINA ARRÁBIDA SHOPPING, LOJA 158 PRACETA HENRIQUE MOREIRA AFURADA 4400-475 V. N. GAIA – PORTUGAL arrabida@almedina.net LIVRARIA ALMEDINA – PORTO R. DE CEUTA, 79 TELEF. 22 2059773 FAX. 22 2039497 4050-191 PORTO – PORTUGAL porto@almedina.net EDIÇÕES GLOBO, LDA. RUA S. FILIPE NERY, 37-A (AO RATO) TELEF. 21 3857619 FAX: 21 3844661 1250-225 LISBOA – PORTUGAL globo@almedina.net LIVRARIA ALMEDINA ATRIUM SALDANHA LOJAS 71 A 74 PRAÇA DUQUE DE SALDANHA, 1 TELEF. 21 3712690 atrium@almedina.net LIVRARIA ALMEDINA – BRAGA CAMPUS DE GUALTAR UNIVERSIDADE DO MINHO 4700-320 BRAGA TELEF. 253 678 822 braga@almedina.net
EXECUÇÃO GRÁFICA:	G.C. – GRÁFICA DE COIMBRA, LDA. PALHEIRA – ASSAFARGE 3001-453 COIMBRA Email: producao@graficadecoimbra.pt JUNHO, 2004
DEPÓSITO LEGAL:	206651/04

Toda a reprodução desta obra, por fotocópia ou outro qualquer processo, sem prévia autorização escrita do Editor, é ilícita e passível de procedimento judicial contra o infractor.

Nota prévia

Nota previa

Desde há mais de 30 anos que existem, tanto no nosso ordenamento jurídico, como no ordenamento jurídico Europeu, disposições pontuais, regulando, de forma avulsa, aspectos parcelares da produção ou gestão do resíduos. Mas foi só em meados da década de 80 que se adoptou, pela primeira vez em Portugal, legislação geral, de enquadramento deste domínio normativo. Dez anos mais tarde, foi adoptado um novo diploma legal, o Decreto-lei n.º 239/97, com a finalidade de transpor para a ordem jurídica interna, de forma mais completa, as duas directivas fundamentais da Comunidade Europeia relativas à gestão de resíduos: a Directiva 75/442/CE e a 91/689/CE. A par deste regime jurídico geral, existe uma multiplicidade de diplomas de natureza legislativa ou regulamentar, que regulam operações especiais, como a eliminação de resíduos em aterro, ou certos resíduos que, pela sua composição intrinsecamente perigosa, requerem especiais cuidados, como os resíduos contendo policlorobifenilos ou policloroterfenilos, as pilhas e os acumuladores ou o equipamento eléctrico e electrónico.

Por outro lado, é sabido que as disposições fundamentais, que compõem o regime jurídico dos resíduos em Portugal, incluem, a par de normas de direito interno, também actos de Direito Comunitário (regulamentos, directivas e decisões) e até de Direito Internacional Público. Tudo contribui para o avolumar da densidade de um âmbito jurídico onde a legislação não só é abundante, como é labiríntica nas relações entre os diferentes níveis regulamentares e, sobretudo, do ponto de vista substancial, é uma legislação de elevada complexidade, tanto jurídica como técnica, o que dificulta ainda mais a sua interpretação.

Foi assim que, reconhecendo-se a crescente importância e actualidade do domínio jurídico dos resíduos, se procurou dotar todos aqueles que lidam com o Direito dos Resíduos na sua actividade profissional, académica ou associativa — técnicos industriais ou municipais, gestores hospitalares ou empresariais, investigadores, consultores, advogados, engenheiros, membros de associações não governamentais — de uma ferramenta de trabalho ao mesmo tempo completa e simples de manusear.

E porquê o título de **Código dos Resíduos**? Porque foi nossa preocupação preparar uma colectânea de legislação com coerência interna, que pode não ser fácil de encontrar numa primeira leitura da actual legislação. Deste modo, propomos uma sistematização obedecendo à lógica que poderia estar subjacente a uma eventual iniciativa legislativa de codificação deste ramo do Direito do Ambiente. Numa primeira parte, a Parte Geral, encontram-se os princípios e as normas fundamentais que regem o Direito dos Resíduos, o direito institucional dos resíduos — com os estatutos de instituições, dependentes do Ministério do Ambiente, que tutelam esta matéria — e, claro, o mais importante direito europeu aplicável, como critério de interpretação do direito nacional, de acordo com o princípio comunitário da interpretação conforme. Na Parte Especial, encontram-se reguladas algumas operações de gestão (transporte, armazenagem, eliminação e valorização), bem como a gestão de certos resíduos especiais (resíduos sólidos urbanos, industriais e hospitalares, embalagens, veículos, pilhas, lamas, amianto, etc.).

Tratando-se de uma simples proposta de reorganização da legislação vigente, fomos forçados a tomar algumas decisões relativamente ao enquadramento sistemático de determinados diplomas legais sobre matérias que, rigorosamente, tanto poderiam constar da parte geral como da parte especial de um código e, sobretudo, teriam tanta pertinência no capítulo referente às *operações de gestão* como no capítulo relativo à *gestão de resíduos especiais*. Estamos a pensar concretamente na localização dos diplomas legais que regulam a construção e exploração de aterros de resíduos industriais (banais e da indústria extractiva) e ainda no transporte de algumas substâncias como resíduos radioactivos ou óleos.

No caso dos aterros industriais, optámos pela inclusão dos dois decretos-lei na parte respeitante à operação de gestão *eliminação por deposição em aterro*. A razão determinante da decisão foi o facto de se tratar de diplomas legais que regulam dimensões particulares do regime geral dos aterros e que, rigorosamente, só podem ser aplicados por referência àquele regime geral. Por outro lado, entendemos que, pela extraordinária variedade dos resíduos produzidos em contexto industrial, é a própria categoria de resíduos industriais que está em crise, não apresentando traços de autonomia, que justifiquem um tratamento legal particular, para além dos regimes próprios dos fluxos prioritários de resíduos que, esses sim, devem ser objecto de enquadramento legal adequado.

No que se refere ao transporte de certos resíduos decidimos inseri-lo nos capítulos relativos à sua gestão e não no regime geral do transporte. Porquê? Porque acreditamos que a tendência natural de evolução da legislação será no sentido de regular fluxos prioritários de resíduos numa perspectiva de gestão circular ou integrada. Isto significa que a prevenção quantitativa e qualitativa e a boa gestão de resíduos estará subjacente à legislação sobre produtos. Nessa altura, o Direito dos Resíduos (em sentido amplo), começará a aplicar-se num momento anterior ao próprio *nascimento dos resíduos*, ou seja, quando os futuros resíduos ainda são produtos destinados a ser transaccionados no mercado e a ser usados pelo consumidor final, e continuará a aplicar-se até ao momento em que, idealmente, o *produto em fim de vida* se transforma num novo produto, através de processos de reemprego, reutilização ou reciclagem.

Igualmente necessária foi a decisão relativa à inclusão ou não das normas sobre substâncias residuais perigosas, que podem poluir os solos sobretudo por via do incorrecto tratamento de águas residuais (como, por exemplo, certos metais pesados — mercúrio ou cádmio — ou o clorofórmio). Apesar da interdependência sectorial, que caracteriza as questões ambientais, arriscávamo-nos a tratar, em sede de Direito dos Resíduos, matérias que logicamente teriam melhor cabimento no âmbito de outras disciplinas ambientais, nomeadamente do Direito das Águas. Preferimos, por isso, deixar de fora muitas substâncias residuais, remetendo a sua regulamentação para o contexto do regime jurídico das substâncias perigosas, que envolve também normas sobre prevenção de acidentes industriais e sobre boas práticas de laboratório, regras relativas à colocação de produtos no mercado e à rotulagem, etc.. Mantivemos apenas aquelas substâncias, cujo regime apresenta maiores afinidades com a gestão de resíduos sólidos: amianto, dióxido de titânio, policlorobifenilos, etc..

Por fim, julgamos que a inclusão dos índices cronológico e analítico, a par do índice geral da obra, permitirão aos utilizadores uma leitura mais fácil, orientada diacrónica ou tematicamente.

Em suma, esperamos, através de uma apresentação renovada de diplomas directa ou indirectamente relacionados com os resíduos, poder contribuir, de forma útil, para a necessária clarificação deste domínio jurídico.

Coimbra, 10 de Maio de 2004

Maria Alexandra Aragão

I. Parte geral

Introdução 13
1. Princípios e normas gerais 17
2. Direito institucional 83
3. Direito Europeu 159

Introdução

Idealmente, a parte geral de um verdadeiro Código de Resíduos deveria incluir os princípios fundamentais aplicáveis à sua gestão, algumas disposições fundamentais, estruturantes do seu regime e algumas referências à *organização administrativa dos resíduos*, a ser desenvolvida em diplomas complementares. Dentro deste espírito, englobámos, na primeira parte desta colectânea, o diploma fundamental que, desde 1997, rege, em Portugal, a matéria da gestão de resíduos, as Portarias que estabelecem os requisitos da autorização prévia de operações de gestão, a Portaria que, em 2004, aprovou a Lista Europeia de Resíduos, a lista de resíduos perigosos e distinguiu as operações de valorização e de eliminação. Além destes, incluímos ainda algumas disposições institucionais e as duas directivas-quadro relativas, respectivamente, à gestão de resíduos em geral e à gestão de resíduos perigosos em particular, que, por não terem sido integralmente transpostas para o ordenamento jurídico nacional, continuam a constituir pontos de referência incontornáveis da legislação nacional.

1. Princípios e normas gerais

Nos termos do Decreto-lei n.º 239/97, é gestão de resíduos toda e qualquer operação que tenha por objecto resíduos, desde a produção até ao destino final adequado.

A gestão abrange, deste modo, operações tão variadas como o tratamento, a valorização, o transporte, a armazenagem, a eliminação, a monitorização ou o planeamento, tendo em comum o facto de, nos termos da lei, todas as operações de gestão carecerem de autorização prévia.

Esta autorização é a principal forma de controlo do cumprimento do dever de boa gestão de resíduos. É precisamente de autorização prévia que trata a Portaria n.º 961/98, que densifica as disposições constantes dos artigos 9.º da Directiva n.º 75/442, sobre os resíduos e do artigo 8.º do Decreto-lei n.º 239/97. A Portaria fixa, nomeadamente, as entidades competentes, os procedimentos, os prazos e as taxas a que está sujeita essa autorização prévia.

É também aqui, na parte geral, que encontramos o polémico conceito legal de resíduo (artigo 3.º a) do Decreto-lei n.º 239/97), cujo cabal esclarecimento implica consulta de publicações de índole doutrinal para as quais remetemos[1].

Quanto à questão-chave da distinção entre valorização e eliminação de resíduos, encontramos na Portaria n.º 209/2004 (que transpõe para o direito interno os anexos IIA e IIB da Directiva-quadro n.º 75/442) as listagens das operações de valorização e de eliminação. No entanto, a sua importância é mais exemplificativa do que distintiva entre essas duas operações. Com efeito, não se trata, em primeiro lugar, de uma listagem taxativa; em segundo lugar, além das operações legais inclui ainda operações ilegais, como sejam a injecção no solo ou a incineração no mar e, por fim, contempla operações híbridas, ou de natureza indefinida, como a incineração, por exemplo, que está incluída na lista I e também na lista II, podendo, por isso, configurar tanto uma operação de valorização como de eliminação.

A Decisão 2000/532/CE, da Comissão Europeia, que aprovou a mais recente versão da Lista Europeia de Resíduos (LER), goza de aplicabilidade directa, pelo que não carece de transposição para o direito português. No entanto, em Portugal, tem sido tradicional a adopção de um acto normativo de direito interno, transcrevendo o conteúdo da LER. Além da LER, lista harmonizada englobando todas as categorias de resíduos, a Portaria n.º 209/2004 contém ainda a lista de resíduos perigosos, bem como as características de perigo dos resíduos.

2. Aspectos institucionais

As competências fundamentais em matéria de gestão de resíduos cabem ao Ministério das Cidades, Ordenamento, Território e Ambiente, ao Instituto dos Resíduos e ao Instituto Regulador de Águas e Resíduos.

---

[1] Sobretudo Laurent Bontoux, Fabio Leone, *The legal definition of waste and its impact on waste management in Europe (a report prepared for Environment, Public Health and Consumer Protection of the European Parliament)*, Institute for Prospective Technological Studies (Sevilla), 1997. Em português, ver ainda as nossas publicações *Direito dos Resíduos*, Almedina, 2003, (especialmente páginas 21 a 26 e jurisprudência e doutrina aí citadas); «Resíduos e matérias primas secundárias na jurisprudência recente do Tribunal de Justiça», *RevCEDOUA*, nº 2, 1998; «Resíduos, subprodutos e aterros: a justiça ambiental enredada na sua própria teia», *RevCEDOUA*, nº 1, 2002.

São os seus estatutos e leis orgânicas que inserimos na parte institucional do Código dos Resíduos.

3. Direito Europeu

São duas as Directivas Comunitárias fundamentais relativas aos resíduos. A Directiva 75/442/CE, significativamente alterada em 1991, visa garantir que os resíduos são aproveitados ou eliminados sem pôr em perigo o Homem ou o Ambiente; a Directiva 91/689/CE diz respeito apenas à gestão de resíduos perigosos. Em bom rigor, podemos afirmar que só em 1997 estas directivas foram cabalmente transcritas para o ordenamento jurídico português.

1. Princípios e normas gerais

1.1. Lei dos resíduos (Decreto-lei n.º 239/97, de 9 de Setembro) 19
1.2. Autorização prévia (Portaria n.º 961/98, de 10 de Novembro) 33
1.3. Lista Europeia de Resíduos (Portaria n.º 209/2004, de 3 de Março) 43

Lei dos resíduos

Decreto-Lei n.º 239/97
de 9 de Setembro

A gestão adequada de resíduos é um desafio inadiável para as sociedades modernas.

Com efeito, a complexidade e a gravidade dos problemas relacionados com a gestão de resíduos revestem-se hoje de uma tal magnitude que não é já possível ao Estado corresponder à tarefa fundamental que a Constituição lhe confia, no sentido de defender a natureza e o ambiente, ou de preservar os recursos naturais, sem estruturar uma consistente política de resíduos em lugar de destaque de uma mais vasta política de ambiente.

É certo, porém, que este desafio, sendo das sociedades modernas, não pode ser apenas do Estado. Na verdade, se todos têm direito a um ambiente de vida humano, sadio e ecologicamente equilibrado, têm também o dever de o defender. É natural, portanto, que a ideia de co-responsabilidade social inspire tanto as opções políticas como o regime jurídico em matéria de gestão dos resíduos e que a Lei de Bases do Ambiente, Lei n.º 11/87, de 7 de Abril, tenha, no n.º 3 do seu artigo 24.º, consagrado o princípio da responsabilidade do produtor pelos resíduos que produza — princípio conforme, aliás, com a legislação comunitária.

O quadro jurídico da gestão dos resíduos foi pela primeira vez definido entre nós pelo Decreto-Lei n.º 488/85, de 25 de Novembro, que seria revogado, 10 anos depois, pelo Decreto-Lei n.º 310/95, de 20 de Novembro, o qual transpôs as Directivas n.ºˢ 91/156/CEE, de 18 de Março, e 91/689/CEE, de 12 de Dezembro.

Contudo, cedo se revelou que essa alteração legislativa era ainda insuficiente, sendo agora chegado o momento de rever esse diploma, por forma a adaptá-lo às novas opções políticas e a introduzir os aperfeiçoamentos que a experiência revelou convenientes — sem deixar de assegurar, no entanto, a transposição do referido normativo comunitário.

A nova lei dos resíduos reafirma, pois, o princípio da responsabilidade do produtor pelos resíduos que produza e introduz um mecanismo autónomo de autorização prévia das operações de gestão de resíduos, que não se confunde com o licenciamento das actividades em que por vezes tais operações se integram, como sucede, no caso dos resíduos industriais, com o licenciamento industrial.

Refira-se ainda a consagração de uma nova categoria de resíduos, designada «outros tipos de resíduos», ao lado dos resíduos sólidos urbanos, hospitalares e industriais, e que permitirá evitar dúvidas quanto ao enquadramento legislativo de certas situações.

Foi ouvida a Associação Nacional dos Municípios Portugueses.

Assim:

Nos termos das alíneas *a*) e *c*) do n.º 1 do artigo 201.º da Constituição, e em desenvolvimento do regime jurídico estabelecido pela Lei n.º 11/87, de 7 de Abril, o Governo decreta o seguinte:

CAPÍTULO I
Disposições gerais

Artigo 1.º
Objecto

O presente diploma estabelece as regras a que fica sujeita a gestão de resíduos, nomeadamente a sua recolha, transporte, armazenagem, tratamento, valorização e eliminação, por forma a não constituir perigo ou causar prejuízo para a saúde humana ou para o ambiente.

Artigo 2.º
Âmbito

Ficam excluídos do âmbito de aplicação deste diploma, quando sujeitos a legislação especial:

a) Os resíduos radioactivos;
b) Os resíduos resultantes da prospecção, extracção, tratamento e armazenagem de recursos minerais, bem como da exploração de pedreiras;
c) Os cadáveres de animais e os resíduos agrícolas que sejam matérias fecais ou outras substâncias naturais não perigosas aproveitadas nas explorações agrícolas;
d) As águas residuais, com excepção dos resíduos em estado líquido;

e) Os explosivos abatidos à carga ou em fim de vida;
f) Os efluentes gasosos emitidos para a atmosfera.

Artigo 3.º
Definições

Para efeitos do presente diploma, entende-se por:
a) Resíduos: quaisquer substâncias ou objectos de que o detentor se desfaz ou tem intenção ou obrigação de se desfazer, nomeadamente os previstos em portaria dos Ministros da Economia, da Saúde, da Agricultura, do Desenvolvimento Rural e das Pescas e do Ambiente, em conformidade com o Catálogo Europeu de Resíduos, aprovado por decisão da Comissão Europeia;
b) Resíduos perigosos: os resíduos que apresentem características de perigosidade para a saúde ou para o ambiente, nomeadamente os definidos em portaria dos Ministros da Economia, da Saúde, da Agricultura, do Desenvolvimento Rural e das Pescas e do Ambiente, em conformidade com a Lista de Resíduos Perigosos, aprovada por decisão do Conselho da União Europeia;
c) Resíduos industriais: os resíduos gerados em actividades industriais, bem como os que resultem das actividades de produção e distribuição de electricidade, gás e água;
d) Resíduos urbanos: os resíduos domésticos ou outros resíduos semelhantes, em razão da sua natureza ou composição, nomeadamente os provenientes do sector de serviços ou de estabelecimentos comerciais ou industriais e de unidades prestadoras de cuidados de saúde, desde que, em qualquer dos casos, a produção diária não exceda 1100 l por produtor;
e) Resíduos hospitalares: os resíduos produzidos em unidades de prestação de cuidados de saúde, incluindo as actividades médicas de diagnóstico, prevenção e tratamento da doença, em seres humanos ou em animais, e ainda as actividades de investigação relacionadas;
f) Outros tipos de resíduos: os resíduos não considerados como industriais, urbanos ou hospitalares;
g) Produtor: qualquer pessoa, singular ou colectiva, cuja actividade produza resíduos ou que efectue operações de tratamento, de mistura ou outras que alterem a natureza ou a composição de resíduos;
h) Detentor: qualquer pessoa, singular ou colectiva, incluindo o produtor, que tenha resíduos na sua posse;

i) Gestão de resíduos: as operações de recolha, transporte, armazenagem, tratamento, valorização e eliminação de resíduos, incluindo a monitorização dos locais de descarga após o encerramento das respectivas instalações, bem como o planeamento dessas operações;

j) Recolha: a operação de apanha de resíduos com vista ao seu transporte;

l) Transporte: a operação de transferir os resíduos de um local para outro;

m) Armazenagem: a deposição temporária e controlada, por prazo não indeterminado, de resíduos antes do seu tratamento, valorização ou eliminação;

n) Reutilização: a reintrodução, em utilização análoga e sem alterações, de substâncias, objectos ou produtos nos circuitos de produção ou de consumo, por forma a evitar a produção de resíduos;

o) Valorização: as operações que visem o reaproveitamento dos resíduos, identificadas em portaria do Ministro do Ambiente;

p) Tratamento: quaisquer processos manuais, mecânicos, físicos, químicos ou biológicos que alterem as características de resíduos, por forma a reduzir o seu volume ou perigosidade, bem como a facilitar a sua movimentação, valorização ou eliminação;

q) Estações de transferência: instalações onde os resíduos são descarregados com o objectivo de os preparar para serem transportados para outro local de tratamento, valorização ou eliminação;

r) Estações de triagem: instalações onde os resíduos são separados, mediante processos manuais ou mecânicos, em materiais constituintes destinados a valorização ou a outras operações de gestão;

s) Eliminação: as operações que visem dar um destino final adequado aos resíduos, identificadas em portaria do Ministro do Ambiente;

t) Instalação de incineração: qualquer equipamento técnico afecto ao tratamento de resíduos por via térmica, com ou sem recuperação do calor produzido por combustão, incluindo o local de implantação e o conjunto da instalação, nomeadamente o incinerador, seus sistemas de alimentação por resíduos, por combustíveis ou pelo ar, os aparelhos e dispositivos de controlo das operações de incineração, de registo e de vigilância contínua das condições de incineração;

u) Aterros: instalações de eliminação utilizadas para a deposição controlada de resíduos, acima ou abaixo da superfície do solo.

CAPÍTULO II
Da gestão de resíduos em geral

Artigo 4.º
Objectivos gerais

1 — A gestão de resíduos visa, preferencialmente, a prevenção ou redução da produção ou nocividade dos resíduos, nomeadamente através da reutilização e da alteração dos processos produtivos, por via da adopção de tecnologias mais limpas, bem como da sensibilização dos agentes económicos e dos consumidores.

2 — Subsidiariamente, a gestão de resíduos visa assegurar a sua valorização, nomeadamente através de reciclagem, ou a sua eliminação adequada.

Artigo 5.º
Planos de gestão de resíduos

1 — As orientações fundamentais da política de gestão de resíduos constam do plano nacional de gestão de resíduos, elaborado pelo Instituto dos Resíduos e aprovado por despacho conjunto dos Ministros da Economia, da Agricultura, do Desenvolvimento Rural e das Pescas, da Saúde e do Ambiente.

2 — A execução do plano nacional de gestão de resíduos é apoiada por planos estratégicos sectoriais, cuja elaboração compete ao Instituto dos Resíduos e às demais entidades competentes em razão da matéria, nomeadamente:

   a) A Direcção-Geral da Indústria e a Direcção-Geral da Energia, no caso dos resíduos industriais;
   b) A Direcção-Geral da Saúde, no caso dos resíduos hospitalares;
   c) Os municípios ou as associações de municípios, no caso dos resíduos urbanos;
   d) Os serviços competentes do Ministério da Agricultura, do Desenvolvimento Rural e das Pescas, no caso de outros tipos de resíduos com origem em actividades agrícolas, florestais, agro-industriais ou pecuárias.

3 — Os planos estratégicos sectoriais referidos no número anterior são aprovados por despacho conjunto dos ministros que tutelam as entidades competentes para a sua elaboração.

Artigo 6.º
Responsabilidade pela gestão

1 — A responsabilidade pelo destino final dos resíduos é de quem os produz, sem prejuízo da responsabilidade de cada um dos operadores na medida da sua intervenção no circuito de gestão desses resíduos e salvo o disposto em legislação especial.

2 — Para efeitos do número anterior, consideram-se responsáveis pelo destino final a dar aos resíduos, nomeadamente:

   a) Os municípios ou as associações de municípios, no caso dos resíduos urbanos, sem prejuízo do disposto no n.º 6 do presente artigo;
   b) Os industriais, no caso dos resíduos industriais;
   c) As unidades de saúde, no caso dos resíduos hospitalares.

3 — Os custos de gestão dos resíduos são suportados pelo respectivo produtor.

4 — Quando o produtor seja desconhecido ou indeterminado, a responsabilidade pelo destino final a dar aos resíduos e pelos custos da respectiva gestão cabe ao respectivo detentor.

5 — Quando os resíduos sejam provenientes de países terceiros, a responsabilidade pelo destino final a dar aos resíduos e pelos custos da respectiva gestão cabe ao responsável pela sua introdução em território nacional.

6 — A responsabilidade atribuída aos municípios ou associações de municípios, nos termos da alínea *a)* do n.º 2 do presente artigo, não isenta os respectivos munícipes do pagamento das correspondentes taxas ou tarifas pelo serviço prestado, a título de gestão directa ou delegada.

CAPÍTULO III
Das operações de gestão de resíduos

SECÇÃO I
Operações proibidas

Artigo 7.º
Proibições

1 — É proibido o abandono de resíduos, bem como a sua emissão, transporte, armazenagem, tratamento, valorização ou eliminação por entidades ou em instalações não autorizadas.

2 — É proibida a descarga de resíduos, salvo em locais e nos termos determinados por autorização prévia.

3 — São proibidas as operações de gestão de resíduos em desrespeito das regras legais ou das normas técnicas imperativas aprovadas nos termos da lei.

4 — São proibidas a incineração de resíduos no mar e a sua injecção no solo.

5 — O lançamento e a imersão de resíduos no mar regem-se pelo disposto em legislação especial e pelas normas internacionais em vigor.

SECÇÃO II
Autorização de operações

ARTIGO 8.º
Autorização prévia

1 — As operações de armazenagem, tratamento, valorização e eliminação de resíduos estão sujeitas a autorização prévia.

2 — O disposto no número anterior não se aplica à armazenagem de resíduos industriais efectuada no próprio local de produção.

3 — A autorização prevista no n.º 1 não prejudica a sujeição a licenciamento industrial das actividades que constem da Tabela de Classificação de Actividades Industriais.

ARTIGO 9.º
Autoridades competentes

1 — A autorização das operações referidas no artigo anterior compete ao Ministro do Ambiente sempre que as mesmas estejam sujeitas, nos termos da lei, a avaliação prévia do impacte ambiental, sem prejuízo do disposto no n.º 4.

2 — A autorização das operações referidas no artigo anterior compete ao presidente do Instituto dos Resíduos no caso de:
a) Projectos de operações que envolvam resíduos perigosos;
b) Projectos de operações de incineração de resíduos não perigosos;
c) Projectos de execução ou de encerramento de aterros, estações de compostagem e estações de transferência ou de triagem, destinados à valorização ou eliminação de resíduos urbanos, quando se trate de sistemas multimunicipais;
d) Projectos de encerramento de lixeiras em áreas abrangidas por sistemas multimunicipais.

3 — A autorização das operações referidas no artigo anterior compete ao director regional do ambiente e dos recursos naturais no caso de:
   a) Projectos de execução ou de encerramento de aterros, estações de compostagem e estações de transferência ou de triagem, destinados à valorização ou eliminação de resíduos urbanos, quando se trate de sistemas municipais;
   b) Projectos de encerramento de lixeiras municipais;
   c) Outros projectos que envolvam resíduos não perigosos.

4 — A autorização das operações referidas no artigo anterior e que envolvam resíduos hospitalares compete à Direcção-Geral de Saúde, mediante parecer vinculativo do Instituto dos Resíduos.

ARTIGO 10.º
Processo de autorização

1 — O requerimento da autorização a que se refere o artigo 8.º é dirigido à autoridade competente para a decisão final, acompanhado dos elementos exigidos:
   a) Nas disposições legais e regulamentares que regem a instrução dos processos de avaliação do impacte ambiental, quando seja o caso;
   b) Por portaria do Ministro do Ambiente, no caso de resíduos industriais, resíduos sólidos urbanos ou outros tipos de resíduos.

2 — Nos casos em que a decisão final compete ao Ministro do Ambiente, incumbe ao Instituto dos Resíduos instruir o processo de autorização.

3 — Os processos de autorização relativos à instalação e funcionamento de unidades ou equipamentos de valorização e eliminação de resíduos perigosos hospitalares independentes ou integrados em unidades de saúde, regem-se pelo disposto em portaria conjunta dos Ministros da Saúde e do Ambiente.

ARTIGO 11.º
Localização

1 — Os projectos de operações de gestão de resíduos devem ser acompanhados de parecer da Câmara Municipal competente que ateste a compatibilidade da sua localização com o respectivo plano municipal de ordenamento do território, bem como de parecer favorável à localização, quanto à afectação de recursos hídricos, a emitir pela direcção regional do ambiente e dos recursos naturais competente.

2 — Na falta de plano municipal de ordenamento do território plenamente eficaz, o parecer referido no número anterior compete à respectiva comissão de coordenação regional.

3 — São nulas e de nenhum efeito as autorizações concedidas em desrespeito do disposto nos números anteriores.

ARTIGO 12.º
Parecer

As autorizações relativas a projectos de operações de incineração de resíduos só podem ser concedidas mediante parecer prévio do Instituto de Meteorologia.

ARTIGO 13.º
Prazo

Os processos de autorização a que se referem os artigos anteriores devem estar concluídos no prazo de 90 dias, a contar da entrega do projecto.

SECÇÃO III
Disposições especiais

ARTIGO 14.º
Normas técnicas

As operações de gestão de resíduos regem-se por normas técnicas, nomeadamente em matéria de projecto e exploração, a aprovar por portaria do Ministro do Ambiente, sem prejuízo da legislação especial aplicável.

ARTIGO 15.º
Transporte

1 — As regras sobre as operações de transporte de resíduos em território nacional e os modelos das respectivas guias de acompanhamento são aprovados por portaria conjunta dos Ministros da Administração Interna, do Equipamento, do Planeamento e Administração do Território, da Saúde e do Ambiente.

2 — O movimento transfronteiriço de resíduos rege-se por legislação especial.

CAPÍTULO IV
Do registo de resíduos

Artigo 16.º
Registo de resíduos

1 — Quem efectue qualquer operação de gestão de resíduos deve, obrigatoriamente, possuir um registo actualizado do qual conste:

a) A quantidade e tipo de resíduos recolhidos, armazenados, transportados, tratados, valorizados ou eliminados;

b) A origem e destino dos resíduos;

c) A identificação da operação efectuada.

2 — Os destinatários da obrigação prevista no número anterior têm o dever de guardar o registo aí referido durante os cinco anos subsequentes à respectiva actualização e de o disponibilizar a solicitação das entidades competentes para a fiscalização do cumprimento do disposto no presente diploma.

Artigo 17.º
Envio de registo

1 — Os produtores de resíduos, salvo os gerados em resultado das operações referidas no número seguinte, têm o dever de enviar anualmente às autoridades competentes um registo dos resíduos que produzam, nos termos definidos por:

a) Portaria conjunta dos Ministros da Agricultura, do Desenvolvimento Rural e das Pescas, da Economia e do Ambiente, no caso dos resíduos industriais;

b) Portaria conjunta dos Ministros da Saúde e do Ambiente, no caso dos resíduos hospitalares;

c) Portaria do Ministro do Ambiente, no caso dos resíduos urbanos;

d) Portaria do Ministro do Ambiente, no caso de outros tipos de resíduos.

2 — Os operadores que exerçam actividades de armazenagem em local diferente do local de produção, tratamento, valorização ou eliminação de resíduos devem enviar anualmente às autoridades competentes um registo dos resíduos armazenados, tratados, valorizados ou eliminados, bem como das operações que efectuem, nos termos definidos por portaria do Ministro do Ambiente.

CAPÍTULO V
Fiscalização e sanções

ARTIGO 18.º
Fiscalização

A fiscalização do cumprimento do presente diploma incumbe ao Instituto dos Resíduos, à Direcção-Geral do Ambiente e às direcções regionais do ambiente e dos recursos naturais, bem como às demais entidades com competência para autorizar operações de gestão de resíduos e às autoridades policiais.

ARTIGO 19.º
Medidas cautelares

O Ministro da Saúde ou o Ministro do Ambiente podem, por despacho, em caso de emergência ou perigo grave para a saúde pública ou o ambiente, adoptar medidas cautelares adequadas, nomeadamente a suspensão de qualquer operação de gestão de resíduos.

ARTIGO 20.º
Contra-ordenações

1 — O incumprimento do dever de assegurar um destino final adequado para os resíduos, pelo respectivo responsável, nos termos do artigo 6.º, e as infracções ao disposto nos artigos 7.º, n.ºs 1, 3 e 4, e 8.º, n.º 1, bem como às regras a que se refere o artigo 15.º, n.º 1, do presente diploma, nomeadamente as fixadas na Portaria n.º 335/97, de 16 de Maio, constituem contra-ordenação punível com coima de 100000$00 a 750000$00, no caso de pessoas singulares, e de 500000$00 a 9000000$00, no caso de pessoas colectivas.

2 — As infracções ao disposto nos artigos 7.º, n.º 2, 16.º, n.ºs 1 e 2, e 17.º, n.ºs 1 e 2, constituem contra-ordenação punível com coima de 50000$00 a 500000$00, no caso de pessoas singulares, e de 100000$00 a 3000000$00, no caso de pessoas colectivas.

3 — A tentativa e a negligência são sempre puníveis.

ARTIGO 21.º
Sanções acessórias

1 — Às contra-ordenações previstas no artigo anterior podem, em simultâneo com a coima e nos termos da lei geral, ser aplicadas as seguintes sanções acessórias:

a) Perda a favor do Estado dos objectos pertencentes ao agente e utilizados na prática da infracção;
b) Interdição do exercício de actividades de gestão de resíduos que dependam de título público ou de autorização ou homologação de autoridade pública;
c) Privação do direito a subsídios ou benefício outorgado por entidades ou serviços públicos;
d) Privação do direito de participar em concursos públicos que tenham por objecto a empreitada ou a concessão de obras públicas, o fornecimento de bens e serviços, a concessão de serviços públicos e a atribuição de licenças ou alvarás;
e) Encerramento de estabelecimento sujeito a autorização ou licença de autoridade administrativa;
f) Suspensão de autorizações, licenças e alvarás.

2 — As sanções referidas nas alíneas *b*) a *f*) do número anterior têm a duração máxima de dois anos, contados a partir da decisão condenatória definitiva.

Artigo 22.º
Instrução de processos e aplicação de sanções

1 — Compete às entidades fiscalizadoras do cumprimento do presente diploma, salvo às autoridades policiais, instruir os processos relativos às contra-ordenações referidas nos artigos anteriores.

2 — A instrução dos processos cujo auto seja lavrado por autoridade policial compete às direcções regionais do ambiente e dos recursos naturais.

3 — Compete ao dirigente máximo da entidade que tenha instruído o processo de contra-ordenação decidir da aplicação de coimas e sanções acessórias.

Artigo 23.º
Produto das coimas

O produto das coimas previstas no presente diploma é afectado da seguinte forma:
a) 10% para a entidade que levanta o auto;
b) 30% para a entidade que processa a contra-ordenação;
c) 60% para o Estado.

CAPÍTULO VI
Disposições transitórias e finais

Artigo 24.º
Regime transitório

1 — As operações já existentes de armazenagem, tratamento, valorização ou eliminação de resíduos carecem, quando não disponham de licença ou autorização adequada, de autorização pela autoridade competente.

2 — As autorizações referidas no número anterior devem ser requeridas até ao dia 31 de Dezembro de 1997 e regem-se pelo disposto nos artigos 8.º e seguintes do presente diploma.

Artigo 25.º
Relatório

O Instituto dos Resíduos elabora, de três em três anos, um relatório sobre a aplicação do presente diploma e a execução do plano nacional de gestão de resíduos.

Artigo 26.º
Regiões Autónomas

O regime previsto no presente diploma aplica-se às Regiões Autónomas dos Açores e da Madeira, com as adaptações determinadas pelo interesse específico, cabendo a execução administrativa aos órgãos e serviços das respectivas administrações regionais, sem prejuízo da gestão a nível nacional.

Artigo 27.º
Revogação

1 — São revogados o Decreto-Lei n.º 310/95, de 20 de Novembro, e a Portaria n.º 374/87, de 4 de Maio.

2 — Mantêm-se em vigor, até serem alterados, os diplomas regulamentares previstos no Decreto-Lei n.º 310/95, de 20 de Novembro.

Visto e aprovado em Conselho de Ministros de 19 de Junho de 1997. — *António Manuel de Oliveira Guterres* — *Mário Fernando de*

Campos Pinto — Artur Aurélio Teixeira Rodrigues Consolado — Alberto Bernardes Costa — João Cardona Gomes Cravinho — Augusto Carlos Serra Ventura Mateus — Fernando Manuel Van-Zeller Gomes da Silva — Maria de Belém Roseira Martins Coelho Henriques de Pina — Elisa Maria da Costa Guimarães Ferreira.

Promulgado em 16 de Agosto de 1997.

Publique-se.

O Presidente da República, JORGE SAMPAIO.

Referendado em 21 de Agosto de 1997.

O Primeiro-Ministro, *António Manuel de Oliveira Guterres.*

Autorização prévia

Portaria n.º 961/98
de 10 de Novembro

O Decreto-Lei n.º 239/97, de 9 de Setembro, estabelece no seu artigo 8.º que as operações de armazenagem, tratamento, valorização e eliminação de resíduos estão sujeitas a autorização prévia do Ministério do Ambiente.
O mesmo decreto-lei prevê, na alínea b) do n.º 1 do artigo 10.º, que essa autorização seja solicitada através de requerimento dirigido à autoridade competente, nos termos do artigo 9.º, e acompanhada dos elementos a definir por portaria do Ministro do Ambiente, no caso de resíduos industriais, resíduos urbanos ou outros tipos de resíduos.
A presente portaria clarifica e diferencia o procedimento a seguir consoante as operações de gestão de resíduos estejam ou não sujeitas a licenciamento industrial.
Nos casos em que as operações de gestão de resíduos estejam sujeitas a licenciamento industrial, cuja coordenação seja da competência dos organismos tutelados pelo Ministério da Economia, o requerimento de autorização é entregue na delegação regional da economia, conjuntamente com o processo de licenciamento industrial, evitando--se, assim, uma duplicação de actos e procedimentos, contribuindo-se para uma maior celeridade e eficácia processuais.
Nos casos em que as operações de gestão de resíduos estejam sujeitas a licenciamento industrial cuja coordenação seja de organismos não tutelados pelo Ministério da Economia, o requerimento de autorização é entregue no organismo coordenador do licenciamento conjuntamente com o processo de licenciamento industrial.
Nos casos em que as operações de gestão de resíduos apenas estejam sujeitas a um processo de autorização, o requerimento de autorização é entregue no Instituto de Resíduos ou direcção regional de ambiente competente, conforme definido no artigo 9.º do Decreto-Lei n.º 239/97.

Assim, nos termos do artigo 9.º e da alínea *b*) do n.º 1 do artigo 10.º do Decreto-Lei n.º 239/97, de 9 de Setembro:

Manda o Governo, pelo Ministro do Ambiente, o seguinte:

1.º
Objecto

1 — A presente portaria estabelece os requisitos a que deve obedecer o processo de autorização prévia, adiante designada por autorização, das operações de armazenagem, tratamento, valorização e eliminação de resíduos industriais, resíduos sólidos urbanos ou outros tipos de resíduos.

2 — Excluem-se do âmbito da presente portaria as operações de construção, exploração, encerramento e monitorização de aterros para resíduos industriais não perigosos que serão sujeitas a normativo específico.

2.º
Requerimento de autorização

1 — O requerimento de autorização relativo a operações de gestão de resíduos que não estejam sujeitas a licenciamento industrial é entregue às autoridades referidas no artigo 9.º do Decreto-Lei n.º 239/97, de 9 de Setembro, seguindo a tramitação prevista nos n.ºs 4.º a 6.º da presente portaria.

2 — O requerimento de autorização das operações que se realizem em instalações ou estabelecimentos sujeitos a licenciamento industrial é entregue na delegação regional da economia competente, quando a coordenação do licenciamento é da competência de organismos tutelados pelo Ministério da Economia, ou na entidade coordenadora do licenciamento industrial, nos restantes casos.

3 — O requerimento deverá ser entregue conjuntamente com o pedido de licenciamento industrial, mas dirigido às autoridades mencionadas no n.º 1, e segue a tramitação processual descrita no n.º 7.º desta portaria.

4 — Quando o requerimento de autorização for entregue na delegação regional da economia ou outra entidade coordenadora do licenciamento industrial e estas entidades verifiquem que a operação de gestão de resíduos não está sujeita a licenciamento industrial ou subsistam dúvidas quanto ao carácter industrial dessa operação de gestão de resíduos, devem remeter, no prazo de cinco dias úteis, o processo de

autorização às entidades competentes — direcção regional do ambiente ou Instituto dos Resíduos —, disso dando conhecimento ao requerente, seguindo-se, posteriormente, a tramitação mencionada no n.º 1 deste número.

5 — O requerimento de autorização deve conter os seguintes elementos:

a) Identificação do requerente (nome, número de identificação, endereço, telefone e fax);

b) Objectivo do requerimento, com descrição sumária da operação que se pretende realizar e da sua localização geográfica, indicando se se trata de uma operação nova ou de ampliação ou alteração de uma existente;

c) Estimativa do investimento a realizar;

d) Indicação da existência de candidatura a fundos de financiamento e ponto da situação sobre a mesma;

e) Outros elementos julgados relevantes para apreciação do pedido.

3.º
Elementos a anexar ao requerimento de autorização

1 — O requerimento de autorização é acompanhado de:

a) Certidão de aprovação da localização passada pela câmara municipal, que ateste a compatibilidade da localização com o respectivo plano municipal de ordenamento do território, ou, na falta deste plano, pela comissão de coordenação regional competente;

b) Parecer favorável à localização, quanto à afectação dos recursos hídricos, emitido pela direcção regional do ambiente competente;

c) Projecto, que deve conter os elementos constantes do anexo I ou do anexo II à presente portaria, que dela fazem parte integrante, consoante esteja em causa, respectivamente, um aterro ou outra operação de gestão de resíduos.

2 — Devem ser apresentados seis exemplares do requerimento e dos respectivos elementos.

4.º
Processo de apreciação

1 — A entidade competente para a autorização, no prazo de 15 dias úteis após a data de recepção dos elementos processuais, verifica

se o processo cumpre os requisitos legalmente exigidos e solicita ao requerente os elementos considerados em falta e que sejam indispensáveis.

2 — No caso de o requerente, notificado para juntar ao processo os elementos considerados em falta, não o fazer de forma considerada completa e satisfatória no prazo de 60 dias úteis a contar da entrega do requerimento, o processo é considerado encerrado e emitido um parecer desfavorável devidamente justificado, salvo nos casos em que este prazo não possa ser cumprido por razões consideradas não directamente imputáveis ao requerente.

3 — No âmbito do processo de apreciação as autoridades competentes devem consultar a Direcção-Geral da Saúde e o Instituto de Desenvolvimento e Inspecção das Condições de Trabalho, que se devem pronunciar no prazo de 30 dias úteis e podem solicitar pareceres aos vários organismos do Ministério do Ambiente nas suas áreas de competência.

4 — O processo de autorização deve estar concluído no prazo de 90 dias úteis a contar da data de apresentação do projecto completo.

5 — Do parecer final é dado conhecimento aos organismos consultados, ao Instituto dos Resíduos, à Inspecção-Geral do Ambiente e à direcção regional do ambiente respectiva.

5.º
Execução e funcionamento das operações

1 — A execução da obra deve ser fiscalizada pela entidade competente para a autorização.

2 — O funcionamento das operações depende da realização de vistoria a requerer pelo interessado à entidade competente de autorização com antecedência mínima de 45 dias úteis relativamente à data prevista para o início da laboração.

3 — Se a operação sujeita a autorização não entrar em funcionamento no prazo de 18 meses a contar da data de emissão da autorização/licença, deve proceder-se a uma reavaliação das condições de autorização.

4 — A interrupção de funcionamento das operações por um período igual ou superior a seis meses faz caducar a respectiva autorização, podendo ser solicitada a reavaliação da autorização, nos termos da legislação em vigor sobre a matéria.

5 — A suspensão ou cessação do exercício da actividade deve ser comunicada pelo requerente à entidade competente para a autorização.

6.º
Vistoria

1 — A vistoria é efectuada pela autoridade competente para a autorização e pelos organismos consultados, nos termos do n.º 3 do n.º 4.

2 — Da vistoria é lavrado um auto, assinado pelos intervenientes, do qual deve constar informação sobre:

    a) A conformidade da instalação ou equipamento com o projecto autorizado;

    b) O cumprimento das prescrições técnicas aplicáveis;

    c) Quaisquer condições que se julgue necessário impor e o prazo para o seu cumprimento.

3 — Lavrado o auto, a decisão final respectiva é comunicada no prazo de 15 dias úteis ao requerente, com indicação das condições estabelecidas.

4 — Se a entidade competente não realizar a vistoria no prazo de 40 dias úteis após a recepção do pedido, considera-se que a mesma foi realizada.

7.º
Autorização de operações sujeitas a licenciamento industrial

1 — Os requerimentos entregues nas delegações regionais da economia e noutras entidades coordenadoras do licenciamento industrial devem conter os elementos referidos nos n.ºˢ 2.º e 3.º da presente portaria.

2 — As delegações regionais da economia bem como as outras entidades coordenadoras do licenciamento industrial remetem à direcção regional do ambiente competente o requerimento e os elementos referidos no número anterior, no prazo de 15 dias a contar da data da recepção do requerimento.

3 — Quando a competência para a autorização da operação de gestão de resíduos for da direcção regional do ambiente, esta entidade emite a autorização em simultâneo com o parecer referido nos artigos 10.º, n.º 1, alínea *d)*, e 11.º do Decreto Regulamentar n.º 25/93, de 17 de Agosto.

4 — Quando a autorização for da competência do Instituto dos Resíduos, a direcção regional do ambiente remete-lhe de imediato o requerimento.

5 — O Instituto dos Resíduos comunica à direcção regional do ambiente a decisão emitida sobre o requerimento referido no número anterior, dentro de 45 dias úteis, para esta última entidade transmitir à

delegação regional da economia essa autorização em simultâneo com o parecer mencionado no n.º 3.

6 — A entidade competente para autorizar a operação de gestão de resíduos intervém obrigatoriamente na vistoria prevista nos artigos 16.º e seguintes do Decreto Regulamentar n.º 25/93, de 17 de Agosto, cabendo-lhe a certificação da conformidade da instalação com todas as condições impostas na autorização.

8.º
Processo de reclamação e informação do público

Nos termos da legislação aplicável ao direito de acesso aos documentos em posse da Administração Pública, podem terceiros, devidamente identificados, solicitar informação ou apresentar reclamação relativa à instalação ou operações em causa à entidade competente ou à direcção regional do ambiente respectiva.

Ministério do Ambiente.
Assinada em 29 de Outubro de 1998.
A Ministra do Ambiente, *Elisa Maria da Costa Guimarães Ferreira.*

ANEXO I
Aterros

I — Peças escritas

A) Memória descritiva e justificativa:

a) Objecto do projecto;
b) Planeamento, escolha do local e bases do projecto, incluindo área e volume ocupados;
c) Características geológicas, geotécnicas e hidrogeológicas do local;
d) Tipologia dos resíduos;
e) Sistema de impermeabilização;
f) Sistemas de drenagem de águas pluviais e lixiviados;
g) Tratamento de lixiviados — previsão da quantidade e qualidade de lixiviados;
h) Monitorização dos lixiviados e águas subterrâneas, com vista à prevenção da contaminação dessas mesmas águas subterrâneas;
i) Drenagem e tratamento do biogás, se necessário;
j) Plano de exploração do aterro;
l) Estrutura de pessoal e horário de trabalho;
m) Plano de segurança de populações e trabalhadores do sistema;
n) Plano de aceitação de resíduos;
o) Plano de recolha;
p) Cobertura final, recuperação paisagística e monitorização pós-encerramento;
q) Aspectos económicos e administrativos, indicando custos de exploração e garantias financeiras.

B) Dimensionamento:

a) Dimensionamento e cálculos da estabilidade de taludes;
b) Dimensionamento e cálculos das barreiras de impermeabilização;
c) Dimensionamento hidráulico e cálculos dos sistemas de drenagem;
d) Dimensionamento e cálculos da estação de tratamento de lixiviados;
e) Dimensionamento e cálculos de todas as obras complementares (betão armado, redes interiores e exteriores de electricidade, comunicações, águas e esgotos, rede viária interna).

C) Medições e orçamentos.

II — Peças desenhadas

a) Planta de localização (escala de 1:25000).
b) Levantamentos topográficos — zona do aterro e vias de acesso externas (escala de 1:1000).

c) Planta geral do aterro com implantação da célula de deposição de resíduos e de todas as obras complementares.
d) Perfis longitudinais e transversais de todas as obras a levar a efeito.
e) Plantas, alçados e cortes de todas as obras a levar a efeito.
f) Pormenores da estratigrafia de impermeabilização e cobertura final do aterro.
g) Pormenores, mapas de acabamentos e mapas de vãos de obras de construção civil a levar a efeito.

ANEXO II
Outras operações de gestão de resíduos

I — Memória descritiva, da qual deve constar:
a) Localização do estabelecimento onde se inserem as operações de gestão de resíduos, devendo ser indicado o endereço do local, freguesia, concelho, telefone e fax;
b) Resíduos manuseados, sua origem previsível, caracterização quantitativa e qualitativa e sua classificação de acordo com o estipulado na Portaria n.º 818/97, de 5 de Setembro;
c) Identificação e quantificação de outras substâncias utilizadas no processo;
d) Indicação das quantidades e características dos produtos acabados;
e) Indicação do número de trabalhadores, do regime de laboração e das instalações de carácter social, de medicina no trabalho e sanitárias;
f) Descrição detalhada das operações a efectuar, sujeitas a autorização com a apresentação do diagrama do processo de tratamento;
g) Indicação da capacidade nominal a instalar e ou instalada;
h) Descrição das instalações, incluindo as de armazenagem;
i) Identificação dos aparelhos, máquinas e demais equipamento com indicação das principais fontes de emissão de ruído e vibração e sistemas de segurança;
j) Identificação das fontes de emissão de poluentes;
l) Caracterização quantitativa e qualitativa dos efluentes líquidos e gasosos, bem como dos resíduos resultantes da actividade;
m) Descrição das medidas internas de minimização, reutilização e valorização dos resíduos produzidos com indicação da sua caracterização qualitativa e quantitativa, sempre que possível;
n) Identificação do destino dos resíduos gerados internamente, com indicação da sua caracterização qualitativa e quantitativa e descrição do armazenamento no próprio local de produção, se for o caso;
o) Documento comprovativo da disponibilidade de aceitação dos resíduos pelo(s) destinatário(s) previsto(s);
p) Descrição das medidas ambientais propostas para minimizar e tratar os efluentes líquidos e respectiva monitorização, indicando o destino final proposto;

q) Descrição das medidas ambientais propostas para minimizar e tratar os efluentes gasosos, respectiva monitorização, caracterização e dimensionamento das chaminés, quando a legislação aplicável o exija;
r) Fontes de risco internas e externas, organização de segurança e meios de prevenção e protecção, designadamente quanto aos riscos de incêndio e explosão.

II — Das peças desenhadas deve constar:
a) Planta, em escala não inferior a 1:25000, indicando a localização da instalação e, no caso das operações de gestão de resíduos perigosos e incineração de resíduos não perigosos, abrangendo, num raio de 10 km a partir da instalação, os edifícios principais, tais como hospitais e escolas;
b) Planta de localização, em escala não inferior a 1:2000;
c) Planta de implantação da instalação em que se insere a operação, em escala não inferior a 1:200, indicando, nomeadamente, a localização das áreas de gestão de resíduos, armazéns de matérias-primas, produtos e resíduos, sistemas de tratamento de efluentes e localização dos respectivos pontos de descarga final, oficinas, depósitos, circuitos exteriores e escritórios.

Lista europeia de resíduos

Portaria n.º 209/2004
de 3 de Março

Com a publicação do Decreto-Lei n.º 239/97, de 9 de Setembro, foram estabelecidas as regras a que fica sujeita a gestão de resíduos no território nacional.

Nos termos das alíneas *a)* e *b)* do artigo 3.º desse diploma, foram identificadas, através da Portaria n.º 818/97, de 5 de Setembro, as substâncias ou objectos a que podem corresponder as definições de resíduos e de resíduos perigosos, em conformidade com o Catálogo Europeu de Resíduos, aprovado pela Decisão n.º 94/3/CE, da Comissão, de 20 de Dezembro de 1993, e com a Lista de Resíduos Perigosos, aprovada pela Decisão n.º 94/904/CE, do Conselho, de 22 de Dezembro.

As referidas decisões foram posteriormente revogadas pela Decisão n.º 2000/532/CE, da Comissão, de 3 de Maio, alterada pelas Decisões n.ºˢ 2001/118/CE, da Comissão, de 16 de Janeiro, 2001/119/CE, de 22 de Janeiro, e 2001/573/CE, do Conselho, de 23 de Julho, que adopta a nova Lista Europeia de Resíduos e as características de perigo atribuíveis aos resíduos, e que entrou em vigor no dia 1 de Janeiro de 2002.

Nestas condições, a Lista de Resíduos que consta da presente portaria assegura a harmonização do normativo vigente em matéria de identificação e classificação de resíduos, ao mesmo tempo que visa facilitar um perfeito conhecimento pelos agentes económicos do regime jurídico a que estão sujeitos.

Paralelamente, as operações de valorização e de eliminação de resíduos constantes da Portaria n.º 15/96, de 23 de Janeiro, não se encontram em conformidade com o normativo comunitário sobre essa matéria, nomeadamente com a Decisão n.º 96/350/CE, de 24 de Maio, que adapta os anexos II-A e II-B da Directiva n.º 75/442/CEE, do Conselho, relativa aos resíduos, tornando-se necessária a sua revogação por forma a harmonizar o normativo vigente em matéria de codificação das operações de eliminação e valorização de resíduos.

Assim:

Manda o Governo, pelos Ministros da Economia, da Agricultura, Desenvolvimento Rural e Pescas, da Saúde e das Cidades, Ordenamento do Território e Ambiente, ao abrigo do disposto nas alíneas a), b), o) e s) do artigo 3.º do Decreto-Lei n.º 239/97, de 9 de Setembro, o seguinte:

1.º — 1 — A Lista Europeia de Resíduos, em conformidade com a Decisão n.º 2000/532/CE, da Comissão, de 3 de Maio, alterada pelas Decisões n.ºs 2001/118/CE, da Comissão, de 16 de Janeiro, 2001/119/ /CE, da Comissão, de 22 de Janeiro, e 2001/573/CE, do Conselho, de 23 de Julho, é a que consta do anexo I à presente portaria, da qual faz parte integrante.

2 — As características de perigo atribuíveis aos resíduos, em conformidade com o anexo III da Directiva n.º 91/689/CEE, do Conselho, de 12 de Dezembro, são as que constam do anexo II à presente portaria, da qual faz parte integrante.

3 — As operações de valorização e de eliminação de resíduos, em conformidade com a Decisão n.º 96/350/CE, da Comissão, de 24 de Maio, são as que constam do anexo III à presente portaria, da qual faz parte integrante.

2.º — 1 — As substâncias ou os objectos mencionados na lista referida no n.º 1 do n.º 1.º só são considerados resíduos quando correspondem à definição de resíduo fixada na alínea a) do artigo 3.º do Decreto-Lei n.º 239/97, de 9 de Setembro.

2 — Os resíduos mencionados na Lista referida no n.º 1 do n.º 1.º estão sujeitos às disposições do Decreto-Lei n.º 239/97, salvo se for aplicável o disposto no seu artigo 2.º

3 — Para efeitos da presente portaria, entende-se por «substância perigosa» qualquer substância que foi ou venha a ser considerada como perigosa pela legislação aplicável, designadamente pelo Decreto-Lei n.º 82/95, de 22 de Abril, e pela Portaria n.º 732-A/96, de 11 de Dezembro, relativa à aproximação das disposições legislativas, regulamentares e administrativas respeitantes à classificação, embalagem e rotulagem de substâncias perigosas, e suas subsequentes alterações.

4 — Para efeitos da presente portaria, entende-se por «metal pesado» qualquer composto de antimónio, arsénio, cádmio, crómio (VI), cobre, chumbo, mercúrio, níquel, selénio, telúrio, tálio e estanho, ou estes materiais na forma metálica, desde que classificados como substâncias perigosas.

3.º — 1 — Os resíduos mencionados na Lista referida no n.º 1 do n.º 1.º e indicados com asterisco (*) são considerados resíduos perigosos, na acepção da alínea b) do artigo 3.º do Decreto-Lei n.º 239/97.

2 — Considera-se que os resíduos classificados como perigosos apresentam uma ou mais das características referidas no n.º 2 do n.º 1.º e, no que respeita às características H3 a H8, H10 e H11, uma ou mais das seguintes características:
Ponto de inflamação ≤ 55°C;
Uma ou mais substâncias classificadas como muito tóxicas, numa concentração total ≥ 0,1%;
Uma ou mais substâncias classificadas como tóxicas, numa concentração total ≥ 3%;
Uma ou mais substâncias classificadas como nocivas, numa concentração total ≥ 25%;
Uma ou mais substâncias corrosivas da classe R35, numa concentração total ≥ 1%;
Uma ou mais substâncias corrosivas da classe R34, numa concentração total ≥ 5%;
Uma ou mais substâncias irritantes da classe R41, numa concentração total ≥ 10%;
Uma ou mais substâncias irritantes das classes R36, R37 e R38, numa concentração total ≥ 20%;
Uma substância reconhecida como cancerígena das categorias 1 ou 2, numa concentração ≥ 0,1%;
Uma substância reconhecida como cancerígena da categoria 3, numa concentração ≥ 1%;
Uma substância tóxica para a reprodução das categorias 1 ou 2 das classes R60 e R61, numa concentração ≥ 0,5%;
Uma substância tóxica para a reprodução da categoria 3 das classes R62 e R63, numa concentração ≥ 5%;
Uma substância mutagénica das categorias 1 ou 2 da classe R46, numa concentração ≥ 0,1%;
Uma substância mutagénica da categoria 3 da classe R40, numa concentração ≥ 1%.

3 — A classificação e os números R referidos no n.º 2 do presente número são os constantes do Decreto-Lei n.º 82/95, de 22 de Abril, e da Portaria n.º 732-A/96, de 11 de Dezembro, e suas subsequentes alterações.

4 — Os limites de concentração referidos no n.º 2 do presente número são os fixados no Decreto-Lei n.º 120/92, de 30 de Junho, e na Portaria n.º 1152/97, de 12 de Novembro, relativos à aproximação das disposições legislativas, regulamentares e administrativas respeitantes à classificação, embalagem e rotulagem de preparações perigosas, e suas subsequentes alterações.

5 — Se um resíduo for identificado como perigoso mediante uma referência específica ou geral a substâncias perigosas, o resíduo só será considerado efectivamente perigoso se essas substâncias estiverem presentes em concentrações (percentagem ponderal) suficientes para que o resíduo apresente uma ou mais das características referidas no n.º 2 do n.º 1.º No que se refere às categorias H3 a H8, H10 e H11, aplica-se o n.º 2 do presente número. Para as características H1, H2, H9 e H12 a H14, o n.º 2 do presente número nada prevê actualmente.

6 — Em conformidade com a Directiva n.º 1999/45/CE, do Parlamento Europeu e do Conselho, de 31 de Maio, que refere no seu preâmbulo que o caso das ligas metálicas requer uma avaliação adicional, as disposições do n.º 2 do presente número não se aplicam a ligas metálicas puras, não contaminadas por substâncias perigosas.

7 — O Instituto dos Resíduos pode decidir, em casos excepcionais, com base em provas documentais apropriadas, fornecidas pelo detentor dos resíduos, que um determinado resíduo indicado como perigoso na lista não apresenta nenhuma das características referidas no n.º 2 do n.º 1.º

8 — O Instituto dos Resíduos pode decidir, em casos excepcionais, com base em provas documentais apropriadas, que um determinado resíduo indicado como não perigoso na Lista apresenta algumas das características referidas no n.º 2 do n.º 1.º

4.º São revogadas as Portarias n.ºˢ 818/97, de 5 de Setembro, e 15/96, de 23 de Janeiro.

5.º A presente portaria entra em vigor no dia imediatamente a seguir ao da sua publicação.

Em 4 de Fevereiro de 2004.

O Ministro da Economia, Carlos Manuel Tavares da Silva. — O Ministro da Agricultura, Desenvolvimento Rural e Pescas, *Armando José Cordeiro Sevinate Pinto.* — *O Ministro da Saúde, Luís Filipe Pereira.* — *O Ministro das Cidades, Ordenamento do Território e Ambiente, Amílcar Augusto Contel Martins Theias.*

ANEXO I

Introdução

1 — Os diferentes tipos de resíduos incluídos na Lista são totalmente definidos pelo código de seis dígitos para os resíduos e, respectivamente, de dois e quatro dígitos para os números dos capítulos e subcapítulos. São, assim, necessárias as seguintes etapas para identificar um resíduo na lista:

a) Procurar, nos capítulos 01 a 12 ou 17 a 20, a fonte geradora do resíduo e identificar o código de seis dígitos apropriado para o resíduo (excluindo os códigos terminados em 99 desses capítulos). Algumas unidades de produção podem ter de classificar as suas actividades em vários capítulos. Por exemplo, uma fábrica de automóveis pode produzir resíduos pertencentes aos capítulos 12 (resíduos de moldagem e do tratamento de superfície de metais), 11 (resíduos inorgânicos com metais, provenientes do tratamento de metais e do seu revestimento) e 08 (resíduos da utilização de revestimentos), dependendo das diferentes fases do processo de fabrico;

b) Se não for possível encontrar nenhum código apropriado nos capítulos 01 a 12 ou 17 a 20, devem ser consultados os capítulos 13, 14 e 15 para identificação dos resíduos;

c) Se nenhum destes códigos de resíduos se aplicar, a identificação do resíduo faz-se em conformidade com o capítulo 16;

d) Se o resíduo não se enquadrar no capítulo 16, utilizar-se-á o código 99 (resíduos não especificados noutra categoria) na secção da Lista correspondente à actividade identificada na primeira etapa.

Nota. — Os resíduos de embalagens de recolha selectiva (incluindo misturas de vários materiais de embalagem) serão classificados no subcapítulo 15 01 e não em 20 01.

2 — Foram utilizadas as seguintes regras para a numeração das entradas da Lista:

a) No caso dos resíduos cujos códigos não foram alterados, utilizaram-se os números de código da Portaria n.º 818/97, de 5 de Setembro;

b) Os códigos de resíduos que sofreram alteração foram suprimidos e ficam vazios de modo a evitar equívocos;

c) Os resíduos acrescentados receberam novos códigos ainda não utilizados na Portaria n.º 818/97, de 5 de Setembro.

Capítulos da Lista

01 — Resíduos da prospecção e exploração de minas e pedreiras, bem como de tratamentos físicos e químicos das matérias extraídas.

02 — Resíduos da agricultura, horticultura, aquacultura, silvicultura, caça e pesca, bem como da preparação e do processamento de produtos alimentares.

03 — Resíduos da transformação de madeira e do fabrico de painéis, mobiliário, pasta para papel, papel e cartão.

04 — Resíduos da indústria do couro e produtos de couro e da indústria têxtil.

05 — Resíduos da refinação de petróleo, da purificação de gás natural e do tratamento pirolítico de carvão.

06 — Resíduos de processos químicos inorgânicos.

07 — Resíduos de processos químicos orgânicos.

08 — Resíduos do fabrico, formulação, distribuição e utilização (FFDU) de revestimentos (tintas, vernizes e esmaltes vítreos), colas, vedantes e tintas de impressão.

09 — Resíduos da indústria fotográfica.

10 — Resíduos de processos térmicos.

11 — Resíduos de tratamentos químicos de superfície e revestimentos de metais e outros materiais; resíduos da hidrometalurgia de metais não ferrosos.

12 — Resíduos da moldagem e do tratamento físico e mecânico de superfície de metais e plásticos.

13 — Óleos usados e resíduos de combustíveis líquidos (excepto óleos alimentares, 05, 12 e 19).

14 — Resíduos de solventes, fluidos de refrigeração e gases propulsores orgânicos (excepto 07 e 08).

15 — Resíduos de embalagens; absorventes, panos de limpeza, materiais filtrantes e vestuário de protecção não anteriormente especificados.

16 — Resíduos não especificados em outros capítulos desta lista.

17 — Resíduos de construção e demolição (incluindo solos escavados de locais contaminados).

18 — Resíduos da prestação de cuidados de saúde a seres humanos ou animais e ou investigação relacionada (excepto resíduos de cozinha e restauração não provenientes directamente da prestação de cuidados de saúde).

19 — Resíduos de instalações de gestão de resíduos, de estações de tratamento de águas residuais e da preparação de água para consumo humano e água para consumo industrial.

20 — Resíduos urbanos e equiparados (resíduos domésticos, do comércio, indústria e serviços), incluindo as fracções recolhidas selectivamente.

01	Resíduos da prospecção e exploração de minas e pedreiras, bem como de tratamentos físicos e químicos das matérias extraídas:
01 01	Resíduos da extracção de minérios:
01 01 01	Resíduos da extracção de minérios metálicos.
01 01 02	Resíduos da extracção de minérios não metálicos.
01 03	Resíduos da transformação física e química de minérios metálicos:
01 03 04 (*)	Rejeitados geradores de ácidos, resultantes da transformação de sulfuretos.
01 03 05 (*)	Outros rejeitados contendo substâncias perigosas.
01 03 06	Rejeitados não abrangidos em 01 03 04 e 01 03 05.

01 03 07 (*)	Outros resíduos contendo substâncias perigosas, resultantes da transformação física e química de minérios metálicos.
01 03 08	Poeiras e pós não abrangidos em 01 03 07.
01 03 09	Lamas vermelhas da produção de alumina não abrangidas em 01 03 07.
01 03 99	Outros resíduos não anteriormente especificados.
01 04	Resíduos da transformação física e química de minérios não metálicos:
01 04 07 (*)	Resíduos contendo substâncias perigosas, resultantes da transformação física e química de minérios não metálicos.
01 04 08	Gravilhas e fragmentos de rocha não abrangidos em 01 04 07.
01 04 09	Areias e argilas.
01 04 10	Poeiras e pós não abrangidos em 01 04 07.
01 04 11	Resíduos da preparação de minérios de potássio e de sal-gema não abrangidos em 01 04 07.
01 04 12	Rejeitados e outros resíduos, resultantes da lavagem e limpeza de minérios, não abrangidos em 01 04 07 e 01 04 11.
01 04 13	Resíduos do corte e serragem de pedra não abrangidos em 01 04 07.
01 04 99	Outros resíduos não anteriormente especificados.
01 05	Lamas e outros resíduos de perfuração:
01 05 04	Lamas e outros resíduos de perfuração contendo água doce.
01 05 05 (*)	Lamas e outros resíduos de perfuração contendo hidrocarbonetos.
01 05 06 (*)	Lamas e outros resíduos de perfuração contendo substâncias perigosas.
01 05 07	Lamas e outros resíduos de perfuração contendo sais de bário não abrangidos em 01 05 05 e 01 05 06.
01 05 08	Lamas e outros resíduos de perfuração contendo cloretos não abrangidos em 01 05 05 e 01 05 06.
01 05 99	Outros resíduos não anteriormente especificados.
02	Resíduos da agricultura, horticultura, aquacultura, silvicultura, caça e pesca, e da preparação e processamento de produtos alimentares:
02 01	Resíduos da agricultura, horticultura, aquacultura, silvicultura, caça e pesca:
02 01 01	Lamas provenientes da lavagem e limpeza.
02 01 02	Resíduos de tecidos animais.
02 01 03	Resíduos de tecidos vegetais.
02 01 04	Resíduos de plásticos (excluindo embalagens).
02 01 06	Fezes, urina e estrume de animais (incluindo palha suja), efluentes recolhidos separadamente e tratados noutro local.
02 01 07	Resíduos silvícolas.
02 01 08 (*)	Resíduos agro-químicos contendo substâncias perigosas.
02 01 09	Resíduos agro-químicos não abrangidos em 02 01 08.
02 01 10	Resíduos metálicos.

02 01 99	Outros resíduos não anteriormente especificados.
02 02	Resíduos da preparação e processamento de carne, peixe e outros produtos alimentares de origem animal:
02 02 01	Lamas provenientes da lavagem e limpeza.
02 02 02	Resíduos de tecidos animais.
02 02 03	Materiais impróprios para consumo ou processamento.
02 02 04	Lamas do tratamento local de efluentes.
02 02 99	Outros resíduos não anteriormente especificados.
02 03	Resíduos da preparação e processamento de frutos, legumes, cereais, óleos alimentares, cacau, café, chá e tabaco; resíduos da produção de conservas; resíduos da produção de levedura e extracto de levedura e da preparação e fermentação de melaços:
02 03 01	Lamas de lavagem, limpeza, descasque, centrifugação e separação.
02 03 02	Resíduos de agentes conservantes.
02 03 03	Resíduos da extracção por solventes.
02 03 04	Materiais impróprios para consumo ou processamento.
02 03 05	Lamas do tratamento local de efluentes.
02 03 99	Outros resíduos não anteriormente especificados.
02 04	Resíduos do processamento de açúcar:
02 04 01	Terra proveniente da limpeza e lavagem da beterraba.
02 04 02	Carbonato de cálcio fora de especificação.
02 04 03	Lamas do tratamento local de efluentes.
02 04 99	Outros resíduos não anteriormente especificados.
02 05	Resíduos da indústria de lacticínios:
02 05 01	Materiais impróprios para consumo ou processamento.
02 05 02	Lamas do tratamento local de efluentes.
02 05 99	Outros resíduos não anteriormente especificados.
02 06	Resíduos da indústria de panificação, pastelaria e confeitaria:
02 06 01	Materiais impróprios para consumo ou processamento.
02 06 02	Resíduos de agentes conservantes.
02 06 03	Lamas do tratamento local de efluentes.
02 06 99	Outros resíduos não anteriormente especificados.
02 07	Resíduos da produção de bebidas alcoólicas e não alcoólicas (excluindo café, chá e cacau):
02 07 01	Resíduos da lavagem, limpeza e redução mecânica das matérias-primas.
02 07 02	Resíduos da destilação de álcool.
02 07 03	Resíduos de tratamentos químicos.
02 07 04	Materiais impróprios para consumo ou processamento.
02 07 05	Lamas do tratamento local de efluentes.
02 07 99	Outros resíduos não anteriormente especificados.
03	Resíduos do processamento de madeira e do fabrico de painéis, mobiliário, pasta para papel, papel e cartão:

03 01	Resíduos do processamento de madeira e fabrico de painéis e mobiliário:
03 01 01	Resíduos do descasque de madeira e de cortiça.
03 01 04 (*)	Serradura, aparas, fitas de aplainamento, madeira, aglomerados e folheados, contendo substâncias perigosas.
03 01 05	Serradura, aparas, fitas de aplainamento, madeira, aglomerados e folheados não abrangidos em 03 01 04.
03 01 99	Outros resíduos não anteriormente especificados.
03 02	Resíduos da preservação da madeira:
03 02 01 (*)	Produtos orgânicos não halogenados de preservação da madeira.
03 02 02 (*)	Agentes organoclorados de preservação da madeira.
03 02 03 (*)	Agentes organometálicos de preservação da madeira.
03 02 04 (*)	Agentes inorgânicos de preservação da madeira.
03 02 05 (*)	Outros agentes de preservação da madeira contendo substâncias perigosas.
03 02 99	Agentes de preservação da madeira não anteriormente especificados.
03 03	Resíduos da produção e da transformação de pasta para papel, papel e cartão:
03 03 01	Resíduos do descasque de madeira e resíduos de madeira.
03 03 02	Lamas da lixívia verde (provenientes da valorização da lixívia de cozimento).
03 03 05	Lamas de destintagem, provenientes da reciclagem de papel.
03 03 07	Rejeitados mecanicamente separados do fabrico de pasta a partir de papel e cartão usado.
03 03 08	Resíduos da triagem de papel e cartão destinado a reciclagem.
03 03 09	Resíduos de lamas de cal.
03 03 10	Rejeitados de fibras e lamas de fibras, fillers e revestimentos, provenientes da separação mecânica.
03 03 11	Lamas do tratamento local de efluentes não abrangidas em 03 03 10.
03 03 99	Outros resíduos não anteriormente especificados.
04	Resíduos da indústria do couro e produtos de couro e da indústria têxtil:
04 01	Resíduos das indústrias do couro e produtos de couro:
04 01 01	Resíduos das operações de descarna e divisão de tripa.
04 01 02	Resíduos da operação de calagem.
04 01 03 (*)	Resíduos de desengorduramento contendo solventes sem fase aquosa.
04 01 04	Licores de curtimenta contendo crómio.
04 01 05	Licores de curtimenta sem crómio.
04 01 06	Lamas, em especial do tratamento local de efluentes, contendo crómio.
04 01 07	Lamas, em especial do tratamento local de efluentes, sem crómio.

04 01 08	Resíduos de pele curtida (aparas azuis, surragem, poeiras) contendo crómio.
04 01 09	Resíduos da confecção e acabamentos.
04 01 99	Outros resíduos não anteriormente especificados.
04 02	Resíduos da indústria têxtil:
04 02 09	Resíduos de materiais compósitos (têxteis impregnados, elastómeros, plastómeros).
04 02 10	Matéria orgânica de produtos naturais (por exemplo, gordura, cera).
04 02 14 (*)	Resíduos dos acabamentos, contendo solventes orgânicos.
04 02 15	Resíduos dos acabamentos não abrangidos em 04 02 14.
04 02 16 (*)	Corantes e pigmentos contendo substâncias perigosas.
04 02 17	Corantes e pigmentos não abrangidos em 04 02 16.
04 02 19 (*)	Lamas do tratamento local de efluentes contendo substâncias perigosas.
04 02 20	Lamas do tratamento local de efluentes não abrangidas em 04 02 19.
04 02 21	Resíduos de fibras têxteis não processadas.
04 02 22	Resíduos de fibras têxteis processadas.
04 02 99	Outros resíduos não anteriormente especificados.
05	Resíduos da refinação de petróleo, da purificação de gás natural e do tratamento pirolítico do carvão:
05 01	Resíduos da refinação de petróleo:
05 01 02 (*)	Lamas de dessalinização.
05 01 03 (*)	Lamas de fundo dos depósitos.
05 01 04 (*)	Lamas alquílicas ácidas.
05 01 05 (*)	Derrames de hidrocarbonetos.
05 01 06 (*)	Lamas contendo hidrocarbonetos provenientes de operações de manutenção das instalações ou equipamentos.
05 01 07 (*)	Alcatrões ácidos.
05 01 08 (*)	Outros alcatrões.
05 01 09 (*)	Lamas do tratamento local de efluentes contendo substâncias perigosas.
05 01 10	Lamas do tratamento local de efluentes não abrangidas em 05 01 09.
05 01 11 (*)	Resíduos da limpeza de combustíveis com bases.
05 01 12 (*)	Hidrocarbonetos contendo ácidos.
05 01 13	Lamas do tratamento de água para abastecimento de caldeiras.
05 01 14	Resíduos de colunas de arrefecimento.
05 01 15 (*)	Argilas de filtração usadas.
05 01 16	Resíduos contendo enxofre da dessulfuração de petróleo.
05 01 17	Betumes.
05 01 99	Outros resíduos não anteriormente especificados.
05 06	Resíduos do tratamento pirolítico do carvão:
05 06 01 (*)	Alcatrões ácidos.

05 06 03 (*)	Outros alcatrões.
05 06 04	Resíduos de colunas de arrefecimento.
05 06 99	Outros resíduos não anteriormente especificados.
05 07	Resíduos da purificação e transporte de gás natural:
05 07 01 (*)	Resíduos contendo mercúrio.
05 07 02	Resíduos contendo enxofre.
05 07 99	Outros resíduos não anteriormente especificados.
06	Resíduos de processos químicos inorgânicos:
06 01	Resíduos do fabrico, formulação, distribuição e utilização (FFDU) de ácidos:
06 01 01 (*)	Ácido sulfúrico e ácido sulfuroso.
06 01 02 (*)	Ácido clorídrico.
06 01 03 (*)	Ácido fluorídrico.
06 01 04 (*)	Ácido fosfórico e ácido fosforoso.
06 01 05 (*)	Ácido nítrico e ácido nitroso.
06 01 06 (*)	Outros ácidos.
06 01 99	Outros resíduos não anteriormente especificados.
06 02	Resíduos da FFDU de bases:
06 02 01 (*)	Hidróxido de cálcio.
06 02 03 (*)	Hidróxido de amónio.
06 02 04 (*)	Hidróxidos de sódio e de potássio.
06 02 05 (*)	Outras bases.
06 02 99	Outros resíduos não anteriormente especificados.
06 03	Resíduos do FFDU de sais e suas soluções e de óxidos metálicos:
06 03 11 (*)	Sais no estado sólido e em soluções contendo cianetos.
06 03 13 (*)	Sais no estado sólido e em soluções contendo metais pesados.
06 03 14	Sais no estado sólido e em soluções não abrangidos em 06 03 11 e 06 03 13.
06 03 15 (*)	Óxidos metálicos contendo metais pesados.
06 03 16	Óxidos metálicos não abrangidos em 06 03 15.
06 03 99	Outros resíduos não anteriormente especificados.
06 04	Resíduos contendo metais não abrangidos em 06 03:
06 04 03 (*)	Resíduos contendo arsénio.
06 04 04 (*)	Resíduos contendo mercúrio.
06 04 05 (*)	Resíduos contendo outros metais pesados.
06 04 99	Outros resíduos não anteriormente especificados.
06 05	Lamas do tratamento local de efluentes:
06 05 02 (*)	Lamas do tratamento local de efluentes contendo substâncias perigosas.
06 05 03	Lamas do tratamento local de efluentes não abrangidas em 06 05 02.
06 06	Resíduos do FFDU de produtos e processos químicos do enxofre e de processos de dessulfuração:
06 06 02 (*)	Resíduos contendo sulfuretos perigosos.
06 06 03	Resíduos contendo sulfuretos não abrangidos em 06 06 02.

06 06 99	Outros resíduos não anteriormente especificados.
06 07	Resíduos do FFDU de halogéneos é processos químicos dos halogéneos:
06 07 01 (*)	Resíduos de electrólise contendo amianto.
06 07 02 (*)	Resíduos de carvão activado utilizado na produção do cloro.
06 07 03 (*)	Lamas de sulfato de bário contendo mercúrio.
06 07 04 (*)	Soluções e ácidos, por exemplo, ácido de contacto.
06 07 99	Outros resíduos não anteriormente especificados.
06 08	Resíduos do FFDU do silício e seus derivados:
06 08 02 (*)	Resíduos contendo clorossilanos perigosos.
06 08 99	Outros resíduos não anteriormente especificados.
06 09	Resíduos do FFDU de produtos e processos químicos do fósforo:
06 09 02	Escórias com fósforo.
06 09 03 (*)	Resíduos cálcicos de reacção contendo ou contaminados com substâncias perigosas.
06 09 04	Resíduos cálcicos de reacção não abrangidos em 06 09 03.
06 09 99	Outros resíduos não anteriormente especificados.
06 10	Resíduos do FFDU de produtos e processos químicos do azoto e do fabrico de fertilizantes:
06 10 02 (*)	Resíduos contendo substâncias perigosas.
06 10 99	Outros resíduos não anteriormente especificados.
06 11	Resíduos do fabrico de pigmentos inorgânicos e opacificantes:
06 11 01	Resíduos cálcicos de reacção da produção de dióxido de titânio.
06 11 99	Outros resíduos não anteriormente especificados.
06 13	Resíduos de processos químicos inorgânicos não anteriormente especificados:
06 13 01 (*)	Produtos inorgânicos de protecção das plantas, agentes de preservação da madeira e outros biocidas.
06 13 02 (*)	Carvão activado usado (excepto 06 07 02).
06 13 03	Negro de fumo.
06 13 04 (*)	Resíduos do processamento do amianto.
06 13 05 (*)	Fuligem.
06 13 99	Outros resíduos não anteriormente especificados.
07	Resíduos de processos químicos orgânicos:
07 01	Resíduos do fabrico, formulação, distribuição e utilização (FFDU) de produtos químicos orgânicos de base:
07 01 01 (*)	Líquidos de lavagem e licores mãe aquosos.
07 01 03 (*)	Solventes, líquidos de lavagem e licores mãe orgânicos halogenados.
07 01 04 (*)	Outros solventes, líquidos de lavagem e licores mãe orgânicos.
07 01 07 (*)	Resíduos de destilação e resíduos de reacção halogenados.
07 01 08 (*)	Outros resíduos de destilação e resíduos de reacção.
07 01 09 (*)	Absorventes usados e bolos de filtração halogenados.
07 01 10 (*)	Outros absorventes usados e bolos de filtração.

07 01 11 (*)	Lamas do tratamento local de efluentes contendo substâncias perigosas.
07 01 12	Lamas do tratamento local de efluentes não abrangidas em 07 01 11.
07 01 99	Outros resíduos não anteriormente especificados.
07 02	Resíduos do FFDU de plásticos, borracha e fibras sintéticas:
07 02 01 (*)	Líquidos de lavagem e licores mãe aquosos.
07 02 03 (*)	Solventes, líquidos de lavagem e licores mãe orgânicos halogenados.
07 02 04 (*)	Outros solventes, líquidos de lavagem e licores mãe orgânicos.
07 02 07 (*)	Resíduos de destilação e resíduos de reacção halogenados.
07 02 08 (*)	Outros resíduos de destilação e resíduos de reacção.
07 02 09 (*)	Absorventes usados e bolos de filtração halogenados.
07 02 10 (*)	Outros absorventes usados e bolos de filtração.
07 02 11 (*)	Lamas do tratamento local de efluentes contendo substâncias perigosas.
07 02 12	Lamas do tratamento local de efluentes não abrangidas em 07 02 11.
07 02 13	Resíduos de plásticos.
07 02 14 (*)	Resíduos de aditivos contendo substâncias perigosas.
07 02 15	Resíduos de aditivos não abrangidos em 07 02 14.
07 02 16 (*)	Resíduos contendo silicones perigosos.
07 02 17	Resíduos contendo silicones que não os mencionados na rubrica 07 02 16.
07 02 99	Outros resíduos não anteriormente especificados.
07 03	Resíduos do FFDU de corantes e pigmentos orgânicos (excepto 06 11):
07 03 01 (*)	Líquidos de lavagem e licores mãe aquosos.
07 03 03 (*)	Solventes, líquidos de lavagem e licores mãe orgânicos halogenados.
07 03 04 (*)	Outros solventes, líquidos de lavagem e licores mãe orgânicos.
07 03 07 (*)	Resíduos de destilação e resíduos de reacção halogenados.
07 03 08 (*)	Outros resíduos de destilação e resíduos de reacção.
07 03 09 (*)	Absorventes usados e bolos de filtração halogenados.
07 03 10 (*)	Outros absorventes usados e bolos de filtração.
07 03 11 (*)	Lamas do tratamento local de efluentes contendo substâncias perigosas.
07 03 12	Lamas do tratamento local de efluentes não abrangidas em 07 03 11.
07 03 99	Outros resíduos não anteriormente especificados.
07 04	Resíduos do FFDU de produtos orgânicos de protecção das plantas (excepto 02 01 08 e 02 01 09), agente de preservação da madeira (excepto 03 02) e outros biocidas:
07 04 01 (*)	Líquidos de lavagem e licores mãe aquosos.
07 04 03 (*)	Solventes, líquidos de lavagem e licores mãe orgânicos halogenados.

07 04 04 (*)	Outros solventes, líquidos de lavagem e licores mãe orgânicos.
07 04 07 (*)	Resíduos de destilação e resíduos de reacção halogenados.
07 04 08 (*)	Outros resíduos de destilação e resíduos de reacção.
07 04 09 (*)	Absorventes usados e bolos de filtração halogenados.
07 04 10 (*)	Outros absorventes usados e bolos de filtração.
07 04 11 (*)	Lamas do tratamento local de efluentes contendo substâncias perigosas.
07 04 12	Lamas do tratamento local de efluentes não abrangidas em 07 04 11.
07 04 13 (*)	Resíduos sólidos contendo substâncias perigosas.
07 04 99	Outros resíduos não anteriormente especificados.
07 05	Resíduos do FFDU de produtos farmacêuticos:
07 05 01 (*)	Líquidos de lavagem e licores mãe aquosos.
07 05 03 (*)	Solventes, líquidos de lavagem e licores mãe orgânicos halogenados.
07 05 04 (*)	Outros solventes, líquidos de lavagem e licores mãe orgânicos.
07 05 07 (*)	Resíduos de destilação e resíduos de reacção halogenados.
07 05 08 (*)	Outros resíduos de destilação e resíduos de reacção.
07 05 09 (*)	Absorventes usados e bolos de filtração halogenados.
07 05 10 (*)	Outros absorventes usados e bolos de filtração.
07 05 11 (*)	Lamas do tratamento local de efluentes contendo substâncias perigosas.
07 05 12	Lamas do tratamento local de efluentes não abrangidas em 07 05 11.
07 05 13 (*)	Resíduos sólidos contendo substâncias perigosas.
07 05 14	Resíduos sólidos não abrangidos em 07 05 13.
07 05 99	Outros resíduos não anteriormente especificados.
07 06	Resíduos do FFDU de gorduras, sabões, detergentes, desinfectantes e cosméticos:
07 06 01 (*)	Líquidos de lavagem e licores mãe aquosos.
07 06 03 (*)	Solventes, líquidos de lavagem e licores mãe orgânicos halogenados.
07 06 04 (*)	Outros solventes, líquidos de lavagem e licores mãe orgânicos.
07 06 07 (*)	Resíduos de destilação e resíduos de reacção halogenados.
07 06 08 (*)	Outros resíduos de destilação e resíduos de reacção.
07 06 09 (*)	Absorventes usados e bolos de filtração halogenados.
07 06 10 (*)	Outros absorventes usados e bolos de filtração.
07 06 11 (*)	Lamas do tratamento local de efluentes contendo substâncias perigosas.
07 06 12	Lamas do tratamento local de efluentes não abrangidas em 07 06 11.
07 06 99	Outros resíduos não anteriormente especificados.
07 07	Resíduos do FFDU da química fina e de produtos químicos não anteriormente especificados:
07 07 01 (*)	Líquidos de lavagem e licores mãe aquosos.
07 07 03 (*)	Solventes, líquidos de lavagem e licores mãe orgânicos halogenados.

07 07 04 (*)	Outros solventes, líquidos de lavagem e licores mãe orgânicos.
07 07 07 (*)	Resíduos de destilação e resíduos de reacção halogenados.
07 07 08 (*)	Outros resíduos de destilação e resíduos de reacção.
07 07 09 (*)	Absorventes usados e bolos de filtração halogenados.
07 07 10 (*)	Outros absorventes usados e bolos de filtração.
07 07 11 (*)	Lamas do tratamento local de efluentes contendo substâncias perigosas.
07 07 12	Lamas do tratamento local de efluentes não abrangidas em 07 07 11.
07 07 99	Outros resíduos não anteriormente especificados.
08	Resíduos do fabrico, formulação, distribuição e utilização (FFDU) de revestimentos (tintas, vernizes e esmaltes vítreos), colas, vedantes e tintas de impressão:
08 01	Resíduos do FFDU e remoção de tintas e vernizes:
08 01 11 (*)	Resíduos de tintas e vernizes contendo solventes orgânicos ou outras substâncias perigosas.
08 01 12	Resíduos de tintas e vernizes não abrangidos em 08 01 11.
08 01 13 (*)	Lamas de tintas e vernizes contendo solventes orgânicos ou outras substâncias perigosas.
08 01 14	Lamas de tintas e vernizes não abrangidas em 08 01 13.
08 01 15 (*)	Lamas aquosas contendo tintas e vernizes com solventes orgânicos ou outras substâncias perigosas.
08 01 16	Lamas aquosas contendo tintas e vernizes não abrangidas em 08 01 15.
08 01 17 (*)	Resíduos da remoção de tintas e vernizes contendo solventes orgânicos ou outras substâncias perigosas.
08 01 18	Resíduos da remoção de tintas e vernizes não abrangidos em 08 01 17.
08 01 19 (*)	Suspensões aquosas contendo tintas ou vernizes com solventes orgânicos ou outras substâncias perigosas.
08 01 20	Suspensões aquosas contendo tintas e vernizes não abrangidas em 08 01 19.
08 01 21 (*)	Resíduos de produtos de remoção de tintas e vernizes.
08 01 99	Outros resíduos não anteriormente especificados.
08 02	Resíduos do FFDU de outros revestimentos (incluindo materiais cerâmicos):
08 02 01	Resíduos de revestimentos na forma pulverulenta.
08 02 02	Lamas aquosas contendo materiais cerâmicos.
08 02 03	Suspensões aquosas contendo materiais cerâmicos.
08 02 99	Outros resíduos não anteriormente especificados.
08 03	Resíduos do FFDU de tintas de impressão:
08 03 07	Lamas aquosas contendo tintas de impressão.
08 03 08	Resíduos líquidos aquosos contendo tintas de impressão.
08 03 12 (*)	Resíduos de tintas de impressão contendo substâncias perigosas.
08 03 13	Resíduos de tintas não abrangidos em 08 03 12.

08 03 14 (*)	Lamas de tintas de impressão contendo substâncias perigosas.
08 03 15	Lamas de tintas de impressão não abrangidas em 08 03 14.
08 03 16 (*)	Resíduos de soluções de águas-fortes.
08 03 17 (*)	Resíduos de tonner de impressão contendo substâncias perigosas.
08 03 18	Resíduos de tonner de impressão não abrangidos em 08 03 17.
08 03 19 (*)	Óleos de dispersão.
08 03 99	Outros resíduos não anteriormente especificados.
08 04	Resíduos do FFDU de colas e vedantes (incluindo produtos impermeabilizantes):
08 04 09 (*)	Resíduos de colas ou vedantes contendo solventes orgânicos ou outras substâncias perigosas.
08 04 10	Resíduos de colas ou vedantes não abrangidos em 08 04 09.
08 04 11 (*)	Lamas de colas ou vedantes contendo solventes orgânicos ou outras substâncias perigosas.
08 04 12	Lamas de colas ou vedantes não abrangidas em 08 04 11.
08 04 13 (*)	Lamas aquosas contendo colas ou vedantes com solventes orgânicos ou outras substâncias perigosas.
08 04 14	Lamas aquosas contendo colas ou vedantes não abrangidas em 08 04 13.
08 04 15 (*)	Resíduos líquidos aquosos contendo colas ou vedantes com solventes orgânicos ou outras substâncias perigosas.
08 04 16	Resíduos líquidos aquosos contendo colas ou vedantes não abrangidos em 08 04 15.
08 04 17 (*)	Óleo de resina.
08 04 99	Outros resíduos não anteriormente especificados.
08 05	Outros resíduos não anteriormente especificados em 08:
08 05 01 (*)	Resíduos de isocianatos.
09	Resíduos da indústria fotográfica:
09 01	Resíduos da indústria fotográfica:
09 01 01 (*)	Banhos de revelação e activação de base aquosa.
09 01 02 (*)	Banhos de revelação de chapas litográficas de impressão de base aquosa.
09 01 03 (*)	Banhos de revelação à base de solventes.
09 01 04 (*)	Banhos de fixação.
09 01 05 (*)	Banhos de branqueamento e de fixadores de branqueamento.
09 01 06 (*)	Resíduos contendo prata do tratamento local de resíduos fotográficos.
09 01 07	Película e papel fotográfico com prata ou compostos de prata.
09 01 08	Película e papel fotográfico sem prata ou compostos de prata.
09 01 10	Máquinas fotográficas descartáveis sem pilhas.
09 01 11 (*)	Máquinas fotográficas descartáveis com pilhas incluídas em 16 06 01, 16 06 02 ou 16 06 03.
09 01 12	Máquinas fotográficas descartáveis com pilhas não abrangidas em 09 01 11.

09 01 13 (*)	Resíduos líquidos aquosos da recuperação local de prata não abrangidos em 09 01 06.
09 01 99	Outros resíduos não anteriormente especificados.
10	Resíduos de processos térmicos:
10 01	Resíduos de centrais eléctricas e de outras instalações de combustão (excepto 19):
10 01 01	Cinzas, escórias e poeiras de caldeiras (excluindo as poeiras de caldeiras abrangidas em 10 01 04).
10 01 02	Cinzas volantes da combustão de carvão.
10 01 03	Cinzas volantes da combustão de turfa ou madeira não tratada.
10 01 04 (*)	Cinzas volantes e poeiras de caldeiras da combustão de hidrocarbonetos.
10 01 05	Resíduos cálcicos de reacção, na forma sólida, provenientes da dessulfuração de gases de combustão.
10 01 07	Resíduos cálcicos de reacção, na forma de lamas, provenientes da dessulfuração de gases de combustão.
10 01 09 (*)	Ácido sulfúrico.
10 01 13 (*)	Cinzas volantes da combustão de hidrocarbonetos emulsionados utilizados como combustível.
10 01 14 (*)	Cinzas, escórias e poeiras de caldeiras de co-incineração contendo substâncias perigosas.
10 01 15	Cinzas, escórias e poeiras de caldeiras de co-incineração não abrangidas em 10 01 14.
10 01 16 (*)	Cinzas volantes de co-incineração contendo substâncias perigosas.
10 01 17	Cinzas volantes de co-incineração não abrangidas em 10 01 16.
10 01 18 (*)	Resíduos de limpeza de gases contendo substâncias perigosas.
10 01 19	Resíduos de limpeza de gases não abrangidos em 10 01 05, 10 01 07 e 10 01 18.
10 01 20 (*)	Lamas do tratamento local de efluentes contendo substâncias perigosas.
10 01 21	Lamas do tratamento local de efluentes não abrangidas em 10 01 20.
10 01 22 (*)	Lamas aquosas provenientes da limpeza de caldeiras contendo substâncias perigosas.
10 01 23	Lamas aquosas provenientes da limpeza de caldeiras não abrangidas em 10 01 22.
10 01 24	Areias de leitos fluidizados.
10 01 25	Resíduos do armazenamento de combustíveis e da preparação de centrais eléctricas a carvão.
10 01 26	Resíduos do tratamento da água de arrefecimento.
10 01 99	Outros resíduos não anteriormente especificados.
10 02	Resíduos da indústria do ferro e do aço:
10 02 01	Resíduos do processamento de escórias.
10 02 02	Escórias não processadas.

10 02 07 (*)	Resíduos sólidos do tratamento de gases contendo substâncias perigosas.
10 02 08	Resíduos sólidos do tratamento de gases não abrangidos em 10 02 07.
10 02 10	Escamas de laminagem.
10 02 11 (*)	Resíduos do tratamento da água de arrefecimento contendo hidrocarbonetos.
10 02 12	Resíduos do tratamento da água de arrefecimento não abrangidos em 10 02 11.
10 02 13 (*)	Lamas e bolos de filtração do tratamento de gases contendo substâncias perigosas.
10 02 14	Lamas e bolos de filtração do tratamento de gases não abrangidos em 10 02 13.
10 02 15	Outras lamas e bolos de filtração.
10 02 99	Outros resíduos não anteriormente especificados.
10 03	Resíduos da pirometalurgia do alumínio:
10 03 02	Resíduos de ânodos.
10 03 04 (*)	Escórias da produção primária.
10 03 05	Resíduos de alumina.
10 03 08 (*)	Escórias salinas da produção secundária.
10 03 09 (*)	Impurezas negras da produção secundária.
10 03 15 (*)	Escumas inflamáveis ou que, em contacto com a água, libertam gases inflamáveis em quantidades perigosas.
10 03 16	Escumas não abrangidas em 10 03 15.
10 03 17 (*)	Resíduos do fabrico de ânodos contendo alcatrão.
10 03 18	Resíduos do fabrico de ânodos contendo carbono, não abrangidos em 10 03 17.
10 03 19 (*)	Poeiras de gases de combustão contendo substâncias perigosas.
10 03 20	Poeiras de gases de combustão não abrangidas em 10 03 19.
10 03 21 (*)	Outras partículas e poeiras (incluindo poeiras da trituração de escórias) contendo substâncias perigosas.
10 03 22	Outras partículas e poeiras (incluindo poeiras da trituração de escórias) não abrangidas em 10 03 21.
10 03 23 (*)	Resíduos sólidos do tratamento de gases contendo substâncias perigosas.
10 03 24	Resíduos sólidos do tratamento de gases não abrangidos em 10 03 23.
10 03 25 (*)	Lamas e bolos de filtração do tratamento de gases contendo substâncias perigosas.
10 03 26	Lamas e bolos de filtração do tratamento de gases não abrangidos em 10 03 25.
10 03 27 (*)	Resíduos do tratamento da água de arrefecimento contendo hidrocarbonetos.

10 03 28	Resíduos do tratamento da água de arrefecimento não abrangidos em 10 03 27.
10 03 29 (*)	Resíduos do tratamento das escórias salinas e do tratamento das impurezas negras contendo substâncias perigosas.
10 03 30	Resíduos do tratamento das escórias salinas e do tratamento das impurezas negras não abrangidos em 10 03 29.
10 03 99	Outros resíduos não anteriormente especificados.
10 04	Resíduos da pirometalurgia do chumbo:
10 04 01 (*)	Escórias da produção primária e secundária.
10 04 02 (*)	Impurezas e escumas da produção primária e secundária.
10 04 03 (*)	Arseniato de cálcio.
10 04 04 (*)	Poeiras de gases de combustão.
10 04 05 (*)	Outras partículas e poeiras.
10 04 06 (*)	Resíduos sólidos do tratamento de gases.
10 04 07 (*)	Lamas e bolos de filtração do tratamento de gases.
10 04 09 (*)	Resíduos do tratamento da água de arrefecimento contendo hidrocarbonetos.
10 04 10	Resíduos do tratamento da água de arrefecimento não abrangidos em 10 04 09.
10 04 99	Outros resíduos não anteriormente especificados.
10 05	Resíduos da pirometalurgia do zinco:
10 05 01	Escórias da produção primária e secundária.
10 05 03 (*)	Poeiras de gases de combustão.
10 05 04	Outras partículas e poeiras.
10 05 05 (*)	Resíduos sólidos do tratamento de gases.
10 05 06 (*)	Lamas e bolos de filtração do tratamento de gases.
10 05 08 (*)	Resíduos do tratamento da água de arrefecimento contendo hidrocarbonetos.
10 05 09	Resíduos do tratamento da água de arrefecimento não abrangidos em 10 05 08.
10 05 10 (*)	Impurezas e escumas inflamáveis ou que, em contacto com a água, libertam gases inflamáveis em quantidades perigosas.
10 05 11	Impurezas e escumas não abrangidas em 10 05 10.
10 05 99	Outros resíduos não anteriormente especificados.
10 06	Resíduos da pirometalurgia do cobre:
10 06 01	Escórias da produção primária e secundária.
10 06 02	Impurezas e escumas da produção primária e secundária.
10 06 03 (*)	Poeiras de gases de combustão.
10 06 04	Outras partículas e poeiras.
10 06 06 (*)	Resíduos sólidos do tratamento de gases.
10 06 07 (*)	Lamas e bolos de filtração do tratamento de gases.
10 06 09 (*)	Resíduos do tratamento da água de arrefecimento contendo hidrocarbonetos.

10 06 10	Resíduos do tratamento da água de arrefecimento não abrangidos em 10 06 09.
10 06 99	Outros resíduos não anteriormente especificados.
10 07	Resíduos da pirometalurgia da prata, do ouro e da platina:
10 07 01	Escórias da produção primária e secundária.
10 07 02	Impurezas e escumas da produção primária e secundária.
10 07 03	Resíduos sólidos do tratamento de gases.
10 07 04	Outras partículas e poeiras.
10 07 05	Lamas e bolos de filtração do tratamento de gases.
10 07 07 (*)	Resíduos do tratamento da água de arrefecimento contendo hidrocarbonetos.
10 07 08	Resíduos do tratamento da água de arrefecimento não abrangidos em 10 07 07.
10 07 99	Outros resíduos não anteriormente especificados.
10 08	Resíduos da pirometalurgia de outros metais não ferrosos:
10 08 04	Partículas e poeiras.
10 08 08 (*)	Escórias salinas da produção primária e secundária.
10 08 09	Outras escórias.
10 08 10 (*)	Impurezas e escumas inflamáveis ou que, em contacto com a água, libertam gases inflamáveis em quantidades perigosas.
10 08 11	Impurezas e escumas não abrangidas em 10 08 10.
10 08 12 (*)	Resíduos do fabrico de ânodos contendo alcatrão.
10 08 13	Resíduos do fabrico de ânodos contendo carbono não abrangidos em 10 08 12.
10 08 14	Resíduos de ânodos.
10 08 15 (*)	Poeiras de gases de combustão contendo substâncias perigosas.
10 08 16	Poeiras de gases de combustão não abrangidas em 10 08 15.
10 08 17 (*)	Lamas e bolos de filtração do tratamento de gases de combustão contendo substâncias perigosas.
10 08 18	Lamas e bolos de filtração do tratamento de gases de combustão não abrangidos em 10 08 17.
10 08 19 (*)	Resíduos do tratamento da água de arrefecimento contendo hidrocarbonetos.
10 08 20	Resíduos do tratamento da água de arrefecimento não abrangidos em 10 08 19.
10 08 99	Outros resíduos não anteriormente especificados.
10 09	Resíduos da fundição de peças ferrosas:
10 09 03	Escórias do forno.
10 09 05 (*)	Machos e moldes de fundição não vazados contendo substâncias perigosas.
10 09 06	Machos e moldes de fundição não vazados não abrangidos em 10 09 05.
10 09 07 (*)	Machos e moldes de fundição vazados contendo substâncias perigosas.

10 09 08	Machos e moldes de fundição vazados não abrangidos em 10 09 07.
10 09 09 (*)	Poeiras de gases de combustão contendo substâncias perigosas.
10 09 10	Poeiras de gases de combustão não abrangidas em 10 09 09.
10 09 11 (*)	Outras partículas contendo substâncias perigosas.
10 09 12	Outras partículas não abrangidas em 10 09 11.
10 09 13 (*)	Resíduos de aglutinantes contendo substâncias perigosas.
10 09 14	Resíduos de aglutinantes não abrangidos em 10 09 13.
10 09 15 (*)	Resíduos de agentes indicadores de fendilhação contendo substâncias perigosas.
10 09 16	Resíduos de agentes indicadores de fendilhação não abrangidos em 10 09 15.
10 09 99	Outros resíduos não anteriormente especificados.
10 10	Resíduos da fundição de peças não ferrosas:
10 10 03	Escórias do forno.
10 10 05 (*)	Machos e moldes de fundição não vazados contendo substâncias perigosas.
10 10 06	Machos e moldes de fundição não vazados não abrangidos em 10 10 05.
10 10 07 (*)	Machos e moldes de fundição vazados contendo substâncias perigosas.
10 10 08	Machos e moldes de fundição vazados não abrangidos em 10 10 07.
10 10 09 (*)	Poeiras de gases de combustão contendo substâncias perigosas.
10 10 10	Poeiras de gases de combustão não abrangidas em 10 10 09.
10 10 11 (*)	Outras partículas contendo substâncias perigosas.
10 10 12	Outras partículas não abrangidas em 10 10 11.
10 10 13 (*)	Resíduos de aglutinantes contendo substâncias perigosas.
10 10 14	Resíduos de aglutinantes não abrangidos em 10 10 13.
10 10 15 (*)	Resíduos de agentes indicadores de fendilhação contendo substâncias perigosas.
10 10 16	Resíduos de agentes indicadores de fendilhação não abrangidos em 10 10 15.
10 10 99	Outros resíduos não anteriormente especificados.
10 11	Resíduos do fabrico do vidro e de produtos de vidro:
10 11 03	Resíduos de materiais fibrosos à base de vidro.
10 11 05	Partículas e poeiras.
10 11 09 (*)	Resíduos da preparação da mistura (antes do processo térmico) contendo substâncias perigosas.
10 11 10	Resíduos da preparação da mistura (antes do processo térmico) não abrangidos em 10 11 09.
10 11 11 (*)	Resíduos de vidro em pequenas partículas e em pó de vidro contendo metais pesados (por exemplo, tubos catódicos).
10 11 12	Resíduos de vidro não abrangidos em 10 11 11.
10 11 13 (*)	Lamas de polimento e rectificação de vidro contendo substâncias perigosas.

10 11 14	Lamas de polimento e rectificação de vidro não abrangidas em 10 11 13.
10 11 15 (*)	Resíduos sólidos do tratamento de gases de combustão contendo substâncias perigosas.
10 11 16	Resíduos sólidos do tratamento de gases de combustão não abrangidos em 10 11 15.
10 11 17 (*)	Lamas e bolos de filtração do tratamento de gases de combustão contendo substâncias perigosas.
10 11 18	Lamas e bolos de filtração do tratamento de gases de combustão não abrangidos em 10 11 17.
10 11 19 (*)	Resíduos sólidos do tratamento local de efluentes contendo substâncias perigosas.
10 11 20	Resíduos sólidos do tratamento local de efluentes não abrangidos em 10 11 19.
10 11 99	Outros resíduos não anteriormente especificados.
10 12	Resíduos do fabrico de peças cerâmicas, tijolos, ladrilhos, telhas e produtos de construção:
10 12 01	Resíduos da preparação da mistura (antes do processo térmico).
10 12 03	Partículas e poeiras.
10 12 05	Lamas e bolos de filtração do tratamento de gases.
10 12 06	Moldes fora de uso.
10 12 08	Resíduos do fabrico de peças cerâmicas, tijolos, ladrilhos, telhas e produtos de construção (após o processo térmico).
10 12 09 (*)	Resíduos sólidos do tratamento de gases contendo substâncias perigosas.
10 12 10	Resíduos sólidos do tratamento de gases não abrangidos em 10 12 09.
10 12 11 (*)	Resíduos de vitrificação contendo metais pesados.
10 12 12	Resíduos de vitrificação não abrangidos em 10 12 11.
10 12 13	Lamas do tratamento local de efluentes.
10 12 99	Outros resíduos não anteriormente especificados.
10 13	Resíduos do fabrico de cimento, cal e gesso e de artigos e produtos fabricados a partir deles:
10 13 01	Resíduos da preparação da mistura antes do processo térmico.
10 13 04	Resíduos da calcinação e hidratação da cal.
10 13 06	Partículas e poeiras (excepto 10 13 12 e 10 13 13).
10 13 07	Lamas e bolos de filtração do tratamento de gases.
10 13 09 (*)	Resíduos do fabrico de fibrocimento contendo amianto.
10 13 10	Resíduos do fabrico de fibrocimento não abrangidos em 10 13 09.
10 13 11	Resíduos de materiais compósitos à base de cimento não abrangidos em 10 13 09 e 10 13 10.
10 13 12 (*)	Resíduos sólidos do tratamento de gases contendo substâncias perigosas.
10 13 13	Resíduos sólidos do tratamento de gases não abrangidos em 10 13 12.
10 13 14	Resíduos de betão e de lamas de betão.

10 13 99	Outros resíduos não anteriormente especificados.
10 14	Resíduos de crematórios:
10 14 01 (*)	Resíduos de limpeza de gases contendo mercúrio.
11	Resíduos de tratamentos químicos e revestimentos de metais e outros materiais; resíduos da hidrometalurgia de metais não ferrosos:
11 01	Resíduos de tratamentos químicos de superfície e revestimentos de metais e outros materiais (por exemplo, galvanização, zincagem, decapagem, contrastação, fosfatação, desengorduramento alcalino, anodização):
11 01 05 (*)	Ácidos de decapagem.
11 01 06 (*)	Ácidos não anteriormente especificados.
11 01 07 (*)	Bases de decapagem.
11 01 08 (*)	Lamas de fosfatação.
11 01 09 (*)	Lamas e bolos de filtração contendo substâncias perigosas.
11 01 10	Lamas e bolos de filtração não abrangidos em 11 01 09.
11 01 11 (*)	Líquidos de lavagem aquosos contendo substâncias perigosas.
11 01 12	Líquidos de lavagem aquosos não abrangidos em 11 01 11.
11 01 13 (*)	Resíduos de desengorduramento contendo substâncias perigosas.
11 01 14	Resíduos de desengorduramento não abrangidos em 11 01 13.
11 01 15 (*)	Eluatos e lamas de sistemas de membranas ou de permuta iónica contendo substâncias perigosas.
11 01 16 (*)	Resinas de permuta iónica saturadas ou usadas.
11 01 98 (*)	Outros resíduos contendo substâncias perigosas.
11 01 99	Outros resíduos não anteriormente especificados.
11 02	Resíduos de processos hidrometalúrgicos de metais não ferrosos:
11 02 02 (*)	Lamas da hidrometalurgia do zinco (incluindo jarosite, goetite).
11 02 03	Resíduos da produção de ânodos dos processos electrolíticos aquosos.
11 02 05 (*)	Resíduos de processos hidrometalúrgicos do cobre contendo substâncias perigosas.
11 02 06	Resíduos de processos hidrometalúrgicos do cobre não abrangidos em 11 02 05.
11 02 07 (*)	Outros resíduos contendo substâncias perigosas.
11 02 99	Outros resíduos não anteriormente especificados.
11 03	Lamas e sólidos de processos de têmpera:
11 03 01 (*)	Resíduos contendo cianetos.
11 03 02 (*)	Outros resíduos.
11 05	Resíduos de processos de galvanização a quente:
11 05 01	Escórias de zinco.
11 05 02	Cinzas de zinco.
11 05 03 (*)	Resíduos sólidos do tratamento de gases.
11 05 04 (*)	Fluxantes usados.
11 05 99	Outros resíduos não anteriormente especificados.

12	Resíduos da moldagem e do tratamento físico e mecânico de superfície de metais e plásticos:
12 01	Resíduos da moldagem e do tratamento físico e mecânico de superfície de metais e plásticos:
12 01 01	Aparas e limalhas de metais ferrosos.
12 01 02	Poeiras e partículas de metais ferrosos.
12 01 03	Aparas e limalhas de metais não ferrosos.
12 01 04	Poeiras e partículas de metais não ferrosos.
12 01 05	Aparas de matérias plásticas.
12 01 06 (*)	Óleos minerais de maquinagem com halogéneos (excepto emulsões e soluções).
12 01 07 (*)	Óleos minerais de maquinagem sem halogéneos (excepto emulsões e soluções).
12 01 08 (*)	Emulsões e soluções de maquinagem com halogéneos.
12 01 09 (*)	Emulsões e soluções de maquinagem sem halogéneos.
12 01 10 (*)	Óleos sintéticos de maquinagem.
12 01 12 (*)	Ceras e gorduras usadas.
12 01 13	Resíduos de soldadura.
12 01 14 (*)	Lamas de maquinagem contendo substâncias perigosas.
12 01 15	Lamas de maquinagem não abrangidas em 12 01 14.
12 01 16 (*)	Resíduos de materiais de granalhagem contendo substâncias perigosas.
12 01 17	Resíduos de materiais de granalhagem não abrangidos em 12 01 16.
12 01 18 (*)	Lamas metálicas (lamas de rectificação, superacabamento e lixagem) contendo óleo.
12 01 19 (*)	Óleos de maquinagem facilmente biodegradáveis.
12 01 20 (*)	Mós e materiais de rectificação usados contendo substâncias perigosas.
12 01 21	Mós e materiais de rectificação usados não abrangidos em 12 01 20.
12 01 99	Outros resíduos não anteriormente especificados.
12 03	Resíduos de processos de desengorduramento a água e a vapor (excepto 11):
12 03 01 (*)	Líquidos de lavagem aquosos.
12 03 02 (*)	Resíduos de desengorduramento a vapor.
13	Óleos usados e resíduos de combustíveis líquidos (excepto óleos alimentares e capítulos 05, 12 e 19):
13 01	Óleos hidráulicos usados:
13 01 01 (*)	Óleos hidráulicos contendo PCB (ver nota 1).
13 01 04 (*)	Emulsões cloradas.
13 01 05 (*)	Emulsões não cloradas.
13 01 09 (*)	Óleos hidráulicos minerais clorados.
13 01 10 (*)	Óleos hidráulicos minerais não clorados.
13 01 11 (*)	Óleos hidráulicos sintéticos.
13 01 12 (*)	Óleos hidráulicos facilmente biodegradáveis.

13 01 13 (*)	Outros óleos hidráulicos.
13 02	Óleos de motores, transmissões e lubrificação usados:
13 02 04 (*)	Óleos minerais clorados de motores, transmissões e lubrificação.
13 02 05 (*)	Óleos minerais não clorados de motores, transmissões e lubrificação.
13 02 06 (*)	Óleos sintéticos de motores, transmissões e lubrificação.
13 02 07 (*)	Óleos facilmente biodegradáveis de motores, transmissões e lubrificação.
13 02 08 (*)	Outros óleos de motores, transmissões e lubrificação.
13 03	Óleos isolantes e de transmissão de calor usados:
13 03 01 (*)	Óleos isolantes e de transmissão de calor contendo PCB.
13 03 06 (*)	Óleos minerais isolantes e de transmissão de calor clorados, não abrangidos em 13 03 01.
13 03 07 (*)	Óleos minerais isolantes e de transmissão de calor não clorados.
13 03 08 (*)	Óleos sintéticos isolantes e de transmissão de calor.
13 03 09 (*)	Óleos facilmente biodegradáveis isolantes e de transmissão de calor.
13 03 10 (*)	Outros óleos isolantes e de transmissão de calor.
13 04	Óleos de porão usados:
13 04 01 (*)	Óleos de porão de navios de navegação interior.
13 04 02 (*)	Óleos de porão provenientes das canalizações dos cais.
13 04 03 (*)	Óleos de porão de outros tipos de navios.
13 05	Conteúdo de separadores óleo/água:
13 05 01 (*)	Resíduos sólidos provenientes de desarenadores e de separadores óleo/água.
13 05 02 (*)	Lamas provenientes dos separadores óleo/água.
13 05 03 (*)	Lamas provenientes do interceptor.
13 05 06 (*)	Óleos provenientes dos separadores óleo/água.
13 05 07 (*)	Água com óleo proveniente dos separadores óleo/água.
13 05 08 (*)	Misturas de resíduos provenientes de desarenadores e de separadores óleo/água.
13 07	Resíduos de combustíveis líquidos:
13 07 01 (*)	Fuelóleo e gasóleo.
13 07 02 (*)	Gasolina.
13 07 03 (*)	Outros combustíveis (incluindo misturas).
13 08	Outros óleos usados não anteriormente especificados:
13 08 01 (*)	Lamas ou emulsões de dessalinização.
13 08 02 (*)	Outras emulsões.
13 08 99 (*)	Outros resíduos não anteriormente especificados.
14	Resíduos de solventes, fluidos de refrigeração e gases propulsores orgânicos (excepto 07 e 08):
14 06	Resíduos de solventes, fluidos de refrigeração e gases propulsores de espumas/aerossóis orgânicos:
14 06 01 (*)	Clorofluorcarbonetos, HCFC, HFC.
14 06 02 (*)	Outros solventes e misturas de solventes halogenados.

14 06 03 (*)	Outros solventes e misturas de solventes.
14 06 04 (*)	Lamas ou resíduos sólidos contendo solventes halogenados.
14 06 05 (*)	Lamas ou resíduos sólidos contendo outros solventes.
15	Resíduos de embalagens; absorventes, panos de limpeza, materiais filtrantes e vestuário de protecção não anteriormente especificados:
15 01	Embalagens (incluindo resíduos urbanos e equiparados de embalagens, recolhidos separadamente):
15 01 01	Embalagens de papel e cartão.
15 01 02	Embalagens de plástico.
15 01 03	Embalagens de madeira.
15 01 04	Embalagens de metal.
15 01 05	Embalagens compósitas.
15 01 06	Misturas de embalagens.
15 01 07	Embalagens de vidro.
15 01 09	Embalagens têxteis.
15 01 10 (*)	Embalagens contendo ou contaminadas por resíduos de substâncias perigosas.
15 01 11 (*)	Embalagens de metal, incluindo recipientes vazios sob pressão, com uma matriz porosa sólida perigosa (por exemplo, amianto).
15 02	Absorventes, materiais filtrantes, panos de limpeza e vestuário de protecção:
15 02 02 (*)	Absorventes, materiais filtrantes (incluindo filtros de óleo não anteriormente especificados), panos de limpeza e vestuário de protecção, contaminados por substâncias perigosas.
15 02 03	Absorventes, materiais filtrantes, panos de limpeza e vestuário de protecção não abrangidos em 15 02 02.
16	Resíduos não especificados em outros capítulos desta Lista:
16 01	Veículos em fim de vida de diferentes meios de transporte (incluindo máquinas todo o terreno) e resíduos do desmantelamento de veículos em fim de vida e da manutenção de veículos (excepto 13, 14, 16 06 e 16 08):
16 01 03	Pneus usados.
16 01 04 (*)	Veículos em fim de vida.
16 01 06	Veículos em fim de vida esvaziados de líquidos e outros componentes perigosos.
16 01 07 (*)	Filtros de óleo.
16 01 08 (*)	Componentes contendo mercúrio.
16 01 09 (*)	Componentes contendo PCB.
16 01 10 (*)	Componentes explosivos [por exemplo, almofadas de ar (air bags)].
16 01 11 (*)	Pastilhas de travões contendo amianto.
16 01 12	Pastilhas de travões não abrangidas em 16 01 11.
16 01 13 (*)	Fluidos de travões.

16 01 14 (*)	Fluidos anticongelantes contendo substâncias perigosas.
16 01 15	Fluidos anticongelantes não abrangidos em 16 01 14.
16 01 16	Depósitos para gás liquefeito.
16 01 17	Metais ferrosos.
16 01 18	Metais não ferrosos.
16 01 19	Plástico.
16 01 20	Vidro.
16 01 21 (*)	Componentes perigosos não abrangidos em 16 01 07 a 16 01 11, 16 01 13 e 16 01 14.
16 01 22	Componentes não anteriormente especificados.
16 01 99	Outros resíduos não anteriormente especificados.
16 02	Resíduos de equipamento eléctrico e electrónico:
16 02 09 (*)	Transformadores e condensadores contendo PCB.
16 02 10 (*)	Equipamento fora de uso contendo ou contaminado por PCB não abrangido em 16 02 09.
16 02 11 (*)	Equipamento fora de uso contendo clorofluorcarbonetos, HCFC, HFC.
16 02 12 (*)	Equipamento fora de uso contendo amianto livre.
16 02 13 (*)	Equipamento fora de uso contendo componentes perigosos (ver nota 2) não abrangidos em 16 02 09 a 16 02 12.
16 02 14	Equipamento fora de uso não abrangido em 16 02 09 a 16 02 13.
16 02 15 (*)	Componentes perigosos retirados de equipamento fora de uso.
16 02 16	Componentes retirados de equipamento fora de uso não abrangidos em 16 02 15.
16 03	Lotes fora de especificação e produtos não utilizados:
16 03 03 (*)	Resíduos inorgânicos contendo substâncias perigosas.
16 03 04	Resíduos inorgânicos não abrangidos em 16 03 03.
16 03 05 (*)	Resíduos orgânicos contendo substâncias perigosas.
16 03 06	Resíduos orgânicos não abrangidos em 16 03 05.
16 04	Resíduos de explosivos:
16 04 01 (*)	Resíduos de munições.
16 04 02 (*)	Resíduos de fogo de artifício.
16 04 03 (*)	Outros resíduos de explosivos.
16 05	Gases em recipientes sob pressão e produtos químicos fora de uso:
16 05 04 (*)	Gases em recipientes sob pressão (incluindo halons) contendo substâncias perigosas.
16 05 05	Gases em recipientes sob pressão não abrangidos em 16 05 04.
16 05 06 (*)	Produtos químicos de laboratório contendo ou compostos por substâncias perigosas, incluindo misturas de produtos químicos de laboratório.
16 05 07 (*)	Produtos químicos inorgânicos de laboratório contendo ou compostos por substâncias perigosas.
16 05 08 (*)	Produtos químicos orgânicos fora de uso contendo ou compostos por substâncias perigosas.

16 05 09	Produtos químicos fora de uso não abrangidos em 16 05 06, 16 05 07 ou 16 05 08.
16 06	Pilhas e acumuladores:
16 06 01 (*)	Acumuladores de chumbo.
16 06 02 (*)	Acumuladores de níquel-cádmio.
16 06 03 (*)	Pilhas contendo mercúrio.
16 06 04	Pilhas alcalinas (excepto 16 06 03).
16 06 05	Outras pilhas e acumuladores.
16 06 06 (*)	Electrólitos de pilhas e acumuladores recolhidos separadamente.
16 07	Resíduos da limpeza de tanques de transporte, de depósitos de armazenagem e de barris (excepto 05 e 13):
16 07 08 (*)	Resíduos contendo hidrocarbonetos.
16 07 09 (*)	Resíduos contendo outras substâncias perigosas.
16 07 99	Outros resíduos não anteriormente especificados.
16 08	Catalisadores usados:
16 08 01	Catalisadores usados contendo ouro, prata, rénio, ródio, paládio, irídio ou platina (excepto 16 08 07).
16 08 02 (*)	Catalisadores usados contendo metais de transição (ver nota 3) ou compostos de metais de transição perigosos.
16 08 03	Catalisadores usados contendo metais de transição ou compostos de metais de transição não especificados de outra forma.
16 08 04	Catalisadores usados de cracking catalítico em leito fluido (excepto 16 08 07).
16 08 05 (*)	Catalisadores usados contendo ácido fosfórico.
16 08 06 (*)	Líquidos usados utilizados como catalisadores.
16 08 07 (*)	Catalisadores usados contaminados com substâncias perigosas.
16 09	Substâncias oxidantes:
16 09 01 (*)	Permanganatos, por exemplo, permanganato de potássio.
16 09 02 (*)	Cromatos, por exemplo, cromato de potássio, dicromato de potássio ou de sódio.
16 09 03 (*)	Peróxidos, por exemplo, água oxigenada.
16 09 04 (*)	Substâncias oxidantes não anteriormente especificadas.
16 10	Resíduos líquidos aquosos destinados a serem tratados noutro local:
16 10 01 (*)	Resíduos líquidos aquosos contendo substâncias perigosas.
16 10 02	Resíduos líquidos aquosos não abrangidos em 16 10 01.
16 10 03 (*)	Concentrados aquosos contendo substâncias perigosas.
16 10 04	Concentrados aquosos não abrangidos em 16 10 03.
16 11	Resíduos de revestimentos de fornos e refractários:
16 11 01 (*)	Revestimentos de fornos e refractários à base de carbono provenientes de processos metalúrgicos contendo substâncias perigosas.
16 11 02	Revestimentos de fornos e refractários à base de carbono não abrangidos em 16 11 01.

16 11 03 (*)	Outros revestimentos de fornos e refractários provenientes de processos metalúrgicos contendo substâncias perigosas.
16 11 04	Outros revestimentos de fornos e refractários não abrangidos em 16 11 03.
16 11 05 (*)	Revestimentos de fornos e refractários provenientes de processos não metalúrgicos contendo substâncias perigosas.
16 11 06	Revestimentos de fornos e refractários provenientes de processos não metalúrgicos não abrangidos em 16 11 05.
17	Resíduos de construção e demolição (incluindo solos escavados de locais contaminados):
17 01	Betão, tijolos, ladrilhos, telhas e materiais cerâmicos:
17 01 01	Betão.
17 01 02	Tijolos.
17 01 03	Ladrilhos, telhas e materiais cerâmicos.
17 01 06 (*)	Misturas ou fracções separadas de betão, tijolos, ladrilhos, telhas e materiais cerâmicos contendo substâncias perigosas.
17 01 07	Misturas de betão, tijolos, ladrilhos, telhas e materiais cerâmicos não abrangidas em 17 01 06.
17 02	Madeira, vidro e plástico:
17 02 01	Madeira.
17 02 02	Vidro.
17 02 03	Plástico.
17 02 04 (*)	Vidro, plástico e madeira contendo ou contaminados com substâncias perigosas.
17 03	Misturas betuminosas, alcatrão e produtos de alcatrão:
17 03 01 (*)	Misturas betuminosas contendo alcatrão.
17 03 02	Misturas betuminosas não abrangidas em 17 03 01.
17 03 03 (*)	Alcatrão e produtos de alcatrão.
17 04	Metais (incluindo ligas):
17 04 01	Cobre, bronze e latão.
17 04 02	Alumínio.
17 04 03	Chumbo.
17 04 04	Zinco.
17 04 05	Ferro e aço.
17 04 06	Estanho.
17 04 07	Mistura de metais.
17 04 09 (*)	Resíduos metálicos contaminados com substâncias perigosas.
17 04 10 (*)	Cabos contendo hidrocarbonetos, alcatrão ou outras substâncias perigosas.
17 04 11	Cabos não abrangidos em 17 04 10.
17 05	Solos (incluindo solos escavados de locais contaminados), rochas e lamas de dragagem:
17 05 03 (*)	Solos e rochas contendo substâncias perigosas.
17 05 04	Solos e rochas não abrangidos em 17 05 03.

17 05 05 (*)	Lamas de dragagem contendo substâncias perigosas.
17 05 06	Lamas de dragagem não abrangidas em 17 05 05.
17 05 07 (*)	Balastros de linhas de caminho de ferro contendo substâncias perigosas.
17 05 08	Balastros de linhas de caminho de ferro não abrangidos em 17 05 07.
17 06	Materiais de isolamento e materiais de construção contendo amianto:
17 06 01 (*)	Materiais de isolamento contendo amianto.
17 06 03 (*)	Outros materiais de isolamento contendo ou constituídos por substâncias perigosas.
17 06 04	Materiais de isolamento não abrangidos em 17 06 01 e 17 06 03.
17 06 05 (*)	Materiais de construção contendo amianto (ver nota 4).
17 08	Materiais de construção à base de gesso:
17 08 01 (*)	Materiais de construção à base de gesso contaminados com substâncias perigosas.
17 08 02	Materiais de construção à base de gesso não abrangidos em 17 08 01.
17 09	Outros resíduos de construção e demolição:
17 09 01 (*)	Resíduos de construção e demolição contendo mercúrio.
17 09 02 (*)	Resíduos de construção e demolição contendo PCB (por exemplo, vedantes com PCB, revestimentos de piso à base de resinas com PCB, envidraçados vedados contendo PCB, condensadores com PCB).
17 09 03 (*)	Outros resíduos de construção e demolição (incluindo misturas de resíduos) contendo substâncias perigosas.
17 09 04	Mistura de resíduos de construção e demolição não abrangidos em 17 09 01, 17 09 02 e 17 09 03.
18	Resíduos da prestação de cuidados de saúde a seres humanos ou animais e ou investigação relacionada (excepto resíduos de cozinha e restauração não provenientes directamente da prestação de cuidados de saúde):
18 01	Resíduos de maternidades, diagnóstico, tratamento ou prevenção de doença em seres humanos:
18 01 01	Objectos cortantes e perfurantes (excepto 18 01 03).
18 01 02	Partes anatómicas e órgãos, incluindo sacos de sangue e sangue conservado (excepto 18 01 03).
18 01 03 (*)	Resíduos cuja recolha e eliminação estão sujeitas a requisitos específicos tendo em vista a prevenção de infecções.
18 01 04	Resíduos cuja recolha e eliminação não estão sujeitas a requisitos específicos tendo em vista a prevenção de infecções (por exemplo, pensos, compressas, ligaduras, gessos, roupas, vestuário descartável, fraldas).
18 01 06 (*)	Produtos químicos contendo ou compostos por substâncias perigosas.
18 01 07	Produtos químicos não abrangidos em 18 01 06.
18 01 08 (*)	Medicamentos citotóxicos e citostáticos.

18 01 09	Medicamentos não abrangidos em 18 01 08.
18 01 10 (*)	Resíduos de amálgamas de tratamentos dentários.
18 02	Resíduos da investigação, diagnóstico, tratamento ou prevenção de doenças em animais:
18 02 01	Objectos cortantes e perfurantes (excepto 18 02 02).
18 02 02 (*)	Resíduos cujas recolha e eliminação estão sujeitas a requisitos específicos tendo em vista a prevenção de infecções.
18 02 03	Resíduos cujas recolha e eliminação não estão sujeitas a requisitos específicos tendo em vista a prevenção de infecções.
18 02 05 (*)	Produtos químicos contendo ou compostos por substâncias perigosas.
18 02 06	Produtos químicos não abrangidos em 18 02 05.
18 02 07 (*)	Medicamentos citotóxicos e citostáticos.
18 02 08	Medicamentos não abrangidos em 18 02 07.
19	Resíduos de instalações de gestão de resíduos, de estações de tratamento de águas residuais e da preparação de água para consumo humano e água para consumo industrial:
19 01	Resíduos da incineração ou pirólise de resíduos:
19 01 02	Materiais ferrosos removidos das cinzas.
19 01 05 (*)	Bolos de filtração provenientes do tratamento de gases.
19 01 06 (*)	Resíduos líquidos aquosos provenientes do tratamento de gases e outros resíduos líquidos aquosos.
19 01 07 (*)	Resíduos sólidos provenientes do tratamento de gases.
19 01 10 (*)	Carvão activado usado proveniente do tratamento de gases de combustão.
19 01 11 (*)	Cinzas e escórias contendo substâncias perigosas.
19 01 12	Cinzas e escórias não abrangidas em 19 01 11.
19 01 13 (*)	Cinzas volantes contendo substâncias perigosas.
19 01 14	Cinzas volantes não abrangidas em 19 01 13.
19 01 15 (*)	Cinzas de caldeiras contendo substâncias perigosas.
19 01 16	Cinzas de caldeiras não abrangidas em 19 01 15.
19 01 17 (*)	Resíduos de pirólise contendo substâncias perigosas.
19 01 18	Resíduos de pirólise não abrangidos em 19 01 17.
19 01 19	Areias de leitos fluidizados.
19 01 99	Outros resíduos não anteriormente especificados.
19 02	Resíduos de tratamentos físico-químicos de resíduos (por exemplo, descromagem, descianetização, neutralização):
19 02 03	Misturas de resíduos contendo apenas resíduos não perigosos.
19 02 04 (*)	Misturas de resíduos contendo, pelo menos, um resíduo perigoso.
19 02 05 (*)	Lamas de tratamento físico-químico contendo substâncias perigosas.
19 02 06	Lamas de tratamento físico-químico não abrangidas em 19 02 05.
19 02 07 (*)	Óleos e concentrados da separação.
19 02 08 (*)	Resíduos combustíveis líquidos contendo substâncias perigosas.

19 02 09 (*)	Resíduos combustíveis sólidos contendo substâncias perigosas.
19 02 10	Resíduos combustíveis não abrangidos em 19 02 08 e 19 02 09.
19 02 11 (*)	Outros resíduos contendo substâncias perigosas.
19 02 99	Outros resíduos não anteriormente especificados.
19 03	Resíduos solidificados/estabilizados (ver nota 5):
19 03 04 (*)	Resíduos assinalados como perigosos, parcialmente estabilizados (ver nota 6).
19 03 05	Resíduos estabilizados não abrangidos em 19 03 04.
19 03 06 (*)	Resíduos assinalados como perigosos, solidificados.
19 03 07	Resíduos solidificados não abrangidos em 19 03 06.
19 04	Resíduos vitrificados e resíduos da vitrificação:
19 04 01	Resíduos vitrificados.
19 04 02 (*)	Cinzas volantes e outros resíduos do tratamento de gases de combustão.
19 04 03 (*)	Fase sólida não vitrificada.
19 04 04	Resíduos líquidos aquosos da têmpera de resíduos vitrificados.
19 05	Resíduos do tratamento aeróbio de resíduos sólidos:
19 05 01	Fracção não compostada de resíduos urbanos e equiparados.
19 05 02	Fracção não compostada de resíduos animais e vegetais.
19 05 03	Composto fora de especificação.
19 05 99	Outros resíduos não anteriormente especificados.
19 06	Resíduos do tratamento anaeróbio de resíduos:
19 06 03	Licores do tratamento anaeróbio de resíduos urbanos e equiparados.
19 06 04	Lamas e lodos de digestores de tratamento anaeróbio de resíduos urbanos e equiparados.
19 06 05	Licores do tratamento anaeróbio de resíduos animais e vegetais.
19 06 06	Lamas e lodos de digestores de tratamento anaeróbio de resíduos animais e vegetais.
19 06 99	Outros resíduos não anteriormente especificados.
19 07	Lixiviados de aterros:
19 07 02 (*)	Lixiviados de aterros contendo substâncias perigosas.
19 07 03	Lixiviados de aterros não abrangidos em 19 07 02.
19 08	Resíduos de estações de tratamento de águas residuais não anteriormente especificados:
19 08 01	Gradados.
19 08 02	Resíduos do desarmenamento.
19 08 05	Lamas do tratamento de águas residuais urbanas.
19 08 06 (*)	Resinas de permuta iónica, saturadas ou usadas.
19 08 07 (*)	Soluções e lamas da regeneração de colunas de permuta iónica.
19 08 08 (*)	Resíduos de sistemas de membranas contendo metais pesados.
19 08 09	Misturas de gorduras e óleos, da separação óleo/água, contendo apenas óleos e gorduras alimentares.

19 08 10 (*)	Misturas de gorduras e óleos, da separação óleo/água, não abrangidas em 19 08 09.
19 08 11 (*)	Lamas do tratamento biológico de águas residuais industriais contendo substâncias perigosas.
19 08 12	Lamas do tratamento biológico de águas residuais industriais não abrangidas em 19 08 11.
19 08 13 (*)	Lamas de outros tratamentos de águas residuais industriais contendo substâncias perigosas.
19 08 14	Lamas de outros tratamentos de águas residuais industriais não abrangidas em 19 08 13.
19 08 99	Outros resíduos não anteriormente especificados.
19 09	Resíduos do tratamento de água para consumo humano ou de água para consumo industrial:
19 09 01	Resíduos sólidos de gradagens e filtração primária.
19 09 02	Lamas de clarificação da água.
19 09 03	Lamas de descarbonatação.
19 09 04	Carvão activado usado.
19 09 05	Resinas de permuta iónica, saturadas ou usadas.
19 09 06	Soluções e lamas da regeneração de colunas de permuta iónica.
19 09 99	Outros resíduos não anteriormente especificados.
19 10	Resíduos da trituração de resíduos contendo metais:
19 10 01	Resíduos de ferro ou aço.
19 10 02	Resíduos não ferrosos.
19 10 03 (*)	Fracções leves e poeiras contendo substâncias perigosas.
19 10 04	Fracções leves e poeiras não abrangidas em 19 10 03.
19 10 05 (*)	Outras fracções contendo substâncias perigosas.
19 10 06	Outras fracções não abrangidas em 19 10 05.
19 11	Resíduos da regeneração de óleos:
19 11 01 (*)	Argilas de filtração usadas.
19 11 02 (*)	Alcatrões ácidos.
19 11 03 (*)	Resíduos líquidos aquosos.
19 11 04 (*)	Resíduos da limpeza de combustíveis com bases.
19 11 05 (*)	Lamas do tratamento local de efluentes contendo substâncias perigosas.
19 11 06	Lamas do tratamento local de efluentes não abrangidas em 19 11 05.
19 11 07 (*)	Resíduos da limpeza de gases de combustão.
19 11 99	Outros resíduos não anteriormente especificados.
19 12	Resíduos do tratamento mecânico de resíduos (por exemplo, triagem, trituração, compactação, peletização) não anteriormente especificados:
19 12 01	Papel e cartão.
19 12 02	Metais ferrosos.
19 12 03	Metais não ferrosos.
19 12 04	Plástico e borracha.

19 12 05	Vidro.
19 12 06 (*)	Madeira contendo substâncias perigosas.
19 12 07	Madeira não abrangida em 19 12 06.
19 12 08	Têxteis.
19 12 09	Substâncias minerais (por exemplo, areia, rochas).
19 12 10	Resíduos combustíveis (combustíveis derivados de resíduos).
19 12 11 (*)	Outros resíduos (incluindo misturas de materiais) do tratamento mecânico de resíduos contendo substâncias perigosas.
19 12 12	Outros resíduos (incluindo misturas de materiais) do tratamento mecânico de resíduos não abrangidos em 19 12 11.
19 13	Resíduos da descontaminação de solos e águas freáticas:
19 13 01 (*)	Resíduos sólidos da descontaminação de solos contendo substâncias perigosas.
19 13 02	Resíduos sólidos da descontaminação de solos não abrangidos em 19 13 01.
19 13 03 (*)	Lamas da descontaminação de solos contendo substâncias perigosas.
19 13 04	Lamas da descontaminação de solos não abrangidas em 19 13 03.
19 13 05 (*)	Lamas da descontaminação de águas freáticas contendo substâncias perigosas.
19 13 06	Lamas da descontaminação de águas freáticas não abrangidas em 19 13 05.
19 13 07 (*)	Resíduos líquidos aquosos e concentrados aquosos da descontaminação de águas freáticas contendo substâncias perigosas.
19 13 08	Resíduos líquidos aquosos e concentrados aquosos da descontaminação de águas freáticas não abrangidos em 19 13 07.
20	Resíduos urbanos e equiparados (resíduos domésticos, do comércio, indústria e serviços), incluindo as fracções recolhidas selectivamente:
20 01	Fracções recolhidas selectivamente (excepto 15 01):
20 01 01	Papel e cartão.
20 01 02	Vidro.
20 01 08	Resíduos biodegradáveis de cozinhas e cantinas.
20 01 10	Roupas.
20 01 11	Têxteis.
20 01 13 (*)	Solventes.
20 01 14 (*)	Ácidos.
20 01 15 (*)	Resíduos alcalinos.
20 01 17 (*)	Produtos químicos para fotografia.
20 01 19 (*)	Pesticidas.
20 01 21 (*)	Lâmpadas fluorescentes e outros resíduos contendo mercúrio.
20 01 23 (*)	Equipamento fora de uso contendo clorofluorcarbonetos.
20 01 25	Óleos e gorduras alimentares.
20 01 26 (*)	Óleos e gorduras não abrangidos em 20 01 25.

20 01 27 (*)	Tintas, produtos adesivos, colas e resinas contendo substâncias perigosas.
20 01 28	Tintas, produtos adesivos, colas e resinas não abrangidos em 20 01 27.
20 01 29 (*)	Detergentes contendo substâncias perigosas.
20 01 30	Detergentes não abrangidos em 20 01 29.
20 01 31 (*)	Medicamentos citotóxicos e citostáticos.
20 01 32	Medicamentos não abrangidos em 20 01 31.
20 01 33 (*)	Pilhas e acumuladores abrangidos em 16 06 01, 16 06 02 ou 16 06 03 e pilhas e acumuladores não triados contendo essas pilhas ou acumuladores.
20 01 34	Pilhas e acumuladores não abrangidos em 20 01 33.
20 01 35 (*)	Equipamento eléctrico e electrónico fora de uso não abrangido em 20 01 21 ou 20 01 23 contendo componentes perigosos (ver nota 2).
20 01 36	Equipamento eléctrico e electrónico fora de uso não abrangido em 20 01 21, 20 01 23 ou 20 01 35.
20 01 37 (*)	Madeira contendo substâncias perigosas.
20 01 38	Madeira não abrangida em 20 01 37.
20 01 39	Plásticos.
20 01 40	Metais.
20 01 41	Resíduos da limpeza de chaminés.
20 01 99	Outras fracções não anteriormente especificadas.
20 02	Resíduos de jardins e parques (incluindo cemitérios):
20 02 01	Resíduos biodegradáveis.
20 02 02	Terras e pedras.
20 02 03	Outros resíduos não biodegradáveis.
20 03	Outros resíduos urbanos e equiparados:
20 03 01	Outros resíduos urbanos e equiparados, incluindo misturas de resíduos.
20 03 02	Resíduos de mercados.
20 03 03	Resíduos da limpeza de ruas.
20 03 04	Lamas de fossas sépticas.
20 03 06	Resíduos da limpeza de esgotos.
20 03 07	Monstros.
20 03 99	Resíduos urbanos e equiparados não anteriormente especificados.

Notas

(às entradas 13 01 01, 16 02 13, 16 08 02, 17 06 05, 19 03, 19 03 04 e 20 01 35)

([1]) Para efeitos desta Lista de Resíduos, PCB é definido em conformidade com o Decreto-Lei n.º 277/99, de 23 de Julho.

([2]) Componentes perigosos de equipamento eléctrico e electrónico podem incluir acumuladores e pilhas mencionados em 16 06 e assinalados como perigosos, disjuntores de mercúrio, vidro de tubos de raios catódicos e outro vidro activado, etc.

(³) Metais de transição são, para efeitos desta entrada: escândio, vanádio, manganês, cobalto, cobre, ítrio, nióbio, háfnio, tungsténio, titânio, crómio, ferro, níquel, zinco, zircónio, molibdénio e tântalo. Estes metais ou os seus compostos são perigosos se estiverem classificados como substâncias perigosas. A classificação de substâncias perigosas determinará quais entre esses metais de transição e compostos de metais de transição são perigosos.

(⁴) Na medida em que esteja em causa a deposição de resíduos em aterros, fica adiada a entrada em vigor desta rubrica até à adopção de medidas adequadas de tratamento e eliminação de resíduos de materiais de construção contendo amianto. Estas medidas devem ser estabelecidas nos termos do artigo 17.º da Directiva n.º 1999/31/CE, do Conselho, de 26 de Abril, relativa à deposição de resíduos em aterros (Jornal Oficial, n.º L 182, de 16 de Julho de 1999, a p. 1).

(⁵) Os processos de estabilização alteram a perigosidade dos componentes dos resíduos, transformando, consequentemente, resíduos perigosos em resíduos não perigosos. Os processos de solidificação alteram apenas o estado físico dos resíduos (por exemplo, passagem do estado líquido ao estado sólido) por utilização de aditivos sem alterarem as propriedades químicas dos resíduos.

(⁶) Os resíduos consideram-se parcialmente estabilizados se, após o processo de estabilização, puderem ser libertados para o ambiente a curto, médio ou longo prazos componentes perigosos que não tenham sido completamente transformados em componentes não perigosos.

ANEXO II
Características de perigo atribuíveis aos resíduos

H1 «Explosivos» — substâncias e preparações que possam explodir sob o efeito de uma chama ou que sejam mais sensíveis aos choques e aos atritos que o dinitrobenzeno.

H2 «Combustíveis» — substâncias e preparações que, em contacto com outras substâncias, nomeadamente com substâncias inflamáveis, apresentam uma reacção fortemente exotérmica.

H3-A «Facilmente inflamável» — substâncias e preparações:

Em estado líquido, cujo ponto de inflamação seja inferior a 21°C (incluindo os líquidos extremamente inflamáveis); ou

Que possam aquecer e inflamar-se ao ar, a uma temperatura normal, sem contributo de energia externa; ou

Sólidas que possam inflamar-se facilmente por uma breve acção de uma fonte de inflamação e que continuem a arder ou a consumir-se depois de afastada essa fonte; ou

Gasosas que sejam inflamáveis ao ar a uma pressão normal; ou

Que em contacto com à água ou o ar húmido desenvolvam gases facilmente inflamáveis em quantidades perigosas.

H3-B «Inflamáveis» — substâncias e preparações líquidas cujo ponto de inflamação seja igual ou superior a 21°C e inferior ou igual a 55°C.

H4 «Irritantes» — substâncias e preparações não corrosivas que por contacto imediato, prolongado ou repetido com a pele ou as mucosas possam provocar uma reacção inflamatória.

H5 «Nocivos» — substâncias e preparações cuja inalação, ingestão ou penetração cutânea possam ocasionar efeitos de gravidade limitada.

H6 «Tóxicos» — substâncias e preparações cuja inalação, ingestão ou penetração cutânea possam acarretar riscos graves, agudos ou crónicos e inclusivamente a morte (incluindo as substâncias e preparações muito tóxicas).

H7 «Cancerígenos» — substâncias e preparações cuja inalação, ingestão ou penetração cutânea possam provocar o cancro ou aumentar a sua frequência.

H8 «Corrosivos» — substâncias e preparações que, em contacto com tecidos vivos, possam exercer uma acção destrutiva sobre estes últimos.

H9 «Infecciosos» — matérias que contenham microrganismos viáveis ou suas toxinas, em relação aos quais se saiba ou haja boas razões para crer que causam doenças no homem ou noutros organismos vivos.

H10 «Tóxicos para a reprodução» — substâncias e preparações cujas inalação, ingestão ou penetração cutânea possam induzir deformações congénitas não hereditárias ou aumentar a respectiva frequência.

H11 «Mutagénicos» — substâncias e preparações cujas inalação, ingestão ou penetração cutânea possam provocar defeitos genéticos hereditários ou aumentar a respectiva frequência.

H12 — Substâncias e preparações que em contacto com a água, o ar ou um ácido libertem gases tóxicos ou muito tóxicos.

H13 — Substâncias susceptíveis de, após eliminação, darem origem, por qualquer meio, a uma outra substância, por exemplo um produto de lixiviação que possua uma das características atrás enumeradas.

H14 «Ecotóxicos» — substâncias e preparações que apresentem ou possam apresentar riscos imediatos ou diferidos para um ou vários sectores do ambiente.

ANEXO III

O presente anexo destina-se a enumerar as operações de eliminação e de valorização de resíduos. Em conformidade com o Decreto-Lei n.º 239/97, de 9 de Setembro, os resíduos devem ser geridos sem pôr em perigo a saúde humana e sem a utilização de processos ou métodos susceptíveis de prejudicar o ambiente. Nos termos do n.º 4 do artigo 7.º do Decreto-Lei n.º 239/97, as operações D3 e D11 são proibidas no território nacional.

A — Operações de eliminação de resíduos

D1 — Deposição sobre o solo ou no seu interior (por exemplo, aterro sanitário, etc.).

D2 — Tratamento no solo (por exemplo, biodegradação de efluentes líquidos ou de lamas de depuração nos solos, etc.).

D3 — Injecção em profundidade (por exemplo, injecção de resíduos por bombagem em poços, cúpulas salinas ou depósitos naturais, etc.).

D4 — Lagunagem (por exemplo, descarga de resíduos líquidos ou de lamas de depuração em poços, lagos naturais ou artificiais, etc.)

D5 — Depósitos subterrâneos especialmente concebidos (por exemplo, deposição em alinhamentos de células que são seladas e isoladas umas das outras e do ambiente, etc.).

D6 — Descarga para massas de águas, com excepção dos mares e dos oceanos.

D7 — Descarga para os mares e ou oceanos, incluindo inserção nos fundos marinhos.

D8 — Tratamento biológico não especificado em qualquer outra parte do presente anexo que produz compostos ou misturas finais que são rejeitados por meio de qualquer das operações enumeradas de D1 a D12.

D9 — Tratamento físico-químico não especificado em qualquer outra parte do presente anexo que produz compostos ou misturas finais rejeitados por meio de qualquer das operações enumeradas de D1 a D12 (por exemplo, evaporação, secagem, calcinação, etc.).

D10 — Incineração em terra.

D11 — Incineração no mar.

D12 — Armazenagem permanente (por exemplo, armazenagem de contentores numa mina, etc.).

D13 — Mistura anterior à execução de uma das operações enumeradas de D1 a D12.

D14 — Reembalagem anterior a uma das operações enumeradas de D1 a D13.

D15 — Armazenagem enquanto se aguarda a execução de uma das operações enumeradas de D1 a D14 (com exclusão do armazenamento temporário, antes da recolha, no local onde esta é efectuada).

B — Operações de valorização de resíduos

R1 — Utilização principal como combustível ou outros meios de produção de energia.

R2 — Recuperação/regeneração de solventes.

R3 — Reciclagem/recuperação de compostos orgânicos que não são utilizados como solventes (incluindo as operações de compostagem e outras transformações biológicas).

R4 — Reciclagem/recuperação de metais e de ligas.

R5 — Reciclagem/recuperação de outras matérias inorgânicas.

R6 — Regeneração de ácidos ou de bases.

R7 — Recuperação de produtos utilizados na luta contra a poluição.

R8 — Recuperação de componentes de catalisadores.

R9 — Refinação de óleos e outras reutilizações de óleos.

R10 — Tratamento no solo em benefício da agricultura ou para melhorar o ambiente.

R11 — Utilização de resíduos obtidos em virtude das operações enumeradas de R1 a R10.

R12 — Troca de resíduos com vista a, submetê-los a uma das operações enumeradas de R1 a R11.

R13 — Acumulação de resíduos destinados a uma das operações enumeradas de R1 a R12 (com exclusão do armazenamento temporário, antes da recolha, no local onde esta é efectuada).

2. Direito institucional

2.1. Ministério das Cidades, Ordenamento do Território e Ambiente (Decreto-lei n.º 97/2003, de 7 de Maio) 85
2.2. Instituto dos Resíduos (Decreto-lei n.º 236/97, de 3 de Setembro) 119
2.3. Instituto Regulador de Águas e Resíduos (Decreto-lei n.º 362/98, de 18 de Novembro*) 141

---

* Alterado pelo Decreto-lei n.º 151/2002, de 23 de Maio.

Ministério das Cidades, Ordenamento do Território e Ambiente

Decreto-Lei n.º 97/2003
de 7 de Maio

O Decreto-Lei n.º 120/2002, de 3 de Maio, que aprovou a Lei Orgânica do XV Governo Constitucional, deu expressão a uma opção inovadora ao criar um novo ministério que, a par das políticas de defesa do ambiente e do ordenamento do território, não descura as diferentes dimensões das nossas cidades, ou, mais latamente, da nossa organização territorial multinuclear.

A criação do novo Ministério das Cidades, Ordenamento do Território e Ambiente consistiu, pois, numa afirmação do carácter transversal imediato entre os domínios do ambiente, do ordenamento do território e das estratégias de qualificação e desenvolvimento sustentável dos espaços urbanos e rurais.

O novo enquadramento orgânico-funcional a que este diploma dá corpo normativo torna consequente aquela opção e contribui para a realização, além do princípio da transversalidade, dos princípios da integração, da subsidiariedade, da equidade e da participação.

Os órgãos, organismos, serviços e as entidades de natureza empresarial que prosseguem fins nos referidos domínios vêem as suas competências gerais redefinidas em função das novas políticas que o XV Governo programou como essenciais ao objectivo dinâmico do desenvolvimento sustentável, num quadro de contenção estrutural.

As novas políticas apelam a uma mais eficaz actuação dos organismos e serviços quanto à necessidade de partilhar o esforço colectivo de minimizar os efeitos de degradação dos ecossistemas e do equilíbrio da biosfera decorrentes de acções humanas, que apoiem e dêem execução a medidas que visam um desenvolvimento à custa do consumo sustentável dos recursos naturais.

Mas também fazem apelo a uma nova atitude quanto aos desafios que hoje se colocam, como é o caso da erosão costeira, à qual a presente definição orgânica pretende dar resposta no plano da estruturação dos serviços encarregados de preparar e executar as medidas necessárias à protecção de uma zona onde se concentra a larga maioria da população e onde se gera larga parte do produto interno.

O presente diploma institui também uma nova orgânica no que respeita ao desenvolvimento regional e às políticas desconcentradas de ambiente, ordenamento do território, conservação da natureza e da biodiversidade e apoio à administração autárquica, apontando para a fusão entre as comissões de coordenação regional e as direcções regionais do ambiente e do ordenamento do território e para a criação, em substituição destes serviços, das comissões de coordenação e desenvolvimento regional.

Visa-se substituir o modelo orgânico do passado — que apartava as problemáticas do ambiente e do ordenamento do território das questões da coesão inter-regional — por outro que aposta na plena integração destas políticas à escala infra-estadual.

Pretende-se, no quadro geral de um programa de acção política que assenta no aprofundamento dos princípios fundamentais da desconcentração e da descentralização, criar a nível de cada parcela do território correspondente ao nível II das NUTS um reflexo orgânico do Ministério das Cidades, Ordenamento do Território e Ambiente, de gestão acompanhada e aberta à participação aos mais representativos agentes — públicos e privados — do desenvolvimento regional e local.

Apesar do vastíssimo acervo de atribuições cuja prossecução fica a cargo do Ministério das Cidades, Ordenamento do Território e Ambiente e do conjunto crescente de obrigações decorrentes da consciência social e política para a emergência e importância dos problemas ambientais e do ordenamento do território no contexto do País e da União Europeia, a nova orgânica concretiza o esforço de contenção estrutural, essencial a uma moderna Administração Pública que deve responder às crescentes necessidades colectivas com maior eficiência e produtividade dos serviços públicos.

Neste propósito se inscreve a criação, junto do Ministro das Cidades, Ordenamento do Território e Ambiente, de estrutura de estudo e planeamento suprindo uma omissão relevante no quadro actual que não se encontra dotado de qualquer serviço vocacionado para a recolha, tratamento e gestão da informação de apoio à decisão política, planeamento e prospectiva.

O novo quadro orgânico do Ministério das Cidades, Ordenamento do Território e Ambiente ficará completo com a consequente adaptação, num prazo necessariamente breve, dos diplomas que definem as

competências e a estrutura de órgãos e serviços dos organismos nele integrados.
Assim:
Nos termos da alínea *a*) do n.º 1 do artigo 198.º da Constituição, o Governo decreta o seguinte:

CAPÍTULO I
Natureza e atribuições

ARTIGO 1.º
Natureza

O Ministério das Cidades, Ordenamento do Território e Ambiente, adiante designado por MCOTA, é o departamento governamental responsável pela definição, dinamização, coordenação ou execução das políticas de ambiente, conservação da natureza e preservação da biodiversidade, ordenamento do território, e apoio ao desenvolvimento numa perspectiva de coesão nacional, visando o desenvolvimento sustentável e a correcção das assimetrias regionais.

ARTIGO 2.º
Atribuições

1 — Sem prejuízo da concorrência de outros ministérios na prossecução dos objectivos das políticas das cidades, ordenamento do território e ambiente face ao seu carácter transversal, ao MCOTA cabe prosseguir os seguintes fins do Estado:
   a) Coordenar os programas, projectos, medidas e acções que visem a preservação do património natural, o equilíbrio dos ecossistemas e a diversidade biológica;
   b) Promover, coordenar e executar políticas de desenvolvimento regional e local visando o progresso económico e social, em especial das regiões mais desfavorecidas, no quadro da aplicação das linhas de orientação de estratégia nacional de desenvolvimento sustentável;
   c) Promover a concertação estratégica e criar as condições para o surgimento de parcerias público-privadas que apoiem o desenvolvimento sustentável do País e a participação dos agentes económicos e sociais ao nível dos processos decisórios sobre o ordenamento do território, os sistemas urbanos e o ambiente;

d) Definir a estratégia de aplicação e colaborar na gestão dos fundos nacionais e comunitários afectos às políticas das cidades, ambiente, ordenamento do território e administração local e participar nos processos de avaliação do seu contributo para o desenvolvimento na óptica da sua sustentabilidade e para a coesão nacional;

e) Planear e gerir de forma integrada os recursos hídricos nacionais garantindo a existência e a qualidade dos serviços de abastecimento de água, designadamente para consumo humano, de drenagem de águas residuais, de controlo da poluição e de protecção do domínio hídrico através da definição de níveis apropriados para os serviços de abastecimento de água, de drenagem de águas residuais, do controlo da poluição e da protecção dos domínios hídricos;

f) Garantir o ordenamento, qualificação e valorização do domínio hídrico fluvial na perspectiva do seu aproveitamento sustentável e da conservação dos recursos naturais e paisagísticos associados a estas áreas;

g) Promover a gestão integrada e sustentável do Litoral e assegurar o seu ordenamento, requalificação e valorização com o objectivo de preservação dos valores ambientais, desenvolvimento económico e social e segurança de pessoas e bens;

h) Conceber e dar execução a medidas de gestão integrada do território garantindo a consistência do sistema de planeamento e a articulação entre as políticas sectoriais com incidências territoriais e ambientais;

i) Promover a requalificação urbana e valorização ambiental das cidades, em parceria com as autarquias locais;

j) Assegurar a manutenção e fomento da biodiversidade, da conservação da natureza e da protecção e valorização da paisagem através da integração da componente da conservação da natureza nas políticas sectoriais com incidência territorial e da gestão da rede nacional de áreas protegidas;

l) Promover uma política de redução, reutilização e reciclagem de resíduos através do apoio, dinamização de soluções de prevenção, controlo, tratamento e eliminação dos mesmos;

m) Promover uma política de gestão da qualidade do ar através da definição de objectivos, programas e acções de controlo das emissões atmosféricas e da qualificação do ar em edifícios visando a protecção da saúde pública;

n) Garantir a sensibilização, a informação, a formação ambiental e

a participação dos cidadãos e das instituições na execução das políticas de ambiente e de ordenamento do território;
o) Conceber e pôr em execução medidas de prevenção e controlo do ruído, com especial incidência nas áreas mais densamente povoadas, visando o bem-estar e qualidade de vida das populações;
p) Promover uma política nacional de informação geográfica de base nos domínios da geodesia, cartografia e cadastro predial;
q) Impulsionar a progressiva melhoria do desempenho ambiental dos agentes económicos e promover acções de prevenção, identificação e avaliação sistemática dos impactes da actividade humana sobre o ambiente, dos riscos naturais e industriais, bem como assegurar a prevenção e o controlo integrado da poluição através do licenciamento ambiental;
r) Promover as políticas, programas e acções de controlo e de redução das emissões de gases com efeito de estufa no âmbito da estratégia nacional das alterações climáticas;
s) Assegurar a existência de auditorias ambientais e de controlo e garantia da aplicação das leis e de outros instrumentos de política ambiental e de ordenamento do território;
t) Garantir a existência de sistemas de monitorização, avaliação e segurança ambientais, bem como assegurar a divulgação pública da informação sobre o estado do ambiente e do ordenamento do território;
u) Promover e implementar um sistema de informação sobre as componentes ambientais e a utilização do território, em articulação com o Instituto Nacional de Estatística, sempre que envolva dados de natureza estatística;
v) Promover uma política de cooperação e apoio à administração local autárquica tendo em vista a aplicação do princípio da subsidiariedade e do desenvolvimento equilibrado do território através da redução das assimetrias regionais;
x) Exercer a tutela administrativa do Governo sobre as autarquias locais e entidades a elas equiparadas;
z) Colaborar na concepção e execução de políticas de investigação científica e tecnológica nos domínios do ambiente, do ordenamento do território, da conservação da natureza, da preservação de recursos genéticos, bem como na concepção e gestão de sistemas de informação geográfica e cadastral;
aa) Promover as acções nacionais de resposta aos problemas globais do ambiente, nomeadamente através da aplicação de con-

venções e acordos internacionais, da legislação e das políticas da União Europeia.

2 — Os fins públicos a cargo do MCOTA são prosseguidos, igualmente, por pessoas colectivas públicas sujeitas à sua tutela e superintendência.

CAPÍTULO II
Estrutura organizativa

SECÇÃO I
Estrutura geral

Artigo 3.º
Âmbito

1 — O MCOTA integra serviços de administração directa do Estado, organismos sob superintendência e tutela e órgãos e serviços consultivos e de apoio.

2 — Sem prejuízo dos poderes conferidos por lei ao Conselho de Ministros e a outros membros do Governo, ficam sob responsabilidade do Ministro das Cidades, Ordenamento do Território e Ambiente as entidades do sector empresarial do Estado referidas no artigo 7.º

Artigo 4.º
Administração directa

1 — O MCOTA compreende serviços de coordenação e apoio, serviços inspectivos e serviços operacionais integrados na administração directa do Estado.

2 — Constituem serviços de coordenação e apoio do MCOTA:

a) A Secretaria-Geral;
b) A Auditoria Jurídica;
c) O Gabinete de Relações Internacionais;
d) O Gabinete de Estudos e Planeamento.

3 — São serviços inspectivos integrados na estrutura do MCOTA:

a) A Inspecção-Geral da Administração do Território;
b) A Inspecção-Geral do Ambiente.

4 — Constituem serviços operacionais:

a) A Direcção-Geral do Ordenamento do Território e Desenvolvimento Urbano;
b) A Direcção-Geral das Autarquias Locais.

5 — O MCOTA compreende ainda as comissões de coordenação e desenvolvimento regional (CCDR), sem prejuízo da participação do Ministro das Finanças na definição das suas linhas de orientação, que constituem serviços desconcentrados dotados de autonomia administrativa e financeira, cujas áreas geográficas de actuação correspondem às unidades do nível II da Nomenclatura das Unidades Territoriais para Fins Estatísticos (NUTS) do continente.

Artigo 5.º
Administração indirecta

1 — Na dependência do MCOTA funcionam as seguintes pessoas colectivas públicas, sujeitas à tutela e superintendência do Ministro das Cidades, Ordenamento do Território e Ambiente:
 a) O Instituto da Conservação da Natureza;
 b) O Instituto do Ambiente;
 c) O Instituto dos Resíduos;
 d) O Instituto Geográfico Português;
 e) O Instituto da Água.

2 — As funções reguladoras e orientadoras nos domínios económico e da qualidade dos serviços nos sectores da água para abastecimento público, das águas residuais urbanas e dos resíduos sólidos urbanos são asseguradas pelo Instituto Regulador de Águas e Resíduos, pessoa colectiva pública dotada de património próprio, autonomia administrativa e financeira, sujeita à tutela e superintendência do Ministro das Cidades, Ordenamento do Território e Ambiente.

3 — Constitui ainda organismo personalizado da administração indirecta do Estado sob tutela e superintendência do Ministro das Cidades, Ordenamento do Território e Ambiente o Centro de Estudos e Formação Autárquica, dotado de autonomia administrativa e pedagógica.

Artigo 6.º
Órgãos consultivos

São órgãos nacionais independentes, de consulta do Governo e do Ministro das Cidades, Ordenamento do Território e Ambiente, funcionando junto deste:
 a) O Conselho Nacional da Água;
 b) O Conselho Nacional do Ambiente e do Desenvolvimento Sustentável.

ARTIGO 7.º
Sector empresarial

1 — Sem prejuízo dos poderes de orientação e controlo conferidos por lei a outros membros do Governo, ficam sob tutela do Ministro das Cidades, Ordenamento do Território e Ambiente as seguintes entidades do sector empresarial do Estado:
   a) Parque EXPO, S. A.;
   b) EDIA — Empresa de Desenvolvimento e Infra-Estruturas do Alqueva, S. A.;
   c) COSTAGEST, S. A.

2 — Ao Ministro das Cidades, Ordenamento do Território e Ambiente compete definir as orientações e praticar os actos necessários ao cumprimento das políticas de requalificação urbana e ambiental, de abastecimento público de água, de saneamento básico e de redução, tratamento, valorização e eliminação de resíduos, exercendo para o efeito poderes de tutela sobre as entidades do sector empresarial do Estado criadas para o desempenho de actividades nestes domínios.

SECÇÃO II
Serviços de coordenação e apoio

ARTIGO 8.º
Secretaria-Geral

1 — A Secretaria-Geral é o serviço central incumbido do apoio técnico e administrativo aos gabinetes dos membros do Governo e aos órgãos e serviços sem estrutura de apoio administrativo, da coordenação e apoio técnico-administrativo do MCOTA nos domínios do planeamento, controlo e avaliação das execuções financeiras, organização, estatística, gestão dos recursos humanos, financeiros e patrimoniais, bem como da documentação, segurança, relações públicas e tecnologias da informação.

2 — São competências da Secretaria-Geral:
   a) Assegurar o apoio técnico-administrativo aos gabinetes dos respectivos membros do Governo, bem como aos serviços e estruturas deles dependentes, à Auditoria Jurídica e aos órgãos e serviços não dotados de estrutura de apoio administrativo;
   b) Apoiar a elaboração e execução dos projectos de reorganização administrativa dos órgãos, serviços e organismos do MCOTA;

c) Assegurar a recolha, utilização, tratamento e análise da informação estatística do MCOTA e promover a difusão dos respectivos resultados;
d) Elaborar o plano anual de actividades do MCOTA e respectivo relatório;
e) Coordenar a elaboração dos projectos de orçamento anuais do MCOTA e acompanhar e proceder ao controlo da sua execução;
f) Elaborar, executar e avaliar a execução dos orçamentos dos gabinetes dos membros do Governo, da Secretaria-Geral, do Conselho Nacional da Água e do Conselho Nacional do Ambiente e do Desenvolvimento Sustentável;
g) Coordenar a elaboração e acompanhar a gestão dos programas plurianuais e anuais de investimento e proceder à sua avaliação;
h) Elaborar estudos e definir, coordenar e realizar acções relativas ao desenvolvimento, formação e gestão de recursos humanos;
i) Elaborar pareceres e informações técnicas sobre quaisquer assuntos no âmbito da sua competência que lhe sejam solicitados pelos membros do Governo;
j) Assegurar e coordenar as actividades relativas ao protocolo, documentação, publicações e relações públicas, incluindo a concepção e manutenção do sítio do MCOTA na Internet;
l) Organizar e manter o arquivo do MCOTA;
m) Assegurar a administração geral dos bens móveis e imóveis afectos aos serviços do MCOTA, sem prejuízo das responsabilidades dos respectivos dirigentes.

3 — A Secretaria-Geral é dirigida por um secretário-geral, coadjuvado por um secretário-geral-adjunto, equiparados, para todos os efeitos legais, respectivamente a director-geral e a subdirector-geral.

Artigo 9.º
Auditoria Jurídica

1 — A Auditoria Jurídica é o serviço de consulta jurídica de apoio ao processo legislativo e de gestão do contencioso do Ministro das Cidades, Ordenamento do Território e Ambiente.

2 — Compete à Auditoria Jurídica:
a) Dar parecer, prestar informações e proceder a estudos jurídicos sobre quaisquer assuntos que sejam submetidos à sua apreciação pelo Ministro das Cidades, Ordenamento do Território e Ambiente;

b) Colaborar, quando solicitado, na elaboração de projectos de diplomas legais;
c) Intervir nos processos contenciosos que digam respeito ao Ministério promovendo as diligências necessárias à sua tramitação;
d) Instruir processos disciplinares e de inquérito.

3 — A Auditoria Jurídica é dirigida por um procurador-geral-adjunto designado para o exercício de funções de auditor jurídico junto do Ministério, nos termos da Lei Orgânica do Ministério Público.

ARTIGO 10.º
Gabinete de Relações Internacionais

1 — O Gabinete de Relações Internacionais (GRI) é o serviço central de coordenação e apoio técnico à execução das actividades desenvolvidas no âmbito dos organismos comunitários e multilaterais, bem como das actividades de cooperação para o desenvolvimento, nos domínios das atribuições e competências do MCOTA, sem prejuízo das competências próprias do Ministério dos Negócios Estrangeiros.

2 — Ao GRI, em articulação com os serviços competentes do MCOTA, incumbe:
a) Apoiar o Ministro das Cidades, Ordenamento do Território e Ambiente, no âmbito das suas atribuições e competências, na definição e execução de políticas com a União Europeia, outros governos e no tocante às relações internacionais;
b) Apoiar e assegurar, sempre que necessário, a representação do MCOTA em reuniões internacionais;
c) Coordenar, apoiar e desenvolver as actividades do MCOTA que se estabeleçam com Estados e organizações internacionais, designadamente no quadro da União Europeia;
d) Assegurar o apoio técnico-jurídico e negocial nas actividades desenvolvidas pelos órgãos da União Europeia e das organizações internacionais;
e) Assegurar a coordenação e apoio técnico nas actividades de cooperação para o desenvolvimento, designadamente com os países de língua oficial portuguesa;
f) Colaborar na transposição para o direito interno das directivas comunitárias e acompanhar a sua aplicação;
g) Promover a articulação da intervenção internacional dos vários serviços e organismos do MCOTA, bem como destes com as estruturas competentes dos demais serviços da Administração

Pública, na perspectiva da concertação de posições de índole multidisciplinar e multissectorial;

h) Disponibilizar aos órgãos da União Europeia a informação relativa à aplicação nacional da legislação comunitária.

3 — O GRI é coordenado por um director, equiparado, para todos os efeitos, a director-geral, coadjuvado por um subdirector, equiparado a subdirector-geral.

ARTIGO 11.º
Gabinete de Estudos e Planeamento

1 — O Gabinete de Estudos e Planeamento (GEP) é o serviço central de coordenação e apoio técnico ao Ministro das Cidades, Ordenamento do Território e Ambiente em matéria de desenvolvimento regional, planeamento e programação, nos domínios das políticas das cidades, ordenamento do território e ambiente.

2 — São competências do GEP:

a) Apoiar o MCOTA na concepção, acompanhamento e avaliação das medidas de política de desenvolvimento regional, de cidades, de ordenamento do território e de ambiente;
b) Colaborar, em articulação com as comissões de coordenação e desenvolvimento regional e demais organismos do MCOTA, na concepção, acompanhamento e avaliação dos planos nacionais e regionais de desenvolvimento;
c) Analisar prospectivamente, acompanhar e avaliar o impacte das medidas, dos planos e dos programas em matéria de políticas de desenvolvimento regional, cidades, ordenamento do território e ambiente;
d) Assegurar a recolha, tratamento e análise da informação estatística relativa ao ordenamento do território, ambiente e recursos naturais e elaborar os relatórios sobre o estado do ambiente e do ordenamento do território;
e) Preparar, em articulação com as comissões de coordenação e desenvolvimento regional e demais organismos do MCOTA, o plano anual de actividades, programas anuais e plurianuais do MCOTA, as Grandes Opções do Plano, bem como os respectivos relatórios de actividades;
f) Apoiar tecnicamente a concepção de iniciativas legislativas no âmbito das atribuições a cargo do MCOTA;
g) Manter um sistema de acompanhamento permanente da execução material e financeira dos programas e projectos de investimento dos serviços e entidades tutelados pelo MCOTA;

h) Coordenar e acompanhar a preparação de programas e projectos dos serviços e entidades tutelados pelo MCOTA passíveis de financiamento externo ou por fundos comunitários;
i) Promover os estudos económicos necessários à definição de instrumentos de política de desenvolvimento regional, cidades, ordenamento do território e ambiente, bem como proceder à avaliação dos impactes da sua aplicação;
j) Desenvolver indicadores e estabelecer os planos para a sua produção em matéria de desenvolvimento regional, cidades, ordenamento do território e ambiente;
l) Assegurar, em colaboração com as entidades competentes, o acompanhamento das questões relacionadas com o desenvolvimento regional, cidades, ordenamento do território e ambiente, aos níveis nacional e internacional.

3 — O GEP é coordenado por um director, equiparado, para todos os efeitos legais, a director-geral.

SECÇÃO III
Serviços inspectivos

ARTIGO 12.º
Inspecção-Geral da Administração do Território

1 — A Inspecção-Geral da Administração do Território (IGAT) é o serviço do MCOTA ao qual incumbe instruir os processos no âmbito da tutela verificativa da legalidade do Governo sobre as autarquias locais e entidades equiparadas nos termos da lei.

2 — São competências da IGAT:
a) Proceder a inspecções, inquéritos e sindicâncias aos órgãos e serviços das autarquias locais e entidades equiparadas, bem como aos serviços integrados no MCOTA, quando intervenham em procedimentos administrativos de que dependam actos dos órgãos autárquicos;
b) Propor a instauração de processos disciplinares resultantes da sua actividade inspectiva;
c) Contribuir para a boa aplicação das leis e regulamentos, instruindo os órgãos e serviços das autarquias locais sobre os procedimentos mais adequados;
d) Estudar e propor, em colaboração com a Inspecção-Geral de Finanças e outros serviços inspectivos, medidas que visem

uma maior eficiência do exercício da tutela do Governo sobre as autarquias locais;
e) Emitir parecer sobre os projectos de diploma ou legislação em vigor, por solicitação do Ministro das Cidades, Ordenamento do Território e Ambiente;
f) Colaborar, nos termos da lei, com outras entidades inspectivas na verificação da correcta aplicação dos apoios financeiros prestados às autarquias locais;
g) Colaborar com o Centro de Estudos e Formação Autárquica na identificação das necessidades de formação profissional do pessoal das autarquias locais;
h) Promover a cooperação com entidades nacionais e estrangeiras no domínio das suas atribuições.

3 — A IGAT é dirigida por um inspector-geral, coadjuvado por dois subinspectores-gerais, equiparados, para todos os efeitos legais, a director-geral e a subdirector-geral, respectivamente.

ARTIGO 13.º
Inspecção-Geral do Ambiente

1 — A Inspecção-Geral do Ambiente (IGA) é o serviço central de inspecção do MCOTA cuja actuação visa garantir, por parte de entidades públicas e privadas, o cumprimento das normas jurídicas nas áreas do ambiente, ordenamento do território e conservação da natureza, sem prejuízo das competências inspectivas da IGAT no que respeita às autarquias locais e entidades equiparadas.

2 — A IGA exerce ainda poderes inspectivos sobre os serviços do MCOTA ou das entidades dele dependentes, com vista a assegurar a legalidade administrativa.

3 — São competências da IGA:
a) Fiscalizar o cumprimento de normas legais e regulamentares, bem como emitir orientações e recomendações para a boa aplicação da lei em matérias do ambiente, ordenamento do território e conservação da natureza;
b) Inspeccionar estabelecimentos, equipamentos e locais ou actividades, bem como projectos e acções sujeitos a processos de avaliação ambiental ou a instalações de risco potencial para o ambiente ou para a saúde pública;
c) Instaurar, instruir e decidir os processos relativos aos ilícitos de mera ordenação social nas áreas do ambiente, ordenamento do território e conservação da natureza;

d) Sem prejuízo das competências de outras entidades, exercer funções próprias de órgão de polícia criminal relativamente aos crimes previstos nos artigos 278.º, 279.º e 280.º do Código Penal;
e) Inspeccionar a execução de projectos nas áreas do ambiente, ordenamento do território e conservação da natureza financiados ou apoiados pelo Estado, por fundos comunitários ou organizações internacionais;
f) Instruir processos de averiguações, de inquérito e disciplinares que forem determinados pelo Ministro das Cidades, Ordenamento do Território e Ambiente;
g) Emitir parecer sobre os projectos de diplomas e legislação em vigor nas áreas do ambiente, ordenamento do território e conservação da natureza, por solicitação do Ministro das Cidades, Ordenamento do Território e Ambiente;
h) Realizar auditorias aos serviços do MCOTA, no âmbito do Sistema de Controlo Interno da Administração Financeira do Estado;
i) Realizar estudos que visem a harmonização de práticas administrativas de serviços do MCOTA, nomeadamente em matéria de fiscalização, por solicitação do Ministro das Cidades, Ordenamento do Território e Ambiente;
j) Coordenar a aplicação de um regime de responsabilidade ambiental que estabeleça a responsabilização do operador de uma dada actividade pela prevenção e reparação de danos ambientais a ela associados.

4 — A IGA é dirigida por um inspector-geral, coadjuvado por dois subinspectores-gerais, equiparados, para todos os efeitos legais, a director-geral e a subdirector-geral, respectivamente.

SECÇÃO IV
Serviços operacionais

Artigo 14.º
Direcção-Geral do Ordenamento do Território e Desenvolvimento Urbano

1 — A Direcção-Geral do Ordenamento do Território e Desenvolvimento Urbano (DGOTDU) é o serviço ao qual cabe dar execução às medidas e políticas de ordenamento do território e desenvolvimento urbanístico promovendo a valorização integrada das diversidades do

território nacional, através do aproveitamento racional dos recursos naturais, do património natural e cultural, da humanização das cidades, da funcionalidade dos espaços edificados e da correcta localização de actividades.

2 — São competências da DGOTDU:

   a) Contribuir para uma utilização racional do solo, num quadro de desenvolvimento equilibrado, policêntrico e sustentável, integrando o progresso social, a eficiência económica e a protecção ambiental e tendo por objectivo estratégico a redução das desigualdades territoriais;

   b) Promover a elaboração, acompanhamento, revisão e avaliação do Programa Nacional da Política de Ordenamento do Território;

   c) Assegurar, em colaboração com outros serviços da Administração Pública, a articulação a nível nacional entre os instrumentos de gestão territorial e os planos sectoriais com incidência territorial da responsabilidade da administração central, nomeadamente nos domínios dos transportes, das comunicações, da energia, dos recursos geológicos, da educação, da segurança social e trabalho, da cultura, da saúde, da indústria, do comércio e turismo, da agricultura, das florestas, da habitação e do ambiente;

   d) Promover e acompanhar a elaboração dos planos regionais de ordenamento do território, em estreita colaboração com as comissões de coordenação e desenvolvimento regional, as áreas metropolitanas, comunidades intermunicipais e autarquias locais;

   e) Intervir, nos termos da lei, na elaboração dos planos municipais e intermunicipais de ordenamento do território, nomeadamente através da apresentação de propostas sobre as normas e características a que devam obedecer esses planos, e apreciar os que careçam de ratificação, bem como registar, nos termos da lei, os demais instrumentos de gestão territorial;

   f) Apoiar a consolidação das áreas urbanas existentes, contribuindo para a formação de equilíbrios adequados entre a habitação, o emprego, os equipamentos, o património e a mobilidade;

   g) Promover e articular a execução de projectos e programas relativos ao ordenamento do território e desenvolvimento urbano, nomeadamente através de acções de reabilitação, renovação e requalificação urbanas e execução de infra-estruturas e equipamentos urbanos de utilização colectiva, em colaboração com as autarquias locais, instituições e demais entidades responsáveis, através de contratos-programa ou de outros instrumentos adequados;

h) Desenvolver e manter um sistema de informação georreferenciada que organize os dados necessários ao acompanhamento e avaliação da política e dos instrumentos de gestão territorial;

i) Prestar apoio ao Observatório do Ordenamento do Território e do Urbanismo;

j) Promover, acompanhar e coordenar os processos de avaliação estratégica relativos a instrumentos de gestão territorial;

l) Elaborar e dar execução a programas, projectos e estudos de investigação aplicada nos domínios do ordenamento do território, dos sistemas urbanos, bem como acções de formação, divulgação e sensibilização;

m) Assegurar, em colaboração com as entidades competentes, o acompanhamento das questões e o cumprimento dos acordos relacionados com o ordenamento do território e o desenvolvimento urbano a nível comunitário e internacional.

3 — O Observatório do Ordenamento do Território e do Urbanismo funciona no âmbito da DGOTDU, incumbindo-lhe, por sua iniciativa ou a solicitação dos membros do Governo ou de outras entidades a definir por lei, avaliar a implementação do sistema de gestão territorial e da política do ordenamento do território e do urbanismo, bem como emitir pareceres e recomendações sobre todas as questões relativas a estas matérias.

4 — A composição, a competência e o regime de funcionamento do Observatório referido no número anterior serão definidos em decreto-lei.

5 — A DGOTDU é dirigida por um director-geral, coadjuvado por dois subdirectores-gerais.

Artigo 15.º
Direcção-Geral das Autarquias Locais

1 — A Direcção-Geral das Autarquias Locais (DGAL) é o serviço responsável pela concepção, pelo estudo, pela coordenação e pela execução de medidas de apoio à administração local autárquica e pelo reforço da cooperação entre esta e a administração central.

2 — Para os efeitos do presente artigo, constituem a administração local autárquica as autarquias locais e respectivas associações e federações de direito público, as áreas metropolitanas, as comunidades

intermunicipais e outras formas de organização do poder local constitucionalmente admitidas, bem como as formas empresariais constituídas por aquelas entidades e regidas parcial ou totalmente por normas de direito público.

3 — São competências da DGAL:
   a) Assegurar os meios e os instrumentos necessários ao apoio e à cooperação técnica e financeira entre a administração central e a administração local autárquica;
   b) Estabelecer critérios, em colaboração com os organismos competentes, relativos às transferências financeiras para as autarquias locais e respectivas associações e federações de direito público, as áreas metropolitanas, as comunidades intermunicipais e outras formas de organização do poder local constitucionalmente admitidas, bem como sistematizar o respectivo processamento;
   c) Conceber e desenvolver sistemas de informação relativos às autarquias locais no âmbito da gestão financeira, patrimonial, administrativa e do pessoal;
   d) Coordenar a aplicação do plano oficial de contabilidade das autarquias locais, propondo as normas e os procedimentos necessários à uniformização, simplificação e transparência do respectivo sistema contabilístico;
   e) Participar na elaboração de medidas legislativas relativas à administração local autárquica e acompanhar e apreciar os efeitos da respectiva aplicação;
   f) Elaborar estudos, análises e pareceres a pedido dos membros do Governo e sistematizar as informações e os pareceres jurídicos sobre matérias relacionadas com a administração local autárquica, promovendo a sua uniformização interpretativa;
   g) Acompanhar o funcionamento dos sistemas de organização e gestão implantados na administração local autárquica e propor as medidas adequadas à melhoria das respectivas eficiência e eficácia;
   h) Acompanhar as actividades dos vários sectores da administração central com incidência na administração local, estabelecendo as necessárias articulações;
   i) Manter em bases de dados a informação relativa à identificação e caracterização das autarquias locais e suas associações de direito público e empresas municipais e intermunicipais;
   j) Identificar as necessidades e disponibilizar informação aos eleitos locais;

l) Prestar a informação e o apoio necessários à instrução dos processos legislativos de criação, extinção e alteração de autarquias locais e respectivas associações e federações de direito público e áreas metropolitanas;

m) Assegurar, em colaboração com as entidades competentes, o acompanhamento das questões e o cumprimento dos acordos relacionados com a administração local autárquica aos níveis comunitário e internacional.

4 — A DGAL é dirigida por um director-geral, coadjuvado por dois subdirectores-gerais.

SECÇÃO V
Serviços desconcentrados

Artigo 16.º
Comissões de coordenação e desenvolvimento regional

1 — As comissões de coordenação e desenvolvimento regional (CCDR) são serviços desconcentrados do MCOTA incumbidos de executar as políticas de desenvolvimento regional, do ambiente, da conservação da natureza e da biodiversidade e do ordenamento do território e cidades nas respectivas áreas geográficas de actuação regional.

2 — São atribuições das CCDR:

a) Contribuir para a definição das bases gerais da política de desenvolvimento regional no âmbito da política de desenvolvimento económico e social do País dinamizando e participando nos processos de planeamento estratégico;

b) Participar na elaboração do plano de desenvolvimento regional e garantir o cumprimento dos objectivos e a concretização das medidas nele previstas, bem como proceder à avaliação do impacte macroeconómico e social de planos, programas e grandes projectos de desenvolvimento regional;

c) Assegurar a execução das intervenções operacionais regionais incluídas no quadro comunitário de apoio;

d) Participar na elaboração, articulação e monitorização da proposta anual do Programa de Investimentos e Despesas de Desenvolvimento da Administração Central (PIDDAC) na região;

e) Assegurar o processo de concertação estratégica, ao nível regional, contribuindo para a coerência e articulação das acções de intervenção, nomeadamente no âmbito de intervenções desconcentradas da administração central;

f) Dinamizar a cooperação inter-regional e assegurar a articulação entre instituições da administração directa e indirecta do Estado, autarquias locais e entidades equiparadas, contribuindo para a integração europeia do espaço regional e para o reforço da sua competitividade interna e externa com base em estratégias de desenvolvimento sustentável de níveis regional e local;

g) Fomentar formas de parceria e participação dos agentes regionais e locais na preparação, na gestão, no acompanhamento e na avaliação de intervenções com incidência regional;

h) Participar em processos de enquadramento normativo de natureza sectorial que sejam susceptíveis de possuir impacte no modelo e na organização territorial das políticas públicas aos níveis regional e local ou em instrumentos de financiamento geridos pelas CCDR;

i) Promover a execução ao nível regional dos planos, programas e projectos de desenvolvimento económico e social de defesa do ambiente e de utilização sustentável dos recursos naturais, do ordenamento do território, da conservação da natureza e da biodiversidade e da intervenção requalificadora nas cidades, bem como proceder à avaliação dos seus impactes espaciais e sócio-económicos;

j) Garantir a boa execução dos contratos-programa e outros instrumentos convencionais no âmbito da cooperação técnico-financeira entre a administração central e a administração local autárquica;

l) Colaborar nas acções de cooperação técnica com a administração local autárquica nos domínios jurídico, de finanças locais, de formação de recursos humanos e de modernização administrativa;

m) Promover o processo de modernização do quadro institucional de apoio ao desenvolvimento regional e local através do acompanhamento e da avaliação periódica dos mecanismos de descentralização territorial das políticas públicas;

n) Participar no acompanhamento e na avaliação das dinâmicas de associativismo e organização intermunicipal, em particular no processo de criação de áreas metropolitanas e de comunidades intermunicipais;

o) Empreender exercícios de planeamento do investimento público que permitam assegurar o desenvolvimento, de forma territorialmente coerente e à escala regional, de redes de serviços colectivos;

p) Promover a elaboração, a avaliação e a revisão dos planos regionais de ordenamento do território e assegurar a sua articulação com o programa nacional da política de ordenamento do território;

q) Acompanhar os processos de elaboração, alteração e revisão dos planos municipais de ordenamento do território e dos planos especiais de ordenamento do território, bem como de outros instrumentos de planeamento com incidência territorial;

r) Participar na concepção e assegurar o acompanhamento e a execução de programas de requalificação urbana;

s) Promover e coordenar a execução de projectos e programas relativos ao ordenamento do território, e a infra-estruturas e equipamentos de utilização colectiva, em colaboração com as autarquias locais ou entidades privadas que prossigam fins de utilidade pública, através de instrumentos de apoio técnico e financeiro adequados;

t) Coordenar os processos de avaliação de impacte ambiental dos projectos e acções cujo licenciamento ou autorização compitam a entidades supramunicipais;

u) Assegurar a gestão de áreas de interesse regional para a conservação da natureza, a preservação da biodiversidade ou a defesa da paisagem nos termos que vierem a ser definidos por lei;

v) Proceder ao licenciamento e à fiscalização das utilizações do domínio hídrico;

x) Exercer os poderes que a lei lhes cometer quanto ao licenciamento e controlo de instalações e equipamentos destinados a triagem, recolha, valorização e tratamento de resíduos sólidos urbanos e industriais não perigosos nos termos da legislação específica;

z) Garantir a conservação da rede hidrológica das bacias regionais;

aa) Promover a criação e garantir a permanente actualização de um sistema de informação de base geográfica nos domínios do ambiente e do ordenamento do território, em articulação com o sistema de informação do MCOTA;

bb) Promover a recolha, o tratamento e a sistematização da informação sobre o estado do ambiente e do ordenamento do território na região, necessária à avaliação destes domínios ao nível nacional;

cc) Criar e manter bases de dados cartográficos e cadastrais de apoio às diferentes actividades e assegurar a sua disponibilização;
dd) Manter um sistema de informação de base regional, em articulação com o Instituto Nacional de Estatística, de acordo com o sistema estatístico nacional, sempre que envolva informação de natureza estatística;
ee) Proceder à monitorização de base nos domínios do ordenamento do território e do ambiente;
ff) Assegurar, nos termos da lei, a fiscalização do domínio hídrico, dos resíduos, das substâncias perigosas, da qualidade do ar, do ruído e da conservação da natureza;
gg) Promover ou colaborar na elaboração de programas e projectos e na execução de acções de sensibilização, formação, informação e educação em matéria ambiental, de ordenamento do território, da conservação da natureza e da biodiversidade.

3 — As comissões de desenvolvimento regional são dirigidas por um presidente, que, por inerência, é o gestor da intervenção operacional regional correspondente, coadjuvado no exercício das suas funções por três vice-presidentes, equiparados, para todos os efeitos legais, a director-geral e a subdirector-geral, respectivamente.

SECÇÃO VI
Administração indirecta

Artigo 17.º
Instituto da Conservação da Natureza

1 — O Instituto da Conservação da Natureza (ICN) é a entidade incumbida de prosseguir as políticas de conservação da natureza e de protecção da biodiversidade e do património natural, bem como de gestão integrada das zonas costeiras, cabendo-lhe, em geral, dar execução à estratégia nacional da conservação da natureza e da biodiversidade.

2 — São atribuições do ICN:
a) Assegurar a preservação da biodiversidade e do património genético e a gestão sustentada de espécies e de habitats naturais da flora e da fauna selvagens;
b) Promover a gestão sustentável da orla costeira na óptica da conservação dos valores ambientais e paisagísticos, da segu-

rança de pessoas e bens e da sua valorização económica e social;

c) Promover a valorização económica e social dos valores do património natural e da paisagem, de forma ambientalmente sustentável;

d) Assegurar a gestão das áreas classificadas de interesse nacional e colaborar na gestão das de âmbito regional ou local;

e) Promover a elaboração, a avaliação sistemática e a revisão dos planos de ordenamento das áreas protegidas e da orla costeira;

f) Promover o planeamento da conservação da natureza e a monitorização de espécies, habitats e ecossistemas;

g) Promover a articulação e a integração dos objectivos de conservação e de valorização do património natural e paisagístico como factor estruturante dos diferentes sectores da actividade económica e social e dos processos de ordenamento do território;

h) Promover a concepção e implementação de uma rede ecológica fundamental através da gestão sustentável da Reserva Ecológica Nacional e de outras áreas de interesse para a conservação da natureza, designadamente os sítios da Rede Natura 2000 e as zonas de conservação especial ou qualquer outra área com estatuto de protecção por via de normas nacionais ou internacionais;

i) Propor a criação de áreas protegidas, definir, ao nível nacional, objectivos, meios e formas de gestão do sistema nacional de áreas classificadas e proceder à respectiva avaliação;

j) Desenvolver sistemas de informação e assegurar a monitorização relativa à conservação da natureza, à biodiversidade, ao património natural e às áreas protegidas;

l) Promover e implementar programas de informação e formação das populações, dos agentes e das organizações na área da conservação da natureza, com vista a criar uma consciência colectiva da importância da protecção da biodiversidade e dos recursos naturais;

m) Exercer, sem prejuízo das competências legais de outras entidades, os poderes do Estado sobre o domínio hídrico marítimo nos termos que vierem a ser definidos na respectiva lei orgânica;

n) Assegurar, em cooperação com as entidades competentes, o acompanhamento das questões e o cumprimento dos acordos relativos à biodiversidade, ao património natural e à orla costeira, aos níveis bilateral, comunitário e internacional.

3 — O ICN é dirigido por um presidente, coadjuvado por dois vice-presidentes, equiparados para todos os efeitos legais respectivamente a director-geral e a subdirector-geral.

ARTIGO 18.º
Instituto do Ambiente

1 — O Instituto do Ambiente é a entidade incumbida de prosseguir as políticas de ambiente e de desenvolvimento sustentável, assegurando a participação e a informação do público e das organizações não governamentais.

2 — São atribuições do Instituto do Ambiente:

a) Apoiar a definição da política ambiental e acompanhar a execução e a avaliação dos resultados alcançados;

b) Promover, apoiar e acompanhar as estratégias de integração do ambiente nas políticas sectoriais;

c) Promover, coordenar e apoiar a concretização de estratégias, planos e programas nacionais de desenvolvimento sustentável e sobre matérias de natureza global, nomeadamente as que respeitam às alterações climáticas e à camada de ozono;

d) Coordenar os processos de avaliação de impacte ambiental de projectos de nível nacional e efectuar a avaliação ambiental estratégica de planos e programas;

e) Promover a melhoria do desempenho ambiental dos agentes económicos estimulando a adopção de sistemas de eco-gestão e auditoria ambiental e assegurar a sua qualificação em matéria de ambiente;

f) Assegurar, em sede de licenciamento ambiental, a adopção das medidas de prevenção e controlo integrado da poluição;

g) Promover e apoiar medidas que visem a prevenção e o controlo da contaminação dos solos, bem como a recuperação de locais contaminados;

h) Coordenar acções relacionadas com a segurança do ambiente e das populações, compreendendo a avaliação dos riscos de manuseamento de substâncias químicas perigosas, nestas se incluindo a prevenção de acidentes industriais graves ou de armazenamento de risco, da disseminação de organismos geneticamente modificados e da libertação de substâncias radioactivas com impacte no ambiente, e intervir ao nível dos respectivos planos de emergência;

i) Promover as estratégias e coordenar os programas de acção de prevenção e controlo da poluição sonora e da gestão da qualidade do ar, com especial enfoque nas áreas urbanas, e executar as medidas de prevenção e controlo da qualidade do ar no interior dos edifícios;

j) Assegurar e manter o sistema de informação de referência para os dados ambientais e coordenar a produção de indicadores e inventários que reflictam o estado actual e as tendências de desenvolvimento das componentes ambientais ao nível nacional;

l) Assegurar a gestão do laboratório de referência do ambiente e participar na acreditação de outros laboratórios e novas metodologias analíticas;

m) Promover formas de apoio às organizações não governamentais do ambiente e realizar acções de sensibilização, divulgação e formação dos cidadãos, bem como garantir a participação do público nos respectivos processos de decisão em matéria de ambiente;

n) Assegurar, em cooperação com as entidades competentes, o acompanhamento das questões e o cumprimento dos acordos em matéria de ambiente aos níveis comunitário e internacional.

3 — O Instituto do Ambiente é dirigido por um presidente, coadjuvado por dois vice-presidentes, equiparados, para todos os efeitos legais, a director-geral e a subdirector-geral, respectivamente.

Artigo 19.º
Instituto dos Resíduos

1 — O Instituto dos Resíduos é a entidade incumbida de coordenar a execução da política nacional no âmbito dos resíduos.

2 — São atribuições do Instituto dos Resíduos:

a) Promover a elaboração de objectivos e estratégias para uma adequada gestão de resíduos, tendo em vista a preservação dos recursos naturais e a minimização dos impactes negativos sobre a saúde pública e o ambiente;

b) Elaborar, acompanhar e avaliar os planos nacionais e sectoriais de gestão de resíduos;

c) Incentivar a redução da produção dos resíduos e a sua reutilização e reciclagem por fileiras;

d) Promover a concepção e utilização de produtos e tecnologias mais limpas e de materiais recicláveis;

e) Licenciar os sistemas de resíduos sólidos urbanos, compreendendo as componentes de triagem, recolha, valorização, tratamento e destino final, bem como aprovar e licenciar os sistemas e equipamentos de resíduos perigosos e as operações de gestão de resíduos;

f) Assegurar a consistência e a coerência nacionais de licenciamento, fiscalização, inspecção e auditoria dos sistemas de gestão de resíduos e respectivos equipamentos;

g) Promover uma estratégia e apoiar medidas tendo em vista a prevenção e o controlo da contaminação do solo e dos meios hídricos, bem como a recuperação de locais contaminados;

h) Assegurar e manter um sistema de informação georreferenciada que contenha as características dos resíduos produzidos, o funcionamento dos sistemas e respectivos equipamentos e o resultado da exploração no que se refere a redução, reutilização, valorização e confinamento dos resíduos;

i) Promover acções de sensibilização e divulgação em matéria de resíduos destinadas a entidades públicas e privadas;

j) Assegurar e acompanhar, em cooperação com as entidades competentes, o acompanhamento das questões e o cumprimento dos acordos em matéria de resíduos aos níveis comunitário e internacional.

3 — O Instituto dos Resíduos é dirigido por um presidente, coadjuvado por dois vice-presidentes, equiparados, para todos os efeitos legais, respectivamente a director-geral e a subdirector-geral.

Artigo 20.º
Instituto Geográfico Português

1 — O Instituto Geográfico Português (IGP) é a autoridade nacional de cartografia incumbida da regulação do mercado de produção cartográfica e cadastral, do desenvolvimento e coordenação do sistema nacional de informação geográfica e da promoção da investigação no domínio das tecnologias de informação geográfica.

2 — São atribuições do IGP:

a) Promover, em coordenação com outras entidades, a cobertura cartográfica do território nacional, bem como proceder à execução, renovação e conservação do cadastro predial;

b) Regular o mercado de produção cartográfica e cadastral no que respeita a normas e especificações técnicas de produção e reprodução, o licenciamento e a fiscalização de actividades e a homologação de produtos;

c) Exercer as actividades necessárias à manutenção e ao aperfeiçoamento do referencial geodésico nacional;
d) Desenvolver e coordenar o sistema nacional de informação geográfica;
e) Promover, coordenar e realizar, no domínio da informação geográfica, programas e projectos de investigação e desenvolvimento experimental, bem como acções de formação e divulgação;
f) Assegurar, em cooperação com as entidades competentes, o acompanhamento e o cumprimento dos acordos relativos a geodesia, cartografia e informação geográfica, aos níveis comunitário e internacional.

3 — O IGP é dirigido por um presidente, coadjuvado por dois vice-presidentes, equiparados, para todos os efeitos legais, a director-geral e a subdirector-geral, respectivamente.

Artigo 21.º
Instituto da Água

1 — O Instituto da Água (INAG) é a entidade à qual compete, em geral, prosseguir a política nacional de domínio e dos serviços hídricos incidente sobre as águas sob a sua jurisdição, definida na respectiva lei orgânica.

2 — O INAG constitui a autoridade nacional da água, sendo-lhe reconhecidos, e exercendo, os poderes necessários à garantia da qualidade e à utilização racional e sustentável dos recursos hídricos.

3 — São atribuições do INAG:
a) Promover a conservação e a utilização sustentável dos meios hídricos nacionais do ponto de vista da quantidade e da qualidade, nos seus aspectos físicos e ecológicos;
b) Exercer os poderes do Estado sobre o domínio público hídrico nos termos e limites definidos por lei;
c) Propor os objectivos e as estratégias para uma política de gestão sustentada do domínio hídrico e dos serviços hídricos nacionais, sem prejuízo das competências atribuídas pela lei a outros serviços públicos;
d) Promover, em articulação com os conselhos de bacia hidrográfica e os órgãos equivalentes das Regiões Autónomas, o planeamento integrado por bacia, incluindo os estuários e as águas costeiras;
e) Garantir a harmonização da gestão do domínio e dos serviços hídricos executada ao nível de bacia hidrográfica;

f) Promover a elaboração, a avaliação e a revisão dos planos de ordenamento das albufeiras de águas públicas;
g) Desenvolver sistemas de informação e assegurar a monitorização relativa às disponibilidades, às necessidades, ao estado de qualidade e à segurança dos sistemas de recursos hídricos ao nível nacional;
h) Promover a sustentabilidade económica e financeira das utilizações e dos serviços hídricos assegurando a aplicação sustentada dos princípios do utilizador-pagador e do poluidor-pagador;
i) Assegurar a consistência e a coerência nacionais do planeamento, do licenciamento, da fiscalização, da inspecção e da auditoria das utilizações do domínio hídrico e da segurança de infra-estruturas hidráulicas executadas ao nível de bacia hidrográfica;
j) Promover, reabilitar e gerir infra-estruturas hidráulicas de âmbito nacional ou regional com elevado interesse sócio-económico e ambiental, bem como assegurar e fiscalizar o cumprimento das normas de segurança de barragens;
l) Assegurar, em cooperação com as entidades competentes, o acompanhamento das questões e o cumprimento dos acordos relacionados com recursos hídricos aos níveis bilateral, comunitário e internacional.

4 — O INAG é dirigido por um presidente, coadjuvado por dois vice-presidentes, equiparados, para todos os efeitos legais, respectivamente a director-geral e a subdirector-geral.

SECÇÃO VII
Sector de regulação

ARTIGO 22.º
Instituto Regulador de Águas e Resíduos

1 — O Instituto Regulador de Águas e Resíduos (IRAR) é a entidade reguladora, nas áreas económica e de qualidade de serviços, no sector da água de abastecimento público, das águas residuais urbanas e dos resíduos sólidos urbanos.

2 — São atribuições do IRAR:
a) Regulamentar, orientar e fiscalizar a concepção, a execução, a gestão e a exploração dos sistemas municipais, intermunicipais e multimunicipais concessionados, bem como a actividade das respectivas entidades gestoras;

b) Assegurar a regulação económica dos respectivos sectores e o equilíbrio entre a sustentabilidade económica e a qualidade dos serviços prestados, de modo a salvaguardar os interesses e os direitos dos cidadãos no fornecimento de bens e serviços essenciais nos sistemas concessionados;

c) Estabelecer as relações adequadas ao acompanhamento do trabalho de instituições congéneres e de organizações internacionais relevantes para a prossecução do seu objecto, em articulação com as entidades nacionais competentes em matéria de relações internacionais;

d) Fomentar a normalização técnica no domínio das tarefas que lhe estão confiadas;

e) Assegurar o apoio à entidade concedente da exploração e da gestão dos sistemas multimunicipais de captação, tratamento e abastecimento de água para consumo público, recolha, tratamento e rejeição de efluentes e tratamento de resíduos sólidos urbanos na apreciação de questões e soluções técnicas, bem como de situações que relevam da gestão dos respectivos contratos;

f) Assegurar a regulação da qualidade dos serviços nos sectores de água de abastecimento público, de águas residuais urbanas e de resíduos sólidos urbanos através de auditorias, alertando o concedente e as entidades gestoras e participando às autoridades competentes eventuais irregularidades detectadas.

SECÇÃO VIII
Apoio à formação autárquica

ARTIGO 23.º
Centro de Estudos e Formação Autárquica

1 — O Centro de Estudos e Formação Autárquica (CEFA) é a entidade encarregue da formação, da investigação e da assessoria das autarquias locais no domínio das suas atribuições, visando a modernização administrativa, a desburocratização e a melhoria dos serviços prestados às populações, bem como o aperfeiçoamento de conhecimentos e práticas de boa administração.

2 — São atribuições do CEFA, em colaboração com as autarquias locais e suas organizações:

a) Proceder à inventariação das necessidades de formação dos funcionários autárquicos;

b) Proceder à elaboração do plano anual de formação para as autarquias locais;

c) Conceber, organizar e realizar acções de formação para eleitos locais e funcionários autárquicos, bem como para agentes e gestores de formação para as autarquias locais;

d) Promover a realização do curso de administração autárquica criado pelo artigo 6.º do Decreto-Lei n.º 76/82, de 4 de Março, nos termos da legislação em vigor, e contribuir para o seu constante aperfeiçoamento;

e) Organizar e realizar, a pedido do respectivo município, os concursos de ingresso e de acesso dos funcionários autárquicos;

f) Promover, realizar e divulgar estudos e trabalhos de investigação aplicada sobre a administração local;

g) Cooperar, na área da formação autárquica, com entidades nacionais e internacionais, em especial com as dos países de expressão oficial portuguesa.

3 — O CEFA é gerido por um conselho directivo, composto por um presidente, dois vice-presidentes e dois vogais, sendo, para todos os efeitos legais, o presidente equiparado a director-geral e os vice-presidentes a subdirector-geral.

4 — Os vogais do conselho directivo que não sejam presidentes ou vereadores de câmaras municipais a tempo inteiro têm direito a senhas de presença, de montante a fixar por despacho conjunto dos Ministros das Finanças e das Cidades, Ordenamento do Território e Ambiente.

SECÇÃO IX
Órgãos consultivos

Artigo 24.º
Conselho Nacional da Água

1 — O Conselho Nacional da Água (CNA) é o órgão independente de consulta nos domínios do planeamento nacional da água, ao qual compete, genericamente, acompanhar e apreciar a elaboração de planos e projectos com especial relevância nos meios hídricos, propor medidas que permitam o melhor desenvolvimento e a articulação das acções deles decorrentes e formular ou apreciar opções estratégicas para a gestão sustentável dos recursos hídricos nacionais.

2 — A composição e o funcionamento do CNA são definidos em diploma próprio.

Artigo 25.º
Conselho Nacional do Ambiente e do Desenvolvimento Sustentável

1 — O Conselho Nacional do Ambiente e do Desenvolvimento Sustentável (CNADS) é um órgão independente de consulta que funciona junto do MCOTA, ao qual compete, por sua iniciativa ou por solicitação dos membros do Governo responsáveis pela área do ambiente ou de outras entidades, emitir pareceres e recomendações sobre todas as questões relativas à política de ambiente e do desenvolvimento sustentável.

2 — A composição e o funcionamento do CNADS são definidos em diploma próprio.

CAPÍTULO III
Planeamento

Artigo 26.º
Coordenação e integração de actividades

1 — Os serviços e organismos do MCOTA funcionam por objectivos, determinados em planos de actividades anuais ou plurianuais, aprovados pelo Ministro das Cidades, Ordenamento do Território e Ambiente.

2 — Os mesmos serviços e organismos devem colaborar entre si e coordenar as respectivas actividades de forma a promover uma actuação unitária e integrada das políticas de ambiente, ordenamento do território e desenvolvimento regional.

3 — O MCOTA é responsável pela elaboração do relatório sobre o estado do ambiente e do ordenamento do território, em cumprimento do disposto no artigo 49.º da Lei n.º 11/87, de 7 de Abril, e no artigo 146.º do Decreto-Lei n.º 380/99, de 22 de Setembro.

CAPÍTULO IV
Do pessoal

Artigo 27.º
Pessoal dirigente

O pessoal dirigente dos serviços e organismos dependentes do

MCOTA, bem como dos órgãos independentes de consulta, é o que consta do mapa anexo ao presente diploma, do qual faz parte integrante.

CAPÍTULO V
Disposições finais e transitórias

Artigo 28.º
Sucessão nas competências

Todas as referências feitas na lei ao Ministro do Planeamento ou ao Ministro do Ambiente e do Ordenamento do Território em matéria de ambiente, de ordenamento do território, de instrumentos de gestão territorial e de administração local autárquica consideram-se feitas ao Ministro das Cidades, Ordenamento do Território e Ambiente.

Artigo 29.º
Legislação orgânica complementar

1 — No prazo máximo de 120 dias após a entrada em vigor do presente diploma, deverão ser adaptadas as leis orgânicas das entidades integradas no MCOTA, em conformidade com o agora disposto.

2 — Até à entrada em vigor dos diplomas a que se refere o número anterior, os serviços continuam a exercer as competências em conformidade com o quadro orgânico-funcional vigente.

3 — Os quadros de pessoal dos serviços criados nos termos do presente diploma, bem como as eventuais alterações a introduzir nos quadros dos demais serviços do MCOTA, serão aprovados por portaria dos Ministros das Finanças e das Cidades, Ordenamento do Território e Ambiente.

Artigo 30.º
Providências orçamentais

1 — Até à entrada em vigor dos diplomas orgânicos referidos no artigo anterior, os encargos referentes aos órgãos, serviços e organismos aí mencionados continuam a ser processados nos termos da actual expressão orçamental.

2 — Transitam, nos termos a estabelecer por despacho conjunto dos Ministros das Finanças e das Cidades, Ordenamento do Território

e Ambiente, para os novos órgãos, serviços e organismos, de acordo com a repartição de atribuições e competências resultante do presente diploma, os saldos das dotações orçamentais existentes na data da sua entrada em vigor.

ARTIGO 31.º
Receitas

Sem prejuízo do disposto nos diplomas orgânicos, podem ser consignadas aos serviços da administração directa receitas provenientes da prestação de serviços da venda de publicações e de contratos ou comparticipações que sejam consequência do exercício das suas competências, mediante portaria conjunta dos Ministros das Finanças e das Cidades, Ordenamento do Território e Ambiente.

ARTIGO 32.º
Serviços sociais

Os funcionários e agentes do MCOTA continuam abrangidos pela Obra Social do Ministério das Obras Públicas, Transportes e Habitação, devendo os encargos daí decorrentes ser suportados pelos orçamentos dos respectivos organismos.

ARTIGO 33.º
Norma revogatória

São revogados os Decretos-Leis n.os 120/2000, de 4 de Julho, e 8/2002, de 9 de Janeiro.

ARTIGO 34.º
Entrada em vigor

O presente diploma entra em vigor no dia seguinte ao da sua publicação.

Visto e aprovado em Conselho de Ministros de 25 de Fevereiro de 2003. — *José Manuel Durão Barroso — Maria Manuela Dias Ferreira Leite — Isaltino Afonso de Morais.*

Promulgado em 16 de Abril de 2003.

Publique-se.

O Presidente da República, JORGE SAMPAIO.
Referendado em 21 de Abril de 2003.
O Primeiro-Ministro, *José Manuel Durão Barroso.*

ANEXO

(mapa a que se refere o artigo 27.º)

	Número de lugares
Secretário-geral	1
Secretário-geral-adjunto	1
Auditor jurídico	1
Directores-gerais e presidentes ou equiparados	17
Presidente do IRAR	1
Subdirectores-gerais e vice-presidentes ou equiparados	36
Vogais do IRAR	2
Presidente do CNADS	1
Secretário executivo do CNADS	1
Secretário-geral do CNA	1

Instituto dos Resíduos

Decreto-Lei n.º 236/97
de 3 de Setembro

O presente diploma define as atribuições, competências e estrutura orgânica do Instituto dos Resíduos (INR), criado pelo Decreto-Lei n.º 142/96, de 23 de Agosto.

Vocacionado para executar a política nacional no domínio dos resíduos, o INR é chamado a desempenhar uma função estratégica no quadro da política de ambiente, que atribui máxima prioridade à melhoria dos níveis de atendimento das populações em matéria de saneamento básico.

Por força desta opção estruturante, que mobilizará nos próximos anos boa parte dos investimentos públicos na área do ambiente, o INR tem pela frente a importante tarefa de acompanhar, fiscalizar e, posteriormente, monitorizar, à luz de padrões técnicos e ambientais adequados, a construção e exploração de múltiplas novas infra-estruturas destinadas à deposição, recolha, tratamento e eliminação de resíduos. A esta tarefa liga-se uma outra, de não menor significado, e que consiste no encerramento e recuperação de numerosas lixeiras que até aqui proliferavam por todo o País, sem quaisquer condições de segurança do ponto de vista da preservação do ambiente e da salvaguarda da saúde pública.

A par destas incumbências, ao INR cumpre assegurar a execução da política do Ministério do Ambiente em relação aos resíduos sólidos urbanos, resíduos agrícolas, resíduos industriais e resíduos hospitalares, bem como à gestão de embalagens e de resíduos de embalagens, em articulação com outros organismos competentes em razão da matéria. Por outro lado, cabem ao INR missões tão distintas como a intervenção nos procedimentos de autorização de operações de gestão de resíduos ou de licenciamento de actividades, bem como nos procedimentos referentes ao movimento transfronteiriço de resíduos.

Deste conjunto de incumbências decorre ainda a natural vocação do INR para se ocupar das questões relacionadas com a preservação e valorização do solo como recurso natural, incluindo, quando seja o caso, o desenvolvimento de normas e procedimentos técnicos destinados a garantir a sua descontaminação.

É a consciência da diversidade e da vital importância destas e de outras tarefas cometidas ao INR, hoje igualmente relevantes no quadro comunitário e internacional, que determina as opções fundamentais que norteiam o presente diploma, sem perder de vista a operacionalidade do novo Instituto e as opções pela desconcentração e pela descentralização de atribuições, a benefício, respectivamente, das direcções regionais do ambiente e dos recursos naturais e das autarquias locais.

Com a presente iniciativa legislativa opta-se pela revogação do Decreto-Lei n.º 142/96, de 23 de Agosto, que criou o INR e definiu, fundamentalmente, o respectivo regime de instalação.

Assim:

Nos termos da alínea a) do artigo 201.º da Constituição, o Governo decreta o seguinte:

CAPÍTULO I
Natureza, atribuições e competências

ARTIGO 1.º
Natureza

O Instituto dos Resíduos, adiante designado por INR, é uma pessoa colectiva pública dotada de autonomia administrativa, sob a superintendência e tutela do Ministro do Ambiente.

ARTIGO 2.º
Atribuições

1 — O INR tem como atribuições executar a política nacional no domínio dos resíduos e assegurar o cumprimento das normas e regulamentos técnicos.

2 — O INR desenvolve acções intersectoriais, nomeadamente com os órgãos competentes dos Ministérios da Agricultura, do Desenvolvimento Rural e das Pescas, da Economia e da Saúde, no que respeita aos resíduos agrícolas, industriais e hospitalares, respectivamente.

Artigo 3.º
Competências

1 — No âmbito das respectivas atribuições, compete aos órgãos do INR:

a) Propor as grandes linhas de actuação para uma política de gestão integrada no domínio dos resíduos e elaborar, nos termos da lei, o plano nacional e os planos sectoriais de gestão de resíduos;

b) Estudar e propor medidas legislativas, técnicas e económicas em matéria de política de resíduos;

c) Aprovar, licenciar e fiscalizar, nos termos da lei, as operações de gestão de resíduos e as actividades geradoras de resíduos, bem como colaborar com as demais entidades competentes nesta matéria;

d) Aprovar, licenciar e fiscalizar, nos termos da lei, os tecnossistemas de resíduos e colaborar com as demais entidades competentes nesta matéria;

e) Estudar e analisar os aspectos mais relevantes do sector dos resíduos, nomeadamente a caracterização dos resíduos, o funcionamento dos tecnossistemas e o resultado da exploração no que refere à redução, reutilização, valorização e confinamento dos resíduos;

f) Desenvolver sistemas de informação sobre resíduos;

g) Promover actividades de investigação científica e de desenvolvimento tecnológico, em especial nos domínios da prevenção, reciclagem e tratamento de resíduos;

h) Incentivar a concepção e utilização de produtos e tecnologias mais limpas e de materiais mais recicláveis;

i) Promover acções de formação, divulgação e transferência de tecnologia no sector dos resíduos, destinadas a entidades públicas e privadas, nomeadamente os municípios, e editar publicações sobre assuntos da sua competência;

j) Autorizar a realização de estágios e a concessão de bolsas de estudo;

l) Conceder prémios e ou subsídios a entidades singulares ou colectivas que desenvolvam actividade de relevo no âmbito das atribuições do INR;

m) Estabelecer relações de intercâmbio e de colaboração com instituições nacionais, estrangeiras e internacionais que prossigam objectivos semelhantes.

2 — A forma de atribuição dos prémios e subsídios referidos na alínea *l*) do n.º 1 será regulamentada por despacho do Ministro do Ambiente, mediante proposta do presidente do INR.

3 — O INR pode, precedendo autorização do Ministro do Ambiente, participar como membro em instituições, associações e fundações, nacionais, estrangeiras ou internacionais.

CAPÍTULO II
Órgãos e serviços

SECÇÃO I
Órgãos

Artigo 4.º
Órgãos

São órgãos do INR:
a) O presidente;
b) O conselho administrativo;
c) O conselho técnico e científico.

Artigo 5.º
Presidente

1 — O INR é dirigido por um presidente, coadjuvado por dois vice-presidentes, um dos quais o substitui nos seus impedimentos e faltas.

2 — O presidente e os dois vice-presidentes são equiparados, para todos os efeitos legais, a director-geral e a subdirectores-gerais, respectivamente.

Artigo 6.º
Competência do presidente

1 — Compete ao presidente:
a) Dirigir e coordenar as actividades do INR;
b) Promover e presidir às reuniões dos órgãos colegiais do INR e assegurar o cumprimento das resoluções tomadas;
c) Promover a elaboração de planos e programas de trabalho;
d) Promover e elaborar o relatório anual de actividades do INR;

e) Orientar a preparação do orçamento do INR, com a colaboração do conselho administrativo;
f) Aceitar heranças, legados ou outros donativos feitos a favor do INR;
g) Promover a organização do cadastro dos imóveis e do inventário dos móveis pertencentes ou que se achem na posse do INR;
h) Representar o INR em todos os actos administrativos em que ele seja parte;
i) Assegurar a representação do INR em juízo ou fora dele;
j) Exercer as competências conferidas por lei aos órgãos do INR e que não estejam expressamente afectas a qualquer desses órgãos.

2 — O presidente pode delegar as suas competências nos vice-presidentes, com faculdade de subdelegação.

Artigo 7.º
Conselho administrativo

1 — O conselho administrativo do INR é o órgão deliberativo em matéria de gestão financeira e patrimonial.

2 — O conselho administrativo tem a seguinte composição:
a) O presidente do INR, que preside;
b) Os vice-presidentes;
c) O director dos Serviços Administrativos.

Artigo 8.º
Competência do conselho administrativo

1 — Ao conselho administrativo compete:
a) Superintender na gestão financeira e patrimonial do INR;
b) Pronunciar-se sobre os planos financeiros anuais e plurianuais;
c) Colaborar com o presidente na orientação da preparação dos projectos de orçamento;
d) Promover e fiscalizar a cobrança das receitas do INR;
e) Aprovar, nos termos da lei, as minutas de contratos em que o INR seja parte;
f) Verificar a legalidade das despesas quando excedam as suas competências e autorizar a sua realização e pagamento;
g) Aprovar os balancetes de execução orçamental e por projectos;

h) Aprovar a conta de gerência, elaborar o respectivo relatório e submetê-lo, nos termos legais, à aprovação do Tribunal de Contas;

i) Pronunciar-se sobre quaisquer outros assuntos de natureza administrativa ou financeira que o presidente entenda submeter à sua apreciação.

2 — O conselho administrativo pode delegar no seu presidente ou em qualquer dos seus membros ou nos dirigentes dos serviços a totalidade ou algumas das suas competências para a realização de despesas e arrecadação de receitas, fixando-lhes os respectivos limites.

ARTIGO 9.º
Funcionamento do conselho administrativo

1 — O conselho administrativo reúne ordinariamente uma vez por mês e extraordinariamente sempre que o presidente o convoque.

2 — As reuniões são secretariadas pelo chefe da Repartição Administrativa, que garante o apoio necessário à organização dos processos a submeter a conselho.

3 — Poderá participar nas reuniões do conselho administrativo, sem direito a voto, qualquer funcionário do INR, sempre que o presidente o entenda conveniente, atentos os assuntos constantes da ordem de trabalhos.

4 — Na execução das deliberações do conselho administrativo o INR obriga-se mediante a assinatura de dois membros daquele conselho, sendo obrigatória a do seu presidente ou a de quem o substituir.

ARTIGO 10.º
Conselho técnico e científico

1 — O conselho técnico e científico tem a seguinte composição:

a) O presidente do INR, que preside;
b) Os vice-presidentes;
c) Os directores dos departamentos técnicos especializados;
d) Os directores dos centros de desenvolvimento.

2 — O conselho técnico e científico integra ainda três individualidades, com o estatuto de observador, a designar por despacho do Ministro do Ambiente.

3 — Os membros referidos no número anterior têm direito a senhas de presença, cujo montante será fixado por despacho conjunto dos Ministros das Finanças e do Ambiente e do membro do Governo que tiver a seu cargo a Administração Pública.

ARTIGO 11.º
Competência do conselho técnico e científico

Ao conselho técnico e científico compete:
a) Acompanhar criticamente as actividades do INR, procurando melhorá-las e desenvolvê-las;
b) Orientar a elaboração do plano anual de actividades do INR, definindo as prioridades de acção e as medidas estratégicas apropriadas;
c) Pronunciar-se sobre planos e programas de formação em serviço que lhe sejam submetidos pelo presidente;
d) Pronunciar-se sobre publicações a editar pelo INR;
e) Emitir parecer sobre os pedidos de estágio, de subsídios ou de bolsas de estudo relacionados com os serviços;
f) Pronunciar-se sobre quaisquer outros assuntos de natureza técnica e científica, que lhe sejam submetidos pelo presidente.

ARTIGO 12.º
Funcionamento do conselho técnico e científico

1 — O conselho técnico e científico reúne ordinariamente uma vez por mês e extraordinariamente sempre que o presidente o convoque.

2 — Sempre que a natureza dos assuntos o justifique, o conselho técnico e científico, a solicitação do seu presidente, pode ouvir técnicos do INR ou de outros serviços, desde que autorizados pelo respectivo dirigente máximo.

SECÇÃO II
Serviços

ARTIGO 13.º
Serviços

1 — O INR dispõe de serviços operativos e de apoio.
2 — São serviços operativos do INR:
a) Os departamentos técnicos especializados;
b) Os centros e núcleos de desenvolvimento.
3 — São serviços de apoio do INR:
a) A Direcção de Serviços Administrativos, abreviadamente DSA;
b) O Gabinete de Apoio Jurídico, abreviadamente GAJ.

SUBSECÇÃO I
Departamentos

ARTIGO 14.º
Departamentos técnicos especializados

1 — São departamentos técnicos especializados:
a) O Departamento de Planeamento e Assuntos Internacionais, abreviadamente DPI;
b) O Departamento de Gestão de Resíduos, abreviadamente DGR;
c) O Departamento de Obras e Exploração, abreviadamente DOE.

2 — Os departamentos previstos nas alíneas do número anterior são dirigidos por directores de serviços.

ARTIGO 15.º
Departamento de Planeamento e Assuntos Internacionais

1 — Ao DPI incumbe desenvolver as actividades e estudos necessários à prossecução de uma gestão integrada dos resíduos, bem como promover a coordenação dos meios financeiros e o planeamento das acções do INR, a nível nacional e internacional.

2 — O DPI compreende:
a) A Divisão de Planeamento, Programação e Intervenção Financeira, abreviadamente DPPF;
b) A Divisão de Assuntos Internacionais e Comunitários, abreviadamente DAIC.

3 — Compete à DPPF:
a) Sistematizar, em articulação com os restantes serviços competentes, a informação de base sobre resíduos, promovendo o seu adequado tratamento, para efeitos de planeamento;
b) Diagnosticar eventuais áreas de intervenção no domínio da gestão dos resíduos que careçam da definição de estratégias de actuação, de planeamento ou de infra-estruturas;
c) Promover e propor a criação de medidas de coordenação interdepartamental e intersectorial, por forma a assegurar o cumprimento articulado dos planos e programas de resíduos;
d) Elaborar propostas tipo de contratos-programa para a construção e recuperação de infra-estruturas de tratamento de resíduos e para encerramento de lixeiras;
e) Acompanhar, em coordenação com os restantes serviços e entidades competentes, o estabelecimento de critérios e valores para as taxas a cobrar pela exploração dos tecnossistemas de resíduos;

f) Criar e gerir um sistema de informação actualizado sobre instrumentos financeiros e promover a sua utilização e divulgação;
g) Desenvolver estudos com vista a optimizar a gestão financeira e patrimonial do INR, bem como apoiar a elaboração dos planos financeiros anuais e plurianuais;
h) Acompanhar os trabalhos da Comissão de Acompanhamento da Gestão de Embalagens e Resíduos de Embalagens (CAGERE).

4 — Compete à DAIC:
a) Coordenar as acções do INR em matéria comunitária, de relações com organizações internacionais e de cooperação;
b) Contribuir para a definição de orientações em matéria de relações com a União Europeia no domínio dos resíduos;
c) Recolher e tratar informação para apoiar a intervenção dos membros do Governo no Conselho de Ministros da União Europeia;
d) Propor relatórios de verificação do cumprimento do normativo comunitário, em coordenação com os outros serviços;
e) Preparar propostas de transposição para o direito interno do normativo comunitário na área dos resíduos, ouvidos os outros serviços competentes;
f) Assegurar a preparação de pareceres técnico-jurídicos tendo em vista eventuais situações de incumprimento do normativo comunitário;
g) Assegurar o acompanhamento da elaboração e execução das convenções internacionais, bem como das iniciativas das organizações internacionais relevantes e no âmbito da cooperação, na área dos resíduos.

Artigo 16.º
Departamento de Gestão de Resíduos

1 — Ao DGR incumbe desenvolver e promover estudos e actividades nas áreas da prevenção, do tratamento, da reciclagem e do movimento transfronteiriço de resíduos.

2 — O DGR compreende:
a) A Divisão de Resíduos Urbanos e Similares, abreviadamente DRUS;
b) A Divisão de Resíduos Especiais, abreviadamente DRES.

3 — Compete à DRUS:
a) Estudar e avaliar a possibilidade de introdução de novas tecnologias;

b) A análise e acompanhamento de projectos;
c) A análise e acompanhamento de candidaturas;
d) Propor a elaboração ou alteração de normas e ou regulamentos técnicos relativos a resíduos sólidos urbanos ou similares;
e) Recolher e sistematizar informação sobre técnicas e procedimentos de redução de produção de resíduos urbanos;
f) Monitorizar, na sua área de intervenção, o cumprimento das metas de prevenção da política nacional de resíduos;
g) Desenvolver e normalizar regras para a elaboração de estudos e projectos de obras de tecnossistemas, incluindo estudos económico-financeiros;
h) Compilar e manter actualizado o cadastro e o arquivo técnico geral referentes aos resíduos urbanos;
i) Efectuar a detecção e o controlo dos sítios contaminados em consequência de deficiente eliminação de resíduos urbanos e similares e apreciar projectos de descontaminação dos solos e de prevenção e luta contra a sua poluição.

4 — Compete à DRES:

a) Estudar e avaliar as possibilidades de introdução de novas tecnologias;
b) A análise e acompanhamento de projectos;
c) A análise e acompanhamento de candidaturas;
d) Propor a elaboração ou alteração de normas e ou regulamentos técnicos relativos a resíduos industriais e hospitalares;
e) Recolher e sistematizar informação sobre técnicas e procedimentos de redução de produção de resíduos industriais e hospitalares;
f) Monitorizar, na sua área de intervenção, o cumprimento das metas de prevenção da política nacional de resíduos;
g) Desenvolver e normalizar regras para a elaboração de estudos e projectos de obras de tecnossistemas, incluindo estudos económico-financeiros;
h) Efectuar a detecção e o controlo dos sítios contaminados em consequência de deficiente eliminação de resíduos especiais e apreciar projectos de descontaminação dos solos e de prevenção e luta contra a sua poluição;
i) Acompanhar e elaborar todo o processamento necessário ao movimento transfronteiriço de resíduos;
j) Compilar e manter actualizado o cadastro e o arquivo técnico geral referentes aos resíduos industriais, hospitalares e outros resíduos especiais.

Artigo 17.º
Departamento de Obras e Exploração

1 — Ao DOE incumbe acompanhar a gestão e exploração, fiscalização e monitorização dos tecnossistemas, bem como acompanhar os estudos e projectos, em colaboração com o DGR, as direcções regionais do ambiente e recursos naturais, as autarquias locais, as associações de municípios e a Empresa Geral do Fomento, S. A.

2 — O DOE compreende:
   a) A Divisão de Projectos, Obras e Fiscalização, abreviadamente DPOF;
   b) A Divisão de Exploração, Controlo e Monitorização, abreviadamente DECM.

3 — Compete à DPOF:
   a) Acompanhar os projectos das obras a levar a efeito no domínio dos resíduos;
   b) Assegurar uma gestão dos tecnossistemas de acordo com a lei e os contratos de concessão em vigor;
   c) Fiscalizar a operação dos tecnossistemas por forma a garantir o cumprimento da lei e das boas normas, minimizando os impactes ambientais e promovendo, nos termos legais, a adopção das medidas preventivas e sancionatórias adequadas, incluindo, quando necessário, a suspensão ou o encerramento da laboração dos equipamentos ou das instalações em causa;
   d) Fiscalizar a manutenção de todos os equipamentos, móveis e fixos, de forma a cumprirem a sua função e a aumentarem a sua vida útil, bem como de todas as infra-estruturas dos tecnossistemas.

4 — Compete à DECM:
   a) Vigiar a exploração das obras dos tecnossistemas, bem como do encerramento e selagem de lixeiras e outras infra-estruturas de confinamento;
   b) Apreciar e analisar os relatórios de controlo e monitorização das condições de funcionamento dos tecnossistemas;
   c) Definir processos e metodologias para avaliar os riscos associados às obras e à exploração dos tecnossistemas e propor normas e medidas preventivas e de emergência adequadas;
   d) Acompanhar os trabalhos da CAGERE.

SUBSECÇÃO II
Centros e núcleos de desenvolvimento

Artigo 18.º
Centros de desenvolvimento

1 — Os centros de desenvolvimento, coordenados por chefes de divisão e funcionando na dependência directa do presidente, são serviços do INR vocacionados para matérias especializadas relevantes na problemática da gestão de resíduos e que prosseguem actividades financiadas por verbas externas ao orçamento do INR.

2 — Os centros de desenvolvimento ficam sujeitos ao cumprimento de planos e programas anuais devidamente orçamentados e acompanhados pelos órgãos competentes do INR.

3 — São centros de desenvolvimento do INR:
 a) O Centro de Prevenção, Redução e Reutilização de Resíduos (CPRR);
 b) O Centro de Fluxos Prioritários e Poluição dos Solos (CFPS);
 c) O Centro de Gestão de Embalagens e Resíduos de Embalagens (CERE);
 d) O Centro de Formação para a Gestão e a Valorização de Resíduos (CGVR).

4 — O INR poderá, em casos devidamente justificados, propor a criação de novos centros de desenvolvimento.

Artigo 19.º
Centro de Prevenção, Redução e Reutilização de Resíduos

O CPRR tem os seguintes objectivos:
 a) Colaborar com a DRUS e a DRES na monitorização do cumprimento das metas de prevenção da política nacional de resíduos;
 b) Promover a elaboração do plano nacional de prevenção de resíduos;
 c) Apoiar iniciativas no domínio da prevenção, redução e reutilização de resíduos.

Artigo 20.º
Centro de Fluxos Prioritários e Poluição dos Solos

O CFPS tem os seguintes objectivos:
 a) Promover, em colaboração com a DAIC e a DPOF, a elaboração de programas nacionais de valorização de fluxos de resí-

duos considerados prioritários, como os resíduos de construção e demolição, os veículos em fim de vida e as lamas das estações de tratamento de águas de abastecimento e águas residuais;
b) Apoiar a elaboração e realização de programas, à escala das empresas ou dos municípios, destinados a implantar modelos de valorização de fluxos prioritários consentâneos com as finalidades da política nacional em matéria de resíduos;
c) Apoiar iniciativas no âmbito da valorização de fluxos prioritários;
d) Promover a elaboração de planos e programas de prevenção e luta contra a poluição dos solos por resíduos;
e) Colaborar com a DGR no inventário de sítios contaminados em consequência da poluição dos solos por resíduos;
f) Promover a elaboração de projectos de descontaminação de solos poluídos por deficiente eliminação de resíduos;
g) Apoiar iniciativas no domínio da prevenção e luta contra a poluição dos solos por resíduos.

Artigo 21.º
Centro de Gestão de Embalagens e Resíduos de Embalagens

O CERE tem os seguintes objectivos:
a) Acompanhar os trabalhos da CAGERE, em colaboração com a DPPF e a DECM;
b) Promover actividades de apoio à elaboração de documentos técnicos no domínio da gestão de embalagens e resíduos de embalagens;
c) Apoiar iniciativas no domínio da gestão de embalagens e resíduos de embalagens.

Artigo 22.º
Centro de Formação para a Gestão e a Valorização de Resíduos

O CGVR tem os seguintes objectivos:
a) Promover a elaboração de um plano nacional de formação para a gestão e valorização de resíduos;
b) Desenvolver, em colaboração com outros organismos do Ministério do Ambiente, nomeadamente o Instituto de Promoção Ambiental (IPAMB), acções de formação e promoção;
c) Promover acções de investigação e desenvolvimento tecnoló-

gico, em colaboração com outras instituições públicas ou privadas, no âmbito da gestão e valorização de resíduos.

ARTIGO 23.º
Núcleos de desenvolvimento

1 — Os núcleos de desenvolvimento serão criados por despacho do presidente, ouvidos os conselhos administrativo e técnico e científico.

2 — Os núcleos de desenvolvimento são unidades informais, com uma estrutura semelhante à de grupos de trabalho, e funcionam no âmbito dos departamentos técnicos ou dos centros de desenvolvimento existentes, conforme constar do respectivo despacho de criação.

3 — Os núcleos ficam sujeitos ao cumprimento de programas específicos de actividades, bem como de prazos e limites orçamentais previamente estabelecidos.

SUBSECÇÃO III
Serviços de apoio

ARTIGO 24.º
Direcção de Serviços Administrativos

1 — À DSA incumbe o apoio aos serviços do INR nas áreas de recursos humanos e de expediente, património, aprovisionamento, contabilidade, informática e documentação.

2 — A DSA compreende:
a) A Repartição Administrativa;
b) A Repartição Financeira;
c) O Centro de Documentação;
d) O Sector de Sistema de Informação.

3 — Adstrita à DSA funciona a Tesouraria, coordenada por um tesoureiro, à qual compete:
a) Cobrar as receitas do INR;
b) Efectuar o pagamento de despesas devidamente autorizadas;
c) Manter escriturados os livros de tesouraria e elaborar as folhas diárias de caixa.

ARTIGO 25.º
Repartição Administrativa

1 — À Repartição Administrativa compete:
a) Executar todos os actos relativos à gestão de pessoal no que respeita, em especial, ao seu recrutamento, selecção, provimento e cessação de funções, bem como ao processamento dos respectivos vencimentos;
b) Superintender o pessoal auxiliar;
c) Organizar o cadastro do pessoal;
d) Garantir a circulação interna e o arquivo dos documentos do INR;
e) Assegurar as tarefas inerentes à classificação, expedição e arquivo de toda a correspondência;
f) Assegurar os serviços gerais.

2 — A Repartição Administrativa compreende:
a) A Secção de Pessoal, à qual incumbe o exercício das competências referidas nas alíneas a) a c) do número anterior;
b) A Secção de Expediente, à qual incumbe o exercício das competências referidas nas alíneas d) a g) do número anterior.

ARTIGO 26.º
Repartição Financeira

1 — À Repartição Financeira compete:
a) Elaborar a proposta do orçamento de funcionamento do INR;
b) Elaborar a conta de gerência e submetê-la à aprovação do conselho administrativo;
c) Elaborar os documentos justificativos de requisição de fundos;
d) Processar as despesas previamente autorizadas, bem como verificar a legalidade da sua realização;
e) Registar as despesas em contas correntes orçamentais e por contas correntes por projectos, apurando as respectivas responsabilidades;
f) Emitir mensalmente balancetes de execução orçamental e por projectos, a submeter ao conselho administrativo;
g) Controlar o movimento da tesouraria, efectuando mensalmente o seu balanço;
h) Proceder às aquisições de bens e serviços superiormente aprovadas, efectuando a gestão dos stocks e os registos necessários;

i) Elaborar e manter actualizado o inventário e o cadastro dos bens do respectivo património;

j) Assegurar a manutenção das viaturas do serviço, bem como proceder aos registos das despesas de combustível, manutenção e reparação para efeitos do apuramento dos respectivos custos de funcionamento.

2 — A Repartição Financeira compreende:

a) A Secção de Orçamento e Contabilidade, à qual incumbe o exercício das competências referidas nas alíneas *a*) a *h*) do número anterior;

b) A Secção de Aprovisionamento e Património, à qual incumbe o exercício das competências referidas nas alíneas *i*) a *l*) do número anterior.

Artigo 27.º
Centro de Documentação

1 — Ao Centro de Documentação compete:

a) Efectuar a aquisição de documentação técnica e científica especializada de interesse para o INR;

b) Organizar e manter actualizado o ficheiro e arquivo de documentação técnica;

c) Organizar e manter um serviço de informação e divulgação documental.

2 — O Centro de Documentação é coordenado por um técnico designado pelo presidente do INR, sob proposta do director dos Serviços Administrativos.

Artigo 28.º
Sector de Sistemas de Informação

1 — Ao Sector de Sistemas de Informação compete:

a) Realizar estudos necessários à tomada de decisões quanto ao apetrechamento do serviço em material e suportes lógicos;

b) Estudar e propor alterações aos sistemas instalados, bem como a aquisição de novos sistemas;

c) Promover a criação, manutenção e actualização de um banco de dados, com vista à formulação e consecução dos objectivos do INR;

d) Colaborar com os órgãos e serviços do INR no sentido de serem definidas as necessidades quanto a elementos de informação a seleccionar em conformidade com a natureza e características das informações a produzir, os elementos de base mais adequados e o seu conveniente tratamento automático.

2 — O Sector de Sistemas de Informação é coordenado por um técnico designado pelo presidente do INR, sob proposta do director dos Serviços Administrativos.

Artigo 29.º
Gabinete de Apoio Jurídico

Ao GAJ, dirigido por um chefe de divisão e funcionando na dependência directa do presidente, compete:
 a) Pronunciar-se sobre os assuntos de matéria jurídica suscitados no âmbito das atribuições do INR, designadamente mediante pareceres e informações;
 b) Elaborar projectos legislativos ou regulamentares em matéria de gestão de resíduos;
 c) Elaborar estudos jurídicos relativos a compromissos assumidos com organizações internacionais e a protocolos a celebrar pelo INR com entidades públicas ou privadas, nacionais ou estrangeiras;
 d) Apoiar os serviços na apreciação, aprovação, licenciamento e fiscalização de operações e sistemas de gestão de resíduos, bem como de actividades produtoras de resíduos;
 e) Apoiar os serviços na celebração de contratos;
 f) Acompanhar os processos administrativos e contenciosos;
 g) Instruir procedimentos disciplinares e de contra-ordenação.

CAPÍTULO III
Pessoal

Artigo 30.º
Quadro de pessoal

1 — O quadro de pessoal dirigente do INR é o constante do anexo ao presente diploma e que dele faz parte integrante.

2 — O quadro do restante pessoal é aprovado por portaria conjunta dos Ministros das Finanças e do Ambiente e do membro do Governo que tiver a seu cargo a Administração Pública.

Artigo 31.º
Recrutamento do pessoal dirigente

O recrutamento do pessoal dirigente é feito nos termos do Decreto-Lei n.º 323/89, de 26 de Setembro, na redacção e da Lei n.º 13/97, de 23 de Maio.

CAPÍTULO IV
Gestão financeira e patrimonial

Artigo 32.º
Instrumentos de gestão e controlo

1 — A actuação do INR é disciplinada pelos seguintes instrumentos de gestão e controlo:

 a) Plano anual de actividades;
 b) Planos financeiros anuais e plurianuais;
 c) Orçamento anual de tesouraria;
 d) Relatórios de actividades e financeiro.

2 — O orçamento de tesouraria, a que se refere a alínea c) do número anterior, deverá ser elaborado de acordo com o esquema de classificação económica das receitas e despesas públicas.

Artigo 33.º
Receitas

1 — Constituem receitas do INR:

 a) As dotações que lhe sejam atribuídas no Orçamento do Estado;
 b) O produto resultante da venda de bens ou serviços;
 c) O produto da venda das suas publicações;
 d) O rendimento de bens próprios e o produto da sua alienação ou oneração;
 e) As importâncias devidas pela outorga de licenças ou concessões;
 f) O produto das coimas, na parte que legalmente lhe esteja consignada;
 g) O produto da realização de estudos e outros trabalhos de carácter técnico confiados ao INR por entidades nacionais, estrangeiras ou internacionais;
 h) As comparticipações e os subsídios concedidos por quaisquer entidades;

i) As liberalidades de que for beneficiário;
j) Quaisquer outras receitas provenientes da sua actividade ou que, por disposição legal ou regulamentar, lhe devam pertencer.

2 — As receitas enumeradas no número anterior são afectas ao pagamento de despesas do INR, sendo as mencionadas nas alíneas *b)* e seguintes mediante inscrição de dotações com compensação em receita.

ARTIGO 34.º
Despesas

Constituem despesas do INR:
a) Os encargos com a manutenção e funcionamento dos seus serviços e com o cumprimento das atribuições que lhe estão confiadas;
b) Os encargos decorrentes da execução dos planos e programas financeiros anuais e plurianuais;
c) A concessão de prémios científicos, bolsas e subsídios.

ARTIGO 35.º
Património

O património do INR é constituído pelos direitos que lhe estão ou vierem a ser atribuídos para o exercício da sua actividade.

CAPÍTULO V
Disposições transitórias e finais

ARTIGO 36.º
Transição de pessoal

1 — O pessoal constante da lista nominativa prevista no n.º 2 do artigo 12.º do Decreto-Lei n.º 142/96, de 23 de Agosto, transita para o quadro do INR, de acordo com as seguintes regras:
a) Na mesma carreira, categoria e escalão;
b) Para a carreira que integre as funções efectivamente desempenhadas, respeitadas as habilitações legalmente exigidas, em categoria e escalão que resulte da aplicação das regras estabelecidas no artigo 18.º do Decreto-Lei n.º 353-A/89, de 16 de Outubro.

2 — Nas situações previstas na alínea *b*) do número anterior, será considerado para efeitos de promoção o tempo de serviço prestado anteriormente em funções correspondentes.

3 — A transição do pessoal previsto nos números anteriores é feita por lista nominativa aprovada por despacho do Ministro do Ambiente, publicado no Diário da República.

Artigo 37.º
Concursos pendentes

Os efeitos dos concursos a decorrer no âmbito da Direcção--Geral do Ambiente à data da entrada em vigor do presente diploma e a que sejam opositores funcionários abrangidos pela transição prevista no artigo 37.º reportam-se, relativamente aos referidos funcionários, ao quadro de pessoal do INR.

Artigo 38.º
Encargos

1 — As verbas inscritas no orçamento da Direcção-Geral do Ambiente, afectas ao pessoal abrangido pelo disposto no artigo 37.º, transitam para o orçamento do INR.

2 — Os demais encargos resultantes da aplicação do presente diploma serão suportados pôr dotação a inscrever no orçamento do INR.

Artigo 39.º
Registo

O presente diploma constitui título bastante para efeitos de registo e dispensa de qualquer outra formalidade quanto aos direitos e obrigações transferidos para o INR ao abrigo do disposto no n.º 1 do artigo 13.º do Decreto-Lei n.º 142/96, de 23 de Agosto.

Artigo 40.º
Norma revogatória

É revogado o Decreto-Lei n.º 142/96, de 23 de Agosto.

Visto e aprovado em Conselho de Ministros de 11 de Junho de 1997. — *António Manuel de Oliveira Guterres — António Luciano Pacheco de Sousa Franco Elisa Maria da Costa Guimarães Ferreira — Jorge Paulo Sacadura Almeida Coelho.*

Promulgado em 11 de Agosto de 1997.
Publique-se.
O Presidente da República, JORGE SAMPAIO.
Referendado em 14 de Agosto de 1997.
O Primeiro-Ministro, *António Manuel de Oliveira Guterres.*

ANEXO

Pessoal dirigente

Cargo	Número de lugares
Presidente	1
Vice-presidente	2
Director de serviços	4
Chefe de divisão	11

Instituto Regulador de Águas e Resíduos

Decreto-Lei n.º 362/98
de 18 de Novembro

Com o Decreto-Lei n.º 147/95, de 21 de Junho, foi criado um observatório nacional dos sistemas multimunicipais e municipais de água para consumo público, de águas residuais urbanas e de resíduos sólidos urbanos, tendo-lhe sido atribuídas funções com vista à análise prévia dos processos de concurso para adjudicação de concessões de sistemas municipais, à recolha de informações relativas à qualidade do serviço prestado nos sistemas multimunicipais e municipais e à formulação de recomendações para os concedentes, as entidades gestoras e os próprios utentes.

Face à crescente complexidade dos problemas suscitados pelos segmentos de actividade económica em causa e à sua especial relevância para as populações, entendeu o Governo ser necessário substituir a figura do referido observatório por uma entidade reguladora com atribuições ampliadas no que se refere à promoção da qualidade na concepção, execução, gestão e exploração dos mesmos sistemas multimunicipais e municipais.

Procedeu-se, pois, à criação do Instituto Regulador de Águas e Resíduos (IRAR), nos termos do artigo 21.º do Decreto-Lei n.º 230/97, de 30 de Agosto, que importa agora regulamentar.

A entidade em questão terá funções reguladoras e orientadoras nos sectores da água de abastecimento público, das águas residuais urbanas e dos resíduos sólidos urbanos, visando, sobretudo, defender os direitos dos consumidores, bem como assegurar a sustentabilidade económica dos sistemas.

O IRAR será dotado de uma estrutura organizativa simples, optando-se por um quadro reduzido e, adicionalmente, pelo recurso à contratação, em regime de prestação de serviços, de auditores independentes ou de especialistas qualificados para prestarem apoio às suas actividades.

O financiamento do IRAR será integralmente assegurado pelas concessionárias dos sistemas multimunicipais e municipais.

Foi ouvida a Associação Nacional dos Municípios Portugueses.

Assim, nos termos da alínea *a*) do n.º 1 do artigo 198.º da Constituição, o Governo decreta o seguinte:

Artigo 1.º
Aprovação

É aprovado o Estatuto do Instituto Regulador de Águas e Resíduos, adiante abreviadamente designado por IRAR, publicado em anexo ao presente diploma e que dele faz parte integrante.

Artigo 2.º
Definições

1 — Para efeitos do presente diploma, entende-se por:

a) Entidades gestoras — os municípios, as associações de municípios, os serviços municipalizados de água e saneamento, as empresas públicas municipais e as concessionárias de sistemas multimunicipais e municipais;

b) Sistemas multimunicipais — os definidos no n.º 2 do artigo 1.º da Lei n.º 88-A/97, de 25 de Julho, e criados nos termos do artigo 3.º do Decreto-Lei n.º 379/93, de 5 de Novembro;

c) Sistemas municipais — os definidos no n.º 2 do artigo 1.º da Lei n.º 88-A/97, de 25 de Julho, independentemente de servirem um ou mais municípios, de estarem ou não ligados a sistemas multimunicipais e da forma de gestão, directa ou delegada, que os caracterize;

d) Níveis de serviço — níveis de qualidade de serviço, de aferição do grau de cumprimento de padrões de desempenho por parte das entidades gestoras;

e) Sistemas, multimunicipais ou municipais, de água de abastecimento público — o mesmo que sistemas de abastecimento de água para consumo público, ou sistemas de captação, tratamento e distribuição ou de captação, tratamento e abastecimento de água para consumo público através de redes fixas;

f) Sistemas, multimunicipais ou municipais, de águas residuais urbanas — o mesmo que sistemas de recolha, tratamento e rejeição de efluentes através de redes fixas;

g) Sistemas, multimunicipais ou municipais, de resíduos sólidos urbanos — o mesmo que sistemas de recolha e tratamento, ou de valorização e tratamento, ou de triagem, recolha selectiva, valorização e tratamento de resíduos sólidos ou de resíduos sólidos urbanos.

2 — A EPAL, Empresa Portuguesa das Águas Livres, S. A., é considerada, para efeitos do presente diploma, como a concessionária do sistema multimunicipal da área da Grande Lisboa, previsto na alínea c) do n.º 3 do artigo 3.º do Decreto-Lei n.º 379/93, de 5 de Novembro.

ARTIGO 3.º
Encargos

1 — As entidades gestoras suportarão os encargos resultantes do funcionamento do IRAR nos termos fixados no Estatuto publicado em anexo, constituindo um dos critérios para a fixação das respectivas tarifas.

2 — Com a entrada em vigor do presente diploma, a obrigação de as entidades concessionárias assegurarem as despesas com a comissão de acompanhamento das concessões e com o Observatório Nacional, ora extintos, mantêm-se face ao Instituto Regulador, considerando-se as referências feitas neste âmbito ao Observatório e à comissão de acompanhamento das concessões, incluindo as constantes do contrato de concessão, como feitas ao IRAR.

ARTIGO 4.º
Norma revogatória

São revogados a alínea a) do artigo 1.º, o artigo 2.º, os n.ºs 1, 2, 3 e 6 do artigo 3.º e o artigo 11.º do Decreto-Lei n.º 147/95, de 21 de Junho.

ARTIGO 5.º
Regiões Autónomas

Nas Regiões Autónomas competirá aos seus órgãos de Governo próprio regular e definir a quem compete o exercício dos poderes cometidos neste diploma ao IRAR, em função do interesse específico e da respectiva organização administrativa.

Artigo 6.º
Entrada em vigor

O presente decreto-lei entra em vigor 90 dias após a data da sua publicação.

Visto e aprovado em Conselho de Ministros de 3 de Setembro de 1998. — *António Manuel de Oliveira Guterres — António Luciano Pacheco de Sousa Franco — Jorge Paulo Sacadura Almeida Coelho — João Cardona Gomes Cravinho — Joaquim Augusto Nunes de Pina Moura — Maria de Belém Roseira Martins Coelho Henriques de Pina — Elisa Maria da Costa Guimarães Ferreira — José Sócrates Carvalho Pinto de Sousa.*

Promulgado em 5 de Novembro de 1998.

Publique-se.

O Presidente da República, Jorge Sampaio.

Referendado em 9 de Novembro de 1998.

O Primeiro-Ministro, *António Manuel de Oliveira Guterres.*

ESTATUTO DO INSTITUTO REGULADOR DE ÁGUAS E RESÍDUOS

CAPÍTULO I
Denominação e natureza

Artigo 1.º
Denominação e natureza

O Instituto Regulador de Águas e Resíduos, abreviadamente designado por IRAR, é uma pessoa colectiva de direito público, dotada de personalidade jurídica, com autonomia administrativa e financeira e património próprio, sujeita a superintendência e tutela do Ministro do Ambiente.

Artigo 2.º
Regime

O IRAR rege-se pelo presente Estatuto e demais legislação aplicável, bem como pelo respectivo regulamento interno e, subsidiariamente, pelo regime jurídico aplicável às entidades que revistam natureza, forma e designação de empresa pública.

Artigo 3.º
Sede

O IRAR tem a sua sede em Lisboa.

CAPÍTULO II
Objecto e atribuições

Artigo 4.º
Objecto

1 — O IRAR visa assegurar a qualidade dos serviços prestados pelos sistemas multimunicipais e municipais de água de abastecimento público, de águas residuais urbanas e de resíduos sólidos urbanos, supervisionando a concepção, execução, gestão e exploração dos sistemas, bem como garantir o equilíbrio do sector e a sustentabilidade económica desses sistemas.

2 — As entidades da administração local autárquica não estão sujeitas à intervenção do IRAR em tudo quanto respeite à gestão dos sistemas, com excepção do controlo da qualidade da água para consumo humano.

Artigo 5.º
Atribuições

O IRAR tem as seguintes atribuições:

a) Regulamentar, orientar e fiscalizar a concepção, execução, gestão e exploração dos sistemas multimunicipais e municipais, bem como a actividade das respectivas entidades gestoras;

b) Assegurar a regulação dos respectivos sectores e o equilíbrio entre a sustentabilidade económica dos sistemas e a qualidade dos serviços prestados, de modo a salvaguardar os interesses e direitos dos cidadãos no fornecimento de bens e serviços essenciais;

c) Estabelecer as relações adequadas ao acompanhamento do trabalho de instituições congéneres e de organizações internacionais relevantes para a prossecução do seu objecto, em articulação com as entidades nacionais competentes em matéria de relações internacionais;

d) Fomentar a normalização técnica no domínio das tarefas que lhe estão confiadas.

e) Assegurar a qualidade da água para consumo humano, designadamente através da realização de acções de inspecção relativas à qualidade da água em qualquer ponto do sistema de abastecimento público, alertando a autoridade de saúde e a entidade gestora para as eventuais irregularidades detectadas, sendo para o efeito considerado autoridade competente, nos termos do Decreto-Lei n.º 243/2001, de 5 de Setembro.

ARTIGO 6.º
Dever de informação

1 — O IRAR poderá solicitar às entidades gestoras dos sistemas multimunicipais e municipais as informações e os documentos necessários para a prossecução das suas atribuições.

2 — As entidades gestoras dos sistemas multimunicipais e municipais obrigam-se a fornecer as informações e documentos solicitados ao abrigo do disposto no número anterior num prazo não superior a 30 dias, salvo motivo de força maior devidamente fundamentado ou quando a própria natureza das informações o não permitir, facto que deverá ser justificadamente comunicado ao IRAR, com indicação da data prevista para a sua apresentação.

3 — As entidades gestoras dos sistemas multimunicipais e municipais obrigam-se a facultar ao IRAR as informações que lhes sejam solicitadas referentes aos seguintes níveis de serviço:

a) Atendimento dos utilizadores;
b) Saúde, segurança e qualificação profissional dos trabalhadores;
c) Cobertura da população ou acesso aos sistemas públicos;
d) Regularidade dos serviços fornecidos;
e) Qualidade da água distribuída ou qualidade dos efluentes líquidos e lamas ou qualidade do destino final dos resíduos sólidos;
f) Impacte ambiental dos sistemas e seu funcionamento;
g) Aceitação dos tarifários.

4 — As entidades gestoras dos sistemas multimunicipais e municipais obrigam-se a enviar ao IRAR três exemplares de cada processo de concurso e de cada minuta de contrato que possam vir a afectar o objecto do contrato de concessão em vigor, com uma antecedência

mínima de 30 dias, a contar, respectivamente, da data de envio do anúncio para o Diário da República ou da data de outorga.

Artigo 7.º
Fiscalização, auditorias e exames

1 — Para efeitos da realização de acções de fiscalização, auditorias ou exames, os trabalhadores ou colaboradores credenciados do IRAR gozam de livre acesso a todas as instalações, infra-estruturas e equipamentos pertencentes aos sistemas multimunicipais e municipais, bem como das respectivas entidades gestoras.

2 — Aos trabalhadores ou colaboradores que desempenham as funções a que se refere o número anterior serão atribuídos cartões de identificação, cujo modelo e condições de emissão serão objecto de portaria do Ministro do Ambiente, que deverão ser exibidos no âmbito das acções de fiscalização.

CAPÍTULO III
Estrutura orgânica

Artigo 8.º
Órgãos

1 — São órgãos do IRAR:
a) O conselho directivo;
b) O presidente do conselho directivo;
c) O conselho consultivo;
d) O fiscal único.

2 — O estatuto remuneratório dos titulares dos órgãos do IRAR é definido por despacho conjunto dos Ministros das Finanças e do Ambiente e do membro do Governo responsável pela área da Administração Pública.

SECÇÃO I
Conselho directivo

Artigo 9.º
Composição

1 — O conselho directivo é constituído por um presidente e por dois vogais, a nomear por resolução do Conselho de Ministros, sob proposta do Ministro do Ambiente.

2 — As nomeações a que se refere o número anterior são feitas por um período de três anos, renovável por igual período.

3 — Os membros do conselho directivo exercem as suas funções em regime de exclusividade nos termos previstos para os titulares de altos cargos públicos na Lei n.º 12/96, de 18 de Abril.

ARTIGO 10.º
Funcionamento

1 — O conselho directivo reúne ordinariamente pelo menos uma vez por mês e extraordinariamente sempre que convocado pelo seu presidente, por sua iniciativa ou a solicitação de um dos membros do conselho directivo.

2 — Para as reuniões do conselho directivo apenas são válidas as convocações quando feitas à totalidade dos membros.

3 — O conselho directivo só pode deliberar validamente com a presença da maioria dos seus membros.

4 — As deliberações do conselho directivo são tomadas por maioria dos votos dos membros presentes nas respectivas reuniões, tendo o respectivo presidente, ou o seu substituto, voto de qualidade em caso de empate.

5 — Os membros do conselho directivo são solidariamente responsáveis pelas decisões tomadas, salvo se houverem feito exarar em acta a sua discordância.

6 — De todas as reuniões do conselho directivo são lavradas actas, que devem ser assinadas pelos membros presentes.

ARTIGO 11.º
Competência

1 — Sem prejuízo do disposto no n.º 2 do artigo 4.º, compete ao conselho directivo do IRAR:
 a) Propor normas regulamentares, a aprovar por portaria do Ministro do Ambiente, nomeadamente sobre a qualidade do serviço prestado no âmbito dos sistemas multimunicipais e municipais, vinculativas para as entidades sujeitas à sua supervisão;
 b) Emitir recomendações sobre os processos de concurso de adjudicação de concessões de sistemas multimunicipais ou municipais, bem como sobre as minutas dos respectivos contratos;
 c) Pronunciar-se sobre as minutas dos contratos de fornecimento de serviços aos utentes dos sistemas multimunicipais e municipais e respectivas modificações;

d) Pronunciar-se sobre o valor das tarifas nas concessões dos sistemas multimunicipais e municipais, acompanhar a sua evolução e elaborar os regulamentos necessários que assegurem a aplicação das tarifas segundo critérios de equidade;

e) Propor a suspensão ou eliminação de cláusulas contratuais que prevejam ou fixem tarifas que representem uma violação dos direitos dos consumidores, ou um risco grave para o equilíbrio dos sectores respectivos ou para a sustentabilidade económica dos sistemas multimunicipais e municipais;

f) Solicitar informações e documentos relevantes para a prossecução das suas atribuições às entidades gestoras dos sistemas multimunicipais e municipais nos termos do artigo 6.º;

g) Recolher e divulgar informações relativas aos níveis de serviço das entidades gestoras dos sistemas multimunicipais e municipais, bem como elaborar e publicitar sínteses comparativas dos mesmos;

h) Promover a avaliação dos níveis de serviço das entidades gestoras, bem como estimular o aperfeiçoamento das respectivas metodologias de medição;

i) Emitir recomendações, de carácter genérico ou de aplicação específica a casos concretos, relativas a aspectos essenciais da qualidade na concepção, execução, gestão e exploração dos sistemas multimunicipais e municipais, em conformidade com códigos de prática previamente estabelecidos;

j) Divulgar informações sobre casos concretos que constituam referências de qualidade na concepção, execução, gestão e exploração de sistemas multimunicipais e municipais;

l) Sensibilizar as entidades gestoras e os autarcas em geral para as questões da qualidade na concepção, execução, gestão e exploração dos sistemas multimunicipais e municipais;

m) Apreciar reclamações ou queixas que lhe sejam submetidas por qualquer utente dos sistemas multimunicipais ou municipais;

n) Colaborar com o Instituto do Consumidor na defesa dos direitos e interesses dos consumidores enquanto utentes dos sistemas multimunicipais e municipais;

o) Analisar os relatórios e as contas de exercício das entidades gestoras concessionárias, que, para o efeito, lhe serão remetidas 15 dias após a sua aprovação;

p) Requerer quaisquer providências cautelares ou por qualquer forma agir em juízo para garantir o equilíbrio do sector e para assegurar a defesa dos direitos dos consumidores;

q) Assegurar o cumprimento da legislação específica aplicável às concessões de sistemas municipais;
r) Realizar inspecções e auditorias à actividade das entidades gestoras concessionárias e divulgar, pelas formas adequadas, os respectivos resultados;
s) Emitir instruções vinculativas para que sejam sanadas as irregularidades de que tenha conhecimento na concepção, execução, gestão e exploração dos sistemas multimunicipais e municipais concessionados;
t) Informar o Ministro do Ambiente ou as autarquias locais quando detecte a ocorrência de situações anómalas na concepção, execução, gestão e exploração dos sistemas multimunicipais e municipais;
u) Promover a conciliação sempre que para tal solicitado pelas partes em eventuais conflitos emergentes de contratos de concessão e fomentar o recurso a sistemas de arbitragem.

2 — Compete ainda ao conselho directivo, no âmbito da organização e funcionamento dos serviços do IRAR, bem como da gestão corrente:

a) Definir e acompanhar a orientação geral e as políticas de gestão do IRAR;
b) Elaborar e submeter à aprovação do Ministro do Ambiente o plano anual de actividades e orçamento, o relatório de actividades juntamente com o respectivo parecer do fiscal único e os documentos plurianuais de planeamento;
c) Aprovar e fazer cumprir os regulamentos internos necessários à organização e funcionamento do IRAR;
d) Arrecadar receitas e autorizar a realização das despesas;
e) Gerir e deliberar sobre a afectação dos recursos humanos, materiais e financeiros do IRAR, de modo a assegurar a realização do seu objecto estatutário e o cumprimento do seu plano anual de actividades e respectivo orçamento;
f) Gerir o património do IRAR, podendo adquirir, alienar ou onerar bens móveis e imóveis, nos termos da legislação aplicável;
g) Solicitar a convocação do conselho consultivo para apreciação dos assuntos que entender convenientes;
h) Aprovar as minutas de contratos e contratar com terceiros a prestação de serviços, os estudos, as aquisições e os fornecimentos ao IRAR com vista ao adequado desempenho das

suas atribuições e acompanhar a execução destes contratos, nos termos da legislação em vigor.

3 — A divulgação de informação a que se refere a alínea g) do n.º 1 será precedida de audição da entidade ou entidades a que as mesmas se referem.

4 — A alienação de bens imóveis a que se refere a alínea f) do n.º 2 é precedida de autorização do Ministro do Ambiente, após parecer do fiscal único.

ARTIGO 12.º
Delegação de poderes

1 — O conselho directivo pode delegar em um ou mais dos seus membros as competências que lhe estão cometidas.

2 — A delegação de competências aprovada pelo conselho directivo deve expressamente indicar os poderes delegados, o período envolvido e a eventual faculdade de subdelegação.

3 — A delegação de competência deve constar da acta da reunião em que a respectiva deliberação for tomada.

4 — O previsto neste artigo não prejudica o dever que incumbe a todos os membros do conselho directivo de se responsabilizarem e acompanharem a generalidade dos assuntos do IRAR e sobre eles se pronunciarem.

ARTIGO 13.º
Vinculação

1 — O IRAR obriga-se pela assinatura:
a) De dois membros do conselho directivo, sendo obrigatoriamente uma delas a do presidente;
b) De quem estiver expressamente habilitado para o efeito, nos termos do artigo anterior;
c) De procurador legalmente constituído, nos termos e no âmbito do respectivo mandato.

2 — Os actos de mero expediente, de que não resultem obrigações para o IRAR, podem ser subscritos por qualquer membro do conselho directivo ou qualquer trabalhador do IRAR a quem tal faculdade esteja expressamente cometida.

SECÇÃO II
Presidente do conselho directivo

ARTIGO 14.º
Competência

1 — Compete ao presidente do conselho directivo, adiante referido como presidente:

a) Convocar e presidir às reuniões do conselho directivo, orientando os respectivos trabalhos;
b) Coordenar a actividade do conselho directivo e dos serviços do IRAR;
c) Diligenciar, sempre que o entenda conveniente ou o conselho directivo o delibere, com vista à realização de reuniões conjuntas com o conselho consultivo;
d) Representar o IRAR, salvo quando a lei exija outra forma de representação;
e) Assegurar as relações do IRAR com o Governo;
f) Nomear o membro do conselho directivo que o substitua nas suas faltas e impedimentos.

2 — O presidente do conselho directivo poderá delegar o exercício das suas competências próprias em qualquer dos restantes membros do conselho, devendo o acto de delegação mencionar os poderes delegados, o período de delegação e a eventual faculdade de subdelegação.

3 — Sempre que o exijam circunstâncias excepcionais e urgentes e que não seja possível reunir extraordinariamente o conselho directivo, o presidente pode praticar quaisquer actos da competência deste, ficando tais actos sujeitos a ratificação na primeira reunião subsequente do conselho directivo.

ARTIGO 15.º
Recurso tutelar

Das decisões do presidente e do conselho directivo cabe recurso para o Ministro do Ambiente.

SECÇÃO III
Conselho consultivo

ARTIGO 16.º
Composição

1 — O conselho consultivo é presidido por uma personalidade de reconhecido mérito nomeada por despacho do Ministro do Ambiente, integrando ainda os seguintes elementos:
- a) O presidente do Instituto da Água;
- b) O presidente do Instituto dos Resíduos;
- c) O presidente do Instituto do Consumidor;
- d) O director-geral do Ambiente;
- e) O director-geral do Comércio e da Concorrência;
- f) O director-geral da Saúde;
- g) O director-geral das Autarquias Locais;
- h) Dois representantes de entidades concessionárias de sistemas multimunicipais;
- i) Um representante da Associação Nacional dos Municípios Portugueses;
- j) Dois representantes de municípios utilizadores de sistemas multimunicipais;
- l) Dois representantes de empresas concessionárias de sistemas municipais por elas designadas;
- m) Dois representantes de associações de consumidores de âmbito nacional;
- n) Dois representantes de associações representativas de actividades económicas;
- o) Dois representantes de organizações não governamentais de ambiente de âmbito nacional.

2 — Podem ainda integrar o conselho consultivo especialistas dos sectores da água de abastecimento público, das águas residuais urbanas e dos resíduos sólidos urbanos, em número não superior a três, nomeados por despacho do Ministro do Ambiente, sob proposta do presidente.

3 — Os membros do conselho consultivo serão nomeados por um período de três anos, renovável por igual período.

4 — O conselho consultivo aprova o seu regulamento de funcionamento.

ARTIGO 17.º
Funcionamento

1 — O conselho consultivo reúne ordinariamente uma vez por trimestre e extraordinariamente sempre que convocado pelo seu presidente, por sua iniciativa ou a solicitação de um terço dos seus membros.

2 — Para as reuniões do conselho consultivo apenas são válidas as convocações quando feitas à totalidade dos membros.

3 — O conselho consultivo só pode deliberar validamente com a presença da maioria dos seus membros.

4 — As deliberações do conselho consultivo são tomadas por maioria dos votos dos membros presentes nas respectivas reuniões, tendo o respectivo presidente, ou o seu substituto, voto de qualidade em caso de empate.

5 — Os membros do conselho consultivo não podem abster-se de votar nas deliberações tomadas em reuniões em que estejam presentes.

6 — De todas as reuniões do conselho consultivo são lavradas actas, que devem ser assinadas pelos membros presentes.

7 — Os membros do conselho consultivo auferirão senhas de presença de montante a definir por despacho conjunto dos Ministros das Finanças e do Ambiente e do membro do Governo responsável pela área da Administração Pública.

ARTIGO 18.º
Competência

O conselho consultivo é o órgão com competência para emitir pareceres sobre matérias das atribuições do IRAR e as que lhe sejam submetidas pelo conselho directivo, devendo, no entanto, ser obrigatoriamente ouvido sobre o plano e o relatório anuais de actividades.

SECÇÃO IV
Fiscal único

ARTIGO 19.º
Designação e mandato

O fiscal único é nomeado por um período de três anos, renovável por igual período, por despacho conjunto dos Ministros das Finanças e do Ambiente, devendo ser revisor oficial de contas.

ARTIGO 20.º
Competência

Ao fiscal único compete:

a) Acompanhar e controlar a gestão financeira do IRAR;
b) Apreciar e emitir parecer sobre o orçamento e sobre o relatório anual de actividades e as contas anuais do IRAR;
c) Fiscalizar a boa execução da contabilidade do IRAR e o cumprimento das disposições aplicáveis em matéria orçamental, contabilística e de tesouraria, informando o conselho directivo de qualquer anomalia eventualmente verificada;
d) Pronunciar-se sobre assuntos da sua competência que lhe sejam submetidos pelo conselho directivo.

2 — Tendo em vista o adequado desempenho das suas funções o fiscal único pode:

a) Solicitar aos outros órgãos do IRAR todas as informações, esclarecimentos ou elementos que considere necessários;
b) Solicitar ao conselho directivo a realização de reuniões conjuntas dos dois órgãos para apreciação de questões compreendidas no âmbito das suas competências.

3 — Tendo em vista o adequado desempenho das suas funções o fiscal único deve emitir um relatório trimestral.

CAPÍTULO IV
Património, receitas e gestão

ARTIGO 21.º
Património

O património do IRAR é constituído pela universalidade dos seus bens.

ARTIGO 22.º
Receitas

1 — Constituem receitas do IRAR:

a) Os valores previstos no artigo seguinte;
b) As quantias cobradas por trabalhos e serviços prestados pelo IRAR, bem como de estudos, publicações e outras edições;
c) Os rendimentos provenientes de bens próprios, sua alienação ou oneração, ou resultantes de aplicações financeiras;

d) Subsídios, doações ou comparticipações atribuídas por quaisquer entidades nacionais ou estrangeiras;

e) Outras que lhe sejam atribuídas nos termos da lei.

2 — Transitam para o ano seguinte os saldos apurados em cada exercício.

ARTIGO 23.º
Taxas

1 — As entidades gestoras concessionárias de sistemas multimunicipais e municipais ficam sujeitas ao pagamento de taxas pela sua actividade, segundo critérios a definir em portaria a aprovar pelo Ministro do Ambiente e do Ordenamento do Território.

2 — As demais entidades gestoras ficam igualmente sujeitas ao pagamento de taxas, por força do Decreto-Lei n.º 243/2001, de 5 de Setembro, segundo critérios a definir na portaria prevista no número anterior.

ARTIGO 24.º
Gestão patrimonial e financeira

1 — O IRAR está sujeito às regras de gestão patrimonial e financeira definidas na lei para os institutos públicos com o regime de autonomia administrativa e financeira.

2 — O orçamento do IRAR deve constar do Orçamento do Estado, sendo para tal efeito elaborado de acordo com o regime da contabilidade pública.

CAPÍTULO V
Pessoal

ARTIGO 25.º
Pessoal

1 — O pessoal do quadro do IRAR está sujeito ao Regime Jurídico do Contrato Individual de Trabalho, sendo abrangido pelo regime geral da segurança social.

2 — As remunerações do pessoal do quadro do IRAR serão fixadas pelo conselho directivo e homologadas pelos Ministros das Finanças e do Ambiente.

3 — Os funcionários do Estado, de institutos públicos e de autarquias locais, bem como os empregados, quadros ou administradores de empresas públicas ou do sector empresarial público, poderão

ser chamados a desempenhar funções no IRAR, em regime de comissão de serviço, requisição ou destacamento, nos termos da lei geral.

4 — O pessoal a que se refere o número anterior pode optar pelo vencimento de origem ou pelo correspondente às suas funções no IRAR, beneficiando das regalias inerentes, bem como da garantia do seu lugar de origem e do estatuto e direitos nele adquiridos, considerando-se, para todos os efeitos legais, o período de comissão de serviço, requisição ou destacamento como tempo de serviço prestado no lugar de origem.

5 — No caso do pessoal destacado, o IRAR suportará os encargos relativos à diferença que possa resultar da opção pelo vencimento correspondente às funções a exercer no IRAR, bem como às regalias inerentes.

6 — A nomeação em comissão de serviço, a requisição ou o destacamento de pessoal ao abrigo do disposto no n.º 3 carecem de autorização do Ministro do Ambiente e da entidade a que o pessoal pertença.

7 — O pessoal do IRAR não pode prestar trabalho ou outros serviços, remunerados ou não, a empresas sujeitas à sua supervisão ou outras cuja actividade colida com as atribuições do Instituto.

Artigo 26.º
Auditores e especialistas

O IRAR poderá contratar, em regime de prestação de serviços, para apoio das suas actividades, empresas e especialistas de reconhecido mérito profissional.

Artigo 27.º
Segredo profissional

1 — Os membros dos órgãos sociais do IRAR, bem como os trabalhadores eventuais ou permanentes do seu quadro de pessoal, ficam sujeitos a deveres de segredo profissional sobre os factos e documentos cujo conhecimento lhes advenha das funções que desempenham no IRAR, nos termos legais.

2 — O dever de segredo profissional referido no número anterior mantém-se por um período de cinco anos após a cessação de funções no IRAR.

3 — Sem prejuízo da responsabilidade civil e criminal que dela resulte, a violação do dever de segredo profissional implica sanções disciplinares correspondentes à sua gravidade, que podem ir até à destituição ou rescisão do respectivo contrato de trabalho ou contrato de prestação de serviços.

3. Direito Europeu

3.1. Directiva-quadro dos resíduos (Directiva 75/442, de 15 de Julho, do Conselho*) 161
3.2. Directiva sobre resíduos perigosos (Directiva 91/689, de 12 de Dezembro, do Conselho**) 173

---

* Alterada pelas Directivas 91/156 e 91/692, do Conselho e ainda pela Decisão 96/350 da Comissão.
** Alterada pela Directiva 94/31, do Conselho.

Directiva-quadro dos resíduos

Directiva do Conselho
de 15 de Julho de 1975

relativa aos resíduos

(75/442/CEE)

O CONSELHO DAS COMUNIDADES EUROPEIAS,

Tendo em conta o Tratado que institui a Comunidade Económica Europeia e, nomeadamente, os seus artigos 100.º e 235.º,
Tendo em conta a proposta da Comissão,
Tendo em conta o parecer do Parlamento Europeu ([1]),
Tendo em conta o parecer do Comité Económico e Social ([2]),
Considerando que uma disparidade entre as disposições já aplicáveis ou em preparação nos diferentes Estados-membros, no que diz respeito à eliminação de resíduos, pode criar condições de concorrência desiguais e ter, por isso, uma incidência directa no funcionamento do mercado comum; que convém, portanto, proceder neste domínio à aproximação das legislações prevista no artigo 100.º do Tratado;
Considerando que se mostra necessário fazer acompanhar esta aproximação das legislações de uma acção da Comunidade que vise realizar, mediante uma regulamentação mais ampla, um dos objectivos da Comunidade no domínio da protecção do ambiente e da melhoria da qualidade de vida; que convém, portanto, prever a este título certas disposições específicas; que, não estando previstos no Tratado os poderes de acção necessários para o efeito, haverá que recorrer ao artigo 235.º do Tratado;

([1]) JO n.º C 32 de 11. 2. 1975, p. 36.
([2]) JO n.º C 16 de 23. 1. 1975, p. 12.

Considerando que qualquer regulamentação em matéria de eliminação dos resíduos deve ter como objectivo essencial a protecção da saúde humana e do ambiente contra os efeitos nocivos da recolha, transporte, tratamento, armazenamento e depósito dos resíduos;

Considerando que se deve incentivar a recuperação dos resíduos e a utilização dos materiais de recuperação, a fim de preservar os recursos naturais;

Considerando que o programa de acção das Comunidades Europeias em matéria de ambiente [3] sublinha a necessidade de acções comunitárias, incluindo a aproximação das legislações;

Considerando que deve ser aplicada uma regulamentação eficaz e coerente da eliminação dos resíduos, que não entrave o comércio intracomunitário e não afecte as condições de concorrência, aos bens móveis de que o detentor se desfaz ou tem a obrigação de se desfazer por força das disposições nacionais em vigor, com excepção dos resíduos radioactivos, mineiros e agrícolas, cadáveres de animais, águas residuais, efluentes gasosos e resíduos sujeitos a uma regulamentação comunitária específica;

Considerando que, para assegurar a protecção do ambiente, se deve prever um regime de autorização das empresas que procedem ao tratamento, armazenamento ou depósito dos Resíduos por conta de outrém, uma fiscalização das empresas que eliminam os seus próprios detritos e das que recolhem os Resíduos de outrém, assim como um plano que cubra os factores essenciais a ter em consideração nas várias operações de eliminação de resíduos;

Considerando que a parte dos custos não coberta pela valorização dos resíduos deve ser suportada de acordo com o princípio «poluidor--pagador»,

ADOPTOU A PRESENTE DIRECTIVA:

ARTIGO 1.º

Na acepção da presente directiva, entende-se por:
a) *Resíduo:* quaisquer substâncias ou objectos abrangidos pelas categorias fixadas no anexo I de que o detentor se desfaz ou tem a intenção ou a obrigação de se desfazer.

---

[3] JO n.º C 112 de 20. 12. 1973, p. 3.

A Comissão, de acordo com o procedimento previsto no artigo 18.º, elaborará, o mais tardar em 1 de Abril de 1993, uma lista dos resíduos pertencentes às categorias constantes do anexo I. Essa lista será reanalisada periodicamente e, se necessário, revista de acordo com o mesmo procedimento;

b) *Produtor:* qualquer pessoa cuja actividade produza resíduos (produtor inicial) e/ou qualquer pessoa que efectue operações de pré-tratamento, de mistura ou outras, que conduzam a uma alteração da natureza ou da composição desses resíduos;

c) *Detentor:* o produtor dos resíduos ou a pessoa singular ou colectiva que tem os resíduos na sua posse;

d) *Gestão:* a recolha, transporte, aproveitamento e eliminação dos resíduos, incluindo a fiscalização destas operações e a vigilância dos locais de descarga depois de fechados;

e) *Eliminação:* qualquer das operações previstas no anexo IIA;

f) *Aproveitamento:* qualquer das operações previstas no anexo IIB;

g) *Recolha:* a operação de apanha, triagem e/ou mistura de resíduos com vista ao seu transporte.

ARTIGO 2.º

1. São excluídos do campo de aplicação da presente directiva:
a) Os efluentes gasosos lançados na atmosfera;
b) Sempre que já abrangidos por outra legislação:
   i) os resíduos radioactivos;
   ii) os resíduos resultantes da prospecção, da extracção, do tratamento e do armazenamento de recursos minerais e da exploração de pedreiras;
   iii) os cadáveres de animais e os seguintes resíduos agrícolas: matérias fecais e outras substâncias naturais não perigosas utilizadas nas explorações agrícolas;
   iv) as águas residuais, com excepção dos resíduos em estado líquido;
   v) os explosivos abatidos à carga.

2. Poderão ser fixadas em directivas específicas disposições específicas ou complementares das da presente directiva para regulamentar a gestão de determinadas categorias de resíduos.

ARTIGO 3.º

1. Os Estados-membros tomarão medidas adequadas para promover:

a) Em primeiro lugar, a prevenção ou a redução da produção e da nocividade dos resíduos através, nomeadamente:
— do desenvolvimento de tecnoclogias limpas e mais económicas em termos de recursos naturais,
— do desenvolvimento técnico e colocação no mercado de produtos concebidos de modo a não contribuirem ou a contribuirem o menos possível, em virtude do seu fabrico, utilização ou eliminação, para aumentar a quantidade ou a nocividade dos resíduos e dos riscos de poluição,
— do desenvolvimento de técnicas adequadas de eliminação de substâncias perigosas contidas em resíduos destinados a aproveitamento;

b) Em segundo lugar:
i) o aproveitamento dos resíduos por reciclagem, reemprego, reutilização ou qualquer outra acção tendente à obtenção de matérias-primas secundárias ou
ii) a utilização de resíduos como fonte de energia.

2. Excepto nos casos a que se aplica o disposto na Directiva 83//189/CEE do Conselho, de 28 de Março de 1983, relativa a um procedimento de informação no domínio das normas e regulamentações técnicas ([4]), os Estados-membros informarão a Comissão das medidas que tencionam tomar para alcançar os objectivos do n.º 1. A Comissão comunicará essas medidas aos outros Estados-membros e ao comité referido no artigo 18.º

Artigo 4.º

Os Estados-membros tomarão as medidas necessárias para garantir que os resíduos sejam aproveitados ou eliminados sem pôr em perigo a saúde humana e sem utilizar processos ou métodos susceptíveis de agredir o ambiente e, nomeadamente:
— sem criar riscos para a água, o ar, o solo, a fauna ou a flora,
— sem causar perturbações sonoras ou por cheiros,
— sem danificar os locais de interesse e a paisagem.

Os Estados-membros tomarão as medidas necessárias para proibir o abandono, a descarga e a eliminação não controlada de resíduos.

([4]) JO n.º L 109 de 26. 4. 1983, p. 8.

ARTIGO 5.º

1. Em cooperação com outros Estados-membros, e sempre que tal se afigurar necessário ou conveniente, os Estados-membros tomarão as medidas adequadas para a constituição de uma rede integrada e adequada de instalações de eliminação tendo em conta as melhores tecnologias disponíveis que não acarretem custos excessivos. Esta rede deverá permitir que a Comunidade no seu conjunto se torne auto-suficiente em matéria de eliminação de resíduos e que os Estados-membros tendam para esse objectivo cada um por si, tendo em conta as circunstâncias geográficas ou a necessidade de instalações especializadas para certos tipos de resíduos.

2. Esta rede deverá além disso permitir a eliminação de resíduos numa das instalações adequadas mais próxima, graças à utilização dos métodos e das tecnologias mais adequadas para assegurar um nível elevado de protecção do ambiente e da saúde pública.

ARTIGO 6.º

Os Estados-membros estabelecerão ou designarão a ou as autoridades competente(s) encarregada(s) da aplicação das disposições da presente directiva.

ARTIGO 7.º

1. Para realizar os objectivos referidos nos artigos 3.º, 4.º e 5.º, a ou as autoridades competentes mencionadas no artigo 6.º devem estabelecer, logo que possível, um ou mais planos de gestão de resíduos. Esses planos incidirão nomeadamente sobre:
— o tipo, a quantidade e a origem dos resíduos a aproveitar ou a eliminar,
— normas técnicas gerais,
— disposições especiais relativas a resíduos específicos,
— locais ou instalações apropriados para a eliminação.
Esses planos podem abranger, por exemplo:
— as pessoas singulares ou colectivas habilitadas a proceder à gestão dos resíduos,
— as estimativas dos custos das operações de aproveitamento e eliminação,
— as medidas susceptíveis de incentivar a racionalização da recolha, da triagem e do tratamento dos resíduos.

2. Se necessário os Estados-membros colaborarão com os outros Estados-membros interessados e com a Comissão na elaboração desses planos e comunicá-los-ão à Comissão.

3. Os Estados-membros poderão tomar as medidas necessárias para impedir a circulação de resíduos não conformes com os seus planos de gestão dos mesmos. Comunicarão essas medidas à Comissão e aos Estados-membros.

Artigo 8.º

Os Estados-membros tomarão as disposições necessárias para que qualquer detentor de resíduos:
— confie a sua manipulação a um serviço de recolha privado ou público ou a uma empresa que efectue as operações referidas no anexo IIA ou IIB, ou
— proceda ele próprio ao respectivo aproveitamento ou eliminação, em conformidade com o disposto na presente directiva.

Artigo 9.º

1. Para efeitos de aplicação dos artigos 4.º, 5.º e 7.º, qualquer estabelecimento ou empresa que efectue as operações referidas no anexo IIA deve obter uma autorização da autoridade competente referida no artigo 6.º

Esta autorização referir-se-á nomeadamente:
— aos tipos e quantidades de resíduos,
— às normas técnicas,
— às precauções a tomar em matéria de segurança, — ao local de eliminação,
— ao método de tratamento.

2. As autorizações podem ser concedidas por um período determinado, ser renovadas, vir acompanhadas de condições e obrigações ou, nomeadamente nos casos em que o método de eliminação previsto não seja aceitável do ponto de vista da protecção do ambiente, ser recusadas.

Artigo 10.º

Para efeitos de aplicação do artigo 4.º, qualquer estabelecimento ou empresa que efectue as operações referidas no anexo II B deverá obter uma autorização para o efeito.

ARTIGO 11.º

1. Sem prejuízo do disposto na Directiva 78/139/CEE do Conselho, de 20 de Março de 1978, relativamente aos resíduos perigosos ([5]), com a última redacção que lhe foi dada pelo Acto de Adesão de Espanha e Portugal, podem ser dispensados das autorizações referidas no artigo 9.º ou no artigo 10.º:

   a) Os estabelecimentos ou empresas que procedam eles próprios à eliminação dos seus próprios resíduos no local de produção e
   b) Os estabelecimentos ou empresas que procedam ao aproveitamento de resíduos.

   Esta dispensa só será aplicável:
   — se as autoridades competentes tiverem adoptado regras gerais para cada tipo de actividade, fixando os tipos e quantidades de resíduos e as condições em que a actividade pode ser dispensada da autorização e
   — se os tipos ou as quantidades de resíduos e os modos de eliminação ou aproveitamento respeitarem as condições do artigo 4.º

2. Os estabelecimentos ou empresas referidos no n.º 1 deverão ser registados junto das autoridades competentes.

3. Os Estados-membros informarão a Comissão das regras gerais adoptadas por força do n.º 1.

ARTIGO 12.º

De três em três anos os Estados-membros transmitirão à Comissão informações sobre a aplicação da presente directiva, no âmbito de um relatório sectorial que abranja igualmente as outras directivas comunitárias pertinentes. Esse relatório deve ser elaborado com base num questionário ou num esquema elaborado pela Comissão de acordo com o procedimento previsto no artigo 6.º da Directiva 91/692/CEE ([6]). Esse questionário ou esquema deve ser enviado aos Estados-membros seis meses antes do início do período abrangido pelo relatório. O relatório deve ser enviado à Comissão num prazo de nove meses a contar do final do período de três anos a que se refere.

O primeiro relatório abrangerá o período de 1995 a 1997, inclusive.

([5]) JO n.º L 84 de 31. 3. 1978, p. 43.
([6]) JO n.º L 377 de 31. 12. 1991, p. 48.

A Comissão publicará um relatório comunitário sobre a aplicação da directiva num prazo de nove meses a contar da recepção dos relatórios dos Estados-membros.

Artigo 13.º

Os estabelecimentos ou empresas que assegurem as operações referidas nos artigos 9.º a 12.º serão submetidos a controlos periódicos apropriados pelas autoridades competentes.

Artigo 14.º

Todos os estabelecimentos ou empresas a que se referem os artigos 9.º e 10.º devem:
— manter um registo que indique a quantidade, a natureza, a origem e, se for relevante, o destino, a frequência da recolha, o meio de transporte e o método de tratamento dos resíduos em relação aos resíduos referidos no anexo I e às operações referidas no anexo IIA ou IIB,
— fornecer essas indicações às autoridades competentes referidas no artigo 6.º, sempre que estas o solicitarem.

Os Estados-membros poderão também exigir que os produtores cumpram o disposto neste artigo.

Artigo 15.º

Em conformidade com o princípio do «poluidor-pagador», os custos da eliminação dos resíduos devem ser suportados:
— pelo detentor que entrega os resíduos a um serviço de recolha ou a uma das empresas mencionadas no artigo 9.º e/ou
— pelos detentores anteriores ou pelo produtor do produto gerador dos resíduos.

Artigo 16.º

1. De três em três anos, e pela primeira vez em 1 de Abril de 1995, os Estados-membros apresentarão à Comissão um relatório sobre a execução da presente directiva. Esse relatório será elaborado com base num questionário estabelecido de acordo com o procedimento referido no artigo 18.º, que a Comissão enviará aos Estados-membros seis meses antes da data acima referida.

2. Com base nos relatórios referidos no n.º 1, a Comissão publicará, de três em três anos, e pela primeira vez em 1 de Abril de 1996, um relatório de síntese.

Artigo 17.º

As alterações necessárias para adaptar os anexos da presente directiva ao progresso científico e técnico serão adoptadas em conformidade com o procedimento previsto no artigo 18.º

Artigo 18.º

A Comissão será assistida por um comité composto por representantes dos Estados-membros e presidido pelo representante da Comissão.

O representante da Comissão submete à apreciação do comité um projecto de medidas a tomar. O comité emite o seu parecer sobre esse projecto num prazo que o presidente pode fixar em função da urgência da questão em causa. O parecer é emitido por maioria, nos termos previstos no n.º 2 do artigo 148.º do Tratado, para a adopção das decisões que o Conselho é chamado a tomar sob proposta da Comissão. Nas votações no seio do comité, os votos dos representantes dos Estados-membros estão sujeitos à ponderação definida no mesmo artigo. O presidente não participa na votação.

A Comissão adopta as medidas projectadas desde que sejam conformes com o parecer do comité.

Se as medidas projectadas não forem conformes com o parecer do comité, ou na ausência de parecer, a Comissão submeterá sem demora ao Conselho uma proposta relativa às medidas a tomar. O Conselho delibera por maioria qualificada.

Se, no termo de um prazo de três meses a contar da data em que o assunto foi submetido à apreciação do Conselho, este ainda não tiver deliberado, a Comissão adoptará as medidas propostas.

Artigo 19.º

Os Estados-membros tomarão as medidas necessárias para darem cumprimento à presente directiva no prazo de vinte e quatro meses a contar da sua notificação e desse facto informarão imediatamente a Comissão.

ARTIGO 20.º

Os Estados-membros comunicarão à Comissão o texto das principais disposições principais de direito nacional que adoptarem no domínio regulado pela presente directiva.

ARTIGO 21.º

Os Estados-membros são destinatários da presente directiva.

ANEXO I
CATEGORIAS DE RESÍDUOS

Q1 Resíduos de produção ou de consumo não especificados adiante
Q2 Produtos que não obedeçam às normas
Q3 Produtos fora de validade
Q4 Matérias acidentalmente derramadas, perdidas ou que sofreram qualquer outro incidente, incluindo quaisquer matérias, equipamentos, etc., contaminados na sequência do incidente em causa
Q5 Matérias contaminadas ou sujas na sequência de actividades deliberadas (por exemplo, resíduos de operações de limpeza, materiais de embalagem, recipientes, etc.)
Q6 Elementos inutilizáveis (por exemplo, baterias e catalisadores esgotados, etc.)
Q7 Substâncias que se tornaram impróprias para utilização (por exemplo, ácidos contaminados, solventes contaminados, sais de têmpera esgotados, etc.)
Q8 Resíduos de processos industriais (por exemplo, escórias, resíduos de destilação, etc.)
Q9 Resíduos de processos antipoluição (por exemplo, lamas de lavagem de gás, poeiras de filtros de ar, filtros usados, etc.)
Q10 Resíduos de maquinagem/acabamento (por exemplo, aparas de tornea-mento e fresagem, etc.)
Q11 Resíduos de extracção e de preparação de matérias-primas (por exemplo, resíduos de exploração mineira ou petrolífera, etc.)
Q12 Matérias contaminadas (por exemplo, óleos contaminados com PCB, etc.)
Q13 Qualquer matéria, substância ou produto cuja utilização seja proibida por lei
Q14 Produtos que não tenham ou deixaram de ter utilidade para o detentor (por exemplo, materiais agrícolas, domésticos, de escritório, de lojas, de oficinas, etc., postos de parte)

Q15 Matérias, substâncias ou produtos contaminados provenientes de actividades de recuperação de terrenos
Q16 Qualquer substância, matéria ou produto que não esteja abrangido pelas categorias acima referidas.

ANEXO II A
A OPERAÇÕES DE ELIMINAÇÃO

Nota: O presente anexo destina-se a enumerar as operações de eliminação tal como surgem na prática. Em conformidade com o artigo 4.°, os resíduos devem ser eliminados sem pôr em perigo a saúde humana e sem a utilização de processos ou métodos susceptíveis de prejudicar o ambiente.

D1 Deposição sobre o solo ou no seu interior (por exemplo, aterro sanitário, etc.)
D2 Tratamento no solo (por exemplo, biodegradação de efluentes líquidos ou de lamas de depuração nos solos, etc.)
D3 Injecção em profundidade (por exemplo, injecção de resíduos por bombagem em poços, cúpulas salinas ou depósitos naturais, etc.)
D4 Lagunagem (por exemplo, descarga de resíduos líquidos ou de lamas de depuração em poços, lagos naturais ou artificiais, etc.)
D5 Depósitos subterrâneos especialmente concebidos (por exemplo, deposi-ção em alinhamentos de células que são seladas e isoladas umas das outras e do ambiente, etc.)
D6 Descarga para massas de águas, com excepção dos mares e dos oceanos
D7 Descargas para os mares e/ou oceanos, incluindo inserção nos fundos marinhos
D8 Tratamento biológico não especificado em qualquer outra parte do presente anexo que produz compostos ou misturas finais que são rejeitados por meio de qualquer uma das operações enumeradas de D 1 a D 12
D9 Tratamento físico-químico não especificado em qualquer outra parte do presente anexo que produz compostos ou misturas finais rejeitados por meio de qualquer uma das operações enumeradas de D 1 a D 12 (por exemplo, evaporação, secagem, calcinação, etc.)
D10 Incineração em terra
D11 Incineração no mar
D12 Armazenagem permanente (por exemplo, armazenagem de contentores numa mina, etc.)
D13 Mistura anterior à execução de uma das operações enumeradas de D 1 a D 12
D14 Reembalagem anterior a uma das operações enumeradas de D 1 a D 13

D15 Armazenagem enquanto se aguarda a execução de uma das operações enumeradas de D 1 a D 14 (com exclusão do armazenamento temporário, antes da recolha, no local onde esta é efectuada)

ANEXO II B
OPERAÇÕES DE VALORIZAÇÃO

Nota: O presente anexo destina-se a enumerar as operações de valorização tal como surgem na prática. Em conformidade com o artigo 4.º, os resíduos devem ser valorizados sem pôr em perigo a saúde humana e sem a utilização de processos ou métodos susceptíveis de prejudicar o ambiente.

R1 Utilização principal como combustível ou outros meios de produção de energia
R2 Recuperação/regeneração de solventes
R3 Reciclagem/recuperação de compostos orgânicos que não são utilizados como solventes (incluindo as operações de compostagem e outras transformações biológicas)
R4 Reciclagem/recuperação de metais e de ligas
R5 Reciclagem/recuperação de outras matérias inorgânicas
R6 Regeneração de ácidos ou de bases
R7 Recuperação de produtos utilizados na luta contra a poluição
R8 Recuperação de componentes de catalisadores
R9 Refinação de óleos e outras reutilizações de óleos
R10 Tratamento no solo em benefício da agricultura ou para melhorar o ambiente
R11 Utilização de resíduos obtidos em virtude das operações enumeradas de R 1 a R 10
R12 Troca de resíduos com vista a submetê-los a uma das operações enumeradas de R 1 a R 11
R13 Acumulação de resíduos destinados a uma das operações enumeradas de R 1 a R 12 (com exclusão do armazenamento temporário, antes da recolha, no local onde esta é efectuada)

Directiva sobre resíduos perigosos

Directiva do Conselho
de 12 de Dezembro de 1991

relativa aos resíduos perigosos

(91/689/CEE)

O CONSELHO DAS COMUNIDADES EUROPEIAS,

Tendo em conta o Tratado que institui a Comunidade Económica Europeia e,nomeadamente, o seu artigo 130.°S,

Tendo em conta a proposta da Comissão ([1]),

Em cooperação com o Parlamento Europeu ([2]),

Tendo em conta o parecer do Comité Económico e Social ([3]),

Considerando que a Directiva 78/319/CEE do Conselho, de 20 de Março de 1978, relativa aos resíduos tóxicos e perigosos ([4]), estabeleceu normas comunitárias relativas à eliminação de resíduos perigosos; que, para ter em conta a experiência adquirida na aplicação desta Directiva pelos Estados-membros,é necessário alterar essas normas e substituir a Directiva 78/319/CEE pela presente directiva;

Considerando que a resolução do Conselho, de 7 de Maio de 1990, sobre a política em matéria de resíduos ([5]) e o programa de acção das Comunidades Europeias relativo ao ambiente, que foi objecto da resolução do Conselho das Comunidades Europeias e do representantes dos Governos dos Estados-membros reunidos no seio do Conselho, de 19 de Outubro de 1987, relativa à prossecução e aplicação de uma política e de um programa de acção da Comunidade

---

([1]) JO n.° C 295 de 19.11.1988, p. 8 e JO n.° C 2 de 22.2.1990, p. 19.
([2]) JO n.° C 158 de 26.6.1989, p. 238.
([3]) JO n.° C 56 de 6.3.1989, p. 2.
([4]) JO n.° L 8 de 31.3.1978, p. 43.
([5]) JO n.° C 122 de 18.5.1990, p. 2.

Europeia em matéria de ambiente (1987-1992) ([6]) prevêem medidas comunitárias tendentes a melhorar as condições de eliminação e de gestão dos resíduos perigosos;

Considerando que as normas gerais aplicáveis à gestão dos resíduos definidas pela Directiva do Conselho 75/442/CEE, de 15 de Julho de 1975, relativa aos resíduos ([7]), com a última redacção que lhe foi dada pela Directiva 91/156/CEE ([8]), também se aplicam à gestão dos resíduos perigosos;

Considerando que a gestão correcta dos resíduos perigosos exige normas suplementares mais restritivas que tenham em conta a natureza específica deste tipo de resíduos;

Considerando que, para tornar mais eficaz a gestão dos resíduos perigosos na Comunidade, é necessário dispor de uma definição clara e uniforme de resíduos perigosos baseada na experiência;

Considerando que é necessário garantir que a fiscalização da eliminação e valorização de resíduos perigosos seja o mais completa possível;

Considerando que deve ser possível adaptar rapidamente ao progresso científico e técnico as disposições desta directiva; que o comité instituído pela Directiva 75/442/CEE deverá ter competência para adaptar a tal progresso as disposições desta directiva,

ADOPTOU A PRESENTE DIRECTIVA:

Artigo 1.º

1. A presente directiva, elaborada por força do n.º 2 do artigo 2.º da Directiva 75/442/CEE, tem por objectivo a aproximação das legislações dos Estados-membros sobre a gestão controlada dos resíduos perigosos.

2. Sob reserva do disposto na presente directiva, as disposições da Directiva 75/442/CEE aplicam-se aos resíduos perigosos.

3. As definições de «resíduos» e dos outros termos utilizados na presente directiva são as da Directiva 75/442/CEE.

4. Para efeitos da presente directiva, entende-se por «resíduos perigosos»:

— os resíduos constantes de uma lista a elaborar, de acordo com o procedimento estabelecido no artigo 18.º da Directiva

---

([6]) JO n.º C 328 de 7.12.1987, p. 1.
([7]) JO n.º L 194 de 25.7.1975, p. 47.
([8]) JO n.º L 78 de 26.3.1991, p. 32.

75/442/CEE e com base nos seus anexos I e II, o mais tardar seis meses antes do início da aplicação da presente directiva. Estes resíduos deverão possuir uma ou mais das características definidas no anexo III. Esta lista basear-se-á na origem e composição dos resíduos e, se for caso disso, em valores limite de concentração. A lista será periodicamente reanalisada e, se necessário, será revista de acordo com o mesmo procedimento,
— quaisquer outros resíduos que um Estado-membro considerar possuírem pelo menos uma das características referidas no anexo III. Estes casos deverão ser notificados à Comissão e analisados de acordo com o procedimento estabelecido no artigo 18.º da Directiva 75/442/CEE, tendo em vista a sua inclusão na lista.

5. Os resíduos urbanos encontram-se isentos da aplicação do disposto na presente directiva. O mais tardar no final de 1992, o Conselho, sob proposta da Comissão, estabelecerá normas específicas que tenham em conta a natureza particular dos resíduos urbanos.

Artigo 2.º

1. Os Estados-membros tomarão as medidas necessárias para exigir que, em todos os locais em que se efectue o depósito (descarga) de resíduos perigosos, esses resíduos sejam recenseados e identificados.

2. Os Estados-membros tomarão as medidas necessárias para exigir que os estabelecimentos e as empresas que efectuam a eliminação, valorização, recolha ou transporte de resíduos perigosos não misturem diferentes categorias de resíduos perigosos entre si, nem resíduos perigosos com outros resíduos.

3. Em derrogação ao n.º 2, admite-se todavia a mistura de diferentes tipos de resíduos perigosos entre si e com outros resíduos, substâncias ou matérias, nas condições estabelecidas no artigo 4.º da Directiva 75/442/ /CEE e, em especial, a fim de melhorar a segurança durante e eliminação ou a valorização desses resíduos. Esta operação está sujeita à autorização referida nos artigos 9.º, 10.º e 11.º da Directiva 75/442/CEE.

4. Sempre que os resíduos perigosos se encontrem já misturados com outros resíduos, substâncias ou matérias, deverá proceder-se à respectiva separação, quando tal for técnica e economicamente exequível e sempre que necessário, a fim de dar cumprimento ao disposto no artigo 4.º da Directiva 75/442/CEE.

Artigo 3.º

1. A derrogação à autorização concedida aos estabelecimentos ou empresas que efectuam a eliminação dos seus próprios resíduos referida no n.º 1, alínea *a*), do artigo 11.º da Directiva 75/442/CEE não se aplica aos resíduos perigosos abrangidos pela presente directiva.

2. Em conformidade com o n.º 1, alínea *b*) do artigo 11.º da Directiva 75/442/CEE, um Estado-membro pode derrogar ao artigo 10.º dessa Directiva relativamente aos estabelecimentos ou empresas que asseguram a valorização dos resíduos a que se aplica a presente directiva:

— se esse Estado-membro adoptar regras gerais que enumerem os tipos e quantidades de resíduos em causa e se precisar as condições específicas (valores limite de substâncias perigosas contidas nos resíduos, valores limite de emissão, tipo de actividade) e as outras condições que deverão ser respeitadas para efectuar diferentes formas de valorização e

— se os tipos ou quantidades de resíduos, assim como os métodos de valorização, forem de molde a permitir que sejam respeitadas as condições impostas pelo artigo 4.º da Directiva 75/442/CEE.

3. Os estabelecimentos ou empresas referidos no n.º 2 serão registados junto das autoridades competentes.

4. Se um Estado-membro pretender beneficiar do disposto no n.º 2, as normas referidas no n.º 2 serão comunicadas à Comissão o mais tardar três meses antes da sua entrada em vigor. A Comissão consultará os Estados-membros e à luz dessas consultas proporá que essas normas sejam finalmente submetidas a acordo, em conformidade com o disposto no artigo 18.º da Directiva 75/442/CEE.

Artigo 4.º

1. O disposto no artigo 13.º da Directiva 75/442/CEE aplica-se igualmente aos produtores de resíduos perigosos.

2. O disposto no artigo 14.º da Directiva 75/442/CEE aplica-se igualmente aos produtores de resíduos perigosos e a qualquer estabelecimento ou empresa que transporte resíduos perigosos.

3. O registo referido no artigo 14.º da Directiva 75/442/CEE deve ser conservado durante pelo menos três anos, excepto no caso dos estabelecimentos e das empresas que efectuam o transporte de resíduos perigosos, as quais devem conservar esses registos durante pelo menos doze meses. Os documentos comprovativos da execução

das operações de gestão devem ser facultados a pedido das autoridades competentes ou de um detentor anterior.

ARTIGO 5.º

1. Os Estados-membros tomarão as medidas necessárias para que, aquando da recolha, do transporte e do armazenamento temporário, os resíduos estejam convenientemente embalados e rotulados em conformidade com as normas internacionais e comunitárias em vigor.
2. No que se refere aos resíduos perigosos,as operações de controlo relativas à recolha e ao transporte efectuadas com base no artigo 13.º da Directiva 75/442/CEE incidirão, particularmente, sobre a origem e o destino dos resíduos perigosos.
3. Sempre que forem transferidos, os resíduos perigosos devem ser acompanhados de um formulário de identificação contendo as indicações referidas na secção A do anexo I da Directiva 84/631/CEE do Conselho, de 6 de Dezembro de 1984, relativa à vigilância e ao controlo na Comunidade das transferências transfronteiras de resíduos perigosos ([9]), com a última redacção que lhe foi dada pela Directiva 86/279/CEE ([10]).

ARTIGO 6.º

1. Em conformidade com o disposto no artigo 7.º da Directiva 75/442/CEE, as autoridades competentes deverão elaborar e tornar públicos planos para a gestão dos resíduos perigosos, quer separadamente quer no quadro dos respectivos planos gerais de gestão de resíduos.
2. A Comissão procederá a uma avaliação comparativa desses planos, nomeadamente no que respeita aos métodos de eliminação e de valorização. A Comissão porá essas informações à disposição das autoridades competentes dos Estados-membros que as solicitarem.

ARTIGO 7.º

Em casos de emergência ou de perigo grave, os Estados-membros tomarão todas as medidas necessárias, incluindo, se for caso disso, derrogações temporárias à presente directiva,com o objectivo

---

([9]) JO n.º L 326 de 13.12.1984, p. 31.
([10]) JO n.º L 181 de 4.7.1986, p. 13.

de que os resíduos perigosos não constituam uma ameaça para a população ou para o ambiente. Os Estados-membros informarão a Comissão acerca das referidas derrogações.

Artigo 8.º

1. No âmbito do relatório previsto no n.º 1 do artigo 16.º da Directiva 75/442/CEE, e com base num questionário elaborado de acordo com esse artigo, os Estados-membros apresentarão à Comissão um relatório sobre a execução das disposições da presente directiva.
2. Além do relatório de síntese referido no n.º 2 do artigo 16.º da Directiva 75/442/CEE, a Comissão apresentará de três em três anos ao Parlamento Europeu e ao Conselho um relatório sobre a aplicação da presente directiva.
3. Além disso, os Estados-membros comunicarão à Comissão, antes de 12 de Dezembro de 1994, em relação a cada estabelecimento ou empresa que efectue a eliminação e/ou a valorização de resíduos perigosos, principalmente por conta de terceiros, e que tenha probabilidades de vir a fazer parte da rede integrada referida no artigo 5.º da Directiva 75/442/CEE, as seguintes informações:
— nome e endereço,
— modo de tratamento dos resíduos,
— tipo e quantidade de resíduos que podem ser tratados.

Os Estados-membros comunicarão anualmente à Comissão quaisquer alterações a estas informações.

A Comissão manterá estas informações à disposição das autoridades competentes dos Estados-membros que as solicitem.

A forma como estas informações serão transmitidas à Comissão será objecto de acordo, em conformidade com o procedimento estabelecido no artigo 18.º da Directiva 75/442/CEE.

Artigo 9.º

As alterações necessárias para adaptar os anexos da presente directiva ao progresso científico e técnico, bem como para rever a lista de resíduos referida no n.º do artigo 1.º, serão adoptadas em conformidade com o procedimento previsto no artigo 18.º da Directiva 75/442/CEE.

ARTIGO 10.º

1. Os Estados-membros adoptarão e publicarão as disposições legislativas, regulamentares e administrativas necessárias para dar cumprimento à presente directiva antes de 27 de Junho de 1995. Do facto informarão imediatamente a Comissão.

2. Sempre que os Estados-membros adoptarem tais disposições, estas devem incluir uma referência à presente directiva ou ser acompanhadas dessa referência aquando da sua publicação oficial. As modalidades dessa referência serão adoptadas pelos Estados-membros.

3. Os Estados-membros comunicarão a Comissão o texto das principais disposições de direito interno que adoptem no domínio regido pela presente directiva.

ARTIGO 11.º

A Directiva 78/319/CEE é revogada com efeitos em 27 de Junho de 1995.

ARTIGO 12.º

Os Estados-membros são os destinatários da presente directiva.

ANEXO I
CATEGORIAS OU TIPOS GENÉRICOS DE RESÍDUOS PERIGOSOS CARACTERIZADOS PELA SUA NATUREZA OU PELA ACTIVIDADE DE QUE RESULTAM (*) (OS RESÍDUOS PODEM APRESENTAR-SE SOB FORMA LÍQUIDA, SÓLIDA OU PASTOSA)

ANEXO I A

A Resíduos que possuam qualquer uma das características referidas no anexo III e que sejam constituídos por:
1. Substâncias anatómicas; resíduos dos hospitais ou de outras actividades médicas
2. Produtos farmacêuticos, medicamentos, produtos veterinários
3. Produtos preservadores da madeira
4. Biocidas e produtos fitofarmacêuticos

(*) Certas repetições relativamente às rubricas do anexo II são intencionais.

5. Resíduos de produtos utilizados como solventes
6. Substâncias orgânicas halogenadas não utilizadas como solventes, com exclusão das matérias polimerizadas inertes
7. Sais de têmpera cianetados
8. Óleos e substâncias oleosas minerais (por exemplo, lamas de corte, etc.)
9. Misturas e emulsões de óleo/água ou hidrocarbonetos/água
10. Produtos que contenham PCB e/ou PCT (por exemplo, fluidos dieléctricos, etc.)
11. Matérias à base de alcatrão provenientes de operações de refinação, destilação ou pirólise (por exemplo, depósitos de destilação, etc.)
12. Tintas, corantes, pigmentos, lacas, vernizes
13. Resinas, latex, plastificantes, colas
14. Substâncias químicas não identificadas e/ou novas provenientes de actividades de investigação,de desenvolvimento e de ensino cujos efeitos sobre o homem e/ou sobre o ambiente se desconheçam (por exemplo, resíduos de laboratório, etc.)
15. Produtos pirotécnicos e outras matérias explosivas
16. Produtos de laboratórios fotográficos
17. Qualquer material contaminado por um produto da família dos dibenzofuranos policlorados
18. Qualquer material contaminado por um produto da família dos dibenzoparadioxinas policloradas.

ANEXO I B

Resíduos que contenham qualquer um dos elementos mencionados no anexo II, que possuam qualquer uma das características referidas no anexo III e que sejam constituídos por:

19. Sabões, matérias gordas, ceras de origem animal ou vegetal
20. Substâncias orgânicas não halogenadas não utilizadas como solventes
21. Substâncias inorgânicas sem metais nem compostos metálicos
22. Escórias e/ou cinzas
23. Terras, argilas ou areias,incluindo as lamas de dragagem
24. Sais de têmpera não cianetados
25. Poeiras ou pós metálicos
26. Materiais catalíticos usados
27. Líquidos ou lamas contendo metais ou compostos metálicos
28. Resíduos de tratamento de despoluição (por exemplo, poeiras de filtros de ar, etc.) excepto os mencionados nos pontos 29, 30 e 33
29. Lamas de lavagem de gases
30. Lamas das instalações de tratamento de águas
31. Resíduos de descarbonatação
32. Resíduos de colunas de permuta iónica

33. Lamas de depuração não tratadas ou não utilizáveis na agricultura
34. Resíduos de limpeza de tanques e/ou equipamentos
35. Material contaminado
36. Recipientes contaminados (por exemplo, embalagens, garrafas de gás, etc.) que tenham contido um ou mais dos elementos referidos no anexo II
37. Acumuladores, baterias e pilhas eléctricas
38. Óleos vegetais
39. Objectos provenientes de uma recolha selectiva junto de habitações e que apresentem uma das características referidas no anexo III
40. Qualquer outro resíduo que contenha qualquer um dos elementos referidos no anexo II ou que apresente qualquer uma das características referidas no anexo III.

ANEXO II
ELEMENTOS QUE CONFEREM CARÁCTER PERIGOSO AOS RESÍDUOS DO ANEXO I B QUANDO ESTES APRESENTAM QUALQUER DAS CARACTERÍSTICAS DO ANEXO III (*)

Resíduos constituídos por:
C1 Berílio e seus compostos
C2 Compostos de vanádio
C3 Compostos de crómio hexavalente
C4 Compostos de cobalto
C5 Compostos de níquel
C6 Compostos de cobre
C7 Compostos de zinco
C8 Arsénico e seus compostos
C9 Selénio e seus compostos
C10 Compostos de prata
C11 Cádmio e seus compostos
C12 Compostos de estanho
C13 Antimónio e seus compostos
C14 Telúrio e seus compostos
C15 Compostos de bário, com excepção do sulfato de bário
C16 Mercúrio e seus compostos
C17 Tálio e seus compostos

(*) Certas repetições relativamente aos tipos genéricos de resíduos do anexo I são intencionais

C18 Chumbo e seus compostos
C19 Sulfuretos inorgânicos
C20 Compostos inorgânicos de flúor, com excepção do fluoreto de cálcio
C21 Cianetos inorgânicos
C22 Os seguintes metais alcalinos ou alcalino-terrosos sob a forma não combinada: lítio, sódio, potássio, cálcio, magnésio
C23 Soluções ácidas ou ácidos sob forma sólida
C24 Soluções básicas ou bases sob forma sólida
C25 Amianto (poeiras ou fibras)
C26 Fósforo e seus compostos, com excepção dos fosfatos minerais
C27 Carbonilos metálicos
C28 Peróxidos
C29 Cloratos
C30 Percloratos
C31 Azidas
C32 PCB e/ou PCT
C33 Compostos farmacêuticos ou veterinários
C34 Biocidas e substâncias fitofarmacêuticas (por exemplo, pesticidas, etc.)
C35 Substâncias infecciosas
C36 Creosotes
C37 Isocianatos, tiocianatos
C38 Cianetos orgânicos (por exemplo, nitrilos, etc.)
C39 Fenóis e compostos fenólicos
C40 Solventes halogenados
C41 Solventes orgânicos não halogenados
C42 Compostos organo-halogenados, com excepção dos polimerizados inertes e das outras substâncias constantes deste anexo
C43 Compostos aromáticos; compostos orgânicos policíclicos e heterocíclicos
C44 Aminas alifáticas
C45 Aminas aromáticas
C46 Éteres
C47 Substâncias explosivas, com excepção das substâncias constantes de outros pontos deste anexo
C48 Compostos orgânicos de enxofre
C49 Produtos da família dibenzofuranos policlorados
C50 Produtos da família dibenzoparadioxinas policloradas
C51 Outros hidrocarbonetos e seus compostos de oxigénio, azoto e/ou enxofre não especificamente referidos neste anexo

ANEXO III
CARACTERÍSTICAS DE PERIGO ATRIBUÍVEIS AOS RESÍDUOS

H1 «Explosivos»: substâncias e preparações que possam explodir sob o efeito de uma chama ou que sejam mais sensíveis aos choques e aos atritos que o dinitrobenzeno.

H2 «Combustíveis»: substâncias e preparações que, em contacto com outras substâncias, nomeadamente com substâncias inflamáveis, apresentam uma reacção fortemente exotérmica.

H3-A «Facilmente inflamável»: substâncias e preparações:
- em estado líquido, cujo ponto de inflamação seja inferior a 21 graus Celsius (incluindo os líquidos extremamente inflamáveis) ou
- que possam aquecer e inflamar-se ao ar, a uma temperatura normal, sem contributo de energia externa ou
- sólidos que possam inflamar-se facilmente por uma breve acção de uma fonte de inflamação e que continuem a arder ou a consumir-se depois de afastada essa fonte, ou
- gasosos que sejam inflamáveis ao ar, a uma pressão normal, ou
- que, em contacto com a água ou o ar húmido, desenvolvam gases facilmente inflamáveis em quantidades perigosas.

H3-B «Inflamáveis»: substâncias e preparações líquidas cujo ponto de inflamação seja igual ou superior a 21 graus Celsius e inferior ou igual a 55 graus Celsius.

H4 «Irritantes»: substâncias e preparações não corrosivas que, por contacto imediato, prolongado ou repetido com a pele ou as mucosas, possam provocar um reacção inflamatória.

H5 «Nocivos»: substâncias e preparações cuja inalação, ingestão ou penetração cutânea possam ocasionar efeitos de gravidade limitada.

H6 «Tóxicos»: substâncias e preparações cuja inalação, ingestão ou penetração cutânea possam acarretar riscos graves, agudos ou crónicos e inclusivamente a morte (incluindo as substâncias e preparações muito tóxicas).

H7 «Cancerígenos»: substâncias e preparações cujas inalação, ingestão ou penetração cutânea possam provocar o cancro ou aumentar a sua frequência.

H8 «Corrosivos»: substâncias e preparações que, em contacto com tecidos vivos, possam exercer uma acção destrutiva sobre estes últimos.

H9 «Infecciosos»: matérias que contenham microrganismos viáveis ou suas toxinas, em relação aos quais se saiba ou haja boas razões para crer que causam doenças no homem ou noutros organismos vivos.

H10 «Teratogénicos»: substâncias e preparações cujas inalação, ingestão ou penetração cutânea possam induzir deformações congénitas não hereditárias ou aumentar a respectiva frequência.

H11 «Mutagénicos»: substâncias e preparações cujas inalação, ingestão ou penetração cutânea possam provocar defeitos genéticos hereditários ou aumentar a respectiva frequência.

H12 Substâncias e preparados que, em contacto com a água, o ar ou um ácido, libertem gases tóxicos ou muito tóxicos.

H13 Substâncias susceptíveis de, após eliminação, darem origem, por qualquer meio, a uma outra substância, por exemplo um produto de lixiviação que possua uma das características atrás enumeradas.

H14 «Ecotóxicos»: substâncias e preparações que apresentem ou possam apresentar riscos imediatos ou diferidos para um ou vários sectores do ambiente.

Notas

1. A atribuição das características de perigo «tóxico» (e «muito tóxico»), «nocivo», «corrosivo» e «irritante» será efectuada de acordo com os critérios fixados pelo anexo VI, parte I A e parte II B, da Directiva 67/548/CEE do Conselho, de 27 de Junho de 1967, relativa à aproximação das disposições legislativas regulamentares e administrativas respeitantes à classificação, embalagem e rotulagem das substâncias perigosas ([1]), com a redacção que lhe foi dada pela Directiva 79/831/CEE do Conselho ([2]).

2. No que respeita à atribuição das características «cancerígeno», «teratogénico» e «mutagénico», e face ao estado actual dos conhecimentos, existem dados suplementares no guia de classificação e de rotulagem do anexo VI (parte II D) da Directiva 67/548/CEE, com a redacção que lhe foi dada pela Directiva 83/467/CEE da Comissão ([3]).

Métodos de ensaio

Os métodos de ensaio têm por objectivo conferir um significado específico às definições referidas no anexo III.

Os métodos a utilizar são os descritos no anexo V da Directiva 67/548/CEE, com a redacção que lhe foi dada pela Directiva 84/449/CEE da Comissão ([4]), ou pelas directivas posteriores da Comissão que adaptam a Directiva 67/548/CEE ao progresso técnico. Esses métodos, por sua vez, baseiam-se nos trabalhos e recomendações dos organismos internacionais competentes, em especial da Organização de Cooperação e Desenvolvimento Económicos (OCDE).

II. Parte especial

Introdução 187
1. Operações de gestão 193
2. Gestão de resíduos especiais 537

Introdução

A remoção, o transporte, a armazenagem, as diversas formas de valorização e de eliminação, a planificação e a monitorização são algumas das operações de gestão de resíduos cujo regime geral mereceria ser regulado por legislação adequada. No entanto, no ordenamento jurídico português não existe enquadramento normativo para a maior parte destas operações de gestão.

Por outro lado, há certos tipos de resíduos que, em atenção à sua especial origem, natureza ou composição, devem ser objecto de leis especificas. Em Portugal foi adoptada a legislação mínima sobre resíduos especiais a que o Direito Europeu obriga.

Deste modo, aquilo que encontramos na Parte Especial deste Código dos Resíduos corresponde a uma tentativa de organização das disposições avulsas que, na nossa lei, regulam, por um lado, algumas operações de gestão, e por outro lado, alguns tipos concretos de resíduos.

1. Operações de gestão

Como operações de gestão especialmente reguladas, temos o transporte de resíduos, as duas formas mais habituais de eliminação — a deposição em aterro e a incineração — e a gestão integrada de resíduos perigosos.

1.1. Transporte

O transporte de resíduos é uma operação cuja regulamentação se impunha, tendo em atenção o regime geral de liberdade de circulação de mercadorias, vigente entre os Estados-membros da União Europeia. Sabe-se que esse transporte é uma ocasião especialmente melindrosa não só pelo perigo de acidentes, como pelo risco de abandono ilegal de resíduos. Por outro lado, o transporte de resíduos é uma operação potencialmente conflituante com dois princípios fundamentais deste ramo do Direito: o princípio da correcção na fonte e o princípio da proximidade. Estas são razões suficientes para justificar o regime de circulação condicionada, que vigora para os resíduos. O regime jurídico do transporte de resíduos encontra-se estruturado em três níveis jurídicos:

   a) o nível nacional, quanto ao transporte dentro do território português;
   b) o nível comunitário, no que respeita ao transporte entre Estados-membros da União Europeia, ou ainda o transporte à entrada e à saída da União Europeia (através de um regulamento comunitário que, pela sua própria natureza, goza de aplicabilidade directa, nos termos do Tratado que institui a Comunidade Europeia);
   c) o nível internacional, no caso específico de transporte de resíduos perigosos para importação e exportação da ou para a Europa (através da Convenção de Basileia, que vincula o Estado português desde 1993).

Além destas disposições genéricas, aplicáveis ao transporte de qualquer tipo de resíduos, poderíamos ter incluído ainda as normas especiais, vigentes no ordenamento jurídico português, sobre transferência de resíduos radioactivos ou sobre transporte de óleos usados. Optámos, todavia, por enquadrá-las na parte relativa à gestão de resíduos especiais: resíduos radioactivos e óleos usados.

1.2. Eliminação

Na parte relativa à eliminação, incluímos todos os diplomas que visam dar um destino final adequado aos resíduos, embora possam igualmente disciplinar aspectos menores de valorização.

Verificadas certas condições, quase todas as operações de eliminação de resíduos podem ter também aspectos de valorização. Pense-se no aproveitamento do bio-gás produzido nos aterros, no aproveitamento da energia térmica da incineração, no aproveitamento do composto resultante da bio-degradação de resíduos orgânicos, no aproveitamento do volume dos resíduos, por exemplo, para enchimento de minas desactivadas.

No entanto, a distinção da natureza dos tratamentos, enquanto operação de valorização ou de eliminação, depende de critérios como a susceptibilidade de aproveitamento dos materiais ou da energia recuperados, a existência ou inexistência de alternativas, ou as incidências ambientais da operação.

Porém, se atendermos apenas às operações que são reguladas de forma específica pela lei portuguesa, restam-nos a deposição em aterro e a incineração, como operações que podemos considerar, tendencialmente, como sendo de eliminação de resíduos.

    a) **Aterros** — Quanto aos aterros, a legislação portuguesa dispõe de regras gerais, aplicáveis a quaisquer aterros, e regras especiais, aplicáveis apenas a duas categorias: os aterros para resíduos industriais banais e os aterros para resíduos da indústria extractiva.

    b) **Incineração** — Relativamente à incineração, considerada, de acordo com as mais recentes orientações da Comissão Europeia, como uma operação de eliminação de resíduos, a nossa lei, que se aplica especialmente à incineração de resíduos perigosos, regula tanto a incineração em instalações especificamente construídas para o efeito (*incineração dedicada*), com ou sem aproveitamento energético, como a incineração em fornos de instalações existentes, como parte integrante de um processo industrial (*co-incineração*).

1.3. Gestão integrada de resíduos perigosos

A mais recente operação de gestão, regulada na lei portuguesa, é a gestão integrada de resíduos perigosos em Centros Integrados de Recuperação, Valorização e Eliminação de Resíduos Perigosos. Enquanto solução integrada para os resíduos perigosos, os CIRVER propõem o recurso às melhores técnicas disponíveis para valorização dos resíduos perigosos e minimização da quantidade do resíduos perigosos a depositar em aterro. Cada centro desempenhará, simultaneamente, as funções de: classificação (dispondo, para o efeito, de laboratórios), triagem e transferência de resíduos; estabilização e tratamento físico-químico de resíduos; tratamento de resíduos orgânicos; valorização de embalagens contaminadas e descontaminação de solos, sem dispensar, naturalmente um aterro de resíduos perigosos para todos aqueles que não seja possível recuperar ou valorizar.

Espera-se que os CIRVER, que surgem agora como uma alternativa à co-incineração de resíduos em fornos industriais para redução do passivo ambiental existente, permitam concretizar o princípio da auto-suficiência na gestão de resíduos.

2. Gestão de resíduos especiais

Para além da disciplina genérica de certas operações de gestão, deparamo-nos, no ordenamento jurídico português, com previsões particulares, aplicáveis a certos tipos especiais de resíduos. A razão de ser da instituição de regimes particulares prende-se ou com a origem especifica dos resíduos em causa (nomeadamente resíduos urbanos, industriais e hospitalares), ou com a sua composição, que exige uma especial atenção a certos momentos do processo de gestão (é o caso dos resíduos regulados quanto à sua armazenagem, valorização, ou eliminação) ou ainda com a sua natureza que permite uma gestão segundo objectivos inovadores (é o que se passa com aqueles que denominámos resíduos em gestão circular).

2.1. Resíduos especiais quanto à origem

Atendendo à sua origem, são muitas as categorias de resíduos que poderiam ter cabimento legal: resíduos agrícolas, resíduos de espaços públicos, resíduos de escritórios ou resíduos de cuidados de saúde. Estes são apenas alguns dos exemplos possíveis. Mas, de todas, a nossa lei identifica e regula especialmente três categorias clássicas de resíduos, quanto à sua origem: resíduos industriais, resíduos urbanos e resíduos hospitalares, cabendo a responsabilidade pela sua gestão, respectivamente, aos municípios ou associações de municípios, aos industriais e às unidades de saúde.

2.1.1. *Resíduos sólidos urbanos*

Relativamente aos resíduos sólidos urbanos, recolhemos a legislação que permite a criação dos sistemas municipais e multimunicipais de gestão e a portaria que prevê a obrigatoriedade de preenchimento de mapas de registo. Apresentamos ainda, apenas a título exemplificativo, o regulamento municipal de resíduos sólidos urbanos da Maia.

2.1.2. *Resíduos industriais*

Quanto aos resíduos industriais, o nosso ordenamento jurídico consagrou, além dos planos sectoriais de gestão (o plano estratégico de gestão de resíduos industriais — PESGRI — e o plano nacional de prevenção de resíduos industriais — PNAPRI) a previsão de aterros específicos para resíduos industriais banais e para resíduos da indústria extractiva. No entanto, pelo facto de se tratar da disciplina de aspectos parcelares da operação de deposição de resíduos em aterro, optámos por incluir estes dois diplomas legais no capítulo 1., relativo às operações de gestão. Da mesma forma, apesar de a incineração de resíduos perigosos dizer, muitas vezes, respeito a resíduos industriais, optámos por inclui-la igualmente no capítulo 1 da parte II, por se tratar da disciplina genérica de uma operação de gestão. Também certos resíduos tipicamente produzidos em processos industriais, como o dióxido de titânio, foram englobados no capítulo relativo à gestão de resíduos. Dispensámo-nos ainda de incluir no Código dos Resíduos a dimensão legal da polémica da incineração de resíduos industriais perigosos em fornos da indústria de cimento — a célebre *co-incineração* —, pelo seu interesse eminentemente histórico, apesar de a controvérsia, relativa ao destino adequado a dar aos resíduos industriais perigosos actualmente existentes no país, estar longe de se poder considerar terminada.

Resta, então, o dever de preenchimento de mapas de registo de resíduos industriais.

2.1.3. Resíduos hospitalares

No que respeita aos resíduos hospitalares, temos regras de instalação e funcionamento de unidades ou equipamentos de valorização ou eliminação de resíduos perigosos hospitalares, normas sobre classificação de resíduos e ainda os mapas de registo, já mencionados noutros contextos.

A dimensão programática dos planos sectoriais de gestão levou-nos a não os incluir na presente colectânea. Além dos planos de gestão relativos a resíduos industriais, que já referimos, ficaram de fora o plano estratégico de resíduos sólidos urbanos — PERSU —, o plano estratégico de resíduos sólidos hospitalares — PERSH —, a estratégia de gestão de resíduos de origem animal resultantes da protecção contra as encefalopatias espongiformes transmissíveis, o programa de acção relativo a pilhas de mercúrio e acumuladores de cádmio, etc..

2.1.4. Resíduos geradores em navios

Com vista à redução da descarga no mar de resíduos gerados em navios, foram adoptadas regras específicas regulando o dever de notificação pelo comandante, os meios portuários de recepção de resíduos e a operação de entrega dos resíduos no meio portuário de recepção.

2.2. Resíduos especialmente regulados com vista à armazenagem

A sucata, incluindo materiais ou equipamentos usados, ferro-velho e veículos em fim de vida, é o único tipo de resíduo cuja armazenagem está sujeita a leis especiais. A disciplina legal da localização de depósitos de sucata tem como objectivos fundamentais evitar a degradação da paisagem e do ambiente e a protecção da saúde pública.

2.3. Resíduos especialmente regulados com vista à valorização

Apesar de serem resíduos cuja gestão é orientada predominantemente com vista à sua valorização, esta é vista apenas como uma operação de gestão final, fora do contexto de uma política integrada de produtos. É o caso da aplicação de lamas na agricultura, do emprego de resíduos animais para alimentação animal e da utilização de resíduos para a produção de energia eléctrica.

2.4. Resíduos especialmente regulados com vista à eliminação

Os resíduos, cuja gestão é orientada predominantemente com vista à sua eliminação são sobretudo substâncias perigosas para a saúde e para o ambiente, como o amianto, o dióxido de titânio, os policlorobifenilos, os animais contaminados com BSE, os resíduos radioactivos, o mercúrio e o clorofórmio.

2.5. Resíduos especialmente regulados com vista a uma gestão integrada

Existem, finalmente, os resíduos que são geridos segundo uma perspectiva integrada, observando as regras de uma gestão circular. São seis os tipos de resíduos regulados segundo uma óptica «do berço ao caixão»: os óleos, as embalagens, os pneus, as pilhas e acumuladores, o equipamento eléctrico e electrónico e os veículos automóveis. Nestes diplomas, o resíduo é visto como um produto em fim de vida e, como tal, não é apenas o momento da sua valorização ou da eliminação que é objecto de previsão legal, mas todo o período que decorre desde a produção até à comercialização e, por fim, até à utilização. Daqui resultam obrigações não só para os gestores de resíduos em sentido estrito, mas também para os produtores, os comerciantes e os consumidores, enquanto gestores de «pré-resíduos».

1. Operações de Gestão

1.1. Transporte 195
1.2. Eliminação 363
1.3. Gestão integrada 483

1.1. Transporte

1.1.1. Transporte em território nacional (Portaria n.º 335/97, de 16 de Maio) 197
1.1.2. Transporte na União Europeia (Regulamento 259/93, de 1 de Fevereiro, do Conselho) 201
1.1.3. Transporte entre Portugal e a União Europeia (Decreto-lei n.º 296/95, de 17 de Novembro) 303
1.1.4. Transporte internacional de resíduos perigosos (Convenção de Basileia de 1989*) 311

---

* Alterada pelas Decisões n.º III/1 e IV/9.

Transporte em território nacional

Portaria n.º 335/97
de 16 de Maio

Considerando que é importante organizar e tornar mais eficaz a fiscalização e controlo das transferências de resíduos dentro do território nacional por forma a corresponder à necessidade de proteger e melhorar a qualidade do ambiente e a saúde pública;

Considerando também a necessidade de fixar as regras a que fica sujeito o transporte de resíduos;

Ao abrigo do artigo 13.º do Decreto-Lei n.º 310/95, de 20 de Novembro:

Manda o Governo, pelos Ministros da Administração Interna, do Equipamento, do Planeamento e da Administração do Território, da Saúde e do Ambiente, o seguinte:

1.º

1 — Sempre que pretendam proceder ao transporte de resíduos, o produtor e o detentor devem garantir que os mesmos sejam transportados de acordo com as prescrições deste diploma, bem como assegurar que o seu destinatário está autorizado a recebê-los.

2 — Sem prejuízo do disposto nesta portaria, quando os resíduos a transportar se encontrarem abrangidos pelos critérios de classificação de mercadorias perigosas, previstos no Regulamento Nacional do Transporte de Mercadorias Perigosas por Estrada (RPE), aprovado pela Portaria n.º 977/87, de 31 de Dezembro, o produtor, o detentor e o transportador estão obrigados ao cumprimento desse Regulamento.

2.º

1 — O transporte rodoviário de resíduos apenas pode ser realizado por:

a) O produtor de resíduos;

b) O eliminador ou valorizador de resíduos, licenciado nos termos da legislação aplicável;

c) As entidades responsáveis pela gestão de resíduos perigosos hospitalares, autorizadas nos termos da portaria prevista no n.º 2 do artigo 11.º do Decreto-Lei n.º 310/95, de 20 de Novembro;

d) As entidades responsáveis pela gestão de resíduos urbanos, referidas na alínea *a)* do artigo 5.º do Decreto-Lei n.º 310/95, de 20 de Novembro;

e) As empresas licenciadas para o transporte rodoviário de mercadorias por conta de outrem, nos termos do Decreto-Lei n.º 366/90, de 24 de Novembro.

2 — O Instituto dos Resíduos é informado, anualmente, da identificação dos transportes licenciados ao abrigo da alínea *e)* do número anterior.

3.º

O transporte de resíduos deve ser efectuado em condições ambientalmente adequadas, de modo a evitar a sua dispersão ou derrame, e observando, designadamente, os seguintes requisitos:

a) Os resíduos líquidos e pastosos devem ser acondicionados em embalagens estanques, cuja taxa de enchimento não exceda 98%;

b) Os resíduos sólidos podem ser acondicionados em embalagens ou transportados a granel, em veículo de caixa fechada ou veículo de caixa aberta, com a carga devidamente coberta;

c) Todos os elementos de um carregamento devem ser convenientemente arrumados no veículo e escorados, por forma a evitar deslocações entre si ou contra as paredes do veículo;

d) Quando, no carregamento, durante o percurso ou na descarga, ocorrer algum derrame, a zona contaminada deve ser imediatamente limpa, recorrendo a produtos absorventes, quando se trate de resíduos líquidos ou pastosos.

4.º

O produtor, o detentor e o transportador de resíduos respondem solidariamente pelos danos causados pelo transporte de resíduos.

5.º

1 — O produtor e o detentor devem assegurar que cada transporte é acompanhado das competentes guias de acompanhamento de resíduos, cujo modelos constam de anexo a esta portaria, da qual fazem parte integrante.

2 — O transporte de resíduos urbanos está isento de guia de acompanhamento, com excepção dos resultantes de triagem e destinados a operações de valorização.

6.º

1 — A utilização do modelo A da guia de acompanhamento deve ser feita em triplicado e observar os seguinte procedimentos:
  a) O produtor ou detentor deve:
    i) Preencher convenientemente o campo 1 dos três exemplares da guia de acompanhamento;
    ii) Verificar o preenchimento pelo transportador dos três exemplares da guia de acompanhamento;
    iii) Reter um dos exemplares da guia de acompanhamento;
  b) O transportador deve:
    i) Fazer acompanhar os resíduos dos dois exemplares da guia de acompanhamento na sua posse;
    ii) Após entrega dos resíduos, obter do destinatário o preenchimento dos dois exemplares na sua posse;
    iii) Reter o seu exemplar, para os seus arquivos, e fornecer ao destinatário dos resíduos o exemplar restante;
  c) O destinatário dos resíduos deve, após recepção dos resíduos:
    i) Efectuar o preenchimento dos dois exemplares na posse do transportador e reter o seu exemplar da guia de acompanhamento para os seus arquivos;
    ii) Fornecer ao produtor ou detentor, no prazo de 30 dias, uma cópia do seu exemplar;
  d) O produtor ou detentor, o transportador e o destinatário dos resíduos devem manter em arquivo os seus exemplares da guia de acompanhamento por um período de cinco anos.

2 — A utilização do modelo B da guia de acompanhamento, destinado aos resíduos hospitalares perigosos, deve observar os seguintes procedimentos:
  a) O produtor ou detentor deve efectuar o preenchimento do campo 2 da guia de acompanhamento;

b) O destinatário deve efectuar o preenchimento do campo 4 da guia de acompanhamento;
c) O transportador deve efectuar o preenchimento dos campos 1 e 3 da guia de acompanhamento e certificar-se que o produtor ou detentor e o destinatário preencheram de forma clara e legível os campos respectivos;
d) O transportador fica na posse da guia de acompanhamento e deve mantê-la em arquivo por um período de cinco anos.

7.º

As guias de acompanhamento são documentos impressos de acordo com os modelos constantes do anexo a esta portaria, cujo custo e local de venda são indicados por despacho do presidente do Instituto dos Resíduos.

Ministérios da Administração Interna, do Equipamento do Planeamento e da Administração do Território, da Saúde e do Ambiente.

Assinada em 21 de Abril de 1997.

O Ministro da Administração Interna, Alberto Bernardes Costa. — O Ministro do Equipamento, do Planeamento e da Administração do Território, *João Cardona Gomes Cravinho*. — A Ministra da Saúde, *Maria de Belém Roseira Martins Coelho Henriques de Pina*. — A Ministra do Ambiente, *Elisa Maria da Costa Guimarães*.

Transporte na União Europeia

Regulamento (CEE) n.º 259/93 do Conselho
de 1 de Fevereiro de 1993

relativo à fiscalização e o controlo das transferências de resíduos no interior, à entrada e à saída da Comunidade

O CONSELHO DAS COMUNIDADES EUROPEIAS,

Tendo em conta o Tratado que institui a Comunidade Económica Europeia e, nomeadamente, o seu artigo 130.ºS,

Tendo em conta a proposta da Comissão ([1]),

Tendo em conta o parecer do Parlamento Europeu ([2]),

Tendo em conta o parecer do Comité Económico e Social ([3]),

Considerando que a Comunidade assinou a Convenção de Basileia de 22 de Março de 1989 relativa ao controlo dos movimentos transfronteiriços de resíduos perigosos e à sua eliminação;

Considerando que o artigo 39.º da Convenção ACP-CEE de 15 de Dezembro de 1989 contém disposições relativas aos resíduos;

Considerando que a Comunidade aprovou a decisão do Conselho da OCDE de 30 de Março de 1992 sobre o controlo das transferências transfronteiriças de resíduos destinados a valorização;

Considerando, em face do exposto, que a Directiva 84/631/CEE do Conselho, de 6 de Dezembro de 1984, relativa à vigilância e ao controlo na Comunidade das transferências transfronteiras de resíduos perigosos ([4]), deve ser substituída por um regulamento;

Considerando que a fiscalização e o controlo das transferências de resíduos dentro de cada Estado-membro são da responsabilidade nacional;

([1]) JO n.º C 115 de 6.5.1992, p.4.
([2]) Parecer emitido em 20 de Janeiro de 1993 (ainda não publicado no Jornal Oficial)
([3]) JO n.º C 269 de 14.10.1991, p.10.
([4]) JO n.º L 326 de 13.12.1984, p.31. Com a última redacção que lhe foi dada pela Directiva 91/692/CEE (JO n.º L 377 de 31.12.1991, p.48).

que, no entanto, os sistemas nacionais de fiscalização e controlo das transferências de resíduos dentro dos Estados-membros devem respeitar critérios mínimos para garantir um nível elevado de protecção do ambiente e da saúde humana;

Considerando que é importante organizar a fiscalização e o controlo das transferências de resíduos de um modo que atenda à necessidade de preservar, proteger e melhorar a qualidade do ambiente; Considerando que a Directiva 75/442/CEE do Conselho, de 15 de Julho de 1975, relativa aos resíduos ([5]), prevê, no n.º 1 do artigo 5.º, que uma rede integrada e adequada de instalações de eliminação a criar pelos Estados-membros através de medidas adequadas, se necessário ou aconselhável em cooperação com outros Estados-membros, deverá permitir à Comunidade no seu conjunto tornar-se auto-suficiente em matéria de eliminação de resíduos e aos Estados-membros tenderem individualmente para esse objectivo, consoante as suas características geográficas e necessidades de instalações especializadas para determinados tipos de resíduos; que o artigo 7.º da referida directiva determina que se estabeleçam, se necessário em cooperação com os Estados-membros interessados, planos de gestão de resíduos e que os mesmos sejam comunicados à Comissão, e estipula que os Estados-membros poderão tomar as medidas necessárias para impedir a circulação de resíduos não conformes com os seus planos de gestão dos mesmos e que deverão comunicar essas medidas à Comissão e aos restantes Estados-membros;

Considerando que é necessário aplicar procedimentos diferentes consoante o tipo de resíduos e o seu destino, quer este seja a eliminação quer a valorização;

Considerando que as transferências de resíduos devem ser previamente notificadas às autoridades competentes, para que estas sejam devidamente informadas do tipo, trajecto e eliminação ou valorização dos resíduos de modo a que essas autoridades possam tomar todas as medidas necessárias à protecção da saúde humana e do ambiente, incluindo a possibilidade de apresentar objecções fundamentadas à transferência;

Considerando que os Estados-membros devem poder aplicar os princípios da proximidade, da prioridade da valorização e da auto-suficiência a nível comunitário e nacional — nos termos da Directiva

---

([5]) JO n.º L 194 de 25.7.1975, p.39. Alterada pela Directiva 91/156/CEE (JO n.º L 78 de 26.3.1991, p.32).

75/442/CEE — por meio de medidas, conformes com o Tratado, de proibição geral ou parcial ou de oposição sistemática às transferências de resíduos para eliminação, excepto no caso de resíduos perigosos produzidos pelo Estado-membro de expedição em quantidades tão pequenas que a construção de novas instalações de eliminação especializadas nesse Estado não tenha viabilidade económica; que o problema específico da eliminação de quantidades tão pequenas requer uma cooperação entre os Estados-membros em questão e o eventual recurso a um procedimento comunitário;

Considerando que devem ser proibidas as exportações para países terceiros de resíduos destinados a eliminação, de modo a proteger o ambiente desses países; que são aplicáveis excepções às exportações para países da AECL que sejam igualmente signatários da Convenção de Basileia;

Considerando que as exportações de resíduos destinados a valorização para países aos quais não seja aplicável a decisão da OCDE devem satisfazer condições que garantam uma gestão ecologicamente correcta dos resíduos;

Considerando que os acordos e convénios em matéria de exportação de resíduos destinados a valorização com países aos quais não é aplicável a decisão da OCDE devem ser revistos periodicamente pela Comissão que formulará, se necessário, uma proposta de reanálise das condições em que essas exportações são efectuadas, incluindo a possibilidade de proibição;

Considerando que as transferências de resíduos destinadas a valorização que constam da lista verde de decisão da OCDE devem, de modo geral, ser excluídas dos procedimentos de controlo estipulados no presente regulamento, na medida em que esses resíduos não deverão em princípio constituir um risco para o ambiente se adequadamente valorizados no país de destino; que, em aplicação da legislação comunitária e da decisão da OCDE, é necessário abrir algumas excepções a esta derrogação; que são igualmente necessárias algumas excepções para facilitar o acompanhamento dessas transferências na Comunidade e para tomar em consideração casos excepcionais; que esses resíduos ficarão abrangidos pela Directiva 75/442/CEE;

Considerando que nas exportações de resíduos destinados a valorização que constam da lista verde da OCDE para países aos quais não seja aplicável a decisão da OCDE, a Comissão deve consultar o país de destino; que, em função da referida consulta, poderá ser adequado que a Comissão apresente propostas ao Conselho;

Considerando que as exportações de resíduos destinados a valorização para países que não sejam signatários da Convenção de Basileia devem ser objecto de acordos específicos entre esses países e a Comunidade; que, em casos excepcionais, os Estados-membros deverão ser autorizados a celebrar, após a data de aplicação do presente regulamento, acordos bilaterais para a importação de resíduos específicos antes de a Comunidade ter celebrado esses acordos, no caso dos resíduos destinados a valorização, para evitar qualquer interrupção do tratamento de resíduos, e no caso dos resíduos destinados a eliminação, sempre que o país de expedição não possua ou não possa adquirir a custos razoáveis a capacidade técnica e as instalações necessárias para eliminar os resíduos de forma ecologicamente correcta;

Considerando que devem ser estabelecidas disposições para a devolução, eliminação ou valorização alternativas e ecologicamente correctas dos resíduos no caso de a transferência não poder ser concluída nos termos do documento de acompanhamento ou do contrato;

Considerando que, em caso de transferência ilícita, a pessoa responsável por esse acto deve aceitar os resíduos de volta e/ou eliminá-los ou valorizá-los de forma alternativa e ecologicamente correcta e que, se tal não fizer, deverão ser, consoante o caso, as próprias autoridades competentes de expedição ou de destino a intervir;

Considerando importante a instituição de um sistema de garantias financeiras ou de um seguro que lhes seja equivalente;

Considerando que os Estados-membros devem prestar à Comissão as informações pertinentes para a aplicação do presente regulamento;

Considerando que é necessário elaborar os documentos previstos no presente regulamento e adaptar os anexos no âmbito de um procedimento comunitário,

ADOPTOU O PRESENTE REGULAMENTO:

TÍTULO I
ÂMBITO E DEFINIÇÕES

Artigo 1.º

1. O presente regulamento é aplicável às transferências de resíduos no interior, à entrada e à saída da Comunidade.
2. Não se encontram abrangidas pelo presente regulamento:
a) As descargas em terra dos resíduos produzidos pelo funciona-

mento normal dos navios e das plataformas *offshore*, incluindo as águas residuais, desde que esses resíduos se encontrem abrangidos por um instrumento internacional específico;
b) As transferências de resíduos da aviação civil;
c) As transferências de resíduos radioactivos tal como definidas no artigo 2.º da Directiva 92/3/Euratom do Conselho, de 3 de Fevereiro de 1992, relativa à fiscalização e ao controlo das transferências de resíduos radioactivos entre Estados-membros e para dentro e fora da Comunidade ([6]);
d) As transferências de resíduos a que se refere o n.º 1, alínea b), do artigo 2.º da Directiva 75/442/CEE, no caso de serem já abrangidas por outra legislação pertinente;
e) As transferências de resíduos para a Comunidade de acordo com as exigências do protocolo relativo à protecção do ambiente do Tratado do Antárctico.
3. a) Também não se encontram abrangidas pelo disposto no presente regulamento as transferências de resíduos exclusivamente destinados a valorização e incluídos no anexo II, com as excepções previstas nas alíneas b), c), d) e e), no artigo 11.º e nos n.ºs 1, 2 e 3 do artigo 17.º;
b) Esses resíduos ficarão sujeitos ao disposto na Directiva 75/442/ /CEE. Terão, em particular, de ser:
— destinados apenas a instalações devidamente autorizadas, nos termos dos artigos 10.º e 11.º da Directiva 75/442/ CEE e
— sujeitos ao disposto nos artigos 8.º, 12.º, 13.º e 14.º da Directiva 75/442/CEE;
c) Certos resíduos incluídos no anexo II podem, no entanto, ser controlados como se estivessem incluídos nos anexos III e IV se, entre outros motivos, apresentarem qualquer das características de perigo referidas no anexo III da Directiva 91/689/CEE, de 12 de Dezembro de 1991, relativa aos resíduos perigosos ([7]). Esses resíduos, assim como a decisão sobre qual dos dois processos deve ser seguido, serão determinados em conformidade com o procedimento estabelecido no artigo 18.º da Directiva 75/442/CEE.
Os referidos resíduos devem ser enumerados no anexo IIa;

([6]) JO n.º L 35 de 12.2.1992, p.24.
([7]) JO n.º L 377 de 31.12.1991, p.20.

d) Em casos excepcionais, as transferências dos resíduos constantes da lista do anexo II podem, por razões de ambiente ou saúde pública, ser controladas pelos Estados-membros como se estivessem incluídos nos anexos III ou IV.

Sempre que fizerem uso desta possibilidade, os Estados-membros notificarão imediatamente a Comissão desse facto e, se necessário, informarão devidamente os outros Estados-membros, justificando a sua decisão. A Comissão, em conformidade com o procedimento estabelecido no artigo 18.º da Directiva 75/442/CEE, podem confirmar essa medida passando a incluir, se for caso disso, esses resíduos no anexo IIa;

e) No caso dos resíduos constantes do anexo II serem transferidos em violação do disposto no presente regulamento ou na Directiva 75/442/CEE, os Estados-membros podem aplicar as disposições adequadas dos artigos 25.º e 26.º do presente regulamento.

Artigo 2.º

Pare efeitos do disposto no presente regulamento, entende-se por:

a) Resíduos, os resíduos conforme definidos na alínea *a)* do artigo 1.º da Directiva 75/442/CEE;

b) Autoridades competentes as autoridades competentes designadas quer pelos Estados-membros nos termos do artigo 36.º quer por estados terceiros;

c) Autoridade competente de expedição, a autoridade competente, designada pelos Estados-membros nos termos do artigo 36.º, da zona a partir da qual se efectua a transferência, ou designada por estados terceiros;

d) Autoridade competente de destino, a autoridade competente, designada pelos Estados-membros nos termos do artigo 36.º, da zona onde finda a transferência ou onde se efectua o embarque dos resíduos antes da sua eliminação no mar, sem prejuízo das convenções existentes sobre a eliminação no mar, ou designada por estados terceiros;

e) Autoridade competente de trânsito, a autoridade única designada pelos Estados-membros, nos termos do artigo 36.º, para o Estado através do qual a transferência transita;

f) Correspondente, o órgão central designado por cada Estado-membro e pela Comissão, nos termos do artigo 37.º;

g) *Notificador,* qualquer pessoa singular ou colectiva ou organismo e quem incumba a obrigação de notificar, isto é, qualquer das pessoas a seguir referidas que tencione transferir ou mandar transferir resíduos:
  i) A pessoa cuja actividade produziu esses resíduos (produtor inicial); ou
  ii) Quando tal não seja possível, um agente de recolha aprovado para o efeito por um Estado-membro ou um comerciante ou corretor registado ou aprovado que agencie a eliminação ou a valorização dos resíduos; ou
  iii) Se tais pessoas forem desconhecidas ou não possuírem uma licença válida para o efeito, a pessoa que se encontre na posse desses resíduos ou que deles possa dispor (detentor); ou
  iv) No caso de importação ou de trânsito de resíduos na Comunidade, a pessoa designada pela legislação ou Estado de expedição ou, caso não tenha sido efectuada essa designação, a pessoa que se encontrar na posse dos resíduos ou que deles possa dispor legalmente (detentor);

h) *Destinatário,* a pessoa ou a empresa para a qual os resíduos são transferidos, quer para valorização quer para eliminação;

i) *Eliminação,* a eliminação conforme definida na alínea *e)* do artigo 1.º da Directiva 75/442/CEE;

j) *Centro autorizado,* qualquer estabelecimento ou empresa autorizado ou aprovado em conformidade com o artigo 6.º da Directiva 75/439/CEE ([8]), com os artigos 9.º, 10.º e 11.º da Directiva 75/442/CEE, ou com o artigo 6.º da Directiva 76/403/CEE ([9]);

k) *Valorização,* o aproveitamento conforme definido na alínea *f)* do artigo 1.º da Directiva 75/442/CEE;

l) *Estado de expedição,* qualquer Estado a partir do qual esteja prevista ou se efectue uma transferência de resíduos;

m) *Estado de destino,* qualquer Estado para o qual esteja prevista ou se efectue uma transferência de resíduos com vista à eliminação, valorização ou embarque para eliminação no mar, sem prejuízo das convenções existentes sobre a eliminação no mar;

([8]) JO n.º L 194 de 25.7.1975, p.23. Com a última redacção que lhe foi dada pela Directiva 91/692/CEE (JO n.º L 377 de 31.12.1991, p.48).
([9]) JO n.º L 108 de 26.4.1976, p.41.

n) Estado de trânsito, qualquer Estado, excluindo o Estado de expedição ou de destino, no qual esteja prevista ou se efectue uma transferência de resíduos;

o) Documento de acompanhamento, o documento de acompanhamento a elaborar em conformidade com o artigo 42.º;

p) Convenção de Basileia, a convenção de Basileia de 22 de Março de 1989 relativa ao controlo dos movimentos transfronteiriços de resíduos perigosos e à sua eliminação;

q) Quarta Convenção de Lomé, a Convenção de Lomé de 15 de Dezembro de 1989;

r) Decisão da OCDE, a decisão do Conselho da OCDE de 30 de Março de 1992 sobre o controlo dos movimentos transfronteiriços de resíduos destinados a valorização.

TÍTULO II
TRANSFERÊNCIA DE RESÍDUOS ENTRE ESTADOS-MEMBROS

Capítulo A
Resíduos destinados a eliminação

Artigo 3.º

1. Quando o notificador tiver a intenção de transferir resíduos para eliminação de um Estado-membro para outro e/ou de os fazer transitar por um ou vários outros Estados-membros, e sem prejuízo do n.º 2 do artigo 25.º e do n.º 2 do artigo 26.º, enviará uma notificação à autoridade competente de destino e cópias às autoridades competentes de expedição e de trânsito e ao destinatário.

2. A notificação deve obrigatoriamente referir todas as eventuais etapas intermédias da transferência do local de expedição até ao destino final.

3. A notificação será efectuada mediante um documento de acompanhamento emitido pela autoridade competente de expedição.

4. Ao proceder à notificação, o notificador deve preencher o documento de acompanhamento e, se tal for solicitado pelas autoridades competentes, fornecer outras informações e documentação.

5. No documento de acompanhamento, o notificador deverá fornecer informações nomeadamente no que se refere:

— à origem, composição e quantidade dos resíduos a eliminar e,

no caso da alínea g), subalínea ii), do artigo 2.º, incluir a identidade do produtor, e, tratando-se de resíduos de diversas proveniências, um inventário pormenorizado dos mesmos e a identidade dos produtores iniciais se for conhecida,
— às disposições previstas quanto a itinerários e seguros contra perdas e danos causados a terceiros,
— às medidas que devem ser tomadas para garantir a segurança do transporte e, nomeadamente, o cumprimento pelo transportador das condições fixadas pelos Estados-membros interessados para o exercício da actividade de transporte,
— à identidade do destinatário dos resíduos, à localização do centro de eliminação e ao tipo e prazo de validade da autorização ao abrigo da qual esse centro funciona. O centro deve possuir capacidade técnica adequada para a eliminação dos resíduos em questão em condições que não representem qualquer perigo para a saúde humana ou para o ambiente,
— às operações de eliminação mencionadas no anexo II A da Directiva 75/442/CEE.

6. O notificador deve fazer um contrato com o destinatário para a eliminação dos resíduos.

Esse contrato pode incluir a totalidade ou parte das informações a que se faz referência no n.º 5.

O contrato deve prever a obrigação de:
— o notificador introduzir os resíduos, nos termos do artigo 25.º e do n.º 2 do artigo 26.º, se a transferência não tiver sido concluída como previsto ou de ter sido efectuada em violação do presente regulamento,
— o destinatário fornecer ao notificador, o mais rapidamente possível, e o mais tardar 180 dias a contar da recepção dos resíduos, um certificado atestando que os mesmos foram eliminados de uma forma ecologicamente correcta.

Será fornecida uma cópia desse contrato à autoridade competente, a pedido desta última.

Caso os resíduos sejam transferidos entre dois estabelecimentos que se encontrem sob o controlo da mesma entidade legal, este contrato poderá ser substituído por uma declaração dessa entidade, comprometendo-se a eliminar os resíduos.

7. As informações prestadas nos termos dos n.ºs 4 a 6 serão tratadas confidencialmente, em conformidade com a regulamentação nacional em vigor.

8. Qualquer autoridade competente de expedição pode, nos termos da legislação nacional, decidir transmitir ela própria a notificação, em vez do notificador, à autoridade competente de destino, com cópias para o destinatário e para a autoridade competente de trânsito.

A autoridade competente de expedição pode decidir não proceder à notificação se ela própria tiver objecções imediatas a levantar contra a transferência, de acordo com o disposto no n.º 3 do artigo 4.º Essas objecções serão imediatamente comunicadas ao notificador.

Artigo 4.º

1. Após recepção da notificação, a autoridade competente de destino enviará, no prazo de três dias úteis, um aviso de recepção ao notificador e uma cópia desse aviso às outras autoridades competentes interessadas e ao destinatário.

2.*a*) A autoridade competente de destino disporá de 30 dias, a contar do envio do aviso de recepção, para tomar a decisão de autorizar a transferência com ou sem condições ou de a recusar, podendo igualmente solicitar informações complementares. A autorização só será concedida se não existirem objecções da sua parte ou da parte das outras autoridades competentes. A autorização ficará sujeita a eventuais condições de transporte de acordo com a alínea *d*).

A autoridade competente de destino tomará a sua decisão num prazo não inferior a 21 dias a contar do envio do aviso de recepção. Poderá, todavia, tomá-la mais cedo se as demais autoridades competentes interessadas tiverem dado o seu consentimento por escrito. A autoridade competente de destino enviará a sua decisão ao notificador por escrito, com cópias para as demais autoridades competentes interessadas;

b) As autoridades competentes de expedição e de trânsito poderão levantar objecções no prazo de 20 dias a contar do envio do aviso de recepção, podendo igualmente solicitar informações complementares. As objecções serão comunicadas por escrito ao notificador, com cópias para as demais autoridades competentes interessadas;

c) As objecções e condições referidas nas alíneas *a*) e *b*) basear-se-ão no n.º 3;

d) As autoridades competentes de expedição e de trânsito dispõem de um prazo de 20 dias a contar do envio do aviso de recepção para estabelecer condições para o transporte dos resíduos na área sob a sua jurisdição.

Essas condições devem ser comunicadas por escrito ao notificador, com cópia para as autoridades competentes interessadas e devem ser registadas no documento de acompanhamento. Essas condições não podem ser mais severas do que as fixadas para transferências semelhantes integralmente efectuadas na área sob a sua jurisdição e devem respeitar os acordos existentes, especialmente as convenções internacionais sobre a matéria.

3.a) i) Para aplicar os princípios da proximidade, da prioridade da valorização e da auto-suficiência a nível comunitário e nacional, em conformidade com a Directiva 75/442/CEE, os Estados-membros podem adoptar disposições, de acordo com o Tratado, para proibir de um modo geral ou parcial as transferências de resíduos ou levantar sistematicamente objecções a essas transferências. Essas medidas serão imediatamente notificadas à Comissão, que desse facto dará conhecimento aos outros Estados-membros;

ii) No caso de resíduos perigosos (definidos no n.º 4 do artigo 1.º da Directiva 91/689/CEE) produzidos num Estado-membro de expedição em quantidades globais anuais tão pequenas que a construção de novas instalações de eliminação especializadas nesse Estado não tenha viabilidade económica não é aplicável a subalínea i);

iii) O Estado-membro de destino cooperará com o Estado-membro de expedição que considere que a subalínea ii) é aplicável de modo a resolver a questão bilateralmente. No caso de não chegarem a uma solução satisfatória qualquer dos Estados-membros pode submeter o assunto à apreciação da Comissão, que resolverá a questão de acordo com o procedimento estabelecido no artigo 18.º da Directiva 75/442/CEE.

b) As autoridades competentes de expedição e de destino, embora tendo em conta circunstâncias geográficas ou a necessidade de instalações especiais para determinados tipos de resíduos, podem levantar objecções fundamentadas à transferência prevista se esta não estiver de acordo com o disposto na Directiva 75/442/CEE, em especial nos seus artigos 5.º e 7.º:

i) De modo a implementar o princípio da auto-suficiência a nível comunitário e nacional;

ii) Quando a instalação tenha de eliminar resíduos de uma fonte mais próxima e a autoridade competente tenha dado prioridade a esses resíduos;

iii) De modo a assegurar que as transferências respeitem os planos de gestão de resíduos.

c) Além disso, as autoridades competentes de expedição, de destino e de trânsito podem levantar objecções fundamentadas à transferência prevista:

— se esta não respeitar as disposições legislativas e regulamentares nacionais relativas à protecção do ambiente, à ordem pública, à segurança pública ou à protecção da saúde;

— se o notificador ou o destinatário tiverem sido culpados, no passado, de transferências ilegais.Neste caso, a autoridade competente de expedição poderá indeferir todas as transferências que envolvam a pessoa em causa de acordo com a legislação nacional; ou

— se a transferência colidir com obrigações decorrentes de acordos internacionais nesta matéria celebrados pelo(s) Estado(s)-membro(s) em causa.

4. Se, dentro do prazo estabelecido no n.º 2, as autoridades competentes considerarem que os problemas que motivaram as suas objecções foram resolvidos e que serão respeitadas as condições de transporte, comunicá-lo-ão imediatamente por escrito ao notificador, com cópia para o destinatário e para as outras autoridades competentes interessadas.

Se posteriormente se verificar qualquer alteração essencial nas condições da transferência, deve ser feita nova notificação.

5. A autoridade competente de destino deve confirmar a sua autorização apondo o respectivo carimbo no documento de acompanhamento.

Artigo 5.º

1. A transferência só pode ser efectuada após recepção, pelo notificador, da autorização da autoridade competente de destino.

2. Depois de receber a autorização, o notificador deve inscrever a data da transferência, preencher o documento de acompanhamento e enviar cópias do mesmo às autoridades competentes interessadas, três dias úteis antes da transferência.

3. Cada transferência deve ser acompanhada de uma cópia ou, a pedido das autoridades competentes, de um exemplar do documento de acompanhamento, com o carimbo de autorização.

4. Todas as empresas que participem na operação devem preencher o documento de acompanhamento nos pontos indicados, assiná-lo e conservar uma cópia.

5. No prazo de três dias úteis a contar de recepção dos resíduos para eliminação, o destinatário enviará ao notificador e às autoridades competentes interessadas uma cópia do documento de acompanhamento devidamente preenchido, com excepção do certificado referido no n.º 6.

6. O mais rapidamente possível e, o mais tardar, 180 dias a contar da recepção dos resíduos, o destinatário enviará ao notificador e às outras autoridades competentes interessadas um certificado de eliminação dos resíduos, sob a sua responsabilidade. Esse certificado fará parte do documento de acompanhamento que segue junto com os resíduos, ou ser-lhe-á apenso.

Capítulo B
Resíduos destinados a valorização

Artigo 6.º

1. Quando o notificador tiver a intenção de transferir resíduos destinados a valorização enumerados no anexo III de um Estado-membro para outro, ou de os fazer transitar por um ou vários outros Estados-membros, e sem prejuízo do n.º 2 do artigo 25.º e do n.º 2 do artigo 26.º, notificará a autoridade competente de destino e enviará cópias dessa notificação às autoridades competentes de expedição e de trânsito e ao destinatário.

2. A notificação deve obrigatoriamente referir todas as eventuais etapas intermédias da transferência, desde o local de expedição até ao destino final.

3. A notificação será efectuada mediante o documento de acompanhamento a emitir pela autoridade competente de expedição.

4. Ao proceder à notificação, o notificador deverá preencher o documento de acompanhamento e, se tal lhe for solicitado pelas autoridades competentes, fornecer documentação e informações complementares.

5. No documento de acompanhamento, o notificador deverá fornecer informações nomeadamente no que se refere:
— à origem, composição e quantidade dos resíduos destinados a valorização, incluindo a identidade do produtor e, tratando-se de resíduos de diversas proveniências, um inventário por-

menorizado dos mesmos e a identidade dos produtores iniciais, se for conhecida,
— às disposições previstas quanto a itinerários e seguros contra perdas e danos causados a terceiros,
— às medidas a tomar para garantir a segurança do transporte e, nomeadamente, o cumprimento pelo transportador das condições estipuladas pelos Estados-membros interessados para o exercício da actividade de transporte,
— à identidade do destinatário dos resíduos, à localização do centro de valorização e ao tipo e prazo de validade da autorização ao abrigo da qual esse centro funciona. O centro deve possuir capacidade técnica adequada para a valorização dos resíduos em questão em condições que não apresentem qualquer perigo para a saúde humana ou para o ambiente,
— às operações de valorização mencionadas no anexo IIB da Directiva 75/442/CEE,
— ao método de eliminação previsto para os resíduos resultantes da reciclagem,
— à proporção entre os materiais reciclados e os resíduos resultantes da reciclagem,
— ao valor estimado do material reciclado.

6. O notificador deve fazer um contrato com o destinatário para a valorização dos resíduos.

Esse contrato pode incluir a totalidade ou parte das informações a que se faz referência no n.º 5.

O contrato deve prever a obrigação de:
— o notificador reintroduzir os resíduos, em conformidade com o artigo 25.º e o n.º 2 do artigo 26.º, se a transferência não tiver sido concluída como previsto ou tiver sido efectuada em violação do presente regulamento,
— em caso de nova transferência dos resíduos destinados a valorização para outro Estado-membro ou para um país terceiro, o destinatário proceder à notificação do primeiro país de expedição,
— o destinatário fornecer ao notificador, o mais rapidamente possível, e o mais tardar 180 dias a contar da recepção dos resíduos, um certificado atestando que os mesmos foram valorizados de uma forma ecologicamente correcta.

A pedido da autoridade competente, ser-lhe-á fornecida uma cópia deste contrato.

Se os resíduos forem transferidos entre dois estabelecimentos que se encontrem sob o controlo da mesma entidade legal, este contrato pode ser substituído por uma declaração dessa entidade comprometendo-se a proceder à valorização dos resíduos.

7. As informações prestadas em aplicação dos n.ᵒˢ 4 a 6 serão tratadas confidencialmente, nos termos da regulamentação nacional em vigor.

8. A autoridade competente de expedição pode, nos termos da legislação nacional, decidir transmitir ela própria a notificação, em vez do notificador, à autoridade competente de destino, com cópias para o destinatário e para a autoridade competente de trânsito.

Artigo 7.º

1. Após recepção da notificação, a autoridade competente de destino enviará, no prazo de três dias úteis, um aviso de recepção ao notificador e uma cópia desse aviso às demais autoridades competentes e ao destinatário.

2. As autoridades competentes de destino, de expedição e de trânsito disporão de 30 dias a contar do envio do aviso de recepção para levantar objecções à transferência. Essas objecções devem-se basear no n.º 4. Todas as objecções devem ser apresentadas por escrito ao notificador e às restantes autoridades competentes interessadas num prazo de 30 dias.

As autoridades competentes interessadas poderão decidir autorizar, por escrito, a transferência dentro de um prazo inferior a 30 dias.

As autorizações ou objecções escritas podem ser enviadas pelo correio ou por telefax seguido de correio. Essas autorizações caducarão no prazo de um ano civil, a menos que estejam previstas disposições em contrário.

3. As autoridades competentes de expedição, de destino e de trânsito dispõem de um prazo de 20 dias a contar do envio do aviso de recepção para estabelecer condições para o transporte dos resíduos na área sob a sua jurisdição.

Essas condições devem ser comunicadas por escrito ao notificador, com cópia para as autoridades competentes interessadas e devem ser registadas no documento de acompanhamento. Essas condições não podem ser mais severas do que as estipuladas para transferências semelhantes integralmente efectuadas na área sob a sua jurisdição e devem respeitar os acordos existentes, especialmente as convenções internacionais sobre a matéria.

4.*a*) As autoridades competentes de destino e de expedição podem levantar objecções fundamentadas à transferência prevista:
— de acordo com a Directiva 75/442/CEE, em especial com o seu artigo 7.º, ou
— se a transferência não respeitar as disposições legislativas e regulamentares nacionais relativas à protecção do ambiente, à ordem pública, à segurança pública ou à protecção da saúde, ou
— se o notificador ou o destinatário tiverem sido culpados, no passado, de transferências ilegais.Nesse caso, a autoridade competente de expedição poderá indeferir todas as transferências que envolvam a pessoa em causa, nos termos da legislação nacional, ou
— se a transferência colidir com obrigações decorrentes de acordos internacionais celebrados pelos Estados-membros interessados, ou
— se a razão entre os resíduos susceptíveis de valorização e os resíduos não susceptíveis de valorização, o valor estimativo dos materiais a serem finalmente valorizados ou o custo da operação de valorização e da eliminação da fracção não valorizável dos resíduos não justificarem a valorização sob o ponto de vista económico e do ambiente;

b) As autoridades competentes de trânsito podem levantar objecções fundamentadas às transferências previstas com base nos segundo, terceiro e quarto travessões da alínea *a*).

5. Se, dentro do prazo estabelecido no n.º 2, as autoridades competentes considerarem que os problemas que motivaram as suas objecções foram resolvidos e que serão respeitadas as condições de transporte, comunicá-lo-ão imediatamente por escrito ao notificador, com cópia para o destinatário e para as outras autoridades competentes interessadas.

Se, posteriormente, se verificar qualquer alteração essencial nas condições de transferência, deve ser feita nova notificação.

6. Em caso de autorização escrita prévia, a autoridade competente confirmará essa autorização carimbando o documento de acompanhamento.

ARTIGO 8.º

1. A transferência pode ser efectuada depois de decorrido o prazo de 30 dias se não tiver sido apresentada nenhuma objecção. A

autorização tácita, contudo, caduca no prazo de um ano civil a contar dessa data.

Sempre que as autoridades competentes decidam dar autorização por escrito, a transferência pode ser efectuada imediatamente após a recepção de todas as autorizações necessárias.

2. O notificador deve inscrever a data da transferência, preencher o documento de acompanhamento e enviar cópias do mesmo às autoridades competentes interessadas, três dias úteis antes da transferência.

3. Cada transferência deve ser acompanhada de uma cópia ou, a pedido das autoridades competentes, de um exemplar do documento de acompanhamento.

4. Todas as empresas que participem na operação devem preencher o documento de acompanhamento nos pontos indicados, assiná-lo e conservar uma cópia.

5. No prazo de três dias úteis a contar da recepção dos resíduos para valorização, o destinatário enviará ao notificador e às autoridades competentes interessadas uma cópia do documento de acompanhamento devidamente preenchido, com excepção do certificado referido no n.º 6.

6. O mais rapidamente possível e, o mais tardar, 180 dias a contar da recepção dos resíduos, o destinatário enviará ao notificador e às outras autoridades competentes interessadas um certificado da valorização dos resíduos, sob a sua responsabilidade. Esse certificado fará parte do documento de acompanhamento que segue junto com os resíduos, ou ser-lhe-á apenso.

Artigo 9.º

1. As autoridades competentes com jurisdição sobre instalações de valorização específicas podem decidir, não obstante o disposto no artigo 7.º, não levantar objecções às transferências de determinados tipos de resíduos para uma instalação de valorização específica. Essas decisões podem-se limitar a um período determinado, podendo, no entanto, ser revogadas em qualquer altura.

2. As autoridades competentes que optarem por esta fórmula comunicarão à Comissão o nome e endereço da instalação de valorização, as tecnologias utilizadas, os tipos de resíduos a que é aplicável a decisão e o período abrangido.Quaisquer revogações deverão igualmente ser notificadas à Comissão.

A Comissão enviará imediatamente essas informações às restantes autoridades competentes interessadas da Comunidade e ao Secretariado da Organização de Cooperação e Desenvolvimento Económicos (OCDE).

3. Todas as transferências previstas para as referidas instalações devem ser objecto de notificação às autoridades competentes interessadas nos termos do artigo 6.º, devendo a notificação ser recebida antes da data de expedição.

As autoridades competentes dos Estados-membros de expedição e trânsito podem levantar objecções a essas transferências, com base no n.º 4 do artigo 7.º, ou impor condições em relação ao transporte.

4. Sempre que as autoridades competentes, agindo de acordo com a respectiva legislação interna, sejam obrigadas a rever o contrato referido no n.º 6 do artigo 6.º, devem informar a Comissão desse facto. Nesses casos, as informações constantes da notificação, bem como os contratos, ou partes deles, a serem revistos, devem chegar ao seu destino sete dias antes da data da expedição, de forma a que se possa proceder devidamente à sua revisão.

5. Os n.ᵒˢ 2 a 6 do artigo 8.º são aplicáveis à transferência propriamente dita.

Artigo 10.º

As transferências de resíduos destinados a valorização enumerados no anexo IV e de resíduos destinados a valorização que ainda não tenham sido incluídos em nenhum dos anexos II, III ou IV serão sujeitas aos trâmites referidos nos artigos 6.º a 8.º, devendo, contudo, as autoridades competentes interessadas autorizá-las por escrito antes do início da transferência.

Artigo 11.º

1. Para facilitar o acompanhamento das transferências de resíduos destinados a valorização constantes do anexo II, devem ser fornecidas as seguintes informações, assinadas pelo detentor:

   a) Nome e morada do detentor;
   b) Descrição comercial usual dos resíduos;
   c) Quantidade de resíduos;
   d) Nome e morada do destinatário;
   e) Operações relacionadas com valorização, enumeradas no anexo IIB da Directiva 75/442/CEE;
   f) Data prevista da transferência.

2. As informações referidas no n.º 1 devem ser tratadas confidencialmente, nos termos da regulamentação nacional em vigor.

Capítulo C
Transferências de resíduos destinados a eliminação e valorização entre Estados-membros, com trânsito através de Estados terceiros

Artigo 12.º

Sem prejuízo do disposto nos artigos 3.º a 10.º, no caso de transferências de resíduos entre Estados-membros com trânsito através de um ou mais Estados terceiros:
   a) O notificador enviará uma cópia da notificação à(s) autoridade(s) competente(s) desse(s) Estado(s) terceiro(s);
   b) A autoridade competente de destino perguntará à autoridade competente do(s), Estado(s) terceiro(s) se deseja enviar uma autorização escrita para a transferência prevista:
   — no prazo de 60 dias, no caso dos estados partes na Convenção de Basileia, a não ser que a autoridade interessada tenha renunciado a esse direito nos termos da referida convenção, ou
   — num prazo a acordar entre as autoridades competentes, no caso dos estados que não sejam partes na Convenção de Basileia. Em ambos os casos, a autoridade competente de destino aguardará, se necessário, a autorização, antes de autorizar ela própria a transferência.

TÍTULO III
TRANSFERÊNCIAS DE RESÍDUOS DENTRO DOS ESTADOS-MEMBROS

Artigo 13.º

1. Os títulos II, VII e VIII não são aplicáveis às transferências dentro de um Estado-membro.
2. Não obstante, os Estados-membros devem criar um sistema apropriado de fiscalização e controlo das transferências de resíduos nos territórios sob a sua jurisdição. Esse sistema deve atender à necessidade de assegurar a compatibilidade com o sistema comunitário criado pelo presente regulamento.

3. Os Estados-membros informarão a Comissão dos seus sistemas de controlo e fiscalização das transferências de resíduos. A Comissão transmitirá essas informações aos outros Estados-membros.

4. Os Estados-membros podem aplicar o sistema previsto nos títulos II, VII e VIII nos territórios sob a sua jurisdição.

TÍTULO IV
EXPORTAÇÃO DE RESÍDUOS

Capítulo A
Resíduos destinados a eliminação

Artigo 14.º

1. São proibidas as exportações de resíduos destinados a eliminação, excepto para os países da Associação Europeia de Comércio Livre (AECL) signatários da Convenção de Basileia.

2. Contudo, sem prejuízo do n.º 2 do artigo 25.º e do n.º 2 do artigo 26.º, é igualmente proibida a exportação de resíduos destinados a eliminação para os países da AECL:

a) Sempre que o país de destino da AECL proíba a importação desses resíduos ou não tenha dado o seu acordo por escrito especificamente para a importação desses resíduos;

b) Se a autoridade competente de expedição da Comunidade tiver razões para crer que os resíduos não serão geridos no país de destino AECL em causa segundo métodos ecologicamente correctos.

3. A autoridade competente de expedição exigirá que os resíduos destinados a eliminação cuja exportação para países da AECL tenha sido autorizada sejam geridos segundo métodos ecologicamente correctos durante toda a transferência, bem como no Estado de destino.

Artigo 15.º

1. O notificador notificará a autoridade competente de expedição através do documento de acompanhamento nos termos do n.º 5 do artigo 3.º e remeterá cópias às outras autoridades competentes interessadas e ao destinatário. O documento de acompanhamento será emitido pela autoridade competente de expedição.

Ao receber a notificação, a autoridade competente de expedição enviará por escrito ao notificador, no prazo de três dias úteis, um aviso de recepção da notificação, com cópias para as outras autoridades competentes interessadas.

2. A autoridade competente de expedição dispõe de um prazo de 70 dias a contar do envio do aviso de recepção para tomar a decisão de autorizar a transferência, com ou sem condições, ou de a recusar. Pode também pedir informações complementares.

A autoridade competente de expedição só autorizará a transferência se não houver objecções da sua parte ou da parte das outras autoridades competentes e se tiver recebido do notificador as cópias referidas no n.º 4.

A autorização será, se aplicável, sujeita às condições de transporte referidas no n.º 5. A autoridade competente de expedição tomará a sua decisão num prazo não inferior a 61 dias a contar do envio do aviso de recepção.

A decisão pode, contudo, ser tomada antes, mediante autorização por escrito das outras autoridades competentes.

A autoridade competente de expedição enviará uma cópia autenticada da decisão às outras autoridades competentes interessadas, à estância aduaneira de saída da Comunidade e ao destinatário.

3. As autoridades competentes de expedição e de trânsito da Comunidade podem levantar objecções com base no n.º 3 do artigo 4.º no prazo de 60 dias a contar do envio do aviso de recepção. Podem igualmente pedir informações complementares.

As eventuais objecções devem ser comunicadas por escrito ao notificador, com cópia para as outras autoridades competentes interessadas.

4. O notificador enviará à autoridade competente de expedição cópias:

a) Da autorização escrita do país de destino da AECL para a transferência prevista;

b) Da confirmação pelo país de destino da AECL da existência de um contrato entre o notificador e o destinatário indicando que os resíduos em questão serão geridos de uma forma ecologicamente correcta; deve ser fornecida, o pedido, uma cópia de contrato.

Deve igualmente constar do contrato a exigência de que o destinatário forneça

— ao notificador e à autoridade competente interessada, no prazo de três dias úteis a contar da recepção dos resíduos

para eliminação, uma cópia do documento de acompanhamento completamente preenchido, com excepção do certificado referido no segundo travessão,
— ao notificador e à autoridade competente interessada, o mais rapidamente possível e, o mais tardar, 180 dias a contar da recepção dos resíduos, um certificado de eliminação dos mesmos, sob a sua responsabilidade. O modelo deste certificado fará parte do documento de acompanhamento que seguirá junto com os resíduos.

O contrato estipulará ainda que, no caso de o destinatário emitir um certificado incorrecto que dê origem à liberação da garantia financeira, este deve suportar as despesas resultantes da obrigação de reenviar os resíduos para a área de jurisdição da autoridade competente de expedição e da eliminação desses resíduos duma forma alternativa e ecologicamente correcta;

c) Da autorização escrita para a transferência prevista emitida pelo(s) outro(s) Estado(s) de trânsito, excepto se esse(s) Estado(s) for(em) signatário(s) da Convenção de Basileia e tiver(em) renunciado a essa prerrogativa nos termos daquela convenção.

5. As autoridades competentes de trânsito da Comunidade dispõem de um prazo de 60 dias a contar do envio do aviso de recepção para estabelecer condições para as transferências de resíduos na área sob a sua jurisdição.

Essas condições, que devem ser comunicadas ao notificador, com cópia para as outras autoridades competentes interessadas, não podem ser mais severas do que as estipuladas para transferências integralmente efectuadas na área sob a jurisdição da autoridade competente em questão.

6. A autoridade competente de expedição confirmará a sua autorização apondo o devido carimbo no documento de acompanhamento.

7. A transferência só pode ser efectuada depois de o notificador ter recebido autorização da autoridade competente de expedição.

8. Após ter recebido a autorização, o notificador deve inscrever a data da transferência, preencher o documento de acompanhamento e enviar cópias às autoridades competentes interessadas, três dias úteis antes da transferência. Cada transferência deve ser acompanhada de uma cópia, ou a pedido das autoridades competentes, de um exemplar do documento de acompanhamento, com o respectivo carimbo de autorização.

Todas as empresas que participem na operação devem preencher o documento de acompanhamento nos pontos indicados, assiná-lo e conservar uma cópia.

O transportador entregará um exemplar do documento de acompanhamento na última estância aduaneira de saída quando os resíduos abandonarem a Comunidade.

9. Logo que os resíduos tenham abandonado a Comunidade, a estância aduaneira da saída enviará uma cópia do documento de acompanhamento à autoridade competente que emitiu a autorização.

10. Se, 42 dias depois de os resíduos terem abandonado a Comunidade, a autoridade competente que emitiu a autorização não tiver recebido qualquer informação do destinatário sobre a recepção dos resíduos, informará imediatamente desse facto a autoridade competente de destino.

Fará o mesmo se, 180 dias depois de os resíduos terem abandonado a Comunidade, não tiver recebido do destinatário o certificado de eliminação referido no n.º 4.

11. A autoridade competente de expedição pode, nos termos da respectiva legislação nacional, decidir enviar ela própria a notificação, em vez do notificador, com cópia para o destinatário e para a autoridade competente de trânsito.

A autoridade competente de expedição pode decidir não proceder a qualquer notificação se tiver objecções a levantar contra a transferência nos termos do n.º 3 do artigo 4.º O notificador deve ser imediatamente informado dessas objecções.

12. As informações referidas nos n.ºˢ 1 a 4 devem ser tratadas confidencialmente, nos termos da regulamentação nacional em vigor.

Capítulo B
Resíduos destinados a valorização

Artigo 16.º

1. São proibidas todas as exportações para valorização dos resíduos enumerados no anexo V para valorização, excepto as dos resíduos que se destinam a:

a) Países a que se aplica a decisão da OCDE;
b) Outros países:
— que sejam partes na Convenção de Basileia e/ou com os quais a Comunidade, ou a Comunidade e os seus Estados-

-membros, tenham celebrado acordos ou convénios bilaterais, multilaterais ou regionais nos termos do artigo 11.º da Convenção de Basileia e do n.º 2 do presente artigo. Todas essas exportações, serão, no entanto, proibidas a partir de 1 de Janeiro de 1998,
— com os quais os Estados-membros tenham celebrado, individualmente, acordos e convénios bilaterais antes da data de aplicação do presente regulamento, desde que sejam compatíveis com a legislação comunitária, com o artigo 11.º da Convenção de Basileia e o n.º 2 do presente artigo. Esses acordos e convénios serão notificados à Comissão no prazo de três meses a contar da data de aplicação do presente regulamento ou da data da sua aplicação, consoante a que se verificar primeiro, e a sua vigência cessará com a celebração de acordos ou convénios nos termos do primeiro travessão. Todas essas exportações serão, no entanto, proibidas a partir de 1 de Janeiro de 1998.

Nos termos do procedimento previsto no artigo 18.º da Directiva 75/442/CEE, a Comissão reverá e alterará o anexo V, o mais rapidamente possível e, o mais tardar até 1 de Janeiro de 1998, tendo na devida consideração os resíduos que constam da lista de resíduos adoptada nos termos do n.º 4, do artigo 1.º da Directiva 91/689/CEE do Conselho, de 12 de Dezembro de 1991, relativa aos resíduos periogosos ([10]) e quaisquer listas de resíduos classificados como perigosos no âmbito da Convenção de Basileia.

O anexo V será revisto e ulteriormente alterado, sempre que necessário, em conformidade com este procedimento.Em especial, a Comissão efectuará a revisão do anexo com vista a transpor para o mesmo as decisões das partes na Convenção de Basileia relativamente a que os resíduos devem ser classificados como perigosos no âmbito da convenção e as alterações à lista de resíduos adoptada em conformidade com o n.º 4, do artigo 1.º da Directiva 91/689/CEE.

2. Os acordos e convénios referidos na alínea b) do n.º 1 devem garantir uma gestão ecologicamente correcta dos resíduos de acordo com o artigo 11.º da Convenção de Basileia e, em especial:

a) Assegurar que a operação de valorização seja efectuada num centro autorizado que preencha os requisitos de uma gestão ecologicamente correcta;

([10]) JO n.º L 377 de 31.12.1991, p.20. Directiva alterada pela Directiva 94/31/CE (JO n.º L 168 de 2.7.1994, p.28).

b) Definir as condições de tratamento dos componentes não valorizáveis dos resíduos e, se necessário, obrigar o notificador a aceitá-los de volta;

c) Possibilitar, quando necessário, a verificação imediata do cumprimento dos acordos, em concordância com os países interessados;

d) Ser sujeitos a uma revisão periódica pela Comissão, a realizar pela primeira vez, o mais tardar, até 31 de Dezembro de 1996, tendo em conta a experiência adquirida e a capacidade de os países interessados procederem a operações de valorização por métodos que ofereçam todas as garantias de uma gestão ecologicamente correcta. A Comissão informará o Parlamento Europeu e o Conselho dos resultados da revisão. Se da revisão efectuada se concluir que as garantias ecológicas são insuficientes, reconsiderar-se-á, sob proposta da Comissão, a continuação das exportações de resíduos nesses termos, bem como a possibilidade de as proibir.

3. Todavia, sem prejuízo do n.º 2 do artigo 25.º e do n.º 2 do artigo 26.º, são proibidas as exportações de resíduos destinados a valorização para os países referidos no n.º 1:

a) Sempre que esses países proíbam todas as importações desses resíduos ou que não tenham dado autorização por escrito especificamente para a importação desses resíduos;

b) Sempre que a autoridade competente de expedição tiver razões para crer que nesses países os resíduos não serão geridos de forma ecologicamente correcta.

4. A autoridade competente de expedição deve exigir que todos os resíduos destinados a valorização cuja exportação tenha sido autorizada sejam geridos de forma ecologicamente correcta durante a sua transferência e no Estado de destino.

Artigo 17.º

1. No que respeita aos resíduos enumerados no anexo II e antes da data de aplicação do presente regulamento, a Comissão comunicará a todos os países a que não se aplica a decisão da OCDE a lista dos resíduos incluídos neste anexo e pedirá uma confirmação por escrito de que esses resíduos não estão sujeitos a controlo no país de destino e de que o mesmo aceita que algumas categorias desses resíduos sejam transferidas sem recurso aos processos de controlo aplicáveis aos anexos III e IV ou que indique se esses resíduos devem ser sujeitos a esses processos ou ao processo estipulado no artigo 15.º

Se essa confirmação não for recebida seis meses antes da data de aplicação do presente regulamento, a Comissão apresentará propostas adequadas ao Conselho.

2. Sempre que sejam exportados resíduos enumerados no anexo II, estes devem-se destinar a operações de valorização numa instalação que opere ou esteja autorizada a operar no país de importação ao abrigo da legislação interna aplicável.

Além disso, deve ser criado um sistema de vigilância baseado em licenças de exportação automáticas anteriores nos casos a determinar de acordo com o procedimento estabelecido no artigo 18.º da Directiva 75/442/CEE.

Esse sistema deve prever que, em cada caso, seja rapidamente enviada às autoridades do país em questão uma cópia da licença de exportação.

3. Sempre que os referidos resíduos sejam sujeitos a controlo no país de destino, ou a pedido desse país nos termos do n.º 1, ou ainda quando o país de destino tenha notificado, nos termos do artigo 3.º da Convenção de Basileia, que considera perigosos determinados tipos de resíduos referidos no anexo II, as exportações desses resíduos para esse país ficarão sujeitas a controlo. O Estados-membros de exportação ou a Comissão comunicarão todos esses casos ao comité instituído nos termos do artigo 18.º da Directiva 75/442/CEE e a Comissão determinará, em consulta com o país de destino, quais os processos de controlo aplicáveis, ou seja, os aplicáveis aos anexos III e IV ou o processo estipulado no artigo 15.º

4. Sempre que os resíduos enumerados no anexo III sejam exportados da Comunidade, para países e através de países aos quais seja aplicável a decisão da OCDE, a fim de serem valorizados, são aplicáveis os artigos 6.º, 7.º, 8.º e os n.ºs 1, 3, 4 e 5 do artigo 9.º, e as disposições relativas às autoridades competentes de expedição e de trânsito aplicam-se apenas às autoridades competentes da Comunidade.

5. Além disso, as autoridades competentes dos países de exportação e de trânsito da Comunidade devem ser informadas da decisão referida no artigo 9.º

6. Sempre que os resíduos destinados a valorização, enumerados no anexo IV, e os resíduos destinados a valorização, ainda não incluídos em nenhum dos anexos II, III ou IV, sejam exportados para países e através de países aos quais seja aplicável a decisão da OCDE, a fim de serem valorizados, é aplicável por analogia o artigo 10.º

7. Além disso, sempre que os resíduos sejam exportados nos termos dos n.ºs 4 a 6:

— será entregue pelo transportador um exemplar do documento de acompanhamento na última estância aduaneira de saída quando os resíduos abandonarem a Comunidade,
— logo que os resíduos tenham abandonado a Comunidade, a estância aduaneira de saída enviará uma cópia do documento de acompanhamento à autoridade competente de exportação,
— se, 42 dias depois de os resíduos terem abandonado a Comunidade, a autoridade competente de exportação não tiver recebido do destinatário um aviso da recepção dos resíduos, informará imediatamente desse facto a autoridade competente de destino,
— o contrato estipulará que, se o destinatário emitir um certificado incorrecto que dê origem à liberação da garantia financeira, este deverá suportar as despesas resultantes da obrigação de reenviar os resíduos para a área de jurisdição da autoridade competente de expedição, de eliminação ou de valorização desses resíduos duma forma alternativa ecologicamente correcta.

8. Sempre que os resíduos destinados a valorização, enumerados nos anexos III e IV, e os resíduos destinados a valorização, ainda não incluídos em nenhum dos anexos II, III ou IV, sejam exportados para e através de países aos quais não seja aplicável a decisão da OCDE:
— aplicar-se-á por analogia o artigo 15.º, excepto o seu n.º 3,
— só podem ser levantadas objecções fundamentadas nos termos do n.º 4 do artigo 7.º,

salvo disposições em contrário de acordos bilaterais ou multilaterais celebrados nos termos do n.º 1, alínea *b*), do artigo 16.º, e com base no processo de controlo previsto nos n.ᵒˢ 4 e 6 do presente artigo ou no artigo 15.º

CAPÍTULO C
Exportação de resíduos para Estados ACP

ARTIGO 18.º

1. São proibidas quaisquer exportações de resíduos para Estados ACP.

2. Esta proibição não obsta a que um Estado-membro, para o qual um Estado ACP tenha exportado resíduos para tratamento, reexporte os resíduos tratados para o Estado ACP de origem.

3. Se os resíduos forem reexportados para Estados ACP, a transferência deve ser acompanhada de um exemplar do documento de acompanhamento com o respectivo carimbo de autorização.

TÍTULO V
IMPORTAÇÃO DE RESÍDUOS PARA A COMUNIDADE

Capítulo A
Importação de resíduos destinados a eliminação

Artigo 19.º

1. É proibida a importação de resíduos para eliminação na Comunidade, a não ser que provenham de:
   a) Países da AECL signatários da Convenção de Basileia;
   b) Outros países
      — signatários da Convenção de Basileia,
      ou
      — com os quais a Comunidade ou a Comunidade e os seus Estados-membros tenham celebrado acordos ou convénios bilaterais ou multilaterais compatíveis com a legislação comunitária e nos termos do artigo 11.º da Convenção de Basileia, que garantam que a operação de eliminação seja efectuada num centro autorizado e cumpra os requisitos de uma gestão ecologicamente correcta,
      ou
      — com os quais os Estados-membros tenham celebrado individualmente acordos ou convénios bilaterais, antes da data de aplicação do presente regulamento, compatíveis com a legislação comunitária e nos termos do artigo 11.º da Convenção de Basileia, que incluam as mesmas garantias que as referidas acima e garantam que os resíduos tiveram origem no país de expedição e que a eliminação será exclusivamente levada a cabo no Estado-membro que celebrou o acordo ou convénio.Esses acordos ou convénios devem ser notificados à Comissão no prazo de três meses a contar da data de aplicação do presente regulamento ou da data de aplicação desses acordos ou convénios, conforme a que se verificar primeiro, e caducam quando forem celebrados acordos ou convénios nos termos do segundo travessão, ou

— com os quais os Estados-membros celebrem individualmente acordos ou convénios bilaterais após a data de aplicação do presente regulamento, nos termos do n.º 2.

2. O Conselho autoriza os Estados-membros a celebrarem individualmente acordos ou convénios bilaterais após a data de aplicação do presente regulamento, em casos excepcionais, para eliminação de resíduos específicos, quando esses resíduos não forem geridos de forma ecologicamente correcta no país de expedição. Esses acordos e convénios devem preencher as condições estipuladas no n.º 1, alínea *b*), terceiro travessão, e ser notificados à Comissão antes da sua celebração.

3. Os países a que se refere a alínea *b*) do n.º 1 devem apresentar um pedido prévio devidamente fundamentado à autoridade competente do Estado-membro de destino, com base no facto de não possuírem e não poderem adquirir a custos razoáveis a capacidade técnica e as instalações necessárias para eliminar os resíduos de forma ecologica- mente correcta.

4. A autoridade competente de destino proibirá a introdução de resíduos na área sob a sua jurisdição se tiver razões para crer que esses resíduos não serão aí geridos de forma ecologicamente correcta.

ARTIGO 20.º

1. A autoridade competente de destino será notificada através do documento de acompanhamento, nos termos do n.º 5 do artigo 3.º, com cópia para o destinatário dos resíduos e para as autoridades competentes de trânsito. O documento de acompanhamento será emitido pela autoridade competente de destino.

Ao receber a notificação, a autoridade competente de destino enviará ao notificador, no prazo de três dias úteis, um aviso de recepção, com cópia para as autoridades competentes de trânsito da Comunidade.

2. A autoridade competente de destino só autorizará a transferência se não houver objecções da sua parte ou da parte das outras autoridades competentes interessadas.

A autorização ficará sujeita às condições de transporte estabelecidas nos termos do n.º 5.

3. No prazo de 60 dias a contar do envio da cópia do aviso de recepção, as autoridades competentes de destino e de trânsito da Comunidade poderão levantar objecções com base no n.º 3 do artigo 4.º

Podem igualmente pedir informações complementares. As objecções serão enviadas por escrito ao notificador, com cópia para as restantes autoridades competentes interessadas da Comunidade.

4. A autoridade competente de destino disporá de 70 dias, a contar do envio do aviso de recepção, para tomar a decisão de autorizar a transferência, com ou sem condições, ou de a recusar, podendo igualmente solicitar informações complementares.

A autoridade competente de destino enviará uma cópia autenticada dessa decisão às autoridades competentes de trânsito da Comunidade, ao destinatário e à estância aduaneira de entrada na Comunidade.

A autoridade competente de destino tomará a sua decisão decorridos, no mínimo, 61 dias a contar do envio de recepção. Pode, no entanto, tomar a sua decisão mais cedo se possuir o consentimento escrito das restantes autoridades competentes.

A autoridade competente de destino confirmará a sua autorização apondo um carimbo adequado no documento de acompanhamento.

5. As autoridades competentes de destino e de trânsito da Comunidade disporão de um prazo de 60 dias a contar do envio do aviso de recepção para estabelecerem condições para a transferência dos resíduos. Essas condições, que devem ser comunicadas ao notificador, com cópia para as autoridades competentes interessadas, não podem ser mais severas do que as estabelecidas para transferências semelhantes integralmente efectuadas na área sob a jurisdição da autoridade competente em causa.

6. A transferência só pode ser efectuada depois de o notificador ter recebido autorização da autoridade competente de destino.

7. Depois de receber a autorização, o notificador deve inscrever a data da transferência, preencher o documento de acompanhamento e enviar cópias às autoridades competentes interessadas, três dias úteis antes da transferência. O transportador entregará um exemplar do documento de acompanhamento à estância aduaneira de entrada na Comunidade.

Cada transferência deve ser acompanhada de uma cópia ou, a pedido das autoridades competentes, de um exemplar do documento de acompanhamento, com o respectivo carimbo de autorização.

Todas as empresas que participem na operação devem preencher o documento de acompanhamento nos pontos indicados, assiná-lo e conservar uma cópia.

8. No prazo de três dias úteis a contar da recepção dos resíduos para eliminação, o destinatário enviará ao notificador e às autoridades

competentes interessadas uma cópia do documento de acompanhamento devidamente preenchido, com excepção do certificado referido no n.º 9.

9. O mais rapidamente possível e o mais tardar 180 dias a contar da recepção dos resíduos, o destinatário enviará ao notificador e às restantes autoridades competentes interessadas um certificado de eliminação dos resíduos, sob a sua responsabilidade. Esse certificado fará parte do documento de acompanhamento da transferência, ou ser-lhe-á apenso.

Capítulo B
Importação de resíduos destinados a valorização

Artigo 21.º

1. É proibida a importação de resíduos para valorização na Comunidade, excepto se provenientes:
 a) De países a que seja aplicável a decisão da OCDE;
 b) De outros países
 — que sejam signatários da Convenção de Basileia e/ou com os quais a Comunidade ou a Comunidade e os seus Estados-membros tenham celebrado acordos ou convénios bilaterais, multilaterais ou regionais, compatíveis com a legislação comunitária e nos termos do artigo 11.º da Convenção de Basileia, que garantam que a operação de valorização seja efectuada num centro autorizado e cumpra os requisitos de uma gestão ecologicamente correcta, ou
 — com os quais os Estados-membros tenham celebrado individualmente acordos ou convénios bilaterais, antes da data de aplicação do presente regulamento, compatíveis com a legislação comunitária e nos termos do artigo 11.º da Convenção de Basileia e incluam as mesmas garantias que as referidas acima. Esses acordos ou convénios devem ser notificados à Comissão no prazo de três meses a contar da data de aplicação do presente regulamento ou da data de aplicação desses acordos ou convénios, conforme a que se verificar primeiro, e caducam quando forem celebrados acordos ou convénios nos termos do primeiro travessão, ou

— com os quais os Estados-membros celebrem individualmente acordos ou convénios bilaterais após a data de aplicação do presente regulamento, nos termos do n.º 2.

2. O Conselho autoriza os Estados-membros a celebrarem individualmente acordos ou convénios bilaterais após a data de aplicação do presente regulamento, em casos excepcionais, para valorização de resíduos específicos sempre que um Estado-membro considerar que esses acordos ou convénios são necessários para evitar quaisquer interrupções no tratamento de resíduos antes de a Comunidade os ter celebrado. Esses acordos e convénios também devem ser compatíveis com a legislação comunitária e respeitar o artigo 11.º da Convenção de Basileia; devem ser notificados à Comissão antes da sua celebração e caducam quando forem celebrados acordos ou convénios nos termos do n.º 1, alínea b), primeiro travessão.

ARTIGO 22.º

1. Sempre que se proceda à importação de resíduos destinados a valorização a partir e através de países aos quais seja aplicável a decisão da OCDE, aplicar-se-á, por analogia, o seguinte processo de controlo:

   a) Aos resíduos enumerados no anexo III: artigos 6.º, 7.º e 8.º, n.ºs 1, 3, 4 e 5 do artigo 9.º e n.º 5 do artigo 17.º;

   b) Aos resíduos enumerados no anexo IV e aos resíduos que ainda não tenham sido incluídos em nenhum dos anexos II, III ou IV:artigo 10.º

2. Sempre que os resíduos destinados a valorização enumerados nos anexos III e IV e resíduos destinados a valorização ainda não incluídos em nenhum dos anexos II, III ou IV sejam importados de e através de países aos quais não seja aplicável a decisão da OCDE:

   — aplicar-se-á por analogia o artigo 20.º,
   — quaisquer objecções fundamentadas só poderão ser levantadas nos termos do n.º 4 do artigo 7.º,

salvo disposição em contrário de acordos bilaterais ou multilaterais celebrados nos termos do n.º 1, alínea b), do artigo 21.º, e com base no processo de controlo previsto no artigo 20.º ou no n.º 1 do presente artigo.

TÍTULO VI
TRÂNSITO PELA COMUNIDADE DE RESÍDUOS PROVENIENTES DO EXTERIOR DESTINADOS À ELIMINAÇÃO OU VALORIZAÇÃO FORA DELA

Capítulo A
Resíduos destinados a eliminação e valorização (com excepção do trânsito abrangido pelo artigo 24.º)

Artigo 23.º

1. Sempre que haja resíduos destinados a eliminação e, excepto nos casos abrangidos pelo artigo 24.º, a valorização, que atravessem um ou mais Estados-membros, notificar-se-á a última autoridade competente de trânsito da Comunidade através do documento de acompanhamento, com cópia para o destinatário, para as outras autoridades competentes interessadas e para as estâncias aduaneiras de entrada e de saída da Comunidade.

2. A última autoridade competente de trânsito da Comunidade enviará imediatamente ao notificador um aviso de recepção da notificação. As outras autoridades competentes comunitárias comunicarão, nos termos do n.º 5, as suas reacções à última autoridade competente de trânsito da Comunidade, que responderá por escrito ao notificador no prazo de 60 dias, autorizando a transferência com ou sem reservas, ou impondo, se for caso disso, as condições estipuladas pelas outras autoridades competentes de trânsito, ou ainda recusando a autorização de proceder à transferência. Poderá também solicitar informações complementares. As recusas ou reservas devem ser fundamentadas. A autoridade competente enviará uma cópia autenticada da sua decisão às outras autoridades competentes interessadas e às estâncias aduaneiras de entrada e de saída da Comunidade.

3. Sem prejuízo do disposto no n.º 2 do artigo 25.º e no n.º 2 do artigo 26.º, a transferência apenas pode ser admitida na Comunidade se o notificador tiver recebido a autorização escrita da última autoridade competente de trânsito. Essa autoridade confirmará a sua autorização apondo o devido carimbo no documento de acompanhamento.

4. As autoridades competentes de trânsito da Comunidade dispõem de um prazo de 20 dias a contar da notificação para estipularem, se for caso disso, quaisquer condições para o transporte dos resíduos. Essas condições, que devem ser comunicadas ao notifi-

cador, com cópia para as autoridades competentes interessadas, não podem ser mais severas do que as estabelecidas para transferências semelhantes integralmente efectuadas na área de jurisdição da autoridade competente em causa.

5. O documento de acompanhamento será emitido pela última autoridade competente de trânsito da Comunidade.

6. Após recepção da autorização, o notificador deve preencher o documento de acompanhamento e enviar cópias às autoridades competentes três dias úteis antes da transferência. Todas as transferências devem ser acompanhadas de um exemplar do documento de acompanhamento com o respectivo carimbo de autorização.

O transportador deve entregar um exemplar do documento de acompanhamento na estância aduaneira de saída quando os resíduos abandonarem a Comunidade.

Todas as empresas que participam na operação devem preencher o documento de acompanhamento nos pontos indicados, assiná-lo e conservar uma cópia.

7. Logo que os resíduos tenham abandonado a Comunidade, a estância de saída enviará uma cópia do documento de acompanhamento à última autoridade competente de trânsito da Comunidade.

Além disso, o mais tardar 42 dias depois de os resíduos terem abandonado a Comunidade, o notificador declarará a essa autoridade competente ou confirmar-lhe-á, com cópia para as outras autoridades competentes de trânsito, que os resíduos chegaram ao destino previsto.

CAPÍTULO B
Trânsito de resíduos para valorização provenientes e destinados países aos quais seja aplicável a decisão da OCDE

ARTIGO 24.º

1. O trânsito por um ou mais Estados-membros de resíduos destinados a valorização, enumerados nos anexos III e IV, provenientes de um país e transferidos para valorização para outro país aos quais se aplique a decisão da OCDE deve ser notificado às autoridades competentes de trânsito do ou dos Estados-membros interessados.

2. A notificação será efectuada através do documento de acompanhamento.

3. Após recepção da notificação, a ou as autoridades competentes de trânsito enviarão, no prazo de três dias úteis, um aviso de recepção ao notificador e ao destinatário.

4. A ou as autoridades competentes de trânsito podem levantar objecções fundamentadas contra a transferência prevista com base no n.º 4 do artigo 7.º Qualquer objecção deverá ser apresentada por escrito, no prazo de 30 dias a contar do envio do aviso de recepção, ao notificador e às autoridades competentes de trânsito dos outros Estados-membros interessados.

5. A autoridade competente de trânsito pode decidir dar a sua autorização por escrito num prazo inferior a 30 dias.

No caso do trânsito de resíduos enumerados no anexo IV e de resíduos ainda não incluídos nos anexos II, III e IV, a autorização terá de ser dada por escrito, antes do início da transferência.

6. A transferência só pode ser efectuada se não houver quaisquer objecções.

TÍTULO VII
DISPOSIÇÕES COMUNS

Artigo 25.º

1. Sempre que uma transferência de resíduos autorizada pelas autoridades competentes interessadas não possa ser concluída nos termos do documento de acompanhamento ou do contrato referidos nos artigos 3.º e 6.º, a autoridade competente de expedição assegurará, no prazo de 90 dias a contar do momento em que tiver sido informada do facto, que o notificador reintroduza esses resíduos na área da sua jurisdição, ou em qualquer outra área no interior do Estado de expedição, a menos que se certifique de que a sua eliminação ou valorização podem ser efectuadas segundo métodos alternativos, ecologicamente correctos.

2. Nos casos referidos no n.º 1, deve ser feita nova notificação. Nem os Estados-membros de expedição nem os Estados-membros de trânsito se podem opor à reintrodução desses resíduos, mediante pedido devidamente fundamentado da autoridade competente de destino, acompanhado de uma explicação dos motivos.

3. A obrigação do notificador e a obrigação subsidiária do Estado de expedição de aceitar a reintrodução dos resíduos extinguir-se-ão quando o destinatário emitir o certificado referido nos artigos 5.º e 8.º

Artigo 26.º

1. São consideradas ilícitas todas as transferências de resíduos:
   a) Efectuadas sem a notificação de todas as autoridades competentes interessadas, nos termos do presente regulamento; ou
   b) Efectuadas sem a autorização das autoridades competentes interessadas, nos termos do presente regulamento; ou
   c) Efectuadas com a autorização das autoridades competentes interessadas obtida por falsificação, declarações falsas ou fraude; ou
   d) Que não sejam especificadas de forma clara e objectiva no documento de acompanhamento; ou
   e) Que ocasionem uma eliminação ou valorização em violação das normas comunitárias ou internacionais; ou
   f) Que sejam contrárias ao disposto nos artigos 14.º, 16.º, 19.º e 21.º

2. Se a transferência ilícita for da responsabilidade do notificador, a autoridade competente de expedição assegurará que os resíduos em questão:
   a) Sejam aceites de volta pelo notificador ou, se necessário, pela própria autoridade competente, no Estado de expedição ou, se tal for impossível;
   b) Sejam eliminados ou valorizados de outro modo, segundo métodos ecologicamente correctos, no prazo de 30 dias a contar do momento em que a autoridade competente tiver sido informada da transferência ilícita, ou noutro prazo a decidir pelas autoridades competentes interessadas.

Nesse caso será feita nova notificação. Nem os Estados-membros de expedição nem os Estados-membros de trânsito se podem opor à reintrodução desses resíduos mediante pedido devidamente fundamentado da autoridade competente de destino, acompanhado de uma explicação dos motivos.

3. Se a transferência ilícita for da responsabilidade do destinatário, a autoridade competente de destino assegurará que os resíduos em questão sejam eliminados pelo destinatário de um modo ecologicamente correcto ou, se tal for impossível, pela própria autoridade competente, no prazo de 30 dias a contar do momento em que tiver sido informada da transferência ilícita, ou em qualquer outro prazo a decidir pelas autoridades competentes interessadas. Para esse efeito, as autoridades cooperarão, segundo as necessidades, para eliminar ou valorizar os resíduos segundo métodos ecologicamente correctos.

4. Se a responsabilidade pela transferência ilícita não puder ser atribuída nem ao notificador nem ao destinatário, as autoridades competentes cooperarão para assegurar que os resíduos em questão sejam eliminados ou valorizados segundo métodos ecologicamente correctos. As directrizes para esta cooperação serão definidas de acordo com o procedimento previsto no artigo 18.º da Directiva 75//442/CEE.

5. Os Estados-membros tomarão as medidas judiciais adequadas para proibir e punir as transferências ilícitas.

ARTIGO 27.º

1. Todas as transferências de resíduos abrangidas pelo presente regulamento estão sujeitas à constituição de uma garantia financeira ou de uma garantia equivalente que cubra as despesas da transferência, inclusivamente nos casos referidos nos artigos 25.º e 26.º, e da sua eliminação ou valorização.

2. Essas garantias serão devolvidas quando tiver sido apresentada prova mediante:

— o certificado de eliminação ou valorização que ateste que os resíduos chegaram ao seu destino para serem eliminados ou valorizados segundo métodos ecologicamente correctos,
— o exemplar de controlo T 5, elaborado de acordo com o Regulamento (CEE) n.º 2823/87 da Comissão ([11]), que ateste, em caso de trânsito através da Comunidade, que os resíduos abandonaram o território comunitário.

3. Todos os Estados-membros devem informar a Comissão das disposições incluídas na respectiva legislação nacional ao abrigo deste artigo. A Comissão enviará essa informação a todos os Estados-membros.

ARTIGO 28.º

1. Sem prejuízo das obrigações que lhe são impostas pelos artigos aplicáveis — 3.º, 6.º, 9.º, 15.º, 17.º, 20.º, 22.º, 23.º e 24.º — o notificador pode recorrer a um processo de notificação geral sempre que sejam transferidos periodicamente, para o mesmo destinatário e seguindo o mesmo trajecto, resíduos destinados a eliminação ou valorização que apresentem as mesmas características físicas e químicas.

([11]) JO n.º L 270 de 23.9.1987, p.1.

Se esse trajecto não puder ser retomado por motivos imprevistos, o notificador deve informar as autoridades competentes interessadas o mais rapidamente possível, ou ainda antes do início da transferência, se já se tiver conhecimento da necessidade de alterar o trajecto.

Este processo não será utilizado se a alteração do trajecto já for conhecida antes do início da transferência e envolver outras autoridades competentes para além das previstas na notificação geral.

2. No âmbito de um processo de notificação geral, uma única notificação pode cobrir várias transferências de resíduos durante o período máximo de um ano. O período indicado pode ser reduzido por acordo entre as autoridades competentes interessadas.

3. As autoridades competentes interessadas podem condicionar o seu acordo quanto à utilização deste processo de notificação geral ao fornecimento ulterior de informações complementares. Se a composição dos resíduos não corresponder à que foi notificada ou se as condições impostas à sua transferência não forem respeitadas, as autoridades competentes interessadas retirarão o acordo para o uso deste processo, mediante comunicação oficial ao notificador. Será enviada uma cópia dessa comunicação às outras autoridades competentes interessadas.

4. A notificação geral será efectuada através do documento de acompanhamento.

Artigo 29.º

Os resíduos objecto de notificações diferentes não devem ser misturados no decurso da transferência.

Artigo 30.º

1. Os Estados-membros tomarão as medidas necessárias para garantir que as transferências de resíduos sejam efectuadas nos termos do presente regulamento. Essas medidas podem incluir inspecções dos estabelecimentos e empresas, nos termos do artigo 13.º da Directiva 75/442/CEE, e controlos locais das transferências.

2. Os controlos podem-se efectuar nomeadamente:
— no local de origem, onde serão realizados em colaboração com o produto, o detentor ou o notificador,
— no local de destino, onde serão realizados em colaboração com o destinatário final,
— nas fronteiras externas da Comunidade,
— durante a transferência dentro da Comunidade.

3. Os controlos podem incluir a inspecção de documentos, a confirmação da identidade e, se necessário, o controlo físico dos resíduos.

ARTIGO 31.º

1. A impressão e o preenchimento do documento de acompanhamento e o fornecimento da documentação ou informações complementares referidas nos artigos 4.º e 6.º devem ser feitas numa língua aceite pela autoridade competente:
— de expedição referida nos artigos 3.º, 7.º, 15.º e 17.º, no caso de transferência de resíduos no interior da Comunidade e de exportação de resíduos,
— de destino referida nos artigos 20.º e 22.º, no caso de importação de resíduos,
— de trânsito referida nos artigos 23.º e 24.º

A pedido das outras autoridades competentes interessadas o notificador fornecerá uma tradução numa língua por elas aceite.

2. Os restantes pormenores podem ser definidos de acordo com o procedimento estipulado no artigo 18.º da Directiva 75/442/CEE.

TÍTULO VIII
OUTRAS DISPOSIÇÕES

ARTIGO 32.º

Será dado cumprimento às disposições das convenções internacionais de transporte enunciadas no anexo I, em que os Estados-membros sejam parte, na medida em que abranjam os resíduos a que se refere o presente regulamento.

ARTIGO 33.º

1. As despesas administrativas de execução do processo de notificação e de fiscalização e os custos habituais das análises e inspecções adequadas podem ser custeadas pelo notificador.

2. As despesas relativas à reintrodução de resíduos, incluindo a respectiva transferência, eliminação ou valorização, de uma forma alternativa e ecologicamente correcta nos termos do n.º 1 do artigo 25.º e do n.º 2 do artigo 26.º, serão custeadas pelo notificador ou, se tal não for possível, pelos Estados-membros envolvidos.

3. As despesas relativas à eliminação ou à valorização, de uma forma alternativa e ecologicamente correcta nos termos do n.º 3 do artigo 26.º, serão custeadas pelo destinatário.

4. As despesas relativas à eliminação ou à valorização, incluindo a possível transferência, nos termos do n.º 4 do artigo 26.º, serão custeadas pelo notificador e/ou pelo destinatário, consoante a decisão das autoridades competentes envolvidas.

Artigo 34.º

1. Sem prejuízo do disposto no artigo 26.º e das disposições comunitárias e nacionais sobre responsabilidade civil, e independentemente do local de eliminação ou valorização dos resíduos, o produtor dos resíduos tomará todas as medidas necessárias para proceder ou mandar proceder à sua eliminação ou valorização de modo a proteger a qualidade do ambiente de acordo com a Directiva 75/442/CEE e com a Directiva 91/689/CEE.

2. Os Estados-membros tomarão todas as medidas necessárias para garantir o cumprimento das obrigações estipuladas no n.º 1.

Artigo 35.º

Os documentos dirigidos às autoridades competentes ou por estas enviados devem ser conservados na Comunidade durante pelo menos três anos, pelas autoridades competentes, pelo notificador e pelo destinatário.

Artigo 36.º

Os Estados-membros designarão a ou as autoridades competentes para efeitos da aplicação do presente regulamento. Cada Estado--membro designará uma única autoridade competente de trânsito.

Artigo 37.º

1. Os Estados-membros e a Comissão designarão cada qual pelo menos um correspondente encarregado de informar e orientar as pessoas ou empresas que a ele se dirigirem. O correspondente da Comissão remeterá para os correspondentes dos Estados-membros quaisquer questões que lhe sejam dirigidas e que lhes digam respeito e vice-versa.

2. A Comissão reunirá periodicamente os correspondentes, a pedido dos Estados-membros ou sempre que necessário, para com eles examinar as questões levantadas pela aplicação do presente regulamento.

ARTIGO 38.º

1. Os Estados-membros comunicarão à Comissão, o mais tardar três meses antes da data de entrada em vigor do presente regulamento a(s) denominação(ões), endereço(s) e números de telefone, telex/telefax das autoridades competentes e dos correspondentes, bem como o carimbo das autoridades competentes.

Os Estados-membros comunicarão anualmente à Comissão quaisquer alterações a essas informações.

2. A Comissão transmitirá sem tardar essas informações aos outros Estados-membros e ao Secretariado da Convenção de Basileia.

A Comissão transmitirá ainda aos Estados-membros os planos de gestão de resíduos a que se refere o artigo 7.º da Directiva 75/442/CEE.

ARTIGO 39.º

1. Os Estados-membros podem designar as estâncias aduaneiras de entrada e de saída da Comunidade para as transferências de resíduos que entrem ou saiam do seu território e informarão a Comissão desse facto.

A Comissão publicará a lista dessas estâncias aduaneiras no *Jornal Oficial das Comunidades Europeias* e, se necessário, actualizará essa lista.

2. Se os Estados-membros decidirem designar as estâncias aduaneiras referidas no n.º 1, nenhuma transferência de resíduos poderá entrar ou sair da Comunidade por quaisquer outros pontos das fronteiras dos Estados-membros.

ARTIGO 40.º

Quando necessário e apropriado, os Estados-membros, em articulação com a Comissão, cooperarão com outras partes na Convenção de Basileia e com as organizações interestatais, directamente ou através do Secretariado da referida convenção, nomeadamente através do intercâmbio de informações, da promoção de tecnologias ecologicamente correctas e da elaboração de códigos de boa prática adequados.

ARTIGO 41.º

1. Antes do final de cada ano civil, os Estados-membros elaborarão um relatório nos termos do n.º 3 do artigo 13.º da Convenção de Basileia e enviá-lo-ão ao Secretariado da referida convenção, enviando igualmente uma cópia à Comissão.

2. Com base nesses relatórios, a Comissão elaborará trienalmente um relatório sobre a aplicação do presente regulamento pela Comunidade e pelos seus Estados-membros. Para o efeito, poderá pedir quaisquer informações complementares nos termos do artigo 6.º da Directiva 91/ /692/CEE ([12]).

ARTIGO 42.º

1. A Comissão elaborará, o mais tardar três meses antes da data de aplicação do presente regulamento e, se necessário, adaptá-lo-á entretanto, de acordo com o procedimento previsto no artigo 18.º da Directiva 75/442/CEE, o documento de acompanhamento uniforme, incluindo o modelo do certificado de eliminação e valorização — quer fazendo parte integrante do documento de acompanhamento quer provisoriamente apenso ao documento de acompanhamento em vigor nos termos da Directiva 84/631/CEE — tendo especialmente em conta:

— os artigos aplicáveis do presente regulamento,
— as convenções e acordos internacionais aplicáveis.

2. O formulário em vigor para o documento de acompanhamento continuará a ser utilizado por analogia até ser elaborado o novo documento de acompanhamento. O formulário para o certificado de eliminação e valorização a juntar ao documento de acompanhamento existente será elaborado logo que possível.

3. Sem prejuízo do procedimento estabelecido no n.º 3, alíneas c) e d), do artigo 1.º, no que respeita ao anexo IIA, a Comissão adaptará os anexos II, III e IV de acordo com o procedimento estipulado no artigo 18.º da Directiva 75/442/CEE, apenas com o objectivo de neles introduzir alterações já decididas nos termos do mecanismo de revisão da OCDE.

4. O processo referido no n.º 1 aplicar-se-á igualmente para definir a noção de gestão ecologicamente correcta, tendo em conta as convenções e os acordos internacionais aplicáveis.

([12]) JO n.º L 377 de 31.12.1991, p.48.

ARTIGO 43.º

A Directiva 84/631/CEE é revogada com efeitos a partir da data de aplicação do presente regulamento. Quaisquer transferências efectuadas nos termos dos artigos 4.º e 5.º da referida directiva deverão estar concluídas o mais tardar seis meses a contar da data de aplicação do presente regulamento.

ARTIGO 44.º

O presente regulamento entra em vigor no terceiro dia seguinte ao da sua publicação no *Jornal Oficial das Comunidades Europeias*.
É aplicável 15 meses após a data da sua publicação.
O presente regulamento é obrigatório em todos os seus elementos e directamente aplicável em todos os Estados-Membros.

ANEXO I
LISTA DAS CONVENÇÕES INTERNACIONAIS NO DOMÍNIO DOS TRANSPORTES REFERIDAS NO ARTIGO 32.º [13]

1. ADR
Acordo europeu relativo ao transporte rodoviário internacional de mercadorias perigosas (1957)
2. COTIF
Convenção relativa aos transportes ferroviários internacionais por caminho-de-ferro (1985), incluindo, no anexo I
RID:
Regulamento relativo ao transporte ferroviário internacional de mercadorias perigosas por caminho-de-ferro (1985)
3. Convenção SOLAS:
Convenção internacional de 1974 para a protecção da vida humana no mar
4. Código IMDG [14]:
Código marítimo internacional para o transporte de mercadorias perigosas
5. Convenção de Chicago:
Convenção sobre a aviação civil internacional (1944), cujo anexo 18 trata do transporte de mercadorias perigosas por via aérea (IT: instruções técnicas para a segurança do transporte aéreo de mercadorias perigosas)

---

[13] Esta lista inclui as convenções em vigor no momento da adopção do presente regulamento.

[14] A partir de 1 de Janeiro de 1985, o código IMDG foi integrado na Convenção SOLAS.

6. Convenção MARPOL:
Convenção internacional para a prevenção da poluição provocada pelos navios (1973/1978)
7. ADNR:
Regulamento para o transporte de matérias perigosas no Reno (1970)

ANEXO II
LISTA VERDE DE RESÍDUOS ([1])

Independentemente de estarem ou não incluídos na presente lista não podem ser considerados resíduos verdes os resíduos que se encontrem contaminados com outras matérias de tal forma que: *a*) aumentem os riscos associados aos resíduos de modo a torná-los adequados para inclusão nas listas vermelha e laranja; ou *b*) não seja possível a recuperação ecológica dos resíduos.

GA. RESÍDUOS DE METAIS E SUAS LIGAS SOB FORMA METÁLICA NÃO SUSCEPTÍVEL DE DISPERSÃO ([2])

Os resíduos e desperdícios dos seguintes metais preciosos e suas ligas:

GA 010	ex 7112 10	— Ouro
GA 020	ex 7112 20	— Platina (o termo «platina» engloba a platina, o irídio, o ósmio, o paládio, o ródio e o ruténio)
GA 030	ex 7112 90	— Outros metais preciosos, por exemplo a prata Nota: Exclui-se especificamente o mercúrio contaminante dos referidos metais e das suas ligas e amálgamas.

Os seguintes desperdícios, resíduos e sucata de metais não ferrosos e das respectivas ligas:

GA 120	7404 00	Desperdícios, resíduos e sucata de cobre
GA 130	7503 00	Desperdícios, resíduos e sucata de níquel
GA 140	7602 00	Desperdícios, resíduos e sucata de alumínio
GA 150	ex 7802 00	Desperdícios, resíduos e sucata de chumbo
GA 160	7902 00	Desperdícios, resíduos e sucata de zinco
GA 170	8002 00	Desperdícios, resíduos e sucata de estanho
GA 180	ex 8101 91	Desperdícios, resíduos e sucata de tungsténio
GA 190	ex 8102 91	Desperdícios, resíduos e sucata de molibdénio
GA 200	ex 8103 10	Desperdícios, resíduos e sucata de tântalo
GA 210	8104 20	Desperdícios, resíduos e sucata de magnésio (com excepção dos enumerados em AA 190)
GA 220	ex 8105 10	Desperdícios, resíduos e sucata de cobalto
GA 230	ex 8106 00	Desperdícios, resíduos e sucata de bismuto
GA 240	ex 8107 10	Desperdícios, resíduos e sucata de cádmio
GA 250	ex 8108 10	Desperdícios, resíduos e sucata de titânio
GA 260	ex 8109 10	Desperdícios, resíduos e sucata de zircónio
GA 270	ex 8110 00	Desperdícios, resíduos e sucata de antimónio

GA 280	ex 8111 00	Desperdícios, resíduos e sucata de manganês
GA 290	ex 8112 11	Desperdícios, resíduos e sucata de berílio
GA 300	ex 8112 20	Desperdícios, resíduos e sucata de crómio
GA 310	ex 8112 30	Desperdícios, resíduos e sucata de germânio
GA 320	ex 8112 40	Desperdícios, resíduos e sucata de vanádio
	ex 8112 91	Desperdícios, resíduos e sucata de:
GA 330		— Háfnio
GA 340		— Índio
GA 350		— Nióbio
GA 360		— Rénio
GA 370		— Gálio
GA 400	ex 2804 90	Resíduos e sucata de selénio
GA 410	ex 2804 50	Resíduos e sucata de telúrio
GA 420	ex 2805 30	Resíduos e sucata de terras raras
GA 430	7204	Sucata de ferro ou aço

GB. RESÍDUOS QUE CONTENHAM METAIS, PROVENIENTES DA FUSÃO, DA FUNDIÇÃO E DA REFINAÇÃO DE METAIS

GB 010	2620 11	Mates de galvanização
GB 020		Cinzas e escórias de zinco:
GB 021		— Mates de superfície da galvanização (>90 % Zn)
GB 022		— Mates de fundo da galvanização (>92 % Zn)
GB 023		— Escórias da fundição sob pressão (>85 % Zn)
GB 024		— Escórias da galvanização a quente (processo descontínuo) (>92 % Zn)
GB 025		— Resíduos da escumação de zinco
GB 030		Resíduos da escumação de alumínio (excepto os resíduos inflamáveis ou que, em contacto com a água, emitam gases inflamáveis em quantidades perigosas)
GB 040	ex 2620 90	Escórias provenientes do tratamento dos metais preciosos e do cobre, destinadas a uma valorização ulterior
GB 050		Tântalo contendo escórias com teor de estanho inferior a 0, 5 %

GC. OUTROS RESÍDUOS QUE CONTENHAM METAIS

GC 010		Circuitos eléctricos constituídos apenas por metais ou ligas
GC 020		Sucata electrónica (por exemplo circuitos impressos, componentes para electrónica, fios de cablagem, etc.) e componentes electrónicos recuperados dos quais é possível extrair metais comuns e preciosos
GC 030	ex 8908 00	Navios e outras estruturas flutuantes a desmantelar, devidamente esvaziados de quaisquer cargas e matérias que possam ser classificadas de perigosas
GC 040		Salvados de veículos a motor, esvaziados de qualquer líquido Catalisadores usados, à excepção dos líquidos utilizados como catalisadores:

GC 050		Catalisadores usados para *cracking* catalítico em leito fluidizado (como óxido de alumínio e zeolitos)
GC 060		Catalisadores usados que envolvam metais e contenham qualquer um dos seguintes: — Metais preciosos: ouro e prata — Metais do grupo da platina: ruténio, ródio, paládio, ósmio, irídio e platina — Metais de transição: escândio, vanádio, manganês, cobalto, cobre, ítrio, nióbio, háfnio, tungsténio, titânio, crómio, ferro, níquel, zinco, zircónio, molibdénio, tântalo e rénio — Lantanídios (terras raras): lantânio, praseodímio, samário, gadolínio, disprósio, érbio, itérbio, cério, neodímio, európio, térbio, hólmio, túlio e lutécio
GC 070	ex 2619 00	Escórias provenientes da produção de ferro e de aço-carbono (incluindo o aço francamente ligado), à excepção das escórias produzidas especificamente para satisfazer exigências e normas nacionais e internacionais de relevo ([3])
GC 080		Calamina (metal ferroso) Os seguintes resíduos de metais e ligas metálicas numa forma sólida não dispersível:
GC 090		Molibdénio
GC 100		Tungsténio
GC 110		Tântalo
GC 120		Titânio
GC 130		Nióbio
GC 140		Rénio
GC 150		Ouro
GC 160		Platina (o termo «platina» abrange a platina, o irídio, o ósmio, o paládio, o ródio e o ruténio)
GC 170		Outros metais preciosos, por exemplo prata Nota: Exclui-se especificamente o mercúrio contaminante dos referidos metais e respectivas ligas ou amálgamas.

GD. RESÍDUOS PROVENIENTES DE EXPLORAÇÕES MINEIRAS QUE NÃO SE ENCONTREM NA FORMA DISPERSA

GD 010	ex 2504 90	Resíduos de garfite natural
GD 020	ex 2514 00	Resíduos de ardósia, mesmo desbastada ou simplesmente cortada à serra ou por outro meio
GD 030	2525 30	Resíduos de mica
GD 040	ex 2529 30	Resíduos de leucite, nefelina e nefelina-sienite
GD 050	ex 2529 10	Resíduos de feldspato
GD 060	ex 2529 21	Resíduos de fluospato ex 2529 22

GD 070 ex 2811 22 Resíduos de silício sob forma sólida, excepto os utilizados nas operações de fundição

GE. RESÍDUOS DE VIDRO NÃO DISPERSÁVEIS

GE 010 ex 7001 00 Casco ou outros resíduos e desperdícios de vidro, à excepção do vidro utilizado em tubos de raios catódicos e outros vidros activados (incluindo o respectivo revestimento)

GE 020 Resíduos de fibra de vidro

GF. RESÍDUOS CERÂMICOS NÃO DISPERSÁVEIS

GF 010 Resíduos de materiais cerâmicos cozidos após a modelagem, incluindo os recipientes cerâmicos (antes e após o uso)

GF 020 ex 8113 00 Resíduos e desperdícios de cermetes (materiais compósitos de metais e matérias cerâmicas)

GF 030 Fibras à base de matérias cerâmicas não especificados nem incluídos noutras posições

GG. OUTROS RESÍDUOS CONSTITUÍDOS PRINCIPALMENTE POR SUBSTÂNCIAS INORGÂNICAS QUE POSSAM CONTER METAIS E MATÉRIAS ORGÂNICAS

GG 010 Sulfato de cálcio parcialmente refinado proveniente da dessulfuração de gases de combustão

GG 020 Resíduos de divisórias e placas de gesso provenientes da demolição de edifícios

GG 030 ex 2621 Cinzas pesadas e escórias provenientes de centrais eléctricas a carvão

GG 040 ex 2621 Cinzas volantes provenientes de centrais eléctricas a carvão

GG 050 Ânodos usados de coque de petróleo e/ou betume

GG 060 ex 2803 Carvão activado usado resultante do tratamento de água potável e de processos da indústria e de produção de vitaminas

GG 080 ex 2621 00 Escória proveniente da produção de cobre, estabilizada quimicamente, com um elevado teor de ferro (superior a 20 %), processada de acordo com especificações industriais (por exemplo DIN 4301 e DIN 8201), utilizável na produção de materiais de construção e de abrasivos

GG 090 Enxofre na forma sólida

GG 100 Calcário proveniente da produção de cianamida de cálcio, com pH inferior a 9

GG 110 ex 2621 00 Lamas vermelhas neutralizadas provenientes da produção de alumina

GG 120 Cloretos de sódio, de potássio e de cálcio

GG 130 Carborundum (carboneto de silício)

GG 140 Resíduos de cimento

GG 150	ex 2620 90	Sucata de vidros que contenham lítio-tântalo e lítio-nióbio
GG 160		Materiais betuminosos (resíduos de asfalto) provenientes da construção e manutenção rodoviárias, que não contenham alcatrão

GH. RESÍDUOS DE MATÉRIAS PLÁSTICAS SÓLIDAS

Incluido, mas não exclusivamente, os seguintes:

GH 010	3915	Resíduos, desperdícios e aparas de matérias plásticas
GH 011	ex 3915 10	— Polímeros de etileno
GH 012	ex 3915 20	— Polímeros de estireno
GH 013	ex 3915 30	— Polímeros de cloreto de vinilo
GH 014	ex 3915 30	— Polímeros ou copolímeros, tais como:

    — polipropileno
    — tereftalato de polietileno
    — copolímeros de acrilonitrilo
    — copolímeros de butadieno
    — copolímeros de estireno
    — poliamidas
    — tereftalatos de polibutileno
    — policarbonatos
    — sulfuretos de polifenileno
    — polímeros acrílicos
    — parafinas (C10 — C13) ([4])
    — poliuteranos (não contendo hidrocarbonetos clorofluoretados)
    — polisiloxalanos (silicones)
    — polimetacrilato de metilo
    — álcool polivinílico
    — butiral de polivinilo
    — acetato de polivinílico
    — politetrafluoroetileno (teflon, PTFE)

GH 015	ex 3915 90	— Resinas ou produtos de condensação de:

    — resinas ureicas de formaldeído
    — resinas fenólicas de formaldeído
    — resinas melamínicas de formaldeído
    — resinas epóxidas
    — resinas alquídicas
    — poliamidas

GI. RESÍDUOS DE PAPEL, CARTÃO E PRODUTOS PAPELEIROS

GI 010	4707	Resíduos, desperdícios e aparas de papel ou de cartão:
GI 011	4707 10	— De papéis ou cartões *Kraft*, crus, ou de papéis ou cartões canelados
GI 012	4707 20	— De outros papéis ou cartões obtidos principalmente a partir de pasta química branqueada, não corada na massa
GI 013	4707 30	— De papéis ou cartões obtidos principalmente a partir

		da pasta mecânica (por exemplo: jornais, periódicos e impressos semelhantes)
GI 014	4707 90	— Outros, incluindo, mas não exclusivamente, os seguintes: 1. Cartões contracolados 2. Resíduos, desperdícios e aparas não seleccionados

GJ. RESÍDUOS DE MATERIAIS TÊXTEIS

GJ 010	5003	Resíduos de seda (incluindo os casulos de bichos-da--seda impróprios para dobar, os desperdícios de fios e os fiapos):
GJ 011	5003 10	— Não cardados nem penteados
GJ 012	5003 90	— Outros
GJ 020	5103	Resíduos de lã ou de pêlos finos ou grosseiros, incluindo os resíduos de fios e excluindo os fiapos:
GJ 021	5103 10	— Resíduos da penteação de lã ou de pêlos finos
GJ 022	5103 20	— Outros resíduos de lã ou de pêlos finos
GJ 023	5103 30	— Resíduos de pêlos grosseiros
GJ 030	5202	Resíduos de algodão (incluindo os resíduos de fios e os fiapos)
GJ 031	5202 10	— Resíduos de fios
GJ 032	5202 91	— Fiapos
GJ 033	5202 99	— Outros
GJ 040	5301 30	Estopas e resíduos de linho
GJ 050	ex 5302 90	Estopas e resíduos (incluindo os resíduos de fios e os fiapos) de cânhamo *Cannabis sativa* L.)
GJ 060	ex 5303 90	Estopas e resíduos (incluindo os resíduos de fios e os fiapos) de juta e outras fibras têxteis liberianas (excepto linho, cânhamo e rami)
GJ 070	ex 5304 90	Estopas e resíduos (incluindo os resíduos de fios e os fiapos) de sisal e outras fibras têxteis de género *Agave*
GJ 080	ex 5305 19	Estopas e resíduos (incluindo os resíduos de fios e os fiapos) de cairo (fibras de coco)
GJ 090	ex 5305 29	Estopas e resíduos (incluindo os resíduos de fios e os fiapos) de abacá (cânhamo-de-Manila ou *Musa textilis* Nee)
GJ 100	ex 5305 99	Estopas e resíduos (incluindo os resíduos de fios e os fiapos) de rami e outras fibras têxteis vegetais não especificadas nem compreendidas noutras posições
GJ 110	5505	Resíduos de fibras sintéticas ou artificiais (incluindo os da penteação, os de fios e os fiapos):
GJ 111	5505 10	— De fibras sintéticas
GJ 112	5505 20	— De fibras artificiais
GJ 120	6309 00	Artefactos de matérias têxteis, calçado, chapéus e artefactos de uso semelhante, usados

GJ 130	ex 6310	Trapos, cordéis, cordas e cabos de matérias têxteis, em forma de desperdícios ou de artefactos inutilizados:
GJ 131	ex 6310 10	— Escolhidos
GJ 132	ex 6310 90	— Outros
GJ 140	ex 6310	Resíduos de revestimentos de piso têxteis, incluindo alcatifas

GK. RESÍDUOS DE BORRACHA

GK 010	4004 00	Resíduos, desperdícios e aparas de borracha não endurecida, mesmo reduzidos a pó ou a grânulos
GK 020	4012 20	Pneumáticos usados
GK 030	ex 4017 00	Resíduos e desperdícios de borracha endurecida (por exemplo, ebonite)

GL. RESÍDUOS DE CORTIÇA E MADEIRA NÃO TRATADOS

GL 010	ex 4401 30	Serradura, desperdícios, resíduos e obras inutilizadas, de madeira, mesmo aglomerada em bolas, briquetes ou em formas semelhantes
GL 020	4501 90	Resíduos de cortiça; cortiça triturada, granulada ou pulverizada

**GM. RESÍDUOS PROVENIENTES DA INDÚSTRIA ALIMENTAR E AGRO-
-ALIMENTAR**

GM 070	ex 2307	Borras de vinho
GM 080	ex 2308	Matérias vegetais e desperdícios vegetais, resíduos e subprodutos vegetais, mesmo em pellets, dos tipos utilizadados na alimentação de animais, não especificados nem compreendidos noutras posições
GM 090	1522	*Dégras*: resíduos provenientes do tratamento das matérias gordas ou das ceras animais ou vegetais
GM 100	0506 90	Resíduos de ossos e de núcleos córneos, em bruto, desengordurados, simplesmente preparados (mas não cortados em forma determinada), acidulados ou degelatinados
GM 110	ex 0511 91	Resíduos de peixes
GM 120	1802 00	Cascas, películas e outros desperdícios de cacau
GM 130		Resíduos da indústria agro-alimentar, com excepção dos subprodutos que satisfaçam os requisistos e as normas nacionais e internacionais de consumo pelo homem ou pelos animais
GM 140	ex 1500	Resíduos de gorduras e óleos de origem animal ou vegetal (por exemplo óleos de fritar)

GN. RESÍDUOS PROVENIENTES DAS OPERAÇÕES DE CURTIMENTO E DE PREPARAÇÃO E UTILIZAÇÃO DAS PELES

GN 010	ex 0502 00	Resíduos de cerdas de porco ou javali, de pêlos de texugo e de outros pêlos para escovas, pincéis e artigos semelhantes

CN 020	ex 0503 00	Resíduos de crinas, mesmo em mantas, com ou sem suporte
GN 030	ex 0505 90	Resíduos de peles e outras partes de aves com suas penas ou penugem, de penas e partes de penas (mesmo aparadas), de penugem em bruto ou simplesmente limpos, desinfectados ou preparados tendo em vista a sua conservação
GN 040	ex 4110 00	Aparas e outros resíduos de couros ou de peles preparadas ou de couro reconstituído, não utilizáveis no fabrico de obras em couro, com exclusão das lamas de couro

GO. OUTROS RESÍDUOS CONSTITUÍDOS PRINCIPALMENTE POR SUBSTÂNCIAS ORGÂNICAS QUE POSSAM CONTER METAIS E MATÉRIAS INORGÂNICAS

GO 010	ex 0501 00	Resíduos de cabelos
GO 020		Resíduos de palha
GO 030		Micélio de fungos desactivados proveniente de produção de penicilina, utilizado para a alimentação de animais
GO 040		Resíduos de películas fotográficas e de papel fotográfico (incluindo revestimentos de base e revestimentos fotossensíveis) que contenham ou não prata mas não contenham prata numa forma iónica livre
GO 050		Aparelhos fotográficos descartáveis após utilização, sem pilhas

---

[1] Sempre que possível, apresenta-se em cada entrada o número de código do Sistema Harmonizado de Designação e de Codificação das Mercadorias, estabelecido pela Convenção de Bruxelas de 14 de Junho de 1983 sob os auspícios do Conselho de Cooperação Aduaneira. Este código pode referir-se tanto aos resíduos como aos produtos. O presente regulamento não inclui matérias que não sejam resíduos. Deste modo, o referido código, que apenas é utilizado para facilitar os seus procedimentos, é apresentado com a única finalidade de facilitar a identificação dos resíduos listados que constituem objecto do presente regulamento. Todavia, as notas explicativas correspondentes elaboradas pelo Conselho de Cooperação Aduaneira devem ser utilizadas como guia de interpretação na identificação de resíduos incluídos em posições genéricas.A indicação «ex» identifica um produto específico incluído numa posição do Sistema Harmonizado. O código que figura a negro na primeira coluna é o código da OCDE, constituído por duas letras, sendo uma relativa ao tipo de lista: «Green» (verde), «Amber» (laranja), «Red» (vermelha) e a outra relativa à categoria de resíduos A, B, C, etc.), seguidas de um número.

[2] Os resíduos sob forma «não susceptível de dispersão »não englobam os desperdícios sob a forma de pó, lama e poeira nem os artigos sólidos que contenham desperdícios perigosos sob forma líquida.

[3] Esta posição inclui as escórias utilizadas na obtenção de dióxido de titânio e vanádio.

[4] Não são polimerizáveis e são utilizados como plastificantes.

ANEXO III
LISTA LARANJA DE RESÍDUOS ([1])

Independentemente de estarem ou não incluídos na presente lista não podem ser considerados resíduos laranjas os resíduos que se encontrem contaminados com outras matérias de tal forma que: *a)* aumentem os riscos associados aos resíduos de modo a torná-los adequados para inclusão na lista vermelha; ou *b)* não seja possível a recuperação ecológica dos resíduos.

AA. RESÍDUOS QUE CONTENHAM METAIS

AA 010	ex 2619 00	Escórias e outros resíduos da fabricação de ferro e do aço ([2])
AA 020	ex 2620 19	Cinzas e resíduos de zinco ([2])
AA 030	2620 20	Cinzas e resíduos de chumbo ([2])
AA 040	ex 2620 30	Cinzas e resíduos de cobre ([2])
AA 050	ex 2620 40	Cinzas e resíduos de alumínio ([2])
AA 060	ex 2620 50	Cinzas e resíduos de vanádio ([2])
AA 070	2620 90	Cinzas e resíduos ([2]) que contenham metais ou compostos metálicos não especificados nem incluídos noutras posições
AA 080	ex 8112 91	Resíduos, sucata e desperdícios de tálio
AA 090	ex 2804 80	Resíduos e desperdícios de arsénio ([2])
AA 100	ex 2805 40	Resíduos e desperdícios de mercúrio ([2])
AA 110		Resíduos provenientes da produção de alumina, não especificados nem incluídos noutras posições
AA 120		Lamas de galvanização
AA 130		Banhos provenientes de decapagem de metais
AA 140		Resíduos de lexivação do tratamento de zinco, poeiras e lamas, tais como a jarosite, hematite, goetite, etc.
AA 150		Resíduos de metais preciosos sob forma sólida contendo vestígios de cianetos inorgânicos
AA 160		Cinzas, lamas, poeiras e outros resíduos de metais preciosos, tais como:
AA 161		— Cinzas de incineração de circuitos impressos
AA 162		— Cinzas de películas fotográficas
AA 170		Acumuladores eléctricos de chumbo e de ácido, inteiros ou reduzidos a fragmentos
AA 180		Pilhas ou acumuladores usados, inteiros ou desmantelados, com excepção dos acumuladores à base de chumbo e de ácido, e resíduos provenientes do fabrico de pilhas e acumuladores, não especificados nem incluídos noutras posições

AA 190	8104 20	Resíduos e aparas de magnésio inflamáveis, pirofóricos ou que, em contacto com a água, produzam gases inflamáveis em quantidades perigosas

AB. RESÍDUOS CONSTITUÍDOS PRINCIPALMENTE POR SUBSTÂNCIAS INORGÂNICAS, QUE POSSAM CONTER METAIS E MATÉRIAS ORGÂNICAS

AB 010	2621 00	Cinzas e resíduos não especificados nem incluídos noutras posições ([2])
AB 020		Resíduos resultantes da incineração de resíduos urbanos/domésticos
AB 030		Resíduos de sistemas isentos de cianetos, provenientes do tratamento de superfícies metálicas
AB 040	ex 7001 00	Resíduos de vidro proveniente de tubos catódicos e outros vidros activados
AB 050	ex 2529 21	Lamas de fluoreto de cálcio
AB 060		Outros compostos inorgânicos de flúor, sob forma de líquidos ou de lamas
AB 070		Areias utilizadas nas operações de fundição
AB 080		Catalisadores usados não incluídos na lista verde
AB 090		Resíduos de hidratos de alumínio
AB 100		Resíduos de alumina
AB 110		Soluções básicas
AB 120		Compostos inorgânicos halogenados não especificados nem incluídos noutras posições
AB 130		Resíduos das operações de areação
AB 140		Gesso proveniente de tratamentos químicos industriais
AB 150		Sulfito de cálcio e sulfato de cálcio não refinados, provenientes da dessulfuração de gases de combustão

AC. OUTROS RESÍDUOS CONSTITUÍDOS PRINCIPALMENTE POR SUBSTÂNCIAS ORGÂNICAS, QUE POSSAM CONTER METAIS E MATÉRIAS INORGÂNICAS

AC 010	ex 2713 90	Resíduos da produção/tratamento do coque e do betume de petróleo, excluindo os ânodos usados
AC 020		Materiais betuminosos (resíduos de asfalto) não especificados ou incluídos noutra posição
AC 030		Resíduos de óleos impróprios para a utilização inicialmente prevista
AC 040		Lamas de gasolina com chumbo
AC 050		Fluidos térmicos (transfêrencias de calor)
AC 060		Fluidos hidráulicos
AC 070		Líquidos de travões
AC 080		Fluidos anticongelantes
AC 090		Resíduos provenientes de produção, preparação e da utilização de resinas, látex, plastificantes, colas e adesivos

AC 100	ex 3915 90	Nitrocelulose
AC 110		Fenóis, compostos fenolados, incluindo os clorofenóis, sob a forma de líquidos ou lamas
AC 120		Naftaleno policlorado
AC 130		Éteres
AC 140		Catalisadores de trietilamina utilizados na preparação das areias de fundição
AC 150		Hidrocarbonetos clorofluorados
AC 160		Halons
AC 170		Resíduos de cortiça e de madeiras tratadas
AC 180	ex 4110 00	Serragem, cinzas, lamas e farinha de couro
AC 190		Resíduos de destruição mecânica de automóveis (fracção leve: pelúcias, tecidos, resíduos de plástico, etc.)
AC 200		Compostos orgânicos de fósforo
AC 210		Solventes não halogenados
AC 220		Solventes halogenados
AC 230		Resíduos de destilação não aquosos, halogenados ou não halogenados, provenientes de operações de recuperação de solventes
AC 240		Resíduos provenientes da produção de hidrocarbonetos alifáticos halogenados (tais como clorometanos, dicloroetano, cloreto de vinilo, cloreto de vinilideno, cloreto de alilo e epicloridrina)
AC 250		Agentes tensioactivos (surfatantes)
AC 260		Esterco de porco; excrementos
AC 270		Lamas de esgotos

AD. RESÍDUOS QUE POSSAM CONTER MATÉRIAS ORGÂNICAS OU INORGÂNICAS

AD 010	Resíduos provenientes da produção e da preparação de produtos farmacêuticos
AD 020	Resíduos provenientes da produção, da preparação e da utilização de biocidas e de produtos fitofarmacêuticos
AD 030	Resíduos provenientes da fabricação, preparação e utilização de produtos químicos de preservação da madeira
	Resíduos contendo, consistindo em ou contaminados por uma das seguintes substâncias:
AD 040	— Cianetos inorgânicos, com excepção dos resíduos de metais preciosos sob forma sólida contendo vestígios de cianetos inorgânicos
AD 050	— Cianetos orgânicos
AD 060	Misturas e emulsões óleo/água ou hidrocarbonetos água
AD 070	Resíduos provenientes da produção, da preparação e

		da utilização de tintas, corantes, pigmentos, lacas ou vernizes
AD 080		Resíduos de carácter explosivo não sujeitos a uma outra legislação
AD 090		Resíduos provenientes da produção, da preparação e da utilização de produtos e materiais reprográficos e fotográficos, não especificados nem incluídos noutras posições
AD 100		Resíduos de sistemas isentos de cianetos, provenientes do tratamento de superfícies de plásticos
AD 110		Soluções ácidas
AD 120		Resinas de permuta iónica
AD 130		Aparelhos fotográficos descartáveis após utilização, com pilhas
AD 140		Resíduos provenientes de instalações industriais de depuração de efluentes gasosos não especificados nem incluídos noutras posições
AD 150		Matérias orgânicas de ocorrência natural utilizadas como meios filtrantes (tais como biofiltros)
AD 160		Resíduos urbanos/domésticos
AD 170	ex 2803	Carvão activado usado com características perigosas proveniente das indústrias de produtos químicos orgânicos e inorgânicos e da indústria farmacêutica, do tratamento das águas residuais, dos processos de limpeza de ar/gases e de aplicações análogas.

(¹) Sempre que possível, apresenta-se em cada entrada o número de código do Sistema Harmonizado de Designação e de Codificação das Mercadorias, estabelecido pela Convenção de Bruxelas de 14 de Junho de 1983 sob os auspícios do Conselho de Cooperação Aduaneira. Este código pode referir-se tanto aos resíduos como aos produtos. O presente regulamento não inclui matérias que não sejam resíduos. Deste modo, o referido código, que apenas é utilizado para facilitar os seus procedimentos, é apresentado com a única finalidade de facilitar a identificação dos resíduos listados que constituem objecto do presente regulamento. Todavia, as notas explicativas correspondentes elaboradas pelo Conselho de Cooperação Aduaneira devem ser utilizadas como guia de interpretação na identificação de resíduos incluídos em posições genéricas.A indicação «ex» identifica um produto específico incluído numa posição do Sistema Harmonizado. O código que figura a negro na primeira coluna é o código da OCDE, constituído por duas letras, sendo uma relativa ao tipo de lista: «Green» (verde), «Amber» (laranja), «Red» (vermelha) e a outra relativa à categoria de resíduos A, B, C, etc.), seguidas de um número.

(²) Esta enumeração inclui resíduos, cinzas, escórias, poeiras, pós, lamas e borras, a não ser que os materiais figurem explicitamente noutra posição.

ANEXO IV
LISTA VERMELHA DE RESÍDUOS

No âmbito da presente lista, os termos «contendo »ou «contaminada com» significam que a substância em causa se encontra presente numa quantidade que: *a*) torna os resíduos perigosos; ou *b*) torna os resíduos impróprios para serem objecto de processos de recuperação.

RA. RESÍDUOS CONSTITUÍDOS PRINCIPALMENTE POR SUBSTÂNCIAS ORGÂNICAS, QUE POSSAM CONTER METAIS E MATÉRIAS INORGÂNICAS

RA 010	Resíduos e artigos que contenham, consistam em ou se encontrem contaminados com policlorobifenilo (PCB) e/ou policloroterfenilo (PCT) e/ou polibromobifenilo (PBB), incluindo quaisquer outros compostos polibromados análogos, em concentrações iguais ou superiores a 50 mg/kg
RA 020	Resíduos de alcatrão (excluindo os resíduos abrangidos pela posição *AC* 020) resultantes da refinação, da destilação e do tratamento pirolítico de matérias orgânicas

RB. RESÍDUOS CONSTITUÍDOS PRINCIPALMENTE POR SUBSTÂNCIAS INORGÂNICAS, QUE POSSAM CONTER METAIS E MATÉRIAS ORGÂNICAS

RB 010	Amianto (poeiras e fibras)
RB 020	Fibras à base de produtos cerâmicos com propriedades físico-químicas semelhantes às do amianto

RC RESÍDUOS QUE POSSAM CONTER MATÉRIAS INORGÂNICAS OU ORGÂNICAS

Resíduos que contenham, consistam em ou se encontrem contaminados com alguma das seguintes substâncias:

RC 010	— Qualquer congénere do policlorodibenzofurano
RC 020	— Qualquer congénere da policlorodibenzodioxina
RC 030	Lamas de compostos de chumbo antidetonantes
RC 040	Peróxidos, com excepção do peróxido de hidrogénio

ANEXO V
Notas introdutórias

1. O anexo V será aplicável sem prejuízo da Directiva 75/442/CEE, alterada pelas Directivas 91/156/CEE e 91/689/CEE.

2. O presente anexo compreende três partes, sendo que as partes 2 e 3 só serão aplicáveis quando não seja aplicável a parte 1. Assim sendo, para definir se um determinado resíduo é ou não abrangido pelo anexo V do Regulamento (CEE) n.º 259/93 do Conselho, primeiro terá que se verificar se consta da parte 1 do anexo V, em caso negativo terá que se verificar se consta da parte 2 e, em caso negativo, terá que se verificar se consta da parte 3.

A parte 1 está dividida em duas sub-secções: a lista A enumera os resíduos considerados perigosos no contexto da Convenção de Basileia, pelo que são abrangidos pela proibição de exportação, enquanto que a lista B enumera os resíduos não abrangidos pela proibição de exportação.

Consequentemente, se um resíduo é incluído na parte 1, é necessário verificar se é enumerado na lista A ou na lista B. Só é necessário verificar se um resíduo consta da lista de resíduos perigosos da parte 2 ou da parte 3, caso em que é abrangido pela proibição de exportação, se não constar da lista A ou da lista B da parte 1.

3. Os Estados-Membros podem, em casos excepcionais, adoptar medidas para determinar, com base em provas documentais fornecidas de modo adequado pelo titular, que um determinado resíduo constante do presente anexo seja isento da proibição de exportação referida no n.º 1 do artigo 16.º da versão alterada do Regulamento (CEE) n.º 259/93, desde que não apresente nenhuma das propriedades enumeradas no anexo III à Directiva 91/689/CEE, tendo em conta, no que respeita aos pontos H3 a H8, H10 e H11 desse anexo, os valores-limite definidos pela Decisão 2000/532/CE da Comissão com a última redacção que lhe foi dada.

Antes de tomar uma decisão em relação a qualquer desses casos, o Estado--Membro em causa informará o país de destino da exportação. Os Estados--Membros notificarão esses casos à Comissão antes do final de cada ano civil. A Comissão transmitirá essa informação a todos os Estados-Membros e ao secretariado da Convenção de Basileia. A Comissão poderá, com base nas informações fornecidas, fazer comentários e, quando necessário, propostas ao comité instituído nos termos do artigo 18.º da Directiva 75/442/CEE com vista à adaptação do anexo V do Regulamento (CEE) n.º 259/93 do Conselho.

4. O facto de um resíduo não constar do presente anexo ou de estar incluído na lista B da parte 1 não exclui, em casos excepcionais, a classificação do mesmo como perigoso e, portanto, a proibição da sua exportação nos termos do n.º 1 do artigo 16.º do Regulamento (CEE) n.º 259/93 e suas alterações, se apresentar alguma das propriedades enumeradas no anexo III da Directiva 91/689/CEE, tendo em conta, no que respeita aos pontos H3 a H8, H10 e H11 desse anexo, os valores-limite definidos pela Decisão 2000/532/CE da Comissão, com a última redacção que lhe foi dada, tal como previsto no n.º 4, segundo travessão, do

artigo 1.º da Directiva 91/689/CEE e no cabeçalho do anexo II do Regulamento (CEE) n.º 259/93.

Antes de tomar uma decisão em relação a qualquer desses casos, o Estado-Membro em causa informará o país de destino da exportação. Os Estados-Membros notificarão esses casos à Comissão antes do final de cada ano civil. A Comissão transmitirá essa informação a todos os Estados-Membros e ao secretariado da Convenção de Basileia. A Comissão poderá, com base nas informações fornecidas, fazer comentários e, quando necessário, propostas ao comité instituído nos termos do artigo 18.º da Directiva 75/442/CEE com vista à adaptação do anexo V do Regulamento (CEE) n.º 259/93 do Conselho.

PARTE 1
Lista A (Anexo VIII da Convenção de Basileia)

A1 **Metais e resíduos que contenham metais**

A1010 Resíduos de metais ou resíduos constituídos por ligas de um dos seguintes elementos:
— Antimónio
— Arsénio
— Berílio
— Cádmio
— Chumbo
— Mercúrio
— Selénio
— Telúrio
— Tálio
à excepção dos resíduos especificamente referidos na lista B

A1020 Resíduos cujos componentes ou contaminantes incluam uma das seguintes substâncias, à excepção de resíduos de metais na forma elementar:
— Antimónio; compostos de antimónio
— Berílio; compostos de berílio
— Cádmio; compostos de cádmio
— Chumbo; compostos de chumbo
— Selénio; compostos de selénio
— Telúrio; compostos de telúrio

A1030 Resíduos cujos componentes ou contaminantes incluam uma das seguintes substâncias:
— Arsénio; compostos de arsénio
— Mercúrio; compostos de mercúrio
— Tálio; compostos de tálio

A1040 Resíduos cuja composição inclua uma das seguintes substâncias:
— Complexos carbonílicos de metais
— Compostos de crómio hexavalente

A1050 Lamas de galvanização

A1060 Águas residuais da decapagem de metais

A1070 Resíduos de lixiviação provenientes do tratamento de zinco, poeiras e lamas, nomeadamente de jarosite, hematite, etc.

A1080 Resíduos de zinco não incluídos na lista B, com teores de

chumbo e cádmio suficientes para inclusão no anexo III
A1090 Cinzas da incineração de fio de cobre isolado
A1100 Poeiras e resíduos provenientes de sistemas de depuração de gases de fundições de cobre
A1110 Soluções electrolíticas usadas resultantes de operações de refinação e extracção electrolíticas de cobre
A1120 Lamas residuais, à excepção de sedimentos anódicos, provenientes de sistemas de purificação electrolítica em operações de refinação e extracção electrolítica de cobre
A1130 Soluções de ataque usadas que contenham cobre dissolvido
A1140 Resíduos de catalisadores de cloreto cúprico e cianeto de cobre
A1150 Cinzas de metais preciosos provenientes da incineração de placas de circuitos integrados não incluídas na lista B ([1])
A1160 Baterias de chumbo/ácido usadas, intactas ou desmanteladas
A1170 Resíduos de baterias não triados, à excepção das misturas de baterias incluídas exclusivamente na lista B. Resíduos de baterias não incluídos na lista B que contenham componentes abrangidos pelo anexo 1 num teor que os torne perigosos
A1180 Resíduos ou sucatas de circuitos eléctricos e electrónicos ([2]) que contenham componentes tais como acumuladores e outras baterias incluídas na lista A, interruptores com mercúrio, vidros provenientes de tubos de raios catódicos e outros vidros activados, condensadores com PCB ou contaminados com substâncias incluídas no anexo I (por exemplo, cádmio, mercúrio, chumbo, bifenilos policlorados), num teor que lhes confira quaisquer das características abrangidas pelo anexo III (ver rubrica afim na lista B, B1110) ([3])

A2 **Resíduos que contêm fundamentalmente constituintes inorgânicos, embora possam conter alguns metais ou materiais orgânicos**

A2010 Resíduos de vidros provenientes de tubos de raios catódicos e outros vidros activados
A2020 Resíduos de compostos inorgânicos fluorados na forma líquida ou de lamas, à excepção dos resíduos incluídos na lista B
A2030 Resíduos de catalisadores, à excepção dos resíduos incluídos na lista B
A2040 Resíduos de gesso provenientes de processos químicos industriais, que contenham componentes abrangidos pelo anexo I num teor que lhes confira quaisquer das características abrangidas pelo anexo III (ver rubrica afim na lista B, B2080)
A2050 Resíduos de amianto (pó e fibras)
A2060 Cinzas volantes de centrais eléctricas a carvão, que conte-

nham componentes abrangidos pelo anexo I num teor que lhes confira quaisquer das características abrangidas pelo anexo III (ver entrada afim na lista B, B2050)

A3 **Resíduos que contêm fundamentalmente constituintes orgânicos, embora possam conter alguns metais ou materiais inorgânicos**

A3010 Resíduos da produção ou do processamento de coque de petróleo e betume

A3020 Resíduos de óleos minerais impróprios para a utilização inicialmente prevista

A3030 Resíduos que contenham, consistam em ou se encontrem contaminados com lamas de compostos anti-detonantes com chumbo

A3040 Resíduos de fluidos de transferência térmica

A3050 Resíduos da produção, formulação e utilização de resinas, látex, plastificantes, colas e adesivos, à excepção dos resíduos incluídos na lista B (ver rubrica afim na lista B, B4020)

A3060 Resíduos de nitrocelulose

A3070 Resíduos de fenóis e compostos fenólicos, incluindo clorofenol, na forma líquida ou de lamas

A3080 Resíduos de éteres, à excepção dos resíduos incluídos na lista B, B3130

A3090 Resíduos de poeiras, cinzas, lamas e farinhas de couro que contenham compostos de crómio hexavalente ou biocidas (ver rubrica afim na lista B, B3100)

A3100 Resíduos de aparas e outros resíduos de couro ou couro artificial, impróprios para o fabrico de curtumes, que contenham compostos de crómio hexavalente ou biocidas (ver rubrica afim na lista B, B3090)

A3110 Resíduos de deslanagem que contenham compostos de crómio hexavalente, biocidas ou substâncias infecciosas (ver entrada afim na lista B, B3110)

A3120 Resíduos de desmantelamento (fracção leve)

A3130 Resíduos de compostos orgânicos fosforados

A3140 Resíduos de solventes orgânicos não halogenados, à excepção dos resíduos incluídos na lista B

A3150 Resíduos de solventes orgânicos halogenados

A3160 Resíduos de destilação não aquosos, halogenados ou não, provenientes de operações de valorização de solventes orgânicos

A3170 Resíduos da produção de hidrocarbonetos alifáticos haloge nados (nomeadamente clorometano, dicloroetano, cloreto de vinilo, cloreto de vinilideno, cloreto de alilo e epicloridrina)

A3180 Resíduos, substâncias e artigos que contenham, consistam em ou se encontrem contaminados com bifenilos policlorados (PCB), trifenilos policlorados (PCT), naftalenos policlorados (PCN), bifenilos polibromados (PBB) ou quaisquer análogos polibromados destes compostos, numa concentração igual ou superior a 50 mg/kg (4)

A3190 Resíduos betuminosos (à excepção de betões betuminosos), provenientes da refinação, destilação e pirólise de matérias orgânicas

A4 Resíduos que possam conter constituintes orgânicos ou inorgânicos

A4010 Resíduos da produção, preparação e utilização de produtos farmacêuticos, à excepção dos resíduos incluídos na lista B

A4020 Resíduos hospitalares e afins, isto é, resíduos provenientes de actividades médicas, de enfermagem, odontológicas, veterinárias ou conexas, bem como resíduos produzidos em hospitais e outras infra-estruturas, no decurso da observação ou do tratamento de pacientes, ou de projectos de investigação

A4030 Resíduos da produção, formulação e utilização de biocidas e produtos fitofarmacêuticos, incluindo resíduos de pesticidas e herbicidas não especificados, fora do prazo de validade (^{5}), ou impróprios para a utilização inicialmente prevista

A4040 Resíduos da produção, formulação e utilização de produtos preservadores de madeiras (^{6})

A4050 Resíduos que contenham, consistam em ou se encontrem contaminados com:
— Cianetos inorgânicos, incluindo resíduos que contenham metais preciosos na forma sólida com quantidades residuais de cianetos inorgânicos
— Cianetos orgânicos

A4060 Resíduos de misturas e emulsões óleos/água e hidrocarbonetos/água

A4070 Resíduos da produção, formulação e utilização de tintas, corantes, pigmentos, vernizes e lacas, à excepção dos resíduos incluídos na lista B (ver rubrica afim na lista B, B4010)

A4080 Resíduos explosivos (à excepção dos resíduos incluídos na lista B)

A4090 Resíduos de soluções ácidas ou básicas, à excepção dos resíduos incluídos na entrada correspondente da lista B (ver rubrica afim na lista B, B2120)

A4100 Resíduos provenientes de dispositivos de depuração de efluentes industriais gasosos, à excepção dos resíduos incluídos na lista B

A4110 Resíduos que contenham, consistam em ou se encontrem contaminados com:
— Substâncias afins dos dibenzofuranos policlorados
— Substâncias afins das dibenzodioxinas policloradas

A4120 Resíduos que contenham, consistam em ou se encontrem contaminados com peróxidos

A4130 Resíduos de embalagens e recipientes que contenham substâncias incluídas no anexo I em concentrações que lhes confiram características abrangidas pelo anexo III

A4140 Resíduos que consistam em ou contenham produtos não especificados ou fora do prazo de validade (⁷) correspondentes às categorias incluídas no anexo I e que apresentem características abrangidas pelo anexo III

A4150 Resíduos não identificados e/ou novos de substâncias provenientes de actividades de investigação e desenvolvimento ou ensino, cujos efeitos na saúde humana e/ou no ambiente sejam desconhecidos

A4160 Resíduos de carvão activado não incluídos na lista B (ver rubrica afim na lista B, B2060)

(¹) De notar que a entrada correspondente na lista B (B1160) não refere quaisquer excepções.
(²) Esta entrada não inclui as sucatas de circuitos provenientes de centrais eléctricas.
(³) Teor de PCB igual ou superior a 50 mg/kg.
(⁴) O valor 50 mg/kg é considerado internacionalmente como um nível prático para todos os resíduos. Todavia, diversos países estabeleceram níveis regularmentares inferiores (por exemplo, 20 mg/kg) para determinados resíduos.
(⁵) «Fora do prazo de validade» significa não utilizado no período recomendado pelo fabricante.
(⁶) Esta rubrica não inclui a madeira tratada com produtos de conservação.
(⁷) «Fora do prazo de validade »significa não utilizado no período recomendado pelo fabricante.

Lista B (Anexo IX da Convenção de Basileia)

B1 **Metais e resíduos que contenham metais**

B1010 Resíduos de metais e ligas metálicas numa forma sólida não dispersível:
— Metais preciosos (ouro, prata, grupo das platinas, com exclusão do mercúrio)
— Sucata de ferro e de aço
— Sucata de cobre
— Sucata de níquel
— Sucata de alumínio
— Sucata de zinco
— Sucata de estanho
— Sucata de tungsténio
— Sucata de molibdénio
— Sucata de tântalo
— Sucata de magnésio
— Sucata de cobalto
— Sucata de bismuto
— Sucata de titânio
— Sucata de zircónio
— Sucata de manganês
— Sucata de germânio
— Sucata de vanádio
— Sucata de háfnio, índio, nióbio, rénio e gálio
— Sucata de tório
— Sucata de terras raras

B1020 Sucatas metálicas não contaminadas, inclusive de ligas, numa forma acabada a granel (folhas, placas, varas, vigas, etc.):
— Sucata de antimónio
— Sucata de berílio
— Sucata de cádmio
— Sucata de chumbo (à excepção de baterias chumbo/ácido)

— Sucata de selénio
— Sucata de telúrio
B1030 Resíduos que contenham metais refractários
B1040 Sucatas de circuitos de centrais eléctricas não contaminadas com óleos lubrificantes, PCB ou PCT numa extensão que as torne perigosas
B1050 Misturas de metais não ferrosos, sucatas de fracções pesadas que não contenham materiais do anexo I num teor que lhes confira quaisquer das características abrangidas pelo anexo III ([1])
B1060 Resíduos de selénio e telúrio na forma elementar, incluindo na forma pulvurulenta
B1070 Resíduos de cobre e de ligas de cobre em formas dispersíveis, excepto no caso de conterem componentes incluídos no anexo I num teor que lhes confira características abrangidas pelo anexo III
B1080 Cinzas e resíduos de zinco, incluindo resíduos de ligas de zinco, em formas dispersíveis, excepto no caso de conterem componentes incluídos no anexo I em teores que lhes confiram características abrangidas pelo anexo III ou características de perigo H4.3 ([2])
B1090 Resíduos de baterias conformes a especificações, à excepção das baterias com chumbo, cádmio ou mercúrio
B1100 Resíduos que contenham metais, provenientes da fusão, fundição ou refinação de metais:
— Zinco comercial

— Escórias que contenham zinco:
— Mates de superfície de galvanização (>90 % Zn)
— Mates de fundo de galvanização (>92 % Zn)
— Escórias de fundição sob pressão (>85 % Zn)
— Escórias de galvanização a quente (processo descontínuo) (>92 % Zn)
— Resíduos da escumação de zinco
— Alumínio escumado (ou espumas), com exclusão das escórias salinas
— Escórias do processamento de cobre destinadas a processamento posterior ou a refinação, que não contenham arsénio, chumbo ou cádmio em teores que lhes confiram características abrangidas pelo anexo III
— Resíduos de revestimentos refractários, incluindo cadinhos, provenientes da fundição de cobre
— Escórias do processamento de metais preciosos para refinação
— Escórias de estanho contendo tântalo com menos de 0,5 % de estanho
B1110 Circuitos eléctricos e electrónicos:
— Circuitos eléctricos e electrónicos constituídos unicamente por metais ou ligas
— Resíduos ou sucata de circuitos eléctricos e electrónicos ([3]) (incluindo placas de circuitos integrados) que não contenham componentes tais como

acumuladores e outras baterias incluídos na lista A, interruptores com mercúrio, vidro de tubos de raios catódicos e outros vidros activados, condensadores com PCB, contaminados ou não com substâncias incluídas no anexo I (por exemplo, cádmio, mercúrio, chumbo, bifenilos policlorados) ou dos quais tenham sido removidas substâncias deste tipo, numa extensão que não lhes confira características abrangidas pelo anexo III (ver rubrica afim na lista A, A1180)
— Circuitos eléctricos e electrónicos (incluindo placas de circuitos integrados, componentes electrónicos e fios) destinados a reutilização directa (^{4}) e não a reciclagem ou eliminação (^{5})

B1120 Catalisadores usados, à excepção dos líquidos utilizados como catalisadores, que contenham:
— Metais de transição, à excepção de resíduos de catalisadores (catalisadores usados, catalisadores líquidos usados e outros catalisadores) incluídos na lista A:
Escândio
Vanádio
Manganês
Cobalto
Cobre
Ítrio
Nióbio
Háfnio
Tungsténio
Titânio
Crómio
Ferro
Níquel
Zinco
Zircónio
Molibdénio
Tântalo Rénio
— Lantanídeos (terras raras):
Lantânio
Praseodímio
Samário
Gadolínio
Disprósio
Érbio
Itérbio
Cério
Neodímio
Európio
Térbio
Hólmio
Túlio
Lutécio

B1130 Catalizadores usados que contenham metais preciosos, depois de limpos

B1140 Resíduos sólidos que contenham metais preciosos e quantidades residuais de cianetos inorgânicos

B1150 Resíduos de metais e ligas preciosas (ouro, prata, grupo da platina, com exclusão do mercúrio) em formas dispersíveis, não líquidas, adequadamente embalados e rotulados

B1160 Cinzas de metais preciosos provenientes da incineração de placas de circuitos integrados (ver entrada afim na lista A, A1150)

B1170 Cinzas de metais preciosos provenientes da incineração de película fotográfica

B1180 Resíduos de película fotográfica contendo compostos

halogenados de prata e prata pura

B1190 Resíduos de papel fotográfico contendo compostos halogenados de prata e prata pura

B1200 Escórias granuladas provenientes do fabrico de ferro e aço

B1210 Escórias provenientes do fabrico de ferro e aço, incluindo as destinadas a utilização como fonte de TiO_2 e de vanádio

B1220 Escória proveniente da produção de zinco, quimicamente estabilizada, com um teor de ferro superior a 20% e transformada de acordo com especificações industriais (por exemplo, DIN 4301), utilizada principalmente na construção

B1230 Calamina proveniente do fabrico de ferro e aço

B1240 Calamina de óxido de cobre

B2 Resíduos que contêm fundamentalmente constituintes inorgânicos, embora possam conter alguns metais ou materiais orgânicos

B2010 Resíduos da actividade mineira, numa forma não dispersível:
— Resíduos de grafite natural
— Resíduos de ardósia, quer sejam ou não acabados de forma grosseira ou simplesmente cortados, com uma serra ou por outros meios
— Resíduos de mica
— Resíduos de leucite, nefeline ou nefelina-siemite
— Resíduos de feldspato
— Resíduos de espatoflúor
— Resíduos de sílica na forma sólida, com excepção dos usados em operações de fundição

B2020 Resíduos de vidro numa forma não dispersível:
— Casco e outros resíduos e desperdícios de vidro, à excepção do vidro proveniente de tubos de raios catódicos e outros vidros activados

B2030 Resíduos cerâmicos numa forma não dispersível:
— Resíduos e escórias de «cermet» (compósito cerâmica/metal)
— Fibras com base cerâmica não especificadas ou incluídas noutro ponto da presente lista

B2040 Outros resíduos que contenham principalmente componentes inorgânicos:
— Sulfato de cálcio parcialmente refinado, obtido por dessulfuração de gases de combustão (DGC)
— Resíduos de placas ou painéis de gesso provenientes de demolições
— Escória proveniente da produção de cobre, quimicamente estabilizada, com um teor de ferro superior a 20% e transformada de acordo com especificações industriais (por exemplo, DIN 4301 e DIN 8201), utilizada principalmente na construção e como abrasivo
— Enxofre na forma sólida
— Castinas provenientes da produção de cianamida cálcica (pH<9)
— Sódio, potássio, cloretos de cálcio
— Carborundum (carboneto de silício)

— Fragmentos de betão
— Sucatas de vidro que contenham ligas lítio-tântalo e lítio-nióbio B2050 Cinzas volantes de centrais eléctricas a carvão, não incluídas na lista A (ver rubrica afim na lista A, A2060)
B2060 Resíduos de carvão activado provenientes do tratamento de águas para consumo humano e da indústria alimentar, bem como da produção de vitaminas (ver rubrica afim na lista A, A4160)
B2070 Lamas de fluoreto de cálcio
B2080 Resíduos de gesso provenientes de processos químicos industriais, não incluídos na lista A (ver entrada afim na lista A, A2040)
B2090 Resíduos anódicos provenientes da produção de aço e alumínio, obtidos a partir de coque de petróleo ou betume, e depurados, de acordo com especificações industriais correntes (à excepção dos resíduos anódicos da electrólise de misturas cloro-álcali e da indústria metalúrgica)
B2100 Resíduos de hidratos de alumínio, resíduos de alumina e resíduos da produção de alumina, com exclusão dos materiais utilizados para limpeza de gases ou em processos de floculação ou filtração
B2110 Resíduos de bauxite («red mud») (pH — de moderado a 11, 5)
B2120 Resíduos de soluções ácidas e básicas com pH superior a 2 e inferior a 11, 5, que não possuam propriedades corrosivas ou outras características perigosas (ver entrada afim na lista A, A4090)

B3 **Resíduos que contêm fundamentalmente constituintes orgânicos, embora possam conter alguns metais ou materiais inorgânicos**

B3010 Resíduos plásticos na forma sólida
Os seguintes plásticos ou misturas de matérias plásticas, desde que não estejam misturados com outros resíduos e que sejam conformes a especificações:
— Sucatas plásticas de polímeros e co-polímeros halogenados, incluindo, numa lista não restritiva, os seguintes ([6]):
— Etileno
— Estireno
— Polipropileno
— Tereftalato de polietileno
— Acrilonitrilo
— Butadieno
— Poliacetais
— Poliamidas
— Tereftalato de polibutileno
— Policarbonatos
— Poliéteres
— Sulfuretos de polifenileno
— Polímeros acrílicos
— Alcanos C10-C13 (plastificantes)
— Poliuretano (isento de CFC)
— Polisiloxanos
— Polimetacrilato de metilo

— Álcool polivinílico
— Polivinilibutiral
— Acetato de polivinilo
— Resíduos curados de resinas ou produtos de condensação, incluindo nomeadamente os seguintes:
— Resinas de ureia-formaldeído
— Resinas de fenol-formaldeído
— Resinas de melamina-formaldeído
— Resinas epoxídicas
— Resinas alquídicas
— Poliamidas
— Os seguintes resíduos de polímeros fluoretados ([7]):
— Perfluoroetileno/propileno (FEP)
— Perfluoroalcoxialcanos (PFA)
— Perfluoroalcoxialcanos (MFA)
— Polifluoreto de vinilo (PVF)
— Polifluoreto de vinilideno (PVDF)

B3020 Resíduos de papel, de painéis de cartão laminado e de produtos de papel
Os seguintes materiais, desde que não estejam misturados com resíduos perigosos: Resíduos e escórias de papel e de painéis de cartão:
— Papel ou painéis de cartão lisos ou canelados não lixiviados
— Outros papéis ou painéis de cartão, fundamentalmente compostos de pasta quimicamente branqueada mas tintos na massa
— Papel ou painéis de cartão fundamentalmente compostos por pasta mecânica (jornais, revistas e outro material impresso semelhante)
— Outros, nomeadamente
1. painéis de cartão;
2. Escórias não triadas

B3030 Resíduos têxteis Os seguintes materiais, desde que não estejam misturados com outros resíduos e que sejam conformes a especificações:
— Resíduos de seda (incluindo casulos não aproveitáveis para fiação, restos de fios e farrapos)
— Não cardados nem penteada
— Outros
— Resíduos grosseiros ou finos de lã ou de pêlo de outros animais, incluindo resíduos de fios mas com exclusão de farrapos
— Estopa fina de lã ou de pêlo de outros animais
— Outros resíduos finos de lã ou de pêlo de outros animais
— Resíduos grosseiros de pêlo de outros animais
— Resíduos de algodão (incluindo resíduos de fios e farrapos)
— Resíduos de fios (incluindo resíduos de cordas)
— Farrapos
— Outros
— Estopa e resíduos de linho
— Estopa e resíduos (incluindo resíduos de fios e farrapos) de cânhamo *Cannabis sativa* L.)

— Estopa e resíduos (incluindo resíduos de fios e farrapos) de juta e de outras fibras vegetais em filaça (excluindo o linho, o cânhamo e o rami)
— Estopa e resíduos (incluindo resíduos de fios e farrapos) de sisal e de outras fibras têxteis do género Agave
— Estopa, cabo e resíduos (incluindo resíduos de fios e farrapos) de coco
— Estopa, cabo e resíduos (incluindo resíduos de fios e farrapos) de abaca (cânhamo de Manila ou *Musa textilis*)
— Estopa, cabo e resíduos (incluindo resíduos de fios e farrapos) de rami e de outras fibras têxteis vegetais, não especificadas nem incluídas noutros pontos da presente lista
— Resíduos (incluindo cabo, estopa e farrapos) de fibras fabricadas pelo homem
— Fibras sintéticas
— Fibras artificiais
— Roupas e outros artigos têxteis usados
— Trapos, resíduos de cordel, cordagens, corda e cabos usados e artigos fabricados com cordel, cordagens, corda e cabos têxteis já gastos
— Triados
— Outros

B3040 Resíduos de borracha Os seguintes materiais, desde que não estejam misturados com outros resíduos:
— Resíduos e escórias de borrachas duras (por exemplo: ebonite)
— Outros resíduos de borrachas (com exclusão dos resíduos especificados noutros pontos da presente lista)

B3050 Resíduos de cortiça e madeira não tratados
— Resíduos e escórias de madeira, quer esteja ou não aglomerada em blocos, briquetes, aglomerados ou noutra forma semelhante
— Resíduos de cortiça: cortiça esmagada, granulada ou moída

B3060 Resíduos provenientes da indústria agro-alimentar, desde que não sejam infecciosos
— Borras de vinho
— Resíduos, restos e produtos secundários vegetais secos ou esterilizados, granulados ou não, utilizáveis ou não para a alimentação animal, desde que não sejam especificados nem incluídos noutros pontos da presente lista
— *Dégras*: resíduos resultantes do tratamento de substâncias gordas ou de ceras animais ou vegetais
— Resíduos de ossos e de ossos interiores dos cornos, não trabalhados, a que foram retiradas as gorduras, sujeitos a um tratamento grosseiro (mas não cortados com uma determinada forma) com ácido ou desgelatinizados
— Resíduos de peixe
— Cascas, fibras, peles e outros resíduos de coco
— Outros resíduos da indústria agro-alimentar, com exclusão dos produtos secundários que cumpram as exigências e

normas nacionais ou internacionais para o consumo animal ou humano

B3070 Os seguintes resíduos:
— Resíduos de cabelo humano
— Resíduos de palha
— Micélios fúngicos desactivados provenientes da produção de penicilina e destinados à alimentação animal

B3080 Aparas e escórias de borracha

B3090 Aparas e outros resíduos de couro ou couro artificial impróprios para o fabrico de curtumes, à excepção de lamas, que não contenham compostos de crómio hexavalente ou biocidas (ver rubrica afim na lista A, A3100)

B3100 Resíduos de poeiras, cinzas, lamas e farinhas de couro que não contenham compostos de crómio hexavalente ou biocidas (ver rubrica afim na lista A, A3090)

B3110 Resíduos de deslanagem que não contenham compostos de crómio hexavalente, biocidas ou substâncias infecciosas (ver rubrica afim na lista A, A3110)

B3120 Resíduos compostos por corantes alimentares

B3130 Resíduos de poliéteres e de éteres monómeros não perigosos, que não possam formar peróxidos

B3140 Resíduos de pneumáticos, excluindo os destinados às operações previstas no anexo IV. A

B4 Resíduos que podem conter constituintes orgânicos ou inorgânicos

B4010 Resíduos constituídos principalmente por tintas e vernizes endurecidos à base de água ou de látex, que não contenham solventes orgânicos, metais pesados e biocidas numa extensão que os torne perigosos (ver rubrica afim na lista A, A4070)

B4020 Resíduos da produção, formulação e utilização de resinas, látex, plastificantes, colas e adesivos, à excepção dos resíduos incluídos na lista A, isentos de solventes e outros contaminantes numa extensão que não lhes confira características abrangidas pelo anexo III, nomeadamente produtos aquosos e colas à base de caseína, amido, dextrina, éteres de celulose e álcoois polivinílicos (ver rubrica afim na lista A, A3050)

B4030 Aparelhos fotográficos descartáveis usados, com pilhas não incluídas na lista A

([1]) De notar que mesmo nos casos em que inicialmente a contaminação com materiais do anexo I seja residual os processos subsequentes, nomeadamente de reciclagem, podem resultar em fracções separadas em que os teores estejam aumentados de forma significativa.

([2]) A classificação das cinzas de zinco encontra-se actualmente em estudo, existindo uma recomendação da Conferência das Nações Unidas para o Comércio e o Desenvolvimento (UNCTAD) no sentido de não serem consideradas mercadorias perigosas.

([3]) Esta entrada não inclui as sucatas de circuitos provenientes de centrais eléctricas.

([4]) A reutilização pode abranger a reparação, a recuperação ou a beneficiação, mas não a remontagem total.

(⁵) Em alguns países, os materiais destinados a reutilização directa não são considerados resíduos.
(⁶) Subentende-se que se trata de sucatas totalmente polimerizadas.
(⁷) — Excluem-se da presente entrada os resíduos produzidos pelos consumidores.
— Os resíduos não devem ser misturados.
— Devem ter-se em conta os problemas decorrentes da queima a céu aberto.

PARTE 2

Resíduos enumerados no anexo da Decisão 2000/532/CE da Comissão, como alterada.Os resíduos marcados com um asterisco são considerados perigosos em conformidade com o disposto na Directiva 91/689/CEE relativa aos resíduos perigosos (¹⁵).

01	**RESÍDUOS DA PROSPECÇÃO E EXPLORAÇÃO DE MINAS E PEDREIRAS, BEM COMO DE TRATAMENTOS FÍSICOS E QUÍMICOS DAS MATÉRIAS EXTRAÍDAS**		resultantes da transformação física e química de minérios metálicos
		01 03 08	poeiras e pós, não abrangidos em 01 03 07
		01 03 09	lamas vermelhas da produção de alumina, não abrangidas em 01 03 07
01 01	**resíduos da extracção de minérios**	01 03 99	outros resíduos não anteriormente especificados
01 01 01	resíduos da extracção de minérios metálicos	**01 04**	**resíduos da transformação física e química de minérios não metálicos**
01 01 02	resíduos da extracção de minérios não metálicos	01 04 07*	resíduos contendo substâncias perigosas, resultantes da transformação física e química de minérios não metálicos
01 03	**resíduos da transformação física e química de minérios metálicos**		
01 03 04*	rejeitados geradores de ácidos, resultantes da transformação de sulfuretos	01 04 08	gravilhas e fragmentos de rocha, não abrangidos em 01 04 07
01 03 05*	outros rejeitados contendo substâncias perigosas	01 04 09	areias e argilas
01 03 06	rejeitados não abrangidos em 01 03 04 e 01 03 05	01 04 10	poeiras e pós, não abrangidos em 01 04 07
01 03 07*	outros resíduos contendo substâncias perigosas,	01 04 11	resíduos da preparação de minérios de potássio e de

---

(¹⁵) Quando identificar os resíduos constantes da lista abaixo indicada, a introdução do anexo da Decisão da Comissão 2000/532/CE é relevante.

	sal-gema, não abrangidos em 01 04 07	02 01 01	lamas provenientes da lavagem e limpeza
01 04 12	rejeitados e outros resíduos, resultantes da lavagem e limpeza de minérios, não abrangidos em 01 04 07 e 01 04 11	02 01 02	resíduos de tecidos animais
		02 01 03	resíduos de tecidos vegetais 02 01 04 resíduos de plásticos (excluindo embalagens)
01 04 13	resíduos do corte e serragem de pedra, não abrangidos em 01 04 07	02 01 06	fezes, urina e estrume de animais incluindo palha suja), efluentes recolhidos separadamente e tratados noutro local
01 04 99	outros resíduos não anteriormente especificados		
01 05	lamas e outros resíduos de perfuração		
		02 01 07	resíduos silvícolas
01 05 04	lamas e outros resíduos de perfuração, contendo água doce	02 01 08*	resíduos agroquímicos contendo substâncias perigosas
		02 01 09	resíduos agroquímicos não abrangidos em 02 01 08
01 05 05*	lamas e outros resíduos de perfuração, contendo hidrocarbonetos	02 01 10	resíduos metálicos
		02 01 99	outros resíduos não anteriormente especificados
01 05 06*	lamas e outros resíduos de perfuração, contendo substâncias perigosas	02 02	resíduos da preparação e processamento de carne, peixe e outros produtos alimentares de origem animal
01 05 07	lamas e outros resíduos de perfuração, contendo sais de bário, não abrangidos em 01 05 05 e 01 05 06		
		02 02 01	lamas provenientes da lavagem e limpeza
01 05 08	lamas e outros resíduos de perfuração, contendo cloretos, não abrangidos em 01 05 05 e 01 05 06	02 02 0	resíduos de tecidos animais
		02 02 03	materiais impróprios para consumo ou processamento
01 05 99	outros resíduos não anteriormente especificados		
02	RESÍDUOS DA AGRICULTURA, HORTICULTURA, AQUACULTURA, SILVICULTURA, CAÇA E PESCA, E DA PREPARAÇÃO E PROCESSAMENTO DE PRODUTOS ALIMENTARES	02 02 04	lamas do tratamento local de efluentes
		02 02 99	outros resíduos não anteriormente especificados
		02 03	resíduos da preparação e processamento de frutos, legumes, cereais, óleos alimentares, cacau, café, chá e tabaco; resíduos da produção de conservas; resíduos da produção de
02 01	resíduos da agricultura, horticultura, aquacultura, silvicultura, caça e pesca		

	levedura e extracto de levedura, e da preparação e fermentação de melaços	02 06 99	outros resíduos não anteriormente especificados
		02 07	**resíduos da produção de bebidas alcoólicas e não alcoólicas (excluindo café, chá e cacau)**
02 03 01	lamas de lavagem, limpeza, descasque, centrifugação e separação		
		02 07 01	resíduos da lavagem, limpeza e redução mecânica das matérias-primas
02 03 02	resíduos de agentes conservantes		
02 03 03	resíduos da extracção por solventes	02 07 02	resíduos da destilação de álcool
02 03 04	materiais impróprios para consumo ou processamento	02 07 03	resíduos de tratamentos químicos
02 03 05	lamas do tratamento local de efluentes	02 07 04	materiais impróprios para consumo ou processamento
02 03 99	outros resíduos não anteriormente especificados	02 07 05	lamas do tratamento local de efluentes
02 04	**resíduos do processamento de açúcar**	02 07 99	outros resíduos não anteriormente especificados
02 04 01	terra proveniente da limpeza e lavagem da beterraba	**03**	**RESÍDUOS DO PROCESSAMENTO DE MADEIRA E DO FABRICO DE PAINÉIS, MOBILIÁRIO, PASTA PARA PAPEL, PAPEL E CARTÃO**
02 04 02	carbonato de cálcio fora de especificação		
02 04 03	lamas do tratamento local de efluentes		
02 04 99	outros resíduos não anteriormente especificados	**03 01**	**resíduos do processamento de madeira e fabrico de painéis e mobiliário**
02 05	**resíduos da indústria de lacticínios**		
02 05 01	materiais impróprios para consumo ou processamento	03 01 01	resíduos do descasque de madeira e de cortiça
		03 01 04*	serradura, aparas, fitas de aplainamento, madeira, aglomerados e folheados, contendo substâncias perigosas
02 05 02	lamas do tratamento local de efluentes		
02 05 99	outros resíduos não anteriormente especificados		
02 06	**resíduos da indústria de panificação, pastelaria e confeitaria**	03 01 05	serradura, aparas, fitas de aplainamento, madeira, aglomerados e folheados, não abrangidos em 03 01 04
02 06 02	resíduos de agentes conservantes	03 01 99	outros resíduos não anteriormente especificados
02 06 03	lamas do tratamento local de efluentes	**03 02**	**resíduos da preservação da madeira**

03 02 01*	produtos orgânicos não halogenados de preservação da madeira	**04**		**RESÍDUOS DA INDÚSTRIA DO COURO E PRODUTOS DE COURO E DA INDÚSTRIA TÊXTIL**
03 02 02*	agentes organoclorados de preservação da madeira			
03 02 03*	agentes organometálicos de preservação da madeira	**04 01**		**resíduos da indústria do couro e produtos de couro**
03 02 04*	agentes inorgânicos de preservação da madeira	04 01 01		resíduos das operações de descarna e divisão de tripa
03 02 05*	outros agentes de preservação da madeira, contendo substâncias perigosas	04 01 02		resíduos da operação de calagem
		04 01 03*		resíduos de desengorduramento, contendo solventes sem fase aquosa
03 02 99	agentes de preservação da madeira não anteriormente especificados	04 01 04		licores de curtimenta, contendo crómio
03 03	**resíduos da produção e da transformação de pasta para papel, papel e cartão**	04 01 05		licores de curtimenta, sem crómio
		04 01 06		lamas, em especial do tratamento local de efluentes, contendo crómio
03 03 01	resíduos do descasque de madeira e de madeira			
03 03 02	lamas da lixívia verde (provenientes da valorização da lixívia de cozimento)	04 01 07		lamas, em especial do tratamento local de efluentes, sem crómio
03 03 05	lamas de destintagem, provenientes da reciclagem de papel	04 01 08		resíduos de pele curtida (aparas azuis, surragem, poeiras), contendo crómio
03 03 07	rejeitados mecanicamente separados, do fabrico de pasta a partir de papel e cartão usado	04 01 09		resíduos da confecção e acabamentos
		04 01 99		outros resíduos não anteriormente especificados
		04 02		**resíduos da indústria têxtil**
03 03 08	resíduos da triagem de papel e cartão destinados a reciclagem	04 02 09		resíduos de materiais compósitos (têxteis impregnados, elastómeros, plastómeros)
03 03 09	resíduos de lamas de cal			
03 03 10	rejeitados de fibras e lamas de fibras, fílers e revestimentos, provenientes da separação mecânica	04 02 10		matéria orgânica de produtos naturais (por exemplo, gordura, cera)
03 03 11	lamas do tratamento local de efluentes, não abrangidas em 03 03 10	04 02 14*		resíduos dos acabamentos, contendo solventes orgânicos
03 03 99	outros resíduos não anteriormente especificados	04 02 15		resíduos dos acabamentos, não abrangidos em 04 02 14

04 02 16*	corantes e pigmentos, contendo substâncias perigosas	05 01 11*	resíduos da limpeza de combustíveis com bases
04 02 17	corantes e pigmentos, não abrangidos em 04 02 16	05 01 12*	hidrocarbonetos contendo ácidos
04 02 19*	lamas do tratamento local de efluentes, contendo substâncias perigosas	05 01 13	lamas do tratamento de água para abastecimento de caldeiras 05 01 14 resíduos de colunas de arrefecimento
04 02 20	lamas do tratamento local de efluentes, não abrangidas em 04 02 19	05 01 15*	argilas de filtração usadas
		05 01 16	resíduos contendo enxofre, da dessulfuração de petróleo
04 02 21	resíduos de fibras têxteis não processadas		
04 02 22	resíduos de fibras têxteis processadas	05 01 17	betumes
		05 01 99	outros resíduos não anteriormente especificados
04 02 99	outros resíduos não anteriormente especificados		
05	**RESÍDUOS DA REFINAÇÃO DE PETRÓLEO, DA PURIFICAÇÃO DE GÁS NATURAL E DO TRATAMENTO PIROLÍTICO DE CARVÃO**	**05 06**	**resíduos do tratamento pirolítico do carvão**
		05 06 01*	alcatrões ácidos
		05 06 03*	outros alcatrões
		05 06 04	resíduos de colunas de arrefecimento
		05 06 99	outros resíduos não anteriormente especificados
05 01	**resíduos da refinação de petróleo**	**05 07**	**resíduos da purificação e transporte de gás natural**
05 01 02*	lamas de dessalinização		
05 01 03*	lamas de fundo dos depósitos	05 07 01*	resíduos contendo mercúrio
05 01 04*	lamas alquílicas ácidas	05 07 02	resíduos contendo enxofre
05 01 05*	derrames de hidrocarbonetos	05 07 99	outros resíduos não anteriormente especificados
05 01 06*	lamas contendo hidrocarbonetos, provenientes de operações de manutenção das instalações ou equipamentos	**06**	**RESÍDUOS DE PROCESSOS QUÍMICOS INORGÂNICOS**
		06 01	**resíduos do fabrico, formulação, distribuição e utilização (FFDU) de ácidos**
05 01 07*	alcatrões ácidos		
05 01 08*	outros alcatrões		
05 01 09*	lamas do tratamento local de efluentes, contendo substâncias perigosas	06 01 01*	ácido sulfúrico e ácido sulfuroso
		06 01 02*	ácido clorídrico
		06 01 03*	ácido fluorídrico
05 01 10	lamas do tratamento local de efluentes, não abrangidas em 05 01 09	06 01 04*	ácido fosfórico e ácido fosforoso

06 01 05*	ácido nítrico e ácido nitroso	06 05 03	lamas do tratamento local de efluentes, não abrangidas em 06 05 02
06 01 06*	outros ácidos		
06 01 99	outros resíduos não anteriormente especificados	**06 06**	**resíduos do FFDU de produtos e processos químicos do enxofre e de processos de dessulfuração**
06 02	**resíduos da FFDU de bases**		
06 02 01*	hidróxido de cálcio		
06 02 03*	hidróxido de amónio		
06 02 04*	hidróxidos de sódio e de potássio	06 06 02*	resíduos contendo sulfuretos perigosos
06 02 05*	outras bases	06 06 03	resíduos contendo sulfuretos não abrangidos em 06 06 02
06 02 99	outros resíduos não anteriormente especificados		
06 03	**resíduos do FFDU de sais e suas soluções e de óxidos metálicos**	06 06 99	outros resíduos não anteriormente especificados
		06 07	**resíduos do FFDU de halogéneos e processos químicos dos halogéneos**
06 03 11*	sais no estado sólido e em soluções, contendo cianetos		
		06 07 01*	resíduos contendo amianto, provenientes de electrólise
06 03 13*	sais no estado sólido e em soluções, contendo metais pesados		
		06 07 02*	resíduos de carvão activado utilizado na produção de cloro
06 03 14	sais no estado sólido e em soluções, não abrangidos em 06 03 11 e 06 03 13		
		06 07 03*	lamas de sulfato de bário, contendo mercúrio
06 03 15*	óxidos metálicos contendo metais pesados	06 07 04*	soluções e ácidos, por exemplo, ácido de contacto
06 03 16	óxidos metálicos não abrangidos em 06 03 15	06 07 99	outros resíduos não anteriormente especificados
06 03 99	outros resíduos não anteriormente especificados	**06 08**	**resíduos do FFDU do silício e seus derivados**
06 04	**resíduos contendo metais, não abrangidos em 06 03**	06 08 02*	resíduos contendo clorossilanos perigosos
06 04 03*	resíduos contendo arsénio		
06 04 04*	resíduos contendo mercúrio	06 08 99	outros resíduos não anteriormente especificados
06 04 05*	resíduos contendo outros metais pesados	**06 09**	**resíduos do FFDU de produtos e processos químicos do fósforo**
06 04 99	outros resíduos não anteriormente especificados		
		06 09 02	escórias com fósforo
06 05	**lamas do tratamento local de efluentes**	06 09 03*	resíduos cálcicos de reacção, contendo ou contaminados com substâncias perigosas
06 05 02*	lamas do tratamento local de efluentes, contendo substâncias perigosas		
		06 09 04	resíduos cálcicos de reac-

	ção, não abrangidos em 06 09 03	07 01 01*	líquidos de lavagem e licores-mãe aquosos
06 09 99	outros resíduos não anteriormente especificados	07 01 03*	solventes, líquidos de lavagem e licores-mãe orgânicos halogenados
06 10	resíduos do FFDU de produtos e processos químicos do azoto e do fabrico de fertilizantes	07 01 04*	outros solventes, líquidos de lavagem e licores-mãe orgânicos
06 10 02*	resíduos contendo substâncias perigosas	07 01 07*	resíduos de destilação e resíduos de reacção halogenados
06 10 99	outros resíduos não anteriormente especificados	07 01 08*	outros resíduos de destilação e resíduos de reacção
06 11	resíduos do fabrico de pigmentos inorgânicos e opacificantes	07 01 09*	absorventes usados e bolos de filtração halogenados
06 11 01	resíduos cálcicos de reacção, da produção de dióxido de titânio	07 01 10*	outros absorventes usados e bolos de filtração
06 11 99	outros resíduos não anteriormente especificados	07 01 11*	lamas do tratamento local de efluentes, contendo substâncias perigosas
06 13	resíduos de processos químicos inorgânicos não anteriormente especificados	07 01 12	lamas do tratamento local de efluentes, não abrangidas em 07 01 11
06 13 01*	produtos inorgânicos de protecção das plantas, agentes de preservação da madeira e outros biocidas	07 01 99	outros resíduos não anteriormente especificados
		07 02	resíduos do FFDU de plásticos, borracha e fibras sintéticas
06 13 02*	carvão activado usado (excepto 06 07 02)	07 02 01*	líquidos de lavagem e licores-mãe aquosos
06 13 03	negro de fumo	07 02 03*	solventes, líquidos de lavagem e licores-mãe orgânicos halogenados
06 13 04*	resíduos do processamento do amianto	07 02 04*	outros solventes, líquidos de lavagem e licores-mãe orgânicos
06 13 05*	fuligem		
06 13 99	outros resíduos não anteriormente especificados	07 02 07*	resíduos de destilação e resíduos de reacção halogenados
07	RESÍDUOS DE PROCESSOS QUÍMICOS ORGÂNICOS	07 02 08*	outros resíduos de destilação e resíduos de reacção
07 01	resíduos do fabrico, formulação, distribuição e utilização (FFDU) de produtos químicos orgânicos de base	07 02 09*	absorventes usados e bolos de filtração halogenados

07 02 10*	outros absorventes usados e bolos de filtração	07 03 12	lamas do tratamento local de efluentes, não abrangidas em 07 03 11
07 02 11*	lamas do tratamento local de efluentes, contendo substâncias perigosas	07 03 99	outros resíduos não anteriormente especificados
07 02 12	lamas do tratamento local de efluentes, não abrangidas em 07 02 11	**07 04**	**resíduos do FFDU de produtos orgânicos de protecção das plantas (excepto 02 01 08 e 02 01 09), agente de preservação da madeira (excepto 03 02) e outros biocidas**
07 02 13	resíduos de plásticos		
07 02 14*	resíduos de aditivos, contendo substâncias perigosas		
07 02 15	resíduos de aditivos, não abrangidos em 07 02 14		
07 02 16*	resíduos contendo silicones perigosos	07 04 01*	líquidos de lavagem e licores-mãe aquosos
07 02 17	resíduos contendo silicones, não abrangidos em 07 02 16	07 04 03*	solventes, líquidos de lavagem e licores-mãe orgânicos halogenados
07 02 99	outros resíduos não anteriormente especificados	07 04 04*	outros solventes, líquidos de lavagem e licores-mãe orgânicos
07 03	**resíduos do FFDU de corantes e pigmentos orgânicos (excepto 06 11)**	07 04 07*	resíduos de destilação e resíduos de reacção halogenados
07 03 01*	líquidos de lavagem e licores-mãe aquosos	07 04 08*	outros resíduos de destilação e resíduos de reacção
07 03 03*	solventes, líquidos de lavagem e licores-mãe orgânicos halogenados	07 04 09*	absorventes usados e bolos de filtração halogenados
07 03 04*	outros solventes, líquidos de lavagem e licores-mãe orgânicos	07 04 10*	outros absorventes usados e bolos de filtração
07 03 07*	resíduos de destilação e resíduos de reacção halogenados	07 04 11*	lamas do tratamento local de efluentes, contendo substâncias perigosas
07 03 08*	outros resíduos de destilação e resíduos de reacção	07 04 12	lamas do tratamento local de efluentes, não abrangidas em 07 04 11
07 03 09*	absorventes usados e bolos de filtração halogenados	07 04 13*	resíduos sólidos contendo substâncias perigosas
07 03 10*	outros absorventes usados e bolos de filtração	07 04 99	outros resíduos não anteriormente especificados
07 03 11*	lamas do tratamento local de efluentes, contendo substâncias perigosas	**07 05**	**resíduos do FFDU de produtos farmacêuticos**
		07 05 01*	líquidos de lavagem e licores-mãe aquosos

07 05 03*	solventes, líquidos de lavagem e licores-mãe orgânicos halogenados	07 06 09*	absorventes usados e bolos de filtração halogenados
07 05 04*	outros solventes, líquidos de lavagem e licores-mãe orgânicos	07 06 10*	outros absorventes usados e bolos de filtração
07 05 07*	resíduos de destilação e resíduos de reacção halogenados	07 06 11*	lamas do tratamento local de efluentes, contendo substâncias perigosas
07 05 08*	outros resíduos de destilação e resíduos de reacção	07 06 12	lamas do tratamento local de efluentes, não abrangidas em 07 06 11
07 05 09*	absorventes usados e bolos de filtração halogenados	07 06 99	outros resíduos não anteriormente especificados
07 05 10*	outros absorventes usados e bolos de filtração	**07 07**	**resíduos do FFDU da química fina e de produtos químicos não anteriormente especificados**
07 05 11*	lamas do tratamento local de efluentes, contendo substâncias perigosas	07 07 01*	líquidos de lavagem e licores-mãe aquosos
07 05 12	lamas do tratamento local de efluentes, não abrangidas em 07 05 11	07 07 03*	solventes, líquidos de lavagem e licores-mãe orgânicos halogenados
07 05 13*	resíduos sólidos contendo substâncias perigosas	07 07 04*	outros solventes, líquidos de lavagem e licores-mãe orgânicos
07 05 14	resíduos sólidos não abrangidos em 07 05 13	07 07 07*	resíduos de destilação e resíduos de reacção halogenados
07 05 99	outros resíduos não anteriormente especificados	07 07 08*	outros resíduos de destilação e resíduos de reacção
07 06	**resíduos do FFDU de gorduras, sabões, detergentes, desinfectantes e cosméticos**	07 07 09*	absorventes usados e bolos de filtração halogenados
07 06 01*	líquidos de lavagem e licores-mãe aquosos	07 07 10*	outros absorventes usados e bolos de filtração
07 06 03*	solventes, líquidos de lavagem e licores-mãe orgânicos halogenados	07 07 11*	lamas do tratamento local de efluentes, contendo substâncias perigosas
07 06 04*	outros solventes, líquidos de lavagem e licores-mãe orgânicos	07 07 12	lamas do tratamento local de efluentes, não abrangidas em 07 07 11
07 06 07*	resíduos de destilação e resíduos de reacção halogenados	07 07 99	outros resíduos não anteriormente especificados
07 06 08*	outros resíduos de destilação e resíduos de reacção	**08**	**RESÍDUOS DO FABRICO, FORMULAÇÃO, DISTRIBUIÇÃO E UTI-**

08 01	**LIZAÇÃO (FFDU) DE REVESTIMENTOS (TINTAS, VERNIZES E ESMALTES VÍTREOS), COLAS, VEDANTES E TINTAS DE IMPRESSÃO** **resíduos do FFDU e remoção de tintas e vernizes**	08 01 21*	resíduos de produtos de remoção de tintas e vernizes
		08 01 99	outros resíduos não anteriormente especificados
		08 02	**resíduos do FFDU de outros revestimentos (incluindo materiais cerâmicos)**
08 01 11*	resíduos de tintas e vernizes, contendo solventes orgânicos ou outras substâncias perigosas	08 02 01	resíduos de revestimentos na forma pulverulenta
		08 02 02	lamas aquosas contendo materiais cerâmicos
08 01 12	resíduos de tintas e vernizes, não abrangidos em 08 01 11	08 02 03	suspensões aquosas contendo materiais cerâmicos
		08 02 99	outros resíduos não anteriormente especificados
08 01 13*	lamas de tintas e vernizes, contendo solventes orgânicos ou outras substâncias perigosas	**08 03**	**resíduos do FFDU de tintas de impressão**
		08 03 07	lamas aquosas contendo tintas de impressão
08 01 14	lamas de tintas e vernizes, não abrangidas em 08 01 13	08 03 08	resíduos líquidos aquosos contendo tintas de impressão
08 01 15*	lamas aquosas contendo tintas e vernizes, com solventes orgânicos ou outras substâncias perigosas	08 03 12*	resíduos de tintas, contendo substâncias perigosas
		08 03 13	resíduos de tintas, não abrangidos em 08 03 12
08 01 16	lamas aquosas contendo tintas e vernizes, não abrangidas em 08 01 15	08 03 14*	lamas de tintas de impressão, contendo substâncias perigosas
08 01 17*	resíduos da remoção de tintas e vernizes, contendo solventes orgânicos ou outras substâncias perigosas	08 03 15	lamas de tintas de impressão, não abrangidas em 08 03 14
08 01 18	resíduos da remoção de tintas e vernizes, não abrangidos em 08 01 17	08 03 16*	resíduos de soluções de águas-fortes
		08 03 17*	resíduos de tóner de impressão, contendo substâncias perigosas
08 01 19*	suspensões aquosas contendo tintas ou vernizes, com solventes orgânicos ou outras substâncias perigosas	08 03 18	resíduos de tóner de impressão, não abrangidos em 08 03 17
		08 03 19*	óleos de dispersão
08 01 20	suspensões aquosas contendo tintas e vernizes, não abrangidos em 08 01 19	08 03 99	outros resíduos não anteriormente especificados

08 04	**resíduos do FFDU de colas e vedantes (incluindo produtos impermeabilizantes)**	**09 01**	**resíduos da indústria fotográfica**
08 04 09*	resíduos de colas ou vedantes, contendo solventes orgânicos ou outras substâncias perigosas	09 01 01*	banhos de revelação e activação, de base aquosa
		09 01 02*	banhos de revelação de chapas litográficas de impressão, de base aquosa
08 04 10	resíduos de colas ou vedantes, não abrangidos em 08 04 09	09 01 03*	banhos de revelação, à base de solventes
		09 01 04*	banhos de fixação
08 04 11*	lamas de colas ou vedantes, contendo solventes orgânicos ou outras substâncias perigosas	09 01 05*	banhos de branqueamento e de fixadores de branqueamento
		09 01 06*	resíduos contendo prata, do tratamento local de resíduos fotográficos
08 04 12	lamas de colas ou vedantes, não abrangidas em 08 04 11	09 01 07	película e papel fotográfico com prata ou compostos de prata
08 04 13*	lamas aquosas contendo colas ou vedantes, com solventes orgânicos ou outras substâncias perigosas	09 01 08	película e papel fotográfico sem prata ou compostos de prata
		09 01 10	máquinas fotográficas descartáveis sem pilhas
08 04 14	lamas aquosas contendo colas ou vedantes, não abrangidas em 08 04 13	09 01 11*	máquinas fotográficas descartáveis com pilhas incluídas em 16 06 01, 16 06 02 ou 16 06 03
08 04 15*	resíduos líquidos aquosos contendo colas ou vedantes, com solventes orgânicos ou outras substâncias perigosas	09 01 12	máquinas fotográficas descartáveis com pilhas, não abrangidas em 09 01 11
08 04 16	resíduos líquidos aquosos contendo colas ou vedantes, não abrangidos em 08 04 15	09 01 13*	resíduos líquidos aquosos da recuperação local de prata, não abrangidos em 09 01 06
08 04 17*	óleo de resina 08 04 99 outros resíduos não anteriormente especificados	09 01 99	outros resíduos não anteriormente especificados
08 05	**outros resíduos não anteriormente especificados em 08**	**10**	**RESÍDUOS DE PROCESSOS TÉRMICOS**
		10 01	**resíduos de centrais eléctricas e de outras instalações de combustão (excepto 19)**
08 05 01*	resíduos de isocianatos		
09	**RESÍDUOS DA INDÚSTRIA FOTOGRÁFICA**	10 01 01	cinzas, escórias e poeiras

	de caldeiras (excluindo as poeiras de caldeiras, abrangidas em 10 01 04)		10 01 05, 10 01 07 e 10 01 18
10 01 02	cinzas volantes da combustão de carvão	10 01 20*	lamas do tratamento local de efluentes, contendo substâncias perigosas
10 01 03	cinzas volantes da combustão de turfa ou madeira não tratada	10 01 21	lamas do tratamento local de efluentes, não abrangidas em 10 01 20
10 01 04*	cinzas volantes e poeiras de caldeiras, da combustão de hidrocarbonetos	10 01 22*	lamas aquosas provenientes da limpeza de caldeiras, contendo substâncias perigosas
10 01 05	resíduos cálcicos de reacção, na forma sólida, provenientes da dessulfuração de gases de combustão	10 01 23	lamas aquosas provenientes da limpeza de caldeiras, não abrangidas em 10 01 22
10 01 07	resíduos cálcicos de reacção, sob a forma de lamas, provenientes da dessulfuração de gases de combustão	10 01 24	areias de leitos fluidizados
		10 01 25	resíduos do armazenamento de combustíveis e da preparação de centrais eléctricas a carvão
10 01 09*	ácido sulfúrico		
10 01 13*	cinzas volantes da combustão de hidrocarbonetos emulsionados utilizados como combustível	10 01 26	resíduos do tratamento da água de arrefecimento
		10 01 99	outros resíduos não anteriormente especificados
10 01 14*	cinzas, escórias e poeiras de caldeiras de co-incineração, contendo substâncias perigosas	**10 02**	**resíduos da indústria do ferro e do aço**
		10 02 01	resíduos do processamento de escórias
10 01 15	cinzas, escórias e poeiras de caldeiras de co-incineração, não abrangidas em 10 01 14	10 02 02	escórias não processadas
		10 02 07*	resíduos sólidos do tratamento de gases, contendo substâncias perigosas
10 01 16*	cinzas volantes de co-incineração, contendo substâncias perigosas	10 02 08	resíduos sólidos do tratamento de gases, não abrangidos em 10 02 07
10 01 17	cinzas volantes de co-incineração, não abrangidas em 10 01 16	10 02 10	escamas de laminagem
		10 02 11*	resíduos do tratamento da água de arrefecimento, contendo hidrocarbonetos
10 01 18*	resíduos de limpeza de gases, contendo substâncias perigosas	10 02 12	resíduos do tratamento da água de arrefecimento, não abrangidos em 10 02 11
10 01 19	resíduos de limpeza de gases, não abrangidos em	10 02 13*	lamas e bolos de filtração

	do tratamento de gases, contendo substâncias perigosas
10 02 14	lamas e bolos de filtração do tratamento de gases, não abrangidos em 10 02 13
10 02 15	outras lamas e bolos de filtração
10 02 99	outros resíduos não anteriormente especificados
10 03	**resíduos da pirometalurgia do alumínio**
10 03 02	resíduos de ânodos
10 03 04*	escórias da produção primária
10 03 05	resíduos de alumina
10 03 08*	escórias salinas da produção secundária
10 03 09*	impurezas negras da produção secundária
10 03 15*	escumas inflamáveis ou que, em contacto com a água, libertam gases inflamáveis em quantidades perigosas
10 03 16	escumas não abrangidas em 10 03 15
10 03 17*	resíduos do fabrico de ânodos, contendo alcatrão
10 03 18	resíduos do fabrico de ânodos, contendo carbono, não abrangidos em 10 03 17
10 03 19*	poeiras de gases de combustão, contendo substâncias perigosas
10 03 20	poeiras de gases de combustão, não abrangidas em 10 03 19
10 03 21*	outras partículas e poeiras (incluindo poeiras da trituração de escórias), contendo substâncias perigosas
10 03 22	outras partículas e poeiras (incluindo poeiras da trituração de escórias), não abrangidas em 10 03 21
10 03 23*	resíduos sólidos do tratamento de gases, contendo substâncias perigosas
10 03 24	resíduos sólidos do tratamento de gases, não abrangidos em 10 03 23
10 03 25*	lamas e bolos de filtração do tratamento de gases, contendo substâncias perigosas
10 03 26	lamas e bolos de filtração do tratamento de gases, não abrangidos em 10 03 25
10 03 27*	resíduos do tratamento da água de arrefecimento, contendo hidrocarbonetos
10 03 28	resíduos do tratamento da água de arrefecimento, não abrangidos em 10 03 27
10 03 29*	resíduos do tratamento das escórias salinas e do tratamento das impurezas negras, contendo substâncias perigosas
10 03 30	resíduos do tratamento das escórias salinas e do tratamento das impurezas negras, não abrangidos em 10 03 29
10 03 99	outros resíduos não anteriormente especificados
10 04	**resíduos da pirometalurgia do chumbo**
10 04 01*	escórias da produção primária e secundária
10 04 02*	impurezas e escumas da produção primária e secundária
10 04 03*	arseniato de cálcio
10 04 04*	poeiras de gases de combustão
10 04 05*	outras partículas e poeiras

10 04 06*	resíduos sólidos do tratamento de gases	10 06 03*	poeiras de gases de combustão
10 04 07*	lamas e bolos de filtração do tratamento de gases	10 06 04	outras partículas e poeiras
		10 06 06*	resíduos sólidos do tratamento de gases
10 04 09*	resíduos do tratamento da água de arrefecimento, contendo hidrocarbonetos	10 06 07*	lamas e bolos de filtração do tratamento de gases
10 04 10	resíduos do tratamento da água de arrefecimento, não abrangidos em 10 04 09	10 06 09*	resíduos do tratamento da água de arrefecimento, contendo hidrocarbonetos
10 04 99	outros resíduos não anteriormente especificados	10 06 10	resíduos do tratamento da água de arrefecimento, não abrangidos em 10 06 09
10 05	**resíduos da pirometalurgia do zinco**	10 06 99	outros resíduos não anteriormente especificados
10 05 01	escórias da produção primária e secundária	**10 07**	**resíduos da pirometalurgia da prata, do ouro e da platina**
10 05 03*	poeiras de gases de combustão		
10 05 04	outras partículas e poeiras	10 07 01	escórias da produção primária e secundária
10 05 05*	resíduos sólidos do tratamento de gases	10 07 02	impurezas e escumas da produção primária e secundária
10 05 06*	lamas e bolos de filtração do tratamento de gases		
10 05 08*	resíduos do tratamento da água de arrefecimento, contendo hidrocarbonetos	10 07 03	resíduos sólidos do tratamento de gases
		10 07 04	outras partículas e poeiras
10 05 09	resíduos do tratamento da água de arrefecimento, não abrangidos em 10 05 08	10 07 05	lamas e bolos de filtração do tratamento de gases
		10 07 07*	resíduos do tratamento da água de arrefecimento, contendo hidrocarbonetos
10 05 10*	impurezas e escumas inflamáveis ou que, em contacto com a água, libertam gases inflamáveis em quantidades perigosas	10 07 08	resíduos do tratamento da água de arrefecimento, não abrangidos em 10 07 07
		10 07 99	outros resíduos não anteriormente especificados
10 05 11	impurezas e escumas, não abrangidas em 10 05 10	**10 08**	**resíduos da pirometalurgia de outros metais não ferrosos**
10 05 99	outros resíduos não anteriormente especificados		
10 06	**resíduos da pirometalurgia do cobre**	10 08 04	partículas e poeiras
10 06 01	escórias da produção primária e secundária	10 08 08*	escórias salinas da produção primária e secundária
		10 08 09	outras escórias
10 06 02	impurezas e escumas da produção primária e secundária	10 08 10*	impurezas e escumas infla-

	máveis ou que, em contacto com a água, libertam gases inflamáveis em quantidades perigosas
10 08 11	impurezas e escumas, não abrangidas em 10 08 10
10 08 12*	resíduos do fabrico de ânodos, contendo alcatrão
10 08 13	resíduos do fabrico de ânodos, contendo carbono, não abrangidos em 10 08 12
10 08 14	resíduos de ânodos
10 08 15*	poeiras de gases de combustão, contendo substâncias perigosas
10 08 16	poeiras de gases de combustão, não abrangidas em 10 08 15
10 08 17*	lamas e bolos de filtração do tratamento de gases de combustão, contendo substâncias perigosas
10 08 18	lamas e bolos de filtração do tratamento de gases de combustão, não abrangidos em 10 08 17
10 08 19*	resíduos do tratamento da água de arrefecimento, contendo hidrocarbonetos
10 08 20	resíduos do tratamento da água de arrefecimento, não abrangidos em 10 08 19
10 08 99	outros resíduos não anteriormente especificados
10 09	**resíduos da fundição de peças ferrosas**
10 09 03	escórias do forno
10 09 05*	machos e moldes de fundição não vazados, contendo substâncias perigosas
10 09 06	machos e moldes de fundição não vazados, não abrangidos em 10 09 05
10 09 07*	machos e moldes de fundição vazados, contendo substâncias perigosas
10 09 08	machos e moldes de fundição vazados, não abrangidos em 10 09 07
10 09 09*	poeiras de gases de combustão, contendo substâncias perigosas
10 09 10	poeiras de gases de combustão, não abrangidas em 10 09 09
10 09 11*	outras partículas contendo substâncias perigosas
10 09 12	outras partículas não abrangidas em 10 09 11
10 09 13*	resíduos de aglutinantes, contendo substâncias perigosas
10 09 14	resíduos de aglutinantes, não abrangidos em 10 09 13
10 09 15*	resíduos de agentes indicadores de fendilhação, contendo substâncias perigosas
10 09 16	resíduos de agentes indicadores de fendilhação, não abrangidos em 10 09 15
10 09 99	outros resíduos não anteriormente especificados
10 10	**resíduos da fundição de peças não ferrosas**
10 10 03	escórias do forno
10 10 05*	machos e moldes de fundição não vazados, contendo substâncias perigosas
10 10 06	machos e moldes de fundição não vazados, não abrangidos em 10 10 05
10 10 07*	machos e moldes de fundição vazados, contendo substâncias perigosas
10 10 08	machos e moldes de fundição vazados, não abrangidos em 10 10 07

10 10 09*	poeiras de gases de combustão, contendo substâncias perigosas	10 11 13*	lamas de polimento e rectificação, de vidro, contendo substâncias perigosas
10 10 10	poeiras de gases de combustão, não abrangidas em 10 10 09	10 11 14	lamas de polimento e rectificação, de vidro, não abrangidas em 10 11 13
10 10 11*	outras partículas contendo substâncias perigosas	10 11 15*	resíduos sólidos do tratamento de gases de combustão, contendo substâncias perigosas
10 10 12	outras partículas não abrangidas em 10 10 11		
10 10 13*	resíduos de aglutinantes, contendo substâncias perigosas	10 11 16	resíduos sólidos do tratamento de gases de combustão, não abrangidos em 10 11 15
10 10 14	resíduos de aglutinantes, não abrangidos em 10 10 13		
10 10 15*	resíduos de agentes indicadores de fendilhação, contendo substâncias perigosas	10 11 17*	lamas e bolos de filtração do tratamento de gases de combustão, contendo substâncias perigosas
10 10 16	resíduos de agentes indicadores de fendilhação, não abrangidos em 10 10 15	10 11 18	lamas e bolos de filtração do tratamento de gases de combustão, não abrangidos em 10 11 17
10 10 99	outros resíduos não anteriormente especificados	10 11 19*	resíduos sólidos do tratamento local de efluentes, contendo substâncias perigosas
10 11	**resíduos do fabrico do vidro e de produtos de vidro**		
10 11 03	resíduos de materiais fibrosos à base de vidro	10 11 20	resíduos sólidos do tratamento local de efluentes, não abrangidos em 10 11 19
10 11 05	partículas e poeiras		
10 11 09*	resíduos da preparação da mistura (antes do processo térmico), contendo substâncias perigosas	10 11 99	outros resíduos não anteriormente especificados
		10 12	**resíduos do fabrico de peças cerâmicas, tijolos, ladrilhos, telhas e produtos de construção**
10 11 10	resíduos da preparação da mistura (antes do processo térmico), não abrangidos em 10 11 09	10 12 01	resíduos da preparação da mistura (antes do processo térmico)
10 11 11*	resíduos de vidro em pequenas partículas e em pó de vidro, contendo metais pesados (por exemplo, tubos catódicos)	10 12 03	partículas e poeiras
		10 12 05	lamas e bolos de filtração do tratamento de gases
		10 12 06	moldes fora de uso
10 11 12	resíduos de vidro, não abrangidos em 10 11 11	10 12 08	resíduos do fabrico de peças cerâmicas, tijolos, ladri-

	lhos, telhas e produtos de construção (após o processo térmico)
10 12 09*	resíduos sólidos do tratamento de gases, contendo substâncias perigosas
10 12 10	resíduos sólidos do tratamento de gases, não abrangidos em 10 12 09
10 12 11*	resíduos de vitrificação, contendo metais pesados
10 12 12	resíduos de vitrificação, não abrangidos em 10 12 11
10 12 13	lamas do tratamento local de efluentes
10 12 99	outros resíduos não anteriormente especificados
10 13	**resíduos do fabrico de cimento, cal e gesso e de artigos e produtos fabricados partir deles**
10 13 01	resíduos da preparação da mistura antes do processo térmico
10 13 04	resíduos da calcinação e hidratação da cal
10 13 06	partículas e poeiras (excepto 10 13 12 e 10 13 13)
10 13 07	lamas e bolos de filtração do tratamento de gases
10 13 09*	resíduos do fabrico de fibrocimento, contendo amianto
10 13 10	resíduos do fabrico de fibrocimento, não abrangidos em 10 13 09
10 13 11	resíduos de materiais compósitos à base de cimento, não abrangidos em 10 13 09 e 10 13 10
10 13 12*	resíduos sólidos do tratamento de gases, contendo substâncias perigosas
10 13 13	resíduos sólidos do tratamento de gases, não abrangidos em 10 13 12
10 13 14	resíduos de betão e de lamas de betão
10 13 99	outros resíduos não anteriormente especificados
10 14	**resíduos de crematórios**
10 14 01*	resíduos de limpeza de gases, contendo mercúrio
11	**RESÍDUOS DE TRATAMENTOS QUÍMICOS DE SUPERFÍCIE E REVESTIMENTOS DE METAIS E OUTROS MATERIAIS; RESÍDUOS DA HIDROMETALURGIA DE METAIS NÃO FERROSOS**
11 01	**resíduos de tratamentos químicos de superfície e revestimentos de metais e outros materiais (por exemplo, galvanização, zincagem, decapagem, contrastação, fosfatação, desengorduramento alcalino, anodização)**
11 01 05*	ácidos de decapagem
11 01 06*	ácidos não anteriormente especificados
11 01 07*	bases de decapagem
11 01 08*	lamas de fosfatação
11 01 09*	lamas e bolos de filtração, contendo substâncias perigosas
11 01 10	lamas e bolos de filtração, não abrangidos em 11 01 09
11 01 11*	líquidos de lavagem aquosos, contendo substâncias perigosas
11 01 12	líquidos de lavagem aquosos, não abrangidos em 11 01 11
11 01 13*	resíduos de desengordura-

	mento, contendo substâncias perigosas
11 01 14	resíduos de desengorduramento, não abrangidos em 11 01 13
11 01 15*	eluatos e lamas de sistemas de membranas ou de permuta iónica, contendo substâncias perigosas
11 01 16*	resinas de permuta iónica, saturadas ou usadas
11 01 98*	outros resíduos contendo substâncias perigosas
11 01 99	outros resíduos não anteriormente especificados
11 02	**resíduos de processos hidrometalúrgicos de metais não ferrosos**
11 02 02*	lamas da hidrometalurgia do zinco (incluindo jarosita, goetite)
11 02 03	resíduos da produção de ânodos dos processos electrolíticos aquosos
11 02 05*	resíduos de processos hidrometalúrgicos do cobre, não abrangidos em 11 02 05
11 02 06	outros resíduos contendo substâncias perigosas
11 02 07*	outros resíduos não anteriormente especificados
11 02 99	outros resíduos não anteriormente especificados
11 03	**lamas e sólidos de processos de têmpera**
11 03 01*	resíduos contendo cianetas
11 03 02*	outros resíduos
11 05	**resíduos de processos de galvanização quente**
11 05 01	escórias de zinco
11 05 02	cinzas de zinco
11 05 03*	resíduos sólidos do tratamento de gases
11 05 04*	fluxantes usados
11 05 99	outros resíduos não anteriormente especificados
12	**RESÍDUOS DA MOLDAGEM E DO TRATAMENTO FÍSICO E MECÂNICO DE SUPERFÍCIE DE METAIS E PLÁSTICOS**
12 01	**resíduos da moldagem e do tratamento físico e mecânico de superfície de metais e plásticos**
12 01 01	aparas e limalhas de metais ferrosos
12 01 02	poeiras e partículas de metais ferrosos
12 01 03	aparas e limalhas de metais não ferrosos
12 01 04	poeiras e partículas de metais não ferrosos
12 01 05	aparas de matérias plásticas
12 01 06*	óleos minerais de maquinagem, com halogéneos (excepto emulsões e soluções)
12 01 07*	óleos minerais de maquinagem, sem halogéneos (excepto emulsões e soluções)
12 01 08*	emulsões e soluções de maquinagem, com halogéneos
12 01 09*	emulsões e soluções de maquinagem, sem halogéneos
12 01 10*	óleos sintéticos de maquinagem
12 01 12*	ceras e gorduras usadas
12 01 13	resíduos de soldadura
12 01 14*	lamas de maquinagem, contendo substâncias perigosas
12 01 15	lamas de maquinagem, não abrangidas em 12 01 14

12 01 16*	resíduos de materiais de granalhagem, contendo substâncias perigosas	13 01 12*	óleos hidráulicos facilmente biodegradáveis
12 01 17	resíduos de materiais de granalhagem, não abrangidos em 12 01 16	13 01 13*	outros óleos hidráulicos
		13 02	**óleos de motores, transmissões e lubrificação usados**
12 01 18*	lamas metálicas (lamas de rectificação, superacabamento e lixagem) contendo óleo	13 02 04*	óleos minerais clorados de motores, transmissões e lubrificação
		13 02 05*	óleos minerais não clorados de motores, transmissões e lubrificação
12 01 19*	óleos de maquinagem facilmente biodegradáveis		
12 01 20*	mós e materiais de rectificação usados, contendo substâncias perigosas	13 02 06*	óleos sintéticos de motores, transmissões e lubrificação
12 01 21	mós e materiais de rectificação usados, não abrangidos em 12 01 20	13 02 07*	óleos facilmente biodegradáveis de motores, transmissões e lubrificação
12 01 99	outros resíduos não anteriormente especificados	13 02 08*	outros óleos de motores, transmissões e lubrificação
12 03	**resíduos de processos de desengorduramento água e vapor (excepto 11)**	**13 03**	**óleos isolantes e de transmissão de calor usados**
		13 03 01*	óleos isolantes e de transmissão de calor, contendo PCB
12 03 01*	líquidos de lavagem aquosos		
12 03 02*	resíduos de desengorduramento a vapor	13 03 06*	óleos minerais isolantes e de transmissão de calor clorados, não abrangidos em 13 03 01
13	**ÓLEOS USADOS E RESÍDUOS DE COMBUSTÍVEIS LÍQUIDOS (EXCEPTO ÓLEOS ALIMENTARES E CAPÍTULOS 05, 12 E 19)**		
		13 03 07*	óleos minerais isolantes e de transmissão de calor não clorados
		13 03 08*	óleos sintéticos isolantes e de transmissão de calor
13 01	**óleos hidráulicos usados**	13 03 09*	óleos facilmente biodegradáveis isolantes e de transmissão de calor
13 01 01*	óleos hidráulicos contendo PCB (¹)		
13 01 04*	emulsões cloradas	13 03 10*	outros óleos isolantes e de transmissão de calor
13 01 05*	emulsões não cloradas		
13 01 09*	óleos hidráulicos minerais clorados	**13 04**	**óleos de porão usados**
		13 04 01*	óleos de porão de navios de navegação interior
13 01 10*	óleos hidráulicos minerais não clorados		
		13 04 02*	óleos de porão provenientes das canalizações dos cais
13 01 11*	óleos hidráulicos sintéticos		

13 04 03*	óleos de porão de outros tipos de navios
13 05	**conteúdo de separadores óleo/água**
13 05 01*	resíduos sólidos provenientes de desarenadores e de separadores óleo/água
13 05 02*	lamas provenientes dos separadores óleo/água
13 05 03*	lamas provenientes do interceptor
13 05 06*	óleos provenientes dos separadores óleo/água
13 05 07*	água com óleo proveniente dos separadores óleo/água
13 05 08*	misturas de resíduos provenientes de desarenadores e de separadores óleo/água
13 07	**resíduos de combustíveis líquidos**
13 07 01*	fuelóleo e gasóleo
13 07 02*	gasolina
13 07 03*	outros combustíveis incluindo misturas)
13 08	**outros óleos usados não anteriormente especificados.**
13 08 01*	lamas ou emulsões de dessalinização
13 08 02*	outras emulsões
13 08 99*	outros resíduos não anteriormente especificados
14	**RESÍDUOS DE SOLVENTES, FLUIDOS DE REFRIGERAÇÃO E GASES PROPULSORES ORGÂNICOS (EXCEPTO 07 E 08)**
14 06	**resíduos de solventes, fluidos de refrigeração e gases propulsores de espumas/aerossóis, orgânicos**
14 06 01*	clorofluorcarbonetos, HCFC, HFC
14 06 02*	outros solventes e misturas de solventes halogenados
14 06 03*	outros solventes e misturas de solventes
14 06 04*	lamas ou resíduos sólidos, contendo solventes halogenados
14 06 05*	lamas ou resíduos sólidos, contendo outros solventes
15	**RESÍDUOS DE EMBALAGENS; ABSORVENTES, PANOS DE LIMPEZA, MATERIAIS FILTRANTES E VESTUÁRIO DE PROTECÇÃO NÃO ANTERIORMENTE ESPECIFICADOS**
15 01	**embalagens (incluindo resíduos urbanos e equiparados de embalagens, recolhidos separadamente)**
15 01 01	embalagens de papel e cartão
15 01 02	embalagens de plástico
15 01 03	embalagens de madeira
15 01 04	embalagens de metal
15 01 05	embalagens compósitas
15 01 06	misturas de embalagens
15 01 07	embalagens de vidro
15 01 09	embalagens têxteis
15 01 10*	embalagens contendo ou contaminadas por resíduos de substâncias perigosas
15 01 11*	embalagens de metal, incluindo recipientes vazios sob pressão, com uma matriz porosa sólida perigosa (por exemplo, amianto)
15 02	**absorventes, materiais filtrantes, panos de limpeza e vestuário de protecção**

15 02 02*	absorventes, materiais filtrantes (incluindo filtros de óleo não anteriormente especificados), panos de limpeza e vestuário de protecção, contaminados por substâncias perigosas			contendo substâncias perigosas
		16 01 15		fluidos anticongelantes não abrangidos em 16 01 14
		16 01 16		depósitos para gás liquefeito
		16 01 17		metais ferrosos
15 02 03	absorventes, materiais filtrantes, panos de limpeza e vestuário de protecção, não abrangidos em 15 02 02	16 01 18		metais não ferrosos
		16 01 19		plástico
		16 01 20		vidro
		16 01 21*		componentes perigosos não abrangidos em 16 01 07 a 16 01 11, 16 01 13 e 16 01 14
16	**RESÍDUOS NÃO ESPECIFICADOS EM OUTROS CAPÍTULOS DESTA LISTA**			
		16 01 22		componentes não anteriormente especificados
16 01	**veículos em fim de vida de diferentes meios de transporte (incluindo máquinas todo o terreno) e resíduos do desmantelamento de veículos em fim de vida e de manutenção de veículos (excepto 13, 14, 16 06 e 16 08)**	16 01 99		outros resíduos não anteriormente especificados
		16 02		**resíduos de equipamento eléctrico e electrónico**
		16 02 09*		transformadores e condensadores, contendo PCB
		16 02 10*		equipamento fora de uso, contendo ou contaminado por PCB, não abrangido em 16 02 09
16 01 03	pneus usados			
16 01 04*	veículos em fim de vida			
16 01 06	veículos em fim de vida que não contenham líquidos ou outros componentes perigosos	16 02 11*		equipamento fora de uso, contendo clorofluorcarbonetos, HCFC, HFC
		16 02 12*		equipamento fora de uso, contendo amianto livre
16 01 07*	filtros de óleo	16 02 13*		equipamento fora de uso, contendo componentes perigosos (^{2}) não abrangidos em 16 02 09 a 16 02 12
16 01 08*	componentes contendo mercúrio			
16 01 09*	componentes contendo PCB			
16 01 10*	componentes explosivos [por exemplo, almofadas de ar *air bags*)]	16 02 14		equipamento fora de uso, não abrangido em 16 02 09 a 16 02 13
16 01 11*	pastilhas de travões, contendo amianto	16 02 15*		componentes perigosos retirados de equipamento fora de uso
16 01 12	pastilhas de travões, não abrangidas em 16 01 11	16 02 16		componentes retirados de equipamento fora de uso, não abrangidos em 16 02 15
16 01 13*	fluidos de travões			
16 01 14*	fluidos anticongelantes			

16 03	**lotes fora de especificação e produtos não utilizados**	**16 06** 16 06 01* 16 06 02* 16 06 03*	**pilhas e acumuladores** pilhas de chumbo pilhas de níquel-cádmio pilhas contendo mercúrio
16 03 03*	resíduos inorgânicos contendo substâncias perigosas	16 06 04	pilhas alcalinas (excepto 16 06 03)
16 03 04	resíduos inorgânicos não abrangidos em 16 03 03	16 06 05	outras pilhas e acumuladores
16 03 05*	resíduos orgânicos contendo substâncias perigosas	16 06 06*	electrólitos de pilhas e acumuladores recolhidos separadamente
16 03 06	resíduos orgânicos não abrangidos em 16 03 05	**16 07**	**resíduos da limpeza de tanques de transporte, de depósitos de armazenagem e de barris (excepto 05 e 13)**
16 04	**resíduos de explosivos**		
16 04 01*	resíduos de munições		
16 04 02*	resíduos de fogo de artifício		
16 04 03*	outros resíduos de explosivos		
16 05	**gases em recipientes sob pressão e produtos químicos fora de uso**	16 07 08*	resíduos contendo hidrocarbonetos
		16 07 09*	resíduos contendo outras substâncias perigosas
16 05 04*	gases em recipientes sob pressão (incluindo *halons*), contendo substâncias perigosas	16 07 99	outros resíduos não anteriormente especificados
		16 08	**catalisadores usados**
16 05 05	gases em recipientes sob pressão, não abrangidos em 16 05 04	16 08 01	catalisadores usados contendo ouro, prata, rénio, ródio, paládio, irídio ou platina (excepto 16 08 07)
16 05 06*	produtos químicos de laboratório, contendo ou compostos por substâncias perigosas, incluindo misturas de produtos químicos de laboratório	16 08 02*	catalisadores usados contendo metais de transição (^{3}) ou compostos de metais de transição perigosos
16 05 07*	produtos químicos inorgânicos de laboratório, contendo ou compostos por substâncias perigosas	16 08 03	catalisadores usados contendo metais de transição ou compostos de metais de transição, não especificados de outra forma
16 05 08*	produtos químicos orgânicos fora de uso, contendo ou compostos por substâncias perigosas	16 08 04	catalisadores usados de cracking catalítico em leito fluido (excepto 16 08 07)
16 05 09	produtos químicos fora de uso, não abrangidos em 16 05 06, 16 05 07 ou 16 05 08	16 08 05*	catalisadores usados contendo ácido fosfórico
		16 08 06*	líquidos usados utilizados como catalisadores

16 08 07*	catalisadores usados contaminados com substâncias perigosas	16 11 04	outros revestimentos de fornos e refractários, não abrangidos em 16 11 03
16 09	**substâncias oxidantes**	16 11 05*	revestimentos de fornos e refractários, provenientes de processos não metalúrgicos, contendo substâncias perigosas
16 09 01*	permanganatos, por exemplo, permanganato de potássio		
16 09 02*	cromatos, por exemplo, cromato de potássio, dicromato de potássio ou de sódio	16 11 06	revestimentos de fornos e refractários, provenientes de processos não metalúrgicos, não abrangidos em 16 11 05
16 09 03*	peróxidos, por exemplo, água oxigenada		
16 09 04*	substâncias oxidantes não anteriormente especificadas	**17**	**RESÍDUOS DE CONSTRUÇÃO E DEMOLIÇÃO (INCLUINDO SOLOS ESCAVADOS DE LOCAIS CONTAMINADOS) 17 01 betão, tijolos, ladrilhos, telhas e materiais cerâmicos**
16 10	**resíduos líquidos aquosos destinados tratamento noutro local**		
16 10 01*	resíduos líquidos aquosos contendo substâncias perigosas		
16 10 02	resíduos líquidos aquosos não abrangidos em 16 10 01	17 01 01	betão
		17 01 02	tijolos
16 10 03*	concentrados aquosos contendo substâncias perigosas	17 01 03	ladrilhos, telhas e materiais cerâmicos
		17 01 06*	misturas ou fracções separadas de betão, tijolos, ladrilhos, telhas e materiais cerâmicos, contendo substâncias perigosas
16 10 04	concentrados aquosos não abrangidos em 16 10 03		
16 11	**resíduos de revestimentos de fornos e refractários**		
16 11 01*	revestimentos de fornos e refractários à base de carbono, provenientes de processos metalúrgicos, contendo substâncias perigosas	17 01 07	misturas de betão, tijolos, ladrilhos, telhas e materiais cerâmicos, não abrangidas em 17 01 06
		17 02	**madeira, vidro e plástico**
		17 02 01	madeira
16 11 02	revestimentos de fornos e refractários à base de carbono, não abrangidos em 16 11 01	17 02 02	vidro
		17 02 03	plástico
		17 02 04*	vidro, plástico e madeira, contendo ou contaminados com substâncias perigosas
16 11 03*	outros revestimentos de fornos e refractários, provenientes de processos metalúrgicos, contendo substâncias perigosas		
		17 03	**misturas betuminosas, alcatrão e produtos de alcatrão**

17 03 01*	misturas betuminosas contendo alcatrão		17 06 01*	materiais de isolamento, contendo amianto
17 03 02	misturas betuminosas não abrangidas em 17 03 01		17 06 03*	outros materiais de isolamento, contendo ou constituídos por substâncias perigosas
17 03 03*	alcatrão e produtos de alcatrão			
17 04	**metais (incluindo ligas)**		17 06 04	materiais de isolamento, não abrangidos em 17 06 01 e 17 06 03
17 04 01	cobre, bronze e latão			
17 04 02	alumínio			
17 04 03	chumbo		17 06 05*	materiais de construção, contendo amianto
17 04 04	zinco			
17 04 05	ferro e aço		**17 08**	**materiais de construção à base de gesso**
17 04 06	estanho			
17 04 07	mistura de metais		17 08 01*	materiais de construção à base de gesso, contaminados com substâncias perigosas
17 04 09*	resíduos metálicos contaminados com substâncias perigosas			
17 04 10*	cabos contendo hidrocarbonetos, alcatrão ou outras substâncias perigosas		17 08 02	materiais de construção à base de gesso, não abrangidos em 17 08 01
17 04 11	cabos não abrangidos em 17 04 10		**17 09**	**outros resíduos de construção e demolição**
17 05	**solos (incluindo solos escavados de locais contaminados), rochas e lamas de dragagem**		17 09 01*	resíduos de construção e demolição, contendo mercúrio
			17 09 02*	resíduos de construção e demolição, contendo PCB (por exemplo, vedantes com PCB, revestimentos de piso à base de resinas com PCB, envidraçados vedados contendo PCB, condensadores com PCB)
17 05 03*	solos e rochas, contendo substâncias perigosas			
17 05 04	solos e rochas, não abrangidos em 17 05 03			
17 05 05*	lamas de dragagem, contendo substâncias perigosas			
17 05 06	lamas de dragagem, não abrangidas em 17 05 05		17 09 03*	outros resíduos de construção e demolição (incluindo misturas de resíduos), contendo substâncias perigosas
17 05 07*	balastros de linhas de caminho-de-ferro, contendo substâncias perigosas			
17 05 08	balastros de linhas de caminho-de-ferro, não abrangidos em 17 05 07		17 09 04	mistura de resíduos de construção e demolição, não abrangidos em 17 09 01, 17 09 02 e 17 09 03
17 06	**materiais de isolamento e materiais de construção, contendo amianto**		**18**	**RESÍDUOS DA PRESTAÇÃO DE CUIDADOS DE**

SAÚDE A SERES HUMANOS OU ANIMAIS E/OU INVESTIGAÇÃO RELACIONADA (EXCEPTO RESÍDUOS DE COZINHA E RESTAURAÇÃO NÃO PROVENIENTES DIRECTAMENTE DA PRESTAÇÃO DE CUIDADOS DE SAÚDE)

18 01 resíduos de maternidades, diagnóstico, tratamento ou prevenção de doença em seres humanos

18 01 01 objectos cortantes e perfurantes (excepto 18 01 03)

18 01 02 partes anatómicas e órgãos, incluindo sacos de sangue e sangue conservado (excepto 18 01 03)

18 01 03* resíduos cuja recolha e eliminação está sujeita a requisitos específicos tendo em vista a prevenção de infecções

18 01 04 resíduos cuja recolha e eliminação não está sujeita a requisitos específicos tendo em vista a prevenção de infecções (por exemplo, pensos, compressas, ligaduras, gessos, roupas, vestuário descartável, fraldas)

18 01 06* produtos químicos contendo ou compostos por substâncias perigosas

18 01 07 produtos químicos não abrangidos em 18 01 06

18 01 08* medicamentos citotóxicos e citostáticos

18 01 09 medicamentos não abrangidos em 18 01 08

18 01 10* resíduos de amálgamas de tratamentos dentários

18 02 resíduos da investigação, diagnóstico, tratamento ou prevenção de doenças em animais

18 02 01 objectos cortantes e perfurantes (excepto 18 02 02)

18 02 02* resíduos cuja recolha e eliminação está sujeita a requisitos específicos tendo em vista a prevenção de infecções

18 02 03 resíduos cuja recolha e eliminação não está sujeita a requisitos específicos tendo em vista a prevenção de infecções

18 02 05* produtos químicos contendo ou compostos por substâncias perigosas

18 02 06 produtos químicos não abrangidos em 18 02 05

18 02 07* medicamentos citotóxicos e citostáticos

18 02 08 medicamentos não abrangidos em 18 02 07

19 RESÍDUOS DE INSTALAÇÕES DE GESTÃO DE RESÍDUOS, DE ESTAÇÕES DE TRATAMENTO DE ÁGUAS RESIDUAIS E DA PREPARAÇÃO DE ÁGUA PARA CONSUMO HUMANO E ÁGUA PARA CONSUMO INDUSTRIAL

19 01 resíduos da incineração ou pirólise de resíduos

19 01 02 materiais ferrosos removidos das cinzas

19 01 05* bolos de filtração provenientes do tratamento de gases

19 01 06* resíduos líquidos aquosos provenientes do tratamento

	de gases e outros resíduos líquidos aquosos		-químico, não abrangidas em 19 02 05
19 01 07*	resíduos sólidos provenientes do tratamento de gases	19 02 07*	óleos e concentrados da separação
19 01 10*	carvão activado usado proveniente do tratamento de gases de combustão	19 02 08*	resíduos combustíveis líquidos contendo substâncias perigosas
19 01 11*	cinzas e escórias, contendo substâncias perigosas	19 02 09*	resíduos combustíveis sólidos contendo substâncias perigosas
19 01 12	cinzas e escórias, não abrangidas em 19 01 11	19 02 10	resíduos combustíveis não abrangidos em 19 02 08 e 19 02 09
19 01 13*	cinzas volantes contendo substâncias perigosas	19 02 11*	outros resíduos contendo substâncias perigosas
19 01 14	cinzas volantes não abrangidas em 19 01 13	19 02 99	outros resíduos não anteriormente especificados
19 01 15*	cinzas de caldeiras, contendo substâncias perigosas	**19 03**	**resíduos solidificados/ estabilizados** ([4])
19 01 16	cinzas de caldeiras, não abrangidas em 19 01 15	19 03 04*	resíduos assinalados como perigosos, parcialmente estabilizados ([5])
19 01 17*	resíduos de pirólise, contendo substâncias perigosas	19 03 05	resíduos estabilizados não abrangidos em 19 03 04
19 01 18	resíduos de pirólise, não abrangidos em 19 01 17	19 03 06*	resíduos assinalados como perigosos, solidificados
19 01 19	areias de leitos fluidizados	19 03 07	resíduos solidificados não abrangidos em 19 03 06
19 01 99	outros resíduos não anteriormente especificados	**19 04**	**resíduos vitrificados e resíduos da vitrificação**
19 02	**resíduos de tratamentos físico-químicos de resíduos (incluindo descromagem, descianetização, neutralização)**	19 04 01	resíduos vitrificados
		19 04 02*	cinzas volantes e outros resíduos do tratamento de gases de combustão
19 02 03	misturas de resíduos, contendo apenas resíduos não perigosos	19 04 03*	fase sólida não vitrificada
		19 04 04	resíduos líquidos aquosos da têmpera de resíduos vitrificados
19 02 04*	misturas de resíduos, contendo, pelo menos, um resíduo perigoso	**19 05**	**resíduos do tratamento aeróbio de resíduos sólidos**
19 02 05*	lamas de tratamento físico-químico, contendo substâncias perigosas	19 05 01	fracção não compostada de resíduos urbanos e equiparados
19 02 06	lamas de tratamento físico-		

19 05 02	fracção não compostada de resíduos animais e vegetais	19 08 09	misturas de gorduras e óleos, da separação óleo/água, contendo apenas óleos e gorduras alimentares
19 05 03	composto fora de especificação		
19 05 99	outros resíduos não anteriormente especificados	19 08 10*	misturas de gorduras e óleos, da separação óleo/água, não abrangidas em 19 08 09
19 06	**resíduos do tratamento anaeróbio de resíduos**		
19 06 03	licores do tratamento anaeróbio de resíduos urbanos e equiparados	19 08 11*	lamas do tratamento biológico de águas residuais industriais, contendo substâncias perigosas
19 06 04	lamas e lodos de digestores de tratamento anaeróbio de resíduos urbanos e equiparados	19 08 12	lamas do tratamento biológico de águas residuais industriais, não abrangidas em 19 08 11
19 06 05	licores do tratamento anaeróbio de resíduos animais e vegetais	19 08 13*	lamas de outros tratamentos de águas residuais industriais, contendo substâncias perigosas
19 06 06	lamas e lodos de digestores de tratamento anaeróbio de resíduos animais e vegetais	19 08 14	lamas de outros tratamentos de águas residuais industriais, não abrangidas em 19 08 13
19 06 99	outros resíduos não anteriormente especificados		
19 07	**lixiviados de aterros**		
19 07 02*	lixiviados de aterros, contendo substâncias perigosas	19 08 99	outros resíduos não anteriormente especificados
19 07 03	lixiviados de aterros, não abrangidos em 19 07 02	**19 09**	**resíduos do tratamento de água para consumo humano ou de água para consumo industrial**
19 08	**resíduos de estações de tratamento de águas residuais não anteriormente especificados**		
		19 09 01	resíduos sólidos de gradagens e filtração primária
19 08 01	gradados	19 09 02	lamas de clarificação da água
19 08 02	resíduos do desarenamento		
19 08 05	lamas do tratamento de águas residuais urbanas	19 09 03	lamas de descarbonatação
		19 09 04	carvão activado usado
19 08 06*	resinas de permuta iónica, saturadas ou usadas	19 09 05	resinas de permuta iónica, saturadas ou usadas
19 08 07*	soluções e lamas da regeneração de colunas de permuta iónica	19 09 06	soluções e lamas da regeneração de colunas de permuta iónica
19 08 08*	resíduos de sistemas de membranas, contendo metais pesados	19 09 99	outros resíduos não anteriormente especificados

19 10	**resíduos da trituração de resíduos, contendo metais**	19 12 08	têxteis
19 10 01	resíduos de ferro ou aço	19 12 09	substâncias minerais (por exemplo, areia, rochas)
19 10 02	resíduos não ferrosos	19 12 10	resíduos combustíveis (combustíveis derivados de resíduos)
19 10 03*	fracções leves e poeiras, contendo substâncias perigosas		
		19 12 11*	outros resíduos (incluindo misturas de materiais) do tratamento mecânico de resíduos, contendo substâncias perigosas
19 10 04	fracções leves e poeiras, não abrangidas em 19 10 03		
19 10 05*	outras fracções, contendo substâncias perigosas		
19 10 06	outras fracções, não abrangidas em 19 10 05	19 12 12	outros resíduos (incluindo misturas de materiais) do tratamento mecânico de resíduos, não abrangidos em 19 12 11
19 11	**resíduos da regeneração de óleos**		
19 11 01*	argilas de filtração usadas		
19 11 02*	alcatrões ácido	**19 13**	**resíduos da descontaminação de solos e águas freáticas**
19 11 03*	resíduos líquidos aquosos		
19 11 04*	resíduos da limpeza de combustíveis com bases		
		19 13 01*	resíduos sólidos da descontaminação de solos, contendo substâncias perigosas
19 11 05*	lamas do tratamento local de efluentes, contendo substâncias perigosas		
		19 13 02	resíduos sólidos da descontaminação de solos, não abrangidos em 19 13 01
19 11 06	lamas do tratamento local de efluentes, não abrangidas em 19 11 05		
		19 13 03*	lamas da descontaminação de solos, contendo substâncias perigosas
19 11 07*	resíduos da limpeza de gases de combustão		
		19 13 04	lamas da descontaminação de solos, não abrangidas em 19 13 05
19 11 99	outros resíduos não anteriormente especificados		
19 12	**resíduos do tratamento mecânico de resíduos (por exemplo, triagem, trituração, compactação, peletização), não anteriormente especificados**	19 13 05*	lamas da descontaminação de águas freáticas, contendo substâncias perigosas
		19 13 06	lamas da descontaminação de águas freáticas, não abrangidas em 19 13 05
19 12 01	papel e cartão		
19 12 02	metais ferrosos		
19 12 03	metais não ferrosos	19 13 07*	resíduos líquidos aquosos e concentrados aquosos da descontaminação de águas freáticas, contendo substâncias perigosas
19 12 04	plástico e borracha		
19 12 05	vidro		
19 12 06*	madeira contendo substâncias perigosas		
19 12 07	madeira não abrangida em 19 12 06	19 13 08	resíduos líquidos aquosos e concentrados aquosos da

	descontaminação de águas freáticas, não abrangidas em 19 13 07	20 01 31*	medicamentos citotóxicos e citostáticos
20	**RESÍDUOS URBANOS E EQUIPARADOS (RESÍDUOS DOMÉSTICOS, DO COMÉRCIO, INDÚSTRIA E SERVIÇOS), INCLUINDO AS FRACÇÕES RECOLHIDAS SELECTIVAMENTE**	20 01 32	medicamentos não abrangidos em 20 01 31
		20 01 33*	pilhas e acumuladores abrangidos em 16 06 01, 16 06 02 ou 16 06 03 e pilhas e acumuladores, não triados, contendo essas pilhas ou acumuladores
20 01	**fracções recolhidas selectivamente (excepto 15 01)**	20 01 34	pilhas e acumuladores, não abrangidos em 20 01 33
20 01 01	papel e cartão	20 01 35*	equipamento eléctrico e electrónico fora de uso, não abrangido em 20 01 21 ou 20 01 23, contendo componentes perigosos ([6])
20 01 02	vidro		
20 01 08	resíduos biodegradáveis de cozinhas e cantinas		
20 01 10	roupas	20 01 36	equipamento eléctrico e electrónico fora de uso, não abrangido em 20 01 21, 20 01 23 ou 20 01 35
20 01 11	têxteis		
20 01 13*	solventes		
20 01 14*	ácidos		
20 01 15*	resíduos alcalinos	20 01 37*	madeira contendo substâncias perigosas
20 01 17*	produtos químicos para fotografia		
		20 01 38	madeira não abrangida em 20 01 37
20 01 19*	pesticidas		
20 01 21*	lâmpadas fluorescentes e outros resíduos contendo mercúrio	20 01 39	plásticos
		20 01 40	metais
		20 01 41	resíduos da limpeza de chaminés
20 01 23*	equipamento fora de uso, contendo clorofluorcarbonetos	20 01 99	outras fracções não anteriormente especificadas
20 01 25	óleos e gorduras alimentares	**20 02**	**resíduos de jardins e parques (incluindo cemitérios)**
20 01 26*	óleos e gorduras, não abrangidos em 20 01 25	20 02 01	resíduos biodegradáveis
		20 02 02	terras e pedras
20 01 27*	tintas, produtos adesivos, colas e resinas, contendo substâncias perigosas	20 02 03	outros resíduos não biodegradáveis
		20 03	**outros resíduos urbanos e equiparados**
20 01 28	tintas, produtos adesivos, colas e resinas, não abrangidos em 20 01 27	20 03 01	misturas de resíduos urbanos e equiparados
20 01 29*	detergentes contendo substâncias perigosas	20 03 02	resíduos de mercados
20 01 30	detergentes não abrangidos em 20 01 29	20 03 03	resíduos da limpeza de ruas

20 03 04	lamas de fossas sépticas	20 03 99	resíduos urbanos e equiparados não anteriormente especificados
20 03 06	resíduos da limpeza de esgotos 20 03 07 monstros		

(¹) Para efeitos desta lista de resíduos, PCB será definido em conformidade com a Directiva 96/59/CE.

(²) Componentes perigosos de equipamento eléctrico e electrónico podem incluir acumuladores e pilhas mencionados em 16 06 e assinalados como perigosos, disjuntores de mercúrio, vidro de tubos catódicos e outro vidro activado, etc.

(³) Os metais de transição são, para efeitos desta entrada: escândio, vanádio, manganês, cobalto, cobre, ítrio, nióbio, háfnio, tungsténio, titânio, crómio, ferro, níquel, zinco, zircónio, molibdénio e tântalo. Estes metais ou os seus compostos são perigosos se estiverem classificados como substâncias perigosas. A classificação de substâncias perigosas determinará quais entre esses metais de transição e compostos de metais de transição são perigosos.

(⁴) Os processos de estabilização alteram a perigosidade dos componentes dos resíduos, transformando, consequentemente, resíduos perigosos em resíduos não perigosos. Os processos de solidificação alteram apenas o estado físico dos resíduos por utilização de aditivos (por exemplo, passagem do estado líquido ao estado sólido), sem alterarem as propriedades químicas dos resíduos.

(⁵) Os resíduos consideram-se parcialmente estabilizados se, após o processo de estabilização, puderem ser libertados para o ambiente a curto, médio ou longo prazo componentes perigosos que não tenham sido completamente transformados em componentes não perigosos.

(⁶) Componentes perigosos de equipamento eléctrico e electrónico podem incluir acumuladores e pilhas mencionados em 16 06 e assinalados como perigosos, disjuntores de mercúrio, vidro de tubos catódicos e outro vidro activado, etc.

PARTE 3

Resíduos da parte II do apêndice 4 da Decisão C(2001) 107 do Conselho da OCDE sobre a revisão da Decisão C(92) 39 final relativa ao controlo dos movimentos transfronteiriços de resíduos destinados a operações de valorização. Os resíduos das categorias AB 130, AC 250, AC 260 e AC 270 foram eliminados da lista, uma vez que foram considerados, de acordo com o procedimento previsto no artigo 18.º da Directiva 75/442/CEE, como claramente não perigosos, pelo que não estarão sujeitos à proibição de exportação prevista no n.º 1 do artigo 16.º.

RESÍDUOS QUE CONTENHAM METAIS

AA 010	2619 00	Escórias e outros resíduos da fabricação do ferro e do aço ([1])
AA 060	2620 50	Cinzas e resíduos de vanádio
AA 190	8104 20 ex 8104 30	Resíduos e aparas de magnésio inflamáveis, pirofóricos ou que, em contacto com a água, produzam gases inflamáveis em quantidades perigosas com água, gases inflamáveis em quantidades perigosas

([1]) Esta enumeração inclui resíduos na forma de cinzas, resíduos, escórias, poeiras, borras, lamas e coke, a não ser que os materiais figurem explicitamente noutra rubrica.

RESÍDUOS CONSTITUÍDOS PRINCIPALMENTE POR SUBSTÂNCIAS INORGÂNICAS, QUE POSSAM CONTER METAIS E MATÉRIAS ORGÂNICAS

AB 030		Resíduos de sistemas isentos de cianetos, provenientes do tratamento de superfícies metálicas
AB 070		Areias utilizadas nas operações de fundição
AB 120	ex 2812 90 ex 3824	Compostos inorgânicos halogenados não especificados nem incluídos noutras posições
AB 150	ex 3824 90	Sulfito de cálcio e sulfato de cálcio não refinados, provenientes da dessulfuração de gases de combustão (DGC)

RESÍDUOS CONSTITUÍDOS PRINCIPALMENTE POR SUBSTÂNCIAS ORGÂNICAS, QUE POSSAM CONTER METAIS E MATÉRIAS INORGÂNICAS

AC 020		Materiais betuminosos (resíduos de asfalto) não especificados ou incluídos noutras rubricas
AC 060	ex 3819 00	Fluidos hidráulicos
AC 070	ex 3819 00	Líquidos de travões
AC 080	ex 3820 00	Fluidos antigel
AC 150		Hidrocarbonetos clorofluorados
AC 160		Halons
AC 170	ex 4403 10	Resíduos de cortiça e de madeiras tratadas

RESÍDUOS QUE POSSAM CONTER MATÉRIAS ORGÂNICAS OU INORGÂNICAS

AD 090	ex 3824 90	Resíduos provenientes da produção, da preparação e da utilização de produtos e materiais reprográficos e fotográficos, não especificados nem incluídos noutras posições
AD 100		Resíduos de sistemas isentos de cianetos, provenientes do tratamento de superfícies de plásticos
AD 120	ex 3914 00	Resinas permutadoras de iões ex 3915
AD 150		Matérias orgânicas de ocorrência natural utilizadas como meios filtrantes (tais como biofiltros)

RESÍDUOS CONSTITUÍDOS PRINCIPALMENTE POR SUBSTÂNCIAS INORGÂNICAS, QUE POSSAM CONTER METAIS E MATÉRIAS ORGÂNICAS

RB 020	ex 6815	Fibras à base de produtos cerâmicos com propriedades físico-químicas semelhantes às do amianto

Transporte entre Portugal e a União Europeia

Decreto-Lei n.º 296/95
de 17 de Novembro

O Regulamento comunitário n.º 259/93, do Conselho, de 1 de Fevereiro, sobre fiscalização e controlo das transferências de resíduos à entrada, no interior e à saída da Comunidade, estabeleceu algumas obrigações para os Estados membros, a que cumpre dar seguimento.

Importa, nomeadamente, definir o quadro legal aplicável à constituição de seguros de responsabilidade civil e garantias financeiras ou garantias equivalentes que cubram os danos eventualmente causados ao ambiente ou à saúde pública aquando do transporte de resíduos, bem como as despesas da eliminação final ou da valorização dos resíduos, nos casos de impossibilidade de serem geridos conforme a autorização dada ou de ocorrência de transferência ilícita.

Por outro lado, é necessário fixar as consequências jurídicas das transferências ilícitas de resíduos e determinar as adequadas competências administrativas.

Assim:
Nos termos da alínea *a*) do n.º 1 do artigo 201.º da Constituição, o Governo decreta o seguinte:

Artigo 1.º
Autoridade competente

Cabe à Direcção-Geral do Ambiente (DGA) o exercício das funções cometidas à «autoridade competente» e ao «correspondente», de acordo com o disposto no Regulamento n.º 259/93, do Conselho, de 1 de Fevereiro, adiante designado por Regulamento.

Artigo 2.º
Taxa

1 — Pelos serviços prestados pela DGA para apreciação dos processos de notificação respeitantes às transferências de resíduos a que se refere o presente diploma são devidas taxas, cujos montantes são fixados por portaria dos Ministros das Finanças e do Ambiente e Recursos Naturais.

2 — O prazo para pagamento da taxa é de 15 dias a contar da notificação do seu montante por parte da DGA, a quem compete a liquidação e cobrança da taxa, constituindo sua receita própria.

Artigo 3.º
Transferências de resíduos por via marítima

Para as transferências de resíduos que se efectuem por via marítima é exigido:
 a) Parecer genérico favorável da Direcção-Geral de Portos, Navegação e Transportes Marítimos (DGPNTM), que levará em conta as normas de segurança específicas para o transporte em causa, por forma a garantir a segurança da navegação, a salvaguarda da vida humana no mar e a protecção do meio ambiente;
 b) Menção no diário náutico do navio do transporte de resíduos, das entradas e saídas em águas nacionais dos Estados membros ou de terceiros Estados e da data da entrega aos respectivos destinatários;
 c) Registo no plano de carga do navio da localização, tipo, embalagem e quantidade de resíduos transportados;
 d) Manutenção a bordo do navio de amostras dos resíduos transportados, durante um período mínimo de três meses, devidamente identificadas, lacradas e autenticadas pelo carregador e notificador, no caso de transporte a granel de resíduos;
 e) Recolha de amostras, nos termos definidos na alínea anterior, quando ocorram avarias na carga, envolvendo derrames de resíduos embalados.

Artigo 4.º
Movimento transfronteiriço a partir de portos portugueses

1 — A autoridade de notificação só poderá conceder a autorização para a eliminação de resíduos no alto mar a partir de portos portugueses

se a operação de eliminação estiver abrangida por uma licença específica da autoridade marítima.

2 — É proibida a eliminação de resíduos no mar territorial e na zona económica exclusiva de Portugal.

Artigo 5.º
Garantia financeira

1 — As transferências de resíduos abrangidas pelo disposto no Regulamento estão sujeitas à constituição de uma garantia financeira ou equivalente que cubra as despesas de transferência e da sua eliminação ou valorização.

2 — A garantia referida no número anterior será constituída pelo notificador e apresentada à DGA, podendo revestir a forma de caução ou garantia bancária, bem como a de certificado emitido por fundo de indemnização ou apólice de seguro que sirvam integralmente as finalidades visadas com a exigência da garantia.

3 — O montante da garantia referida nos números anteriores será calculado por aplicação da fórmula prevista no anexo ao presente diploma e que dele faz parte integrante.

4 — No acto de apresentação da garantia financeira, o notificador deverá anexar nota explicativa do cálculo em que a mesma se baseia.

5 — A garantia financeira considera-se suficiente e legalmente constituída se não for recusada, com fundamento em insuficiência, pela DGA.

6 — As garantias referidas nos números anteriores ficarão exclusivamente afectas à cobertura das despesas mencionadas no n.º 1 e serão devolvidas mediante apresentação de:

   a) Certificado de eliminação ou valorização que ateste que os resíduos chegaram ao seu destino e foram eliminados ou valorizados segundo métodos ecologicamente correctos;
   b) Exemplar de controlo T5, elaborado de acordo com o Regulamento (CEE) n.º 2823/87, da Comissão, que ateste, em caso de trânsito através da União Europeia, que os resíduos abandonaram o território da União.

7 — No caso de importação ou trânsito proveniente de outro Estado membro da União Europeia, o notificador fica dispensado de constituir a garantia a que se referem os números anteriores, se fizer prova, mediante declaração da autoridade competente desse Estado, de que já constituiu garantia adequada para o mesmo efeito.

Artigo 6.º
Seguros

1 — As transferências de resíduos às quais se aplica o presente diploma ficam condicionadas à existência de um seguro de responsabilidade civil por danos causados ao ambiente ou à saúde pública, nos termos dos números seguintes.

2 — A obrigação de segurar recai sobre o transportador.

3 — O contrato de seguro tem por objecto a garantia do pagamento das indemnizações que legalmente sejam exigíveis ao segurado, em razão da sua responsabilidade subjectiva ou objectiva, pelos danos causados a terceiros e que resultem do exercício profissional da actividade de transporte de resíduos.

4 — O contrato de seguro poderá excluir os danos:
 a) Devidos a responsabilidade por acidente com veículo que, nos termos da lei, deva ser objecto de seguro obrigatório de responsabilidade civil;
 b) Devidos a atrasos ou incumprimento na efectivação dos trabalhos;
 c) Reclamados com base em responsabilidade do segurado resultante de acordo ou contrato particular, na medida em que a mesma exceda a responsabilidade a que o segurado estaria obrigado na ausência de tal acordo ou contrato;
 d) Devidos a actuação dolosa do segurado ou de terceiro;
 e) Resultantes de poluição gradual;
 f) Causados por acidente nuclear;
 g) Causados por tremores de terra ou outras catástrofes naturais;
 h) Resultantes de actos de guerra, invasão, hostilidades, rebelião, insurreição, poder militar ou usurpado, tentativa de usurpação do poder, terrorismo, sabotagem, tumultos, assaltos, greves ou *lock-out*.

5 — O contrato de seguro terá um capital mínimo de 20 milhões de escudos por sinistro e por anuidade.

6 — O contrato de seguro pode incluir uma franquia não oponível a terceiros lesados.

7 — O seguro cobrirá os danos causados por sinistros ocorridos durante a vigência da apólice e reclamados até dois anos após a data do seu termo.

8 — O contrato de seguro pode prever o direito de regresso da seguradora, nos casos de actuação dolosa do segurado.

9 — A resolução ou suspensão do contrato de seguro rege-se

pelo disposto na lei geral e torna-se eficaz três dias úteis depois de comunicada pela seguradora à DGA, sob pena da sua inoponibilidade perante terceiros.

Artigo 7.º
Fiscalização

1 — A fiscalização do cumprimento das disposições do Regulamento e do presente diploma compete à DGA, às direcções regionais do Ambiente e Recursos Naturais, à Direcção-Geral das Alfândegas, à DGPNTM, às autoridades policiais e, na área da sua jurisdição, à autoridade marítima.

2 — A fiscalização referida no número anterior inclui, nomeadamente, a realização de inspecções no local de origem ou de destino das transferências de resíduos, bem como nas fronteiras externas da União Europeia ou durante a operação de transferência.

Artigo 8.º
Contra-ordenações

1 — Sem prejuízo do disposto na lei penal, as infracções ao Regulamento constituem contra-ordenações puníveis com coima:
 a) De 200000$00 a 500000$00, as transferências de resíduos efectuadas sem a notificação, nos termos do Regulamento, das autoridades competentes ou mediante autorização obtida por falsificação, falsas declarações ou fraude;
 b) De 200000$00 a 500000$00, as transferências de resíduos efectuadas sem a autorização, nos termos do Regulamento, das autoridades competentes ou mediante autorização obtida por falsificação, falsas declarações ou fraude;
 c) De 200000$00 a 500000$00, as transferências de resíduos que ocasionem uma eliminação ou valorização em violação das normas comunitárias ou internacionais aplicáveis;
 d) De 200000$00 a 500000$00, as transferências de resíduos que contrariem o disposto nos artigos 14.º, 16.º, 18.º, 19.º e 21.º do Regulamento;
 e) De 100000$00 a 300000$00, as transferências de resíduos que não sejam especificadas de forma clara e objectiva no documento de acompanhamento;
 f) De 50000$00 a 100000$00, a realização do transporte de resíduos sem que sejam acompanhados pelos documentos exigidos.

2 — As infracções ao disposto no n.º 2 do artigo 4.º do presente diploma constituem contra-ordenação punível com coima de 200000$00 a 500000$00.

3 — Constituem ainda contra-ordenações puníveis com coima de 200000$00 a 500000$00:

   a) A recusa por parte do notificador de aceitar de volta os resíduos que sejam objecto, por sua responsabilidade, de uma transferência ilícita, nos termos definidos pelo artigo 26.º do Regulamento;
   b) A recusa por parte do destinatário de eliminar ou valorizar os resíduos que sejam objecto, por sua responsabilidade, de uma transferência ilícita, nos termos definidos pelo artigo 26.º do Regulamento.

4 — No caso de as infracções referidas nos números anteriores serem da responsabilidade de uma pessoa colectiva, a coima aplicável elevar-se-á, em caso de dolo, até ao montante máximo de 6000000$00.

5 — A tentativa e a negligência são puníveis.

ARTIGO 9.º
Sanções acessórias

Às contra-ordenações previstas nas alíneas a), b) e c) do n.º 1 do artigo 8.º e nas alíneas a) e b) do n.º 3 do mesmo artigo poderão ser aplicadas as seguintes sanções acessórias:

   a) Apreensão de objectos utilizados na prática da infracção;
   b) Interdição de exercício da profissão ou da actividade que está na origem da infracção;
   c) Privação de direito a subsídios ou benefícios outorgados por entidades ou serviços públicos;
   d) Privação do direito de participar em feiras e mercados, bem como de entrar em recintos ou áreas de acesso reservado;
   e) Privação do direito de participação em arrematações e concursos, promovidos por entidades ou serviços públicos, de obras públicas e de fornecimento de bens e serviços, ou concessão de serviços, licenças ou alvarás;
   f) Encerramento do estabelecimento ou cancelamento de serviços, licenças e alvarás.

ARTIGO 10.º
Processamento e aplicação das coimas e sanções acessórias

1 — O processamento das contra-ordenações previstas no pre-

sente diploma compete à DGA e, na área da sua jurisdição, à autoridade marítima.

2 — A aplicação das coimas e sanções acessórias previstas no presente diploma compete ao director-geral do Ambiente e, na área da sua jurisdição, à autoridade marítima.

Artigo 11.º
Produto das coimas

O produto das coimas reverte:
a) Em 40% para a entidade competente para aplicação da coima;
b) Em 60% para o Estado.

Artigo 12.º
Reconstituição da situação anterior

É aplicável aos infractores ao presente diploma, bem como aos infractores ao Regulamento, o disposto no artigo 48.º da Lei n.º 11/87, de 7 de Abril, sobre a obrigatoriedade de remoção das causas da infracção e da reconstituição da situação anterior.

Artigo 13.º
Norma revogatória

É revogado o Decreto-Lei n.º 121/90, de 9 de Abril, salvo na parte relativa à definição de resíduos e de resíduos perigosos.

Visto e aprovado em Conselho de Ministros de 27 de Julho de 1995. — *Manuel Dias Loureiro — Manuel Dias Loureiro — Walter Valdemar Pêgo Marques — Luís Francisco Valente de Oliveira — Vítor Ângelo da Costa Martins — Luís Filipe Alves Monteiro — Joaquim Martins Ferreira do Amaral — Maria Teresa Pinto Basto Gouveia — António Baptista Duarte Silva.*

Promulgado em 5 de Outubro de 1995.

Publique-se.

O Presidente da República, Mário Soares.

Referendado em 10 de Outubro de 1995.

O Primeiro-Ministro, Aníbal António Cavaco Silva.

Anexo a que se refere o n.º 3 do artigo 5.º

A garantia bancária ou garantia equivalente deverá ser calculada com base na seguinte fórmula:

$$GB = (T + E) \times Q \times N_s \times 1,4$$

em que:
 GB = garantia bancária ou garantia equivalente;
 T = custo do transporte por tonelada de resíduos;
 E = custo de eliminação final/valorização por tonelada de resíduos;
 Q = quantidade média em toneladas por movimento;
 N_s = número máximo de movimentos que se prevê venham a ser efectuados em simultâneo.

Transporte internacional de resíduos perigosos

Decreto n.º 37/93
de 20 de Outubro

Nos termos da alínea c) do n.º 1 do artigo 200.º da Constituição, o Governo decreta o seguinte:

Artigo único. É aprovada, para ratificação, a Convenção sobre o Controlo de Movimentos Transfronteiriços de Resíduos Perigosos e Sua Eliminação, adoptada em Basileia em 22 de Março de 1989, no âmbito do Programa das Nações Unidas para o Ambiente, cujo texto original em inglês e a respectiva tradução para português seguem em anexo ao presente decreto.

Visto e aprovado em Conselho de Ministros de 22 de Julho de 1993. — *Aníbal António Cavaco Silva* — *José Manuel Durão Barroso* — *Maria Teresa Pinto Basto Gouveia* — *Eduardo Eugénio Castro de Azevedo Soares.*

Promulgado em 13 de Agosto de 1993.

Publique-se.

O Presidente da República, MÁRIO SOARES.

Referendado em 23 de Agosto de 1993.

O Primeiro-Ministro, *Aníbal António Cavaco Silva.*

CONVENÇÃO DE BASILEIA E CONTROLO DE MOVIMENTOS TRANSFRONTEIRIÇOS DE RESÍDUOS PERIGOSOS E SUA ELIMINAÇÃO

Introdução

As Partes desta Convenção:

Conscientes do prejuízo causado à saúde humana e ao ambiente pelos resíduos perigosos e outros resíduos e pelo seu movimento transfronteiriço;

Atentas à ameaça cada vez maior para a saúde humana e para o ambiente causada pela produção e complexidade crescentes e pelo movimento transfronteiriço de resíduos perigosos e outros resíduos;

Conscientes também de que a maneira mais eficaz de proteger a saúde humana e o ambiente dos perigos casuados por esses resíduos é reduzir a sua produção ao mínimo, em termos de quantidade e ou potencial de perigo;

Convictas de que os Estados deveriam tomar as medidas necessárias para assegurar a gestão de resíduos perigosos e outros resíduos, incluindo o movimento transfronteiriço, e a eliminação ser compatível com a protecção da saúde humana e do ambiente, qualquer que seja o seu local;

Verificando que os Estados deveriam assegurar que o produtor se responsabilizasse pelo transporte e eliminação de resíduos perigosos e outros resíduos, de acordo com a protecção do ambiente, qualquer que seja o local da eliminação;

Reconhecendo plenamente que qualquer Estado tem o direito soberano de proibir a entrada ou eliminação de resíduos perigosos estrangeiros e outros resíduos no seu território;

Reconhecendo também o crescente desejo de proibir os movimentos transfronteiriços de resíduos perigosos e a sua eliminação noutros Estados, sobretudo nos países em desenvolvimento;

Reconhecendo que os movimentos transfronteiriços de resíduos perigosos, especialmente para países em vias de desenvolvimento, representa um alto risco de não constituir uma adequada gestão ambiental de resíduos perigosos conforme o requerido pela Convenção;

Conscientes de que o movimento transfronteiriço de tais resíduos, desde o Estado da sua produção até qualquer outro Estado, deveria ser permitido somente quando executado sob condições que não coloquem em perigo a saúde humana e o ambiente, sendo essas condições acordadas segundo as disposições desta Convenção;

Considerando que o aperfeiçoamento do controlo do movimento transfronteiriço de resíduos perigosos e outros resíduos actuará como um incentivo para a gestão ambientalmente segura e racional e para a redução do volume do movimento transfronteiriço objecto desta Convenção;

Convencidas de que os Estados deveriam tomar medidas para o intercâmbio apropriado de informação e controlo do movimento transfronteiriço de resíduos perigosos e de outros resíduos de e para esses Estados;

Registando que um número considerável de acordos internacionais e regionais refere a questão da protecção e preservação do ambiente no que respeita ao tráfego de mercadorias perigosas;

Tendo em conta a Declaração da Conferência sobre o Ambiente Humano (Estocolmo, 1972), as Directrizes do Cairo e os Princípios para a Gestão Ambiental Segura de Resíduos Perigosos, aceites pelo Conselho de Governadores do Programa das Nações Unidas para o Ambiente (PNUA), através da Decisão n.º 14/30, de 17 de Junho de 1987, as Recomendações do Comité das Nações Unidas de Peritos no Transporte de Mercadorias Perigosas (formuladas em 1957 e actualizadas bienalmente), as recomendações relevantes, as declarações, formulários e regulamentos adoptados no sistema das Nações Unidas, bem como o trabalho e estudos feitos em organizações internacionais e regionais;

Conscientes do espírito, princípios, objectivos e funções da Estratégia Mundial para a Conservação da Natureza, aceite pela Assembleia Geral das Nações Unidas na sessão n.º 37 (1982), enquanto regra ética no que respeita à protecção do ambiente humano e conservação dos recursos naturais;

Afirmando que os Estados são responsáveis pelo cumprimento dos seus deveres internacionais no que respeita à protecção da saúde humana, protecção e preservação do ambiente e estão sujeitos de acordo com o direito internacional;

Reconhecendo que em caso de infracção das cláusulas desta Convenção ou de qualquer protocolo também será aplicado o direito internacional;

Conscientes da necessidade de continuar o desenvolvimento e a implementação de tecnologias ambientalmente seguras de redução de resíduos, de opções de reciclagem e de bons sistemas domésticos de gestão com o objectivo de reduzir ao mínimo a produção de resíduos perigosos e de outros resíduos;

Conscientes também da crescente preocupação internacional acerca da necessidade de um controlo rigoroso do movimento transfronteiriço de resíduos perigosos e de outros resíduos, bem como da necessidade de reduzir, dentro do possível, este movimento ao mínimo;

Preocupadas com o problema do tráfego transfronteiriço ilícito de resíduos perigosos e de outros resíduos;

Tendo em conta também as capacidades limitadas dos países em desenvolvimento na gestão de resíduos perigosos e de outros resíduos;

Reconhecendo a necessidade de promover a transferência de tecnologia relativa à gestão segura de resíduos perigosos e ou resíduos produzidos localmente, particularmente para os países em desenvolvimento de acordo com o espírito das Directrizes do Cairo e a Decisão n.º 14/16 do Conselho de Governadores do PNUA sobre a promoção da transferência de tecnologia de protecção ambiental;

Reconhecendo também que os resíduos perigosos e outros resíduos deveriam ser transportados de acordo com as Convenções e recomendações internacionais relevantes;

Convictas também de que o movimento transfronteiriço de resíduos perigosos e outros resíduos deveria ser permitido somente quando o transporte e a eliminação final destes resíduos sejam ambientalmente seguros e racionais; e

Determinadas a proteger, através do controlo rigoroso, a saúde humana e o ambiente dos efeitos nocivos que podem resultar da produção e gestão de resíduos perigosos e de outros resíduos;

acordaram no seguinte:

ARTIGO 1.º
Âmbito da Convenção

1 — Nesta Convenção, os resíduos objecto de movimento transfronteiriço, e que são designados «resíduos perigosos», são os seguintes:

a) Resíduos que pertençam a qualquer categoria incluída no anexo I, a menos que tenham alguma das características descritas no anexo III; e

b) Resíduos que não sejam abrangidos pelo parágrafo a), mas que sejam definidos ou considerados como resíduos perigosos pela legislação interna das Partes ligadas à exportação, importação ou trânsito.

2 — Resíduos que pertençam a qualquer categoria contida no anexo II que sejam objecto do movimento transfronteiriço serão designados nesta Convenção por «outros resíduos».

3 — Resíduos que, por serem radioactivos, estejam sujeitos a sistemas de controlo internacionais, incluindo instrumentos internacionais, direccionados especificamente para materiais radioactivos, são excluídos do âmbito desta Convenção.

4 — Resíduos que derivem das operações normais de um navio cuja descarga seja protegida por qualquer instrumento internacional são excluídos do âmbito desta Convenção.

ARTIGO 2.º
Definições

Para esta Convenção:
1) «Resíduos» são substâncias ou objectos que são eliminados ou se projecta eliminar, ou são objecto de pedido para serem eliminados, de acordo com as cláusulas da lei nacional;
2) «Gestão» significa a recolha, transporte e eliminação de resíduos perigosos ou de outros resíduos, incluindo a posterior protecção dos locais de eliminação;
3) «Movimento transfronteiriço» significa qualquer movimento de resíduos perigosos ou de outros resíduos de uma área abrangida pela jurisdição nacional de um Estado para, ou através de uma área abrangida pela jurisdição nacional de outro Estado ou para ou através de uma área não abrangida pela jurisidição nacional de qualquer Estado, estando pelo menos dois Estados envolvidos no movimento;
4) «Eliminação» significa qualquer operação especificada no anexo IV desta Convenção;
5) «Local ou instalação autorizada» significa um local ou instalação para a eliminação de resíduos perigosos ou de outros resíduos que é autorizado ou admitido a operar com esse objectivo por uma autoridade competente do Estado onde o local ou instalação se situa;
6) «Autoridade competente» significa uma autoridade governamental nomeada por uma Parte para ser responsável, dentro das áreas geográficas que a Parte ache ajustadas, para receber a notificação de um movimento transfronteiriço de resíduos perigosos ou de outros resíduos e qualquer informação com ele relacionada, bem como responder a essa notificação, de acordo com o artigo 6.º;

7) «Correspondente» significa a entidade referida no artigo 5.º responsável por receber e submeter a informação, conforme consta dos artigos 13.º e 16.º;
8) «Gestão ambientalmente segura e racional dos resíduos perigosos e de outros resíduos» significa seguir todos os passos viáveis com vista a assegurar uma boa gestão de resíduos perigosos e de outros resíduos, de maneira a proteger a saúde humana e o ambiente contra os efeitos nocivos que podem advir desses resíduos;
9) «Área sob jurisdição nacional de um Estado» significa qualquer território, área marítima ou espaço aéreo dentro do qual um Estado exerce responsabilidade administrativa e regulamentar, de acordo com o direito internacional, no que respeita à protecção da saúde humana ou do ambiente;
10) «Estado de exportação» significa a Parte de onde um movimento transfronteiriço de resíduos perigosos ou de outros resíduos é planeado para ser iniciado ou se iniciou;
11) «Estado de importação» significa a Parte para onde o movimento transfronteiriço de resíduos perigosos e de outros resíduos é planeado ou tem lugar com o objectivo da sua eliminação ou para carregar antes da eliminação numa área que não esteja sob a jurisdição nacional de nenhum Estado;
12) «Estado de trânsito» designa qualquer Estado que não seja o Estado de exportação ou de importação através do qual um movimento de resíduos perigosos ou de outros resíduos é planeado ou tem lugar;
13) «Estados envolvidos» são Estados de exportação ou de importação, ou Estados de trânsito, sejam ou não Partes;
14) «Pessoa» é qualquer pessoa jurídica ou física;
15) «Exportador» é qualquer pessoa sob jurisdição do Estado de exportação que trata da exportação de resíduos perigosos ou de outros resíduos;
16) «Importador» é qualquer pessoa sob jurisdição do Estado importador que trata da importação de resíduos perigosos e de outros resíduos;
17) «Transportador» é aquele que trata do transporte de resíduos perigosos ou de outros resíduos;
18) «Produtor» constitui aquele cuja actividade produz resíduos perigosos ou outros resíduos ou, no caso de a pessoa ser desconhecida, significa a pessoa que está na posse e ou controla esses resíduos;

19) «Eliminador» significa aquele para quem os resíduos perigosos ou outros resíduos são enviados e que trata da eliminação desses resíduos;
20) «Organização de integração política e ou económica» é a organização constituída por Estados soberanos para a qual os seus Estados membros transferiram competências respeitantes a assuntos contemplados nesta Convenção e que foram devidamente autorizados, de acordo com os seus procedimentos internos, a assinar, ratificar, aceitar, aprovar, confirmar formalmente ou a ela aderir;
21) «Tráfego ilícito» constitui qualquer movimento transfronteiriço de resíduos perigosos ou de outros resíduos, conforme específica o artigo 9.º

ARTIGO 3.º
Definições nacionais de resíduos perigosos

1 — Cada Parte deve, após seis meses de se tornar Parte desta Convenção, informar o Secretariado da Convenção dos resíduos ou de quais dos mencionados nos anexos I e II são considerados ou definidos como perigosos de acordo com a sua legislação nacional e de quaisquer requisitos no que regista aos procedimentos do movimento transfronteiriço aplicáveis a tais resíduos.

2 — Cada Parte deverá subsequentemente informar o Secretariado de quaisquer mudanças importantes à informação mencionada no parágrafo 1.

3 — O Secretariado informará então todas as Partes da informação recebida, conforme os parágrafos 1 e 2.

4 — As Partes serão responsáveis por transmitir aos seus exportadores a informação que lhes foi dada pelo Secretariado, conforme o parágrafo 3.

ARTIGO 4.º
Obrigações gerais

1 — *a)* As Partes, no exercício do seu direito de proibição de importação de resíduos perigosos ou de outros resíduos para eliminação, informarão as outras Partes da sua decisão conforme o artigo 13.º

b) As Partes proibirão, ou não permitirão, a exportação de resíduos perigosos ou de outros resíduos para as Partes que proibiram a importação de tais resíduos, quando notificados de acordo com o subparágrafo *a)* supramencionado.

c) As Partes devem proibir, ou não permitir, a exportação de resíduos perigosos ou de outros resíduos, se o Estado de importação não consentir em escrever ao importador específico, no caso de esse Estado de importação não ter proibido a importação de tais resíduos.

2 — Cada Parte tomará as medidas necessárias para:

a) Assegurar que a produção de resíduos perigosos e de outros resíduos seja reduzida ao mínimo, tendo em conta os aspectos sociais, tecnológicos e económicos;

b) Assegurar a disponibilidade de instalações adequadas para eliminação, com vista à gestão ambientalmente segura e racional dos resíduos perigosos e de outros resíduos, que serão colocados o mais longe possível, qualquer que seja o local da sua eliminação;

c) Assegurar que as pessoas envolvidas na gestão de resíduos perigosos e de outros resíduos dêem os passos necessários para prevenir a poluição originada pelos resíduos perigosos e outros resíduos resultantes dessa gestão e, se essa poluição ocorrer, minimizar as consequências daí advindas para a saúde humana e o ambiente;

d) Assegurar que o movimento transfronteiriço de resíduos perigosos e de outros resíduos seja reduzido ao mínimo, tomando as medidas ambientalmente correctas, através de uma gestão eficiente desses resíduos, e que seja conduzida de modo a proteger a saúde humana e o ambiente contra os efeitos nocivos que podem resultar desse mesmo movimento;

e) Não permitir a exportação de resíduos perigosos ou de outros resíduos para um Estado ou grupo de Estados que são Partes pertencentes a uma organização de integração política e ou económica, sobretudo países em desenvolvimento que tenham proibido através da sua legislação todas as importações, ou por pensarem que os resíduos em questão não serão geridos de acordo com o procedimento ambiental correcto, segundo o critério acordado pelas Partes na sua primeira reunião;

f) Exigir que a informação sobre um movimento transfronteiriço de resíduos perigosos e de outros resíduos proposto seja fornecida aos respectivos Estados, de acordo com o anexo V-A, para especificar claramente os efeitos para a saúde humana e para o ambiente do movimento proposto;

g) Impedir a importação de resíduos perigosos e de outros resíduos, quando há razões para acreditar que os resíduos em questão não serão geridos de uma forma ambientalmente segura e racional;

h) Cooperar em actividades com outras Partes e organizações directamente interessadas, e através do Secretariado, incluindo a disseminação de informação sobre o movimento transfronteiriço de resíduos perigosos e de outros resíduos, de modo a melhorar a correcta gestão ambiental de tais resíduos e conseguir a prevenção do tráfego ilícito.

3 — As Partes consideram que o tráfego ilícito de resíduos perigosos ou de outros resíduos constitui crime.

4 — Cada Parte tomará as medidas legais e administrativas para implementar e reforçar as condições desta Convenção, incluindo medidas de prevenção e punição de condutas que infrinjam o disposto na Convenção.

5 — Uma Parte não permitirá que os resíduos perigosos e outros resíduos sejam exportados por uma não Parte ou sejam importados de uma não Parte.

6 — As Partes concordam em não permitir a exportação de resíduos perigosos e de outros resíduos para eliminação nas áreas a sul da latitude 60° S, sejam ou não esses resíduos objecto de movimento transfronteiriço.

7 — Para além disso, cada Parte deverá:

a) Proibir todas as pessoas sob sua jurisdição nacional, de transportar ou eliminar resíduos perigosos ou outros resíduos, a não ser que essas pessoas estejam autorizadas a praticar esse tipo de operações;

b) Exigir que os resíduos perigosos e outros resíduos objecto de um movimento transfronteiriço sejam embalados, rotulados e transportados em conformidade com as regras e padrões estabelecidos no que respeita às embalagens, rótulos e transporte e que essas obrigações sejam respeitadas como sendo práticas internacionalmente reconhecidas;

c) Exigir que os resíduos perigosos e outros resíduos sejam acompanhados da documentação devida deste a altura em que o movimento transfronteiriço começa até ao momento da eliminação.

8 — Cada Parte deve exigir que os resíduos perigosos e outros resíduos a ser exportados sejam geridos de uma forma ambientalmente segura e racional no Estado importador ou em outro qualquer lugar. As directrizes técnicas para gestão ambiental segura e racional de resíduos objecto desta Convenção serão decididas pelas Partes na sua primeira reunião.

9 — As Partes devem tomar as medidas necessárias para assegurar que o movimento transfronteiriço de resíduos perigosos ou de outros resíduos seja permitido quando:

  a) O Estado de exportação não tiver capacidade técnica e instalações necessárias, capacidade ou convenientes locais de eliminação com vista a eliminar os resíduos em questão de uma forma ambientalmente segura e eficiente; ou
  b) Os resíduos em questão são considerados como matéria-prima para valorização ou para as indústrias de recuperação no Estado de importação; ou
  c) O movimento transfronteiriço em questão está conforme com outro critério a ser decidido pelas Partes, pretendendo-se que estes critérios não se afastem dos objectivos desta Convenção.

10 — No âmbito desta Convenção a obrigação dos Estados cujos resíduos perigosos e outros resíduos são produzidos requer que esses resíduos sejam geridos de uma forma ambientalmente segura e racional, não podendo sob nenhum pretexto ser transferida para os Estados de importação ou de trânsito.

11 — Nada nesta Convenção deve impedir uma Parte de impor exigências adicionais que sejam compatíveis com as cláusulas desta Convenção e que estejam de acordo com as regras do direito internacional para melhor proteger a saúde humana e o ambiente.

12 — Nada nesta Convenção deve afectar de algum modo a soberania dos Estados nas suas águas territoriais estabelecidas de acordo com o direito internacional e o direito soberano, bem como a jurisdição que os Estados têm nas suas zonas económicas exclusivas e nos recifes continentais de acordo com o direito internacional, e o exercício dos direitos náuticos e das liberdades de navegação, pelos barcos e aeronaves de todos os Estados, conforme o direito internacional e como resulta dos instrumentos internacionais relevantes.

13 — As Partes serão encarregadas de rever periodicamente as possibilidades de redução do volume e ou da poluição potencial dos resíduos perigosos ou de outros resíduos que são exportados para outros Estados, em particular para os países em desenvolvimento.

ARTIGO 4.º-A

1 — Cada Parte listada no anexo VII deverá proibir todos os movimentos transfronteiriços de resíduos perigosos destinados a operações constantes do anexo IV-A para Estados não listados no anexo VII.

2 — Cada Parte listada no anexo VII deverá parar em 31 de Dezembro de 1997, e proibir a partir dessa data, todos os movimentos transfronteiriços de resíduos perigosos, de acordo com o artigo 1.º, 1, *a*), da Convenção, e que sejam destinados a operações constantes do anexo IV-B, para Estados não listados no anexo VII. Esses movimentos transfronteiriços não deverão ser proibidos a não ser nos casos em que os resíduos em questão sejam considerados periogosos no âmbito desta Convenção.

ARTIGO 5.º
Designação das autoridades competentes e do correspondente

Para facilitar a implementação desta Convenção, as Partes deverão:
1) Nomear ou estabelecer uma ou mais autoridades competentes e um correspondente. Uma autoridade competente será nomeada para receber a notificação do Estado de trânsito;
2) Informar o Secretariado, dentro de três meses da data de entrada em vigor desta Convenção, de quais os organismos que eles designam como seu correspondente e como suas autoridades competentes.
3) Informar o Secretariado, dentro de um mês após a data de decisão, de quaisquer mudanças no que respeita à designação feita por eles, conforme o parágrafo 2) supramencionado.

ARTIGO 6.º
Movimento transfronteiriço entre as Partes

1 — O Estado de exportação notificará ou exigirá ao produtor ou exportador que notifique, por escrito, através da autoridade competente do Estado de exportação, a autoridade competente dos Estados envolvidos em qualquer movimento transfronteiriço proposto de resíduos perigosos e de outros resíduos. Esta notificação conterá declarações e informações descritas no anexo V-A, escrita em linguagem perceptível ao Estado de importação. É necessário enviar uma só notificação a cada Estado envolvido.

2 — O Estado de importação responderá ao notificador por escrito, consentindo no movimento com ou sem condições, negando permissões para o movimento ou requerendo informações adicionais. Será enviada uma cópia da resposta final do Estado de importação às autoridades competentes dos respectivos Estados envolvidos que sejam Partes.

3 — O Estado de exportação não autorizará o produtor ou exportador a iniciar o movimento transfronteiriço até receber confirmação por escrito, de que:
 a) O notificador recebeu o consentimento por escrito do Estado de importação; e
 b) O notificador recebeu do Estado de importação confirmação da existência de um contrato entre o exportador e o eliminador, especificando a gestão ambientalmente segura e racional dos resíduos em questão.

4 — Cada Estado de trânsito que seja Parte deverá de imediato acusar a recepção da notificação ao notificador. Pode subsequentemente responder ao notificador por escrito, dentro de 60 dias, consentindo o movimento com ou sem condições, negando permissão para o movimento ou exigindo informações adicionais. O Estado de exportação não permitirá que o movimento transfronteiriço comece enquanto não receber o consentimento por escrito do Estado de trânsito. Contudo, se em qualquer altura uma Parte decidir não exigir consentimento posterior por escrito, seja em geral ou sob certas condições, para os movimentos transfronteiriços de trânsito de resíduos perigosos ou de outros resíduos, ou modificar os seus requisitos neste aspecto, informará as Partes da sua decisão, de acordo com o artigo 13.º Neste último caso, se não houver resposta do Estado de exportação dentro de 60 dias após a recepção de uma notificação fornecida pelo Estado de trânsito, o Estado de exportação pode autorizar o prosseguimento da exportação através do Estado de trânsito.

5 — No caso de um movimento transfronteiriço de resíduos perigosos, em que os resíduos são legalmente definidos ou considerados como sendo unicamente perigosos:
 a) Pelo Estado de exportação, as exigências do parágrafo 9 deste artigo que se aplicam ao importador ou eliminador e o Estado de importação deverá aplicar *mutatis mutandis* ao exportador e ao Estado de exportação, respectivamente; ou
 b) Pelo Estado de importação, ou pelos Estados de importação e trânsito que sejam Partes, as exigências dos parágrafos 1, 3, 4 e 6 deste artigo que se aplicam ao exportador e Estado de exportação serão aplicadas *mutatis mutandis* ao importador ou eliminador e Estado de importação, respectivamente; ou
 c) Por qualquer Estado que seja Parte, as cláusulas do parágrafo 4 serão aplicadas a esse Estado.

6 — O Estado de exportação pode, sujeito ao consentimento escrito dos Estados envolvidos, permitir que o produtor ou o exportador

use uma notificação geral quando os resíduos perigosos e outros resíduos tenham as mesmas características físicas e químicas, sejam enviados regularmente para o mesmo eliminador via o mesmo posto aduaneiro de saída do Estado de exportação ou, no caso de trânsito, via o mesmo posto aduaneiro de entrada e saída do Estado ou Estados de trânsito.

7 — Os Estados envolvidos podem dar o seu consentimento por escrito para o uso da notificação geral referida no parágrafo 6, sujeito ao fornecimento de certas informações, tais como as quantidades exactas, as listas periódicas de resíduos perigosos ou de outros resíduos a serem despachados.

8 — A notificação geral e a autorização escrita referidas nos parágrafos 6 e 7 podem abranger diversas expedições de resíduos perigosos ou de outros resíduos durante um período máximo de 12 meses.

9 — As Partes devem exigir que cada pessoa encarregue de um movimento transfronteiriço de resíduos perigosos e de outros resíduos assine o documento do movimento, seja na entrega ou na recepção dos resíduos em questão. Também devem exigir que o eliminador informe o exportador e as autoridades competentes do Estado de exportação da recepção por parte do eliminador dos resíduos em questão e, na devida altura, da conclusão da eliminação conforme esteja especificado na notificação. Se tal informação não for recebida no Estado de exportação, a autoridade competente do Estado de exportação ou a exportador notificará então o Estado de importação.

10 — A notificação e a resposta exigidas neste artigo serão transmitidas à autoridade competente das Partes envolvidas ou à autoridade governamental, como pode ser o caso das não Partes.

11 — Qualquer movimento transfronteiriço de resíduos perigosos ou de outros resíduos será coberto por um seguro, caução ou outra garantia conforme for exigido pelo Estado de importação ou por qualquer Estado de trânsito que seja Parte.

ARTIGO 7.º
**Movimento transfronteiriço a partir de uma Parte
e através de Estados que não são Partes**

O parágrafo 2 do artigo 6.º do Convenção deve aplicar-se *mutatis mutandis* ao movimento transfronteiriço de resíduos perigosos e de outros resíduos a partir de uma Parte e através de um Estado ou Estados que não sejam Partes.

ARTIGO 8.º
Dever de reimportação

Quando um movimento transfronteiriço de resíduos perigosos ou de outros resíduos, consentido pelo Estados envolvidos e sujeito às cláusulas desta Convenção, não puder ser executado de acordo com os termos do contrato, o Estado de exportação terá de assegurar que os resíduos em questão sejam devolvidos ao Estado de exportação pelo exportador, se não houver alternativa e solução para a sua eliminação de um modo ambientalmente seguro e racional, dentro de 90 dias ou em qualquer outro período acordado pelos Estados envolvidos, a partir da altura em que o Estado importador informou o Estado exportador e o Secretariado. Assim, o Estado de exportação e qualquer Parte de trânsito não deve opor-se ou impedir o retorno destes resíduos para o Estado de exportação.

ARTIGO 9.º
Tráfego ilícito

1 — Para o objectivo desta Convenção, qualquer movimento transfronteiriço de resíduos perigosos ou de outros resíduos:

   a) Sem notificação de todos os Estados envolvidos, segundo as cláusulas desta Convenção; ou
   b) Sem o consentimento do Estado envolvido, segundo as cláusulas desta Convenção; ou
   c) Com o consentimento obtido da parte dos Estados envolvidos através de falsificação, informações falsas ou fraude; ou
   d) Em que o material não esteja em conformidade com os documentos; ou
   e) Que resulte em eliminação deliberada (por exemplo: imersão no mar) de resíduos perigosos e de outros resíduos, de acordo com esta Convenção e com os princípios gerais do direito internacional;

será considerado tráfego ilícito.

2 — No caso do movimento transfronteiriço de resíduos perigosos e de outros resíduos considerado ilícito como resultado de actuação por parte do exportador ou do produtor, o Estado importador assegurar-se-á de que os resíduos em questão são:

   a) Devolvidos ao exportador ou ao produtor ou, se necessário, através dele próprio, para o Estado de exportação; ou, se for impraticável, *b)* São eliminados de outra maneira de acordo com as cláusulas desta Convenção;

dentro de 30 dias a contar da altura em que o Estado de exportação foi informado acerca do tráfego ilícito ou a partir de qualquer outra altura acordada pelos Estados envolvidos. Assim, as Partes envolvidas não se oporão ou impedirão o retorno destes resíduos para o Estado de exportação.

3 — No caso do movimento transfronteiriço de resíduos perigosos ou de outros resíduos considerado tráfego ilícito, como resultado da actuação por parte do importador ou eliminador, o Estado de importação assegurar-se-á de que os resíduos em questão são eliminados de uma forma ambientalmente segura e racional, pelo importador ou eliminador ou, se necessário, por ele mesmo dentro de 30 dias a contar da altura em que o tráfego ilícito despertou a atenção do Estado de importação ou desde qualquer outra altura acordada pelos Estados envolvidos. Assim, as Partes envolvidas cooperação, se necessário, na eliminação dos resíduos perigosos de uma forma ambientalmente segura e racional.

4 — Nos casos em que a responsabilidade do tráfego ilícito não possa ser atribuída nem ao exportador nem ao produtor, nem ao importador nem ao eliminador, as Partes envolvidas ou outras Partes, conforme o caso, assegurar-se-ão, através de cooperação, de que os resíduos em questão são eliminados o mais depressa possível de uma forma ambientalmente segura e racional, ou no Estado de exportação, ou no Estado de importação, ou em qualquer outro local, conforme for apropriado.

5 — Cada Parte aplicará legislação nacional própria para prevenir e punir o tráfego ilícito. As Partes cooperarão com vista a cumprir os objectivos desde artigo.

Artigo 10.º
Cooperação internacional

1 — As Partes devem cooperar entre si de modo a melhorar e a obter uma gestão ambientalmente segura e racional de resíduos perigosos e de outros resíduos.

2 — Com esse fim, as Partes devem:
   a) Sob pedido, tornar a informação acessível, seja numa base bilateral ou multilateral, com vista a promover a gestão ambiental de resíduos perigosos e de outros resíduos, incluindo a harmo-

nização de técnicas e práticas padrão para a gestão adequada de resíduos perigosos e de outros resíduos;

b) Cooperar na monitorização dos efeitos para a saúde humana e para o ambiente da gestão dos resíduos perigosos;

c) Cooperar, de acordo com as suas leis nacionais, regulamentos e políticas, no desenvolvimento e implementação de novas tecnologias pouco poluentes, ambientalmente seguras e racionais e na melhoria das já existentes, com vista à eliminação, tanto quanto possível, da produção de resíduos perigosos e de outros resíduos, e recolher métodos cada vez mais efectivos e eficientes para assegurar a sua gestão de uma forma ambientalmente segura e racional, incluindo o estudo dos efeitos ambientais, económicos e sociais com vista à adopção dessas tecnologias novas e melhoradas;

d) Cooperar activamente, de acordo com o seu direito interno, regulamentos e políticas, na transferência de tecnologia e sistemas de gestão relacionados com a gestão ambiental segura e racional de resíduos perigosos e de outros resíduos. Deve também haver uma cooperação para o desenvolvimento da capacidade técnica entre as Partes, especialmente aquelas que possam necessitar e pedir assistência técnica neste campo;

e) Cooperar no desenvolvimento de directrizes técnicas apropriadas e ou códigos de prática.

3 — As Partes deverão empregar meios apropriados para a cooperação por forma a ajudar os países em desenvolvimento a cumprir os subparágrafos *a)*, *b)*, *c)* e *d)* e o parágrafo 2 do artigo 4.º

4 — Tendo em conta a necessidades dos países em desenvolvimento, a cooperação entre as Partes e as competentes organizações internacionais é encorajada a promover, *inter alia*, a conscencialização pública, o desenvolvimento da gestão ambientalmente segura e racional dos resíduos perigosos e dos outros resíduos e a adopção de novas tecnologias pouco poluentes.

Artigo 11.º
Acordos bilaterais, multilaterais e regionais

1 — Sem embargo das cláusulas do artigo 4.º, parágrafo 5, as Partes podem entrar em acordos ou convénios regionais, bilaterais ou multilaterais no que respeita ao movimento transfronteiriço de resíduos perigosos e de outros resíduos com as Partes ou não Partes, evitando que esses acordos se afastem da gestão ambiental de resíduos perigosos

ou de outros resíduos, conforme os requisitos desta Convenção. Estes acordos ou convénios estabelecerão cláusulas que serão tão respeitadas como as da Convenção, tendo em atenção particularmente os interesses dos países em desenvolvimento.

2 — As Partes notificarão o Secretariado sobre quaisquer acordos ou tratados regionais, bilaterais ou multilaterais referidos no parágrafo 1 e dos que tenham sido entregues antes da entrada em vigor desta Convenção, para que o controlo do movimento transfronteiriço de resíduos perigosos e de outros resíduos se verifique inteiramente entre as Partes desses acordos. As cláusulas desta Convenção não afectarão os movimentos transfronteiriços que serão feitos segundo tais acordos, tentando que esses acordos sejam compatíveis com a gestão ambiental de resíduos perigosos e de outros resíduos, conforme os requisitos desta Convenção.

ARTIGO 12.º
Consultas sobre responsabilidade

As Partes devem cooperar com vista a adoptar, da forma mais facilmente realizável, um protocolo estabelecendo regras e procedimentos no campo da responsabilidade e compensação por danos resultantes do movimento transfronteiriço e eliminação de resíduos perigosos e de outros resíduos.

ARTIGO 13.º
Transmissão de informação

1 — As Partes deverão, sempre que tiverem conhecimento de acidentes ocorridos durante o movimento transfronteiriço de resíduos perigosos ou de outros resíduos, ou da sua eliminação, que acarretem riscos prováveis para a saúde humana ou para o ambiente noutros Estados, informar imediatamente esses Estados.

2 — As Partes devem informar-se mutuamente, através do Secretariado, das:
  a) Alterações respeitantes à nomeação das autoridades competentes e ou correspondentes, de acordo com o artigo 5.º;
  b) Alterações das suas definições nacionais de resíduos perigosos conforme o artigo 3.º;

e, o mais depressa possível, de:

    c) Decisões tomadas por eles não consentindo total ou parcialmente a importação de resíduos perigosos e de outros resíduos para eliminação dentro da área abrangida pela sua legislação nacional;

    d) Decisões tomadas por eles para limitar ou banir a exportação de resíduos perigosos e de outros resíduos;

    e) Qualquer outra informação exigida, segundo o parágrafo 4 deste artigo.

3 — As Partes, de acordo com as leis e regulamentos nacionais, enviarão antes do final de cada ano, através do Secretariado, à Conferência das Partes estabelecida segundo o artigo 15.º, um relatório contendo a informação seguinte:

    a) Autoridades competentes e correspondentes designados por elas, segundo o artigo 5.º;

    b) Informação respeitante aos movimentos transfronteiriços de resíduos perigosos ou de outros resíduos em que estão envolvidas, incluindo:

        i) Quantidade de resíduos perigosos ou outros resíduos exportados, suas categorias, características, país de trânsito e método de eliminação, conforme tinha sido exposto na resposta à notificação;

        ii) Quantidade de resíduos perigosos e de outros resíduos importados, suas categorias, características, origem e métodos de eliminação;

        iii) Eliminações feitas incorrectamente;

        iv) Esforços para reduzir a quantidade de resíduos perigosos e de outros resíduos, sujeitos ao movimento transfronteiriço;

    c) Informação sobre as medidas adoptadas por elas na implementação desta Convenção;

    d) Informação de estatísticas qualificadas disponíveis, compiladas por elas, sobre os efeitos para a saúde humana e para o ambiente, da produção, transporte e eliminação de resíduos perigosos e de outros resíduos;

    e) Informação respeitante aos acordos e tratados regionais, bilaterais e multilaterais, conformes com o artigo 11.º desta Convenção;

    f) Informação sobre acidentes ocorridos durante o movimento transfronteiriço e a eliminação de resíduos perigosos ou de outros resíduos, bem como medidas tomadas para esse fim;

g) Informação sobre as opções de eliminação realizadas dentro da sua área de jurisdição nacional;

h) Informação sobre as medidas tomadas para o desenvolvimento de tecnologias para a redução e ou eliminação da produção de resíduos perigosos ou de outros resíduos; e

i) Outros assuntos que a Conferência das Partes possa julgar relevantes.

4 — As Partes, de acordo com os regulamentos e leis nacionais, assegurar-se-ão de que as cópias de cada notificação respeitantes ao movimento transfronteiriço de resíduos perigosos ou de outros resíduos e respectiva resposta sejam enviadas ao Secretariado, sempre que uma Parte considere que o seu ambiente pode ser afectado por esses movimentos transfronteiriços.

ARTIGO 14.º
Aspectos financeiros

1 — As Partes concordam que deveriam ser criados centros regionais ou sub-regionais para as transferências de formação e de tecnologia respeitantes à gestão ambiental de resíduos perigosos e de outros resíduos, e para a minimização da sua produção de acordo com as necessidades específicas das regiões e sub-regiões. As Partes devem decidir sobre o estabelecimento de mecanismos financeiros apropriados de natureza voluntária.

2 — As Partes deverão considerar, numa base provisória, a criação de um fundo rotativo para assistência em caso de situações de emergência com vista a minimizar danos provocados por acidentes resultantes dos movimentos transfronteiriços de resíduos perigosos e de outros resíduos ou durante a eliminação desses resíduos.

ARTIGO 15.º
Conferência das Partes

1 — A Conferência das Partes é criada por este meio. A primeira reunião da Conferência das Partes deverá ser convocada pelo director executivo do PNUA, nunca mais de um ano após a entrada em vigor desta Convenção. Depois disso, as reuniões ordinárias da Conferência das Partes serão marcadas com intervalos regulares a determinar na sua primeira reunião.

2 — As reuniões extraordinárias da Conferência das Partes poderão ser marcadas para outras alturas conforme a Conferência achar

necessário, ou através de pedido escrito de qualquer das Partes, para que dentro de seis meses após a data do pedido lhes ter sido comunicado pelo Secretariado seja apoiado por, pelo menos, um terço das Partes.

3 — A Conferência das Partes será feita de comum acordo e adoptará regras de procedimento para ela própria e para qualquer órgão subsidiário que ela possa estabelecer, bem como regras financeiras para determinar, em particular, a participação financeira das Partes sob esta Convenção.

4 — As Partes, na sua primeira reunião, considerarão quaisquer medidas adicionais necessárias que as ajudem no cumprimento das suas responsabilidades no que respeita à protecção e preservação do ambiente marítimo, no contexto desta Convenção.

5 — A Conferência das Partes deve manter sob revisão e avaliação contínua a implementação efectiva desta Convenção e, adicionalmente, deve:

a) Promover a harmonização de políticas, estratégias e medidas apropriadas para minimizar danos para a saúde humana e para o ambiente, causados pelos resíduos perigosos ou por outros resíduos;
b) Considerar e adoptar, conforme os requisitos, emendas a esta Convenção e seus anexos, tendo em consideração, inter alia, informações ambientais, económicas, técnicas e científicas fiáveis;
c) Considerar e empreender qualquer acção adicional que possa ser pedida para a realização das cláusulas desta Convenção no que respeita à experiência ganha nos seus actos e na vigência dos acordos e convénios considerados no artigo 11.º;
d) Considerar e adoptar protocolos conforme for exigido; e
e) Criar os órgãos subsidiários que julgue necessários para a implementação desta Convenção.

6 — As Nações Unidas, as suas agências especializadas, bem como qualquer outro Estado não parte desta Convenção, podem ser representados como observadores na Conferência das Partes. Qualquer outro órgão ou agência, seja nacional ou internacional, governamental ou não, qualificado na área relacionada com os resíduos perigosos e outros resíduos, que tenha informado o Secretariado do seu desejo de ser representado como um observador na reunião da Conferência das Partes pode ser aceite, a não ser que pelo menos um terço das Partes desaprove. A admissão e participação de observadores estará sujeita a regras e procedimentos adoptados pela Conferência das Partes.

7 — A Conferência das Partes deve empreender três anos depois da entrada em vigor desta Convenção, e pelo menos de seis em seis anos após, uma avaliação da sua efectividade e, se achar necessário, considerar a interdição por completo ou parcialmente dos movimentos transfronteiriços de resíduos perigosos e de outros resíduos, com fundamento nas últimas informações científicas, técnicas, económicas e ambientais.

Artigo 16.º
Secretariado

1 — As funções do Secretariado devem ser:
a) Preparar e organizar as reuniões previstas nos artigos 15.º e 17.º;
b) Preparar e transmitir relatórios baseados em informações recebidas de acordo com os artigos 3.º, 4.º, 6.º, 11.º e 13.º, bem como sobre as informações das reuniões dos órgãos subsidiários estabelecidos conforme o artigo 15.º e bem assim as informações fornecidas por entidades relevantes intergovernamentais e não governamentais;
c) Preparar relatórios sobre as suas actividades baseadas na implementação das suas funções ao abrigo desta Convenção e apresentá-las à Conferência das Partes;
d) Assegurar a coordenação necessária com organismos internacionais relevantes e em particular participar nos acordos administrativos e contratuais, exigidos para o efectivo desempenho das suas funções;
e) Comunicar com os correspondentes e com as autoridades competentes estabelecidas pelas Partes, de acordo com artigo 5.º, desta Convenção;
f) Recolher a informação disponível sobre os locais nacionais autorizados e instalações das Partes para a eliminação dos seus resíduos perigosos e de outros resíduos e para divulgar esta informação entre as Partes;
g) Receber e transmitir informação de e para as Partes sobre:
Origem da assistência técnica e formação;
Experiência técnica e conhecimento científico;
Origens da assessoria e peritagem; e
Disponibilidade de recursos;

com vista, se assim for pedido, a dar-lhes assistência em áreas tais como:
Utilização do sistema de notificação desta Convenção;

Gestão de resíduos perigosos e de outros resíduos;
Tecnologias ambientalmente seguras e racionais relacionadas com resíduos perigosos e outros resíduos, tais como tecnologias limpas e pouco poluentes;
Avaliação das capacidades e dos locais de eliminação;
Monitorização de resíduos perigosos e de outros resíduos; e
Respostas de emergência;

h) Proporcionar às Partes, sob pedido, de acordo com informação dos consultores ou firmas de consultoria, que tenham competência técnica na matéria para assim poderem ajudar a verificar a notificação de um movimento transfronteiriço, a ocorrência de uma expedição de resíduos perigosos ou de outros resíduos, com a notificação necessária, e ou o facto de as instalações de eliminação propostas para resíduos perigosos ou outros resíduos serem ambientalmente seguras e racionais, caso tenham razões para pensar que os resíduos em questão não serão geridos de uma maneira ambientalmente sã. Nenhuma destas inspecções será custeada pelo Secretariado;

i) Ajudar as Partes, se assim o requererem, na identificação de casos de tráfego ilícito e comunicar imediatamente para os Estados envolvidos qualquer informação que tenha sido recebida respeitante a esse mesmo tráfego ilícito;

j) Cooperar com as Partes e com as organizações e organismos internacionais competentes na procura de peritos e equipamento para uma rápida assistência aos Estados no caso de surgir alguma situação de emergência; e

k) Desempenhar outras funções necessárias para o cumprimento dos objectivos desta Convenção, de acordo com o determinado na Conferência das Partes.

2 — As funções do Secretariado serão geridas provisoriamente pelo PNUA até à conclusão da primeira reunião da Conferência das Partes, de acordo com o artigo 15.º

3 — Na sua primeira reunião, a Conferência das Partes designará o Secretariado de entre aquelas organizações intergovernamentais competentes que possam expressar a sua boa vontade em executar as funções de secretariado desta Convenção. Nessa reunião, a Conferência das Partes avaliará as funções a ele atribuídas, em particular ao abrigo do parágrafo 1 supra, e decidirá quais as estruturas apropriadas para essas funções.

ARTIGO 17.º
Emendas à Convenção

1 — Qualquer Parte pode propor emendas a esta Convenção e qualquer Parte de um protocolo pode igualmente propor emendas a esse protocolo. Essas emendas terão em conta, entre outras, considerações técnicas e científicas relevantes.

2 — As emendas a esta Convenção serão adoptadas na reunião da Conferência das Partes. As emendas a qualquer protocolo serão aceites numa reunião das Partes do protocolo em questão. O texto de qualquer proposta de emenda a esta Convenção ou a algum protocolo, excepto quando for outro o procedimento contemplado no protocolo em questão, será comunicada pelo Secretariado às Partes pelo menos seis meses antes da reunião em que é proposta para adopção. O Secretariado comunicará também as emendas propostas aos signatários desta Convenção.

3 — As Partes esforçar-se-ão por conseguir por consenso acordos sobre as emendas propostas a esta Convenção. Se não chegarem a acordo e não houver por isso nenhuma concordância, a emenda será em último recurso aceite por uma maioria de três quartos de votos das Partes presentes e votantes, sendo então submetida pelo depositário a todas as Partes para ratificação, aprovação, confirmação formal e aceitação.

4 — O procedimento referido no parágrafo 3 atrás mencionado aplicar-se-á às emendas de qualquer protocolo, exceptuando se uma maioria de dois terços das Partes presentes e votantes nesse protocolo bastar para a sua aceitação.

5 — Os instrumentos de ratificação, aprovação, confirmação formal ou aceitação das emendas devem ser depositados no depositário. As emendas aceites de acordo com os parágrafos 3 e 4 supramencionados entrarão em vigor entre as Partes no 9.º dia após a recepção pelo depositário dos documentos de ratificação, aprovação, confirmação formal e aceitação do protocolo em questão, desde que haja aceitação de pelo menos três quartos das Partes, excepto quando for outro o procedimento contemplado no protocolo em questão. As emendas entrarão em vigor para qualquer outra Parte no 9.º dia após a Parte depositar os seus instrumentos de ratificação, aprovação, confirmação formal e aceitação das emendas.

6 — Para a finalidade deste artigo, «Partes presentes e votantes» significa Partes presentes e com direito a voto afirmativo ou negativo.

Artigo 18.º
Aceitação e emendas de anexos

1 — Os anexos a esta Convenção ou a qualquer protocolo constituirão parte integrante desta Convenção ou desse protocolo, conforme o caso, e, a não ser que expressamente previsto de outro modo, a referência a esta Convenção ou a esses protocolos constitui ao mesmo tempo uma referência a qualquer anexo que dela faça parte. Esses anexos só dirão respeito a assuntos técnicos, científicos ou administrativos.

2 — Excepto quando for outro o procedimento contemplado em qualquer protocolo em relação aos seus anexos, os procedimentos seguintes aplicar-se-ão à proposta, aceitação e entrada em vigor dos anexos a esta Convenção ou dos anexos adicionais de um protocolo:

a) Os anexos a esta Convenção e aos seus protocolos serão propostos e aceites de acordo com o artigo 17.º, parágrafos 2, 3 e 4;

b) Qualquer Parte que não possa aceitar um anexo adicional a esta Convenção ou um anexo a um protocolo para a qual é parte deverá notificar o depositário, por escrito, dentro de seis meses após a data da comunicação da aceitação pelo depositário. O depositário notificará sem demora todas as Partes da notificação recebida. Uma Parte pode em qualquer altura substituir uma aceitação por uma declaração prévia de oposição e os anexos entrarão imediatamente em vigor para essa Parte;

c) No prazo de seis meses após a data da divulgação da comunicação pelo depositário, o anexo tornar-se-á efectivo para todas as Partes desta Convenção ou de qualquer protocolo a que diz respeito que não tenham submetido uma notificação de acordo com o parágrafo *b)* acima mencionado.

3 — A proposta, aceitação e entrada em vigor das emendas aos anexos a esta Convenção ou a qualquer protocolo estarão sujeitas aos mesmos procedimentos que a proposta, aceitação e entrada em vigor dos anexos desta Convenção ou dos anexos de um protocolo. Os anexos e as emendas terão assim de ter em conta, *inter alia*, importantes considerações técnicas e científicas.

4 — Se um anexo adicional ou uma emenda a um anexo implicar uma emenda a esta Convenção ou a qualquer protocolo, o anexo adicional ou o anexo emendado não entrarão em vigor enquanto a emenda a esta Convenção ou ao protocolo não entrarem em vigor.

ARTIGO 19.º
Verificação

Qualquer Parte que tenha motivos para crer que uma outra Parte esteja a cometer ou tenha cometido infracções às obrigações desta Convenção pode informar o Secretariado desse facto e poderá simultânea e imediatamente informar, directamente ou através do Secretariado, a Parte contra quem as alegações são feitas. Todas essas informações pertinentes serão transmitidas pelo Secretariado às Partes.

ARTIGO 20.º
Resolução de conflitos

1 — Em caso de conflito entre as Partes respeitante à interpretação, aplicação ou cumprimento desta Convenção ou de qualquer protocolo, elas deverão procurar uma resolução para o conflito através da negociação ou de qualquer outro meio pacífico à sua própria escolha.

2 — Se as Partes envolvidas não resolverem o seu conflito através dos meios mencionados no parágrafo precedente, o conflito será, caso as Partes concordem, submetido ao Tribunal Internacional de Justiça ou à arbitragem, de acordo com as condições descritas no anexo VI, sobre arbitragem. Contudo, o fracasso na conclusão de um acordo comum quanto à submissão do conflito ao Tribunal Internacional de Justiça ou à arbitragem não absolverá as Partes da responsabilidade de continuarem a tentar resolver o conflito, de acordo com os meios mencionados no parágrafo 1.

3 — Um Estado ou organização de integração política e ou económica, quando ratificar, aceitar, aprovar, confirmar formalmente ou aderir a esta Convenção ou em qualquer altura depois disso, pode declarar que reconhece como obrigatória, *ipso facto* e sem acordo especial, em relação a qualquer Parte que tenha aceite a mesma obrigação:

   a) A submissão do conflito ao Tribunal Internacional de Justiça; e ou
   b) A arbitragem de acordo com os procedimentos estabelecidos no anexo VI.

Esta declaração deve ser notificada por escrito ao Secretariado, que a comunicará às Partes.

ARTIGO 21.º
Assinatura

Esta Convenção será aberta para assinatura pelos Estados, pela Namíbia, representada pelo Conselho das Nações Unidas para a Namíbia, e pelas organizações de integração política e ou económica, em Basileia em 22 de Março de 1989, no Departamento Federal dos Negócios Estrangeiros da Suíça, em Berna, desde 23 de Março de 1989 a 30 de Junho de 1989 e na sede das Nações Unidas, em Nova Iorque, de 1 de Julho de 1989 a 22 de Março de 1990.

ARTIGO 22.º
Ratificação, aceitação, confirmação formal ou aprovação

1 — Esta Convenção estará sujeita a ratificação, aceitação e aprovação pelos Estados e pela Namíbia, representada pelo Conselho das Nações Unidas para a Namíbia, e a confirmação formal ou aprovação pelas organizações de integração económica e ou política. Os instrumentos de ratificação, aceitação, confirmação formal ou aprovação serão depositados no depositário.

2 — Qualquer organização referida no parágrafo 1 acima mencionado que se torne uma Parte desta Convenção sem ter nenhum dos seus Estados membros como Parte será abrangido por todas as obrigações desta Convenção. No caso de nestas organizações existir um ou mais Estados membros que sejam Partes da Convenção, a organização e os seus Estados membros decidirão quais as suas responsabilidades para o cumprimento das obrigações desta Convenção. Nestes casos, a organização e os Estados membros não exercerão direitos concorrentemente no âmbito da Convenção.

3 — Nos seus documentos de confirmação formal ou aprovação, as organizações referidas no parágrafo 1 acima mencionado declararão a extensão da sua competência relativamente aos assuntos contemplados pela Convenção. Estas organizações informarão também o depositário, que informará as Partes de qualquer modificação importante respeitante ao alcance das suas competências.

ARTIGO 23.º
Adesão

1 — Esta Convenção será aberta para adesão pelos Estados, pela Namíbia, representada pelo Conselho das Nações Unidas para a

Namíbia, e por organizações de integração económica e ou política a partir da data em que a Convenção fechou para assinatura. Os instrumentos de adesão serão depositados no depositário.

2 — Nos seus instrumentos de adesão, as organizações referidas no parágrafo 1 supra declararão a extensão da sua competência respeitantes aos assuntos contemplados pela Convenção. Estas organizações informarão o depositário de qualquer alteração importante relacionada com o desempenho das suas competências.

3 — As cláusulas do artigo 22.°, parágrafo 2, aplicar-se-ão às organizações de integração económica e ou política que adiram a esta Convenção.

ARTIGO 24.°
Direito de voto

1 — Excepto para o contemplado no parágrafo 2, qualquer Parte Contratante desta Convenção terá um voto.

2 — As organizações de integração económica e ou política, de acordo com a sua competência, e segundo o artigo 22.°, parágrafo 3, e artigo 23.°, parágrafo 2, exercerão o seu direito de voto com um número de votos igual ao número dos seus Estados membros que sejam Partes da Convenção ou do respectivo protocolo. Estas organizações não exercerão o seu direito de voto se os seus Estados membros exercerem o deles, e vice-versa.

ARTIGO 25.°
Entrada em vigor

1 — Esta Convenção entrará em vigor no 90.° dia após a data do depósito do vigésimo instrumento de ratificação, aceitação, confirmação formal, aprovação ou adesão.

2 — Para cada Estado ou organização de integração económica e ou política que ratifique, aceite, aprove ou confirme formalmente esta Convenção ou a ela adira após a data do depósito do vigésimo instrumento de ratificação, aceitação, aprovação e confirmação formal ou adesão, a entrada em vigor será no 90.° dia após a data do depósito do instrumento de ratificação, aceitação, aprovação, confirmação formal ou adesão feito por esse Estado ou organização de integração económica e ou política.

3 — Para o cumprimento dos parágrafos 1 e 2 acima mencionados, qualquer instrumento depositado por uma organização de inte-

gração económica e ou política não será tido como adicional aos depositados pelos Estados membros dessa organização.

Artigo 26.º
Reservas e declarações

1 — Não podem ser feitas quaisquer reservas ou excepções a esta Convenção.

2 — O parágrafo 1 deste artigo não impede um Estado ou organização de integração política e ou económica, quando assinar, ratificar, aceitar, aprovar ou confirmar formalmente ou aderir a esta Convenção, de fazer declarações, mesmo que expressas ou nomeadas, com vista, inter alia à harmonização das suas leis e regulamentos com as cláusulas desta Convenção, desde que essas declarações não tenham por objectivo excluir ou alterar os efeitos legais das cláusulas da Convenção quando da sua aplicação a esse Estado.

Artigo 27.º
Recesso

1 — Em qualquer altura após três anos da entrada em vigor desta Convenção para uma Parte poderá essa mesma Parte praticar o recesso da Convenção através da entrega de notificação escrita ao depositário.

2 — O recesso será efectivo um ano após a recepção da notificação pelo depositário, ou numa data posterior, conforme estiver estipulado na notificação.

Artigo 28.º
Depositário

O Secretário-Geral das Nações Unidas será o depositário desta Convenção e de qualquer protocolo com ela relacionada.

Artigo 29.º
Textos autênticos

Os textos originais desta Convenção em árabe, chinês, inglês, francês, russo e espanhol são igualmente autênticos.

Na presunção de que os abaixo assinados devidamente autorizados para este efeito, assinaram esta Convenção.

ANEXO I
Categorias de resíduos a serem controlados

Resíduos correntes:
Y1 — Resíduos clínicos resultantes de tratamentos médicos em hospitais, centros médicos e clínicas.
Y2 — Resíduos provenientes da produção e preparação de produtos farmacêuticos.
Y3 — Resíduos de medicamentos e produtos farmacêuticos.
Y4 — Resíduos provenientes da preparação de bioácidos e de produtos fitofarmacêuticos.
Y5 — Resíduos resultantes da produção, preparação e utilização de produtos preservadores da madeira.
Y6 — Resíduos resultantes da produção, preparação e utilização de solventes orgânicos.
Y7 — Resíduos de tratamentos térmicos e de operações de têmpera, contendo cianetos.
Y8 — Resíduos de óleos minerais impróprios para o seu uso original.
Y9 — Resíduos de misturas e emulsões de óleos/água ou hidrocarbonetos/água.
Y10 — Resíduos ou substâncias residuais e produtos contendo ou contaminados com bifenilos policlorados (PCBs) e ou terfenilos policlorados (PCTs) e ou bifenilos polibromados (PBBSs).
Y11 — Resíduos à base de alcatrão provenientes de tratamentos de refinação, destilação ou qualquer pirólise.
Y12 — Resíduos provenientes da produção, preparação e utilização de tintas, corantes, pigmentos, pinturas, lacas e vernizes.
Y13 — Resíduos da produção, preparação e utilização de resinas, látex, plastificantes, gomas, adesivos.
Y14 — Resíduos de substâncias químicas não identificadas e ou novas, provenientes de actividades de investigação e de desenvolvimento e ensino, cujos efeitos sobre o homem e ou o ambiente se desconhecem.
Y15 — Resíduos de natureza explosiva quando abrangidos por outra legislação.
Y16 — Resíduos resultantes da produção, preparação e utilização de produtos químicos e materiais fotográficos.
Y17 — Resíduos resultantes do polimento de superfícies de metais e plásticos.
Y18 — Resíduos resultantes de operações de eliminação de resíduos industriais.

Resíduos tendo como constituintes:
Y19 — Carbonilos metálicos.

Y20 — Berílio e seus compostos.
Y21 — Compostos de crómio hexavalente.
Y22 — Compostos de cobre.
Y23 — Compostos de zinco.
Y24 — Arsénio e seus compostos.
Y25 — Selénio e seus compostos.
Y26 — Cádmio e seus compostos.
Y27 — Antimónio e seus compostos.
Y28 — Telúrio e seus compostos.
Y29 — Mercúrio e seus compostos.
Y30 — Tálio e seus compostos.
Y31 — Chumbo e seus compostos.
Y32 — Compostos inorgânicos de flúor, excepto o fluoreto de cálcio.
Y33 — Cianetos inorgânicos.
Y34 — Soluções ácidas ou ácidos sob forma sólida.
Y35 — Soluções básicas ou bases sob forma sólida.
Y36 — Amianto (pós ou fibras).
Y37 — Compostos orgânicos de fósforo.
Y38 — Cianetos orgânicos.
Y39 — Fenóis e compostos de fenólicos, incluindo os clorofenóis.
Y40 — Éteres.
Y41 — Solventes orgânicos halogenados.
Y42 — Solventes orgânicos não halogenados.
Y43 — Produtos da família do policlorodibenzofurano.
Y44 — Produtos da família do policlorodibenzo-*p*-dioxina.
Y45 — Compostos organo-halogenados excepto os referidos no presente (Y39, Y41, Y42, Y43 e Y44).

a) Para facilitar a aplicação desta Convenção, e de acordo com os parágrafos *b*), *c*) e *d*), os resíduos listados no anexo VIII são classificados como perigosos de acordo com o artigo 1.º, parágrafo 1, *a*), desta Convenção, e os resíduos listados no anexo IX não estão cobertos pelo artigo 1.º, parágrafo 1, *a*), desta Convenção.

b) A designação de um resíduo no anexo VIII não invalida que, num caso particular, se utilize o anexo III para demonstrar que esse resíduo não é considerado perigoso de acordo com o artigo 1.º, parágrafo 1, *a*), desta Convenção.

c) A designação de um resíduo no anexo IX não invalida, num caso particular, a classificação desse resíduo como perigoso de acordo com o artigo 1.º, parágrafo 1, *a*), desta Convenção, se contiver constituintes do anexo I numa extensão tal que cause a exibição de uma das características do anexo III.

d) Os anexos VIII e IX não afectam a aplicação do artigo 1.º parágrafo 1, *a*) desta Convenção, para efeitos da classificação de resíduos.

ANEXO II
Categorias de resíduos requerendo especial atenção

Y46 — Resíduos recolhidos em habitações.
Y47 — Resíduos resultantes da incineração de resíduos domésticos.

ANEXO III
Lista de características perigosas

Classe ONU(*)	Código	Características
1	H1	Explosivo. Uma substância ou resíduo explosivo é uma substância ou resíduo sólido ou liquido (ou mistura de substâncias e ou resíduos) que possui a capacidade própria de por reacção química produzir gás a uma temperatura, pressão e velocidade tal que possa provocar danos nas zonas envolventes.
3	H3	Inflamável. Líquidos inflamáveis são líquidos, misturas de líquidos ou líquidos contendo sólidos em solução ou suspensão (por exemplo tintas, vernizes, lacas, etc.), não incluindo substâncias ou resíduos classificados de outra maneira devido às suas características de perigosidade) que libertem vapores inflamáveis a temperaturas não superiores a 60,5°C. no caso de ensaios em vaso aberto, ou não superiores a 65,6°C, em ensaios em vaso fechado. Uma vez que os resultados dos ensaios em vaso aberto e fechado não são rigorosamente comparáveis, e tendo em atenção que frequentemente os resultados obtidos por um mesmo método variam entre si as regulamentações que se afastem dos valores acima mencionados, de modo a terem em conta as referidas diferenças, são consideradas compatíveis com o espírito desta definição.
4.1	H4.1	Sólidos inflamáveis. Materiais ou resíduos sólidos, excepto os classificados como explosivos, que sob condições de transporte são facilmente inflamáveis, podendo através de fricção causar ou contribuir para incêndio.
4.2	H4.2	Substâncias ou resíduos espontaneamente inflamáveis. Substâncias ou resíduos que são susceptíveis de aquecimento espontâneo sob as condições norteais de transporte, ou de aquecimento em contacto com o ar, podendo assim inflamar-se.
4.3	H4.3	Substâncias ou resíduos que em contacto com água libertem gases inflamáveis. Substâncias ou resíduos que por reacção com água são susceptíveis de se inflamarem espontaneamente ou de emitir gases inflamáveis em quantidades perigosas.
5.1	H5.1	Comburentes. Substâncias ou resíduos que sem serem elas próprias, podem em geral ao ceder oxigénio, causar ou contribuir para a combustão de outros materiais.

Classe ONU(*)	Código	Características
5.2	H5.2	Peróxidos orgânicos. Substâncias ou resíduos orgânicos que, contendo a estrutura bivalente o-o, são termicamente instáveis, podendo sofrer de composição exotérmica subacelerada.
6.1	H6.1	Substâncias tóxicas (agudas). Substâncias ou resíduos que, por ingestão ou inalação ou via cutânea, podem prejudicar a saúde humana, provocar lesões graves ou mesmo a morte.
6.2	H6.2	Substâncias infecciosas. Substâncias ou resíduos que contenham microrganismos vivos ou suas toxinas em relação aos quais se sabe ou se tem boas razões para crer que causam doenças no homem ou nos animais.
8	H.8	Corrosivos. Substâncias ou resíduos que, por acção química, causam lesões graves quando em contacto com tecido vivo ou que, no caso derrame, podem danificar seriamente ou destruir outras ou mesmo o meio de transporte, podendo ainda provocar outros perigos.
9	H.10	Substâncias que libertam gases tóxicos quando em contacto com ar ou água. Substâncias ou resíduos que, por reacção com o ar ou a água, são susceptíveis de emitir gases tóxicos em quantidades perigosas.
9	H. 11	Substâncias tóxicas (com efeitos retardados). Substâncias ou resíduos que, por inalação, ingestão ou via cutânea, podem provocar efeitos retardados ou crónicos, incluindo cancerígenos.
9	14.12	Substâncias ecotóxicas. Substâncias ou resíduos que apresentam ou podem apresentar riscos imediatos ou diferidos para o ambiente, por bioacumulação, e ou efeitos tóxicos sobre sistemas bióticos.
9	H.13	Substâncias que, após a sua eliminação, podem de alguma forma dar origem a outras substâncias, como por exemplo um produto de lexiviação, que possuam qualquer das características acima mencionadas.

(*) Corresponde ao sistema de classificação de perigo incluído nas Recomendações das Nações Unidas para o Transporte de Mercadorias Perigosas (ST/SG/AC.10/REV.5, Nações Unidas, Nova Iorque, 1988).

Métodos de ensaio

Os perigos potenciais colocados por certos tipos de resíduos não são ainda totalmente conhecidos, não existindo ainda métodos que permitam definir quantitativamente estes perigos. É necessária uma investigação adicional com o fim de desenvolver processos para caracterizar os perigos potenciais colocados ao homem e ou ao meio ambiente por estes resíduos. Métodos de ensaio normalizados têm sido desenvolvidos relativamente a substâncias e materiais puros. Muitos países desenvolveram métodos nacionais, que podem ser aplicados aos materiais mencionados no anexo I, para se decidir se esses materiais apresentam algumas das características descritas no presente anexo.

ANEXO IV
Operações de eliminação

A — Operações que não conduzem à possibilidade de recuperação, reciclagem, regeneração, reutilização directa ou usos alternativos de resíduos.

A secção A engloba todas as operações de eliminação ocorridas na prática.

D1 — Deposição sobre ou sob o solo (por exemplo aterro).

D2 — Tratamento em meio terrestre (por exemplo biodegradação de resíduos líquidos ou lamas nos solos).

D3 — Injecção em profundidade (por exemplo injecções de resíduos bombáveis em poços, domos de sal ou falhas geológicas naturais).

D4 — Lagunagem (por exemplo descarga de resíduos líquidos ou de lamas em poços, lagoas ou bacias).

D5 — Depósito em aterro especialmente preparado (por exemplo colocação em selas estanques revestidas e isoladas entre si e do meio ambiente).

D6 — Descarga no meio aquático, com excepção nos mares/oceanos.

D7 — Imersão em meio marítimo, incluindo enterramento no subsolo marítimo.

D8 — Tratamento biológico não especificado noutro ponto deste anexo donde resultem compostos ou misturas que são eliminados de acordo com uma das operações mencionadas nesta secção.

D9 — Tratamento físico-químico não especificado noutro ponto deste anexo donde resultem compostos ou misturas que são eliminados por uma das operações mencionadas nesta secção (por exemplo a evaporação, secagem e calcinação, neutralização, precipitação).

D10 — Incineração em terra.

D11 — Incineração no mar.

D12 — Armazenagem permanente (por exemplo colocação de contentores em minas).

D13 — Mistura prévia realizada antes de qualquer das operações referidas nesta secção.

D14 — Recondicionamento realizado antes de qualquer das operações referidas nesta secção.

D15 — Armazenagem prévia realizada antes de qualquer das operações referidas nesta secção.

B — Operações que podem conduzir à recuperação, reciclagem, regeneração, reutilização directa ou usos alternativos de resíduos

A secção B engloba todas as operações relacionadas com produtos considerados ou definidos legalmente como resíduos perigosos e que de outra maneira teriam sido destinados a operações incluídas na secção A.

R1 — Utilização como combustível ou outro meio de produção de energia, excepto a incineração directa.

R2 — Valorização de solventes.
R3 — Valorização de substâncias orgânicas, não utilizadas como solventes.
R4 — Valorização de metais ou compostos metálicos.
R5 — Valorização de outros materiais inorgânicos.
R6 — Valorização de ácidos ou bases.
R7 — Valorização de produtos utilizados para a captação de poluentes.
R8 — Valorização de produtos provenientes dos catalisadores.
R9 — Valorização de óleos usados.
R10 — Espalhamento no solo em benefício da agricultura ou da ecologia.
R11 — Utilização de resíduos provenientes de qualquer das operações enumeradas de R1 a R10.
R12 — Troca de resíduos para serem submetidos a qualquer das operações enumeradas de R1 a R12.
R13 — Armazenagem de materiais com o fim de serem submetidos a uma das operações referidas nesta secção.

ANEXO V-A
Informações a serem fornecidas aquando da notificação

1 — Razões para a exportação de resíduos.
2 — Exportador dos resíduos (ver nota 1).
3 — Produtor(es) do(s) resíduo(s) e local de produção ([1]).
4 — Eliminador dos resíduos e local efectivo da eliminação ([1]).
5 — Transportador(es) previstos dos resíduos ou seus agentes, se conhecidos ([1]).
6 — País exportador dos resíduos.
Autoridade competente ([2]).
7 — Países de trânsito previstos.
Autoridade competente ([2]).
8 — País importador dos resíduos.
Autoridade competente ([2]).
9 — Notificação simples ou geral.
10 — Data(s) prevista(s) para o(s) carregamento(s) e período de tempo durante o qual os resíduos serão exportados e itinerário previsto (incluindo pontos de entrada e de saída) ([3]).
11 — Meios de transporte previstos (terrestre, ferroviário, marítimo, aéreo e navegação interior).
12 — Informação relativa a seguros ([4]).
13 — Designação e descrição física dos resíduos, incluindo o número Y da OCDE e o número ONU, a sua composição ([5]) e informação sobre alguns requisitos especiais de manejamento, incluindo disposições de emergência em caso de acidente.

14 — Tipo de embalagem prevista (por exemplo carga a granel, bidões, cisternas).
15 — Quantidade estimada em peso/volume (^{6}).
16 — Processo pelo qual o resíduo é produzido (^{7}).
17 — Para resíduos mencionados no anexo I, classificações do anexo III: características de perigosidade, número H e classe ONU.
18 — Método de eliminação conforme anexo IV.
19 — Declaração do produtor e exportador em como a informação está correcta.
20 — Informação transmitida (incluindo a descrição técnica da instalação) ao exportador ou produtor pelo eliminador dos resíduos, segundo a qual este último afirma não haver razão para acreditar que os resíduos não irão ser geridos de uma maneira ecologicamente racional e eficaz, de acordo com as leis e regulamentos do país de importação.
21 — Informação relativa ao contrato entre o exportador e o eliminador.

(^{1}) Nome, morada, telefone, telex ou telefax completos e nome, morada, telefone, telex ou telefax de pessoa a contactar.

(^{2}) Nome, morada, telefone, telex ou telefax completos.

(^{3}) Em caso de notificação geral que abranja vários movimentos, indicar as datas previstas para cada um dos movimentos ou, se desconhecidas, a frequência prevista dos mesmos.

(^{4}) Informação a fornecer sobre disposições pertinentes relativas aos seguros, bem como à forma como o exportador, transportador e eliminador as cumprem.

(^{5}) Indicar a natureza e concentração dos constituintes mais perigosos, em termos de toxicidade e outros perigos provenientes dos resíduos, tanto relativamente à sua manipulação como aos métodos de eliminação propostos.

(^{6}) No caso de notificação geral abrangendo vários movimentos, quer a quantidade total estimada como as quantidades estimadas para cada um dos movimentos.

(^{7}) Na medida em que são necessárias para avaliar os riscos e determinar a viabilidade da operação de eliminação proposta.

ANEXO V-B
Informações a fornecer no documento relativo ao movimento

1 — Exportador dos resíduos (^{1}).
2 — Produtor(es) do(s) resíduo(s) e local de produção (^{1}).
3 — Eliminador dos resíduos e local efectivo de eliminação (^{1}).
4 — Transportador(es) do(s) resíduo(s) (^{1}) ou seu(s) agente(s).
5 — Sujeito a notificação simples ou geral.
6 — Data do início do movimento transfronteiriço, data(s) e assinatura de recepção de cada um dos intervenientes no mesmo.
7 — Meios de transporte (terrestre, ferroviário, navegação interior, marítimo, aéreo), incluindo países de exportação, de trânsito ou de importação, bem como os pontos de entrada e saída.
8 — Descrição geral dos resíduos [estado físico, nome e classe de expedição ONU, número ONU, número Y (OCDE) e número H, se aplicável].

9 — Informação sobre os requisitos especiais de manipulação, incluindo as disposições de emergência em caso de acidente.

10 — Tipo e número de embalagens.

11 — Quantidade em peso/volume.

12 — Declaração do produtor ou exportador certificando a exactidão das informações prestadas.

13 — Declaração do produtor ou exportador certificando a ausência de objecção por parte das autoridades competentes de todos os Estados envolvidos que sejam Partes.

14 — Certificado do eliminador acusando a recepção na instalação de eliminação desginada e indicação do método de eliminação e data aproximada dessa mesma eliminação.

Nota. — As informações a fornecer no documento do movimento deverão, sempre que possível, ser integradas no mesmo documento em que se fornecem as informações exigidas pela regulamentação de transporte. Em caso de impossibilidade, estas informações deverão completar e não repetir as exigidas por essa regulamentação de transporte. O documento do movimento deve conter instruções sobre pessoas que se encontram habilitadas a fornecer informações e a preencher os formulários.

([1]) Nome, morada, telefone, telex e telefax completos, bem como nome, morada, telefone e telefax da pessoa a ser contactada em caso de emergência.

ANEXO VI
Arbitragem

Artigo 1.º

A menos que o acordo referido no artigo 20.º da Convenção mencione algo diferente, o procedimento da arbitragem será conduzido de acordo com os artigos 2.º a 10.º abaixo descritos.

Artigo 2.º

A Parte reclamante notificará o Secretariado de que as Partes concordaram em submeter o conflito à arbitragem, de acordo com os parágrafos 2 e 3 do artigo 20.º e, em particular, incluir os artigos da Convenção em relação aos quais a interpretação ou aplicação estão em causa. O Secretariado transmitirá então a informação recebida a todas as Partes da Convenção.

Artigo 3.º

O tribunal arbitral será composto por três membros. Cada uma das Partes nomeará um árbitro, e os dois árbitros então nomeados deverão designar de comum acordo um terceiro árbitro, que será o presidente do tribunal. Este último não será da nacionalidade de uma das Partes do conflito nem deverá residir no território de uma destas Partes, não ser empregado de nenhuma delas nem ter já lidado com o caso em qualquer outra circunstância.

Artigo 4.º

1 — No caso de o presidente do tribunal arbitral não ter sido designado dentro de dois meses após a nomeação do segundo árbitro, o Secretário-Geral das Nações Unidas deverá, a pedido de qualquer Parte, designá-lo num período não superior a dois meses.

2 — Se uma das Partes em conflito não nomear um árbitro dentro de dois meses após a recepção do pedido, a outra Parte pode informar o Secretário-Geral das Nações Unidas, que então nomeará o presidente do tribunal arbitral dentro de um prazo de dois meses. Após este período, informará o Secretariado-Geral das Nações Unidas, que fará a nomeação dentro de um prazo de dois meses.

Artigo 5.º

1 — O tribunal arbitral transmitirá a sua decisão de acordo com o direito internacional e de acordo com as cláusulas desta Convenção.

2 — Qualquer tribunal arbitral constituído de acordo com as cláusulas deste anexo deverá estabelecer as suas próprias regras de procedimento.

Artigo 6.º

1 — As decisões do tribunal arbitral, tanto nos procedimentos como na substância, serão tomadas por maioria de votos dos seus membros.

2 — O tribunal pode tomar todas as medidas necessárias para verificar os factos. Pode, a pedido de uma das Partes, recomendar medidas interinas de protecção essenciais.

3 — As Partes em conflito fornecerão todas as facilidades necessárias para o cumprimento efectivo dos procedimentos.

4 — A ausência ou negligência de uma Parte em conflito não constituirá impedimento ao procedimento.

Artigo 7.º

O Tribunal pode ouvir e determinar alegações resultantes directamente do objecto do conflito.

Artigo 8.º

A menos que o tribunal arbitral determine de outra forma, devido a uma circunstância particular, as despesas do tribunal, incluindo a remuneração dos seus membros, serão distribuídas em partes iguais pelas Partes em conflito. O Tribunal fará um registo de todas as despesas e entregará então um blaanço final às Partes.

ARTIGO 9.º

Qualquer Parte que tenha algum interesse de natureza legal no decurso do conflito que possa ser afectado pela decisão no caso pode intervir nos procedimentos com o consentimento do tribunal.

ARTIGO 10.º

1 — O tribunal dará a sentença dentro de cinco meses a partir da data em que é constituído, a menos que ache necessário prolongar a data limite por um período que não deverá exceder cinco meses.

2 — A sentença do Tribunal arbitral será acompanhada de uma declaração justificativa. Será definitiva e vinculativa para as Partes em conflito.

3 — Qualquer disputa que possa surgir entre as Partes no que diz respeito à interpretação ou execução da sentença pode ser apresentada, por qualquer das Partes, ao tribunal arbitral que produziu a sentença ou, se a este não se puder aceder, por outro tribunal constituído para este efeito nos mesmos moldes do primeiro.

ANEXO VII

Partes e outros Estados que sejam membros da OCDE, CE, Listenstaina.

ANEXO VIII
Lista A

Os resíduos constantes dcste anexo estão classificados como perigosos de acordo com o artigo 1.º, parágrafo 1. a), desta Convenção embora a sua listagem neste anexo não invalide a utilização do anexo III para demonstrar que se trata de um resíduo não perigoso.

[AI] Resíduos de metais ou que contenham metais

[A1010] Resíduos de metais ou resíduos constituídos por ligas de um dos seguintes elementos:
Antimónio; Arsénio; Berílio; Cádmio; Chumbo; Mercúrio; Selénio; Telúrio; Tálio;
à excepção dos resíduos específicamente referidos na lista B.

[A1020] Resíduos cujos componentes ou contaminantes incluam uma das seguintes substancias, à excepção de resíduos de metais na forma elementar:
Antimónio; compostos de antimónio; Berílio, compostos de berílio Cádmio; compostos de cádmio; Chumbo; compostos de

chumbo; Selénio; compostos de selénio; Telúrio, compostos de telúrio.

[A1030] Resíduos cujos componentes ou contaminantes incluam uma das seguintes substâncias:
Arsénio; compostos de arsénio; Mercúrio; compostos de mercúrio; Tálio; compostos de tálio.

[A1040] Resíduos cuja composição inclua uma das seguintes substâncias:
Complexos carbonílicos de metais; Compostos de crómio hexavalente.

[A1050] Lamas de galvanização.

[A1060] Águas residuais da decapagem de metais.

[A1070] Resíduos de lixiviação provenientes do tratamento de zinco, poeiras e lamas, nomeadamente de jarosite, hematite, etc.

[A1080] Resíduos de zinco não incluídos na lista B com teores de chumbo e cádmio suficientes para inclusão no anexo III.

[A1090] Cinzas da incineração de fio de cobre isolado.

[A1100] Poeiras e resíduos provenientes de sistemas de depuração de gases de fundições de cobre.

[A1110] Soluções electrolíticas usadas resultantes de operações de refinação e extracção electrolíticas de cobre.

[A1120] Lamas residuais, à excepção de sedimentos anódicos provenientes de sistemas de purificação electrolítica em operações de refinação e extracção electrolítica de cobre.

[A1130] Soluções de ataque usadas que contenham cobre dissolvido.

[A1140] Resíduos de catalisadores de cloreto cúprico e cianeto de cobre.

[A1150] Cinzas de metais preciosos provenientes da incineração de placas de circuitos integrados na lista B ([1]).

[A1160] Baterias de chumbo/ácido usadas, intactas ou desmanteladas.

[A1170] Resíduos de baterias não triados, à excepção das misturas de baterias incluídas exclusivamente na lista B. Resíduos de baterias não incluídos na lista B que contenham componentes abrangidos pelo anexo I num teor que os torne perigosos.

[A1180] Resíduos ou sucatas de circuitos eléctricos e electrónicos ([2]) que contenham componentes tais como acumuladores e outras baterias incluídas na lista A, interruptores com mercúrio, vidros provenientes de tubos de raios catódicos e outros vidros activados, condensadores com PCB ou contaminados com substâncias incluídas no anexo I (por exemplo, cádmio, mercúrio, chumbo, bifenilos policlorados) num teor que lhes confira quaisquer das características abrangidas pelo anexo III (v. rubrica afim na lista B [B1110]) ([3]).

[A2] Resíduos que contêm fundamentalmente constituintes inorgânicos, embora possam conter alguns metais ou materiais orgânicos

[A2010] Resíduos de vidros provenientes de tubos de raios catódicos e outros vidros activados.
[A2020] Resíduos de compostos inorgânicos fluorados na forma líquida ou de lamas, à excepção dos resíduos incluídos na lista B.
[A2030] Resíduos de catalisadores, à excepção dos resíduos incluídos na lista B.
[A2040] Resíduos de gesso provenientes de processos químicos industriais que contenham componentes abrangidos pelo anexo I num teor que lhes confira quaisquer das características abrangidas pelo anexo III (v. rubrica afim na lista B [B2080]).
[A2050] Resíduos de amianto (pó e fibras).
[A2060] Cinzas volantes de centrais eléctricas a carvão que contenham componentes abrangidos pelo anexo I num teor que lhes confira quaisquer das características abrangidas pelo anexo III (v. rubrica afim na lista B [B2050]).

[A3] Resíduos que contêm fundamentalmente constuintes orgânicos, embora possam conter alguns metais ou materiais inorgânicos

[A3010] Resíduos de produção ou do processamento de coque de petróleo e betume.
[A3020] Resíduos de óleos minerais impróprios para a utilização inicialmente prevista.
[A3030] Resíduos que contenham, consistam em ou se encontrem contaminados com lamas de compostos antidetonantes com chumbo.
[A3040] Resíduos de fluidos de transferência térmica.
[A3050] Resíduos de produção, formulação e utilização de resinas, latex, plastificantes, colas e adesivos, à excepção dos resíduos incluídos na lista B (v. rubrica afim na lista B [B4020]).
[A3060] Resíduos de nitrocelulose.
[A3070] Resíduos de fenóis e compostos fenólicos, incluindo clorofenol na forma líquida ou de lamas.
[A3080] Resíduos de éteres, à excepção dos resíduos incluídos na lista B.
[A3090] Resíduos de poeiras, cinzas, lamas e farinhas de couro que contenham compostos de crómio hexavalente ou biocidas (v. rubrica afim na lista B [B3100]).
[A3100] Resíduos de aparas e outros resíduos de couro ou couro artificial, impróprios para o fabrico de curtumes, que contenham compostos de crómio hexavalente ou biocidas (v. rubrica afim na lista B [B3090]).
[A3110] Resíduos de deslanagem que contenham compostos de crómio hexavalente, biocidas ou substâncias infecciosas (v. rubrica afim na lista B [B3110]).

[A3120] Resíduos de desmantelamento (fracção leve).
[A3130] Resíduos de compostos orgânicos fosforados.
[A3140] Resíduos de solventes orgânicos não halogenados, à excepção dos resíduos incluídos na lista B.
[A3150] Resíduos de solventes orgânicos halogenados.
[A3160] Resíduos de destilação não aquosos, halogenados ou nãao, provenientes de operações de valorização de solventes orgânicos.
[A3170] Resíduos da produção de hidrocarbonetos alifáticos halogenados (nomeadamente clorometano, dicloroetano, cloreto de vinilo, cloreto de vinilideno, cloreto de alilo e epicloridrina).
[A3180] Resíduos, substâncias e artigos que contenham, consistam em ou se encontrem contaminados com bifenilos policlorados (PCB), trifenilos policlorados (PCT), naftalenos policlorados (PCN), bifenilos polibromados (PBB) ou quaisquer análogos polibromados destes compostos, numa concentração igual ou superior a 50 mg/kg ([4]).
[A3190] Resíduos betuminosos (à excepção de betões betuminosos) provenientes da refinação, destilação e pirólise de matérias orgânicas.

[A4] Resíduos que possam conter constituintes orgânicos on inorgânicos

[A4010] Resíduos da produção, preparação e utilização de produtos farmacêuticos, à excepção dos resíduos incluídos na lista B.
[A4020] Resíduos hospitalares e afins, isto é, resíduos provenientes de actividades médicas, de enfermagem, odontológicas, veterinárias ou conexas, bem como resíduos produzidos em hospitais e outras infra-estruturas no decurso da observação ou do tratamento de pacientes ou de projectos de investigação.
[A4030] Resíduos da produção, formulação e utilização de biocidas e produtos fitofarmacêuticos, incluindo resíduos de pesticidas e herbicidas não especificados fora do prazo de validade ou impróprios para a utilização inicialmente prevista.
[A4040] Resíduos da produção, formulação e utilização de produtos preservadores de madeiras ([5]).
[A4050] Resíduos que contenham, consistam em ou se encontrem contaminados com:
  Cianetos inorgânicos, incluindo resíduos que contenham metais preciosos na forma sólida com quantidades residuais de cianetos inorgânicos;
  Cianetos orgânicos.
[A4060] Resíduos de misturas e emulsões óleos/ água e hidrocarbonetos/ água.
[A4070] Resíduos da produção, formulação e utilização de tintas, corantes, pigmentos, vernizes e lacas, à excepção dos resíduos incluídos na lista B (v. rubrica afim na lista B [B4010]).

[A4080] Resíduos explosivos (à excepção dos resíduos incluídos na lista B).
[A4090] Resíduos de soluções ácidas ou hásicas? à excepção dos resíduos incluídos na entrada correspondente da lista B (v. rubrica afim na lista B [B2120]).
[A4100] Resíduos provenientes de dispositivos de depuração de efluentes industriais gasosos, a excepção dos resíduos incluídos na lista B.
[A4110] Resíduos que contenham, consistam em ou se encontrem contaminados com:
Substâncias afins dos dibenzofuranos policlorados;
Substâncias afins das dibenzodoxinas policloradas.
[A4120] Resíduos que contenham, consistam em ou se encontrem contaminados com peróxidos.
[A4130] Resíduos de embalagens e recipientes que contenham substâncias incluídas no anexo I em concentrações que lhes confiram características abrangidas pelo anexo III.
[A4140] Resíduos que consistam em ou contenham produtos não especificados ou fora do prazo de validade ([6]) correspondentes às categorias incluídas no anexo I e que apresentem características abrangidas pelo anexo III.
[A4150] Resíduos não identificados e ou novos de substâncias provenientes de actividades dc investigação e desenvolvimento ou ensino cujos efeitos na saúde humana e/ou ambiente sejam desconhecidos.
[A4160] Resíduos de carvão activado não incluídos na lista B (v. rubrica afim na lista B [B2060]).

ANEXO IX
Lista B

Os resíduos listados neste anexo não são abrangidos pelo artigo 1.°, parágrafo 1, *a*), desta Convenção, a menos que contenham constituintes do anexo I numa extensão tal que provoque a exibição de uma das características do anexo III.

[B1] Metais e resíduos que contenham metais

[A1010] Resíduos de metais e ligas metálicas numa forma sólida não dispersível:
Metais preciosos (ouro, prata, grupo das platinas, com exclusão do mercúrio)
Sucata de ferro e de aço;
Sucata de cobre;
Sucata de níquel;

Sucata de alumínio;
Sucata de zinco;
Sucata de estanho;
Sucata de tungsténio;
Sucata de molibdénio;
Sucata de tântalo;
Sucata de magnésio;
Sucata de cobalto;
Sucata de bismuto;
Sucata de titânio;
Sucata de zircónio;
Sucata de manganês;
Sucata de germânio;
Sucata de vanádio;
Sucata de háfnio, índio, nióbio, rénio e gálio;
Sucata de tório;
Sucata de terras raras.

[B1020] Sucatas metálicas não contaminadas, inclusive de ligas, numa forma acabada a granel (folhas, placas, varas, vigas, etc.):
Sucata de antimónio;
Sucata de berílio;
Sucata de cádmio;
Sucata de chumbo (à excepção de baterias chumbo/ácido);
Sucata de selénio;
Sucata de telúrio.

[B1030] Resíduos que contenham metais refractários.

[B1040] Sucatas de circuitos de centrais eléctricas não contaminadas com óleos lubrificantes, PCB ou PCT numa extensão que as torne perigosas.

[B1050] Misturas de metais não ferrosos, sucatas de fracções pesadas que não contenham materiais do anexo I num teor que lhes confira quaisquer das características abrangidas pelo anexo III ([7]).

[B1060] Resíduos de selénio e telúrio na forma elementar, incluindo na forma pulverulenta.

[B1070] Resíduos de cobre e de ligas de cobre em formas dispersíveis, excepto no caso de conterem componentes incluídos no anexo I num teor que lhes confira características abrangidas pelo anexo III.

[B1080] Cinzas e resíduos de zinco, incluindo resíduos de ligas de zinco, em formas desprezíveis, excepto no caso de conterem componentes incluídos no anexo I.
Em teores que lhes confiram características abrangidas pelo anexo III ou características de perigo H4.3 ([8])

[B1090] Resíduos de baterias conformes a especificações, à excepção das baterias com chumbo, cádmio ou mercúrio.

[B1100] Resíduos que contenham metais, provenientes da fusão, fundição ou refinação de metais:
Zinco comercial
Escórias que contenham zinco:
Mates de superfície de galvanização (> 90% Zn);
Mates de fundo de galvanização (> 92% Zn);
Escórias de fundição sob pressão (> 85% Zn);
Escórias de galvanização a quente (processo descontínuo) (> 92% Zn);
Resíduos da escumação de zinco;
Alumínio escumado (ou espuma), com exclusão das escorias salinas;
Essórias do processamento de cobre destinadas a processamento posterior ou a refinação, que não contenham arsénio, chumbo ou cádmio em teores que lhes confiram característieas abrangidas pelo anexo III;
Resíduos de revestimentos refractários, incluindo cadinhos, provenientes da fundição de cobre;
Escórias do processamento de metais preciosos para refinação;
Escórias de estanho contendo âmbito com menos de 0,5% de estanho.

[B1110] Circuitos eléctricos e electrónicos constituídos:
Circuitos eléctricos e electrónicos constituídos unicamente por metais ou ligas;
Resíduos ou sucatas de circuitos eléctricos e electrónicos ([9]) (incluindo placas de circuitos integrados) que não contenham componentes tais como acumuladores e outras baterias incluídos na lista A, interruptores com mercúrio, vidro de tubos de raios catódicos e outros vidros activados, condensadores com PCB, contaminados ou não com substâncias incluídas no anexo I (por exemplo, cádmio mercúrio chumbo, bifenilos policlorados) ou dos quais tenham sido removidas substâncias deste tipo, numa extensão que não lhes confira características abrangidas pelo anexo III (v. rubrica afim na lista A [A1180]);
Circuitos eléctricos e electrónicos (incluindo placas de circuitos integrados, componentes electrónicos e fios) destinados a reutilização ([10]) directa e não a reciclagem ou eliminação ([11]).

[B1120] Catalisadores usados, à excepção dos líquidos utilizados como catalisadores, que contenham:
Metais de transição, à excepção de resíduos de catalisadores (catalisadores usados, catalisadores líquidos usados e outros catalisadores) incluídos na lista A: escândio, vanádio, manganês, cobalto, cobre, ítrio, nióbio, háfnio, tungsténio, titânio, crómio, ferro, níquel, zinco, zircónio, molibdénio, tântalo, rénio;

Lantanídeos (terras raras): lantânio, preseodímio, samário, gadolínio, disprósio, érbio, itérbio, cério, neodímio, európio, térbio, hólmio, túlio, lutécio.

[B1130] Catalisadores usados que contenham metais preciosos, depois de limpos.

[B1140] Resíduos sólidos que contenham metais preciosos e quantidades residuais de cianetos inorgânicos.

[B1150] Resíduos de metais e ligas preciosas (ouro, prata, grupo das platinas, com exclusão do mercúrio) em formas dispersíveis, não líquidas, adequadamente embalados e rotulados.

[B1160] Cinzas de metais preciosos provenientes da incineração de placas de circuitos integrados (v. entrada afim na lista A [A1150])

[B1170] Cinzas de metais preciosos provenientes da incineração de película fotográfica.

[B1180] Resíduos de película fotográfica contendo compostos halogenados de prata e prata pura.

[B1190] Resíduos de papel fotográfico contendo compostos halogenados de prata e prata pura.

[B1200] Escórias granuladas provenientes do fabrico de ferro e aço.

[B1210] Escórias provenientes do fabrico de ferro e aço, incluindo as destinadas a utilização como fonte de TiO_2 e de vanádio.

[B1220] Escória proveniente da produção de zinco, quimicamente estabilizada, com um teor de ferro superior a 20% e transformada de acordo com especificações industriais (por exemplo, DIN 4301) utilizada principalmente na construção.

[B1230] Calamina proveniente do fabrico de ferro e aço.

[B1240] Calamina de óxido de cobre.

[B2] Resíduos que contêm fundamentalmente censtituintes inorgânicos embora possam conter alguns metais ou materiais orgânicos

[B2010] Resíduos da actividade mineira, numa forma não dispersível:
Resíduos de grafite natural;
Resíduos de ardósia, quer sejam ou não acabados de forma grosseira ou simplesmente cortados, com uma serra ou por outros meios;
Resíduos de mica;
Resíduos de leucite, nefelite ou nefelina-siemite
Resíduos de feldspato;
Resíduos de espato flúor;
Resíduos de sílica na forma sólida, com excepção dos usados em operações de fundição.

[B2020] Resíduos de vidro numa forma não dispersível:

Casco e outros resíduos e desperdícios de vidro, à excepção do vidro proveniente de tubos de raios catódicos e outros vidros activados.

[B2030] Resíduos cerâmicos numa forma não dispersível:
Resíduos e escórias de 'cermet' (compósito cerâmica/metal);
Fibras com base cerâmica não especificadas ou incluídas noutro ponto da presente lista.

[B2040] Outros resíduos que contenham principalmente componentes inorgânicos:
Sulfato de cálcio parcialmente refinado, obtido por dessulfuração de gases de combustão (DGC);
Resíduos de placas ou painéis de gesso provenientes de demolições;
Escória proveniente da produção de cobre, quimicamente estabilizada, com um teor de ferro superior a 20% e transformada de acordo com especificações industriais (por exemplo, DIN 4301 e DIN 8201), utilizada principalmente na construção e como abrasivo;
Enxofre na forma sólida;
Castinas provenientes da produção de cianamida cálcica ($pH < 9$);
Sódio, potássio, cloretos de cálcio;
Carborundun (carboneto de sílico);
Pedaços de betão;
Sucatas de vidro que contenham ligas lítio-tântalo e lítio-nióbio.

[B2050] Cinzas volantes de centrais eléctricas a carvão, não incluídas na lista A (v. rubrica afim na lista A [A2060]).

[B2060] Resíduos de carvão activado provenientes do tratamento de águas para consumo humano e da indústria alimentar, bem como da produção de vitaminas (v. rubrica afim na lista [A4160]).

[B2070] Lamas de fluoreto de cálcio.

[B2080] Resíduos de gesso provenientes de processos químicos industriais, não incluídos na lista A (v. entrada afim na lista A [A2040])

[B2090] Resíduos anódicos provenientes da produção de aço e alumínio, obtidos a partir de coque de petróleo ou betume, e depurados, de acordo com especificações industriais correntes (à excepção dos resíduos anódicos da electrólise de misturas cloro-álcali e da indústria metalúrgica).

[B2100] Resíduos de hidratos de alumínio, resíduos de alumina e resíduos de produção de alumina, com exclusão dos materiais utilizados para limpeza de gases ou em processos de floculação ou filtração.

[B2110] Resíduos de bauxite *(red mud)* (pH de moderado a 11,5).

[B2120] Resíduos de soluções ácidas e básicas com pH superior a 2 e inferior a 11,5 que nao possuam propriedades corrosivas ou outras características perigosas (v. rubrica afim na lista A [A4090]).

[B3] Resíduos que contêm fundamentalmente constituintes orgânicos embora possam conter alguns metais eu materiais inorgânicos

[B3010] Resíduos plásticos na forma sólida. — Os seguintes plásticos ou misturas de matérias plásticas, desde que não estejam misturados com outros resíduos e que sejam conformes às especificações:
Sucatas plásticas de polímeros e co-polímeros halogenados, incluindo numa lista não restritiva, os seguintes ([12]):
Etileno;
Estireno
Polipropileno;
Polietileno tereftalato;
Cianureto de vinilo;
Butadieno;
Poliacetalo (polioximetileno);
Poliamidas;
Polibutileno tereftalato;
Policarbonatos;
Poliéteres;
Sulfatos de polifenileno;
Polímeros acrílicos;
Alcanos C10-C13 (plastificante);
Poliuretano (sem CFC);
Polisiloxanos;
Polimetacrilato de metilo;
Álcool polivinílico;
Butiral polivinílico;
Acetato de polivinilo;
Resíduos curados de resinas ou produtos de condensação, incluindo nomeadamente os seguintes:
Resinas de formaldeido de ureia;
Resinas de formaldeido fenólico;
Resinas de formaldeido de melamina;
Resinas epoxídicas;
Resinas alquídicas;
Poliamidas;

Os seguintes resíduos de polímeros fluoretados ([13]):
Perfluoroetileno/propileno (FEP);
Alcano perfluoroalcóxico (PFA);
Alcano perfluoralcóxico (MFA);
Polifluoreto de vinilo (PVF);
Polifluoreto de vinilidene (PVDF).

[B3020]   Resíduos de papel, de painéis de cartão laminado e de produtos de papel. — Os seguintes materiais, desde que nao estejam misturados com resíduos perigosos:
  Resíduos e escórias de papel e de painéis de cartão:
    Papel ou painéis de cartão lisos ou canelados não lixiviados;
    Outros papéis ou painéis de cartão, fundamentalmente compostos de pasta quimicamente branqueada mas tintos na massa;
    Papel ou painéis de cartão fundamentalmente compostos por pasta mecânica (jornais, revistas e outro material impresso semelhante);
    Outros, nomeadamente: 1) Painéis de cartão; 2) Escórias não triadas.

[B3030]   Resíduos têxteis. — Os seguintes materiais, desde que não estejam misturados com outros resíduos e que sejam conformes às especificações:
  Resíduos de seda (incluindo casulos não aproveitáveis para fiação, restos de fios e farrapos):
    Não cardados nem penteada;
    Outros;
  Resíduos grosseiros ou finos de lã ou de pêlo de outros animais incluindo resíduos de fios mas com exclusão de farrapos:
    Estopa fina de lã ou de pêlo de outros animais;
    Outros resíduos finos de lã ou de pêlo de outros animais;
    Resíduos grosseiros de pêlo de outros animais;
  Resíduos de algodão (incluindo resíduos de fios e farrapos):
    Resíduos de fios (incluindo resíduos de cordas);
    Farrapos;
    Outros;
  Estopa e resíduos de linho;
  Estopa e resíduos (incluindo resíduos de fios e farrapos) de canhamo (*Cannabis sativa* L.);
  Estopa e resíduos (incluindo resíduos de fios e farrapos) de juta e de outras fibras vegetais em filaça (excluindo o linho, o cânhamo e o rami);
  Estopa e resíduos (incluindo resíduos de fios e farrapos) de sisal e de outras fibras têxteis da género *Agave;*
  Estopa, cabo e resíduos (incluindo resíduos de fios e farrapos) de coco;
  Estopa, cabo e resíduos (incluindo resíduos, de fios e farrapos) de abaca (cânhamo de Manila ou *Musa textilis*)
  Estopa, cabo e resíduos (incluindo resíduos de fios e farrapos) de rami e de outras fibras têxteis vegetais, não especificadas nem incluídas noutros pontos da presente lista;

Resíduos (incluindo cabo, estopa e farrapos) de fibras fabricadas pelo homem:
Fibras sintéticas;
Fibras artificiais;
Roupas e outros artigos têxteis usados;
Trapos, resíduos de cordel, cordagens, corda e cabos usados e artigos fabricados com cordel, cordagens, corda e cabos têxteis já gastos:
Triados;
Outros.

[B3040] Resíduos de borracha. — Os seguintes materiais, desde que não estejam misturados com outros resíduos:
Resíduos e escórias de borrachas duras (por exemplo, ebonite);
Outros resíduos de borracha (com exclusão dos resíduos especificados noutros pontos da presente lista).

[B3050] Resíduos de cortiça e madeira não tratados:
Resíduos e escórias de madeira, quer esteja ou não aglomerada em blocos, briquetes, aglomerados ou noutra forma semelhante;

[B3060] Resíduos de cortiça: cortiça esmagada, granulada ou moída.
Resíduos provenientes da indústria agro-alimentar, desde que não sejam infecciosos:
Borras de vinho;
Resíduos, restos e produtos secundários vegetais secos ou esterilizados, granulados ou não, utilizáveis ou não para a alimentação animal, desde que não sejam especificados nem incluídos noutros pontos da presente lista;
Dégras: resíduos resultantes do tratamento de substancias gordas ou de ceras animais ou vegetais;
Resíduos de ossos e de ossos interiores dos cornos, não trabalhados, a que foram retiradas as gorduras, sujeitos a um tratamento grosseiro (mas não cortados com uma determinada forma) com ácido ou desgelatinizados;
Resíduos de peixe;
Cascas, fibras, peles e outros resíduos de coco;
Outros resíduos da indústria agro-alimentar, com exclusão dos produtos secundários que cumpram as exigências e normas nacionais ou internacionais para o consumo animal ou humano.

[B3070] Os seguintes resíduos:
Resíduos de cabelo humano;
Resíduos de palha;
Micélios fúngicos desactivados provenientes da produção de penicilina e destinados à alimentação animal.

[B3080] Aparas e escórias de borracha.

[B3090] Aparas e outros resíduos de couro ou couro artificial impróprios para o fabrico de curtumes, à excepção de lamas, que não contenham compostos de crómio hexavalente ou biocidas (v. rubrica afim na lista A [A3100]).

[B3100] Resíduos de poeiras, cinzas, lamas e farinhas de couro que não contenham compostos de crómio hexavalente ou biocidas (v. rubrica afim na lista A [A3090])

[B3110] Rcsíduos de deslanagem que não contenham compostos de crómio hexavalente, biocidas ou substâncias infecciosas (v. rubrica afim na lista A [A3110])

[B3120] Resíduos compostos por corantes alimentares

[B3130] Resíduos de poliésteres e de éteres monómeros não perigosos. que não possam formar peróxidos.

[B3140] Resíduos de pneumáticos, excluindo os destinados às operações previstas no anexo IV.

[B4] Resíduos que podem conter constituintes orgânicos e inorgânicos

[B4010] Resíduos constituídos principalmente por tintas e vernizes endurecidos à base de água ou de látex, que não contenham solventes orgânicos, metais pesados e biocidas numa extensão que os torne perigosos (v. rubrica afim na lista A [A4070])

[B4020] Resíduos da produção, formulação e utilização de resinas, látex, plastificantes, colas e adesivos, à excepção dos resíduos incluídos na lista A, isentos de solventes e outros contaminantes numa extensão que não lhes confira características abrangidas pelo anexo III, nomeadamente produtos aquosos e colas à base de caseína, amido, dextrina, éteres de celulose e álcoois polivinílicos (.v rubrica afim na lista A [A3050]).

[B4030] Aparelhos fotográficos descartáveis usados, com pilhas não incluídas na lista A

(^{1}) De notar que a entrada correspondente na lista B [B1160] não refere quaisquer excepções.
(^{2}) Esta entrada não inclui as sucatas de circuitos provenientes de centrais eléctricas.
(^{3}) Teor de PCB igual ou superior a 50 mg/kg.
(^{4}) O valor 50 mg/kg é considerado internacionalmente como um nível prático para todos os resíduos. Todavia, diversos países estabeleceram níveis regulamentares inferiores (por exemplo, 20 mg/kg) para determinados resíduos.
(^{5}) Esta rubrica não inclui a madeira tratada com produtos de conservação.
(^{6}) 'Fora do prazo de validade' significa não utilizado no período recomendado pelo fabricante.

(⁷) De notar que mesmo nos casos em que inicialmente a contaminação com materiais do anexo I seja residual os processos subsequentes, nomeadamente de reciclagem, podem resultar em fracções separadas em que os teores estejam aumentados de forma significativa.

(⁸) A classificação das cinzas de zinco encontra-se actualmente em estudo, existindo uma recomendação da Conferência das Nações Unidas para o Comércio e o Desenvolvimento (UNCTAD) no sentido) de não serem consideradas mercadorias perigosas.

(⁹) Esta entrada não inclui as sucatas de circuitos provenientes de centrais térmicas.

(¹⁰) A reutilização pode abranger a reparação, a recuperação ou a beneficiação mas não a remontagem total.

(¹¹) Em alguns países, os materiais destinados a reutilização directa não são considerados resíduos.

(¹²) Subentende-se que se trata de sucatas totalmente polimerizadas.

(¹³) Resíduos pós-consumo estão excluídos deste item.

Não se deve misturar os resíduos.

Devem ser considerados os problemas decorrentes da incineração a céu aberto.

1.2. Eliminação

1.2.1. Aterro.......................... 365
1.2.2. Incineração 457

1.2.1. Aterro

1.2.1.1. Deposição de resíduos em aterro (Decreto-lei n.º 152/2002, de 23 de Maio) 367
1.2.1.2. Deposição de resíduos industriais banais em aterro (Decreto-lei n.º 321/99, de 11 de Agosto) 415
1.2.1.3. Deposição de resíduos da indústria extractiva em aterro (Decreto-lei n.º 544/99, de 13 de Dezembro) 443

Deposição de resíduos em aterro

Decreto-Lei n.º 152/2002
de 23 de Maio

A deposição de resíduos em aterros constitui uma particular operação de gestão de resíduos que, em Portugal, encontra no Decreto-Lei n.º 239/97, de 9 de Setembro, ou Lei Quadro dos Resíduos, as regras gerais do seu exercício e no Decreto-Lei n.º 321/99, de 11 de Agosto, o regime legal aplicável a aterros de resíduos industriais banais.

Não obstante, no domínio da deposição de resíduos em aterros, a necessidade de assegurar em termos mais eficazes a protecção do ambiente e da saúde humana, em consonância com os princípios gerais de gestão de resíduos, impõe a uniformização do regime desta modalidade de eliminação de resíduos, pela adopção de especiais medidas, aplicáveis genericamente à instalação e ao funcionamento das diferentes classes de aterros. Com efeito, a deposição de resíduos em todos os aterros deve ser controlada e gerida de forma adequada, garantindo, simultaneamente, a efectiva prevenção do abandono de resíduos e a sua deposição descontrolada, bem como a escolha de locais e o uso de metodologias e técnicas de deposição consentâneas com as exigências de preservação e de melhoria da qualidade do ambiente. Esta constatação encontra-se, aliás, sublinhada na Directiva n.º 1999/31/CE, do Conselho, de 26 de Abril, relativa à deposição de resíduos em aterros, cuja transposição para o ordenamento jurídico interno justifica, também, a presente iniciativa legislativa.

No quadro do novo regime legal, insere-se o objectivo de consolidar a estratégia nacional e comunitária relativa aos resíduos e a consequente política de redução, valorização e tratamento de resíduos, de forma que seja depositada em aterros uma quantidade de resíduos progressivamente menor e que, em simultâneo, os aterros apresentem um elevado nível de protecção do ambiente.

Assim, o presente diploma estabelece as normas aplicáveis em matéria de instalação, exploração, encerramento e manutenção pós--encerramento de aterros. A localização dos aterros, a sua concepção e construção são também aspectos que merecem uma especial atenção, tendo em vista a protecção, preservação e melhoria da qualidade ambiental e a prevenção dos riscos para a saúde humana.

Foram ouvidos os órgãos de governo próprio das Regiões Autónomas da Madeira e dos Açores e a Associação Nacional de Municípios Portugueses.

Assim:

Nos termos das alíneas *a)* e *c)* do n.º 1 do artigo 198.º da Constituição, e no desenvolvimento do regime jurídico estabelecido pela Lei n.º 11/87, de 7 de Abril, o Governo decreta o seguinte, para valer como lei geral da República:

CAPÍTULO I
Disposições gerais

SECÇÃO I
Disposições e princípios gerais

ARTIGO 1.º
Objecto

1 — O presente diploma visa regular a instalação, a exploração, o encerramento e a manutenção pós-encerramento de aterros destinados a resíduos, por forma a evitar ou a reduzir tanto quanto possível os efeitos negativos sobre o ambiente, quer à escala local, em especial a poluição das águas de superfície, das águas subterrâneas, do solo e da atmosfera, quer à escala global, em particular o efeito de estufa, bem como quaisquer riscos para a saúde humana.

2 — O presente diploma estabelece as características técnicas específicas para cada classe de aterros e os requisitos gerais que deverão ser observados na sua concepção, construção, exploração, encerramento e manutenção pós-encerramento.

3 — Os aterros referidos no número anterior devem estar em conformidade com os planos de gestão de resíduos em vigor.

Artigo 2.º
Definições

Para efeitos do presente diploma, entende-se por:

a) «Resíduos» quaisquer substâncias ou objectos de que o detentor se desfaz ou tem intenção ou obrigação de se desfazer, nos termos previstos no Decreto-Lei n.º 239/97, de 9 de Setembro, e em conformidade com a lista de resíduos da União Europeia;

b) «Resíduos urbanos» os resíduos provenientes das habitações bem como outros resíduos que, pela sua natureza ou composição, sejam semelhantes aos resíduos provenientes das habitações;

c) «Resíduos perigosos» os resíduos que apresentem características de perigosidade para a saúde ou para o ambiente, nomeadamente os que são objecto dessa classificação na lista de resíduos da União Europeia;

d) «Resíduos não perigosos» os resíduos não abrangidos pela alínea c);

e) «Resíduos inertes» os resíduos que não sofrem transformações físicas, químicas ou biológicas importantes e, em consequência, não podem ser solúveis nem inflamáveis, nem ter qualquer outro tipo de reacção física ou química, e não podem ser biodegradáveis, nem afectar negativamente outras substâncias com as quais entrem em contacto de forma susceptível de aumentar a poluição do ambiente ou prejudicar a saúde humana. A lixiviabilidade total, o conteúdo poluente dos resíduos e a ecotoxicidade do lixiviado devem ser insignificantes e, em especial, não pôr em perigo a qualidade das águas superficiais e ou subterrâneas;

f) «Resíduos biodegradáveis» os resíduos que podem ser sujeitos a decomposição anaeróbia ou aeróbia, como, por exemplo, os resíduos alimentares e de jardim, o papel e o cartão;

g) «Resíduos líquidos» os resíduos em forma líquida, incluindo os resíduos aquosos constantes da lista de resíduos da União Europeia, mas excluindo as lamas;

h) «Armazenagem subterrânea» uma instalação permanente de armazenagem de resíduos numa cavidade geológica profunda, como, por exemplo, uma mina de sal ou de potássio;

i) «Aterro» uma instalação de eliminação para a deposição de resíduos acima ou abaixo da superfície natural, incluindo:

As instalações de eliminação internas, considerando-se como

tal os aterros onde o produtor de resíduos efectua a sua própria eliminação de resíduos no local da produção;

Uma instalação permanente, considerando-se como tal a que tiver uma duração superior a um ano, usada para armazenagem temporária;

mas excluindo:

As instalações onde são descarregados resíduos com o objectivo de os preparar para serem transportados para outro local de valorização, tratamento ou eliminação;

A armazenagem de resíduos previamente à sua valorização ou tratamento, por um período geralmente inferior a três anos;

A armazenagem de resíduos previamente à sua eliminação, por um período inferior a um ano;

j) «Tratamento» os processos físicos, térmicos, químicos ou biológicos, incluindo a separação, que alteram as características dos resíduos de forma a reduzir o seu volume ou perigosidade, a facilitar a sua manipulação ou a melhorar a sua valorização;

l) «Lixiviados» os líquidos que percolam através dos resíduos depositados e que efluem de um aterro ou nele estão contidos;

m) «Gases de aterro» os gases produzidos pelos resíduos depositados em aterro;

n) «Eluato» a solução obtida num ensaio de lixiviação em laboratório;

o) «Operador» a pessoa singular ou colectiva responsável por um aterro;

p) «Detentor» qualquer pessoa, singular ou colectiva, incluindo o produtor, que tenha resíduos na sua posse;

q) «Requerente» a pessoa singular ou colectiva que pretende obter uma licença de exploração de um aterro nos termos do presente diploma;

r) «Autoridade competente» a entidade administrativa responsável pela tomada de decisão no procedimento de licença previsto no presente diploma;

s) «Licença de instalação» autorização para a implantação do aterro, sem prejuízo da necessária obtenção de licença de construção a emitir pela câmara municipal territorialmente competente;

t) «Licença de exploração» licença que permite o início da laboração do aterro.

Artigo 3.º
Âmbito de aplicação

1 — O presente diploma aplica-se a todos os aterros que integram a definição da alínea *i*) do artigo 2.º

2 — Estão excluídas do âmbito do presente diploma as seguintes operações:
  a) O espalhamento de lamas, incluindo as lamas provenientes do tratamento de águas residuais e as lamas resultantes de operações de dragagem e de matérias análogas, com o objectivo de fertilização ou de enriquecimento dos solos;
  b) A utilização de resíduos inertes e que se prestem para o efeito em obras de reconstrução ou restauro e enchimento, ou para fins de construção, nos aterros;
  c) A deposição de lamas de dragagem não perigosas nas margens de pequenos cursos de água de onde tenham sido dragadas, bem como de lamas não perigosas em cursos de água superficiais, incluindo os respectivos leitos e subsolos;
  d) A deposição de solos e rochas não contendo substâncias perigosas ou de resíduos inertes resultantes da prospecção e exploração de depósitos e massas minerais ou de actividades destinadas à transformação de produtos dela resultantes.

3 — As normas do presente diploma não se aplicam à deposição de resíduos não perigosos, resultantes da prospecção ou exploração de depósitos e massas minerais ou de actividades destinadas à transformação de produtos dela resultantes, desde que reguladas por legislação específica.

Artigo 4.º
Classes de aterros

Os aterros são classificados numa das seguintes classes:
a) Aterros para resíduos inertes;
b) Aterros para resíduos não perigosos;
c) Aterros para resíduos perigosos.

Artigo 5.º
Resíduos admissíveis nas diferentes classes de aterros

Só são admitidos em aterro:
a) Os resíduos que tenham sido tratados;
b) Os resíduos inertes cujo tratamento não seja tecnicamente viável, ou, relativamente a outro tipo de resíduos, desde que se comprove que o seu tratamento não contribui para os objectivos estabelecidos no artigo 1.º do presente diploma, através da redução da quantidade de resíduos ou dos riscos para a saúde humana ou o ambiente;
c) Os resíduos que tenham uma classificação conforme com os critérios de admissão definidos no presente diploma, para a respectiva classe de aterro.

Artigo 6.º
Restrições à deposição de resíduos em aterros

1 — Sem prejuízo do disposto no artigo anterior, não podem também ser depositados em aterro os seguintes resíduos:
a) Resíduos líquidos;
b) Resíduos que, nas condições de aterro, sejam explosivos, corrosivos, oxidantes, muito inflamáveis ou inflamáveis na acepção da Decisão da Comissão n.º 2000/532/CE, de 3 de Maio;
c) Resíduos provenientes de estabelecimentos de prestação de cuidados de saúde a seres humanos ou animais e ou de investigação relacionada pertencendo aos grupos III e IV, nos termos do disposto no Plano Estratégico dos Resíduos Hospitalares, aprovado pelo despacho conjunto n.º 761/99, de 31 de Agosto, dos Ministros da Saúde e do Ambiente, salvo se anteriormente sujeitos a tratamento eficaz que permita a posterior gestão como resíduos urbanos;
d) Pneus usados, com excepção dos pneus utilizados como elementos de protecção num aterro, dos de bicicletas e dos que tenham um diâmetro exterior superior a 1400 mm;
e) Quaisquer outros tipos de resíduos que não satisfaçam os critérios de admissão constantes do anexo III deste diploma.

2 — É proibida a diluição ou mistura de resíduos que tenha por único objectivo torná-los conformes com os critérios de admissão.

3 — A restrição prevista na alínea d) do n.º 1 aplica-se a partir de 1 de Janeiro de 2003.

Artigo 7.º
Estratégia de redução dos resíduos urbanos biodegradáveis

1 — O Instituto dos Resíduos, em articulação com as direcções regionais do ambiente e do ordenamento do território, definirá até 31 de Dezembro de 2002 a estratégia nacional para a redução dos resíduos urbanos biodegradáveis destinados aos aterros.

2 — Essa estratégia deve assegurar o seguinte:
   a) Até Janeiro de 2006, os resíduos urbanos biodegradáveis destinados a aterros devem ser reduzidos para 75% da quantidade total, em peso, dos resíduos urbanos biodegradáveis produzidos em 1995;
   b) Até Janeiro de 2009, os resíduos urbanos biodegradáveis destinados a aterros devem ser reduzidos para 50% da quantidade total, em peso, dos resíduos urbanos biodegradáveis produzidos em 1995;
   c) Até Janeiro de 2016, os resíduos urbanos biodegradáveis destinados a aterros devem ser reduzidos para 35% da quantidade total, em peso, dos resíduos urbanos biodegradáveis produzidos em 1995.

SECÇÃO II
Requisitos exigíveis às entidades promotoras

Artigo 8.º
Requisitos relativos às entidades promotoras

1 — As entidades que pretendam instalar e ou explorar um aterro devem observar os seguintes requisitos:
   a) Os aterros para deposição de resíduos urbanos apenas poderão ser promovidos por sistemas multimunicipais, com contrato de concessão válido, e por sistemas municipais;
   b) Os aterros localizados dentro do perímetro de um estabelecimento industrial e destinados à deposição exclusiva de resíduos desse estabelecimento ou de outros estabelecimentos pertencentes ao mesmo produtor serão promovidos pelo respectivo estabelecimento industrial ou empresa;
   c) Os aterros não abrangidos pelas alíneas anteriores podem ser promovidos por entidades públicas, privadas e mistas para operar no mercado da gestão de resíduos, podendo ainda ser promovidos por agrupamentos de empresas, sem que entre estas exista qualquer forma jurídica de associação.

2 — As entidades referidas na alínea c) do n.º 1 podem requerer a licença desde que satisfaçam, cumulativamente, os seguintes requisitos:
   a) Estejam regularmente constituídas de acordo com a respectiva lei nacional;
   b) Desenvolvam um objecto social compatível com o exercício das actividades sujeitas a licença nos termos do presente diploma;
   c) Possuam uma capacidade técnica adequada ao cumprimento das obrigações específicas emergentes da licença que se propõem obter, demonstrando dispor, nomeadamente, de experiência adequada, de meios tecnológicos e de um quadro de pessoal devidamente qualificado para o efeito;
   d) Disponham de uma adequada estrutura económica, bem como dos recursos financeiros necessários, de modo a garantir a execução de obras e a boa gestão e exploração das actividades reguladas pelo presente diploma;
   e) Comprovem não serem devedoras ao Estado e à segurança social de quaisquer impostos, quotizações ou contribuições, bem como de outras importâncias, ou que, estando em situação de dívida, o seu pagamento está assegurado nos termos legais;
   f) Disponham de um capital social mínimo não inferior a (euro) 250000, no caso de aterros de resíduos inertes, e de (euro) 1000000, no caso de aterros de resíduos não perigosos e perigosos, e que se encontre integralmente subscrito e realizado;
   g) Disponham de um volume de capitais próprios em montante não inferior a 25% do valor do investimento global relativo ao projecto que se proponham instalar;
   h) Disponham de contabilidade actualizada e regularmente organizada de acordo com o Plano Oficial de Contabilidade e adequada às análises requeridas para o projecto que se proponham desenvolver.

3 — Sempre que o requerimento seja apresentado por um agrupamento de empresas, os requisitos referidos no número anterior aplicar-se-ão a cada entidade individualmente considerada, com excepção dos previstos nas alíneas f) e g), em que prevalecerá a soma do valor do capital social e dos capitais próprios de todas as entidades envolvidas.

4 — Do pedido de licença apresentado por agrupamento de empresas deve constar a modalidade jurídica da associação que adoptarão, caso venham a ser licenciadas.

Artigo 9.º
Agrupamentos de empresas

1 — No caso de a entidade se apresentar na modalidade de agru-pamento de empresas nos termos do artigo anterior, as licenças de instalação e de exploração são concedidas à entidade que resultar da forma de associação jurídica prevista nos correspondentes pedidos.

2 — Os agrupamentos são solidariamente responsáveis pelo pedido que formularem perante a autoridade competente.

3 — A falência, dissolução ou inabilitação judicial do exercício do objecto social de qualquer dos membros do agrupamento acarreta a imediata anulação do procedimento de emissão das licenças previstas no presente diploma, independentemente da fase processual em que se encontre, sem prejuízo do disposto no número seguinte.

4 — Uma vez apresentado o pedido junto da autoridade competente, nos termos do presente diploma, qualquer alteração na composição do agrupamento terá de ser requerida e autorizada por despacho do dirigente máximo da autoridade competente.

SECÇÃO III
Licença de instalação

Artigo 10.º
Pedido de licença

1 — O pedido de licença de instalação é apresentado por meio de requerimento dirigido à autoridade competente, elaborado nos termos do disposto no anexo I ao presente diploma, do qual faz parte integrante, sem prejuízo dos números seguintes.

2 — No caso de aterros sujeitos ao regime jurídico da avaliação de impacte ambiental, nos termos do Decreto-Lei n.º 69/2000, de 3 de Maio, o pedido de licença de instalação é sempre acompanhado de cópia da correspondente declaração de impacte ambiental (DIA), favorável ou favorável condicionada, sob pena de indeferimento liminar.

3 — No caso de aterros sujeitos ao regime da prevenção e controlo integrados da poluição, nos termos do Decreto-Lei n.º 194/2000, de 21 de Agosto, e para efeito da prévia concessão da licença ambiental aí prevista, o pedido de licença de instalação deve ser acompanhado do pedido de licença ambiental, constante do formulário previsto na Portaria n.º 1047/2001, de 1 de Setembro, e dos elementos constantes do anexo I ao presente diploma, desde que não compreendidos no referido formulário.

4 — A documentação a que se referem os números anteriores deve ser apresentada em sete exemplares, redigidos na língua portuguesa, devendo os documentos originariamente redigidos noutro idioma ser acompanhados da respectiva tradução para a língua portuguesa, a qual prevalece sobre a redacção no idioma de origem.

5 — A prestação de declarações falsas ou susceptíveis de induzir em erro as entidades envolvidas no procedimento, em qualquer fase processual, pode implicar o imediato indeferimento do pedido, independentemente de outras sanções, aplicáveis nos termos da lei.

6 — O presente artigo é aplicável sem prejuízo do disposto no regime jurídico do direito de participação procedimental e de acção popular.

ARTIGO 11.º
Aterros sujeitos a licença ambiental

No caso de aterros abrangidos pelo Decreto-Lei n.º 194/2000, de 21 de Agosto, a licença de instalação só pode ser atribuída após emissão da licença ambiental, a qual deve constituir parte integrante da licença de instalação.

ARTIGO 12.º
Aterros sujeitos a licenciamento municipal

A emissão da licença de construção pela câmara municipal dos projectos sujeitos a licenciamento municipal de obras particulares está sujeita à prévia emissão da licença de instalação pela autoridade competente, sem prejuízo de outros pareceres das entidades competentes da Administração.

ARTIGO 13.º
Análise processual

1 — Compete à autoridade competente, no prazo de 10 dias contados da recepção do pedido de licença de instalação, verificar se o processo cumpre os requisitos legalmente exigidos nos termos do presente diploma, nomeadamente os que resultam do artigo 8.º, e solicitar ao requerente os elementos considerados em falta e indispensáveis.

2 — No caso de o requerente, notificado para juntar ao processo os elementos solicitados nos termos do número anterior, não o fazer de forma considerada completa e satisfatória no prazo de 60 dias a

contar da notificação de pedido de elementos, o processo é encerrado e é emitido um parecer desfavorável, devidamente justificado, salvo nos casos em que este prazo não possa ser cumprido por razões que sejam consideradas, pela autoridade competente, não directamente imputáveis ao requerente.

3 — O processo instruído com os elementos necessários será objecto de apreciação técnica.

4 — O disposto no presente artigo não prejudica a aplicação do disposto no Decreto-Lei n.º 194/2000, de 21 de Agosto, e na Portaria n.º 1047/2001, de 1 de Setembro.

ARTIGO 14.º
Apreciação técnica e licença de instalação

1 — A apreciação técnica da autoridade competente destina-se a verificar a adequação do aterro projectado ao uso pretendido, bem como a observância das normas estabelecidas no presente diploma.

2 — No âmbito do procedimento de apreciação técnica a autoridade competente requer a outras entidades e organismos da Administração os pareceres que estes devam emitir no cumprimento das atribuições que legalmente lhes estão conferidas, bem como aqueles que entenda necessários para a adequada instrução do processo, que se devem pronunciar em prazo não superior a 30 dias.

3 — A não recepção dos pareceres no prazo referido no número anterior é entendida como parecer favorável.

4 — A autoridade competente pode, em qualquer fase do procedimento de apreciação técnica, pedir os esclarecimentos ou os documentos que considerar necessários.

5 — O procedimento de apreciação técnica deve estar concluído no prazo de 60 dias a contar da data de apresentação do projecto completo e de 90 dias no casos dos aterros sujeitos a licença ambiental, sendo o requerente notificado da decisão final sobre a licença de instalação.

6 — Da decisão final, relativa à licença de instalação, é dado conhecimento, pela autoridade competente, à Inspecção-Geral do Ambiente e, consoante os casos, ao Instituto dos Resíduos, à direcção regional do ambiente e do ordenamento do território competente ou às direcções regionais do Ministério da Economia e aos demais organismos consultados.

ARTIGO 15.º
Fiscalização da obra

A execução da obra deve ser fiscalizada pela autoridade competente, sem prejuízo das competências específicas de outras entidades.

SECÇÃO IV
Licença de exploração

ARTIGO 16.º
Condições prévias

O início da exploração dos aterros previstos no presente diploma depende da concessão da respectiva licença de exploração, da prestação de garantia financeira e da subscrição, por parte do operador, de seguro de responsabilidade civil extracontratual, nos termos definidos no presente diploma.

ARTIGO 17.º
Vistoria

1 — A emissão da licença de exploração depende da realização de vistoria, a requerer pelo interessado à autoridade competente, com antecedência mínima de 30 dias relativamente à data prevista para o início da exploração.

2 — A vistoria é efectuada pela autoridade competente e pelos organismos consultados no âmbito do procedimento de emissão da licença de instalação e tem por objectivo verificar a conformidade da obra com o projecto aprovado.

3 — Da vistoria é lavrado um auto, assinado pelos intervenientes, o qual deve conter informação sobre:

   a) A conformidade da instalação ou equipamento com o projecto aprovado;
   b) O cumprimento das prescrições técnicas aplicáveis;
   c) Quaisquer condições que se julgue necessário impor, nos termos do presente diploma, bem como o prazo para o seu cumprimento.

ARTIGO 18.º
Licença de exploração

1 — A decisão final sobre a licença de exploração é notificada ao requerente no prazo de 15 dias após a realização da vistoria.

2 — A licença de exploração de aterro deve incluir os elementos considerados necessários, designadamente:
 a) A classificação do aterro;
 b) A lista dos resíduos admissíveis e o volume total de encaixe autorizados no aterro;
 c) As condições a preencher para a preparação dos aterros, as operações de deposição e os processos de acompanhamento e de controlo, incluindo os planos de emergência, bem como os requisitos relativos às operações de encerramento e de gestão posterior, referidos nos anexos II e IV do presente diploma, do qual fazem parte integrante;
 d) A obrigação de apresentação periódica de relatórios à autoridade competente, que devem ser respectivamente apresentados até 31 de Julho, relativamente ao 1.º semestre de cada ano, e até 31 de Janeiro do ano seguinte, relativamente ao 2.º semestre do ano anterior, contendo informação sobre os tipos, quantidades e proveniência de resíduos depositados, bem como os resultados do programa de controlo previsto no artigo 25.º do presente diploma.

3 — Se o início das operações de funcionamento não ocorrer no prazo de um ano a contar da data de emissão da licença de exploração, o início da exploração fica condicionado à reavaliação das condições da licença.

4 — A interrupção de funcionamento da exploração do aterro por um período igual ou superior a seis meses faz caducar a respectiva licença, podendo ser solicitada a sua renovação.

5 — A renovação da licença de exploração a que se refere o número anterior depende de nova avaliação face à legislação em vigor à data da sua realização.

Artigo 19.º
Prestação de garantia

1 — A entidade licenciada deve prestar junto da autoridade competente, no prazo de 15 dias após a notificação sobre a recepção da licença de exploração, uma garantia financeira ou outra garantia equivalente, destinada a garantir o integral cumprimento das condições impostas na respectiva licença, incluindo as relativas ao processo de encerramento e à manutenção pós-encerramento.

2 — As garantias financeiras a que se refere o número anterior estão sujeitas ao disposto na legislação aplicável.

3 — A garantia a prestar será num valor mínimo equivalente a 10% do montante global do investimento previsto, autónoma, incondicional e irrevogável, interpelável à primeira solicitação, liquidável no prazo de cinco dias, na sequência de interpelação do beneficiário, e será contratada com instituição autorizada pelo Banco de Portugal.

4 — A execução da garantia, no seu todo ou em parte, não desobriga a entidade licenciada de fazer prova do seu reforço ou da constituição de nova garantia bancária, nas exactas condições que a autoridade competente lhe determinar nos termos do presente artigo.

5 — A garantia manter-se-á em vigor até ser cancelada, no todo ou em parte, na sequência de comunicação escrita dirigida pela entidade beneficiária à instituição emitente.

Artigo 20.º
Alterações à garantia

1 — Mediante requerimento apresentado pela entidade licenciada à autoridade competente, a garantia pode:
   a) Ser reduzida a 75% do seu valor inicial, quando decorridos dois anos a contar da data de início de funcionamento do aterro;
   b) Ser reduzida a 25% do seu valor inicial, após a conclusão das operações de encerramento do aterro e de recuperação paisagística do local da respectiva implantação;
   c) Ser integralmente cancelada, 30 anos após o início do período de monitorização do aterro, excepto no caso dos aterros para resíduos inertes, em que este período é de 5 anos.

2 — As reduções parciais e o cancelamento da garantia referidos no número anterior dependem da prévia realização, pela autoridade competente, de vistoria especial destinada a verificar o cumprimento das condições da licença, a qual deve ocorrer no prazo de 30 dias contados da data de recepção do requerimento, sendo a competente decisão notificada à entidade licenciada nos 15 dias subsequentes à sua realização.

Artigo 21.º
Seguro de responsabilidade civil extracontratual

1 — A entidade licenciada obriga-se a subscrever um seguro de responsabilidade civil extracontratual, contratado com uma empresa

legalmente habilitada a exercer a actividade seguradora no território nacional, com efeitos a partir do início de exploração, nos termos e condições que lhe forem exigidos pela autoridade competente, segundo critérios de razoabilidade.

2 — Anualmente, até ao final dos trabalhos de encerramento, a entidade licenciada fará prova da existência do seguro junto da autoridade competente.

3 — Sempre que o entenda conveniente, designadamente com fundamento na defesa do interesse público, a autoridade competente notificará a entidade licenciada para que esta actualize, em prazo razoável, as condições contratuais da apólice de seguro.

Artigo 22.º
Tarifa

1 — Pelo exercício das operações de deposição de resíduos em aterro as entidades licenciadas cobram tarifas.

2 — As tarifas devem cobrir os custos decorrentes da instalação e da exploração do aterro, incluindo o custo da garantia financeira ou seu equivalente e as despesas previstas de encerramento e manutenção após o encerramento do aterro durante um período de, pelos menos, 30 anos, excepto no caso dos aterros para resíduos inertes, em que este prazo é de 5 anos.

SECÇÃO V
Controlo dos resíduos recebidos nos aterros

Artigo 23.º
Admissão de resíduos

1 — A admissão dos resíduos nos aterros fica sujeita aos seguintes procedimentos:

a) Comprovação, por parte do detentor ou do operador e antes da entrega ou por ocasião desta ou da primeira de uma série de entregas de resíduos do mesmo tipo, de que os resíduos em questão podem ser admitidos no aterro, tendo em conta as condições estabelecidas na licença, e que os mesmos preenchem os critérios de admissão estabelecidos no anexo III do presente diploma, do qual faz parte integrante;

b) Verificação, por parte do operador, da documentação relativa aos resíduos, incluindo os documentos de acompanhamento previstos na Portaria n.º 335/97, de 16 de Maio, relativa ao transporte de resíduos, e, sempre que aplicável, os exigidos no Regulamento CEE n.º 259/93, do Conselho, de 1 de Fevereiro, relativo à fiscalização e ao controlo das transferências de resíduos no interior, à entrada e à saída da Comunidade Europeia;

c) Inspecção visual, por parte do operador, dos resíduos à entrada e no local de depósito;

d) Sempre que tal se justifique, verificação por parte do operador da conformidade com a descrição constante da documentação fornecida pelo detentor, podendo o operador determinar a recolha de amostras representativas, as quais devem ser conservadas durante um mês, e os resultados das respectivas análises ser conservados pelo período de um ano;

e) O operador do aterro deve emitir um recibo por cada remessa de resíduos admitida no aterro;

f) Em caso de não admissão de resíduos em determinado aterro, o operador notifica no prazo máximo de vinte e quatro horas a autoridade competente, identificando devidamente o detentor, as quantidades e a classificação dos resíduos em causa, sem prejuízo do disposto no Regulamento n.º 259/93, de 1 de Fevereiro.

2 — O operador deve manter um registo das quantidades e características dos resíduos depositados, com indicação da origem, data de entrega, produtor, detentor ou responsável pela recolha e, no caso de resíduos perigosos, a indicação exacta do local de deposição no aterro, sendo estas informações colocadas ao dispor das autoridades nacionais competentes e das autoridades estatísticas comunitárias que as solicitem para fins estatísticos.

3 — No caso de aterros para resíduos urbanos, o operador fica dispensado da obrigação de registo a que se refere o número anterior.

Artigo 24.º
Recepção excepcional de resíduos

O Instituto dos Resíduos pode autorizar os aterros a que se refere a alínea *b*) do n.º 1 do artigo 8.º a receber resíduos produzidos por outro produtor, nas seguintes condições:

a) Quando se comprove inequivocamente a ausência de alternativas razoáveis para a deposição dos resíduos em aterros colectivos;

b) A quantidade de resíduos a receber não represente mais de 15% dos resíduos depositados anualmente no aterro;
c) A direcção regional do Ministério da Economia e a direcção regional do ambiente e do ordenamento do território competentes dêem parecer favorável.

SECÇÃO VI
Exploração, encerramento e pós-encerramento

Artigo 25.º
Controlo e acompanhamento da exploração

As operações de controlo e acompanhamento da exploração do aterro devem respeitar o disposto na parte I do anexo IV e observar os seguintes requisitos:

a) Durante a fase de exploração, o operador do aterro executa o programa de controlo e acompanhamento aprovado;
b) O operador notifica a autoridade competente de quaisquer efeitos negativos significativos sobre o ambiente revelados pelas operações de controlo e acompanhamento, no prazo de quarenta e oito horas após verificação de ocorrência, executando o programa de medidas correctoras e as medidas que resultem da decisão da autoridade competente sobre a natureza das medidas e respectivo calendário, sendo as despesas originadas com a sua execução custeadas pelo operador;
c) As operações analíticas dos processos de controlo e acompanhamento e ou das análises referidas na alínea *d)* do n.º 1 do artigo 23.º serão controladas por laboratórios competentes.

Artigo 26.º
Processo de encerramento e de manutenção pós-encerramento

1 — O encerramento e a manutenção pós-encerramento dos aterros abrangidos pelo presente diploma estão sujeitos ao disposto na parte II do anexo IV.

2 — Sem prejuízo do disposto nos n.ºs 3 e 4 do presente artigo, as entidades licenciadas só poderão dar início às operações de encerramento depois de dar conhecimento à autoridade competente da data respectiva e nos seguintes casos:

a) Quando estiverem reunidas as condições necessárias previstas na licença e com o acordo da autoridade competente;

b) Por sua iniciativa, mediante autorização da autoridade competente;

c) Por decisão fundamentada da autoridade competente.

3 — Um aterro ou parte de um aterro só pode ser considerado definitivamente encerrado depois de a autoridade competente realizar uma inspecção final ao local, analisar, nomeadamente, todos os relatórios apresentados pela entidade licenciada e comunicar a decisão de aprovação de encerramento à entidade licenciada.

4 — Com o encerramento definitivo de um aterro, o respectivo operador fica responsável pela sua conservação, acompanhamento e controlo na fase de manutenção pós-encerramento durante o tempo que for exigido na licença e de acordo com o disposto na parte II do anexo IV, salvo se for estabelecido outro prazo, pela autoridade competente, por motivos fundamentados.

5 — A entidade licenciada deve notificar a autoridade competente de quaisquer efeitos negativos significativos sobre o ambiente revelados no decurso das operações de controlo e cumprir a decisão da autoridade competente sobre a natureza das medidas correctoras, bem como do respectivo programa de execução e as medidas que resultem da decisão da autoridade competente.

SECÇÃO VII
Obrigações dos operadores

ARTIGO 27.º
Obrigações

1 — A entidade licenciada fica obrigada a:

a) Cumprir as condições e os termos da licença de exploração;

b) Atribuir a direcção do funcionamento do aterro a um técnico com formação superior e experiência adequadas para o efeito, comunicando à autoridade competente, no prazo de 5 dias após a respectiva nomeação ou substituição, neste último caso, quando esta se processe por prazo superior a 60 dias, a identificação do técnico responsável pela direcção da exploração, acompanhada do respectivo currículo;

c) Assegurar formação e actualização profissional e técnica aos responsáveis dos aterros e respectivo pessoal.

2 — É especialmente vedado à entidade licenciada, nos termos do presente diploma:

a) Exercer a prestação de serviços, no domínio das operações de gestão de resíduos autorizadas, em condições diversas das previstas nas condições da licença, designadamente sempre que tais condições possam pôr em perigo o ambiente, a saúde pública ou a segurança de pessoas e bens;

b) Recusar a recepção de resíduos cuja natureza, classificação e acondicionamento se encontrem em conformidade com as disposições legais e regulamentares em vigor e com as condições da licença, bem como o seu armazenamento e confinamento em aterro, salvo quando se trate de um aterro destinado ao uso exclusivo da respectiva entidade promotora;

c) Prosseguir a recepção de resíduos quando a capacidade máxima do aterro haja sido atingida;

d) Interromper, ainda que temporariamente, a normal prestação dos serviços de recepção, armazenagem ou confinamento em aterro de resíduos, salvo quando essa interrupção haja sido requerida e previamente autorizada pela autoridade competente;

e) Praticar tarifas pelos serviços prestados que não sejam conformes com o tarifário em vigor.

3 — A previsão da alínea *b)* do n.º 2 não é aplicável quando a recusa de prestação do serviço tenha por fundamento o incumprimento por parte do utente da liquidação de débitos originados por anterior prestação de serviços.

SECÇÃO VIII
Vicissitudes da licença

Artigo 28.º
Alteração da licença

1 — As condições da licença de exploração podem ser alteradas:

a) Por iniciativa da autoridade competente, nomeadamente em virtude da entrada em vigor de novos dispositivos legais, notificando-se a entidade licenciada da alteração a introduzir na licença;

b) Por iniciativa da entidade licenciada, através de requerimento fundamentado dirigido à autoridade competente.

2 — Nos casos previstos na alínea *a)* do número anterior, a autoridade competente deve conceder um prazo máximo de 60 dias para que a entidade licenciada se pronuncie a propósito das alterações a introduzir.

Artigo 29.º
Transmissibilidade da licença

1 — Mediante requerimento dirigido à autoridade competente, e desde que decorridos pelo menos dois anos do início da exploração do aterro, a entidade licenciada pode solicitar autorização para a transmissão da licença de exploração, sem prejuízo da aplicação das regras legais em matéria de controlo de operações de concentração de empresas.

2 — A autoridade competente aprecia o requerimento de transmissão da licença tendo em conta o regime do presente diploma, podendo solicitar às entidades transmitente e transmissária todas as informações que entenda relevantes para a emissão da autorização.

3 — Sob pena de ineficácia da transmissão, e sem prejuízo do disposto no número anterior, a entidade transmissária obriga-se a assumir todos os direitos e obrigações inerentes à licença e a prestar garantia e seguro de responsabilidade civil extracontratual nos exactos termos em que se encontre obrigada a entidade transmitente.

Artigo 30.º
Revogação da licença

1 — Em caso de violação das normas do presente diploma, a autoridade competente, ou qualquer entidade fiscalizadora, notifica a entidade licenciada para que esta faça cessar a causa ou causas da irregularidade no prazo que para o efeito lhe for indicado, podendo ainda determinar a suspensão total ou parcial da exploração do aterro, sempre que da sua continuidade possam advir riscos para o ambiente, para a saúde pública ou para a segurança de pessoas e bens.

2 — Mantendo-se a situação de incumprimento findo o prazo estabelecido no número anterior, a autoridade competente pode determinar a revogação da licença.

3 — Nos casos em que a situação referida no n.º 1 do presente artigo seja verificada por uma entidade fiscalizadora distinta da autoridade competente, aquela informa do facto a autoridade competente para os efeitos previstos nos números anteriores.

Artigo 31.º
Registo das licenças emitidas

1 — O Instituto dos Resíduos deve organizar e manter actualizado um registo das licenças emitidas ao abrigo do presente diploma.

2 — Para efeitos do número anterior, as autoridades competentes devem enviar ao Instituto dos Resíduos uma cópia das licenças emitidas, bem como da sua alteração, revogação ou transmissão, no prazo de 15 dias sobre a sua emissão.

3 — Os relatórios referidos na alínea d) do artigo 18.º deverão ser enviados ao Instituto dos Resíduos, nos casos em que a autoridade competente seja uma entidade distinta, no prazo de 15 dias após a sua recepção.

4 — As informações relativas às licenças concedidas e relatórios de exploração devem ser disponibilizados às autoridades estatísticas nacionais e comunitárias que os solicitem.

CAPÍTULO II
Disposições especiais

SECÇÃO I
Aterros para resíduos inertes

Artigo 32.º
Resíduos admissíveis

1 — Nos aterros para resíduos inertes só podem ser depositados os resíduos inertes constantes da tabela n.º 1 do anexo III.

2 — Excepcionalmente, poderão ser depositados outros resíduos inertes que, não constando da tabela n.º 1 do anexo III, apresentem prova documental da origem e das características dos resíduos, atestando o cumprimento dos critérios estabelecidos no mesmo anexo.

Artigo 33.º
Requisitos técnicos

Os aterros para resíduos inertes devem observar o disposto no anexo II.

Artigo 34.º
Autoridade competente

1 — Sem prejuízo do disposto nos números seguintes, compete às direcções regionais do ambiente e do ordenamento do território, como autoridade competente, a emissão das licenças de instalação e de exploração de aterros para resíduos inertes.

2 — Compete às delegações regionais do Ministério da Economia, como autoridade competente, a emissão das licenças de instalação e de exploração de aterros destinados a resíduos inertes para deposição exclusiva de resíduos constantes do plano de lavra de pedreiras e deposição de resíduos destinados à recuperação paisagística de pedreiras, devendo neste caso a admissão de resíduos observar o disposto no anexo III.

3 — Compete ao Instituto Geológico e Mineiro, como autoridade competente, a emissão das licenças de instalação e de exploração de aterros destinados a resíduos inertes para deposição exclusiva de resíduos constantes do plano de lavra de minas e deposição de resíduos destinados à recuperação paisagística de minas, devendo neste caso a admissão de resíduos observar o disposto no anexo III.

4 — Nos casos previstos nos n.ºs 2 e 3 a autoridade competente solicitará parecer à direcção regional do ambiente e do ordenamento do território competente, que se pronunciará no prazo máximo de 30 dias, o qual tem natureza vinculativa.

SECÇÃO II
Aterros para resíduos não perigosos

Artigo 35.º
Resíduos admissíveis

1 — Nos aterros para resíduos não perigosos só podem ser depositados:
 a) Resíduos urbanos;
 b) Resíduos não perigosos de qualquer outra origem, que correspondam aos critérios de admissão de resíduos em aterros para resíduos não perigosos, definidos no anexo III;
 c) Resíduos perigosos estáveis, não reactivos, nomeadamente os solidificados, vitrificados, com um comportamento lixiviante equivalente ao dos resíduos não perigosos e que correspondam aos critérios de admissão de aterros de resíduos não perigosos, definidos no anexo III.

2 — Os resíduos referidos na alínea c) do número anterior não podem ser depositados em células destinadas a resíduos não perigosos biodegradáveis.

ARTIGO 36.º
Requisitos técnicos

Os aterros para resíduos não perigosos devem observar o disposto no anexo II.

ARTIGO 37.º
Autoridade competente

1 — Compete ao Instituto dos Resíduos a emissão das licenças de instalação e de exploração de aterros para resíduos não perigosos, destinados a sistemas multimunicipais de gestão de resíduos urbanos, bem como de aterros destinados a outros resíduos não perigosos.

2 — Compete às direcções regionais do ambiente e do ordenamento do território a emissão das licenças de instalação e de exploração de aterros destinados a servir sistemas municipais de gestão de resíduos urbanos.

3 — Compete às delegações regionais do Ministério da Economia, mediante parecer vinculativo das direcções regionais do ambiente e do ordenamento do território competente, a emissão das licenças de instalação e de exploração de aterros localizados dentro do perímetro de estabelecimento industrial e destinados exclusivamente à deposição de resíduos produzidos nesse estabelecimento e nos demais estabelecimentos pertencentes ao mesmo produtor.

ARTIGO 38.º
Pedido de licença de instalação

1 — O procedimento do pedido de licença de instalação de aterros para resíduos não perigosos, a que se refere a alínea c) do n.º 1 do artigo 8.º, obedece a duas fases, a primeira de instrução preliminar e a segunda conducente à licença de instalação.

2 — A fase de instrução preliminar inicia-se mediante requerimento do interessado dirigido à autoridade competente, nos termos do anexo I.

3 — Podem ainda ser exigidos ao interessado, pela autoridade competente, em função da natureza das características do projecto, elementos não referidos no número anterior.

4 — Aos aterros sujeitos a avaliação de impacte ambiental, nos termos da legislação em vigor, não é aplicável a fase de instrução preliminar, sem prejuízo de se aplicarem os requisitos relativos às entidades promotoras nos termos do artigo 8.º

ARTIGO 39.º
Instrução preliminar

1 — Sem prejuízo do disposto nos artigos 10.º a 14.º, no âmbito da instrução preliminar, compete ao Instituto dos Resíduos, como autoridade competente:
   a) Verificar a legitimidade da entidade ou entidades requerentes, de acordo com o disposto no artigo 8.º;
   b) Verificar a conformidade do requerimento e da documentação integrante do mesmo e, sendo esse o caso, notificar a requerente para que esta apresente eventuais elementos em falta, cuja entrega é devida no prazo de 30 dias contados a partir da data da notificação, em condições satisfatórias e de completude, podendo esse prazo ser prorrogado, mediante requerimento fundamentado, sempre que, comprovadamente, as circunstâncias do atraso não sejam objectiva e directamente imputáveis à entidade requerente;
   c) Solicitar à requerente todos os esclarecimentos e informações que considere necessários para a instrução e análise do requerimento.

2 — Após a entrega de todos os esclarecimentos e informações referidos na alínea c) do número anterior a decisão deve ser proferida no prazo de 30 dias.

3 — A fase de instrução preliminar termina com uma decisão do presidente do Instituto dos Resíduos, a qual pode ser de admissibilidade, caso em que o procedimento de autorização prossegue nos termos do artigo seguinte, ou de não admissibilidade com fundamento em ilegitimidade do requerente ou na inobservância de qualquer dos requisitos exigíveis, designadamente a não conformidade com o plano nacional e os planos sectoriais de gestão de resíduos.

4 — Para os aterros a que se refere o artigo 11.º do presente diploma, o procedimento para a concessão de licença ambiental só pode iniciar-se com a decisão de admissibilidade prevista no número anterior.

ARTIGO 40.º
Licença de instalação

1 — Finda a fase de instrução preliminar, o pedido de licença de instalação é formulado mediante requerimento do interessado nos termos do anexo I, acompanhado do projecto de execução.

2 — A decisão de admissibilidade prevista no n.º 3 do artigo anterior caduca se, nos 180 dias seguintes à sua notificação, não der entrada no Instituto dos Resíduos o pedido de licença previsto no número anterior.

SECÇÃO III
Aterros para resíduos perigosos

Artigo 41.º
Resíduos admissíveis

Os aterros para resíduos perigosos destinam-se à deposição de resíduos perigosos de acordo com os critérios de admissão estabelecidos no anexo III.

Artigo 42.º
Requisitos técnicos

Os aterros para resíduos perigosos devem observar os requisitos técnicos constantes do anexo II.

Artigo 43.º
Autoridade competente

1 — Compete ao Instituto dos Resíduos a emissão das licenças de instalação e de exploração de aterros para resíduos perigosos.

2 — Compete às direcções regionais do Ministério da Economia a emissão das licenças de instalação e de exploração de aterros localizados dentro do perímetro de estabelecimento industrial e destinados à deposição exclusiva de resíduos desse estabelecimento, ou de outros estabelecimentos pertencentes ao mesmo produtor, mediante parecer vinculativo do Instituto dos Resíduos.

CAPÍTULO III
Fiscalização e sanções

Artigo 44.º
Fiscalização

1 — A fiscalização do cumprimento do disposto no presente diploma compete à Inspecção-Geral do Ambiente, ao Instituto dos

Resíduos e às direcções regionais do ambiente e do ordenamento do território, sem prejuízo das competências próprias atribuídas por lei a outras entidades.

2 — No uso da competência fixada no número anterior, qualquer entidade fiscalizadora pode determinar à entidade licenciada a adopção das medidas necessárias para prevenir a ocorrência de acidentes que possam afectar o ambiente, a saúde pública ou a segurança de pessoas e bens, atendendo ao disposto no artigo 30.º

3 — Nas situações em que sejam constatadas infracções de pequena gravidade, a acção fiscalizadora pode limitar-se a uma advertência que integre as recomendações referidas no número anterior.

Artigo 45.º
Contra-ordenações

1 — Constitui contra-ordenação punível com coima de (euro) 498,79 a (euro) 3740,98, no caso de pessoas singulares, e de (euro) 2493 a (euro) 44891,81, no caso de pessoas colectivas:

   a) A admissão ou deposição de resíduos em aterros em contravenção ao disposto nos artigos 5.º, 6.º e 24.º;
   b) O início da exploração dos aterros previstos no presente diploma sem que estejam reunidas as condições prévias previstas no artigo 16.º;
   c) O desrespeito dos procedimentos para a admissão de resíduos em aterros previstos no artigo 23.º;
   d) A não observância dos requisitos relativos às operações de controlo e acompanhamento da exploração previstos no artigo 25.º;
   e) O encerramento de aterros fora das hipóteses previstas no artigo 26.º, bem como a não observância das regras de conservação, acompanhamento e controlo na fase de manutenção pós-encerramento, previstas naquele preceito;
   f) A violação das obrigações previstas no artigo 27.º;
   g) A deposição em aterros de resíduos não admitidos nos termos dos artigos 32.º, 35.º e 41.º

2 — A tentativa e a negligência são sempre puníveis.

Artigo 46.º
Sanções acessórias

1 — Pela prática das infracções previstas neste diploma podem ser aplicadas ao agente, quando sejam consideradas graves ou muito

graves, conjuntamente com a coima, em função da gravidade da infracção ou da culpa, nos termos e com os fundamentos previstos na lei geral, as seguintes sanções acessórias:

a) Perda de objectos pertencentes ao agente;
b) Interdição do exercício de profissões ou actividades cujo exercício dependa de título público ou de autorização ou homologação de autoridade pública;
c) Privação do direito a subsídio ou benefício outorgado por entidades ou serviços públicos;
d) Privação do direito de participar em arrematações ou concursos públicos que tenham por objecto a empreitada ou concessão de obras públicas, o fornecimento de bens ou serviços, a concessão de serviços públicos e a atribuição de licenças ou alvarás;
e) Encerramento do estabelecimento cujo funcionamento esteja sujeito a autorização ou licença de autoridade administrativa;
f) Suspensão de autorizações, autorizações prévias, licenças e alvarás;
g) Publicação pela autoridade administrativa, a expensas do infractor, da decisão condenatória, na íntegra ou por extracto.

2 — Nos casos previstos nas alíneas b) e d) do número anterior a autoridade competente para aplicação da coima dá publicidade à punição, sendo as despesas custeadas pelo infractor.

3 — As sanções previstas nas alíneas b) a f) do número anterior têm a duração máxima de dois anos, contados a partir da decisão condenatória definitiva.

4 — O reinício da actividade fica dependente de autorização expressa da autoridade competente, a qual não pode ser dada caso se mantenham as situações determinantes da verificação da infracção ou da aplicação da sanção.

5 — Sem prejuízo do disposto nos números anteriores, o infractor pode, ainda, ser obrigado à eliminação das causas da infracção e à reposição da situação anterior.

6 — Sempre que o dever de reposição da situação anterior não seja voluntariamente cumprido, os serviços competentes do Ministério do Ambiente e do Ordenamento do Território actuarão directamente por conta do infractor, sendo as despesas inerentes cobradas coercivamente, através do processo previsto para as execuções fiscais.

Artigo 47.º
Instrução dos processos e aplicação de sanções

1 — Compete à Inspecção-Geral do Ambiente, ao Instituto dos Resíduos e às direcções regionais do ambiente e do ordenamento do território instruir os processos de contra-ordenação, relativamente aos quais tenham levantado autos de notícia, no âmbito da sua competência de fiscalização.

2 — Compete à Inspecção-Geral do Ambiente e ao Instituto dos Resíduos a instrução dos processos cujos autos de notícia lhes sejam enviados por quaisquer outras entidades fiscalizadoras não referidas no número anterior.

3 — Compete ao dirigente máximo do serviço que tenha instruído o processo de contra-ordenação decidir da aplicação de coimas e sanções acessórias.

Artigo 48.º
Produto das coimas

O produto das coimas previstas no presente diploma é afectado da seguinte forma:

a) 15% para a entidade que levanta o auto;
b) 25% para a entidade que processa a contra-ordenação;
c) 60% para o Estado.

CAPÍTULO IV
Disposições finais e transitórias

Artigo 49.º
Taxas

1 — São sujeitas a taxas a cobrar aos requerentes as seguintes situações:

a) Pela concessão da licença de exploração, o montante equivalente a três salários mínimos nacionais;
b) Por cada auto de vistoria, emitido nos termos do artigo 17.º, o montante correspondente a 50% do salário mínimo nacional;
c) Pelos averbamentos resultantes da alteração das condições da licença, incluindo a sua transmissão, o montante correspondente a 50% do salário mínimo nacional.

2 — As entidades que requeiram a emissão de uma licença de exploração nos termos do artigo 50.°, dentro do prazo de seis meses da entrada em vigor do presente diploma, ficam isentas do pagamento da taxa prevista na alínea *a*) do número anterior.

3 — A liquidação das taxas referidas no n.° 1 deve ser efectuada no prazo de 10 dias após a emissão da respectiva guia de pagamento, por parte da autoridade competente.

Artigo 50.°
Regularização/adaptação de aterros já existentes

1 — As entidades responsáveis por aterros já licenciados ou em funcionamento à data de entrada em vigor do presente diploma devem, no prazo máximo de um ano, apresentar ao Instituto dos Resíduos um plano de adaptação do aterro às condições de funcionamento previstas no presente diploma, consoante o tipo de aterro, bem como quaisquer medidas correctoras que sejam necessárias.

2 — O Instituto dos Resíduos aprecia o plano de adaptação, concedendo um prazo para que seja executado o plano aprovado, bem como as condições que lhe forem impostas.

3 — Decorrido o prazo previsto no n.° 1, o Instituto dos Resíduos procede à vistoria referida no artigo 17.°, com vista à emissão da licença de funcionamento do aterro.

4 — Os aterros que não obtenham a licença referida no número anterior, bem como os que não a requeiram no prazo previsto, são notificados para procederem ao encerramento.

5 — O processo de encerramento decorrerá de acordo com as normas estabelecidas no artigo 26.°

6 — Um ano após a entrada em vigor do presente diploma os aterros destinados a resíduos perigosos têm de observar os critérios de admissão e procedimentos de aceitação estabelecidos neste diploma.

7 — Três anos após a publicação deste diploma só podem ser depositados em aterro os resíduos perigosos que tenham sido objecto de tratamento.

Artigo 51.°
Anexos

As alterações necessárias à adaptação dos anexos a este diploma ao progresso científico e técnico, bem como à normalização de métodos de controlo, amostragem e análise, respeitante à deposição de resíduos em aterros, constam de portaria do Ministro do Ambiente e do Ordenamento do Território.

Artigo 52.º
Relatórios

1 — O Instituto dos Resíduos elabora de três em três anos um relatório sobre a execução do presente diploma, nos moldes que forem definidos pela Comissão Europeia.

2 — O relatório referido no número anterior é enviado à Comissão Europeia no prazo máximo de nove meses sobre o período a que respeita.

Artigo 53.º
Regiões Autónomas

1 — O regime previsto no presente diploma aplica-se às Regiões Autónomas dos Açores e da Madeira, com as adaptações determinadas pelo interesse específico, cabendo a execução administrativa aos órgãos e serviços das respectivas administrações regionais.

2 — Os órgãos e serviços das respectivas administrações regionais devem remeter ao Instituto dos Resíduos a informação necessária ao cumprimento do disposto no artigo 52.º do presente diploma.

Artigo 54.º
Norma derrogatória

As normas relativas a aterros, constantes do Decreto-Lei n.º 239/97, de 9 de Setembro, e da Portaria n.º 961/98, de 10 de Novembro, não se aplicam às licenças previstas no presente diploma.

Artigo 55.º
Norma revogatória

1 — É revogado o Decreto-Lei n.º 321/99, de 11 de Agosto.

2 — São também revogadas as disposições constantes da alínea *e*) do n.º 1 e o n.º 2 do artigo 31.º do Decreto-Lei n.º 194/2000, de 21 de Agosto.

Visto e aprovado em Conselho de Ministros de 21 de Março de 2002. — *António Manuel de Oliveira Guterres — Guilherme d'Oliveira Martins — José Sócrates Carvalho Pinto de Sousa.*

Promulgado em 7 de Maio de 2002.

Publique-se.

O Presidente da República, JORGE SAMPAIO.

Referendado em 9 de Maio de 2002.

O Primeiro-Ministro, *José Manuel Durão Barroso.*

ANEXO I
Instrução do pedido de licença

Nos termos do artigo 10.º os elementos que instruem o pedido de licença de aterros são os seguintes:
1 — Elementos constantes do requerimento:
   a) Identificação do requerente (nome, número de identificação, endereço, telefone e faxe);
   b) Objectivo do requerimento, com descrição sumária da infra-estrutura que se pretende realizar e da sua localização geográfica, indicando se se trata de uma infra-estrutura nova ou de ampliação ou alteração de uma existente;
   c) Estimativa do investimento a realizar.
2 — O requerimento de autorização é acompanhado de:
   a) Certidão de aprovação da localização passada pela câmara municipal, que ateste a compatibilidade da localização com o respectivo plano municipal de ordenamento do território, ou, na falta deste plano, pela direcção regional do ambiente e do ordenamento do território competente;
   b) Parecer favorável à localização, quanto à afectação dos recursos hídricos, emitido pela direcção regional do ambiente e do ordenamento do território competente;
   c) Estudo prévio no caso de aterros sujeitos a uma fase de instrução preliminar nos termos do artigo 38.º;
   d) Projecto de execução nos casos não abrangidos pela alínea anterior ou, em qualquer caso, para aterros que tenham sido objecto de uma decisão de admissibilidade nos termos do artigo 39.º
3 — O estudo prévio previsto na alínea c) do n.º 2 deve conter:
3.1 — Memória descritiva com a seguinte informação:
   a) Identificação do requerente;
   b) Descrição dos tipos e quantidade total de resíduos a depositar;
   c) Capacidade de deposição anual;
   d) Descrição do local, incluindo as suas características hidrogeológicas;
   e) Métodos propostos de prevenção e redução da poluição;
   f) Plano de exploração, acompanhamento e controlo proposto;
   g) Plano de encerramento e de manutenção após encerramento proposto;
   h) A garantia financeira a prestar por parte do requerente;
3.2 — Peças desenhadas:
   a) Planta de localização (escala de 1:25000);
   b) Levantamentos topográficos — zona do aterro e vias de acesso externas (escala de 1:1000);

c) Planta geral do aterro com implantação das células de deposição de resíduos e de todas as obras complementares;
d) Perfis longitudinais e transversais;
e) Pormenores tipo da estratigrafia de impermeabilização e cobertura final do aterro.

4 — O projecto de execução previsto na alínea *c*) do n.º 2 deve conter:

4.1 — Peças escritas:

4.1.1 — Memória descritiva e justificativa:
 a) Objecto do projecto;
 b) Planeamento, escolha do local e bases de projecto, incluindo área e volume ocupados;
 c) Características geológicas, geotécnicas e hidrogeológicas do local;
 d) Tipologia dos resíduos;
 e) Sistema de impermeabilização;
 f) Sistema de drenagem de águas pluviais e dos lixiviados;
 g) Sistema de drenagem e tratamento de biogás, se necessário;
 h) Tratamento de lixiviados, incluindo a previsão da quantidade e qualidade dos mesmos;
 i) Programa de monitorização dos lixiviados e águas subterrâneas;
 j) Plano de aceitação de resíduos;
 k) Plano de exploração do aterro;
 l) Estrutura de pessoal e horário de funcionamento do aterro;
 m) Plano de segurança de populações e dos trabalhadores do aterro;
 n) Cobertura final, recuperação paisagística e monitorização pós-encerramento;
 o) Aspectos económicos e administrativos, indicando custos de exploração e garantias financeiras;
 p) Descrição do sistema tarifário proposto;

4.1.2 — Elementos de dimensionamento:
 a) Dimensionamento e cálculos da estabilidade de taludes;
 b) Dimensionamento e cálculos das barreiras de impermeabilização;
 c) Dimensionamento hidráulico e cálculos dos sistemas de drenagem;
 d) Dimensionamento e cálculos da estação de tratamento de lixiviados;
 e) Dimensionamento e cálculos de todas as obras complementares (betão armado, redes interiores e exteriores de electricidade, comunicações, águas e esgotos e rede viária interna);

4.1.3 — Medições e orçamentos;

4.2 — Peças desenhadas:
 a) Planta de localização (escala de 1:25000);
 b) Levantamentos topográficos — zona do aterro e vias de acesso externas (escala de 1:1000);
 c) Planta geral do aterro com implantação das células de deposição de resíduos e de todas as obras complementares;

d) Perfis longitudinais e transversais de todas as obras a levar a efeito;
e) Plantas, alçados e cortes de todas as obras a levar a efeito;
f) Pormenores da estratigrafia de impermeabilização e cobertura final do aterro;
g) Pormenores, mapas de acabamentos e mapas de vãos de obras de construção civil a levar a efeito

ANEXO II
Condições gerais para todas as classes de aterros

1 — Localização. — A localização de um aterro deverá ter em consideração os seguintes aspectos:

Distâncias do perímetro do local em relação a áreas residenciais e recreativas, cursos de água, massas de água e outras zonas agrícolas e urbanas;
Existência de águas subterrâneas ou costeiras, ou de áreas protegidas;
Condições geológicas e hidrogeológicas;
Riscos de cheias, de aluimento, de desabamento de terra ou de avalanches;
Protecção do património natural ou cultural.
A instalação de um aterro só poderá ser autorizada se as características do local, no que se refere aos aspectos acima mencionados ou às medidas correctoras a implementar, indicarem que o aterro não apresenta qualquer risco grave para o ambiente e para a saúde pública.

2 — Controlo de emissões e protecção do solo e das águas. — Os aterros devem estar localizados e ser concebidos por forma a obedecer às condições necessárias para evitar a poluição do ar, solo, águas subterrâneas e águas superficiais.

Os aterros, em função da correspondente categoria, devem obedecer aos requisitos mínimos apresentados na tabela n.º 1.

2.1 — Sistema de protecção ambiental passiva. — A camada de solo subjacente ao aterro deve constituir uma barreira de segurança passiva durante a fase de exploração e até completa estabilização dos resíduos devendo garantir, tanto quanto possível, a prevenção da poluição dos solos, das águas subterrâneas e de superfície pelos resíduos e lixiviados. A barreira de segurança passiva deve ser constituída por uma formação geológica de baixa permeabilidade e espessura adequada, de acordo com as especificações seguintes:

a) Exigências relativas à barreira de segurança passiva — a barreira geológica é determinada pelas condições geológicas e hidrogeológicas inferiores e adjacentes ao local de implantação do aterro, das quais resulte um efeito atenuador suficiente para impedir qualquer potencial risco para o solo e as águas subterrâneas.

A base e os taludes do aterro devem consistir numa camada mineral que satisfaça as condições de permeabilidade e espessura de efeito combinado, em termos de protecção do solo e das águas subterrâneas e de superfície, pelo menos equivalente à que resulta das seguintes condições:

Categoria do aterro	Resíduos inertes	Resíduos não perigosos	Resíduos perigosos
Coeficiente de permeabilidade (K, m/s)	$\leq 1 \times 10^{-7}$	$\leq 1 \times 10^{-9}$	$\leq 1 \times 10^{-9}$
Espessura (m)	≥ 1 m	≥ 1 m	≥ 5 m

b) Reforço da barreira de segurança passiva — no caso de a barreira geológica não oferecer naturalmente as condições atrás descritas, poderá a mesma ser complementada artificialmente e reforçada por outros meios que assegurem uma protecção equivalente. As barreiras artificialmente criadas não poderão ser de espessura inferior a 0,5 m.

2.2 — Sistema de protecção ambiental activa. — Para além do sistema de protecção ambiental passiva descrito no n.º 2.1, os aterros destinados a resíduos perigosos e não perigosos, exceptuando os aterros destinados a resíduos inertes, deverão ser providos de um sistema de protecção ambiental activa que deverá assegurar as seguintes funções:

Controlar a infiltração no aterro das águas de precipitação;
Evitar a infiltração de águas superficiais e ou subterrâneas nos resíduos depositados;
Captar águas contaminadas e lixiviados, garantindo que a acumulação de lixiviados no fundo do aterro se mantenha a um nível mínimo;
Tratar as águas contaminadas e lixiviados captados do aterro segundo as normas exigidas para a sua descarga;
Captar, tratar e, se possível, valorizar o biogás produzido.

O sistema de protecção ambiental activa deve ser constituído por:

Uma barreira de impermeabilização artificial (constituída por uma geomembrana ou dispositivo equivalente);
Um sistema de drenagem de águas pluviais;
Um sistema de drenagem e recolha de lixiviados;
Um sistema de drenagem e tratamento de biogás.

Os sistemas de drenagem de águas pluviais e de drenagem e recolha de lixiviados deverão ser dimensionados tendo em conta as características do aterro e as condições meteorológicas locais.

a) Sistema de drenagem de águas pluviais — o sistema de drenagem de águas pluviais deverá ser dimensionado de modo a evitar a formação desnecessária de lixiviados e a minimizar a ocorrência de fenómenos erosivos ao nível dos taludes do aterro.

Este sistema deverá incluir valetas, estrategicamente colocadas, de modo a assegurar o cumprimento da função a que se destinam. Deverá igualmente prever-se a instalação, no sistema de encerramento, de uma camada de drenagem de águas pluviais.

b) Sistema de drenagem e recolha de lixiviados — o sistema de drenagem e recolha de lixiviados deverá ser dimensionado de modo a assegurar a sua rápida remoção do aterro, controlando assim a altura de líquido sobre o sistema de revestimento e minimizando o risco de infiltração de lixiviados no solo subjacente ao aterro causado por uma carga hidráulica excessiva.

Este sistema deverá obedecer, entre outras, às seguintes características:

O fundo do aterro deverá ter uma inclinação mínima de 2% em toda a área;

A camada drenante deverá apresentar um valor de permeabilidade hidráulica igual ou superior a $10a^{-4}$ m/s;

A camada mineral drenante deverá apresentar uma espessura mínima de 0,5 m e ser isenta de material calcário.

Os lixiviados recolhidos deverão ter um tratamento e destino final adequado, de acordo com a legislação em vigor. Devem igualmente ser adoptados os procedimentos de acompanhamento e controlo indicados no anexo IV.

As unidades de tratamento dos lixiviados deverão possuir os órgãos necessários para permitir a interrupção do seu funcionamento para manutenção e avarias. A capacidade destes órgãos deverá, cumulativamente, ser suficiente para absorver a afluência de lixiviados associada a condições pluviométricas excepcionais típicas do local em causa.

c) Sistema de drenagem e tratamento de biogás — o biogás produzido pelos aterros que recebam resíduos biodegradáveis deverá ser captado, tratado e utilizado de forma a reduzir ao mínimo os efeitos negativos ou a deterioração do ambiente e os riscos para a saúde humana. Caso os gases captados não possam ser utilizados para a produção de energia, deverão ser queimados em facho.

Devem igualmente ser adoptados os procedimentos de acompanhamento e controlo de potenciais emissões gasosas indicados no anexo IV.

3 — Estabilidade. — A deposição dos resíduos no aterro deve ser realizada de modo a assegurar a estabilidade da massa de resíduos e das estruturas associadas, nomeadamente no sentido de evitar deslizamentos. Sempre que for criada uma barreira artificial, deve garantir-se que o substrato geológico, considerando a morfologia do aterro, é suficientemente estável para evitar assentamentos que possam danificar essa barreira.

4 — Equipamentos, instalações e infra-estruturas de apoio. — Os aterros devem ser dotados de equipamentos, instalações e infra-estruturas de apoio que permitam uma adequada exploração, reduzindo ao mínimo os efeitos para o ambiente provocados por:

Emissão de cheiros e poeiras;

Elementos dispersos pelo vento;

Ruído e tráfego;

Aves, roedores e insectos;

Formação de aerossóis;

Incêndios.

O aterro deverá ter uma protecção adequada que impeça o livre acesso ao local. Os portões deverão manter-se fechados fora das horas de funcionamento. O sistema de controlo e de acesso à instalação deverá incluir um programa de medidas para detectar e dissuadir qualquer descarga ilegal na instalação.

5 — Encerramento e integração paisagística. — O encerramento de um aterro deverá obedecer aos requisitos indicados na tabela n.º 1.

Deverá igualmente ser prevista a sua integração paisagística.

Tabela n.º 1
**Requisitos mínimos a que os aterros,
em função da correspondente categoria, devem obedecer**

Categoria do aterro	Resíduos inertes	Resíduos não perigosos	Resíduos perigosos
Sistema de protecção ambiental passiva:			
Barreira de segurança passiva	Sim	Sim	Sim.
Sistema de protecção ambiental activa:			
Barreira de impermeabilização artificial		Sim	Sim.
Sistema de drenagem de águas pluviais		Sim	Sim.
Sistema de drenagem e recolha de lixiviados		Sim	Sim.
Sistema de drenagem e tratamento de biogás		(*)	(*)
Sistema de encerramento:			
Camada de drenagem de gases		(*)	(*)
Barreira de impermeabilização artificial			Sim.
Camada mineral impermeável		Sim	Sim.
Camada de drenagem > 0,5 m		Sim	Sim.
Cobertura final com material terroso > 1 m	Sim	Sim	Sim.
Instalações e infra-estruturas de apoio:			
Vedação	Sim	Sim	Sim.
Portão	Sim	Sim	Sim.
Vias de circulação	Sim	Sim	Sim.
Queimador de biogás		(*)	(*)

(*) A definir em função do tipo de resíduos admitidos no aterro.

ANEXO III
Critérios e processos de admissão de resíduos

1 — Critérios preliminares de admissão de resíduos em aterro:

1.1 — Os resíduos a admitir em cada uma das três classes de aterros são genericamente os seguintes:

a) Aterros para resíduos inertes: os resíduos que não sofrem transformações físicas, químicas ou biológicas importantes, nomeadamente os constantes da tabela n.º 1;

b) Aterros para resíduos não perigosos: os não abrangidos pela legislação de resíduos perigosos e não assinalados na lista de resíduos como perigosos;

c) Aterros para resíduos perigosos: os abrangidos pela legislação de resíduos perigosos e os assinalados como tal na lista de resíduos.

Tabela n.º 1
Lista de resíduos inertes

Código CER	Descrição
10 11 02	Resíduos de vidro — resíduos do fabrico de vidro e de produtos de vidro.
10 11 03	Resíduos de vidro com base em material fibroso — resíduos do fabrico de vidro e de produtos de vidro.
15 01 07	Vidro de embalagem.
17 01 01	Betão — resíduos de construção e demolição.
17 01 02	Tijolos — resíduos de construção e demolição.
17 01 03	Telhas e cerâmica — resíduos de construção e demolição.
17 02 02	Vidro — resíduos de construção e demolição.
17 05 01	Solo e pedras — resíduos de construção e demolição.
20 01 02	Vidro — resíduos urbanos e similares do comércio, indústria e serviços, incluindo fracções recolhidas selectivamente.
20 02 02	Solo e pedras — resíduos de jardins e parques.

Nota. — Os resíduos a admitir devem ser provenientes de um único fluxo ou de uma única origem. Diferentes resíduos contidos na lista podem ser aceites em conjunto, desde que tenham a mesma origem. Os resíduos não poderão estar contaminados nem deverão conter outros materiais ou substâncias, tais como metais, amianto, plásticos, madeira, químicos, etc.

Sempre que exista qualquer dúvida de que os resíduos preenchem os critérios de aceitação ou acerca da sua contaminação, devem ser efectuados testes para averiguar da conformidade com os critérios de admissão.

2 — Critérios de admissão de resíduos em aterro:

2.1 — Não obstante um determinado resíduo poder ser genericamente associado a cada uma das três classes atrás referidas, previamente à sua deposição em aterro dever-se-á conhecer, de forma o mais exacta possível, as suas propriedades gerais, a sua composição, lixiviabilidade e comportamento a longo prazo.

2.2 — Para serem admitidos em cada uma das classes de aterro, os resíduos e os seus eluatos deverão respeitar os valores especificados para os vários parâmetros, constantes das tabelas n.ºs 2 e 3, os quais constituem valores máximos de admissibilidade para todas as classes de aterros, salvo no que se refere ao ponto de inflamação, cujos valores são valores mínimos.

Tabela n.º 2
Critérios de admissão – Análise sobre o resíduo

Parâmetro	Classes de aterros		
	Inertes	Não perigosos	Perigosos
Perda 105ºC (%)	65	(¹) 65	(¹) 65
Perda 50ºC — perd. 105ºC (%)	(³) 5	(²) 15	(²) 15
Ponto de inflamação (ºC)	55	55	55
Substâncias lipofílicas (%)	0,5	4	10
Comp. org. vol. hal. (%)	(⁴) 0,05	0,1	1
Comp. org. vol. não hal. (%)	(⁵) 0,15	0,3	3
Arsênio (mg/kg)	250	2 000	–
Cádmio (mg/kg)	50	1 000	–
Cobre (mg/kg)	6 000	6%	–
Crómio (mg/kg)	3 000	5%	–
Mercúrio (mg/kg)	25	250	–
Níquel (mg/kg)	2 000	5%	–
Chumbo (mg/kg)	2 000	5%	–
Zinco (mg/kg)	8 000	7,5%	–

(¹) O aterro não poderá admitir, mensalmente, mais de 10 % de resíduos que ultrapassem o valor constante da tabela relativamente a este parâmetro.

(²) Sempre que o aterro for especialmente concebido para admitir resíduos orgânicos ou resíduos que não fermentem, este valor poderá ser ultrapassado.

(³) Este valor poderá ser ultrapassado sempre que se tratar de um resíduo que não seja susceptível de fermentar.

(⁴) Nenhum parâmetro poderá ultrapassar individualmente 100 mg/kg. A sua soma não poderá ultrapassar 0,05 %.

(⁵) Nenhum parâmetro poderá ultrapassar individualmente 300 mg/kg. A sua soma não poderá ultrapassar 0,15 %.

Tabela n.º 3
Critérios de aceitação – Análise sobre o eluato (¹)

Parâmetro	Classes de aterros		
	Inertes	Não perigosos	Perigosos
pH	5,5 < x < 12	4 < x < 13	4 < x < 13
Condutividade (mS/cm)	6 < y < 50		100
COT (mg C/l)	40	(²) 100	(²) 200
Arsênio (mg/l)	0,1	0,5	1
Cádmio (mg/l)	0,1	0,2	0,5
Cobre (mg/l)	2	5	10
Crómio VI (mg/l)	0,1	0,1	0,5
Crómio total (mg/l)	0,5	2	5
Mercúrio (mg/l)	0,02	0,05	0,1
Níquel (mg/l)	0,5	1	2
Chumbo (mg/l)	0,5	1	2
Zinco (mg/l)	2	5	10
Fenóis (mg/l)	1	10	50
Fluoretos (mg/l)	5	25	50
Cloretos (mg/l)	500	5 000	10 000
Sulfatos (mg/l)	500	1 500	5 000
Nitratos (mg/l)	3	10	30
Amónio (mg/l)	5	200	1 000
Cianetos (mg/l)	0,1	0,5	1
AOX (mg/Cl/l)	0,3	1,5	3

(¹) Solução obtida a partir de um ensaio de lixiviação em laboratório, segundo a norma DIN 38414-S4.

(²) Sempre que o aterro for especialmente concebido para admitir resíduos orgânicos, este valor poderá ser ultrapassado. Também poderá ser ultrapassado sempre que se tratar de um resíduo que não seja susceptível de fermentar.

2.3 — Sempre que sejam ultrapassados os valores limite fixados para os aterros de resíduos perigosos o resíduo deverá ser submetido a tratamento prévio à sua deposição.

3 — Processo de admissão de um determinado resíduo em aterro:

3.1 — A classificação geral dos resíduos e a respectiva verificação deverão basear-se numa escala de três níveis:

　　a) Nível 1: Classificação básica — consiste na determinação rigorosa do comportamento do resíduo a curto e a longo prazos em matéria de produção de lixiviados e ou das suas propriedades e características, de acordo com métodos normalizados de análise e de verificação do comportamento do lixiviado;

　　b) Nível 2: Verificação de conformidade — consiste na verificação periódica por métodos normalizados mais simples de análise e de verificação do comportamento do resíduo, das condições da licença e ou dos critérios específicos de referência. A verificação incidirá sobre determinados parâmetros essenciais e sobre o comportamento, identificados através da classificação básica;

　　c) Nível 3: Verificação no local — consiste em métodos de ensaio rápido com vista a confirmar se se trata dos mesmos resíduos que os submetidos à verificação de conformidade e os descritos nos documentos de acompanhamento. Poderá tratar-se de uma simples inspecção visual de um carregamento de resíduos antes e depois da descarga no local do aterro.

3.2 — Cada tipo de resíduos deve, por norma, e sempre que seja desencadeado o processo de admissão para deposição em aterro junto da entidade gestora do mesmo, ser classificado obedecendo aos critérios estabelecidos no n.º 2 e no nível 1.

3.3 — Para poder permanecer na lista afixada pela entidade gestora do aterro, cada tipo de resíduos deve ser verificado ao nível 2 a intervalos regulares (no mínimo semestralmente), ou sempre que considerado necessário, e respeitar os critérios de aceitação apropriados.

3.4 — Cada carregamento de resíduos deve ser submetido a uma verificação de nível 3 à sua chegada à entrada do aterro, devendo ser implementado um sistema de controlo de acesso adequado com vista à verificação da origem, tipo, características e quantidade (em peso) de todos os resíduos.

3.5 — Os resultados das análises de verificação da conformidade das características dos resíduos deverão ser conservados, durante um período mínimo de um ano, e colocados à disposição da autoridade competente sempre que esta solicitar a sua consulta.

3.6 — No caso de não haver concordância entre o resultado da análise de verificação de conformidade e o declarado pelo produtor ou detentor, os resíduos deverão ser sujeitos a análises mais detalhadas. Caso se confirme a diferença anteriormente observada, os resíduos serão devolvidos ao produtor ou detentor e a ocorrência participada à autoridade competente.

3.7 — Deverá ser conservada durante um período mínimo de seis meses uma amostra de todos os resíduos admitidos no aterro e não identificáveis por simples inspecção visual, no sentido de poder ser realizada uma análise de controlo, nomeadamente se a mesma for solicitada pela autoridade competente.

3.8 — Determinados tipos de resíduos poderão ser temporariamente isentos das verificações do nível 1, quando não haja alteração do processo produtivo, quando a verificação for impraticável, quando não se dispuser de processos de verificação e de critérios de admissão apropriados ou quando for aplicável uma legislação derrogatória.

3.9 — Para a deposição, num determinado aterro, de um resíduo não incluído na lista de resíduos admitidos naquela classe de aterro e ou na lista de resíduos constante da licença, o operador deverá apresentar um pedido à autoridade competente, a qual poderá conceder uma autorização, a título excepcional, mediante processo de admissão estabelecido pela mesma.

ANEXO IV
Processos de acompanhamento e controlo nas fases de exploração e após encerramento

PARTE I
Processos de controlo na fase de exploração para todas as classes de aterros

1 — Controlo de assentamentos e enchimento:

1.1 — O operador deverá controlar anualmente os potenciais assentamentos do terreno e da massa de resíduos depositada, mediante a colocação de marcos topográficos previstos para o efeito.

Os resultados dos controlos deverão constar do relatório da actividade da instalação a ser elaborado anualmente pelo operador do aterro e enviado à autoridade competente.

1.2 — Anualmente, o operador do aterro deverá redefinir as cotas e elaborar um plano de enchimento que deverá ser transmitido à autoridade competente e ser incluído nos registos da instalação.

A avaliação do estado do aterro será efectuada através dos seguintes parâmetros: superfície ocupada pelos resíduos, volume e composição dos resíduos, métodos de deposição, início e duração da deposição e cálculo da capacidade de deposição ainda disponível no aterro.

1.3 — Uma vez por ano, o operador realizará um levantamento topográfico da massa de resíduos depositada no aterro por forma a tornar possível a comparação e a sobreposição dos resultados obtidos com os resultados anteriores.

O operador da instalação deverá manter um registo sistemático dos levantamentos topográficos que permita verificar a conformidade ou não conformidade da realidade com as previsões do projecto.

2 — Controlo dos lixiviados:

2.1 — O operador deverá realizar mensalmente a análise e monitorizar o volume dos lixiviados produzidos no aterro, medindo os seguintes parâmetros: pH, condutividade, CQO, cloretos e amónio.

Os resultados da análise realizada deverão ser informatizados e constar do relatório anual pormenorizado sobre a actividade da instalação e o operador deverá enviar à autoridade competente uma cópia dos resultados obtidos em suporte informático normalizado.

2.2 — O operador do aterro deverá realizar trimestralmente uma análise mais completa dos lixiviados, no âmbito da qual serão medidos os seguintes parâmetros: *pH*, condutividade, CQO, carbonatos/bicarbonatos, cianetos, cloretos, amónio, arsénio, cádmio, crómio total (caso se aplique, crómio VI), mercúrio, chumbo, potássio e índice de fenóis.

Os resultados da análise realizada deverão ser informatizados e constar do relatório anual e o operador deverá enviar à autoridade competente uma cópia dos resultados obtidos em suporte informático normalizado.

2.3 — O operador do aterro deverá realizar semestralmente uma análise exaustiva dos lixiviados, no âmbito da qual serão medidos os seguintes parâmetros: pH, condutividade, CQO, COT, carbonatos/bicarbonatos, cianetos, cloretos, fluoretos, nitratos, nitritos, sulfatos, sulfuretos, alumínio, amónio, bário, boro, cobre, ferro, manganésio, zinco, antimónio, arsénio, cádmio, crómio total (caso se aplique, crómio VI), mercúrio, níquel, chumbo, selénio, cálcio, magnésio, potássio, sódio, índice de fenóis, AOX e hidrocarbonetos totais.

Caso o valor de AOX dos lixiviados seja superior a 10 mg/l, deverá ser realizada uma análise no sentido de apurar a presença dos compostos orgânicos clorados definidos pela autoridade competente.

Os resultados deverão ser informatizados e constar do relatório, correspondente ao ano em causa, devendo o operador enviar à autoridade competente uma cópia dos resultados obtidos em suporte informático normalizado.

2.4 — A autoridade competente poderá alterar a composição da lista de análises a efectuar e ou a frequência das mesmas, se o considerar oportuno.

2.5 — Com base em proposta fundamentada do operador do aterro, a autoridade competente poderá autorizar o estabelecimento de outros períodos de controlo, bem como a alteração da lista dos parâmetros a analisar.

2.6 — O nível dos lixiviados deverá ser controlado quinzenalmente.

Os resultados das medições deverão ser informatizados e constar do relatório anual e o operador deverá enviar à autoridade competente uma cópia dos resultados obtidos em suporte informático normalizado.

2.7 — Se for constatada qualquer fuga na bacia dos lixiviados, esta deverá ser imediatamente esvaziada e reparada, sendo do facto informada a autoridade competente.

O incidente deverá constar do registo da instalação.

3 — Controlo das águas subterrâneas:

3.1 — Antes do início das operações de exploração, e no sentido de dispor de um valor de referência para futuras análises, o operador do aterro deverá proceder à colheita de amostras e à análise dos piezómetros da rede de controlo e dos pontos de água subterrânea situados na área de influência potencial do aterro. Deverá ser previsto, no mínimo, um ponto de monitorização a montante e dois a jusante do aterro.

Os parâmetros a medir serão os indicados na lista constante no n.º 3.4 da presente parte.

3.2 — Durante a fase de exploração da instalação, o operador do aterro deverá realizar mensalmente uma análise da qualidade das águas subterrâneas na rede piezométrica de controlo, no âmbito da qual serão medidos os seguintes parâmetros: pH, condutividade e cloretos.

Os resultados das análises realizadas deverão ser informatizados e constar do relatório anual elaborado pelo operador.

3.3 — O operador do aterro deverá realizar semestralmente uma análise mais completa da qualidade das águas subterrâneas, na rede piezométrica de controlo, no âmbito da qual serão medidos os seguintes parâmetros: pH, condutividade, COT, cianetos, cloretos, antimónio, arsénio, cádmio, crómio total (caso se aplique, crómio VI), mercúrio, níquel, chumbo, selénio, potássio e índice de fenóis.

Caso o valor de COT seja superior a 15 mg/l, deverá ser realizada uma análise no sentido de apurar a presença de hidrocarbonetos.

Os resultados das análises realizadas deverão ser informatizados e constar do relatório anual e o operador deverá enviar à autoridade competente uma cópia dos resultados obtidos em suporte informático normalizado.

3.4 — O operador do aterro deverá realizar anualmente uma análise exaustiva da qualidade das águas subterrâneas na rede piezométrica de controlo, no âmbito da qual serão medidos os seguintes parâmetros: pH, condutividade, COT, carbonatos/bicarbonatos, cianetos, cloretos, fluoretos, nitratos, nitritos, sulfatos, sulfuretos, alumínio, amónio, bário, boro, cobre, ferro, manganésio, zinco, antimónio, arsénio, cádmio, crómio total (caso se aplique, crómio VI), mercúrio, níquel, chumbo, selénio, cálcio, magnésio, potássio, sódio, fenóis e AOX.

Caso o valor de COT seja superior a 15 mg/l, deverá ser realizada uma análise no sentido de apurar a presença de hidrocarbonetos.

Os resultados das análises realizadas deverão ser informatizados e constar do relatório anual e o operador deverá enviar à autoridade competente uma cópia dos resultados obtidos em suporte informático normalizado.

3.5 — A autoridade competente poderá alterar a composição da lista de análises a efectuar e ou a frequência das mesmas, se o considerar oportuno.

3.6 — Com base na proposta fundamentada do operador do aterro, a autoridade competente poderá autorizar o estabelecimento de outros períodos de controlo, bem como a alteração da lista de parâmetros da análise solicitada.

3.7 — A medição do nível piezométrico, em todos os piezómetros da rede de controlo, deverá ser efectuada no mínimo semestralmente, podendo, no caso da existência de níveis freáticos variáveis, esta frequência ser aumentada, devendo ainda ser efectuadas medições sempre que se justifique.

Os resultados das medições deverão ser informatizados e constar do relatório anual e o operador deverá enviar à autoridade competente uma cópia das medições realizadas em suporte informático normalizado.

3.8 — Caso haja uma variação significativa na qualidade das águas o operador do aterro deverá:

3.8.1 — Notificar o facto, por escrito, à autoridade competente num prazo máximo de cinco dias. A notificação deverá indicar os parâmetros que comprovam a referida variação.

3.8.2 — Proceder imediatamente à recolha de amostras representativas em todos os pontos de águas subterrâneas situados na potencial área de influência do aterro e proceder à sua análise com vista a determinar os parâmetros da lista fornecida no n.º 3.4 da presente parte.

3.8.3 — Num prazo máximo de 10 dias a contar da data de notificação, deverá ser estabelecido, conjuntamente com a autoridade competente, um plano de estudo a fim de determinar a origem da alteração de qualidade detectada no meio hídrico.

3.8.4 — Num prazo máximo de 30 dias a contar do estabelecimento do plano de estudo, em colaboração com a autoridade competente, será necessário reunir todos os dados necessários que permitam explicar a alteração observada.

3.9 — Caso o aterro seja a causa da alteração da qualidade do meio hídrico, o operador deverá estabelecer, conjuntamente com a autoridade competente, no prazo máximo de 30 dias a contar da data de confirmação deste facto pela autoridade competente, um programa de acompanhamento e controlo.

Este programa deverá incluir pelo menos o seguinte:

3.9.1 — As medidas correctivas;

3.9.2 — Os pontos suplementares de controlo da qualidade das águas subterrâneas;

3.9.3 — O programa de reposição das condições ambientais anteriores ao incidente, se for necessário;

3.9.4 — Os estudos, os ensaios, as medidas correctivas, os controlos suplementares e a reposição das condições ambientais anteriores ao incidente serão custeados pelo operador do aterro.

Caso o operador não leve a cabo as medidas atrás discriminadas a autoridade competente realizará ou mandará realizar os estudos, os ensaios, as medidas correctivas, os controlos e a reposição das condições ambientais anteriores ao incidente. Este conjunto de operações deverá ser custeado pelo operador do aterro.

4 — Controlo das águas superficiais:

4.1 — Antes do início das operações de exploração, e no sentido de dispor de um valor de referência para futuras análises, o operador do aterro deverá proceder à recolha e análise de amostras.

4.2 — O controlo das águas superficiais, se presentes, deverá ser efectuado, com periodicidade trimestral, em, pelo menos, dois pontos, um a montante e outro a jusante do aterro.

4.3 — A autoridade competente poderá considerar não ser necessária a realização destas análises, em função das características da instalação do aterro.

5 — Bacias de lixiviados:

5.1 — O operador do aterro deverá medir semanalmente, e sempre após uma precipitação significativa, o caudal de entrada de lixiviados na bacia de lixiviados.

5.2 — O operador da instalação deverá controlar diariamente a capacidade disponível, a qualquer momento, na bacia dos lixiviados.

6 — Gases:

6.1 — Caso seja necessário, deverão ser tomadas as medidas adequadas para controle dos gases de aterro (biogás).

O teor de metano, de oxigénio e de dióxido de carbono dos gases de aterro deve ser medido mensalmente. Os pontos onde deverão ser realizadas as medições deverão ser especificados no projecto do aterro.

6.2 — Os resultados das medições deverão ser informatizados e constar do relatório anual e o operador deverá enviar à autoridade competente uma cópia das análises realizadas em suporte informático normalizado.

6.3 — A autoridade competente poderá alterar a lista dos parâmetros das análises a efectuar e ou a frequência da análise, se o considerar conveniente.

7 — Outros requisitos:

7.1 — O operador deverá dispor dos seguintes registos:

7.1.1 — O registo diário dos dados meteorológicos é efectuado para o volume de precipitação, temperatura e direcção e velocidade do vento, devendo, sempre que se justifique, incluir a evaporação e a humidade atmosférica;

7.1.2 — O registo das guias de acompanhamento relativas a cada produtor, do qual deverá constar o número de série da referida guia de acompanhamento, o número da ficha de admissão, a quantidade (em toneladas) dos resíduos admitidos, a identificação do produtor e do transportador, a matrícula do veículo ou do tractor, a matrícula do reboque, a identificação do gestor e a data de entrega dos resíduos;

7.1.3 — O registo das análises mensais dos lixiviados;

7.1.4 — O registo mensal do volume das águas pluviais armazenadas recolhidas durante a exploração, bem como do resultado da sua análise, caso sejam encaminhadas para cursos de água do domínio público;

7.1.5 — O registo mensal das medições do nível piezométrico dos piezómetros da rede de controlo e dos resultados da análise trimestral das águas subterrâneas;

7.1.6 — O registo das operações de enchimento e selagem, bem como dos assentamentos observados;

7.1.7 — As anomalias verificadas no aterro.

Os registos deverão ser conservados até ao fim da fase de acompanhamento e controlo do encerramento da instalação e disponibilizados a pedido da autoridade competente.

7.2 — O operador deverá dispor de um manual de exploração donde constem as operações de exploração, nomeadamente:

7.2.1 — O controlo dos resíduos à entrada da instalação;

7.2.2 — A forma de exploração do aterro, a superfície máxima a céu aberto em regime de exploração normal, a altura de deposição dos resíduos, as características dos taludes de protecção e suporte dos resíduos, etc.;

7.2.3 — A periodicidade dos controlos, as amostragens e os parâmetros analíticos para os lixiviados e as águas dos piezómetros de controlo e, se for caso disso, dos gases de aterro;

7.2.4 — O sistema de manutenção e controlo do funcionamento da infra-estrutura do aterro: sistemas de drenagem, poços de registo e de drenagem dos lixiviados, bacias dos lixiviados e das águas pluviais recolhidas durante a exploração, valas de drenagem, piezómetros, etc.;

7.2.5 — Condições técnicas de selagem e encerramento do aterro;

7.2.6 — Definição das medidas de prevenção de incidências, acidentes e incêndios, bem como das medidas a tomar em cada caso;

7.2.7 — Sistema utilizado para a drenagem e descarga de lixiviados e tratamento previsto.

7.3 — Se forem solicitadas, as seguintes informações deverão ser sempre disponibilizadas ao público:

7.3.1 — Tipos de resíduos abrangidos pela licença de exploração do aterro;

7.3.2 — Tarifas aplicáveis à deposição dos vários tipos de resíduos.

PARTE II
Processos de manutenção e controlo após encerramento para todas as classes de aterros

8 — Após a selagem definitiva do aterro e num prazo não superior a três meses, a entidade licenciada deverá entregar à autoridade competente uma planta topográfica pormenorizada do local de implantação em formato digital, à escala de 1:1000, com indicação dos seguintes elementos:

8.1 — O perímetro da cobertura final e o conjunto das instalações existentes no local: vedação exterior, bacia de recolha dos lixiviados, sistema de drenagem das águas pluviais, etc.

8.2 — A posição exacta dos dispositivos de controlo: piezómetros, sistema de drenagem e tratamento dos gases e dos lixiviados, marcos topográficos para controlar os potenciais assentamentos, etc.

8.3 — Após o encerramento do aterro, o titular da licença ficará obrigatoriamente responsável pela sua manutenção e controlo.

Este período obrigatório de manutenção e controlo deverá ser de, pelo menos, 5 anos para aterros de resíduos inertes e de 30 anos para aterros de resíduos não perigosos ou resíduos perigosos.

8.4 — Durante a fase de gestão após a selagem do aterro, o operador do aterro deverá proceder à manutenção e ao controlo da instalação.

9 — Controlo:

9.1 — Nos aterros para resíduos não perigosos e perigosos deverá ser semestralmente controlada a qualidade dos lixiviados gerados. Nos aterros para resíduos inertes, o controlo deverá ser anual. As análises a realizar deverão ser as constantes do n.º 3.3 da parte I.

9.2 — Deverá proceder-se ao controlo trimestral do volume dos lixiviados gerados.

9.3 — Caso seja necessário, proceder-se-á ao controlo semestral da qualidade dos gases emitidos nos aterros para todas as classes de aterros. As análises a realizar deverão ser as constantes do n.º 6.1 da parte I.

9.4 — Deverá proceder-se ao controlo trimestral do nível piezométrico e da qualidade das águas subterrâneas nos piezómetros da rede de controlo. Os parâmetros a medir deverão ser o *pH*, a condutividade e a concentração de cloretos.

9.5 — Deverá proceder-se ao controlo anual da qualidade das águas subterrâneas nos piezómetros da rede de controlo. As análises a realizar deverão ser as constantes do n.º 3.4 da parte I.

9.6 — Os assentamentos do terreno e da cobertura final do aterro deverão ser controlados anualmente.

9.7 — A autoridade competente poderá alterar a lista dos parâmetros a medir, bem como a frequência dos controlos a realizar.

Com base em proposta fundamentada do operador, a autoridade competente poderá autorizar a alteração da lista dos parâmetros a medir e a frequência dos controlos a realizar.

10 — Manutenção:

10.1 — A cobertura final do aterro deverá ser mantida em bom estado.

10.2 — O sistema de drenagem e de tratamento dos lixiviados deverá ser controlado periodicamente e ser mantido em bom estado de funcionamento.

10.3 — A eficácia do sistema utilizado para a drenagem dos gases deverá ser periodicamente controlada.

10.4 — A rede de poços de registo e de drenagem dos lixiviados bem como a vala de drenagem das águas pluviais e os piezómetros de controlo da qualidade das águas subterrâneas deverão ser mantidos em bom estado.

10.5 — Os lixiviados gerados na instalação de deposição de resíduos deverão receber o tratamento previsto no projecto.

10.6 — O operador do aterro deverá apresentar à autoridade competente, uma vez por ano, um relatório de síntese sobre o estado do aterro após o seu encerramento, com especificação das operações de manutenção e dos resultados dos controlos realizados no decorrer do ano anterior.

Os resultados dos controlos efectuados deverão ser informatizados e enviados à autoridade competente em suporte magnético normalizado.

10.7 — As operações de manutenção e controlo realizadas durante a fase de gestão do aterro após o encerramento, estabelecida para cada instalação, são custeadas pelo operador do aterro ou efectuadas sob sua responsabilidade.

10.8 — A autoridade competente poderá realizar ou mandar realizar toda e qualquer medida correctiva, operações de manutenção, controlo ou análise suplementar que considerar convenientes, sendo os custos suportados pelo operador do aterro.

10.9 — A autoridade competente poderá alterar o programa de manutenção e controlo após encerramento, se o considerar conveniente.

10.10 — Se, durante a fase obrigatória de manutenção e controlo após encerramento, houver uma variação significativa da qualidade das águas subterrâneas, o operador deverá:

10.10.1 — Notificar o facto por escrito à autoridade competente num prazo máximo de cinco dias. A notificação deverá incluir os resultados das análises efectuadas, bem como os parâmetros que sofreram alteração;

10.10.2 — O operador deverá imediatamente proceder à recolha de amostras representativas em todos os pontos de água existentes na área de influência potencial do aterro e determinar a sua qualidade de acordo com a lista de parâmetros constante do n.º 3.4 da parte I;

10.10.3 — No prazo de 10 dias, a contar da data de notificação, deverá ser estabelecido, em colaboração com a autoridade competente, um programa de estudo a fim de determinar as causas que conduziram a uma alteração da qualidade;

10.10.4 — No prazo de 30 dias, a contar da definição do programa de estudo, em colaboração com a autoridade competente, o operador deverá reunir os dados necessários que permitam explicar a alteração ocorrida;

10.10.5 — Caso o operador possa demonstrar que a causa é alheia à existência do aterro e caso a autoridade competente aceite as provas apresentadas, o operador não alterará o programa previsto de manutenção e controlo após encerramento;

10.10.6 — Caso o aterro seja a causa da alteração da qualidade observada nas águas subterrâneas, o operador, num prazo máximo de 30 dias a contar da data de confirmação da ocorrência pela autoridade competente, deverá estabelecer, conjuntamente com esta entidade, as medidas correctivas e um programa de reposição das condições ambientais anteriores ao ocorrido, se for caso disso;

10.10.7 — Caso o operador não leve a cabo as medidas atrás discriminadas, a autoridade competente realizará os estudos, a manutenção da instalação, os controlos, as medidas correctivas e a reposição das condições ambientais anteriores ao incidente;

10.10.8 — As operações supracitadas deverão ser custeadas pelo operador.

Deposição de resíduos industriais banais em aterro

Decreto-Lei n.º 321/99
de 11 de Agosto

Verdadeira prioridade nacional e condição prévia de uma modernização social efectiva, a gestão de resíduos sólidos é uma missão cuja assunção a todos os agentes compete, atenta a complexidade do sistema responsável pela sua produção e a natureza de bem público imanente aos valores do ambiente e da saúde pública. Foi nesse sentido que, no Decreto-Lei n.º 239/97, de 9 de Setembro, o Governo estabeleceu regras gerais para a gestão de resíduos, classificando as diversas operações de gestão e sujeitando o seu exercício a autorização prévia.

Porém, não obstante o progresso alcançado no domínio dos resíduos sólidos urbanos, a realidade é diversa no tocante aos resíduos industriais banais. Se, por um lado, o programa de encerramento de lixeiras tem sido cumprido a bom ritmo, resolvendo um dos mais graves problemas ambientais do País, por outro, a resposta ao desafio da instalação de soluções para os resíduos industriais banais veio a revelar-se deficiente até ao momento, não obstante a disponibilidade de uma oferta empresarial qualificada.

O quadro legal vigente consagra o princípio do poluidor-pagador, atribuindo ao sector industrial a responsabilidade pelo tratamento e destino final destes resíduos. A interiorização deste princípio justifica que o legislador envide esforços no sentido de estimular um mercado assente na livre iniciativa e de estimular a concorrência, sempre que as condições de mercado o permitam. Tal não implica, porém, que o Governo perfilhe uma visão estritamente mercantilista desta problemática. Pelo contrário, trata-se de um domínio em que a função reguladora do Estado se continua a justificar, embora com intensidade e forma própria. Justificam-no, em especial, o impacte ambiental dos aterros, a necessidade de minimizar a circulação de resíduos pelo território, o imperativo de acautelar a superveniência de excessos de capacidade instalada, e bem assim a imprescindibilidade da instituição de dispositivos de regulação tarifária que arbitrem todos os interesses em disputa.

Com o presente diploma, a deposição em aterro destes resíduos é sujeita a um regime de autorização prévia e de licença de funcionamento, destinado a assegurar o seu confinamento em condições controladas e sem perigo para a saúde pública e para a segurança de pessoas e bens. Nesse sentido, são fixados exigentes requisitos às entidades candidatas à autorização prévia, nos domínios da qualidade técnica dos projectos, do currículo e da solidez financeira dos promotores, procurando assim compatibilizar o estímulo à iniciativa privada com o imperativo de proteger o território contra agressões ambientais indesejáveis.

Sem prejuízo da necessária articulação com as direcções regionais do ambiente e com outros organismos da administração pública central, regional e local, ao Instituto dos Resíduos são atribuídas funções de coordenação no âmbito dos procedimentos de autorização e de concessão de licença de funcionamento, designadamente tendo em vista a articulação com os planos nacional e sectoriais de gestão de resíduos.

Tendo sido ouvidos os órgãos de governo próprio das Regiões Autónomas e a Associação Nacional de Municípios Portugueses:
Assim:
Nos termos das alíneas *a*) e *c*) do n.º 1 do artigo 198.º da Constituição, e no desenvolvimento do regime jurídico estabelecido pela Lei n.º 11/87, de 7 de Abril, o Governo decreta, para valer como lei geral da República, o seguinte:

CAPÍTULO I
Disposições gerais

Artigo 1.º
Âmbito

1 — O presente diploma regula a instalação e funcionamento de aterros para resíduos industriais banais, adiante abreviadamente designados por RIB.

2 — Para efeitos da aplicação do disposto no presente diploma entende-se por resíduos industriais banais o mesmo que resíduos industriais não perigosos.

Artigo 2.º
Conselho consultivo para os RIB

1 — É criado o conselho consultivo para os RIB, órgão consultivo do Ministério do Ambiente para as operações de gestão de resíduos industriais banais.

2 — O conselho consultivo é presidido por uma personalidade de reconhecido mérito nomeada pelo Ministro do Ambiente, integrando ainda:

a) Um representante do Instituto dos Resíduos (INR);
b) Um representante do Instituto Regulador de Águas e Resíduos (IRAR);
c) Um representante da Inspecção-Geral do Ambiente (IGA);
d) Um representante da cada direcção regional do ambiente (DRA);
e) Um representante da Direcção-Geral da Indústria;
f) Um representante da Direcção-Geral do Comércio e da Concorrência;
g) Um representante da Direcção-Geral da Saúde;
h) Um representante da Associação Nacional de Municípios Portugueses;
i) Um representante da Confederação da Indústria Portuguesa;
j) Dois representantes das entidades gestoras de aterros para RIB;
l) Um representante de organizações não governamentais de ambiente.

3 — Compete ao presidente do conselho consultivo diligenciar no sentido da indigitação dos membros do conselho pelas entidades referidas no número anterior, ou da sua nomeação.

4 — Compete ao conselho consultivo apreciar a evolução da produção de RIB associada à estrutura da rede nacional de aterros destinados a estes resíduos, designadamente ao nível do atendimento nos planos nacional, regional, local e sectorial dos tarifários praticados, dos níveis de serviço propiciados aos utentes e das necessidades do sistema industrial.

5 — O conselho reúne ordinariamente uma vez por ano e extraordinariamente sempre que for convocado pelo presidente, de sua iniciativa ou mediante solicitação subscrita por, pelo menos, um terço dos seus membros.

6 — Sob proposta do presidente, o conselho aprovará o seu regulamento de funcionamento.

7 — Compete ao INR assegurar o apoio logístico e administrativo às actividades do conselho.

ARTIGO 3.º
Condições de localização e implantação dos aterros

1 — A localização e implantação de aterros para RIB deve atender aos condicionalismos previstos nos planos directores municipais respectivos e noutra legislação específica aplicável, devendo respeitar também os seguintes requisitos:
  a) Manter um afastamento mínimo de 25 km relativamente a outros aterros já autorizados ou em funcionamento e destinados à recepção, tratamento e confinamento de RIB;
  b) Manter um afastamento mínimo de 2 km em relação a núcleos populacionais com mais de 50 habitantes;
  c) Manter um afastamento mínimo de 500 m em relação a quaisquer construções destinadas a habitação, com excepção de instalações residenciais destinadas ao pessoal afecto ao funcionamento do próprio aterro.

2 — As distâncias referidas no número anterior são aferidas a partir das linhas de vedação exterior das instalações de cada aterro.

3 — Não é aplicável o requisito previsto na alínea a) do n.º 1 quando se verifique pelo menos uma das seguintes circunstâncias:
  a) Sempre que o aterro a autorizar ou o aterro já autorizado ou em funcionamento em relação ao qual é aferida aquela distância mínima constituam soluções para exclusivo uso privativo da respectiva entidade promotora, nos termos estabelecidos no artigo 33.º;
  b) Sempre que o aterro em funcionamento se encontre em fase de encerramento ou, encontrando-se já encerrado, se mantenha sob monitorização;
  c) Sempre que o Ministro do Ambiente reconheça, através de despacho, e sob parecer do INR, que a instalação do novo aterro é susceptível de contribuir para a melhoria dos níveis de atendimento das necessidades dos utentes, e que se encontra comprovadamente salvaguardada a sustentabilidade económico-financeira dos projectos já autorizados ou em funcionamento.

4 — Para efeitos do disposto na alínea b) do número anterior, considera-se em fase de encerramento:

a) O aterro cuja entidade exploradora não haja tempestivamente requerido a prorrogação da respectiva licença de funcionamento nos termos previstos no n.º 2 do artigo 15.º;

b) O aterro cuja licença de funcionamento, não tendo sido prorrogada nos termos do n.º 2 do artigo 15.º, caduque em prazo inferior a um ano.

5 — Não são aplicáveis os requisitos previstos nas alíneas *b)* e *c)* do n.º 1 quando se verifiquem, respectivamente, as seguintes circunstâncias:

a) No caso da alínea *b)* do n.º 1, sempre que o aterro se destine à recepção e confinamento de resíduos que apresentem características que, comprovadamente, apresentem um risco muito reduzido para o ambiente, a saúde pública e a segurança de pessoas e bens;

b) No caso da alínea *c)* do n.º 1, sempre que, tratando-se o requerente de um produtor de resíduos cujo requerimento contemple a instalação de aterro para seu exclusivo uso privativo, as construções destinadas a habitação constituam parte integrante do respectivo complexo industrial.

Artigo 4.º
Regime

A instalação e funcionamento de um aterro para RIB está sujeita ao regime jurídico do licenciamento municipal das obras particulares com as especificidades estabelecidas no presente diploma.

CAPÍTULO II
Instalação e funcionamento

SECÇÃO I
Localização

Artigo 5.º
Autorização prévia

1 — A instalação de um aterro para RIB fica sujeita a autorização prévia do Instituto dos Resíduos, em articulação com a direcção regional do ambiente com jurisdição na área territorial de implantação física do projecto.

2 — No âmbito da análise do pedido de autorização prévia, o INR deve requerer a outras entidades e organismos da administração os pareceres que estes devam emitir no cumprimento das atribuições que legalmente lhes estão conferidas, bem como aqueles que entenda necessários para a adequada instrução do pedido.

3 — As entidades consultadas nos termos do número anterior devem, salvo disposição em contrário, pronunciar-se no prazo de 15 dias.

4 — A análise no âmbito da autorização prévia incide sobre a avaliação do grau de adequação e conformidade do projecto:

    a) Em face dos propósitos, recomendações e medidas constantes do plano nacional de gestão de resíduos e do respectivo plano nacional de gestão de resíduos, no caso de estes planos se encontrarem aprovados nos termos do artigo 5.º do Decreto--Lei n.º 239/97, de 9 de Setembro;

    b) Em face dos critérios de apreciação estabelecidos no artigo 9.º do presente diploma.

5 — A decisão final do procedimento de autorização prévia de aterros para RIB deve ser emitida no prazo de 120 dias, no cômputo do qual deve ser tido em conta para efeitos de suspensão o prazo referido no n.º 9 do artigo 8.º

6 — A falta de decisão no prazo mencionado no número anterior acarreta o indeferimento da pretensão.

Artigo 6.º
Requisitos relativos às entidades promotoras

1 — As entidades que pretendam construir e explorar um aterro devem revestir a forma de sociedades comerciais, podendo ainda candidatar-se agrupamentos de empresas, sem que entre estas exista qualquer forma jurídica de associação.

2 — As entidades referidas no número anterior podem requerer a autorização prévia desde que satisfaçam, cumulativamente, os seguintes requisitos:

    a) Encontrarem-se regularmente constituídas de acordo com a respectiva lei nacional;

    b) Desenvolverem um objecto social compatível com o exercício das actividades sujeitas a autorização nos termos do presente diploma;

    c) Possuírem uma capacidade técnica adequada ao cumprimento das obrigações específicas emergentes da autorização que se propõem obter, demonstrando dispor, nomeadamente, de experiência, de meios tecnológicos e de um quadro de pessoal devidamente qualificado para o efeito;

d) Disporem de uma adequada estrutura económica, bem como dos recursos financeiros necessários, de modo a garantir a execução de obras e a boa gestão e exploração das actividades sujeitas a autorização nos termos do presente diploma;

e) Comprovarem não serem devedoras ao Estado e à segurança social de quaisquer impostos, quotizações ou contribuições, bem como de outras importâncias, ou que o seu pagamento está assegurado nos termos legais;

f) Disporem de um capital social mínimo não inferior a 200000 contos, e que se encontre integralmente subscrito e realizado;

g) Disporem de um volume de capitais próprios em montante não inferior a 50% do valor do investimento global relativo ao projecto que se proponham instalar;

h) Disporem de contabilidade actualizada e regularmente organizada de acordo com o Plano Oficial de Contabilidade e adequada às análises requeridas para o projecto que se proponham desenvolver.

3 — Sempre que a candidatura for apresentada por agrupamento de entidades habilitadas à autorização, os requisitos referidos no número anterior aplicar-se-ão a cada entidade individualmente considerada, com excepção dos previstos nas alíneas *f*) e *g*), em que prevalecerá a soma algébrica do valor do capital social e dos capitais próprios de todas as entidades envolvidas.

4 — Do pedido de autorização apresentado por agrupamento de empresas deve constar a modalidade jurídica da associação a adoptar para efeitos do artigo seguinte.

ARTIGO 7.º
Agrupamentos de empresas

1 — No caso de a entidade candidata se apresentar na modalidade de agrupamento de empresas nos termos do n.º 1 do artigo anterior, a autorização será concedida à entidade que resultar da forma de associação jurídica prevista no pedido.

2 — Os agrupamentos são perante o INR solidariamente responsáveis pela candidatura que em grupo formularem.

3 — A falência, dissolução ou inabilitação judicial do exercício do objecto social de qualquer dos membros do agrupamento acarreta a

imediata exclusão de todos os membros que o integram, independentemente da fase processual em que o pedido de autorização se encontre, sem prejuízo do disposto no número seguinte.

4 — Uma vez apresentado o pedido de autorização junto do INR, nos termos do artigo seguinte, qualquer alteração na composição do agrupamento terá de ser requerida à mesma entidade e autorizada por despacho do presidente deste Instituto.

Artigo 8.º
Procedimento

1 — A autorização prévia para instalação de aterros para RIB obedece a duas fases, a primeira de instrução preliminar e a segunda conducente à autorização.

2 — A fase de instrução preliminar inicia-se mediante requerimento da entidade candidata dirigido ao INR, o qual é instruído nos termos do anexo I ao presente diploma do qual faz parte integrante.

3 — Os elementos facultativos constantes do anexo I podem ser exigidos à requerente pelo INR sempre que o entenda necessário, em função da natureza das características do projecto.

4 — Para além dos elementos mencionados no n.º 2, a requerente deve ainda instruir o pedido de autorização com os documentos constantes dos anexos III e IV ao presente diploma, consoante se trate, respectivamente, de entidade a título individual ou de agrupamentos, sendo que os elementos constantes do anexo III são igualmente exigíveis, com as devidas adaptações, a cada uma das entidades integrantes do agrupamento.

5 — No caso em que, quando apresentado por sociedade comercial a título individual, o requerimento preveja expressamente que, em caso de deferimento, a requerente promoverá a constituição de sociedade comercial à qual será concedida a autorização, é ainda exigida a entrega dos elementos previstos nas alíneas *f*) e *g*) do anexo IV ao presente diploma e que dele faz parte integrante, com as adaptações devidas.

6 — Na fase de instrução preliminar, compete ao INR:
   a) Verificar a legitimidade da entidade ou entidades requerentes, de acordo com o disposto no artigo 6.º;
   b) Verificar a conformidade do requerimento e da documentação integrante do mesmo e, sendo esse o caso, notificar a requerente para que esta apresente eventuais elementos em falta, cuja entrega é devida no prazo de 30 dias contados a partir

da data da notificação, em condições satisfatórias e de completude, podendo esse prazo ser prorrogado sempre que, comprovadamente, as circunstâncias do atraso não sejam objectiva e directamente imputáveis à entidade requerente;
  c) Solicitar à requerente todos os esclarecimentos e informações que considere necessários para a instrução e análise do requerimento.

7 — A fase de instrução preliminar termina com uma decisão do presidente do INR, a qual pode ser de admissibilidade, caso em que o procedimento de autorização prossegue nos termos do número seguinte, ou de não admissibilidade com fundamento em ilegitimidade do requerente ou na inobservância de qualquer dos requisitos de viabilidade estabelecidos no presente diploma.

8 — Finda a fase de instrução preliminar, o pedido de autorização é formulado a requerimento da entidade interessada e instruído com a descrição detalhada do projecto, incluindo, nomeadamente, menção aos elementos mencionados no anexo II ao presente diploma e que dele faz parte integrante.

9 — A decisão de admissibilidade prevista no n.º 7 caduca se nos 90 dias seguintes à sua notificação não der entrada no INR o competente pedido de autorização previsto no número anterior.

Artigo 9.º
Critérios de apreciação do pedido de autorização

1 — O INR apreciará o pedido de autorização tendo em consideração os critérios seguintes:
  a) Qualidade do projecto e correspondente valia ambiental;
  b) Sistema tarifário proposto, nomeadamente quanto ao mecanismo de actualização ou indexação periódica;
  c) Integração sectorial, local e regional do projecto, designadamente em função do potencial de atendimento das necessidades do tecido produtivo instalado na sua área de influência e da diversidade da oferta ao nível das operações de gestão de resíduos industriais banais;
  d) Impacte do projecto, ao nível da rede dos aterros para RIB já em funcionamento;
  e) Currículo das entidades requerentes.

2 — No âmbito da apreciação do critério a que se refere a alínea b) do número anterior é ouvido o IRAR.

Artigo 10.º
Requisitos relativos à documentação

1 — Toda a documentação integrante do pedido de autorização que seja entregue incluirá um original e um duplicado, e será redigida em língua portuguesa, devendo os documentos originariamente redigidos noutro idioma ser acompanhados da respectiva tradução para português, a qual prevalecerá sobre a redacção no idioma de origem.

2 — A prestação de declarações falsas ou susceptíveis de induzir em erro as entidades envolvidas no procedimento de autorização prévia implicará o imediato indeferimento do requerimento, independentemente da fase processual em que este se encontre, sendo que, no caso de pedido apresentado por consórcio ou agrupamento, o indeferimento abrangerá todas as entidades que o integram, ainda que as declarações em causa sejam imputáveis a uma ou algumas dessas entidades.

SECÇÃO II
Licenciamento de obras

Artigo 11.º
Apreciação dos projectos

1 — A apreciação pela câmara municipal dos projectos sujeitos a licenciamento municipal de obras particulares carece de parecer do INR, sem prejuízo de outros pareceres das entidades competentes da Administração.

2 — O parecer do INR destina-se a verificar a adequação do aterro projectado ao uso pretendido, bem como a observância das normas estabelecidas no presente diploma e demais legislação.

3 — Quando desfavorável ou sujeito a condição o parecer do INR é vinculativo.

SECÇÃO III
Licenciamento do funcionamento

Artigo 12.º
Início da actividade

O início da actividade dos aterros depende de licença de funcionamento a conceder pelo INR.

Artigo 13.º
Licença de funcionamento

1 — Após a conclusão das obras, o particular deve requerer ao INR, no prazo máximo de dois meses, a concessão da licença de funcionamento do aterro.

2 — A concessão de licença de funcionamento é sempre precedida de vistoria a efectuar por uma comissão composta por representante do INR, que preside, da DRA, câmara municipal e por todas as entidades e organismos consultados no âmbito do processo de autorização.

Artigo 14.º
Vistoria do aterro

1 — A vistoria destina-se a verificar a adequação do aterro à utilização prevista, bem como a observância das normas estabelecidas no presente diploma e legislação complementar.

2 — A vistoria deve realizar-se no prazo de 20 dias úteis, contados da data de apresentação do requerimento referido no n.º 1 do artigo anterior.

3 — Da vistoria será lavrado auto assinado por todos os intervenientes, do qual constará informação relativa:
  a) À verificação da conformidade da construção, instalações, acessos e equipamentos instalados de acordo com o projecto aprovado e respectivas condições de licenciamento;
  b) À verificação do cumprimento de todas as prescrições técnicas aplicáveis, designadamente em matéria de higiene, saúde, segurança e protecção do ambiente;
  c) Às condições que qualquer das entidades responsáveis pela vistoria entenda ser necessário impor para assegurar a conformidade das instalações e equipamentos com o projecto aprovado, as condições de licenciamento e outras prescrições técnicas aplicáveis, acompanhadas da indicação de prazo razoável para o seu acatamento pela entidade licenciada.

4 — Lavrado o auto, a decisão é comunicada no prazo de cinco dias úteis ao requerente da vistoria, incluindo, sendo o caso, indicação das condições e prazos estabelecidos nos termos da alínea c) do número anterior.

5 — Respeitadas as condições impostas no auto, compete à entidade licenciada requerer nova vistoria, nos termos do presente artigo.

Artigo 15.º
Duração e prorrogação da licença

1 — A licença de funcionamento é concedida pelo prazo mínimo de 10 anos e máximo de 15 anos.

2 — A requerimento da entidade licenciada, apresentado ao INR com a antecedência mínima de seis meses em relação ao termo do respectivo prazo de vigência, a licença pode ser prorrogada, uma ou mais vezes, de cada vez por prazo certo não superior a três anos, designadamente sempre que, e fundamentadamente, seja previsível que o aterro possa, no prazo remanescente até ao termo da licença, vir a não atingir a capacidade máxima estabelecida nas condições de licenciamento.

3 — O deferimento do pedido de prorrogação da licença depende da prévia verificação de que a capacidade do aterro que ainda se encontra disponível é ajustada ao prazo de prorrogação requerido.

4 — O INR pode condicionar o deferimento do pedido de prorrogação da licença à inclusão de alterações às condições de licenciamento vigentes, sempre que o entenda necessário, no sentido de assegurar o adequado funcionamento das instalações e das operações de gestão de resíduos que nestas se processam, a melhoria dos níveis de serviço assegurados aos utentes, a protecção do ambiente e da saúde pública ou a segurança de pessoas e bens.

Artigo 16.º
Alvará

Deferido o pedido de licença de funcionamento, o respectivo alvará é emitido pelo INR no prazo de 15 dias a contar da data da apresentação do requerimento pelo interessado, desde que se mostrem pagas as taxas devidas, prestada a caução prevista no artigo seguinte e apresentada prova documental de que dispõe de seguro de responsabilidade civil extracontratual.

Artigo 17.º
Prestação de caução

1 — As entidades licenciadas são obrigadas a prestar caução mediante garantia bancária autónoma interpelável à primeira solicitação, num valor mínimo equivalente a 10% do montante global do investimento previsto.

2 — A garantia bancária identificará como entidade beneficiária da mesma o INR.

3 — A garantia bancária será incondicional e irrevogável, liquidável no prazo de cinco dias úteis, na sequência de interpelação do beneficiário, e será contratada com instituição de crédito autorizada pelo Banco de Portugal.

4 — Compete ao INR aprovar a norma documental de certificação da garantia bancária.

5 — A entrega no INR de prova documental da existência de caução é devida no prazo de 15 dias úteis após a emissão da licença, sob pena da sua revogação.

6 — Na sequência de requerimento nesse sentido apresentado pela entidade licenciada ao INR, a caução poderá:

a) Ser reduzida a 75% do seu valor inicial, quando decorridos dois anos a contar da data de início de funcionamento do aterro;

b) Ser reduzida a 25% do seu valor inicial, após a conclusão das operações de encerramento do aterro e de recuperação paisagística do local da respectiva implantação;

c) Ser integralmente cancelada, cinco anos após o início do período de monitorização do aterro.

7 — As reduções parciais e o cancelamento da caução referidos no número anterior dependem da prévia realização pelo INR de vistoria especial destinada a verificar o rigoroso cumprimento das condições de licenciamento, a qual deve ocorrer no prazo de 30 dias úteis contados a partir da data de recepção do requerimento, sendo a competente decisão notificada à entidade licenciada nos 15 dias úteis subsequentes à sua finalização.

8 — Compete ao INR determinar os ajustamentos ao valor da caução que entenda por adequados, em caso de deferimento de pedido de prorrogação da licença, concedido ao abrigo do n.º 2 do artigo seguinte.

9 — A execução da garantia bancária, no seu todo ou apenas em parte, não desobriga a entidade licenciada de fazer prova do seu reforço ou da constituição de nova garantia bancária, nas exactas condições que o INR lhe determinar nos termos do presente artigo, com observância do limite máximo previsto no n.º 1.

10 — A garantia manter-se-á em vigor até ser cancelada, no todo ou em parte, na sequência de comunicação escrita dirigida pelo INR beneficiária à instituição de crédito emitente.

Artigo 18.º
Seguro de responsabilidade civil extracontratual

1 — A entidade licenciada obriga-se a fazer prova documental perante o INR de que dispõe de um seguro de responsabilidade civil extracontratual contratado com empresa legalmente habilitada a exercer em Portugal a actividade seguradora.

2 — Anualmente, a entidade licenciada fará prova da existência do seguro junto do INR.

3 — Sempre que o entenda por conveniente, designadamente com fundamento na defesa do interesse público, o INR notificará a entidade licenciada para que esta rectifique, em prazo razoável, as condições contratuais da apólice de seguro.

CAPÍTULO III
Do funcionamento do aterro

Artigo 19.º
Obrigações das entidades licenciadas

1 — A entidade licenciada fica obrigada:
 a) Ao cumprimento das condições e termos da licença de funcionamento;
 b) A atribuir a direcção do funcionamento do aterro a um técnico com formação superior e experiência adequadas para o efeito.

2 — É especialmente vedado à entidade licenciada nos termos do presente diploma:
 a) Exercer a prestação de serviços no domínio das operações de gestão de RIB, autorizadas em condições diversas das previstas nas condições de autorização, designadamente sempre que tais condições possam pôr em perigo o ambiente, a saúde pública ou a segurança de pessoas e bens;
 b) Recusar a recepção de RIB cuja natureza, classificação e acondicionamento se encontrem em conformidade com as disposições legais e regulamentares em vigor e com as condições de licenciamento, bem como o seu armazenamento e confinamento, em aterro, salvo quando se trate de aterro destinado ao exclusivo uso privativo da respectiva entidade promotora;
 c) Aceitar a recepção de resíduos não expressamente autorizada nas condições de licenciamento, nomeadamente de resíduos

sólidos urbanos ou de quaisquer resíduos classificados de perigosos pela legislação aplicável;

d) Prosseguir a recepção de resíduos sempre que a capacidade máxima do aterro haja sido atingida;

e) Interromper, ainda que temporariamente, a normal prestação dos serviços de recepção, armazenagem ou confinamento em aterro de RIB, salvo quando essa interrupção haja sido requerida e previamente autorizada pelo INR;

f) Praticar preços pelos serviços prestados que não sejam conformes com as condições de autorização ou com o tarifário aprovado pelas entidades reguladoras competentes para o efeito.

4 — A previsão da alínea *b*) do n.º 2 não é aplicável quando a recusa de prestação do serviço tenha fundamento no incumprimento por parte do utente da liquidação de débitos originados pela anterior prestação do mesmo serviço.

Artigo 20.º
Deveres de informação das entidades licenciadas

1 — A entidade licenciada fica obrigada a remeter ao INR e à DRA e à câmara municipal competentes as seguintes informações:

a) Semestralmente, relatório técnico e estatístico de funcionamento, de acordo com modelo a aprovar pelo INR;

b) Anualmente, certificados que comprovem a aferição regulamentar do equipamento de pesagem e de toda a instrumentação de laboratório, ou, em sua substituição, documentos que atestem da competente acreditação da entidade que presta os serviços de aferição à entidade licenciada.

2 — No prazo de 5 dias após a respectiva nomeação ou substituição, a entidade licenciada é obrigada a comunicar à DRA a identificação do técnico responsável pela direcção da exploração acompanhada do respectivo currículo, bem como a sua substituição quando esta se processe por prazo superior a 60 dias.

Artigo 21.º
Alteração da licença

As condições da licença de funcionamento podem ser alteradas:

a) Por iniciativa do INR, ouvida a DRA competente, sempre que a entrada em vigor de disposições legais o torne imperativo, devendo aquele notificar a entidade licenciada da alteração que se pretende introduzir à licença, concedendo-lhe um prazo máximo de 60 dias para que se pronuncie;

b) A requerimento da entidade licenciada, devidamente fundamentado e dirigido ao INR.

Artigo 22.º
Transmissibilidade da licença

1 — Mediante requerimento dirigido ao INR, e desde que decorridos pelo menos dois anos após o início do funcionamento do aterro, a entidade licenciada poderá solicitar autorização para a transmissibilidade de licença de funcionamento, sem prejuízo da aplicação das regras legais em matéria de controlo de operações de concentração de empresas.

2 — O INR apreciará o requerimento de transmissão da licença tendo em conta os requisitos previstos no presente diploma, podendo solicitar às entidades transmitente e transmissária todas as informações que entenda relevantes para a emissão de parecer, aplicando-se, com as adaptações devidas, o regime disposto nos artigos 3.º e 5.º do presente diploma.

3 — Sob pena de nulidade da transmissão, e sem prejuízo do disposto no número anterior, a entidade transmissária obriga-se a assumir todos os direitos e obrigações inerentes à licença e a prestar caução nos exactos termos a que se encontre obrigada a entidade transmitente.

Artigo 23.º
Revogação da licença

1 — Sempre que detectada a violação do disposto nos n.ºs 1 e 2 do artigo 19.º, a DRA notificará a entidade licenciada para que esta faça cessar a causa ou causas da irregularidade no prazo que para o efeito lhe for indicado, podendo ainda determinar a suspensão total ou parcial da exploração do aterro, sempre que da sua continuidade possam advir riscos anormais para o ambiente, a saúde pública ou a segurança de pessoas e bens.

2 — Mantendo-se a situação de incumprimento findo o prazo estabelecido no número anterior, compete ao presidente do INR sob proposta da DRA determinar a revogação da licença.

ARTIGO 24.º
Regulação tarifária

1 — Até 15 de Novembro de cada ano, as entidades licenciadas ao abrigo do presente diploma submeterão ao IRAR, para aprovação, proposta devidamente fundamentada do tarifário a vigorar no exercício económico anual subsequente.

2 — Compete ao IRAR apreciar as propostas e, ouvido o conselho consultivo para os RIB e a entidade licenciada, fixar o tarifário a vigorar tendo, designadamente, em consideração:

a) A conformidade da proposta apresentada em face do sistema tarifário inicialmente aprovado e constante das condições de licenciamento, nomeadamente no tocante aos procedimentos de actualização ou indexação contemplados;

b) A necessidade de salvaguardar o equilíbrio económico-financeiro da actividade licenciada ao longo de todo o período de licenciamento;

c) O imperativo de acautelar os interesses dos utentes dos serviços prestados pela entidade licenciada;

d) A adequação dos tarifários aos objectivos gerais de política ambiental, designadamente nos capítulos da redução, da reutilização e da reciclagem de resíduos.

3 — Compete ao IRAR, por despacho do seu presidente, a publicar na 2.ª série do *Diário de República*, regulamentar a forma e o conteúdo a observar na elaboração das propostas de tarifário.

4 — No âmbito do processo de regulação tarifária poderá o IRAR solicitar à entidade licenciada, ao INR, à DRA competente e bem assim a outras entidades intervenientes no processo de licenciamento todos os elementos e informações que entenda por necessários para a apreciação da proposta e a fixação definitiva do tarifário.

5 — O IRAR estabelecerá o tarifário definitivo no prazo de 30 dias, contados a partir da data de recepção da proposta referida no n.º 1 ou, sendo esse o caso, da data de recepção dos elementos e informações mencionados no n.º 4.

6 — A falta de decisão no prazo estabelecido no número anterior determina a aprovação tácita da proposta inicialmente apresentada pela entidade licenciada.

CAPÍTULO IV
Disposições finais e transitórias

ARTIGO 25.º
Fiscalização

1 — A fiscalização do cumprimento do disposto no presente diploma e nas condições de licenciamento compete às DRA e à IGA, sem prejuízo das competências específicas próprias por lei atribuídas a outras entidades.

2 — No uso da competência fixada no número anterior, qualquer entidade fiscalizadora pode, fundamentando, determinar à entidade licenciada a adopção das medidas necessárias a prevenir a ocorrência de acidentes que possam afectar o ambiente, a saúde pública ou a segurança de pessoas e bens.

ARTIGO 26.º
Contra-ordenações

1 — A instalação e funcionamento de aterros para RIB não tituladas por licença ou exercidas em desrespeito pelas condições de licenciamento aprovadas, constituem contra-ordenação punível com coima de 100000$00 a 750000$00, no caso de pessoas singulares, e de 500000$00 a 9000000$00, no caso de pessoas colectivas.

2 — A tentativa e a negligência são puníveis.

ARTIGO 27.º
Sanções acessórias

1 — Nos termos da lei geral, além das contra-ordenações previstas no artigo anterior, podem, em simultâneo com a coima, ser ainda aplicadas as seguintes sanções acessórias:

a) Perda, a favor do Estado, dos objectos pertencentes ao agente e utilizados na prática das infracções;

b) Interdição do exercício de actividades de gestão de resíduos que dependam de título público ou de autorização ou homologação de autoridade pública;

c) Privação do direito a subsídios ou benefícios outorgados por entidades ou serviços públicos;

d) Privação do direito de participar em concursos públicos que tenham por objecto a empreitada ou a concessão de obras

públicas, o fornecimento de bens e serviços ou a concessão e atribuição de licenças e alvarás;
e) Encerramento do estabelecimento licenciado nos termos do presente diploma, no âmbito do qual tenha sido praticada a infracção;
f) Suspensão da licença de funcionamento.

2 — As sanções referidas nas alíneas b) a f) do número anterior têm a duração máxima de dois anos, contados a partir da decisão condenatória definitiva.

ARTIGO 28.º
Reposição da situação anterior à infracção

1 — Sem prejuízo do disposto nos artigos anteriores, o infractor está sempre obrigado à remoção das causas da infracção e à reconstituição da situação anterior.

2 — Sempre que o dever de reposição da situação anterior não seja voluntariamente cumprido, os serviços competentes do Ministério do Ambiente actuarão directamente por conta do infractor, sendo as despesas cobradas coercivamente, através do processo previsto para as execuções fiscais.

ARTIGO 29.º
Medidas compensatórias

Em caso de não ser possível a reposição das condições ambientais anteriores à infracção, o infractor deve tomar as medidas necessárias para reduzir ou compensar os impactes provocados, segundo orientação da DRA respectiva.

ARTIGO 30.º
Instrução dos processos e aplicação de sanções

1 — Compete à IGA e à DRA instruir os processos de contra--ordenação referidos nos artigos anteriores, relativamente aos quais tenham levantado os competentes autos de notícia, no âmbito da competência fiscalizadora referida no artigo 25.º

2 — Compete ao dirigente máximo do serviço que tenha instruído o processo de contra-ordenação decidir da aplicação de coimas e sanções acessórias.

ARTIGO 31.º
Produto das coimas

O produto das coimas previstas no presente diploma é afectado da seguinte forma:

a) 10% para a entidade que levanta o auto;
b) 30% para a entidade que processa a contra-ordenação;
c) 60% para o Estado.

ARTIGO 32.º
Taxas

1 — São fixados os seguintes valores para as taxas a cobrar às entidades interessadas:

a) Pela instrução preliminar do pedido de autorização prévia, nos termos do artigo 8.º, 750000$00 por requerimento;
b) Pela instrução do pedido de licença de funcionamento, nos termos do artigo 8.º, 1000000$00;
c) Por cada auto de vistoria, emitido nos termos do artigo 13.º, 250000$00;
d) Pela instrução da prorrogação da licença, nos termos do artigo 15.º, 250000$00.

2 — A liquidação das taxas referidas no número anterior é efectuada com a apresentação dos requerimentos previstos, respectivamente nos n.ºs 2 e 8 do artigo 8.º, no n.º 1 do artigo 13.º e no n.º 2 do artigo 15.º, constituindo receita própria do INR.

3 — À transmissão de licença requerida nos termos do artigo 22.º aplicam-se as taxas prevista na alínea d) do n.º 1.

4 — Compete aos Ministros das Finanças e do Ambiente, através de portaria, aprovar a actualização das taxas previstas no presente artigo.

ARTIGO 33.º
Licenciamento de aterros para uso privativo dos produtores

1 — O regime previsto no presente diploma é aplicável ao licenciamento de aterros para RIB que constituam soluções destinadas ao exclusivo uso privativo de uma unidade industrial produtora de resíduos, com as adaptações constantes dos números seguintes.

2 — Quando se trate de um aterro para RIB integrado num estabelecimento industrial, o requerimento a que se refere o n.º 2 do artigo 8.º é apresentado à entidade coordenadora competente no âmbito do licenciamento industrial.

3 — À entidade que obtenha autorização para a instalação e funcionamento de aterro para RIB, que se destine ao seu exclusivo uso privativo, é expressamente vedada a recepção de RIB produzidos por outros produtores.

4 — Não se aplica o disposto no número anterior sempre que, em face de circunstâncias excepcionais, designadamente quando inequivocamente se comprove a ausência de alternativas razoáveis para a deposição dos resíduos em aterros colectivos, o INR competente autorize a entidade licenciada, na sequência de requerimento por esta apresentado, a receber e a proceder ao confinamento de RIB produzidos por outros produtores, cujas instalações de produção de resíduos se situem no raio de 25 km do aterro em causa e desde que não representem mais de 15% dos resíduos depositados anualmente no aterro privativo da entidade licenciada.

5 — A autorização excepcional referida no número anterior é concedida por período não superior a um ano, renovável automaticamente por idêntico período, salvo comunicação em contrário da DRA respectiva, a transmitir até 30 dias da data prevista para a renovação.

6 — Na apreciação do pedido de licenciamento de aterro privativo, excluem-se do âmbito da ponderação do pedido de licenciamento os critérios de avaliação referidos nas alíneas *b)* a *e)* do n.º 1 do artigo 9.º

7 — No caso de aterros para uso privativo, o valor mínimo da caução a que se refere o n.º 1 do artigo 17.º é reduzido a metade.

8 — Os aterros para uso privativo dos produtores ficam obrigados ao cumprimento do disposto nos artigos 19.º e 20.º, com as devidas adaptações.

9 — Os aterros previstos no presente artigo não estão sujeitos às taxas constantes do artigo anterior.

ARTIGO 34.º
Regularização de aterros existentes

As entidades promotoras e gestoras de aterros destinados a RIB já existentes, em construção, em exploração, licenciados ao abrigo de legislação anterior, deverão, no prazo de 120 dias contados a partir da data da entrada em vigor do presente diploma, requerer junto das entidades competentes a emissão da correspondente licença de funcionamento.

Artigo 35.º
Regiões Autónomas

O regime previsto no presente diploma aplica-se às Regiões Autónomas dos Açores e da Madeira, com as adaptações determinadas pelo interesse específico, cabendo a respectiva execução administrativa aos órgãos e serviços das administrações regionais.

Artigo 36.º
Disposições transitórias

1 — No decurso do 1.º ano da sua vigência, é fixado um período único para a apresentação, ao abrigo do presente diploma, de pedidos de autorização prévia de aterros para RIB, o que terá início 60 dias após a sua entrada em vigor, e terá a duração de 30 dias, findos os quais se começam a contar os prazos previstos neste diploma para o licenciamento.

2 — O Ministro do Ambiente pode, através de portaria, prorrogar o prazo de duração estabelecido no número anterior.

Artigo 37.º
Norma derrogatória

O disposto no presente diploma derroga, na parte aplicável aos RIB, o disposto na secção II do capítulo III do Decreto-Lei n.º 239/97, de 9 de Setembro, relativa à autorização de operações de gestão de resíduos.

Visto e aprovado em Conselho de Ministros de 9 de Junho de 1999. — *António Manuel de Oliveira Guterres — Jorge Paulo Sacadura Almeida Coelho — João Cardona Gomes Cravinho — José Eduardo Vera Cruz Jardim — Joaquim Augusto Nunes de Pina Moura — Luís Manuel Capoulas Santos — Maria de Belém Roseira Martins Coelho Henriques de Pina — Elisa Maria da Costa Guimarães Ferreira.*

Promulgado em 28 de Julho de 1999.
Publique-se.
O Presidente da República, JORGE SAMPAIO.
Referendado em 28 de Julho de 1999.
O Primeiro-Ministro, *António Manuel de Oliveira Guterres.*

ANEXO I

Elementos de caracterização do programa base de instalação do aterro a apresentar em fase de instrução preliminar do pedido de autorização:

I — Elementos obrigatórios:

a) Memória justificativa do pedido de autorização e descrição detalhada da actividade que, no âmbito do projecto, o requerente se propõe desenvolver no domínio das operações de gestão de RIB;

b) Estudo de mercado relativo ao volume e tipo de RIB produzidos na área de influência estimada do projecto, incluindo, nomeadamente, a quantificação do mercado potencial e a aferição do impacte esperado da instalação do projecto sobre os preços, a intensidade competitiva, o nível de capacidade instalada, a qualidade e diversidade do serviço prestado, a criação de emprego e outros efeitos relevantes induzidos no plano sócio-económico a nível local e regional;

c) Estudo demonstrativo da viabilidade económica e financeira do projecto, com horizonte coincidente com a vida útil esperada do aterro, incluindo, nomeadamente, balanços, contas de exploração, contas de tesouraria, mapa de investimentos e respectivas fontes de financiamento, devidamente acompanhados da descrição de todos os pressupostos utilizados;

d) Descrição do sistema tarifário proposto, segmentado por quantitativos e tipos de RIB, incluindo, nomeadamente, a indicação de tarifas mínimas e máximas, dos mecanismos de actualização ou indexação periódica do tarifário e do grau de compromisso assumido pela entidade requerente quanto ao mesmo sistema ao longo do período de vida útil esperada do aterro;

e) Certidão emitida pela câmara municipal que ateste a compatibilidade da localização prevista para o aterro com plano municipal de ordenamento do território;

f) Certidão do parecer favorável à localização quanto à utilização de recursos hídricos, emitida pela DRA competente;

g) Objecto do estudo;

h) Critérios de selecção do local e bases do dimensionamento, incluindo previsões sobre a área de implantação e o volume da modulação final;

i) Elementos de base sobre os aspectos geológicos, geotécnicos e hidrogeológicos do local;

j) Indicação dos RIB a recepcionar;

l) Parâmetros a observar no processo de impermeabilização;

m) Esquemas de princípio da rede de drenagem de águas pluviais e lixiviados;

n) Previsão da quantidade e qualidade de lixiviados e alternativas de tratamento;

o) Esquema base de segurança das instalações;
p) Esquema base sobre a recuperação paisagística e controlo pós-encerramento;
q) Planta de localização (escala de 1:25000);
r) Levantamentos topográficos de aterro e vias de acesso externas (escala de 1:1000);
s) Planta geral do aterro e de todas as obras complementares;
t) Perfis longitudinais e transversais que caracterizem a obra;
u) Pormenores tipo da estratigrafia de impermeabilização e cobertura do aterro;
v) Estudos relativos à instalação de laboratórios de controlo e de caracterização dos tipos de RIB a recepcionar, valorizar, tratar e confinar no aterro;
x) Estudos relativos à instalação de equipamentos de medição ou controlo de qualidade na recepção de resíduos;
z) Estudos de planos específicos de prevenção contra acidentes graves e de instalação de outros dispositivos de segurança.

II — Elementos facultativos:
a) Documentos comprovativos de eventuais compromissos contratuais assumidos com produtores de RIB instalados na área de influência relevante do projecto;
b) Outros elementos que entendam relevantes para a instrução do pedido de autorização, designadamente com o objectivo de comprovar a sua capacidade financeira, tecnológica e de gestão, e de caracterizar a qualidade, o nível de serviço, a segurança ou a viabilidade económica do projecto.

ANEXO II

Elementos de caracterização do projecto de instalação do aterro a que se refere o n.º 8 do artigo 8.º:

I — Peças escritas:
A — Memória descritiva e justificativa:
a) Objecto do projecto;
b) Planeamento, escolha do local e bases do projecto, incluindo área e volume ocupados;
c) Características geológicas, geotécnicas e hidrogeológicas do local;
d) Tipos de resíduos industriais não perigosos;
e) Sistema de impermeabilização;
f) Sistemas de drenagem de águas pluviais e lixiviados;
g) Tratamento de lixiviados — previsão da quantidade e qualidade de lixiviados;

h) Monitorização dos lixiviados e águas subterrâneas, com vista à prevenção da contaminação dessas águas subterrâneas;
i) Drenagem e tratamento do biogás, se necessário;
j) Plano de exploração do aterro;
l) Estrutura de pessoal e horário de trabalho;
m) Plano de segurança de populações e dos trabalhadores que operem o sistema;
n) Plano de recolha de resíduos;
o) Cobertura final do aterro, plano de recuperação paisagística e controlo pós-encerramento.

B — Dimensionamento:
a) Dimensionamento e cálculos da estabilidade de taludes;
b) Dimensionamento e cálculos das barreiras de impermeabilização;
c) Dimensionamento hidráulico e cálculos dos sistemas de drenagem;
d) Dimensionamento e cálculos da estação de tratamento de lixiviados;
e) Dimensionamento e cálculos de todas as obras complementares (betão armado, redes interiores e exteriores de electricidade, comunicações, águas e esgotos, rede viária interna).

C — Medições e orçamentos.

II — Peças desenhadas:
a) Planta de localização (escala de 1:25000);
b) Levantamentos topográficos — zona do aterro e vias de acesso externas (escala de 1:1000);
c) Planta geral do aterro com implantação da célula de deposição de resíduos e de todas as obras complementares;
d) Perfis longitudinais e transversais de todas as obras a levar a efeito;
e) Plantas, alçados e cortes de todas as obras a levar a efeito;
f) Pormenores da estratigrafia de impermeabilização e cobertura final do aterro;
g) Pormenores, mapas de acabamentos e mapas de vãos de obras de construção civil a levar a efeito.

ANEXO III

Elementos que devem instruir o pedido de autorização quando apresentado por sociedades comerciais individualizadas, a que se refere o n.º 4 do artigo 8.º:

a) Elementos de identificação completa da entidade candidata, incluindo, nomeadamente, denominação social, endereço da sede social, telefone e fax, montante do capital social subscrito e realizado, número de pessoa colectiva e elementos identificativos do registo comercial;

b) Identificação dos titulares dos órgãos sociais e de outras pessoas investidas de poderes para obrigar a entidade perante a Administração;
c) Cópia notarial do contrato de sociedade ou dos estatutos da entidade candidata, em vigor à data de apresentação do requerimento;
d) Memória descritiva da actividade desenvolvida pela entidade candidata, contendo, nomeadamente, o currículo acumulado no domínio das operações de gestão de resíduos e uma lista do pessoal técnico a afectar à instalação cuja autorização é requerida;
e) Sendo caso disso, identificação de consultores externos que tenham tido intervenção na elaboração do projecto e do dossier de candidatura, incluindo menção ao currículo relevante desenvolvido nos domínios da concepção e construção de aterros sanitários e das operações de gestão de resíduos;
f) Listagem completa de outras sociedades ou entidades que mantenham com a entidade candidata relações de coligação, nos termos dos artigos 482.º e seguintes do Código das Sociedades Comerciais;
g) Certidões, emitidas pela entidades competentes para o efeito, de que a entidade candidata não é devedora ao Estado ou à segurança social de quaisquer impostos, quotizações ou contribuições, bem como de outras importâncias, ou de que o seu pagamento, embora em falta, se encontra assegurado nos termos legais;
h) Declaração, assinada por quem obrigue a entidade candidata, de que a entidade dispõe de contabilidade actualizada e regularmente organizada de acordo com o Plano Oficial de Contabilidade e em termos adequados às análises requeridas para o projecto que se proponha desenvolver;
i) Relatório e contas, incluindo parecer do órgão de fiscalização, relatório de auditores e certificação legal de contas, tudo relativo aos últimos três exercícios anuais de actividade completados à data de apresentação do requerimento de licenciamento, ou ao número de anos em que tiver existido actividade, se este for inferior a três;
j) Relação de toda a documentação entregue, com identificação do respectivo número de páginas, sendo devida menção expressa aos elementos que eventualmente se encontrem em falta.

ANEXO IV

Elementos que devem instruir o pedido de autorização quando apresentado por agrupamentos de empresas e outras entidades, a que se refere o n.º 4 do artigo 8.º:

a) Cópia devidamente autenticada do clausulado do acordo de constituição do agrupamento de empresas e entidades constituintes;

b) Identificação da entidade líder do agrupamento de empresas e das pessoas habilitadas com poderes para o representar no âmbito do procedimento de licenciamento;
c) Declaração, assinada pelas pessoas que obriguem cada uma das entidades que integram o agrupamento de empresas, de que assumem perante o Estado Português a responsabilidade solidária pela candidatura que em grupo formulam;
d) Declaração, assinada pelas pessoas que obriguem cada uma das entidades que integram o agrupamento de empresas, de que assumem que a falência, a dissolução ou a inabilitação judicial do exercício do objecto social de qualquer dos membros do agrupamento acarreta a imediata exclusão de todos os membros do agrupamento, independentemente da fase processual em que o pedido se encontre;
e) Declaração, assinada pelas pessoas que obriguem cada uma das entidades que integram o agrupamento de empresas, de que assumem que, uma vez apresentado o pedido junto das autoridades competentes, qualquer alteração na composição do agrupamento de empresas terá de ser requerida e expressamente autorizada pelo presidente do INR;
f) Declaração, assinada pelas pessoas que obriguem cada uma das entidades que integram o agrupamento de empresas, de que assumem que, em caso de deferimento do pedido, se obrigam a constituir a sociedade comercial a quem competirá a titularidade da licença e o exercício das actividades licenciadas nos termos do presente diploma;
g) Descrição da estrutura económica, financeira e organizacional, projecto de estatutos e identificação da sede social da sociedade comercial que o agrupamento de empresas se obriga a constituir em caso de deferimento do pedido, e que, para todos os efeitos, será a titular da licença atribuída.

Deposição de resíduos da indústria extractiva em aterro

Decreto-Lei n.º 544/99
de 13 de Dezembro

A União Europeia tem vindo a desenvolver um quadro normativo para o estabelecimento de uma política comum de ambiente, no qual foi reconhecida a especificidade da indústria extractiva e podendo a mesma ser objecto de regulamentação própria, no que se refere a resíduos.

A exploração de minas e pedreiras, bem como as actividades destinadas à transformação dos produtos resultantes desta exploração, origina, geralmente, volumes apreciáveis de resíduos que reclamam a sua deposição final em condições adequadas de estabilidade, segurança e integração no meio envolvente.

O modo mais corrente de deposição desses resíduos é sob a forma de aterros de superfície, vulgarmente designados por escombreiras quando constituídos por partículas de espectro granulométrico largo e depositados a seco ou por barragens e bacias de lamas quando constituídos por partículas finas em meio aquoso, geralmente depositadas por decantação.

É hoje unanimemente reconhecido que a sua deposição de forma não controlada ou incorrectamente planeada pode estar na origem de acidentes ou ocasionar impactes ambientais graves.

Importa, pois, definir as condições de construção, exploração e encerramento dos respectivos aterros a fim de proporcionar um melhor aproveitamento dos recursos e reduzir ao mínimo os inconvenientes para a saúde pública e para o ambiente.

Foi ouvida a Associação Nacional de Municípios Portugueses.

Nos termos da alínea *a*) do n.º 1 do artigo 198.º da Constituição, o Governo decreta, para valer como lei geral da República, o seguinte:

ARTIGO 1.º
Âmbito de aplicação

1 — O presente diploma estabelece as regras relativas à construção, exploração e encerramento de aterros para resíduos resultantes da exploração de depósitos minerais e de massas minerais ou de actividades destinadas à transformação dos produtos resultantes desta exploração, tendo em vista evitar ou reduzir os potenciais efeitos negativos sobre o ambiente e os riscos para a saúde pública.

2 — Excluem-se do âmbito de aplicação do presente diploma:
 a) Os aterros para resíduos resultantes da exploração de petróleo bruto e de gás natural, bem como das actividades destinadas à transformação dos produtos resultantes dessa exploração;
 b) A deposição de resíduos em operações de enchimento de explorações subterrâneas de depósitos minerais, a qual obedece ao regime estabelecido para os planos de lavra.

ARTIGO 2.º
Definições

Para efeitos da aplicação do presente diploma, entende-se por:
 a) Exploração de depósitos minerais e de massas minerais — a exploração de depósitos minerais e de massas minerais prevista nos Decretos-Leis n.ºs 90/90, 88/90 e 89/90, de 16 de Março;
 b) Aterro — local utilizado para a eliminação de resíduos através da sua deposição controlada; o aterro classifica-se:
  b1) Em função do seu volume, como:
   Pequeno aterro, quando a sua altura não ultrapasse 10m e o seu volume final seja inferior a 25000m^3; ou
   Grande aterro, quando ultrapasse qualquer daqueles limites;
  b2) Em função das características dos resíduos que recebe, como:
   Aterro de inertes; ou
   Aterro de não inertes;
 c) Barragem ou bacia de lamas — designação do aterro quando os resíduos aí depositados sejam lamas;
 d) Efluentes — águas provenientes dos trabalhos de exploração, das instalações de beneficiação ou dos aterros;

e) Inertes — resíduos não susceptíveis de sofrerem transformações físicas, químicas ou biológicas importantes e que não constituem risco para a qualidade das águas de superfície ou subterrâneas;
f) Lamas — resíduos transportados e depositados em meio aquoso;
g) Lixiviados — líquidos que percolam através dos resíduos depositados e que fluem de um aterro ou nele estão contidos;
h) Não inertes — resíduos susceptíveis de sofrerem transformações físicas, químicas ou biológicas importantes dos quais possam resultar efeitos nocivos para o ambiente, nomeadamente para as águas de superfície ou subterrâneas;
i) Operação de enchimento — operação de deposição controlada, em cavidades resultantes da exploração subterrânea, com a finalidade de melhorar as condições de segurança ou permitir a progressão da exploração;
j) Plano de lavra — o plano referido no artigo 27.º do Decreto-Lei n.º 88/90 e no n.º 2 do artigo 20.º do Decreto-Lei n.º 89/90, ambos de 16 de Março;
l) Resíduos — todas as substâncias minerais rejeitadas que derivam da exploração de depósitos minerais e de massas minerais, nomeadamente as constantes do Catálogo Europeu de Resíduos.

Artigo 3.º
Licenciamento dos aterros

1 — A construção, exploração e encerramento dos aterros previstos no artigo 1.º obedece ao disposto no anexo ao presente diploma, que dele faz parte integrante.

2 — A verificação do cumprimento das disposições referidas no número anterior, bem como das demais disposições do presente diploma que assim o indiquem, é condição necessária para a emissão da licença de estabelecimento para exploração de massas minerais ou da concessão para a exploração de depósitos minerais, previstas nos Decretos-Leis n.os 88/90 e 89/90, ambos de 16 de Março, sempre que o projecto de construção, exploração e encerramento do aterro esteja incluído no respectivo plano de lavra ou de recuperação paisagística.

3 — Quando a construção, exploração ou encerramento dos aterros mencionados no artigo 1.º não se insira na hipótese prevista

no número anterior, a mesma é titulada por licença específica, emitida nos termos dos artigos seguintes.

4 — A licença referida no número anterior não isenta o seu titular da obtenção de qualquer outra licença ou autorização legalmente exigível.

Artigo 4.º
Entidade licenciadora

1 — A instrução do pedido de licenciamento e a emissão da licença prevista no n.º 3 do artigo 3.º competem:

a) À direcção regional da economia territorialmente competente, sempre que se trate de aterros resultantes da exploração de massas minerais, tal como definidas no artigo 5.º do Decreto--Lei n.º 90/90, de 16 de Março, e legislação complementar;

b) Ao Instituto Geológico e Mineiro, em todos os outros casos.

2 — Salvo quando estejam em causa pequenos aterros de inertes, a licença referida no n.º 1 só poderá ser atribuída após a obtenção, por parte das entidades aí referidas, de prévio parecer favorável da direcção regional do ambiente territorialmente competente ou do Instituto dos Resíduos consoante esteja em causa, respectivamente, a situação prevista na alínea a) ou na alínea b) do mesmo número.

3 — O licenciamento de aterros a localizar em explorações de massas minerais que tenham sido licenciadas pelos municípios, ao abrigo do disposto no Decreto-Lei n.º 89/90, de 16 de Março, estão igualmente sujeitos a prévio parecer da câmara municipal respectiva.

4 — As entidades consultadas ao abrigo dos n.ºs 2 e 3 devem pronunciar-se no prazo de 30 dias a contar da data da recepção do processo, entendendo-se a não recepção do parecer dentro deste prazo como parecer favorável.

5 — A entidade licenciadora pronuncia-se no prazo máximo de 90 dias, contados a partir da data de recepção do respectivo pedido, findo o qual se considera o mesmo como deferido.

Artigo 5.º
Relatório

1 — O titular da licença prevista no n.º 3 do artigo 3.º deve apresentar à entidade licenciadora, até ao dia 31 de Março seguinte ao período a que se reporta, um relatório sobre o cumprimento do projecto aprovado, com a periodicidade seguinte:

a) Anual, para aterros de não inertes;
b) Trienal, para grandes aterros de inertes.

2 — Dos relatórios sobre aterros de não inertes deve constar, pelo menos, o seguinte:

a) Volume depositado e capacidade existente;
b) Características dos resíduos depositados;
c) Resultado das medidas de controlo;
d) Anomalias ocorridas e soluções adaptadas.

3 — Sempre que as anomalias previstas na alínea *d*) do número anterior revistam gravidade, o titular da licença deve, de imediato, comunicar a sua ocorrência às entidades mencionadas no artigo 11.º Quando as anomalias se traduzam em avarias ou deteriorações nos equipamentos ou instalações ligados à exploração do aterro, susceptíveis de provocar agressões imprevistas para o meio ambiente, deve ainda o titular da licença suspender imediatamente os trabalhos e providenciar a reparação urgente daquelas anomalias.

Artigo 6.º
Transmissão da licença

1 — A transmissão da licença prevista no n.º 3 do artigo 3.º está sujeita a prévia autorização da entidade licenciadora.

2 — A entidade licenciadora aprecia o requerimento de transmissão da licença tendo em conta os requisitos previstos no presente diploma, podendo solicitar às entidades transmitente e transmissária todas as informações que entenda relevantes para a emissão da autorização.

3 — Sob pena de nulidade da transmissão, a entidade transmissária obriga-se a assumir todos os direitos e obrigações inerentes à licença e a prestar caução nos exactos termos a que se encontre obrigada a entidade transmitente.

Artigo 7.º
Alteração da construção, exploração
ou encerramento do aterro

1 — A alteração das condições de construção, exploração ou encerramento do aterro constantes da concessão ou licença previstas no n.º 2 do artigo 3.º ou da licença a que se refere o n.º 3 do mesmo artigo está sujeita a prévia autorização da entidade concedente ou licenciadora.

2 — A alteração prevista no número anterior só poderá ser autorizada mediante apresentação de pedido devidamente fundamentado que garanta o cumprimento das disposições constantes do anexo ao presente diploma.

3 — À autorização para a alteração das condições de construção, exploração ou encerramento do aterro aplica-se o disposto nos n.ºˢ 2 a 5 do artigo 4.º

ARTIGO 8.º
Encerramento

1 — O aterro será encerrado nos seguintes casos:
 a) Quando estiverem reunidas as condições necessárias previstas no projecto que instruiu a atribuição da concessão ou da licença;
 b) A pedido do titular da concessão ou da licença;
 c) Por determinação da entidade concedente ou licenciadora quando o titular da concessão ou da licença violar de forma grave ou repetida as condições aí fixadas;
 d) Por incumprimento do disposto no artigo 9.º;
 e) Por inexistência de título a coberto do qual se desenvolva a exploração da massa mineral ou do depósito mineral produtora dos resíduos depositados no aterro.

2 — O encerramento do aterro deve processar-se de acordo com o previsto no projecto que instruiu a atribuição da concessão ou da licença, na proposta apresentada pelo titular da concessão ou da licença e aceite pela entidade concedente ou licenciadora ou nas condições por esta impostas.

3 — O aterro considera-se encerrado quando a entidade concedente ou licenciadora disso notificar o titular da concessão ou licença, uma vez verificado o cumprimento das exigências previstas no número anterior e obtido o parecer favorável das entidades referidas no artigo 11.º

4 — Para efeitos do disposto no número anterior, não é exigível qualquer dos pareceres nele referidos sempre que qualquer das entidades aí referidas não se pronuncie no prazo de 60 dias contados a partir da data da recepção do respectivo pedido.

5 — A situação prevista no n.º 3 não desobriga o titular da licença do cumprimento das normas de segurança ou de protecção ambiental aplicáveis, relativamente a situações que eventualmente

ocorram, no período de 5 anos, no caso de resíduos inertes, ou de 10 anos, no caso de resíduos não inertes, após a notificação referida no mesmo número.

Artigo 9.º
Caução

1 — Ao titular da concessão ou da licença previstas nos n.ᵒˢ 2 e 3 do artigo 3.º deve ser exigida, pela entidade concedente ou licenciadora, e no prazo que esta fixar, uma caução à sua ordem, a prestar através de qualquer meio idóneo, nomeadamente garantia bancária, destinada a garantir o integral cumprimento das condições impostas na respectiva licença.

2 — O valor da caução é fixado pela entidade concedente ou licenciadora, caso a caso, em função dos custos da continuidade da gestão do aterro e dos eventuais riscos de danos ambientais, não devendo ser inferior a 1000000$00.

3 — A falta da prestação da caução referida no número anterior acarreta a nulidade da licença.

4 — O valor da caução pode ser reduzido, a pedido do titular da concessão ou da licença, ou aumentado por imposição da entidade concedente ou licenciadora, na medida em que se verifiquem alterações ao projecto que instruiu a atribuição do título ou ao cumprimento deste, nomeadamente nas situações referidas no artigo 7.º, na alínea *b)* do n.º 1 do artigo 8.º e no n.º 2 do artigo 11.º

5 — O valor da caução pode ainda ser reduzido, ou mesmo anulado, a pedido do titular da licença se:

a) Passados dois anos da entrada em exploração do aterro, a entidade fiscalizadora verificar e atestar que as condições previstas no projecto aprovado estão a ser cumpridas;

b) Os riscos da operação do aterro se encontrem por outro modo segurados, nomeadamente se tiver sido constituída provisão para encerramento da exploração nos termos da alínea *f)* do n.º 1 do artigo 33.º e do artigo 36.º-A do Código do Imposto sobre o Rendimento das Pessoas Colectivas.

6 — A caução deve ainda ser reduzida para um valor a fixar pela entidade licenciadora que não ultrapasse 40% do valor que a mesma detenha à data do encerramento previsto no n.º 3 do artigo 8.º, devendo ser integralmente restituída ao titular da licença uma vez vencidos os prazos previstos no n.º 5 do mesmo artigo.

7 — Sempre que por sua conta for efectuado algum pagamento devido, a caução deve ser reposta no seu primitivo valor no prazo de 60 dias.

Artigo 10.º
Disposições transitórias

1 — O operador de qualquer aterro existente à data da entrada em vigor do presente diploma deve comunicar à entidade concedente ou licenciadora, no prazo de 180 dias, contados a partir daquela data, a sua situação, identificando as características do mesmo, bem como a sua evolução previsível.

2 — Se o operador pretender continuar a deposição em aterro que não se localize dentro da área objecto da licença de estabelecimento para exploração de massas minerais ou da concessão para a exploração de depósitos minerais deve requerer o seu licenciamento nos termos fixados neste diploma, indicando as medidas de regularização do aterro existente.

3 — Os projectos de aterro a incluir em planos de lavra ou projectos de recuperação paisagística constantes de licença de estabelecimento para exploração de massas minerais ou da concessão para a exploração de depósitos minerais obrigam à adequação dos respectivos títulos.

4 — Quando o operador não pretender continuar a deposição em aterro existente, deve requerer o seu encerramento à entidade concedente ou licenciadora, juntando para o efeito:
   a) No caso de pequenos aterros de inertes, a informação prevista nas alíneas b) a e) do ponto II do anexo ao presente diploma e a calendarização das operações de encerramento;
   b) No caso de grandes aterros de inertes, os elementos referidos na alínea anterior, bem como:
      i) Levantamento topográfico do aterro;
      ii) Medidas propostas para a integração na paisagem;
      iii) Estudo da estabilidade dos taludes e indicação dos trabalhos a realizar para esse efeito, se for caso disso;
   c) No caso de aterros de não inertes, bacias de lamas ou barragens de decantação, os elementos indicados nas alíneas anteriores, bem como:
      i) Características dos efluentes e medidas propostas para a adequação dos valores das emissões às disposições legais aplicáveis, nomeadamente ao Decreto-Lei n.º 236/98, de 1 de Agosto.

5 — Os prazos, contados a partir da data da entrada em vigor do presente diploma, para requerer o licenciamento previsto no n.º 2 ou o encerramento previsto no n.º 4 são os seguintes:
 a) Um ano, para todos os aterros de inertes;
 b) Dois anos, para todos os aterros de não inertes.

6 — A não comunicação ou a não apresentação do requerimento a que se referem os n.ºs 1, 2 e 4, nas condições aí estabelecidas e nos prazos fixados no número anterior, será considerada, para todos os efeitos, como equivalente a incumprimento da concessão ou a falta de licença.

Artigo 11.º
Fiscalização

1 — A fiscalização do cumprimento do disposto no presente diploma compete às direcções regionais da economia, no que respeita aos aspectos técnicos de execução dos aterros, à Inspecção-Geral do Ambiente, às direcções regionais do ambiente e aos serviços competentes do Instituto da Conservação da Natureza para as áreas classificadas, no que respeita aos aspectos ambiental e paisagístico.

2 — No uso da competência fixada no número anterior, qualquer das entidades aí mencionadas pode fundamentadamente exigir à entidade que opera a exploração do aterro a adopção de medidas ou a execução de trabalhos, com vista a acorrer a situações imprevistas e a prevenir a ocorrência de acidentes, que possam afectar a saúde pública, a segurança de pessoas e bens ou o ambiente.

3 — Das medidas ou trabalhos exigidos nos termos do número anterior é dado conhecimento às demais entidades mencionadas no n.º 1.

Artigo 12.º
Contra-ordenações

1 — Constitui contra-ordenação punível com coima de 250000$00 a 9000000$00 o incumprimento do disposto nos n.ºs 2 e 3 do artigo 3.º

2 — A violação do disposto no artigo 5.º e no n.º 7 do artigo 9.º constitui contra-ordenação punível com coima de 100000$00 a 1000000$00.

3 — A inobservância das medidas ou trabalhos ordenados ao abrigo do disposto no n.º 2 do artigo 11.º constitui contra-ordenação punível com coima de 100000$00 a 2000000$00.

4 — O limite máximo das coimas a aplicar a pessoas singulares, nos termos deste artigo, é de 750000$00.
5 — A negligência é sempre punível.

Artigo 13.º
Tramitação processual

1 — A iniciativa para a instauração e instrução dos processos de contra-ordenação compete às entidades mencionadas no artigo 11.º, cabendo a aplicação das coimas ao respectivo órgão dirigente.
2 — A afectação do produto das coimas faz-se da seguinte forma:
a) 60% para o Estado;
b) 20% para a entidade que processou a contra-ordenação;
c) 20% para um fundo a criar nas direcções regionais da economia, consignado ao saneamento e controlo de aterros encerrados e em situação de abandono.

Artigo 14.º
Aplicação às Regiões Autónomas

O presente diploma aplica-se às Regiões Autónomas dos Açores e da Madeira, sem prejuízo das competências cometidas aos respectivos órgãos de governo próprio e das adaptações que lhe venham a ser introduzidas por diploma regional.

Artigo 15.º
Entrada em vigor

O presente diploma entra em vigor no dia seguinte ao da data da sua publicação.

Visto e aprovado em Conselho de Ministros de 1 de Outubro de 1999. — *António Manuel de Oliveira Guterres — António Luciano Pacheco de Sousa Franco — João Cardona Gomes Cravinho — José Eduardo Vera Cruz Jardim — Joaquim Augusto Nunes de Pina Moura — Elisa Maria da Costa Guimarães Ferreira.*
Promulgado em 19 de Novembro de 1999.
Publique-se.
O Presidente da República, Jorge Sampaio.
Referendado em 25 de Novembro de 1999.
O Primeiro-Ministro, *António Manuel de Oliveira Guterres.*

ANEXO

I — Condições a que deve obedecer a construção, exploração e encerramento de aterros para resíduos resultantes da exploração de depósitos minerais e de massas minerais ou de actividades destinadas à transformação dos produtos resultantes desta exploração.

1 — Na sua forma final, os aterros cuja altura referida ao ponto de menor cota do limite mais próximo do objecto a defender seja inferior ou superior a 10 m devem guardar, salvo legislação específica aplicável, respectivamente, as seguintes distâncias mínimas de protecção:

a) De 10 m e 20 m, relativamente a prédios rústicos vizinhos, murados ou não;
b) De 15 m e 30 m, relativamente a caminhos públicos;
c) De 20 m e 40 m, relativamente a condutas de fluidos, linhas eléctricas de baixa tensão, linhas de telecomunicações e teleféricos;
d) De 50 m e 100 m, relativamente a nascentes de água, estradas da rede municipal, linhas férreas, cursos de água de regime permanente, canais, postos eléctricos de transformação ou de telecomunicações, locais de uso público e edifícios;
e) De 70 m e 140 m, relativamente a estradas da rede nacional e linhas eléctricas de alta tensão;
f) De 150 m e 300 m, relativamente a perímetros urbanos, monumentos nacionais, locais classificados de valor turístico, instalações e obras das Forças Armadas e forças e serviços de segurança, escolas e hospitais;
g) De 400 m e 600 m, relativamente a locais ou zonas classificadas com valor científico ou paisagístico.

Estas distâncias não são exigíveis para os casos em que o objecto a defender esteja integrado na respectiva exploração, os quais deverão ser considerados nos projectos dos aterros respectivos ou nos planos de lavra.

As distâncias de protecção podem ser reduzidas, pela entidade licenciadora, quando se comprove que esta redução não põe em risco a saúde pública ou a segurança de pessoas e bens.

2 — Para efeitos de protecção do solo e das águas subterrâneas e de superfície, a base do aterro deve ser constituída por uma camada que satisfaça as condições de permeabilidade e espessura de efeito combinado, equivalente, pelo menos, à que resulta das seguintes condições, sendo K o coeficiente de permeabilidade e E a espessura, podendo ser adoptados outros valores, caso a caso, pela entidade licenciadora em função das características específicas dos lixiviados:

a) Para inertes: K e E sem limites;
b) Para não inertes:
K igual ou menor que 10^{-8} m/s;
E igual ou maior que 1 m.

3 — Para protecção das linhas de água, devem ser construídas valas de drenagem com dimensão suficiente para garantir o desvio das águas pluviais e escorrências.

4 — No caso de ser previsível a descarga de efluentes ou de lixiviados, deve ser planeado o seu encaminhamento e tratamento de modo a evitar qualquer possível contaminação quer das águas superficiais, quer das águas subterrâneas.

5 — A descarga dos efluentes ou de lixiviados para a água ou para o solo deve cumprir os valores estipulados na lei, nomeadamente no Decreto-Lei n.º 236/98, de 1 de Agosto.

6 — Devem ser previstas medidas de minimização do impacte negativo no meio ambiente e na paisagem durante a exploração e após o encerramento do aterro.

II — Elementos a apresentar, em quadruplicado, pelo interessado na construção, exploração ou encerramento de aterros para resíduos resultantes da exploração de depósitos minerais e de massas minerais ou de actividades destinadas à transformação dos produtos resultantes desta exploração.

1 — Identificação do requerente.

2 — Projecto de construção, exploração e encerramento do aterro:

2.1 — O projecto deve ser acompanhado, pelo menos, dos seguintes elementos:

2.1.1 — Para os pequenos aterros de inertes:

a) Certidão de aprovação da localização emitida pela câmara municipal, sempre que o aterro se localize fora da área objecto da licença de estabelecimento para exploração de massas minerais ou da concessão para a exploração de depósitos minerais;

b) Tipo de aterro e caracterização sucinta dos resíduos;

c) Planta de localização e acessos;

d) Prova da disponibilidade do terreno para a instalação do aterro;

e) Volume, forma e integração paisagística finais previstos;

f) Plano de prevenção contra acidentes que possam resultar de situações de cataclismo ou de condições meteorológicas adversas, sempre que a entidade licenciadora o considere, fundamentadamente, exigível;

2.1.2 — Para os grandes aterros de inertes, além dos elementos indicados no n.º 2.1.1, os seguintes:

a) Volume de deposição anual previsto, pendentes dos taludes e sistemas de controlo da estabilidade e da subsidência;

b) Medidas de minimização do impacte ambiental, de integração paisagística e faseamento da sua aplicação;

2.1.3 — Para os aterros de não inertes, bacias de lamas ou barragens de decantação, além dos elementos indicados nos n.ᵒˢ 2.1.1 e 2.1.2, os seguintes:

a) Caracterização mineralógica, física e química dos resíduos e periodicidade da sua verificação;
b) Estudo geológico da área de influência do aterro, com a indicação da permeabilidade e resistência mecânica das formações, da rede hidrográfica e do sistema de circulação das águas subterrâneas;
c) Projecto das construções a efectuar para o estabelecimento do aterro, tendo especialmente em conta a estabilidade e impermeabilidade da base de apoio e dos taludes;
d) Método de correcção das características geomecânicas menos favoráveis;
e) Balanço hídrico e formas de controlo e de correcção das características físico-químicas dos efluentes e lixiviados, para reduzir a sua agressividade a níveis aceitáveis;
f) Sistema de controlo da permeabilidade da base e taludes do aterro de infiltrados;
g) Plano de monitorização da qualidade das águas subterrâneas;
h) Procedimentos para a operação e encerramento do aterro;
i) Pessoal afecto à operação do aterro.

1.2.2. Incineração

1.2.2.1. Incineração de resíduos perigosos (Decreto-lei
n.º 273/98, de 2 de Setembro) 459

Incineração de resíduos perigosos

Decreto-Lei n.º 273/98
de 2 de Setembro

Uma adequada gestão de resíduos deve garantir que estes sejam valorizados ou eliminados, evitando ou reduzindo ao mínimo os seus efeitos sobre o ambiente e a saúde pública, estabelecendo o Decreto-Lei n.º 239/97, de 9 de Setembro, as regras a que fica sujeita a gestão de resíduos, nomeadamente determinando que as operações de gestão de resíduos estão sujeitas a autorização prévia, abrangendo as operações de incineração.

A estratégia nacional de gestão de resíduos industriais é consagrada pela Resolução do Conselho de Ministros n.º 98/97, de 26 de Junho, a qual refere a co-incineração em unidades cimenteiras como forma preferencial de tratamento dos resíduos industriais perigosos.

A legislação específica sobre resíduos hospitalares, nomeadamente o despacho do Ministro da Saúde n.º 242/96, de 13 de Agosto, determina que os resíduos hospitalares específicos (grupo IV) são resíduos de incineração obrigatória.

Tendo em consideração que a incineração de resíduos perigosos deve ser conduzida de forma a minimizar a transferência de poluição e os seus reflexos transfronteiras, torna-se necessário concretizar acções preventivas para proteger o ambiente contra essas emissões, que passam, nomeadamente, pela adopção de:

Valores limite de emissão de poluentes para as instalações de incineração de resíduos perigosos;

Disposições especiais relativamente às emissões de dioxinas e furanos;

Disposições para os casos em que os valores limite de emissão sejam excedidos, bem como para as paragens, perturbações ou avarias dos sistemas de depuração tecnicamente inevitáveis.

Por outro lado, o Decreto-Lei n.º 352/90, de 9 de Novembro, reconheceu ser indispensável tomar as medidas adequadas de prevenção da poluição atmosférica provocada pelas instalações industriais.

Neste sentido, a Portaria n.º 286/93, de 12 de Março, fixou os valores limite de emissão de poluentes por fontes fixas, tendo em conta a natureza, as quantidades e a nocividade das emissões em causa, por forma a satisfazer as exigências de protecção do ambiente e de bem-estar das populações.

O presente decreto-lei consagra o quadro legislativo existente e opera a transposição para direito interno da Directiva n.º 94/67/CE, do Conselho, de 16 de Dezembro de 1994, relativa à incineração de resíduos perigosos, alterando o n.º 11.2 do anexo VI da Portaria n.º 286/93, de 12 de Março, por forma que sejam transpostas as disposições constantes desta directiva no que respeita à poluição atmosférica.

Assim:

Nos termos da alínea *a*) do n.º 1 do artigo 198.º da Constituição, o Governo decreta o seguinte:

CAPÍTULO I
Disposições gerais

Artigo 1.º
Objecto

1 — O presente diploma estabelece as regras a que fica sujeita a incineração de resíduos perigosos por forma a prevenir ou reduzir ao mínimo os efeitos negativos no ambiente, em especial a poluição do ar, do solo e das águas superficiais e subterrâneas, bem como os riscos para a saúde pública, resultantes da incineração de resíduos perigosos, e transpõe para direito interno as disposições constantes da Directiva n.º 94/67/CE, de 16 de Dezembro.

2 — O presente diploma é aplicável sem prejuízo da demais legislação nacional pertinente, em especial a relativa às regras de gestão de resíduos, à protecção da qualidade do ar e à protecção da saúde e segurança dos trabalhadores nas instalações de incineração.

Artigo 2.º
Âmbito

1 — Ficam excluídas do âmbito de aplicação deste diploma as instalações de incineração dos seguintes resíduos:
 a) Resíduos líquidos combustíveis, incluindo óleos usados, tal como definidos no despacho conjunto MIE-MARN de 26 de Abril de 1993, publicado no Diário da República, de 18 de Maio de 1993, que preencham os três critérios seguintes:
  i) O teor em massa de hidrocarbonetos aromáticos policlorados, por exemplo bifenilpoliclorados (PCB) ou o fenol pentaclorado (PCP), não exceda as concentrações previstas na legislação nacional aplicável;
  ii) Não se tornem perigosos devido à presença de outros elementos, enumerados no anexo I deste diploma, em quantidades ou concentrações que sejam incompatíveis com a prossecução dos objectivos estabelecidos no Decreto-Lei n.º 239/97, de 9 de Setembro;
  iii) O poder calorífico inferior seja de, pelo menos, 30 MJ/kg;
 b) Quaisquer resíduos líquidos combustíveis que, nos gases directamente resultantes da sua combustão, não dêem origem a emissões diferentes das resultantes da combustão de gasóleo, tal como definido na Portaria n.º 949/94, de 25 de Outubro, ou emissões com concentrações mais elevadas do que as resultantes da combustão de gasóleo, assim definido;
 c) Resíduos perigosos resultantes da prospecção e da exploração de recursos petrolíferos e de gás a partir de plataformas off-shore e incinerados a bordo;
 d) Lamas de depuração provenientes do tratamento de águas residuais urbanas que não se tornem perigosas devido à presença de outros elementos, enumerados no anexo I deste diploma, em quantidades ou concentrações que sejam incompatíveis com a prossecução dos objectivos estabelecidos no Decreto-Lei n.º 239/97, de 9 de Setembro, sem prejuízo do disposto no Decreto-Lei n.º 446/91, de 22 de Novembro, que estabelece o regime de utilização na agricultura de certas lamas provenientes de estações de tratamento de águas residuais;
 e) Carcaças ou restos de animais;
 f) Resíduos urbanos abrangidos pela Portaria n.º 125/97, de 21 de Fevereiro;

g) Resíduos hospitalares infecciosos, desde que a sua perigosidade não resulte da presença de outros elementos enumerados na lista constante do anexo I deste diploma;
h) Resíduos urbanos quando também se incinerem resíduos hospitalares infecciosos que não estejam misturados com outros resíduos que possam tornar-se perigosos devido a uma das outras características de perigo enumeradas no anexo III da Portaria n.º 818/97, de 5 de Setembro.

2 — Às condições de funcionamento das instalações de incineração abrangidas pela alínea g) do número anterior aplica-se a Portaria n.º 125/97, de 21 de Fevereiro.

Artigo 3.º
Definições

Para efeitos da aplicação do presente diploma entende-se por:
a) «Instalação de incineração» qualquer equipamento técnico afecto ao tratamento de resíduos perigosos por via térmica com ou sem recuperação de calor produzido por combustão, incluindo o local de implantação e o conjunto da instalação, nomeadamente o incinerador, os seus sistemas de alimentação por resíduos, por combustíveis ou pelo ar, os aparelhos e dispositivos de controlo das operações de incineração, de registo e de vigilância contínua das condições de incineração. Inclui as instalações que queimem resíduos perigosos como combustível normal ou suplementar para qualquer processo industrial;
b) «Instalação de incineração existente» qualquer instalação cujo pedido de autorização ou de licença de construção, de laboração ou de exploração tenha sido recebido pelos serviços competentes antes da data de entrada em vigor do presente diploma, desde que essa instalação entre em funcionamento o mais tardar um ano após a data de início de aplicação do presente diploma;
c) «Nova instalação de incineração» qualquer instalação cujo pedido de autorização ou de licença de construção, de laboração ou de exploração tenha sido recebido pelos serviços competentes depois da data de entrada em vigor do presente diploma;
d) «Operador» qualquer pessoa singular ou colectiva que explore a instalação de incineração ou que detenha poder económico decisivo sobre a mesma;

e) «Resíduos perigosos» os resíduos que apresentem características de perigosidade para a saúde ou para o ambiente, nomeadamente os definidos na Portaria n.º 818/97, de 5 de Setembro;
f) «Valor limite de emissão» a concentração e ou a massa de substâncias poluentes que não deve ser excedida nas emissões das instalações de incineração durante um determinado período.

CAPÍTULO II
Operação de incineração

SECÇÃO I
Autorização

ARTIGO 4.º
Instalações de incineração

1 — As instalações de incineração deverão ser concebidas, equipadas e exploradas de forma a serem tomadas as medidas preventivas adequadas contra a poluição do ambiente e a serem satisfeitas as exigências impostas no presente diploma.

2 — As instalações não essencialmente destinadas à incineração de resíduos perigosos embora alimentadas com estes resíduos (co-incineração) e nas situações em que o calor libertado por estes não for superior a 40%, inclusive, do calor total libertado pela instalação em qualquer momento da sua exploração, deverão, sem prejuízo do disposto no n.º 1 deste artigo, cumprir pelo menos o estipulado nos seguintes artigos deste diploma:

Nos artigos 1.º a 8.º;
Nos n.ºs 1, 6, 7 e 8 do artigo 9.º;
No artigo 11.º, à parte do volume dos gases de combustão que resulte da incineração de resíduos perigosos;
Nos n.ºs 1, 3 e 4 do artigo 12.º;
Nos artigos 13.º a 15.º;
Nos artigos 17.º e seguintes.

ARTIGO 5.º
Autorização prévia

1 — Qualquer operação de incineração está sujeita a autorização prévia do Ministro do Ambiente tal como estipulado no Decreto-Lei n.º 239/97, de 9 de Setembro, adiante designada por autorização, sem prejuízo dos números seguintes.

2 — A autorização prevista no número anterior não prejudica a sujeição a avaliação de impacte ambiental, bem como o licenciamento industrial, como prevista na legislação aplicável.

3 — As operações de incineração de resíduos hospitalares regem-se pelo disposto no Decreto-Lei n.º 239/97, de 9 de Setembro, e pela Portaria n.º 174/97, de 10 de Março.

ARTIGO 6.º
Requerimento de autorização

1 — O requerimento de autorização referido no n.º 1 do artigo anterior será entregue conjuntamente com os elementos de instrução do processo de avaliação de impacte ambiental, de acordo com o estipulado no artigo 10.º do Decreto-lei n.º 239/97, de 9 de Setembro, junto da entidade licenciadora.

2 — A entidade licenciadora remeterá de imediato o pedido de autorização prévia para o Instituto dos Resíduos.

3 — Sempre que se verificarem alterações às condições que serviram de base à autorização, o operador fará um requerimento de alteração junto da entidade licenciadora.

ARTIGO 7.º
Condições de autorização

1 — As instalações de incineração só deverão ser autorizadas se for demonstrado que estão concebidas e serão equipadas e exploradas tendo em conta a prevenção adequada do ambiente e as exigências impostas no presente diploma.

2 — A autorização concedida deverá indicar expressamente os tipos e as quantidades de resíduos perigosos que podem ser tratados na instalação, bem como a capacidade total de incineração.

3 — A autorização deverá indicar os requisitos de medição para controlo, em conformidade com o artigo 13.º, dos parâmetros, condições e concentrações dos poluentes pertinentes no processo de incineração.

4 — No âmbito do processo de autorização, deverão ser indicados os procedimentos de amostragem e de medição a utilizar no que respeita às medições periódicas, bem como a localização dos respectivos pontos de amostragem e medição.

5 — A autorização só será concedida se for demonstrado que as técnicas de medição propostas estão em conformidade com o anexo II.

6 — A autorização para a co-incineração só será concedida se for demonstrado que:

a) Os queimadores de resíduos perigosos serão colocados e os resíduos serão adicionados de forma a conseguir uma eficiência de queima tão completa quanto possível;

b) Será respeitado o estipulado neste diploma relativamente aos valores limite de emissão quando aplicados os cálculos referidos no n.º 6 do artigo 11.º

7 — A autorização a conceder à co-incineração deverá indicar expressamente os tipos e as quantidades de resíduos perigosos que podem ser co-incinerados, os fluxos mínimos e máximos, em massa, desses resíduos, o seu poder calorífico inferior mínimo e máximo e os seus teores máximos de poluentes, designadamente PCB, PCT, cloro, flúor, enxofre e metais pesados.

SECÇÃO II
Exploração das instalações de incineração

Artigo 8.º
Recepção dos resíduos

1 — O operador, aquando da recepção dos resíduos, deverá tomar todas as medidas necessárias para prevenir ou reduzir, tanto quanto possível, os efeitos negativos para o ambiente, em especial a poluição do ar, do solo e das águas superficiais e subterrâneas, bem como os riscos para a saúde humana, os quais deverão abranger pelo menos os requisitos estabelecidos nos n.ᵒˢ 2 e 3 deste artigo.

2 — Antes da recepção de quaisquer resíduos, o operador deverá dispor de uma descrição dos mesmos que inclua:

a) As suas características físicas e, na medida do possível, a sua composição química, bem como todas as informações necessárias para avaliar a sua adequação ao processo de incineração autorizado;

b) As características de risco associadas aos resíduos, as substâncias com as quais não podem ser misturados e as precauções a tomar na sua manipulação.

3 — Aquando da recepção dos resíduos, e antes da respectiva aceitação, deverá o operador ter observado os seguintes procedimentos:
a) Determinar a massa dos resíduos;
b) Recolher amostras representativas, sempre que tal seja possível antes da descarga, para verificar a conformidade dos resíduos com a descrição referida no n.º 2;
c) Cumprir e verificar o cumprimento da legislação em vigor relativa ao transporte de resíduos.

4 — Os registos relativos a todos os procedimentos realizados pelo operador ao abrigo do disposto nos n.ºs 2 e 3 deste artigo deverão poder ser facultados às autoridades competentes, devendo as amostras recolhidas ser guardadas durante, pelo menos, um mês após a incineração.

5 — As autoridades competentes poderão conceder isenções, relativamente a todo ou parte do disposto nos n.ºs 2 e 3 deste artigo, a estabelecimentos e empresas que queimem apenas os seus próprios resíduos no seu local de produção, desde que o industrial faça prova de que é alcançado o mesmo nível de protecção.

Artigo 9.º
Condições de funcionamento

1 — As instalações de incineração deverão ser exploradas de forma a conseguir uma eficiência tão completa quanto possível, o que pode exigir a utilização de técnicas adequadas de tratamento prévio de resíduos.

2 — As instalações de incineração deverão ser concebidas, equipadas e exploradas de modo a permitir que, após a última injecção de ar de combustão, os gases resultantes da incineração atinjam, de forma controlada e homogénea, mesmo nas condições menos favoráveis, a temperatura mínima de 850C medida na parede interior da câmara de combustão ou na proximidade da mesma, durante pelo menos dois segundos (tempo de residência) e na presença de pelo menos 6% de oxigénio, devendo a temperatura atingir pelo menos 1100C no caso da incineração de resíduos perigosos com um teor superior a 1% de substâncias orgânicas halogenadas expresso em cloro.

3 — O teor de oxigénio após a última injecção de ar de combustão deverá ser de pelo menos 3%, quando se verifique, cumulativamente, as seguintes condições:

a) O forno ser alimentado apenas com resíduos líquidos perigosos ou com uma mistura de substâncias gasosas e sólidas em pó, obtida a partir de um tratamento térmico prévio, de resíduos perigosos, com deficiência de oxigénio;

b) A parte gasosa constituir mais de 50% do calor total libertado.

4 — A autorização prévia poderá fixar condições diferentes dos estabelecidos nos n.ºs 2 e 3 deste artigo em relação a determinados resíduos perigosos, desde que sejam respeitados os valores limite de emissão, a que se refere o n.º 1 do artigo 11.º, e se garanta que os níveis de emissão de dioxinas e furanos sejam inferiores ou equivalentes aos obtidos se se observassem os requisitos estabelecidos nos n.ºs 2 e 3 deste artigo.

5 — As instalações de incineração deverão ser concebidas, equipadas e exploradas de forma a dar cumprimento ao estipulado na legislação vigente sobre a qualidade do ar ao nível do solo, e a descarga dos gases de combustão deverá ser efectuada de forma controlada por meio de uma chaminé.

6 — No período inicial de seis meses de co-incineração, os resultados das medições efectuadas, nas condições menos favoráveis possíveis, deverão mostrar que são respeitados os valores limite de emissão a que se refere o artigo 11.º

7 — Durante o período referido no número anterior, as autoridades competentes poderão conceder isenções ao cumprimento da percentagem estabelecida no n.º 2 do artigo 4.º para vigorarem até ao fim daquele período.

8 — Todo o calor gerado pelos processos de incineração deverá ser, tanto quanto possível, utilizado.

ARTIGO 10.º
Arranque, paragens e outras situações particulares

1 — As instalações de incineração deverão estar equipadas com queimadores accionados automaticamente sempre que a temperatura dos gases de combustão, após a última injecção do ar de combustão, desça abaixo da temperatura mínima relevante indicada no n.º 2 do artigo anterior.

2 — Os queimadores deverão ser igualmente accionados durante as operações de arranque e de paragem da instalação, a fim de garantir que a temperatura mínima relevante se mantém enquanto permanecerem resíduos não queimados na câmara de combustão.

3 — Durante o arranque e a paragem ou sempre que a temperatura dos gases de combustão desça abaixo da temperatura mínima relevante indicada no n.º 2 do artigo anterior, os queimadores não deverão ser alimentados com combustíveis que possam dar origem a maiores quantidades de emissões do que as resultantes da combustão de gasóleo, de gás liquefeito ou de gás natural.

4 — É obrigatória a existência e a utilização de um sistema para prevenir a adição de resíduos perigosos:

a) No arranque, até que seja atingida a temperatura mínima de incineração exigida;

b) Sempre que não seja mantida a temperatura mínima de incineração exigida;

c) Sempre que as medições contínuas exigidas no n.º 1, alínea *a)*, do artigo 13.º indicarem que é excedido qualquer dos valores limite de emissão devido a perturbações ou avarias nos sistemas de redução de emissões.

Artigo 11.º
Valores limite de emissão

1 — As instalações de incineração deverão ser concebidas, equipadas e exploradas de forma que as emissões dos gases de combustão não ultrapassem os valores limite definidos no anexo III.

2 — Os valores limite de emissão fixados no anexo III consideram-se respeitados se cumulativamente:

a) Nenhum dos valores médios diários exceder os valores limite de emissão constantes da coluna A das tabelas 1 e 2 e durante o ano nenhum valor exceder os valores limite constantes das colunas B ou C da tabela 2;

b) Nenhum dos valores limite estabelecidos na tabela 3 for excedido;

c) Os valores limite estabelecidos nas colunas B ou C da tabela 1 não forem excedidos.

3 — Os valores médios obtidos durante os períodos referidos no n.º 1 do artigo 14.º não serão considerados para a determinação do cumprimento das disposições do número anterior.

4 — Os valores médios a intervalos de trinta e de dez minutos, constantes do anexo III, serão determinados, a partir dos valores medidos depois de subtraído o valor do intervalo de confiança referido no n.º 4 do anexo II, durante o período de funcionamento efectivo, que inclui os períodos de arranque e de paragem durante os quais sejam incinerados resíduos perigosos.

5 — Os valores médios diários referidos no número anterior serão determinados a partir desses valores médios validados de trinta ou de dez minutos.

6 — No caso da co-incineração de resíduos perigosos, tal como prevista no n.º 2 do artigo 4.º, os valores limite de emissão adequados para os poluentes pertinentes emitidos deverão ser determinados em conformidade com o anexo IV, sendo estes valores limite de emissão e o do monóxido de carbono apenas aplicados à parte do volume dos gases de combustão que resulte da incineração dos resíduos perigosos.

Artigo 12.º
Aferição dos resultados

1 — Os resultados das medições efectuadas, para verificação da observância dos valores limite de emissão estabelecidos, deverão ser aferidos em relação a uma temperatura de 273 K, pressão de 101,3 kPa e 11% de oxigénio, gás seco, excepto na incineração exclusiva de óleos usados, em que a percentagem de oxigénio deverá ser de 3%.

2 — Nas situações de incineração em atmosfera enriquecida em oxigénio, os resultados das medições poderão ser aferidos a um teor de oxigénio estabelecido na autorização prévia que reflicta as circunstâncias especiais de cada caso concreto.

3 — No caso da co-incineração, os resultados das medições serão aferidos em relação a um teor total de oxigénio calculado nos termos do anexo IV.

4 — Quando as emissões dos poluentes forem reduzidas por tratamento dos gases de combustão, a aferição do teor de oxigénio, referida nos números anteriores, apenas será efectuada se o teor de oxigénio medido nas emissões dos poluentes em causa exceder, durante o mesmo período, o teor de oxigénio estabelecido.

ARTIGO 13.º
Controlo das emissões

1 — Na instalação de incineração serão efectuadas, nos termos das condições constantes do anexo II, as seguintes medições:
 a) Medições contínuas, nos gases de combustão, de monóxido de carbono, partículas totais, compostos orgânicos, ácido clorídrico, ácido fluorídrico e dióxido de enxofre;
 b) Medições contínuas dos parâmetros operacionais:
  Temperatura, nas condições referidas nos n.ºs 2 e 4 do artigo 9.º;
  Concentração de oxigénio, pressão, temperatura e teor de vapor de água, nos gases de combustão;
 c) Pelo menos duas medições por ano dos metais pesados, dioxinas e furanos, indicados no anexo III, sendo efectuada uma medição de dois em dois meses durante os primeiros 12 meses de exploração;
 d) O tempo de residência, a temperatura mínima relevante e o teor de oxigénio dos gases de combustão referidos no artigo 9.º serão sujeitos a verificação aquando da entrada em funcionamento da instalação de incineração e nas condições de exploração menos favoráveis possíveis.

2 — O Ministério do Ambiente poderá fixar, por despacho, a realização de medições mais frequentes ou contínuas das substâncias mencionadas na alínea c) do número anterior, em conformidade com o anexo II.

3 — A medição contínua de ácido fluorídrico, prevista na alínea a) do n.º 1, poderá ser omitida nos casos em que se utilizem sistemas de remoção de emissões do ácido clorídrico e se garanta que os valores limite de emissão referidos no anexo III, para este poluente, não são excedidos, ficando, neste caso, as emissões de ácido fluorídrico sujeitas a medições periódicas, de acordo com a alínea c) do n.º 1.º

4 — Não será necessária a medição contínua do teor de vapor de água, desde que os gases de combustão recolhidos para amostragem sejam dessecados antes de as emissões serem analisadas.

5 — Com excepção das dioxinas, furanos e monóxido de carbono, não serão necessárias medições de outros poluentes desde que a autorização prévia permita apenas a incineração de resíduos perigosos que não possam dar origem a emissões com valores médios superiores a 10% dos valores limite de emissão estabelecidos no anexo III.

6 — As autoridades competentes definirão os requisitos das medições periódicas a observar, em conformidade com o anexo II.

7 — Os resultados obtidos no autocontrolo das emissões atmosférias serão enviados para as autoridades competentes, nos termos fixados no Decreto-Lei n.º 352/90, de 9 de Novembro.

Artigo 14.º
Situações excepcionais de funcionamento

1 — O prazo máximo autorizado de quaisquer paragens, perturbações ou avarias dos sistemas de depuração ou de medição, que sejam tecnicamente inevitáveis, durante o qual as concentrações das substância regulamentadas nas descargas para a atmosfera excedam os valores limite de emissão estabelecidos, não poderá, em quaisquer circunstâncias, ultrapassar quatro horas seguidas, nem sessenta horas de duração acumulada de funcionamento nessas condições, durante o período de um ano.

2 — Sempre que as medições efectuadas indicarem que foram excedidos os valores limite de emissão estabelecidos, a direcção regional do ambiente respectiva, deverá ser informada desse facto no prazo de vinte e quatro horas.

3 — O operador deverá suspender a adição de resíduos perigosos enquanto não puder respeitar os valores limite de emissão e até ao momento em que a direcção regional do ambiente autorize expressamente o recomeço do processo de adição desses resíduos.

4 — No caso de avaria total da instalação de incineração, o operador deverá reduzir ou cessar o mais rapidamente possível o funcionamento até ao restabelecimento de todas as condições normais, e no caso de co-incineração deverá cessar a adição de resíduos perigosos.

5 — Nas situações excepcionais de funcionamento deverão ser respeitados:

   a) O valor máximo de 150 mg/m^3 N enquanto valor médio a intervalos de trinta minutos, para o teor total de partículas;
   b) Os valores limite de emissão referentes aos compostos orgânicos e ao monóxido de carbono a que se refere o artigo 11.º;
   c) Todos os requisitos de combustão referidos no artigo 9.º, nomeadamente os respeitantes à temperatura, tempo de residência e teor de oxigénio e todas as condições previstas no artigo 10.º

Artigo 15.º
Técnicas de medição

1 — As técnicas de medição a utilizar deverão estar de acordo com o anexo II a este diploma.

2 — Os valores de intervalo de confiança (95%) relativos aos valores limite de emissão estabelecidos para o monóxido de carbono, dióxido de enxofre, partículas totais, carbono orgânico total e ácido clorídrico não deverão exceder os valores estabelecidos no n.º 4 do anexo II.

3 — O equipamento de controlo automático será sujeito, aquando da sua instalação, a controlo e posteriormente, pelo menos uma vez por ano, a teste de verificação do seu funcionamento.

Artigo 16.º
Efluentes líquidos

1 — A descarga de águas residuais da instalação de incineração está sujeita a licenciamento pela direcção regional do ambiente respectiva, devendo este conter os valores limite impostos para cada poluente presente ou expectável, as condições de autocontrolo exigidas e o seu prazo de validade, que não poderá exceder quatro anos.

2 — As instalações de incineração, com toda a área que lhe é afecta, incluindo a área de armazenamento, deverão ser concebidas e exploradas de modo a evitar a libertação de substâncias nocivas para o solo e para os meios hídricos, devendo as operações inerentes à sua exploração e manutenção conduzir à produção mínima de águas residuais, nomeadamente as operações de depuração de gases de combustão.

3 — A rejeição para o ambiente aquático de efluentes líquidos resultantes do tratamento de gases de combustão pode ser, sob reserva de disposições específicas da licença referida no n.º 1, efectuada após tratamento separado, desde que:

a) Sejam respeitadas, sob a forma de valores limite de emissão, as exigências dos diplomas legais comunitários e nacionais aplicáveis; e

b) Seja mínima e inferior à autorizada para as emissões gasosas, a massa de metais pesados, de dioxinas e de furanos contidos nessas descargas aquosas em relação à quantidade de resíduos perigosos tratados.

ARTIGO 17.º
Gestão dos resíduos produzidos

1 — Os resíduos resultantes da exploração da instalação de incineração deverão ser valorizados ou eliminados de acordo com o estipulado no Decreto-Lei n.º 239/97, de 9 de Setembro, o que poderá exigir um tratamento prévio dos resíduos.

2 — Os resíduos deverão ser mantidos separados uns dos outros enquanto é estudado o seu destino, devendo ser aplicadas as tecnologias adequadas para facilitar as operações de valorização ou de eliminação.

3 — O transporte e o armazenamento intermédio de resíduos secos sob a forma pulverulenta, por exemplo poeiras de caldeiras e resíduos secos provenientes do tratamento dos gases de combustão, deverão ser efectuados em recipientes fechados.

4 — Antes de serem estabelecidos métodos de eliminação ou valorização dos resíduos resultantes da incineração, deverão ser efectuados testes adequados para se definir as características físicas e químicas e o potencial poluente dos diferentes resíduos, devendo a análise incidir, em especial, sobre a fracção solúvel e os metais pesados.

ARTIGO 18.º
Dever de informação

1 — O Instituto dos Resíduos, em colaboração com a Direcção-Geral do Ambiente e as direcções regionais do ambiente, elaborará de três em três anos um relatório sobre a aplicação do presente diploma, em conformidade com o disposto no artigo 5.º da Directiva n.º 91/692/CE, sendo o primeiro referente ao período de 1998-2000.

2 — Nestes relatórios devem ser explicitadas todas as condições de exploração permitidas ao abrigo do n.º 4 do artigo 9.º, bem como os resultados da sua verificação em conformidade com o disposto no artigo 5.º da Directiva n.º 91/692/CE.

3 — Os pedidos de licença e as respectivas decisões das autoridades competentes, bem como os resultados do controlo previsto no artigo 13.º do presente diploma, deverão estar acessíveis ao público, nos termos da legislação aplicável ao direito de acesso dos documentos em posse da Administração Pública.

CAPÍTULO III
Fiscalização e sanções

Artigo 19.º
Fiscalização

A fiscalização do cumprimento do presente diploma incumbe ao Instituto dos Resíduos, à Direcção-Geral do Ambiente, à Inspecção--Geral do Ambiente e às direcções regionais do ambiente, bem como às demais entidades competentes.

Artigo 20.º
Contra-ordenação

1 — As infracções ao disposto nos n.ºˢ 2, 3 e 6 do artigo 9.º, n.ºˢ 2, 3 e 4 do artigo 10.º, n.º 1 e 6 do artigo 11.º, n.ºˢ 1 e 2 do artigo 13.º e artigo 14.º do presente diploma constituem contra--ordenação punível com coima de 100000$00 a 750000$00, no caso de pessoas singulares, e de 500000$00 a 9000000$00, no caso de pessoas colectivas.

2 — As infracções ao disposto nos n.os 1, 2, 3 e 4 do artigo 8.º, n.ºˢ 1 e 7 do artigo 13.º, n.ºˢ 2 e 4 do artigo 17.º e n.º 2 do artigo 18.º constituem contra-ordenação punível com coima de 50000$00 a 500000$00, no caso de pessoas singulares, e de 100000$00 a 3000000$00, no caso de pessoas colectivas.

3 — A tentativa e a negligência são sempre puníveis.

Artigo 21.º
Sanções acessórias

1 — Às contra-ordenações previstas no artigo anterior podem, em simultâneo com a coima e nos termos da lei geral, ser aplicadas as seguintes sanções acessórias:
  a) Perda a favor do Estado dos objectos pertencentes ao agente e utilizados na prática da infracção;
  b) Interdição do exercício da actividade que dependa de título público ou de autorização ou homologação de autoridade pública;
  c) Privação do direito a subsídios ou benefícios outorgados por entidades ou serviços públicos, benefícios de crédito e de linhas de financiamento;

d) Privação do direito de participar em concursos públicos que tenham por objecto o fornecimento de bens e serviços, a concessão de serviços públicos e a atribuição de licenças e alvarás;

e) Encerramento do estabelecimento sujeito a autorização ou licença de autoridade administrativa;

f) Suspensão de autorizações licenças e alvarás.

2 — As sanções referidas nas alíneas *b)* a *f)* do número anterior têm a duração máxima de dois anos contados a partir da decisão condenatória definitiva.

Artigo 22.º
Instrução de processos e aplicação de sanções

1 — Sem prejuízo da competência de outras entidades, compete às entidades fiscalizadoras do cumprimento do presente diploma instruir os processos relativos às contra-ordenações previstas nos artigos anteriores.

2 — A instrução dos processos cujo auto seja lavrado por autoridade policial compete às direcções regionais do ambiente.

3 — Compete ao presidente do Instituto dos Resíduos decidir da aplicação de coimas e de sanções acessórias.

Artigo 23.º
Produtos das coimas

O produto das coimas previstas no presente diploma é afectado da seguinte forma:

a) 60% para o Estado;
b) 20% para o Instituto dos Resíduos;
c) 20% para a entidade que processa a contra-ordenação.

CAPÍTULO IV
Disposições finais e transitórias

Artigo 24.º
Disposições transitórias

1 — As disposições do presente diploma serão aplicadas às instalações de incineração existentes após 30 de Junho de 2000.

2 — O disposto no n.º 1 não é aplicável às instalações já existentes no caso de o operador comunicar às autoridades competentes, no prazo de seis meses a contar da data de publicação deste diploma, que a instalação de incineração, antes de ser definitivamente encerrada, não funcionará mais de vinte mil horas num prazo máximo de cinco anos a contar da data de comunicação do operador.

ARTIGO 25.º
Norma revogatória

Os valores limite de emissão constantes do n.º 11.2 do anexo VI à Portaria n.º 286/93, de 12 de Março, são alterados de acordo com o constante do anexo III ao presente diploma para a incineração de todos os resíduos perigosos contidos no seu âmbito.

Visto e aprovado em Conselho de Ministros de 25 de Junho de 1998. — *António Manuel de Oliveira Guterres — Joaquim Augusto Nunes de Pina Moura — Maria de Belém Roseira Martins Coelho Henriques de Pina — Elisa Maria da Costa Guimarães Ferreira.*
Promulgado em 8 de Agosto de 1998.
Publique-se.
O Presidente da República, JORGE SAMPAIO.
Referendado em 20 de Agosto de 1998.
Pelo Primeiro-Ministro, *Jaime José Matos da Gama*, Ministro dos Negócios Estrangeiros.

ANEXO I
Elementos passíveis de conferir características de perigosidade aos resíduos

Código
C1 Berílio e seus compostos.
C2 Compostos de vanádio.
C3 Compostos de crómio hexavalente.
C4 Compostos de cobalto.
C5 Compostos de níquel.
C6 Compostos de cobre.
C7 Compostos de zinco.
C8 Arsénio e seus compostos.
C9 Selénio e seus compostos.
C10 Compostos de prata.
C11 Cádmio e seus compostos.

C12	Compostos de estanho.
C13	Antimónio e seus compostos.
C14	Telúrio e seus compostos.
C15	Compostos de bário, excepto o sulfato de bário.
C16	Mercúrio e seus compostos.
C17	Tálio e seus compostos.
C18	Chumbo e seus compostos.
C19	Sulfuretos inorgânicos.
C20	Compostos inorgânicos de flúor, excepto o fluoreto de cálcio.
C21	Cianetos inorgânicos.
C22	Os seguintes metais alcalinos ou alcalinoterrosos sob a forma não combinada: lítio, sódio, potássio, cálcio e magnésio.
C23	Soluções ácidas ou ácidos sob forma sólida.
C24	Soluções básicas ou bases sob forma sólida.
C25	Amianto (poeiras ou fibras).
C26	Fósforo e seus compostos, com excepção dos fosfatos minerais.
C27	Carbonilos metálicos.
C28	Peróxidos.
C29	Cloratos.
C30	Percloratos.
C31	Azidas.
C32	PCB e ou PCT.
C33	Compostos farmacêuticos ou veterinários.
C34	Biocidas e substâncias fitofarmacêuticas (por exemplo, pesticidas).
C35	Substâncias infecciosas.
C36	Creosol.
C37	Isocianatos, tiocianatos.
C38	Cianetos orgânicos (por exemplo, nitrilos).
C39	Fenóis e compostos fenólicos.
C40	Solventes halogenados.
C41	Solventes orgânicos não halogenados.
C42	Compostos organo-halogenados, com excepção dos polimerizados inertes e das outras substâncias constantes deste anexo.
C43	Compostos aromáticos; Compostos orgânicos policíclicos e heterocíclicos.
C44	Aminas alifáticas.
C45	Aminas aromáticas.
C46	Éteres.
C47	Substâncias explosivas, com exclusão das constantes de outros pontos deste anexo.
C48	Compostos orgânicos de enxofre.
C49	Produtos da família do policlorodibenzofurano.
C50	Produtos da família do policlorodibenzoparadioxina
C51	Outros hidrocarbonetos e seus compostos de oxigénio, azoto e ou enxofre não especificamente referidos neste anexo.

ANEXO II
Técnicas de medição

1 — As medições com vista à determinação das concentrações de poluentes atmosféricos em condutas de gás devem ser representativas.

2 — A amostragem e análise de todos os poluentes, incluindo dioxinas e furanos, bem como os métodos de medição de referência para calibrar sistemas automáticos de medição, devem observar as normas CEN elaboradas com base em estudos encomendados pela Comissão. Enquanto não se dispuser de normas CEN, serão aplicáveis as normas nacionais.

3 — O procedimento de controlo das dioxinas e furanos apenas pode ser autorizado se o limiar de detecção na amostragem e análise das dioxinas e furanos específicos for suficientemente reduzido para conduzir a um resultado significativo em termos de equivalentes de toxicidade.

4 — Os valores dos intervalos de confiança de 95% determinados para as concentrações indicadas entre parêntesis (*) não deverão exceder as seguintes percentagens dos valores limite de emissão:

Monóxido de carbono (50 mg/m^3 N) — 10%;
Dióxido de enxofre (50 mg/m^3 N) — 20%;
Partículas totais (10 mg/m^3 N) — 30%;
Carbono orgânico total (10 mg/m^3 N) — 30%;
Ácido clorídrico (10 mg/m^3 N) — 40%;

(*) Estas concentrações referem-se aos valores limite de emissão, expressos sob a forma de valores médios diários, dos poluentes mencionados, a que se refere o artigo 11.º

ANEXO III
Valores limite de emissão

Valores limite de emissão que devem ser observados nos efluentes gasosos resultantes da incineração de resíduos perigosos

TABELA 1

Poluentes	A Valor médio	B Percentil 95 dos valores médios de dez minutos obtidos num período de vinte e quatro horas	C Valores médios de trinta minutos obtidos num período de vinte e quatro horas
Monóxido de carbono	50mg/m^3 N	150 mg/m^3 N	100 mg/m^3 N

TABELA 2

Poluentes	A	B	C
	Valor médio diário	Valores médios de trinta minutos obtidos durante o ano	Percentil 97 dos valores médios de trinta minutos obtidos durante o ano
Partículas totais	10mg/m^3 N	30 mg/m^3 N	10 mg/m^3 N
Substâncias orgânicas no estado gasoso ou de vapor expressas em carbono orgânico total ...	10mg/m^3 N	20mg/m^3 N	10mg/m^3 N
Ácido clorídrico (*HCl*)	10mg/m^3 N	60mg/m^3 N	10mg/m ^{3} N
Ácido fluorídrico (*HF*)	1mg/m^3 N	4 mg/m^3 N	2mg/m^3 N
Dióxido de enxofre (SO_2)	50mg/m^3 N	200mg/m^3 N	50mg/m^3 N

TABELA 3

Poluentes		Valor médio obtido durante um período de amostragem mínimo de trinta minutos e máximo de oito horas
Cádmio e tálio, e respectivos compostos expressos em cádmio (*Cd*) e tálio (*Tl*)	Total acumulado	0,05mg/m^3 N (*) 0,1mg/m^3 N (**)
Mercúrio e seus compostos, expressos em mercúrio (*Hg*)		0,05mg/m^3 N (*) 0,1mg/m^3 N (**)
Antimónio e respectivos compostos, expressos em antimónio (*Sb*)	Total acumulado	1mg/m^3 N (**) 0,5mg/m^3 N (*)
Arsénio e respectivos compostos, expressos em arsénio (*As*)		
Chumbo e respectivos compostos, expressos em chumbo (*Pb*)		
Crómio e respectivos compostos, expressos em crómio (*Cr*)		
Cobalto e respectivos compostos, expressos em cobalto (*Co*)		
Cobre e respectivos compostos, expressos em cobre (*Cu*)		
Magnésio e respectivos compostos, expressos em magnésio (*Mg*)		
Níquel e respectivos compostos, expressos em níquel (*Ni*)		
Vanádio e respectivos compostos, expressos em vanádio (*V*)		
Estanho e respectivos compostos, expressos em estanho (*Sn*)		

Estes valores médios incluem também as emissões de metais pesados no estado gasoso ou vapor, bem como dos respectivos compostos.

TABELA 4

Poluentes		Valor médio obtido durante um período de amostragem mínimo de seis e máximo de oito horas
Dioxinas e furanos	Total (***)	0,1mg/m³ N (*)

(*) Novas instalações.
(**) Instalações existentes.
(***) O valor limite é definido como a soma das concentrações diversas de dioxinas e furanos determinados em conformidade com a tabela constante do anexo V.

ANEXO IV
Determinação dos valores limite de emissões no que respeita a co-incineração de resíduos perigosos

Os valores limite de emissão de cada poluente pertinente e do monóxido de carbono presentes nos gases de combustão provenientes da co-incineração de resíduos perigosos devem ser calculados do seguinte modo:

$$\frac{V_{resíduos} \times C_{resíduos} + V_{processo} \times C_{processo}}{V_{resíduos} + V_{processo}} = C$$

$V_{resíduos}$: volume dos gases de combustão provenientes da incineração exclusiva de resíduos perigosos, determinado com base nos resíduos com o menor valor calórico especificado na licença e aferido em relação às condições estipuladas no artigo 12.º

Se a libertação de calor resultante da incineração de resíduos perigosos for inferior a 10% do calor total libertado na instalação, o valor $V_{resíduos}$ deverá ser calculado a partir de uma quantidade (teórica) de resíduos que, ao serem incinerados, possam equivaler a 10% do calor libertado, sendo o total do calor libertado um valor fixo.

$C_{resíduos}$: valores limite de emissão fixados para as instalações destinadas a incinerar exclusivamente resíduos perigosos, tal como referidos no artigo 11.º

$V_{processo}$: volume dos gases de combustão, à saída para a atmosfera, provenientes do processo nas instalações, incluindo a combustão dos combustíveis autorizados e normalmente utilizados (com excepção dos resíduos perigosos), determinado com base nos teores de oxigénio em relação aos quais as emissões devem ser aferidas, em conformidade com as disposições legais. Na ausência de disposições para este tipo de instalações, deverá utilizar-se o teor real de oxigénio nos gases de combustão, não diluídos pela adição suplementar de ar desnecessário ao processo. A aferição em relação a outras condições está prevista no artigo 12.º

$C_{processo}$: valores limite de emissão dos poluentes pertinentes e do monóxido de carbono nos gases de combustão de instalações que cumpram as disposições legislativas, regulamentares e administrativas que lhes sejam aplicáveis, quando queimem os combustíveis normalmente autorizados (com excepção dos resíduos perigosos). Na ausência de tais disposições, deverão ser utilizados os valores limite de emissão que estiverem estabelecidos na licença. Se esses valores não forem expressos na licença deverão ser utilizadas as concentrações em massa reais.

C: valor limite de emissão total do monóxido de carbono e dos poluentes pertinentes, que substituem os valores limite de emissão a que se refere o artigo 11.° O teor total de oxigénio que deverá substituir o teor de oxigénio, com vista à aferição das emissões, é calculado com base nos teores acima referidos, observando-se os respectivos volumes parciais.

Os poluentes e o monóxido de carbono que não provenham directamente da incineração de resíduos perigosos ou de combustíveis (por exemplo, materiais necessários à produção ou produtos), bem como o monóxido de carbono directamente proveniente da referida incineração, não deverão ser tomados em consideração se:

O processo de produção exigir concentrações mais elevadas de monóxido de carbono nos gases de combustão; e

For respeitada a $C_{resíduos}$ (acima definida) no que respeita às dioxinas e aos furanos.

Em todo o caso, tendo em conta os resíduos perigosos autorizados que podem ser co-incinerados, o valor limite de emissão total (C) deve ser calculado de modo a minimizar as emissões para o ambiente.

ANEXO V
Factores de equivalência das dioxinas e dibenzofuranos

Com vista à determinação do valor da emissão de dioxinas e furanos, as concentrações em massa das dioxinas e dibenzofuranos que se seguem devem ser multiplicadas pelos seguintes factores de equivalência antes de se proceder à adição (recurso ao conceito de equivalentes tóxicos):

Factor de equivalência tóxica

2, 3, 7, 8   Tetraclorodibenzodioxina (TCDD)
1

1, 2, 3, 7, 8   Pentaclorodibenzodioxina (PeCDD)
0,5

1, 2, 3, 4, 7, 8   Hexaclorodibenzodioxina (HxDD)
0,1

1, 2, 3, 7, 8, 9   Hexaclorodibenzodioxina (HxCDD)
0,1

1, 2, 3, 6, 7, 8   Hexaclorodibenzodioxina (HxCDD)
0,1

1, 2, 3, 4, 6, 7, 8	Heptaclorodibenzodioxina (HpCDD)	
	Octaclorodibenzodioxina(OCDD)	
0,001		
2, 3, 7, 8	Tetraclorodibenzofurano (TCDF)	
0,1		
2, 3, 4, 7, 8	Pentaclorodibenzofurano (PeCDF)	
0,5		
1, 2, 3, 7, 8	Pentaclorodibenzofurano (PeCDF)	
0,05		
1, 2, 3, 4, 7, 8	Hexaclorodibenzofurano (HxCDF)	
0,1		
1, 2, 3, 7, 8, 9	Hexaclorodibenzofurano (HxCDF)	
0,1		
1, 2, 3, 6, 7, 8	Hexaclorodibenzodioxina (HxCDF)	
0,1		
2, 3, 4, 6, 7, 8	Hexaclorodibenzofurano (HxCDF)	
0,1		
1, 2, 3, 4, 6, 7, 8	Heptaclorodibenzofurano (HpCDF)	
0,01		
1, 2, 3, 4, 7, 8, 9	Heptaclorodibenzofurano (HpCDF)	
0,01		
	Octaclorodibenzofurano (OCDF)	
0,001		

1.3. Gestão integrada

1.3.1. Centros Integrados de Recuperação, Valorização e Eliminação de Resíduos Perigosos (Decreto-lei n.º 3/2004, de 3 de Janeiro 485

Centros integrados de recuperação, valorização e eliminação de resíduos perigosos

Decreto-Lei n.º 3/2004
de 3 de Janeiro

O programa político do XV Governo Constitucional, no domínio do ambiente, estabelece claramente uma linha de actuação em matéria de gestão de resíduos, nomeadamente de resíduos industriais perigosos, centrada na prevenção da sua produção e na promoção e desenvolvimento das opções de reutilização e reciclagem, garantindo um elevado nível de protecção da saúde pública e do ambiente.

Esta orientação estriba-se na estratégia da União Europeia estabelecida pela resolução do Conselho de 24 de Fevereiro de 1997, a qual refere que a gestão de resíduos, em particular dos perigosos, obriga à definição de uma hierarquia de preferência quanto aos destinos para cada tipo de resíduos, e tendo sempre em consideração que as soluções a adoptar devem respeitar os direitos à protecção da saúde pública e a um ambiente de vida humano, sadio e ecologicamente equilibrado.

Assim, a estratégia preconizada pelo Governo para a gestão de resíduos industriais assenta em seis princípios fundamentais: conhecer, em permanência, a sua quantidade e características, minimizar a sua produção na origem, promover a instalação — por fileira — de unidades de reutilização ou reciclagem, utilizar tecnologias de tratamento integradas e complementares que privilegiem a sua reutilização e reciclagem, promover a eliminação do passivo ambiental e garantir, tendencialmente, a auto-suficiência do País.

A aplicação destes princípios permitirá, por seu turno, a criação de um sistema integrado de tratamento de resíduos industriais, que contemple os seguintes componentes: inventariação permanente, acompanhamento e controlo do movimento dos resíduos, redução dos resíduos que necessitam de tratamento e destino final, constituição de uma bolsa de resíduos e construção de centros integrados de recuperação, valorização e eliminação de resíduos.

Dando sequência a esta estratégia e no sentido de criar condições objectivas que permitam a resolução do problema relativo ao correcto tratamento a aplicar aos resíduos industriais no seu todo, e aos perigosos em particular, avançando para uma solução satisfatória para todos os intervenientes, o Ministério das Cidades, Ordenamento do Território e Ambiente incumbiu seis universidades portuguesas, em colaboração com o Instituto Nacional de Estatística, através de um protocolo assinado em 27 de Maio de 2002, de realizarem um estudo de inventariação dos resíduos industriais produzidos em Portugal tendo como referência o ano 2001 e destinado a fazer uma reavaliação dos dados até então conhecidos.

Tendo já sido conhecidos os resultados desse estudo, que apontam para a produção anual de 254000 t de resíduos industriais perigosos, e atendendo às suas características, ficou patente a necessidade de dotar o País de centros integrados de recuperação, valorização e eliminação de resíduos perigosos (CIRVER).

Os CIRVER são unidades integradas que conjugam as melhores tecnologias disponíveis a custos comportáveis, permitindo viabilizar uma solução específica para cada tipo de resíduo, de forma a optimizar as condições de tratamento e a minimizar os custos do mesmo.

Através da utilização de processos físico-químicos e biológicos, os CIRVER permitem intervir na maioria das tipologias dos resíduos industriais perigosos, conduzindo à sua redução e valorização e à sua posterior utilização como matéria-prima no mesmo processo ou em processo de fabrico diferente.

Nestes centros, os resíduos que não possam ser sujeitos a processos físico-químicos e biológicos, na totalidade ou em parte, serão submetidos a operações de estabilização ou inertização antes de serem depositados em aterro. Tais processos reduzem significativamente a quantidade e a perigosidade dos resíduos a depositar em aterro e, portanto, a sua dimensão e impactes associados.

Assim, pelo presente diploma define-se o regime jurídico do licenciamento da instalação e da exploração dos CIRVER, garantindo o necessário rigor e transparência de todo o processo que conduzirá à sua instalação no País.

Para o efeito, definem-se as regras do procedimento de licenciamento, o qual assume a forma de concurso público e compreende uma fase de pré-qualificação dos candidatos, uma fase de selecção de projectos e uma fase de emissão dos respectivos alvarás.

Este procedimento destina-se a avaliar a capacidade técnica, económica e financeira dos candidatos e a qualidade técnica e financeira dos respectivos projectos, bem como a garantir a instalação e exploração dos CIRVER em condições que permitam a salvaguarda da saúde pública e do ambiente.

É ainda criado o observatório nacional dos CIRVER, que integra representantes da Administração Pública e da sociedade civil, ao qual caberá monitorizar o seu funcionamento, complementando a actividade de controlo e fiscalização das autoridades competentes.

Foi ouvida a Associação Nacional de Municípios Portugueses.

Assim:

Nos termos da alínea *a*) do n.º 1 do artigo 198.º da Constituição, o Governo decreta o seguinte:

CAPÍTULO I
Disposições gerais

SECÇÃO I
Âmbito e conceitos gerais

Artigo 1.º
Objecto

1 — O presente diploma consagra o regime jurídico do licenciamento da instalação e da exploração dos centros integrados de recuperação, valorização e eliminação de resíduos perigosos, adiante designados por CIRVER.

2 — Ficam excluídos do âmbito de aplicação do presente diploma os resíduos radioactivos.

3 — Um CIRVER inclui, necessariamente, as seguintes unidades de recuperação, valorização e eliminação de resíduos perigosos:

 a) Unidade de classificação, incluindo laboratório, triagem e transferência;
 b) Unidade de estabilização;
 c) Unidade de tratamento de resíduos orgânicos;
 d) Unidade de valorização de embalagens contaminadas;
 e) Unidade de descontaminação de solos;
 f) Unidade de tratamento físico-químico;
 g) Aterro de resíduos perigosos.

Artigo 2.º
Objectivos

Constitui objectivo primordial da política de recuperação, valorização e eliminação de resíduos perigosos garantir um alto nível de protecção da saúde pública e do ambiente, nomeadamente:
 a) Concretizando o princípio da auto-suficiência;
 b) Privilegiando a valorização dos resíduos perigosos;
 c) Minimizando a quantidade de resíduos perigosos a depositar em aterro.

Artigo 3.º
Definições

Para os efeitos do presente diploma, entende-se por:
 a) «Resíduos» quaisquer substâncias ou objectos de que o detentor se desfaz ou tem intenção ou obrigação de se desfazer, nos termos previstos no Decreto-Lei n.º 239/97, de 9 de Setembro, em conformidade com a Lista Europeia de Resíduos;
 b) «Resíduos perigosos» os resíduos que apresentem características de perigosidade para a saúde pública ou para o ambiente, em conformidade com a Lista Europeia de Resíduos;
 c) «Produtor» qualquer pessoa, singular ou colectiva, cuja actividade produza resíduos ou que efectue operações de tratamento, de mistura ou outras que alterem a natureza ou a composição dos resíduos;
 d) «Detentor» qualquer pessoa, singular ou colectiva, incluindo o produtor, que tenha resíduos na sua posse;
 e) «Gestão de resíduos» as operações de recolha, transporte, armazenagem, tratamento, valorização e eliminação de resíduos, incluindo a monitorização dos locais de descarga após o encerramento das respectivas instalações, bem como o planeamento dessas operações;
 f) «Gestor do CIRVER» o titular do alvará de licença para gestão e exploração de um CIRVER;
 g) «Recolha» a operação de apanha de resíduos com vista ao seu transporte;
 h) «Transporte» a operação de transferir os resíduos de um local para outro;
 i) «Armazenagem» a deposição temporária e controlada, por prazo não superior a 18 meses, de resíduos antes do seu tratamento, valorização ou eliminação;

j) «Recuperação» a reintrodução, em utilização análoga e sem alterações, de substâncias, objectos ou produtos nos circuitos de produção ou de consumo, por forma a evitar a produção de resíduos;

l) «Valorização» as operações que visem o reaproveitamento dos resíduos, identificadas no anexo II-B da Decisão n.º 96//350/CE, da Comissão, de 24 de Maio;

m) «Tratamento» quaisquer processos manuais, mecânicos, físicos, químicos ou biológicos que alterem as características de resíduos por forma a reduzir o seu volume ou perigosidade, bem como a facilitar a sua movimentação, valorização ou eliminação;

n) «Estações de transferência» as instalações onde os resíduos são descarregados com o objectivo de os preparar para serem transportados para outro local de tratamento, valorização ou eliminação;

o) «Estações de triagem» as instalações onde os resíduos são separados, mediante processos manuais ou mecânicos, em materiais constituintes destinados a valorização ou a outras operações de gestão;

p) «Eliminação» as operações que visem dar um destino final adequado aos resíduos, identificadas no anexo II-A da Decisão n.º 96/350/CE, da Comissão, de 24 de Maio;

q) «Aterro» a instalação de eliminação utilizada para a deposição controlada de resíduos acima ou abaixo da superfície do solo.

Artigo 4.º
Acesso à actividade

A actividade de instalação e exploração de um CIRVER depende de licenciamento a conceder nos termos do regime consagrado no presente diploma.

Artigo 5.º
Licenciamento

1 — O licenciamento previsto no artigo anterior abrange a instalação de um CIRVER e a sua exploração, sendo cada CIRVER titulado por dois alvarás de licença, um relativo à instalação e outro relativo à exploração.

2 — Face aos quantitativos de produção de resíduos estimados pelo concedente, serão licenciados, no máximo, dois CIRVER.

SECÇÃO II
Entidades

ARTIGO 6.º
Entidade licenciadora

1 — A entidade competente para o licenciamento de um CIRVER é o membro do Governo responsável pela área do ambiente.

2 — À entidade licenciadora compete, nomeadamente, determinar a abertura do concurso, aprovar as peças concursais e licenciar os CIRVER através da homologação do acto de selecção dos projectos.

ARTIGO 7.º
Entidade coordenadora

1 — A entidade coordenadora do procedimento de licenciamento é o Instituto dos Resíduos, adiante designado por INR.

2 — No exercício dessa coordenação, são, nomeadamente, funções do INR:

   a) Preparar e submeter à entidade licenciadora as peças concursais;
   b) Submeter à entidade licenciadora uma proposta de composição da comissão de abertura e da comissão de análise;
   c) Apoiar logisticamente as comissões de abertura e de análise;
   d) Proceder à emissão dos alvarás de instalação e de exploração;
   e) Remeter às entidades competentes de avaliação de impacte ambiental e de licença ambiental toda a documentação apresentada pelo candidato para os efeitos dos respectivos procedimentos;
   f) Solicitar os pareceres previstos no presente diploma no âmbito do procedimento conducente à emissão dos alvarás de licença de instalação e de exploração, com excepção dos licenciamentos municipais;
   g) Promover a compatibilidade dos licenciamentos e autorizações de terceiras entidades com o licenciamento do CIRVER.

SECÇÃO III
Candidatos

Artigo 8.º
Conceito

São candidatos as entidades que, tendo apresentado, nos termos e com os pressupostos fixados no presente diploma, uma candidatura ao processo de concurso para atribuição de licença para instalação e exploração de um CIRVER, sejam admitidas nos termos do disposto no artigo 42.º

Artigo 9.º
Nacionalidade dos candidatos

1 — Os candidatos nacionais de outros Estados membros da União Europeia ou neles estabelecidos e das Partes Contratantes do Acordo do Espaço Económico Europeu e da Organização Mundial do Comércio concorrem em situação de igualdade com os nacionais, nos termos previstos nos respectivos tratados.

2 — Os candidatos referidos no número anterior devem apresentar os mesmos documentos que são exigidos aos candidatos nacionais, os quais, quando for caso disso, são emitidos pelas autoridades competentes do país de origem.

3 — No caso de na ordem jurídica do país de origem do candidato não existir documento idêntico ao especialmente requerido, pode o mesmo ser substituído por declaração sob compromisso de honra feita pelo candidato perante uma autoridade judiciária ou administrativa, notário ou outra autoridade competente do país de origem.

Artigo 10.º
Natureza dos candidatos

1 — Os candidatos devem revestir a forma de sociedades comerciais, podendo ainda candidatar-se agrupamentos de empresas.

2 — São requisitos essenciais para a aquisição da condição de candidato pelas sociedades comerciais:
   a) Regularidade da sua constituição, de acordo com a respectiva lei nacional;
   b) Desenvolvimento de objecto social compatível com o exercício da actividade de gestor do CIRVER;

c) Capital social não inferior a 10% do investimento proposto, com um mínimo de e 2500000, sendo que em qualquer dos casos o capital social deve estar integralmente subscrito e realizado;

d) Contabilidade actualizada e organizada de acordo com o Plano Oficial de Contabilidade e adequada à prestação das informações exigíveis durante as fases de implementação e execução do projecto licenciado.

3 — Sempre que a candidatura for apresentada por agrupamento de empresas ao abrigo do disposto na parte final do n.º 1 do presente artigo, os requisitos referidos no número anterior aplicar-se-ão a cada empresa individualmente considerada, com excepção do referido na alínea *b*), que se entende como aplicável pelo menos a uma das empresas, e na alínea *c*), em que prevalecerá a soma do valor do capital social afecto à construção do CIRVER pelas empresas envolvidas na candidatura.

4 — Da candidatura apresentada por agrupamento de empresas deve constar a modalidade jurídica da associação a adoptar para os efeitos do artigo seguinte.

5 — Não é permitida a substituição do candidato ou de alguma das empresas que o integrem após o acto de admissão das candidaturas.

Artigo 11.º
Agrupamentos de empresas

1 — No caso de o candidato se apresentar na modalidade de agrupamento de empresas nos termos do n.º 1 do artigo anterior, o mesmo deve indicar a natureza da entidade a quem será posteriormente concedida a licença.

2 — As entidades que compõem o agrupamento deverão designar na sua candidatura um representante comum para praticar todos os actos no âmbito do respectivo procedimento, incluindo a assinatura da candidatura, devendo, para o efeito, entregar instrumentos de mandato emitidos por cada uma das entidades.

3 — As empresas agrupadas e promotoras de candidatura são solidariamente responsáveis pelo cumprimento das obrigações que desta advierem.

4 — Cada uma das entidades que compõe o agrupamento deve adoptar as medidas adequadas a assegurar o cumprimento do regime previsto no presente diploma e das condições da licença.

Artigo 12.º
Impedimentos

1 — São excluídas do procedimento concursal as entidades relativamente às quais se verifique que:
 a) Não se encontram em situação regularizada relativamente a dívidas por impostos ao Estado Português ou ao Estado de que sejam nacionais ou onde se encontrem estabelecidas;
 b) Não se encontram em situação regularizada relativamente a dívidas por contribuições para a segurança social em Portugal ou no Estado de que sejam nacionais ou onde se encontrem estabelecidas;
 c) Se encontram em estado de falência, de liquidação, de cessação de actividade, sujeitas a qualquer meio preventivo da liquidação de patrimónios ou em qualquer situação análoga ou tenham o respectivo processo pendente;
 d) Tenham sido objecto de aplicação da sanção acessória prevista na alínea e) do n.º 1 do artigo 21.º do Decreto-Lei n.º 433/82, de 27 de Outubro, com a redacção dada pelo Decreto-Lei n.º 244/95, de 14 de Setembro, durante o período de inabilidade legalmente previsto;
 e) Tenham sido objecto de aplicação da sanção acessória prevista no n.º 1 do artigo 5.º do Decreto-Lei n.º 396/91, de 16 de Outubro, durante o período de inabilidade legalmente previsto;
 f) Tenham sido objecto de aplicação de sanção administrativa ou judicial pela utilização ao seu serviço de mão-de-obra legalmente sujeita ao pagamento de impostos e contribuições para a segurança social não declarada nos termos das normas que imponham essa obrigação, em Portugal ou no Estado de que sejam nacionais ou onde se encontrem estabelecidas, durante o prazo de prescrição da sanção legalmente previsto.

2 — Sem prejuízo das excepções previstas no presente diploma, para comprovação negativa das situações referidas no número anterior, os candidatos devem apresentar declaração emitida conforme o modelo constante do programa do concurso.

3 — Sempre que a candidatura for apresentada por agrupamento de empresas, ao abrigo do disposto na parte final do n.º 1 do artigo 10.º, os impedimentos referidos no presente artigo serão aferidos em relação a cada empresa, individualmente considerada.

ARTIGO 13.º
Modificação dos requisitos dos candidatos

1 — Uma vez apresentada a candidatura, qualquer modificação relativa aos requisitos enumerados no artigo 10.º ou no anúncio de abertura do concurso implica a necessidade de requerimento dirigido à comissão de abertura para a verificação da manutenção dos requisitos de candidatura.

2 — A perda de personalidade ou de capacidade jurídica de qualquer das empresas candidatas a licenciamento, individualmente ou em agrupamento de empresas, implica a imediata exclusão do concurso e, no caso dos agrupamentos de empresas, de todas as empresas que o constituem.

3 — Não é permitida a substituição do candidato após o acto de admissão das candidaturas.

ARTIGO 14.º
Concorrência

1 — São proibidos todos os actos ou acordos susceptíveis de falsear as regras de concorrência, o que, a suceder, importa a exclusão dos candidatos, considerando-se inexistentes os projectos por eles apresentados, bem como todos os actos por eles praticados no procedimento de licenciamento.

2 — Se de um acto ou acordo lesivo da concorrência tiver resultado o licenciamento de um CIRVER, o mesmo é nulo, devendo a entidade licenciadora declarar a nulidade desse mesmo licenciamento e podendo proceder à expropriação por utilidade pública do prédio e das respectivas instalações.

3 — A ocorrência de qualquer dos factos previstos no n.º 1 deverá ser comunicada pela entidade licenciadora à entidade administrativa competente.

ARTIGO 15.º
Exclusão do concurso

1 — Constitui justa causa de exclusão do concurso o incumprimento pelos candidatos dos deveres previstos no presente capítulo.

2 — Constitui ainda justa causa de exclusão do concurso a forte presunção de conluio entre os candidatos que consubstancie prática restritiva da concorrência, nos termos da Lei n.º 18/2003, de 11 de Junho.

CAPÍTULO II
Procedimento de licenciamento

SECÇÃO I
Disposições gerais

Artigo 16.º
Tipo de procedimento

1 — O procedimento de licenciamento é o definido no presente diploma, compreendendo uma fase de pré-qualificação dos candidatos, uma fase de apreciação e selecção de projectos e uma fase de emissão dos respectivos alvarás.

2 — O procedimento de licenciamento assume a forma de concurso público.

Artigo 17.º
Fases do procedimento

O procedimento de licenciamento compreende as seguintes fases:
 a) Pré-qualificação, que integra as seguintes subfases:
  i) Constituição da comissão de abertura;
  ii) Abertura do procedimento;
  iii) Apresentação das candidaturas;
  iv) Apreciação das candidaturas;
 b) Apreciação e selecção dos projectos, que integra as seguintes subfases:
  i) Constituição da comissão de análise;
  ii) Convite e apresentação dos projectos;
  iii) Análise dos projectos;
  iv) Licenciamento;
 c) Emissão dos alvarás, que integra as seguintes subfases:
  i) Emissão do alvará de licença de instalação do CIRVER;
  ii) Emissão do alvará de licença de exploração do CIRVER.

Artigo 18.º
Responsabilidade pela tramitação

1 — A fase de pré-qualificação dos candidatos é da responsabilidade da comissão de abertura, constituída nos termos do artigo 27.º

2 — A fase de apreciação e selecção dos projectos a licenciar é da responsabilidade da comissão de análise, constituída nos termos do artigo 44.º

3 — A fase de emissão dos alvarás é da responsabilidade da entidade coordenadora.

ARTIGO 19.º
Dever de fundamentação

Todos os actos administrativos a praticar devem ser fundamentados, nos termos dos artigos 124.º e 125.º do Código do Procedimento Administrativo.

ARTIGO 20.º
Audiência prévia

1 — As decisões previstas no presente diploma relativas às exclusões de candidatos, candidaturas e projectos, caso não sejam tomadas em acto público, devem ser precedidas da realização de audiência escrita dos candidatos objecto daquelas decisões.

2 — Os candidatos têm 10 dias após a notificação do projecto de decisão para se pronunciarem.

ARTIGO 21.º
Notificações

Para os efeitos do procedimento de licenciamento, os candidatos devem indicar um endereço em território nacional para onde devem ser enviadas todas as notificações.

ARTIGO 22.º
Contagem dos prazos

1 — Com excepção do disposto no número seguinte, os prazos estabelecidos no presente diploma contam-se nos termos do artigo 72.º do Código do Procedimento Administrativo.

2 — Os prazos fixados no presente diploma para a apresentação de candidaturas e de projectos e para a manutenção dos projectos apresentados não se suspendem nos sábados, domingos e feriados.

ARTIGO 23.º
Esclarecimentos sobre os documentos patenteados

1 — A comissão de abertura e a comissão de análise, por iniciativa própria ou por solicitação dos interessados, devem prestar os

esclarecimentos necessários à boa compreensão e interpretação dos elementos expostos.

2 — Os pedidos de esclarecimento têm de ser entregues às comissões respectivas no decurso do primeiro terço do prazo fixado:
   a) Para a apresentação da candidatura, caso incidam sobre os critérios de admissão das candidaturas;
   b) Para a apresentação do projecto, caso incidam sobre os critérios de apreciação e selecção dos projectos.

3 — Têm legitimidade para solicitar esclarecimentos:
   a) Os candidatos ou potenciais candidatos, caso o pedido de esclarecimento incida sobre os critérios de admissão ou selecção das candidaturas;
   b) Os candidatos seleccionados, caso o pedido de esclarecimento incida sobre os critérios de apreciação e selecção dos projectos.

4 — Os esclarecimentos devem ser prestados por escrito até ao fim do segundo terço dos prazos referidos no n.º 2 do presente artigo.

5 — Dos esclarecimentos prestados juntar-se-á cópia ao livro de consulta, devendo ainda o teor destes ser comunicado:
   a) A todos os interessados que procederam ou venham a proceder ao levantamento dos documentos que servem de base ao concurso e publicitado pelos meios julgados mais convenientes quando incidam sobre os critérios de admissão das candidaturas;
   b) A todos os candidatos seleccionados quando incidam sobre os critérios de apreciação e selecção dos projectos.

ARTIGO 24.º
Esclarecimentos dos candidatos

1 — Sempre que a comissão de abertura ou a comissão de análise tenham dúvidas sobre os documentos apresentados pelos candidatos ou sobre outros elementos que considerem relevantes para a apreciação das candidaturas ou dos projectos, podem solicitar esclarecimentos aos candidatos.

2 — Os candidatos dispõem de um prazo mínimo de cinco dias para prestarem os esclarecimentos solicitados.

3 — O prazo concreto para a prestação de esclarecimentos será fixado no respectivo pedido.

4 — Os candidatos que não cumpram o prazo que lhes for fixado serão excluídos do concurso.

ARTIGO 25.º
Momento da prática dos actos procedimentais

1 — O acto procedimental considera-se praticado no dia em que os documentos que o suportam derem entrada nos serviços da entidade coordenadora ou da entidade a quem seja dirigido, consoante o caso, independentemente do meio utilizado.

2 — O acto procedimental que for praticado sem ser mediante entrega pessoal ou correio sob registo carece de confirmação por um destes meios no prazo de cinco dias, sob pena de inexistência.

3 — O incumprimento dos prazos procedimentalmente prescritos apenas pode ser justificado por justo impedimento, tal como configurado no artigo 146.º do Código de Processo Civil.

4 — Não constitui justo impedimento o atraso dos serviços postais ou erro na transmissão por telecópia ou por meio informático.

ARTIGO 26.º
Dever de sigilo

1 — Os membros das comissões de abertura e de análise, os funcionários e agentes das entidades que os apoiam e os peritos agregados, bem como todos aqueles que, no exercício das suas funções, tomarem conhecimento de elementos do concurso, estão obrigados a guardar sigilo e a promover as diligências necessárias à preservação da confidencialidade de tais elementos.

2 — A violação dos deveres previstos no número anterior fará incorrer o infractor em responsabilidade civil, criminal e disciplinar, nos termos legais.

SECÇÃO II
Fase de pré-qualificação

SUBSECÇÃO I
Comissão de abertura

ARTIGO 27.º
Constituição da comissão de abertura

1 — A fase de pré-qualificação é conduzida pela comissão de abertura, composta por três membros efectivos e dois membros suplentes, designados pela entidade licenciadora mediante despacho.

2 — O despacho constitutivo da comissão de abertura refere obrigatoriamente:

a) A identificação dos membros efectivos e suplentes;
b) A identificação do seu presidente;
c) A identificação do vogal que substitui o presidente nas suas faltas e impedimentos.

3 — Em caso de impedimento temporário ou permanente dos membros efectivos da comissão, a sua substituição é assegurada por membro suplente de acordo com a ordem da respectiva lista, o qual tem a obrigação de assumir todos os actos praticados e decisões tomadas anteriormente pela comissão.

Artigo 28.º
Funcionamento da comissão de abertura

1 — A comissão de abertura entra em exercício de funções a partir do dia útil subsequente ao envio para publicação do anúncio de abertura do concurso.

2 — A comissão de abertura só pode reunir quando estiver presente a totalidade dos seus membros em efectividade de funções.

3 — A comissão de abertura será coadjuvada por um secretário por ela escolhido de entre os seus membros ou de entre o pessoal dos serviços da entidade coordenadora, neste caso com anuência do respectivo dirigente, a quem compete, designadamente, lavrar as actas.

4 — As deliberações são aprovadas por maioria de votos, não sendo admitidas abstenções, devendo a fundamentação constar da respectiva acta.

5 — Os membros da comissão de abertura que, relativamente a qualquer deliberação, votem vencidos devem ditar para a acta as razões da sua discordância com o sentido da deliberação.

Artigo 29.º
Competência da comissão de abertura

1 — Compete à comissão de abertura a instrução de toda a fase de pré-qualificação do procedimento concursal, podendo, para o efeito, solicitar o apoio de outras entidades e agregar peritos, sem direito de voto, para a emissão de pareceres em áreas especializadas.

2 — A comissão de abertura tem o dever de deliberar sobre a exclusão de candidatos do concurso quando tenha conhecimento da existência de factos susceptíveis de constituírem justa causa de exclusão nos termos do disposto no artigo 15.º

3 — Tanto a comissão de abertura como os seus membros, individualmente considerados, podem solicitar, através do seu presidente, esclarecimentos aos candidatos nos termos do disposto no artigo 24.º

SUBSECÇÃO II
Abertura do concurso

ARTIGO 30.º
Competência

O concurso é aberto por despacho da entidade licenciadora.

ARTIGO 31.º
Peças concursais

1 — São as seguintes as peças concursais:
a) Anúncio de abertura do concurso;
b) Programa do concurso;
c) Caderno de encargos.

2 — As peças concursais são objecto de aprovação por despacho da entidade licenciadora.

ARTIGO 32.º
Conteúdo do anúncio de abertura do concurso

Do anúncio de abertura do concurso devem constar:
a) Indicação do objecto e prazo do concurso;
b) Indicação da entidade que promove a realização do concurso;
c) Endereço onde podem ser pedidos o programa do concurso e o caderno de encargos, respectiva data limite e custo do envio;
d) Constituição da comissão de abertura e da comissão de análise do concurso;
e) Local da prática dos actos concursais, referindo especificamente os serviços competentes para a recepção da documentação e o horário de funcionamento do serviço;
f) Prazo para a solicitação dos esclarecimentos, nos termos do artigo 23.º;
g) Prazo para a apresentação de candidaturas, especificando a hora e a data limite para a prática do acto de candidatura;
h) Modo de apresentação da candidatura;
i) Elementos da candidatura e documentos que a acompanham;
j) Requisitos de admissão dos candidatos;

l) Data, hora e local da realização do acto público do concurso;
m) Critérios de apreciação e selecção das candidaturas;
n) Prazo máximo para a apresentação de projectos;
o) Critérios de apreciação e classificação dos projectos;
p) Prazo durante o qual fica o candidato obrigado a manter o projecto;
q) Referência à existência do livro de consulta, com indicação do local e do horário em que se possibilita a sua consulta, bem como dos elementos que o constituem, nos termos do disposto no artigo 38.º

Artigo 33.º
Publicitação do anúncio de abertura

O anúncio de abertura do concurso é publicado na 3.ª série do Diário da República, no Jornal Oficial da União Europeia e em dois jornais de reconhecida expansão nacional, devendo ainda ser afixado nos lugares de estilo nas instalações da entidade coordenadora.

SUBSECÇÃO III
Apresentação das candidaturas

Artigo 34.º
Prazo e local de entrega

1 — O prazo e o local de entrega das candidaturas são os constantes do anúncio de abertura do concurso, nos termos do disposto na alínea *g*) do artigo 32.º

2 — O prazo definido para a entrega das candidaturas nunca pode ser inferior a 40 dias contados a partir da data do envio para publicação do anúncio de abertura do concurso.

Artigo 35.º
Modo de apresentação da candidatura

1 — A candidatura deve ser apresentada em invólucro opaco e fechado, em cujo rosto deve escrever-se a palavra «Candidatura» e a denominação do candidato.

2 — A candidatura é constituída pela declaração de candidatura e pelos documentos relativos à capacidade jurídica, à capacidade técnica, à capacidade financeira e aos requisitos específicos.

3 — As candidaturas, bem como os documentos que as acompanham, devem ser redigidas em língua portuguesa ou, não o sendo, devem ser acompanhadas de tradução devidamente legalizada e em relação à qual o candidato declara aceitar a prevalência, para todos os efeitos, sobre os respectivos originais.

Artigo 36.º
Documentos de instrução da candidatura

1 — A candidatura deve ser obrigatoriamente instruída com os documentos indicados no presente artigo.

2 — A declaração de candidatura é realizada por pessoa com poderes bastantes para vincular o candidato e consiste em documento com a assinatura legalmente reconhecida donde constem:
   a) Declaração da vontade de se propor como candidato à instalação e exploração de um CIRVER nos termos do presente diploma;
   b) Declaração de aceitação das normas a que obedece o concurso e sujeição às obrigações decorrentes dos actos de candidatura, de apresentação de projecto e de atribuição de licença;
   c) Declaração da veracidade das informações prestadas e da conformidade das cópias de documentos apresentadas com os respectivos originais.

3 — Os documentos tendentes à constatação da capacidade jurídica do candidato são:
   a) Certidão actualizada da matrícula e inscrições em vigor, emitida pela conservatória do registo comercial competente;
   b) Fotocópia simples dos estatutos;
   c) Documento comprovativo da prestação de caução provisória, nos termos do disposto no artigo 37.º;
   d) Documento comprovativo de estar em regular situação contributiva relativa à segurança social e a contribuições e impostos;
   e) Declaração de conformidade da contabilidade organizada com o Plano Oficial de Contabilidade;
   f) Documento emitido pela autoridade judicial ou administrativa competente que comprove que o candidato não se encontra em estado de falência, de liquidação, de cessação de actividade, sujeito a qualquer meio preventivo de liquidação de patrimónios ou em qualquer situação análoga ou que tenha o respectivo processo pendente.

Artigo 37.º
Caução provisória

1 — Para garantia do compromisso assumido com a apresentação de candidatura e das obrigações inerentes ao concurso, os candidatos devem prestar uma caução no valor de € 50000.

2 — A caução referida no número anterior é condição da apresentação da candidatura.

3 — A caução é prestada através de depósito, em dinheiro ou em títulos emitidos ou garantidos pelo Estado, à ordem do INR.

4 — O depósito referido no número anterior pode ser substituído por garantia bancária ou seguro-caução que ofereça garantias equivalentes àquele, à ordem do INR, e em qualquer dos casos devidamente documentados.

5 — Quando o depósito for efectuado em títulos, estes são avaliados pelo seu respectivo valor nominal, salvo se nos últimos três meses a média da cotação na Bolsa de Valores de Lisboa ficar abaixo do par, caso em que a avaliação será feita por 90% dessa média.

6 — A caução pode ser levantada pelos candidatos, devendo o INR promover as diligências necessárias para o efeito, quando:

a) O projecto não tenha sido admitido;
b) Não tenha sido atribuída licença ao candidato;
c) O concurso venha a ser anulado;
d) O licenciamento caduque, nos termos do disposto na alínea *b)* do n.º 1 do artigo 63.º do presente diploma.

7 — Implica a perda da caução:

a) A não admissão da candidatura;
b) A exclusão do candidato;
c) A não apresentação do projecto;
d) A desistência da candidatura em qualquer fase do procedimento de concurso.

8 — A devolução da caução provisória, para os candidatos seleccionados, tem lugar após a prestação da caução relativa à instalação do CIRVER, prevista no artigo 60.º

Artigo 38.º
Livro de consulta

1 — A entidade coordenadora deve manter disponível, nas instalações da sua sede, um livro contendo todas as peças concursais, as actas das comissões de abertura e de análise dos projectos e os pedi-

dos de esclarecimento solicitados, bem como as respectivas respostas, para livre consulta por qualquer interessado.

2 — Os interessados podem solicitar certidões do teor do livro de consulta.

3 — O livro de consulta é encerrado e arquivado pelos serviços da entidade licenciadora após a decisão de atribuição das licenças.

ARTIGO 39.º
Deserção

1 — O concurso será declarado deserto quando:
 a) Não seja apresentada nenhuma candidatura;
 b) Não sejam admitidos candidatos;
 c) Não seja seleccionada nenhuma candidatura;
 d) Não seja seleccionado nenhum dos projectos, nos termos do disposto no artigo 57.º

2 — O concurso será ainda declarado deserto quando, por qualquer causa superveniente, sejam excluídos todos os candidatos inicialmente admitidos.

3 — Caso o concurso seja declarado deserto ou seja anulado, nos termos do artigo 58.º, poderá ser promovido o licenciamento com base em procedimento concursal por negociação, de acordo com o previsto no Regime Jurídico das Empreitadas de Obras Públicas.

SUBSECÇÃO IV
Apreciação das candidaturas

ARTIGO 40.º
Acto público de apreciação das candidaturas

1 — O acto público do concurso para a abertura dos pedidos de candidatura tem lugar às 10 horas do 1.º dia útil posterior ao termo do prazo para a entrega das candidaturas, definido no anúncio de abertura do concurso.

2 — Só podem intervir no acto público do concurso os representantes dos candidatos, até ao máximo de três elementos por candidato, desde que devidamente credenciados para os representarem no acto.

3 — O acto público do concurso é realizado pela comissão de abertura, à qual compete neste âmbito:
 a) Confirmar a recepção dentro do prazo fixado dos envelopes contendo os pedidos de candidatura, bem como dos volumes que contêm os documentos e os elementos que os instruem;

b) Proceder à abertura dos envelopes que contêm os pedidos de candidatura, bem como dos volumes que contêm os documentos e os elementos correspondentes à identificação do candidato, do plano técnico e do plano económico-financeiro;
c) Rubricar os pedidos de candidatura, promovendo, em simultâneo, a chancela dos documentos originais que instruem os pedidos, bem como fixar um prazo para a consulta dos processos de candidatura pelos candidatos;
d) Verificar a qualidade dos intervenientes no acto;
e) Conceder aos candidatos um prazo máximo de dois dias úteis para procederem ao suprimento das eventuais omissões ou incorrecções verificadas no processo de candidatura, quando consideradas supríveis;
f) Aceitar e decidir, em sessão privada, sobre as reclamações que lhe sejam apresentadas no decurso do acto público pelos representantes dos candidatos, suspendendo o mesmo acto sempre que necessário.

4 — Após a análise das candidaturas, a comissão de abertura retira-se para deliberar sobre a admissão, admissão condicional e exclusão das mesmas.

5 — São excluídas as candidaturas que:
a) Não sejam recebidas no prazo fixado;
b) Estejam em situação de impedimento, nos termos do artigo 12.º;
c) Não cumpram o estabelecido nos artigos 10.º e 11.º;
d) Incluam qualquer referência que seja indiciadora do projecto a apresentar.

Artigo 41.º
Admissão condicional

São admitidos condicionalmente os candidatos cujas candidaturas não se encontrem instruídas com todos os documentos mencionados no artigo 36.º, devendo os elementos em falta ser apresentados no prazo fixado pela comissão, o qual não poderá ser inferior a dois dias, sob pena de exclusão do procedimento.

Artigo 42.º
Exclusão e admissão definitiva

1 — A comissão de abertura, imediatamente ou após o decurso do prazo concedido para a regularização das candidaturas admitidas

condicionalmente, analisa as admissões condicionais e a competente junção da documentação em falta, procede à leitura da lista definitiva dos candidatos admitidos, elaborada de acordo com a ordem de entrada, e identifica os candidatos a excluir, com indicação dos respectivos motivos.

2 — A decisão prevista no número anterior apenas pode ser objecto de reclamação no próprio acto público, devendo a comissão de abertura suspender tal acto pelo tempo necessário à sua apreciação.

3 — Cumpridas as formalidades previstas nos números anteriores e decididas as eventuais reclamações apresentadas pelos candidatos relativamente a esta fase do acto público, o presidente da comissão encerra o mesmo.

ARTIGO 43.º
Selecção dos candidatos

1 — Após a deliberação final de admissão e exclusão dos candidatos, a comissão de abertura procede à selecção dos candidatos admitidos, aferindo a idoneidade da sua capacidade técnica, económica e financeira para a instalação de um CIRVER e para assumir a qualidade de gestor de um CIRVER.

2 — A capacidade económica e financeira a que se refere o número anterior é avaliada em função dos seguintes factores:

a) Declarações abonatórias adequadas emitidas por entidades bancárias;
b) Volume de negócios;
c) Valores do capital próprio;
d) Equilíbrio financeiro tendo em conta, nomeadamente, o conjunto dos indicadores de liquidez geral, autonomia financeira e grau de cobertura do imobilizado.

3 — Os critérios de ponderação dos factores de avaliação referidos no número anterior serão definidos no programa do concurso.

4 — Considera-se que possui a capacidade técnica a que se alude no n.º 1 o facto de o candidato ou alguma das empresas que o integrem ter sido responsável, durante os últimos cinco anos, pelo tratamento de, pelo menos, 50000 t de resíduos perigosos.

5 — No caso de agrupamentos de empresas, é necessária a declaração de responsabilidade da empresa que preenche o requisito consagrado no número anterior de que não abandona a operação técnica do CIRVER.

6 — A comissão de abertura elabora, após a apreciação das candidaturas, um relatório provisório de selecção dos candidatos composto por:

a) Lista provisória dos candidatos seleccionados e não seleccionados;
b) Fundamentação da selecção de candidatos proposta.

7 — O relatório provisório é notificado aos candidatos, devendo constar da notificação o prazo para a apresentação de pronúncia sobre o teor do mesmo, em sede de audiência prévia, o qual é o previsto no n.º 2 do artigo 20.º

8 — Após a pronúncia dos candidatos, a comissão de abertura pondera as observações realizadas e elabora o relatório final, que é constituído por:

a) Lista final dos candidatos seleccionados e não seleccionados;
b) Fundamentação da selecção de candidatos proposta;
c) Fundamentação do não acatamento das observações realizadas pelos candidatos, se as houver.

9 — O relatório final é objecto de homologação pela entidade licenciadora e posteriormente notificado aos candidatos.

SECÇÃO III
Apreciação dos projectos

SUBSECÇÃO I
Comissão de análise

ARTIGO 44.º
Constituição da comissão de análise

1 — A fase de apreciação e selecção dos projectos é conduzida pela comissão de análise, composta por cinco membros efectivos e igual número de suplentes, designados pela entidade licenciadora mediante despacho.

2 — O despacho constitutivo da comissão de análise refere obrigatoriamente:

a) A identificação dos membros efectivos e suplentes;
b) A identificação do seu presidente;
c) A identificação do vogal que substitui o presidente nas suas faltas e impedimentos.

3 — A comissão de análise pode agregar peritos, sem direito de voto, para a emissão de pareceres em áreas especializadas.

4 — A comissão de análise não pode, salvo casos de manifesta impossibilidade, devidamente fundamentados, ser constituída em mais de um terço pelos elementos que tenham feito parte da comissão de abertura das candidaturas.

5 — Em caso de impedimento temporário ou permanente dos membros efectivos da comissão, a sua substituição é assegurada por membro suplente de acordo com a ordem da respectiva lista, o qual tem a obrigação de assumir todos os actos praticados e as decisões tomadas anteriormente pela comissão.

Artigo 45.º
Funcionamento da comissão de análise

1 — A comissão de análise entra em exercício de funções no dia útil subsequente à formulação do convite aos candidatos seleccionados pela entidade coordenadora.

2 — A comissão de análise apenas pode reunir quando estiverem presentes mais de dois terços dos seus membros em efectividade de funções.

3 — A comissão de análise será coadjuvada por um secretário por ela escolhido de entre os seus membros ou de entre o pessoal dos serviços da entidade coordenadora, neste caso com anuência do respectivo dirigente, a quem compete, designadamente, lavrar as actas.

4 — As deliberações são aprovadas por maioria de votos, não sendo admitidas abstenções, devendo a fundamentação constar da respectiva acta.

5 — Em caso de empate na votação, o presidente tem voto de qualidade.

6 — Os membros da comissão de análise que relativamente a qualquer deliberação votem vencidos devem ditar para a acta as razões da sua discordância com o sentido da deliberação.

Artigo 46.º
Competência da comissão de análise

1 — Compete à comissão de análise a instrução de toda a fase de apresentação e apreciação dos projectos do procedimento concursal, podendo, para o efeito, solicitar o apoio de outras entidades.

2 — Compete ainda à comissão de análise:
a) Conduzir o acto público de análise dos projectos;
b) Proceder à apreciação dos projectos;

c) Propor à entidade licenciadora o licenciamento dos projectos seleccionados.

3 — A comissão de análise tem o dever de deliberar sobre a exclusão de candidatos do concurso quando tenha conhecimento da existência de factos susceptíveis de constituírem justa causa de exclusão nos termos do disposto no artigo 15.º

4 — Tanto a comissão de análise como os seus membros, individualmente considerados, podem solicitar, através do seu presidente, esclarecimentos aos candidatos nos termos do disposto no artigo 24.º

SUBSECÇÃO II
Apresentação dos projectos

ARTIGO 47.º
Convite

1 — Terminada a fase de pré-qualificação, a entidade coordenadora formula, simultaneamente, convite aos candidatos seleccionados, por qualquer meio escrito, para apresentarem um projecto nos termos das peças concursais.

2 — Do convite devem constar, designadamente, os seguintes elementos:

a) Referência ao anúncio;
b) Hora e data limites da recepção de projectos;
c) Elementos que devem ser indicados nos projectos;
d) Modo de apresentação dos projectos;
e) Local de entrega dos projectos e respectivo horário de funcionamento;
f) Data, hora e local do acto público de análise dos projectos;
g) Critérios de selecção dos projectos a licenciar;
h) Prazo durante o qual os candidatos ficam vinculados a manter os projectos.

ARTIGO 48.º
Caducidade do direito de apresentação do projecto

A não apresentação dos projectos no prazo a fixar nos termos do disposto na alínea *b*) do n.º 2 do artigo anterior faz precludir o direito do candidato a apresentar o projecto.

ARTIGO 49.º
Modo de apresentação do projecto

1 — O projecto e os documentos que o acompanham devem ser apresentados em invólucros separados, opacos e fechados, em cujos rostos devem escrever-se as palavras «Projecto» e «Documentos», respectivamente, os quais devem ser guardados num outro invólucro opaco e fechado, constando a identificação do concurso e do candidato em todos eles.

2 — O projecto terá, obrigatoriamente, de ser instruído com os seguintes documentos:
   a) Autorização municipal da localização, com respeito pelas regras da concorrência, devidamente identificada em planta cadastral, a qual fica condicionada a posterior emissão de declaração de impacte ambiental favorável ou condicionalmente favorável;
   b) Declaração municipal de não sujeição do projecto a licenciamento de operação de loteamento.

3 — Os projectos, bem como os documentos que os acompanham, devem ser redigidos em língua portuguesa ou, não o sendo, devem ser acompanhados de tradução devidamente legalizada e em relação à qual o candidato declara aceitar a prevalência, para todos os efeitos, sobre os respectivos originais.

ARTIGO 50.º
Prazo de manutenção dos projectos

1 — A entrega do projecto nos termos do presente procedimento implica a assunção do dever de o manter durante um prazo de três anos a contar a partir da data da entrega.

2 — Se os candidatos não se opuserem à prorrogação dentro dos oito dias anteriores ao termo do prazo previsto no número anterior ou da sua prorrogação, considerar-se-á o mesmo prorrogado por mais seis meses.

SUBSECÇÃO III
Análise dos projectos

ARTIGO 51.º
Acto público de apresentação dos projectos

1 — Em sessão pública, a comissão de análise faz rubricar, pela maioria dos seus membros, os documentos inseridos no invólucro referido no n.º 1 do artigo 49.º, podendo as rubricas ser substituídas por chancela.

2 — Só podem intervir no acto público do concurso os representantes dos candidatos, até ao máximo de três elementos por candidato, desde que devidamente credenciados para os representarem no acto.

3 — Analisados os documentos, a comissão de análise delibera sobre a admissão, admissão condicional e exclusão dos projectos.

4 — São excluídos os projectos:
a) Que não sejam recebidos no prazo fixado;
b) Que não cumpram o estabelecido no artigo 49.º

5 — São admitidos condicionalmente os projectos que não contenham todos os documentos ou dados essenciais à sua apreciação, devendo os elementos em falta ser apresentados em prazo a estipular pela comissão de análise, não superior a 15 dias, sob pena de exclusão do procedimento, suspendendo-se o acto público por esse prazo.

6 — A comissão de análise, imediatamente ou após o decurso do prazo concedido para a regularização dos projectos admitidos condicionalmente, reinicia o acto público e procede à leitura da lista dos projectos admitidos, elaborada de acordo com a ordem de entrada, e identifica os projectos a excluir, com a indicação dos respectivos motivos.

7 — A decisão prevista no número anterior apenas pode ser objecto de reclamação no próprio acto público, devendo a comissão de análise suspender tal acto pelo tempo necessário à sua apreciação.

8 — Cumpridas as formalidades previstas nos números anteriores e decididas as eventuais reclamações apresentadas pelos candidatos relativamente a esta fase do acto público, o presidente da comissão de análise encerra o mesmo.

Artigo 52.º
Critérios de apreciação dos projectos

1 — A comissão de análise procede à apreciação dos projectos admitidos a concurso, em sessão privada, tendo por base os seguintes critérios:
a) Qualidade técnica do projecto;
b) Adequação aos objectivos consagrados no artigo 2.º do presente diploma;
c) Prazo de construção;
d) Sustentabilidade financeira do projecto, na qual deverão ser ponderados o montante do investimento, a rentabilidade do projecto do CIRVER e o regime de preços;

e) Garantias prestadas relativamente aos riscos da actividade licenciada, nos termos do artigo 62.º do presente diploma.

2 — Os factores de avaliação de cada um dos critérios referidos no número anterior, bem como a respectiva ponderação, serão definidos no programa do concurso.

ARTIGO 53.º
Instalações já licenciadas

Os candidatos poderão integrar nos projectos que apresentem instalações que se encontrem já licenciadas e que sejam da sua propriedade.

ARTIGO 54.º
Relatório provisório

1 — Após a apreciação dos projectos, a comissão de análise elabora um relatório provisório de classificação dos projectos composto por:

a) Lista classificativa provisória dos projectos e respectiva fundamentação;

b) Indicação dos projectos cujo licenciamento se pretende propor e dos projectos que se pretende propor que sejam preteridos.

2 — O relatório provisório é notificado aos candidatos cujos projectos tenham sido apreciados, devendo constar da notificação o prazo de apresentação de pronúncia, em sede de audiência prévia, sobre o teor do mesmo.

ARTIGO 55.º
Relatório final

1 — Após a pronúncia dos candidatos nos termos do disposto no n.º 2 do artigo anterior, a comissão de análise pondera as observações realizadas pelos candidatos e elabora o relatório final.

2 — O relatório final é constituído por:

a) Lista classificativa final dos projectos e respectiva classificação;

b) Indicação dos projectos cujo licenciamento propõe e dos projectos preteridos;

c) Fundamentação do não acatamento das observações realizadas pelos candidatos, se as houver.

3 — O relatório final é enviado à entidade licenciadora para homologação da lista de classificação final.

SECÇÃO IV
Licenciamento

Artigo 56.º
Competência

1 — A entidade licenciadora procede, mediante despacho, à homologação da lista de classificação final e ao licenciamento do CIRVER.

2 — O licenciamento mencionado no número anterior fica, contudo, condicionado à obtenção dos documentos necessários à emissão do alvará.

Artigo 57.º
Causas de não licenciamento

Não haverá lugar a licenciamento quando todos os projectos apresentados sejam preteridos.

Artigo 58.º
Anulação do procedimento

1 — A entidade competente para o licenciamento pode anular o procedimento quando:
 a) Por circunstância imprevisível, seja necessário alterar os elementos fundamentais dos documentos que servem de base ao procedimento;
 b) Outras razões supervenientes e de manifesto interesse público o justifiquem.

2 — A decisão de anulação do procedimento deve ser fundamentada e publicitada nos mesmos termos em que foi publicitada a sua abertura.

3 — Os candidatos que, entretanto, tenham apresentado a sua candidatura ou o projecto, consoante a fase em que ocorrer a anulação, devem ser notificados dos fundamentos da decisão de anulação do procedimento.

SECÇÃO V
Diligências complementares

Artigo 59.º
Enumeração

Após a decisão de licenciamento, e anteriormente à emissão do alvará de licença de instalação, haverá lugar às seguintes diligências complementares, de acordo com o disposto nos artigos subsequentes:
 a) Prestação de caução relativa à instalação;
 b) Prestação de caução definitiva relativa à exploração;
 c) Apresentação de garantias relativas a riscos de actividade, nos termos do projecto apresentado e seleccionado;
 d) Liquidação das taxas de licenciamento;
 e) Obtenção dos pareceres, autorizações e licenciamentos enumerados no artigo 65.º

Artigo 60.º
Caução relativa à instalação

1 — Antes da emissão do alvará de licença de instalação, o candidato que viu o seu projecto licenciado deverá prestar caução que assegure o exacto e pontual cumprimento das obrigações resultantes da licença.

2 — A caução referida no número anterior é condição da emissão do alvará de licença de instalação.

3 — O montante da caução é de 10% do valor global da instalação constante do orçamento apresentado pelo candidato com o respectivo projecto.

4 — A caução é prestada através de depósito, em dinheiro ou em títulos emitidos ou garantidos pelo Estado, à ordem da entidade coordenadora.

5 — O depósito referido no número anterior pode ser substituído por garantia bancária ou seguro-caução que ofereça garantias equivalentes àquele, à ordem do INR, e em qualquer dos casos devidamente documentados.

6 — Quando o depósito for efectuado em títulos, estes são avaliados pelo seu respectivo valor nominal, salvo se nos últimos três meses a média da cotação na Bolsa de Valores de Lisboa ficar abaixo do par, caso em que a avaliação será feita por 90% dessa média.

7 — Implica a perda da caução:
a) A caducidade do licenciamento;
b) A cassação do alvará de licença.

8 — A caução poderá ser levantada após a vistoria referida no n.º 10 do artigo 65.º e desde que do respectivo relatório não conste qualquer condição ou reserva.

ARTIGO 61.º
Caução definitiva relativa à exploração

1 — Antes da emissão do alvará de licença de exploração, o candidato que viu o seu projecto licenciado deverá prestar caução definitiva que assegure o exacto e pontual cumprimento das obrigações resultantes da licença.

2 — A caução referida no número anterior é condição da emissão do alvará de licença de exploração.

3 — O montante da caução é de 3% do valor médio anual da facturação no período a que se reporta o licenciamento, constante do estudo de viabilidade apresentado pelo candidato com o respectivo projecto.

4 — A caução poderá ser levantada no termo do prazo da licença ou das respectivas prorrogações desde que tenham sido cumpridas todas as obrigações fixadas no alvará de licença de exploração.

5 — Caso não se mostrem cumpridas todas as obrigações fixadas no alvará de licença de exploração, a entidade coordenadora utilizará a caução para suprir, directa ou indirectamente, as omissões ou erros do gestor do CIRVER, devolvendo posteriormente a parte da caução que não foi necessário utilizar.

6 — É aplicável à caução prevista no presente artigo o disposto nos n.ºs 4 a 6 do artigo anterior.

ARTIGO 62.º
Garantia relativa a riscos da actividade

1 — Os riscos decorrentes da actividade licenciada, de acordo com o estabelecido no caderno de encargos, deverão estar garantidos por uma das seguintes modalidades:
a) Seguro de responsabilidade civil;
b) Declaração de responsabilidade do candidato ou das empresas que integram o candidato, com menção do património que fica afecto.

2 — Excluem-se do património mencionado na alínea *b*) do número anterior os activos adstritos à actividade técnica da empresa ou que a ela se encontrem geograficamente adjacentes.

Artigo 63.º
Caducidade do licenciamento

1 — O licenciamento caduca se:
a) As taxas referidas no artigo 96.º não forem pagas no prazo estabelecido;
b) Não forem obtidas as autorizações e os licenciamentos referidos no artigo 65.º no prazo de três anos;
c) Caducar o licenciamento ou autorização municipal da edificação.

2 — Sempre que caduque o licenciamento, a entidade licenciadora, por proposta da entidade coordenadora, devolve à comissão de análise a lista classificativa, determinando que lhe seja submetida, no prazo de 10 dias úteis, nova proposta de licenciamento.

3 — Na situação prevista no número anterior, os candidatos que apresentaram projecto são convidados a, no prazo de 30 dias, conformarem os respectivos projectos às exigências que eventualmente constem de legislação que tenha entrado em vigor em momento posterior à respectiva apresentação.

4 — Para além das alterações previstas no número anterior, a introdução de alterações ao projecto inicialmente apresentado implica a respectiva exclusão.

SECÇÃO VI
Impugnações no procedimento tendente ao licenciamento

Artigo 64.º
Actos recorríveis

Todos os actos materialmente definitivos que sejam lesivos dos candidatos são contenciosamente impugnáveis, nos termos do regime especial consagrado para o contencioso dos actos relativos à formação de contratos administrativos de empreitada e concessão de obras públicas, de prestação de serviços e de fornecimento de bens.

CAPÍTULO III
Licença

SECÇÃO I
Alvarás de licença

Artigo 65.º
Alvarás de licença

1 — O licenciamento de um CIRVER é titulado por dois alvarás, emitidos pelo INR, um relativo à sua instalação e outro relativo à respectiva exploração.

2 — Para além de outras menções que sejam julgadas convenientes, do alvará de licença de instalação devem constar obrigatoriamente:

  a) A identificação do respectivo titular;
  b) O prazo de execução das obras constantes do projecto licenciado;
  c) As características essenciais do projecto;
  d) As condições impostas no licenciamento do CIRVER ou por entidades terceiras que nele tiveram intervenção.

3 — Para além de outras menções que sejam julgadas convenientes, do alvará de licença de exploração devem constar obrigatoriamente:

  a) A identificação do respectivo titular;
  b) O prazo de validade da licença e o respectivo termo inicial;
  c) As características essenciais do projecto;
  d) As condições impostas no licenciamento do CIRVER ou por entidades terceiras que nele tiveram intervenção.

4 — O licenciamento de um CIRVER não afasta a necessidade de licenciamento ou autorização municipal das edificações, nos termos do disposto no Regime Jurídico da Urbanização e da Edificação, cuja responsabilidade de obtenção é das entidades licenciadas.

5 — O licenciamento de um CIRVER não está sujeito a licenciamento industrial, mas a direcção regional da economia territorialmente competente emite parecer sobre os projectos licenciados, num prazo de 30 dias a contar a partir da data da recepção do pedido de parecer, formulado pela entidade coordenadora, o qual é vinculativo nas questões incluídas no âmbito das atribuições do Ministério da Economia, desde que digam respeito à legalidade do projecto licenciado.

6 — Incumbe, ainda, à entidade coordenadora remeter às entidades competentes de avaliação de impacte ambiental e de licença ambiental toda a documentação apresentada pela entidade a licenciar para os efeitos dos respectivos procedimentos, bem como solicitar os pareceres do Instituto de Desenvolvimento e Inspecção das Condições do Trabalho e da autoridade de saúde competente.

7 — O prazo para a emissão da declaração de impacte ambiental é de 80 dias.

8 — O prazo para a emissão de licença ambiental é de 60 dias.

9 — O alvará de licença de instalação apenas pode ser emitido após a recepção pela entidade coordenadora de todos os pareceres das entidades por ela consultadas, bem como de:

   a) Declaração de impacte ambiental favorável, emitida nos termos do Decreto-Lei n.º 69/2000, de 3 de Maio, ou de documento comprovativo de se encontrar decorrido o prazo para a produção do respectivo deferimento tácito, nos termos previstos no mesmo diploma;
   b) Licença ambiental emitida nos termos do Decreto-Lei n.º 194/ /2000, de 21 de Agosto;
   c) Notificação ou relatório de segurança, de acordo com o disposto no Decreto-Lei n.º 164/2001, de 23 de Maio, quando aplicável; e
   d) Alvará de licença municipal de edificação.

10 — O alvará de licença de exploração apenas pode ser emitido após a realização de vistoria conjunta de todas as entidades que legalmente nela devam intervir e desde que do respectivo relatório não conste nenhuma condição ou reserva.

11 — Sem prejuízo do disposto no número anterior, a unidade ou as unidades em causa podem ser autorizadas a funcionar provisoriamente, por prazo a fixar pela entidade licenciadora, desde que as falhas detectadas sejam de pormenor e não ponham em causa a segurança ambiental e dos trabalhadores e não constituam perigo para a saúde pública.

12 — Findo o prazo previsto no número anterior, há obrigatoriamente lugar à realização de uma vistoria.

13 — Podem ser emitidos alvarás parciais quer de instalação quer de exploração relativamente a cada uma das unidades que compõem os CIRVER.

14 — Em caso de licenciamento de projecto apresentado por agrupamento de empresas, a constituição da entidade jurídica referida na candidatura é condição da emissão do alvará de licença de instalação.

Artigo 66.º
Conteúdo

Consideram-se parte integrante do conteúdo da licença:
a) As obrigações emergentes dos termos do concurso;
b) As obrigações assumidas pelo gestor de um CIRVER no projecto objecto do licenciamento;
c) Os termos, os modos e as condições da licença definidos nos termos do disposto na presente secção;
d) As obrigações do gestor de um CIRVER previstas no capítulo IV do presente diploma.

Artigo 67.º
Termo inicial de vigência da licença

Constitui termo inicial do prazo de validade da licença:
a) Relativamente à instalação do CIRVER, a data da emissão do alvará da licença de instalação;
b) Relativamente à exploração do CIRVER, a data da emissão do alvará da licença de exploração.

Artigo 68.º
Prazo da licença

1 — Os alvarás da licença são emitidos pelos seguintes prazos:
a) O alvará da licença de instalação, pelo prazo constante do projecto objecto de licenciamento;
b) O alvará da licença de exploração, pelo prazo de 10 anos.

2 — O prazo fixado na alínea a) do número anterior apenas pode ser prorrogado por uma única vez e por prazo não superior a um ano, mediante requerimento da entidade licenciada.

3 — O prazo fixado na alínea b) do n.º 1 pode ser objecto de prorrogação por períodos de cinco anos quando se reúnam cumulativamente as seguintes condições:

a) Não ter ocorrido nenhuma situação de suspensão da licença;
b) O gestor do CIRVER apresentar à entidade coordenadora, com uma antecedência mínima de seis meses em relação ao termo do prazo do licenciamento, um plano de adaptação tecnológica.

4 — A prorrogação do prazo da licença obedece ao procedimento previsto no artigo seguinte.

Artigo 69.º
Prorrogação da vigência da licença

1 — A requerimento do gestor de um CIRVER apresentado com a antecedência mínima de um ano em relação ao termo do prazo de vigência do alvará da licença de exploração, pode o prazo desta ser prorrogado, sem limite de vezes, mediante despacho da entidade competente para a sua emissão, por período não superior a metade do prazo fixado no n.º 1 do artigo anterior desde que o gestor de um CIRVER tenha cumprido cabalmente as obrigações a cujo cumprimento estava adstrito por efeito da atribuição da licença.

2 — O acto que decide a prorrogação ou não da licença deve ser emitido no prazo de três meses a contar a partir da recepção do plano de adaptação tecnológica.

3 — O acto que negue a prorrogação do prazo da licença deve ser fundamentado, explicitando as razões de facto e de direito que obstam à prorrogação.

4 — A entidade licenciadora pode condicionar o deferimento do pedido de prorrogação da licença à inclusão de alterações às condições de licenciamento vigentes, sempre que o entenda necessário, no sentido de assegurar o adequado funcionamento das instalações e das operações de gestão, a melhoria dos níveis dos serviços assegurados aos utentes, a protecção do ambiente e da saúde pública ou a segurança das pessoas e bens.

5 — As alterações introduzidas na licença em consequência da aplicação do disposto no número anterior são eficazes desde o seu averbamento no alvará.

Artigo 70.º
Área de actuação

A licença pode ser de âmbito nacional ou regional, conforme o que for definido nas peças concursais para a atribuição das licenças.

SECÇÃO II
Alterações da licença

Artigo 71.º
Modificação da personalidade jurídica do gestor de um CIRVER

1 — Toda a alteração subjectiva do licenciamento depende de prévia autorização da entidade licenciadora.

2 — Sempre que houver modificação da personalidade jurídica do gestor de um CIRVER, designadamente através de fusão ou cisão, deve o facto ser comunicado à entidade licenciadora de modo que se proceda ao averbamento no alvará da mudança de titularidade da licença e à verificação da manutenção dos requisitos necessários à titularidade da qualidade de gestor de um CIRVER.

3 — Deve ainda ser comunicada à entidade licenciadora qualquer modificação que não se repercuta na personalidade jurídica do gestor de um CIRVER, mas susceptível de alterar o objecto dos critérios de avaliação da capacidade técnica e financeira do gestor de um CIRVER realizados no âmbito do concurso ou de colocar o gestor de um CIRVER em situação de impedimento.

4 — A comunicação referida nos números anteriores deve ser acompanhada dos documentos necessários à verificação da manutenção da capacidade técnica e financeira do gestor de um CIRVER ou da pessoa jurídica que pretender suceder-lhe nessa qualidade.

5 — A entidade licenciadora pode intimar o gestor de um CIRVER a prestar informações sobre a matéria referida nos n.ºs 2 e 3 e solicitar a entrega dos documentos referidos no n.º 4 quando tenha suspeita fundada da ocorrência de modificação da personalidade do gestor de um CIRVER nos termos do disposto no presente artigo, abrindo oficiosamente o procedimento tendente à emissão da declaração de conformidade.

6 — A entidade licenciadora deve emitir, no prazo de 30 dias a contar a partir da recepção da comunicação e dos respectivos documentos, acto de autorização de manutenção da licença ou dos actos necessários à sua emissão, devendo, neste caso, proceder a audiência prévia do gestor de um CIRVER e estabelecer um prazo para a sua execução.

7 — No caso de a não autorização se dever a presumida falta de capacidade financeira, pode esta ser concedida após reforço da caução.

8 — O procedimento de autorização implica a apreciação da manutenção dos requisitos necessários à titularidade da qualidade de gestor de um CIRVER previstos no presente diploma e deve ser promovido pelo gestor de um CIRVER em fase anterior à consolidação jurídica da modificação, sendo o projecto de modificação o seu objecto.

Artigo 72.º
Cessão da posição de gestor de um CIRVER

1 — O alvará de licença apenas é transmissível mediante prévia autorização da entidade licenciadora.

2 — A autorização deve ser acompanhada de relatório justificativo da verificação dos requisitos exigidos na fase de pré-qualificação e não pode implicar qualquer alteração ao projecto licenciado.

3 — O incumprimento dos deveres previstos no presente artigo implica a nulidade da transmissão da licença.

Artigo 73.º
Impedimento superveniente

1 — A superveniência de facto susceptível de colocar o gestor de um CIRVER em situação de impedimento deve ser imediatamente comunicada por este à entidade coordenadora.

2 — A entidade coordenadora deve propor à entidade licenciadora, quando seja notória a situação de impedimento do gestor de um CIRVER, em acto devidamente fundamentado, a suspensão da licença, nos termos do disposto no artigo 87.º

3 — O acto de suspensão da licença por situação de impedimento superveniente caduca com o desaparecimento dessa situação ou com a demonstração de que a mesma não se verifica, desde que tal demonstração ocorra antes de decorrido o prazo consagrado na alínea b) do n.º 1 do artigo 88.º

Artigo 74.º
Alterações ao projecto licenciado

1 — Apenas são admitidas alterações ao projecto objecto de licenciamento decorridos que estejam dois anos, contados a partir do termo inicial do alvará da licença de exploração da unidade em causa, e sempre com fundamento em factos supervenientes, designadamente os decorrentes de evoluções tecnológicas, que sejam reconhecidos como justificativos pela entidade licenciadora.

2 — Não dependem do decurso do prazo referido no número anterior as alterações ao projecto decorrentes de imposição legal.

3 — As alterações ao projecto licenciado carecem de autorização expressa da entidade licenciadora, sem prejuízo do disposto no artigo seguinte.

4 — O pedido de alteração do projecto deve ser instruído com os documentos necessários à avaliação do mérito das alterações propostas, devendo ainda o gestor de um CIRVER entregar os documentos solicitados pela entidade licenciadora.

5 — No prazo de 60 dias a contar a partir da entrega do pedido ou dos documentos posteriormente solicitados, deve a entidade licenciadora aprovar a proposta de alteração ao projecto ou recusá-la.

6 — A aprovação da alteração ao projecto deve ser averbada no alvará da licença.

7 — O acto de recusa deve ser fundamentado e indicar, caso seja possível, os termos que possibilitem a aprovação da alteração.

8 — A autorização da alteração ao projecto não preclude a necessidade de promoção de outros procedimentos autorizativos legalmente devidos, nomeadamente os relativos a licenciamento ou autorização municipal regulados pelo Regime Jurídico da Urbanização e da Edificação.

ARTIGO 75.º
Ajustamentos

1 — Carecem de simples comunicação prévia, acompanhada dos documentos imprescindíveis à compreensão do teor da alteração proposta, as alterações ao projecto que consubstanciem meros ajustamentos destinados ao seu aperfeiçoamento.

2 — No prazo de 30 dias a contar a partir da recepção da comunicação referida no n.º 1, deve a entidade licenciadora, quando seja o caso, sujeitar a alteração ao projecto ao procedimento de autorização previsto no artigo anterior.

3 — A comunicação prévia é eficaz e título suficiente para a promoção da alteração ao projecto 45 dias depois da sua recepção pela entidade licenciadora, salvo no caso de ser exercida a prerrogativa consagrada no número anterior.

ARTIGO 76.º
Alterações à licença imputáveis à entidade licenciadora

A entidade licenciadora apenas pode proceder à alteração das condições da licença quando esteja em causa a respectiva adequação a novas normas legais ou regulamentares, nacionais ou comunitárias.

SECÇÃO III
Caducidade da licença

Artigo 77.º
Caducidade

1 — As licenças caducam:
 a) Por decurso do prazo nelas fixado ou da sua prorrogação;
 b) Pela não execução das obras necessárias à instalação do CIRVER no prazo previsto no projecto objecto de licenciamento;
 c) Pelo não início do funcionamento do CIRVER no prazo previsto no projecto objecto de licenciamento;
 d) Pela extinção do titular da licença.

2 — No caso de caducidade da licença o respectivo alvará deve ser cassado nos termos definidos no artigo 88.º

CAPÍTULO IV
Execução

SECÇÃO I
Direitos e obrigações do gestor de um CIRVER em relação à entidade licenciadora

Artigo 78.º
Direitos do gestor de um CIRVER

1 — Constituem direitos do gestor de um CIRVER:
 a) Desenvolver a actividade nos termos definidos no alvará da licença;
 b) Exigir que a actividade seja exercida pelo número de gestores de um CIRVER definidos no respectivo concurso enquanto vigorarem as licenças emitidas ao abrigo do mesmo, sem prejuízo do disposto no n.º 2.

2 — O número de licenças poderá, no entanto, ser aumentado no caso de se verificar um aumento da produção de resíduos perigosos no território nacional e as entidades licenciadas não pretenderem aumentar a capacidade das instalações licenciadas.

3 — No caso previsto no número anterior, as entidades licenciadas dispõem de um prazo de 15 dias, contados a partir da notificação para o efeito, para manifestarem a sua intenção de adequar as instalações licenciadas às novas necessidades.

4 — Caso as entidades licenciadas manifestem essa intenção, dispõem de um prazo de dois meses para apresentarem o respectivo projecto de ampliação.

5 — A entidade coordenadora dispõe de um prazo de dois meses para apreciar o projecto apresentado e propor à entidade licenciadora a alteração da licença do CIRVER, ou a opção pelo aumento do número de licenças, caso considere o projecto inaceitável.

Artigo 79.º
Obrigações do gestor do CIRVER em relação à entidade licenciadora

Constituem obrigações do gestor do CIRVER:
a) Respeitar as condições e os limites constantes do alvará da licença, bem como as que lhe são inerentes;
b) Cumprir as disposições legais e regulamentares, nacionais ou comunitárias, relativas à actividade de recuperação, valorização e eliminação de resíduos perigosos;
c) Cumprir as normas técnicas de exploração aplicáveis;
d) Utilizar equipamentos devidamente aprovados pelas entidades competentes, quando for o caso;
e) Apresentar à entidade coordenadora até ao fim do 3.º trimestre de cada ano o orçamento de receitas e despesas para o ano seguinte, com a explicitação dos custos de investimento e da respectiva justificação;
f) Facultar a verificação das instalações e dos equipamentos do CIRVER aos funcionários e agentes da entidade coordenadora devidamente credenciados para o efeito;
g) Fornecer a informação necessária à verificação e fiscalização das obrigações e das condições decorrentes do licenciamento, bem como da informação destinada a tratamento estatístico, permitindo o acesso à documentação de suporte;
h) Proceder às correcções necessárias tendo em vista o regular funcionamento das instalações e dos equipamentos e o adequado exercício da actividade licenciada;
i) Garantir, em termos de igualdade, o acesso aos serviços prestados mediante os preços aplicáveis, nos termos definidos no presente diploma

SECÇÃO II
Direitos e obrigações do gestor do CIRVER perante os detentores e transportadores de resíduos

Artigo 80.º
Igualdade de acesso aos serviços prestados

1 — Constitui obrigação do gestor do CIRVER garantir a igualdade de acesso à actividade exercida relativamente a todos os produtores de resíduos perigosos.

2 — Caso o gestor constate a existência de sobrecarga do CIRVER, tem a obrigação de referenciar o produtor para outro CIRVER e comunicar o facto à entidade coordenadora.

3 — Ao gestor do CIRVER fica expressamente vedada a suspensão da actividade sem aviso prévio, salvo por motivo de força maior, sem prejuízo do disposto no artigo seguinte.

Artigo 81.º
Suspensão da prestação individual do serviço

1 — Em caso de mora do utente relativamente aos pagamentos devidos ao gestor do CIRVER em virtude da actividade regulada no presente diploma superior a 90 dias, goza o gestor do CIRVER do direito de suspender a sua actividade relativamente a esse utente, devendo, no entanto, comunicar tal facto à entidade coordenadora.

2 — A comunicação prevista no número anterior é feita num prazo de 10 dias, contados a partir da recusa do recebimento dos resíduos, por carta registada com aviso de recepção ou mediante requerimento entregue na entidade coordenadora.

SECÇÃO III
Regime de preços

Artigo 82.º
Preços

1 — Os gestores dos CIRVER estão obrigados a anunciar e divulgar regularmente, de forma detalhada, os vários componentes dos preços aplicáveis, devendo fornecer aos utentes uma factura que especifique devidamente os valores que apresenta.

2 — Os gestores dos CIRVER têm a obrigação de comunicar à entidade coordenadora os preços dos serviços que prestam, bem como as alterações aos mesmos, até 30 dias antes da sua prática.

3 — Por portaria do membro do Governo responsável pela área do ambiente, poderão ser fixados preços máximos relativos a cada tipo de serviço prestado.

Artigo 83.º
Prescrição

Os créditos das entidades licenciadas relativos à actividade dos CIRVER prescrevem decorridos que estejam dois anos sobre a respectiva facturação ou três anos sobre o serviço prestado.

CAPÍTULO V
Fiscalização e sanções

SECÇÃO I
Fiscalização

Artigo 84.º
Competência

1 — A fiscalização dos CIRVER é assegurada pela Inspecção- Geral do Ambiente e pela comissão de coordenação e desenvolvimento regional territorialmente competente, sem prejuízo dos poderes de fiscalização atribuídos por lei a outras entidades.

2 — Todas as entidades públicas que se apercebam da existência de infracções contra-ordenacionais ou do mero desrespeito pelas condições do licenciamento têm o dever de participar esse facto à Inspecção-Geral do Ambiente e à comissão de coordenação e desenvolvimento regional territorialmente competente.

Artigo 85.º
Conteúdo

1 — O poder de fiscalização consiste no controlo do cumprimento das leis e dos regulamentos aplicáveis, das cláusulas do alvará da licença e, bem assim, das normas que fazem parte integrante da licença, nos termos do disposto no artigo 66.º, onde quer que o gestor do CIRVER exerça a sua actividade, podendo, para tanto, exigir-lhe as informações e os documentos que considerar necessários.

2 — O pessoal de fiscalização dispõe de livre acesso, no exercício das suas funções, a todas as infra-estruturas e aos equipamentos do gestor do CIRVER afectos ao centro e a todas as instalações do gestor do CIRVER.

Artigo 86.º
Relatório anual

1 — O gestor do CIRVER é responsável pela monitorização do funcionamento do centro.

2 — O gestor do CIRVER enviará, todos os anos, à entidade coordenadora, até ao termo do 1.º trimestre do ano seguinte àquele a que diz respeito, o relatório final, donde constem obrigatoriamente:

   a) A quantidade e a classificação dos resíduos recebidos, identificando a origem/produtor dos mesmos, bem como o tipo de tratamento a que foram submetidos;
   b) A quantidade e a classificação dos resíduos resultantes da laboração de cada componente do CIRVER, bem como o destino dado aos mesmos;
   c) Relatório da actividade donde conste toda a informação relativa à monitotização efectuada aos parâmetros ambientais;
   d) O orçamento de receitas e despesas, com explicitação e justificação dos custos de investimento.

3 — O gestor do CIRVER enviará ainda anualmente à entidade coordenadora, até ao termo do 1.º semestre do ano seguinte a que respeita o exercício considerado, os documentos de prestação de contas, devidamente certificados por um revisor oficial de contas.

SECÇÃO II
Sanções administrativas

Artigo 87.º
Suspensão da licença

1 — Constitui fundamento para a suspensão da licença a violação, de reduzida gravidade, de normas legais ou regulamentares, nacionais ou comunitárias, que regulam a actividade e que não constitua fundamento para a cassação definitiva do alvará da licença.

2 — A decisão de suspensão da licença é da competência da entidade licenciadora e tanto pode dizer respeito à globalidade do CIRVER como a qualquer uma das suas unidades.

3 — Em caso de suspensão da licença de um CIRVER, a entidade coordenadora tem a obrigação de desenvolver todos os esforços no sentido de minimizar os danos ambientais que a suspensão possa acarretar.

Artigo 88.º
Cassação da licença

1 — Constituem fundamento para a cassação do alvará da licença:
 a) A violação grave de normas legais ou regulamentares, nacionais ou comunitárias, que regulam a actividade;
 b) A manutenção dos fundamentos que determinaram a suspensão por um período superior a dois meses;
 c) A verificação de fundamentos para determinar uma segunda suspensão da licença;
 d) A transmissão da licença sem prévia autorização da entidade licenciadora;
 e) A instauração de processo especial de recuperação de empresa ou falência relativo ao gestor do CIRVER;
 f) A interrupção da actividade, salvo por motivo de força maior, por período superior a um mês;
 g) A modificação subjectiva do gestor do CIRVER sem autorização prévia da entidade licenciadora;
 h) A modificação objectiva no titular da licença que obste ao desenvolvimento da actividade nos termos licenciados;
 i) O incumprimento pelo gestor do CIRVER de forma reiterada das obrigações resultantes do licenciamento;
 j) A suspensão da actividade por um período superior a um mês.

2 — A decisão de cassação do alvará é da competência da entidade licenciadora, abrangendo, sempre, a globalidade do CIRVER.

3 — A cassação do alvará da licença faz-se mediante notificação ao gestor do CIRVER de decisão fundamentada, na qual se determine o prazo para a entrega do respectivo alvará.

4 — A audiência prévia do gestor do CIRVER pode ser dispensada quando a urgência na cessação da actividade por parte do gestor do CIRVER, fundada na gravidade dos fundamentos, seja significativa.

5 — No caso de cassação da licença e para além da perda da caução e de outras sanções que lhe sejam aplicáveis, o gestor do CIRVER é responsável pelos danos ambientais provocados pela sua conduta.

6 — No caso de cassação da licença, a entidade licenciadora pode declarar a utilidade pública da expropriação dos imóveis afectos ao CIRVER.

7 — A indemnização devida pela expropriação reporta-se ao valor dos imóveis expropriados, devendo ser calculada de acordo com os critérios consagrados no Código das Expropriações.

8 — Dado o interesse público em causa, fica, nesse caso, autorizada a negociação para a celebração de contrato de concessão do CIRVER.

SECÇÃO III
Sanções contra-ordenacionais

ARTIGO 89.º
Contra-ordenações

1 — Sem prejuízo da responsabilidade civil, criminal ou disciplinar, são puníveis como contra-ordenação:
 a) A violação do disposto no artigo 4.º do presente diploma;
 b) A execução de obras sem licença ou em desconformidade com a mesma;
 c) A exploração do CIRVER em desconformidade com os termos da licença;
 d) A violação do disposto no artigo 71.º do presente diploma;
 e) A violação do disposto no artigo 74.º do presente diploma;
 f) A violação do disposto no artigo 79.º do presente diploma;
 g) A violação do disposto no artigo 81.º do presente diploma;
 h) A violação do disposto no artigo 82.º do presente diploma;
 i) A violação do disposto no artigo 86.º do presente diploma.

2 — A contra-ordenação prevista nas alíneas a), b), d) e e) do número anterior é punível com coima graduada de € 500 e até ao máximo de € 3700, no caso de pessoa singular, ou até (euro) 44800, no caso de pessoa colectiva.

3 — A contra-ordenação prevista nas alíneas c), f) e h) do n.º 1 é punível com coima graduada de € 250 até ao máximo de € 1900, no caso de pessoa singular, ou até € 25000, no caso de pessoa colectiva.

4 — A contra-ordenação prevista nas alíneas g) e i) do n.º 1 é punível com coima graduada de € 125 até ao máximo de € 800, no caso de pessoa singular, ou até € 12500, no caso de pessoa colectiva.

5 — Os montantes fixados nos números anteriores serão revistos sempre que sejam alterados os limites das coimas fixadas no regime geral.

Artigo 90.º
Instrução e decisão dos processos

1 — É competente para a instrução do processo de contra-ordenação a entidade que tenha procedido ao levantamento do auto de notícia, excepto no caso de o auto de notícia ter sido levantado pelas autoridades policiais, nomeadamente a Guarda Nacional Republicana e a Polícia de Segurança Pública, em que a autoridade competente para a instrução do processo é a Inspecção-Geral do Ambiente.

2 — A aplicação das coimas e das sanções acessórias cabe ao inspector-geral do Ambiente, sem prejuízo das competências próprias das demais entidades intervenientes no processo.

Artigo 91.º
Afectação do produto das coimas

O produto das coimas é distribuído da forma seguinte:
a) 10% para a entidade que levantou o auto;
b) 30% para a entidade que aplica a coima;
c) 60% para os cofres do Estado.

CAPÍTULO VI
Observatório

Artigo 92.º
Criação

1 — É criado o Observatório Nacional dos CIRVER, adiante designado abreviadamente por Observatório.

2 — O Observatório é composto pelos seguintes membros:
a) Um representante nomeado pelo membro do Governo responsável pela área do ambiente, que preside;
b) Dois representantes do INR;
c) Um representante de cada comissão de coordenação e desenvolvimento regional com jurisdição na área em que o CIRVER esteja instalado;

d) Um representante de cada direcção regional da economia com jurisdição na área em que o CIRVER esteja instalado;
e) Um representante da Autoridade da Concorrência;
f) Um representante da Associação Nacional de Municípios Portugueses;
g) Um representante da cada um dos municípios em cujo território estiver instalado um CIRVER;
h) Um representante de cada administração regional de saúde em cuja circunscrição territorial esteja instalado um CIRVER;
i) Um representante das organizações não governamentais da área do ambiente;
j) Um representante das associações industriais.

ARTIGO 93.º
Funções

1 — A actividade do Observatório compreende:
a) Proceder à recolha de todas as informações relativas à qualidade do serviço prestado, compilando e harmonizando essa informação de modo a torná-la acessível à população em geral;
b) Elaborar e publicitar listagens comparativas entre os CIRVER e sobre os elementos referidos na alínea anterior;
c) Recomendar à entidade coordenadora a realização de auditorias às entidades licenciadas, divulgando as matérias com influência nos níveis de qualidade do serviço prestado;
d) Emitir recomendações dirigidas às entidades licenciadas sobre aspectos relacionados com a gestão dos CIRVER;
e) Emitir recomendações dirigidas às entidades licenciadora e coordenadora, bem como às entidades licenciadas, sobre aspectos relativos à actividade licenciada;
f) Alertar o Governo e as autarquias locais para a verificação de situações anómalas no sector e propor a adopção de medidas tendentes à sua correcção.

2 — Os gestores dos CIRVER devem enviar ao Observatório, até ao final do 1.º trimestre de cada ano, cópia de todos os documentos enviados à entidade coordenadora.

3 — O Observatório será apoiado no desenvolvimento da sua actividade por um secretariado permanente, designado pela entidade coordenadora, e por consultores externos.

4 — Os encargos resultantes do funcionamento do Observatório serão custeados pela entidade coordenadora.

5 — As contas do Observatório, depois de auditadas, serão aprovadas pela entidade licenciadora e publicadas.

CAPÍTULO VII
Disposições transitórias e finais

ARTIGO 94.º
Medidas cautelares

1 — Sempre que seja detectada uma situação de perigo para a saúde pública ou para o ambiente, o presidente do INR e o inspector-geral do Ambiente podem adoptar as medidas cautelares que, em cada caso, se justifiquem para prevenir ou eliminar a situação de perigo, nomeadamente a suspensão da laboração, o encerramento, no todo ou em parte, da instalação ou a apreensão, de todo ou parte, do equipamento mediante selagem.

2 — A cessação das medidas cautelares previstas no número anterior é determinada, a requerimento do operador, por despacho do inspector-geral do Ambiente, após a verificação de que a situação de perigo cessou.

3 — A adopção de medidas cautelares ao abrigo do presente artigo, bem como a sua cessação, são comunicadas de imediato à entidade coordenadora.

ARTIGO 95.º
Liquidação e pagamento de taxas

1 — A emissão dos alvarás de licença está dependente do pagamento das taxas mencionadas nas alíneas a), b) e c) ou d), consoante o caso, do n.º 4 do presente artigo.

2 — As taxas previstas nas alíneas e) e f) do n.º 4 do presente artigo deverão ser pagas em momento anterior à prática do acto ou da formalidade a que se referem.

3 — As taxas previstas nas alíneas a) e b) do n.º 4 do presente artigo deverão ser cobradas após o termo do prazo para a apresentação de candidaturas ou de projectos, consoante o caso, implicando o seu não pagamento a exclusão do procedimento.

4 — São as seguintes as taxas do procedimento de licenciamento e de fiscalização:

a) Fase de pré-qualificação — € 3750;

b) Fase de apreciação e selecção de projectos — € 5000;
c) Emissão do alvará de instalação do CIRVER — € 5000;
d) Emissão do alvará de exploração do CIRVER — € 5000;
e) Emissão de autorização provisória — € 5000;
f) Vistoria — € 2500.

5 — É ainda devida uma taxa pela actividade da entidade coordenadora e de funcionamento do Observatório no valor mínimo de entre um dos seguintes:

a) 0,5% da respectiva facturação;
b) € 0,50 por cada tonelada de resíduo recebido.

6 — No 1.º ano de exploração do CIRVER, a liquidação da taxa é feita por referência aos elementos apresentados pelo titular do alvará da licença de exploração no projecto licenciado.

7 — No 2.º ano de exploração e nos subsequentes, a taxa é liquidada por referências aos valores relativos ao ano imediatamente anterior.

8 — O prazo do pagamento das taxas à entidade coordenadora é de 15 dias, contados a partir da notificação da respectiva liquidação.

9 — Da liquidação das taxas cabe impugnação graciosa ou judicial, nos termos gerais aplicáveis.

10 — O pagamento das taxas previstas no presente preceito não dispensa o pagamento daquelas que forem legalmente devidas pela intervenção de terceiras entidades.

ARTIGO 96.º
Falsidade de documentos e de declarações

Sem prejuízo da participação à entidade competente para os efeitos de procedimento penal, a falsificação de documentos ou a prestação culposa de falsas declarações nas candidaturas, nos projectos e nas informações que devem ser prestadas no exercício da actividade de gestor do CIRVER determina, consoante o caso, a respectiva exclusão do concurso, a invalidade do licenciamento e dos actos subsequentes ou a cassação do alvará de licença.

ARTIGO 97.º
Novos licenciamentos

1 — Todos os licenciamentos de novas unidades do tipo das que integram necessariamente os CIRVER, nos termos do n.º 3 do artigo 1.º, ou de centros integrados no âmbito da aplicação objectiva do

presente diploma estão sujeitos ao regime nele fixado, com excepção daqueles que se destinem à resolução de um passivo ambiental localizado.

2 — O disposto no número anterior não se aplica aos projectos de licenciamento ou autorização que deram entrada nos serviços competentes em momento anterior à entrada em vigor do presente diploma.

ARTIGO 98.º
Entrada em vigor

O presente diploma entra em vigor no dia seguinte ao da sua publicação.

Visto e aprovado em Conselho de Ministros de 2 de Outubro de 2003. — *José Manuel Durão Barroso* — *Maria Manuela Dias Ferreira Leite* — *Maria Celeste Ferreira Lopes Cardona* — *Carlos Manuel Tavares da Silva* — *Luís Filipe Pereira* — *António José de Castro Bagão Félix* — *Amílcar Augusto Contel Martins Theias*.

Promulgado em 5 de Dezembro de 2003.

Publique-se.

O Presidente da República, JORGE SAMPAIO.

Referendado em 16 de Dezembro de 2003.

O Primeiro-Ministro, *José Manuel Durão Barroso*.

2. Gestão de resíduos especiais

2.1. Resíduos especiais quanto à origem 539
2.2. Resíduos para armazenagem 669
2.3. Resíduos para valorização 685
2.4. Resíduos para eliminação 809
2.5. Resíduos em *gestão integrada* 883

2.1. Resíduos especiais quanto à origem

2.1.1. Resíduos sólidos urbanos (RSU) 541
2.1.2. Resíduos industriais 623
2.1.3. Resíduos hospitalares 633
2.1.4. Resíduos gerados em navios 655

2.1.1. Resíduos sólidos urbanos (RSU)

2.1.1.1. Acesso da iniciativa privada à gestão de RSU (sistemas municipais — SM — e multimunicipais — SMM) (Lei n.º 88-A/97, de 25 de Julho) 543

2.1.1.2. Concessão de SM e SMM de RSU (Decreto-lei n.º 294/94, de 16 de Novembro*) 547

2.1.1.3. Gestão de SM e SMM de RSU (Decreto-lei n.º 379/93, de 5 de Novembro**) .. 567

2.1.1.4. Avaliação de projectos de engenharia (Portaria n.º 1187/2003 de 9 de Outubro) 581

2.1.1.5. Mapas de registo de RSU (Portaria n.º 768/88, de 30 de Novembro) 585

2.1.1.6. Regulamentos Municipais de RSU (Maia) 589

---

* Alterado pelo Decreto-Lei n.º 121/2003, de 20 de Setembro.
** Alterado pela Lei n.º 176/99, de 25 de Outubro e pelos Decretos-lei n.ºs 439-A/99, de 29 de Outubro, 14/2002, de 26 de Janeiro, e 103/2003, de 23 de Maio.

Acesso da iniciativa privada à gestão de RSU
(sistema municipais — SM — e multimunicipais — SMM)

Lei n.º 88-A/97
de 25 de Julho

Regula o acesso da iniciativa económica privada a determinadas actividades económicas

A Assembleia da República decreta, nos termos dos artigos 164.º, alínea *d*), e 169.º, n.º 3, da Constituição, o seguinte:

Artigo 1.º

1 — É vedado a empresas privadas e a outras entidades da mesma natureza o acesso às seguintes actividades económicas, salvo quando concessionadas:

a) Captação, tratamento e distribuição de água para consumo público, recolha, tratamento e rejeição de águas residuais urbanas, em ambos os casos através de redes fixas, e recolha e tratamento de resíduos sólidos urbanos, no caso de sistemas multimunicipais e municipais;

b) Comunicações por via postal que constituam o serviço público de correios;

c) Transportes ferroviários explorados em regime de serviço público;

d) Exploração de portos marítimos.

2 — Para efeitos do disposto na alínea *a*) do número anterior, consideram-se, respectivamente, sistemas multimunicipais os que sirvam pelo menos dois municípios e exijam um investimento predominante a efectuar pelo Estado em função de razões de interesse nacional e sistemas municipais todos os outros, incluindo os geridos através de associações de municípios.

3 — No caso de sistemas multimunicipais, as concessões relativas às actividades referidas na alínea a) do n.º 1 serão outorgadas pelo Estado e só podem ser atribuídas a empresas cujo capital social seja maioritariamente subscrito por entidades do sector público, nomeadamente autarquias locais.

4 — O serviço público de correios a que se refere a alínea b) do n.º 1 será definido mediante decreto-lei.

5 — A concessão de serviço público a que se refere a alínea c) do n.º 1 será outorgada pelo Estado ou por municípios ou associações de municípios, carecendo, nestes casos, de autorização do Estado quando as actividades objecto de concessão exijam um investimento predominante a realizar pelo Estado.

Artigo 2.º

A exploração dos recursos do subsolo e dos outros recursos naturais que, nos termos constitucionais, são pertencentes ao Estado será sempre sujeita ao regime de concessão ou outro que não envolva a transmissão de propriedade dos recursos a explorar, mesmo quando a referida exploração seja realizada por empresas do sector público ou de economia mista.

Artigo 3.º

A proibição do acesso da iniciativa privada às actividades referidas nos artigos anteriores impede a apropriação por entidades privadas dos bens de produção e meios afectos às actividades aí consideradas, bem como as respectivas exploração e gestão, fora dos casos expressamente previstos no presente diploma, sem prejuízo da continuação da actividade das empresas com participação de capitais privados existentes à data da entrada em vigor da presente lei e dentro do respectivo quadro actual de funcionamento.

Artigo 4.º

1 — O regime de acesso à indústria de armamento e do exercício da respectiva actividade será definido por decreto-lei, por forma a salvaguardar os interesses da defesa e da economia nacionais, a segurança e a tranquilidade dos cidadãos e os compromissos internacionais do Estado.

2 — Do diploma relativo à actividade no sector da indústria de armamento constará, designadamente:

a) A obrigatoriedade de identificação dos accionistas iniciais, directos ou por interpostas pessoas, com especificação do capital social a subscrever por cada um deles;
b) Um sistema de controlo das participações sociais relevantes;
c) A subordinação da autorização para o exercício de actividade no sector da indústria de armamento, bem como para a sua manutenção, à exigência de uma estrutura que garanta a adequação e suficiência de meios financeiros, técnicos e humanos ao exercício dessa actividade;
d) A exigência de apresentação de lista de materiais, equipamentos ou serviços que a empresa se propõe produzir, bem como dos mercados que pretende atingir;
e) A exigência de submissão das empresas à credenciação de segurança nacional e a legislação especial sobre importação e exportação de material de guerra e seus componentes.

ARTIGO 5.º

É revogada a Lei n.º 46/77, de 8 de Julho.

Aprovada em 3 de Julho de 1997.

O Presidente da Assembleia da República, *António de Almeida Santos.*

Promulgada em 18 de Julho de 1997.

Publique-se.

O Presidente da República, JORGE SAMPAIO.

Referendada em 24 de Julho de 1997.

O Primeiro-Ministro, em exercício, *António Manuel de Carvalho Ferreira Vitorino.*

Concessão de SM e SMM de RSU

Decreto-Lei n.º 294/94
de 16 de Novembro

Na sequência da alteração da lei de delimitação de sectores, que abriu a possibilidade de participação de capitais privados, sob a forma de concessão, nas actividades de recolha e tratamento de resíduos sólidos e da consagração dos princípios legais da gestão e exploração de sistemas que tenham por objecto aquelas actividades, cumpre agora definir o quadro legal concretizador das opções legislativas subjacentes aos diplomas anteriores.

O Decreto-Lei n.º 379/93, de 5 de Novembro, estruturou as actividades em causa com base na distinção entre sistemas multimunicipais e sistemas municipais. Os primeiros, de importância estratégica, são os que abrangem a área de pelo menos dois municípios e exigem um investimento predominante do Estado. Os segundos, são todos os demais, incluindo os sistemas geridos através de associações de municípios.

A gestão e exploração dos sistemas municipais foram em parte desenvolvidas naquele decreto-lei. Relativamente aos sistemas multimunicipais, o mesmo diploma, além da consagração de alguns princípios comuns aos sistemas municipais, apenas previu as modalidades de gestão (directa ou indirecta) e o modo de criação.

No presente decreto-lei consagra-se um quadro legal de carácter geral, contendo os princípios informadores do regime jurídico de construção, exploração e gestão dos sistemas multimunicipais de tratamento de resíduos sólidos urbanos quando atribuídos por concessão a empresa pública ou a sociedade de capitais exclusiva ou maioritariamente públicos, por se entender que esta é a actividade que, pela importância que assume face às necessidades do País, reclama desde já um enquadramento legal pormenorizado.

As actividades de exploração e gestão dos sistemas multimunicipais de tratamento de resíduos sólidos urbanos gerados nas áreas dos municípios utilizadores têm a natureza de serviço público e são exercidas em regime de exclusivo com base num contrato de concessão celebrado entre o Estado e a empresa concessionária. A articulação entre cada sistema multimunicipal e os sistemas abrangidos pela respectiva área é assegurada através de contratos a celebrar entre a concessionária e cada um dos municípios utilizadores, sem prejuízo de estes poderem transmitir a respectiva posição contratual aos concessionários dos seus sistemas de recolha e transporte de resíduos sólidos urbanos.

Ainda no tocante às relações com os municípios utilizadores, consagra-se, por um lado, a obrigação de as concessionárias dos sistemas multimunicipais assegurarem o processamento de todos os resíduos sólidos urbanos gerados nas áreas dos municípios utilizadores que lhes forem entregues pelos respectivos serviços e de estabelecerem com cada um daqueles municípios os acordos necessários à promoção da sua recolha selectiva e do seu adequado processamento. Por outro lado, os municípios têm garantida uma adequação dos sistemas multimunicipais às suas reais necessidades, sob os aspectos quantitativos e qualitativos, e em conformidade com as normas nacionais e comunitárias aplicáveis.

No objecto da concessão inclui-se, além da exploração e gestão de um sistema multimunicipal de tratamento de resíduos urbanos sólidos, a concepção e construção de todas as instalações necessárias à realização daquelas actividades, incluindo, nomeadamente, a construção de centrais de processamento, triagem e valorização, de aterros sanitários complementares e de estações de transferência, respectivos acessos e extensão e, bem assim, a respectiva reparação, extensão e renovação, de acordo com as exigências técnicas e com os parâmetros de sanidade e qualidade ambiental exigíveis. A aquisição, manutenção e renovação de todos os equipamentos e meios de transporte necessários à realização daquelas actividades incluem-se igualmente no objecto da concessão. Para melhor garantir a eficácia na prossecução deste objecto e permitir um melhor acompanhamento do equilíbrio financeiro da concessão determina-se que o mesmo seja exclusivo no sentido de a concessionária não poder exercer outras actividades diferentes daquelas que o integram, salvo as que sejam acessórias ou complementares e devidamente autorizadas pelo concedente.

A propriedade dos bens afectos à concessão pertence, em princípio, à concessionária, revertendo para o Estado no termo da concessão sem qualquer indemnização e livres de quaisquer ónus ou encargos. Exceptuam-se os bens afectos à concessão que pertencessem, antes da respectiva afectação, ao Estado, aos municípios utilizadores ou a associação em que estes se integrem. Os primeiros representam uma forma de financiamento da concessionária, enquanto, relativamente aos demais, é assegurada a sua devolução aos municípios ou às associações de municípios quando se tornar desnecessária a sua utilização. No entanto, e para assegurar a permanente actualização do sistema multimunicipal, a concessionária terá direito, no termo da concessão, a uma indemnização calculada em função do valor líquido de amortizações dos bens que resultarem de novos investimentos de expansão ou de diversificação aprovados ou impostos pelo Estado.

Estão, deste modo, criadas as condições para a instituição dos sistemas multimunicipais de tratamento de resíduos sólidos urbanos e para a atribuição das respectivas concessões de exploração e gestão. Sublinhe-se que o presente diploma é propositadamente exaustivo no que se refere às cautelas a assegurar para defesa de todos os interesses em causa e sustentação económica da concessão, de modo a reflectir princípios que devem guiar a implantação e funcionamento, não só deste tipo de concessões mas também das relativas a sistemas municipais. O passo seguinte é a concretização deste quadro legal em relação a cada um dos sistemas multimuicipais através da sua criação, da constituição das empresas às quais será atribuída a concessão, da atribuição da concessão e da celebração dos contratos de concessão e de entrega de resíduos sólidos urbanos com o Estado e os municípios utilizadores, respectivamente.

Foi ouvida a Associação Nacional de Municípios Portugueses.

Assim:

Nos termos da alínea *a*) do n.º 1 do artigo 201.º da Constituição, o Governo decreta o seguinte:

ARTIGO 1.º
Objecto

1 — O presente diploma consagra o regime jurídico da concessão da exploração e gestão dos sistemas multimunicipais de tratamento de resíduos sólidos urbanos.

2 — A exploração e gestão referidas no número anterior abrangem a concepção, a construção, a aquisição, a extensão, a reparação, a renovação, a manutenção de obras e equipamentos e respectiva melhoria.

Artigo 2.º
Serviço público

1 — A exploração e gestão dos sistemas multimunicipais de tratamento dos resíduos sólidos urbanos gerados nas áreas dos municípios utilizadores consubstanciam um serviço público a exercer em regime de exclusivo.

2 — É objectivo fundamental da exploração e gestão dos sistemas multimunicipais de tratamento de resíduos sólidos urbanos contribuir para o saneamento público e para o bem-estar das populações, assegurando, nomeadamente:

  a) O tratamento de resíduos sólidos urbanos adequado, nos termos do contrato de concessão, às reais necessidades dos municípios utilizadores sob os aspectos quantitativos e qualitativos e em conformidade com as normas nacionais e comunitárias aplicáveis;
  b) A promoção das acções necessárias a uma correcta política de gestão de resíduos sólidos urbanos, nomeadamente no que respeita à sua redução e valorização;
  c) O controlo dos custos através da racionalidade e eficácia dos meios utilizados nas suas diversas fases.

3 — Fora do âmbito do serviço público referido no n.º 1, o tratamento de resíduos sólidos urbanos obedece à legislação geral aplicável.

Artigo 3.º
Natureza do acto de concessão

A concessão da exploração e gestão dos sistemas multimunicipais de tratamento de resíduos sólidos urbanos opera-se por contrato administrativo a celebrar entre o Estado, representado pelo Ministro do Ambiente e Recursos Naturais, e uma empresa pública ou uma sociedade de capitais exclusiva ou maioritariamente públicos, nos termos das bases anexas ao presente diploma e que dele fazem parte integrante.

Artigo 4.º
Disposições aplicáveis

As concessões a que o presente diploma se refere reger-se-ão por este, pelo artigo 4.º da Lei n.º 46/77, de 8 de Julho, com a redacção dada pelo Decreto-Lei n.º 372/93, de 29 de Outubro, pelas disposições aplicáveis do Decreto-Lei n.º 379/93, de 5 de Novembro, e pelos respectivos contratos.

ARTIGO 5.º
Relações entre a concessionária e os municípios utilizadores

1 — Os municípios utilizadores devem articular os seus sistemas de recolha e transporte de resíduos sólidos urbanos com o sistema multimunicipal explorado e gerido pela concessionária de modo que todos os resíduos sólidos urbanos gerados nas suas áreas sejam entregues à concessionária.

2 — A necessidade de articulação prevista no número anterior cessa quando razões ponderosas de interesse público, reconhecidas por despacho do Ministro do Ambiente e Recursos Naturais, o justifiquem.

3 — A concessionária obriga-se a processar todos os resíduos sólidos urbanos gerados nas áreas dos municípios utilizadores e a estabelecer com cada um dos municípios os acordos necessários à promoção da sua recolha selectiva e do seu adequado processamento.

4 — A articulação entre os sistemas municipais de recolha e transporte de resíduos sólidos urbanos e o correspondente sistema multimunicipal explorado e gerido pela concessionária será assegurada através de contratos a celebrar entre a concessionária e cada um dos municípios.

ARTIGO 6.º
Gestão dos sistemas multimunicipais de tratamento de resíduos sólidos

1 — A criação de sistemas multimunicipais de tratamento de resíduos sólidos tem por objectivo garantir a qualidade e continuidade dos serviços públicos de recolha e tratamento de resíduos sólidos.

2 — As entidades gestoras de sistemas multimunicipais de tratamento de resíduos sólidos ficam incumbidas, essencialmente, da realização das seguintes missões de interesse público:

   a) Assegurar, nos termos aprovados pelo Ministro das Cidades, Ordenamento do Território e Ambiente, de forma regular, contínua e eficiente, a recolha e tratamento de resíduos sólidos;

   b) Promover a concepção e assegurar a construção e exploração, nos termos dos projectos aprovados pelo Ministro das Cidades, Ordenamento do Território e Ambiente, das infra-estruturas, instalações e equipamentos necessários à recolha e tratamento de resíduos sólidos;

c) Assegurar a reparação e renovação das infra-estruturas e instalações referidas na alínea anterior, de acordo com a evolução das exigências técnicas e no respeito pelos parâmetros sanitários aplicáveis.

3 — Tendo em vista a prossecução das missões de interesse público enunciadas no número anterior, pode o Governo, mediante decreto-lei, atribuir direitos especiais ou exclusivos às entidades incumbidas da exploração e gestão dos sistemas multimunicipais de tratamento de resíduos sólidos.

4 — Sem prejuízo do disposto nos n.ᵒˢ 1 e 2 do artigo 3.º do Decreto-Lei n.º 379/93, de 5 de Novembro, sempre que os municípios utilizadores de um sistema multimunicipal de tratamento de resíduos sólidos, ou uma associação de municípios representativa dos municípios utilizadores de um sistema multimunicipal de tratamento de resíduos sólidos, decidam concessionar os serviços «em baixa», de recolha de resíduos sólidos, considerando-se como serviços «em baixa», àqueles cujos utilizadores finais sejam os consumidores individuais, devem para tanto seguir um procedimento de contratação pública, nos termos dos artigos 10.º e 11.º do Decreto-Lei n.º 379/93, de 5 de Novembro.

5 — Na medida em que seja necessária uma articulação com as infra-estruturas que as entidades gestoras de sistemas multimunicipais de tratamento de resíduos sólidos detêm, gerem ou exploram, tais entidades devem criar condições de acesso equivalente e não discriminatório a essas mesmas infra-estruturas aos adjudicatários do procedimento de contratação pública referido no número anterior.

6 — As entidades gestoras dos sistemas multimunicipais de tratamento de resíduos sólidos podem, desde que autorizadas pelo Ministro das Cidades, Ordenamento do Território e Ambiente, participar nos procedimentos mencionados no n.º 4.

7 — A participação de entidades privadas, em posição obrigatoriamente minoritária, no capital social de entidades gestoras de sistemas multimunicipais de tratamento de resíduos sólidos será precedida de procedimentos compatíveis com os princípios gerais do direito comunitário.

8 — As entidades gestoras de sistemas multimunicipais de tratamento de resíduos sólidos têm por objecto principal a exploração e gestão de sistemas multimunicipais.

9 — As entidades gestoras de sistemas multimunicipais de tratamento de resíduos sólidos poderão, desde que para o efeito estejam

habilitadas, exercer outras actividades para além da referida no número anterior, desde que consideradas acessórias ou complementares e devidamente autorizadas pelo Ministro das Cidades, Ordenamento do Território e Ambiente, e, em qualquer caso, desde que a exploração e gestão de sistemas multimunicipais se mantenha como a sua actividade essencial e com contabilidade própria e autónoma.

10 — O Ministro das Cidades, Ordenamento do Território e Ambiente tem, relativamente às entidades gestoras de sistemas multimunicipais de tratamento de resíduos sólidos, poderes de fiscalização, direcção, autorização, aprovação e suspensão de actos das mesmas, podendo, para o efeito, dar directrizes vinculantes às administrações dessas entidades gestoras e definir as modalidades de verificação do cumprimento das directrizes emitidas.

11 — Carecem, em especial, de aprovação do Ministro das Cidades, Ordenamento do Território e Ambiente:

a) Os planos de actividade e financeiros plurianuais para um período de, pelo menos, cinco anos, adoptados pelas entidades gestoras de sistemas multimunicipais de tratamento de resíduos sólidos, e suas eventuais alterações, devidamente certificados por auditor aceite pelo Ministro;

b) Os orçamentos anuais de exploração, de investimento e financeiros, adoptados pelas entidades gestoras de sistemas multimunicipais de tratamento de resíduos sólidos, bem como as respectivas actualizações que impliquem redução de resultados previsionais, acréscimo de despesas ou de necessidade de financiamento, devidamente certificados por auditor aceite pelo Ministro;

c) As tarifas cobradas pelas entidades gestoras de sistemas multimunicipais de tratamento de resíduos sólidos.

Visto e aprovado em Conselho de Ministros de 8 de Setembro de 1994. — *Joaquim Fernando Nogueira — Eduardo de Almeida Catroga — Luís Francisco Valente de Oliveira — Álvaro José Brilhante Laborinho Lúcio — Joaquim Martins Ferreira do Amaral — Fernando Manuel Barbosa Faria de Oliveira — Maria Teresa Pinto Basto Gouveia.*

Promulgado em 31 de Outubro de 1994.

Publique-se.

O Presidente da República, MÁRIO SOARES.

Referendado em 3 de Novembro de 1994.

O Primeiro-Ministro, *Aníbal António Cavaco Silva.*

ANEXO

Bases do contrato de concessão da exploração e gestão dos sistemas municipais de tratamento de resíduos sólidos urbanos.

I — Disposições e princípios gerais

BASE I
Conteúdo

A concessão do serviço público em regime de exclusivo tem por conteúdo a concepção, a construção, a exploração e a gestão de um sistema multimunicipal de tratamento de resíduos sólidos urbanos.

BASE II
Objecto da concessão

1 — A actividade da concessão compreende o processamento dos resíduos sólidos urbanos, ou a tal equiparados nos termos da lei, gerados nas áreas dos municípios utilizadores e entregues por quem deva proceder à sua recolha, incluindo a sua valorização energética ou a sua reciclagem em termos economicamente viáveis, e a disponibilização de subprodutos.

2 — O objecto da concessão compreende:

a) A concepção e construção de todas as instalações necessárias ao tratamento de resíduos sólidos urbanos gerados nas áreas dos municípios utilizadores, incluindo, nomeadamente, a construção de centrais de processamento, triagem e valorização, a construção de aterros sanitários complementares e de estações de transferência, respectivos acessos e extensão, a reparação e a renovação de acordo com as exigências técnicas e com os parâmetros de sanidade e qualidade ambiental exigíveis;

b) A aquisição, manutenção e renovação de todos os equipamentos e meios de transporte necessários ao tratamento dos resíduos sólidos que deva receber.

3 — A concessionária poderá, desde que para o efeito esteja habilitada, exercer outras actividades para além daquelas que constituem o objecto da concessão, desde que consideradas acessórias ou complementares e devidamente autorizadas pelo concedente.

BASE III
Regime da concessão

1 — A concessionária do serviço público de exploração e gestão do sistema multimunicipal de recolha e tratamento de resíduos sólidos urbanos obriga-se a assegurar o regular, contínuo e eficiente tratamento dos resíduos sólidos urbanos gerados nas áreas dos municípios utilizadores.

2 — Para efeitos das presentes bases, são utilizadores os municípios servidos pelo respectivo sistema multimunicipal.

3 — Com o objectivo de assegurar a permanente adequação da concessão às exigências de política ambiental e à regularidade e continuidade do serviço público, o concedente pode alterar as condições da sua exploração, nos termos da lei e das presentes bases.

4 — Quando, por efeito do disposto no número anterior, se alterarem significativamente as condições de exploração, o concedente compromete-se a promover a reposição do equilíbrio económico-financeiro do contrato.

5 — A reposição referida no número anterior poderá efectuar-se, consoante opção do concedente, ouvido o concessionário, mediante a revisão das tarifas, de acordo com os critérios mencionados na base XIII, ou pela prorrogação do prazo da concessão, ou ainda por compensação directa à concessionária.

6 — Para o efeito do disposto nos números anteriores, são ainda consideradas as receitas que advenham ou possam advir dos processos de tratamento e valorização dos recursos sólidos urbanos, nomeadamente da produção de energia ou da venda de produtos resultantes.

BASE IV
Prazo

1 — A concessão terá uma duração de 10 a 50 anos, contados da data da celebração do respectivo contrato, nele se incluindo o tempo despendido com a construção das infra-estruturas.

2 — Os prazos de construção das infra-estruturas suspendem-se em consequência de atrasos devidos a casos de força maior ou a outras razões não imputáveis à concessionária julgadas atendíveis pelo Ministro do Ambiente e Recursos Naturais.

3 — Para efeitos do número anterior, serão considerados casos de força maior os factos de terceiro por que a concessionária não seja responsável e para os quais não haja contribuído e, bem assim, qualquer outro facto natural ou situação imprevisível ou inevitável cujos efeitos se produzam independentemente da vontade ou das circunstâncias pessoais da concessionária, tais como actos de guerra ou subversão, epidemias, ciclones, tremores de terra, fogo, raio, inundações e greves gerais ou sectoriais.

BASE V
Princípios aplicáveis às relações com os utilizadores

1 — A concessionária é obrigada, mediante contrato, a assegurar aos utilizadores o tratamento dos resíduos sólidos urbanos gerados nas suas áreas, devendo proceder, relativamente aos utilizadores, sem discriminações ou diferenças que não resultem apenas da aplicação de critérios ou condicionalismos legais ou regulamentares ou, ainda, de diversidade manifesta das condições técnicas de entrega e dos correspondentes custos.

2 — Os municípios utilizadores são obrigados a entregar à concessionária todos os resíduos sólidos urbanos gerados nas suas respectivas áreas.

3 — A obrigação consagrada no número anterior cessa quando razões ponderosas de interesse público, reconhecidas por despacho do Ministro do Ambiente e Recursos Naturais, o justifiquem.

II — Dos bens e meios afectos à concessão

BASE VI
Estabelecimento da concessão

1 — Integram o estabelecimento da concessão:
a) As infra-estruturas relativas à exploração, designadamente as estações de transferência, centrais de processamento, triagem e valorização e os respectivos acessos, as infra-estruturas associadas, os aterros sanitários complementares e os meios de transporte de resíduos;
b) Os equipamentos necessários à operação das infra-estruturas e ao controlo de qualidade sanitária do tratamento;
c) Todas as obras, máquinas e aparelhagem e respectivos acessórios utilizados para a recepção e tratamento dos resíduos e para a manutenção dos equipamentos e gestão do sistema multimunicipal não referidos nas alíneas anteriores.

2 — As infra-estruturas consideram-se integradas na concessão, para todos os efeitos legais, desde a aprovação dos projectos de construção.

BASE VII
Bens e outros meios afectos à concessão

1 — Consideram-se afectos à concessão, além dos bens que integram o seu estabelecimento, os imóveis adquiridos por via do direito privado ou mediante expropriação para implantação das infra-estruturas.

2 — Consideram-se também afectos à concessão os direitos privativos de propriedade intelectual e industrial de que a concessionária seja titular.

3 — Consideram-se ainda afectos à concessão, desde que directamente relacionados com a actividade objecto de cada contrato ou complementares da mesma, nos termos do n.º 3 da base II:
a) Quaisquer fundos ou reservas consignados à garantia do cumprimento de obrigações da concessionária;
b) A totalidade das relações jurídicas que se encontrem em cada momento conexionadas com a continuidade da exploração da concessão, nomeadamente laborais, de empreitada, de locação e de prestação de serviços.

BASE VIII
Propriedade dos bens afectos à concessão

1 — Enquanto durar a concessão e sem prejuízo do disposto na base seguinte, a concessionária detém a propriedade dos bens afectos à concessão que não pertençam ao Estado e aos municípios.

2 — Com ressalva do disposto no n.º 3 da presente base e na base seguinte, no termo da concessão, os bens a que se refere o número anterior reverterão, sem qualquer indemnização, para o Estado, livres de quaisquer ónus ou encargos e em boas condições de operacionalidade, utilização e manutenção.

3 — A concessionária terá direito no termo da concessão a uma indemnização calculada em função do valor contabilístico corrigido da depreciação monetária líquido de amortizações fiscais, dos bens que resultarem de novos investimentos de expansão ou de diversificação do sistema não previstos no contrato de concessão por impossibilidade da sua previsão, feitos a seu cargo e aprovados ou impostos pelo concedente.

4 — Sem prejuízo do previsto no n.º 1 da base XV, os bens e direitos afectos à concessão só poderão ser vendidos, transmitidos por qualquer outro modo ou onerados após devida autorização do Ministro do Ambiente e Recursos Naturais.

BASE IX
Infra-estruturas pertencentes aos municípios ou a associações de municípios

1 — Os aterros sanitários ou outras infra-estruturas relacionadas com o tratamento ou recolha de resíduos sólidos urbanos pertencentes aos municípios utilizadores ou a associações de municípios de que todos ou alguns destes façam parte poderão ser pelos mesmos cedidos à concessionária, a título gratuito ou oneroso, para exploração da concessão.

2 — Em qualquer caso, tornando-se desnecessária a utilização pela concessionária das infra-estruturas referidas no número anterior estas serão devolvidas aos municípios cedentes nas condições inicialmente acordadas.

BASE X
Inventário

1 — A concessionária elaborará um inventário do património da concessão, que manterá actualizado e que deverá enviar bienalmente ao Ministro do Ambiente e Recursos Naturais, ou a entidade por ele designada, até ao final do mês de Janeiro, devidamente certificado por auditor aceite pelo concedente.

2 — Este inventário comportará a avaliação da aptidão de cada bem para desempenhar a sua função no sistema e das respectivas condições de conservação e funcionamento, a identificação do proprietário de cada bem quando diferente da concessionária e a menção dos ónus ou encargos que recaem sobre os bens afectos à concessão.

Base XI
Manutenção dos bens e meios afectos à concessão

1 — A concessionária obriga-se a manter em bom estado de funcionamento, conservação e segurança, a expensas suas, os bens e meios afectos à concessão durante o prazo da sua vigência, efectuando para tanto as reparações, renovações e adaptações necessárias ao bom desempenho do serviço público.

2 — Para ocorrer a encargos correspondentes a esta obrigação, a concessionária, após o início de exploração do serviço concedido, procederá à constituição de um fundo de renovação a regular no contrato de concessão.

III — Condições financeiras

Base XII
Financiamento

1 — A concessionária adoptará e executará, tanto na construção das infra--estruturas como na correspondente exploração do serviço concedido, o esquema financeiro constante do estudo económico anexo ao contrato de concessão.

2 — O esquema referido no número anterior será organizado tendo em conta as seguintes fontes de financiamento:
   a) O capital da concessionária;
   b) As comparticipações e subsídios atribuídos à concessionária;
   c) As receitas provenientes da valorização dos recursos sólidos urbanos, nomeadamente da produção de energia, de outras importâncias cobradas pela concessionária e das retribuições pelos serviços que a mesma preste;
   d) Quaisquer outras fontes de financiamento, designadamente empréstimos.

Base XIII
Critérios para a fixação das tarifas

1 — As tarifas são fixadas por forma a assegurar a protecção dos interesses dos utilizadores, a gestão eficiente do sistema e as condições necessárias para a qualidade do serviço durante e após o termo da concessão.

2 — A fixação das tarifas obedece aos seguintes critérios:
   a) Assegurar, dentro do período da concessão, a amortização do investimento inicial a cargo da concessionária descrito em estudo económico anexo ao contrato de concessão, deduzido das comparticipações e subsídios a fundo perdido, referidos na alínea b) do n.º 2 da base XII;
   b) Assegurar a manutenção, reparação e renovação de todos os bens e equipamentos afectos à concessão, designadamente mediante a disponibilidade dos meios financeiros necessários à constituição do fundo de renovação previsto no n.º 2 da base XI;

c) Assegurar a amortização tecnicamente exigida de eventuais novos investimentos de expansão e diversificação do sistema especificamente incluídos nos planos de investimento autorizados;
d) Atender ao nível de custos necessários para uma gestão eficiente do sistema e à existência de receitas não provenientes da tarifa;
e) Assegurar, quando seja caso disso, o pagamento das despesas de funcionamento da comissão de acompanhamento da concessão;
f) Assegurar uma adequada remuneração dos capitais próprios da concessionária.

BASE XIV
Fixação e revisão das tarifas

1 — O contrato de concessão e o contrato de fornecimento a celebrar entre a concessionária e cada um dos utilizadores fixam as tarifas e a forma e periodicidade da sua revisão tendo em atenção os critérios definidos na base anterior.

2 — Os valores das tarifas fixados no contrato de concessão serão sempre sujeitos a uma primeira revisão à data do início da exploração do sistema multimunicipal objecto da concessão.

IV — Exploração da concessão

BASE XV
Poderes do concedente

1 — Além de outros poderes conferidos pelas presentes bases ou pela lei ao concedente:
a) Carece de autorização do concedente:
   i) A celebração ou a modificação dos contratos de fornecimento entre a concessionária e os utilizadores;
   ii) A aquisição e venda de bens de valor superior a 50000000$00;
   iii) A aquisição e venda de bens imóveis, de valor inferior a 50000000$00 quando as verbas correspondentes não estejam previstas nas rubricas respectivas do orçamento aprovado;
b) Carecem de aprovação do concedente:
   i) As tarifas;
   ii) Os planos de actividade e financeiros plurianuais para um período de, pelo menos, cinco anos e suas eventuais alterações, devidamente certificados por auditor aceite pelo concedente;
   iii) Os orçamentos anuais de exploração, de investimento e financeiros, bem como as respectivas actualizações que impliquem redução de resultados previsionais, acréscimo de despesas ou de necessidade de financiamento, devidamente certificados por auditor aceite pelo concedente.

2 — O valor referido na alínea *a*) do número anterior é obrigatoriamente actualizado anualmente de acordo com a variação do índice de preços no consumidor no continente.

3 — O contrato de concessão pode ainda prever outros poderes de fiscalização do concedente, designadamente o poder de apreciar certos actos de gestão da concessionária mediante a respectiva suspensão, autorização ou aprovação.

Base XVI
Exercício dos poderes do concedente e comissão de acompanhamento da concessão

1 — Os poderes do concedente referidos nas presentes bases ou outros relacionados com os sistemas multimunicipais de tratamento de resíduos sólidos urbanos que lhe forem conferidos por lei são exercidos pelo Ministro do Ambiente e Recursos Naturais, com a faculdade de delegação em comissão de acompanhamento da concessão.

2 — O Ministro do Ambiente e Recursos Naturais, por despacho, pode designar, relativamente a cada concessão ou conjunto de concessões, uma comissão de acompanhamento.

3 — A comissão de acompanhamento da concessão é composta por três a cinco membros, devendo o respectivo despacho de nomeação fixar o limite máximo das suas despesas de funcionamento, que são da responsabilidade das respectivas concessionárias, bem como os poderes que o Ministro do Ambiente e Recursos Naturais nela delegue nos termos do n.º 1.

Base XVII
Fiscalização

1 — O concedente poderá fiscalizar o cumprimento das leis e regulamentos aplicáveis e, bem assim, das cláusulas do contrato de concessão, onde quer que a concessionária exerça a sua actividade, podendo, para tanto, exigir-lhe as informações e os documentos que considerar necessários.

2 — O pessoal de fiscalização dispõe de livre acesso, no exercício da suas funções, a todas as infra-estruturas e equipamentos da concessão e a todas as instalações da concessionária.

3 — A concessionária enviará todos os anos ao Ministro do Ambiente e Recursos Naturais, até ao termo do 1.º semestre do ano seguinte a que respeita o exercício considerado, os documentos contabilísticos para o efeito indicados no contrato de concessão, os quais deverão respeitar a apresentação formal que tiver sido definida e estar certificados por auditor aceite pelo concedente.

Base XVIII
Regulamentos de tratamento dos resíduos sólidos urbanos

1 — Os regulamentos de tratamento dos resíduos sólidos urbanos serão elaborados pela concessionária e submetidos a parecer dos municípios utilizadores, a emitir no prazo de 60 dias.

2 — Após o parecer referido no número anterior ou findo o prazo para a sua emissão, serão aqueles regulamentos sujeitos a aprovação do Ministro do Ambiente e Recursos Naturais, a qual se terá por concedida se não for expressamente recusada no prazo de 30 dias.

3 — Os procedimentos referidos no número anterior serão igualmente aplicáveis às modificações posteriores dos mesmos regulamentos.

BASE XIX
Responsabilidade civil extracontratual

A responsabilidade civil extracontratual da concessionária deve ser coberta por seguro, regulado por portaria conjunta dos Ministros das Finanças e do Ambiente e Recursos Naturais.

BASE XX
Medição e facturação

1 — Os resíduos sólidos urbanos a processar pela concessionária serão pesados no ponto de entrega acordado com cada utilizador do sistema multimunicipal, devendo ser registados os valores diários para cada um deles, podendo ser consideradas as origens e características dos resíduos entregues, desde que tal se encontre previsto nos contratos de entrega de resíduos sólidos urbanos.

2 — A concessionária deverá emitir facturas com uma periodicidade mensal e, se tal tiver sido acordado no contrato de entrega, enviar em anexo os registos mencionados no número anterior referentes ao período a que as mesmas respeitem.

3 — Os utilizadores poderão acordar com a concessionária procedimentos relacionados com a medição e a facturação.

BASE XXI
Concessão do sistema de recolha de resíduos sólidos urbanos

1 — A concessionária não se poderá opor à transmissão da posição contratual de cada um dos utilizadores para uma concessionária do respectivo sistema municipal de recolha e transporte de resíduos sólidos urbanos.

2 — Em caso de transmissão da posição contratual de utilizadores, estes respondem solidariamente com o cessionário respectivo.

BASE XXII
Suspensão do contrato de entrega e recepção

1 — Em caso de mora nos pagamentos pelos utilizadores que se prolongue para além de 90 dias, a concessionária poderá suspender a recepção no ponto de entrega dos resíduos sólidos urbanos gerados na área do utilizador inadimplente até que se encontre pago o débito correspondente.

2 — A decisão de suspender o fornecimento por falta de pagamento deverá ser comunicada ao Ministro do Ambiente e Recursos Naturais com uma antecedência mínima de 60 dias, podendo este opor-se à respectiva execução.

3 — No caso de o Ministro do Ambiente e Recursos Naturais exercer a oposição referida no número anterior, deve o concedente garantir à concessionária o pagamento do tratamento de resíduos que venham a ser entregues pelo utilizador inadimplente até que a situação seja por este regularizada.

BASE XXIII
Caução referente à exploração

1 — Para garantia do cumprimento dos deveres contratuais emergentes da concessão, deverá a concessionária prestar uma caução de valor adequado a definir no contrato de concessão, a qual não poderá ser inferior a 50000000$00.

2 — Nos casos em que a concessionária não tenha pago ou conteste as multas aplicadas por incumprimento das obrigações contratuais, poderá haver recurso à caução, sem dependência de decisão judicial, mediante despacho do Ministro do Ambiente e Recursos Naturais.

3 — Na hipótese contemplada no número anterior, a concessionária, caso tenha prestado a caução por depósito, deverá repor a importância utilizada no prazo de um mês contado da data de utilização.

4 — A caução só poderá ser levantada após o decurso de um ano sobre o termo da concessão.

V — Construção das infra-estruturas

BASE XXIV
Utilização do domínio público

1 — A concessionária terá o direito de utilizar o domínio público do Estado ou dos municípios utilizadores, neste caso mediante afectação, para efeitos de implantação e exploração das infra-estruturas da concessão.

2 — A faculdade de utilização dos bens dominiais referidos no número anterior resulta da aprovação dos respectivos projectos ou de despacho do Ministro do Ambiente e Recursos Naturais, sem prejuízo da formalização da respectiva cedência nos termos da lei.

3 — No caso de afectação de bens dominiais dos municípios ou de outras pessoas colectivas públicas é aplicável o disposto no Código das Expropriações, correndo por conta da concessionária as compensações a que houver lugar.

BASE XXV
Servidões e expropriações

1 — A concessionária poderá constituir as servidões e requerer as expropriações necessárias à implantação e exploração das infra-estruturas.

2 — As servidões e expropriações resultam da aprovação dos respectivos projectos pelo Ministro ou de declaração de utilidade pública, simultânea ou

subsequente, nos termos da lei aplicável, correndo por conta da concessionária as indemnizações a que derem lugar.

BASE XXVI
Prazos de construção e data para a entrada em serviço dos sistemas multimunicipais

1 — Os contratos de concessão deverão fixar prazos em cujo termo todas as obras necessárias ao regular funcionamento do sistema deverão estar concluídas.

2 — Durante toda a fase de construção das infra-estruturas, a concessionária enviará trimestralmente ao Ministro do Ambiente e Recursos Naturais um relatório sobre o estado de avanço das obras.

3 — A concessionária é responsável pelo incumprimento dos prazos a que se referem os números anteriores, salvo na hipótese de ocorrência de motivos de força maior, tais como os previstos no n.º 3 da base IV.

BASE XXVII
Responsabilidade pela concepção, projecto e construção das infra-estruturas

1 — Constitui encargo e é da responsabilidade da concessionária a concepção, o projecto e a construção das instalações e a aquisição dos equipamentos necessários, em cada momento, à exploração da concessão.

2 — A concessionária responde perante o concedente por eventuais defeitos de concepção, de projecto, de construção ou dos equipamentos.

BASE XXVIII
Aprovação dos projectos de construção

1 — Os projectos de construção das infra-estruturas, bem como as respectivas alterações, deverão ser elaborados com respeito da regulamentação vigente e exigem a aprovação prévia do Ministro do Ambiente e Recursos Naturais.

2 — Sem prejuízo de prazos previstos em procedimentos especiais, a aprovação referida no número anterior considera-se concedida caso não seja expressamente recusada no prazo de 60 dias, devendo previamente ser submetida a parecer não vinculativo da câmara municipal territorialmente competente, a qual se poderá pronunciar nos termos do n.º 3 do artigo 3.º do Decreto-Lei n.º 445/91, de 20 de Novembro.

BASE XXIX
Dispensa de licenciamento

Para efeitos de execução dos projectos de construção de infra-estruturas aprovados nos termos da base anterior, a concessionária está dispensada de quaisquer outros licenciamentos.

VI — Sanções

Base XXX
Multas contratuais

1 — Pelo incumprimento das obrigações assumidas no âmbito do contrato de concessão poderá a concessionária ser punida com multa de 1000000$00 a 50000000$00, segundo a sua gravidade, a qual será aferida em função dos riscos para a segurança do sistema e para a sanidade pública e dos prejuízos resultantes.

2 — É da competência do Ministro do Ambiente e Recursos Naturais a aplicação das multas previstas na presente base.

3 — A sanção aplicada é comunicada por escrito à concessionária.

4 — Os limites das multas referidos no n.º 1 são actualizados anualmente de acordo com o índice de preços no consumidor no continente.

5 — As multas que não forem pagas voluntariamente até 30 dias após a data da notificação poderão ser levantadas da caução prestada pela concessionária.

Base XXXI
Sequestro

1 — O concedente poderá intervir na exploração do serviço concedido sempre que se dê, ou se afigure iminente, uma cessação ou interrupção total ou parcial da exploração do serviço ou se verifiquem graves deficiências na respectiva organização ou funcionamento ou no estado geral das instalações e do equipamento susceptíveis de comprometer a regularidade da exploração.

2 — Verificado o sequestro, a concessionária suportará não apenas os encargos resultantes da manutenção dos serviços, mas também quaisquer despesas extraordinárias necessárias ao restabelecimento da normalidade da exploração que não possam ser cobertas pelos resultados da exploração.

3 — Logo que cessem as razões de sequestro e o concedente julgue oportuno, será a concessionária notificada para retomar, na data que lhe for fixada, a normal exploração do serviço.

4 — Se a concessionária não quiser ou não puder retomar a exploração ou se, tendo-o feito, continuarem a verificar-se graves deficiências na organização e funcionamento do serviço, o Ministro do Ambiente e Recursos Naturais poderá declarar a imediata rescisão do contrato de concessão.

VII — Modificação e extinção da concessão

Base XXXII
Trespasse da concessão

1 — A concessionária não poderá trespassar a concessão, no todo ou em parte, sem prévia autorização do Ministro do Ambiente e Recursos Naturais.

2 — No caso de trespasse autorizado, considerar-se-ão transmitidos para a trespassária os direitos e obrigações da trespassante, assumindo ainda a trespassária as obrigações e encargos que eventualmente lhe venham a ser impostos como condição de autorização do trespasse.

BASE XXXIII
Subconcessão

1 — A concessionária não pode, salvo havendo consentimento por parte do Ministro do Ambiente e Recursos Naturais, subconceder, no todo ou em parte, a concessão.

2 — O consentimento referido no número anterior, deverá, sob pena de nulidade, ser prévio, expresso e inequívoco.

3 — No caso de haver lugar a uma subconcessão devidamente autorizada, a concessionária mantém os direitos e continua sujeita às obrigações emergentes do contrato de concessão.

BASE XXXIV
Modificação da concessão

Sem prejuízo do disposto no n.º 3 da base III, o contrato de concessão apenas pode ser alterado por acordo entre concedente e concessionária.

BASE XXXV
Rescisão do contrato

1 — O concedente poderá dar por finda a concessão, mediante rescisão do contrato, quando tenha ocorrido qualquer dos factos seguintes:
 a) Desvio do objecto da concessão;
 b) Interrupção prolongada da exploração por facto imputável à concessionária;
 c) Oposição reiterada ao exercício da fiscalização ou repetida desobediência às determinações do concedente ou, ainda, sistemática inobservância das leis e regulamentos aplicáveis à exploração;
 d) Recusa em proceder à adequada conservação e reparação das infra--estruturas;
 e) Cobrança dolosa de retribuições superiores às fixadas nos contratos de concessão e nos contratos celebrados com os utilizadores;
 f) Cessação de pagamentos pela concessionária ou apresentação à falência;
 g) Trespasse da concessão ou subconcessão não autorizados;
 h) Violação grave das cláusulas do contrato de concessão.

2 — Não constituem causas de rescisão os factos ocorridos por motivos de força maior e, bem assim, os que o concedente aceite como justificados.

3 — A rescisão prevista no n.º 1 determina a reversão de todos os bens e meios afectos à concessão para o concedente, a efectivar nos termos da base seguinte e sem direito a qualquer indemnização.

4 — A rescisão do contrato de concessão será comunicada à concessionária por carta registada com aviso de recepção e produzirá imediatamente os seus efeitos.

BASE XXXVI
Termo do prazo de concessão

1 — No termo da concessão e sem prejuízo do disposto nas bases VIII e IX, o Estado entrará na posse dos bens da concessionária afectos à concessão, sem dependência de qualquer formalidade que não seja uma vistoria ad perpetuam rei memoriam, para a qual serão convocados os representantes da concessionária.

2 — Do auto de vistoria constará obrigatoriamente o inventário dos bens e equipamentos afectos à concessão, assim como a descrição do seu estado de conservação e da respectiva aptidão para o desempenho da sua função no sistema.

BASE XXXVII
Resgate da concessão

1 — O concedente poderá resgatar a concessão, retomando a gestão directa do serviço público concedido, sempre que motivos de interesse público o justifiquem e decorrido que seja pelo menos metade do prazo contratual, e mediante aviso prévio feito à concessionária, por carta registada com aviso de recepção, com, pelo menos, um ano de antecedência.

2 — Decorrido o período de um ano sobre o aviso do resgate, o Ministério do Ambiente e Recursos Naturais entrará na posse de todos os bens afectos à concessão, nos termos da base anterior.

3 — Pelo resgate a concessionária terá direito a uma indemnização determinada por terceira entidade independente, escolhida por acordo entre o Ministro do Ambiente e Recursos Naturais e a concessionária, devendo aquela atender, na fixação do seu montante, ao valor contabilístico líquido dos bens referidos no número anterior e ao rendimento esperado.

4 — O valor contabilístico do imobilizado corpóreo, líquido de amortizações fiscais e das comparticipações financeiras e subsídios a fundo perdido, deverá ter em conta a depreciação monetária através de reavaliação por coeficientes de correcção monetária legalmente consagrados.

5 — O crédito previsto no n.° 3 desta base compensar-se-á com as dívidas ao concedente por multas contratuais e a título de indemnizações por prejuízos causados.

VIII — Contencioso

BASE XXXVIII
Arbitragem

Nos litígios emergentes do contrato de concessão poderá o Estado celebrar convenções de arbitragem.

Gestão de SM e SMM de RSU

Decreto-Lei n.º 379/93
de 5 de Novembro

Uma vez alterada a lei de delimitação de sectores, no sentido de permitir o acesso de capitais privados às actividades de captação, tratamento e distribuição de água para consumo público, de recolha, tratamento e rejeição de efluentes e de recolha e tratamento de resíduos sólidos, estão reunidas as condições para se consagrar o regime legal da gestão e exploração de sistemas que tenham por objecto aquelas actividades.

Nestes termos, o presente diploma distingue entre sistemas multimunicipais e municipais, considerando os primeiros como os sistemas em «alta» (a montante da distribuição de água ou a jusante da colecta de esgotos e sistemas de tratamento de resíduos sólidos), de importância estratégica, que abranjam a área de pelo menos dois municípios e exijam um investimento predominante do Estado, e os segundos todos os restantes, independentemente de a sua gestão poder ser municipal ou intermunicipal.

A gestão e exploração dos sistemas multimunicipais pode ser directamente efectuada pelo Estado ou concessionada a entidade pública de natureza empresarial ou a empresa que resulte da associação de entidades públicas, em posição obrigatoriamente maioritária no capital social com outras entidades. A criação destes sistemas e respectivas concessões serão regulamentadas por decreto-lei, sem embargo de o presente diploma proceder de imediato à criação de alguns deles.

A gestão e exploração dos sistemas municipais é regulamentada neste decreto-lei, podendo ser directamente efectuada pelos respectivos municípios ou atribuída, mediante contrato de concessão, a entidade pública ou privada de natureza empresarial.

Em qualquer dos casos, a titularidade do património afecto à concessão reverte sempre para a concedente: para o Estado, quando se tratar de sistemas multimunicipais; para a administração local, nos restantes.

Desta forma, são criadas as condições para um acréscimo de eficácia na prestação da Administração em matéria de abastecimento de água e de recolha e tratamento de esgotos e resíduos sólidos, facto que irá beneficiar os respectivos utentes destes serviços.

Foi ouvida a Associação Nacional de Municípios Portugueses.

Assim:

Nos termos da alínea *a*) do n.º 1 do artigo 201.º da Constituição, o Governo decreta o seguinte:

CAPÍTULO I
Disposições gerais

Artigo 1.º
Objecto

1 — O presente diploma tem por objecto o regime de exploração e gestão dos sistemas multimunicipais e municipais de captação, tratamento e distribuição de água para consumo público, de recolha, tratamento e rejeição de efluentes e de recolha e tratamento de resíduos sólidos.

2 — São sistemas multimunicipais os que sirvam pelo menos dois municípios e exijam um investimento predominante a efectuar pelo Estado em função de razões de interesse nacional, sendo a sua criação precedida de parecer dos muncípios territorialmente envolvidos.

3 — São sistemas municipais todos os demais não abrangidos pelo número anterior, bem como os sistemas geridos através de associações de municípios.

Artigo 2.º
Princípios gerais

1 — São os seguintes os princípios fundamentais do regime de exploração e gestão dos sistemas multimunicipais e municipais:

a) O princípio da prossecução do interesse público;
b) O princípio do carácter integrado dos sistemas;
c) O princípio da eficiência;
d) O princípio da prevalência da gestão empresarial.

2 — Tendo em vista a concretização dos princípios enunciados no número anterior, é obrigatória para os utilizadores a ligação aos siste-

mas previstos no presente diploma e, se for caso disso, a criação de condições para harmonização com os respectivos sistemas municipais.

3 — A obrigação consagrada no número anterior não se verifica quando razões ponderosas de interesse público o justifiquem, reconhecidas por despacho do Ministro do Ambiente e Recursos Naturais, no caso de sistemas multimunicipais, ou por deliberação da câmara municipal respectiva, no caso de sistemas municipais.

4 — São considerados utilizadores, para os efeitos do n.º 2, os municípios, no caso de sistemas multimunicipais, e qualquer pessoa singular ou colectiva, pública ou privada, no caso de sistemas municipais ou da distribuição directa integrada em sistemas multimunicipais.

CAPÍTULO II
Sistemas multimunicipais

Artigo 3.º
Princípio geral

1 — A exploração e gestão dos sistemas multimunicipais pode ser directamente efectuada pelo Estado ou atribuída, em regime de concessão, a entidade pública de natureza empresarial ou a empresa que resulte da associação de entidades públicas, em posição obrigatoriamente maioritária no capital social, com entidades privadas.

2 — A criação e a concessão de sistemas multimunicipais são objecto de decreto-lei.

3 — São criados os seguintes sistemas multimunicipais de captação, tratamento e abastecimento de água para consumo dos municípios:
   a) Sotavento Algarvio, integrado, total ou parcialmente, pelos municípios de Castro Marim, Faro, Loulé, Olhão, São Brás de Alportel, Tavira e Vila Real de Santo António;
   b) Barlavento Algarvio, integrado, total ou parcialmente, pelos municípios de Albufeira, Lagos, Portimão, Lagoa, Monchique, Vila do Bispo, Aljezur e Silves;
   c) Área da Grande Lisboa, integrado, total ou parcialmente, pelos municípios de Lisboa, Alcanena, Alenquer, Amadora, Arruda dos Vinhos, Azambuja, Cartaxo, Cascais, Loures, Mafra, Oeiras, Santarém, Sintra, Sobral de Monte Agraço, Torres Vedras, Vila Franca de Xira, Constância, Ourém, Tomar, Torres Novas e Vila Nova da Barquinha;

d) Norte da área do Grande Porto, com origem no rio Cávado, integrado, total ou parcialmente, pelos municípios de Barcelos, Esposende, Maia, Póvoa de Varzim, Santo Tirso, Vila do Conde e Vila Nova de Famalicão;

e) Sul da área do Grande Porto, com origem nos rios Douro e Paiva, integrado, total ou parcialmente, pelos municípios de Arouca, Castelo de Paiva, Espinho, Feira, Gondomar, Maia, Matosinhos, Oliveira de Azeméis, Porto, São João da Madeira, Valongo e Vila Nova de Gaia.

Artigo 3.º-A

1 — Os municípios servidos por sistemas multimunicipais podem deter uma participação maioritária no capital da sociedade concessionária da respectiva exploração e gestão, no respeito pela regra da maioria pública do capital social referida no n.º 1 do artigo 3.º.

2 — O artigo 2.º da Lei n.º 176/99, de 25 de Outubro, é revogado.

Artigo 4.º
Propriedade dos bens afectos à concessão

1 — Enquanto durar a concessão, e sem prejuízo do disposto nos números seguintes, a concessionária da exploração e gestão do sistema multimunicipal detém a propriedade dos bens afectos à concessão que não pertençam ao Estado e aos municípios.

2 — No termo da concessão, os bens a que se refere o número anterior transferem-se, livres de quaisquer ónus ou encargos e em perfeitas condições de operacionalidade, utilização e manutenção, sem qualquer indemnização, para uma associação de municípios representativa dos municípios utilizadores do sistema multimunicipal, ou, em alternativa, para o conjunto desses municípios utilizadores, mediante o exercício do respectivo direito de opção e o pagamento da indemnização a que a concessionária tenha direito, nos termos do número seguinte.

3 — A concessionária terá direito, no termo da concessão, a uma indemnização calculada em função do valor contabilístico corrigido da depreciação monetária, líquido de amortizações fiscais, dos bens que resultarem de novos investimentos de expansão ou de modernização do sistema não previstos no contrato de concessão feitos a seu cargo, aprovados ou impostos pelo concedente.

4 — No prazo de 18 meses antes do termo da concessão, o concedente notificará a associação de municípios ou, em alternativa, cada um dos municípios utilizadores, por meio de ofício registado e com aviso de recepção, para exercerem o direito de opção previsto no n.º 2, mediante o envio de ofício registado e com aviso de recepção expedido no prazo de 6 meses a contar da recepção da notificação do concedente.

5 — Na notificação mencionada no número anterior, o concedente comunicará também, se for caso disso, o montante global a pagar à concessionária, nos termos do n.º 3.

6 — No caso de não exercício do direito de opção, nos termos previstos no n.º 4, ou de falta de pagamento à concessionária, até ao termo da concessão, da indemnização prevista no n.º 3, os bens previstos no n.º 1 reverterão para o Estado, nas mesmas condições estabelecidas nos números antecedentes, devendo, nesse caso a indemnização ser paga pelo Estado à concessionária no prazo de 30 dias a contar do termo da concessão.

ARTIGO 4.º-A
Gestão dos sistemas multimunicipais

1 — A criação de sistemas multimunicipais tem por objectivo garantir a qualidade e continuidade dos serviços públicos de captação, tratamento e distribuição de água para consumo público, de recolha, tratamento e rejeição de efluentes e de recolha e tratamento de resíduos sólidos.

2 — As entidades gestoras de sistemas multimunicipais estão incumbidas, essencialmente, da realização das seguintes missões de interesse público:

    a) Assegurar, nos termos aprovados pelo Ministro das Cidades, Ordenamento do Território e Ambiente, de forma regular, contínua e eficiente, o abastecimento de água e a recolha, tratamento e rejeição de efluentes, bem como a recolha e tratamento de resíduos sólidos;

    b) Promover a concepção e assegurar a construção e exploração, nos termos dos projectos aprovados pelo Ministro das Cidades, Ordenamento do Território e Ambiente, das infra-estruturas, instalações e equipamentos necessários à captação, tratamento e distribuição de água para consumo público, à recolha, tratamento e rejeição de efluentes e à recolha e tratamento de resíduos sólidos;

c) Assegurar a reparação e renovação das infra-estruturas e instalações referidas na alínea anterior, de acordo com a evolução das exigências técnicas e no respeito pelos parâmetros sanitários aplicáveis;

d) Controlar, sob a fiscalização das entidades competentes, os parâmetros sanitários da água distribuída e dos efluentes tratados, assim como dos meios receptores em que estes são rejeitados.

3 — Tendo em vista a prossecução das missões de interesse público enunciadas no número anterior, pode o Governo, mediante decreto-lei, atribuir direitos especiais ou exclusivos às entidades incumbidas da exploração e gestão dos sistemas multimunicipais.

4 — Sem prejuízo do disposto nos n.ºs 1 e 2 do artigo 3.º, sempre que os municípios utilizadores de um sistema multimunicipal ou uma associação de municípios representativa dos municípios utilizadores de um sistema multimunicipal decidam concessionar os serviços «em baixa» de distribuição de água para consumo público, de recolha de efluentes e de recolha de resíduos sólidos, considerando-se como serviços «em baixa» aqueles cujos utilizadores finais sejam os consumidores individuais, devem para tanto seguir um procedimento de contratação pública, nos termos dos artigos 10.º e 11.º

5 — Na medida em que seja necessária uma articulação com as infra-estruturas que as entidades gestoras de sistemas multimunicipais detêm, gerem ou exploram, tais entidades devem criar condições de acesso equivalente e não discriminatório a essas mesmas infra-estruturas aos adjudicatários do procedimento de contratação pública referido no número anterior.

6 — As entidades gestoras dos sistemas multimunicipais podem, desde que autorizadas pelo Ministro das Cidades, Ordenamento do Território e Ambiente, participar nos procedimentos mencionados no n.º 4.

7 — A participação de entidades privadas, em posição obrigatoriamente minoritária, no capital social de entidades gestoras de sistemas multimunicipais será precedida de procedimentos compatíveis com os princípios gerais do direito comunitário.

8 — As entidades gestoras de sistemas multimunicipais têm por objecto essencial a exploração e gestão de sistemas multimunicipais.

9 — As entidades gestoras de sistemas multimunicipais poderão, desde que para o efeito estejam habilitadas, exercer outras actividades para além da referida no número anterior desde que consideradas

acessórias ou complementares e devidamente autorizadas pelo Ministro das Cidades, Ordenamento do Território e Ambiente e, em qualquer caso, desde que a exploração e gestão de sistemas multimunicipais se mantenha como a sua actividade essencial e com contabilidade própria e autónoma.

10 — O Ministro das Cidades, Ordenamento do Território e Ambiente tem, relativamente às entidades gestoras de sistemas multimunicipais, poderes de fiscalização, direcção, autorização, aprovação e suspensão de actos das mesmas.

ARTIGO 5.º
Concessão

O decreto-lei que estabelece a concessão deve prever obrigatoriamente:

a) O prazo do contrato;
b) O investimento a cargo da empresa concessionária;
c) A remuneração do investimento;
d) A aprovação pelo Estado das tarifas a cobrar;
e) A possibilidade de resgate e de sequestro;
f) A reversão da concessão para o Estado, findo o prazo do contrato;
g) Os poderes do concedente.

CAPÍTULO III
Sistemas municipais

SECÇÃO I
Disposições gerais

ARTIGO 6.º
Princípio geral

A exploração e a gestão dos sistemas municipais pode ser directamente efectuada pelos respectivos municípios e associações de municípios ou atribuída, em regime de concessão, a entidade pública ou privada de natureza empresarial, bem como a associação de utilizadores.

Artigo 7.º
Propriedade dos bens afectos à concessão

Enquanto durar a concessão, a propriedade dos bens integrados nos sistemas municipais e a ela afectos pertence à concessionária, revertendo para os respectivos municípios no termo da concessão.

Artigo 8.º
Prazo da concessão

A concessão é atribuída pelos prazos mínimo e máximo de 5 e 50 anos, respectivamente.

Artigo 9.º
Objecto da concessão

1 — O contrato de concessão tem por objecto:
  a) A exploração e a gestão dos serviços públicos municipais de captação, tratamento e distribuição de água para consumo público;
  b) A exploração e a gestão dos serviços públicos municipais de recolha, tratamento e rejeição de efluentes, através de redes fixas;
  c) A exploração e a gestão dos serviços públicos municipais de recolha e tratamento de resíduos sólidos;
  d) A exploração e a gestão conjunta dos serviços previstos nas alíneas a), b) e c).

2 — A exploração e a gestão dos serviços referidos no número anterior abrangem a construção, extensão, reparação, renovação, manutenção de obras e equipamentos, e respectiva melhoria.

3 — A concessão pode abranger a utilização de obras e equipamentos instalados pelo município ou municípios concedentes.

Artigo 10.º
Formação do contrato

1 — O contrato de concessão é precedido de concurso público, excepto quando a concessionária seja uma associação de utilizadores reconhecida como de utilidade pública.

2 — Do programa do concurso deve constar:
  a) A identificação do concedente;
  b) A composição da comissão de avaliação;

c) Os prazos de prestação de esclarecimento adicionais e de recepção das propostas, em caso algum inferiores a 30 e 90 dias, respectivamente;

d) A forma jurídica a adoptar pelos concorrentes;

e) Os requisitos de admissibilidade respeitantes às exigências técnicas, económicas e financeiras mínimas;

f) A obrigatoriedade da redacção das propostas em língua portuguesa;

g) A menção de que as propostas não admitem variantes;

h) O montante da caução a prestar, que não pode ser inferior a 30% do valor da concessão;

i) O prazo de validade das propostas, em caso algum inferior a um ano;

j) A data, o local, a hora e as pessoas autorizadas a assistirem à abertura das propostas;

l) As entidades cujo parecer deve ser ouvido pela comissão de avaliação, se for caso disso;

m) O prazo de avaliação das propostas, em caso algum inferior a 90 dias;

n) O prazo de adjudicação;

o) O critério de adjudicação, enumerando os factores relevantes por ordem decrescente de importância, entre os quais constem, necessariamente, o montante e o regime de retribuição a pagar ao município ou municípios concedentes, o regime tarifário, a qualidade do serviço e a segurança da sua prestação.

ARTIGO 11.º
Conteúdo do contrato

1 — A concessão confere ao seu titular o exclusivo da exploração do serviço concessionado, para os fins e com os limites consignados no respectivo contrato, assim como a disponibilidade de todos os bens indispensáveis à exploração e o direito de utilizar as vias públicas e privadas, nos termos da lei, incluindo o respectivo subsolo, no âmbito e para os fins da concessão.

2 — Do contrato de concessão deve constar:

a) O objecto do contrato;

b) A determinação dos bens e equipamentos existentes a afectar ao concessionário e a definição da separação ou ligação a sistemas não incluídos na concessão, se os houver;

c) O valor do contrato;
d) Os poderes de aprovação, fiscalização, modificação unilateral e de aplicação de sanções pelo concedente;
e) O regime de sequestro e de rescisão do contrato;
f) Os direitos e deveres específicos das partes contrantes, incluindo os termos da sub-rogação da concessionária em direitos e obrigações da concedente e o prazo de tempo durante o qual a concessionária pode invocar invalidades ou irregularidades de transmissão de direitos relacionados com a concessão, nos termos da lei;
g) O regime jurídico do pessoal afecto à concessão;
h) A data do início da exploração;
i) O prazo de vigência do contrato;
j) Os termos do resgate;
l) A retribuição a pagar pela concessionária;
m) O regime de tarifas a pagar pelos utentes;
n) O montante da caução referida no n.º 3 do artigo 10.º a prestar pela concessionária;
o) O regime da reversão para a concedente dos direitos e bens afectos à concessão, no termo desta;
p) As sanções pecuniárias a aplicar em consequência do incumprimento do contrato pela concessionária;
q) O tribunal competente, sendo admitido o recurso a arbitragem.

3 — No momento da celebração do contrato, a concessionária deve apresentar uma apólice de seguro que cubra a totalidade do valor da concessão.

Artigo 12.º
Poderes da concedente

1 — O poder de modificação unilateral do contrato de concessão pela concedente é reservado à alteração do seu objecto ou outros elementos essenciais, tendo a concessionária direito ao reequilíbrio financeiro do contrato.

2 — As sanções referidas na alínea *p)* do artigo anterior são calculadas tendo em conta as receitas previstas no regime tarifário, no decurso do ano considerado, e o número de metros cúbicos de água ou de efluente apurado no mesmo período de tempo.

3 — Pode haver lugar a sequestro pelo concedente do serviço concedido quando se der ou estiver eminente a cessação ou a inter-

rupção total ou parcial da exploração do serviço ou se verifiquem deficiências graves na respectiva organização e funcionamento susceptíveis de comprometer a regularidade do serviço.

4 — O sequestro previsto no número anterior não pode ser superior a 120 dias, cabendo à concedente a adopção de todas as medidas para restabelecer a normalidade do serviço, por conta e risco da concessionária, com recurso à utilização da caução.

5 — A rescisão por decisão unilateral da concedente funda-se no incumprimento dos deveres legais e contratuais ou na verificação da impossibilidade do restabelecimento do normal funcionamento do serviço após o termo do prazo para o sequestro e não dá direito a qualquer indemnização à concessionária.

6 — É possível o resgate, quando o interesse público o justifique, a partir do decurso de um quinto do prazo de vigência do contrato, tendo a concessionária direito a indemnização pelos danos sofridos e pelos lucros cessantes.

7 — Não é permitida a transmissão, total ou parcial, da concessão.

Artigo 13.º
Concessionária

1 — A exploração do serviço concessionado é efectuada por conta e risco da concessionária.

2 — A concessionária, precedendo aprovação pelo concedente, tem direito a fixar, liquidar e cobrar uma taxa aos utentes, bem como a estabelecer o regime de utilização, e está autorizada a recorrer ao regime legal da expropriação, nos termos do Código das Expropriações, bem como aos regimes de empreitada de obras públicas e de fornecimento contínuo.

3 — A concessionária responde perante o concedente pela preservação e melhoria da qualidade da água distribuída ou do sistema de tratamento e rejeição dos efluentes ou de recolha e tratamento dos resíduos sólidos, devendo apresentar programas de investimento e de investigação, anualmente aprovados pelo município.

4 — A concessionária é responsável perante terceiros pelos prejuízos causados pelo serviço concessionado, incluindo danos materiais e morais, continuados ou não, e lucros cessantes, resultantes, nomeadamente, de doença, intoxicação, envenenamento e poluição provenientes da água distribuída ou dos efluentes ou dos resíduos sólidos.

Artigo 14.º
Retribuição

1 — A retribuição a pagar pela concessionária à concedente pode ser global ou parcelada, paga no início ou durante a vigência da concessão, com ou sem periodicidade, e sujeita ou não a reajustamento, nos termos a definir no contrato de concessão.

2 — Em caso algum é admitida, a título de retribuição ou outro, a assunção pela concessionária de débitos do concedente.

Artigo 15.º
Taxas

1 — As taxas a cobrar aos utentes pela concessionária respeitam à prestação de cada um dos serviços previstos no n.º 1 do artigo 9.º, podendo o contrato de concessão autorizar a cobrança de taxa única pela exploração conjunta dos serviços, no caso de ambos integrarem o objecto da concessão.

2 — É permitida, no contrato de concessão, a previsão de fórmulas de revisão das taxas, mas não de taxas excepcionais.

Artigo 16.º
Pessoal

A concessionária deve respeitar os direitos e regalias dos trabalhadores do serviço objecto de concessão e a ele afectos, independentemente do regime jurídico laboral que lhes seja aplicável.

Artigo 17.º
Nulidade

São nulos os contratos de concessão que contrariem o disposto no presente diploma.

SECÇÃO II
Disposições transitórias e finais

Artigo 18.º
Situações existentes

1 — As situações actualmente existentes relativas aos serviços municipais mencionados no presente diploma devem ser reajustadas ao regime agora estabelecido, no prazo máximo de 180 dias, a contar da data de entrada em vigor do presente diploma.

2 — No prazo referido no número anterior devem os municípios abrir concurso público para a celebração de contrato de concessão, quando as situações actualmente existentes não tenham sido precedidas de concurso público.

Visto e aprovado em Conselho de Ministros de 2 de Setembro de 1993. — *Aníbal António Cavaco Silva — Jorge Braga de Macedo — Isabel Maria de Lucena Vasconcelos Cruz de Almeida Mota — Maria Teresa Pinto Basto Gouveia.*

Promulgado em 12 de Outubro de 1993.

Publique-se.

O Presidente da República, MÁRIO SOARES.

Referendado em 14 de Outubro de 1993.

O Primeiro-Ministro, *Aníbal António Cavaco Silva.*

Avaliação de projectos de engenharia

Portaria n.º 1187/2003
de 9 de Outubro

Considerando a necessidade de normalizar critérios que permitam uma avaliação fidedigna dos projectos de engenharia a enviar pelas entidades gestoras concessionárias de sistemas multimunicipais de água para abastecimento público, de águas residuais urbanas e de resíduos sólidos urbanos ao concedente para efeitos de aprovação;

Considerando que, ao abrigo da alínea b) do artigo 5.º do Estatuto do Instituto Regulador de Águas e Resíduos, aprovado pelo Decreto-Lei n.º 362/98, de 18 de Novembro, na redacção dada pelo Decreto-Lei n.º 151/2002, de 23 de Maio, cabe ao mesmo Instituto, no âmbito da regulação da qualidade dos serviços prestados pelas entidades gestoras concessionárias, a avaliação dos projectos de engenharia;

E atendendo ao despacho n.º 15819/2003, de 21 de Julho, do Ministro das Cidades, Ordenamento do Território e Ambiente, publicado no *Diário da República*, 2.ª série, n.º 187, de 14 de Agosto de 2003, que veio sublinhar a necessidade de agilização dos mecanismos de articulação entre o concedente, as entidades gestoras concessionárias e o Instituto Regulador de Águas e Resíduos:

Neste quadro, é necessário proceder à sistematização e uniformização de tal informação, atenta, por um lado, a experiência colhida desde a instituição dos referidos sistemas multimunicipais e, por outro, o objectivo de uma avaliação dos projectos de engenharia visando a melhoria crescente dos níveis de serviço daquelas entidades gestoras.

Assim:

Manda o Governo, pelo Ministro das Cidades, Ordenamento do Território e Ambiente, ao abrigo das alíneas a), b) e d) do artigo 5.º, conjugado com a alínea a) do n.º 1 do artigo 11.º, do Decreto-Lei n.º 362/98, de 18 de Novembro, na redacção dada pelo Decreto-Lei n.º 151/2002, de 23 de Maio, o seguinte:

1.º
Objecto e âmbito

1 — A presente portaria define os critérios de avaliação de projectos de engenharia elaborados no âmbito de sistemas multimunicipais e uma ficha tipo a preencher pelas entidades gestoras aquando do envio dos projectos, tal como consta dos seus anexos I e II, e da qual fazem parte integrante.

2 — A presente portaria aplica-se a todas as entidades gestoras concessionárias de sistemas multimunicipais de água para consumo público, de águas residuais urbanas e de resíduos sólidos urbanos.

2.º
Entrada em vigor

A presente portaria produz efeitos no dia imediatamente a seguir ao da sua publicação.

O Ministro das Cidades, Ordenamento do Território e Ambiente, *Amílcar Augusto Contel Martins Theias*, em 17 de Setembro de 2003.

ANEXO I
Critérios de avaliação de projectos de engenharia

Para efeitos de emissão de parecer, o Instituto Regulador de Águas e Resíduos procederá a uma análise do projecto de engenharia em causa com base fundamentalmente nos seguintes critérios:

a) Correspondência com o projecto global — será feita a comparação da concepção da infra-estrutura projectada com a prevista no projecto global; sempre que a concepção da infra-estrutura projectada introduzir alterações na configuração do sistema previsto no projecto global, serão avaliadas as razões técnicas e ou económicas que fundamentam a tomada de decisão quanto às alterações propostas a nível do projecto;

b) Mais-valia da infra-estrutura projectada — será avaliada a mais-valia que a infra-estrutura projectada conferirá ao sistema global, expressa nomeadamente em termos de aumento da cobertura da população e da melhoria da qualidade do serviço prestado aos utilizadores;

c) Adequação temporal da execução da infra-estrutura projectada — será avaliada a oportunidade da execução da infra-estrutura projectada numa perspectiva de sequência lógica de programação temporal da construção do sistema global, traduzida não só pela coordenação do lançamento das obras a nível do próprio sistema, mas também pela articulação com as acções a levar a efeito pelos municípios utilizadores;

d) Concepção da infra-estrutura projectada — será avaliada a razoabilidade da solução técnica geral proposta, num quadro de optimização de custos; neste contexto, sempre que se trate de uma estação de tratamento, será avaliada a satisfação dos requisitos técnicos dessa solução impostos pelas entidades licenciadoras no que respeita, consoante os casos, à captação de água para abastecimento e à rejeição de água residual, sendo também verificados os condicionalismos impostos por estudos de impacte ambiental;

e) Custos — será avaliada a razoabilidade dos custos de investimento e de exploração orçamentados a nível do projecto, nomeadamente por via da comparação dos respectivos custos unitários com os correspondentes de outras infra-estruturas similares.

ANEXO II
Ficha descritiva do projecto de engenharia

No sentido de simplificar o processo e de tornar mais expedita a elaboração do parecer do Instituto Regulador de Águas e Resíduos para o concedente, a entidade gestora deve fazer acompanhar o projecto de engenharia em análise de uma ficha descritiva do projecto de engenharia, estruturada de acordo com os critérios de avaliação atrás referidos.

O modelo dessa ficha, a preencher pela entidade gestora, é seguidamente apresentado e pode ser obtido em formato digital junto do Instituto Regulador de Águas e Resíduos.

Ficha descritiva de projecto de engenharia

(A enviar ao concedente e simultaneamente ao Instituto Regulador de Águas e Resíduos conjuntamente com um exemplar completo — memória descritiva e justificativa, medições, orçamento e peças desenhadas — do projecto base ou do projecto de execução.)

1 — Identificação da entidade gestora:...

2 — Identificação do projecto:...

3 — Correspondência com o projecto global (comparar a concepção da infra-estrutura projectada com a prevista no projecto global; sempre que a concepção dessa infra-estrutura introduzir alterações relativamente à solução prevista no projecto global, deve ser apresentada a fundamentação técnica e económica que conduziu a tais alterações):...

4 — Mais-valia da infra-estrutura projectada (identificar a mais-valia que a infra-estrutura projectada conferirá ao sistema global, nomeadamente em termos de cobertura da população e da qualidade de serviço prestada aos utilizadores):...

5 — Adequação temporal da execução da infra-estrutura projectada (justificar a oportunidade de execução da infra-estrutura projectada numa perspectiva de sequência lógica de programação temporal da construção do sistema, traduzida não só pela coordenação do lançamento das obras a nível do próprio sistema, mas também pela articulação com as acções a levar a efeito pelos municípios utilizadores):...

6 — Concepção da infra-estrutura projectada [descrever sucintamente a solução técnica proposta e, sempre que se trate de uma estação de tratamento, explicitar as medidas tomadas no sentido de respeitar os requisitos técnicos impostos pela(s) entidade(s) licenciadora(s) no que respeita, consoante os casos, à captação de água para abastecimento e à rejeição de água residual e, ainda, os condicionalismos impostos por estudos de impacte ambiental]:...

7 — Custos previstos (apresentar os custos de investimento e de exploração orçamentados a nível de projecto, bem como os correspondentes custos unitários mais relevantes):...

8 — Data e assinatura (data, nome, título e assinatura de um elemento da administração da entidade gestora):...

Mapas de registo de RSU

Portaria n.º 768/88
de 30 de Novembro

O Decreto-Lei n.º 488/85, de 25 de Novembro, delineando uma linha de actuação em matéria de gestão de resíduos, enquadrado na estratégia global da Comunidade Económica Europeia, tomou como ponto de partida o conhecimento real dos quantitativos de resíduos gerados, sua caracterização, destino final e seus responsáveis, nomeadamente impondo aos produtores de resíduos os deveres de organizarem e manterem actualizados inventários referentes aos resíduos produzidos ou recolhidos e de facultarem às entidades competentes as informações convenientes.

Importa regulamentar a execução desses deveres, no domínio dos resíduos sólidos urbanos, em termos adequados e através da necessária coordenação entre os organismos do poder local e da administração central, de molde a proporcionar a obtenção atempada de dados correctos que sirvam de base a um diagnóstico preciso da situação neste domínio e habilitem ao cumprimento de obrigações assumidas pelo Estado perante a Comunidade Económica Europeia.

Assim:

Manda o Governo, pelo Ministro do Planeamento e da Administração do Território, ao abrigo dos n.ºˢ 1 e 3 do artigo 7.º do Decreto-Lei n.º 488/85, de 25 de Novembro, o seguinte:

1.º

A entidade com competência de fiscalização referida no n.º 3 do artigo 7.º do Decreto-Lei n.º 488/85, de 25 de Novembro, é a Direcção-Geral da Qualidade do Ambiente.

2.º

As câmaras municipais deverão proceder à organização e actualização anual dos inventários referidos no n.º 1 do artigo 7.º do

Decreto-Lei n.º 488/85, de 25 de Novembro, até 15 de Fevereiro do ano imediato àquele a que se reportem os respectivos dados, devendo o mapa de registo de resíduos sólidos urbanos, do modelo anexo à presente portaria, ser enviado à comissão de coordenação regional competente, a qual procederá à sua análise preliminar antes de os remeter à Direcção-Geral da Qualidade do Ambiente até 15 de Março.

3.º

As comissões de coordenação regional, através das direcções regionais do ambiente e recursos naturais, prestarão às câmaras municipais da respectiva área o apoio técnico de que careçam para cumprimento do disposto no número anterior.

4.º

O director-geral da Qualidade do Ambiente definirá a metodologia dos procedimentos necessários à aplicação harmónica da presente portaria.

5.º

A presente portaria entra em vigor 60 dias após a sua publicação, à excepção do dever de preenchimento do n.º 6 do mapa anexo, o qual apenas se tornará efectivo três anos após a data de publicação deste diploma para os municípios classificados de rurais não constituídos em associação.

Ministério do Planeamento e da Administração do Território.
Assinada em 18 de Novembro de 1988.
O Ministro do Planeamento e da Administração do Território, *Luís Francisco Valente de Oliveira.*

MAPA DE REGISTO DE RESÍDUOS SÓLIDOS URBANOS (a)

MUNICÍPIO : [   ]   ANO: [   ]

1- Quantidades de resíduos sólidos urbanos recolhidos, em toneladas   [   ]

2- População servida com recolha de resíduos sólidos urbanos   [   ]

3- População residente no município   [   ]

4- Tratamento ou destino final dado aos resíduos sólidos urbanos recolhidos

	LOCALIZAÇÃO [Freguesia / Lugar]	QUANTIDADES ANUAIS [ton]
Aterro sanitário		
Compostagem		
Incineração		
Outro *		

* Sublinhe qual : vazadouro controlado, lixeira .

5- Peso específico médio anual dos resíduos sólidos urbanos recolhidos, em Kg / m^3 [   ]

6- Composição física média anual dos resíduos sólidos urbanos recolhidos, em percentagem do seu peso total e em relação aos componentes abaixo descriminados.

Papel e cartão	Vidro	Plástico	Metais		Materiais fermentáveis	Têxteis	Outros	Finos (<20 mm)	Total
			Ferrosos	Ñ ferrosos					
									100%

7- Quantidades de materiais reciclados dos resíduos sólidos urbanos, em toneladas.

	Vidro	Papel e cartão	Plástico	Metais			Outros
				Ferrosos	N ferrosos		
					Alumínio	Outros	
Na origem (Recolha selectiva)							
No destino (Aterro sanitário, compostagem, outro)							

8- Caso a Câmara Municipal recolha e/ou elimine resíduos industriais e hospitalares, de acordo com o definido nos artigos 4º e 5º do Decreto-Lei nº 488-85, de 25 de Novembro, indique as características desses resíduos, as quantidades (em toneladas) e refira quaisquer factos que julgue poderem contribuir para melhor compreensão da situação.

_____

_____

_____

_____

(a) Todos os valores se devem referir ao ano indicado no Mapa de Registo.

Regulamentos Municipais de RSU

Câmara Municipal da Maia

Edital n.º 122/2001 (2.ª série) — AP. — Engenheiro António Gonçalves Bragança Fernandes, vice-presidente da Câmara Municipal da Maia:

Torna público o Regulamento de Resíduos Sólidos do Concelho da Maia, aprovado na reunião ordinária desta Câmara Municipal, realizada no dia 19 de Outubro de 2000, e homologado pela Assembleia Municipal na sua 5.ª sessão ordinária, que teve lugar no dia 27 de Dezembro do mesmo ano, após ter sido previamente publicitado em inquérito público durante 30 dias através de edital publicado no apêndice n.º 120, *Diário da República,* 2.ª série, n.º 190/2000, de 18 de Agosto de 2000, não tendo sido deduzido contra o mesmo qualquer reclamação ou pedido de informação.

Estando assim cumpridos todos os requisitos materiais, orgânicos e formais, seguidamente se publica o mencionado Regulamento, para que todos os interessados dele tenham conhecimento, nos termos da legislação em vigor.

E eu *(Assinatura ilegível)*, chefe da Divisão dos Serviços Administrativos, o subscrevi.

22 de Fevereiro de 2001. — O Vice-Presidente da Câmara, *António Gonçalves Bragança Fernandes.*

Regulamento de Resíduos Sólidos do Concelho da Maia

CAPÍTULO I
Disposições gerais

Artigo 1.º

Compete à Câmara Municipal da Maia, nos termos do Decreto-Lei n.º 239/97, de 9 de Setembro, directamente ou por delegação, assegurar a gestão dos resíduos sólidos urbanos produzidos no concelho da Maia.

CAPÍTULO II
Tipos de resíduos sólidos

Artigo 2.º

1 — Entende-se por resíduos sólidos quaisquer substâncias ou objectos de que o detentor se desfaz, ou tem intenção ou obrigação de se desfazer, nomeadamente os previstos em portaria, em conformidade com o Catálogo Europeu de Resíduos aprovado por decisão da Comissão Europeia.

2 — São considerados resíduos sólidos urbanos, adiante designados por RSU, os seguintes resíduos sólidos:

- *a)* Resíduos sólidos domésticos — os resíduos caracteristicamente produzidos nas habitações, nomeadamente os provenientes das actividades de preparação de alimentos e de limpeza;
- *b)* Monstros — objectos volumosos fora de uso provenientes das habitações que, pelo seu volume, forma ou dimensões, não possam ser removidos através dos meios normais de remoção;
- *c)* Resíduos verdes urbanos — os resíduos provenientes da limpeza e manutenção de jardins públicos ou afectos a habitações, designadamente troncos, ramos, folhas e ervas;
- *d)* Resíduos sólidos de limpeza pública — os resíduos provenientes da limpeza pública, entendendo-se esta como o conjunto de actividades destinadas a recolher os resíduos sólidos existentes nas vias e outros espaços públicos;
- *e)* Resíduos sólidos urbanos de origem comercial — os resíduos produzidos por um ou vários estabelecimentos, comerciais ou

de serviços, com uma administração comum relativa a cada local de produção de resíduos, que, pela sua natureza ou composição, sejam semelhantes aos resíduos sólidos domésticos e cuja produção diária não exceda 1100 l;
f) Resíduos sólidos urbanos de origem industrial — os resíduos produzidos por uma única entidade, em resultado de actividades acessórias das unidades industriais, que, pela sua natureza ou composição, sejam semelhantes aos resíduos sólidos domésticos, nomeadamente os provenientes de refeitórios e escritórios, e cuja produção diária não exceda 1100 l;
g) Resíduos sólidos urbanos de origem hospitalar — os resíduos produzidos em unidades prestadoras de cuidados de saúde, incluindo as actividades médicas de diagnóstico, prevenção e tratamento da doença, em seres humanos ou em animais, e ainda as actividades de investigação relacionadas, que não estejam contaminados em termos da legislação em vigor, que pela sua natureza ou composição sejam semelhantes aos resíduos sólidos domésticos e cuja produção diária não exceda 1100 l.

3 — São considerados resíduos sólidos especiais os seguintes resíduos sólidos:
  a) Resíduos sólidos industriais — os resíduos gerados em actividades industriais, bem como os que resultem das actividades de produção e distribuição de electricidade, gás e água;
  b) Resíduos sólidos hospitalares — os resíduos produzidos em unidades de saúde, incluindo as actividades médicas de diagnóstico, prevenção e tratamento da doença, em seres humanos ou em animais, e ainda as actividades de investigação relacionadas, que apresentem, ou sejam susceptíveis de apresentar, alguma perigosidade de contaminação, constituindo perigo para a saúde pública ou para o ambiente, nos termos da legislação em vigor;
  c) Resíduos sólidos perigosos — os resíduos que, nos termos da alínea *b)* do artigo 3.º do Decreto-Lei n.º 239/97, de 9 de Setembro, apresentem características de perigosidade para a saúde e para o ambiente;
  d) Outros resíduos especiais — outros resíduos excluídos, por normas especiais, do conceito de RSU.

4 — São definidos como outros tipos de resíduos os resíduos não considerados como urbanos, industriais ou hospitalares, nomeadamente:

a) Resíduos sólidos de origem comercial — os resíduos que, embora apresentem características semelhantes aos resíduos indicados na alínea *e)* do n.º 2 anterior, atinjam uma produção diária superior a 1100 l;
b) Resíduos sólidos de origem industrial — os resíduos produzidos a nível de actividades acessórias das unidades industriais que, embora apresentem características semelhantes aos resíduos indicados na alínea *f)* do n.º 2 anterior, atinjam uma produção diária superior a 1100 l;
c) Resíduos sólidos de origem hospitalar — os resíduos que embora apresentem características semelhantes aos resíduos indicados na alínea *g)* do n.º 2 anterior, atinjam uma produção diária superior a 1100 l;
d) Entulhos — os resíduos resultantes de obras públicas ou particulares, tais como terras, pedras, escombros ou produtos similares;
e) Outros resíduos — os resíduos que de acordo com a legislação possam ser incluídos nesta categoria.

CAPÍTULO III
Sistema de resíduos sólidos

Artigo 3.º

1 — Define-se sistema de resíduos sólidos como o conjunto de obras de construção civil, equipamentos mecânicos e ou eléctricos, viaturas, recipientes e acessórios, recursos humanos, institucionais e financeiros, e de estruturas de gestão, destinados a assegurar, em condições de eficiência, segurança e inocuidade, a deposição, recolha, transporte, armazenagem, tratamento, valorização e eliminação dos resíduos sob quaisquer das formas enunciadas no Decreto-Lei n.º 239/97, de 9 de Setembro.

2 — Entende-se por gestão do sistema de resíduos sólidos o conjunto de actividades de carácter técnico, administrativo e financeiro necessárias à deposição, recolha, transporte, tratamento, valorização e eliminação dos resíduos, incluindo o planeamento e a fiscalização dessas operações, bem como a monitorização dos locais de destino final, depois de se proceder ao seu encerramento.

3 — O sistema de resíduos sólidos urbanos, adiante designado por SRSU, é o sistema que opera com resíduos sólidos urbanos.

Artigo 4.º

O SRSU engloba, no todo, ou em parte, as componentes técnicas e actividades complementares de gestão abaixo indicadas:
a) Produção;
b) Remoção:
   b1) Indiferenciada;
   b2) Selectiva;
   b3) Limpeza pública;
c) Tratamento;
d) Valorização;
e) Eliminação;
f) Actividades complementares:
   f1) Conservação e manutenção dos equipamentos e das infra--estruturas;
   f2) Actividades de carácter técnico, administrativo, financeiro e de fiscalização.

Artigo 5.º

1 — Define-se produção como a geração de RSU na origem.
2 — Define-se local de produção como o local onde se geram RSU.

Artigo 6.º

1 — Define-se remoção como o afastamento dos RSU dos locais de produção, mediante deposição, recolha e transporte, integrando ainda a limpeza pública.
2 — Define-se deposição e recolha nos seguintes termos:
a) Deposição é o acondicionamento dos RSU nos recipientes determinados pela Câmara Municipal da Maia a fim de serem recolhidos;
b) Deposição selectiva é o acondicionamento das fracções dos resíduos sólidos passíveis de valorização em recipientes ou locais com características específicas, indicados para o efeito;
c) Recolha é a passagem dos RSU dos recipientes de deposição, com ou sem inclusão destes, para as viaturas de transporte;
d) Recolha selectiva é a passagem das fracções valorizáveis dos RSU dos locais ou recipientes apropriados para as viaturas de transporte.

3 — A limpeza pública compreende um conjunto de actividades, levadas a cabo pelos serviços municipais, com a finalidade de libertar de sujidade e resíduos as vias e outros espaços públicos, nomeadamente:

a) Limpeza dos arruamentos, passeios e outros espaços públicos, incluindo a varredura, lavagem e eventual desinfecção dos mesmos, limpeza de sarjetas e sumidouros, corte de mato e de ervas e monda química, remoção de cartazes e outra publicidade indevidamente colocada;
b) Despejo, lavagem e desinfecção de papeleiras.

Artigo 7.º

As restantes componentes técnicas, mencionadas no artigo 4.º anterior, são definidas em conformidade com o estabelecido na legislação em vigor, nomeadamente o Decreto-Lei n.º 239/97, de 9 de Setembro, e o Decreto-Lei n.º 366-A/97, de 20 de Dezembro.

CAPÍTULO IV
Remoção de resíduos sólidos urbanos

SECÇÃO I
Deposição dos resíduos sólidos urbanos

SUBSECÇÃO I
Sistema de deposição e armazenamento
de resíduos sólidos urbanos

Artigo 8.º

1 — Define-se sistema de deposição e armazenamento como o conjunto de infra-estruturas destinadas ao armazenamento de resíduos no local de produção.

2 — Os sistemas de deposição e armazenamento dos resíduos sólidos urbanos encontram-se definidos nas normas técnicas sobre os órgãos de deposição e armazenamento de resíduos sólidos em edificações no concelho da Maia, identificadas pela sigla NTRS, que constam em anexo a este Regulamento e que dele fazem parte integrante.

3 — As NTRS definem duas soluções a nível do sistema de deposição dos resíduos sólidos:

a) Compartimento para armazenamento de contentores;
b) Compartimento para armazenamento de contentores-compactadores.

Artigo 9.º

1 — Os projectos de construção nova, reconstrução e ampliação de edifícios na área do concelho da Maia devem, a partir da data da entrada em vigor do presente Regulamento, incluir obrigatoriamente um dos sistemas definidos no n.º 3 do artigo 8.º

2 — Devem fazer parte integrante dos projectos referidos no número anterior o projecto do sistema de deposição previsto, elaborado de acordo com as NTRS.

3 — Sempre que o somatório da produção diária das unidades comerciais e de serviços, de um edifício, seja superior a 1,6m^3 deverá ser previsto um dos sistemas definidos no n.º 3 do artigo 8.º, para utilização exclusiva dos mesmos.

4 — Sempre que a produção diária das componentes de um edifício (comercial/serviços e habitacional), individualmente ou em conjunto, seja superior a 2,2m^3, devem ser implementados os sistemas de deposição referidos na alínea *b*) do n.º 3 do artigo 8.º

5 — O equipamento de deposição previsto nos sistemas de deposição referidos no n.º 3 do artigo 8.º deve ser normalizado e do tipo homologado pela Câmara Municipal da Maia.

6 — É obrigatório que o equipamento de deposição referido no n.º 5 anterior esteja colocado nos respectivos compartimentos no acto da vistoria a efectuar pela Câmara Municipal da Maia.

7 — Não serão emitidas as necessárias licenças de utilização sem que tenha sido certificado, pela Câmara Municipal da Maia, o cumprimento das normas estabelecidas nos números anteriores.

Artigo 10.º

1 — Todos os projectos de loteamento devem prever, ainda, a colocação, na via pública, de equipamentos para a deposição selectiva das fracções recicláveis dos resíduos sólidos urbanos e de papeleiras, calculados por forma a satisfazer as necessidades do loteamento e em quantidade e tipologia aprovados pela Câmara Municipal da Maia.

2 — É condição necessária para a vistoria definitiva do loteamento a certificação pela Câmara Municipal da Maia de que o equipamento previsto no número anterior esteja colocado nos locais definidos e aprovados.

3 — Os equipamentos referidos no n.º 1 anterior devem ser normalizados e do tipo homologado pela Câmara Municipal da Maia.

ARTIGO 11.º

1 — Em edifícios públicos, cuja construção não careça de licenciamento municipal, devem ser respeitados os princípios estabelecidos no presente Regulamento.

2 — Excepto quando aprovado pela Câmara Municipal da Maia, e apenas em casos especiais, técnica e sanitariamente justificados, é expressamente proibida a instalação de tubos de queda de resíduos.

SUBSECÇÃO II
Deposição indiferenciada dos resíduos sólidos urbanos

ARTIGO 12.º

A deposição indiferenciada dos resíduos sólidos urbanos é efectuada utilizando os seguintes equipamentos:
a) Contentores normalizados, com capacidade de 90 l, 120 l, 240 l e 800 l, ou outra que venha a ser definida pelos serviços municipais, em áreas abrangidas pela recolha porta-a-porta;
b) Recipientes de papel ou plástico nas áreas ainda não abrangidas pela recolha porta-a-porta;
c) Contentores de 800 l, 1100 l, ou outra capacidade que venha a ser definida pelos serviços municipais, colocados em locais específicos na via pública;
d) Contentores em profundidade, com capacidade de 3000 l e 5000 l, ou outra a implantar, colocados em determinadas áreas do município;
e) Sacos normalizados com capacidade de 40 l, 75 l, ou outra que venha a ser definida, em unidades comerciais e de serviços, nas áreas de recolha porta-a-porta.
f) Contentores-compactadores.

SUBSECÇÃO III
Deposição selectiva dos resíduos sólidos urbanos

ARTIGO 13.º

1 — A deposição selectiva das fracções valorizáveis dos resíduos sólidos urbanos é efectuada utilizando os seguintes equipamentos:
a) Vidrões, colocados na via pública, com capacidade de 1,5m^3 e 2,5 m^3, destinados à deposição selectiva do vidro;

b) Contentores dos ecopontos, colocados na via pública, em profundidade ou não, com capacidades de 2,5m^3 e 3m^3, destinados à deposição selectiva de fracções recicláveis dos resíduos sólidos urbanos, nomeadamente vidro, papel e cartão e embalagens;

c) Contentores dos ecopontos, instalados nos estabelecimentos de ensino, com capacidades unitárias de 120 l ou 240 l e multicompartimentados, com capacidade variável, para deposição selectiva de fracções valorizáveis dos resíduos sólidos urbanos;

d) Cestos de 35 l e contentores com capacidades de 90 l, 120 l, 240 l e 800 l para deposição selectiva de fracções recicláveis dos resíduos sólidos urbanos, nas áreas abrangidas pela recolha selectiva porta-a-porta;

e) Outros equipamentos de deposição que venham a ser definidos pelos serviços municipais destinados a recolhas selectivas.

2 — São ainda de considerar, para efeitos de deposição selecti-va, os ecocentros existentes no concelho, onde os munícipes podem utilizar os contentores aí disponíveis para a deposição dos materiais constituintes dos RSU, indicados pela Câmara Municipal da Maia.

3 — A utilização dos ecocentros deve ser efectuada de acordo com as normas e regras definidas em anexo a este Regulamento e que dele fazem parte integrante.

SUBSECÇÃO IV
Procedimentos de deposição

ARTIGO 14.º

1 — Os resíduos sólidos urbanos devem ser colocados nos recipientes e locais apropriados, nos dias e horas definidos pala Câmara Municipal da Maia.

2 — São responsáveis pelo bom acondicionamento dos resíduos sólidos nos equipamentos de deposição:

a) Os proprietários, gerentes ou administradores de estabelecimentos comerciais, industriais, ou hospitalares;

b) O condomínio, no caso dos edifícios em regime de propriedade horizontal;

c) Os utentes de moradias ou edifícios de ocupação unifamiliar;

d) Nos restantes casos, os utentes, ou os indivíduos ou entidades para o efeito por si designados.

3 — São responsáveis pela colocação e retirada da via pública, nos horários definidos pela Câmara Municipal da Maia, dos recipientes referidos na alínea *a*) do artigo 12.º e na alínea *d*) do artigo 13.º desde que não existam compartimentos:
  a) O condomínio no caso dos edifícios em regime de propriedade horizontal;
  b) Os utentes de moradias ou edifícios de ocupação unifamiliar;
  c) Nos restantes casos, os utentes, ou os indivíduos ou entidades para o efeito por si designados.

4 — A limpeza, conservação e manutenção do equipamento que estiver afecto a cada fogo ou edifício, bem como das instalações em que aquele se encontre acondicionado, é da responsabilidade das entidades referidas nos números anteriores.

5 — As entidades referidas nos números anteriores são obrigadas a cumprir as instruções de deposição, definidas pela Câmara Municipal da Maia.

Artigo 15.º

Sempre que no local de produção exista equipamento de deposição selectiva:
  a) Os produtores devem utilizar os equipamentos de deposição selectiva para a deposição das fracções valorizáveis de resíduos a que se destinam;
  b) A Câmara Municipal da Maia pode não efectuar a recolha dos resíduos incorrectamente depositados nos equipamentos destinados a recolha selectiva, até que se cumpra o preceituado na alínea anterior.

Artigo 16.º

1 — Os contentores referidos nos artigos 12.º e 13.º, quando distribuídos pela Câmara Municipal da Maia, são propriedade do município.

2 — A substituição dos recipientes, cestos ou contentores, distribuídos pela Câmara Municipal da Maia nas zonas de recolha porta-a-porta, motivada por razões imputáveis aos utilizadores, é efectuada pelo município, a expensas dos responsáveis referidos no artigo 14.º

3 — A substituição do equipamento de deposição, referido na alínea *e*) do artigo 12.º, é efectuada a expensas dos responsáveis referidos no artigo 14.º

SUBSECÇÃO V
Horário de deposição dos resíduos sólidos urbanos

ARTIGO 17.º

1 — Os horários de colocação na via pública dos equipamentos de deposição definidos nas alíneas *a*) e *b*) do artigo 12.º e alínea *d*) do artigo 13.º e de deposição dos resíduos sólidos nos equipamentos de utilização colectiva são definidos através de edital.

2 — Fora dos horários previstos no n.º 1 anterior, os equipamentos aí referidos deverão encontrar-se dentro das instalações do produtor.

3 — É proibida a colocação na via pública de quaisquer recipientes de deposição afectos a estabelecimentos comerciais, de serviços, industriais ou hospitalares, nas áreas de recolha porta-a-porta.

SECÇÃO II
Limpeza pública

SUBSECÇÃO I
Deposição

ARTIGO 18.º

1 — Para efeitos de deposição dos resíduos produzidos nas vias e outros espaços públicos é obrigatória a utilização das papeleiras instaladas nestes locais.

2 — Os recipientes referidos no n.º 1 anterior são propriedade do município.

SUBSECÇÃO II
Áreas de ocupação comercial e confinantes

ARTIGO 19.º

1 — Os estabelecimentos comerciais devem proceder à limpeza diária das áreas correspondentes à sua zona de influência, bem como das áreas objecto de licenciamento para ocupação da via pública, removendo os resíduos provenientes da sua actividade.

2 — Para efeitos deste Regulamento estabelece-se como zona de influência de um estabelecimento comercial uma faixa de 2 m de zona pedonal a contar do limite do estabelecimento ou do limite da área de ocupação da via pública.

3 — Os resíduos provenientes da limpeza da área anteriormente considerada devem ser depositados nos recipientes existentes para a deposição dos resíduos provenientes do estabelecimento.

SECÇÃO III
Recolha e transporte de resíduos sólidos urbanos

SUBSECÇÃO I
Recolha e transporte de resíduos sólidos urbanos em geral

Artigo 20.º

1 — As instruções de operação e manutenção do serviço de remoção, emanadas da Câmara Municipal da Maia, são de cumprimento obrigatório pelos seus destinatários.

2 — À excepção da Câmara Municipal da Maia, e de outras entidades devidamente autorizadas para o efeito, nos termos do Decreto-Lei n.º 379/93, de 5 de Novembro, é proibido a qualquer outra entidade o exercício de actividades de remoção de resíduos sólidos urbanos, conforme definidos no n.º 2 do artigo 2.º

SUBSECÇÃO II
Recolha e transporte de monstros

Artigo 21.º

1 — É proibido colocar nas vias e outros espaços públicos monstros, definidos na alínea b) do n.º 2 do artigo 2.º deste Regulamento, sem previamente ter sido requerido à Câmara Municipal da Maia e obtida a confirmação da realização da sua remoção.

2 — O pedido referido no número anterior pode ser efectuado pessoalmente, pelo telefone ou por escrito.

3 — A remoção efectua-se em data e hora a acordar entre a Câmara Municipal da Maia e os munícipes interessados.

4 — Compete aos munícipes interessados transportar e acondicionar os monstros no local indicado, seguindo as instruções dadas pela Câmara Municipal da Maia.

CAPÍTULO V
Outros tipos de resíduos

SECÇÃO I
Princípio geral

ARTIGO 22.º

1 — A deposição, recolha, transporte, armazenagem, valorização ou recuperação, tratamento e eliminação dos outros tipos de resíduos, previstos no n.º 4 do artigo 2.º, são da exclusiva responsabilidade dos seus produtores, podendo estes, no entanto, acordar com a Câmara Municipal da Maia, ou com empresas para tanto devidamente autorizadas, a realização dessas actividades.

2 — É proibido o abandono dos resíduos bem como a sua emissão, transporte, armazenagem, tratamento, valorização ou eliminação, salvo em locais e nos termos determinados por autorização prévia, nos termos do Decreto-Lei n.º 239/97, de 9 de Setembro.

3 — É proibida a descarga dos resíduos, salvo em locais e nos termos determinados por autorização prévia, nos termos do Decreto-Lei n.º 239/97, de 9 de Setembro.

4 — São proibidas as operações de gestão dos resíduos, em desrespeito das regras legais ou das normas técnicas imperativas aprovadas nos termos da lei.

ARTIGO 23.º

1 — As autorizações prévias referidas no artigo 22.º anterior são as previstas na secção II do Decreto-Lei n.º 239/97, de 9 de Setembro.

2 — As normas técnicas referidas no artigo 22.º anterior são as previstas na secção III do Decreto-Lei n.º 239/97, de 9 de Setembro.

SECÇÃO II
Procedimentos de deposição, recolha, transporte, armazenagem, valorização, tratamento e eliminação

ARTIGO 24.º

1 — Se os produtores dos resíduos referidos nas alíneas *a*), *b*) e *c*) do n.º 4 do artigo 2.º acordarem com a Câmara Municipal da Maia a realização das actividades referidas no n.º 1 do artigo 22.º, constitui sua obrigação:

a) Entregar ao município a totalidade dos resíduos produzidos;

b) Fornecer todas as informações exigidas pela Câmara Municipal da Maia, referentes à natureza, tipo e características dos resíduos produzidos.

Artigo 25.º

O pedido de deposição, recolha, transporte, armazenagem, valorização, tratamento e eliminação dos resíduos referidos no artigo 24.º anterior, para efeitos do disposto na sua parte final, será dirigido à Câmara Municipal da Maia, contendo obrigatoriamente os seguintes elementos:

a) Identificação do requerente: nome ou denominação social;
b) Número de contribuinte fiscal;
c) Residência ou sede social;
d) Local de produção de resíduos;
e) Caracterização dos resíduos a remover;
f) Identificação da actividade de que resultam os resíduos;
g) Quantidade média diária de resíduos produzidos;
h) Descrição do equipamento de deposição, se existir.

Artigo 26.º

Cabe ao Departamento do Ambiente e da Qualidade de Vida a instrução do processo originado pelo requerimento apresentado nos termos dos artigos anteriores, onde são analisados os seguintes aspectos:
a) A possibilidade, por parte da Câmara Municipal da Maia, de estabelecer o acordo para a deposição, recolha, transporte, armazenagem, valorização, tratamento e eliminação dos resíduos;
b) O tipo e quantidade de resíduos a remover;
c) A periodicidade e o horário de recolha;
d) O tipo e a localização dos contentores a utilizar.

SECÇÃO III
Entulhos

Artigo 27.º

1 — Nenhuma obra pode ser iniciada sem que o empreiteiro ou o promotor responsável indique qual o tipo de solução preconizada para os resíduos produzidos na obra, bem como os meios e equipamentos a utilizar e o local de vazadouro, para o que deve preencher o impresso do modelo constante em anexo a este Regulamento.

2 — A emissão da licença de utilização fica condicionada à apresentação, pelo empreiteiro ou o promotor responsável pela obra, da guia de acompanhamento de resíduos, nos termos da Portaria n.º 335/97, de 16 de Maio.

Artigo 28.º

A Câmara Municipal da Maia só poderá permitir as operações de deposição, recolha, transporte e destino final dos entulhos desde que sejam cumpridas as seguintes regras:
   a) Utilização de contentores adequados, devidamente identificados e colocados em local que não perturbe as operações de trânsito;
   b) Transporte dos contentores referidos na alínea a) anterior, por forma a não prejudicar o estado de limpeza das vias por onde são transportados;
   c) Informação à Câmara Municipal da Maia, pelos empreiteiros ou promotores responsáveis pelas obras, da localização das descargas de entulhos na área do concelho.

CAPÍTULO VI
Resíduos sólidos especiais

Artigo 29.º

1 — A deposição, recolha, transporte, armazenagem, valorização ou recuperação, tratamento e eliminação dos resíduos sólidos especiais, definidos no n.º 3 do artigo 2.º, são da exclusiva responsabilidade dos seus produtores.

2 — É proibido o abandono de resíduos bem como a sua emissão, transporte, armazenagem, tratamento, valorização ou eliminação, salvo em locais e nos termos determinados por autorização prévia, nos termos do Decreto-Lei n.º 239/97, de 9 de Setembro.

3 — É proibida a descarga de resíduos, salvo em locais e nos termos determinados por autorização prévia.

4 — São proibidas as operações de gestão de resíduos em desrespeito das regras legais ou das normas técnicas imperativas aprovadas nos termos da lei.

ARTIGO 30.º

1 — As autorizações prévias referidas no artigo 29.º anterior são as previstas na secção II do Decreto-Lei n.º 239/97, de 9 de Setembro.

2 — As normas técnicas referidas no artigo 29.º anterior são as previstas na secção III do Decreto-Lei n.º 239/97, de 9 de Setembro.

CAPÍTULO VII
Tarifas

ARTIGO 31.º

1 — Pela disponibilidade de utilização do SRSU, é devido o pagamento da tarifa em vigor, aprovada pela Câmara Municipal da Maia.

2 — A tarifa será cobrada pelos Serviços Municipalizados no caso de o produtor se encontrar ligado ao sistema municipal de distribuição de água, e directamente pelos serviços municipais, no caso contrário.

3 — Pela prestação do serviço de remoção dos outros tipos de resíduos, a que se refere o artigo 24.º anterior, são devidas as tarifas em vigor, aprovadas pela Câmara Municipal da Maia.

CAPÍTULO VIII
Fiscalização e sanções

ARTIGO 32.º

A fiscalização das disposições do presente Regulamento compete à Polícia de Segurança Pública, Guarda Nacional Republicana e Fiscalização Municipal, respectivamente nos termos dos Decretos-Leis n.ᵒˢ 151/84, de 9 de Maio, e 231/93, de 26 de Junho, e dos Regulamentos Municipais em vigor.

ARTIGO 33.º

A realização, não autorizada, da actividade económica de deposição, recolha, transporte, armazenagem, valorização, tratamento e eliminação de resíduos sólidos constitui contra-ordenação punível com a coima de uma a dez vezes o salário mínimo nacional.

Artigo 34.º

A descarga de resíduos sólidos na via pública ou em qualquer outro local não autorizado constitui contra-ordenação e é punível com as seguintes coimas:
- *a)* De RSU — coima de metade a cinco vezes o salário mínimo nacional;
- *b)* De resíduos sólidos industriais — coima de 5 a 10 vezes o salário mínimo nacional;
- *c)* De resíduos sólidos tóxicos ou perigosos — coima de 5 a 10 vezes o salário mínimo nacional;
- *d)* De entulhos — coima de 1 a 10 vezes o salário mínimo nacional.

Artigo 35.º

Relativamente à higiene e limpeza das vias e outros espaços públicos, as seguintes contra-ordenações são punidas com as coimas indicadas:
- *a)* Efectuar despejos, colocar quaisquer resíduos na via pública fora dos recipientes destinados à sua deposição — coima de um décimo a metade do salário mínimo nacional;
- *b)* Lançar detritos para alimentação de animais na via pública — coima de um décimo a uma vez o salário mínimo nacional;
- *c)* Vazar águas provenientes de lavagens para a via pública — coima de um décimo a metade do salário mínimo nacional;
- *d)* Vazar tintas, óleos, petróleo e seus derivados para a via pública — coima de uma a cinco vezes o salário mínimo nacional;
- *e)* Destruir ou danificar papeleiras — coima de metade a duas vezes o salário mínimo nacional;
- *f)* Efectuar queimadas de resíduos sólidos ou sucata a céu aber-to — coima de uma a cinco vezes o salário mínimo nacional;
- *g)* Retirar ou remexer nos resíduos contidos nos contentores colocados na via pública — coima de um vigésimo a uma vez o salário mínimo nacional;
- *h)* Lançar quaisquer detritos ou objectos nas sarjetas ou sumidouros — coima de um quinto a metade do salário mínimo nacional;
- *i)* Poluir a via pública com dejectos, nomeadamente de animais — coima de um décimo a uma vez o salário mínimo nacional;

j) Despejar a carga de veículos, total ou parcialmente, com prejuízo para a limpeza pública, sem efectuar a limpeza dos resíduos daí resultantes — coima de uma a três vezes o salário mínimo nacional;

k) Pintar, reparar ou lavar veículos na via pública — coima de metade a uma vez o salário mínimo nacional;

l) Deixar derramar na via pública quaisquer materiais transportados em viaturas — coima de uma a três vezes o salário mínimo nacional.

Artigo 36.º

A violação do disposto no artigo 19.º deste Regulamento constitui contra-ordenação punível com a coima de metade a cinco vezes o salário mínimo nacional.

Artigo 37.º

A colocação na via pública de monstros, em violação das normas que prevêem a sua remoção legal, constitui contra-ordenação punível com a coima de um quinto a duas vezes o salário mínimo nacional.

Artigo 38.º

Relativamente à deposição de resíduos sólidos e suas fracções valorizáveis, são puníveis com as coimas indicadas as seguintes contra-ordenações:

a) Utilização de recipientes diferentes dos autorizados pela Câmara Municipal da Maia — coima de um vigésimo a um quinto do salário mínimo nacional, sendo o recipiente considerado tara perdida e removido conjuntamente com os resíduos sólidos;

b) Deposição de resíduos diferentes daqueles a que se destinam os equipamentos de deposição — coima de um quarto a uma vez e meia o salário mínimo nacional;

c) Uso e desvio para proveito pessoal dos recipientes de deposição distribuídos pelas habitações e estabelecimentos comerciais ou de serviços — coima de uma a duas vezes o salário mínimo nacional;

d) Destruição ou danificação de recipientes destinados à deposição de RSU — coima de uma a cinco vezes o salário mínimo nacional, além do pagamento da sua reparação ou substituição;

e) Afixação de cartazes, autocolantes ou outros materiais de propaganda ou publicidade e inscrições nos equipamentos de deposição de RSU — coima de um quarto a uma vez o salário mínimo nacional;
f) Utilização ou permanência dos recipientes de deposição dos RSU, na via pública, fora dos horários fixados para tal efeito — coima de um vigésimo a um quarto do salário mínimo nacional;
g) Não fechar a tampa dos contentores após a deposição dos RSU — coima de um vigésimo a um quarto do salário mínimo nacional;
h) Deposição de resíduos fora dos equipamentos existentes para o efeito — coima de um décimo a um quarto do salário mínimo nacional;
i) Utilização dos equipamentos destinados à deposição de RSU para deposição de monstros, pedras, terras, entulhos — coima de 1 a 10 vezes o salário mínimo nacional;
j) Utilização dos equipamentos destinados à deposição de RSU para deposição de resíduos especiais — coima de uma a dez vezes o salário mínimo nacional, sem prejuízo da aplicação de coima diversa se expressamente prevista;
k) Utilização dos equipamentos destinados à deposição de RSU para deposição de resíduos sólidos industriais — coima de 5 a 10 vezes o salário mínimo nacional;
l) Utilização dos equipamentos destinados à deposição de RSU para deposição de resíduos tóxicos ou perigosos — coima de 5 a 10 vezes o salário mínimo nacional, sem prejuízo da aplicação de coima diversa expressamente prevista em legislação avulsa;
m)Utilização dos equipamentos destinados à deposição de RSU para deposição de resíduos hospitalares contaminados — coima de 10 a 10 vezes o salário mínimo nacional, sem prejuízo da aplicação de coima diversa expressamente prevista em legislação avulsa.

Artigo 39.º

1 — As coimas referidas anteriormente são elevadas ao dobro no caso de pessoas colectivas.

2 — A tentativa e a negligência são punidas nos termos gerais.

CAPÍTULO IX
Disposições finais

ARTIGO 40.º

Este Regulamento entra em vigor 30 dias após a sua publicação em edital.

ARTIGO 41.º

Este Regulamento revoga o Regulamento Municipal de Resíduos Sólidos para o Concelho da Maia homologado pela Assembleia Municipal em Sessão de 4 de Maio de 1992.

ANEXO
Declaração nos termos do artigo 27.º

```
              CÂMARA MUNICIPAL DA MAIA
         DESCARGA DE ENTULHOS E RESÍDUOS DE OBRAS
    DECLARAÇÃO NOS TERMOS DO ARTIGO 27º DO REGULAMENTO
         DE RESÍDUOS SÓLIDOS DO CONCELHO DA MAIA


NOME DO REQUERENTE -------------------------------------------------
--------------------------------------------------------------------

MORADA -------------------------------------------------------------
------------------------------ TELEFONE ----------------------------

ALVARÁ DE LICENÇA DE OBRA Nº. ------------------ DATA --------------
LOCAL DA OBRA ------------------------------------------------------
--------------------------------------------------------------------

INÍCIO DA OBRA -----------------------------------------------------

TIPO DE RESÍDUOS A PRODUZIR ----------------------------------------

QUANTIDADE ESTIMADA ------------------------------------------------
TRANSPORTE PRÓPRIO OU ALUGADO --------------------------------------
NOME DO TRANSPORTADOR (no caso de alugado) -------------------------

LOCAL DA DESCARGA OU DO VAZADOURO ----------------------------------
--------------------------------------------------------------------

PERÍODO DE DESCARGA ------------------------------------------------
--------------------------------------------------------------------



              MAIA, ------ DE ---------------- DE 19
                        O RESPONSÁVEL
```

```
(A preencher pela Câmara Municipal)

1 - CONFIRMAÇÃO DA DATA DE INÍCIO DE OBRA ---------

2 - CONFIRMAÇÃO DO VAZADOURO ---------

3 - CONFIRMAÇÃO DO TRANSPORTADOR ---------

4 - OUTRAS CONFIRMAÇÕES ---------


OBS:---------
```

Normas técnicas sobre os órgãos de deposição e armazenamento de resíduos sólidos em edificações no concelho da Maia (NTRS).

1 — Disposições gerais.

As presentes normas técnicas dizem respeito aos projectos dos sistemas de deposição de resíduos sólidos que, nos termos do artigo 9.º deste Regulamento, devem fazer parte integrante dos pro-jectos de construção, reconstrução ou ampliação de edifícios na área do concelho da Maia.

Os sistemas de deposição de resíduos sólidos propostos devem considerar os projectos de remoção selectiva porta-a-porta em implementação no concelho da Maia, prevendo o dimensionamento dos componentes dos sistemas de acordo com a produção das diversas fracções de resíduos recolhidas selectivamente.

2 — Projecto e obra.

Os projectos referidos no n.º 1 anterior deverão incluir obrigatoriamente as seguintes peças escritas e desenhadas:

Memória descritiva e justificativa do sistema, onde conste o seu dimensionamento, as características e equipamento a utilizar e os dispositivos de ventilação e limpeza adoptados;
Corte vertical do edifício à escala mínima de 1/100, apresen-tando todos os componentes do sistema;
Pormenores à escala mínima de 1/20 de todos os componentes do sistema proposto.

Tratando-se de edificação nova, os elementos gráficos referidos anteriormente poderão ser apresentados como parte integrante das restantes peças do projecto de construção, desde que apresentem os cortes e os pormenores referidos.

Os projectos dos sistemas de deposição de resíduos sólidos de-verão ser elaborados tendo em conta as presentes normas técnicas de resíduos sólidos.

Na execução das obras devem ser cumpridas as seguintes regras:
O início da execução da obra só pode efectuar-se após ter sido aprovado o respectivo projecto e levantada a competente licença pelo requerente;
Todas as peças do projecto aprovado, bem como a respectiva licença, deverão ser conservadas no local da obra, sendo obrigatória a sua apresentação à fiscalização municipal sempre que exigido;
A licença de utilização do prédio só poderá ser emitida quando as instalações e os equipamentos de deposição de resíduos sólidos tenham sido aprovados nos termos estabelecidos.

3 — Componentes, definição e descrição dos sistemas de deposição de resíduos sólidos.

Consideram-se como parte integrante dos sistemas de deposição de resíduos sólidos os seguintes componentes:

3.1 — Compartimentos.

3.1.1 — Compartimento destinado à colocação de equipamentos normalizados para a deposição de resíduos sólidos.

Consiste na área do edifício destinada exclusivamente ao armazenamento de recipientes normalizados para a deposição dos resíduos sólidos:

a) Em edifícios de baixa produção de resíduos sólidos (produção diária de resíduos indiferenciados menor ou igual a 80 l):
Este compartimento deve instalar-se em local apropriado no interior do prédio, ser construído em alvenaria e fechado na parte superior, com paredes totalmente revestidas de material que garanta a mesma impermeabilidade do azulejo e dotado de porta(s) de madeira ou metal, em veneziana ou para ventilação;
O pavimento deverá ser revestido de material cerâmico, ou outro que ofereça idênticas características de impermeabilidade e resistência ao choque, e ter a inclinação mínima de 2% convergindo num ponto baixo em que exista um ralo com sifão de campainha com o diâme-tro mínimo de 0,075 m, cujo escoamento será feito para o colector de águas residuais.

b) Em edifícios de grande produção de resíduos sólidos (produção diária de resíduos indiferenciados superior a 80 l):
Este compartimento deve localizar-se ao nível do rés-do-chão, por forma a ter acesso directo à via pública, e, quando no interior do edifício, ser instalado em local próprio, exclusivo, coberto, livre de pilares, vigas, degraus de escadas ou quaisquer outras obstruções, ser protegido contra a penetração de animais e ter as seguintes características:
1) Altura mínima de 2,40 m;
2) Dimensão mínima interior, qualquer que seja o tipo, de 2 m, não se considerando para nenhuma utilização áreas no compartimento em que uma das dimensões seja inferior a 1 m;
3) Revestimento interno das paredes, executado do pavimento ao tecto, com material impermeável que ofereça as características de impermeabilidade dos azulejos;
4) Pavimentação em material cerâmico ou de outro que ofereça características de impermeabilização e de resistência ao choque;
5) Pavimento com inclinação mínima de 2% convergindo num ponto baixo em que exista um ralo com sifão de campainha com o diâmetro mínimo de 0,075 m, cujo escoamento será feito para o colector de águas residuais;
6) Ventilação permanente garantida através de vão correspondente a 1/10 da área do compartimento, directamente para o exterior, garantida por meio de esquadrias basculantes de vidro, venezianas de madeiras ou metal, etc.;
7) Porta de acesso em duas folhas de 0,60 m, vão total de 1,20 m e altura mínima de 2 m, com abertura de ventilação inferior de pelo menos 0,10 × 0,13 m, situada a cerca de 0,20 m do solo e protegida com rede de malha de 0,01 m e rede mosquiteira para o exterior, dotada com uma fechadura do tipo adoptado pela Câmara Municipal da Maia e puxador exterior;
8) Acesso ao local do compartimento garantido com passagem de dimensões mínimas de 1,20 m de largura e 2,40 m de largura, sem degraus;
9) Desníveis vencidos por rampas com inclinação não superior a 5% para desníveis até 0,50 m; para desníveis superiores deverão existir patamares intercalados com o mínimo de 2 m;
10) Ponto de água e ponto de luz com interruptor no interior; adicionalmente, poderão ser instalados termossensores no tecto para ejecção de água *(sprinkle*r) no caso de princípio de incêndio.

3.1.2 — Compartimento destinado à instalação do compactador. Consiste no local, próprio, exclusivo, fechado, coberto, livre de pilares, vigas, degraus de escadas ou quaisquer outras obstruções, destinado à instalação do compactador.

Aplica-se em edifícios ou componentes de edifícios cuja produção diária de resíduos sólidos indiferenciados seja superior a 2,2 m3.

O compartimento destinado à instalação do conjunto contentor-compactador poderá ser instalado como parte integrante da edificação ou externamente a ela.

A menor área considerada para a instalação do conjunto contentor-compactador é de 30 m², para uma produção diária de resíduos sólidos indiferenciados de 2,2 m³.

Deverão existir no interior do compartimento dois contentores com capacidade de 800 l para fazer face a possíveis situações irregulares.

Este compartimento, além de cumprir todas as especificações descritas na alínea b) do n.º 3.1.1, deverá obedecer ao seguinte:

a) Ter um pé-direito mínimo de 4 m e largura mínima de 4 m, não sendo considerados para a área do compartimento quaisquer espaços com larguras inferiores a 4 m;
b) Porta de acesso que permita um vão de 3 m de largura e altura de 3,5m;
c) Ser dotado de tomada de energia e ar condicionado;
d) Na instalação do compactador serem tomadas todas as providências necessárias à minimização dos efeitos de ruídos e vibrações provocados pela máquina em operação;
e) Todas as especificações do compactador a adoptar, nomeadamente funcionamento, alimentação, sentido da compactação, tipo de compactação, sistema de propulsão, capacidade, taxa de compactação, controlo e segurança, deverão constar de uma memória descritiva a juntar ao processo.

3.2 — Equipamentos.

3.2.1 — Contentores normalizados.

São recipientes normalizados de capacidades aprovadas pela Câmara Municipal da Maia, destinados à deposição dos resíduos sólidos [especificados na alínea a) do artigo 12.º e na alínea d) do artigo 13.º].

3.2.2 — Compactador.

Consiste numa máquina de propulsão não manual capaz de reduzir o volume dos resíduos nela introduzidos por processo físico sem adição de água.

O compactador deverá ser adequado à situação em que irá ser instalado e utilizado, e quanto ao controlo e segurança deverá observar-se o seguinte:

Possibilidade de remoção fácil e segura dos resíduos contidos na máquina;
O equipamento não deverá apresentar partes externas móveis, tais como correias, poleias ou quaisquer outras peças com movimento;
O equipamento deverá ser devidamente protegido para que a sua operação seja perfeitamente segura contra acidentes;
Deverão existir dispositivos que cessem automaticamente a compressão, quando a carga se completar ou quando algum obstáculo excepcional se opuser ao movimento normal da placa de compactação;
Deverá existir botão de paragem de emergência do circuito eléctrico e do mecanismo da máquina, localizado junto ao compactador, em ponto de fácil visibilidade e acesso, e devidamente assinalado;

Os circuitos eléctricos e hidráulicos do compactador deverão ser projectados e instalados de acordo com os regulamentos nacionais e com os necessários dispositivos de segurança.

4 — Dimensionamento.

A estimativa da produção de resíduos sólidos, para efeitos do dimensionamento dos equipamentos e instalações que compõem os sistemas de deposição de resíduos sólidos, deverá ser calculada segundo a tabela anexa às presentes normas.

Os equipamentos, e consequentemente os compartimentos destinados ao seu armazenamento, devem considerar uma capacidade de armazenamento mínima de:

Três dias para os resíduos indiferenciados;
Sete dias para as fracções recolhidas selectivamente.

Os equipamentos destinados à deposição de qualquer uma das fracções poderão ser individuais ou colectivos.

4.1 — Compartimento destinado à colocação de equipamentos normalizados para a deposição de resíduos sólidos.

a) Em edifícios de baixa produção de resíduos sólidos (produção diária de resíduos indiferenciados menor ou igual a 80 l):

Para cada contentor normalizado de	Características do compartimento (comp. × larg. × alt.)
90 l	0,65 m × 0,65 m × 1,3 m
120 l	0,70 m × 0,65 m × 1,3 m
240 l	0,9 m × 0,75 m × 1,3 m

b) Em edifícios de grande produção de resíduos sólidos (produção diária de resíduos indiferenciados superior a 80 l):

Volume de resíduos indiferenciados (1/3 dias)	Área do compartimento (m^2)
$V \leq 800$	6,5
$800 < V \leq 1600$	9,0
$1600 < V \leq 2400$	13,5
$2400 < V \leq 4000$	22,0
$4000 < V \leq 6600$	30,0

4.2 — Compartimento destinado à instalação do compactador.

A área mínima para a instalação do conjunto contentor-compactador é de 30 m 2 e engloba também o espaço destinado ao armazenamento do equipamento para a recolha selectiva. Esta área deve ser acrescida de 5 m 2 por cada metro cúbico de resíduos produzidos.

4.3 — Exemplos.

4.3.1 — Edifício dentro de zonas abrangidas por recolha selectiva porta-a-porta.

4.3.1.1 — Moradia bifamiliar:
Área útil total = 400 m^2:
Área útil de cada habitação = 200 m^2;
Produção diária de resíduos indiferenciados = 200 m^2 × 0,12 l/m^2 = 24 l/dia;
Produção de resíduos indiferenciados em 3 dias = 3 × 24 l/dia = 72 l/3 dias.

Estamos no caso de um edifício de baixa produção de resíduos sólidos.

É necessário um contentor de 90 l para a deposição dos resíduos indiferenciados.

Produção diária da fracção I = 200 × 0,03 l/m^2 = 6 l/dia;
Produção da fracção I em 7 dias = 42 l/7 dias.

É necessário um contentor de 90 l para a deposição da fracção I.

Produção diária da fracção II = 200 × 0,05 l/m^2 = 10 l/dia;
Produção da fracção II em 7 dias = 70 l/7 dias;

É necessário um contentor de 90 l para a deposição da fracção II.

Hipótese 1 — equipamento individual para cada habitação:
Um contentor verde de 90 l para a deposição dos resíduos indiferenciados;
Um contentor azul de 90 l para a deposição da fracção I;
Um contentor amarelo de 90 l para a deposição da fracção II.
Características de cada compartimento individual:
0,70m × 1,95m × 1,3m

Hipótese 2 — equipamento colectivo às duas habitações:
Um contentor verde de 240 l para a deposição dos resíduos indiferenciados;
Um contentor azul de 90 l para a deposição da fracção I;
Um contentor amarelo de 240 l para a deposição da fracção II;
Características do compartimento colectivo:
0,9 m × 2,15 m × 1,3 m

4.3.1.2 — Prédio multifamiliar:
Área útil total = 1400 m^2:
Produção diária de resíduos indiferenciados = 1400 m^2 × 0,12 l/m^2 = = 168 l/dia;

Produção de resíduos indiferenciados em três dias = 3 × 168 l/dia =
= 504 l/3 dias.
Estamos no caso de um edifício de grande produção de resíduos sólidos.
É necessário um contentor de 800 l para a deposição dos resíduos indiferenciados.
Produção diária da fracção I = 1400 × 0,03 l/m² = 42 l/dia;
Produção da fracção I em 7 dias = 294 l/7 dias.
São necessários um contentor de 240 l e um contentor de 120 l para a deposição da fracção I.
Produção diária da fracção II = 1400 × 0,05 l/m² = 70 l/dia;
Produção da fracção II em 7 dias = 490 l/7 dias.
São necessários dois contentores de 240 l para a deposição da fracção II.
Características do compartimento colectivo:
Área mínima = 6,5 m²;
Especificações construtivas — de acordo com a alínea b) do ponto 3.1.1. das presentes normas técnicas.
4.3.2 — Edifícios fora de zonas abrangidas por recolha selectiva porta-a-porta.
4.3.2.1 — Moradia bifamiliar:
Área útil total = 400 m²:
Área útil de cada habitação = 200 m²;
Produção diária de resíduos indiferenciados = 200 m2 × 0,2 l/m² = 40 l/dia;
Produção de resíduos indiferenciados em 3 dias = 3 × 40 l/dia = 120 l/3 dias.
Estamos no caso de um edifício de baixa produção de resíduos sólidos.
É necessário um contentor de 120 l para a deposição dos resíduos indiferenciados.

Hipótese 1 — equipamento individual, para cada habitação:
Um contentor verde de 120 l, para a deposição dos resíduos indiferenciados.
Características de cada compartimento individual:
0,65 m × 0,65 m × 13 m

Hipótese 2 — equipamento colectivo às duas habitações:
Um contentor verde de 240 l, para a deposição dos resíduos indiferenciados.
Características do compartimento colectivo:
0,9 m × 0,75 m × 1,3 m

4.3.2.2 — Prédio multifamiliar:

Área útil total = 1400 m^2:

Produção diária de resíduos indiferenciados = 1400 m^2 × 0,2 l/m^2 = = 280 l/dia;

Produção de resíduos indiferenciados em três dias = 3 × 280 l/dia = = 840 l/3 dias.

Estamos no caso de um edifício de grande produção de resíduos sólidos.

É necessário um contentor de 800 l e um de 90 l para a deposição dos resíduos indiferenciados.

Características do compartimento colectivo:

Área mínima = 6,5 m^2;

Especificações construtivas — de acordo com a alínea *b*) do ponto 3.1.1 das presentes normas técnicas.

ANEXO
Tabela — Tipo de edificação/produção diária de resíduos sólidos

Tipo de edificação	Zonas abrangidas por recolha selectiva porta-a-porta			Outras zonas
	RSU indiferenciados	Fracção I (Papel e cartão)	Fracção II (Embalagens)	RSU
Habitações	0,12 l/m² a.u.	0,03 l/m² a.u.	0,05 l/m² a.u.	0,2 l/m² a.u
Comércios e serviços	0,1 l/m² a.u.	0,7 l/m² a.u.	0,2 l/m² a.u.	1,0 l/m² a.u
Restaurantes, bares, pastelarias e similares	3,5 l/m² a.u.	0,5 l/m² a.u.	1,0 l/m² a.u.	5,0 l/m² a.u
Supermercados	1,0 l/m² a.u.	0,8 l/m² a.u.	0,2 l/m² a.u.	2,0 l/m² a.u
Hoteleiras - Hotéis de 5 estrelas - Hotéis de 3 e 4 estrelas - Outros	12,0 l/quarto ou ap 6,0 l/quarto ou ap 4,8 l/quarto ou ap	3,0 l/quarto ou ap 1,5 l/quarto ou ap 1,2 l/quarto ou ap	5,0 l/quarto ou ap 2,5 l/quarto ou ap 2,0 l/quarto ou ap	20,0 l/ quarto ou ap 10,0 l/ quarto ou ap 8,0 l/ quarto ou ap
Hospitalares(*) - Hospitais e clínicas - Unidades de saúde e policlínicas - Clínicas veterinárias	4,0 l/cama 1,5 l/m² a.u. 0,4 l/m² a.u.	2,5 l/cama 0,8 l/m² a.u. 0,25 l m² a.u.	3,5 l/cama 0,7 l/m² a.u. 0,35 l/m² a.u.	10,0 l/ cama 3 l/m² a.u. 1,0 l/m² a.u
Educacionais	1,2 l/m² a.u.	0,9 l/m² a.u.	0,9 l/m² a.u.	3,0 l/m² a.u
Culturais - Teatros, cinemas e auditórios - Outros	0,3 l/m² a.u 0,1 l/m² a.u.	0,5 l/m² a.u. 0,8 l/m² a.u.	0,2 l/m² a.u. 0,1 l/m² a.u.	1,0 l/m² a.u 1,0 l/m² a.u
Industriais (**)	0,2 l/m² a.u.	0,7 l/m² a.u.	0,1 l/m² a.u.	1,0 l/m² a.u
Desportivas	0,2 l/m² a.u.	0,2 l/m² a.u.	0,6 l/m² a.u.	1,0 l/m² a.u.

(*) Resíduos sólidos não contaminados equiparáveis a RSU
(**) Produção mínima, a aferir quando for definido o ramo de actividade a instalar.

Normas e regras a observar nos ecocentros do concelho da Maia

1 — Objectivos.

Com o intuito de garantir um bom funcionamento nos ecocentros, define-se seguidamente um conjunto de normas e regras que devem ser cumpridas nestes espaços, pelos seus utilizadores, quer particulares quer empresas.

2 — Localização dos ecocentros.

Os cinco ecocentros existentes no concelho da Maia têm a seguinte localização:

a) Ecocentro de Moreira, Zona Industrial da Maia I/Sector VII;
b) Ecocentro de Nogueira, Rua de Eusébio da Silva Ferreira;
c) Ecocentro de Folgosa, Travessa da Siderurgia;
d) Ecocentro de Águas Santas, Rua de Manuel Gonçalves Lage;
e) Ecocentro de Santa Maria do Avioso, Travessa da Telheira, lugar de Ferreiró.

3 — Condições de acesso aos ecocentros.

O acesso aos ecocentros faz-se segundo as seguintes regras:

a) Têm acesso aos ecocentros todos os munícipes do concelho da Maia e as empresas «amigas do ambiente» munidas de credencial própria para o efeito;
b) Encontra-se em todos os ecocentros, durante o horário de funcionamento, um funcionário que controla na portaria o acesso ao mesmo;
c) Ao entrar no ecocentro, quem o fizer através de viatura deve moderar a velocidade e, no caso de ser uma empresa, apresentar ao funcionário na portaria a respectiva credencial.

4 — Horário.

Os ecocentros têm o seguinte horário de funcionamento:

Período da manhã — 9 às 12 horas;
Período da tarde — 14 às 18 horas.

5 — Normas e regras.

5.1 — Normas e regras a observar pelos funcionários.

Os funcionários de cada ecocentro são obrigados a:

a) Apresentar-se sempre devidamente fardados e identificados;
b) Abordar sempre os utilizadores dos ecocentros;
c) Prestar aos utilizadores todas as informações úteis e necessárias ao bom funcionamento dos ecocentros;
d) No caso do utilizador ser empresa, solicitar a exibição das respectivas credenciais, verificando se a carga de materiais que as empresas pretendem descarregar corresponde ao que está inscrito na credencial, e proceder ao registo dos seguintes elementos:

Nome da firma;
Matrícula da viatura;

e) Acompanhar os utilizadores na descarga dos materiais, de forma a garantir que não haja mistura ou troca de materiais nas caixas;

f) Não permitir o acesso de utilizadores que não respeitam as normas e regras estabelecidas, e em caso de desobediência compulsiva registar a ocorrência identificando o infractor e participar a ocorrência através das folhas de registo de ocorrências;

g) Fazer acompanhar as caixas de materiais que saem dos ecocentros da respectiva guia de acompanhamento de resíduos, que consta em anexo;

h) Preencher e autenticar as guias de acompanhamento de resíduos referidos na alínea *g)* anterior apresentados pelas firmas.

5.2 — Normas e regras a observar pelos utilizadores.

5.2.1 — Utilizadores particulares.

Os utilizadores particulares ficam sujeitos às seguintes regras:

a) Transportar para os ecocentros os materiais devidamente pré-separados de acordo com os tipos de materiais aceites, conforme descritos no anexo II;

b) Depositar os materiais nas caixas que estão nos ecocentros próprias para o efeito e identificadas por tipo de material;

c) Ter em atenção que para os resíduos especiais (pilhas, baterias e medicamentos) existem recipientes próprios localizados na portaria;

d) Em caso de dúvida, solicitar informações ao funcionário e respeitar e cumprir sempre as suas indicações.

5.2.2 — Utilizadores credenciados.

Além do estabelecido no número anterior, os utilizadores credenciados devem:

a) Parar à entrada do ecocentro, na zona da portaria, e exibir a respectiva credencial ao funcionário;

b) Transportar para o ecocentro apenas os materiais que estão autorizados a descarregar e respeitar a quantidade máxima, por material, de $1m^3$//semana;

c) Apresentar, se for o caso, as guias de acompanhamento de resíduos devidamente preenchidas, conforme o anexo I;

d) Em caso de qualquer irregularidade, respeitar e cumprir as instruções do funcionário.

ANEXO I
Guia de acompanhamento de resíduos e códigos dos resíduos

Código dos resíduos

(a utilizar no preenchimento da guia de acompanhamento de resíduos)

Resíduos urbanos ou equiparados resultantes de triagem e destinados a operações de valorização:

Tipo de resíduo	Código
Papel/cartão	200101
Vidro	200102
Plástico	200103
Metais	200105
Electrodomésticos (monstros)	200106
Madeira	200107
Óleo	200109
Medicamentos	200118
Pilhas e baterias	200120
Resíduos verdes	200201
Entulhos	170701

ANEXO II
Tipos de materiais aceites nos ecocentros

Materiais aceites nos ecocentros.

Apresentam-se, em seguida, os materiais aceites nos ecocentros, discriminados pelas principais tipologias encontradas junto dos utilizadores destes equipamentos, e por não ser possível elaborar uma listagem exaustiva dos mesmos podem estar omissos alguns materiais, que na devida altura serão encaminhados para a respectiva caixa, pelos funcionários presentes nos ecocentros.

Em qualquer das situações que se passam a descrever, não é permitido proceder à descarga dos materiais, nas respectivas caixas próprias para o efeito, em sacos ou em embalagens:

Papel e cartão:
    É permitido descarregar:
        Caixas de cartão;
        Embalagens de cartão;
        Cartão em rolo;
        Papel de escrita;
        Jornais, revistas e livros;
        Prospectos publicitários.

Não é permitido descarregar:
  Papel e cartão encerado;
  Cartão complexo;
  Papel plastificado;
  Fotografias;
  Radiografias.
Vidro:
  É permitido descarregar:
    Garrafas de vidro;
    Garrafões de vidro, sem invólucro de plástico;
    Embalagens de vidro (iogurtes, frascos, copos);
  Não é permitido descarregar:
    Lâmpadas;
    Espelhos;
    Cerâmicas;
    Vidros de pára-brisas de viaturas;
    Vidros planos (janelas).
Plástico:
  É permitido descarregar:
    Garrafas e garrafões de plástico;
    Embalagens de plástico (de produtos alimentares, de limpeza, de higiene pessoal);
    Bidões e baldes de plástico;
    Plástico em filme (sacos);
    Esferovite (dentro de sacos transparentes);
  Não é permitido descarregar:
    Pára-choques, *tabliers* e outros componentes de viaturas;
    Embalagens de óleos de motores e lubrificação;
    Embalagens de produtos químicos;
Monstros metálicos:
  É permitido descarregar:
    Metais ferrosos e não ferrosos;
    Embalagens (de produtos alimentares, de limpeza e de higiene pessoal);
    Bidões e latas de outros produtos (estes devem estar devidamente limpos e livres de produtos perigosos, como por exemplo tintas, vernizes, colas e desinfectantes);
    Electrodomésticos;
    Móveis metálicos.

> *Not*a. — Todos os objectos devem estar livres de outros materiais que os constituem (por exemplo, devem ser retirados os pneus e pedais às bicicletas).

Não é permitido descarregar:
  Quaisquer objectos que não estejam livres de outros materiais contaminantes.
Madeiras:
  É permitido descarregar:
    Paletes de madeira;
    Divisórias e tectos falsos;
    Móveis em madeira;
    Caixas e contentores;
    Aglomerados de madeira;
  Não é permitido descarregar:
    Quaisquer objectos que não estejam livres de outros materiais contaminantes;
    Tacos com alcatrão e estuques.
Resíduos verdes:
  É permitido descarregar:
    Restos de jardinagem;
    Ramos de pequenas podas.
  Não é permitido descarregar:
    Flores e plantas envolvidas com celofane ou outro tipo de material de embalagem;
    Flores e plantas envasadas.
Entulhos:
  É permitido descarregar:
    Restos de pequenas obras (demolições, materiais de construção danificados, etc.);
    Placas em cortiça.
  Não é permitido descarregar:
    Quaisquer outros tipos de resíduos, nomeadamente resíduos urbanos (lixos domésticos, resíduos resultantes de operações de limpeza e resíduos industriais).
Monstros não metálicos:
  É permitido descarregar:
    Objectos volumosos de grandes dimensões provenientes das habitações, como por exemplo:
      Sofás;
      Colchões;
      Alcatifas;
      Televisões;
      Computadores;
      Rádios;
      Telefones.

2.1.2. Resíduos industriais

2.1.2.1. Mapas de registo de resíduos industriais (Portaria n.º 792/98, de 22 de Setembro). 625

Mapas de registo de resíduos industriais

Portaria n.º 792/98
de 22 de Setembro

O conhecimento da origem, das características e das operações a que são submetidos os resíduos constitui uma condição necessária para efectuar o diagnóstico dos actuais sistemas de gestão. Com base neste diagnóstico será possível planificar as alterações a efectuar e a criação de novos sistemas, atendendo sempre, prioritariamente, às potencialidades de prevenção da produção e da nocividade dos resíduos.

Considerando que o Decreto-Lei n.º 239/97, de 9 de Setembro, que estabelece as regras fundamentais de gestão de resíduos, determina, no seu capítulo IV, a obrigatoriedade do registo dos resíduos e da sua apresentação anual pelos respectivos produtores;

Considerando que, de acordo com o mesmo diploma, o referido registo deverá conter a indicação da quantidade, tipo, origem, operações a que são submetidos e destino desses resíduos;

Considerando que a lista de resíduos consagrada em portaria dos Ministros da Economia, da Agricultura, do Desenvolvimento Rural e das Pescas, da Saúde e do Ambiente, em conformidade com o Catálogo Europeu de Resíduos (CER), aprovado por decisão da Comissão Europeia, permite harmonizar a identificação dos diversos tipos de resíduos;

Considerando que, de acordo com a Resolução do Conselho de Ministros n.º 98/97, de 25 de Junho, passa a competir ao Ministério do Ambiente a recepção e tratamento dos dados sobre resíduos industriais:

Assim, ao abrigo do disposto na alínea a) do n.º 1 do artigo 17.º do Decreto-Lei n.º 239/97, de 9 de Setembro:

Manda o Governo, pelos Ministros da Economia, da Agricultura, do Desenvolvimento Rural e das Pescas e do Ambiente, o seguinte:

1.º

É aprovado o modelo de mapa de registo de resíduos industriais constante do anexo à presente portaria, da qual faz parte integrante, composto pelos impressos A e B e respectivas instruções de preenchimento e pelo Catálogo Europeu de Resíduos (CER), que constituem modelos da Imprensa Nacional-Casa da Moeda.

2.º

Os produtores de resíduos industriais devem obrigatoriamente preencher o mapa de registo, identificando os resíduos de acordo com o CER, e remetê-lo anualmente à direcção regional do ambiente da área da unidade em referência, até ao dia 15 de Fevereiro do ano imediato àquele a que se reportem os respectivos dados.

3.º

O registo de resíduos mencionado no número anterior pode também ser enviado em suporte informático aceite pela direcção regional do ambiente.

4.º

Às direcções regionais do ambiente compete proceder à validação e tratamento da informação constante dos mapas de registo, que deverá ser enviada, anualmente, em suporte informático, ao Instituto dos Resíduos, até 30 de Setembro do ano imediato àquele a que se reportam os dados, a qual é remetida, até 30 de Outubro, pelo Instituto dos Resíduos aos organismos coordenadores das actividades produtoras de resíduos.

5.º

Ao Instituto dos Resíduos compete, em colaboração com as direcções regionais do ambiente, a promoção das acções necessárias à homogeneização do suporte informático referido no n.º 3.º e à informatização dos dados constantes dos mapas de registo, bem como o apoio financeiro necessário a essas acções, na sua fase de arranque.

6.º

É revogada a Portaria n.º 189/95, de 20 de Junho.

Ministérios da Economia, da Agricultura, do Desenvolvimento Rural e das Pescas e do Ambiente.

Assinada em 14 de Julho de 1998.

O Ministro da Economia, *Joaquim Augusto Nunes de Pina Moura.* — O Ministro da Agricultura, do Desenvolvimento Rural e das Pescas, *Fernando Manuel Van-Zeller Gomes da Silva.* — A Ministra do Ambiente, *Elisa Maria da Costa Guimarães Ferreira.*

REGISTO DE RESÍDUOS INDUSTRIAIS

Impresso A

FICHA DE ESTABELECIMENTO

Dados relativos ao ano de |__|__|__|__|

Código do mapa de registo (*) |__|__|__|__|__|__|

1. Identificação do estabelecimento

Firma ou denominação social da empresa titutar do estabelecimento

Denominação do estabelecimento:

Actividade principal do estabelecimento CAE _____

2. Localização do estabelecimento

Distrito: _____
Concelho: _____
Endereço: _____

Cód. Postal: _____
Telefone: _____
Fax: _____

3. Dados sobre a produção industrial

Produto	Quantidade Produzida	Unidade

4. Dados sobre a produção de resíduos (identificados de acordo com o Catálogo Europeu de Resíduos - Portaria nº 818/97 de 5 de Setembro) (**)

Código CER	Resíduo Designação	Quantidade Produzida	Unidade

5. Número de resíduos a registar

Indique o número de resíduos a registar para este estabelecimento (para cada resíduo será preenchida uma Ficha de Resíduo - Impresso B)

|__|__|

6. Observações (indique quaisquer outros esclarecimentos que julgue de interesse referir)

7. Responsável pelo preenchimento do registo

Nome: _____
Cargo: _____
Telefone: _____ Fax: _____
Assinatura: _____
Data: ___/___/___

Carimbo da Empresa

(*) Número a ser dado pela entidade receptora do mapa de registo
(**) Ver instruções de preenchimento

INSTRUÇÕES DE PREENCHIMENTO (A colocar no verso do impresso A)

Leia atentamente as instruções seguintes, antes de iniciar o preenchimento dos impressos.

NOTA PRÉVIA

Nos termos da Portaria............, o registo dos resíduos industriais deve ser enviado, anualmente, à Direcção Regional do Ambiente da área em que se localiza o estabelecimento produtor dos resíduos, até 15 de Fevereiro do ano imediato àquele a que se referem os dados.

IMPRESSO A - Ficha de Estabelecimento

CAMPO 1: IDENTIFICAÇÃO DO ESTABELECIMENTO

A actividade principal do estabelecimento deve reportar-se à classificação da actividade económica correspondente à principal actividade do estabelecimento ou que melhor defina o seu ramo de actividade.

CAMPO 3: DADOS SOBRE A PRODUÇÃO INDUSTRIAL

Devem ser indicados os principais produtos fabricados, as quantidades produzidas e as unidades em que são expressas essas quantidades

Ex: rações para animais   50 000 ton
      óleo alimentar   2 500 m3

Caso o espaço existente não seja suficiente deverá ser adicionada, em anexo, a informação restante

CAMPO 4: DADOS SOBRE A PRODUÇÃO DE RESÍDUOS

Devem ser indicados todos os tipos de resíduos produzidos pela unidade industrial (conforme Catálogo Europeu de Resíduos - CER, Anexo I da Portaria nº 818/97, de 5 de Setembro, que constitui um anexo facultativo a este impresso), bem como o respectivo código CER, as quantidades produzidas e as unidades em que são expressas essas quantidades (ton ou m3).

Ex: 05 04 01 - argilas de filtração usadas   30 ton
      14 02 01 - solventes e misturas de solventes halogenados 0,5 m3

De notar que o CER apresenta categorias diferenciadas pelo processo produtivo que está na origem dos resíduos e ainda categorias de resíduos de natureza semelhante. Ao preencher este Campo será necessário ter também em atenção os resíduos que não são resultantes do próprio processo produtivo, como por exemplo os óleos usados, as tintas e as lamas resultantes do tratamento das águas para consumo ou dos efluentes da instalação fabril.

Caso o resíduo não conste do CER, deverá o mesmo ser igualmente indicado neste campo, devendo a sua descrição mais detalhada ser efectuada no campo 8 do impresso B respectivo.

Ex: cinzas provenientes da cozedura da cortiça
      pó de cortiça

Se o espaço existente não for suficiente para a inclusão de todos os resíduos produzidos, deverá ser adicionada, em anexo, a informação restante.
De notar que para cada um dos resíduos listados neste campo deverá ser preenchida uma ficha de resíduo (Impresso B)

CAMPO 6: OBSERVAÇÕES

Referir quaisquer observações que julgue com interesse, nomeadamente a caracterização mais completa da actividade industrial, tipo de funcionamento (permanente ou sazonal), nº de trabalhadores, etc.. Utilizar folhas anexas, não impressas, se necessário.

REGISTO DE RESÍDUOS INDUSTRIAIS

Impresso B

FICHA DE RESÍDUO

Dados relativos ao ano de |_|_|_|_|

Código do Mapa de registo (*) |__|__|__|__|__|__|__|
Nº. de Ordem _____/_____

1. Identificação do estabelecimento

Denominação do estabelecimento

2. Identificação e caracterização do resíduo

Designação do resíduo_____

Indique o código CER (1) correspondente
|__|__|__|__|__|__|__|__|__|__|

Assinale com um X qual o estado que melhor descreve o resíduo:
Líquido |__| Pastoso |__| Sólido |__|

(1) Utilize o Catálogo Europeu de Resíduos (Portaria nº 818/97 de 5 de Setembro) (***)

3. Dados de produção do resíduo

Quantidade produzida no ano respeitante ao registo:

_____ ton (**)

Quantidade prevista para o ano seguinte ao do registo:

_____ ton (**)

4. Condições de acondicionamento do resíduo

TIPO
- |__| Contentor
- |__| Caixa
- |__| Cisterna
- |__| Embalagem compósita
- |__| Granel
- |__| Jerricane
- |__| Saco
- |__| Tambor
- |__| Outro (indique qual)

MATERIAL
- |__| Aço
- |__| Alumínio
- |__| Madeira
- |__| Matéria plástica
- |__| Vidro
- |__| Outro (indique qual)

5. Destino do resíduo

Eliminação: indique o código da operação, conforme discriminação no Anexo I da Decisão 96/350/CE da Comissão, de 24 de Maio de 1996 (***)   D |__|__|__|

Valorização: indique o código da operação, conforme discriminado no Anexo II da Decisão 96/350/CE da Comissão, de 24 de Maio de 1996 (***)   R |__|__|__|

Se indicou dois destinos (D e R) indique a % destinada a valorizar |__|__|__|

6. Identificação do Destinatário

Identifique a empresa de eliminação e/ou valorização do resíduo (denominação e endereço)

Valorização:
Eliminação:

7. Identificação do Transportador

Identifique a empresa que efectua o transporte dos resíduos para eliminação e/ou valorização
(denominação e endereço)
Valorização:
Eliminação:

8. Observações (ex: descrição completa da composição do resíduo e/ou outras informações)

_____

(*) Número a ser dado pela entidade receptora do mapa de registo
(**) Riscar o símbolo ton e usar o símbolo m^3, sempre que seja mais conveniente exprimir a quantidade em volume
(***) Ver instruções de preenchimento

INSTRUÇÕES DE PREENCHIMENTO (A colocar no verso do impresso B)

IMPRESSO B - FICHA DE RESÍDUO

NÚMERO DE ORDEM

Para sistematizar o preenchimento e facilitar a troca de informações posterior sobre qualquer resíduo, as fichas deverão ser ordenadas da seguinte forma:

N° atribuído a um dado resíduo/N° total de resíduos registados pelo estabelecimento

O primeiro número é variável e o segundo fixo. Assim, por exemplo, se houver 3 resíduos a registar, haverá uma ficha de resíduo com o n° de ordem 1/3 outra com o n° de ordem 2/3 e outra com o n° de ordem 3/3.

Na medida do possível, em registos a efectuar em anos subsequentes deve ser mantido o n° atribuído, a um dado resíduo, no primeiro ano do seu registo.

CAMPO 2: IDENTIFICAÇÃO E CARACTERIZAÇÃO DO RESÍDUO
O código e a designação do resíduo devem respeitar as instruções de preenchimento do Campo 4 do Impresso A.

CAMPO 5: DESTINO DO RESÍDUO
O código a atribuir à(s) operação (ões) de eliminação/valorização é aquele que na Tabela D ou R, que a seguir se transcrevem, melhor corresponda à(s) operação (ões) a que o resíduo é submetido.

TABELA D
OPERAÇÕES DE ELIMINAÇÃO

A presente tabela corresponde ao anexo II A da Decisão da Comissão n° 96/350/CE, de 24 de Maio e destina-se a enumerar as operações de eliminação tal como surgem na prática.

D1 Deposição sobre o solo ou no seu interior (por exemplo, aterro sanitário, etc.)
D2 Tratamento no solo (por exemplo, biodegradação de efluentes líquidos ou de lamas de depuração nos solos, etc)
D3 Injecção em profundidade (por exemplo, injecção de resíduos por bombagem em poços, cúpulas salinas ou depósitos naturais, etc.)
D4 Lagunagem (por exemplo, descarga de resíduos líquidos ou de lamas de depuração em poços, lagos naturais ou artificiais, etc.)
D5 Depósitos subterrâneos especialmente concebidos (por exemplo, deposição em alinhamentos de células que são seladas e isoladas umas das outras e de ambiente, etc.)
D6 Descarga para massas de águas, com excepção dos mares e dos oceanos
D7 Descarga para os mares e/ou oceanos, incluindo imersão nos fundos marinhos
D8 Tratamento biológico não especificado em qualquer outra parte do presente anexo que produz compostos ou misturas finais que são rejeitados por meio de qualquer uma das operações enumeradas de D1 a D12
D9 Tratamento físico-químico não especificado em qualquer outra parte do presente anexo que produz compostos ou misturas finais rejeitados por meio de qualquer uma das operações enumeradas de D1 a D12 (por exemplo, evaporação, secagem, calcinação, etc)
D10 Incineração em terra
D11 Incineração no mar
D12 Armazenagem permanente (por exemplo, armazenagem de contentores numa mina, etc.)
D13 Mistura anterior à execução de uma das operações enumeradas de D1 a D12
D14 Reembalagem anterior a uma das operações enumeradas de D1 a D13
D15 Armazenagem enquanto se aguarda a execução de uma das operações enumeradas de D1 a D14 (com exclusão do armazenamento temporário, antes da recolha, no local onde esta é efectuada)

TABELA R
OPERAÇÕES DE VALORIZAÇÃO

A presente Tabela corresponde ao Anexo II B da Decisão da Comissão n° 96/350/CE, de 24 de Maio e destina-se a enumerar as operações de valorização tal como surgem na prática.

R1 Utilização principal como combusttível ou outros meios de produção de energia
R2 Recuperação/regeneração de solventes
R3 Reciclagem/recuperação de compostos orgânicos que não são utilizados como solventes (incluindo as operações de compostagem e outras transformações biológicas)
R4 Reciclagem/recuperação de metais e de ligas
R5 Reciclagem/recuperação de outras matérias inorgânicas
R6 Regeneração de ácidos ou de bases
R7 Recuperação de produtos utilizados na luta contra a poluição
R8 Recuperação de componentes de catalisadores
R9 Refinação de óleos e outras reutilizações de óleos
R10 Tratamento no solo em benefício da agricultura ou para melhorar o ambiente
R11 Utilização de resíduos obtidos em virtude das operações enumeradas de R1 a R10
R12 Troca de resíduos com vista a submetê-los a uma das operações enumeradas de R1 a R11
R13 Acumulação de resíduos destinados a uma das operações enumeradas de R1 a R12 (com exclusão do armazenamento temporário, antes da recolha, no local onde esta é efectuada)

CAMPO 6: IDENTIFICAÇÃO DO DESTINATÁRIO
Identificar a entidade a quem foi confiada a valorização e/ou eliminação do resíduo. No caso destas operações serem efectuadas no próprio estabelecimento produtor dos resíduos, indicar "pela própria unidade".

CAMPO 7: IDENTIFICAÇÃO DO TRANSPORTADOR
Identificar a entidade a quem foi confiado o transporte do resíduo até ao seu destino final. No caso de ser o próprio estabelecimento produtor a efectuar o transporte, escrever "o próprio".

CAMPO 8: OBSERVAÇÕES
Referir quaisquer observações que julgue com interesse, nomeadamente a composição ou características particulares do resíduo, dúvidas quanto ao código CER ou sobre o destino mais adequado a dar ao resíduo, etc.. Utilizar folhas anexas, não impressas, se necessário.

2.1.3. Resíduos hospitalares

2.1.3.1. Autorização de gestão de resíduos hospitalares (Portaria n.º 174/97, de 10 de Março) 635
2.1.3.2. Classes de resíduos hospitalares (Despacho n.º 242/96, de 5 de Julho) 643
2.1.3.3. Mapas de registo de resíduos hospitalares (Portaria n.º 178/97, de 11 de Março) 649

Autorização de gestão de resíduos hospitalares

Portaria n.º 174/97
de 10 de Março

A implementação de uma nova política de gestão de resíduos que, de forma integrada, perspective este desafio das sociedades contemporâneas implica, naturalmente, a revisão do regime jurídico aplicável, a que, aliás, já se deu início com a publicação do Decreto-Lei n.º 310/95, de 20 de Novembro.

Este diploma legal veio estabelecer novas soluções para o desafio da gestão de resíduos, autonomizando as matérias de natureza normativo-legal das de execução regulamentar, permitindo, assim, a adopção de medidas regulamentares específicas para as diversas áreas por ele abrangidas.

É nesse sentido, e com este enquadramento, que urge disciplinar juridicamente a matéria relativa à instalação e funcionamento de unidades ou equipamentos de valorização ou eliminação de resíduos perigosos hospitalares, desenvolvendo, para uma área tão sensível quanto esta, o quadro jurídico traçado pelo referido decreto-lei e que, de acordo com a Portaria n.º 15/96, de 23 de Janeiro, já conhece os diversos tipos de operações de eliminação e de valorização de resíduos.

Por outro lado, face ao disposto na alínea c) do artigo 5.º do Decreto-Lei n.º 310/95, impõe-se igualmente estabelecer as condições necessárias à salvaguarda da correcta execução das operações de gestão dos resíduos hospitalares, designadamente de recolha e transporte, nos casos em que não sejam directamente asseguradas pelos estabelecimentos produtores.

Assim, ao abrigo do n.º 2 do artigo 11.º do Decreto-Lei n.º 310/95, de 20 de Novembro:

Manda o Governo, pelos Ministros da Saúde e do Ambiente, o seguinte:

ARTIGO 1.º
Objecto

A presente portaria estabelece as regras de instalação e funcionamento de unidades ou equipamentos de valorização ou eliminação de resíduos perigosos hospitalares, bem como o regime de autorização da realização de operações de gestão de resíduos hospitalares por entidades responsáveis pela exploração das referidas unidades ou equipamentos.

ARTIGO 2.º
Instalação e funcionamento

1 — A instalação e o funcionamento das unidades e dos equipamentos referidos no artigo anterior estão sujeitos a licenciamento pela Direcção-Geral da Saúde, adiante designada DGS.

2 — Os equipamentos podem ser fixos ou móveis, devendo, de preferência, ser certificados nos termos do Sistema Português da Qualidade.

3 — Excepcionalmente, os equipamentos móveis podem ser autorizados pela DGS a operar em localizações diferentes das constantes da licença de funcionamento, ouvido o respectivo delegado regional de saúde.

4 — As alterações a realizar nas unidades ou equipamentos, bem como no seu funcionamento, carecem de aprovação pela DGS, excepto quando esta não as considere susceptíveis de modificar as condições de funcionamento anteriormente estabelecidas.

ARTIGO 3.º
Localização

1 — Sem prejuízo do disposto no n.º 1 do número anterior, a localização de unidades de valorização ou eliminação de resíduos perigosos hospitalares não integradas em unidades prestadoras de cuidados de saúde está sujeita, nos termos gerais, a aprovação da câmara municipal ou da comissão de coordenação regional, consoante a área em questão esteja ou não abrangida por plano director municipal.

2 — A aprovação de localização caduca com o indeferimento do pedido de licenciamento, bem como no caso de este não ser deferido no prazo de um ano, por causa imputável ao requerente.

ARTIGO 4.º
Pedido de licenciamento

1 — O pedido de licenciamento é apresentado na DGS, acompanhado de cinco exemplares do projecto de instalação da unidade ou equipamento, dos quais constem:

a) A quantidade, o tipo e a proveniência dos resíduos a tratar;
b) A descrição da tecnologia de tratamento, com referência aos equipamentos de minimização das emissões atmosféricas e aquosas e respectiva monitorização;
c) A indicação das quantidades e formas de gestão dos resíduos resultantes do tratamento, nomeadamente cinzas e lamas.

2 — O pedido de licenciamento deve ainda ser acompanhado, se for caso disso, de:

a) Certidão de aprovação da localização, passada pela câmara municipal ou pela comissão de coordenação regional, no caso de instalações referidas no n.º 1 do n.º 3.º;
b) Estudo de impacte ambiental, no caso de instalações previstas no Decreto-Lei n.º 186/90, de 6 de Junho;
c) Licença de utilização do domínio público hídrico, nos termos do Decreto-Lei n.º 46/94, de 22 de Fevereiro, designadamente quando do funcionamento da unidade ou equipamento resultem águas residuais;
d) Elementos relativos às operações de gestão de resíduos hospitalares a efectuar.

3 — No caso de o pedido de licenciamento não se encontrar em conformidade com o disposto nos números anteriores, a DGS solicita ao requerente que, no prazo máximo de 10 dias úteis, proceda à junção dos elementos em falta.

ARTIGO 5.º
Consultas

1 — Finda a instrução do processo, e sem prejuízo da avaliação do impacte ambiental, nos termos do Decreto-Lei n.º 186/90, de 6 de Junho, a DGS procede à consulta, mediante o envio de exemplares, aos seguintes organismos:

a) Instituto dos Resíduos;
b) Instituto do Desenvolvimento e Inspecção das Condições de Trabalho.

2 — Os pareceres dos organismos referidos no número anterior são vinculativos.

3 — O prazo máximo para cada um dos organismos consultados emitir o respectivo parecer é de 45 dias úteis contados da recepção do pedido de parecer.

4 — A não emissão de parecer no prazo estabelecido no número anterior é considerada como parecer favorável.

5 — Os organismos consultados dispõem de 10 dias úteis para solicitar esclarecimentos ou informações complementares, devendo apresentar o seu pedido, devidamente fundamentado, à DGS, suspendendo-se o prazo para a emissão do respectivo parecer até à recepção dos mesmos.

6 — No caso de os esclarecimentos ou informações deverem ser prestados pelo requerente, a DGS promove a sua obtenção, suspendendo-se o processo até que os elementos lhe sejam fornecidos.

7 — Decorridos seis meses sobre o pedido de esclarecimentos ou informações sem que os mesmos sejam prestados pelo requerente, o pedido de licenciamento caduca.

ARTIGO 6.º
Aprovação da instalação

1 — Após a recepção dos pareceres previstos no artigo anterior, a DGS, no prazo de 30 dias úteis contados da recepção do último parecer, elabora parecer final, devidamente fundamentado, incluindo as condições estabelecidas pelos organismos consultados.

2 — A decisão do director-geral da Saúde que recair sobre o parecer final, bem como as condições estabelecidas, são comunicadas ao requerente e aos organismos consultados.

ARTIGO 7.º
Entrada em funcionamento

1 — O funcionamento das unidades ou equipamentos depende da realização de vistoria, a requerer pelo interessado à DGS com a antecedência mínima de 20 dias úteis relativamente à data prevista.

2 — A vistoria é realizada pela DGS, pelos organismos referidos no n.º 1 do artigo anterior e pelo competente delegado regional de saúde.

3 — A data de realização da vistoria é comunicada pela DGS ao requerente e entidades nela intervenientes com a antecedência mínima de oito dias úteis.

4 — Sempre que necessário, pode ser requisitada a intervenção de outros técnicos ou peritos.

Artigo 8.º
Vistoria

1 — Da vistoria efectuada é lavrado auto, assinado por todos os intervenientes, do qual deve constar informação sobre:

a) A conformidade da instalação ou equipamento com o projecto aprovado;
b) O cumprimento das prescrições técnicas aplicáveis;
c) Quaisquer condições que se julgue necessário impor e o prazo para o seu cumprimento;
d) O prazo para o funcionamento da unidade ou equipamento a título provisório, quando este se mostre conveniente.

2 — Lavrado o auto, é o processo submetido ao director-geral da Saúde, para efeitos de apreciação e decisão sobre a emissão da licença de funcionamento.

3 — O despacho do director-geral da Saúde é comunicado, no prazo de 10 dias úteis, ao requerente e entidades intervenientes na vistoria, com indicação, se for o caso, das condições estabelecidas e prazo para o seu cumprimento.

Artigo 9.º
Emissão da licença

1 — A DGS só emite a licença de funcionamento da unidade ou equipamento após verificação do cumprimento de todas as condições estabelecidas.

2 — Da licença devem constar as condições de funcionamento da unidade ou equipamento.

Artigo 10.º
Interrupção do funcionamento

1 — A interrupção do funcionamento por período igual ou superior a dois anos faz caducar a respectiva licença.

2 — A interrupção do funcionamento por período igual ou superior a seis meses implica, para o seu reinício, prévia vistoria da DGS, a realizar nos termos dos n.ºs 7.º e 8.º, dela podendo resultar o estabelecimento de novas condições de funcionamento.

ARTIGO 11.º
Alterações

1 — A transmissão, a qualquer título, da unidade ou equipamento deve ser comunicada à DGS.

2 — As alterações referidas no n.º 4 do n.º 2.º ficam sujeitas ao disposto nos n.ºˢ 7.º, 8.º e 9.º, com as necessárias adaptações.

3 — A cessação do funcionamento da unidade ou equipamento deve ser comunicada à DGS e faz caducar a respectiva licença.

ARTIGO 12.º
Inventário de resíduos

1 — As entidades responsáveis pelo funcionamento de unidades ou equipamentos devem elaborar um inventário anual relativo a todos os resíduos recebidos e produzidos, após o respectivo tratamento.

2 — Do inventário previsto no número anterior devem constar a origem, tipo e quantidade dos resíduos recebidos e o respectivo modo de tratamento, bem como a quantidade e o destino dos resíduos produzidos.

3 — O inventário deve ser remetido à DGS e ao Instituto dos Resíduos até 15 de Fevereiro do ano imediato àquele a que se reporta.

ARTIGO 13.º
Operações de gestão

1 — A realização de operações de gestão de resíduos hospitalares por entidades que os não tenham produzido e que sejam responsáveis pela exploração de unidades ou equipamentos de eliminação carece de autorização da DGS, mediante parecer vinculativo do Instituto dos Resíduos.

2 — Quando aplicável, devem as entidades referidas no número anterior instruir o seu pedido com cópia do contrato que lhes permita a exploração das unidades ou equipamentos de eliminação.

3 — Ao processo de autorização aplica-se, com as necessárias adaptações, o disposto nos n.ºˢ 5.º e 6.º

4 — A cessação da actividade de exploração de unidades ou equipamentos de eliminação implica a caducidade da autorização a que se refere o n.º 1.º

ARTIGO 14.º
Disposição transitória

1 — As entidades proprietárias de unidades ou equipamentos instalados e em funcionamento à data em vigor desta portaria devem apresentar à DGS, no prazo de 90 dias úteis a contar daquela data, uma declaração contendo os seguintes elementos:

   a) Descrição da tecnologia de tratamento instalada, com referência aos equipamentos de minimização das emissões atmosféricas e aquosas e respectiva monitorização;
   b) Quantidade, tipo e origem dos resíduos tratados anualmente;
   c) Indicação das quantidades e formas de gestão dos resíduos resultantes do tratamento, nomeadamente cinzas e lamas.

2 — No prazo máximo de 45 dias úteis contados da recepção dos elementos previstos no número anterior, a DGS e os organismos referidos no n.º 1 do n.º 5.º procedem à sua apreciação, podendo impor condições de funcionamento da unidade ou equipamento, tendo em conta a legislação aplicável em matéria de ambiente, saúde pública e condições de trabalho.

3 — Para efeitos do cumprimento das condições referidas no número anterior é estabelecido o prazo de dois anos contados da respectiva comunicação.

Ministérios da Saúde e do Ambiente.
Assinada em 3 de Fevereiro de 1997.
A Ministra da Saúde, *Maria de Belém Roseira Martins Coelho Henriques de Pina.* — A Ministra do Ambiente, *Elisa Maria da Costa Guimarães Ferreira.*

Classes de resíduos hospitalares

Despacho n.º 242/96
de 5 de Julho

A existência de resíduos provenientes da prestação de cuidados de saúde a seres humanos, incluindo as actividades médicas de prevenção, diagnóstico, tratamento e investigação, constitui um importante problema de saúde pública e ambiental e determina crescente atenção na salvaguarda dos efeitos negativos que podem afectar as populações.

Pelo Desp. 16/90, de 21-8, foram definidas normas de organização e gestão dos resíduos hospitalares, então consideradas inovadoras, que revelaram ser um contributo válido para a disciplina desta problemática.

A necessidade imperiosa de criar condições que propiciem, por um lado, a continuação da protecção da saúde das populações e, por outro, o reconhecimento do relevante papel que para tanto representa a preservação do ambiente, objectivos primaciais da garantia de um aumento da qualidade de vida, impõe a reformulação das normas que regulamentam, no âmbito do Ministério da Saúde, as situações a tutelar.

Por outro lado, atendendo à evolução que tem vindo a verificar-se nesta área, importa integrar nas acções que visam a eliminação destes resíduos os progressos que a técnica vem disponibilizando, permitindo o recurso a distintas tecnologias de tratamento, pelo que se torna necessário proceder a uma nova classificação que exija a sua separação selectiva na origem.

Essa classificação contempla também os princípios que devem presidir à organização e gestão global dos resíduos como sejam os riscos efectivos, a protecção dos trabalhadores do sector, a operacionalidade das diversas secções, os preceitos éticos e a percepção de risco pela opinião pública.

Nestes termos, determina-se:

1.º

Os resíduos hospitalares são objecto de tratamento apropriado, diferenciado consoante os grupos que a seguir se referem.

2.º

São considerados resíduos não perigosos os do grupo I e do grupo II e resíduos perigosos os dos grupo III e do grupo IV, conforme a seguinte definição:

2.1 — Grupo I — resíduos equiparados a urbanos-são aqueles que não apresentam exigências especiais no seu tratamento.
Contem-se neste grupo:
a) Resíduos provenientes de serviços gerais (como de gabinetes, salas de reunião, salas de convívio, instalações sanitárias, vestiários, etc.);
b) Resíduos provenientes de serviços de apoio (como oficinas, jardins, armazéns e outros)
c) Embalagens e invólucros comuns (como papel, cartão, mangas mistas e outros de idêntica natureza);
d) Resíduos provenientes da hotelaria resultantes da confecção e restos de alimentos servidos a doentes não incluídos no grupo III.

2.2 — Grupo II — resíduos hospitalares não perigosos-são aqueles que não estão sujeitos a tratamentos específicos, podendo ser equiparados a urbanos.
Incluem-se neste grupo:
a) Material ortopédico: talas, gessos e ligaduras gessadas não contaminados e sem vestígios de sangue;
b) Fraldas e resguardos descartáveis não contaminados e sem vestígios de sangue
c) Material de protecção individual utilizado nos serviços gerais e de apoio, com excepção do utilizado na recolha de resíduos;
d) Embalagens vazias de medicamentos ou de outros produtos de uso clínico e ou com um, com excepção dos incluídos no grupo III e no grupo IV;
e) Frascos de soros não contaminados, com excepção dos do grupo IV.

2.3 — Grupo III — resíduos hospitalares de risco biológico-são resíduos contaminados ou suspeitos de contaminação, susceptíveis de incineração ou de outro pré-tratamento eficaz, permitindo posterior eliminação como resíduo urbano.

Inserem-se neste grupo:
- *a*) Todos os resíduos provenientes de quartos ou enfermarias de doentes infecciosos ou suspeitos, de unidades de hemodiálise, de blocos operatórios, de salas de tratamento, de salas de autópsia e de anatomia patológica, de patologia clínica e de laboratórios de investigação, com excepção dos do grupo IV;
- *b*) Todo o material utilizado em diálise;
- *c*) Peças anatómicas não identificáveis;
- *d*) Resíduos que resultam da administração de sangue e derivados;
- *e*) Sistemas utilizados na administração de soros e medicamentos, com excepção dos do grupo IV;
- *f*) Sacos colectores de fluidos orgânicos e respectivos sistemas;
- *g*) Material ortopédico: talas, gessos e ligaduras gessadas contaminadas ou com vestígios de sangue; material de prótese retirado a doentes;
- *h*) Fraldas e resguardos descartáveis contaminados ou com vestígios de sangue;
- *i*) Material de protecção individual utilizado em cuidados de saúde e serviços de apoio geral em que haja contacto com produtos contaminados (como luvas, mascaras, aventais e outros).

2.4 — Grupo IV — resíduos hospitalares específicos-são resíduos de vários tipos de incineração obrigatória.

Integram-se neste grupo:
- *a*) Peças anatómicas identificáveis, fetos e placentas, até publicação de legislação específica;
- *b*) Cadáveres de animais de experiência laboratorial;
- *c*) Materiais cortantes e perfurantes: agulhas, catéteres e todo o material invasivo;
- *d*) Produtos químicos e fármacos rejeitados, quando não sujeitos a legislação específica;
- *e*) Citostáticos e todo o material utilizado na sua manipulação e administração.

3.º

Os resíduos radioactivos devem ser separados na fonte, estando sujeitos a legislação especifica, prevista no art. 8.º do *Dec.-Lei 348/89, de 12-10*, e nos arts. 44.º e 45.º do Dec. Regul. 9/90, de 19-4.

4.º

Os citostáticos devem ser submetidos, na sua incinerarão, a uma temperatura mínima de 1100º C.

5.º

Para os resíduos dos grupos I e II deve ser prevista a separação que permita a reciclagem ou reutilização, nomeadamente para cartão e papel, vidros, metais ferrosos e não ferrosos, películas de raios X, pilhas e bateria e mercúrio.

6.º

O acondicionamento deverá obedecer aos seguintes requisitos:

6.1 — A triagem e o acondicionamento devem ter lugar junto do local de produção.

6.2 — Os resíduos hospitalares devem ser devidamente acondicionados de modo a permitir uma identificação clara da sua origem e do seu grupo:

   a) Os resíduos dos grupos I e II em recipientes de cor praça;
   b) Os resíduos do grupo III em recipientes de cor branca, com indicativo de risco biológico
   c) Os resíduos do grupo IV em recipientes de cor vermelha com excepção dos materiais cortantes e perfurantes que devem ser acondicionados em recipientes, contentores, imperfuráveis.

6.3 — Os contentores utilizados para armazenagem e transporte dos resíduos dos grupos III e IV devem ser facilmente manuseáveis, resistentes, estanques, mantendo-se hermeticamente fechados, laváveis e desinfectáveis, se forem de uso múltiplo.

7.º

Cada unidade de saúde deve ter um plano adequado à sua dimensão, estrutura e à quantidade de resíduos produzidos para a circulação destes, devendo o circuitos ser definido segundo critérios de operacionalidade e de menor risco para doentes, trabalhadores e público em geral.

8.º

As condições de armazenamento deverão ser as seguintes:

8.1 — Cada unidade de saúde deve ter um local de armazenamento específico para os resíduos dos grupos I e II, separado dos resíduos dos grupos III e IV, que deverão estar devidamente sinalizados.

8.2 — O local de armazenamento deve ser dimensionado em função da periodicidade de recolha e ou da eliminação, devendo a sua capacidade mínima corresponder a três dias de produção.

8.3 — Caso seja ultrapassado o prazo referido no número anterior e até um máximo de sete dias, devera ter condições de refrigeração.

8.4 — O local de armazenamento terá as condições estruturais e funcionais adequadas a acesso e limpeza fáceis.

8.5 — Sempre que se justifique, devera existir um plano específico de emergência.

9.º

Os órgãos de gestão de cada unidade de saúde são responsáveis:

9.1 — Por dar cumprimento ao determinado neste diploma;

9.2 — Pela sensibilização e formação do pessoal em geral e daquele afecto ao sector em particular, nomeadamente nos aspectos relacionados com a protecção individual e os correctos procedimentos;

9.3 — Por celebrar protocolos com outras unidades de saúde ou recorrer a entidades devidamente licenciadas, quando não dispuserem de capacidade de tratamento dos seus resíduos;

9.4 — Por manter um registo actualizado dos resíduos produzidos, devendo enviar à Direcção-Geral da Saúde, até 31-1 de cada ano, relatório referente à produção dos mesmos no ano anterior, assim como a indicação do respectivo destino.

10.º

Este despacho será revisto sempre que tal se imponha para salvaguarda da saúde pública e ambiental e os progressos tecnológicos e a avaliação económica o justificarem.

11.º

O presente despacho revoga o Desp. 16/90, de 11-7, publicado no *DR, 2.*, 192, de 21-8-90, e entra imediatamente em vigor.

5-7-96.-A Ministra da Saúde, *Maria de Belém Roseira Martins Coelho Henriques de Pina.*

Mapas de registo de resíduos hospitalares

Portaria n.º 178/97
de 11 de Março

Uma gestão adequada dos resíduos hospitalares implica o conhecimento real dos quantitativos gerados nas unidades de saúde, sua caracterização, destino final, frequência de recolha e meio de transporte utilizado.

Considerando que o artigo 6.º do Decreto-Lei n.º 310/95, de 20 de Novembro, que lançou as bases de um sistema de registo obrigatório de resíduos hospitalares, determina a obrigatoriedade, para os seus produtores e detentores, de organizar e manter actualizado um inventário que indique, com adequada referência temporal, as quantidades, natureza, origem e destino dos resíduos produzidos;

Considerando que o Decreto-Lei n.º 310/95, de 20 de Novembro, estabelece uma nova definição de resíduo e de resíduo perigoso, em articulação com a actual legislação comunitária, englobando a definição de resíduos hospitalares os produzidos em unidades de prestação de cuidados de saúde a seres humanos ou animais ou de investigação relacionada;

Considerando que importa potenciar o alcance do preceito acima referido, de modo a permitir uma recolha atempada dos dados contidos no registo, desta forma se assegurando o cumprimento das obrigações comunitárias assumidas pelo Estado Português;

Ao abrigo da alínea b) do n.º 2 do artigo 6.º do Decreto-Lei n.º 310/95, de 20 de Novembro:

Manda o Governo, pelas Ministras da Saúde e do Ambiente, o seguinte:

1.º

É aprovado o modelo de mapa de registo de resíduos hospitalares constante do anexo à presente portaria, da qual faz parte integrante, composto pelos impressos A, B.1 e B.2.

2.º

As unidades de prestação de cuidados de saúde a seres humanos e de investigação relacionada devem obrigatoriamente preencher o mapa de registo de acordo com o Despacho n.º 242/96 da Ministra da Saúde, publicado em 13 de Agosto no Diário da República, 2.ª série, n.º 187, e remetê-lo anualmente à Direcção-Geral da Saúde, até 31 de Janeiro do ano imediato àquele a que se reportem os respectivos dados.

3.º

As unidades de prestação de cuidados de saúde a animais ou de investigação relacionada devem obrigatoriamente preencher o mapa de registo, nos termos do número anterior, com as necessárias adaptações, e remetê-lo anualmente à Direcção-Geral da Saúde, até 31 de Janeiro do ano imediato àquele a que se reportem os respectivos dados.

4.º

O primeiro mapa de registo deve ser remetido à Direcção-Geral da Saúde no prazo referido no número anterior, nele devendo constar os dados referentes ao último trimestre do ano de entrada em vigor da presente portaria.

5.º

À Direcção-Geral da Saúde compete enviar anualmente ao Instituto dos Resíduos, até 31 de Março do ano imediato àquele a que se reportem os respectivos dados, o relatório síntese da informação recebida, o qual é remetido pelo Instituto dos Resíduos às entidades responsáveis pela gestão de resíduos sólidos urbanos.

Ministérios da Saúde e do Ambiente.
Assinada em 14 de Fevereiro de 1997.
A Ministra da Saúde, *Maria de Belém Roseira Martins Coelho Henriques de Pina.* — A Ministra do Ambiente, *Elisa Maria da Costa Guimarães Ferreira.*

Registo de resíduos hospitalares

Impresso A

| FICHA DE ESTABELECIMENTO | Dados relativos ao ano de |_|_|_|_| |

1. Identificação do estabelecimento de saúde

N.º de Contribuinte |_|_|_|_|_|_|_|_|

Denominação do estabelecimento de saúde
___

2. Localização do estabelecimento

Distrito:_____ Concelho:_____ Endereço:_____
Cód. Postal:_____ Telefone:_____ Telex:_____ Telefax:_____

3. Dados sobre o funcionamento

N.º total de trabalhadores |_|_|_|_|_| N.º de camas / |_|_|_|_|_|_|
                                           N.º de consultas

4. Observações (indique quaisquer outros esclarecimentos que julgue de interesse referir):

5. Responsável pelo preenchimento do registo   6. Carimbo do estabelecimento

Nome: _____
Assinatura: _____ Data: __/__/__

Impresso B.1

FICHA DE RESÍDUOS DOS GRUPOS I + II

Dados relativos ao ano |_|_|_|_|

1. Identificação do estabelecimento de saúde

N.º de Contribuinte |_|_|_|_|_|_|_|_|

Denominação do estabelecimento de saúde

2. Identificação e caracterização do resíduo

Descrição dos principais componentes dos resíduos

3. Dados de produção do resíduo

Quantidades produzidas no ano respeitante ao registo:

_____ (kg ou litros)

Quantidade prevista para o ano do registo seguinte:

_____ (kg ou litros)

4. Destino do resíduo

1. Método de eliminação:	2. Transportador:	3. Destinatário:
☐ Incineração		
☐ Aterro		
☐ Outro (indique qual)		

1. Recolha selectiva para reciclagem/reutilização:	2. Quantidade (kg ou l):	3. Transportador:	4. Destinatário:
☐ Cartão e papel			
☐ Vidro			
☐ Películas de raio X			
☐ Pilhas e baterias			
☐ Mercúrio			
☐ Metais ferrosos e não ferrosos			

Impresso B.2

FICHA DE RESÍDUOS DOS GRUPOS III e IV

Dados relativos ao ano |__|__|__|__|

1. Identificação do estabelecimento de saúde

N.º de Contribuinte |__|__|__|__|__|__|__|__|__|

Denominação do estabelecimento de saúde

---

2. Resíduos do Grupo III

2.1 Identificação e caracterização do resíduo

Descrição dos principais componentes dos resíduos

2.2 Dados de produção do resíduo

Quantidades produzidas no ano respeitante ao registo:

(kg ou litros)

Quantidade prevista para o ano do registo seguinte:

(kg ou litros)

2.3 Destino do resíduo

1. Método de eliminação:	2. Quantidade (kg ou l):	3. Transportador:	4. Destinatário:
☐ Incineração			
☐ Autoclavagem			
☐ Microondas			
☐ Outro (indique qual)			

---

3. Resíduos do Grupo IV

3.1 Identificação e caracterização do resíduo

Descrição dos principais componentes dos resíduos

3.2 Dados de produção do resíduo

Quantidades produzidas no ano respeitante ao registo:

(kg ou litros)

Quantidade prevista para o ano do registo seguinte:

(kg ou litros)

3.3 Destino do resíduo

1. Método de eliminação:	2. Quantidade (kg ou l):	3. Transportador:	4. Destinatário:
☐ Incineração			
☐ Outro (indique qual)			

2.1.4. Resíduos gerados em navios

2.1.4.1. Recepção de resíduos gerados em navios (Decreto-lei n.º 165/2003, de 24 de Julho) 657

Resíduos gerados em navios

Decreto-Lei n.º 165/2003, de 24 de Julho

Pelo presente decreto-lei é transposta para a ordem jurídica nacional a Directiva n.º 2000/59/CE, do Parlamento Europeu e do Conselho, de 27 de Novembro, relativa aos meios portuários de recepção de resíduos gerados em navios e de resíduos da carga, tendo em vista o aumento da protecção do meio marinho, com as alterações introduzidas pelo artigo 10.º da Directiva n.º 2002/84/CE, do Parlamento Europeu e do Conselho, de 5 de Novembro.

Assim, estabelecem-se regras respeitantes à criação e à utilização dos meios portuários de recepção de resíduos gerados em navios e de resíduos provenientes da carga, com origem em navios que utilizem portos nacionais, qualquer que seja o pavilhão que arvorem.

A fim de reduzir as descargas no mar de resíduos gerados em navios, são igualmente definidas as condições que permitem que todos os navios entreguem os resíduos em meios portuários de recepção antes de deixarem o porto, em conformidade com a Convenção Internacional para a Prevenção da Poluição por Navios (MARPOL 73/78), sem prejuízo da consagração de excepções a essa imposição decorrentes, designadamente, da adequação da capacidade máxima de armazenamento a bordo ou da possibilidade da entrega dos resíduos noutro porto, sem riscos de descarga no mar, por forma a conciliar os interesses do funcionamento normal dos transportes marítimos com a protecção do ambiente.

Em virtude do princípio do poluidor-pagador, consagra-se ainda o direito à cobrança de taxas pelas autoridades portuárias, a fixar em regulamento de tarifas do respectivo porto, destinadas a suportar os custos dos meios portuários de recepção, incluindo o tratamento e eliminação dos resíduos gerados em navios.

Para efeitos da verificação do cumprimento das disposições do presente diploma estabelece-se a necessidade de realizar inspecções às embarcações, criando-se um regime sancionatório aplicável à prática das infracções que se encontram tipificadas e qualificadas como contra-ordenações.

Foram ouvidos os órgãos de governo próprio das Regiões Autónomas.

Assim:

Nos termos da alínea a) do n.º 1 do artigo 198.º da Constituição, o Governo decreta o seguinte:

Artigo 1.º
Objecto

O presente diploma visa regular a instalação e a utilização de meios portuários de recepção de resíduos gerados em navios e de resíduos da carga provenientes de navios que escalem portos nacionais, de modo a aumentar a protecção do meio marinho através da redução de descargas no mar.

Artigo 2.º
Definições

Para efeitos do presente diploma, entende-se por:

a) «Navio» uma embarcação que opere no meio marinho, incluindo as embarcações de sustentação dinâmica, veículos de sustentação por ar, submersíveis e estruturas flutuantes;
b) «MARPOL 73/78» a Convenção Internacional para a Prevenção da Poluição por Navios, de 1973, alterada pelo Protocolo de 1978;
c) «Resíduos gerados em navios» todos os resíduos, incluindo os esgotos sanitários, e os resíduos que não sejam resíduos da carga, produzidos no serviço de um navio e abrangidos pelos anexos I, IV e V da MARPOL 73/78, bem como os resíduos associados à carga, conforme definidos nas directrizes para a aplicação do anexo V da MARPOL 73/78;
d) «Resíduos da carga» os restos das matérias transportadas como carga em porões ou em tanques de carga que ficam das operações de descarga e das operações de limpeza, incluindo excedentes de carga ou descarga e derrames;
e) «Meios portuários de recepção» as estruturas fixas, flutuantes ou móveis, aptas a receber resíduos gerados em navios ou resíduos da carga;

f) «Embarcação de pesca» embarcação equipada ou utilizada comercialmente para a captura de peixe ou outros recursos vivos do mar;

g) «Embarcação de recreio» embarcação de qualquer tipo, independentemente do meio de propulsão, utilizada para fins desportivos ou recreativos;

h) «Porto» qualquer lugar ou área geográfica em que tenham sido efectuados trabalhos de beneficiação ou instalados equipamentos que permitam, principalmente, a recepção de navios, incluindo embarcações de pesca e embarcações de recreio;

i) «Autoridade marítima» os órgãos locais da Direcção-Geral da Autoridade Marítima;

j) «Autoridade portuária» as administrações portuárias, as delegações portuárias do Instituto Portuário e dos Transportes Marítimos (IPTM), a administração dos portos da Região Autónoma da Madeira e as juntas autónomas dos portos de Ponta Delgada, de Angra do Heroísmo e da Horta, na Região Autónoma dos Açores;

l) «Companhia» o proprietário, o afretador em casco nu ou qualquer outra organização ou pessoa que tenha assumido a responsabilidade pela exploração de um navio, de uma embarcação de pesca ou de recreio.

ARTIGO 3.º
Âmbito

1 — O presente diploma aplica-se:

a) A todos os navios que escalem ou operem em portos nacionais, incluindo as embarcações de pesca e de recreio, qualquer que seja o seu pavilhão, com excepção dos navios de guerra, das unidades auxiliares de marinha e dos navios que, sendo propriedade de um Estado ou estando ao seu serviço, sejam utilizados unicamente para fins de serviço público não comercial;

b) A todos os portos nacionais habitualmente escalados pelos navios ou em que operem os navios referidos na alínea anterior.

2 — A autoridade portuária deve adoptar medidas para garantir que os titulares ou operadores dos navios excluídos do âmbito de aplicação do presente diploma entreguem os resíduos gerados a bordo e os resíduos da carga de forma compatível com o disposto naquele.

Artigo 4.º
Meios portuários de recepção de resíduos

1 — À autoridade portuária compete assegurar a disponibilidade de meios portuários de recepção de resíduos adequados às necessidades dos navios que escalem ou operem no respectivo porto.

2 — Para efeitos do disposto no número anterior consideram-se meios portuários de recepção de resíduos adequados os meios que disponham de capacidade para receber os tipos e as quantidades de resíduos gerados em navios e de resíduos da carga, tendo em conta as necessidades operacionais dos utilizadores do porto, a sua dimensão e localização geográfica, o tipo de embarcações que o escalem, bem como as isenções previstas no artigo 10.º

Artigo 5.º
Planos de recepção e de gestão dos resíduos

1 — A autoridade portuária deve elaborar e aplicar planos adequados de recepção e de gestão de resíduos, após consulta aos agentes económicos interessados, com destaque para os utilizadores do porto ou seus representantes, devendo observar o disposto nos artigos 4.º, 6.º, 7.º, 8.º e 11.º e as prescrições previstas no anexo I ao presente decreto-lei, do qual faz parte integrante.

2 — Ao IPTM compete avaliar e aprovar os planos referidos no número anterior, controlar a respectiva execução e assegurar que sejam de novo aprovados, com a periodicidade mínima de três anos e, independentemente do período decorrido, sempre que ocorram mudanças significativas no funcionamento do porto.

Artigo 6.º
Notificação à autoridade portuária

1 — Os comandantes dos navios com destino a um porto nacional, exceptuadas as embarcações de pesca e as embarcações de recreio com lotação máxima autorizada para 12 passageiros, devem preencher, com veracidade e exactidão, o formulário do anexo II ao presente decreto-lei, do qual faz parte integrante, e comunicar à respectiva autoridade portuária a informação que dele conste, com conhecimento à autoridade marítima com jurisdição no local, devendo efectuar essa comunicação nos termos seguintes:

  a) Com a antecedência mínima de vinte e quatro horas relativamente à chegada do navio, se for conhecido o porto de escala;

b) Logo que conheça o porto de escala, se apenas obtiver essa informação nas vinte e quatro horas que antecederem a chegada a esse porto;
c) O mais tardar à partida do porto precedente, se a viagem for inferior a vinte e quatro horas.

2 — A informação a que se refere o número anterior pode ser comunicada directamente ao operador do meio portuário de recepção a fim de este a transmitir à respectiva autoridade portuária.

3 — O formulário referido no n.º 1 deve ser conservado a bordo dos navios, pelo menos até ao porto de escala seguinte, para ser facultado à autoridade portuária desse porto, quando solicitado.

Artigo 7.º
Entrega dos resíduos gerados em navios

1 — O comandante de um navio que escale ou opere num porto nacional, antes da partida desse porto, deve entregar nos meios portuários de recepção aprovados pela autoridade portuária todos os resíduos gerados no navio.

2 — O navio não deve ser impedido de iniciar viagem, pela autoridade marítima, se das informações prestadas pelo comandante nos termos do artigo anterior a autoridade portuária concluir que o navio dispõe de capacidade de armazenamento suficiente para todos os resíduos gerados que se acumularam e que se acumulem durante a viagem projectada até ao porto seguinte, salvo o disposto no número seguinte.

3 — A autoridade portuária deve exigir ao comandante a entrega dos resíduos gerados no navio antes de deixar o porto, se concluir que existe o risco de os resíduos serem descarregados no mar, por fundada suspeita de que o porto de entrega previsto não dispõe de meios adequados, ou por ser um porto desconhecido.

4 — O disposto no n.º 2 não prejudica a possibilidade de serem impostas condições de entrega mais exigentes, em conformidade com o direito internacional.

Artigo 8.º
Entrega dos resíduos da carga

1 — O comandante de um navio que escale ou opere num porto nacional deve assegurar que os resíduos das cargas são entregues no meio portuário de recepção aprovado pela autoridade portuária, em

cumprimento do disposto no presente decreto-lei e em conformidade com as disposições da MARPOL 73/78.

2 — Qualquer taxa a cobrar pela entrega dos resíduos da carga deve ser paga pelo utilizador do meio de recepção.

Artigo 9.º
Inspecções às embarcações

1 — Para efeitos da verificação do cumprimento do disposto nos artigos 7.º e 8.º, os navios que escalem ou operem em portos nacionais podem ser inspeccionados pela autoridade portuária ou pelos serviços de inspecção do IPTM.

2 — No caso de navios estrangeiros, os inspectores do IPTM actuam ao abrigo do disposto no Regulamento de Inspecção de Navios Estrangeiros, aprovado pelo Decreto-Lei n.º 195/98, de 10 de Julho, com a redacção dada pelo Decreto-Lei n.º 156/2000, de 22 de Julho.

3 — Qualquer que seja o âmbito da inspecção efectuada ao abrigo do número anterior, mantém-se o requisito de 25% previsto no artigo 6.º do Regulamento de Inspecção de Navios Estrangeiros.

4 — Na selecção dos navios a inspeccionar, com excepção das embarcações de pesca e das embarcações de recreio com lotação máxima autorizada para 12 passageiros, as autoridades portuárias ou o IPTM devem dar especial atenção:

a) Aos navios cujos comandantes não tenham cumprido o disposto no artigo 6.º;
b) Aos navios relativamente aos quais da verificação da informação fornecida pelos respectivos comandantes nos termos do artigo 6.º resultem indícios de que não está a ser cumprido o disposto no presente diploma.

5 — Se de uma inspecção resultar que não foi cumprido o disposto nos artigos 7.º e 8.º, o capitão do porto, sob parecer técnico vinculativo da autoridade portuária ou do IPTM, deve impedir que o navio deixe o porto até entregar os resíduos nele gerados e os seus resíduos de carga em conformidade com o previsto nos referidos artigos.

6 — Da decisão que impedir a saída do navio do porto cabe recurso para os tribunais marítimos, sem efeito suspensivo.

7 — Quando haja provas suficientes de que um navio iniciou viagem sem ter cumprido o disposto nos artigos 7.º e 8.º a autoridade portuária deve informar desse facto a autoridade competente do porto de escala seguinte.

8 — No caso referido no número anterior e sendo português o porto de escala seguinte, o navio não deve ser autorizado a deixar o porto até ser realizada uma inspecção aprofundada para verificar o cumprimento do disposto no presente diploma, sem prejuízo da aplicação das coimas previstas no n.º 2 do artigo 16.º

9 — A autoridade portuária deve estabelecer procedimentos de controlo das embarcações de pesca e embarcações de recreio com lotação máxima autorizada para 12 passageiros, destinados a assegurar o cumprimento das disposições aplicáveis do presente diploma.

Artigo 10.º
Isenções

1 — A autoridade portuária pode isentar do cumprimento do disposto no artigo 6.º, no n.º 1 do artigo 7.º e no artigo 13.º os navios que efectuem serviços regulares frequentes em determinado porto da sua rota, se houver provas suficientes da existência de disposições para assegurar a entrega dos resíduos nele gerados e o respectivo pagamento de taxas.

2 — A autoridade portuária, no âmbito da sua jurisdição, deve informar o IPTM, anualmente, das isenções concedidas ao abrigo do número anterior.

3 — Compete ao IPTM remeter à Comissão Europeia a informação recebida das autoridades portuárias.

Artigo 11.º
Medidas de acompanhamento

1 — A autoridade portuária deve assegurar que os comandantes, operadores dos meios portuários de recepção e outros interessados sejam devidamente informados das prescrições que lhes são aplicáveis nos termos do presente diploma e cumpram tais prescrições.

2 — A autoridade portuária deve assegurar que as formalidades associadas à utilização dos meios portuários de recepção sejam simples e rápidas, a fim de incentivar os comandantes à sua utilização e evitar atrasos indevidos aos navios.

3 — Os prejuízos causados pelos atrasos indevidos na entrega ou na recepção de resíduos gerados em navios ou resíduos de carga são indemnizáveis.

4 — A entrega de resíduos gerados em navios e de resíduos de carga é considerada introdução em livre prática na acepção do artigo

79.º do Regulamento (CEE) n.º 2913/92, do Conselho, de 12 de Outubro, que estabelece o código aduaneiro comunitário, podendo as autoridades aduaneiras dispensar a entrega da declaração sumária de acordo com o disposto no artigo 45.º do referido código.

5 — A autoridade portuária deve fiscalizar a recepção e descarga dos respectivos resíduos no porto e criar procedimentos que permitam receber reclamações relativas a alegadas insuficiências dos meios portuários de recepção.

6 — A autoridade portuária deve informar o IPTM das reclamações referidas no número anterior, para conhecimento da Comissão Europeia.

7 — Compete ao IPTM prestar à Comissão Europeia a colaboração requerida para o cumprimento da Directiva n.º 2000/59/CE, do Parlamento Europeu e do Conselho, de 27 de Novembro, relativa às instalações dos meios portuários de recepção de resíduos gerados em navios e de resíduos da carga.

Artigo 12.º
Avaliação

1 — Cada autoridade portuária deve apresentar ao IPTM, em cada triénio, um relatório sobre a aplicação do presente diploma.

2 — Compete ao IPTM remeter à Comissão Europeia um relatório consolidado sobre a avaliação do funcionamento do regime estabelecido no presente diploma, com a periodicidade referida no número anterior.

Artigo 13.º
Taxas a cobrar pelos serviços prestados

1 — Pelos serviços prestados a autoridade portuária cobra as taxas fixadas nos regulamentos de tarifas do respectivo porto, destinadas a assegurar os custos dos meios portuários de recepção dos resíduos gerados nos navios, incluindo os custos de tratamento e eliminação desses resíduos.

2 — Os montantes das taxas a cobrar aos navios, com excepção das embarcações de pesca e das embarcações de recreio com lotação máxima autorizada para 12 passageiros, devem ser calculados de forma a garantir que sejam equitativas, transparentes e não discriminatórias, devendo a sua base de cálculo ser comunicada aos utilizadores dos meios portuários de recepção.

ARTIGO 14.º
Competência fiscalizadora

A fiscalização da observância do disposto no presente diploma é da competência de cada autoridade portuária e do IPTM.

ARTIGO 15.º
Processamento das contra-ordenações

1 — A instauração e a instrução dos processos de contra-ordenação nos termos do Regime Geral das Contra-Ordenações são da competência da autoridade portuária, no âmbito da sua jurisdição.

2 — O produto das coimas cobradas pela autoridade portuária reverte para o Estado e para a autoridade portuária, nas percentagens de 60 e 40, respectivamente.

3 — Nas Regiões Autónomas o produto das coimas cobradas pela autoridade portuária reverte a favor daquelas e desta, nas percentagens de 60 e 40, respectivamente.

ARTIGO 16.º
Regime sancionatório

1 — A violação do disposto no artigo 6.º faz incorrer o comandante do navio na prática de contra-ordenação punível com coima mínima de € 2500 e máxima de € 3740.

2 — A violação do disposto nos artigos 7.º e 8.º faz incorrer a companhia na prática de contra-ordenação punível com coima mínima de € 22 200 e máxima de € 44 890.

3 — A negligência e a tentativa são sempre puníveis.

Visto e aprovado em Conselho de Ministros de 27 de Maio de 2003. — *José Manuel Durão Barroso — Maria Manuela Dias Ferreira Leite — Paulo Sacadura Cabral Portas — António Manuel de Mendonça Martins da Cruz — Maria Celeste Ferreira Lopes Cardona — Armando José Cordeiro Sevinate Pinto — António Pedro de Nobre Carmona Rodrigues — Amílcar Augusto Contel Martins Theias.*

Promulgado em 9 de Julho de 2003.

Publique-se.

O Presidente da República, JORGE SAMPAIO.

Referendado em 14 de Julho de 2003.

O Primeiro-Ministro, *José Manuel Durão Barroso.*

ANEXO I
Prescrições para os planos portuários de recepção e gestão dos resíduos

(artigo 5.º)

Os planos devem abranger todos os tipos de resíduos gerados em navios e de resíduos da carga procedentes dos navios que normalmente demandam o porto e a sua elaboração deve ter em conta a dimensão do porto e o tipo de navios que o escalam.

Os planos devem conter os seguintes elementos:

Uma avaliação da necessidade de meios portuários de recepção, à luz das necessidades dos navios que normalmente demandam o porto;

Uma descrição do tipo e capacidade dos meios portuários de recepção;

Uma descrição detalhada dos procedimentos de recepção e recolha dos resíduos gerados em navios e dos resíduos da carga;

A descrição do regime de taxas;

Os procedimentos de comunicação de alegadas insuficiências dos meios portuários de recepção;

Os procedimentos de consulta permanente com os utilizadores do porto, as empresas responsáveis pelos resíduos, os operadores de terminais e outros interessados;

Os tipos e as quantidades de resíduos gerados em navios e de resíduos da carga recebidos e processados.

Os planos devem ainda incluir:

Um resumo da legislação pertinente e das formalidades de entrega;

A identificação da pessoa ou pessoas responsáveis pela aplicação do plano;

A descrição do equipamento e processos de pré-tratamento eventualmente disponíveis no porto;

Uma descrição dos métodos de registo da utilização dos meios de recepção;

Uma descrição dos métodos de registo das quantidades recebidas de resíduos gerados em navios e de resíduos da carga;

A descrição do modo de eliminação dos resíduos gerados em navios e dos resíduos da carga.

Os procedimentos de recepção, recolha, armazenamento, tratamento e eliminação devem obedecer, em todos os aspectos, a um plano de gestão ambiental adequado para a redução progressiva do impacte ambiental destas actividades.

Tais procedimentos serão considerados conformes se cumprirem os requisitos do Regulamento (CEE) n.º 1836/93, do Conselho, de 29 de Junho, que permite a participação voluntária das empresas do sector industrial num sistema comunitário de ecogestão e auditoria (*JO*, n.º L 168, de 10 de Julho de 1993, p. 1).

Informação a disponibilizar aos utilizadores do porto:
Breve referência à importância fundamental da entrega dos resíduos gerados em navios e dos resíduos da carga;
Localização dos meios portuários de recepção correspondentes a cada cais por meio de diagramas/ mapas;
Lista dos resíduos gerados em navios e dos resíduos da carga normalmente processados;
Lista das pessoas a contactar, operadores e serviços propostos;
Descrição dos procedimentos de entrega;
Descrição do regime de taxas; e
Procedimentos de comunicação de alegadas insuficiências dos meios portuários de recepção.

ANEXO II

INFORMAÇÕES A NOTIFICAR ANTES DA ENTRADA NO PORTO DE
....

(ARTIGO 6º)

1. Nome, indicativo de chamada e, se for caso disso, número de identificação OMI do navio:
2. Estado do pavilhão:
3. Hora estimada de chegada (ETA):
4. Hora estimada de partida (ETD):
5. Porto de escala anterior:
6. Próximo porto de escala:
7. Último porto e data em que foram entregues resíduos gerados no navio:
8. Pretende entregar em meios portuários de recepção

   a totalidade ☐   uma parte ☐   nenhuns ☐ (*)

   dos resíduos que tem a bordo ?

9. Tipo e quantidade dos resíduos a entregar e/ou a conservar a bordo e percentagem da capacidade máxima de armazenamento:

   Se pretende entregar a totalidade dos resíduos, preencha a Segunda coluna conforme for adequado.

   Se pretende entregar uma parte dos resíduos ou se não pretende entregar quaisquer resíduos, preencha todas as colunas.

Tipo	Resíduos a entregar m^3	Capacidade máxima de armazenamento m^3	Quantidade de resíduos que permanecem a bordo m^3	Porto em que serão entregues os resíduos permanecem a bordo	Estimativa da quantidade de resíduos que será produzida entre a presente notificação e o próximo porto de escala m^3

1. Resíduos de hidrocarbonetos

Lamas					
Águas de porão					
Outros (a especificar)					

2. Lixo

Resíduos de alimentos					
Plásticos					
Outros					
3.Resíduos associados (1) (a especificar)					
4.Resíduos de carga (1) (a especificar)					

(1) Aceitam-se estimativas

(*) Assinalar a casa apropriada

Notas:

1. Esta informação pode ser usada para efeitos de inspecção pelo Estado do porto e outras inspecções.
2. O presente formulário deve ser preenchido, a não ser que o navio esteja dispensado ao abrigo do artigo 10°.

Confirmo que

as informações fornecidas são exactas e correctas e que
existe a bordo capacidade suficiente para armazenar todos os resíduos produzidos entre a presente notificação e o próximo porto em que serão entregues resíduos.

Data ....
Hora ....
Assinatura ...."

2.2. Resíduos para armazenagem

2.2.1. Depósitos de sucata (Decreto-Lei n.º 268/98,
de 28 de Agosto) 671

Depósitos de sucata

Decreto-Lei n.º 268/98
de 28 de Agosto

O presente diploma visa disciplinar a localização dos parques de sucata e o licenciamento da instalação e ampliação de depósitos de ferro-velho e de veículos em fim de vida.

O Decreto-Lei n.º 117/94, de 3 de Maio, que procurou regulamentar esta matéria com o objectivo de promover um correcto ordenamento do território, evitar a degradação da paisagem e do ambiente e proteger a saúde pública, não lograria obstar à proliferação indiscriminada dos depósitos de sucata, com todas as consequências negativas que estes provocam na qualidade de vida das populações.

Assim, e porque é claramente insuficiente o balanço a fazer do processo de legalização dos depósitos de sucata já instalados, importa alterar as regras nesse aspecto particular, pelo que se elabora um diploma que, prosseguindo embora os mesmos objectivos disciplinadores e partilhando do mesmo tipo de preocupações, cria condições às câmaras municipais e aos particulares para a instalação dos depósitos com observância dos requisitos indispensáveis à preservação ambiental e paisagística envolventes.

No diploma em apreço obedeceu-se à preocupação de clarificar o regime legal em matéria de parques e depósitos de sucata, excluindo do seu âmbito de aplicação as operações de gestão de resíduos inerentes às actividades classificadas como industriais.

Por outro lado, e tal como sucede com as actividades sujeitas a licenciamento industrial, estipula-se que as operações relativas ao funcionamento dos parques de sucata estão também sujeitas às regras gerais vigentes sobre operações de gestão de resíduos, nomeadamente em matéria de autorização administrativa prévia.

Achou-se ainda por bem proceder à distinção entre depósitos de sucata e parques de sucata, sendo estes últimos definidos como as áreas destinadas à instalação ordenada de depósitos.

Considerou-se que os depósitos de sucata só poderiam estabelecer-se em parques de sucata, sendo estes últimos localizados fora dos aglomerados urbanos, ou em parques industriais quando complementem as actividades industriais neles instaladas.

No que diz respeito aos depósitos de sucata não licenciados, concede-se, tendo em conta o novo enquadramento jurídico, um prazo de 60 dias para o respectivo registo na câmara municipal, de modo a possibilitar o levantamento correcto da situação existente.

Finalmente, reforçam-se os meios de controlo do funcionamento dos depósitos de sucata, atribuindo competências fiscalizadoras não apenas às câmaras municipais, mas também ao Instituto dos Resíduos, à Inspecção-Geral do Ambiente e às direcções regionais do ambiente.

Foi ouvida a Associação Nacional de Municípios Portugueses.

Assim:

Nos termos da alínea *a*) do n.º 1 do artigo 198.º da Constituição, o Governo decreta o seguinte:

CAPÍTULO I
Disposições gerais

ARTIGO 1.º
Âmbito

1 — O presente diploma visa regular a localização dos parques de sucata e o licenciamento da instalação e ampliação de depósitos de sucata, com o objectivo de promover um correcto ordenamento do território, evitar a degradação da paisagem e do ambiente e proteger a saúde pública.

2 — O regime previsto não se aplica a resíduos sujeitos a legislação especial, nomeadamente resíduos perigosos, radioactivos, hospitalares, urbanos ou industriais, bem como a resíduos submetidos a armazenagem ou reciclagem no contexto de qualquer actividade sujeita a licenciamento industrial.

3 — O disposto no presente diploma não prejudica a aplicação das regras gerais a que estão sujeitas as operações de gestão de resíduos.

Artigo 2.º
Definições

Para efeitos do presente diploma, entende-se por:

a) Depósito de sucata — local ou unidade de armazenagem de resíduos de materiais ou equipamentos usados, incluindo ferro--velho e veículos em fim de vida;
b) Parque de sucata — área destinada especificamente à instalação planeada de um ou mais depósitos de sucata;
c) Parque industrial — área definida nos termos da alínea a) do artigo 2.º do Decreto-Lei n.º 232/92, de 22 de Outubro.

Artigo 3.º
Localização dos parques de sucata

1 — Quando exista plano municipal de ordenamento do território (PMOT) eficaz, os parques de sucata têm de localizar-se, obrigatoriamente, em zonas que sejam exteriores aos perímetros urbanos delimitados naqueles instrumentos de planeamento territorial.

2 — Quando o PMOT não preveja a localização de qualquer par-que de sucata, a câmara municipal interessada deve promover a alteração do PMOT, nos termos do n.º 1 do artigo 20.º do Decreto-Lei n.º 69/90, de 2 de Março, na redacção conferida pelo Decreto-Lei n.º 155/97, de 24 de Junho, ou elaborar um PMOT de outro tipo.

3 — Na ausência de PMOT eficaz, a aprovação da localização de qualquer parque de sucata pela câmara municipal deve ser precedida dos pareceres vinculativos da comissão de coordenação regional e da direcção regional do ambiente da respectiva área, enviando para o efeito cópia integral do processo.

4 — Para efeitos do disposto no número anterior, os parques de sucata devem localizar-se em zonas que sejam exteriores aos aglomerados urbanos, delimitados nos termos do artigo 62.º do Decreto-Lei n.º 794/76, de 5 de Novembro.

5 — Os pareceres referidos no n.º 3 devem ser emitidos no prazo de 30 dias a contar da data da recepção do processo, considerando-se a sua não emissão como parecer favorável.

Artigo 4.º
Condicionamentos de implantação

1 — A área de implantação dos parques de sucata deve incluir uma orla periférica com uma cortina arbórea ou arbustiva que impeça a sua visibilidade do exterior com, pelo menos, 3 m de altura.

2 — Até a cortina arbórea ou arbustiva atingir a altura mínima exigida no número anterior, deve ser complementada por vedação amovível adequada.

3 — Os parques de sucata devem ainda dispor, no seu interior, de uma zona de protecção circundante com a largura de 5 m contados desde a linha limite da cortina arbórea, na qual é proibido o depósito de qualquer tipo de resíduos.

4 — A sobreposição de materiais em área não coberta não pode atingir altura superior à da cortina envolvente.

Artigo 5.º
Categorias específicas de resíduos e condições de armazenagem

1 — Os depósitos de sucata só podem admitir equipamento com bifenilos policlorados (PCB), óleos usados, material com clorofluoro carbonetos (CFC) e baterias ou outros resíduos perigosos quando façam parte integrante e resultem do desmantelamento de sucata admitida.

2 — Nos depósitos de sucata devem existir áreas especialmente previstas para operações de desmonte da sucata e armazenagem temporária de resíduos perigosos, devendo tais zonas ser objecto de impermeabilização adequada e das demais condições necessárias para garantir a eficiente recolha e armazenagem temporária de efluentes ou outros produtos poluentes.

3 — Toda a sucata recebida num depósito de sucata deve ser imediatamente submetida, antes de quaisquer outras operações, à respectiva descontaminação, designadamente por via da remoção e separação de todos os resíduos perigosos.

4 — Todos os resíduos originados nos termos do número anterior devem ser entregues pelo titular do depósito de sucata às entidades autorizadas para a sua armazenagem, tratamento, valorização ou eliminação, nos termos do Decreto-Lei n.º 239/97, de 9 de Setembro.

5 — A armazenagem dos resíduos nos depósitos de sucata a que se refere o número anterior apenas é permitida nos termos legalmente estabelecidos e até atingir quantidades mínimas que viabilizem o seu transporte.

6 — A armazenagem dos resíduos nos depósitos de sucata deve sempre processar-se por forma a evitar a contaminação dos solos e a degradação da qualidade da água e do ar.

7 — É proibida, nos termos da legislação em vigor, a queima nos depósitos de sucata de pneus usados, óleos usados, cabos eléctricos e quaisquer outros tipos de resíduos.

CAPÍTULO II
Processo de licenciamento dos depósitos de sucata

Artigo 6.º
Localização dos depósitos de sucata

Os depósitos de sucata só podem ser instalados:
a) Em parques de sucata de iniciativa das câmaras municipais;
b) Em parques industriais previstos em PMOT eficaz, desde que sejam compatíveis com os seus regulamentos de constituição e complementem as actividades industriais neles instaladas.

Artigo 7.º
Licenciamento municipal

1 — A instalação ou ampliação de depósitos de sucata está sujeita a licenciamento municipal, mediante requerimento dirigido ao presidente da câmara municipal, a instruir nos termos do artigo 8.º

2 — Compete à câmara municipal promover, no prazo de cinco dias a contar da recepção do requerimento, consultas às entidades que, nos termos da legislação em vigor, devam emitir parecer.

3 — Os pareceres referidos nos números anteriores têm carácter vinculativo, devendo ser emitidos no prazo de 30 dias a contar da data de recepção do processo, considerando-se a sua não emissão como parecer favorável.

Artigo 8.º
Instrução do pedido

1 — Do pedido de licenciamento devem constar o nome e a sede ou domicílio do requerente, bem como a indicação da qualidade, designadamente, de proprietário, usufrutuário, locatário, titular do direito de uso, superficiário ou mandatário.

2 — O requerimento deve ser apresentado em duplicado, sendo a cópia devolvida ao requerente depois de nela se ter aposto nota da recepção do original devidamente datada.

3 — O pedido de licenciamento é instruído com os seguintes elementos:
a) Documento comprovativo da legitimidade do requerente;
b) Memória descritiva e justificativa esclarecendo devidamente a pretensão, os métodos de prevenção e de redução da poluição e

ainda o tipo e quantidade de sucata a depositar e área prevista para o depósito;

c) Planta de localização à escala entre 1:25000 e 1:50000, com indicação do local onde se pretende localizar o depósito de sucata;

d) Planta à escala entre 1:1000 e 1:5000, com definição da implantação do depósito de sucata, com todas as cotas de implantação, bem como explicitação de todas as áreas e parâmetros relativos às construções previstas;

e) Fotografias em número e dimensão suficientes para identificar com clareza as características e condições do terreno a ocupar, quando possível.

4 — Sempre que a instalação ou ampliação do depósito de sucata exija a realização de obras sujeitas a licenciamento municipal, deve o requerente instruir o pedido referido no n.º 1 do artigo 7.º com os elementos necessários à aprovação do projecto de obras, aplicando-se o regime jurídico do licenciamento de obras particulares.

5 — Nos casos em que houver lugar ao licenciamento de obras, o requerente poderá solicitar à câmara municipal que ambos os processos de licenciamento ocorram simultaneamente ou que seja constituído um processo unitário, sem prejuízo dos elementos que devem instruir cada um dos processos.

ARTIGO 9.º
Deliberação final

1 — A câmara municipal delibera sobre o pedido de licenciamento de depósitos de sucata no prazo máximo de 30 dias a contar da data da recepção dos pareceres das entidades consultadas ou do termo do prazo estabelecido para a emissão dos mesmos.

2 — A falta de deliberação no prazo referido no número anterior vale como indeferimento do pedido.

ARTIGO 10.º
Indeferimento

O pedido de licenciamento de depósitos de sucata é indeferido com base nos seguintes fundamentos:

a) Quando pretenda a sua localização em termos contrários ao disposto no artigo 6.º;

b) Quando na instalação do depósito de sucata não sejam observados os parâmetros definidos na regulamentação do parque de sucata ou do parque industrial;
c) Quando os pareceres mencionados no n.º 2 do artigo 7.º sejam desfavoráveis.

ARTIGO 11.º
Licença e respectivo alvará

1 — A licença de instalação de depósitos de sucata é titulada pelo respectivo alvará.

2 — A deliberação que tiver licenciado a instalação ou ampliação de depósito de sucata caduca se no prazo de 60 dias a contar da data da sua notificação não for requerida a emissão do respectivo alvará.

3 — O alvará contém a especificação dos seguintes elementos:
a) Identificação do titular do alvará;
b) Identificação do prédio onde se procederá à instalação ou ampliação do depósito de sucata;
c) Enquadramento nos instrumentos de planeamento territorial em vigor, quando existam;
d) Tipo de sucatas a depositar;
e) Métodos de prevenção e redução da poluição;
f) Precauções a tomar em matéria de segurança;
g) Outros condicionamentos do licenciamento.

4 — O alvará pode, ainda, especificar o volume máximo de sucata a armazenar.

5 — O titular do alvará deve manter em local bem visível do depósito de sucata, e durante todo o tempo em que se encontre em actividade, um aviso a publicitar a sua emissão.

ARTIGO 12.º
Caducidade da licença

A licença de instalação ou ampliação de depósitos de sucata caduca se no prazo de um ano a contar da data da sua emissão o depósito de sucata não for instalado ou ampliado, sendo o respectivo alvará apreendido pela câmara municipal.

ARTIGO 13.º
Precariedade da licença

1 — A licença para instalação ou ampliação de depósitos de sucata é concedida a título precário, pelo prazo de sete anos.

2 — A licença pode ser renovada por prazos sucessivos de três anos, devendo ser requerida com, pelo menos, 60 dias de antecedência em relação ao termo do seu prazo de validade.

CAPÍTULO III
Fiscalização e sanções

ARTIGO 14.º
Nulidade do licenciamento

1 — São nulos e de nenhum efeito os actos administrativos que decidam pedidos de licenciamento em violação do disposto no presente diploma.

2 — O município é responsável, nos termos gerais, pela reparação dos prejuízos causados em resultado da nulidade do licenciamento, bem como pela reposição do terreno na situação anterior.

ARTIGO 15.º
Competência para fiscalizar

1 — Sem prejuízo do preceituado no artigo seguinte, às câmaras municipais compete fiscalizar o cumprimento do disposto no presente diploma.

2 — Ao Instituto dos Resíduos, à Inspecção-Geral do Ambiente e às direcções regionais do ambiente compete a fiscalização da instalação ou ampliação de depósitos de sucata em matéria de preservação do ambiente e da paisagem.

3 — Os titulares de depósitos de sucata são obrigados a facilitar a qualquer das entidades referidas nos números anteriores a entrada nas suas instalações e a fornecer-lhes as informações que sejam solicitadas.

4 — Todos os depósitos de sucata são submetidos a fiscalização anual.

Artigo 16.º
Contra-ordenações

1 — Constituem contra-ordenações os seguintes comportamentos, puníveis com coimas de 50000$00 a 750000$00 para pessoas singulares e até ao limite de 9000000$00 para pessoas colectivas:

a) A instalação ou ampliação de depósitos de sucata sem prévia licença da câmara municipal;
b) A violação dos condicionamentos de implantação previstos no artigo 4.º;
c) O não cumprimento do disposto no artigo 5.º;
d) A instalação ou ampliação de depósitos de sucata em desconformidade com as condições fixadas no alvará de licenciamento;
e) A não afixação no prédio ou afixação de forma não visível por parte do titular do alvará do aviso que o publicita;
f) O não cumprimento da ordem de reposição do terreno na situação anterior à infracção, nos termos do artigo 20.º do presente diploma

2 — A tentativa e a negligência são puníveis.

3 — A instrução dos procedimentos de contra-ordenação e a aplicação das coimas e sanções acessórias competem às entidades fiscalizadoras, nos termos do artigo 15.º do presente diploma.

Artigo 17.º
Produto das coimas

1 — A afectação do produto das coimas faz-se da seguinte forma:
a) 60% para o Estado;
b) 40% para a entidade competente para a aplicação da coima, constituindo receita própria.

2 — O produto das coimas aplicadas pelas câmaras municipais constitui receita dos municípios.

Artigo 18.º
Sanções acessórias

Quando a gravidade das infracções às disposições do presente diploma o justifique, podem ser aplicadas as seguintes sanções acessórias, nos termos da lei geral:

a) Perda dos materiais a favor das entidades fiscalizadoras;
b) Interdição do exercício da actividade no município, por um período até dois anos.

Artigo 19.º
Cessação de acções

1 — Independentemente do processamento das contra-ordenações e da aplicação das coimas, a câmara municipal pode notificar a entidade licenciada para cessar, no prazo fixado para o efeito, as actividades desenvolvidas em violação do disposto no presente diploma.

2 — Caso o incumprimento persista, deve a câmara municipal cancelar a licença e apreender o respectivo alvará.

Artigo 20.º
Obrigação de reposição

1 — Finda ou cancelada a respectiva licença, os titulares dos depósitos de sucata têm a obrigação de repor o terreno na situação anterior à instalação daqueles, sem direito a qualquer indemnização ou restituição.

2 — A câmara municipal pode determinar que o terreno seja reposto na situação anterior, fixando para o efeito o respectivo prazo.

3 — No caso de inobservância do número anterior, é aplicado o disposto na alínea a) do artigo 18.º, substituindo-se a câmara municipal ao particular na reposição da situação anterior, por conta dele.

4 — A ordem de reposição é antecedida de audição do interessado, que dispõe de 10 dias a contar da data da sua notificação para se pronunciar.

5 — As quantias relativas às despesas a que se refere o presente artigo, quando não forem pagas voluntariamente no prazo de 30 dias a contar da respectiva notificação, são cobradas judicialmente, em processo de execução fiscal, nos termos do artigo 155.º, n.º 1, do Código do Procedimento Administrativo, aprovado pelo Decreto-Lei n.º 442/91, de 15 de Novembro, com as alterações introduzidas pelo Decreto-Lei n.º 6/96, de 31 de Janeiro, servindo de título executivo a certidão, passada pelos serviços, donde conste o quantitativo global das despesas.

CAPÍTULO IV
Disposições finais e transitórias

Artigo 21.º
Legalização de depósitos de sucata

1 — Os depósitos de sucata já instalados e que não tenham sido objecto de licenciamento podem ser legalizados nos termos dos números seguintes.

2 — Os titulares dos depósitos de sucata referidos no número anterior devem, no prazo de 60 dias após a entrada em vigor do presente diploma, efectuar o respectivo registo junto da câmara municipal e juntar os elementos referidos no artigo 8.º, com as necessárias adaptações.

3 — Nos casos em que se tenha procedido a registo, deve a câmara municipal, no prazo de 30 dias:

   a) Licenciar os depósitos de sucata que preencham as condições de localização constantes do artigo 6.º;
   b) Notificar os titulares dos depósitos de sucata não licenciados ao abrigo da alínea anterior para que apresentem à câmara municipal, no prazo de 90 dias a contar da notificação, o respectivo pedido de transferência e licenciamento em local adequado, nos termos do presente diploma, podendo a notificação indicar eventuais locais alternativos.

4 — Os depósitos de sucata referidos no n.º 1 do presente artigo e que não tenham sido objecto de registo, ou cujos titulares se recusem a receber a notificação referida na alínea b) do número anterior, ou que não apresentem o respectivo pedido de licenciamento aí mencionado, ou quando este seja indeferido, ou ainda que, tendo obtido esse licenciamento, não tenham sido efectivamente transferidos para local adequado no prazo de 90 dias a contar da atribuição da licença, prazo esse reduzido para 60 dias no caso de depósitos de sucata instalados dentro de perímetros ou aglomerados urbanos, serão encerrados pelos seus titulares no prazo de 30 dias a contar da verificação do referido facto, devendo os mesmos proceder à reposição do terreno na situação anterior.

5 — Os depósitos de sucata que não sejam encerrados pelos respectivos titulares nos termos do número anterior serão encerrados pela câmara municipal ou, subsidiariamente, por qualquer das entidades competentes para a fiscalização do presente diploma, a executar em colaboração com as entidades policiais, procedendo-se à transfe-

rência da sucata para local adequado e à reposição do terreno na situação anterior, sempre a expensas do titular.

6 — No caso de não pagamento voluntário das despesas referidas no número anterior, aplica-se, com as necessárias adaptações, o disposto no n.º 5 do artigo 20.º

7 — As licenças emitidas anteriormente à data da entrada em vigor do presente diploma são renovadas nos termos do artigo 13.º

8 — Em casos de especial relevância, devidamente justificados, poderá o Ministro do Equipamento, do Planeamento e da Administração do Território prorrogar os prazos previstos nos n.ºs 1 a 4.

Artigo 22.º
Parques de sucata em criação

1 — Nos municípios onde já esteja em curso a criação de parques de sucata, os titulares de depósitos de sucata existentes devem efectuar o registo constante do n.º 2 do artigo 21.º e, simultaneamente, podem requerer a sua transferência para o parque.

2 — Na situação prevista no número anterior ficam os titulares obrigados a proceder à transferência para o parque no prazo de 60 dias a contar da data de recepção da notificação da câmara municipal nesse sentido, sob pena de os depósitos de sucata serem encerrados nos termos do n.º 5 do artigo 21.º

3 — Caso se verifique a opção pela transferência, as respectivas condições de acesso ao parque de sucata são definidas na notificação prevista no número anterior.

Artigo 23.º
Financiamento

As câmaras municipais que, justificadamente, não possam proceder por si à instalação de parques de sucata podem candidatar-se ao financiamento previsto no Decreto-Lei n.º 384/87, de 24 de Dezembro, sem prejuízo de outras formas de apoio, nomeadamente no âmbito da União Europeia.

Artigo 24.º
Revogação

É revogado o Decreto-Lei n.º 117/94, de 3 de Maio.

Artigo 25.º
Entrada em vigor

O presente diploma entra em vigor 30 dias após a data da sua publicação.

Visto e aprovado em Conselho de Ministros de 9 de Julho de 1998. — *António Manuel de Oliveira Guterres — António Luciano Pacheco de Sousa Franco — João Cardona Gomes Cravinho — José Eduardo Vera Cruz Jardim — Joaquim Augusto Nunes de Pina Moura — Elisa Maria da Costa Guimarães Ferreira.*

Promulgado em 18 de Agosto de 1998.

Publique-se.

O Presidente da República, Jorge Sampaio.

Referendado em 20 de Agosto de 1998.

Pelo Primeiro-Ministro, *Jaime José Matos da Gama*, Ministro dos Negócios Estrangeiros.

2.3. Resíduos para valorização

2.3.1. Utilização agrícola 687
2.3.2. Alimentação animal 701
2.3.3. Produção de energia 763

2.3.1. Utilização agrícola

2.3.1.1. Utilização agrícola de lamas de depuração (Decreto-lei n.º 446/91, de 22 de Novembro) 689
2.3.1.2. Valores-limite de metais pesados (Portaria n.º 176/96, de 3 de Outubro) 697

Utilização agrícola de lamas de depuração

Decreto-Lei n.º 446/91
de 22 de Novembro

O presente diploma tem por objectivo transpor a Directiva n.º 86/278/CEE, do Conselho, de 12 de Junho, relativa à utilização agrícola das lamas de depuração, de modo a evitar os efeitos nocivos sobre o homem, os solos, a vegetação, os animais e o ambiente em geral, ao mesmo tempo que se pretende encorajar a sua correcta utilização. Esta preocupação adquire agora maior acuidade em virtude da necessidade de adequar a legislação portuguesa às regras comunitárias. Só agora as Comunidades Europeias começam a legislar no âmbito da protecção dos solos, constituindo o presente diploma o primeiro passo dado entre nós para regulamentar a matéria.

Teve-se em consideração que as lamas, pelo seu teor em matéria orgânica, nutrientes e, em alguns casos, o valor de pH, podem ser consideradas correctivos e ou fertilizantes. Por um lado, a utilização dessas características na agricultura constitui uma espécie de reciclagem, reutilizando factores produtivos onde fazem falta e retirando-os de locais onde constituem poluição, por excederem a capacidade de assimilação do meio (eutrofia). Por outro lado, não pode esquecer-se que certos metais pesados são perigosos quer para o homem, quer para as plantas, através da sua presença nos produtos alimentares, o que obriga à fixação de valores limites obrigatórios para tais elementos no solo. Por isso se proíbe a aplicação de lamas sempre que a concentração daqueles elementos nos solos ultrapasse esses valores limites e se condiciona a sua adição através da fixação de quantidades máximas anuais de metais pesados a introduzir nos solos.

Assim:

Nos termos da alínea *a*) do n.º 1 do artigo 201.º da Constituição, o Governo decreta o seguinte:

ARTIGO 1.º
Objectivo e âmbito

1 — O presente diploma transpõe para a ordem jurídica nacional a Directiva n.º 86/278/CEE, do Conselho, de 12 de Junho, relativa à utilização das lamas de depuração na agricultura, por forma a evitar efeitos nocivos no homem, na água, nos solos, na vegetação e nos animais, promovendo a sua correcta utilização.

2 — As lamas de depuração provenientes de estações de tratamento de águas residuais domésticas ou urbanas ou outras de composição similar só podem ser utilizadas em conformidade com o disposto no presente diploma.

ARTIGO 2.º
Definições

Para os efeitos do presente diploma, entende-se por:
a) Lamas de depuração:
  As lamas provenientes de estações de tratamento de águas residuais domésticas ou urbanas e de outras estações de tratamento de águas residuais de composição similar às águas residuais domésticas e urbanas;
  As lamas de fossas sépticas e de outras instalações similares para o tratamento de águas residuais;
  As lamas provenientes de estações de tratamento de águas residuais de actividades agro-pecuárias;
b) Lamas tratadas — as lamas tratadas por via biológica, química ou térmica, por armazenagem a longo prazo ou por qualquer outro processo com o objectivo de eliminar todos os microrganismos patogénicos que ponham em risco a saúde pública e reduzir significativamente o seu poder de fermentação, de modo a evitar a formação de odores desagradáveis;
c) Utilização — a disseminação das lamas sobre o solo ou qualquer outra aplicação das lamas sobre e no solo;
d) Solo inculto — terreno agrícola que foi abandonado, não se prevendo o seu reaproveitamento agrícola.

ARTIGO 3.º
Aplicação de lamas em solos agrícolas

1 — Sem prejuízo do disposto na alínea b) do artigo 4.º, só podem ser utilizadas em agricultura lamas tratadas.

2 — Os valores permitidos para os elementos que entram na composição dos solos receptores de lamas e das lamas destinadas à aplicação agrícola, bem como os respectivos métodos de aplicação, são fixados por portaria conjunta dos Ministros da Agricultura, Pescas e Alimentação e do Ambiente e Recursos Naturais.

3 — Os valores relativos à concentração de metais pesados nas lamas destinadas à aplicação agrícola deverão ser considerados como indicativos.

4 — Com base nos valores relativos à concentração de metais pesados nas lamas definidos no número anterior, a quantidade de lamas a aplicar anualmente por hectare poderá ser de 6 t, sendo possível que valores de concentração de metais pesados nas lamas menores permitirão aplicação de maiores quantidades de lamas, assim como maiores valores de concentração implicarão menores taxas de aplicação, com vista ao cumprimento do disposto na portaria a que se refere o n.º 2.

5 — A aplicação de lamas deve fazer-se sobre solos bem desenvolvidos e profundos, tendo em conta as necessidades nutricionais das plantas, por forma a proteger adequadamente a qualidade do solo e das águas superficiais e subterrâneas.

6 — A aplicação superficial de lamas deve ser acompanhada de uma zona de separação adequada das povoações, escolas ou zonas de interesse público, de modo a evitar possíveis efeitos sobre a população, devendo a referida zona de separação compreender 100 m a casas individuais ou 200 m a povoações ou outros locais, podendo estas distâncias ser reduzidas se existir permissão escrita dos indivíduos afectados ou dos seus representantes.

7 — A aplicação de lamas deve ter em atenção uma distância mínima de 50 m a poços e furos exclusivamente utilizados para rega, sendo a distância mínima a captações de água para consumo de 100 m.

8 — As lamas devem ser incorporadas no solo no máximo dois dias após a sua aplicação.

9 — O espalhamento de lamas em solos incultos fica condicionado às disposições constantes no número anterior.

Artigo 4.º
Restrições à aplicação de lamas

Os organismos regionais do Ministério da Agricultura, Pescas e Alimentação e do Ministério do Ambiente e Recursos Naturais encarregados da gestão dos recursos hídricos podem, conjuntamente, licenciar:

a) A aplicação de lamas tratadas em solos com pH inferior a 5,5;
b) A injecção ou enterramento no solo de lamas não tratadas.

Artigo 5.º
Proibição da aplicação de lamas

1 — É proibida a utilização de lamas quando a concentração de um ou vários metais pesados nos solos ultrapasse os valores limites fixados na portaria a que se refere o n.º 2 do artigo 3.º

2 — É proibida a utilização de lamas quando as quantidades de metais pesados introduzidos no solo, por unidade de superfície, numa média de 10 anos, ultrapassarem os valores limites fixados na portaria referida no número anterior.

3 — É proibida a utilização ou a entrega de lamas destinadas a serem utilizadas:
   a) Em prados ou culturas forrageiras, dentro das três semanas imediatamente anteriores à apascentação do gado ou à colheita de culturas forrageiras;
   b) Em culturas hortícolas e frutícolas, com excepção das culturas de árvores de fruto, durante o período vegetativo;
   c) Em solos destinados a culturas hortícolas ou frutícolas, que estejam normalmente em contacto directo com o solo e que sejam normalmente consumidas em cru, durante um período de 10 meses antes da colheita e durante a colheita.

4 — É proibida a aplicação de lamas em margens de rios ou lagos, nos termos do Decreto-Lei n.º 468/71, de 5 de Novembro.

5 — É proibido espalhar lamas sob condições climatéricas adversas, designadamente em situações de alta pluviosidade.

Artigo 6.º
Análises a efectuar

1 — É obrigatória a análise das lamas e solos sobre os quais elas são utilizadas.

2 — As análises a que se refere o número anterior devem obedecer a critérios a fixar por portaria conjunta dos Ministros da Agricultura, Pescas e Alimentação e do Ambiente e Recursos Naturais.

Artigo 7.º
Dever de informação

1 — Os produtores de lamas de depuração são obrigados a fornecer semestralmente ao director regional do ambiente e recursos naturais da comissão de coordenação regional competente em razão da área do local da sua actividade as seguintes informações:

a) A quantidade total de lamas produzidas e a quantidade de lamas entregues para fins agrícolas e outros;
b) A composição e as características das lamas, em relação à portaria referida no artigo anterior;
c) O tipo de tratamento efectuado, tal como definido no n.º 2 do artigo 2.º;
d) Os nomes e endereços dos destinatários das lamas e os locais, por estes indicados, de utilização das mesmas.

2 — Os produtores ficam também obrigados a fornecer aos utilizadores, sempre que solicitadas, todas as informações referidas na citada portaria, bem como a data mais recente em que tais informações foram recolhidas.

3 — As comissões de coordenação regional comunicarão anualmente à Direcção-Geral da Qualidade do Ambiente as informações que lhes forem prestadas nos termos do n.º 1.

4 — Pode ser decidida, por razões de saúde pública ou preservação do ambiente, a realização de análises mais frequentes ou de outros parâmetros, pelos organismos competentes nessas áreas, designadamente microrganismos patogénicos.

Artigo 8.º
Contra-ordenações

1 — A infracção do disposto nos artigos 3.º a 7.º constitui contra-ordenação punível com coima:
a) De 150000$00 a 500000$00, a infracção ao disposto no artigo 3.º;
b) De 200000$00 a 500000$00, a prática, sem licença, dos actos previstos no artigo 4.º;
c) De 200000$00 a 500000$00, a infracção ao disposto no artigo 5.º;
d) De 100000$00 a 400000$00, a infracção ao disposto no artigo 6.º;
e) De 100000$00 a 400000$00, a infracção ao disposto no artigo 7.º, n.ºˢ 1 e 2.

2 — A negligência e a tentativa são puníveis.

3 — As coimas aplicadas às pessoas colectivas pelas contra-ordenações referidas nos números anteriores elevar-se-ão até ao montante máximo de 12 vezes.

Artigo 9.º
Sanções acessórias

1 — Sem prejuízo do disposto no artigo seguinte, pode o presidente da comissão de coordenação regional da área onde se detectou a infracção, após parecer do director-geral da Qualidade do Ambiente, determinar, quando necessário para a preservação do ambiente, a realização pelo infractor, dentro de período razoável, das operações adequadas, incluindo a remoção das lamas e acções adequadas à reposição da situação anterior à prática da infracção.

2 — No caso de incumprimento da obrigação decorrido o prazo que lhe for fixado na notificação, o presidente da comissão de coordenação regional competente mandará proceder às operações necessárias, sendo apresentada nota das despesas efectuadas aos agentes infractores, para cobrança.

3 — Não sendo efectuado o pagamento no prazo fixado, constitui a nota de despesas título executivo para a instauração de competente acção judicial.

Artigo 10.º
Fiscalização

A fiscalização do disposto no presente diploma compete às comissões de coordenação regional, aos organismos do Ministério do Ambiente e Recursos Naturais encarregados da gestão dos recursos hídricos, às administrações regionais de saúde e aos organismos regionais do Ministério da Agricultura, Pescas e Alimentação com competência na área da fiscalização, sem prejuízo das competências fixadas por lei a outras entidades.

Artigo 11.º
Instrução dos processos

1 — A instrução dos processos contra-ordenacionais a instaurar ao abrigo do disposto no presente diploma compete às comissões de coordenação regional.

2 — A aplicação das coimas previstas neste diploma compete ao presidente da comissão de coordenação regional da área onde se detectou a infracção.

ARTIGO 12.º
Distribuição do produto das coimas

A distribuição do produto das coimas far-se-á da seguinte forma:
a) 20% para a entidade fiscalizadora;
b) 20% para a entidade que instaure o processo;
c) 60% para o Estado.

ARTIGO 13.º
Disposições finais

O presente diploma entra em vigor a 1 de Novembro de 1991.

Visto e aprovado em Conselho de Ministros de 22 de Agosto de 1991. — *Aníbal António Cavaco Silva* — *Luís Francisco Valente de Oliveira* — *Álvaro José Brilhante Laborinho Lúcio* — *Arlindo Marques da Cunha* — *Arlindo Gomes de Carvalho* — *Carlos Alberto Diogo Soares Borrego.*

Promulgado em 24 de Outubro de 1991.

Publique-se.

O Presidente da República, MÁRIO SOARES.

Referendado em 28 de Outubro de 1991.

O Primeiro-Ministro, *Aníbal António Cavaco Silva.*

Valores-limite de metais pesados

Portaria n.º 176/96
3 de Outubro

O Dec.-Lei 466/91, de 22-11 efectuou a transposição da Directiva n.º 86/278/CEE, do Conselho, de 12-6, relativa à utilização agrícola das lamas de depuração.

Nesse normativo determinou-se que, por legislação complementar, seriam fixados os valores permitidos para a concentração de metais pesados nos solos receptores de lamas e nas lamas para utilização na agricultura como fertilizantes, bem como as quantidades máximas que poderão ser introduzidas anualmente nos solos agrícolas.

Assim:

Manda o Governo, pelos Ministros da Agricultura, do Desenvolvimento Rural e das Pescas e do Ambiente, ao abrigo do disposto no n.º 2 do art. 3.º do Dec.-Lei 446/91, de 22-11, o seguinte:

Artigo 1.º

Os valores limite de concentração de metais pesados nos solos são os definidos no quadro que constitui o anexo I à presente portaria e que dela faz parte integrante.

Artigo 2.º

Os valores limite de concentração de metais pesados nas lamas destinadas à fertilização são os definidos no quadro que constitui o anexo II à presente portaria e que dela faz parte integrante.

Artigo 3.º

Os valores limite para as quantidades de metais pesados que podem ser introduzidos nos solos cultivados, com base numa média de 10 anos, são os definidos no quadro que constitui o anexo III à presente portaria e que dela faz parte integrante.

O Ministro da Agricultura, do Desenvolvimento Rural e das Pescas, *Fernando Manuel Van-Zeller Gomes da Silva.* — A Ministra do Ambiente, *Elisa Maria da Costa Guimarães Ferreira.*

ANEXO I
Valores-limite de Concentração de Metais Pesados nos Solos
(mg/kg de matéria seca)

Parâmetros	Valores-limite em solos com		
	pH ≤ 5,5	5,5 < pH ≤ 7,0	pH > 7,0*
Cádmio	1	3	4
Cobre	50	100	200
Níquel	30	75	110
Chumbo	50	300	450
Zinco	150	300	450
Mercúrio	1	1,5	2,0
Crómio	50	200	300

* Aplicável a solos onde se efectuam culturas com fins comerciais e destinados unicamente ao consumo animal.
As Direcções regionais de Agricultura indicarão o número e a natureza dos locais em causa.

ANEXO II
Valores-limite de Concentração de Metais Pesados nas Lamas Destinadas à Agricultura
(mg/kg de matéria seca)

Parâmetros	Valores-limite
Cádmio	20
Cobre	1000
Níquel	300
Chumbo	750
Zinco	2500
Mercúrio	16
Crómio	1000

ANEXO III
Valores-limite para as Quantidades Anuais de Metais Pesados que podem ser Introduzidos nos Solos Cultivados com Base numa Média de 10 Anos
(kg/ha/ano)

Parâmetros	Valores-limite
Cádmio	0,15
Cobre	12
Níquel	3
Chumbo	15
Zinco	30
Mercúrio	0,1
Crómio	4,5

Nota justificativa

Com a publicação do Dec.-Lei 446/91, de 22-11, o Governo efectuou a transposição da Directiva n.º 86/278/CEE, do Conselho, de 12 de Junho de 1986 relativa à utilização agrícola das lamas de depuração.

Este diploma no seu artigo 6.º, determinava a necessidade de, por legislação complementar, se fixarem as regras sobre análise das lamas e dos solos.

Ora, é precisamente neste sentido que surge o presente projecto de portaria o qual visa definir os critérios a observar, tornando exequível o novo normativo a aplicar a este sector.

2.3.2. Alimentação animal

2.3.2.1. Alimentação animal (Decreto-lei n.º 161/2003, de 22 de Julho) .. 703
2.3.2.2. Controlo da alimentação animal (Decreto-lei n.º 245/99, de 28 de Junho*) 739

---

* Alterado pelo Decreto-lei n.º 247/2002, de 8 de Novembro.

Alimentação animal

Decreto-Lei n.º 161/2003
de 22 de Julho

As matérias-primas para a alimentação animal desempenham um papel importante na agricultura, no âmbito da produção, transformação e consumo dos produtos agrícolas, sendo particularmente relevantes as normas que regulam a circulação das mesmas para garantia de uma melhor transparência em toda a cadeia alimentar, melhorando a qualidade da produção agrícola e da produção pecuária.

Existe, no entanto, necessidade de uniformizar definições de matérias-primas destinadas ao fabrico de alimentos compostos para animais, a fim de se criar um conceito único em todos os Estados-membros que permita a sua circulação e utilização no interior da União Europeia.

Assim, e para se assegurar a necessária transparência em toda a cadeia alimentar e a obtenção de resultados satisfatórios no domínio da produção animal, o presente diploma abrange a circulação das matérias-primas para alimentação animal, devendo estas ser de qualidade sã, íntegra e comercializável e não representar qualquer perigo para a saúde humana e animal.

Constatando-se a existência de inúmeras matérias-primas, produtos e subprodutos comercializados e utilizados em alimentação animal, torna-se necessário, por razões práticas de coerência e eficácia jurídica, a elaboração de uma lista das principais matérias-primas utilizadas na alimentação animal, que não pode ser exaustiva dada a constante evolução da tecnologia alimentar, podendo ser alterada sempre que a evolução dos conhecimentos científicos e técnicos o justifiquem.

Estas matérias são comunitariamente reguladas pela Directiva n.º 96/25/CE, do Conselho, de 29 de Abril, relativa à circulação e utilização de matérias-primas para alimentação animal na Comunidade, que foi transposta para o ordenamento jurídico nacional pelo Decreto-

Lei n.º 181/99, de 22 de Maio, posteriormente alterado pelo Decreto-Lei n.º 133/2000, de 13 de Julho.

A Directiva n.º 2000/16/CE, do Parlamento Europeu e do Conselho, de 10 de Abril, entretanto publicada, veio alterar a citada Directiva n.º 96/25/CE, pelo que importa, também, transpor para o direito interno as alterações introduzidas, que, pela sua extensão, aconselham a publicação de um novo diploma.

Foram ouvidos os órgãos de governo próprio das Regiões Autónomas.

Assim:

Nos termos da alínea a) do n.º 1 do artigo 198.º da Constituição, o Governo decreta o seguinte:

Artigo 1.º
Objecto

O presente diploma transpõe para o ordenamento jurídico nacional a Directiva n.º 2000/16/CE, do Parlamento Europeu e do Conselho, de 10 de Abril, na parte em que altera a Directiva n.º 96/25/CE, do Conselho, de 29 de Abril, relativa à circulação de matérias-primas para alimentação animal no interior da Comunidade.

Artigo 2.º
Âmbito de aplicação

1 — O presente diploma é aplicável à circulação e à utilização de matérias-primas para alimentação animal no interior da União Europeia.

2 — As disposições do presente diploma são aplicadas sem prejuízo de outras disposições nacionais sobre alimentação animal, nomeadamente das normas da legislação veterinária sobre a matéria.

Artigo 3.º
Definições

Para efeitos do presente diploma, entende-se por:

a) «Matérias-primas para alimentação animal» os diversos produtos de origem vegetal ou animal, no seu estado natural, frescos ou conservados, bem como os produtos derivados da sua transformação industrial, e as substâncias orgânicas ou inorgânicas, com ou sem aditivos, destinados a ser utilizados na alimentação animal por via oral, quer directamente, sem transformação, quer após transformação, na preparação dos alimentos compostos para animais ou como suportes em pré-misturas;

b) «Colocação em circulação ou circulação» a detenção de matérias-primas para alimentação animal para efeitos de venda, incluindo a oferta, ou qualquer outra forma de transferência para terceiros, gratuita ou não, bem como a própria venda e as outras formas de transferência.

Artigo 4.º
Normas técnicas

São adoptadas as normas técnicas constantes do anexo do presente diploma, denominado «Normas técnicas», que dele faz parte integrante.

Artigo 5.º
Condições gerais de circulação

1 — Sem prejuízo das obrigações resultantes de outras disposições comunitárias, as matérias-primas para alimentação animal só podem ser colocadas em circulação na União Europeia se forem de qualidade sã, íntegra e comercializável.

2 — As matérias-primas para alimentação animal, quando forem colocadas em circulação ou utilizadas, não podem representar qualquer perigo para a saúde humana ou animal, ou para o ambiente, nem ser colocadas em circulação de forma que possa induzir em erro.

3 — Por despacho do director-geral de Veterinária é aprovada uma lista de substâncias cuja circulação ou utilização para alimentação animal são limitadas ou proibidas para garantir o respeito do disposto no número anterior.

4 — As matérias-primas para alimentação animal enumeradas na parte B das normas técnicas só podem ser colocadas em circulação desde que cumpram as disposições gerais aplicáveis nela previstas.

5 — As matérias-primas para alimentação animal e constantes da lista não exaustiva das principais matérias-primas, enumeradas na parte B do anexo do presente diploma, só podem ser colocadas em circulação sob as designações nela previstas e desde que correspondam às descrições indicadas.

6 — As matérias-primas para alimentação animal diferentes das constantes da lista referida no número anterior podem ser colocadas em circulação desde que circulem sob designações ou qualificativos diferentes dos enumerados no anexo do presente diploma e não sejam susceptíveis de induzir o comprador em erro quanto à verdadeira identidade do produto que lhe é oferecido.

Artigo 6.º
Declarações obrigatórias

1 — As matérias-primas para alimentação animal só podem ser colocadas em circulação se estiverem inseridas as indicações previstas no número seguinte, na língua portuguesa, num documento de acompanhamento, ou eventualmente na embalagem, recipiente, rótulo, dístico ou etiqueta, de forma visível, legível e indelével, de forma a responsabilizar o produtor, acondicionador, importador, vendedor ou distribuidor, estabelecidos na União Europeia.

2 — São indicações obrigatórias:

a) A denominação «matérias-primas para alimentação animal»;

b) A designação da matéria-prima para alimentação animal e, eventualmente, as outras indicações previstas nos n.ºs 3 e 4 do artigo 5.º;

c) Para as matérias-primas constantes da parte B do anexo do presente diploma, as informações indicadas na coluna relativa às «Declarações obrigatórias» dessa mesma parte do anexo;

d) Para as matérias-primas não constantes da parte B do anexo do presente diploma, as informações indicadas na coluna relativa às «Matérias-primas para alimentação animal» do quadro da parte C do referido anexo;

e) As indicações previstas na parte A do anexo do presente diploma, quando aplicáveis;

f) A quantidade líquida expressa em unidades de massa para os produtos sólidos e em unidades de massa ou de volume para os produtos líquidos;

g) O nome ou a denominação social e o endereço ou a sede social do estabelecimento produtor e o número de aprovação, bem como o número de referência do lote ou qualquer outra indicação que permita seguir o percurso da matéria-prima, quando o estabelecimento deva ser aprovado ao abrigo do disposto na Portaria n.º 965/92, de 10 de Outubro, com as alterações que lhe foram introduzidas pela Portaria n.º 25/94, de 8 de Janeiro, bem como em medidas comunitárias incluídas numa lista a elaborar nos termos comunitariamente previstos;

h) O nome ou a denominação social e o endereço ou a sede social do responsável pelas indicações de rotulagem se não se tratar do produtor referido na alínea anterior.

3 — Se um lote for objecto de fraccionamento durante a circulação, as indicações previstas no número anterior, com uma referência ao lote inicial, devem constar da embalagem, recipiente, rótulo, dístico ou etiqueta ou do documento de acompanhamento de cada uma das fracções do lote.

4 — Sempre que a composição da matéria-prima para alimentação animal for alterada durante a circulação, as indicações referidas no n.º 1 devem ser alteradas em conformidade, sob a responsabilidade da pessoa que fornece as novas indicações.

Artigo 7.º
Declarações facultativas

1 — Além das referidas no artigo anterior, podem ser fornecidas outras informações, igualmente na língua portuguesa, no documento de acompanhamento, embalagem, rótulo, dístico ou etiqueta, desde que digam respeito a elementos objectivos ou quantificáveis que possam ser justificáveis e não induzam o consumidor em erro.

2 — As informações referidas no número anterior devem estar separadas das informações referidas no n.º 1 do artigo anterior.

3 — Para as quantidades de matérias-primas para alimentação animal inferiores ou iguais a 10 kg destinadas ao utilizador final, as indicações referidas no n.º 1 do artigo anterior e nos n.ºs 1 e 2 do presente artigo podem ser transmitidas ao comprador no local de venda por meio de um aviso adequado.

Artigo 8.º
Condições especiais de circulação

1 — As matérias-primas para alimentação animal com um teor em substâncias ou produtos indesejáveis superior aos valores autorizados para as matérias-primas para alimentação animal ao abrigo da legislação relativa às substâncias e produtos indesejáveis nos alimentos simples, matérias-primas e alimentos compostos destinados à alimentação animal só podem ser postas em circulação desde que se

destinem a ser utilizadas em estabelecimentos aprovados de alimentos compostos para animais inscritos numa lista nacional nos termos previstos no Decreto-Lei n.º 216/99, de 15 de Junho.

2 — As matérias-primas para alimentação animal nas condições do n.º 1 só podem ser colocadas em circulação se, para além das indicações obrigatórias constantes do n.º 2 do artigo 6.º, constar igualmente, na língua portuguesa, no documento de acompanhamento, embalagem, recipiente, rótulo, dístico ou etiqueta a seguinte menção obrigatória: «Matéria-prima para alimentação animal destinada a estabelecimentos aprovados que fabricam alimentos compostos para animais».

3 — O disposto nas alíneas c) e d) do n.º 2 do artigo 6.º e nos n.ºs 2 e 3 da secção V da parte A do anexo do presente diploma não é exigido nos seguintes casos:

a) Se antes de cada transacção o comprador renunciar por escrito a essas informações;
b) Sem prejuízo do disposto no Decreto-Lei n.º 175/92, de 13 de Agosto, e na Portaria n.º 965/92, de 10 de Outubro, quando se trate da colocação em circulação de matérias-primas para alimentação animal, de origem vegetal ou animal, frescas ou conservadas, submetidas ou não a um tratamento físico simples, em quantidades inferiores ou iguais a 10 kg, destinadas a animais de companhia e entregues directamente ao utilizador final por um vendedor estabelecido no mesmo Estado membro.

4 — Sempre que, no caso das matérias-primas para alimentação animal provenientes de países terceiros e colocados pela primeira vez em circulação na União Europeia, não tiver sido possível fornecer as garantias de composição requeridas nas alíneas c) e d) do n.º 2 do artigo 6.º e nos n.ºs 2 e 3 da secção V da parte A do anexo, por não existirem meios que assegurem as medidas analíticas necessárias no país de origem das referidas matérias-primas, é admitido que o estabelecimento produtor referido na alínea g) do n.º 2 do artigo 6.º forneça dados provisórios de composição desde que:

a) As autoridades competentes encarregadas dos controlos sejam previamente informadas da chegada das matérias-primas;
b) Os dados definitivos referentes à composição sejam fornecidos ao comprador e às autoridades competentes no prazo de 10 dias úteis a contar da data de chegada à União Europeia;
c) As indicações referentes à composição constantes da documentação sejam acompanhadas das seguintes menções, em

caracteres a negro: «Dados provisórios a confirmar por ... [nome e morada do laboratório mandatado para as análises], relativos a ... [número de referência da amostra a analisar], até ... [indicação da data]»;
  d) A Comissão da União Europeia seja informada das circunstâncias em que foi aplicada a disposição prevista no presente número.

5 — Sem prejuízo do disposto no Decreto-Lei n.º 175/92, de 13 de Agosto, e na Portaria n.º 965/92, de 10 de Outubro, as indicações referidas no n.º 2 do artigo 6.º não são exigidas se se tratar de produtos de origem vegetal ou animal, no estado natural, frescos ou conservados, sujeitos ou não a um tratamento físico simples sem aditivos, excepto conservantes, cedidos por um agricultor/produtor a um criador/utilizador, desde que ambos estejam estabelecidos no território nacional.

6 — As indicações referidas nas alíneas c), d), e) e f) do n.º 2 do artigo 6.º e na parte A do anexo do presente diploma não são exigidas se se tratar da circulação de subprodutos de origem vegetal ou animal resultantes de um processo de transformação agro-industrial com um teor de água superior a 50%.

ARTIGO 9.º
Fiscalização e controlo

1 — A fiscalização do cumprimento das disposições do presente diploma compete:
  a) À Direcção-Geral de Veterinária (DGV) e às direcções regionais de agricultura (DRA) na fase de circulação e utilização de matérias-primas para alimentação animal a que se refere o presente diploma;
  b) À Inspecção-Geral das Actividades Económicas (IGAE), sem prejuízo das autoridades referidas na alínea anterior, na fase da comercialização daquelas matérias-primas.

2 — As entidades referidas no número anterior tomam, nos termos da legislação em vigor e dentro da área das respectivas competências, todas as disposições úteis para que durante a circulação e utilização das matérias-primas para alimentação animal seja efectuado, pelo menos por amostragem, um controlo oficial da observância das condições previstas no presente diploma.

3 — A colheita das amostras para verificar se as matérias-primas para alimentação animal estão conforme a composição declarada

pode ser feita em qualquer fase da colocação em circulação ou na utilização das matérias-primas.

4 — Para cumprimento do disposto no número anterior são utilizados os métodos oficiais definidos em norma portuguesa, relativos à colheita de amostras para análise e preparação de amostras.

5 — Para análise das amostras de matérias-primas para alimentação animal são utilizados os métodos oficiais de análise definidos em norma portuguesa ou, por força das disposições comunitárias, em diploma legal.

6 — Na ausência daqueles métodos, o Laboratório Nacional de Investigação Veterinária estabelece os métodos de análise a utilizar, com carácter transitório, até à publicação do método oficial.

7 — Se, na sequência do controlo oficial efectuado nos termos do presente artigo, forem detectadas discrepâncias entre o resultado analítico do controlo efectuado e o teor declarado susceptíveis de diminuir o valor da matéria-prima para alimentação animal, são admitidas as tolerâncias constantes da secção VII da parte A do anexo.

Artigo 10.º
Contra-ordenações

1 — Constituem contra-ordenações puníveis com coima cujo montante mínimo é de € 250 e o máximo de € 3740 ou € 44890, consoante o agente seja pessoa singular ou colectiva:

   a) A colocação em circulação de matérias-primas para alimentação animal que não apresentem qualidade adequada à sua utilização, não respeitando o disposto no presente diploma;
   b) A comercialização e a utilização de matérias-primas para alimentação animal que apresentem perigo para a saúde animal ou para a saúde pública;
   c) A comercialização de matérias-primas para alimentação animal feita de forma a induzir em erro os agentes económicos que os comercializam e os utilizadores finais;
   d) A colocação em circulação de matérias-primas para alimentação animal sob designações não permitidas pelo presente diploma;
   e) A circulação de matérias-primas para alimentação animal em desconformidade com o disposto nos artigos 5.º e 8.º do presente diploma;
   f) A comercialização de matérias-primas para alimentação animal sem que estejam inseridas na embalagem, recipiente,

rótulo, dístico ou etiqueta as declarações obrigatórias constantes no presente diploma ou quando estas ou as facultativas sejam inseridas em desconformidade com o previsto nos seus artigos 6.º e 7.º

2 — A negligência e a tentativa são sempre puníveis.

ARTIGO 11.º
Sanções acessórias

1 — Consoante a gravidade da contra-ordenação e a culpa do agente, podem ser aplicadas, cumulativamente com a coima, as seguintes sanções acessórias:

a) Perda de objectos pertencentes ao agente;
b) Interdição do exercício de uma profissão ou actividade cujo exercício dependa de título público ou de autorização ou homologação de autoridade pública;
c) Privação do direito a subsídio ou benefício outorgado por entidades ou serviços públicos;
d) Privação do direito de participar em feiras ou mercados;
e) Privação do direito de participar em arrematações ou concursos públicos que tenham por objecto o fornecimento de bens e serviços e a atribuição de licenças e alvarás;
f) Encerramento do estabelecimento cujo funcionamento esteja sujeito a autorização ou licença de autoridade administrativa;
g) Suspensão de autorizações, licenças e alvarás.

2 — As sanções acessórias referidas nas alíneas b) e seguintes do número anterior terão a duração máxima de dois anos, contados a partir do trânsito em julgado da decisão condenatória.

ARTIGO 12.º
Levantamento, instrução e decisão das contra-ordenações

1 — O levantamento dos autos de contra-ordenação compete à DGV, às DRA e à IGAE, relativamente à fiscalização e controlo nos termos previstos no artigo 9.º, assim como às autoridades policiais e fiscalizadoras.

2 — Compete à DRA da área da prática da infracção a instrução dos processos de contra-ordenação.

3 — A aplicação das coimas e sanções acessórias compete ao director-geral de Veterinária.

ARTIGO 13.º
Afectação do produto das coimas

O produto das coimas é distribuído da seguinte forma:
a) 10% para a entidade que levantou o auto;
b) 10% para a entidade que instruiu o processo;
c) 20% para a entidade que aplicou a coima;
d) 60% para os cofres do Estado.

ARTIGO 14.º
Regiões Autónomas

1 — Nas Regiões Autónomas dos Açores e da Madeira as competências cometidas à DGV, às DRA e à IGAE pelo presente diploma são exercidas pelos competentes serviços e organismos das respectivas administrações regionais, sem prejuízo das competências atribuídas à DGV na qualidade de autoridade nacional competente.

2 — O produto das coimas aplicadas nas Regiões Autónomas constitui receita própria.

ARTIGO 15.º
Norma revogatória

São revogados o Decreto-Lei n.º 181/99, de 22 de Maio, com a redacção que lhe foi dada pelo Decreto-Lei n.º 133/2000, de 13 de Julho, que aprova as normas relativas à colocação em circulação das matérias-primas para alimentação animal.

ARTIGO 16.º
Entrada em vigor

O presente diploma entra em vigor no dia seguinte ao da sua publicação.

Visto e aprovado em Conselho de Ministros de 20 de Maio de 2003. — *José Manuel Durão Barroso — Maria Manuela Dias Ferreira Leite — António Manuel de Mendonça Martins da Cruz — Maria Celeste Ferreira Lopes Cardona — Carlos Manuel Tavares da Silva — Armando José Cordeiro Sevinate Pinto — Luís Filipe Pereira.*

Promulgado em 4 de Julho de 2003.
Publique-se.

O Presidente da República, JORGE SAMPAIO.
Referendado em 7 de Julho de 2003.
O Primeiro-Ministro, *José Manuel Durão Barroso.*

ANEXO
Normas técnicas

PARTE A
Generalidades

I — Notas explicativas

1 — As matérias-primas para alimentação animal são enumeradas e designadas na parte B do presente anexo, de acordo com os seguintes critérios:
Origem do produto/subproduto, por exemplo, vegetal, animal, mineral;
Parte do produto/subproduto utilizada, por exemplo, totalidade, sementes, tubérculos, ossos;
Processo de transformação a que o produto/subproduto foi sujeito, por exemplo, descasque, extracção, aquecimento e ou o produto/subproduto resultante, por exemplo, flocos, sêmeas, polpa, matérias gordas;
Maturidade do produto/subproduto e ou qualidade do produto/subproduto, por exemplo, «com baixo teor de glucosinolatos», «rico em matérias gordas», «com baixo teor de açúcar».

2 — A lista da parte B está dividida em 12 capítulos:
1) Grãos de cereais, respectivos produtos e subprodutos;
2) Sementes ou frutos oleaginosos, respectivos produtos e subprodutos;
3) Sementes de leguminosas, respectivos produtos e subprodutos;
4) Tubérculos e raízes, respectivos produtos e subprodutos;
5) Outras sementes e frutos, respectivos produtos e subprodutos;
6) Forragens e outros alimentos grosseiros;
7) Outras plantas, respectivos produtos e subprodutos;
8) Produtos lácteos;
9) Produtos provenientes de animais terrestres;
10) Peixes, outros animais marinhos, respectivos produtos e subprodutos;
11) Minerais;
12) Diversos.

II — Disposições relativas à pureza botânica e química

1 — Sem prejuízo das disposições dos n.ºs 1 e 2 do artigo 5.º, as matérias-primas para alimentação animal devem, tanto quanto o permitam as boas práticas de fabrico, estar isentas de impurezas químicas provenientes da utilização no

seu processo de fabrico de adjuvantes tecnológicos abrangidos pelo Decreto-Lei n.º 440/89, de 27 de Dezembro, salvo se, para a matéria-prima para alimentação animal em questão, for fixado na parte B do anexo um teor máximo específico.

2 — A pureza botânica dos produtos e subprodutos enumerados nas partes B e C deve ser, no mínimo, de 95%, excepto se nelas for mencionado um teor diferente, sendo consideradas impurezas botânicas:

    a) As impurezas naturais, mais inofensivas (por exemplo, a palha, restos de palha ou as sementes de outras espécies cultivadas ou de infestantes);

    b) Os resíduos inofensivos de outras sementes ou frutos oleaginosos provenientes de um processo de fabrico anterior, desde que o seu teor não exceda 0,5%.

3 — Os teores relativos à pureza botânica indicados dizem respeito ao peso do produto ou subproduto no estado em que se encontra.

III — Disposições relativas à designação

Quando a designação de uma matéria-prima para alimentação animal indicada na parte B contiver um ou vários termos entre parênteses, estes últimos podem ser ou não incluídos; por exemplo, o óleo (de sementes) de soja ser denominado «óleo de sementes de soja» ou «óleo de soja».

IV — Disposições relativas ao glossário

O glossário que se apresenta em seguida refere-se aos principais processos utilizados no fabrico das matérias-primas para alimentação animal mencionadas nas partes B e C do presente anexo. Quando as designações dessas matérias-primas incluírem uma designação comum ou um termo qualificativo, o processo do fabrico utilizado deve corresponder à definição constante do glossário.

Número	Processo	Definição	Designação comum/termo qualificativo
(1)	(2)	(3)	(4)
1	Concentração	Aumento de certos teores através da remoção de água ou de outros constituintes.	Concentrado.
2	Descasque ([1])	Remoção parcial ou total dos tecidos exteriores dos grãos, sementes, frutos de casca rija e outros.	Descascado, parcialmente descascado.
3	Secagem	Desidratação artificial ou natural.	Seco (ao sol ou artificialmente).
4	Extracção	Remoção, com um solvente orgânico, de gorduras ou óleos de certas substâncias, ou, com um solvente aquoso, do açúcar ou outros componentes solúveis em água. Em caso de utilização de um solvente orgânico, o produto resultante deve ficar tecnicamente isento desse.	Bagaço de extracção (no caso de substâncias oleaginosas). Melaço, polpa (no caso dos produtos contendo açúcar ou outros componentes solúveis em água).
5	Extrusão	Compressão ou propulsão sob pressão de um produto através de um orifício (v. também a pré-gelatinização).	Extrudido.
6	Transformação em flocos	Esmagamento de material tratado com vapor quente.	Em flocos.
7	Moagem	Transformação física dos grãos destinada a reduzir a dimensão das partículas e facilitar a separação nas fracções constituintes (principalmente farinha, sêmeas e farinha forrageira).	Farinha, sêmea grosseira, sêmea. Farinha forrageira.
8	Aquecimento	Termo geral que abrange diversos tipos de tratamento térmico efectuados em certas condições para alterar o valor nutritivo ou a estrutura da substância.	Torrado, cozido, tratado termicamente.
9	Hidrogenação	Transformação dos glicéridos insaturados em glicéridos saturados (endurecimento dos óleos e gorduras).	Hidrogenado, parcialmente hidrogenado.
10	Hidrólise	Fraccionamento em constituintes químicos mais simples através de tratamento adequado com água e, eventualmente, enzimas ou ácido/base.	Hidrolisado.

Número	Processo	Definição	Designação comum/termo qualificativo
(1)	(2)	(3)	(4)
11	Prensagem	Remoção, por pressão (por meio de uma prensa de rosca ou de outro tipo), e eventualmente sob ligeiro tratamento térmico, das gorduras/óleos de substâncias oleaginosas ou do sumo de frutos ou de outros produtos vegetais.	Bagaço de pressão ([2]) (no caso de suboleaginosas). Polpa de bagaço (frutos, etc.). Prensado de beterraba (no caso de beterraba sacarina).
12	Aglomeração	Obtenção de formas especiais por passagem sob pressão num atomizador.	Aglomerado.
13	Pré-gelatinização	Modificação do amido a fim de melhorar claramente as suas propriedades de intumescimento em água fria.	Pré-gelatinizado, intumescido.
14	Refinação	Remoção, total ou parcial, das impurezas nos açúcares, óleos, gorduras e outros produtos naturais através de tratamento químico/físico.	Refinado, parcialmente refinado.
15	Moagem por via húmida	Separação mecânica das partes constituintes de amêndoa/grão, se for caso disso, após imersão em água com ou sem dióxido de enxofre, por extracção do amido.	Gérmen, glúten, amido.
16	Trituração	Transformação mecânica de grãos ou outras matérias-primas para alimentação animal com vista à redução do seu tamanho.	Triturado.
17	Dessacarificação	Outros produtos com açúcares por processos químicos ou físicos	Desaçucarado, parcialmente desaçucarado.

([1]) «Descasque» pode, se adequado, ser substituído por «descorticagem» ou «despeliculação». A designação comum/termo qualificativo deve, nesse caso, ser «descorticado» ou «sem película».
([2]) Se necessário, a expressão «bagaço de pressão» pode ser substituída pelo simples termo «bagaço».

V — Disposições relativas aos teores indicados ou a declarar em conformidade com as partes B e C

1 — Os teores indicados ou a declarar referem-se, salvo indicação em contrário, ao peso da matéria-prima para alimentação animal.

2 — Sob reserva das disposições previstas nos artigos 5.º e 8.º e na medida em que nas partes B e C do presente anexo não seja fixado outro teor, o teor de água da matéria-prima para alimentação animal deve ser declarado sempre que exceda 14% em peso. No caso de matérias-primas para alimentação animal cujo teor de humidade não exceda o limite acima referido, esse teor será declarado a pedido do comprador.

3 — Sob reserva das disposições do artigo 5.º e na medida em que nas partes B ou C do presente anexo não seja fixado outro teor, o teor de cinza insolúvel em ácido clorídrico das matérias-primas para alimentação animal deve ser declarado sempre que exceda 2,2% da matéria seca.

VI — Disposições relativas aos agentes desnaturantes ou aglomerantes

Sempre que os produtos referidos na col. 2 da parte B ou na col. 1 da parte C do presente anexo sejam utilizados como desnaturantes ou aglomerantes de matérias-primas para alimentação animal, devem ser prestadas as seguintes informações:

Agentes desnaturantes — natureza e quantidade dos produtos utilizados;
Agentes aglomerantes — natureza dos produtos utilizados.

No caso dos aglomerantes, a quantidade dos produtos utilizados não pode exceder 3% do peso total.

VII — Disposições relativas às tolerâncias indicadas ou a declarar, conforme especificado nas partes B e C

Se, na sequência do controlo oficial na acepção do artigo 9.º do presente diploma, forem detectadas discrepâncias entre o resultado do controlo e o teor declarado susceptíveis de diminuir o valor da matéria-prima para alimentação animal, serão admitidas as seguintes tolerâncias mínimas:

a) Proteína bruta:
   Duas unidades caso o teor declarado seja superior ou igual a 20%;
   10% do teor declarado caso este seja inferior a 20%, mas superior ou igual a 10%;
   Uma unidade caso o teor declarado seja inferior a 10%;
b) Açúcares totais, açúcares redutores, sacarose, lactose e glucose (dextrose):
   Duas unidades caso o teor declarado seja superior ou igual a 20%;
   10% do teor declarado caso este seja inferior a 20%, mas superior ou igual a 5%;
   0,5 unidades caso o teor declarado seja inferior a 5%;

c) Amido e inulina:
   Três unidades caso o teor declarado seja superior ou igual a 30%;
   10% do teor declarado caso este seja inferior a 30%, mas superior ou igual a 10%;
   Uma unidade caso o teor declarado seja inferior a 10%;
d) Matéria gorda:
   1,8 unidades caso o teor declarado seja superior ou igual a 15%;
   12% do teor declarado caso este seja inferior a 15%, mas superior ou igual a 5%;
   0,6 unidades caso o teor declarado seja inferior a 5%;
e) Fibra bruta:
   2,1 unidades caso o teor declarado seja superior ou igual a 14%;
   15% do teor declarado caso este seja inferior a 14%, mas superior ou igual a 6%;
   0,9 unidades caso o teor declarado seja inferior a 6%;
f) Humidade e cinza total:
   Uma unidade caso o teor declarado seja superior ou igual a 10%;
   10% do teor declarado caso seja inferior a 10%, mas superior ou igual a 5%;
   0,5 unidades caso o teor declarado seja inferior a 5%;
g) Fósforo total, sódio, carbonato de cálcio, cálcio, magnésio, índice de acidez e matérias insolúveis em éter de petróleo:
   1,5 unidades caso o teor declarado seja superior ou igual a 15%;
   10% do teor declarado caso seja inferior a 15%, mas superior ou igual a 2%;
   0,2 unidades caso o teor declarado seja inferior a 2%;
h) Cinza insolúvel em ácido clorídrico e cloretos expressos em NaCl:
   10% do teor declarado caso seja superior ou igual a 3%;
   0,3 unidades caso o teor declarado seja inferior a 3%;
i) Caroteno, vitamina A e xantofila — 30% do teor declarado;
j) Metionina, lisina e bases azotadas voláteis — 20% do teor declarado.

VIII — Disposições relativas à rotulagem das matérias-primas para alimentação animal obtidas a partir de proteínas animais transformadas.

Dos rótulos das matérias-primas para alimentação animal constituídas por proteínas animais transformadas autorizadas na alimentação de animais não ruminantes criados, mantidos ou engordados para a produção de alimentos devem constar respectivamente as seguintes indicações:

«Contém farinha de peixe — não pode ser consumida por animais ruminantes»;

«Contém fosfato dicálcico obtido a partir de ossos desengordurados — não pode ser consumida por animais ruminantes»;

«Contém proteínas hidrolisadas — não pode ser consumida por animais ruminantes».
Esta disposição não é aplicável:
Ao leite ou produtos lácteos na alimentação de animais de criação, mantidos, engordados ou criados para a produção de alimentos;
À gelatina de animais não ruminantes para invólucros de aditivos.

PARTE B
Lista não exaustiva das principais matérias-primas para alimentação animal

1 — Grãos de cereais, respectivos produtos e subprodutos:

Número	Designação	Descrição	Declarações obrigatórias
(1)	(2)	(3)	(4)
1.01	Aveia	Grãos de *Avena sativa* L. e outras cultivares de aveia.	
1.02	Flocos de aveia	Produto obtido pelo tratamento com vapor e esmagamento de aveia descascada. Pode conter uma pequena proporção de cascas de aveia.	Amido.
1.03	Sêmea de aveia	Subproduto obtido durante a transformação de aveia, descascada e crivada em farinha e grumos de aveia. É constituído, principalmente, por sêmea grosseira de aveia e algum endosperma.	Fibra bruta.
1.04	Casca e sêmea grosseira de aveia.	Subproduto obtido durante a transformação de aveia em grumos de aveia. É constituído, principalmente, por cascas de aveia e sêmea grosseira.	Fibra bruta.
1.05	Cevada	Grãos de *Hordeum vulgare* L.	
1.06	Sêmea de cevada	Subproduto obtido durante a transformação de cevada descascada e crivada em cevadinha, semolina e farinha.	Fibra bruta.
1.07	Proteína de cevada	Subproduto seco do fabrico de amido de cevada. É constituído, principalmente, por proteínas obtidas durante a separação do amido.	Proteína bruta. Amido.
1.08	Trincas de arroz	Subproduto obtido na preparação de arroz de polido ou branqueado *Oryza sativa* L. É constituído, principalmente, por grãos pequenos e ou partidos.	Amido.

Número	Designação	Descrição	Declarações obrigatórias
(1)	(2)	(3)	(4)
1.09	Sêmea grosseira de arroz (escura)	Subproduto obtido durante o primeiro polimento do arroz descascado. É constituído, principalmente, por películas prateadas, partículas da camada de aleurona, endosperma e gérmen.	Fibra bruta.
1.10	Sêmea grosseira de arroz (clara)	Subproduto obtido durante o segundo polimento do arroz descascado. É constituído, principalmente, por películas prateadas, partículas da camada de aleurona, endosperma e gérmen.	Fibra bruta.
1.11	Sêmea grosseira de arroz com carbonato de cálcio.	Subproduto do polimento de arroz descascado. É constituído, principalmente, por películas prateadas, partículas da camada de aleurona, endosperma, gérmen e ainda pequenas quantidades variadas de carbonato de cálcio proveniente do processo de fabrico.	Fibra bruta.
1.12	Farinha forrageira de arroz estufado.	Subproduto de polimento do arroz descascado estufado. É constituído, principalmente, por películas prateadas, partículas da camada de aleurona endosperma, gérmen, de quantidades variáveis de carbonato de cálcio proveniente do processo de fabrico.	Fibra bruta. Carbonato de cálcio.
1.14	Bagaço de gérmen de arroz obtido por pressão.	Subproduto da indústria do óleo obtido por pressão a gérmen de arroz contendo ainda algum endosperma e tegumento.	Proteína bruta. Matéria gorda. Fibra bruta.
1.15	Bagaço de gérmen de arroz obtido por extracção.	Subproduto da indústria do óleo obtido por extracção a partir do gérmen de arroz contendo ainda algum endosperma e tegumento.	Proteína bruta.
1.16	Amido de arroz	Amido de arroz tecnicamente puro.	Amido.
1.17	Milho painço	Grãos de *Panicum miliaclum* L.	
1.18	Centeio	Grãos de *Scale cereale* L.	
1.19	Sêmea de centeio (¹)	Subproduto do fabrico da farinha obtido a partir de centeio crivado. É constituído, principalmente, por partículas de endosperma com fragmentos finos das camadas exteriores e alguns resíduos de grãos.	Amido.

Número	Designação	Descrição	Declarações obrigatórias
(1)	(2)	(3)	(4)
1.20	Farinha forrageira de centeio	Subproduto do fabrico da farinha obtido a partir de centeio crivado. É constituído, principalmente, por fragmentos das camadas exteriores e por partículas do grão ao qual foi retirado menos endosperma do que na sêmea grosseira de centeio.	Fibra bruta.
1.21	Sêmea grosseira de centeio	Subproduto do fabrico da farinha obtido a partir de centeio crivado. É constituído, principalmente, por fragmentos das camadas exteriores e por partículas do grão ao qual foi retirado a maior parte do endosperma.	Fibra bruta.
1.22	Sorgo	Grãos de *Sorghum bicolor* (L.) Moench s. i.	
1.23	Trigo	Grãos de *Triticum aestivum* (L.), Triticum durum desf. e outras cultivares de trigo.	
1.24	Sêmea de trigo (²)	Subproduto do fabrico da farinha obtido a partir de grãos de trigo crivados ou de espelta descascada. É constituído, principalmente, por partículas de endosperma com fragmentos finos das camadas exteriores e alguns resíduos de grãos.	Amido.
1.25	Farinha forrageira de trigo	Subproduto do fabrico da farinha, obtido a partir de grãos de trigo crivados ou de espelta descascada. É constituído, principalmente, por fragmentos das camadas exteriores do grão e partículas do grão ao qual foi retirado menos endosperma do que na sêmea grosseira de trigo.	Fibra bruta.
1.26	Sêmea grosseira de trigo (³)	Subproduto do fabrico da farinha obtido a partir de grãos de trigo crivados ou de espelta descascada. É constituído, principalmente, por fragmentos das camadas exteriores e por partículas do grão ao qual foi retirada a maior parte do endosperma.	Fibra bruta.
1.27	Gérmen de trigo	Subproduto do fabrico da farinha constituído, essencialmente, por gérmen de trigo, esmagado ou não, podendo ainda conter fragmentos	Proteína bruta. Matéria bruta.

Número	Designação	Descrição	Declarações obrigatórias
(1)	(2)	(3)	(4)
		de endosperma nas camadas exteriores.	
1.28	Glúten de trigo	Subproduto seco do fabrico de amido de trigo. É constituído, principalmente, por glúten obtido durante a separação do amido.	Proteína bruta.
1.29	Glúten *feed* de trigo	Subproduto do fabrico de amido e glúten de trigo. É constituído por sêmea grosseira, da qual foi ou não parcialmente removido o gérmen, e por glúten, aos quais se podem adicionar quantidades muito pequenas de trincas de trigo resultantes de crivagem dos grãos e quantidades muito pequenas de resíduos de hidrólise de amido.	Proteína bruta. Amido.
1.30	Amido de trigo	Amido de trigo tecnicamente puro	Amido.
1.31	Amido de trigo pré-gelatinizado.	Produto constituído por amido de trigo fortemente pré-gelatinizado por tratamento térmico.	Amido.
1.32	Espelta	Grãos de espelta *Triticum spelta* L., *Triticum dioccum,* Schrank, Triticucum monococcum.	
1.33	Triticale	Grão de híbrido *Triticum X secale.*	
1.34	Milho	Grãos de *Zeo mays* L.	
1.35	Farinha forrageira de milho ([4])	Subproduto do fabrico de farinha ou semolina de milho. É constituído, principalmente, por fragmentos das camadas exteriores e por partículas do grão ao qual foi retirado menos endosperma do que na sêmea grosseira de milho.	Fibra bruta.
1.36	Sêmea grosseira de milho	Subproduto do fabrico de farinha ou semolina de milho. É constituído, principalmente, pelas camadas exteriores e por alguns fragmentos de gérmen de milho com algumas partículas de endosperma.	Fibra bruta.
1.37	Bagaço de gérmen de milho obtido por pressão.	Subproduto da indústria do óleo obtido por pressão a partir de gérmen de milho processado por via seca ou húmida podendo ainda conter algum endosperma e tegumento.	Proteína bruta. Matéria gorda.

Número	Designação	Descrição	Declarações obrigatórias
(1)	(2)	(3)	(4)
1.38	Bagaço de gérmen de milho obtido por extracção.	Subproduto da indústria do óleo obtido por extracção a partir de gérmen de milho processado por via seca ou húmida podendo ainda conter algum endosperma e tegumento.	Proteína bruta.
1.39	Glúten *feed* de milho (^{5})	Subproduto do fabrico de amido de milho por via húmida. É constituído por sêmea grosseira e glúten e por resíduos da crivagem de milho, numa proporção não superior a 15 %, em peso, e ou resíduos das águas de maceração do milho utilizadas na produção de álcool ou de outros derivados do amido. O produto pode conter ainda resíduos da extracção de óleo de gérmen de milho, igualmente obtido por via húmida.	Proteína bruta. Amido. Matéria gorda, quando > 4,5%.
1.40	Glúten de milho	Subproduto seco do fabrico de amido de milho. É constituído, principalmente, por glúten obtido durante a separação do amido.	Proteína bruta.
1.41	Amido de milho	Amido de milho tecnicamente puro.	Amido.
1.42	Amido de milho pré-gelatinizado (^{6}).	Produto constituído por amido de milho fortemente pré-gelatinizado por tratamento térmico.	Amido.
1.43	Radículas de malte	Subproduto da indústria do malte que consiste, fundamentalmente, em radículas e rebentos secos de cereais germinados.	Proteína bruta.
1.44	*Drèches* secos da indústria cervejeira.	Subproduto do fabrico de cerveja obtido por secagem dos resíduos sólidos de grãos fermentados.	Proteína bruta.
1.45	*Drèches* escuros da indústria de destilação (^{7}).	Subproduto da destilação do álcool obtido por secagem dos resíduos dos grãos fermentados.	Proteína bruta.
1.46	*Drèches* escuros da indústria de destilação (^{8}).	Subproduto da destilação do álcool obtido por secagem dos resíduos sólidos de grãos fermentados aos quais foi adicionado xarope de resíduos da fermentação ou resíduos evaporados das águas de maceração.	Proteína bruta.

(¹) Os produtos com mais de 40 % de amido podem ser qualificados de «ricos em amido».
(²) Os produtos com mais de 40 % de amido podem ser qualificados de «ricos em amido».
(³) Sempre que este ingrediente tenha sido submetido a uma moagem mais fina, o termo qualitativo «fina» pode ser aditado à designação ou a designação pode ser substituída por uma denominação correspondente.
(⁴) Os produtos com mais de 40 % de amido podem ser qualificados de «ricos em amidos».
(⁵) Esta designação pode ser substituída por «com glúten *feed*».
(⁶) Esta designação pode ser substituída por «amido de milho submetido a extrusão».
(⁷) Esta designação pode ser completada com a espécie de cereal.
(⁸) Esta designação pode ser substituída por «dréches» secos e solúveis da indústria de destilação. A designação pode ser completada com a espécie de cereal.

2 — Sementes ou frutos oleaginosos, respectivos produtos e subprodutos:

Número	Designação	Descrição	Declarações obrigatórias
(1)	(2)	(3)	(4)
2.01	Bagaço de amendoim, parcialmente descascado, obtido por pressão.	Subproduto da indústria do óleo obtido por pressão a partir de amendoim *Arachis hipoga* L. parcialmente descascado e de outras espécies de *Arachis* (teor máximo de fibra bruta: 16 % da matéria seca).	Proteína bruta. Matéria gorda. Fibra bruta.
2.02	Bagaço de amendoim, parcialmente descascado, obtido por extracção.	Subproduto da indústria do óleo, obtido por extracção a partir de amendoim parcialmente descascado (teor máximo de fibra bruta: 16% da matéria seca).	Proteína bruta. Fibra bruta.
2.03	Bagaço de amendoim, descascado, obtido por pressão.	Subproduto da indústria do óleo, obtido por pressão a partir de amendoim descascado.	Proteína bruta. Matéria bruta. Fibra bruta.
2.04	Bagaço de amendoim, descascado, obtido por extracção.	Subproduto da indústria do óleo, obtido por extracção a partir de amendoim descascado.	Proteína bruta. Fibra bruta.
2.05	Colza (¹)	Sementes de *Brassica napus* ssp. *oleifera* (Metzg.) Sinsk., de *«Indian sarson» Brassica napus* L. var. *glauca* (Roxb.) O. E. Schulz e de *Brassica napa* ssp. *oleifera* (Metzg.) Sinsk (pureza mínima: 94%).	
2.06	Bagaço de colza (¹) obtido por pressão.	Subproduto da indústria do óleo obtido por prensagem de sementes de colza (pureza botânica mínima: 94%).	Proteína bruta. Matéria bruta. Fibra bruta.

Número	Designação	Descrição	Declarações obrigatórias
(1)	(2)	(3)	(4)
2.07	Bagaço de colza (¹) obtido por extracção.	Subproduto da indústria do óleo por extracção de sementes de colza (pureza botânica mínima: 94%).	Proteína bruta.
2.08	Cascas de colza	Subproduto obtido durante o descasque de sementes de colza.	Fibra bruta.
2.09	Bagaço de cártamo, parcialmente descascado, obtido por extracção.	Subproduto da indústria do óleo, obtido por extracção a partir de sementes parcialmente descascadas de cártamo, *Carthamus trinctorius* L.	Proteína bruta. Fibra bruta.
2.10	Bagaço de copra (coco) obtido por pressão.	Subproduto da indústria do óleo obtido por pressão a partir da amêndoa seca (endosperma) e da película exterior (tegumento) da semente de coqueiro *Cocos nucifera* L.	Proteína bruta. Matéria gorda. Fibra bruta.
2.11	Bagaço de copra (coco) obtido por extracção.	Subproduto da indústria do óleo obtido por extracção da amêndoa seca (endosperma) e da película exterior (tegumento) da semente de coqueiro.	Proteína bruta.
2.12	Bagaço de palmista obtido por pressão.	Subproduto da indústria do óleo obtido por pressão a partir da noz de palma *Elaeis guineensis* Jacq. *Corozo oleifera* (HBK) L. H. Bailey *(Elaeis melanococca auct.)* à qual foi retirado, tanto quanto possível, o invólucro lenhoso.	Proteína bruta. Matéria gorda. Fibra bruta.
2.13	Bagaço de palmista obtido por extracção.	Subproduto da indústria do óleo obtido por extracção a partir da noz de palma à qual foi retirado, tanto quanto possível, o invólucro lenhoso.	Proteína bruta. Fibra bruta.
2.14	Sementes de soja torrada.	Sementes de soja *Glycine max* L. Merr. submetidas a um tratamento térmico apropriado (actividade ureásica máxima: 0,4 mg/N/g×min).	
2.15	Bagaço de soja torrada obtido por extracção.	Subproduto da indústria do óleo obtido por extracção a partir de sementes de soja submetidas a um tratamento térmico apropriado (actividade ureásica máxima: 0,4 mg/N/g×min).	Proteína bruta. Fibra bruta > 8%.

Número	Designação	Descrição	Declarações obrigatórias
(1)	(2)	(3)	(4)
2.16	Bagaço de soja, descascada e torrada, obtido por extracção.	Subproduto da indústria do óleo obtido por extracção a partir de sementes de soja descascadas submetidas a um tratamento térmico apropriado (teor máximo de fibra bruta: 8 % de matéria seca) (actividade ureásica máxima: 0,5 mg/ N/g×min).	Proteína bruta.
2.17	Concentrado proteico de soja.	Subproduto obtido a partir de sementes de soja descascadas às quais foi extraída a gordura.	Proteína bruta.
2.18	Óleo vegetal (²)	Óleo obtido a partir de vegetais.	Fibra bruta.
2.19	Cascas (de sementes de soja).	Subproduto obtido durante o descasque de sementes de soja.	Fibra bruta.
2.20	Sementes de algodão.	Sementes de algodão *Gossypium* ssp. das quais foram removidas as fibras.	Proteína bruta. Matéria gorda. Fibra bruta.
2.21	Bagaço de algodão, parcialmente descascado, obtido por extracção.	Subproduto da indústria do óleo obtido por extracção a partir de sementes de algodão às quais foram retiradas as fibras e parte das cascas (teor máximo de fibra bruta: 22,5 % da matéria seca).	Proteína bruta. Fibra bruta.
2.22	Bagaço de algodão obtido por pressão.	Subproduto da indústria do óleo obtido por pressão a partir de sementes de algodão às quais foram retiradas as fibras.	Proteína bruta. Matéria gorda. Fibra bruta.
2.23	Bagaço de níger obtido por pressão.	Subproduto da indústria do óleo, obtido por pressão a partir de sementes de níger *Guizffia abyssinica* (LF) Cass (cinza insolúvel em *HCl*: máx.: 3,4 %).	Proteína bruta. Matéria gorda. Fibra bruta.
2.24	Sementes de girassol.	Sementes de girassol *Helianthus annuus* L.	
2.25	Bagaço de girassol obtido por extracção.	Subproduto da indústria do óleo obtido por extracção a partir de sementes de girassol.	Proteína bruta.
2.26	Bagaço de girassol, parcialmente descascado, obtido por extracção.	Subproduto da indústria do óleo obtido por extracção a partir de sementes de girassol às quais foi retirada uma parte das cascas (teor máximo de fibra bruta: 27,5 % da matéria seca).	Proteína bruta. Fibra bruta.

Número	Designação	Descrição	Declarações obrigatórias
(1)	(2)	(3)	(4)
2.27	Sementes de linho.	Sementes de linho *Linum usitatissimum* L. (pureza botânica mínima: 93%).	
2.28	Bagaço de linho obtido por pressão.	Subproduto da indústria do óleo obtido por pressão a partir de sementes de linho (pureza botânica mínima: 93%).	Proteína bruta. Matéria gorda. Fibra bruta.
2.29	Bagaço de linho obtido por extracção.	Subproduto da indústria do óleo obtido por extracção a partir de sementes de linho (pureza botânica mínima: 93%).	Proteína bruta.
2.30	Polpa de azeitona.	Subproduto da indústria do óleo obtido por extracção a partir de azeitonas *Olea europea* L. prensadas, separadas, na medida do possível, dos pedaços de caroço.	Proteína bruta. Fibra bruta.
2.31	Bagaço de sésamo obtido por pressão.	Subproduto da indústria do óleo, obtido por pressão a partir de sementes de sésamo *Sesamum indicum* L. (cinza solúvel em *HCl:* máx.: 5%).	Proteína bruta. Fibra bruta. Matéria gorda.
2.32	Bagaço de cacau, parcialmente descascado, obtido por extracção.	Subproduto da indústria do óleo obtido por pressão a partir de sementes secas e torradas de cacau *Theobroma cacau* L. às quais foi retirada uma parte das cascas.	Proteína bruta.
2.33	Casca de cacau	Tegumentos de sementes secas e torradas de cacau *Theobroma cacau* L.	Fibra bruta.

([1]) Quando adequado, pode juntar-se à designação a expressão «baixo teor de glucosinolatos», na acepção da legislação comunitária.
([2]) Esta designação deve ser completada com a espécie vegetal.

3 — Sementes de leguminosas, respectivos produtos e subprodutos:

Número (1)	Designação (2)	Descrição (3)	Declarações obrigatórias (4)
3.01	Grão-de-bico	Sementes de *Cier arietinum* L.	
3.02	Bagaço de guar obtido por extracção.	Subproduto obtido após extracção de mucilagem de sementes de *Cyamoptis setragonoloba* L. Taub.	Proteína bruta.
3.03	Ervilha-de-pomba	Sementes de *Ervum ervilia* L.	
3.04	Chícharo-comum (¹)	Sementes de *Lathyrus sativus* L. submetidas a um tratamento térmico adequado.	
3.05	Lentilhas	Sementes de *Lens culinaris* a. o. Medik.	
3.06	Tremoço doce	Sementes de *Lupinus* ssp. com baixo teor de sementes amargas.	
3.07	Feijões torrados	Sementes de *Phaseolus* ou *Vigna* ssp. submetidas a um tratamento térmico adequado com vista à destruição das lectinas tóxicas.	
3.08	Ervilhas	Sementes de *Pisum* ssp.	
3.09	Farinha forrageira de ervilha	Subproduto obtido durante o fabrico de farinha de ervilha. É constituído, principalmente, por partículas do endosperma e, em menor quantidade, de cascas.	Proteína bruta. Fibra bruta.
3.10	Sêmea grosseira de ervilhas	Subproduto obtido durante o fabrico de farinha de ervilha. É constituído, principalmente, por cascas retiradas durante o descasque e a limpeza das ervilhas.	Fibra bruta.
3.11	Favas forrageiras	Sementes de *Vicia faba* L. ssp., *faba* var. *equina* Pers. *minuta* (Alef.) Mansf.	
3.12	Ervilhaca-parda	Sementes de *Vicia monamthis* Desf.	
3.13	Ervilhacas	Sementes de *Vicia sativa* L. var. *sativa* e outras variedades.	

(¹) A designação deve ser completada com a natureza do tratamento térmico efectuado.

4 — Tubérculos e raízes, respectivos produtos e subprodutos:

Número	Designação	Descrição	Declarações obrigatórias
(1)	(2)	(3)	(4)
4.01	Polpa de beterraba (sacarina)	Subproduto do fabrico de açúcar constituído por pedaços secos da extracção de beterraba sacarina *Beta vulgaris L.* ssp. vulgaris vulgaris var. *altissima* Doell (teor máximo de cinza insolúvel em *HCl:* 4,5 % da matéria seca).	Cinza insolúvel em *HCl*, quando > 3,5% da matéria seca. Açúcares totais expressos em sacarose, quando > 10,5%.
4.02	Melaço de beterraba (sacarina).	Subproduto constituído pelo resíduo xaroposo obtido durante o fabrico ou refinação do açúcar de beterraba.	Açúcares totais expressos em sacarose. Humidade, quando > 28%.
4.03	Polpa de beterraba (sacarina) melaçada.	Subproduto do fabrico de açúcar constituído por polpa seca de beterraba sacarina à qual foram adicionados melaços (teor máximo de cinza insolúvel em *HCl:* 4,5% da matéria seca).	Açúcares totais expressos em sacarose. Cinza insolúvel em *HCl*, quando > 3,5% da matéria seca.
4.04	Vimassa de beterraba (sacarina).	Subproduto obtido após fermentação de melaços de beterraba para produção de álcool, leveduras, ácido cítrico ou outras substâncias orgânicas.	Proteína bruta. Humidade, quando > 35%.
4.05	Açúcar (de beterraba) ([1])	Açúcar extraído da beterraba sacarina	Sacarose.
4.06	Batata-doce	Tubérculos de *Ipomoea batatas* L. Poir, independentemente da sua apresentação.	Amido.
4.07	Mandioca ([2])	Raízes de *Manhit esculenta* Crantz, independentemente da sua apresentação.	Amido. Cinza insolúvel em *H*Cl, quando > 3,5% da matéria seca.
4.08	Amido de mandioca pré-gelatinizado ([3]).	Amido obtido a partir de raízes de mandioca, fortemente pré-gelatinizado através de um tratamento térmico adequado.	Amido.
4.09	Polpa de batata	Subproduto seco do fabrico de fécula de batata *Solanum tube-rosum* L.	
4.10	Fécula de batata	Fécula de batata tecnicamente pura.	Amido.
4.11	Proteína de batata	Subproduto seco de fabrico de fécula de batata, constituído, principalmente, por substâncias proteicas obtidas após a separação da fécula.	Proteína bruta.
4.12	Flocos de batata	Produto obtido por secagem em secador de rolos de batatas lavadas, descascadas ou não, passadas em estufa.	Amido. Fibra bruta.

Número	Designação	Descrição	Declarações obrigatórias
(1)	(2)	(3)	(4)
4.13	Suco de batata concentrado	Subproduto do fabrico de fécula de batata a que foi extraída uma parte das proteínas e da água.	Proteína bruta. Cinza total.
4.14	Fécula de batata pré-gelatinizada.	Produto constituído por fécula de batata fortemente pré-gelatinizada.	Amido.

(¹) Esta designação pode ser substituída por «sacarose».
(²) Esta designação pode ser substituída por «tapioca».
(³) Esta designação pode ser substituída por «amido de tapioca».

5 — Outras sementes e frutos, respectivos produtos e subprodutos:

Número	Designação	Descrição	Declarações obrigatórias
(1)	(2)	(3)	(4)
5.01	Triturado de alfarroba	Produto obtido por trituração do fruto seco (vagens) da alfarrobeira *Ceratonia seliqua* L. ao qual foram extraídas as sementes.	Fibra bruta.
5.02	Polpa de citrinos	Subproduto obtido por pressão durante o fabrico de sumo de citrinos *Citrus* spp.	Fibra bruta.
5.03	Bagaço de fruta (¹)	Subproduto obtido por pressão durante o fabrico de sumo de frutos de grainha ou caroço.	Fibra bruta.
5.04	Polpa de tomate	Subproduto obtido por pressão durante o fabrico de sumo de tomate *Solanum Lycopersicum* Karst.	Fibra bruta.
5.05	Polpa de grainha de uva	Subproduto da extracção do óleo de grainha de uva	Fibra bruta.
5.06	Bagaço de uva	Bagaço de uva, seco rapidamente após a extracção do álcool, do qual se separam, tanto quanto possível, os engaços e grainhas.	Fibra bruta, quando > 25%.
5.07	Grainhas de uva	Grainhas separadas do bagaço de uva, antes da extracção do óleo	Matéria gorda. Fibra bruta.

(¹) Esta designação pode ser completada com a espécie de fruto.

6 — Forragens e outros alimentos grosseiros:

Número	Designação	Descrição	Declarações obrigatórias
(1)	(2)	(3)	(4)
6.01	Farinha de luzerna (¹)	Produto obtido por secagem e moendas de plantas jovens de luzerna *Medicago sativa* L. e *Medicago* var. *Martyn*, pode, no entanto, conter até 20 % de plantas jovens de trevo ou de outras plantas forrageiras que tenham sido sujeitas a secagem e moenda juntamente com a luzerna.	Proteína de fruta. Fibra bruta. Cinza insolúvel em *HCl*, quando > 3,5 % da matéria seca.
6.02	Bagaço de luzerna	Subproduto seco de luzerna após extracção mecânica do suco.	Proteína bruta.
6.03	Concentrado proteico de luzerna.	Subproduto obtido por secagem artificial de fracções de suco de luzerna obtido por pressão, submetido a centrifugação e a tratamento térmico a fim de precipitar as proteínas.	Caroteno. Proteína bruta.
6.04	Farinha de trevo (²)	Produto obtido por secagem e moenda de plantas jovens de trevo *Trifollium* spp., pode, no entanto, conter até 20% de plantas jovens de luzerna ou de outras plantas forrageiras que tenham sido sujeitas a secagem e moenda juntamente com o trevo.	Proteína bruta. Fibra bruta. Cinza insolúvel em *HCl*, quando > 3,5% da matéria seca.
6.05	Farinha de erva (¹) (²)	Produto obtido por secagem e moenda de plantas forrageiras jovens.	Proteína bruta. Fibra bruta. Cinza insolúvel em *HCl*, quando > 3,5% da matéria seca.
6.06	Palha de cereais (³)	Palha de cereais.	
6.07	Palha de cereais tratada (⁴)	Produto obtido por um tratamento adequado de palha de cereais.	Sódio, se tratada com *NaOH*.

(¹) O termo «farinha» pode ser substituído por «pellets». O método de secagem também pode ser indicado na designação.
(²) Esta designação deve ser completada com a espécie de planta forrageira.
(³) Esta designação deve ser completada com a espécie de cereal.
(⁴) Esta designação deve ser completada com a natureza do tratamento químico efectuado.

7 — Outras plantas, respectivos produtos e subprodutos:

Número	Designação	Descrição	Declarações obrigatórias
(1)	(2)	(3)	(4)
7.01	Melaço de cana-de-açúcar	Subproduto constituído pelo resíduo xaroposo recolhido durante o fabrico ou a refinação do açúcar proveniente da cana-de-açúcar *Saccharum officinarum* L.	Açúcares totais expressos em sacarose. Humidade, quando > 35%.
7.02	Vinassa de cana-de-açúcar	Subproduto obtido após fermentação de melaços de cana para a produção de álcoois, leveduras, ácido cítrico ou outras substâncias orgânicas.	Proteína bruta. Humidade, quando > 35%.
7.03	Açúcar (de cana) (¹)	Açúcar extraído de cana-de-açúcar	Sacarose.
7.04	Farinha de algas marinhas	Produto obtido por secagem e trituração de algas marinhas, em especial de algas castanhas. Pode ter sido lavado para reduzir o teor de iodo.	Cinza total.

(¹) Esta designação pode ser substituída por «sacarose».

8 — Produtos lácteos:

Número	Designação	Descrição	Declarações obrigatórias
(1)	(2)	(3)	(4)
8.01	Leite desnatado em pó	Produto obtido por secagem do leite ao qual foi retirada a parte da gordura.	Proteína bruta. Humidade, quando > 5%.
8.02	Leitelho em pó	Produto obtido por secagem do líquido separado na batedura da manteiga.	Proteína bruta. Matéria gorda. Humidade, quando > 6%.
8.03	Soro de leite (lactossoro) em pó.	Produto obtido por secagem do líquido separado no fabrico de queijo, *quarck* ou caseína ou processos semelhantes.	Proteína bruta. Lactose. Humidade, quando > 8%. Cinza total.
8.04	Soro de leite em pó com baixo teor de açúcar.	Produto obtido por secagem de soro de leite, ao qual a lactose foi parcialmente retirada.	Proteína bruta. Lactose.
8.05	Proteína de soro de leite em pó (¹).	Produto obtido por secagem dos constituintes proteicos extraídos a partir de soro de leite através de um tratamento químico ou físico.	Proteína bruta.

Número	Designação	Descrição	Declarações obrigatórias
(1)	(2)	(3)	(4)
8.06	Caseína em pó	Produto obtido a partir de leite desnatado ou de manteiga, por secagem da caseína precipitada através de ácidos ou de coalho.	Proteína bruta.
8.07	Lactose em pó	Açúcar separado do leite ou do soro de leite por purificação e secagem.	Lactose.

([1]) Esta designação pode ser substituída por «lactoalbumina em pó».

9 — Produtos provenientes de animais terrestres:

Número	Designação	Descrição	Declarações obrigatórias
(1)	(2)	(3)	(4)
9.01	Farinha de carne ([1])	Produto obtido por aquecimento, secagem e trituração da totalidade ou de partes de animais terrestres de sangue quente dos quais a gordura pode ser parcialmente extraída ou separada por processos físicos. Deve estar praticamente isento de cascos, cornos, cerdas, pêlos e penas e do conteúdo do tracto digestivo [(teor mínimo de proteína bruta: 50% da matéria seca) (teor máximo de fósforo total: 8 %)].	Proteína bruta. Matéria gorda. Cinza total. Humidade, quando > 8%.
9.02	Farinha de carne e osso ([1])	Produto obtido por aquecimento, secagem e trituração da totalidade ou de partes de animais terrestres de sangue quente dos quais a gordura pode ter sido parcialmente extraída ou separada por processos físicos. Deve estar praticamente isento de cascos, cornos, cerdas, pêlos e penas e do conteúdo do tracto digestivo.	Proteína bruta. Matéria gorda. Cinza total. Humidade, quando > 8%.
9.03	Farinha de ossos	Produto obtido através de secagem, aquecimento e trituração fina de osso de animais terrestres de sangue quente dos quais grande parte da gordura foi extraída ou separada por processos físicos. Deve estar praticamente isento de cascos, cornos, cerdas, pêlos e penas e do conteúdo do tracto digestivo.	Proteína bruta. Cinza total. Humidade, quando > 8%.

Número	Designação	Descrição	Declarações obrigatórias
(1)	(2)	(3)	(4)
9.04	Torresmos	Produto residual do fabrico de sebo, banha e outras gorduras de origem animal extraídas ou separadas por processos físicos.	Proteína bruta. Cinza total. Humidade quando > 8%.
9.05	Farinha de aves de capoeira ([1])	Produto obtido por aquecimento, secagem e trituração de subprodutos do abate de aves de capoeira. Deve estar praticamente isento de penas.	Proteína bruta. Matéria gorda. Cinza total. Cinza insolúvel em *HCl*, quando > 3,3%. Humidade, quando > 8%.
9.06	Farinha de penas	Produto obtido por hidrólise, secagem e trituração de penas de aves.	Proteína bruta. Cinza insolúvel em *HCl*, quando > 3,4%. Humidade, quando > 8%.
9.07	Farinha de sangue	Produto obtido por secagem do sangue de animais de sangue quente abatidos. Deve estar praticamente isento de substâncias estranhas.	Proteína bruta. Humidade, quando > 8%.
9.08	Gorduras animais ([2])	Produto constituído pela gordura de animais terrestres de sangue quente.	Humidade, quando > 1%.

([1]) Os produtos com teores de matérias gordas superiores a 13 % da matéria seca devem ser qualificados de «rico em matérias gordas».

([2]) Esta designação pode ser completada por uma indicação mais precisa do tipo de gordura animal, em função da origem e do modo de obtenção da mesma (sebo, banha, gordura de ossos, etc.

10 — Peixes, outros animais marinhos, respectivos produtos e subprodutos:

Número	Designação	Descrição	Declarações obrigatórias
(1)	(2)	(3)	(4)
10.01	Farinha de peixe ([1])	Produto obtido por transformação da totalidade ou de partes de peixes aos quais pode ter sido extraída uma parte do óleo e readicionado o solúvel de peixe.	Proteína bruta. Matéria gorda. Cinza total, quando > 20%. Humidade, quando > 8%.
10.02	Concentrados de solúveis de peixe.	Produto obtido por pressão durante o fabrico de farinha de peixe, separado e estabilizado por acidificação ou secagem.	Proteína bruta. Matéria gorda. Humidade, quando > 5%.
10.03	Óleo de peixe	Óleo obtido a partir de peixe ou partes de peixe	Humidade > 1%.
10.04	Óleo de peixe refinado e hidrogenado.	Óleo obtido a partir de peixe ou partes de peixe sujeito a refinação e a hidrogenação.	Índice de iodo. Humidade > 1%.

([1]) Os produtos cujo teor de proteína bruta seja superior a 75 % da matéria seca podem ser qualificados de «ricos em proteínas».

11 — Minerais:

Número	Designação	Descrição	Declarações obrigatórias
(1)	(2)	(3)	(4)
11.01	Carbonato de cálcio (^{1})	Produto obtido através da trituração de fontes de carbonato de cálcio, como calcário ou conchas de ostras ou mexilhões, ou por precipitação com uma solução ácida.	Cálcio. Cinza insolúvel em *HCl*, quando > 5%.
11.02	Carbonato de cálcio e magnésio.	Mistura natural de carbonato de cálcio e de carbonato de magnésio.	Cálcio. Magnésio.
11.03	Algas marinhas calcárias (Maerl).	Produto de origem natural obtido a partir de algas marinhas calcárias moídas ou granuladas.	Cálcio. Cinza insolúvel em *HCl*, quando > 5%.
11.04	Óxido de magnésio	Óxido de magnésio *(MgO)* tecnicamente puro.	Magnésio.
11.05	Sulfato de magnésio	Sulfato de magnésio $(MgSO_4 7H_2O)$ tecnicamente puro.	Magnésio. Enxofre.
11.06	Fosfato dibásico de cálcio (^{2})	Hidrogenofosfato de cálcio $(CaHPO_4 \times H_2O)$ precipitado a partir de ossos ou de fontes inorgânicas.	Cálcio. Fósforo total.
11.07	Fosfato monobásico e dibásico de cálcio.	Produto $[CaHPO_4 – Ca\ (HPO_4)\ _2H_2O]$ obtido quimicamente e composto por partes iguais de fosfato dibásico de cálcio e fosfato monobásico de cálcio.	Fósforo total. Cálcio.
11.08	Fosfatos naturais desfluorados.	Produto obtido através da trituração de fosfatos naturais purificados e devidamente desfluorados.	Fósforo total. Cálcio.
11.09	Farinha de ossos degelatinizados.	Ossos degelatinizados, esterilizados e triturados aos quais foi extraída a gordura.	Fósforo total. Cálcio.
11.10	Fosfato monocálcico	Bis-(di-hidrogenofosfato) de cálcio $[Ca(H_2PO_4)_2 \times H^2O]$ tecnicamente puro.	Fósforo total. Cálcio.
11.11	Fosfato de cálcio e magnésio	Fosfato de cálcio e magnésio tecnicamente puro.	Cálcio. Magnésio. Fósforo total.
11.12	Fosfato monoamónico	Fosfato monoamónico $(H_4\ H_2\ PO_4)$ tecnicamente puro.	Azoto total. Fósforo total.
11.13	Cloreto de sódio (^{1})	Cloreto de sódio tecnicamente puro ou produto obtido por trituração de fontes naturais de cloreto de sódio como sal-gema e sal marinho.	Sódio.

Número	Designação	Descrição	Declarações obrigatórias
(1)	(2)	(3)	(4)
11.14	Propionato de magnésio	Propionato de magnésio tecnicamente puro.	Magnésio.
11.15	Fosfato de magnésio	Produto constituído por fosfato dibásico de magnésio ($MgHPO_4 \times H_2O$) tecnicamente puro.	Fosfato total. Magnésio.
11.16	Fosfato de sódio, cálcio e magnésio.	Produto constituído por fosfato de sódio, de cálcio e de magnésio	Fósforo total. Magnésio. Cálcio. Sódio.
11.17	Fosfato monossódico	Fosfato monossódico ($NaH_2PO_4H_2O$) tecnicamente puro	Fósforo total. Sódio.
11.18	Bicabornato de sódio	Bicabornato de sódio ($NaHCO_3$) tecnicamente puro.	Sódio.

(^{1}) A natureza da fonte pode ser substituída ou ser incluída na designação.
(^{2}) A designação pode ser completada com o processo de fabrico.

12 — Diversos:

Número	Designação	Descrição	Declarações obrigatórias
(1)	(2)	(3)	(4)
12.01	Produtos e subprodutos das indústrias de panificação e massas (^{1}).	Produto ou subproduto da indústria da panificação, incluindo a padaria fina e as bolachas e biscoitos, e da indústria das massas alimentícias.	Amido. Açúcares totais expressos em sacarose.
12.02	Produtos e subprodutos de confeitaria (^{1}).	Produto ou subproduto do fabrico de doces, incluindo o chocolate.	Açúcares totais expressos com sacarose.
12.03	Produtos e subprodutos de pastelaria e da indústria dos gelados (^{1}).	Produto ou subproduto do fabrico de pastelaria ou de gelado.	Amido. Açúcares totais expressos em sacarose. Matéria gorda.
12.04	Ácidos gordos (^{1})	Subprodutos obtidos durante a desacidificação, através de lixívia, ou por destilação de óleos e gorduras de origem animal ou vegetal não especificados.	Matéria gorda. Humidade, quando > 1%.
12.05	Sais de ácidos gordos (^{2})	Produto obtido por saponificação de ácidos gordos com hidróxido de cálcio, de sódio ou de potássio.	Matéria gorda. Ca (ou Na ou K, conforme o caso).

(^{1}) Esta designação deve ser alterada ou complementada de modo a precisar o processo agro-alimentar de que provém a matéria-prima para alimentação animal.
(^{2}) Esta designação pode ser completada com a indicação do sal obtido.

PARTE C
Disposições relativas à designação e declaração de determinados constituintes de matérias-primas não incluídas na lista

As matérias-primas para alimentação animal colocadas em circulação que não constem da parte B do presente anexo serão objecto de uma declaração obrigatória dos constituintes indicados na col. 2 do quadro seguinte nos termos da alínea *d*) do n.º 2 do artigo 6.º

As matéria-primas para alimentação animal que não figurem na lista da parte B devem ser designadas de acordo com os critérios do ponto I, n.º 1, da parte A do presente anexo.

Número	Matérias-primas para alimentação animal	Declaração obrigatória de
(1)	(2)	(3)
1	Grãos de cereais	
2	Produtos e subprodutos de grãos de cereais	Amido, quando > 20%. Proteína bruta, quando > 10%. Matéria gorda, quando > 5%. Fibra bruta.
3	Sementes e frutos oleaginosos	
4	Produtos e subprodutos de sementes e frutos oleaginosos	Proteína bruta > 10%. Matéria gorda, quando > 5%. Fibra bruta.
5	Sementes de leguminosas	
6	Produtos e subprodutos de sementes de leguminosas bruta > 10%.	Proteína bruta > 10%. Fibra bruta.
7	Raízes e tubérculos	
8	Produtos e subprodutos da transformação de raízes e tubérculos	Amido. Fibra bruta. Cinza insolúvel em *HCl*, quando > 3,5%.
9	Outros produtos e subprodutos da transformação de beterraba sacarina	Fibra bruta, quando > 15%. Açúcares totais, expressos em sacarose. Cinza insolúvel em *HCl*, quando > 3,5%.
10	Outras sementes e frutos, respectivos produtos e subprodutos	Proteína bruta. Fibra bruta. Matéria gorda, quando > 10%.
11	Forragens e outros alimentos grosseiros	Proteína bruta, quando > 10%. Fibra bruta.
12	Outras plantas, respectivos produtos e subprodutos	Proteína bruta, quando > 10%. Fibra bruta.

Número (1)	Matérias-primas para alimentação animal (2)	Declaração obrigatória de (3)
13	Produtos e subprodutos da transformação da cana-de-açúcar	Fibra bruta, quando > 15%. Açúcares totais, expressos em sacarose.
14	Produtos e subprodutos lácteos	Proteína bruta. Humidade, quando > 5%. Lactose, quando > 10%.
15	Produtos de animais terrestres	Proteína bruta, quando > 10%. Matéria gorda, quando > 5%. Humidade, quando > 8%
16	Peixes, outros animais marinhos e respectivos produtos e subprodutos	Proteína bruta, quando > 10%. Matéria gorda, quando > 5%. Humidade, quando > 8%.
17	Minerais	Minerais utilizados.
18	Diversos	Proteína bruta, quando > 10%. Fibra bruta. Matéria gorda, quando > 10%. Amido, quando > 30%. Açúcares totais, expresso em sacarose, quando > 10%.

Controlo da alimentação animal

Decreto-Lei n.º 245/99
de 28 de Junho

CAPÍTULO I
Disposições introdutórias

Artigo 1.º
Âmbito de aplicação

1 — O presente decreto-lei estabelece os princípios relativos à organização dos controlos oficiais no domínio da alimentação animal, nomeadamente para verificar a conformidade com as disposições legais que regulam:
   a) O fabrico, comercialização e utilização de aditivos nos alimentos para animais;
   b) As substâncias e produtos indesejáveis nos alimentos simples, matérias-primas e alimentos compostos destinados à alimentação animal;
   c) A comercialização de alimentos simples para animais;
   d) A comercialização de alimentos compostos para animais;
   e) A comercialização e utilização de produtos proteicos obtidos a partir de microrganismos, de compostos azotados não proteicos, de ácidos aminados e seus sais e de análogos hidroxilados dos ácidos aminados em alimentação animal;
   f) A comercialização e utilização de alimentos para animais com objectivos nutricionais específicos/dietéticos.

2 — O disposto no número anterior aplica-se igualmente a qualquer outra regulamentação no domínio da alimentação animal em que se estabeleça que os controlos oficiais são efectuados de acordo com as disposições do presente diploma.

3 — O disposto no presente diploma é aplicável sem prejuízo de legislação nacional mais específica, nomeadamente as disposições regulamentares relativas à legislação aduaneira e à legislação veterinária.

Artigo 2.º
Definições

Para efeitos do presente diploma entende-se por:

a) Controlo oficial no domínio da alimentação animal, a seguir designado «controlo» — o controlo efectuado pela autoridade competente para verificar a conformidade com as disposições nacionais previstas nos n.ºs 1 e 2 do artigo 1.º do presente diploma;

b) Controlo documental — a verificação dos documentos que acompanham o produto ou de quaisquer outros dados relativos ao produto;

c) Controlo de identidade — a verificação, por simples inspecção visual, da concordância entre os documentos, a rotulagem e os produtos;

d) Controlo físico — o controlo do próprio produto podendo eventualmente incluir colheita de amostras para análise laboratorial;

e) Produto destinado à alimentação animal ou produto — o alimento para animais ou qualquer substância utilizada na alimentação animal;

f) Autoridade competente — a Direcção-Geral de Veterinária (DEV), que é a autoridade nacional competente para coordenar o sistema nacional de controlo oficial no domínio da alimentação animal sendo igualmente a autoridade interlocutora, sobre a matéria, com a Comissão da União Europeia, podendo, sempre que necessário, recorrer à colaboração de outras entidades, designadamente mediante a celebração de protocolos;

g) Estabelecimento — qualquer empresa que proceda à produção ou ao fabrico de um produto ou que o detenha numa fase intermédia antes da sua colocação em circulação, incluindo a da transformação e da embalagem, ou que coloque o produto em circulação;

h) Colocação em circulação ou circulação — a detenção de produtos destinados à alimentação animal para efeitos de venda, incluindo a proposta de venda ou de qualquer outra forma de

transmissão para terceiros, a título gratuito ou oneroso, bem como a própria venda e qualquer outra forma de transmissão;
i) Operador/receptor — qualquer pessoa que detenha os referidos produtos destinados a ser colocados em circulação ou utilização, provenientes do comércio intracomunitário;
j) Aditivos — as substâncias ou seus preparados utilizados em alimentação animal com a finalidade de:
   i) Influenciar favoravelmente as características das matérias-primas para alimentação animal ou dos alimentos compostos para animais ou dos produtos animais; ou
   ii) Satisfazer as necessidades nutricionais dos animais ou melhorar a produção animal, nomeadamente influenciando a flora gastrointestinal ou a digestibilidade dos alimentos para animais; ou
   iii) Introduzir na alimentação elementos favoráveis para atingir objectivos nutricionais específicos ou para corresponder a necessidades nutricionais específicas momentâneas dos animais; ou
   iv) Prevenir ou reduzir os incómodos provocados pelos dejectos dos animais ou melhorar o ambiente dos animais;
l) Pré-mistura — as misturas de aditivos entre si ou as misturas de um ou vários aditivos em excipiente apropriado destinadas ao fabrico de alimentos para animais;
m) Matérias-primas para alimentação animal — os diversos produtos de origem vegetal ou animal no seu estado natural, frescos ou conservados, bem como os produtos derivados da sua transformação industrial e as substâncias orgânicas ou inorgânicas, com ou sem aditivos, destinados a ser utilizados na alimentação animal por via oral, quer directamente, sem transformação, quer, após transformação, na preparação de alimentos compostos para animais ou como suportes em pré-misturas;
n) Alimentos compostos para animais — as misturas de matérias-primas para alimentação animal, com ou sem aditivos, destinados à alimentação animal por via oral, sob a forma de alimentos completos ou complementares;
o) Alimentos completos para animais — as misturas de alimentos que, pela sua composição, são suficientes para assegurar a ração diária;
p) Alimentos complementares para animais — as misturas de alimentos contendo teores elevados de certas substâncias e que,

pela sua composição, não asseguram a ração diária senão quando associados a outros alimentos para animais;

q) Alimentos minerais — os alimentos complementares constituídos principalmente por minerais, e contendo, pelo menos, 40% de cinza total;

r) Ração diária — a quantidade total de alimentos, referida a um teor de humidade de 12% necessária em média por dia a um animal de uma espécie, idade, função e rendimento zootécnico bem definidos, para satisfazer o conjunto das suas necessidades.

CAPÍTULO II
Obrigatoriedade de registo prévio e de aviso prévio no âmbito do comércio intracomunitário e das importações provenientes de países terceiros.

ARTIGO 3.º
Registo e aviso prévio no âmbito do comércio intracomunitário

1 — No âmbito do comércio intracomunitário, os operadores/receptores abrangidos pela definição da alínea *i*) do artigo 2.º do presente decreto-lei, a quem sejam fornecidos a qualquer título, ou coloquem em circulação, aditivos, pré-misturas, produtos proteicos obtidos a partir de microrganismos, de compostos azotados não proteicos, de ácidos aminados e seus sais e de análogos hidroxilados de ácidos aminados, matérias-primas para alimentação animal e alimentos compostos para animais, ficam sujeitos a um registo prévio obrigatório na DGV, para efeitos de controlo e obtenção do número de operador/receptor no domínio dos produtos da alimentação animal.

2 — Para efeitos do n.º 1, os operadores/receptores devem inscrever-se junto da DGV, mediante requerimento dirigido ao director-geral de Veterinária, de acordo com o modelo constante do anexo X ao presente diploma, do qual faz parte integrante, no prazo máximo de 60 dias a contar da data de entrada em vigor do presente diploma ou do início da sua actividade, donde constem os seguintes elementos:

a) Nome ou denominação social;
b) Sede social;
c) Natureza jurídica;
d) Número de identificação de pessoa colectiva ou empresário em nome individual;

e) Local ou locais de armazenagem;
f) Responsável ou responsáveis pela actividade.

3 — Os agentes económicos referidos no n.º 1 devem comunicar à DGV, através de aviso prévio, com a antecedência mínima de quarenta e oito horas, em impresso próprio, devidamente preenchido, consoante o caso, conforme consta dos anexos II, III, IV, V, VI, VII, VIII e IX ao presente diploma, do qual fazem parte integrante, a chegada dos produtos destinados à alimentação animal, de modo a permitir a realização dos controlos aplicáveis referidos no n.º 1 do artigo 9.º, nos n.ºs 1 e 2 do artigo 12.º e nos n.ºs 1 e 2 do artigo 13.º

ARTIGO 4.º
Registo e aviso prévio no âmbito das importações de países terceiros

1 — No âmbito das importações provenientes de países terceiros, os agentes económicos, a quem sejam fornecidos a qualquer título, ou coloquem em circulação, aditivos, pré-misturas, produtos proteicos obtidos a partir de microrganismos, de compostos azotados não proteicos, de ácidos aminados e seus sais e de análogos hidroxilados de ácidos aminados, matérias-primas para alimentação animal e alimentos compostos para animais, ficam sujeitos a um registo prévio obrigatório na DGV, para efeitos de controlo no domínio dos produtos da alimentação animal.

2 — Para efeitos do n.º 1, os agentes económicos importadores devem inscrever-se junto da DGV, mediante requerimento dirigido ao director-geral de Veterinária, de acordo com o modelo constante do anexo XI ao presente diploma, do qual faz parte integrante, no prazo máximo de 60 dias a contar da data de entrada em vigor do presente diploma ou do início da sua actividade, donde constem os seguintes elementos:

a) Nome ou denominação social;
b) Sede social;
c) Natureza jurídica;
d) Número de identificação de pessoa colectiva ou empresário em nome individual;
e) Local ou locais de armazenagem;
f) Responsável ou responsáveis pela actividade.

3 — Os agentes económicos importadores referidos no n.º 1, ou os seus representantes, devem comunicar, através de aviso prévio, com a antecedência mínima de quarenta e oito horas, à Direcção-Geral das Alfândegas e dos Impostos Especiais sobre o Consumo (DGAIEC) a

chegada de produtos destinados à alimentação animal, de modo a permitir a realização dos controlos referidos nos n.ᵒˢ 1 e 3 do artigo 16.º, tendentes à obtenção de livre prática.

CAPÍTULO III
Comunicações obrigatórias relativas ao fabrico,
às trocas intracomunitárias e às importações de países terceiros
de produtos destinados à alimentação animal.

Artigo 5.º
Comunicações obrigatórias relativas ao fabrico nacional

Para efeitos de informação, coordenação e controlo, os fabricantes de aditivos, pré-misturas, de produtos proteicos obtidos a partir de microrganismos, de compostos azotados não proteicos, de ácidos aminados e seus sais e de análogos hidroxilados de ácidos aminados, e de alimentos compostos para animais, aprovados ao abrigo do n.º 1 do artigo 4.º e registados ao abrigo do n.º 1 do artigo 13.º do Decreto-Lei n.º 216/99, de 15 de Junho, que estabelece as condições e regras aplicáveis à aprovação e ao registo de certos estabelecimentos e intermediários no sector da alimentação animal, comunicam à DGV, até 15 de Fevereiro de cada ano, os seguintes elementos relativos ao fabrico do ano anterior:

a) Quanto aos aditivos: o nome, a marca comercial e as quantidades de aditivos produzidas;
b) Quanto às pré-misturas: as quantidades de aditivos utilizadas e de pré-misturas fabricadas, discriminando a sua composição, marca comercial e espécies animais de destino;
c) Quanto aos produtos proteicos obtidos a partir de microrganismos, de compostos azotados não proteicos, de ácidos aminados e seus sais e de análogos hidroxilados de ácidos aminados: a denominação dos produtos, a marca comercial e as quantidades fabricadas;
d) Quanto aos alimentos compostos: as quantidades de aditivos utilizadas, as quantidades de pré-misturas utilizadas e a sua composição, a quantidade de produtos proteicos obtidos a partir de microrganismos, de compostos azotados não proteicos, de ácidos aminados e seus sais e de análogos hidroxilados de ácidos aminados utilizados e a quantidade de alimentos compostos fabricados, marca comercial e espécies animais de destino.

Artigo 5.º-A
Plano operacional de intervenção

1 — A DGV, em articulação com os serviços competentes das direcções regionais de agricultura (DRA), elabora um plano operacional de intervenção que estabeleça as medidas a aplicar sempre que se detectar que um produto destinado à alimentação animal apresenta um risco grave para a saúde humana, a saúde animal ou o ambiente e defina as competências e responsabilidades, bem como os circuitos de transmissão da informação.

2 — A DGV e as DRA devem rever o plano a que se refere o número anterior consoante as necessidades, nomeadamente em função da evolução da organização dos serviços de controlo e da experiência adquirida, incluindo a resultante de eventuais exercícios de simulação.

Artigo 6.º
Comunicações obrigatórias relativas às trocas intracomunitárias

Para efeitos de informação, coordenação e controlo, os operadores/receptores, registados no âmbito do n.º 2 do artigo 3.º do presente decreto-lei, comunicam à DGV, até 15 de Fevereiro de cada ano, os seguintes elementos relativos às trocas intracomunitárias do ano anterior:

 a) Quanto aos aditivos: o nome, a marca comercial e as quantidades de aditivos;
 b) Quanto às pré-misturas: as quantidades de pré-misturas, discriminando a sua composição, marca comercial e espécies animais de destino;
 c) Quanto aos produtos proteicos obtidos a partir de microrganismos, de compostos azotados não proteicos, de ácidos aminados e seus sais e de análogos hidroxilados de ácidos aminados: a denominação dos produtos, a marca comercial e a sua quantidade;
 d) Quanto às matérias-primas: a denominação e as quantidades;
 e) Quanto aos alimentos compostos: a quantidade de alimentos compostos, a marca comercial e as espécies animais de destino.

Artigo 7.º
Comunicações obrigatórias relativas as importações de países terceiros

Para efeitos de informação, coordenação e controlo, os agentes económicos, registados no âmbito do n.º 2 do artigo 4.º do presente diploma, comunicam à DGV, até 15 de Fevereiro de cada ano, os seguintes elementos relativos às importações provenientes de países terceiros do ano anterior:

  a) Quanto aos aditivos: o nome, a marca comercial e as quantidades de aditivos;
  b) Quanto às pré-misturas: as quantidades de pré-misturas, discriminando a sua composição, marca comercial e espécies animais de destino;
  c) Quanto aos produtos proteicos obtidos a partir de microrganismos, de compostos azotados não proteicos, de ácidos aminados e seus sais e de análogos hidroxilados de ácidos aminados: a denominação dos produtos, a marca comercial e a sua quantidade;
  d) Quanto às matérias-primas: a designação e as quantidades;
  e) Quanto aos alimentos compostos: a quantidade de alimentos compostos, a marca comercial e as espécies animais de destino.

ARTIGO 8.º
Regulamentação

Por portaria do Ministro da Agricultura, Desenvolvimento Rural e Pescas, sob proposta do director-geral de Veterinária, serão aprovados os impressos ou o suporte informático que visa uniformizar as comunicações para cumprimento do disposto nos artigos 5.º, 6.º e 7.º do presente diploma.

CAPÍTULO IV
Disposições gerais e controlos

ARTIGO 9.º
Princípios gerais aplicáveis aos controlos

1 — A DGV e as DRA, nos termos da legislação em vigor e dentro da área das respectivas competências, devem adoptar todas as medidas necessárias para que os controlos sejam efectuados em conformidade com o disposto no presente diploma e nomeadamente para que no decurso da produção e do fabrico, nas fases intermédias anteriores à colocação em circulação e na fase de colocação em circulação, nela se incluindo a importação e a utilização dos produtos destinados à alimentação animal, seja efectuado o controlo oficial adequado dos

produtos destinados à alimentação animal, bem como a fiscalização das demais disposições previstas no presente diploma, sem prejuízo das competências de outras entidades administrativas ou policiais.

2 — Sem prejuízo do que se encontra estipulado em legislação específica, é conferida à DGV e às DRA competência para acesso aos locais destinados à produção agrícola onde os produtos são fabricados ou utilizados, com a finalidade de efectuar os controlos exigidos, não podendo os detentores das explorações ou os seus representantes impedir o acesso dos agentes aos locais em causa.

3 — Os controlos previstos nos números anteriores devem ser efectuados, regra geral, sem aviso prévio e:
   a) Regularmente;
   b) Em caso de suspeita de não conformidade;
   c) Proporcionalmente ao objectivo pretendido, nomeadamente em função dos riscos e da experiência adquirida.

4 — De entre as fases referidas nos n.ºs 1 e 2 do presente artigo, devem ser escolhidas aquela ou aquelas que forem mais adequadas para a investigação pretendida.

5 — Os controlos devem, igualmente, incidir sobre a utilização de substâncias proibidas em alimentação animal.

6 — Os controlos efectuados no âmbito dos números anteriores do presente artigo devem ser efectuados de forma a limitar os atrasos no encaminhamento dos produtos e a evitar a criação de entraves injustificados à sua colocação em circulação.

Artigo 10.º
Sigilo profissional dos agentes

1 — Os agentes dos organismos referidos no n.º 1 do artigo 9.º encarregues do controlo são obrigados a respeitar o sigilo profissional.

2 — A obrigação de sigilo profissional não impede que as autoridades competentes divulguem as informações necessárias para prevenir um risco grave para a saúde humana, a saúde animal ou o ambiente.

Artigo 11.º
Colheita de amostras e métodos oficiais de análise

1 — A colheita das amostras para verificar o cumprimento das disposições previstas no presente diploma pode ser feita no decurso da produção e do fabrico nas fases intermédias anteriores à colocação em circulação e na fase de colocação em circulação nela se incluindo a importação bem como na fase de utilização ao nível da exploração.

2 — Para cumprimento do disposto no número anterior, são utilizados os métodos oficiais definidos em norma portuguesa relativos à colheita de amostras para análise e preparação de amostras.

3 — Para análise das amostras de produtos destinados à alimentação animal, são utilizados os métodos oficiais de análise definidos em norma portuguesa, ou por força das decisões comunitárias, aprovados mediante portaria ou decreto-lei.

4 — Na ausência daqueles métodos, deve o Laboratório Nacional de Investigação Veterinária (LNIV) estabelecer quais os métodos de análise a utilizar de acordo com normas reconhecidas por organismos internacionais e, na falta de tais normas, de acordo com normas nacionais cientificamente reconhecidas e em conformidade com os princípios gerais do Tratado.

5 — O disposto no número anterior tem sempre carácter transitório até à publicação do método oficial.

6 — Caso sejam colhidas amostras do produto para fins de análise, as entidades responsáveis pela recolha devem adoptar disposições necessárias para:

    a) Assegurar a quem for sujeito a controlo o benefício de uma eventual contraperitagem;

    b) Assegurar a conservação de amostras de referência seladas oficialmente.

Artigo 12.º
Controlo na origem no âmbito do comércio intracomunitário

1 — A DGV e as DRA, no âmbito das respectivas competências, para se certificarem de que os estabelecimentos cumprem com as suas obrigações definidas na regulamentação nacional e comunitária aplicável e de que os produtos destinados a serem colocados em circulação correspondem às exigências comunitárias, garantirão os controlos adequados aos mesmos.

2 — Sempre que existirem indícios de que as exigências legais não estão a ser respeitadas, a DGV, eventualmente em colaboração com outras entidades, procederá aos controlos necessários e tomará as medidas adequadas em caso de confirmação da existência da infracção.

Artigo 13.º
Controlo no destino no âmbito do comércio intracomunitário

1 — As DRA, a pedido da DGV, podem verificar, nos locais de destino, a conformidade dos produtos de acordo com o disposto na

alínea *a*) do artigo 2.º do presente diploma, mediante a realização de controlos de amostragem e de carácter não discriminatório, podendo a DGV, na medida em que tal se revele estritamente necessário para a realização de tais controlos, impor aos operadores a obrigatoriedade de assinalar a chegada dos produtos de acordo com o disposto no artigo 7.º do presente diploma, informando a Comissão desse facto.

2 — A DGV e as DRA, sempre que disponham de informação que lhes permita suspeitar da existência de uma infracção, podem também efectuar controlos durante o transporte dos produtos no seu território, sem prejuízo das competências atribuídas por lei a outras entidades.

ARTIGO 14.º
Não conformidade dos produtos provenientes do comércio intracomunitário com as exigências regulamentares em vigor

1 — Se por ocasião de um controlo realizado no local de destino do envio ou durante o transporte se verificar a não conformidade dos produtos com as disposições referidas nas alíneas *a*), *b*), *c*), *d*), *e*) e *f*) do n.º 1 do artigo 1.º, a entidade controladora tomará as medidas adequadas e intimará o expedidor, o destinatário ou qualquer terceiro que tiver sucedido nos direitos a efectuar, nas condições determinadas pela DGV, uma das seguintes operações:

a) Regularização dos produtos num prazo a fixar;
b) Eventual neutralização da nocividade;
c) Qualquer outro tratamento adequado;
d) Utilização para outros fins;
e) Reexpedição para o país de origem, após ter informado a autoridade competente do país do estabelecimento de origem;
f) Destruição dos produtos.

2 — As despesas decorrentes das medidas tomadas em conformidade com o n.º 1 do presente artigo ficam a cargo do expedidor ou qualquer terceiro que lhe tiver sucedido nos direitos, incluindo, eventualmente, o destinatário.

ARTIGO 15.º
Assistência mútua

1 — Caso os produtos sejam destruídos, utilizados para outros fins, reexpedidos para o país de origem ou objecto de operações de neutralização da nocividade ao abrigo do n.º 1 do artigo 14.º, o Estado membro de destino deve entrar imediatamente em contacto com o

Estado membro de expedição, que deve tomar todas as medidas necessárias e comunicar ao Estado membro de destino a natureza dos controlos efectuados, os seus resultados, as decisões tomadas e os motivos das decisões.

2 — Nos casos em que os produtos foram objecto de regularização ou submetidos a qualquer outro tratamento adequado, nos termos das alíneas *a*) e *c*) do n.º 1 do artigo anterior, a DGV pode informar a entidade competente do Estado membro de expedição.

3 — Na sequência das informações referidas nos n.ºs 1 e 2 do presente artigo, a DGV solicita à entidade competente do Estado membro de expedição a natureza dos controlos efectuados nos produtos em causa, os seus resultados, as decisões tomadas e os motivos dessas decisões.

4 — Caso a DGV entenda que as medidas tomadas pela entidade competente do Estado membro de expedição não são satisfatórias, deve procurar as formas e os meios para solucionar a situação, se necessário, mediante uma visita conjunta ao local de origem dos produtos.

ARTIGO 16.º
Princípios gerais aplicáveis às importações provenientes de países terceiros

1 — A DGAIEC, de forma a determinar o regime aduaneiro que lhe é aplicável, tomará todas as medidas necessárias para que, aquando da introdução no território nacional de produtos destinados à alimentação animal provenientes de países terceiros, seja efectuado um controlo documental de cada lote e um controlo de identidade a fim de se comprovar o seguinte:

a) A sua natureza;
b) A sua origem;
c) O seu destino geográfico.

2 — Os produtos destinados à alimentação animal provenientes de países terceiros, para efeitos da plena execução do número anterior, só podem entrar no território nacional nos pontos de entrada constantes do anexo I ao presente diploma, do qual faz parte integrante.

3 — A DGAIEC, em estreita colaboração com a DGV, deve certificar-se da conformidade dos produtos através de um controlo físico antes da sua colocação em livre prática.

4 — Aquando da colocação em livre prática dos produtos, deve ser emitido pela DGV ou pelas DRA, consoante o caso, em quadrupli-

cado, um documento, conforme modelo a aprovar por portaria do Ministro da Agricultura, Desenvolvimento Rural e Pescas, sob proposta do director-geral de Veterinária, destinando-se o original a acompanhar o produto e as cópias à DGAIEC, ao importador e ao posto de inspecção fronteiriço.

Artigo 17.º
Não conformidade dos produtos provenientes de países terceiros com as exigências regulamentares em vigor

1 — Quando do controlo efectuado, no âmbito do artigo anterior, resultar a não conformidade dos produtos com as exigências regulamentares aplicáveis, a DGAIEC, ouvida a DGV, proíbe a respectiva introdução ou colocação em livre prática e ordena a respectiva reexpedição para fora do território comunitário.

2 — Sempre que se verifique a situação prevista no número anterior, a DGAIEC informará a DGV da respectiva proibição, de modo que esta possa informar, de imediato, a Comissão Europeia e os outros Estados membros da recusa dos produtos, com a indicação das infracções verificadas.

3 — A DGV pode autorizar em determinadas condições, a fixar caso a caso, a realização de uma das seguintes operações:

a) Regularização dos produtos num prazo a fixar;
b) Eventual descontaminação;
c) Qualquer outro tratamento adequado;
d) Utilização para outros fins;
e) Destruição dos produtos.

4 — A DGAIEC, em colaboração com a DGV, fiscalizará as operações enumeradas nas alíneas do número anterior, de forma a evitar que estas tenham consequências desfavoráveis para a saúde humana e animal e para o meio ambiente.

5 — As despesas decorrentes das medidas tomadas em conformidade com os n.ºs 1 e 3 do presente artigo ficam a cargo do titular da autorização de importação ou do seu representante.

6 — As despesas efectuadas com a recolha das amostras e com as análises laboratoriais no âmbito do controlo físico constituem encargos do importador ou do seu representante.

ARTIGO 18.º
Programa nacional de controlo no âmbito da alimentação animal

1 — A DGV elabora, até 1 de Outubro de cada ano, o programa nacional de controlo que especifique as medidas adoptadas e a executar para a concretização dos objectivos previstos no presente diploma.

2 — O programa referido no número anterior deve ter em conta a especificidade nacional, indicando, nomeadamente, a natureza e a frequência dos controlos a efectuar regularmente.

CAPÍTULO V
Sistema de informação relativo aos riscos decorrentes dos alimentos para animais

ARTIGO 19.º
Lista de laboratórios

Por portaria do Ministro da Agricultura, Desenvolvimento Rural e Pescas, sob proposta do director do LNIV, é aprovada a lista dos laboratórios acreditados para a realização das análises previstas no programa nacional de controlo no âmbito da alimentação animal.

ARTIGO 19.º-A
Informações a prestar pelos responsáveis dos estabelecimentos

1 — Os responsáveis pelos estabelecimentos ficam obrigados a informar imediatamente a DGV sempre que disponham de informações que lhes permitam concluir que um lote de produtos, oriundo de países terceiros, destinado à alimentação animal, que tenham introduzido no território da Comunidade, coloquem em circulação, detenham ou sejam proprietários:

a) Excede os limites máximos fixados na parte A do anexo II do Decreto-Lei n.º 182/99, de 22 de Maio, para além dos quais o produto não deve ser distribuído nesse estado aos animais, nem misturado com outros produtos destinados à alimentação animal; ou

b) Não cumpre com uma das disposições do artigo 1.º e constitui, por isso, um risco grave, tendo em conta o destino previsto, para a saúde humana, para a saúde animal ou para o ambiente.

2 — Esses responsáveis deverão prestar à DGV todas as informações que permitam uma identificação precisa do produto ou do lote de

produtos em causa, bem como uma descrição tão completa quanto possível do risco desses produtos e todas as informações disponíveis úteis para a identificação do produto, informando ainda sobre as acções desenvolvidas para prevenir riscos para a saúde humana, a saúde animal ou o ambiente e apresentar uma descrição dessas acções.

3 — As mesmas obrigações de informação sobre os riscos que representam os produtos destinados à alimentação animal são extensivas aos profissionais que asseguram o acompanhamento sanitário das explorações referidas no artigo 10.º do Decreto-Lei n.º 148/99, de 4 de Maio, relativo às medidas de controlo a aplicar a certas substâncias e aos seus resíduos nos animais vivos e respectivos produtos, bem como aos responsáveis dos laboratórios que efectuam as análises, podendo as autoridades competentes, se for caso disso, aplicar as disposições previstas nos artigos 8.º, 11.º ou 13.º do mesmo diploma.

ARTIGO 19.º-B
Avaliação do risco

1 — Sempre que a DGV disponha de informações que, com base nos elementos disponíveis de avaliação dos riscos, indiquem que um lote de produtos destinado à alimentação animal apresenta um risco grave para a saúde humana, para a saúde animal ou para o ambiente, deve verificar as informações recebidas e, se for caso disso, deve garantir que sejam tomadas as medidas necessárias para assegurar que o lote não é utilizado na alimentação animal, devendo sujeitá-lo a restrições e investigar imediatamente:

a) A natureza do perigo e, quando necessário, a quantidade de substâncias indesejáveis presentes;

b) A possível origem das substâncias indesejáveis ou do perigo, a fim de determinar a avaliação dos riscos.

2 — Se for caso disso, a avaliação dos riscos é tornada extensiva a outros lotes do mesmo produto ou a outros produtos da cadeia alimentar humana ou animal, aos quais as substâncias indesejáveis ou o perigo tenham podido propagar-se, tendo em conta a eventual propagação de substâncias indesejáveis a outros produtos destinados à alimentação animal e a reciclagem eventual de produtos perigosos da cadeia de alimentação animal.

3 — Se a existência de um risco grave for confirmada nos termos do n.º 1, a DGV deve assegurar que o destino final do lote que contém substâncias indesejáveis, incluindo a sua descontaminação, outras operações de neutralização da nocividade, transformação ou eventual

destruição, não possa ter efeitos prejudiciais para a saúde humana, a saúde animal ou o ambiente.

4 — De igual modo, sempre que as substâncias indesejáveis ou o perigo da sua presença se possam ter propagado a outros lotes ou à cadeia alimentar, animal ou humana, deve proceder imediatamente à identificação e ao controlo dos outros lotes de produtos considerados perigosos, incluindo, se for caso disso, a identificação dos animais vivos alimentados com produtos perigosos e a aplicação das medidas previstas no Decreto-Lei n.º 148/99, de 4 de Maio, ou em outras disposições legais aplicáveis, relativas à saúde animal ou à segurança alimentar dos produtos de origem animal, assegurando assim a coordenação entre os serviços de controlo competentes, a fim de evitar que os produtos perigosos sejam colocados em circulação e de garantir a aplicação de processos de recolha dos produtos que já se encontrem no mercado.

CAPÍTULO VI
Penalidades

Artigo 20.º
Regime sancionatório aplicável

1 — As infracções ao disposto nos n.ºs 2 e 3 do artigo 3.º, nos n.ºs 2 e 3 do artigo 4.º, no artigo 5.º, no artigo 6.º, artigo 7.º e no n.º 2 do artigo 9.º, sempre que não sejam puníveis nos termos do Decreto-Lei n.º 28/84, de 20 de Janeiro, constituem contra-ordenações puníveis com coima cujo montante mínimo é de € 249,40 e o máximo de € 3740,98 ou € 44891,81, consoante o agente seja pessoa singular ou colectiva.

2 — A negligência e a tentativa são sempre puníveis.

Artigo 21.º
Sanções acessórias

1 — Consoante a gravidade da contra-ordenação e a culpa do agente, poderão ser aplicadas, simultaneamente com a coima, as seguintes sanções acessórias:

  a) Perda de objectos pertencentes ao agente;
  b) Interdição do exercício de uma profissão ou actividade cujo exercício dependa de título público ou de autorização de homologação de autoridade pública;

c) Privação do direito a subsídio ou benefício outorgado por entidades ou serviços públicos;
d) Privação do direito de participar em feiras ou mercados;
e) Privação do direito de participar em arrematações ou concursos públicos que tenham por objecto a empreitada ou a concessão de obras públicas, o fornecimento de bens e serviços, a concessão de serviços públicos e a atribuição de licenças e alvarás;
f) Encerramento do estabelecimento cujo funcionamento esteja sujeito a autorização ou licença de autoridade administrativa;
g) Suspensão de autorização, licenças e alvarás.

2 — As sanções acessórias referidas nas alíneas *b*) e seguintes do número anterior terão a duração máxima de dois anos, contados a partir do trânsito em julgado da decisão condenatória.

3 — Sem prejuízo do disposto no n.º 1 do presente artigo, pode ser ordenada a inutilização dos aditivos, pré-misturas ou alimentos compostos produzidos em unidades que não respeitem os requisitos de aprovação dos estabelecimentos referidos nas alíneas *a*), *b*), *c*), *d*) *e*), *f*) e *g*) do n.º 1 do artigo 4.º e nas alíneas *a*), *b*), *c*) e *d*) do n.º 1 do artigo 13.º do Decreto-Lei n.º 216/99, de 15 de Junho.

Artigo 22.º
Instrução, aplicação e destino da receita das coimas

1 — A aplicação das coimas e sanções acessórias compete ao director-geral de Veterinária.

2 — A entidade que levantar o auto de notícia remeterá o mesmo à DRA da área da prática da infracção para instrução do competente processo.

3 — A afectação do produto das coimas cobradas em aplicação ao presente diploma legal far-se-á da seguinte forma:

a) 10% para a entidade que levantou o auto;
b) 10% para a entidade que instruiu o processo;
c) 20% para a entidade que aplicou a coima;
d) 60% para os cofres do Estado.

Artigo 23.º
Controlo, fiscalização e penalidades nas Regiões Autónomas

1 — Nas Regiões Autónomas dos Açores e da Madeira a execução administrativa do presente diploma e suas disposições regulamentares cabe aos serviços competentes das respectivas administrações regio-

nais, sem prejuízo das competências atribuídas à DGV, na qualidade de autoridade nacional competente no domínio da alimentação animal.

2 — A percentagem prevista na alínea *d*) do n.º 3 do artigo anterior, proveniente das coimas aplicadas nas Regiões Autónomas dos Açores e da Madeira, constitui receita própria de cada uma delas.

CAPÍTULO VII
Disposições finais

Artigo 24.º
Exportação para países terceiros

Pelo facto de um produto se destinar à exportação, o mesmo não pode ser excluído de um controlo adequado conforme previsto no presente diploma.

Artigo 25.º
Taxas

1 — Para custear os encargos do programa nacional do controlo no âmbito da alimentação animal, constante do artigo 19.º do presente diploma, podem ser fixadas taxas a pagar pelos fabricantes de aditivos, produtos proteicos obtidos a partir de microrganismos, de compostos azotados não proteicos, de ácidos aminados e seus sais e de análogos hidroxilados de ácidos aminados, pré-misturas e alimentos compostos para animais, operadores/receptores no âmbito do comércio intracomunitário e importadores de países terceiros.

2 — A taxa constitui receita da DGV.

3 — Por portaria do Ministro da Agricultura, Desenvolvimento Rural e Pescas, sob proposta do director-geral de Veterinária, são fixados os montante das taxas a cobrar, bem como os aspectos administrativos do pagamento das mesmas.

Artigo 26.º
Entrada em vigor

O presente diploma entra em vigor no dia seguinte ao da sua publicação.

ANEXO I

Pontos de entrada no território nacional de produtos destinados à alimentação animal provenientes de países terceiros

Pontos de entrada	Produtos destinados à alimentação animal
Praia da Vitória, porto	D
Aveiro, porto	D
Figueira da Foz, porto	D
Funchal (Madeira), aeroporto	A, B, C, D, E
Funchal (Madeira), porto	A, B, C, D, E
Lisboa, aeroporto	A, B, C, D, E
Lisboa (Beato/Trafaria), porto	A, B, C, D, E
Ponta Delgada (Açores), aeroporto	A, B, C, D, E
Pona Delgada (Açores), porto	A, B, C, D, E
Porto, aeroporto	A, B, C, D, E
Porto (Leixões), porto	A, B, C, D, E
Setúbal, porto	D

A = aditivos.
B = pré-misturas.
C = bioproteínas = produtos proteicos obtidos a partir de microrganismos, de compostos azotados não proteicos, de ácidos aminados e seus sais de análogos hidroxilados de ácidos aminados.
D = matérias-primas.
E = alimentos compostos.

ANEXO II

OPERADOR/RECEPTOR NO ÂMBITO DOS PRODUTOS DA ALIMENTAÇÃO ANIMAL

AVISO PRÉVIO COM A **ANTECEDÊNCIA MÍNIMA DE 48 HORAS** DA CHEGADA DE ADITIVOS COM ORIGEM INTRACOMUNITÁRIA (1)

(N.º 3 do art.º 3º do Decreto-Lei n.º ..../99, de ...... de ....)

NOME: _____ Tel: _____
ENDEREÇO: _____ Fax: _____ ANO: _____
N.º DE REGISTO DO OPERADOR/RECEPTOR: _____ DIA E MÊS: _____

	DATA PREVISTA PARA A RECEPÇÃO	MEIO DE TRANSPORTE E IDENTIFICAÇÃO (MATRÍCULA)	IDENTIFICAÇÃO DOS ADITIVOS (2)			QUANTIDADE DE ADITIVOS (Kg)	ORIGEM DO PRODUTO (Aditivos)		(3) DESTINATÁRIO (Nome e Endereço)
			Nº CEE	NOME	MARCA COMERCIAL		PAÍS	Nome e N.º de Aprovação/Registo do Unidade de Fabrico	
1									
2									
3									
4									
5									
6									

Notas explicativas para preenchimento do impresso:
(1) Por cada aditivo a receber, deverá ser preenchida uma das linhas 1,2,3,4,5 e 6 da quadrícula.
(2) A identificação do aditivo deve ser efectuada, mencionando o seu nº CEE, nome e marca comercial
(3) Nos casos em que o destinatário é um "broker" ou seja, um agente intermediário que se limita a promover as transacções, deve(m) ser indicado(s) o(s) destinatário(s) final(ais) com o(s) respectivo(s) endereço(s). Recorda-se que, mesmo que o "broker", deverá(ão), igualmente, estar registado(s) como operador/receptor.

A REMETER A:
• D. G. V. FAX 3239565

Nota: Todos os espaços deverão ser correctamente preenchidos.
ESTE IMPRESSO DEVERÁ SER PREENCHIDO EM LETRA DE IMPRENSA

Mod. 231/DGV

ANEXO III

OPERADOR RECEPTOR NO ÂMBITO DOS PRODUTOS DA ALIMENTAÇÃO ANIMAL

AVISO PRÉVIO COM A **ANTECEDÊNCIA MÍNIMA DE 48 HORAS** DA CHEGADA DOS PRODUTOS PROTEICOS OBTIDOS A PARTIR DE MICRORGANISMOS, DE COMPOSTOS AZOTADOS NÃO PROTEICOS, DE ÁCIDOS AMINADOS E SEUS SAIS E DE ANÁLOGOS HIDROXILADOS DOS ÁCIDOS AMINADOS COM ORIGEM INTRACOMUNITÁRIA (1)

NOME: _____ (N.º 3 do art.º 3º do Decreto-Lei n.º ...../99, de ...... de ....)
ENDEREÇO: _____ Tel: _____
N.º DE REGISTO DO OPERADOR/RECEPTOR: _____ Fax: _____ ANO: _____
DIA E MÊS: _____

DATA PREVISTA PARA A RECEPÇÃO	MEIO DE TRANSPORTE E IDENTIFICAÇÃO (MATRÍCULA)	IDENTIFICAÇÃO DOS PRODUTOS PROTEICOS (2)		QUANTIDADE DE PRODUTOS PROTEICOS (Kg)	ORIGEM DO PRODUTO (Produto Proteico)		(3) DESTINATÁRIO (Nome e Endereço)
		DENOMINAÇÃO DO PRODUTO	MARCA COMERCIAL		PAÍS	Nome e N.º de Aprovação/Registo do Unidade de Fabrico	
1							
2							
3							
4							
5							
6							

Notas explicativas para preenchimento do impresso:
(1) Por cada Produtos Proteico a receber, deverá ser preenchida uma das linhas 1,2,3,4,5 e 6 da quadrícula.
(2) A identificação do Produto Proteico deve ser efectuada, mencionando a sua denominação, conforme o definido no Anexo à Portaria 1105/89 de 27 de Dezembro e suas alterações e a marca comercial.
(3) Nos casos em que o destinatário é um "broker" ou seja, um agente intermediário que se limita a promover as transacções, deve(m) ser indicado(s) o(s) destinatário(s) final(ais) com o(s) respectivo(s) endereço(s). Recorda-se que, mesmo os "broker", deverá(ão), igualmente, estar registado(s) como operadores/receptores
Nota: Todos os espaços deverão ser correctamente preenchidos.

A REMETER A:
• D. G. V. FAX 3239565

ESTE IMPRESSO DEVERÁ SER PREENCHIDO EM LETRA DE IMPRENSA

Mod. 232/DGV

ANEXO IV

OPERADOR/RECEPTOR NO ÂMBITO DOS PRODUTOS DA ALIMENTAÇÃO ANIMAL

AVISO PRÉVIO COM A **ANTECEDÊNCIA MÍNIMA DE 48 HORAS** DA CHEGADA DE PRÉ-MISTURAS COM ORIGEM INTRACOMUNITÁRIA (1)

(N.º 3 do art.º 3º do Decreto-Lei n.º ...../99, de ...... de ....)

NOME: _____ Tel: _____
ENDEREÇO: _____ Fax: _____ ANO: _____
N.º DE REGISTO DO OPERADOR/RECEPTOR: _____ DIA E MÊS: _____

DATA PREVISTA PARA A RECEPÇÃO	MEIO DE TRANSPORTE E IDENTIFICAÇÃO (MATRÍCULA)	IDENTIFICAÇÃO DAS PRÉ-MISTURAS (2)	QUANTIDADE DE PRÉ-MISTURAS (Kg)	ORIGEM DO PRODUTO (Pré-misturas)		(3) DESTINATÁRIO (Nome e Endereço)
		MARCA COMERCIAL		PAÍS	Nome e N.º de Aprovação/Registo do Unidade de Fabrico	
1						
2						
3						
4						
5						
6						

Notas explicativas para preenchimento do impresso:
(1) Por cada pré-mistura a receber, deverá ser preenchida uma das linhas 1,2,3,4,5 e 6 da quadrícula.
(2) A identificação das pré-misturas deve ser efectuada, mencionando a sua marca comercial.
(3) Nos casos em que o destinatário é um "broker" ou seja, um agente intermediário que se limita a promover as transacções, deve(m) indicado(s) o(s) destinatário(s) final(ais) com o(s) respectivo(s) endereço(s). Recorda-se que, mesmo os "broker", deverá(ão), igualmente estar registado(s) como operador/receptor
Nota: Todos os espaços deverão ser correctamente preenchidos.

A REMETER A:
• D. G. V. FAX 3239565

ESTE IMPRESSO DEVERÁ SER PREENCHIDO EM LETRA DE IMPRENSA

Mod. 233/DGV

ANEXO V

OPERADORES RECEPTORES NO ÂMBITO DOS PRODUTOS DA ALIMENTAÇÃO ANIMAL

AVISO PRÉVIO COM A **ANTECEDÊNCIA MÍNIMA DE 48 HORAS** DA CHEGADA DOS ALIMENTOS COMPOSTOS DESTINADOS A ANIMAIS DE EXPLORAÇÃO OU A PRODUTOS DA AQUICULTURA COM ORIGEM INTRACOMUNITÁRIA (1)

(N.º 3 do art.º 3º do Decreto-Lei n.º ..../99, de ..... de............................)

NOME: _____ Tel: _____
ENDEREÇO: _____ Fax: _____ ANO: _____
N.º DE REGISTO DO OPERADOR/RECEPTOR: _____ DIA E MÊS: _____

DATA PREVISTA PARA A RECEPÇÃO	MEIO DE TRANSPORTE E IDENTIFICAÇÃO (MATRÍCULA)	IDENTIFICAÇÃO DOS ALIMENTOS COMPOSTOS (2)		QUANTIDADE DE ALIMENTO COMPOSTO (Kg)	ORIGEM DO PRODUTO (Alimentos Compostos)		(3) DESTINATÁRIO (Nome e Endereço)
		MARCA COMERCIAL	ESPÉCIE ANIMAL DE DESTINO		PAÍS	Nome e N.º de Aprovação/Registo da Unidade de Fabrico	
1							
2							
3							
4							
5							
6							

Notas explicativas para preenchimento do impresso:
(1) Por cada tipo de alimento composto a receber, deverá ser preenchida uma das linhas 1,2,3,4,5 e 6 da quadrícula.
(2) A identificação do alimento composto deve ser efectuada, mencionando a sua marca comercial e espécie animal de destino
Exemplos:
— Alimento composto para suínos - crescimento.
— Alimento composto para aves – poedeiras
— Alimento composto para cavalos - reprodução
(3) Nos casos em que o destinatário é um "broker" ou seja, um agente intermediário que se limita a promover as transacções, deve(m) ser indicado(s) o(s) destinatário(s) final(ais) com o(s) respectivo(s) endereço(s). Recorda-se que, mesmo os "broker", deverá(ão), igualmente, estar registado(s) como operador/receptor.

Nota: Todos os espaços deverão ser correctamente preenchidos.

A REMETER A:
• D. G. V. FAX 3239565

ESTE IMPRESSO DEVERÁ SER PREENCHIDO EM LETRA DE IMPRENSA

Mod. 234/DGV

ANEXO VI

OPERADORES/RECEPTORES DOS PRODUTOS NO ÂMBITO DA ALIMENTAÇÃO ANIMAL

AVISO PRÉVIO COM A **ANTECEDÊNCIA MÍNIMA DE 48 HORAS** DA CHEGADA DE ALIMENTOS COMPOSTOS SECOS PARA ANIMAIS DE COMPANHIA "PET-FOODS" COM ORIGEM INTRACOMUNITÁRIA (1)

(N.º 3 do art.º 3º do Decreto-Lei n.º ..../99, de.......de............................)

NOME: _____ Tel: _____
ENDEREÇO: _____ Fax: _____ ANO: _____
N.º DE REGISTO DO OPERADOR/RECEPTOR: _____ DIA E MÊS: _____

DATA PREVISTA PARA A RECEPÇÃO	MEIO DE TRANSPORTE E IDENTIFICAÇÃO (MATRÍCULA)	IDENTIFICAÇÃO DO TIPO DE ALIMENTOS COMPOSTOS SECOS (2)		QUANTIDADE DE ALIMENTOS COMPOSTOS (Kg)	ORIGEM DA MERCADORIA (Alimento Composto)		(3) DESTINATÁRIO (Nome e Endereço)
		MARCA COMERCIAL	ESPÉCIE ANIMAL DE DESTINO		PAÍS	Nome e n.º de Aprovação/Registo da Unidade de Fabrico	
1							
2							
3							
4							
5							
6							

Notas explicativas para preenchimento do impresso:
(1) Por cada tipo de alimento composto seco a receber, deverá ser preenchida uma das linhas 1,2,3,4,5 e 6 da quadrícula.
(2) A identificação dos alimentos compostos deve ser efectuada, mencionando a marca comercial e espécie animal de destino.
Exemplos:
— Alimento composto para cães - crescimento.
— Alimento composto para cães – manutenção
— Alimento composto para cães- reprodução
(3) Nos casos em que o destinatário é um "broker" ou seja, um agente intermediário que se limita a promover as transacções, deve(m) ser indicado(s) o(s) destinatário(s) final(ais) com o(s) respectivo(s) endereço(s). Recorda-se que, mesmo os "broker", deverá(ão), igualmente, estar registado(s) como operador/receptor

Nota: Todos os espaços deverão ser correctamente preenchidos.

A REMETER A:
• D. G. V. FAX 3239565

ESTE IMPRESSO DEVERÁ SER PREENCHIDO EM LETRA DE IMPRENSA

Mod. 235/DGV

ANEXO VII

OPERADORES/RECEPTORES NO ÂMBITO DOS PRODUTOS DA ALIMENTAÇÃO ANIMAL

AVISO PRÉVIO COM A **ANTECEDÊNCIA MÍNIMA DE 48 HORAS** DA CHEGADA DE ALIMENTOS COMPOSTOS HÚMIDOS E SEMI-HÚMIDOS PARA ANIMAIS DE COMPANHIA "PET-FOODS" COM ORIGEM INTRACOMUNITÁRIA (1)

(N.º 3 do art.º 3º do Decreto-Lei n.º ..../99, de ....de.................)

NOME: _____ Tel: _____
ENDEREÇO: _____ Fax: _____ ANO: _____
N.º DE REGISTO DO OPERADOR/RECEPTOR: _____ DIA E MÊS: _____

DATA PREVISTA PARA A RECEPÇÃO	MEIO DE TRANSPORTE E IDENTIFICAÇÃO (MATRÍCULA)	IDENTIFICAÇÃO DO TIPO DE ALIMENTOS COMPOSTOS HÚMIDOS E SEMI-HÚMIDOS (2)		QUANTIDADE DE ALIMENTOS COMPOSTOS (Kg)	ORIGEM DO PRODUTO (Alimento Composto)		(3) DESTINATÁRIO (Nome e Endereço)
		MARCA COMERCIAL	ESPÉCIE ANIMAL DE DESTINO		PAÍS	Nome, n.º de Aprovação/Registo da Unidade de Fabrico e n.º de Controlo Veterinário	
1							
2							
3							
4							
5							
6							

Notas explicativas para preenchimento do impresso:
(1) Por cada tipo de alimento composto húmido e semi-húmido a receber, deverá ser preenchida uma das linhas 1,2,3,4,5 e 6 da quadrícula
(2) A identificação dos alimentos compostos deve ser efectuada, mencionando a marca comercial e espécie animal de destino.
Exemplos:
— Alimento composto para cães - crescimento.
— Alimento composto para cães – manutenção
— Alimento composto para cães - reprodução
(3) Nos casos em que o destinatário é um "broker" ou seja, um agente intermediário que se limita a promover as transacções, deve(m) ser indicado(s) o(s) destinatário(s) final(ais) com o(s) respectivo(s) endereço(s). Recorda-se que, mesmo os "broker", deverá(ão), igualmente, estar registado(s) como operador/receptor

A REMETER A:
• D. G. V. FAX 3239565

ESTE IMPRESSO DEVERÁ SER PREENCHIDO EM LETRA DE IMPRENSA

Mod. 236/DGV

ANEXO VIII

OPERADORES/RECEPTORES NO ÂMBITO DOS PRODUTOS DA ALIMENTAÇÃO ANIMAL

AVISO PRÉVIO COM A **ANTECEDÊNCIA MÍNIMA DE 48 HORAS** DA CHEGADA DE ALIMENTOS PARA ANIMAIS COM OBJECTIVOS NUTRICIONAIS ESPECÍFICOS / ALIMENTOS DIETÉTICOS COM ORIGEM INTRACOMUNITÁRIA (1)

(N.º do art.º ......do Decreto-Lei n.º ...., de ....)

NOME: _____ Tel: _____
ENDEREÇO: _____ Fax: _____ ANO: _____
N.º DE REGISTO PERADOR/RECEPTOR: _____ DIA E MÊS: _____

DATA PREVISTA PARA A RECEPÇÃO	MEIO DE TRANSPORTE E IDENTIFICAÇÃO (MATRÍCULA)	IDENTIFICAÇÃO DO ALIMENTO DIETÉTICO			QUANTIDADE DE ALIMENTOS DIETÉTICOS (Kg)	ORIGEM DO PRODUTO (Alimento Dietético)		(3) DESTINATÁRIO (Nome e Endereço)
		MARCA COMERCIAL	OBJECTIVO NUTRICIONAL ESPECÍFICO	ESPÉCIE ANIMAL DESTINO		PAÍS	Nome e n.º de Aprovação/Registo da Unidade de Fabrico	
1								
2								
3								
4								
5								
6								

Notas explicativas para preenchimento do impresso:
(1) Por cada lote de produtos a receber, deverá ser preenchida uma das linhas 1,2,3,4,5 e 6 da quadrícula.
(2) A identificação dos alimentos dietéticos deve ser efectuada, mencionando o marca comercial, objectivo nutricional específico e espécie animal de destino conforme o definido nos Anexo II à Portaria 91/96, de 25 de Março.
Exemplo:
— Alimento dietético para redução da formação de calculos de cistina – cães e gatos.
(3) Nos casos em que o destinatário é um "broker" ou seja, um agente intermediário que se limita a promover as transacções, deve(m) ser indicado(s) o(s) destinatário(s) final(ais) com o(s) respectivo(s) endereço(s). Recorda-se que, mesmo os "broker", deverá(ão), igualmente, estar registado(s) como agentes intermediários

A REMETER A:
• D. G. V. FAX 3239565

Nota: Todos os espaços deverão ser correctamente preenchidos.

ESTE IMPRESSO DEVERÁ SER PREENCHIDO EM LETRA DE IMPRENSA

Mod. 237/DGV

ANEXO IX

OPERADOR/RECEPTOR NO ÂMBITO DOS PRODUTOS DA ALIMENTAÇÃO ANIMAL

AVISO PRÉVIO COM A **ANTECEDÊNCIA MÍNIMA DE 48 HORAS** DA CHEGADA DE MATÉRIAS-PRIMAS PARA ALIMENTAÇÃO ANIMAL COM ORIGEM INTRACOMUNITÁRIA (1)

(N.º 3 do art.º 3º do Decreto-Lei n.º ..../99, de .... de ....)

NOME: _____ Tel: _____

ENDEREÇO: _____ Fax: _____ ANO: _____

N.º DE REGISTO DO OPERADOR/RECEPTOR: _____ DIA E MÊS: _____

DATA PREVISTA PARA A RECEPÇÃO	MEIO DE TRANSPORTE E IDENTIFICAÇÃO (MATRÍCULA)	IDENTIFICAÇÃO DAS MATÉRIAS PRIMAS (2)		QUANTIDADE DE MATÉRIAS PRIMAS (Ton)	ORIGEM/PROVENIÊNCIA DA MATÉRIA PRIMA	(3) DESTINATÁRIO (Nome e Endereço)
		NÚMERO	DESIGNAÇÃO		PAÍS	
1						
2						
3						
4						
5						
6						

Notas explicativas para preenchimento do impresso:
(1) Por cada lote de matérias primas para alimentação animal a receber, deverá ser preenchida uma das linhas 1,2,3,4,5 e 6 da quadrícula.
(2) A identificação da matéria-prima deve ser efectuada, mencionando o seu número e designação conforme o definido no Anexo – Parte B - do Dec-Lei n.º ...../99, de .... de ....
(3) Nos casos em que o destinatário é um "broker" ou seja, um agente intermediário que se limita a promover as transacções, deve(m) ser indicado(s) o(s) destinatário(s) final(ais) com o(s) respectivo(s) endereço(s). Recorda-se que, mesmo os "broker", deverá(ão), igualmente, estar registado(s) como operador/receptor
Nota: Todos os espaços deverão ser correctamente preenchidos.

A REMETER A:
• D. G. V. FAX 3239565

ESTE IMPRESSO DEVERÁ SER PREENCHIDO EM LETRA DE IMPRENSA

Mod. 238/DGV

ANEXO X

Exmº. Sr.
Director Geral de Veterinária
Largo da Academia Nacional de Belas Artes, 2/4
1249-105 LISBOA

Assunto: Registo prévio obrigatório, no âmbito do comércio intra-comunitário, para efeitos de obtenção de número de operador/receptor para os produtos da alimentação animal, ao abrigo do n.º 2 do artigo 3º do Dec. Lei n.º ....../99, relativo aos controlos oficiais no domínio da alimentação animal.

.... (1)
.... (2)

Pessoa colectiva n.º _____ Empresário em nome individual n.º _____, com sede social em _____, dedicando-se ao comércio intra-comunitário de produtos da alimentação animal, na qualidade de operador/receptor a quem são fornecidos a qualquer título, com vista a serem colocados em circulação ou utilização os produtos abaixo assinalados:
(Assinalar com X o que interessar).

1. ☐ - Aditivos
2. ☐ - Produtos proteicos obtidos a partir de microorganismos, de compostos azotados não proteicos, de ácidos aminados e seus sais e de análogos hidroxilados dos ácidos aminados.
3. ☐ - Pré-misturas
4. ☐ - Alimentos compostos para animais destinados a:
   4.1. ☐ - Animais de Exploração
   4.2. ☐ - Produtos da Aquicultura
   4.3. ☐ - Animais de Companhia
5. ☐ - Matérias primas para alimentação animal, com local ou locais de armazenagem/embalagem em:

Local/Locais de Armazenagem
....
....

Local/Locais de Embalamento
....
....

e como responsável/responsáveis pela actividade ....

dando cumprimento ao que se encontra estipulado no n.º 2 do artigo 3º do Decreto-Lei n.º ..../99, de .../.../..., vem por este meio solicitar o seu registo nessa Direcção Geral, para efeitos da obtenção do número de operador/receptor, no domínio dos produtos da alimentação animal.

Local: _____ Data: ...... de _____ de _____

A Gerência/A Administração/A Direcção/O empresário em nome individual

Assinatura e carimbo: _____

(1) – Nome ou denominação social
(2) – Natureza jurídica: Sociedade Comercial por Quotas/Sociedade Anónima/Cooperativa/Agrupamento de Produtores/Agrupamento Complementar de Empresas /Empresário em nome individual

ANEXO XI

Exm°. Sr.
Director Geral de Veterinária
Largo da Academia Nacional de Belas Artes, 2/4
1249-105 LISBOA

Assunto: Registo prévio obrigatório, no âmbito do <u>comércio com países terceiros</u>, de produtos da alimentação animal, ao abrigo do n.º 2 do artigo 4º do Dec. Lei n.º ..../99, de ..../...., relativo aos controlos oficiais no domínio da alimentação animal.

.... (1)
Pessoa colectiva n.º ...., Empresário em nome individual n.º ....(2) com sede social em ...., dedicando-se ao comércio de produtos da alimentação animal com países terceiros, na qualidade de agente económico importador, a quem são fornecidos a qualquer título, destinados a serem colocados em circulação os produtos abaixo assinalados:

(Assinalar com X o que interessa')

1. ☐ Aditivos
2. ☐ Produtos Proteicos obtidos a partir de microrganismos, de compostos azotados não proteicos, de ácidos aminados e seus sais e de análogos hidroxilados dos ácidos aminados.
3. ☐ Pré-misturas
4. ☐ Alimentos compostos para animais destinados a:
   4.1. ☐ Animais de Exploração
   4.2. ☐ Produtos da Aquicultura
   4.3. ☐ Animais de Companhia
5. ☐ Matérias primas para alimentação animal, com local ou locais de armazenagem/embalamento em:

Local/Locais de Armazenagem,
....
....
....

Local/Locais de Embalamento,
....
....

e como responsável/responsáveis pela actividade ....

dando cumprimento ao que se encontra estipulado no n.º 2 do artigo 4º do Decreto-Lei n.º .... /99, de ..../...., vem por este meio solicitar o seu registo nessa Direcção Geral, no âmbito do comércio com países terceiros no domínio dos produtos da alimentação animal.

Local: .... Data: ...... de .... de ....
A Gerência/A Administração/A Direcção/O empresário em nome individual
Assinatura e carimbo: _____

(1) – Nome ou denominação social
(2) – Natureza jurídica: Sociedade Comercial por Quotas/Sociedade Anónima/Cooperativa/Agrupamento de Produtores/Agrupamento Complementar de Empresas /Empresário em nome individual

2.3.3. Produção de energia

2.3.3.1 Resíduos para produção de energia (Decreto-lei n.º 189/88, de 27 de Maio*) 765
2.3.3.2 Sistema Eléctrico Independente (Decreto-lei n.º 312/2001, de 10 de Dezembro) 785

---

* Alterado pelos Decretos-lei n.ºˢ 313/95, de 24 de Novembro e 168/99, de 18 de Maio.

Resíduos para produção de energia

Decreto-Lei n.º 189/88
de 27 de Maio

CAPÍTULO I
Disposições gerais

ARTIGO 1.º
Objecto e âmbito

1 — O presente diploma regula a actividade de produção de energia eléctrica que se integre, nos termos do Decreto-Lei n.º 182/95, de 27 de Julho, no Sistema Eléctrico Independente, mediante a utilização de recursos renováveis ou resíduos industriais, agrícolas ou urbanos.

2 — Quando se trate de aproveitamentos hidroeléctricos, as disposições do presente diploma só se aplicam desde que a potência instalada seja, no seu conjunto, limitada a 10 MW.

3 — A actividade de produção de energia eléctrica regulada pelo presente diploma pode ser exercida por pessoas singulares ou colectivas, públicas ou privadas, independentemente da forma jurídica que assumam.

ARTIGO 2.º
Imparcialidade

Sempre que haja mais de um interessado na concretização de um projecto de aproveitamento de energia no âmbito deste diploma e, em especial, quando tal projecto envolva a utilização de bens dos domínios público ou privado da administração central ou das autarquias locais, cabe às autoridades públicas assegurar a igualdade de oportunidades entre os interessados.

CAPÍTULO II
Meios

Artigo 3.º
Normas gerais

1 — Para além dos bens ou direitos próprios, podem as entidades que sejam produtoras de energia ao abrigo do presente diploma ou de legislação anterior utilizar bens dos domínios público ou privado da administração central ou dos municípios, nos termos previstos nos artigos seguintes, e requerer a expropriação por utilidade pública nos termos do Código das Expropriações, com a especialidade prevista no artigo seguinte.

2 — Para a prossecução dos fins previstos no presente diploma, podem os municípios participar no capital de sociedades, com ou sem maioria sua ou de outras entidades públicas, por deliberação da assembleia municipal, sob proposta da câmara municipal.

Artigo 4.º
Expropriações por utilidade pública

1 — As entidades que, ao abrigo do presente diploma ou de legislação anterior, sejam produtoras de energia eléctrica podem requerer a expropriação por utilidade pública de bens imóveis ou direitos a eles relativos.

2 — Com a expropriação, o bem ou direito passa para o património da administração central ou da autarquia local, mas fica afecto à actividade de produção de energia eléctrica pela entidade que requereu a expropriação pelo prazo de 35 anos, a troco de um pagamento periódico actualizável, fixado no momento da cedência pela entidade pública que tenha suportado a justa indemnização e a seu favor.

3 — A competência para a fixação do pagamento periódico e do seu montante, para cada caso, é exercida por despacho conjunto dos Ministros do Planeamento e da Administração do Território e da Indústria e Energia.

4 — O encargo com a justa indemnização poderá ainda ser suportado pela entidade que tenha requerido a expropriação, sendo tal facto tido em consideração na fixação do pagamento periódico previsto no número anterior.

Artigo 5.º
Cedência de bens do domínio privado

1 — A administração central ou as autarquias locais podem ceder, a título contratual, bens do seu domínio privado às entidades produtoras de energia eléctrica.

2 — A faculdade prevista no n.º 1 deste artigo não prejudica a venda de bens às mesmas entidades nos termos gerais.

ARTIGO 6.º
Utilização de bens do domínio público

1 — A administração central ou as autarquias locais podem consentir na utilização de bens do domínio público para a produção de energia eléctrica sem necessidade de recorrer à concessão, titulando esse consentimento através de licença.

2 — Pela utilização desses bens é devida uma renda, fixada no momento da outorga da licença de utilização.

3 — A licença de utilização deve conter o prazo admitido para a utilização dos bens, cujo encurtamento pela entidade pública confere direito a indemnização.

ARTIGO 7.º
Autorização da instalação

1 — As instalações de produção de energia eléctrica carecem de autorização.

2 — A autorização prevista no número anterior é concedida nos termos do Regulamento que consta do anexo I ao presente diploma e que dele faz parte integrante.

ARTIGO 8.º
Servidões administrativas

À constituição de servidões administrativas a favor dos municípios aplica-se, com as necessárias adaptações, o regime do artigo 4.º, bem como a demais legislação aplicável.

CAPÍTULO III
Requisitos técnicos e de segurança

ARTIGO 9.º
Disposições a observar

1 — Os requisitos técnicos e de segurança estabelecidos no presente diploma visam:
   a) Estabelecer os condicionamentos técnicos básicos que a construção e exploração das instalações licenciadas ao abrigo do presente decreto-lei devem respeitar;

b) Garantir a observância dos critérios de segurança aprovados pela DGE e pela Entidade Reguladora do Sector Eléctrico para o planeamento e a exploração das redes de distribuição vinculada e da Rede Nacional de Transporte;
c) Assegurar a manutenção da qualidade do serviço fornecido aos consumidores da rede pública;
d) Medir adequadamente as grandezas de que depende a facturação da energia fornecida pelo produtor;
e) Assegurar a viabilidade de soluções que permitam, no quadro de uma adequada qualidade técnica, minorar os investimentos na instalação de produção e na sua ligação à rede pública.

2 — A instalação de produção de energia eléctrica deve respeitar as disposições estabelecidas no presente diploma, nos regulamentos previstos no Decreto-Lei n.º 182/95, de 27 de Julho, e nos regulamentos de segurança aplicáveis.

3 — A ligação das instalações à rede receptora deve ser executada de acordo com as normas de projecto e de construção aplicáveis, podendo, para o efeito, o gestor da rede pública fiscalizar tecnicamente a obra.

4 — O ramal de ligação deve ser executado por prestadores de serviço qualificados, de acordo com as normas de garantia de qualidade aplicáveis ou, na sua ausência, as que tenham sido previamente aceites pelo gestor da rede pública.

5 — O gestor da rede pública pode propor o sobredimensionamento do ramal de ligação, com o objectivo de obter solução globalmente mais económica para o conjunto das utilizações possíveis do ramal, comparticipando nos respectivos encargos de constituição, nos termos estabelecidos no anexo previsto no artigo 7.º

6 — No exercício da sua actividade, compete ao produtor observar as disposições legais aplicáveis em maté-ria de ambiente, bem como os pareceres prestados pelos serviços competentes às entidades licenciadoras, adoptando, para o efeito, as providências adequadas à minimização de impactes ambientais.

7 — Para efeitos do disposto no presente artigo, o produtor deve, após o licenciamento, informar o gestor da rede pública das datas previsíveis em que os trabalhos de constituição do ramal de ligação serão desenvolvidos, incluindo a data prevista para a entrada em funcionamento da instalação licenciada.

8 — Para efeitos do disposto no número anterior, a DGE deve informar o gestor da rede pública das instalações que forem sendo autorizadas ao abrigo do presente diploma.

SECÇÃO I
Condições técnicas gerais

Artigo 10.º
Factor de potência

1 — O factor de potência da energia fornecida por geradores assíncronos durante as horas cheias e de ponta não será inferior a 0,85 indutivo, para o que o produtor instalará as baterias de condensadores que forem necessárias.

2 — Os geradores síncronos poderão manter um factor de potência entre 0,8 indutivo e 0,8 capacitivo perante variações na tensão da rede pública dentro dos limites legais que constarem da concessão da rede pública.

Artigo 11.º
Distorção harmónica

1 — A tensão gerada nas centrais dos produtores será praticamente sinusoidal, de modo a evitar efeitos prejudiciais nos equipamentos instalados pelos consumidores.

2 — Cabe à entidade que explora a rede receptora identificar as causas de distorção harmónica quando esta se revelar prejudicial para os consumidores e propor disposições que reduzam a distorção a níveis aceitáveis, podendo consistir em processos de redução da injecção harmónica ou na utilização de filtragem adequada.

3 — Os encargos com estas disposições serão suportados pelo produtor de energia na medida em que for a instalação de produção a causadora da distorção excessiva.

4 — Os produtores ficam sujeitos às disposições em vigor sobre a qualidade de serviço nas redes eléctricas.

SECÇÃO II
Protecções

Artigo 12.º
Geral

1 — Os sistemas de produção estarão equipados com protecções que assegurem a sua rápida desligação quando ocorrem defeitos.

2 — Se os sistemas de produção estiverem ligados a redes públicas em que se pratique o reengate automático, serão equipados com meios de desligação coordenados com os equipamentos de reengate de rede pública.

3 — Os sistemas de produção deverão ser equipados com protecções que os desliguem automaticamente da rede quando esta é desligada da rede primária, de modo a serem efectuadas com segurança as operações de inspecção, manutenção e reparação.

4 — A religação do sistema de produção, depois de desligado pelas protecções referidas no número anterior, só poderá ser feita:

a) Três minutos depois da reposição do serviço;
b) Depois de a tensão da rede ter atingido, pelo menos, 80% do seu valor normal;
c) Com intervalos de quinze segundos entre as religações dos diferentes geradores.

SECÇÃO III
Condições técnicas especiais

Artigo 13.º
Ligação de geradores assíncronos

1 — A queda transitória da tensão da rede pública devida à ligação de geradores assíncronos não será superior a:

a) 5% no caso de centrais hidroeléctricas ou termoeléctricas;
b) 2% no caso de aerogeradores.

2 — Para limitar as quedas de tensão transitória aos valores indicados no número anterior poderão ser usados equipamentos auxiliares adequados.

3 — O número de ligações dos aerogeradores à rede não excederá uma por minuto.

4 — A ligação de um gerador assíncrono à rede será feita depois de atingidos 90% da velocidade síncrona, no caso de a potência do gerador não exceder 500kA.

Para potências superiores a 500kA, a ligação só será feita depois de atingidos 95% da velocidade síncrona.

5 — Para evitar a auto-excitação dos geradores assíncronos quando faltar a tensão na rede pública, serão instalados dispositivos que, nesse caso, desliguem automaticamente os condensadores.

Artigo 14.º
Ligação de geradores síncronos

1 — A ligação de geradores síncronos só poderá ser feita quando a tensão, frequência e fase do gerador a ligar estiverem compreendidas entre os limites indicados no seguinte quadro:

Grandezas	Potência do gerador	
	Até 500 kVA	Maior do que 500 kVA
Tensão (tensão de rede 1 p. u.)	0,9 p. u. a 1,1 p. u.	0,92 p. u. a 1,08 p. u.
Desvio da frequência da rede ...	± 0,3 Hz	± 0,2 Hz
Fase (em relação à tensão da rede)......................	± 20°	± 10°

2 — Os geradores síncronos de potência não superior a 500 kVA poderão ser ligados como assíncronos desde que respeitadas as limitações impostas pelo artigo 13.º e desde que a duração da marcha assíncrona não exceda dois segundos.

ARTIGO 15.º
Regime de neutro

1 — O regime de neutro no sistema de produção estará de acordo com o que se praticar na rede a que fornece energia.

2 — No caso de interligação com a rede de baixa tensão, o neutro dos geradores será ligado ao neutro da rede de baixa tensão.

3 — O dispositivo que interrompe a ligação entre o sistema de produção e a rede pública deverá interromper também a ligação dos neutros.

SECÇÃO IV
Medida da energia fornecida pelo produtor

ARTIGO 16.º
Equipamentos e regras técnicas de medida

1 — As medidas da energia e da potência, para efeitos da facturação da energia fornecida pelo produtor, serão feitas por contadores distintos dos usados para a medida da energia eventualmente fornecida ao produtor.

2 — Os transformadores de medida poderão ser comuns às medidas da energia fornecida e da energia recebida.

3 — Os equipamentos e as regras técnicas usados nas medições da energia fornecida pelos produtores serão análogos aos usados pela rede pública para a medição da energia fornecida a consumidores.

SECÇÃO V
Projecto e vistoria

Artigo 17.º
Exploração e inspecções

1 — As operações de exploração, manutenção e reparação no ramal de interligação serão efectuadas pela entidade que explora a rede que recebe a energia, a qual, se necessário e em qualquer momento, terá acesso a esse ramal e ao órgão de manobra que permite desligar o sistema de produção da rede receptora.

2 — No contrato a celebrar entre o produtor e a entidade receptora serão indicados quais os interlocutores a que cada uma das partes se deverá dirigir no caso de pretender efectuar qualquer intervenção para além do ponto de ligação definido no n.º 5 do artigo 10.º

3 — A exploração do sistema de produção será conduzida manual ou automaticamente, de modo a não perturbar o funcionamento normal da rede pública que recebe energia.

4 — A entidade que explora a rede que recebe a energia terá o direito de inspeccionar periodicamente as regulações e as protecções das instalações de produção ligadas à sua rede.

CAPÍTULO IV
Facturação da energia pelo produtor

Artigo 18.º
Diagramas previstos

1 — O produtor dará conhecimento à entidade exploradora da rede receptora do diagrama previsto para o fornecimento.

2 — As informações que o diagrama previsto deverá conter serão fixadas pela DGE, ouvidos a entidade exploradora da rede pública receptora e o produtor quando tal se mostre necessário.

Artigo 19.º
Tarifário de venda de energia eléctrica

1 — Os produtores de energia eléctrica abrangidos no âmbito do presente diploma gozam de uma obrigação de compra, pela rede pública, da energia produzida durante o prazo de vigência das licenças previstas no presente diploma.

2 — O tarifário de venda da energia produzida pelo centro produtor à rede pública deve basear-se num somatório de parcelas que contemplem:
   a) Os custos evitados pelo Sistema Eléctrico Público com a entrada em serviço e funcionamento do centro electroprodutor, incluindo:
      i) O investimento evitado em novos centros de produção;
      ii) Os custos de transporte, operação e manutenção, incluindo a aquisição de matéria-prima;
   b) Os benefícios de natureza ambiental proporcionados pelo uso dos recursos endógenos utilizados no centro produtor.

3 — O tarifário de venda de energia eléctrica pelo centro produtor à rede pública é fixado nos termos do anexo II ao presente diploma, que dele faz parte integrante, o qual determina igualmente as disposições relativas ao período de vigência das modalidades desse tarifário.

Artigo 20.º
Independência de facturações

A facturação pelo produtor da energia que fornece será feita independentemente de qualquer facturação feita pela empresa de transporte e distribuição correspondente à energia que eventualmente forneça ao produtor.

CAPÍTULO V
Incentivos

Artigo 21.º
Investimento estrangeiro

A produção de energia eléctrica, nos termos do presente diploma, é sempre considerada como de relevante interesse nacional e como sector prioritário para todos os efeitos previstos na legislação sobre investimento estrangeiro e transferências de tecnologia.

CAPÍTULO VI

Artigo 22.º
Disposições finais

1 — As normas técnicas necessárias à execução do presente diploma são objecto de portaria do Ministro da Economia.

2 — As instalações para produção de energia eléctrica que usem recursos do domínio público ou privado do Estado ou de autarquias locais,

compreendidas nos limites do artigo 1.°, que se encontrem abandonadas, ou sem funcionarem por tempo superior a cinco anos, bem como as respectivas concessões, licenças, autorizações e direitos, revertem para o município onde se situa o empreendimento ou, em compropriedade, para os municípios confinantes, no caso de haver mais de um.

3 — A propriedade das instalações obtida pelos municípios, nos termos do número anterior, não obsta à sua exploração por outras entidades, como previsto no artigo 1.°, a qual só poderá ser impedida no caso de os municípios optarem pela sua exploração directa ou através de sociedade em que participe, após o que existe o prazo de um ano para se retomar a exploração.

4 — As referências feitas no presente diploma à rede pública consideram-se feitas à rede do Sistema Eléctrico de Abastecimento Público (SEP).

5 — Pela apreciação dos pedidos apresentados ao abrigo do presente diploma poderão ser cobradas taxas, cujo montante será fixado por portaria do Ministro da Economia.

ANEXO I
Regulamento para Autorização das Instalações de Produção de Energia Eléctrica Integradas no Sistema Eléctrico Independente e Baseadas na Utilização de Recursos Renováveis

Artigo 1.°
Autorização da instalação

1 — O processos de autorização das instalações de produção de energia eléctrica são instruídos pela Direcção-Geral da Energia (DGE), competindo a respectiva decisão:

a) Ao Ministro da Economia, no caso de instalações com potência superior a 1 MW;

b) Ao director-geral da Energia, no caso de instalações com potência até 1 MW.

2 — Para efeitos do disposto no número anterior, o interessado deverá apresentar o respectivo pedido na DGE, o qual será acompanhado do projecto das instalações e demais elementos previstos no presente Regulamento e demais disposições aplicáveis.

3 — No caso de aproveitamentos hidroeléctricos, a autorização prevista neste artigo só será concedida depois de obtida a autorização para utilização da água, nos termos do Decreto-Lei n.° 46/94, de 22 de Fevereiro.

ARTIGO 2.º
Elaboração do projecto da instalação

1 — A entidade que pretenda instalar uma unidade de produção de energia eléctrica solicitará ao gestor da rede pública a que se pretende interligar as informações necessárias para a elaboração do projecto, designadamente as relativas a:
   a) Ponto de interligação, nos termos do presente diploma e após consulta, pelo gestor da rede pública, à DGE;
   b) Tensão nominal no ponto de interligação e banda de regulação da tensão nesse ponto;
   c) Potência de curto-circuito, máxima e mínima, no ponto de interligação;
   d) Regime do neutro;
   e) Dispositivos de reengate automático eventualmente existentes.

2 — A solicitação das informações referidas no número anterior será acompanhada por uma descrição sumária do projecto da instalação de produção, incluindo o local ou os locais previsíveis de implantação, o número, a potência e o tipo de geradores, bem como os dados necessários para serem calculadas as potências de curto-circuito previsíveis.

3 — A entidade que explora a rede pública dispõe de 60 dias para fornecer ao produtor e à DGE as informações, findos os quais, caso não tenham sido fornecidas, o promotor pode requerer ao Ministro da Economia que determine o envio das informações solicitadas.

ARTIGO 3.º
Ligação ao Sistema Eléctrico de Serviço Público (SEP)

1 — A ligação da instalação de produção à rede receptora é feita por um ramal construído por iniciativa da entidade proprietária da instalação de produção, o qual fica a fazer parte da rede receptora.

2 — Por rede receptora entende-se a rede preexistente à qual se liga a instalação de produção, designando-se por ponto de interligação o ponto da rede receptora onde se liga a extremidade do ramal.

3 — O ramal será estabelecido com secção e outras características que assegurem, em condições técnica e economicamente satisfatórias, a transmissão da potência máxima posta à disposição da rede pública pelo produtor, devendo, no omisso, satisfazer todas as normas técnicas em vigor que lhe sejam aplicáveis.

4 — Para efeitos contratuais, considera-se a ligação à rede receptora localizada nos terminais, do lado da rede, do órgão de corte colocado no início do ramal, do lado da instalação de produção.

5 — O SEP tem o direito de inspeccionar periodicamente as regulações e as protecções das instalações de produção de energia eléctrica ligadas à sua rede.

6 — As condições técnicas de ligação, bem como de execução do ramal de ligação, serão definidas em portaria a emitir para o efeito pelo Ministro da Economia.

ARTIGO 4.º
Responsabilidade pelos encargos da ligação ao SEP

1 — A ligação da instalação de produção à rede receptora é feita a expensas da entidade proprietária dessa instalação, quando para seu uso exclusivo.

2 — Quando um ramal é originariamente de uso partilhado por mais de um produtor pertencente, nos termos do Decreto-Lei n.º 182/95, de 27 de Julho, ao Sistema Eléctrico Independente, os encargos com a construção dos troços de linha comuns serão repartidos na proporção da potência a contratar.

3 — Sempre que um ramal passar a ser utilizado por um novo produtor do Sistema Eléctrico Independente dentro do período da sua amortização, os produtores que tiverem suportado os encargos com a sua construção são ressarcidos na parte ainda não amortizada, nos termos previstos no número anterior.

ARTIGO 5.º
Ponto de interligação

1 — O ponto de interligação deve corresponder à solução mais económica que respeite as condições definidas neste diploma e na respectiva regulamentação.

2 — No caso de o produtor discordar do ponto de interligação indicado pelo gestor da rede pública, deverá, no prazo de 30 dias após a referida indicação, comunicar o facto à DGE, à qual cabe a decisão final sobre a determinação do ponto de interligação, para o que dispõe de um prazo de 60 dias.

3 — Considera-se atribuído o ponto de interligação que resulte:
 a) Da não discordância pelo produtor do ponto de interligação indicado pelo gestor da rede pública, nos termos do artigo 7.º, n.º 1, alínea *a*); ou
 b) No caso de discordância, da determinação pela DGE, nos termos do número anterior.

4 — A atribuição do ponto de interligação, nos termos do número anterior, implica a sua reserva, que caduca com a não entrega, no prazo de 120 dias, do pedido de autorização de utilização de água mencionado no n.º 3 do artigo 1.º do presente Regulamento, no caso de aproveitamentos hidroeléctricos ou, nos restantes casos, do pedido de autorização de instalação mencionado no n.º 1 do referido artigo 1.º

5 — O produtor pode ainda solicitar ao gestor da rede pública a indicação de um segundo ponto de interligação, o qual deve ter em conta as perspectivas de expansão da rede pública e a economia dos meios necessários à ligação da instalação de produção à rede receptora.

6 — A DGE constituirá uma lista ordenada cronologicamente dos pontos de interligação indicados nos termos do número anterior, tendo em vista a gestão da atribuição dos referidos pontos, designadamente face ao disposto no n.º 4 deste artigo e no artigo 7.º do presente Regulamento ou a uma eventual expansão da rede pública.

ARTIGO 6.º
Licença de exploração

1 — A entrada em funcionamento das instalações depende de licença de exploração, que será precedida de vistoria e, no caso de aproveitamentos hidroeléctricos, de informação da direcção regional do ambiente territorialmente competente que confirme a atribuição de licença para realização da infra-estrutura hidráulica, bem como a verificação das condições de segurança na construção do açude ou da barragem.

2 — A vistoria das instalações de potência até 10 MW cabe à direcção regional do Ministério da Economia (DRME) territorialmente competente, competindo à DGE a vistoria das instalações de potência superior a 10 MW.

3 — A licença de exploração será concedida pela DRME territorialmente competente ou pela DGE, consoante se trate, respectivamente, de instalações com potência até 10 MW ou superior a 10 MW.

ARTIGO 7.º
Caducidade

1 — Os produtores de energia eléctrica têm um prazo de 18 meses, a contar da data da notificação da decisão de autorização referida no n.º 1 do artigo 1.º do presente Regulamento, para iniciarem a construção da instalação, sob pena de caducidade da referida autorização.

2 — É de seis meses a contar da data da notificação da decisão de conferir a licença de exploração mencionada no artigo anterior o prazo de início da exploração da instalação, sob pena de caducidade da referida licença.

3 — Os prazos previstos nos números anteriores podem ser prorrogados, a pedido do produtor, pela mesma entidade que autorizou a instalação, se a insuficiência do prazo tiver resultado de facto não imputável ao produtor, designadamente por dificuldades havidas no processo de licenciamento.

ARTIGO 8.º
Potência de ligação à rede do SEP

1 — Designa-se por sistema de produção o conjunto de equipamentos principais e auxiliares e as obras que o servem, situados a montante dos terminais do órgão de corte referido no n.º 4 do artigo 3.º do presente Regulamento.

2 — Nos casos em que a interligação à rede do Sistema Eléctrico de Abastecimento Público (SEP) seja feita em baixa tensão, a potência de ligação do sistema de produção não pode exceder 4% da potência de curto-circuito mínima no ponto de interligação, tendo como máximo o valor de 100 kW.

3 — Nos casos em que a interligação à rede do SEP não seja feita em baixa tensão, a potência de ligação do sistema de produção não pode exceder:
   a) No caso de centrais equipadas com geradores síncronos ou equiparáveis, 8% da potência de curto-circuito mínima no ponto de interligação;

b) No caso de centrais equipadas com geradores assíncronos:
  i) 8% da potência de curto-circuito mínima no ponto de interligação, desde que a potência do maior gerador do sistema de produção não exceda 2000 kW nem 5% da referida potência de curto-circuito;
  ii) 5% da potência de curto-circuito mínima no ponto de interligação, nos restantes casos.

4 — Para efeitos do disposto na alínea a) do número anterior, consideram-se equiparáveis a geradores síncronos os geradores equipados com sistemas do tipo alternador/rectificador/inversor, com velocidade variável e controlo de tensão e de factor de potência.

5 — No caso de geradores assíncronos ligados a redes de média tensão ou tensão superior, a potência de cada gerador não pode exceder 4500 kW.

6 — A ligação às redes de média, alta ou muito alta tensão deve fazer-se obrigatoriamente através de transformador em que um dos enrolamentos esteja ligado em triângulo.

7 — Sempre que o gestor da rede pública avalie que determinado ponto de interligação, no qual seja económico proceder à ligação de um centro produtor em vias de concretização, não pode suportar a potência prevista no n.º 2, sem provocar prejuízos graves à qualidade de serviço dessa rede ou a jusante dela, aquele gestor deve apresentar, à DGE, para decisão, um estudo que sustente essa avaliação.

8 — No caso previsto no número anterior, a DGE toma a iniciativa de ouvir o produtor, no prazo de 30 dias contados da data de recepção do estudo do gestor da rede pública, tomando uma decisão no prazo de 45 dias contados desde a data de recepção da resposta deste.

9 — A ligação à rede pública de sistemas de produção com potências superiores aos limites fixados neste artigo pode ser objecto de acerto, caso a caso, entre a rede pública, o produtor e a DGE, em função de justificada evolução da rede receptora ou do progresso tecnológico dos equipamentos.

ANEXO II

1 — As instalações licenciadas ao abrigo do Decreto-Lei n.º 189/88, de 27 de Maio, adiante designadas por centrais renováveis, serão remuneradas, pelo fornecimento da energia entregue à rede, através da fórmula seguinte:

$$VRD_m = KMHO_m \times [PF(VRD)_m) + PV(VRD)_m + \\ + PA(VRD)_m] \times \frac{PC_{m-1}}{IPC_{ref}} \times \frac{1}{(1- LEV)}$$

2 — Na fórmula do número anterior:
  a) VRD_m é a remuneração aplicável a centrais renováveis, no mês m;

b) $KMHO_m$ é um coeficiente facultativo, que modula os valores de $PF(VRD)_m$ e de $PV(VRD)_m$ em função do posto horário em que a energia tenha sido fornecida;
c) $PF(VRD)_m$ é a parcela fixa da remuneração aplicável a centrais renováveis, no mês m;
d) $PV(VRD)_m$ é a parcela variável da remuneração aplicável a centrais renováveis, no mês m;
e) $PA(VRD)_m$ é a parcela ambiental da remuneração aplicável a centrais renováveis, no mês m;
f) IPC_{m-1} é o índice de preço no consumidor, sem habitação, no continente, referente ao mês $m-1$;
g) IPC_{ref} é o índice de preços no consumidor, sem habitação, no continente, referente ao mês de Dezembro de 1998;
h) *LEV* representa as perdas, nas redes de transporte e distribuição, evitadas pela central renovável.

3 — As centrais renováveis deverão decidir, no acto de licenciamento, se optam ou não pela modulação tarifária traduzida pelo coeficiente KMHO.

4 — Para as centrais renováveis que, no acto de licenciamento e nos termos do número anterior, tiverem optado pela modulação tarifária traduzida pelo coeficiente *KMHO*, este tomará o seguinte valor:

$$KMHO = \frac{KMHO_{pc} \times ECR_{pc,m} + KMHO_v \times ECR_{v,m}}{ECR_m}$$

5 — Na fórmula do número anterior:
a) $KMHO_{pc}$ é um factor que representa a modulação correspondente a horas cheias e de ponta, o qual, para efeitos do presente anexo, toma o valor 1,250;
b) $ECR_{pc,m}$ é a energia produzida pela central renovável nas horas cheias e de ponta do mês m, expressa em kWh;
c) $KMHO_v$ é um factor que representa a modulação correspondente a horas de vazio, o qual, para efeitos do presente anexo, toma o valor 0,65;
d) ECR_{vm} é a energia produzida pela central renovável nas horas de vazio do mês *m*, expressa em kWh;
e) ECR_m é a energia produzida pela central renovável no mês *m*, expressa em kWh.

6 — Para as centrais renováveis que, no acto de licenciamento e nos termos do n.º 2, não tiverem optado pela modulação tarifária traduzida pelo coeficiente *KMHO*, este tomará o valor 1.

7 — Para efeitos do disposto no n.º 3 considera-se que:
a) No período de hora legal de Inverno, as horas vazias ocorrem entre as 0 e as 8 e entre as 22 e as 24 horas, sendo as restantes horas do dia consideradas horas cheias e de ponta;

b) No período de hora legal de Verão, as horas vazias ocorrem entre as 0 e as 9 e entre as 23 e as 24 horas, sendo as restantes horas do dia consideradas horas cheias e de ponta.

8 — O valor de $PF(VRD)_m$, previsto no n.º 1, é calculado através da fórmula seguinte:

$$PF(VRD)_m = PF(U)_{ref} \times COEF_{pot,m} \times POT_{med,m}$$

9 — Na fórmula do número anterior:
a) $PF(U)_{ref}$ é o valor unitário de referência para $PF(VRD)_m$, o qual:
  i) Deve corresponder à mensualização do custo unitário de investimento nos novos meios de produção cuja construção é evitada por uma central renovável que assegure o mesmo nível de garantia de potência que seria proporcionado por esses novos meios de produção;
  ii) Toma o valor de 1090 PTE/kW por mês;
  iii) Será utilizado, em cada central, durante todo o período em que a remuneração definida por *VRD* seja aplicável;
b) $COEF_{pot,m}$ é um coeficiente adimensional que traduz a contribuição da central renovável, no mês *m*, para a garantia de potência proporcionada pela rede pública;
c) $POT_{med,m}$ é a potência média disponibilizada pela central renovável à rede pública no mês *m*, expressa em kW.

10 — O valor de $COEF_{po,m}$, previsto no n.º 8, é calculado através da fórmula seguinte:

$$COEF_{pot,m} = \frac{NHP_{ref,m}}{NHO_{ref,m}} = \frac{ECR_m / POT_{dec}}{0,80 \times 24 \times NDM_m} = \frac{ECR_m}{576 \times POT_{dec}}$$

11 — Na fórmula do número anterior:
a) $NHP_{ref,m}$ é o número de horas que a central renovável funcionou à potência de referência no mês *m*, o qual é avaliado pelo quociente ECR_m/POT_{dec};
b) $NHO_{ref,m}$ é o número de horas que servem de referência para o cálculo, no mês *m*, de $COEF_{pot,m}$, o qual é avaliado pelo produto $0,80 \times 24 \times NDM_m$;
c) POT_{dec} é a potência da central, declarada pelo produtor no acto de licenciamento, expressa em kW;
d) NDM_m é o número de dias do mês *m*, o qual, para efeitos do presente anexo, toma o valor 30.

12 — O valor de $POT_{med,m}$, previsto no n.º 8, é calculado através da fórmula seguinte:

$$POT_{med,m} = \min\left(POT_{dec}; \frac{ECR_m}{24 \times NDM_m}\right)$$

13 — O valor de $PV(VRD)_m$, previsto no n.º 1, é calculado através da fórmula seguinte:

$$PV(VRD)_m = PV(U)_{ref} \times ECR_m$$

14 — Na fórmula do número anterior, PV(U)(índice ref) é o valor unitário de referência para PV(VRD)(índice m), o qual:
a) Deve corresponder aos custos de operação e manutenção que seriam necessários à exploração dos novos meios de produção cuja construção é evitada pela central renovável;
b) Toma o valor de 5,00 PTE/kWh;
c) Será utilizado, em cada central, durante todo o período em que a remuneração definida por *VRD* seja aplicável.

15 — O valor de $PA(VRD)_m$, previsto no n.º 1, é calculado através da fórmula seguinte:

$$PA(VRD)_m = ECE(U)_{ref} \times CCR_{ref} \times ECR_m$$

16 — Na fórmula do número anterior:
a) $ECE(U)_{ref}$ é o valor unitário de referência para as emissões de dióxido de carbono evitadas pela central renovável, o qual:
   i) Deve corresponder a uma valorização unitária do dióxido de carbono que seria emitido pelos novos meios de produção cuja construção é evitada pela central renovável;
   ii) Toma o valor de $15*10^{-3}$ PTE/g;
   iii) Será utilizado, em cada central, durante todo o período em que a remuneração definida por *VRD* seja aplicável;
b) CCR_{ref} é o montante unitário das emissões de dióxido de carbono da central de referência, o qual toma o valor de 370 g/kWh e será utilizado, em cada central, durante todo o período em que a remuneração definida por *VRD* seja aplicável.

17 — O parâmetro *LEV*, previsto no n.º 1, toma os seguintes valores:
a) 0,015, no caso de centrais com potência maior ou igual a 5 MW;
b) 0,035, no caso de centrais com potência menor que 5 MW.

18 — O montante de remuneração definido por *VRD* é aplicável durante os primeiros 144 meses de exploração da central renovável.

19 — Após o período aplicável a *VRD* e até ao fim do período de vigência do licenciamento concedido, as centrais renováveis serão remuneradas, pelo fornecimento da energia entregue à rede, através da fórmula seguinte:

$$VRD_{r,m} = KMHO_m \times \left\{ \frac{IPC_{m-1}}{IPC_{ref}} \times [PF(VRD)_m + PV(VRD)_m] + \right.$$
$$\left. + PA(VRD)_{r,m} \right\} \times \frac{1}{(1-LEV)}$$

20 — Na fórmula do número anterior, $KMHO_m$, $PF(VRD)_m$, IPC_{m-1}, IPC_{ref}, $PV(VRD)_m$ e *LEV* mantêm os mesmos significados e valores resultantes da aplicação da fórmula prevista no n.º 1.

21 — O valor de $PA(VRD)_{r,m}$ previsto no n.º 19, é calculado através da fórmula seguinte:

$$PA(VRD)_{r,m} = \frac{ECE(U)_{re,m} \times CCR_{re,f,m}}{4} \times ECR_m$$

22 — Na fórmula do número anterior, $ECE(U)_{ref,m}$ e $CCR_{ref,m}$ são, à data do mês m, os valores mais recentes de $ECE(U)_{ref}$ e CCR_{ref}, previstos no n.º 15 do presente anexo.

23 — Após o prazo inicial de licenciamento de uma central renovável, no caso de a central continuar em exploração por prorrogação daquele prazo, a energia que a central fornecer à rede pública será paga pelo sistema de remuneração que se encontrar em vigor para as instalações do Sistema Eléctrico Público licenciadas ao abrigo do Decreto-Lei n.º 183/95, de 27 de Julho.

24 — Os produtores devem, nos períodos fora do vazio, fazer acompanhar o fornecimento de energia activa de uma quantidade de energia reactiva correspondente, no mínimo, a 40% da energia activa fornecida.

25 — Por iniciativa do distribuidor em média e alta tensão, pode ser acordada, com o produtor, a modificação do regime de fornecimento de energia reactiva nos períodos fora de vazio.

26 — Os produtores não devem, nos períodos de vazio, fornecer energia reactiva à rede.

27 — A energia reactiva em excesso/défice nas horas fora de vazio e a fornecida nas horas de vazio são recebidas/pagas pelo produtor, durante os primeiros 144 meses de exploração da central renovável, aos preços fixados no tarifário relativo à alta tensão, para, respectivamente, a energia reactiva indutiva e a energia reactiva capacitiva.

28 — Após o período referido no número anterior, a energia reactiva em excesso/défice nas horas fora de vazio e a fornecida nas horas de vazio são recebidas/pagas pelo produtor aos preços fixados no tarifário relativo à muito alta tensão, para, respectivamente, a energia reactiva indutiva e a energia reactiva capacitiva.

29 — No caso de geradores assíncronos, o fornecimento de energia reactiva, nos períodos de horas cheias e de ponta, deve ser assegurado pela instalação de baterias de condensadores.

30 — A instalação de baterias de condensadores prevista no número anterior pode ser realizada em local apropriado da rede de distribuição, desde que o produtor suporte o respectivo custo e o distribuidor não invoque motivos de ordem técnica que inviabilizem a solução.

31 — A entidade concessionária da RNT, com o apoio das entidades titulares de licenças vinculadas de distribuição de energia eléctrica em média e alta tensão, proporá à aprovação da Direcção-Geral da Energia um manual de procedimentos para aplicação do presente anexo, o qual deverá ser apenso aos contratos celebrados ao abrigo do Decreto-Lei n.º 189/88, de 27 de Maio.

32 — As centrais renováveis já licenciadas ao abrigo do Decreto-Lei n.º 189/88, de 27 de Maio, que optarem por aceder às disposições previstas no diploma que aprovou o presente anexo serão remuneradas pelas fórmulas contidas neste anexo, contando-se o prazo previsto no n.º 18 desde a data de entrada em exploração.

Sistema Eléctrico Independente

Decreto-Lei n.º 312/2001
de 10 de Dezembro

A organização do Sistema Eléctrico Nacional (SEN) assenta na coexistência de um Sistema Eléctrico de Serviço Público (SEP) e de um Sistema Eléctrico Independente (SEI) e no princípio da partilha dos benefícios que podem ser extraídos da exploração técnica conjunta dos dois sistemas.

O Decreto-Lei n.º 182/95, de 27 de Julho, que estabeleceu as bases do exercício da actividade de produção, transporte e distribuição de energia eléctrica do SEN, contemplou, no seu artigo 2.º, os princípios da utilização racional dos recursos naturais, da sua preservação e da manutenção do equilíbrio ecológico, bem como a igualdade de tratamento e de oportunidades de todos os interessados. Aliás, já a Directiva n.º 96//92/CE, do Parlamento Europeu e do Conselho, de 19 de Dezembro, que estabeleceu as regras comuns relativas à produção, transporte e distribuição de energia eléctrica, apontava para a prevalência da mobilização das instalações de produção utilizadoras de fontes endógenas de energia primária, especialmente de fontes de energia renováveis ou resíduos e através do processo de co-geração.

O enquadramento legal da produção de energia eléctrica a partir de energias renováveis e por processos de co-geração está presentemente vertido no Decreto-Lei n.º 189/88, de 18 de Maio, com a redacção dada pelo Decreto-Lei n.º 168/99, de 18 de Maio, e pelo Decreto-Lei n.º 538/99, de 13 de Dezembro.

Contudo, a prossecução dos objectivos destes diplomas tem-se defrontado com o constrangimento de capacidade das redes do SEP para recepção da energia eléctrica proveniente dos centros electroprodutores do SEI, dificuldade que conduz frequentemente à inviabilização dos projectos apresentados pelos promotores. Assim, também várias disposições destes diplomas deverão ser revistas.

Acresce que a política comunitária expressa na directiva designada das energias renováveis, destinada a promover o aumento da contribuição destas fontes de energia na produção de energia eléctrica, fixa para o horizonte de 2010 metas ambiciosas que não poderão ser atingidas sem um novo equacionamento desta problemática.

É assim que o Governo considera necessário consagrar, para se alcançar maior garantia de acesso às redes do SEP dos produtores em regime especial, procedimentos administrativos eficientes que assegurem a igualdade de tratamento, a objectividade e a transparência das decisões.

Deverá entretanto ser tida também em consideração, nos planos de expansão da capacidade das redes, a produção não vinculada, que tenderá a assumir maior relevo no actual contexto europeu de promoção de um mercado interno de electricidade aberto e concorrencial.

O presente diploma visa, portanto, estabelecer os instrumentos legais e os mecanismos que possibilitem o aproveitamento dos referidos recursos mediante uma gestão racional e transparente da rede pública, proporcionando uma capacidade de recepção que responda adequadamente aos pedidos de entrega da energia eléctrica proveniente dos centros electroprodutores do SEI.

Nestes termos, a gestão da capacidade de recepção das redes do SEP deverá processar-se de acordo com os seguintes mecanismos:

Transparência e equidade na atribuição das capacidades de recepção disponíveis da rede;

Planeamento do reforço das redes pelos operadores do SEP numa perspectiva integradora do desenvolvimento do SEI e consideração do investimento correspondente para efeitos da fixação das tarifas reguladas, ao abrigo do Regulamento Tarifário;

Disponibilização aos promotores de projectos de produção de energia eléctrica de informação actualizada que enquadre as suas opções de investimento.

Em harmonia com a política de apoio à produção em regime especial, considera-se que o planeamento das redes do SEP deverá integrar o seu desenvolvimento, pelo que os promotores só comparticiparão nos encargos financeiros do investimento correspondente quando, mediante acordo do operador de rede, seja decidido antecipar a execução do reforço em relação à data prevista nos planos aprovados.

Este mesmo princípio só se aplicará aos investimentos requeridos para a ligação de centros electroprodutores do Sistema Eléctrico não Vinculado, apenas quando a capacidade de recepção do respectivo ponto de entrega seja inferior ou igual a 50 MVA.

O processo ordinário para atribuição do ponto de recepção assenta na autorização concedida pela Direcção-Geral da Energia, após um pedido de informação prévia efectuado pelos interessados, em períodos definidos, sobre a capacidade de recepção da rede do SEP, procedimento que responde à necessidade de conferir estabilidade ao processo e transparência e idoneidade ao pedido.

Contudo, a afirmação clara de igualdade de tratamento e de oportunidades terá de ser compatibilizada com uma situação de partida com reconhecida limitação de capacidade disponível de recepção das redes, prevendo-se, nomeadamente, um mecanismo de selecção, com critérios predefinidos. De modo semelhante e caso o pedido de atribuição do ponto de recepção não possa ser atendido por falta de capacidade de recepção disponível, admite-se a reserva de recepção de potência, desde que a mesma seja garantida mediante a prestação de caução.

Além do processo ordinário para atribuição do ponto de recepção, assente em autorização administrativa, prevê-se, em situações associadas a objectivos prioritários da política energética nacional, ou de optimização das redes públicas, que as capacidades de recepção das redes do SEP disponíveis sejam postas a concurso, com base num caderno de encargos e em princípios de selecção que são também estabelecidos no presente diploma.

Estabelece-se como princípio geral a intransmissibilidade dos direitos adquiridos com a atribuição dos pontos de recepção, procurando-se mais uma vez assegurar a responsabilidade dos promotores e a transparência do processo evitando aproveitamentos indevidos na formulação dos pedidos. Do mesmo modo, estabelece-se para a realização das obras um prazo, implicando o seu incumprimento a caducidade da atribuição do ponto de recepção.

Para garantia da formulação do pedido de atribuição do ponto de recepção, após a prestação da informação prévia nos termos previstos no diploma, bem como para assegurar a realização das obras integrantes dos centros electroprodutores ou a concretização dos investimentos com a antecipação do reforço das redes, prevê-se a prestação de cauções que, consoante os casos, poderão ser accionadas pela Direcção-Geral da Energia ou pelos operadores das redes.

Confere-se também grande importância à disponibilização de informação sobre as capacidades de recepção das redes do SEP, uma vez que se trata da utilização de um bem público, escasso e finito.

Os significativos encargos associados à preparação da informação e à manutenção do sistema de gestão de todo o processo previsto no diploma justificam o estabelecimento de taxas visando, tão-somente, que os promotores compartiçipem numa parte desses custos.

Finalmente, estabelece-se um regime transitório que salvaguarda devidamente os direitos adquiridos ao abrigo de anterior legislação.

Assim:
Nos termos da alínea *a*) do n.º 1 do artigo 198.º da Constituição, o Governo decreta o seguinte:

ARTIGO 1.º
Objecto

O presente diploma estabelece as disposições aplicáveis à gestão da capacidade de recepção de energia eléctrica nas redes do Sistema Eléctrico de Serviço Público (SEP), por forma a permitir a recepção e entrega de energia eléctrica proveniente de novos centros electroprodutores do Sistema Eléctrico Independente (SEI).

ARTIGO 2.º
Âmbito de aplicação

1 — O presente diploma aplica-se à gestão da capacidade de recepção de energia eléctrica nas redes do SEP proveniente:
   a) Da produção de energia eléctrica em aproveitamentos hidroeléctricos até 10 MVA de potência aparente instalada;
   b) Da produção de energia eléctrica a partir de energias renováveis ou de resíduos industriais, agrícolas ou urbanos, com excepção da energia hídrica, sem prejuízo da alínea anterior;
   c) Da produção de energia eléctrica em instalações de co-geração;
   d) Da produção de energia eléctrica pelo Sistema Eléctrico não Vinculado (SENV).

2 — O disposto neste diploma não abrange os elementos de rede a construir desde que destinados exclusivamente à ligação de instalações de produção do SEI à rede receptora.

3 — Estão abrangidas pelo âmbito de aplicação do presente diploma:
   a) As entidades promotoras ou exploradoras dos centros electroprodutores previstos no n.º 1;
   b) A entidade concessionária da Rede Nacional de Transporte (RNT);
   c) A entidade titular de licença vinculada de distribuição de energia eléctrica em média tensão (MT) e alta tensão (AT);
   d) As entidades titulares de licença vinculada de distribuição de energia eléctrica em baixa tensão (BT).

Artigo 3.º
Siglas e definições

1 — Para efeitos do presente diploma, são utilizadas as seguintes siglas:
 a) AT — alta tensão (tensão entre fases cujo valor eficaz é superior a 45 kV e igual ou inferior a 110 kV);
 b) BT — baixa tensão (tensão entre fases cujo valor eficaz é igual ou inferior a 1 kV);
 c) DGE — Direcção-Geral da Energia;
 d) ERSE — Entidade Reguladora do Sector Eléctrico;
 e) MT — média tensão (tensão entre fases cujo valor eficaz é superior a 1 kV e igual ou inferior a 45 kV);
 f) RARI — Regulamento do Acesso às Redes e às Interligações;
 g) RNT — Rede Nacional de Transporte;
 h) RT — Regulamento Tarifário;
 i) SEI — Sistema Eléctrico Independente;
 j) SEN — Sistema Eléctrico Nacional;
 k) SENV — Sistema Eléctrico não Vinculado;
 l) SEP — Sistema Eléctrico de Serviço Público.

2 — Para efeitos do presente diploma, entende-se por:
 a) Capacidade de recepção — valor máximo da potência aparente que pode ser recebida em determinado ponto da rede do SEP;
 b) Capacidade disponível — valor máximo da potência aparente em determinado ponto da rede do SEP disponível para a recepção de energia de centros electroprodutores;
 c) Centro electroprodutor — designação genérica de central hidroeléctrica, central eléctrica que utilize fontes renováveis ou o processo de co-geração, ou central termoeléctrica;
 d) Distribuidor vinculado — entidade titular de uma licença vinculada de distribuição de energia eléctrica;
 e) Entidade concessionária da RNT — entidade a quem é atribuída a exploração da concessão da RNT, que abrange a gestão técnica global do SEP e a construção, manutenção e operação da RNT;
 f) Entidade promotora — entidade que se propõe construir e explorar um centro electroprodutor;
 g) Entidade exploradora — entidade que explora um centro electroprodutor, licenciado nos termos da legislação aplicável;
 h) Entrega de energia eléctrica — emissão de energia eléctrica para a rede do SEP;

i) Instalação eléctrica — conjunto organizado de equipamentos eléctricos que integram o centro electroprodutor e a sua ligação à rede do SEP;

j) Ligação à rede — elementos da rede que permitem que um determinado produtor se ligue fisicamente às infra-estruturas de transporte ou distribuição de energia eléctrica do SEP;

k) Operadores das redes do SEP — entidade concessionária da RNT e entidade titular de licença vinculada de distribuição de energia eléctrica, que operam, respectivamente, a RNT e as redes de distribuição do SEP;

l) Plano de Expansão do Sistema Electroprodutor do SEP — plano que identifica as necessidades de expansão do sistema electroprodutor do SEP, elaborado de dois em dois anos pela Direcção-Geral da Energia (DGE) sob proposta da entidade concessionária da RNT e aprovado pelo Ministro da Economia;

m) Ponto de recepção — ponto preexistente na rede do SEP, previsto ou a criar nos planos de investimento da rede à data em que o promotor pretende a ligação, onde se irá efectuar a ligação do centro electroprodutor;

n) Produtor — entidade singular ou colectiva titular de instalações de produção de energia eléctrica no âmbito do SEI;

o) Recepção de energia eléctrica — entrada física de energia eléctrica nas redes do SEP.

ARTIGO 4.º
Entidades com direito à entrega de energia eléctrica nas redes do SEP

1 — Têm direito à entrega de energia eléctrica nas redes do SEP, segundo o disposto neste diploma:

a) Os promotores e exploradores de centros electroprodutores nos termos previstos no Decreto-Lei n.º 189/88, de 27 de Maio, na redacção que lhe foi dada pelo Decreto-Lei n.º 168/99, de 18 de Maio;

b) Os promotores e exploradores de centros electroprodutores, nos termos previstos no Decreto-Lei n.º 538/99, de 13 de Dezembro.

2 — Têm direito à utilização das redes do SEP os promotores e exploradores de centros electroprodutores do SENV, ao abrigo do exercício do direito do acesso às redes e às interligações estabelecido nos artigos 35.º e 52.º do Decreto-Lei n.º 182/95, de 27 de Julho, na redacção que lhe foi dada por diplomas complementares, designadamente pelo Decreto-Lei

n.º 56/97, de 14 de Março, nos termos previstos no Regulamento do Acesso às Redes e às Interligações (RARI).

3 — Sem prejuízo do disposto nos números anteriores, os promotores e exploradores de instalações de produção de energia eléctrica em baixa tensão com uma potência eléctrica para entrega na rede inferior a 100 kVA, podem ligar-se à rede sem sujeição aos procedimentos previstos neste diploma.

ARTIGO 5.º
Entidades com obrigação de recepção de energia eléctrica

Estão obrigados à recepção de energia eléctrica proveniente das entidades referidas no artigo anterior, nos termos deste diploma e demais legislação aplicável, os operadores das redes do SEP:
  a) A entidade concessionária da RNT;
  b) A entidade titular de licença vinculada de distribuição de energia eléctrica em MT e AT;
  c) As entidades titulares de licença vinculada de distribuição de energia eléctrica em BT.

ARTIGO 6.º
Princípios associados à aplicação do diploma

1 — A aplicação do presente diploma, sob critérios de igualdade de tratamento e de oportunidades, obedece ao cumprimento dos seguintes princípios gerais:
  a) Salvaguarda do interesse público atribuído ao SEP e dos padrões de segurança de planeamento e de exploração das redes aprovados;
  b) Consideração dos objectivos da política energética nacional, nomeadamente no que respeita à mobilização dos recursos endógenos renováveis e de eficiência energética para produção de energia eléctrica;
  c) Racionalidade da gestão das capacidades disponíveis ou a criar;
  d) Transparência das decisões, designadamente através de mecanismos de informação e de publicitação.

2 — A aplicação do presente diploma obedece ao cumprimento dos seguintes princípios específicos:
  a) Os investimentos nas redes do SEP são efectuados de acordo com o estabelecido nos planos de investimento previstos no artigo 8.º;
  b) Os custos de investimentos nas redes suportados pela concessionária da RNT, deduzidos de eventuais compartificipações de fundos públicos, são considerados para efeitos de fixação das tarifas

de uso da rede de transporte (URT), ao abrigo do Regulamento Tarifário (RT), previsto no Decreto-Lei n.º 182/95;
c) Os custos de investimento induzidos pelas ligações dos produtores previstos no n.º 1 do artigo 2.º, deduzidos das amortizações e de comparticipações de qualquer natureza, bem como a remuneração daqueles investimentos, devem ser considerados adicionalmente no cálculo das tarifas de uso da rede de distribuição, ao abrigo do Regulamento Tarifário (RT), previsto no Decreto-Lei n.º 182/95;
d) A gestão da capacidade de recepção, existente ou previsional, de energia eléctrica processa-se de acordo com o estabelecido nos seguintes instrumentos:
   i) Plano de Expansão do Sistema Electroprodutor do SEP, nos termos do artigo seguinte;
   ii) Planos de investimento nas redes do SEP, nos termos do artigo 8.º;
   iii) Caracterização das redes do SEP, nos termos do artigo 9.º
e) Os valores das capacidades de recepção existente ou previsional devem ser disponibilizados pelos operadores das redes através de documentos de caracterização das suas redes, tornados públicos a todos os interessados, nos termos do artigo 9.º;
f) No caso do produtor pretender estabelecer a ligação de um centro produtor à rede, em data que antecipe a disponibilidade de uma capacidade do ponto de recepção prevista nos planos de investimentos nas redes do SEP, o produtor comparticipa nos encargos financeiros e outros incorpóreos, resultantes da antecipação do reforço da rede, nos termos dos n.ºs 7 a 9 do artigo 12.º;
g) No caso de vários produtores se pretenderem ligar ao mesmo ponto de ligação com uma potência total superior à capacidade de recepção disponível, procede-se à atribuição da capacidade nos termos dos critérios de selecção definidos no artigo 13.º

3 — Sem prejuízo dos princípios estabelecidos no presente artigo, o operador de rede pode contratualizar com os produtores do SEI um regime de limitação da potência eléctrica a receber nos termos do artigo 15.º, designadamente enquanto não se concretizarem os investimentos previstos nos planos de investimento das redes do SEP.

4 — Os centros electroprodutores do SENV com capacidade de recepção atribuída superior a 50 MVA não são abrangidos pelo disposto na alínea b) do n.º 2 deste artigo, devendo acordar com o operador da rede a que se pretende ligar os custos do reforço da rede, a suportar por cada um desses novos centros electroprodutores.

Artigo 7.º
Plano de Expansão do Sistema Electroprodutor do Sistema Eléctrico de Serviço Público

1 — O Plano de Expansão do Sistema Electroprodutor do SEP, a aprovar pelo Ministro da Economia, ao abrigo do artigo 12.º do Decreto-Lei n.º 182/95, de 27 de Julho, deve contemplar informação previsional sobre o desenvolvimento da capacidade instalada em centros electroprodutores do SEI e a correlativa necessidade de desenvolvimento das capacidades de ligação às redes do SEP, contemplando as propostas de desenvolvimento pelo SENV de projectos considerados substitutos aos previstos pelo SEP.

2 — Para efeitos do número anterior, a proposta a apresentar pela entidade concessionária da RNT à DGE, nos termos do n.º 2 do artigo referido no número anterior, deve contemplar as necessidades de desenvolvimento sustentado do SEN, tendo em conta a expansão previsional dos centros electroprodutores do SEI, considerando os objectivos e as metas definidas na política energética nacional, nomeadamente em matéria do desenvolvimento das energias renováveis e da co-geração, sem prejuízo da garantia de abastecimento e da qualidade de serviço.

Artigo 8.º
Planos de investimento nas redes do Sistema Eléctrico de Serviço Público

1 — A entidade concessionária da RNT deve elaborar o plano de investimentos na RNT e submetê-lo a parecer da Entidade Reguladora do Sector Eléctrico (ERSE), de acordo com o estabelecido na base XI das bases de concessão da Rede Nacional de Transporte de Energia Eléctrica, anexas ao Decreto-Lei n.º 185/95, de 27 de Julho, e nos termos previstos no RARI.

2 — O plano de investimentos da RNT deve apresentar o conjunto de propostas previstas no RARI, incluindo as relacionadas com a gestão da capacidade previsional de recepção da rede, atendendo às previsões de expansão do sistema electroprodutor do SEI, nomeadamente das que se integram nos regimes especiais estabelecidos pelos Decretos-Leis n.os 189/88, de 27 de Maio, na redacção que lhe foi dada pelo Decreto-Lei n.º 168/99, de 18 de Maio, e 538/99, de 13 de Dezembro.

3 — O distribuidor vinculado em MT e AT deve elaborar o plano de investimentos nas redes de distribuição em MT e AT e submetê-lo a parecer da ERSE, nos termos previstos no RARI.

4 — O plano de investimentos nas redes de distribuição em MT e AT deve apresentar o conjunto de propostas previstas no RARI, incluindo as relacionadas com a gestão previsional da capacidade de recepção da rede, atendendo às previsões referidas no n.º 2.

5 — A entidade concessionária da RNT e o distribuidor vinculado em MT e AT devem garantir a coerência entre os seus planos de investimento, designadamente no que se refere à capacidade de recepção de energia eléctrica resultante de projectos do SENV considerados substitutos da expansão da produção do SEP e dos enquadrados na produção do SEI em regime especial.

ARTIGO 9.º
Caracterização das redes do Sistema Eléctrico de Serviço Público

1 — A entidade concessionária da RNT e o distribuidor vinculado em MT e AT devem disponibilizar aos interessados, nomeadamente aos promotores dos centros electroprodutores abrangidos pelo âmbito de aplicação do presente diploma, a informação sobre as diferentes alternativas de ligação às redes do SEP.

2 — As entidades referidas no número anterior devem elaborar os documentos designados «Caracterização da Rede Nacional de Transporte para efeitos de acesso às redes» e «Caracterização das Redes de Distribuição em MT e AT para efeitos de acesso à rede», previstos no RARI.

3 — Os documentos previstos no número anterior devem ser elaborados nos termos do RARI, devendo integrar os elementos nele identificados, nomeadamente a informação relacionada com a capacidade existente e previsional de recepção das redes para efeitos da sua utilização pelos centros electroprodutores quer do SEP, quer do SEI.

4 — Os documentos a que se refere o presente artigo devem, igualmente, ser enviados à DGE dentro dos prazos estabelecidos no RARI.

5 — Sem prejuízo do disposto no n.º 1, os documentos de caracterização das redes do SEP devem ser disponibilizados pela DGE a todos os interessados, designadamente através da Internet.

ARTIGO 10.º
Informação prévia para ligação às redes do Sistema Eléctrico de Serviço Público

1 — Para efeitos de ligação às redes do SEP, os promotores dos centros electroprodutores referidos no artigo 4.º, antes da apresentação do pedido para atribuição do ponto de recepção de energia eléctrica devem,

obrigatoriamente, formular junto da DGE pedido de informação prévia sobre a possibilidade de ligação às mesmas.

2 — Os pedidos devem ser apresentados na DGE entre os dias 1 e 15 do 1.º mês de cada quadrimestre.

3 — O pedido deve ser instruído com os elementos sumários caracterizadores do projecto constantes do anexo I do presente diploma, que dele fica a fazer parte integrante.

4 — Do pedido deve constar o ponto da rede e a data a partir da qual o promotor pretende a ligação à rede do SEP. Neste pedido podem constar alternativas à pretensão principal.

5 — A DGE deve prestar aos promotores as informações solicitadas até 40 dias após o termo do período de apresentação dos pedidos referidos no n.º 1.

6 — Para efeitos do disposto no presente artigo, os operadores das redes do SEP devem fornecer à DGE, a solicitação desta, no prazo de 30 dias, toda a informação necessária para fundamentar a resposta aos interessados.

7 — A informação prévia para ligação às redes do SEP deve, designadamente, indicar o local do ponto de recepção, a tensão nominal e o regime de neutro, bem como, se necessário, a data indicativa a partir da qual existe capacidade de recepção de energia eléctrica, além das eventuais alternativas às datas e ao ponto de ligação pretendido, sem prejuízo do disposto no número seguinte.

8 — Para adequada gestão da capacidade disponível, a informação prévia poderá enunciar, nomeadamente, limitações à entrega de energia, na perspectiva do artigo 15.º, a título previsional, visando habilitar os promotores com o máximo de informação útil ao desenvolvimento do respectivo projecto.

9 — A informação prévia terá em conta os pedidos de atribuição de pontos de ligação cuja avaliação se encontre em curso, nos termos do artigo seguinte, para os quais se considera haver, globalmente, uma reserva provisória de capacidade.

10 — Quando a informação a prestar ao interessado seja no sentido de tornar inviável a formulação do pedido de atribuição do ponto de recepção, por falta de capacidade disponível ou previsional da rede, a informação deve conter os fundamentos e as razões que estão associados a essa indisponibilidade.

11 — Os pedidos não atendidos por falta de capacidade das redes serão tidos em conta, pelos operadores, na concepção dos próximos planos de investimentos das redes do SEP, sem prejuízo da necessária optimização das respectivas capacidades.

12 — A apresentação de pedidos de informação prévia prevista no n.º 2 pode ser suspensa, a título excepcional, por despacho do director-geral da Energia, quando exigido para salvaguarda da boa gestão do processo de avaliação.

ARTIGO 11.º
Pedido de atribuição do ponto de recepção

1 — Com base na informação prévia obtida nos termos do artigo anterior, os promotores podem solicitar à DGE a atribuição de ponto de recepção de energia eléctrica nas redes do SEP nas condições seguintes:
   a) Prestar caução, junto da DGE, dentro do prazo de 15 dias a contar da data de notificação da informação prévia, nas condições e nos montantes a estabelecer nos termos da regulamentação prevista no artigo 23.º;
   b) Formular junto da DGE o pedido de atribuição do ponto de recepção de energia eléctrica no prazo máximo de 70 dias, ou de 12 meses no caso de aproveitamentos hídricos ou de parques eólicos a implantar em zonas ambientalmente sensíveis.

2 — A contagem do prazo referido na alínea b) do número anterior será suspensa, por motivos não imputáveis ao promotor, relativamente à apresentação de título apropriado à reserva do direito do uso da água.

3 — Para efeitos do n.º 1, o promotor deve fazer acompanhar o pedido com todos os elementos necessários, constantes do anexo II do presente diploma, que dele faz parte integrante.

4 — No caso de os pedidos de ponto de recepção abrangerem um conjunto de projectos que o promotor pretenda tratar de forma integrada, deverá o pedido explicitar e fundamentar essa pretensão, podendo a DGE promover, directamente ou através do operador da rede à qual se prevê a ligação, a análise com o promotor da viabilidade dessa pretensão e acordar os respectivos termos de execução.

5 — A DGE, no caso de insuficiência de instrução do pedido ou de dúvidas sobre os elementos que o acompanham, pode solicitar ao promotor informações complementares.

ARTIGO 12.º
Atribuição do ponto de recepção de energia eléctrica

1 — A DGE tem o prazo de 30 dias, contados a partir da data da recepção do pedido, para a tomada de decisão sobre a atribuição do ponto de recepção.

2 — A contagem do prazo referido no número anterior suspende-se para a prestação de informações complementares, solicitada pela DGE nos termos previstos no n.º 5 do artigo anterior.

3 — Encontrando-se o pedido devidamente instruído e não havendo fundamentos para o seu indeferimento, a DGE atribui o ponto de recepção de energia eléctrica actualizando, se necessário, a data prevista para a disponibilização de capacidade de ligação no ponto atribuído, de acordo com o horizonte dos planos de investimento a que se refere o artigo 8.º

4 — O pedido pode ser indeferido com base nos seguintes fundamentos:

a) Incompatibilidade do projecto com a política energética nacional;
b) Incompatibilidade com outros projectos de natureza nacional ou municipal, decorrentes de instrumentos de planeamento, a que a lei atribua prevalência;
c) Incumprimento de condições legalmente estabelecidas.

5 — Se a capacidade de recepção das redes do SEP não for suficiente para atender a todos pedidos de recepção, em conformidade com o disposto no artigo 11.º, a DGE procede à selecção desses pedidos para efeitos de atribuição da capacidade disponível, nos termos do artigo seguinte.

6 — Os pedidos que não possam ser considerados por falta de capacidade na data e local pretendidos pelo promotor poderão, mediante prestação de caução, ficar a aguardar reserva da capacidade até à data estabelecida para a execução das obras previstas no plano de investimentos a que se refere o artigo 8.º

7 — A DGE poderá atribuir ainda ponto de recepção mediante acordo entre o interessado e o operador do SEP a que se pretende ligar, para antecipação do reforço da capacidade de recepção das redes do SEP, em relação ao estabelecido no plano de investimento, conforme disposto na alínea *f*) do n.º 2 do artigo 6.º

8 — No caso de comparticipação nos custos do reforço da rede, referidos no número anterior, a prestação da caução prevista no n.º 6 não é obrigatória.

9 — Na falta do acordo previsto no n.º 7, compete à DGE, a pedido do promotor e ouvida a ERSE, arbitrar os valores da comparticipação.

Artigo 13.º
**Critérios de selecção de pedidos
para atribuição da capacidade de recepção de energia eléctrica**

1 — Sem prejuízo do artigo seguinte, quando a capacidade de recepção existente ou previsional das redes do SEP não for suficiente para

atender a todos os pedidos de ligação, a DGE pode proceder à selecção dos pedidos para efeitos de atribuição da capacidade disponível, utilizando os critérios estabelecidos no número seguinte.

2 — A selecção dos pedidos para atribuição das capacidades de recepção das redes do SEP processa-se, tendo em conta os princípios gerais estabelecidos no artigo 6.º, com observância dos seguintes critérios:

a) Os benefícios de natureza ambiental resultantes da produção de electricidade pela utilização de energias limpas;
b) A eficiência energética associada ao processo produtivo das instalações em projectos equiparáveis;
c) Os custos evitados pelo SEP com a construção e a exploração dos centros electroprodutores;
d) A segurança do abastecimento no SEN;
e) Os efeitos induzidos na fiabilidade e na segurança da rede do SEP;
f) A harmonização dos locais de produção dos centros electroprodutores e dos pontos de recepção com os planos de investimento das redes do SEP, aprovados nos termos previstos no presente diploma;
g) O grau de relevância dos efeitos induzidos no desenvolvimento local, designadamente através de aproveitamentos integrados, e o interesse sócio-económico do projecto.

3 — A selecção dos pedidos processa-se tendo em consideração a ponderação conjunta dos critérios estabelecidos no número anterior, os quais, pela hierarquia por que estão apresentados, servirão de desempate em caso de coincidência de datas pretendidas de igualdade na valia global de cada projecto ou de usufruto da ligação à rede.

ARTIGO 14.º
Atribuição do ponto de recepção de energia eléctrica por concurso

1 — Sem prejuízo dos artigos 11.º, 12.º e 13.º do presente diploma, os pontos de recepção de energia eléctrica podem também ser atribuídos mediante a realização de concurso, nomeadamente nas seguintes situações:

a) Prioridade na concretização de projectos inseridos em programas específicos aprovados pelo Governo no âmbito das opções da política energética nacional, com carácter de orientação para os mercados, designadamente em cumprimento de objectivos estabelecidos pela União Europeia;
b) Optimização da utilização da capacidade de recepção disponível das redes do SEP.

2 — A realização do concurso é determinada por despacho do Ministro da Economia, sob proposta da Direcção-Geral da Energia.

3 — O concurso tem por base um caderno de encargos elaborado pela Direcção-Geral da Energia e aprovado pelo Ministro da Economia.

4 — A realização do concurso e os requisitos a integrar no respectivo caderno de encargos obedecem ao cumprimento dos princípios estabelecidos no artigo 6.º

ARTIGO 15.º
Limitação da capacidade de recepção de energia eléctrica

1 — Para efeitos do presente diploma, considera-se como limitação da capacidade de recepção de energia eléctrica a falta de capacidade das redes do SEP para permitir atender a todos os pedidos de ligação em termos imediatos e sem restrições de recepção de energia eléctrica prevista emitir pelos centros electroprodutores candidatos a ligação.

2 — Os operadores das redes do SEP devem, através dos documentos de caracterização das suas redes previstos no artigo 9.º, identificar os pontos de rede em que se verificam limitações da capacidade de recepção, bem como proceder à quantificação das capacidades existentes e previsionais de recepção de energia eléctrica e respectiva variação em função das diferentes condições de exploração das redes.

3 — Aos pedidos de atribuição de ponto de ligação indeferidos por falta de capacidade, a satisfazer a prazo, poderá ser efectuada ligação imediata no caso de o promotor aceitar restrições ao funcionamento do centro electroprodutor, nas condições a estabelecer através de contrato, com o operador de rede à qual a sua instalação se prevê ligar.

4 — O contrato referido no número anterior pode comportar um regime de interrupção da recepção de energia eléctrica entregue pelo produtor, que pode assumir um carácter transitório ou por tempo indefinido, nas condições acordadas entre as partes.

ARTIGO 16.º
Intransmissibilidade dos pontos de recepção

1 — Os pontos de recepção nos termos previstos no presente diploma são intransmissíveis.

2 — Exceptua-se do estabelecido no número anterior a transmissão dos pontos de recepção, mantendo-se a respectiva finalidade, para entidades que preencham uma das seguintes condições:

a) Sejam maioritariamente detidas, directa ou indirectamente, nos termos do Código das Sociedades Comerciais, pela entidade titular do ponto de recepção;

b) Sejam maioritariamente detentoras, directa ou indirectamente, nos termos do Código das Sociedades Comerciais da entidade titular do ponto de recepção;

c) Sejam o novo promotor técnico e financeiro de uma co-geração contratado pela entidade titular do ponto de recepção, se esta for o consumidor prioritário da energia eléctrica ou térmica, de acordo com artigo 7.° do Decreto-Lei n.° 538/99, de 13 de Dezembro;

d) Sejam herdeiros do titular do ponto de recepção.

3 — O disposto no presente artigo não impede a transmissão do ponto de recepção integrado no conjunto das instalações construídas após o respectivo licenciamento administrativo, nos termos da legislação aplicável.

4 — Sem prejuízo do estabelecido no número anterior, os pontos de recepção regressam à gestão da DGE sempre que ocorra a dissolução das entidades referidas nas alíneas a) e b) do n.° 2 que sejam detentoras do respectivo direito por qualquer dos casos previstos no Código das Sociedades Comerciais.

Artigo 17.°
Prazos de execução das instalações e caducidade

1 — Os promotores de produção em regime especial têm o prazo de 24 meses para conclusão dos trabalhos de instalação, a contar da data de notificação de licença de estabelecimento concedida nos termos previstos no Regulamento de Licenças para as Instalações Eléctricas, a qual deve ser solicitada imediatamente após a atribuição do ponto de recepção.

2 — No caso dos aproveitamentos hidroeléctricos de produção em regime especial, o prazo para os efeitos referidos no número anterior é de 36 meses.

3 — No caso de centros electroprodutores do SENV, com capacidade de recepção atribuída inferior ou igual a 50 MVA, o prazo para os efeitos referidos no n.° 1 é de 36 meses, salvo se outro for definido pela DGE, mediante proposta fundamentada do promotor.

4 — Para garantia da conclusão das obras, os promotores devem prestar à entidade operadora da rede uma caução, nas condições e nos montantes a estabelecer nos termos da regulamentação prevista no artigo 23.°

5 — A não conclusão dos trabalhos nos prazos previstos nos n.ºs 1, 2 e 3, por motivo imputável ao promotor, faz caducar a respectiva licença de estabelecimento e o respectivo ponto de recepção.

6 — O promotor de produção em regime especial, por uma vez, pode obstar à caducidade a que respeita o número anterior, requerendo fundamentadamente que o prazo seja prorrogado pela DGE, não podendo a duração da prorrogação concedida ultrapassar metade do prazo inicial e sendo ainda fixado pela DGE um reforço de caução.

7 — Sem prejuízo do número anterior, no caso da ocorrência de caducidade estabelecida nos números anteriores, por motivo imputável ao promotor, a DGE determina o accionamento da caução, revertendo o montante desta a favor do operador da rede do SEP.

8 — Os promotores de produção no SENV com capacidade de recepção atribuída inferior ou igual a 50 MVA ficam sujeitos ao mesmo regime definido neste artigo para a produção em regime especial.

ARTIGO 18.º
Ligação à rede dos centros electroprodutores do Sistema Eléctrico não Vinculado superior a 50 MVA

1 — Os promotores de centros electroprodutores do SENV com capacidade de recepção atribuída superior a 50 MVA ficam sujeitos à celebração prévia de um contrato de ligação à rede com o operador de rede respectivo, onde as partes devem acordar prazos de entrada em serviço para cada grupo gerador, períodos de comissionamento e programas de ensaio prévios à entrada em serviço comercial de cada grupo.

2 — Para efeitos do número anterior, deve ainda ser estabelecido no referido contrato as condições de acerto de contas para a energia trocada no período de comissionamento e o regime de garantias que o operador de rede deve fornecer quanto à data de disponibilização das condições adequadas para a efectivação da ligação à rede e o regime de caução a prestar pelo produtor para garantia de conclusão das obras.

3 — Os custos de ligação às redes do SEP de centros electroprodutores, com potência instalada superior a 50 MVA, que sejam substitutos dos previstos no plano de expansão do SEP, não são da responsabilidade do respectivo promotor.

ARTIGO 19.º
Avaliação de impactes ambientais

A avaliação de impactes ambientais relacionada com os pontos de recepção das redes processa-se nos termos da legislação aplicável, integrando-se no âmbito do processo de licenciamento das instalações eléctricas dos centros electroprodutores, incluindo a respectiva ligação à rede, ao abrigo do Regulamento de Licenças para as Instalações Eléctricas.

ARTIGO 20.º
Contra-ordenações

1 — Constitui contra-ordenação, punível com coima:

a) De 250000$00 (€ 1246,99) a 5000000$00 (€ 2439,89), a falta de prestação da informação à DGE, pela entidade operadora da rede do SEP, nas condições e nos termos estabelecidos no artigo 10.º;

b) De 500000$00 (€ 2493,99) a 9000000$00 (€ 44891,81), a transmissão do ponto de recepção, fora dos casos permitidos no artigo 16.º

2 — A negligência e a tentativa são puníveis.

3 — No caso de a infracção ser praticada por pessoa singular, o máximo da coima a aplicar é de 500000$00 (€ 2493,99).

4 — No caso de transmissão do ponto de recepção, fora dos casos permitidos no presente diploma, conjuntamente com a coima prevista neste artigo será aplicada a sanção acessória de suspensão da atribuição do ponto de recepção.

5 — O processamento das contra-ordenações e a aplicação das coimas e sanções acessórias compete à DGE.

6 — O produto resultante da aplicação de coimas reverte:

a) Em 60%, para o Estado;
b) Em 40%, para a DGE.

ARTIGO 21.º
Taxas

1 — Pelos actos previstos no presente diploma, relacionados com a prestação da informação prévia e com a análise dos pedidos de atribuição dos pontos de recepção, há lugar ao pagamento de taxas.

2 — Os montantes das taxas devidas serão fixados na proporção dos encargos que resultam dos actos a que se refere o número anterior.

3 — As taxas são cobradas pela DGE, revertendo os respectivos montantes a seu favor.

ARTIGO 22.º
Regime transitório

1 — Todos os pedidos que foram objecto de atribuição de ponto de recepção, concedido até à data de entrada em vigor do presente diploma, transitam para o regime agora estabelecido, sendo-lhes atribuído de forma automática:

a) Pontos de recepção nos termos do artigo 12.º quando os promotores tenham satisfeito os requisitos estabelecidos no artigo 11.º;

b) Informação prévia nos termos do artigo 10.º quando não tenham sido satisfeitos os requisitos estabelecidos no artigo 11.º

2 — Exceptuam-se do disposto no número anterior as seguintes situações:

a) Os pontos de recepção atribuídos para aproveitamentos hidroeléctricos que aguardam a autorização de utilização de água, os quais ficam sujeitos ao disposto no Decreto-Lei n.º 189/88, de 27 de Maio;

b) Os pontos de recepção atribuídos, enquanto durar o prazo previsto no n.º 4 do artigo 5.º do anexo I do Decreto-Lei n.º 189/88, de 27 de Maio.

3 — O indeferimento de pedidos ao abrigo da legislação anterior não impede a formulação de novos pedidos nos termos previstos no presente diploma.

ARTIGO 23.º
Regulamentação

São regulamentados por portaria do Ministro da Economia:

a) Os montantes das cauções previstas nos artigos 11.º, 12.º e 17.º e a sua forma de prestação;

b) Os montantes das taxas previstas no artigo 21.º, bem como a sua forma de pagamento.

ARTIGO 24.º
Norma revogatória

São revogadas as disposições dos Decretos-Leis n.os 189/88, de 27 de Maio, na redacção que lhe foi dada pelo Decreto-Lei n.º 168/99, de 18 de Maio, e 538/99, de 13 de Dezembro, quando aplicáveis à informação, gestão, atribuição e caducidade dos pontos de recepção, nomeadamente as previstas:

Nos artigos 2.º, 5.º, 7.º e 8.º do anexo I do Decreto-Lei n.º 189/88, de 27 de Maio;

Nos artigos 14.º, 16.º, 18.º e 19.º do Decreto-Lei n.º 538/99, de 13 de Dezembro.

Artigo 25.º
Entrada em vigor

O presente diploma entra em vigor no dia seguinte ao da sua publicação.

Visto e aprovado em Conselho de Ministros de 27 de Setembro de 2001. — *António Manuel de Oliveira Guterres* — *Henrique Nuno Pires Severiano Teixeira* — *Luís Garcia Braga da Cruz* — *António Fernando Correia de Campos* — *José Sócrates Carvalho Pinto de Sousa.*
Promulgado em 20 de Novembro de 2001.
Publique-se.
O Presidente da República, JORGE SAMPAIO.
Referendado em 26 de Novembro de 2001.
O Primeiro-Ministro, em exercício, *Guilherme d'Oliveira Martins.*

ANEXO I
Pedido de informação prévia

Lista dos elementos a apresentar pelos promotores à DGE para completa instrução dos processos de pedido de informação prévia previstos no n.º 3 do artigo 10.º:

a) Identificação do requerente:
Razão social;
Morada;
Número de contribuinte;
Nome para contacto;
Telefone para contacto;
b) Memória descritiva sumária integrando, entre outros, os seguintes elementos:
Nome da instalação;
Identificação do local ou locais da instalação [distrito(s), concelho(s) e freguesia(s)];
Tipo de produção (eólica, hidroeléctrica, etc.);
Natureza, função e características das instalações;
Condições gerais de estabelecimento e exploração das instalações;
Potência total instalada;
Potência máxima a injectar na rede (quando não indicada, considerar a potência instalada);
Número, potência e tipo de geradores;
Legislação ao abrigo da qual é feito o pedido;
Planta de localização à escala de 1:25000;

c) Local pretendido para o ponto de recepção, data a partir da qual pretende beneficiar da ligação e eventuais alternativas;

d) Adicionalmente, durante a análise do processo poderão ser solicitados os elementos necessários ao cálculo das potências de curto-circuito previsíveis.

ANEXO II
Elementos do pedido para atribuição do ponto de recepção de energia eléctrica

I — Para a co-geração e centros electroprodutores térmicos do SENV — lista dos elementos a apresentar pelos promotores à DGE para completa instrução dos processos, previstos no artigo 11.º:

1) Requerimento dirigido ao director-geral da Energia;
2) Termo de responsabilidade pelo projecto das instalações eléctricas;
3) Informação prévia prestada pela DGE;
4) Comprovativo do direito para utilização do espaço de implantação da instalação;
5) Pareceres das entidades quando as instalações interferirem com os seus domínios ou actividades, com excepção do EIA como referido no artigo 19.º;
6) Projecto, em triplicado, compreendendo:

   a) Memória descritiva:

   Memória descritiva e justificativa indicando a natureza, importância, função e características das instalações e do equipamento, as condições gerais do seu estabelecimento e da sua exploração, sistemas de ligação à terra, as disposições principais adoptadas para a produção de energia mecânica e térmica, sua transformação, transporte e utilização ou a origem e destino da energia a transportar e as protecções contra sobreintensidades e sobretensões e os seus cálculos, quando se justifique;

   Descrição, tipos e características dos geradores de energia eléctrica, transformadores, aparelhagem de corte e protecção, bem como das caldeiras, turbinas e outros equipamentos, bem como indicação se a localização da instalação se encontra integrada em área protegida (Reserva Ecológica Nacional, Reserva Agrícola Nacional, etc.);

   b) Desenhos:

   Planta geral de localização da instalação referenciada por coordenadas e em escala não inferior a 1:25000, de acordo com a respectiva norma, indicando a situação das obras principais, tais como centrais geradoras, subestações, postos de corte, postos de transformação, vias públicas rodoviárias e ferroviárias, cursos de água, construções urbanas e linhas já existentes;

   Plantas, alçados e cortes, em escala conveniente, escolhida de acordo com a NP-717, dos locais da instalação, com a disposição do equipa-

mento eléctrico e mecânico, em número e com pormenor suficiente para se poder verificar a observância das disposições regulamentares de segurança;

Esquemas eléctricos gerais das instalações projectadas, com indicação de todas as máquinas e aparelhos de medida e protecção e comando, usando os sinais gráficos normalizados.

Todas as peças do projecto serão rubricadas pelo técnico responsável, à excepção da última peça escrita, onde deverá constar a assinatura, o nome por extenso e as referências da inscrição na Direcção-Geral da Energia.

As peças escritas e desenhadas que constituírem o projecto deverão ter dimensões normalizadas, ser elaboradas e dobradas de acordo com as normas em vigor e regras da técnica e ser numeradas ou identificadas por letras e algarismos.

II — Para as restantes formas de produção de energia eléctrica previstas no corpo do decreto-lei — lista dos elementos a apresentar pelos promotores à DGE para completa instrução dos processos, previstos no artigo 11.º:

1) Requerimento dirigido ao director-geral da Energia;
2) Termo de responsabilidade pelo projecto das instalações eléctricas;
3) Informação prévia prestada pela DGE;
4) Comprovativo do direito para utilização do espaço de implantação da instalação (excepto para centrais hidroeléctricas);
5) Pareceres das entidades quando as instalações interferirem com os seus domínios ou actividades excepto para aproveitamentos hidroeléctricos, e sem prejuízo do disposto no artigo 19.º;
6) Título apropriado relativo à reserva do direito de autorização de utilização de água (para aproveitamentos hidroeléctricos);
7) Projecto, em triplicado, compreendendo:

   a) Memória descritiva:

   Memória descritiva e justificativa indicando a natureza, importância, função e características das instalações e do equipamento, as condições gerais do seu estabelecimento e da sua exploração, sistemas de ligação à terra, as disposições principais adoptadas para a produção de energia mecânica e eléctrica, sua transformação, transporte e utilização ou a origem e destino da energia a transportar e as protecções contra sobreintensidades e sobretensões e os seus cálculos, quando se justifique;

   Descrição, tipos e características dos geradores de energia eléctrica, transformadores, aparelhagem de corte e protecção, bem como das caldeiras, turbinas e outros equipamentos, bem como indicação se a localização da instalação se encontra integrada em área protegida (Reserva Ecológica Nacional, Reserva Agrícola Nacional, etc.);

   b) Desenhos:

   Planta geral de localização da instalação referenciada por coordenadas e em escala não inferior a 1:25000, de acordo com a respectiva norma, indicando a situação das obras principais, tais como centrais geradoras, subestações, postos de corte, postos de transformação, vias públicas rodoviárias e ferroviárias, cursos de água, construções urbanas e linhas já existentes;

Plantas, alçados e cortes, em escala conveniente, escolhida de acordo com a NP-717, dos locais da instalação, com a disposição do equipamento eléctrico e mecânico, em número e com pormenor suficiente para se poder verificar a observância das disposições regulamentares de segurança;

Esquemas eléctricos gerais das instalações projectadas, com indicação de todas as máquinas e aparelhos de medida e protecção e comando, usando os sinais gráficos normalizados.

Todas as peças do projecto serão rubricadas pelo técnico responsável, à excepção da última peça escrita, onde deverá constar a assinatura, o nome por extenso e as referências da inscrição na Direcção-Geral da Energia.

As peças escritas e desenhadas que constituírem o projecto deverão ter dimensões normalizadas, ser elaboradas e dobradas de acordo com as normas em vigor e regras da técnica e ser numeradas ou identificadas por letras e algarismos.

Os documentos referidos nas alíneas *a)* e *b)* do n.º 7 só serão exigíveis aos promotores de parques eólicos no que lhes for aplicável.

2.4. Resíduos para eliminação

2.4.1. Amianto 811
2.4.2. Dióxido de titânio 823
2.4.3. PCB e PCT 843
2.4.4. Radioactivos 857

2.4.1. Amianto

2.4.1.1. Limita a utilização e comercialização do amianto (Decreto-lei n.º 28/87, de 14 de Janeiro*) 813

---

* Alterado pelos Decretos-lei n.º 138/88, de 22 de Abril e 228/94, de 13 de Setembro.

Limita a utilização e comercialização do amianto

Decreto-Lei n.º 28/87
de 14 de Janeiro

O amianto, silicato fibroso, tem sido utilizado pelo homem desde há milhares de anos. Actualmente, conhecem-se inúmeras aplicações com vasta utilização comercial. Esta situação deve-se ao facto de que o amianto confere a uma grande variedade de produtos um conjunto de propriedades, nomeadamente duração e resistência ao calor e a agentes químicos e ambientais, dificilmente conseguidas através de outros materiais.

Contudo, as investigações desenvolvidas nos últimos anos provaram que a utilização do amianto e de certos produtos que o contenham pode pôr em perigo a saúde humana, uma vez que as fibras e poeiras que deles se libertam, ao introduzirem-se no organismo por inalação, podem causar doenças graves, nomeadamente a asbestose e carcinomas.

À semelhança do que se verificou em vários países da Europa e da América do Norte, e correspondendo a recomendações de organismos internacionais, mais concretamente à Directiva n.º 83/478/CEE, de 19 de Setembro, torna-se necessário controlar o uso destes produtos no nosso país, limitando a sua utilização aos domínios para os quais não se encontraram ainda substitutos satisfatórios, e ainda reduzir o risco na sua utilização, estabelecendo regras de rotulagem e de embalagem.

Assim:
O Governo decreta, nos termos da alínea *a*) do n.º 1 do artigo 201.º da Constituição, o seguinte:

CAPÍTULO I
Objecto e âmbito

Artigo 1.º

O presente diploma tem como objecto a proibição e a limitação da comercialização e da utilização do amianto e dos produtos que o contenham.

ARTIGO 2.º

1 — O amianto e os produtos que o contenham só podem ser comercializados e utilizados observadas as condições estabelecidas no presente diploma.

2 — Exceptuam-se do disposto no número anterior a comercialização e a utilização do amianto e dos produtos que o contenham para fins de investigação, desenvolvimento ou análise.

ARTIGO 3.º

O presente diploma não se aplica ao amianto e aos produtos que o contenham quando:
 a) Em transporte por via ferroviária, rodoviária, fluvial, marítima ou aérea;
 b) Em trânsito, e sujeitos a controle aduaneiro, desde que não se destinem a qualquer transformação.

CAPÍTULO II
Definições

ARTIGO 4.º

Para efeitos do presente diploma entende-se por:
1) Amianto — qualquer dos seguintes silicatos fibrosos:
 a) Actinolite ou surtofilite (n.º CAS 77536-66-4);
 b) Amosite ou surosite (amianto castanho) (n.º CAS 12172-73-5);
 c) Antofilite (n.º CAS 77536-67-5);
 d) Crocidolite (amianto azul) (n.º CAS 12001-28-4);
 e) Crisótilo (n.º CAS 12001-29-5);
 f) Tremolite (n.º CAS 77536-68-6);

2) Substâncias — os elementos químicos e seus compostos, quer no estado natural, quer produzidos industrialmente;

3) Preparações — as misturas ou soluções que são compostas de duas ou mais substâncias.

CAPÍTULO III
Restrições à comercialização e utilização

ARTIGO 5.º

1 — É proibida a comercialização e utilização das fibras de amianto mencionadas no n.º 1) do artigo 4.º, bem como dos produtos a que as mesmas tenham sido adicionadas, à excepção do crisótilo (n.º CAS 12001--29-5).

2 — A comercialização e a utilização de produtos contendo fibras de crisótilo é proibida em:
  a) Brinquedos;
  b) Materiais ou preparações destinados a ser aplicados por flocagem:
  c) Produtos acabados sob a forma de pó, vendidos a retalho ao público;
  d) Artigos para fumadores, como cachimbos, cigarreiras e charuteiras;
  e) Peneiros catalíticos e dispositivos de isolamento destinados a aparelhos de aquecimento que utilizem gases liquefeitos ou neles incorporados;
  f) Tintas e vernizes;
  g) Filtros para líquidos, salvo se para uso médico e até 31 de Dezembro de 1994;
  h) Material de pavimentação de estradas com teor em fibras superior a 2%;
  i) Argamassas, revestimentos de protecção, materiais de enchimento, indutos, compostos para preparação de juntas, mastiques, colas, pós decorativos e produtos para acabamentos;
  j) Materiais de isolamento acústico ou outro, de baixa densidade (densidade inferior a 1 g/cm3);
  k) Filtros de ar e filtros para instalações de transporte, distribuição de gás natural e gás de cidade;
  l) Bases para revestimentos plásticos de pavimentos e de paredes;
  m)Produtos têxteis acabados prontos para fornecimento ao consumidor final, excepto se sujeitos a tratamento para evitar a libertação de fibras;
  n) Diafragmas para processos de electrólise, a partir de 31 de Dezembro de 1988;
  o) Feltros para telhados.

ARTIGO 6.º

Os produtos contendo crocidolite, abrangidos pelo artigo anterior, podem:

1) Ser comercializados até 30 de Junho de 1988, desde que tenham sido produzidos antes de 1 de Janeiro de 1987;

2) Ser utilizados, desde que tenham sido produzidos ou comercializados antes de 1 de Janeiro de 1987;

3) Ser excepcionalmente comercializados e utilizados, bem como as suas fibras e os seus produtos intermédios, desde que destinados à produção dos seguintes produtos:

   a) Tubagens de fibrocimento;
   b) Juntas, guarnições, empanques e compensadores flexíveis resistentes aos ácidos e às temperaturas;
   c) Conversores binários.

ARTIGO 7.º

Os produtos contendo amianto só podem ser comercializados e utilizados se a sua rotulagem estiver de acordo com o estabelecido nos artigos 8.º a 15.º, sem prejuízo do exposto nos artigos 5.º e 6.º

CAPÍTULO IV
Rotulagem

ARTIGO 8.º

1 — Os produtos contendo amianto ou a sua embalagem têm de conter um rótulo com as seguintes características, de acordo com a figura constante do anexo ao presente diploma:

a) Dimensões mínimas:
   Altura (H) — 5 cm; e
   Largura — 2,5 cm;
b) Apresentação:
   A parte superior ($h_1 = 40\% \; H$) deve ter a letra «a» impressa em cor branca sobre fundo preto;
   A parte inferior ($h_2 = 60\% \; H$) deve ter as frases tipos bem legíveis, impressas em cor preta e ou branca sobre fundo vermelho.

2 — Se o produto contém crocidolite, a expressão «contém amianto» deve ser substituída por «contém crocidolite/amianto azul».

3 — Quando a rotulagem é feita por impressão directa sobre o produto, é suficiente o uso de uma única cor contrastante com a cor de fundo do respectivo produto.

Artigo 9.º

O rótulo é colocado de acordo com as regras seguintes:
a) Em cada uma das mais pequenas unidades comercializadas;
b) Se um produto é formado por vários elementos à base de amianto, é suficiente que somente estes contenham rótulo;
c) Pode ser dispensada a rotulagem de um elemento quando este apresenta dimensões demasiado reduzidas ou condicionamento inapropriado.

Artigo 10.º

1 — O rótulo das embalagens dos produtos que contêm amianto tem de estar de acordo com o anexo ao presente diploma e conter obrigatoriamente, de modo legível e indelével, as seguintes indicações:
a) O símbolo e a indicação de perigo;
b) Os conselhos de segurança escolhidos de acordo com o artigo 13.º

2 — Quando se imponham informações complementares de segurança, estas não devem atenuar ou contradizer as indicações referidas nas alíneas *a)* e *b)* do número anterior.

3 — A rotulagem prevista no n.º 1 é efectuada por um dos seguintes modos:
a) Por um rótulo solidamente fixado na embalagem;
b) Por um rótulo móvel, mas firmemente atado à embalagem;
c) Por impressão directa sobre a embalagem.

Artigo 11.º

1 — Os produtos contendo amianto envolvidos somente por uma embalagem plástica ou similar são considerados como produtos embalados e devem ser rotulados conforme o disposto no n.º 3 do artigo anterior.

2 — Quando os produtos possam ser separados das embalagens e colocados no mercado não embalados, cada uma das unidades mais pequenas é acompanhada de qualquer forma de informação que contenha um rótulo de acordo com o n.º 1 do artigo anterior.

ARTIGO 12.º

1 — A rotulagem dos produtos que contenham amianto e que não se apresentem embalados deve ser efectuada de acordo com as indicações referidas no n.º 1 do artigo 10.º, através de um dos seguintes modos:

a) Por um rótulo fixado solidamente sobre o produto que contém amianto;
b) Por um rótulo móvel atado solidamente ao produto;
c) Por impressão directa sobre o produto.

2 — Quando nenhum dos processos de rotulagem descritos no n.º 1 possa ser correctamente aplicado, devido, nomeadamente, às dimensões reduzidas do produto ou a outras dificuldades de natureza técnica, a rotulagem deve ser efectuada através de qualquer forma de informação que contenha um rótulo de acordo com o n.º 1 do artigo 10.º

ARTIGO 13.º

Sem prejuízo do disposto na legislação existente sobre segurança e higiene nos locais de trabalho, o rótulo dos produtos que possam ainda ser transformados ou trabalhados deve conter, além das indicações referidas no n.º 1 do artigo 10.º, os conselhos de segurança apropriados, nomeadamente:

a) Trabalhar, se possível, no exterior ou em local bem arejado;
b) Utilizar de preferência ferramentas manuais ou ferramentas de velocidade reduzida, equipadas, se necessário, de um dispositivo apropriado de aspiração de poeiras;
c) Equipar as ferramentas de grande velocidade com um dispositivo de aspiração de poeiras;
d) Se possível, molhar o produto antes de o cortar ou de o brocar;
e) Molhar a poeira, metê-la num recipiente bem fechado e eliminá-la obedecendo às respectivas condições de segurança.

ARTIGO 14.º

A rotulagem de um produto destinado ao uso doméstico que possa, aquando da sua utilização, libertar fibras de amianto deve conter o conselho de segurança «Substituir em caso de deterioração».

ARTIGO 15.º

Os produtos contendo amianto comercializados em Portugal têm obrigatoriamente de ter o seu rótulo escrito em língua portuguesa.

CAPÍTULO V
Fiscalização e sanções

Artigo 16.º

1 — A fiscalização do cumprimento do presente diploma compete às delegações regionais da indústria e energia, à Inspecção-Geral das Actividades Económicas e à Direcção-Geral das Alfândegas, sem prejuízo das competências atribuídas por lei a outras entidades.

2 — As entidades fiscalizadoras, uma vez levantado o auto de notícia da infracção, procederão à instrução do respectivo processo e envio à entidade competente para a aplicação das coimas.

Artigo 17.º

1 — Sem prejuízo de eventuais sanções de carácter penal, a violação do disposto nos artigos 5.º e 7.º a 13.º constitui contra-ordenação punível com coima de 100000$00 a 500000$00.

2 — Se o infractor for uma pessoa colectiva, a coima aplicável pode elevar-se, em caso de dolo, até ao montante máximo de 6000000$00.

3 — A negligência e a tentativa são puníveis, sendo, nesse caso, reduzidos a metade os montantes das coimas fixados nos números anteriores.

4 — Tendo em conta a gravidade da infracção, nas contra-ordenações previstas no n.º 1 podem ser aplicadas as seguintes sanções acessórias nos termos da lei geral:
   a) A apreensão e perda a favor do Estado das substâncias, preparações, produtos ou objectos utilizados, produzidos ou adquiridos durante ou em consequência da infracção;
   b) Suspensão de subsídios ou de benefícios de qualquer natureza atribuídos pela Administração Pública e relativos ao estabelecimento em que se verifique a infracção;
   c) Suspensão do exercício da actividade.

Artigo 18.º

1 — A aplicação das coimas e sanções acessórias previstas no artigo anterior compete ao director da delegação regional do Ministério da Indústria e Energia em cuja área tenha sido verificada a infracção.

2 — Os quantitativos das coimas aplicadas revertem para as seguintes entidades:
   a) 60% para o Orçamento do Estado;

b) 10% para a Direcção-Geral da Indústria;
c) 20% para o serviço que tiver levantado o auto;
d) 10% para a delegação regional cujo director tenha aplicado a coima.

ARTIGO 19.º

A Direcção-Geral da Indústria acompanhará a aplicação global do presente diploma, propondo as medidas necessárias à prossecução dos seus objectivos e as que se destinem a assegurar a ligação com a Comissão e os Estados membros da União Europeia.

ARTIGO 20.º

O disposto nos artigos anteriores não prejudica o poder de as autoridades sanitárias tomarem, sem precedência de processo administrativo prévio, as medidas que entendam indispensáveis para prevenir situações susceptíveis de causar ou acentuar prejuízos graves à saúde das pessoas.

ARTIGO 21.º

A DGQA acompanhará a aplicação global do presente diploma, assegurando a ligação com as Comunidades Europeias e propondo as medidas necessárias à prossecução dos objectivos do presente diploma.

CAPÍTULO VI
Entrada em vigor

ARTIGO 22.º

O presente diploma entra em vigor seis meses depois da data da sua publicação.

Visto e aprovado em Conselho de Ministros de 13 de Novembro de 1986. — *Aníbal António Cavaco Silva — Luís Francisco Valente de Oliveira — Mário Ferreira Bastos Raposo — Fernando Augusto dos Santos Martins — Maria Leonor Couceiro Pizarro Beleza de Mendonça Tavares — Luís Fernando Mira Amaral.*

Promulgado em 18 de Dezembro de 1986.

Publique-se.

O Presidente da República, MÁRIO SOARES.

Referendado em 24 de Dezembro de 1986.

O Primeiro-Ministro, *Aníbal António Cavaco Silva.*

ANEXO

2.4.2. Dióxido de titânio

2.4.2.1. Licenciamento da gestão de resíduos de dióxido de titânio (Portaria n.º 1147/94, de 26 de Dezembro) 825

Licenciamento da gestão de resíduos de dióxido de titânio

Portaria n.º 1147/94
de 26 de Dezembro

De entre as indústrias que podem gerar problemas ambientais graves identifica-se a indústria de dióxido de titânio, cujos resíduos e águas residuais podem ter efeitos nocivos inaceitáveis nos meios em que são lançados.

Devido à ocorrência desta situação em alguns países comunitários, estão incluídas no acervo das disposições comunitárias três directivas (n.ºs 78/176/CEE, 82/883/CEE e 92/112/CEE) cujo objectivo é promover, de forma harmonizada, a prevenção e, se possível, a eliminação da poluição que pode causar a indústria de dióxido de titânio. Se bem que não exista em Portugal esta actividade industrial, torna-se necessário transpor, no eventualmente aplicável, a legislação comunitária supra-referida de forma a estabelecer o enquadramento legal e regulamentar adequado, para o caso de vir a surgir um projecto de instalação de qualquer unidade de produção de dióxido de titânio.

Desta forma, serão tomadas as medidas necessárias para garantir que a eliminação das águas residuais e dos resíduos gerados pela indústria de dióxido de titânio não ponha em perigo a saúde humana e não cause prejuízo ao ambiente, nomeadamente não crie riscos para a água, o ar ou o solo, a fauna e a flora, nem prejudique a natureza e a paisagem, bem como as medidas necessárias e adequadas para promover a redução, a reciclagem e a transformação dos resíduos e das águas residuais, a obtenção de matérias-primas a partir dos mesmos, assim como qualquer outra forma de reutilização.

Assim, ao abrigo do disposto na alínea *h*) do n.º 2 do artigo 4.º, nos n.ºs 7 do artigo 44.º e 1 do artigo 45.º do Decreto-Lei n.º 74/90, de 7 de Março, e nos n.ºs 1 do artigo 3.º do Decreto-Lei n.º 46/94, de 22 de Fevereiro, e 3 do artigo 4.º do Decreto-Lei n.º 488/85, de 25 de Novembro:

Manda o Governo, pelos Ministros da Indústria e Energia, da Saúde, do Ambiente e Recursos Naturais e do Mar, o seguinte:

ARTIGO 1.º
Âmbito e objectivos

A presente portaria tem por objecto o estabelecimento das condições de licenciamento para a descarga, armazenagem, deposição ou injecção no solo de águas residuais ou de resíduos da indústria de dióxido de titânio, tendo em vista a prevenção e, progressivamente, a eliminação da poluição provocada por esta indústria.

ARTIGO 2.º
Definições

Para efeitos da presente portaria consideram-se:
a) Em caso de utilização do processo pelo sulfato:
  Resíduos sólidos:
    Resíduos de minério insolúveis que não são decompostos pelo ácido sulfúrico durante o processo de fabrico;
    Os *copperas*, isto é, o sulfato de ferro cristalizado ($FeSO_4 7H_2O$);
  Resíduos ou águas residuais fortemente ácidos:
    As águas-mãe resultantes da fase de filtração após hidrólise da solução de sulfato de titanilo. Se estas águas-mãe estiverem associadas a resíduos ou águas residuais pouco ácidos que contenham mais de 0,5% de ácido sulfúrico livre e diversos metais pesados, as águas residuais e os resíduos no seu conjunto devem ser considerados como resíduos ou águas residuais fortemente ácidos; são abrangidos, também, as águas residuais ou os resíduos fortemente ácidos que tenham sido diluídos até um teor de 0,5%, ou menos, de ácido sulfúrico livre;
  Resíduos ou águas residuais de tratamento:
    Os sais de filtração, as lamas e as águas residuais provenientes do tratamento (concentração ou neutralização) de resíduos ou águas residuais fortemente ácidos que contenham diferentes metais pesados, mas que não incluam os resíduos ou águas residuais neutralizados e filtrados ou decantados que contenham metais pesados unicamente sob a forma de vestígios e que, antes de qualquer diluição, tenham um *pH* de valor superior a 5,5;
  Resíduos ou águas residuais pouco ácidos:
    As águas de lavagem, de arrefecimento, de condensação e outras lamas e águas residuais não abrangidas pelas definições anteriores, que contenham 0,5%, ou menos, de ácido sulfúrico livre;

Resíduos ou águas residuais neutralizados:
   Os líquidos com um *pH* de valor superior a 5,5 que contenham metais pesados apenas sob a forma de vestígios e sejam obtidos directamente por filtração ou decantação de águas residuais fortemente ou pouco ácidas após tratamento para redução da acidez e do teor de metais pesados;
Poeiras:
   As poeiras de qualquer natureza provenientes de instalações de produção e, nomeadamente, as poeiras de minério e de pigmento;
SO_x:
   O anidrido sulfuroso e sulfúrico gasosos provenientes das diferentes fases dos processos de fabrico e de tratamento interno dos resíduos, incluindo as gotículas ácidas;
b) Em caso de utilização do processo pelo cloro:
Resíduos sólidos:
   Os resíduos de minério insolúveis que não são decompostos pelo cloro durante o processo de fabrico;
   Os cloretos metálicos e os hidróxidos metálicos (materiais de filtração) provenientes, sob a forma de sólidos, do fabrico de tetracloreto de titânio;
   Os resíduos de coque provenientes do fabrico de tetracloreto de titânio;
Resíduos ou águas residuais fortemente ácidos:
   Os resíduos e águas residuais que contenham mais de 0,5% de ácido clorídrico livre e diferentes metais pesados; são abrangidos, também, os resíduos e águas residuais fortemente ácidos que tenham sido diluídos até um teor de 0,5%, ou menos, de ácido sulfúrico livre;
Resíduos ou águas residuais de tratamento:
   Os sais de filtração, as lamas e as águas residuais provenientes do tratamento (concentração ou neutralização) dos resíduos ou águas residuais fortemente ácidos e que contenham diferentes metais pesados, com exclusão dos resíduos ou águas residuais neutralizados e filtrados ou decantados que contenham metais pesados apenas sob a forma de vestígios e que, antes de qualquer diluição, tenham um *pH* de valor superior a 5,5;
Resíduos ou águas residuais pouco ácidos:
   As águas de lavagem, de arrefecimento, de condensação, lamas e

águas residuais não abrangidos pelas definições anteriores que contenham 0,5%, ou menos, de ácido clorídrico livre;

Resíduos ou águas residuais neutralizados:
   Os líquidos com um *pH* de valor superior a 5,5 que contenham metais pesados apenas sob a forma de vestígios e sejam obtidos directamente por filtração ou decantação de resíduos ou águas residuais fortemente ou pouco ácidos após tratamento para redução da acidez e do teor de metais pesados;

Poeiras:
   As poeiras de qualquer natureza provenientes de instalações de produção e, nomeadamente, as poeiras de minério, de pigmento e coque;

Cloro:
   O cloro gasoso proveniente das diferentes fases do processo de fabrico;

c) Em caso de utilização do processo pelo sulfato ou do processo pelo cloro:

Imersão:
   Qualquer descarga deliberada de substâncias ou materiais nas águas interiores de superfície, nas águas interiores do litoral, nas águas territoriais ou no alto mar, a partir de navios ou aeronaves;

d) Meios afectados:
   As águas, a superfície terrestre e o subsolo, bem como o ar, nos quais são descarregados, imersos, armazenados, depositados ou injectados os resíduos da indústria de dióxido de titânio;

e) Local de colheita:
   O ponto característico de amostragem.

Artigo 3.º
Proibição de imersão

É proibida a imersão de quaisquer resíduos sólidos e de resíduos ou águas residuais fortemente ácidos, de tratamento, pouco ácidos ou neutralizados, definidos no n.º 2.º, provenientes da indústria de dióxido de titânio.

Artigo 4.º
Licenciamento

1 — Estão sujeitas a licenciamento a descarga no meio hídrico ou no solo, a armazenagem, a deposição e a injecção no solo de águas residuais ou de resíduos provenientes da indústria de dióxido de titânio.

2 — O pedido de licença previsto no número anterior é instruído, para além do determinado em outra legislação aplicável, com as informações constantes do anexo I à presente portaria e que dela faz parte integrante, quando pertinentes, e deve ser acompanhado de declaração da qual conste que o seu titular se compromete a utilizar apenas os materiais, processos e tecnologias menos prejudiciais para o ambiente, disponíveis no mercado.

3 — Da licença devem constar obrigatoriamente, para além do determinado em outra legislação aplicável, todos os elementos considerados relevantes a que o titular fica obrigado para cumprimento do estabelecido nesta portaria.

4 — A licença referida no n.º 1 é concedida por um período de 10 anos, podendo, no entanto, ser renovada.

Artigo 5.º
Condições de licenciamento

A entidade competente, em conformidade com os objectivos previstos no n.º 1.º e com base nas informações fornecidas nos termos do n.º 2 do n.º 4.º, pode conceder a licença, verificadas as seguintes condições:

1) Em caso de descarga nas águas de superfícies ou no solo:
   a) A eliminação não possa ser efectuada por meios mais apropriados;
   b) Uma avaliação efectuada com base nos conhecimentos científicos e técnicos disponíveis não deixe prever efeitos nocivos imediatos ou diferidos no meio aquático;
   c) Não prejudique a navegação, a pesca, o recreio, a extracção de matérias-primas, a dessalinização, a piscicultura e a cultura de moluscos, as regiões de especial interesse científico e outras utilizações legítimas das águas em questão;
2) Em caso de armazenagem, deposição ou injecção no solo:
   a) A eliminação não possa ser efectuada por meios mais apropriados;
   b) Uma avaliação efectuada com base nos conhecimentos científicos e técnicos disponíveis não deixe prever efeitos nocivos imediatos ou retardados nas águas subterrâneas, no solo ou na atmosfera;
   c) Não prejudique o recreio, a extracção de matérias-primas, as plantas, os animais, as regiões de especial interesse científico e outras utilizações dos meios em questão.

Artigo 6.º
Autocontrolo e fiscalização

1 — Independentemente do modo e do grau de tratamento das águas residuais e dos resíduos a eliminar, a sua descarga, armazenagem, deposição e injecção no solo são acompanhados de acções de autocontrolo e de fiscalização das águas residuais, dos resíduos e dos efeitos sobre o meio atingido nos seus aspectos físicos, químicos, biológicos e ecológicos.

2 — As acções de autocontrolo a desenvolver são especificadas na licença e são da responsabilidade do seu titular, que deve manter um registo actualizado dos resultados obtidos a enviar à entidade licenciadora, com a periodicidade e nas condições estabelecidas no n.º 12.º

3 — As acções de autocontrolo são planeadas e executadas de acordo com o estabelecido nos n.ºs 7.º, 8.º, 9.º, 10.º e 11.º e nos anexos II a VI à presente portaria e que dela fazem parte integrante.

4 — As acções de fiscalização são efectuadas pela entidade competente para verificar se as condições de licenciamento são cumpridas e averiguar da verificação de situações de risco que careçam de correcção, conforme determinado no n.º 14.º, e devem ter em atenção o determinado nos n.ºs 2 e 3 deste número para as acções de autocontrolo.

Artigo 7.º
Controlo dos resíduos e águas residuais

1 — O autocontrolo e fiscalização dos resíduos e das águas residuais a eliminar deve incluir:
 a) Um controlo da quantidade, da composição e da toxicidade dos resíduos e das águas residuais, a fim de garantir que as condições de licenciamento se verifiquem;
 b) Testes de toxicidade aguda sobre certas espécies de moluscos, crustáceos, peixes e plâncton e, de preferência, sobre espécies que são comuns nas zonas de descarga, e serão efectuados testes sobre exemplares da espécie artémia (*Artemia salina*).

2 — Os testes mencionados na alínea b) do número anterior não devem apresentar, para um período de trinta e seis horas e para uma diluição de 1:5000:
 Mais de 20% de mortalidade, no que respeita a indivíduos adultos das espécies testadas;
 Uma mortalidade mais elevada do que a de um grupo de controlo, no que respeita às larvas.

ARTIGO 8.º
Controlo dos meios

1 — As acções de autocontrolo e fiscalização efectuam-se nos meios afectados e numa zona vizinha considerada não afectada, tendo em conta, nomeadamente, as condições locais desses meios e as condições de eliminação — intermitente ou contínua — das águas residuais e dos resíduos em questão.

2 — Os locais exactos da colheita, a distância entre estes e o local de eliminação, bem como a profundidade ou a altura à qual as amostras devem ser colhidas, são fixados casuisticamente e constam da licença.

3 — A colheita de amostras deve efectuar-se sempre nos mesmos locais e nas mesmas condições.

4 — Quando não for técnica e cientificamente possível, poderá prescindir-se da definição da zona vizinha a que se refere o n.º 1.

ARTIGO 9.º
Parâmetros

1 — Os parâmetros a determinar nas acções de autocontrolo e fiscalização são os especificados nos anexos II a VI.

2 — Quando um parâmetro constar da coluna «Determinação obrigatória» nos anexos referidos no n.º 1, a colheita e a análise das amostras devem ser efectuadas relativamente aos compartimentos indicados.

3 — Quando um parâmetro constar da coluna «Determinação facultativa» nos anexos referidos no n.º 1, a colheita e a análise das amostras são efectuadas em relação aos compartimentos indicados, se a entidade licenciadora o considerar necessário.

4 — Pode fixar-se a determinação de outros parâmetros para além dos especificados nos anexos II a VI, quando as condições do meio receptor ou as características das águas residuais ou dos resíduos, o exigirem.

ARTIGO 10.º
Frequência de amostragem

1 — A frequência de amostragem e análise para as acções de autocontrolo para o caso dos parâmetros cuja determinação é obrigatória não pode ser inferior à frequência mínima indicada nos anexos II a VI.

2 — Podem ser estabelecidas frequências de amostragem e análise inferiores quando o comportamento das descargas nos meios afectados e os efeitos provocados tiverem sido estabelecidos, na medida do possível e desde que não haja deterioração significativa na qualidade do ambiente.

3 — Se se verificar, posteriormente, uma deterioração significativa da qualidade do ambiente imputável quer às descargas quer a uma mudança nos processos de eliminação, será reintroduzida uma frequência de amostragem e de análise igual, pelo menos, à especificada nos anexos II a VI.

4 — Se for necessário e oportuno, pode fazer-se uma distinção entre diferentes parâmetros, aplicando-se as disposições do n.º 2, para os quais não for verificada nenhuma deterioração significativa da qualidade do ambiente.

Artigo 11.º
Métodos de medição de referência

1 — Os métodos de medição de referência destinados a determinar o valor dos parâmetros são especificados nos anexos II a VI, devendo os laboratórios que utilizem outros métodos assegurar-se de que os resultados obtidos são comparáveis.

2 — Os recipientes destinados a conter as amostras, os reagentes ou os métodos para conservar as amostras, tendo em vista a análise de um ou de vários parâmetros, o transporte e armazenagem das amostras, bem como a sua preparação para análise, não devem ser susceptíveis de alterar de forma significativa o resultado desta.

Artigo 12.º
Relatórios de autocontrolo

1 — O titular da licença deve submeter mensalmente à entidade licenciadora um relatório do qual conste, nomeadamente:
   a) A descrição do local de colheita, incluindo naquela os elementos fixos — que podem ser representados por um código — e outras informações administrativas ou geográficas necessárias para a completa identificação do local;
   b) A descrição dos métodos de colheita, transporte, conservação e análise utilizados;
   c) Os resultados da medição dos parâmetros cuja determinação é obrigatória, assim como dos parâmetros cuja determinação é facultativa, sempre que existam.

2 — A descrição mencionada na alínea a) é feita apenas uma vez, aquando do início das acções de autocontrolo, sendo a mencionada na alínea b) feita no início do autocontrolo e sempre que se verificarem alterações justificadas.

ARTIGO 13.º
Relatórios anuais

A entidade licenciadora elabora, anualmente, no 1.º trimestre do ano seguinte àquele a que respeita, um relatório circunstanciado das acções de autocontrolo e fiscalização realizadas e de acções de correcção de situações de risco no âmbito do número seguinte.

ARTIGO 14.º
Situações de risco

1 — A entidade licenciadora adopta as medidas necessárias para corrigir as situações de risco que venham a verificar-se, nomeadamente quando:
 a) Os resultados do controlo previsto no n.º 7.º relativo aos resíduos e águas residuais demonstrarem que as condições de licenciamento não estão satisfeitas;
 b) Os resultados dos textes de toxicidade aguda referidos no n.º 7.º relativos aos resíduos e águas residuais demonstrarem que os valores máximos indicados foram ultrapassados;
 c) Os resultados do controlo previsto no n.º 8.º relativo ao meio mostrarem uma degradação na zona considerada;
 d) Em caso de descarga, houver prejuízo para a navegação, a pesca, o recreio, a extracção de matérias-primas, a dessalinização, a piscicultura ou cultura de moluscos, para as regiões de especial interesse científico e outras utilizações legítimas das águas em questão;
 e) Em caso de armazenagem, deposição ou injecção, houver prejuízo para o recreio, a extracção de matérias-primas, a fauna e a flora, para as regiões de especial interesse científico e outras utilizações legítimas dos meios em questão.

2 — Se for necessário, para cumprir os objectivos enunciados no n.º 1.º, a entidade licenciadora pode determinar a suspensão das operações de descarga, armazanagem, deposição ou injecção no solo dos resíduos ou águas residuais.

ARTIGO 15.º
Derrogações

O estabelecido na presente portaria pode, por despacho do presidente do Instituto da Água, ser parcialmente derrogado, após requerimento devidamente fundamentado, apresentado pelo titular da licença, em caso de inundações ou outras catástrofes naturais ou devido a condições meteorológicas excepcionais.

Ministérios da Indústria e Energia, da Saúde, do Ambiente e Recursos Naturais e do Mar.
Assinada em 6 de Dezembro de 1994.
O Ministro da Indústria e Energia, *Luís Fernando Mira Amaral*. — O Ministro da Saúde, *Adalberto Paulo da Fonseca Mendo*. — A Ministra do Ambiente e Recursos Naturais, *Maria Teresa Pinto Basto Gouveia*. — O Ministro do Mar, *Eduardo Eugénio Castro de Azevedo Soares*.

ANEXO I
Informações a fornecer para efeitos de atribuição de licença em acréscimo às determinadas em outra legislação aplicável

A) Características e composição dos resíduos

1 — Quantidade total e composição média dos resíduos (por exemplo por ano).
2 — Estado físico (por exemplo, sólido, pastoso, líquido ou gasoso).
3 — Propriedades físicas (tais como solubilidade e densidade), químicas e bioquímicas (como carência de oxigénio) e biológicas.
4 — Toxicidade.
5 — Persistência: física, química e biológica.
6 — Acumulação e degradação biológica (biota ou sedimentos).
7 — Possibilidades de degradação física, química e bioquímica e interacção no meio em causa com matéria orgânica e inorgânica, compostos orgânicos e inorgânicos.
8 — Probabilidade de contaminação e de ocorrência de outras alterações que diminuam o valor comercial dos recursos aquáticos (peixes, moluscos e crustáceos), etc.

B) Métodos de eliminação e características do local de descarga

1 — Localização (por exemplo, coordenadas da zona de descarga, profundidade e distância das costas), situação em relação a áreas específicas (tais como zonas de recreio, de desova, de cultura e de pesca e outros recursos exploráveis).
2 — Caudal mássico de descarga dos resíduos (por exemplo, diário, semanal, mensal).
3 — Métodos de embalagem e de acondicionamento, se for caso disso.
4 — Características de dispersão (tais como efeitos das correntes, das marés e do vento sobre a deslocação horizontal e a mistura vertical).
5 — Características do meio receptor [tais como temperatura, pH, salinidade; estraficação, indícios de poluição: por exemplo oxigénio dissolvido (OD), carência química de oxigénio (CQO), carência bioquímica de oxigénio (CBO), presença de azoto sob forma orgânica ou inorgânica e, nomeadamente, presença de amoníaco, de matérias em suspensão, de nutrientes, avaliação da produtividade primária].
6 — Características do fundo (tais como topografia, características geoquímicas e geológicas, produtividade biológica).
7 — Existência de efeitos de imersões ou outras descargas efectuadas na zona em causa (por exemplo, presença de metais pesados e teor em carbono orgânico).

C) Métodos de eliminação e características do local de deposição, de armazenagem ou de injecção

1 — Localização (coordenadas geográficas, concelho, etc.).

2 — Características da zona de deposição, armazenagem ou injecção e das zonas adjacentes.

3 — Métodos de embalagem e acondicionamento, se for caso disso.

4 — Características dos métodos de deposição, de armazenagem e de injecção, incluindo a avaliação das precauções tomadas para evitar a poluição das águas, do solo e da atmosfera.

ANEXO II

Controlo das emissões para a atmosfera

Compartimentos	Parâmetros		Frequência mínima anual de amostragem e análise	Observações
	Determinação obrigatória	Determinação facultativa		
Ar	Dióxido de enxofre (SO_2) [1] ... Cloro [2]	Poeiras	Em contínuo	1 — Região vigiada por uma rede de vigilância de qualidade do ar, tendo pelo menos uma estação na proximidade do local de produção e representativa da poluição emanente do local.
			12 [3]	2 — Região não dotada de rede de vigilância. Medição das quantidades totais de emissões gasosas emitidas pelo local de produção. No caso de fontes de emissão múltiplas provenientes de um mesmo local, pode prever-se a medição sequencial. O método de medição de referência aplicável ao dióxido de enxofre é o que consta da Portaria n.º 286/93, de 12 de Março.

[1] Se o processo de produção utilizado é o processo ao sulfato.
[2] A ter em consideração quando as técnicas de medição permitem uma medição apropriada e se o processo de produção for o processo ao cloro.
[3] Os dados devem ser suficientemente representativos e significativos.

ANEXO III

Controlo das descargas em águas marinhas (estuarinas, costeiras, águas profundas)

Compartimentos		Parâmetros		Frequência mínima anual de amostragem e análise	Observações
		Determinação obrigatória	Determinação facultativa		
Coluna de água	Água do mar não filtrada [1].	Temperatura (°C) ...		3	Termometria — a medição é efectuada *in situ* ao mesmo tempo que a amostragem.
		Salinidade (º/₀₀)		3	Condutimetria.
		pH (unidade pH)....		3	Electrometria — a medição é efectuada *in situ* ao mesmo tempo que a amostragem.
		O_2 dissolvido (mg O_2/l)		3	Método de Winkler. Método electroquímico.

Compartimentos	Parâmetros		Frequência mínima anual de amostragem e análise	Observações
	Determinação obrigatória	Determinação facultativa		
Coluna de água	Água do mar não filtrada ([1]).	Turvação (mg sólidos/l) ou sólidos suspensos (mg/l).		3	Para a turvação — turbidimetria. Para sólidos suspensos — gravimetria: Filtração em membrana filtrante de 0,45 μm de porosidade; secagem a 105°C e pesagem; Centrifugação (tempo mínimo — 5 min; aceleração média — 2800 a 3200); secagem a 105°C e pesagem.
		Fe (dissolvido e em suspensão) (mg/l).		3	Após preparação adequada da amostra — dosagem por espectrometria de absorção atómica ou por espectrofotometria de absorção molecular.
			Cr, Cd total, Hg total (mg/l).	3	Espectrometria de absorção atómica. Espectrofotometria de absorção molecular.
		Ti (mg/l)	V, Mn, Ni, Zn (mg/l)	3	Espectrometria de absorção atómica.
			Cu, Pb (mg/l)	3	Espectrometria de absorção atómica. Polarografia.
	Água do mar filtrada através de membrana filtrante de porosidade 0,45μm ([1]).	Fe dissolvido (mg/l)		3	Dosagem por espectrometria de absorção atómica ou por espectrofotometria de absorção molecular.
			Cr, Cd, Hg (mg/l)	3	Espectrometria de absorção atómica. Espectrometria de absorção molecular.
			Ti, V, Mn, Ni, Zn (mg/l).	3	Espectrometria de absorção atómica.
			Cu, Pb (mg/l)	3	Espectrometria de absorção atómica. Polarografia.
	Sólidos suspensos retidos por membranas filtrantes de porosidade 0,45 μm.	Fe total (mg/l)	Cr, Cd, Hg (mg/l)	3	Espectrometria de absorção atómica. Espectrometria de absorção molecular.
			Ti, V, Mn, Ni, Zn (mg/l).	3	Espectrometria de absorção atómica.
			Cu, Pb (mg/l)	3	Espectrometria de absorção atómica. Polarografia.
		Óxidos hidratados e hidróxidos de ferro (mg Fe/l).		3	Extracção da amostra em meio ácido apropriado — dosagens por espectrometria de absorção atómica ou por espectrofotometria de absorção molecular. Para todas as amostras provenientes do mesmo local será utilizado o mesmo processo de extracção ácida.
Sedimentos	Na camada superficial do sedimento, o mais perto possível da superfície.	Ti, Fe total (mg/kg de matéria seca).	V, Cr, Mn, Ni, Cu, Cd, Hg, Pb (mg/kg de matéria seca).	1	Métodos idênticos aos utilizados nas medições efectuadas em colunas de água. Após preparação apropriada da amostra (mineralização por via húmida ou seca e purificação). Os teores de metais são sempre determinados por uma classe granulométrica determinada.

Compartimentos		Parâmetros		Frequência mínima anual de amostragem e análise	Observações
		Determinação obrigatória	Determinação facultativa		
Sedimentos		Na camada superficial do sedimento, o mais perto possível da superfície.	Óxidos hidratados e hidróxidos de ferro (mg Fe/kg).		1	Métodos idênticos aos utilizados nas medições efectuadas em colunas de água.
Organismos vivos		Espécies representativas do local: peixes e invertebrados bênticos ou outras espécies apropriadas ([2]).	Ti, Cr, Fe, Ni, Zn, Pb (mg/kg peso húmido e seco).	V, Mn, Cu, Cd, Hg (mg/kg peso húmido e seco).	1	Espectrometria de absorção atómica, após preparação apropriada da amostra triturada (mineralização por via húmida ou seca e purificação): Nos peixes, os metais são pesquisados, no tecido muscular ou outros órgãos apropriados; a amostra deve consistir em pelo menos 10 indivíduos; Nos moluscos e crustáceos, os metais são pesquisados nos tecidos moles; a amostra deve consistir em pelo menos 50 indivíduos.
	Fauna bêntica	Diversidade e abundância relativa.		1	Triagem qualitativa e quantitativa das espécies representativas, indicando o número de indivíduos por espécie, a densidade e a dominância.
	Fauna planctónica		Diversidade e abundância relativa.	1	Triagem qualitativa e quantitativa das espécies representativas, indicando o número de indivíduos por espécie, a densidade e a dominância.
	Flora		Diversidade e abundância relativa.	1	Triagem qualitativa e quantitativa das espécies representativas, indicando o número de indivíduos por espécie, a densidade e a dominância.
	Peixes em especial	Presença de lesões anátomo-patológicas nos peixes.		1	Inspecção visual das amostras das espécies representativas, recolhidas para análise química.

([1]) Pode escolher-se entre analisar água filtrada ou água não filtrada para as substâncias que figuram nas colunas «Parâmetros».
([2]) Espécies representativas do local de descarga, determinadas especialmente em função da sua sensibilidade a eventuais fenómenos de bioacumulação, tais como o *Mytilus edulis*, *Crangon crangon*, solha-espinhosa, patruça, bacalhau, cavala, salmonete, arenque, solha (ou outra espécie bêntica apropriada).

ANEXO IV

Controlo da descarga em águas doces superficiais

Compartimentos		Parâmetros		Frequência mínima anual de amostragem e análise	Observações
		Determinação obrigatória	Determinação facultativa		
Coluna de água ([1])	Água doce não filtrada.	Temperatura (°C)		3	Termometria — a medição é efectuada *in situ* ao mesmo tempo que a amostragem.
		Condutividade a 20°C (μs cm-1).		3	Medição electrométrica.
		pH (unidade pH)		3	Electrometria — a medição é efectuada *in situ* ao mesmo tempo que a amostragem.
		O_2 dissolvido (mg O_2/l)		3	Método de Winkler. Método electroquímico.

Compartimentos		Parâmetros		Frequência mínima anual de amostragem e análise	Observações
		Determinação obrigatória	Determinação facultativa		
Coluna de água (¹)	Água doce não filtrada.	Turvação (mg sólidos/l) ou sólidos suspensos (mg/l).		3	Para a turvação — turbidimetria. Para sólidos suspensos — gravimetria: Filtração em membrana filtrante de 0,45 μm, secagem a 105°C e pesagem.
		Fe (dissolvido e em suspensão) (mg/l).		3	Após preparação apropriada da amostra — dosagem por espectrometria de absorção atómica ou espectrofotometria de absorção molecular.
	Água doce não filtrada (²).		Cr, Cd total, Hg total (mg/l).	3	Espectrometria de absorção atómica. Espectrometria de absorção molecular.
		Ti (mg/l)	V, Mn, Ni, Zn (mg/l)	3	Espectrometria de absorção atómica.
			Cu, Pb (mg/l)......	3	Espectrometria de absorção atómica. Polarografia.
	Água doce filtrada através de membrana filtrante de 0,45 μm de porosidade.	Fe dissolvido (mg/l)		3	Dosagem por espectrometria de absorção atómica ou espectrofotometria de absorção molecular.
			Cr, Cd, Hg (mg/l)	3	Espectrometria de absorção atómica. Espectrofotometria de absorção molecular.
			Ti, V, Mn, Ni, Zn (mg/l).	3	Espectrometria de absorção atómica.
			Cu, Pb (mg/l)......	3	Espectrometria de absorção atómica. Polarografia.
	Sólidos suspensos retidos por membrana filtrante de 0,45μm de porosidade.	Fe (mg/l)	Cr, Cd, Hg (mg/l)	3	Espectrometria de absorção atómica. Espectrofotometria de absorção molecular.
			Ti, V, Mn, Ni, Zn (mg/l).	3	Espectrometria de absorção atómica.
			Cu, Pb (mg/l)......	3	Espectrometria de absorção atómica. Polarografia.
		Óxidos hidratados e hidróxidos de ferro (mg Fe/l).		3	Extracção da amostra em meio ácido apropriado — dosagens por espectrometria de absorção atómica ou por espectrofotometria de absorção molecular. Para todas as amostras provenientes do mesmo local, utiliza-se um procedimento idêntico, de extracção ácida.
Sendimentos ...	Na camada superficial do sedimento. O mais perto possível da superfície.	Ti, Fe (mg/kg de matéria seca).	V, Cr, Mn, Ni, Cu, Cd, Hg, Pb (mg/kg de matéria seca).	1	Métodos idênticos aos utilizados nas medições efectuadas na coluna de água, após preparação apropriada da amostra (mineralização por via húmida ou seca e purificação). Os teores de metais são sempre determinados para uma classe granulométrica determinada.

Compartimentos	Parâmetros		Frequência mínima anual de amostragem e análise	Observações
	Determinação obrigatória	Determinação facultativa		
Sedimentos.....	Na camada superficial do sedimento. O mais perto possível da superfície.	Óxidos hidratados e hidróxidos de ferro (mg Fe/l).		1	Métodos idênticos aos utilizados nas medições efectuadas na coluna de água.
				Para os moluscos e crustáceos, os metais são pesquisados nos tecidos moles; a amostra deve consistir em pelo menos 50 indivíduos.
	Fauna bêntica	Diversidade e abundância relativa.	1	Triagem qualitativa e quantitativa das espécies representativas, indicando o número de indivíduos por espécies, a densidade e a abundância.
	Fauna planctónica	Diversidade e abundância relativa.	1	Triagem qualitativa e quantitativa das espécies representativas, indicando o número de indivíduos por espécies, a densidade e a abundância.
	Peixes em especial	Presença de lesões anátomo-patológicas nos peixes.	1	Inspecção visual das amostras das espécies representativas recolhidas para análise química.

([1]) As colheitas devem ser efectuadas na mesma época do ano e, se possível, a 50 cm de profundidade.
([2]) Pode-se escolher entre analisar água filtrada ou água não filtrada para as substâncias que figuram nas colunas «Parâmetros».

ANEXO V

Controlo da armazenagem e deposição no solo

Compartimentos	Parâmetros		Frequência mínima anual de amostragem e análise	Observações
	Determinação obrigatória	Determinação facultativa		
1 — Águas de superfície não filtradas, perto do local na zona de influência de armazenagem e num ponto exterior a esta zona ([1]) ([2]) ([3]).	pH (unidades pH) ...		1	Electrometria — a medição é efectuada ao mesmo tempo que a amostragem.
	SO_4 ([4]) (mg/l)		1	Gravimetria. Complexometria do EDTA. Espectrofotometria de absorção molecular.
2 — Águas subterrâneas não filtradas perto do local, compreendendo, quando for o caso, os seus exutores ([1]) ([2]).	Ti ([5]) (mg/l)	V, Mn, Ni, Zn (mg/l)	1	Espectrometria de absorção atómica.
	Fe ([6]) (mg/l)	Cr (mg/l)	1	Espectrometria de absorção atómica. Espectrometria de absorção molecular.
	Ca (mg/l)		1	Espectrometria de absorção atómica. Complexometria.
		Cu, Pb (mg/l)	1	Espectrometria de absorção atómica. Polarografia.
	Cl ([5]) (mg/l)		1	Titulação (método de Mohr).
Ambiente do local de armazenamento e de deposição.	Inspecção visual relativa a: Topografia e gestão do local; Efeito no subsolo; Ecologia do local.		1	Métodos a estabelecer.

([1]) As amostragens devem ser efectuadas na mesma época do ano.
([2]) No âmbito do controlo das águas superficiais e das águas subterrâneas, será dada particular atenção às contribuições eventuais provenientes de águas de escorrência vindas da área de armazenagem dos resíduos.
([3]) As colheitas devem ser efectuadas a 50 cm da superfície, se possível.
([4]) Determinação obrigatória no caso de a armazenagem ou depósito conterem resíduos provenientes do processo com sulfato.
([5]) Determinação obrigatória no caso de a armazenagem ou depósito conterem resíduos provenientes do processo com cloro.
([6]) Compreende igualmente a determinação do Fe no filtrado (sólidos suspensos).

ANEXO VI

Controlo da injecção de águas residuais no solo

Compartimentos	Parâmetros		Frequência mínima anual de amostragem e análise	Observações
	Determinação obrigatória	Determinação facultativa		
1 — Águas de superfície não filtradas, perto do local na zona de influência da injecção.	pH (unidades pH) ...		1	Electrometria — a medição é efectuada ao mesmo tempo que a amostragem.
	SO_4 ([1]) (mg/l)		1	Gravimetria. Complexometria do EDTA. Espectrofotometria de absorção molecular.
2 — Águas subterrâneas não filtradas sob e perto do local, incluindo os seus exutores.	Ti ([2]) (mg/l)	V, Mn, Ni, Zn (mg/l)	1	Espectrometria de absorção atómica.
	Fe ([3]) (mg/l)	Cr (mg/l)	1	Espectrometria de absorção atómica. Espectrometria de absorção molecular.
	Ca (mg/l)		1	Espectrometria de absorção atómica. Complexometria.
		Cu, Pb (mg/l)	1	Espectrometria de absorção atómica. Polarografia.
	Cl ([2]) (mg/l)		1	Titulação (método de Mohr).
Ambiente — topografia	Estabilidade do solo...		1	Controlo fotográfico e topográfico.
	Permeabilidade/porosidade.		1	Ensaios de bombagem. Diagrafia de brocagem.

([1]) Determinação obrigatória no caso de a injecção no solo conter resíduos provenientes do processo com sulfato.
([2]) Determinação obrigatória no caso de a injecção no solo conter resíduos provenientes do processo com cloro.
([3]) Compreende igualmente a determinação do Fe no filtrado (sólidos suspensos).

2.4.3. PCB e PCT

2.4.3.1. Eliminação de policlorobifenilos (Decreto-Lei n.º 277/99, de 23 de Julho) 845

Eliminação de policlorobifenilos

Decreto-Lei n.º 277/99
de 23 de Julho

Os bifenilos policlorados e os terfenilos policlorados, conhecidos internacionalmente pela designação de PCB e PCT, respectivamente, constituem um grupo de produtos químicos cuja utilização industrial se desenvolveu e diversificou extraordinariamente, devido sobretudo à sua estabilidade química, baixa volatilidade, elevada constante dieléctrica e propriedades plastificantes.

As investigações desenvolvidas, porém, mostram que os PCB devem ser considerados produtos com características de perigosidade para a saúde pública e para o ambiente.

O Decreto-Lei n.º 221/88, de 28 de Junho, consagrou uma estratégia relativa à eliminação dos PCB e inseriu-se no processo de harmonização da legislação comunitária.

Durante os 10 anos de aplicação do referido diploma, muitos equipamentos contendo PCB foram exportados para eliminação, os conhecimentos técnicos evoluíram e nova directiva sobre este assunto, a n.º 96/59/CE, de 16 Setembro, foi aprovada. Assim, torna-se necessário proceder à revisão do Decreto-Lei n.º 221/88, de 28 de Junho, e à transposição para o direito interno do estipulado na referida directiva.

Considerando que a Portaria n.º 240/92, de 25 de Março, relativa à eliminação dos óleos usados, fixa em 50 ppm o limite máximo de teor de PCB nos óleos usados regenerados ou utilizados como combustível;

Estando a comercialização dos PCB proibida:

Importa proibir a separação dos PCB de outras substâncias para fins da sua reutilização, bem como o enchimento de transformadores com estes produtos, se bem que, por motivos de segurança, a manutenção destes equipamentos possa continuar a ser efectuada com vista a manter a sua qualidade dieléctrica.

A descontaminação ou eliminação dos equipamentos com PCB deverá ser efectuada, logo que seja possível, havendo para tal necessidade de ser definido um prazo para a sua concretização. Por outro lado, no que diz respeito aos aparelhos pouco contaminados com PCB, poderá ser admitida a sua eliminação no fim da sua vida útil, tendo em consideração que representam riscos reduzidos para o ambiente.

Tendo em consideração que o número de instalações de eliminação e de descontaminação de PCB é reduzida na Comunidade Europeia e a sua capacidade é limitada, é necessário proceder à marcação dos equipamentos que contêm PCB, manter a sua inventariação actualizada, planificar a eliminação e ou descontaminação dos PCB usados e equipamentos com PCB inventariados, elaborar um projecto de recolha e posterior eliminação dos aparelhos não inventariados.

Por outro lado, as empresas que procedem à eliminação e ou à descontaminação dos PCB devem ser sujeitas a um processo de autorização.

Foram ouvidos os órgãos de governo próprio das Regiões Autónomas.

Assim:

Nos termos da alínea a) do n.º 1 do artigo 198.º da Constituição, o Governo decreta o seguinte:

Artigo 1.º
Objecto

O presente diploma transpõe para o direito interno a Directiva n.º 96/59/CE, do Conselho, de 16 de Setembro, e estabelece as regras a que ficam sujeitas a eliminação dos PCB, a descontaminação ou a eliminação de equipamentos que contenham PCB e a eliminação de PCB usados, tendo em vista a destruição total destes.

Artigo 2.º
Definições

Para efeito do presente diploma, entende-se por:
a) PCB:
  Os policlorobifenilos;
  Os policlorotrifenilos;
  O monometiltetraclorodifenilmetano;
  O monometildiclorodifenilmetano;
  O monometildibromodifenilmetano;
  Qualquer mistura com um teor acumulado das substâncias acima referidas superior a 0,005% em peso;

b) Equipamentos que contenham PCB: qualquer equipamento que contenha ou tenha contido PCB (por exemplo, transformadores, condensadores, recipientes que contenham depósitos residuais) e que não tenha sido descontaminado, bem como os equipamentos de qualquer tipo que possam conter PCB, excepto se houver suspeitas fundadas que não contenham PCB;
c) PCB usados: qualquer PCB considerado como resíduo na acepção do Decreto-Lei n.º 239/97, de 9 de Setembro;
d) Detentor: qualquer pessoa singular ou colectiva que possua PCB, PCB usados e ou equipamentos que contenham PCB;
e) Descontaminação: o conjunto das operações que tornam reutilizáveis ou recicláveis os equipamentos, objectos, materiais ou fluidos contaminados por PCB ou que permitem a sua eliminação em condições de segurança, e que podem incluir a sua substituição, ou seja, o conjunto de operações que consistem em substituir os PCB por um fluido adequado que não contenha PCB;
f) Eliminação: as operações D8, D9, D10, D12 (somente em condições de armazenamento subterrâneo seguro e profundo em formação rochosa seca e apenas para equipamentos que contenham PCB ou PCB usados que não possam ser descontaminados) e D15, previstas na Decisão n.º 96/350/CE, de 24 de Maio.

Artigo 3.º
Disposições iniciais

1 — Os detentores devem tomar as medidas necessárias para garantir, logo que possível, a eliminação dos PCB usados e a descontaminação ou eliminação dos PCB e dos equipamentos que contenham PCB.

2 — No respeitante aos PCB usados e equipamentos que os contenham, sujeitos a inventariação, nos termos do n.º 1 do artigo 4.º, a sua descontaminação e ou eliminação devem ser efectuadas o mais tardar até ao final de 2010.

3 — Os equipamentos que contenham PCB e não forem inventariados nos termos do n.º 1 do artigo 4.º e que façam parte de qualquer outro equipamento devem ser, sempre que viável, retirados e recolhidos separadamente, logo que o equipamento principal for desactivado, reciclado ou eliminado.

Artigo 4.º
Inventário

1 — Todo o detentor de equipamentos que contenham mais de 5 dm3 de PCB (no caso dos condensadores eléctricos o limiar de 5 dm^3 incluirá todos os elementos do seu conjunto) deve comunicar ao Instituto de Resíduos e à direcção regional do ambiente respectiva a quantidade que detém, através da informação prevista no anexo I a este diploma, que dele faz parte integrante, no prazo máximo de dois meses após a data da sua entrada em vigor.

2 — Os equipamentos referidos no n.º 1, para os quais seja razoável presumir que os fluidos contêm entre 0,05% e 0,005%, em peso, de PCB, podem ser inventariados sem os elementos referenciados com as notas 5, 6 e 7 do anexo I e serem rotulados como «PCB contaminados < 0,05%».

3 — Qualquer posterior alteração às informações enviadas nos termos dos n.ºs 1 e 2 deve ser igualmente comunicada, logo após a sua ocorrência.

4 — A fim de dar cumprimento ao disposto no artigo 3.º e com base na informação resultante do cumprimento do estipulado no n.º 1, deve ser elaborado pelo Instituto de Resíduos um inventário nacional dos equipamentos que contenham mais de 5 dm^3 de PCB, referenciados nos números anteriores.

5 — O Instituto de Resíduos procederá à actualização regular do inventário e, partindo de resumos destes, deve elaborar relatórios periódicos.

6 — Todas as embalagens contendo PCB e os equipamentos inventariados nos termos do n.º 1 do artigo 4.º devem ostentar uma inscrição de acordo com as indicações constantes no anexo II a este diploma, que dele faz parte integrante, devendo uma inscrição similar ser igualmente afixada nas portas das instalações em que os equipamentos e as embalagens se encontrem.

Artigo 5.º
Descontaminação, armazenagem, eliminação e transporte

1 — Os PCB usados e os equipamentos que contenham PCB sujeitos a inventário nos termos do n.º 1 do artigo 4.º devem ser entregues logo que possível a uma empresa autorizada de acordo com o estipulado no artigo 8.º

2 — As empresas de eliminação/descontaminação de PCB devem manter um registo com indicação da quantidade, origem, natureza e teor em PCB e PCB usados que lhes sejam entregues e enviar os respectivos dados ao Instituto de Resíduos e à direcção regional do ambiente respectiva.

3 — As empresas devem passar aos detentores que entreguem PCB, PCB usados e equipamentos contendo PCB, um certificado de entrega que especificará a natureza e quantidade de PCB (para efeitos de certificação da entrega poderão ser usadas as guias de acompanhamento de resíduos previstas na Portaria n.º 335/97, de 16 de Maio).

4 — Antes da entrega dos PCB, dos PCB usados e ou dos equipamentos que contenham PCB a uma empresa autorizada devem ser tomadas todas as precauções necessárias para evitar qualquer risco de incêndio, devendo, para esse efeito, os PCB ser mantidos afastados de qualquer produto inflamável.

5 — O detentor destes resíduos pode proceder ao seu armazenamento temporário, à espera de eliminação, por um período de tempo não superior a 18 meses e de acordo com as instruções publicadas no *Diário da República* por despacho do presidente do Instituto de Resíduos.

6 — Quando for utilizada a incineração para fins de eliminação, é aplicável o Decreto-Lei n.º 273/98, de 2 de Setembro, relativo à incineração de resíduos perigosos, podendo ser autorizados outros métodos de eliminação dos PCB, PBC usados e ou equipamentos que contenham PCB desde que atinjam níveis de segurança ambientalmente equivalentes — por comparação com a incineração — e obedeçam aos requisitos técnicos considerados como sendo a melhor técnica disponível.

7 — O transporte de PCB, de equipamentos que contenham PCB e dos PCB usados conforme definidos no artigo 2.º rege-se pelo Regulamento Nacional do Transporte de Mercadorias Perigosas por Estrada (RPE), aprovado pelo Decreto-Lei n.º 77/97, de 5 de Abril, e regulamentado pela Portaria n.º 1196-C/97, de 24 de Novembro.

ARTIGO 6.º
Condições de descontaminação

1 — Os transformadores que contenham mais de 0,05% de PCB, em peso, no fluido dieléctrico devem ser descontaminados nas seguintes condições:

   a) O objectivo da descontaminação é a redução do teor de PCB para menos de 0,05%, em peso, e, se possível, para uma quantidade que não ultrapasse 0,005%, em peso;
   b) O fluido de substituição sem PCB deve garantir uma nítida diminuição dos riscos;
   c) A substituição do fluido não deve comprometer a eliminação posterior dos PCB;

d) Após a descontaminação, a inscrição ostentada pelo transformador deve ser substituída pela inscrição prevista no anexo III a este diploma, que dele faz parte integrante.

2 — Em derrogação do disposto no artigo 3.º, os transformadores cujos fluidos tenham um teor de PCB, em peso, entre 0,05% e 0,005% devem ser descontaminados, nas condições referidas nas alíneas *b)* a *d)* do n.º 1, ou eliminados após o final da sua vida útil.

ARTIGO 7.º
Proibições

1 — É proibido:
a) A comercialização das substâncias e preparações mencionadas na alínea *a)* do artigo 2.º, quer isoladas quer contidas em equipamentos;
b) Qualquer tipo de incineração de PCB e ou de PCB usados em navios;
c) Proceder à separação de PCB de outras substâncias com vista à reutilização de PCB;
d) O enchimento dos transformadores com PCB.

2 — Fica excluída da proibição mencionada na alínea *a)* do número anterior a comercialização de PCB quando a finalidade for exclusivamente uma das seguintes:
a) Para eliminação;
b) Para completar níveis em equipamentos já em serviço à data de entrada em vigor do presente diploma, desde que não seja possível, por razões técnicas, o uso de produtos de substituição e nas condições estipuladas no n.º 6.

3 — Até à sua descontaminação, desactivação e ou eliminação, nos termos do presente diploma, a manutenção dos transformadores que contenham PCB apenas pode continuar se tiver como objectivo assegurar que os PCB neles contidos satisfazem as regras ou especificações técnicas relativas à qualidade dieléctrica e desde que os transformadores se encontrem em bom estado e não apresentem fugas.

ARTIGO 8.º
Licenciamento

1 — Todas as empresas que procedam às operações de descontaminação e ou de eliminação de PCB, PCB usados e ou equipamentos que contenham PCB estão sujeitas à autorização prévia do Instituto de Resíduos,

nos termos previstos no Decreto-Lei n.º 239/97, de 9 de Setembro, e na Portaria n.º 961/98, de 10 de Novembro.

2 — A autorização prevista no número anterior não prejudica a sujeição a licenciamento industrial das actividades abrangidas por esse procedimento nos termos da legislação em vigor.

3 — A autorização prevista no n.º 1 compete ao Ministro do Ambiente sempre que a mesma esteja sujeita, nos termos da lei, a processo de avaliação de impacte ambiental.

ARTIGO 9.º
Planos e projectos

O INR, com a colaboração da Direcção-Geral da Energia e das direcções regionais do Ministério da Economia, deve elaborar:

a) Um plano nacional de descontaminação e ou de eliminação dos equipamentos inventariados e dos PCB neles contidos;

b) Um projecto de recolha e posterior eliminação dos equipamentos não sujeitos a inventário, nos termos do n.º 1 do artigo 4.º, mas referidos no n.º 3 do artigo 3.º

ARTIGO 10.º
Informação

1 — Os relatórios referidos no n.º 5 do artigo 4.º, os registos referidos no n.º 2 do artigo 5.º, bem como o plano e projectos referidos no artigo anterior devem estar acessíveis ao público nos termos previstos na legislação aplicável aos documentos em posse da Administração Pública.

2 — Logo que elaborados, os relatórios previstos no n.º 5 do artigo 4.º, o plano e o projecto referidos no artigo anterior devem ser enviados à Comissão da Comunidade Europeia.

ARTIGO 11.º
Fiscalização

1 — As quantidades de PCB notificadas, nos termos do n.º 1 do artigo 4.º e do n.º 2 do artigo 5.º, devem ser verificadas pelas entidades com competências de fiscalização.

2 — A fiscalização do cumprimento do presente diploma incumbe ao Instituto de Resíduos, à Inspecção-Geral do Ambiente e às direcções regionais do ambiente, bem como às demais entidades competentes.

Artigo 12.º
Contra-ordenações

1 — Constitui contra-ordenação punível com coima de 100000$00 a 3000000$00, no caso de pessoas colectivas e de 50000$00 a 500000$00, no caso de pessoas singulares, a infracção ao disposto nos n.ºs 1 e 3 do artigo 3.º e nos n.ºs 1, 2, 3, 4 e 5 do artigo 5.º

2 — Constitui contra-ordenação punível com coima de 500000$00 a 9000000$00, no caso das pessoas colectivas, e 100000$00 a 750000$00, no caso das pessoas singulares, a infracção ao disposto no n.º 2 do artigo 3.º, nos n.ºs 1, 3 e 6 do artigo 4.º, nos n.ºs 1 e 2 do artigo 6.º e nos n.ºs 1 e 3 do artigo 7.º

3 — A tentativa e a negligência são sempre puníveis.

Artigo 13.º
Sanções acessórias

Às contra-ordenações previstas mencionadas no artigo anterior podem, em simultâneo com a coima e nos termos da lei geral, ser aplicadas as seguintes sanções acessórias:

   a) Privação do direito a subsídios ou benefício outorgado por entidades ou serviços públicos;
   b) Privação do direito de participação em concursos públicos que tenham como objecto a empreitada ou a concessão de obras, o fornecimento de bens e serviços, a concessão de serviços públicos e a atribuição de licenças e alvarás;
   c) Suspensão de autorizações, licenças e alvarás.

Artigo 14.º
Instrução de processos e aplicação de sanções

1 — Compete às entidades fiscalizadoras do cumprimento do presente diploma instruir os processos relativos às contra-ordenações previstas nos artigos anteriores.

2 — Compete ao dirigente máximo da entidade que tenha instruído o processo de contra-ordenação a aplicação de coimas e sanções acessórias.

Artigo 15.º
Produtos das coimas

O produto das coimas previstas no presente diploma é afectado da seguinte forma:

   a) 60% para o Estado;

b) 20% para o Instituto de Resíduos;
c) 20% para a entidade que processa a contra-ordenação.

ARTIGO 16.º
Regiões Autónomas

O regime do presente diploma aplica-se às Regiões Autónomas dos Açores e da Madeira, sem prejuízo das adaptações decorrentes da estrutura própria da administração regional autónoma a introduzir em diploma regional adequado.

ARTIGO 17.º
Revogação

É revogado o Decreto-Lei n.º 221/88, de 28 de Junho.

Visto e aprovado em Conselho de Ministros de 17 de Junho de 1999. — *António Manuel de Oliveira Guterres* — *Elisa Maria da Costa Guimarães Ferreira.*

Promulgado em 8 de Julho de 1999.

Publique-se.

O Presidente da República, JORGE SAMPAIO.

Referendado em 14 de Julho de 1999.

O Primeiro-Ministro, *António Manuel de Oliveira Guterres.*

ANEXO I
Inventário de PCB

1 — Identificação do detector e data da declaração:
   Nome...
   Morada...
   Telefone...
   Município...
   Responsável a contactar...
   Data da declaração...

2 — Material em serviço:

Tipo de equipamento (¹)	Localização (²)	Fim de uso (ano) (³)	Município onde se localiza (⁴)	Quantidades de PCB (quilogramas) (⁵)	Tipo de tratamento ou substituição (⁶)	Data do tratamento ou substituição (⁷)

(¹) Transformador, condensador, resistência, bobina de indução, aparelhos hidráulicos com fluido, outros.
(²) No interior ou exterior de edifícios.
(³) Mencionar o ano previsto para o fim de duração do equipamento.
(⁴) Município onde está instalado ou guardado o material referido.
(⁵) Quantidade de PCB contida no material.
(⁶) Tipo de tratamento ou substituição efectuados ou previstos para o equipamento.
(⁷) Data do tratamento ou da substituição efectuados ou previstos para o equipamento.

3 — Material fora de serviço:

Tipo de equipamento (¹)	Localização (²)	Fim de uso (ano) (³)	Município onde se localiza (⁴)	Quantidades de PCB (quilogramas) (⁵)	Tipo de tratamento ou substituição (⁶)	Data do tratamento ou substituição (⁷)

(¹) Transformador, condensador, resistência, bobina de indução, aparelhos hidráulicos com fluido, outros.
(²) No interior ou exterior de edifícios.
(³) Mencionar o ano previsto para o fim de duração do equipamento.
(⁴) Município onde está instalado ou guardado o material referido.
(⁵) Quantidade de PCB contida no material.
(⁶) Tipo de tratamento ou substituição efectuados ou previstos para o equipamento.
(⁷) Data do tratamento ou da substituição efectuados ou previstos para o equipamento.

ANEXO II

Indicações para a rotulagem dos equipamentos que contêm PCB

a) Símbolo de perigo — a cruz de Santo André, em cor preta, sobre fundo amarelo-alaranjado, com a inscrição «NOCIVO», de acordo com o estipulado no anexo II do Decreto-Lei n.º 82/95, de 22 de Abril.
b) Frases de risco e conselhos de prudência, consoante o caso:
«Contém policlorobifenilos — PCB»;
«Perigo de efeitos cumulativos»;
«Não se desfazer deste produto ou do recipiente sem tomar as devidas precauções»;
«Em caso de incêndio e ou explosão, não respirar os fumos».
c) Outras indicações:
Nome, morada e números de telefone e fax da(s) pessoa(s) a contactar em caso de fugas ou derrames;
«Quando da eliminação, enviar para instalação autorizada para o efeito».

ANEXO III

Marcação dos equipamentos descontaminados que tenham contido PCB

Cada unidade de equipamento descontaminado deve ostentar uma inscrição clara e indelével, cunhada ou gravada, que inclua as seguintes indicações na língua do país em que o equipamento for usado:

Equipamento descontaminado que tenha contido PCB

O fluido que continha PCB foi substituído:
Por... (nome do substituto);
Em... (data);
Por ... (empresa).

Concentração de PCB:
No fluido anterior...% em peso;
No novo fluido...% em peso.

2.4.4. Resíduos radioactivos

2.4.4.1. Transporte de resíduos radioactivos (Decreto-lei n.º 138/96, de 14 de Agosto) 859

Transporte de resíduos radioactivos

Decreto-Lei n.º 138/96
de 14 de Agosto

A gestão do transporte transfronteiriço de resíduos radioactivos, pelas características de especial perigosidade que estes materiais revestem, deve assegurar a salvaguarda do inestimável direito à protecção da saúde e a imprescindível defesa do meio ambiente, bem como a necessária segurança das comunicações.

Considerando que a prossecução do referido desiderato exige o estabelecimento de um sistema de autorizações prévias e de controlos rigorosos, a Directiva n.º 92/3/EURATOM, do Conselho, de 3 de Fevereiro de 1992, adoptou as regras relativas à fiscalização e ao controlo das transferências de resíduos radioactivos entre Estados membros e para dentro e fora da Comunidade.

Importa agora, ao abrigo dos compromissos internacionais do Estado Português no âmbito da Comunidade Europeia da Energia Atómica, efectuar a transposição da Directiva n.º 92/3/EURATOM, do Conselho, de 3 de Fevereiro de 1992, para o direito interno.

Foi ouvida a Comissão Nacional de Protecção contra Radiações.

Assim:

Nos termos da alínea *a*) do n.º 1 do artigo 201.º da Constituição, o Governo decreta o seguinte:

Artigo 1.º
Objecto e âmbito

1 — O presente diploma transpõe para a ordem jurídica interna a Directiva n.º 92/3/EURATOM, do Conselho, de 3 de Fevereiro de 1992, e estabelece as regras a que devem obedecer a transferência e o reenvio de resíduos radioactivos entre Portugal e os restantes Estados membros da Comunidade e entre Portugal e Estados terceiros, bem como o trânsito por Portugal dos resíduos dessa natureza, desde que os mesmos excedam, em

quantidade e concentração, os valores fixados no anexo II do Decreto Regulamentar n.º 9/90, de 19 de Abril.

2 — O disposto no número anterior não se aplica às devoluções de uma fonte selada pelo respectivo utente ao fornecedor da mesma, excepto se contiver materiais cindíveis.

Artigo 2.º
Definições

Para efeitos de aplicação do presente diploma, entende-se por:
a) Resíduos radioactivos — todos os materiais que contenham ou se encontrem contaminados por radionuclidos e para os quais não se encontra prevista qualquer utilização;
b) Detentor de resíduos radioactivos — qualquer pessoa, singular ou colectiva, que, sendo legalmente responsável pelos resíduos radioactivos, tencione efectuar, por si ou com recurso ao serviço de terceiros, a transferência destes resíduos para um destinatário;
c) Destinatário de resíduos radioactivos — qualquer pessoa, singular ou colectiva, para a qual sejam transferidos resíduos radioactivos;
d) Transferência — qualquer operação de transporte de resíduos radioactivos desde o local de origem até ao local de destino, incluindo as operações de carga e descarga;
e) Reenvio — qualquer operação de transporte de produtos radioactivos resultantes do tratamento ou reprocessamento de, respectivamente, resíduos radioactivos ou combustíveis nucleares irradiados do local de destino no qual estes procedimentos foram efectuados para o local de origem, do qual, para esse efeito, foram transferidos;
f) Trânsito de resíduos radioactivos — qualquer operação de transferência ou reenvio através do território nacional ou zona sob jurisdição nacional de resíduos radioactivos provenientes ou destinados a outro Estado membro ou Estado terceiro;
g) Local de origem e local de destino — os locais situados em Estados diferentes, respectivamente designados por país de origem e país de destino;
h) Autoridade competente — qualquer autoridade que, nos termos das disposições legislativas ou regulamentares aplicáveis, seja incumbida de assegurar o sistema de autorização, de fiscalização e de controlo do movimento transfronteiriço de resíduos radioactivos, no país de origem, de destino ou trânsito;
i) Fonte selada — qualquer material tal como definido na parte C do anexo I do Decreto Regulamentar n.º 9/90, de 19 de Abril;

j) Estado membro — qualquer Estado, membro da Comunidade Europeia da Energia Atómica, que intervenha no processo de autorização ou aprovação de operações de transferência, reenvio ou trânsito de resíduos radioactivos;

k) Estado terceiro — qualquer Estado, não membro da Comunidade Europeia da Energia Atómica, que intervenha no processo de autorização de operações de transferência, reenvio ou trânsito de resíduos radioactivos.

ARTIGO 3.º
Autorização

1 — Qualquer transferência, trânsito ou reenvio de resíduos radioactivos que envolva o território nacional ou zona sob jurisdição portuguesa está sujeito a autorização ou a aprovação da Direcção-Geral do Ambiente, adiante designada por DGA, conforme os casos

2 — A DGA comunicará à Direcção-Geral da Saúde os actos de autorização e aprovação previstos no n.º 1.

ARTIGO 4.º
**Transferência de resíduos radioactivos
de Portugal para outro Estado membro**

1 — A autorização de transferência de resíduos radioactivos de Portugal para outro Estado membro é concedida mediante requerimento do detentor desses resíduos, dirigido ao director-geral do Ambiente, utilizando para o efeito o modelo 1, devidamente preenchido, do documento uniforme anexo ao presente diploma, do qual constitui parte integrante.

2 — Após a recepção do pedido de transferência, a DGA deve, utilizando para o efeito o modelo 2 do documento uniforme anexo ao presente diploma, solicitar a aprovação das autoridades competentes do Estado membro de destino e, se for caso disso, do Estado membro ou Estados membros através dos quais os resíduos deverão transitar.

3 — Sem prejuízo do disposto no n.º 5, recebida das autoridades competentes a aprovação, condicionada ou não à satisfação de determinadas condições, ou a recusa de aprovação, a DGA deve, utilizando para o efeito o modelo 3 do documento uniforme anexo ao presente diploma, decidir o pedido de autorização, indicando, se for caso disso, os termos em que a transferência é autorizada, ou indeferir o pedido de autorização.

4 — A solicitação do detentor dos resíduos radioactivos, a DGA reaprecia o pedido cuja autorização se encontre sujeita ao cumprimento de condições estabelecidas nos termos do número anterior.

5 — No caso de o Estado membro consultado ter adoptado o procedimento automático de aprovação de transferência de resíduos radioactivos, presume-se a aprovação da transferência dos resíduos na ausência de resposta à solicitação prevista no n.º 2 decorrido um prazo de 60 dias, prorrogável por mais 30, a solicitação da autoridade competente.

6 — No caso de ser concedida autorização para a transferência dos resíduos radioactivos, o detentor dos resíduos deve preencher o modelo 4 do documento uniforme anexo ao presente diploma e assegurar que a respectiva transferência seja acompanhada do documento uniforme anexo ao presente diploma.

7 — Recebido da autoridade competente do Estado de destino o aviso de recepção constante do modelo 5 do documento uniforme anexo ao presente diploma, a DGA deve enviar ao detentor inicial dos resíduos radioactivos cópia do mesmo.

Artigo 5.º
Transferência ou trânsito, respectivamente para ou através de Portugal de resíduos radioactivos provenientes de outro Estado membro

1 — A aprovação de transferência ou de trânsito, para ou através de Portugal, de resíduos radioactivos provenientes de outro Estado membro é concedida mediante solicitação da autoridade competente do país de origem desses resíduos, dirigida ao director-geral do Ambiente, utilizando para o efeito o modelo 2 do documento uniforme anexo ao presente diploma.

2 — Recebida a solicitação a que se refere o número anterior, a DGA deve comunicar, utilizando para o efeito o modelo 2 do documento uniforme anexo ao presente diploma, à autoridade competente do Estado de origem, no prazo de 60 dias, prorrogável por mais 30, a decisão de aprovação ou de recusa de aprovação da transferência ou trânsito, para ou através de Portugal, dos resíduos radioactivos, bem como, se for caso disso, das condições cuja satisfação considere necessária para o efeito.

3 — No caso de a transferência dos resíduos radioactivos ser autorizada pela autoridade competente do país de origem:

    a) O detentor dos resíduos deve assegurar que a transferência ou o trânsito, em ou através de Portugal, seja acompanhada do documento uniforme anexo ao presente diploma;

    b) Sendo Portugal o país de destino, o destinatário dos resíduos deve remeter à DGA, no prazo de 15 dias a contar da recepção dos mesmos, o aviso de recepção constante do modelo 5, devidamente preenchido, do documento uniforme anexo ao presente diploma.

4 — Recebido o aviso de recepção referido na alínea b) do número anterior, a DGA deve enviar as respectivas cópias às autoridades competentes do Estado membro de origem e, se for caso disso, do Estado membro ou Estados membros de trânsito.

Artigo 6.º
Trânsito, através de Portugal, de resíduos radioactivos provenientes de país terceiro com destino a outro Estado membro

1 — A aprovação de trânsito, através de Portugal, de resíduos radioactivos provenientes de um país terceiro com destino a outro Estado membro é concedida mediante solicitação da autoridade competente do país de destino desses resíduos, dirigida ao director-geral do Ambiente, utilizando para o efeito o modelo 2 do documento uniforme anexo ao presente diploma.

2 — Para efeitos do disposto no número anterior, o Estado membro de destino é considerado Estado membro de origem, aplicando-se, com as necessárias adaptações, o disposto no n.º 2 e na alínea a) do n.º 3 do artigo anterior.

Artigo 7.º
Transferência de resíduos radioactivos de Portugal para país terceiro

1 — A autorização de transferência de resíduos radioactivos de Portugal para país terceiro é concedida mediante requerimento do detentor desses resíduos, dirigido ao director-geral do Ambiente, instruído com o modelo 1, devidamente preenchido, do documento uniforme anexo ao presente diploma.

2 — Recebido o pedido, a DGA deve proceder à consulta das autoridades competentes do país terceiro e, se for caso disso e seja um Estado membro, das autoridades competentes dos países de trânsito, em conformidade com o disposto nos n.ºs 2 a 6 do artigo 4.º

3 — Sem prejuízo do disposto no artigo 13.º, a DGA apenas concede autorização de transferência dos resíduos radioactivos quando verifique, designadamente através de contacto com a autoridade do país de destino e, se for caso disso, dos países de trânsito, estarem reunidas todas as condições de transferência.

4 — No prazo de 15 dias a contar da data da chegada dos resíduos radioactivos ao destino previsto no país terceiro, o detentor desses resíduos deve notificar a DGA.

5 — Da notificação prevista no número anterior deverá constar:
a) Indicação do último posto fronteiriço da Comunidade pelo qual os resíduos transitaram;
b) Declaração ou certificado do destinatário de que os resíduos chegaram ao destino previsto, mencionando o posto fronteiriço de entrada no respectivo país.

Artigo 8.º
Transferência para Portugal de resíduos radioactivos provenientes de país terceiro

1 — A autorização de transferência para Portugal de resíduos radioactivos provenientes de país terceiro é concedida mediante requerimento do destinatário desse resíduos, dirigido ao director-geral do Ambiente, utilizando para o efeito o modelo 1, devidamente preenchido, do documento uniforme constante do anexo ao presente diploma.

2 — No caso de a transferência referida no número anterior implicar o trânsito por outro Estado membro ou Estados membros, a DGA deve submeter o pedido à aprovação das respectivas autoridades competentes, observando-se, com as devidas adaptações, o disposto nos n.ºs 2 a 6 do artigo 4.º

3 — No caso de a transferência referida no número anterior implicar o trânsito por um ou mais Estados terceiros, observar-se-á, com as devidas adaptações, o disposto no n.º 3 do artigo anterior.

4 — Para efeitos de aplicação dos números anteriores, o destinatário é considerado detentor dos resíduos radioactivos.

Artigo 9.º
Trânsito, através de Portugal, de resíduos radioactivos provenientes de país terceiro e com destino a país terceiro

1 — O trânsito, através de Portugal, de resíduos radioactivos provenientes de um país terceiro e com destino a país terceiro apenas é permitido:
a) Mediante autorização concedida pela DGA, que para o efeito é considerada autoridade competente do país de origem, e observando-se, com as necessárias adaptações, e se for caso disso, o disposto nos n.ºs 1 a 3 do artigo 7.º, no caso de ser Portugal o primeiro Estado membro de trânsito;
b) Mediante aprovação concedida pela DGA e observando-se, com as necessárias adaptações, e se for caso disso, o disposto no n.º 2 e na alínea a) do n.º 3, ambos do artigo 5.º, no caso de Portugal não ser o primeiro Estado membro de trânsito.

2 — Para efeitos de aplicação do número anterior, considera-se como detentor dos resíduos radioactivos a pessoa ou entidade responsável pela gestão do trânsito destes resíduos através de Portugal.

ARTIGO 10.º
Reenvio

1 — A autorização de reenvio de resíduos ou outros produtos resultantes do reprocessamento de combustíveis nucleares irradiados e de resíduos tratados, transferidos a partir de Portugal ou com destino a Portugal, deve ser concedida quando:
 a) Tenha por objecto os mesmos materiais, desde que seja observada a legislação em vigor;
 b) O reenvio seja concluído ou realizado de acordo com as condições impostas para a transferência, desde que efectuada nas mesmas condições e satisfazendo os mesmos requisitos.

2 — O reenvio de resíduos tratados ou reprocessados para o país de origem obedece ao disposto nos artigos 4.º ou 7.º, conforme este seja, respectivamente, Estado membro ou país terceiro.

ARTIGO 11.º
Pluralidade de transferências

1 — A autorização de transferência de resíduos radioactivos pode abranger diversas operações, a solicitação do detentor de resíduos radioactivos, desde que, cumulativamente, sejam preenchidos os seguintes requisitos:
 a) Todos os resíduos radioactivos apresentem características físicas, químicas e radioactivas essencialmente idênticas;
 b) Todas as operações sejam feitas de um mesmo detentor para o mesmo destinatário e envolvam as mesmas autoridades competentes;
 c) No caso de as operações envolverem países terceiros, o trânsito seja efectuado através do mesmo posto fronteiriço de entrada e ou saída da Comunidade e através do mesmo posto fronteiriço do país ou países terceiros visados, salvo acordo em contrário entre a DGA e as autoridades competentes dos restantes Estados membros da Comunidade Europeia interessados.

2 — A autorização é válida por um período não superior a três anos.

ARTIGO 12.º
Restrições

A DGA não pode autorizar a transferência ou reenvio de resíduos radioactivos para:
a) Um destino abaixo de 60 de latitude sul;
b) Um Estado não membro da Comunidade que seja parte na Quarta Convenção ACP/CEE, com ressalva do disposto no artigo 10.º;
c) Um país terceiro, nos casos em que reconheça que aquele não dispõe de meios técnicos, regulamentares ou administrativos para gerir os resíduos radioactivos com segurança.

ARTIGO 13.º
Indeferimento

Os pedidos de autorização ou de aprovação de transferência, trânsito ou reenvio de resíduos radioactivos podem ser indeferidos, nomeadamente com fundamento no incumprimento das disposições do presente diploma, bem como da legislação nacional, do direito comunitário directamente aplicável e das convenções e dos acordos internacionais a que Portugal se encontra vinculado, relativos às operacões de transporte de resíduos radioactivos.

ARTIGO 14.º
Suspensão e revogação

O director-geral do Ambiente pode determinar a suspensão por um prazo de 90 dias, bem como revogar, a autorização da transferência, trânsito ou reenvio dos resíduos radioactivos sempre que verifique que as operações sejam desconformes com as normas legais e regulamentares aplicáveis ou com as condições estabelecidas na respectiva autorização ou aprovação.

ARTIGO 15.º
Notificação

1 — A DGA deve notificar o requerente da decisão sobre o pedido de autorização de transferência, reenvio ou trânsito de resíduos radioactivos, indicando, no caso de indeferimento, os respectivos fundamentos.

2 — No caso de deferimento do pedido, deve a DGA enviar ao requerente uma cópia do acto de autorização, designadamente incluindo os termos em que a trânsferência, reenvio ou trânsito é autorizado.

3 — Do processo de autorização deve constar, para consulta do requerente, um relatório de avaliação com as observações produzidas e os pareceres emitidos na apreciação do pedido.

4 — A DGA deve comunicar à Comissão e às autoridades competentes dos restantes Estados membros a decisão de indeferir o pedido de autorização, bem como de revogar ou suspender a autorização de transferência ou de reenvio de resíduos radioactivos.

Artigo 16.º
Igualdade de tratamento

1 — A DGA não pode sujeitar a autorização ou aprovação de transferência, reenvio ou trânsito de resíduos radioactivos provenientes de outros Estados membros ou, mediante convenção internacional e em condições de reciprocidade, de Estados terceiros a condições mais exigentes que as fixadas para idênticas operações no território nacional.

2 — O número anterior não prejudica a aplicação do disposto em convenções e acordos internacionais sobre a matéria a que Portugal se encontre vinculado.

Artigo 17.º
Responsabilidade

1 — A autorização ou aprovação de transferência, reenvio ou trânsito de resíduos radioactivos, concedida nos termos previstos no presente diploma, não prejudica a responsabilidade do detentor, do transportador, do proprietário, do destinatário ou de qualquer outra pessoa, singular ou colectiva, que intervenha na operação, nos termos das normas legais e regulamentares aplicáveis.

2 — O detentor inicial dos resíduos radioactivos é responsável pela sua guarda e, se for o caso, retoma, caso as condições para a sua transferência não vierem a ser respeitadas, ou aquela não vier a ser concluída.

Artigo 18.º
Seguros

1 — A autorização de transferência, reenvio ou trânsito de resíduos radioactivos fica condicionada à existência de um seguro de responsabilidade civil por danos causados ao ambiente ou à saúde pública, nos termos dos números seguintes.

2 — A obrigação de segurar recai sobre o detentor dos resíduos radioactivos.

3 — O contrato de seguro tem por objecto a garantia do pagamento das indemnizações que legalmente sejam exigíveis ao segurado, em razão da sua responsabilidade subjectiva ou objectiva, pelos danos causados a terceiros e que resultem do exercício profissional da actividade de transferência ou reenvio de resíduos radioactivos.

4 — O contrato de seguro pode excluir os seguintes danos:
  a) Danos devidos a responsabilidade por acidentes com veículo que, nos termos da lei, deva ser objecto de seguro obrigatório de responsabilidade civil;
  b) Danos devidos a atrasos ou incumprimento na efectivação da transferência, reenvio ou trânsito;
  c) Danos reclamados com base em responsabilidade do segurado resultante de acordo ou contrato particular, na parte em que a mesma exceda a responsabilidade a que o segurado estaria obrigado na ausência de tal acordo ou contrato;
  d) Danos devidos a actuação dolosa do segurado ou de terceiro;
  e) Danos causados por tremores de terra ou outras catástrofes naturais;
  f) Danos resultantes de actos de guerra, invasão, hostilidades, rebelião, insurreição, poder militar ou usurpado, tentativa de usurpação do poder, terrorismo, sabotagem, tumultos, assaltos, greves ou lock-out.

5 — O contrato de seguro terá um capital mínimo de 20000000$00 por sinistro e por anuidade.

6 — O contrato de seguro pode incluir uma franquia não oponível a terceiros lesados.

7 — O seguro cobrirá danos causados por sinistros ocorridos durante a vigência da apólice e reclamados até dois anos após a data do seu termo.

8 — O contrato de seguro pode prever o direito de regresso da seguradora, nos casos de actuação dolosa do segurado.

9 — A resolução ou suspensão do contrato de seguro rege-se pelo disposto na lei geral e torna-se eficaz três dias úteis depois de comunicada pela seguradora à DGA, sob pena da sua inoponibilidade perante terceiros.

Artigo 19.º
Fiscalização

1 — Compete à DGA fiscalizar a observância das disposições do presente diploma, designadamente através da realização de inspecções no local de origem ou de destino dos resíduos radioactivos, bem como durante a operação de transporte.

2 — A fiscalização referida no número anterior pode ser efectuada por comissões de verificação designadas pelo director-geral do Ambiente.

Artigo 20.º
Contra-ordenação

Constituem contra-ordenação, punível com coima graduada de 50000$00 até ao máximo de 500000$00, no caso de pessoa singular, ou até 6000000$00, no caso de pessoa colectiva:

a) A transferência, reenvio ou trânsito de resíduos radioactivos sem autorização concedida de acordo com o disposto no presente diploma;
b) A recusa, por parte do detentor dos resíduos radioactivos, de aceitar de volta os resíduos que sejam objecto, por sua responsabilidade, de uma transferência ou reenvio não conforme com o disposto no presente diploma.

Artigo 21.º
Aplicação e destino das coimas

1 — A aplicação das coimas previstas no artigo anterior compete ao director-geral do Ambiente.

2 — O produto das coimas reverte:
a) Em 60% para o Estado;
b) Em 20% para a DGA;
c) Em 20% para a Direcção-Geral da Saúde.

Visto e aprovado em Conselho de Ministros de 5 de Junho de 1996. — *António Manuel de Oliveira Guterres — António Luciano Pacheco de Sousa Franco — Alberto Bernardes Costa — João Cardona Gomes Cravinho — José Rodrigues Pereira Penedos — Maria de Belém Roseira Martins Coelho Henriques de Pina — Maria João Fernandes Rodrigues — Elisa Maria da Costa Guimarães Ferreira — José Mariano Rebelo Pires Gago.*

Promulgado em 25 de Julho de 1996.

Publique-se.

O Presidente da República, Jorge Sampaio.

Referendado em 26 de Julho de 1996.

O Primeiro-Ministro, *António Manuel de Oliveira Guterres.*

MODELO 1

Número de registo:...

(A preencher pela DGA)

PEDIDO DE AUTORIZAÇÃO DE TRANSFERÊNCIA

INSTRUÇÕES DE PREENCHIMENTO

O requerente deve preencher os quadros 1 a 16 e, em seguida, enviar o documento uniforme, na íntegra (modelos 1 a 5), à DGA.

Tipo A: Transferência entre Estados-membros: - *o detentor dos resíduos radioactivos;*
Tipo B: Importação para a Comunidade: - *o destinatário dos resíduos radioactivos;*
Tipo C: Exportação para fora da Comunidade: - *o detentor dos resíduos radioactivos;*
Tipo D: Trânsito dentro da Comunidade: - *a pessoa responsável pela transferência no Estado-membro pelo qual os resíduos entram na Comunidade.*

O modelo1, tal como os modelos 3 e 4, acompanham os resíduos durante a sua transferência.

1	Tipo de transferência *(assinalar a casa correspondente)* Tipo A: Transferência entre Estados-membros ☐ Tipo B: Importação para a Comunidade ☐ Tipo C: Exportação para fora da Comunidade ☐ Tipo D: Trânsito dentro da Comunidade ☐	
2	Pedido de autorização relativo *(assinalar a casa correspondente)* a uma transferência ☐ a várias transferências ☐ Número de transferências previstas:............................ Período previsto para a realização:	
3	*(Quadro a preencher no caso de transferência(s) entre dois Estados-membros através de um ou de vários países terceiros)* Posto fronteiriço de saída da Comunidade: .... Posto fronteiriço de entrada no país terceiro *(primeiro país atravessado)*: .... Posto fronteiriço de saída do país terceiro *(último país atravessado)*: .... Posto fronteiriço de regresso à Comunidade: .... *(estes postos fronteiriços devem ser idênticos para todas as transferências abrangidas pelo pedido, salvo disposições contrárias acordadas entre as autoridades competentes)*	
4	Detentor *(nome da empresa)*: .... Pessoa a contactar: Sr./Srª .... Morada: .... Código Postal: .... Cidade: .... País: .... Tel..: .... Fax: .... Telex:	
5	*(Quadro a preencher caso as informações a dar sejam diferentes das indicadas no quadro 4)* Local da detenção dos resíduos: .... Pessoa a contactar: Sr/Srª .... Morada: .... Código Postal: .... Cidade: .... País: .... Tel..: .... Fax: .... Telex:	

Modelo 1　　página 2

6	Natureza dos resíduos:...
	Características físico-químicas:...
	Principais radionuclídeos:...
	Actividade alfa máxima/embalagem: (GBq)..
	Actividade beta/gama máxima/embalagem: (GBq)..

7	Actividade total alfa: (GBq)...................................
	Actividade total beta/gama: (GBq)......................
	Número total de embalagens............................... Peso líquido total de resíduos: (Kg)............
	Peso bruto total: (Kg)............................
	Volume total *(facultativo)*:...................
	(valores estimados se o pedido abranger várias transferências)
	Tipo de embalagens contendo os resíduos *(ex.: sacos de plástico, vasilhas metálicas de 200 litros, contentores ISO para transporte, etc)*:...
	Meios de identificação das embalagens *(se se utilizar rotulagem, juntar exemplos em anexo)*:

8	Outras classes de risco *[assinalar a(s) casa(s) correspondete(s)]*	
	Classe 1　　Matérias explosivas	☐
	Classe 2　　Gases comprimidos, liquefeitos ou dissolvidos sob pressão	☐
	Classe 3　　Matérias líquidas inflamáveis	☐
	Classe 4　4.1.　Matérias sólidas inflamáveis	☐
	4.2.　Matérias sujeitas a inflamção espontânea	☐
	4.3.　Matérias que, quando em contacto com a água, libertam gases inflamáveis	☐
	Classe 5　5.1.　Matérias comburentes	☐
	5.2.　Peróxidos orgânicos	☐
	Classe 6　6.1.　Matérias tóxicas	☐
	6.2.　Matérias repugnates ou susceptíveis de provocar infecção	☐
	Classe 8　　Matérias corrosivas	☐
	Classe 9　　Matérias e objectos perigosos diversos	☐

9	Tipo de actividade na origem dos resíduos *(ex.: actividade médica, investigação, indústria nuclear ou outra indústria ou actividade a especificar)*
	....

10	Objectivo da transferência *(assinalar a casa correespondente)*	
	Regresso de resíduos produzidos por reprocessamento de combustível irradiado	☐
	Tratamento e/ou acondicionamento de resíduos	☐
	Regresso de resíduos após tratamento e/ou acondicionamento de resíduos	☐
	Armazenagem provisória	☐
	Regresso após armazenagem provisória	☐
	Armazenagem definitiva	☐
	Outras finalidades *(a especificar)*	☐

11	Tipo de transporte previsto *(rodoviário, ferroviário, marítimo, aéreo, navegação interna)*	Ponto de partida	Ponto de chegada	Transportador previsto
	1...............	....	....	....
	2...............	....	....	....
	3...............	....	....	....
	4...............	....	....	....
	5...............	....	....	....

12 Indicação, por ordem, dos países envolvidos na transferência
(em primeiro lugar, o país detentor, em último luagr, o país de destino)

1............... 3............... 5............... 7...............
2............... 4............... 6............... 8...............

13 Destinatário *(nome da empresa)*: ....

Pessoa a contactar: Sr./Sr.ª ....

Morada: ....

Código Postal:............ Cidade:............... País: ....

Tel.:............... Fax:............... Telex:...............

14 *(Quadro a preencher caso as informações a dar sejam diferentes das indicadas no quadro 13)*

Local de destino dos resíduos:...............

Pessoa a contactar: Sr/Sr.ª ....

Morada:...............

Código Postal:............ Cidade:............... País: ....

Tel.:............... Fax:............... Telex:...............

15 Requerente *(nome da empresa)*: ....

Pessoa responsável: Sr./Sr.ª ....

Morada: ....

Código Postal:............ Cidade:............... País: ....

Tel.:............... Fax:............... Telex:...............

16 Em conformidade com as disposições da Directiva 92/3/Euratom, o signatário:
i) solicita autorização para realizar a(s) transferência(s) acima descrita(s);
ii) atesta a veracidade das informações prestadas e que as transferências serão levadas a cabo em conformidade com todas as disposições legais aplicáveis;
iii) (Em caso de transferência do tipo A ou C)
 - compromete-se a receber de novo os resíduos caso a transferência não se puder realizar ou se as condições de transferência não puderem ser satisfeitas (*);
 (Em caso de transferência do tipo B ou D)
 - junta uma declaração do detentor dos resíduos radioactivos estabelecido no país terceiro, na qual ele se compromete a receber de novo os resíduos caso a transferência não se puder realizar ou se as condições de transferência não puderem ser satisfeitas (*).

(carimbo)

....
(data e local) (assinatura)

(*) Apenas uma das declarações marcadas com o asterisco pode ser aplicada: apagar a que não interessa.

Modelo 1   página 3

11	Tipo de transporte previsto (*rodoviário, ferroviário, marítimo, aéreo, navegação interna*)	Ponto de partida	Ponto de chegada	Transportador previsto
	1....................	....	....	....
	2....................	....	....	....
	3....................	....	....	....
	4....................	....	....	....
	5....................	....	....	....

12	Indicação, por ordem, dos países envolvidos na transferência (*em primeiro lugar, o país detentor, em último luagr, o país de destino*)
	1.............. 3.............. 5.............. 7..............
	2.............. 4.............. 6.............. 8..............

13	Destinatário(*nome da empresa*): ....
	Pessoa a contactar: Sr./Sr.ª ....
	Morada: ....
	Código Postal: .... Cidade: .... País: ....
	Tel.: .... Fax: .... Telex: ....

14	(*Quadro a preencher caso as informações a dar sejam diferentes das indicadas no quadro 13*)
	Local de destino dos resíduos: ....
	Pessoa a contactar: Sr/Sr.ª ....
	Morada: ....
	Código Postal: .... Cidade: .... País: ....
	Tel.: .... Fax: .... Telex: ....

15	Requerente (*nome da empresa*): ....
	Pessoa responsável: Sr./Sr.ª ....
	Morada: ....
	Código Postal: .... Cidade: .... País: ....
	Tel.: .... Fax: .... Telex: ....

16	Em conformidade com as disposições da Directiva 92/3/Euratom, o signatário:
	i) solicita autorização para realizar a(s) transferência(s) acima descrita(s);
	ii) atesta a veracidade das informações prestadas e que as transferências serão levadas a cabo em conformidade com todas as disposições legais aplicáveis;
	iii) (Em caso de transferência do tipo A ou C)
	- compromete-se a receber de novo os resíduos caso a transferência não se puder realizar ou se as condições de transferência não puderem ser satisfeitas (*);
	(Em caso de transferência do tipo B ou D)
	- junta uma declaração do detentor dos resíduos radioactivos estabelecido no país terceiro, na qual ele se compromete a receber de novo os resíduos caso a transferência não se puder realizar ou se as condições de transferência não puderem ser satisfeitas (*).
	 (carimbo)
	....
	(data e local) (assinatura)
	(*) Apenas uma das declarações marcadas com o asterísco pode ser aplicada: apagar a que não interessa.

MODELO 2

Número de registo:..

(A preencher pela DGA)

APROVAÇÃO DAS AUTORIDADES COMPETENTES CONSULTADAS

INSTRUÇÕES DE PREENCHIMENTO

1. A DGA deve preencher os quadros 17 e 18 e apôr o número de registo no topo de cada modelo do documento uniforme. Em seguida deve fazer um número de cópias do modelo 2 para enviar para todas as autoridades de cuja aprovação dependa a autorização de transferência ("autoridades competentes consultadas"). Por cada autoridade competente a consultar, será preenchido o quadro 19 de uma cópia do modelo 2; essas cópias do modelo 2, acompanhadas de uma cópia do modelo 1, serão enviadas para a autoridade competente a consultar, nela inscritas.

2. As autoridades competentes a consultar devem completar o quadro 19 com quaisquer elementos julgados necessários e considerarão o pedido como conveniente. No prazo de 60 dias a contar da recepção, preencherão o quadro 20 e devolverão o original do modelo 2 à DGA. Um prazo adicional máximo de 30 dias pode ser solicitado pelas autoridades consultadas para apreciarem o pedido. Caso o modelo não seja preenchido e devolvido dentro do prazo devido, a DGA deve pressupor que foi dada aprovação para a transferência, salvo se o Estado consultado tiver declarado que não aceita o procedimento automático de aprovação.

17	Autoridades competentes habilitadas para emitir a autorização de transferência
	Estas autoridades são, consoante o tipo de transferência:
	Tipo A: as autoridades do país de origem;
	Tipo B: as autoridades do país de destino;
	Tipo C: as autoridades do país de origem;
	Tipo D: as autoridades do Estado-membro através do qual os resíduos entram na Comunidade
	Designação das autoridades competentes:...
	Pessoa a contactar: Sr/Srª...
	Morada:...
	Código Postal:.................. Cidade:................... País:................
	Tel.:................ Fax:............... Telex:................

18	Data do registo do pedido:..
	carimbo
	....
	(assinatura)

19	Autoridades competentes do país consultado
	País:..
	País de origem ☐ de trânsito ☐ de destino ☐
	Designação das autoridades:...
	Pessoa a contactar: Sr/Srª
	Morada:..
	Código Postal:.................. Cidade:................... País:................
	Tel.:................ Fax:............... Telex:................

Modelo 2 página 2

20	Aprovação do pedido de transferência pelas autoridade do país consultado

Sim ☐ *(condições eventuais)*
Não ☐ *(justificação da recusa)*

Condições eventuais ☐   ou   Justificação da recusa ☐

....
....
....
....
....
....
....
....
....
....
....
....
....
....
....
....
....
....
....
....
....

....   (carimbo)   ....
(Data e local)   (assinatura)

MODELO 3

Número de registo:..

(A preencher pela DGA)

AUTORIZAÇÃO DE TRANSFERÊNCIA

INSTRUÇÕES DE PREENCHIMENTO

A DGA deve:

1. Preencher o modelo 3, tendo em atenção, ao preencher o quadro 22, que a autorização é válida por um período máximo de 3 anos;
2. Enviar o modelo 3 ao requerente, anexando-lhe os modelos 1, 2, 4 e 5 do documento uniforme.
3. Enviar cópia do modelo 3 às autoridades competentes consultadas.

21	Autoridades competentes habilitadas para emitir a autorização de transferência. Estas autoridades são, consoante o tipo de transferência: Tipo A: *as autoridades do país de origem;* Tipo B: *as autoridades do país de destino;* Tipo C: *as autoridades do país de origem* Tipo D: *as autoridades do Estado-membro pelo qual os resíduos entram na Comunidade* Designação das autoridades competentes .... Pessoa a contactar: Sr./Sr.ª .... Morada: .... Código postal: .... Cidade: .... País: .... Tel.: .... Fax_: .... Telex: ....
22	Autorização Sim ☐ Válida para uma transferência ☐ Não ☐ Válida para várias transferências ☐ Validade de autorização: ....
23	Indicação, por ordem, dos países envolvidos na transferência *(em primeiro lugar, o país detentor, em último lugar, o país de destino)*

País	Condições		País	Condições	
	Sim	Não		Sim	Não
1................	☐	☐	5................	☐	☐
2................	☐	☐	6................	☐	☐
3................	☐	☐	7................	☐	☐
4................	☐	☐	8................	☐	☐

24	Lista das condições *(indicando o país que as prescreve e, eventualmente, as refereências a documentos anexos)*	Justificação da recusa ....

	Modelo 3 página 2
25	A decisão consignada neste modelo foi adoptda em conformidade com o disposto na Directiva 92/3/Euratom. As autoridades competentes consultadas devem ser informadas da aprovação ou da recusa da autorização de transferência de resíduos radioactivos.

....   carimbo   ....
              (Data e local)   (assinatura)

NOTA:

1. Esta autorização em nada altera a responsabilidade do detentor, do transportador, do proprietário, do destinatário ou de qualquer outra pessoa, singular ou colectiva, que participe na transferência.

2. Os resíduos transferidos devem ser acompanhados dos modelos 1, 3 e 4, devidamente preenchidos.

MODELO 4

Número de registo: ....

(A preencher pela DGA)

LISTA DAS EMBALAGENS

INSTRUÇÕES DE PREENCHIMENTO

1. Esta lista deve ser preenchida pelo detentor dos resíduos radioactivos antes de cada transferência (mesmo quando a autorização se refere a várias transferências).
2. A lista das embalagens e os modelos 1 a 3 do documento uniforme devem acompanhar os resíduos radioactivos durante a transferência.
3. A lista das embalagens dever ser anexada ao aviso de recepção.

26	Detentor *(nome da empresa)*: .... Pessoa a contactar: Sr./Sr.ª .... Morada: .... Código postal: .... Cidade: .... País: .... Tel.: .... Fax : .... Telex: ....
27	A autorização cobre uma transferência ☐ várias transferências ☐ Número cronológico da transferência: ....
28	Natureza dos resíduos: .... Características físico-químicas: .... Principais radionuclídeos: .... Actividade alfa máxima/embalagem: (GBq) .... Actividade beta/gama máxima/embalagem: (GBq) .... Tipo de embalagem contendo os resíduos (ex.: sacos de plástico, vasilhas metálicas de 200 litros, contentores 150 de transporte, etc): ....
29	Actividade alfa total: (GBq) .... Actividade gama/beta total: (GBq) .... Número total de embalagens: .... Peso líquido total dos resíduos: (Kg) .... Peso bruto total: (Kg) .... Volume total *(facultativo)* : ....
30	Identificação das embalagens contendo resíduos *[número de identificação de cada embalagem, peso bruto (Kg)/emabalagem, peso líquido (Kg)/embalagem, actividade (GBq)/embalagem].* .... Ver lista em anexo (se o espaço dado for insuficiente), ou (em alternativa) o documento anexo contendo os dados acima mencionados.
31	Data de expedição: .... O signatário atesta a veracidade das informações contidas neste modelo (e na lista anexo). (carimbo) .... (Data e local) (assinatura do detentor)

MODELO 5

Número de registo:..............................
(A preencher pela DGA)

AVISO DE RECEPÇÃO DE RESÍDUOS
INSTRUÇÕES DE PREENCHIMENTO

Este modelo deve ser preenchido pelo destinatário dos resíduos radioactivos e completado, se necessário, pelo requerente. Todavia, um destinatário situado fora da Comunidade Europeia pode acusar a recepção dos resíduos através de uma declaração independente do documento uniforme.

Consoante a autorização abranja uma ou várias transferências, deve ser escolhido um dos seguintes procedimentos:

Autorização para uma transferência

1. Transferência do tipo A ou B

No prazo de 15 dias a contar da recepção dos resíduos radioactivos, o destinatário deve preencher os quadros 32, 33 e 35, enviando em seguida os modelos 4 e 5 às autoridades competentes do Estado membro de destino.

As autoridades competentes do Estado membro de destino devem enviar, em seguida, cópia dos modelos 4 e 5 às autoridades competentes consultadas (e, se for caso disso, os originais dos referidos modelos às autoridades competentes que emitiram a autorização)

Aquando de uma transferência entre Estados membros, as autoridades competentes do Estado membro de origem devem enviar ao detentor uma cópia do aviso de recepção.

1. Transferência do tipo C ou D

O requerente deve solicitar ao destinatário situado fora da Comunidade Europeia que lhe envie, imediatamente após a recepção dos resíduos radioactivos, o modelo 4 e o modelo 5 com os quadros 34 e 35 devidamente preenchidos. O modelo 5 pode ser substituído por uma declaração do destinatário, na qual figura, pelo menos, os elementos constantes dos quadros 32 a 35.

No prazo de 15 dias a contar da recepção dos resíduos, o requerente deve devolver à DGA o modelo 4, o modelo 5 (caso o destinatário não o tenha utilizado, o requerente deve preenche-lo com excepção do quadro 34) e, se for caso disso, a declaração do destinatário.

Seguidamente, a DGA deve enviar uma cópia dos modelos 4 e 5 e, se for caso disso, da declaração, às autoridades competentes consultadas.

Autorização para várias transferências

1. Transferência do tipo A ou B

O destinatário deve preencher os quadros 32, 33 e 35 após cada transferência (para este efeito deve fazer várias cópias do modelo 5 antes de este ser preenchido), enviando em seguida este modelo à DGA. Deve também anexar o modelo 4 respeitante à mesma transferência.

1. Transferência do tipo C ou D

O requerente deve velar por que, após cada transferência, o destinatário situado fora da Comunidade Europeia preencha os quadros 32 e 35 numa cópia não utilizada de um modelo 5 e lho devolva acompanhado do modelo 4 adequado.

O requerente deve preencher o quadro 36 do modelo 5 e enviar os modelos 4 e 5 à DGA.

Modelo 5   página 2

1. Qualquer tipo de transferência

Quando todas as transferências abrangidas pela autorização tiverem sido efectuadas, o aviso de recepção final deve ser preenchido e enviado como se se tratasse de uma autorização válida para uma única transferência, salvo o seguinte:

- deve ser especificado no quadro 33 do modelo 5 que se trata da última transferência abrangida pela autorização;
- deve ser especificado, no caso de se tratar de uma declaração feita por um destinatário situado fora da Comunidade Europeia, que todos os resíduos chegaram efectivamente;
- os modelos 4, correspondem a cada uma das transferências abrangidas pela autorização, devem para efeitos de informação, acompanhar o aviso de recepção final.

	Modelo 5 página 3

32	**Destinatário** *(nome da empresa)*: ....
	Pessoa a contactar: Sr./Sr.ª ....
	Morada: ....
	Código Postal: .... Cidade: .... País: ....
	Tel.: .... Fax: .... Telex: ....
	Local da detenção dos resíduos: ....
	Pessoa a contactar: Sr/Sr.ª ....
	Morada: ....
	Código Postal: .... Cidade: .... País: ....
	Tel.: .... Fax: .... Telex: ....

33	**Autorização concedida para:**
	Uma transferência ☐
	Várias transferência ☐ Número cronológico da transferência: ....
	Última transferência coberta pela autorização: Sim ☐ Não ☐

34	A preencher exclusivamente em caso de transferência do tipo C ou D:
	(Este item pode ser substituido por uma declaração à parte)
	Posto fronteiriço de entrada no país terceiro de destino:
	País: ....
	Posto: ....

35	data de recepção dos resíduos: ....

Data de envio do aviso de recepção acompanhado do modelo 4: ....
Consoante o tipo de transferência, o aviso de recepção deve ser enviado:
- tipo A ou B: às autoridades competentes do Estado-membro de destino.
- tipo C ou D: ao requerente (tipo c: ao detentor; tipo D: ao responsável pela transferência do Estado-membro através do qual os resíduos entram na Comunidade).

O signatário atesta a veracidade das informações supra.

(carimbo)

....
(assinatura do destinatário)

Modelo 5 página 4

36 Apenas no caso de transferência de tipo C ou D:

Envio, pelo requerente, do aviso de recepção e, enventualmente, da declaração do destinatário (ver nota adiante) à autoridade que emitiu a autorização:

Data do envio de recepção (acompanhado do modelo 4): ....

Posto fronteiriço de saída da Comunidade:

País: ....

Posto: ....

(carimbo)

....
(assinatura do requerente)

NOTA: O presente documento uniforme deve ser impresso a preto sobre papel branco, com gramagem mínima de 40 gramas por metro quadrado, e ser suficientemente resistente para não se rasgar ou amachucar facilmente com a utilização normal, devendo ter ainda as dimensões de 210x297mm (A4), com uma tolerância máxima no comprimento de 5 mm para menos e 8 mm para mais.

A DGA pode exigir que os modelos do presente documento uniforme ostentem o nome e endereço da tipografia, ou uma marca que permita identifica-la, bem como permitir a impressão privada nos mesmos termos e mediante aprovação prévia.

2.5. Resíduos em gestão integrada

2.5.1. Óleos 885
2.5.2. Embalagens 911
2.5.3. Pneus 939
2.5.4. Pilhas e acumuladores 953
2.5.5. Equipamentos eléctricos e electrónicos ... 967
2.5.6. Veículos em fim de vida 983

2.5.1. Óleos

2.5.1.1. Gestão de óleos usados (Decreto-lei n.º 153/2003, de 11 de Julho).... 887
2.5.1.2. Licenciamento da gestão de óleos usados (Portaria n.º 240/92, de 25 de Março) 907
2.5.1.3. Transporte de óleos usados (Portaria n.º 1028/92, de 5 de Novembro).... 909

Gestão de óleos usados

Decreto-Lei n.º 153/2003
de 11 de Julho

O Decreto-Lei n.º 239/97, de 9 de Setembro, veio estabelecer as regras básicas para a gestão de resíduos, designadamente para a sua recolha, transporte, armazenagem, tratamento, valorização e eliminação, por forma a evitar a produção de perigos ou de danos na saúde e no ambiente. Nesse diploma foram consagrados como objectivos gerais da gestão a preferência pela «prevenção ou redução da produção ou nocividade dos resíduos, nomeadamente através da reutilização e da alteração dos processos produtivos, por via da adopção de tecnologias mais limpas, bem como da sensibilização dos agentes económicos e dos consumidores». Subsidiariamente, estatuiu-se que a gestão de resíduos visa assegurar a valorização dos mesmos, nomeadamente através de reciclagem, limitando as quantidades a submeter a eliminação.

Sendo válidos para a generalidade dos resíduos, estes objectivos colocam-se com maior acuidade no caso dos óleos usados, na medida em que, tratando-se de resíduos classificados como perigosos, a sua correcta gestão é uma condição indispensável para um desenvolvimento do País sustentável e com elevados padrões de qualidade.

As regras de gestão de óleos usados foram fixadas pelo Decreto-Lei n.º 88/91, de 23 de Fevereiro, e demais legislação regulamentar, que transpôs para a ordem jurídica interna a Directiva n.º 1975/439/CEE, do Conselho, de 16 de Junho, relativa à eliminação de óleos usados, conforme alterada pela Directiva n.º 1987/101/CEE, do Conselho, de 22 de Dezembro de 1986.

Passados cerca de 12 anos sobre a publicação desse diploma, considera-se ter chegado o momento de rever estratégias e introduzir no quadro legislativo nacional os aperfeiçoamentos que a experiência revelou convenientes — sem deixar de assegurar, no entanto, a transposição do referido normativo comunitário.

O presente diploma vem, desta forma, rever e completar a transposição para a ordem jurídica interna da Directiva n.º 75/439/CEE, do Conselho, de 16 de Junho, relativa à eliminação de óleos usados, conforme alterada pela Directiva n.º 87/101/CEE, do Conselho, de 22 de Dezembro de 1986, estabelecendo um conjunto de normas de gestão que visa a criação de circuitos de recolha selectiva de óleos usados, o seu correcto transporte, armazenagem, tratamento e valorização, e nesta última actividade dando especial relevância à regeneração.

A prossecução destes objectivos passa pela aplicação do princípio da responsabilização dos produtores, ou importadores, de óleos novos na gestão adequada do ciclo de vida útil dos óleos, sem, no entanto, descurar o envolvimento de outros intervenientes tais como os consumidores, os produtores de óleos usados, os operadores de recolha/transporte, de armazenagem, de tratamento e de valorização, bem como os municípios e outras entidades públicas.

Para o efeito, prevê-se a constituição de um sistema integrado de gestão, no âmbito do qual deverá ser conseguida uma adequada articulação de actuações entre os vários intervenientes no ciclo de vida dos óleos.

Foram ouvidas a Associação Nacional de Municípios Portugueses, as entidades representativas dos sectores de actividade abrangidos pelo âmbito do presente diploma e os órgãos de governo próprio das Regiões Autónomas.

Assim:

Nos termos da alínea *a*) do n.º 1 do artigo 198.º da Constituição, o Governo decreta o seguinte:

CAPÍTULO I
Disposições gerais

Artigo 1.º
Objecto e âmbito

1 — O presente diploma estabelece o regime jurídico a que fica sujeita a gestão de óleos novos e óleos usados, assumindo como objectivo prioritário a prevenção da produção, em quantidade e nocividade, desses resíduos, seguida da regeneração e de outras formas de reciclagem e de valorização.

2 — À excepção do disposto no n.º 3 do artigo 19.º, excluem-se do âmbito de aplicação deste diploma os óleos usados contendo PCB, abrangidos pelo Decreto-Lei n.º 277/99, de 23 de Julho.

ARTIGO 2.º
Definições

Para os efeitos do presente diploma entende-se por:
a) «Armazenagem», a operação de depósito temporário e controlado de óleos usados, prévio ao seu tratamento e ou valorização;
b) «Óleos usados», os óleos industriais lubrificantes de base mineral, os óleos dos motores de combustão e dos sistemas de transmissão, e os óleos minerais para máquinas, turbinas e sistemas hidráulicos e outros óleos que, pelas suas características, lhes possam ser equiparados, tornados impróprios para o uso a que estavam inicialmente destinados;
c) «Operações de gestão de óleos usados», a recolha/transporte, a armazenagem, o tratamento e a valorização de óleos usados;
d) «Operador de gestão de óleos usados», a pessoa singular ou colectiva que executa uma ou mais operações de gestão;
e) «Produtor de óleos novos», a pessoa singular ou colectiva que, incorporando ou não óleos de base resultantes da regeneração:
Produz e coloca no mercado nacional óleos novos sob a sua própria marca;
Revende no mercado nacional, sob a sua própria marca, óleos novos produzidos por outros fornecedores;
Importa e coloca no mercado nacional óleos novos, ou equipamentos que o contenham, com carácter profissional;
f) «Produtor de óleos usados», a pessoa singular ou colectiva de cuja actividade resultem óleos usados;
g) «Reciclagem», a operação de reprocessamento, no âmbito de um processo de produção, de óleos usados para o fim original ou para outros fins, nomeadamente a regeneração, a reutilização como lubrificante após tratamento e como matéria-prima para a transformação em produtos passíveis de serem utilizados posteriormente, excluindo a valorização energética;
h) «Recolha/transporte», o conjunto de operações que permitam transferir os óleos usados dos detentores para as empresas licenciadas/autorizadas para a sua gestão;
i) «Regeneração», a operação de refinação de óleos usados com vista à produção de óleos de base, que implique, nomeadamente, a separação dos contaminantes, produtos de oxidação e aditivos que esses óleos usados contenham;
j) «Sistema integrado», o sistema através do qual é transferida a responsabilidade pela gestão de óleos usados para uma entidade gestora devidamente licenciada;

l) «Tratamento», a operação que modifica as características físicas e ou químicas dos óleos usados, tendo em vista a sua posterior valorização;

m) «Valorização» qualquer das operações aplicáveis aos óleos usados, previstas na Decisão n.º 96/350/CE, da Comissão Europeia, de 24 de Maio;

n) «Valorização energética», a utilização de óleos usados como meio de produção de energia através de processos de incineração, com recuperação adequada do calor produzido;

o) «Valorização interna», a operação de valorização dos óleos usados no mesmo local onde são produzidos, excluindo a sua valorização energética.

CAPÍTULO II
Gestão de óleos usados

ARTIGO 3.º
Princípios de gestão

1 — Constituem princípios fundamentais de gestão de óleos usados a prevenção da produção, em quantidade e nocividade, destes resíduos e a adopção das melhores técnicas disponíveis nas operações de recolha/ transporte, armazenagem, tratamento e valorização, por forma a minimizar os riscos para a saúde pública e para o ambiente.

2 — Estabelece-se a seguinte hierarquia de operações de gestão de óleos usados:

a) Regeneração;
b) Outras formas de reciclagem;
c) Outras formas de valorização.

ARTIGO 4.º
Objectivos de gestão

1 — Os produtores de óleos novos deverão adoptar as medidas tidas por necessárias para que sejam garantidos os princípios e a hierarquia de operações de gestão definidos no artigo anterior.

2 — Até 31 de Dezembro de 2004, deverá ser garantido pelos produtores de óleos novos:

a) A recolha de óleos usados numa proporção de, pelo menos, 70% dos óleos usados, gerados anualmente;

b) A reciclagem de, pelo menos, 50% dos óleos usados recolhidos;
c) A valorização da totalidade dos óleos usados recolhidos e não sujeitos a reciclagem.

3 — Até 31 de Dezembro de 2006, deverá ser garantido pelos produtores de óleos novos:
   a) A recolha de óleos usados numa proporção de, pelo menos, 85% dos óleos usados, gerados anualmente;
   b) A regeneração da totalidade dos óleos usados recolhidos, desde que estes respeitem as especificações técnicas para essa operação, devendo, em qualquer caso, ser assegurada a regeneração de, pelo menos, 25% dos óleos usados recolhidos;
   c) A reciclagem de, pelo menos, 50% dos óleos usados recolhidos e não sujeitos a regeneração;
   d) A valorização da totalidade dos óleos usados recolhidos e não sujeitos a reciclagem.

4 — Os objectivos quantitativos constantes dos números anteriores devem ser revistos sempre que necessário, com base em razões tecnológicas, de mercado ou em resultado da evolução das normas de direito comunitário, através de portaria conjunta dos Ministros da Economia, das Obras Públicas, Transportes e Habitação e das Cidades, Ordenamento do Território e Ambiente.

Artigo 5.º
Proibições

Sem prejuízo do cumprimento de outras disposições legais aplicáveis, é expressamente proibido:
   a) Qualquer descarga de óleos usados nas águas de superfície, nas águas subterrâneas, nas águas de transição, nas águas costeiras e marinhas e nos sistemas de drenagem, individuais ou colectivos, de águas residuais;
   b) Qualquer depósito e ou descarga de óleos usados no solo, assim como qualquer descarga não controlada de resíduos resultantes das operações de gestão de óleos usados;
   c) Qualquer operação de gestão de óleos usados ou de resíduos resultantes dessas operações sem a respectiva autorização exigível nos termos do presente diploma e demais legislação aplicável;
   d) Qualquer operação de gestão de óleos usados susceptível de provocar emissões atmosféricas que ultrapassem os valores limite previstos no presente diploma e demais legislação aplicável;

e) A valorização energética de óleos usados na indústria alimentar, nomeadamente em padarias, nos casos em que os gases resultantes estejam em contacto com os alimentos produzidos;

f) Qualquer mistura de óleos usados de diferentes características ou com outros resíduos ou substâncias, que dificulte a sua valorização em condições ambientalmente adequadas, nomeadamente para fins de regeneração.

Artigo 6.º
Responsabilidade

1 — Os produtores de óleos novos são responsáveis pelo circuito de gestão dos óleos usados.

2 — Os produtores de óleos usados são responsáveis pela sua correcta armazenagem e integração no circuito de gestão dos óleos usados.

3 — Os operadores de gestão de óleos usados são responsáveis pelo adequado funcionamento das operações de gestão de óleos para que estão licenciados/autorizados.

Artigo 7.º
Gestão de óleos usados

1 — Para efeitos do cumprimento das obrigações estabelecidas no presente diploma, designadamente no n.º 1 do artigo anterior, os produtores de óleos novos ficam obrigados a submeter a gestão dos óleos usados a um sistema integrado ou a um sistema individual.

2 — Só poderão ser colocados no mercado nacional e comercializados os óleos novos cujos produtores tenham adoptado um dos dois sistemas previstos no número anterior para a gestão dos óleos usados.

CAPÍTULO III
Sistema integrado e sistema individual

SUBCAPÍTULO I
Sistema integrado

Artigo 8.º
Sistema integrado

1 — Para efeitos do cumprimento das obrigações estabelecidas no presente diploma, os produtores de óleos novos podem proceder à gestão dos óleos usados através de um sistema integrado.

2 — No âmbito do sistema integrado, a responsabilidade dos produtores de óleos novos pela gestão dos óleos usados é transferida destes para uma entidade gestora do sistema integrado, desde que devidamente licenciada para exercer essa actividade, nos termos do artigo 11.º

3 — A transferência de responsabilidade de cada produtor de óleos novos para a entidade gestora é objecto de contrato escrito, com a duração mínima de cinco anos, o qual deverá conter obrigatoriamente:

   a) A quantidade e as características dos óleos novos abrangidos;
   b) A previsão da quantidade de óleos usados a retomar anualmente pela entidade gestora;
   c) As acções de controlo a desenvolver pela entidade gestora, por forma a verificar o cumprimento das condições estipuladas no contrato;
   d) As prestações financeiras devidas à entidade gestora e a forma da sua actualização, tendo em conta as respectivas obrigações definidas no presente diploma.

4 — Os produtores de óleos novos que entendam proceder à gestão de óleos usados através de um sistema integrado são responsáveis pela constituição da entidade gestora referida no n.º 2, a qual deverá estar constituída e operacional no prazo máximo de 12 meses a contar da data de entrada em vigor do presente diploma.

ARTIGO 9.º
Entidade gestora

1 — A entidade gestora é uma pessoa colectiva, sem fins lucrativos, sendo os seus resultados contabilísticos obrigatoriamente reinvestidos ou utilizados na sua actividade ou actividades conexas, de acordo com o disposto na alínea f) do n.º 3 do presente artigo, podendo ser constituídos em provisões ou reservas para operações futuras, sendo expressamente vedada a distribuição de resultados, dividendos ou lucros pelos accionistas, sócios ou associados, responsável pela gestão dos óleos usados.

2 — Na composição da entidade gestora poderão figurar, além dos produtores de óleos novos, os operadores de gestão de óleos usados e demais intervenientes no circuito de gestão dos óleos.

3 — São competências da entidade gestora do sistema integrado:
   a) Organizar a rede de recolha/transporte, celebrando os contratos necessários com os operadores de gestão de óleos usados registados para o efeito e ou com os municípios, associações de municípios e sistemas multimunicipais de gestão de resíduos sólidos

urbanos ou seus concessionários, devendo esses contratos fixar os encargos decorrentes dessa actividade;
b) Assegurar os objectivos de gestão previstos no presente diploma, celebrando os contratos necessários com os operadores de gestão de óleos usados licenciados/autorizados para o efeito, devendo esses contratos fixar as receitas ou encargos determinados pelo destino a dar aos óleos usados;
c) Criar e assegurar a implementação do sistema de controlo dos óleos usados, previsto no artigo 21.º;
d) Decidir sobre o destino a dar a cada lote de óleos usados, respeitando a hierarquia estabelecida para as operações de gestão e tendo em conta os objectivos fixados no artigo 4.º;
e) Definir, implementar e manter tecnologicamente actualizado um sistema informático que permita o tratamento, em tempo real, dos dados a que se refere o artigo 22.º;
f) Promover a realização de campanhas de sensibilização sobre os princípios e regras de gestão dos óleos usados e sobre os possíveis impactes negativos para a saúde e para o ambiente decorrentes da sua gestão não adequada, de estudos de viabilidade técnico-económica de novos processos de regeneração e de reciclagem a implementar a nível nacional, e de projectos de investigação no domínio da redução dos teores de substâncias poluentes.

Artigo 10.º
Financiamento da entidade gestora

1 — A entidade gestora é financiada, nomeadamente, através de uma prestação financeira a suportar pelos produtores de óleos novos por cada litro de óleo novo colocado no mercado nacional.

2 — Os produtores de óleos novos podem ser dispensados do pagamento da prestação financeira prevista no número anterior desde que esses óleos sejam totalmente consumidos nos processos a que se destinam.

3 — O valor da prestação financeira é determinado em função das características dos óleos novos e deverá reflectir os princípios gerais estabelecidos neste diploma, nomeadamente a sua susceptibilidade para regeneração ou a incorporação de óleos base provenientes de regeneração.

4 — Caberá à entidade gestora propor, quando do pedido de atribuição de licença previsto no artigo 11.º, o valor da prestação financeira.

5 — O valor exacto da prestação financeira a suportar por cada produtor de óleos novos será estabelecido na licença atribuída à entidade gestora.

6 — O valor da prestação financeira pode ser actualizado nomeadamente através de proposta da entidade gestora, a apresentar ao Instituto dos Resíduos até 30 de Setembro do ano imediatamente anterior àquele a que diz respeito, e aprovado por despacho conjunto dos Ministros da Economia e das Cidades, Ordenamento do Território e Ambiente.

7 — A dispensa prevista no n.º 2 do presente artigo é atribuída por despacho conjunto dos Ministros da Economia e das Cidades, Ordenamento do Território e Ambiente.

ARTIGO 11.º
Licenciamento da entidade gestora

1 — Para tomar a seu cargo a gestão dos óleos usados ao abrigo do sistema integrado, a entidade gestora carece de licença a conceder por decisão conjunta dos Ministros da Economia e das Cidades, Ordenamento do Território e Ambiente.

2 — Para efeitos do estabelecido no número anterior, a entidade gestora, através de requerimento a entregar no prazo de nove meses a contar da data da entrada em vigor do presente diploma, solicitará a respectiva licença ao Instituto dos Resíduos, a quem compete instruir e coordenar o respectivo procedimento.

3 — O requerimento mencionado no n.º 2 é acompanhado de um caderno de encargos que deverá incluir, de forma detalhada, o sistema logístico definido para a gestão de óleos usados, nomeadamente:

- *a)* Quantidades e características dos óleos novos abrangidos;
- *b)* Previsão das quantidades dos óleos usados a retomar anualmente;
- *c)* Sistema de controlo dos óleos usados referido no artigo 21.º;
- *d)* Especificações técnicas dos óleos abrangidos, nomeadamente as previstas no n.º 1 do artigo 13.º;
- *e)* Proposta do valor a atribuir à prestação financeira e respectiva fórmula de cálculo, explicitando os critérios tidos em consideração, como sejam as quantidades de óleos em causa, as suas características e cada uma das operações de gestão a que os mesmos deverão ser sujeitos;
- *f)* Condições da articulação da entidade gestora com os produtores de óleos novos, os produtores de óleos usados e os operadores de gestão de óleos usados;
- *g)* Definição de uma verba destinada ao financiamento de cada uma das actividades previstas na alínea *f)* do n.º 3 do artigo 9.º;
- *h)* Descrição do circuito económico concebido, nomeadamente a previsão de contrapartidas financeiras a conceder aos produtores

de óleos usados susceptíveis de regeneração e a previsão do financiamento das operações de gestão de óleos usados que careçam de apoio económico, o qual não deverá ultrapassar os custos anuais não cobertos e efectivamente verificados nem criar distorções concorrenciais significativas e correntes artificiais de trocas comerciais.

4 — A concessão da licença depende da verificação das capacidades técnicas e financeiras da entidade gestora para as operações em causa, bem como da apreciação do caderno de encargos previsto no número anterior.

ARTIGO 12.º
Funcionamento do sistema integrado

1 — Após a concessão da licença à entidade gestora, os produtores de óleos novos dispõem de três meses a contar da data da concessão para aderir ao sistema integrado, através da celebração do contrato previsto no n.º 3 do artigo 8.º

2 — Após a concessão da licença à entidade gestora, esta dispõe de três meses a contar da data da concessão para celebrar os contratos previstos nas alíneas a) e b) do n.º 3 do artigo 9.º

3 — Os produtores de óleos usados são responsáveis pela armazenagem dos mesmos no local da produção e por lhes conferirem um destino adequado, nos termos do disposto no n.º 2 do artigo 17.º e no n.º 2 do artigo 6.º, respectivamente.

4 — A entidade gestora é obrigada a proceder, por si ou através de um operador de gestão de óleos usados, à recolha/transporte de óleos usados mediante solicitação do produtor dos mesmos.

5 — Caso a quantidade de óleos usados a recolher/transportar seja igual ou superior a 400 l, a entidade gestora procede, por si ou através de um operador de gestão de óleos usados, à sua recolha/transporte num prazo máximo de 15 dias a contar da data da solicitação do produtor de óleos usados à entidade gestora e sem qualquer encargo para este.

6 — A entidade gestora assegura o encaminhamento, de acordo com os objectivos de gestão estabelecidos no artigo 4.º, dos óleos usados para operadores de armazenagem, tratamento ou valorização, autorizados ao abrigo do artigo 15.º

7 — Os óleos usados recolhidos terão obrigatoriamente de passar por um processo de tratamento caso não respeitem as especificações técnicas para a sua regeneração ou outras formas de valorização.

ARTIGO 13.º
Especificações do sistema integrado

1 — As especificações técnicas a que terão de obedecer os óleos usados referidos no n.º 3 do artigo 12.º, os óleos usados resultantes do tratamento referidos no n.º 6 do mesmo artigo, bem como os óleos de base resultantes da regeneração são aprovadas pelo Instituto dos Resíduos, mediante proposta da entidade gestora.

2 — A entidade gestora não é obrigada a gerir os óleos usados cujas especificações técnicas não respeitem aos fins para os quais está licenciada.

3 — Em todos os locais de venda de óleos novos deverá ser disponibilizada informação aos consumidores sobre os métodos adoptados para a recolha de óleos usados, nomeadamente através da afixação de letreiros.

4 — A comercialização de óleos novos, formulados a partir de óleo de base resultante da regeneração, deverá ser efectuada em embalagens que ostentem informações relativas a essa prática, nomeadamente a percentagem de óleo de base resultante da regeneração efectivamente incorporado.

SUBCAPÍTULO II
Sistema individual

ARTIGO 14.º
Sistema individual

1 — Em alternativa ao sistema integrado previsto no artigo 8.º e seguintes, os produtores de óleos novos poderão optar por assumir as suas obrigações a título individual, carecendo para o efeito de uma autorização específica do Instituto dos Resíduos, a qual apenas será concedida se forem garantidas as obrigações previstas para o sistema integrado.

2 — O regime estabelecido para o sistema integrado é aplicável, com as necessárias adaptações, ao sistema individual de gestão de óleos usados.

CAPÍTULO IV
Operações de gestão de óleos usados

Artigo 15.º
Autorização prévia

1 — As operações de armazenagem, tratamento e valorização de óleos usados estão sujeitas a autorização prévia nos termos do Decreto-Lei n.º 239/97, de 9 de Setembro, e da Portaria n.º 961/98, de 10 de Novembro, sem prejuízo da legislação sobre licenciamento, avaliação de impacte ambiental e licença ambiental, quando aplicável.

2 — Não está sujeita à autorização prévia referida no número anterior a armazenagem nos locais de produção de óleos usados.

3 — A valorização interna de óleos usados carece de uma autorização específica a conceder pelo Instituto dos Resíduos.

4 — A autorização prévia e a autorização específica previstas nos n.ºs 1 e 3 do presente artigo só são concedidas caso tenham sido adoptadas todas as medidas adequadas de protecção da saúde e do ambiente, incluindo a utilização das melhores técnicas disponíveis desde que não acarretem custos excessivos.

Artigo 16.º
Recolha/transporte

1 — A actividade de recolha/transporte de óleos usados só pode ser realizada por operadores com número de registo atribuído pelo Instituto dos Resíduos, o qual só será concedido mediante comprovação da adequabilidade dos meios envolvidos, nomeadamente com vista à protecção da saúde e do ambiente.

2 — O operador responsável pela recolha/transporte de óleos usados fica obrigado, aquando da recolha junto do produtor de óleos usados, a respeitar o procedimento de amostragem previsto no artigo 21.º

3 — As normas aplicáveis à recolha/transporte de óleos usados serão definidas através de portaria conjunta dos Ministros das Obras Públicas, Transportes e Habitação e das Cidades, Ordenamento do Território e Ambiente.

ARTIGO 17.º
Armazenagem

1 — As operações de armazenagem de óleos usados só podem ser realizadas por entidades autorizadas para o efeito, nos termos do disposto no artigo 15.º

2 — As normas aplicáveis à armazenagem de óleos usados serão definidas através de portaria do Ministro das Cidades, Ordenamento do Território e Ambiente.

ARTIGO 18.º
Tratamento

1 — As operações de tratamento de óleos usados só podem ser realizadas por entidades autorizadas para o efeito, nos termos do disposto no artigo 15.º

2 — Os operadores de tratamento dos óleos usados ficam obrigados a respeitar as especificações técnicas referidas no n.º 1 do artigo 13.º e o procedimento de amostragem e análise previsto no artigo 21.º

ARTIGO 19.º
Reciclagem

1 — As operações de reciclagem de óleos usados só podem ser realizadas por entidades autorizadas para o efeito, nos termos do disposto no artigo 15.º

2 — Os operadores de regeneração de óleos usados deverão garantir que os óleos de base resultantes dessa operação não constituem substâncias perigosas nos termos da legislação aplicável e respeitar as especificações técnicas referidas no n.º 1 do artigo 13.º

3 — É permitida a regeneração de óleos usados que contenham PCB, se a operação de regeneração permitir a destruição total desses PCB.

4 — Os operadores de reciclagem de óleos usados ficam obrigados a respeitar o procedimento de amostragem previsto no artigo 21.º

ARTIGO 20.º
Valorização energética

1 — As operações de valorização energética de óleos usados só podem ser realizadas por entidades autorizadas para o efeito, nos termos do disposto no artigo 15.º

2 — Os óleos usados valorizados energeticamente em instalações com uma potência térmica inferior a 3 MW com base no poder calorífico inferior (PCI) deverão respeitar as especificações técnicas previstas no n.º 2 do despacho conjunto DGE/DGQA, publicado a 18 de Maio de 1993, sem prejuízo de demais legislação aplicável.

3 — Os operadores das instalações mencionadas no número anterior devem manter um certificado actualizado, emitido por um operador de tratamento, que ateste o cumprimento das especificações técnicas indicadas.

4 — Os operadores de valorização energética de óleos usados em instalações com uma potência térmica igual ou superior a 3 MW com base no PCI deverão respeitar os valores limite de emissão fixados no anexo II da Portaria n.º 240/92, de 25 de Março, sem prejuízo de demais legislação aplicável.

Artigo 21.º
Regras de amostragem e análise

1 — Os operadores de gestão de óleos usados deverão assegurar, em função da operação que realizam, um sistema de controlo que permita:

a) A determinação das características do óleo usado recolhido junto de cada produtor, nomeadamente para efeitos do cumprimento do disposto no n.º 2 do artigo 1.º e no n.º 2 do artigo 13.º;

b) A determinação das características do óleo usado resultante das unidades de tratamento referidas no artigo 18.º;

c) A determinação das características do óleo de base resultante das unidades de regeneração referidas no artigo 19.º

2 — Para efeitos do cumprimento do previsto no número anterior, a determinação qualitativa de PCB nos óleos usados poderá ser realizada com recurso a método colorimétrico, devendo a determinação quantitativa de PCB nos óleos usados ser realizada com recurso aos métodos de referência adoptados pela Decisão n.º 2001/68/CE, da Comissão, de 16 de Janeiro.

3 — Se determinado óleo usado, em resultado da aplicação do sistema de controlo previsto no n.º 1, for incompatível com o tipo de tratamento ou valorização previsto, nomeadamente no que diz respeito ao cumprimento do limite máximo de 50 ppm de PCB, o operador de gestão fica obrigado a notificar o Instituto dos Resíduos no prazo máximo de vinte e quatro horas, identificando o produtor de óleos usados e as quantidades envolvidas.

ARTIGO 22.º
Obrigação de comunicação de dados

1 — A entidade gestora fica obrigada a enviar ao Instituto dos Resíduos um relatório anual de actividade, até 31 de Março do ano imediato àquele a que se reporta, demonstrativo das acções levadas a cabo e dos resultados obtidos no âmbito das obrigações previstas nos artigos 9.º e 12.º

2 — Este relatório deverá identificar os produtores de óleos novos que lhe transferiram a sua responsabilidade e os operadores de gestão com quem tem contrato; indicar as quantidades e características dos óleos novos comercializados; demonstrar os resultados obtidos em matéria de gestão de óleos usados, nomeadamente no que respeita aos quantitativos de óleos usados retomados e quantidades sujeitas a regeneração e outras formas de reciclagem e valorização e discriminar a respectiva afectação de recursos financeiros.

3 — O disposto no número anterior é aplicável, com as necessárias adaptações, aos produtores de óleos novos que tenham optado pela constituição de sistemas individuais nos termos do artigo 14.º

4 — Os produtores de óleos usados deverão manter um registo actualizado trimestralmente, com informações relativas às quantidades e características dos óleos usados produzidos, ao processo que lhes deu origem e ao respectivo destino, que será disponibilizado às autoridades competentes quando solicitado.

ARTIGO 23.º
Comissão de acompanhamento

1 — É criada a comissão de acompanhamento da gestão de óleos usados, adiante designada por CAGEO, a quem cabe zelar pelo cumprimento das disposições do presente diploma.

2 — A CAGEO é uma entidade de consulta técnica que funciona junto dos Ministros da Economia e das Cidades, Ordenamento do Território e Ambiente, competindo-lhe elaborar o seu regulamento interno, preparar as decisões a adoptar superiormente, acompanhar a execução de acções inerentes aos sistemas de gestão de óleos usados, bem como dar parecer em todos os domínios de aplicação do presente diploma em que seja chamada a pronunciar-se, assegurando a ligação entre as autoridades públicas e os diversos agentes económicos abrangidos pelo presente diploma.

3 — A CAGEO é composta pelos seguintes membros:
   a) Um representante do Ministério da Economia;

b) Um representante do Ministério das Obras Públicas, Transportes e Habitação;
c) Um representante do Ministério das Cidades, Ordenamento do Território e Ambiente, que preside;
d) Um representante dos órgãos de governo próprio de cada uma das Regiões Autónomas;
e) Um representante da Associação Nacional de Municípios Portugueses;
f) Um representante de cada associação representativa dos sectores económicos envolvidos;
g) Um representante do Automóvel Club de Portugal;
h) Um representante da Confederação das Associações de Defesa do Ambiente;
i) Um representante das entidades que procedem às operações de tratamento e valorização de óleos usados;
j) Um representante de cada entidade gestora prevista no n.º 1 do artigo 9.º;
l) Um representante de cada produtor que tenha constituído um sistema individual nos termos do n.º 1 do artigo 14.º

4 — Os representantes dos Ministérios previstos nas alíneas *a)* a *c)* são designados através de despacho do respectivo Ministro.

CAPÍTULO V
Fiscalização e sanções

Artigo 24.º
Fiscalização e processamento das contra-ordenações

1 — A fiscalização do cumprimento das disposições constantes do presente diploma compete ao Instituto dos Resíduos, sem prejuízo do exercício das competências próprias da Inspecção-Geral das Actividades Económicas, à Inspecção-Geral do Ambiente e às autoridades policiais, sem prejuízo das competências próprias das demais entidades intervenientes no processo.

2 — É competente para a instrução do processo de contra-ordenação e respectiva decisão a entidade que tenha procedido ao levantamento do auto de notícia e, no caso de o auto de notícia ter sido levantando pela Inspecção-Geral das Actividades Económicas, é competente a Comissão de Aplicação de Coimas em Matéria Económica e de Publicidade.

3 — Excepciona-se do previsto no número anterior os casos em que o auto de notícia tenha sido levantado pelas autoridades policiais, nomeadamente a Guarda Nacional Republicana e a Polícia de Segurança Pública, em que a autoridade competente para a instrução do processo e para decidir da aplicação da coima é o Instituto dos Resíduos e a Inspecção- -Geral do Ambiente.

4 — Sem prejuízo da fiscalização referida no n.º 1, as operações de gestão de óleos usados estão sujeitas a um controlo, com uma periodicidade mínima anual, da Inspecção-Geral do Ambiente, integrado no plano anual de actividades deste organismo.

ARTIGO 25.º
Contra-ordenações

1 — Constitui contra-ordenação, punível com coima de € 250 a € 3740, no caso de pessoas singulares, e de € 500 a € 44800, no caso de pessoa colectiva:

a) A não entrega de óleos usados nos locais adequados para a sua recolha selectiva, por parte do produtor de óleos usados;
b) A violação do disposto no artigo 5.º;
c) A colocação no mercado e a comercialização de óleos novos em violação do disposto no n.º 2 do artigo 7.º;
d) A violação do disposto no n.º 4 do artigo 8.º, no n.º 1 do artigo 11.º e no n.º 1 do artigo 12.º;
e) A recusa de recolha/transporte de óleos usados, em violação do disposto no n.º 4 do artigo 12.º;
f) O incumprimento das obrigações constantes dos n.ºs 3 e 4 do artigo 13.º;
g) As operações de recolha/transporte efectuadas em violação do disposto no n.º 1 do artigo 16.º;
h) O não cumprimento das regras de amostragem e análise previstas no n.º 1 do artigo 21.º, bem como a falta da notificação prevista no n.º 3 do artigo 21.º;
i) A omissão do dever de comunicação de dados, ou a errada transmissão destes, conforme previsto no artigo 22.º;
j) As operações de gestão de óleos usados em violação das normas estabelecidas no capítulo IV.

2 — A tentativa e a negligência são puníveis.

Artigo 26.º
Sanções acessórias

A entidade competente para a aplicação das coimas previstas no artigo anterior pode determinar ainda a aplicação das seguintes sanções acessórias, nos termos da lei geral, nomeadamente:

a) A suspensão do exercício de uma profissão ou actividade;

b) A privação do direito a subsídio ou benefício outorgado por entidades ou serviços públicos;

c) A suspensão de autorizações, licenças e alvarás.

Artigo 27.º
Produto das coimas

A afectação do produto das coimas previstas no artigo 25.º, é estabelecida da seguinte forma:

a) 10% para a entidade fiscalizadora que tenha levantado o auto de notícia;

b) 30% para a entidade fiscalizadora que decidiu da aplicação da coima;

c) 60% para os cofres do Estado.

CAPÍTULO VI
Disposições finais e transitórias

Artigo 28.º
Relatório

1 — O Instituto dos Resíduos, em colaboração com a CAGEO, elaborará, de três em três anos, um relatório técnico de aplicação do disposto no presente diploma, o qual será disponibilizado ao público.

2 — O relatório referido no número anterior será elaborado com base no questionário adoptado pela Decisão n.º 94/741/CE, da Comissão, de 24 de Outubro, e será enviado à Comissão Europeia no prazo de nove meses a contar do final do período de três anos a que se refere.

3 — O relatório deve ainda conter informações técnicas pertinentes e as experiências e resultados decorrentes da aplicação do presente diploma.

ARTIGO 29.º
Taxas

1 — É devido o pagamento de taxas, a realizar em prazo a fixar pelo Instituto dos Resíduos, pelos seguintes actos:

   a) Concessão da autorização prévia das operações referidas no n.º 1 do artigo 15.º;
   b) Concessão da autorização específica referida no n.º 3 do artigo 15.º;
   c) Concessão do registo de transporte referido n.º 1 do artigo 16.º

2 — Os montantes das taxas previstas no número anterior são definidos por portaria conjunta dos Ministros das Finanças e das Cidades, Ordenamento do Território e Ambiente.

ARTIGO 30.º
Disposições transitórias

1 — Os operadores de gestão de óleos usados licenciados/autorizados ou com processo de licenciamento em curso à data de entrada em vigor do presente diploma ficam obrigados a comunicar ao Instituto dos Resíduos o âmbito da sua actividade, num prazo máximo de 60 dias a contar da mesma data.

2 — O presente diploma aplica-se aos procedimentos de licenciamento/autorização em curso à data da entrada em vigor do mesmo.

ARTIGO 31.º
Regiões Autónomas

1 — A aplicação do presente diploma às Regiões Autónomas dos Açores e da Madeira, faz-se sem prejuízo das competências cometidas aos respectivos órgãos de governo próprio para a sua execução administrativa através dos respectivos serviços das administrações regionais autónomas, e das adaptações que lhe venham a ser introduzidas por diploma próprio das respectivas Assembleias Legislativas Regionais.

2 — O produto das coimas resultantes das contra-ordenações previstas no artigo 25.º e o produto das taxas previstas no artigo 29.º constitui receita própria das Regiões Autónomas quando aplicadas no seu território.

ARTIGO 32.º
Norma revogatória

São revogados o Decreto-Lei n.º 88/91, de 23 de Fevereiro, e a Portaria n.º 240/92, de 25 de Março, com excepção do artigo 27.º e do anexo II.

ARTIGO 33.º
Entrada em vigor

O presente diploma entra em vigor no dia imediato ao da sua publicação.

Visto e aprovado em Conselho de Ministros de 9 de Maio de 2003. — *José Manuel Durão Barroso — Maria Manuela Dias Ferreira Leite — António Jorge de Figueiredo Lopes — Carlos Manuel Tavares da Silva — António Pedro de Nobre Carmona Rodrigues — Amílcar Augusto Contel Martins Theias.*

Promulgado em 23 de Junho de 2003.

Publique-se.

O Presidente da República, JORGE SAMPAIO.

Referendado em 2 de Julho de 2003.

O Primeiro-Ministro, *José Manuel Durão Barroso.*

Licenciamento da gestão de óleos usados

Portaria n.º 240/92
de 25 de Março

O Decreto-Lei n.º 88/91, de 23 de Fevereiro, que procedeu à transposição da Directiva n.º 87/101/CEE, do Conselho, de 22 de Dezembro de 1986, remeteu expressamente, no seu artigo 5.º para regulamentação autónoma, mediante portaria dos Ministros da Indústria e Energia e do Ambiente e Recursos Naturais, a definição das condições de licenciamento e actividades relacionadas com a eliminação e aproveitamento de óleos usados, bem como a definição das normas técnicas de execução regulamentar relativas à eliminação de óleos usados.

Assim:

Manda o Governo, pelos Ministros da Indústria e Energia e do Ambiente e Recursos Naturais, o seguinte:

1.º É aprovado o Regulamento de Licenciamento das Actividades de Recolha, Armazenagem, Tratamento Prévio, Regeneração, Recuperação, Combustão e Incineração dos Óleos Usados, anexo à presente portaria e que dela faz parte integrante.

2.º De igual modo, os anexos ao Regulamento referido no número anterior fazem parte integrante desta portaria.

Artigo 27.º
Definição das características dos óleos usados

As características a quem devem obedecer os óleos usados ou as misturas destes com outros combustíveis para instalações de potência térmica inferior a 3 MW com base no poder calorífico inferior, «PCI», serão definidas por despacho conjunto dos directores-gerais de Energia e da Qualidade do Ambiente, não podendo a emissão de particulas ser superior a 300 mg/m^3, medidas nas condições fixadas no anexo II.

ANEXO II

Valores limite de emissão ([1]) para determinadas substâncias emitidas na combustão de óleos usados em instalações com potência térmica igual ou superior a 3 MW (PCI).

Poluente	Valor limite (mg/Nm³)
Cd	0,5
Ni	1,0
$Cr + Cu + V$	1,5
Pb	5,0
Cl ([2])	100
F ([3])	5
SO2	2000
Partículas	150

([1]) Estes valores limite indicam a concentração da massa das referidas matérias nas emissões de gases, em função do volume dos gases emitidos em condições normais (273 k, 1013 hPa) após a dedução do teor de humidade no vapor de água e em função de um volume de oxigénio, contido nas emissões de gases, de 3 %.
([2]) Compostos inorgânicos gasosos de cloro, expressos em ácido clorídrico.
([3]) Compostos inorgânicos gasosos de flúor, expressos em ácido fluorídrico.

Ministérios da Indústria e Energia e do Ambiente e Recursos Naturais. Assinada em 14 de Fevereiro de 1992.

O Ministro da Indústria e Energia, *Luís Fernando Mira Amaral.* – O Ministro do Ambiente e Recursos Naturais, *Carlos Alberto Diogo Soares Borrego.*

Transporte de óleos usados

Portaria n.º 1028/92
de 5 de Novembro

O Decreto-Lei n.º 88/91, de 23 de Fevereiro, que operou a transposição da Directiva n.º 87/101/CEE, do Conselho, de 22 de Dezembro de 1986, relativa à eliminação de óleos usados, remeteu expressamente, no seu artigo 8.º, para regulamentação autónoma a matéria da definição das condições de licenciamento das actividades relacionadas com a eliminação e aproveitamento de óleos usados. Por sua vez, o n.º 1 do artigo 4.º preceitua que no transporte dos óleos usados devem ser observadas as normas de segurança e identificação fixadas para o efeito.

Assim, ao abrigo do disposto no artigo 8.º do Decreto-Lei n.º 88/91, de 23 de Fevereiro:

Manda o Governo, pelos Ministros da Administração Interna, da Indústria e Energia e do Ambiente e Recursos Naturais, o seguinte:

1.º As embalagens a utilizar no transporte de óleos usados devem ser estanques e a sua taxa de enchimento não pode ultrapassar 98% da sua capacidade.

2.º Os diferentes elementos de um carregamento de óleos usados devem ser convenientemente arrumados nos veículos e escorados, por forma a evitar deslocações entre si ou contra as paredes do veículo, bem como a evitar contaminações de outras mercadorias.

3.º No caso de transporte de óleos usados em cisterna a sua taxa de enchimento não pode ultrapassar 98% da sua capacidade.

4.º Quando, no carregamento, durante o percurso ou na descarga de um veículo de transporte de óleos usados se verificar algum derrame, a zona contaminada deve ser imediatamente limpa com recurso a produtos absorventes.

5.º Se o transporte de óleos usados for efectuado em cisternas, devem as mesmas ostentar uma identificação escrita donde conste, de forma bem legível e indelével, a expressão «Transporte de óleos usados».

6.º Durante a operação de transporte, carga ou descarga o transportador deve conservar na cabina dos veículos uma ficha de segurança, de formato A4, cujo texto reproduz integralmente o do modelo que constitui o anexo da presente portaria e que dela fica a fazer parte integrante.

ANEXO

FICHA DE SEGURANÇA PARA TRANSPORTE DE ÓLEOS USADOS

NATUREZA DOS PERIGOS
- RISCO DE INFLAMAÇÃO
- RISCO DE IRRITAÇÃO CUTÂNEA POR CONTACTO PROLONGADO
- RISCO DE INTOXICAÇÃO POR INGESTÃO

MEDIDAS GERAIS EM CASO DE ACIDENTE	- Afastar o veículo para fora dos aglomerados populacionais. - Eliminar os riscos de fogo: motor, circuitos eléctricos, cigarros... - Alertar o n.º de emergência 115, caso considerado necessário. - Permanecer e actuar a favor do vento.
MEDIDAS EM CASO DE FUGA OU DERRAME SEM FOGO	- Estancar a fuga, evitando, se possível contacto com a pele e com a roupa. - Não provocar chamas ou faíscas. - EVITAR A POLUIÇÃO DAS ÁGUAS E DOS SOLOS. - Represar o óleo usado, que não se deve deixar escorrer para os esgotos, linhas de água, poços, terrenos permeáveis ou de cultura, ou para zonas habitacionais. - Absorver o óleo usado derramado, designadamente com terra ou areia. - Recolher o óleo usado em recipientes.
MEDIDAS EM CASO DE INCÊNDIO	- NÃO UTILIZAR ÁGUA directamente sobre o óleo usado para extinguir o incêndio. - USAR EXTINTORES DE PÓ QUÍMICO, HALON, CO2 OU ESPUMA.
PRIMEIROS SOCORROS	- Afastar o acidentado da zona perigosa. Mantê-lo em repouso. - Tirar-lhe a roupa e o calçado atingido pelo óleo usado. - No caso dos olhos ou da pele terem sido atingidos: lavar abundantemente com água pelo menos durante 15 minutos. - Em caso de queimadura pelo fogo: proteger a zona queimada com um penso esterilizado (de preferência gordo). - Em caso de perda de sentidos: mantê-lo na posição deitado de lado (posição lateral de segurança), e vigiar a função cárdio-respiratória. - Em caso de paragem respiratória e/ou circulatória, proceder à ressuscitação cárdio-respiratória (ventilação artificial e/ou compressão cardíaca externa)

EMPRESA TRANSPORTADORA: _____
ENDEREÇO: _____ TELEFONE: _____

(PREENCHER ESTE CAMPO AQUANDO DO INÍCIO DO TRANSPORTE)

Ministérios da Administração Interna, da Indústria e Energia e do Ambiente e Recursos Naturais.

Assinada em 6 de Outubro de 1992.

Pelo Ministro da Administração Interna, *Carlos Manuel Sousa Encarnação,* Secretário de Estado Adjunto do Ministro da Administração Interna. — O Ministro da Indústria e Energia, *Luís Fernando Mira Amaral.* — O Ministro do Ambiente e Recursos Naturais, *Carlos Alberto Diogo Soares Borrego.*

2.5.2. Embalagens

2.5.2.1. Gestão de embalagens e resíduos de embalagem (Decreto-lei n.º 366-A/97, de 20 de Dezembro*) 913
2.5.2.2. Sistema integrado e de consignação (Portaria n.º 29-B/98, de 15 de Janeiro) 925
2.5.2.3. Composição das embalagens (Decreto-lei n.º 407/98, de 21 de Dezembro) 935

---

* Alterado pelo Decreto-lei n.º 162/2000, de 27 de Julho.

Gestão de embalagens e resíduos de embalagem

Decreto-Lei n.º 366-A/97
de 20 de Dezembro

O Decreto-Lei n.º 322/95, de 28 de Novembro, estabeleceu os princípios e as normas aplicáveis ao sistema de gestão de embalagens e resíduos de embalagens. Contudo, esse diploma foi aprovado pelo Governo anterior sem que se tenha respeitado a formalidade de notificação prévia prevista no artigo 16.º da Directiva n.º 94/62/CE, do Parlamento Europeu e do Conselho, de 20 de Dezembro de 1994.

Corrigido o lapso, procede-se agora à publicação de diploma idêntico, aproveitando-se a ocasião para alterar a disposição relativa à data de entrada em vigor das regras que condicionam a colocação no mercado e comercialização das embalagens, por a mesma ser contrária ao direito comunitário, designadamente ao n.º 1 do artigo 9.º da citada directiva. Adopta-se, assim, para esse efeito, e ainda por força da mencionada legislação comunitária, a data de 1 de Janeiro de 1998.

Por outro lado, e para além de outras correcções menores, sublinha-se neste diploma o carácter voluntário do sistema de marcação e de identificação dos materiais de embalagens, também aqui de harmonia com o normativo europeu.

Como se referiu por ocasião da publicação do Decreto-Lei n.º 322/95, de 28 de Novembro, que o presente diploma substitui, a consciência dos problemas ambientais traduz-se na exigência de enfrentar o problema da gestão de resíduos gerados pelas sociedades industrializadas. Os objectivos fundamentais de uma política integrada de gestão de resíduos traduzem-se, prioritariamente, na prevenção da sua produção, na redução do seu peso e volume, na maximização das quantidades recuperadas para valorização, bem como na adopção de adequados métodos e processos de eliminação, tendo em vista a minimização de resíduos depositados em aterro.

Estes objectivos são válidos para a generalidade dos resíduos e especialmente para os resíduos de embalagens, dado que a redução desses resíduos é uma condição necessária para o crescimento sustentável.

Importa por isso diminuir a produção de resíduos de embalagens e estimular procedimentos vocacionados prioritariamente, e sempre que tecnicamente possível, para a reutilização de embalagens, reciclagem ou outras formas de valorização dos resíduos de embalagens, bem como desencorajar a sua eliminação por via do simples depósito em aterro.

Tais medidas e princípios estão, aliás, claramente definidos na Directiva n.º 94/62/CE, do Parlamento Europeu e do Conselho da União Europeia, de 20 de Dezembro de 1994, relativa a embalagens e resíduos de embalagens, cuja transposição para o ordenamento jurídico nacional se assegura com o presente diploma.

Em matéria de processos fundamentais de gestão, deve ter-se em conta, preferencialmente, a reutilização de embalagens e a reciclagem de resíduos de embalagens, com vantagens em termos de impacte ambiental, através da criação de sistemas que garantam o retorno de embalagens usadas e ou de resíduos de embalagens, os quais devem ser claros e transparentes. Neste contexto, merece ainda referência a análise dos ciclos de vida das embalagens, com o fim de estabelecer uma hierarquia bem definida entre embalagens reutilizáveis, recicláveis e valorizáveis.

Para que os objectivos da reciclagem sejam prosseguidos torna-se necessário criar circuitos de recolha selectiva e triagem. É indispensável que as embalagens sejam concebidas de forma a facilitar a reciclagem e outras formas de eliminação ambientalmente adequadas. Por outro lado, é também indispensável favorecer a utilização de materiais provenientes da reciclagem de embalagens, garantindo sempre os níveis adequados de higiene e segurança, e definir os requisitos essenciais relacionados com a composição e natureza das embalagens reutilizáveis e recicláveis, limitando, paralelamente, a presença de metais pesados e outras substâncias nocivas nas embalagens como medida prioritária no sentido da sua redução nos resíduos de embalagens.

A prossecução destes objectivos passa, inevitavelmente, pela co-responsabilidade dos operadores económicos, devidamente articulada com as atribuições e competências dos municípios.

Com efeito, aos municípios foi confiada a responsabilidade pelo serviço público de recolha da generalidade dos resíduos sólidos urbanos, na esteira das atribuições definidas no Decreto-Lei n.º 100/84, de 29 de Março, e na Lei n.º 1/87, de 6 de Janeiro. A criação de circuitos de recolha e triagem envolverá custos acrescidos para os municípios, pelo que se torna indispensável criar sistemas que co-responsabilizem os operadores económicos e que permitam a obtenção, pelos municípios, de meios financeiros necessários à prossecução dos objectivos acima referidos.

Foi ouvida a Associação Nacional de Municípios Portugueses.
Assim:
Nos termos da alínea *a*) do n.º 1 do artigo 198.º da Constituição, o Governo decreta o seguinte:

Artigo 1.º
Objecto e âmbito

1 — O presente diploma transpõe para a ordem jurídica interna a Directiva n.º 94/62/CE, do Parlamento e do Conselho, de 20 de Dezembro de 1994, e estabelece os princípios e as normas aplicáveis à gestão de embalagens e resíduos de embalagens, com vista à prevenção da produção desses resíduos, à reutilização de embalagens usadas, à reciclagem e outras formas de valorização de resíduos de embalagens e consequente redução da sua eliminação final, assegurando um elevado nível de protecção do ambiente, e ainda a garantir o funcionamento do mercado interno e a evitar entraves ao comércio e distorções e restrições da concorrência na Comunidade.

2 — O presente diploma é aplicável a todas as embalagens colocadas no mercado, sejam elas utilizadas ou produzidas, nomeadamente, aos níveis doméstico, industrial, agrícola ou do comércio, incluindo escritórios, lojas e serviços, e independentemente do material utilizado, e ainda aos resíduos dessas embalagens susceptíveis de recolha e tratamento pelos sistemas existentes ou a criar para o efeito.

3 — O disposto no presente diploma não prejudica a legislação em vigor em matéria de transporte de embalagens e produtos embalados, bem como a legislação em matéria de qualidade das embalagens, nomeadamente quanto à segurança, protecção da saúde e higiene dos produtos embalados, e ainda as disposições relativas aos resíduos perigosos, nos termos do disposto na legislação em vigor.

Artigo 2.º
Definições

1 — Para efeitos do presente diploma, entende-se por:
a) «Embalagem», todos e quaisquer produtos feitos de materiais de qualquer natureza utilizados para conter, proteger, movimentar, manusear, entregar e apresentar mercadorias, tanto matérias-primas como produtos transformados, desde o produtor ao utilizador ou consumidor, incluindo todos os artigos «descartáveis» utilizados para os mesmos fins, sem prejuízo do disposto no número seguinte;

b) «Resíduos de embalagem», qualquer embalagem ou material de embalagem abrangido pela definição de resíduo adoptada na legislação em vigor aplicável nesta matéria, excluindo os resíduos de produção;
c) «Prevenção», diminuição da quantidade e da nocividade para o ambiente de materiais e substâncias utilizadas nas embalagens, bem como da quantidade e nocividade de embalagens e resíduos de embalagens, ao nível do processo de produção, comercialização, distribuição, utilização e eliminação, em especial através do desenvolvimento de produtos e tecnologias «limpos»;
d) «Reutilização», qualquer operação pela qual uma embalagem, concebida e projectada para cumprir, durante o seu ciclo de vida, um número mínimo de viagens ou rotações, é enchida de novo, com ou sem apoio de produtos auxiliares presentes no mercado que permitam o novo enchimento da própria embalagem, ou reutilizada para o mesmo fim para que foi concebida; as embalagens reutilizadas passarão a resíduos de embalagens quando deixarem de ser reutilizadas;
e) «Recuperação», toda a operação de recolha e triagem por materiais com o objectivo de proceder à reutilização das embalagens usadas e à valorização dos resíduos de embalagem;
f) «Valorização», qualquer das operações aplicáveis previstas na legislação em vigor;
g) «Reciclagem», o reprocessamento, num processo de produção, dos resíduos de embalagem para o fim inicial ou para outros fins, incluindo a reciclagem orgânica, mas não a valorização energética;
h) «Valorização energética», a utilização de resíduos de embalagens combustíveis para a produção de energia através de incineração directa, com ou sem outros tipos de resíduos, mas com recuperação do calor;
i) «Reciclagem orgânica», o tratamento aeróbio (compostagem) ou anaeróbio (biometanização), através de microrganismos e em condições controladas, das partes biodegradáveis dos resíduos de embalagens, com produção de resíduos orgânicos estabilizados ou de metano, não sendo a deposição em aterros considerada como forma de reciclagem orgânica;
j) «Eliminação», qualquer das operações previstas na legislação em vigor;

l) «Embalador», aquele que, a título profissional, embale ou faça embalar os seus produtos e que é responsável pela sua colocação no mercado;

m) «Operadores económicos no domínio das embalagens», os fornecedores de matérias-primas para materiais de embalagem e ou de materiais de embalagem, os produtores e transformadores de embalagens, embaladores, utilizadores, importadores, comerciantes e distribuidores de produtos embalados, as autoridades e organismos públicos com competências na matéria, designadamente os municípios;

n) «Gestão dos resíduos de embalagens», a gestão dos resíduos definida na legislação em vigor aplicável nesta matéria;

o) «Acordo voluntário», qualquer acordo formal entre as autoridades públicas competentes em matéria de gestão de embalagens e os sectores de actividade interessados, que deve ser aberto a todos os parceiros que pretendam dar-lhe cumprimento;

p) «Sistema de consignação», sistema pelo qual o consumidor da embalagem paga um determinado valor de depósito no acto da compra, valor esse que lhe é devolvido quando da entrega da embalagem usada;

q) «Sistema integrado», sistema pelo qual o consumidor da embalagem é informado, através da marcação aposta nesta, de que deverá colocar a embalagem usada (enquanto resíduo) em locais devidamente identificados, isto é, com marcação semelhante à da embalagem.

2 — A definição de embalagem referida na alínea *a)* do número anterior compreende as embalagens urbanas, que são embalagens utilizadas nos sectores doméstico, comercial ou de serviços, e aquelas que, pela sua natureza ou composição, são similares às embalagens urbanas, bem como todas as demais embalagens, empregues em fins industriais ou outros, mas desde que se trate de algum dos seguintes tipos:

a) Embalagem de venda ou embalagem primária, que compreende qualquer embalagem concebida de modo a constituir uma unidade de venda para o utilizador final ou consumidor no ponto de compra;

b) Embalagem grupada ou embalagem secundária, que compreende qualquer embalagem concebida de modo a constituir, no ponto de compra, uma grupagem de determinado número de unidades de venda, quer estas sejam vendidas como tal ao utilizador ou consumidor final quer sejam apenas utilizadas como meio de reaprovisionamento do ponto de venda; este tipo de embalagem pode ser retirado do produto sem afectar as suas características;

c) Embalagem de transporte ou embalagem terciária, que engloba qualquer embalagem concebida de modo a facilitar a movimentação e o transporte de uma série de unidades de venda ou embalagens grupadas, a fim de evitar danos físicos durante a movimentação e o transporte; a embalagem de transporte não inclui os contentores para transporte rodoviário, ferroviário, marítimo e aéreo.

3 — As responsabilidades atribuídas pelo presente diploma ao embalador e ao importador são atribuídas, quando estes não estiverem identificados na embalagem ou tiverem sede noutro Estado membro da União Europeia, ao responsável pela primeira colocação no mercado nacional dos produtos embalados.

Artigo 3.º
Princípios de gestão

Constituem princípios fundamentais de gestão das embalagens e resíduos de embalagens a prevenção da produção destes resíduos, nomeadamente através da concretização de programas de acção específicos, a elaborar em colaboração com os operadores económicos envolvidos, bem como a criação de sistemas de reutilização, de reciclagem e outras formas de valorização de resíduos de embalagens, nos termos do presente diploma.

Artigo 4.º
**Responsabilidade pela gestão das embalagens
e resíduos de embalagens**

1 — Os operadores económicos são co-responsáveis pela gestão das embalagens e resíduos de embalagens nos termos do disposto no presente diploma e demais legislação aplicável.

2 — Na gestão das embalagens e resíduos de embalagens são tidas em conta as exigências em matéria de protecção do ambiente e defesa da saúde, segurança e higiene dos consumidores, a protecção da qualidade, autenticidade e características técnicas das mercadorias embaladas e dos materiais utilizados, bem como a protecção dos direitos da propriedade industrial e comercial.

3 — As câmaras municipais são responsáveis, nos termos da legislação em vigor, pela recolha dos resíduos urbanos, devendo beneficiar das contrapartidas financeiras que derivem da aplicação do sistema integrado previsto no presente diploma, a fim de assegurarem a recolha selectiva e triagem dos resíduos de embalagens contidos nos resíduos urbanos.

4 — Os embaladores e importadores de produtos embalados são responsáveis pela prestação de contrapartidas financeiras destinadas a suportar os acréscimos de custos com a recolha selectiva e triagem de resíduos de embalagens.

5 — Os fabricantes de embalagens e de matérias-primas de embalagens são responsáveis pela retoma e valorização dos resíduos de embalagens, directamente ou através de organizações que tiverem sido criadas para assegurar a retoma e valorização dos materiais recuperados.

6 — O comércio e a distribuição não podem comercializar qualquer produto cuja embalagem não esteja de acordo com o previsto no artigo 6.º

7 — Os produtores de resíduos de embalagens não urbanas têm de proceder, dentro das suas instalações, à recolha selectiva e triagem desses resíduos e providenciar a sua valorização, directamente em unidades devidamente licenciadas para o efeito ou de acordo com o disposto no artigo seguinte.

ARTIGO 5.º
Cumprimento de obrigações

1 — Para efeitos do cumprimento das obrigações estabelecidas no artigo anterior, os operadores económicos podem optar por submeter a gestão das suas embalagens e resíduos de embalagens a um dos dois sistemas, de consignação ou integrado, cujas normas de funcionamento e regulamentação são as constantes do presente diploma e da portaria mencionada no artigo 9.º

2 — No âmbito do sistema integrado, a responsabilidade dos agentes económicos pela gestão dos resíduos de embalagens pode ser transferida para uma entidade devidamente licenciada para exercer essa actividade, nos termos do presente diploma e demais legislação aplicável.

3 — No caso previsto no número anterior, a entidade aí mencionada deve disponibilizar as contrapartidas financeiras necessárias para comportar as operações de recolha selectiva e triagem dos resíduos de embalagens, bem como para a retoma e valorização de resíduos de embalagens, pela forma seguinte:

   a) No caso das embalagens contidas nos resíduos urbanos, por meio de contratos ou acordos voluntários com os municípios, a quem cabe proceder à recolha selectiva e triagem das embalagens contidas nos resíduos urbanos, e com as organizações de fornecedores e transformadores de materiais de embalagens que tiverem sido criadas para assegurar a retoma e valorização dos materiais recuperados;

b) No caso das demais embalagens, a responsabilidade da recolha selectiva e triagem dos resíduos de embalagem pode ser igualmente transmitida aos municípios, mediante a celebração de acordos voluntários com estes e sendo correspondentemente aplicável o disposto na alínea anterior quanto à retoma e valorização dos resíduos deste tipo de embalagens.

4 — A responsabilidade da entidade referida nos números anteriores pelo destino final dos resíduos de embalagens só cessa mediante declaração de assunção de responsabilidade pela empresa ou entidade a quem as embalagens ou resíduos de embalagens forem entregues.

Artigo 6.º
Símbolo

1 — As embalagens reutilizáveis podem ser marcadas com um símbolo específico, a definir nos termos do artigo 9.º

2 — As embalagens não reutilizáveis, mas afectas a valorização, sujeitas ao sistema de consignação previsto no artigo anterior, devem ser marcadas com um símbolo específico, a definir pelos interessados.

3 — As embalagens não reutilizáveis abrangidas pelo sistema integrado previsto no artigo 5.º são obrigatoriamente marcadas com um símbolo específico, a definir pela entidade referida no mesmo artigo, se forem embalagens primárias e opcionalmente se forem embalagens secundárias e terciárias.

4 — Em casos devidamente fundamentados e por solicitação dos interessados, poderá o Instituto dos Resíduos, ouvida a Comissão de Acompanhamento de Gestão de Embalagens e Resíduos de Embalagens, autorizar a isenção de marcação de certas embalagens primárias com o símbolo referido no número anterior.

5 — Em qualquer caso, a fim de facilitar a recolha, a reutilização e valorização, incluindo a reciclagem, e sem prejuízo da legislação aplicável em matéria de segurança e higiene das embalagens, qualquer embalagem pode indicar a natureza do ou dos materiais de embalagem utilizados, para efeitos de identificação e classificação pela respectiva indústria, de acordo com o sistema de identificação a definir pela portaria referida no artigo 9.º

6 — A marcação adequada é aposta na própria embalagem ou rótulo, devendo ser claramente visível e de fácil leitura e ter uma duração compatível com o tempo de vida da embalagem, mesmo depois de aberta.

Artigo 7.º
Objectivos de valorização e reciclagem

Os objectivos de valorização e reciclagem para resíduos de embalagens são os seguintes:

a) Até 31 de Dezembro de 2001 devem ser valorizados um mínimo de 25% em peso dos resíduos de embalagens, sendo, no entanto, recomendável a obtenção dos valores definidos na alínea seguinte antes da data nela fixada;
b) Até 31 de Dezembro de 2005 devem ser valorizados um mínimo de 50% em peso dos resíduos de embalagens e reciclados um mínimo de 25% em peso da totalidade dos materiais de embalagem contidos nos resíduos de embalagem, com um mínimo de 15% para cada material de embalagem;
c) Após a data referida na alínea anterior, são fixados, mediante portaria conjunta dos Ministros da Economia e do Ambiente, novos objectivos de valorização e reciclagem, sob proposta da comissão referida no artigo 15.º do presente diploma.

Artigo 8.º
Colocação no mercado

Só podem ser colocadas no mercado e comercializadas as embalagens que preencham todos os requisitos definidos no presente diploma e demais legislação aplicável.

Artigo 9.º
Regulamentação

As normas regulamentares de execução técnica previstas no presente diploma, designadamente as respeitantes ao funcionamento dos sistemas de consignação e integrado, às entidades previstas no artigo 5.º, aos planos de gestão das embalagens reutilizáveis e planos de gestão dos resíduos de embalagens, símbolos, requisitos essenciais das embalagens, regras de normalização desses requisitos, níveis de concentração de metais pesados presentes nas embalagens, sistemas de divulgação da informação e transmissão de dados aos utilizadores de embalagens, ao Instituto dos Resíduos e ao ministério da tutela da actividade geradora dos resíduos de embalagem, bem como a respectiva adaptação ao progresso científico e técnico, são definidas por portarias conjuntas dos Ministros da Economia e do Ambiente.

ARTIGO 10.º
Fiscalização e processamento das contra-ordenações

1 — A fiscalização do cumprimento das disposições constantes do presente diploma compete à Inspecção-Geral das Actividades Económicas, à Direcção-Geral do Ambiente, ao Instituto dos Resíduos, às direcções regionais do ambiente, às delegações regionais do Ministério da Economia e a outras entidades competentes em razão da matéria, nos termos da lei.

2 — São competentes para o processamento das contra-ordenações previstas no presente diploma as entidades que, nos termos do número anterior, tenham procedido ao levantamento do auto.

ARTIGO 11.º
Contra-ordenações

1 — Constitui contra-ordenação, punível com coima de 10000$00 a 750000$00, no caso de pessoas singulares, e de 100000$00 a 9000000$00, no caso de pessoa colectiva:

a) A colocação no mercado, pelo embalador ou importador, de produtos embalados sem que a gestão das respectivas embalagens ou resíduos de embalagens tenha sido assegurada nos termos do n.º 1 do artigo 5.º e das portarias previstas no artigo 9.º;

b) A recusa de aceitação de embalagens usadas, bem como a recusa de reembolso do depósito devido por parte do distribuidor de produtos embalados, nos casos em que essa aceitação é obrigatória, de acordo com o estipulado nas portarias previstas no artigo 9.º, que estabelecem as regras de funcionamento dos sistemas de consignação e integrado;

c) O incumprimento das obrigações constantes das portarias previstas no artigo 9.º;

d) A falta de marcação ou marcação abusiva de embalagens abrangidas pelo presente diploma com o símbolo que lhes for aplicável, nos termos do artigo 6.º e das portarias previstas no artigo 9.º;

e) A colocação no mercado, pelo embalador ou importador, de produtos embalados sem respeito pelos requisitos de embalagem a que se refere o artigo 8.º;

f) A omissão do dever de comunicação de dados ao Instituto dos Resíduos ou a errada transmissão destes, nos termos das portarias previstas no artigo 9.º

2 — A tentativa e a negligência são puníveis.

ARTIGO 12.º
Sanções acessórias

A entidade competente para a aplicação das coimas previstas no artigo anterior pode determinar ainda a aplicação das seguintes sanções acessórias, nos termos da lei geral:

a) Suspensão do exercício de uma profissão ou actividade;
b) Privação do direito a subsídio ou benefício outorgado por entidades ou serviços públicos;
c) Suspensão de autorizações, licenças e alvarás.

ARTIGO 13.º
Aplicação das coimas

1 — A aplicação das coimas e sanções acessórias previstas nos artigos anteriores compete ao director-geral do Ambiente e ao presidente do Instituto dos Resíduos.

2 — O produto das coimas previstas no artigo 11.º é afectado da seguinte forma:

a) 20% para a entidade fiscalizadora que levantou o auto e instruiu o mesmo;
b) 20% para a entidade que decidiu da aplicação da coima;
c) 60% para o Estado.

ARTIGO 14.º
Obrigação de indemnizar

A utilização abusiva do símbolo a que se refere o n.º 3 do artigo 6.º implica ainda a obrigação de indemnizar a entidade referida no mesmo artigo na quantia mínima de 100$00 por embalagem.

ARTIGO 15.º
Comissão de Acompanhamento da Gestão de Embalagens e Resíduos de Embalagens

1 — É criada a Comissão de Acompanhamento da Gestão de Embalagens e Resíduos de Embalagens, adiante designada por CAGERE, presidida por um representante do Ministério do Ambiente, a quem cabe zelar pelo cumprimento das disposições do presente diploma.

2 — A CAGERE é uma entidade de consultadoria técnica que funciona junto dos membros do Governo responsáveis pelo licenciamento das entidades referidas no artigo 5.º, competindo-lhe elaborar o seu regula-

mento interno, preparar as decisões a adoptar superiormente, bem como dar parecer em todos os domínios de aplicação do presente diploma em que seja chamada a pronunciar-se, assegurando a conexão entre as autoridades públicas e os diversos agentes económicos abrangidos pelas presentes disposições.

3 — A CAGERE é composta pelos seguintes membros:
a) Um representante do Ministério da Agricultura, do Desenvolvimento Rural e das Pescas;
b) Dois representantes do Ministério da Economia;
c) Um representante do Ministério do Ambiente;
d) Um representante da Associação Nacional dos Municípios Portugueses;
e) Um representante de cada associação representativa dos sectores económicos envolvidos;
f) Um representante de cada entidade gestora prevista no n.º 2 do artigo 5.º

4 — Os representantes dos ministérios previstos nas alíneas *a)* a *c)* são designados por despacho do ministro competente.

Artigo 16.º
Revogação

São revogados o Decreto-Lei n.º 322/95, de 28 de Novembro, e, a partir da data de publicação da respectiva alteração, a Portaria n.º 313/96, de 29 de Julho.

Artigo 17.º
Entrada em vigor

O presente diploma entra em vigor no dia imediato ao da sua publicação, salvo o disposto nos artigos 8.º, 11.º, 12.º e 14.º, que entra em vigor em 1 de Janeiro de 1998.

Visto e aprovado em Conselho de Ministros de 11 de Setembro de 1997. — *António Manuel de Oliveira Guterres* — *João Cardona Gomes Cravinho* — *Augusto Carlos Serra Ventura Mateus* — *Fernando Manuel Van-Zeller Gomes da Silva* — *Elisa Maria da Costa Guimarães Ferreira.*

Promulgado em 2 de Dezembro de 1997.

Publique-se.

O Presidente da República, Jorge Sampaio.

Referendado em 9 de Dezembro de 1997.

O Primeiro-Ministro, *António Manuel de Oliveira Guterres.*

Sistema integrado e de consignação

Portaria n.º 29-B/98
de 15 de Janeiro

A Portaria n.º 313/96, de 29 de Julho, regulamentou o Decreto-Lei n.º 322/95, de 28 de Novembro, que estabelecia os princípios e as normas aplicáveis à gestão de embalagens e resíduos de embalagens. Sucede que esse decreto-lei foi revogado e substituído pelo Decreto-Lei n.º 366-A/97, de 20 de Dezembro, por forma a assegurar o respeito pela formalidade de notificação prévia prevista no artigo 16.º da Directiva n.º 96/62/CE, do Parlamento Europeu e do Conselho, de 20 de Dezembro.

Por razões idênticas, impõe-se revogar e substituir a Portaria n.º 313/96, de 29 de Julho, cumprida que foi a referida formalidade também quanto à regulamentação em causa.

A presente portaria é, pois, substancialmente idêntica à Portaria n.º 313/96, de 29 de Julho, aproveitando-se a ocasião para introduzir algumas correcções ou actualizações de menor significado. Contudo, considerando os méritos ambientais da reciclagem, a regulamentação que agora se publica, na linha de sugestões recebidas no quadro do referido procedimento de notificação prévia, admite a organização de sistemas próprios de consignação ou sistemas especiais de recolha selectiva, desde que orientados para a reciclagem, como alternativas à obrigação de reutilização fixada para as embalagens de certo tipo de bebidas destinadas a consumo imediato nos estabelecimentos hoteleiros, de restauração e similares.

Como se referiu por ocasião da publicação da Portaria n.º 313/96, de 29 de Julho, tem-se registado nos últimos anos um aumento importante das quantidades de resíduos sólidos urbanos, associado ao incremento da proporção de resíduos de embalagens. Simultaneamente, verificou-se uma redução da reutilização de embalagens, que mantém, apesar de tudo, uma expressão significativa. Estes factos justificam a necessidade de adoptar de imediato as medidas necessárias, por um lado, para promover a reciclagem dos resíduos de embalagens e, por outro, para também promover a reutilização de embalagens.

O Decreto-Lei n.º 366-A/97, de 20 de Dezembro, estabelece as regras e os princípios gerais a que deve obedecer a gestão de embalagens e resíduos de embalagens.

Definidas nesse decreto-lei a importância da reutilização de embalagens e da reciclagem de resíduos de embalagens e as linhas gerais dos sistemas alternativos destinados à sua concretização, importa fixar as respectivas regras de funcionamento.

A presente portaria estabelece a regulamentação prevista naquele diploma legal quanto aos sistemas de gestão das embalagens reutilizáveis e dos resíduos de embalagens não reutilizáveis.

Com as disposições desta portaria pretende-se prosseguir objectivos explícitos de política ambiental, visando garantir não só a redução das quantidades de resíduos sólidos urbanos mas também que o consumidor possa exercer o direito de optar por embalagens reutilizáveis.

Outros aspectos a regulamentar, nos termos do artigo 9.º do referido decreto-lei, nomeadamente símbolos de marcação, requisitos essenciais e níveis de concentração de metais pesados nas embalagens, serão objecto de outras portarias.

Assim, ao abrigo do disposto nos artigos 5.º e 9.º do Decreto-Lei n.º 366-A/97, de 20 de Dezembro:

Manda o Governo, pelos Ministros da Economia e do Ambiente, o seguinte:

CAPÍTULO I
Objecto

1.º
Objecto

O presente diploma estabelece as regras de funcionamento dos sistemas de consignação aplicáveis às embalagens reutilizáveis e às embalagens não reutilizáveis, bem como as do sistema integrado aplicável apenas às embalagens não reutilizáveis, regras a que devem obedecer os operadores económicos responsáveis pela gestão das embalagens e resíduos de embalagens, nos termos previstos nos artigos 5.º e 9.º do Decreto-Lei n.º 366-A/97, de 20 de Dezembro.

CAPÍTULO II
Embalagens reutilizáveis

2.º
Sistema de consignação

1 — Os embaladores e ou os responsáveis pela colocação de produtos no mercado nacional que empreguem embalagens reutilizáveis para acondicionar os seus produtos devem estabelecer um sistema de consignação que permita recuperar e reutilizar as suas embalagens depois de usadas pelos consumidores.

2 — A consignação envolve necessariamente a cobrança aos consumidores, no acto da compra, de um depósito, que só pode ser reembolsado no acto da devolução. O Governo poderá fixar, por despacho conjunto dos Ministros da Economia e do Ambiente e depois de consultadas as associações representativas dos sectores envolvidos, o valor mínimo do depósito, que deverá ser transmitido ao longo de toda a cadeia de distribuição e que deve estimular a devolução da embalagem, sem ultrapassar o seu valor real.

3 — O distribuidor/comerciante é obrigado a cobrar e a reembolsar o depósito previsto no número anterior, bem como a assegurar a recolha das embalagens usadas, no local de venda, e o seu armazenamento em condições adequadas.

4 — Para efeito da recuperação de embalagens prevista nos números anteriores, os embaladores e ou os responsáveis pela colocação de produtos no mercado nacional podem implantar locais destinados à recolha das embalagens usadas.

5 — O depósito referido nos números anteriores não está sujeito a qualquer pagamento adicional e o seu valor deve ser claramente identificado na embalagem ou no suporte utilizado para a indicação do preço de venda do produto.

6 — Os embaladores e ou os responsáveis pela colocação de produtos no mercado nacional são obrigados a proceder à recolha das embalagens recebidas e armazenadas pelo distribuidor/comerciante dentro de um prazo a acordar entre as partes.

7 — O distribuidor/comerciante não é obrigado a aceitar nem a armazenar embalagens usadas cujo tipo, formato ou marca de produto não comercialize.

8 — Com o objectivo de assegurar o direito de opção do consumidor, todos os distribuidores/comerciantes que comercializem bebidas refrigerantes, cervejas, águas minerais naturais, de nascentes ou outras águas embaladas e vinhos de mesa (excluindo aqueles com a classificação

de vinho regional e VQPRD) acondicionados em embalagens não reutilizáveis devem comercializar também a mesma categoria de produtos acondicionados em embalagens reutilizáveis.

9 — As embalagens reutilizáveis não podem ser introduzidas nos circuitos municipais de recolha de resíduos.

3.º
Responsabilidade

1 — No fim do ciclo de retorno, a responsabilidade pelo destino final das embalagens reutilizáveis cabe aos respectivos embaladores ou aos responsáveis pela colocação de produtos no mercado nacional.

2 — A responsabilidade prevista no número anterior só cessa mediante declaração de assunção de responsabilidade pela empresa ou entidade a quem as embalagens forem entregues.

4.º
Dados estatísticos

1 — Os embaladores e ou os responsáveis pela colocação de produtos no mercado nacional devem comunicar, anualmente, ao Instituto dos Resíduos os dados estatísticos referentes às quantidades de embalagens reutilizáveis e não reutilizáveis que coloquem no mercado, às quantidades de embalagens usadas efectivamente recuperadas e reutilizadas e ainda às quantidades entregues a entidades que se responsabilizem pela sua valorização ou eliminação.

2 — Os distribuidores/comerciantes com um volume anual de vendas superior a 180 milhões de escudos devem comunicar, anualmente, ao Instituto dos Resíduos os dados estatísticos referentes às quantidades de embalagens reutilizáveis que comercializem.

3 — Os dados estatísticos referidos nos números anteriores devem ser comunicados até 31 de Março do ano imediato àquele a que se reportam, de acordo com modelo a publicar por despacho do Ministro do Ambiente.

5.º
Planos de gestão de embalagens reutilizáveis

1 — Os embaladores e ou os responsáveis pela colocação de produtos no mercado nacional devem elaborar o respectivo plano de gestão das embalagens reutilizáveis, que descreva o dispositivo adoptado no âmbito do sistema de consignação e as modalidades de controlo do sistema, de modo a permitir medir a proporção de embalagens recolhidas para reutilização face às embalagens comercializáveis.

2 — Os planos de gestão devem assegurar o cumprimento integral dos objectivos desta portaria.

3 — As bebidas refrigerantes, cervejas e águas minerais naturais, de nascentes ou outras águas embaladas destinadas a consumo imediato no próprio local, nos estabelecimentos hoteleiros, de restauração e similares são obrigatoriamente acondicionadas em embalagens reutilizáveis, à excepção dos concentrados destinados à preparação de bebidas refrigerantes por diluição no próprio local de consumo e sem prejuízo da alternativa prevista no n.º 3 do artigo 6.º

4 — Será criado um grupo de trabalho que, funcionando no âmbito da Comissão de Acompanhamento da Gestão de Embalagens e Resíduos de Embalagens (CAGERE), prevista pelo Decreto-Lei n.º 366-A/97, de 20 de Dezembro, terá por finalidade estudar formas de contratualização e livre acordo que permitam atingir os objectivos para as embalagens reutilizáveis previstos nesta portaria.

5 — Os planos de gestão devem ter como objectivo global a manutenção da configuração actual do mercado, para o que, excluindo o consumo em estabelecimentos hoteleiros, de restauração e similares, é necessário assegurar os seguintes níveis mínimos de reutilização, expressos em percentagem dos volumes totais, em litros:

a) Bebidas refrigerantes: 15% (1997), 20% (1998), 30% (1999);
b) Cervejas: 70% (1997), 75% (1998), 80% (1999);
c) Águas minerais naturais, de nascentes ou outras águas embaladas: 5% (1997), 8% (1998), 10% (1999);
d) Vinhos de mesa (excluindo aqueles com a classificação de vinho regional e VQPRD): 55% (1997), 60% (1998), 65% (1999).

6 — Os níveis de reutilização deverão ser atingidos por sector e visam globalmente os embaladores e ou os responsáveis pela colocação de produtos no mercado nacional, bem como os distribuidores/comerciantes.

7 — Os planos de gestão das embalagens reutilizáveis devem ser apresentados à CAGERE até 31 de Outubro do ano anterior àquele a que se reportam.

8 — Os operadores económicos que disponham de um sistema de consignação à data da entrada em vigor da presente portaria devem manter esse sistema e adaptá-lo à presente portaria, apresentando anualmente o respectivo plano de gestão, nos termos dos números anteriores.

9 — Em relação aos sistemas de consignação actualmente existentes, é proibida qualquer medida tendente a auferir vantagens económicas em consequência da alteração do valor mínimo do depósito, a fixar nos termos do n.º 2 do artigo 2.º, pelo que na troca das embalagens não pode ser exigida qualquer actualização dos montantes dos depósitos.

CAPÍTULO III
Embalagens não reutilizáveis

6.º
Sistemas de gestão: integrado e de consignação

1 — Os embaladores, os responsáveis pela colocação de produtos no mercado nacional e os industriais de produção de embalagens ou matérias-primas para o fabrico de embalagens são responsáveis pela gestão e destino final dos seus resíduos de embalagens, podendo transmitir a sua responsabilidade a uma entidade gestora do chamado «sistema integrado», regulado nos termos dos artigos 7.º e seguintes.

2 — Em alternativa ao sistema referido no número anterior, os operadores económicos nele referidos poderão organizar um sistema de consignação, que deverá funcionar em moldes similares ao sistema descrito no artigo 2.º, com as necessárias adaptações, e que terá de ser aprovado pelo Instituto dos Resíduos.

3 — Em alternativa à obrigação referida no n.º 3 do artigo 5.º, poderão ser organizados sistemas específicos de consignação, a criar nos termos do número anterior, ou um sistema de recolha selectiva e transporte específico, apoiado em meios adequados e sujeito às regras de licenciamento previstas no n.º 1 do presente artigo e nos artigos seguintes, desde que tais sistemas garantam a reciclagem das embalagens não reutilizáveis.

4 — Os responsáveis pelos estabelecimentos hoteleiros, de restauração ou similares que optem pela adesão a um dos sistemas alternativos admitidos no número anterior não poderão eliminar quaisquer resíduos de embalagens através de outros sistemas de recolha.

7.º
Sistema integrado

1 — Os embaladores, os responsáveis pela colocação de produtos no mercado nacional e os industriais de produção de embalagens ou matérias-primas para o fabrico de embalagens podem transmitir a sua responsabilidade pela gestão dos resíduos das suas embalagens a uma entidade gestora devidamente licenciada para exercer essa actividade, nos termos do Decreto-Lei n.º 366-A/97, de 20 de Dezembro, e do disposto na presente portaria.

2 — A transferência de responsabilidade para a entidade gestora é objecto de contrato escrito, com a duração mínima de três anos, e contendo obrigatoriamente:

   a) A identificação e caracterização das embalagens abrangidas pelo contrato;

b) A previsão da quantidade de resíduos dessas embalagens a retomar anualmente pela entidade;
c) Os termos do controlo a desenvolver pela entidade, por forma a verificar as quantidades e a natureza das embalagens a seu cargo;
d) As contrapartidas financeiras devidas à entidade, tendo em conta as respectivas obrigações, definidas na presente portaria.

3 — A responsabilidade da entidade, referida no n.º 1, pela retoma e valorização de resíduos de embalagens é assumida, em conformidade com o disposto no artigo 8.º da presente portaria, através de contratos com os municípios ou com empresas gestoras de sistemas multimunicipais ou intermunicipais a quem tenha sido atribuída a concessão da recolha selectiva e triagem e com as organizações de fornecedores e transformadores de materiais de embalagem criadas ou a criar para assegurar a retoma e valorização dos materiais recuperados.

8.º
Entidade gestora

1 — Qualquer entidade gestora que tenha por objecto tomar a seu cargo a gestão de resíduos de embalagens ao abrigo do sistema integrado, previsto no artigo anterior, carece de licença, a conceder por decisão conjunta dos Ministros da Economia e do Ambiente.

2 — A concessão da licença depende das capacidades técnicas e financeiras da entidade para as operações em causa, bem como da apreciação do caderno de encargos referido no artigo 9.º com que a mesma deve instruir o respectivo requerimento.

3 — O requerimento deve ser apresentado ao Instituto dos Resíduos, a quem compete coordenar o respectivo processo e transmitir a decisão final.

4 — A responsabilidade da entidade gestora pelo destino final dos resíduos de embalagens só cessa mediante declaração de assunção de responsabilidade pela empresa ou entidade a quem os resíduos de embalagens forem entregues.

9.º
Caderno de encargos

1 — Quando se trate de resíduos de embalagens urbanas ou equiparadas destinados a recolha pelos sistemas municipais, o caderno de encargos inclui as seguintes referências:
a) Identificação e características técnicas dos resíduos das embalagens abrangidas;

b) Previsão das quantidades de resíduos de embalagens a retomar anualmente;
c) Bases da contribuição financeira exigida aos embaladores e aos responsáveis pela colocação de produtos embalados no mercado nacional, designadamente a fórmula de cálculo da taxa respectiva, tendo em conta as quantidades previstas, o volume, o peso e a capacidade das embalagens, bem como a natureza dos materiais presentes nas mesmas;
d) Condições de articulação da actividade da entidade com os municípios (ou empresas gestoras de sistemas multimunicipais ou intermunicipais, nos termos do n.º 3 do artigo 7.º), concretamente o modo como se propõe assegurar a retoma dos resíduos recolhidos e triados por estes, as especificações técnicas dos materiais a retomar e as bases das contrapartidas da entidade aos municípios (ou às referidas empresas) pelo custo acrescido das operações de recolha selectiva e triagem de resíduos de embalagens;
e) Estipulação de uma verba destinada ao financiamento de campanhas de sensibilização dos consumidores sobre as medidas a adoptar em termos de gestão de embalagens e resíduos de embalagens, bem como ao desenvolvimento de novos processos de reciclagem e de valorização de embalagens;
f) Circuito económico concebido para a valorização, evidenciando os termos da relação entre a entidade e os operadores económicos envolvidos;
g) Condições de eventual reciprocidade a praticar relativamente a embalagens de produtos provenientes de outros países.

2 — Quando se trate de quaisquer outros resíduos de embalagens, designadamente industriais, o caderno de encargos inclui as seguintes referências:

a) Identificação e características técnicas dos resíduos de embalagens;
b) Previsão das quantidades de resíduos de embalagens a recolher e retomar anualmente;
c) Bases da contribuição financeira exigida aos embaladores e aos responsáveis pela colocação de produtos embalados no mercado nacional, designadamente a fórmula de cálculo da taxa respectiva, tendo em conta as quantidades previstas, o volume, o peso e a capacidade das embalagens, bem como a natureza dos materiais presentes nas mesmas;
d) Plano de gestão dos resíduos de embalagens e circuito económico concebido para a reutilização ou valorização;

e) Condições de eventual reciprocidade a praticar relativamente a embalagens de produtos provenientes de outros países.

10.º
Resultados contabilísticos

Os resultados contabilísticos da entidade serão obrigatoriamente reinvestidos ou utilizados na sua actividade ou actividades conexas, na linha do disposto na antecedente alínea *e)* do n.º 1 do artigo 9.º, podendo ser constituídos em provisões ou reservas para operações futuras, mas sendo expressamente vedada a distribuição de resultados, dividendos ou lucros pelos accionistas, sócios ou associados.

11.º
Relatório anual

A entidade gestora fica obrigada a entregar às entidades licenciadoras um relatório anual de actividade, demonstrativo dos resultados obtidos em matéria de gestão de resíduos de embalagens, nomeadamente no que respeita à reciclagem e outras formas de valorização, até 31 de Março do ano imediato àquele a que se reportam os resultados, de acordo com modelo a publicar por meio de despacho conjunto dos Ministros da Economia e do Ambiente.

CAPÍTULO IV
Disposições finais

12.º
Revogação e entrada em vigor

1 — É revogada a Portaria n.º 313/96, de 29 de Julho.

2 — Esta portaria entra em vigor na data da sua publicação, devendo o n.º 3 do artigo 5.º ser cumprido na totalidade a partir de 1 de Janeiro de 1999.

Ministérios da Economia e do Ambiente.
Assinada em 8 de Janeiro de 1998.
O Ministro da Economia, *Joaquim Augusto Nunes de Pina Moura.*
— A Ministra do Ambiente, *Elisa Maria da Costa Guimarães Ferreira.*

Composição das embalagens

Decreto-Lei n.º 407/98
de 21 de Dezembro

O Decreto-Lei n.º 366-A/97, de 20 de Dezembro, estabelece as regras e os princípios gerais a que deve obedecer a gestão de embalagens e resíduos de embalagens.

O presente decreto-lei estabelece a regulamentação prevista nos artigos 8.º e 9.º daquele diploma, quanto aos requisitos essenciais relativos à composição das embalagens e níveis de concentração de metais pesados nas embalagens, completando a transposição para a ordem jurídica interna da Directiva n.º 94/62/CE, do Parlamento Europeu e do Conselho, de 20 de Dezembro.

Assim:

Nos termos da alínea a) do n.º 1 do artigo 198.º da Constituição, o Governo decreta o seguinte:

ARTIGO 1.º
Objecto

O presente diploma estabelece as regras relativas aos requisitos essenciais da composição das embalagens, designadamente os níveis de concentração de metais pesados nas embalagens, previstos nos artigos 8.º e 9.º do Decreto-Lei n.º 366-A/97, de 20 de Dezembro, completando a transposição para a ordem jurídica interna da Directiva n.º 94/62/CE, do Parlamento Europeu e do Conselho, de 20 de Dezembro.

ARTIGO 2.º
Requisitos essenciais das embalagens

1 – Os requisitos das embalagens, incluindo os níveis de concentração de metais pesados, a que se referem os artigos 8.º e 9.º do Decreto-Lei n.º 366-A/97, de 20 de Dezembro, são os enunciados no anexo A ao

presente diploma, que dele faz parte integrante, sem prejuízo do disposto nos números seguintes.

2 – As condições de isenção de aplicação dos níveis de concentração mencionados na alínea *a*) do n.º 1 do anexo A do presente diploma, no que se refere a materiais reciclados, a circuitos de produtos numa cadeia fechada e controlada e a determinados tipos de embalagens, podem vir a ser legalmente estabelecidas, de acordo com as regras comunitárias vigentes nesta matéria.

3 – As regras de normalização dos requisitos essenciais das embalagens, incluindo as relativas aos níveis de concentração de metais pesados, são definidas por portaria dos Ministros da Economia e do Ambiente.

Artigo 3.º
Normas relativas aos requisitos técnicos das embalagens

No âmbito da aplicação do presente diploma os operadores económicos contribuem para o estudo, concepção e elaboração de normas nacionais sobre requisitos técnicos das embalagens mencionados no anexo A, tendo em conta, designadamente, os aspectos constantes do anexo B do presente diploma, que dele faz parte integrante.

Artigo 4.º
Colocação no mercado

1 – Até 31 de Dezembro de 1999 é permitida a colocação no mercado nacional de embalagens fabricadas até à data da entrada em vigor do presente diploma e que estejam em conformidade com a legislação aplicável.

2 – A partir da data de publicação do presente diploma, exceptuados os casos previstos no número anterior, presume-se que as embalagens que circulem no mercado nacional preenchem todos os requisitos previstos no anexo deste diploma, desde que respeitem as normas harmonizadas comunitárias ou, na sua falta, as normas nacionais aplicáveis.

Visto e aprovado em Conselho de Ministros de 5 de Novembro de 1998. – *António Manuel de Oliveira Guterres – Joaquim Augusto Nunes de Pina Moura – Elisa Maria da Costa Guimarães Ferreira.*

Promulgado em 4 de Dezembro de 1998.

Publique-se.

O Presidente da República, Jorge Sampaio.

Referendado em 10 de Dezembro de 1998.

O Primeiro-Ministro, *António Manuel de Oliveira Guterres.*

ANEXO A
Lista de requisitos essenciais relativos à composição e à possibilidade de reutilização, valorização ou reciclagem das embalagens.

I — Níveis de concentração de metais pesados nas embalagens

a) A soma dos níveis de concentração de chumbo, cádmio, mercúrio e crómio hexavalente presentes nas embalagens ou nos componentes de embalagens não pode ultrapassar os seguintes valores:
   i) 600 ppm em peso a partir da entrada em vigor do presente diploma;
   ii) 250 ppm em peso a partir do dia 1 de Julho de 1999;
   iii) 100 ppm em peso a partir do dia 1 de Julho do ano 2001.
b) Os níveis de concentração fixados no número anterior não são aplicáveis às embalagens feitas exclusivamente de vidro cristal ou vidro sonoro, em cuja composição entra o chumbo, na acepção da Directiva n.º 69//493/CEE, do Conselho, de 15 de Dezembro.

II — Requisitos específicos de fabrico e composição das embalagens

a) As embalagens devem ser fabricadas de forma que o respectivo peso e volume não excedam o valor mínimo necessário para manter níveis de segurança, higiene e aceitação adequados para o produto embalado e para o consumidor.
b) As embalagens devem ser concebidas, produzidas e comercializadas de forma a permitir a sua reutilização e a minimizar o impacte sobre o ambiente quando são valorizados e eliminados os resíduos de embalagens ou o remanescente das operações de gestão de resíduos de embalagens.
c) As embalagens devem ser fabricadas de modo a minimizar a presença de substâncias nocivas e outras substâncias e matérias perigosas no material das embalagens ou de qualquer dos seus componentes no que diz respeito à sua presença em emissões, cinzas ou lixiviados, aquando da incineração ou descarga em aterros sanitários, dos resíduos de embalagens ou do remanescente das operações de gestão de resíduos de embalagens.

III — Requisitos específicos da possibilidade de reutilização das embalagens a preencher cumulativamente

a) As propriedades físicas e as características das embalagens devem permitir um certo número de viagens ou rotações, em condições de utilização normais previsíveis.
b) As embalagens usadas devem poder ser tratadas de forma a respeitar os requisitos de saúde e segurança dos trabalhadores.

c) Os requisitos específicos das embalagens valorizáveis devem ser cumpridos quando as embalagens deixam de ser reutilizadas e se transformam em resíduos.

IV — Requisitos específicos da possibilidade de valorização dos resíduos de embalagens

a) As embalagens valorizáveis sob a forma de reci-clagem material devem ser fabricadas de forma a permitir a reciclagem de uma certa percentagem, em peso, dos materiais utilizados no fabrico de produtos comercializáveis, em cumprimento das normas em vigor na Comunidade Europeia, podendo a determinação da referida percentagem variar segundo o tipo de material que constitui a embalagem.
b) As embalagens valorizáveis sob a forma de valorização energética devem ter um poder calorífico inferior mínimo que permita optimizar a valorização energética.
c) No caso de embalagens valorizáveis sob a forma de composto, os resíduos das embalagens tratados para efeitos de compostagem devem ser recolhidos separadamente e ser biodegradáveis, de forma a não entravar o processo ou actividade de compostagem no qual são introduzidos.
d) No caso de embalagens biodegradáveis, os respectivos resíduos devem ter características que permitam uma decomposição física, química, térmica ou biológica de que resulte que a maioria do composto final acabe por se decompor em dióxido de carbono, biomassa e água.

ANEXO B
Aspectos a equacionar nos termos do artigo 3.º do presente diploma

a) Critérios e metodologias aplicáveis à análise dos ciclos de vida das embalagens.
b) Métodos de medição e de verificação da presença de metais pesados e outras substâncias perigosas nas embalagens e sua dispersão no meio ambiente a partir das embalagens e dos resíduos de embalagens.
c) Critérios de normalização e outras medidas que favoreçam a reutilização das embalagens.
d) Critérios aplicáveis em caso de fixação de um quantitativo mínimo de material reciclado nas embalagens, ou em determinados tipos delas.
e) Critérios aplicáveis aos métodos de reciclagem.

2.5.3. Pneus

2.5.3.1. Gestão de pneus e pneus usados (Decreto-lei n.º 111/2001, de 6 de
Abril*) 941

---

* Alterado pelo Decreto-lei n.º 43/2004, de 2 de Março.

Gestão de pneus e pneus usados

Decreto-Lei n.º 111/2001
de 6 de Abril

Uma política integrada de gestão de resíduos assenta prioritariamente na prevenção da sua produção e da sua perigosidade, bem como na maximização das quantidades recuperadas para valorização, tendo em vista a minimização dos resíduos a encaminhar para eliminação.

O presente decreto-lei vem, assim, estabelecer uma hierarquia na gestão dos pneus usados, conferindo prioridade à prevenção da produção destes resíduos, sem prejuízo da sujeição à legislação em vigor em matéria de segurança e circulação rodoviária, seguindo-se por ordem de preferência a reciclagem e outras formas de valorização, em harmonia com o Programa do XIV Governo Constitucional em matéria de qualidade ambiental.

O presente diploma estabelece a proibição da combustão sem recuperação energética, bem como da deposição em aterro, em conformidade com o disposto no artigo 5.º da Directiva 1999/31/CE, do Conselho, de 26 de Abril, relativa à deposição de resíduos em aterro.

O cumprimento dos objectivos expostos passa, inevitavelmente, pela co-responsabilização dos diferentes intervenientes no ciclo de vida dos pneus, pelo que a concretização efectiva e integrada de tais objectivos exige a definição clara do objecto e finalidades propostas, das medidas de acção a desenvolver e da calendarização a cumprir pelos intervenientes.

Uma das medidas preconizadas neste diploma corresponde à necessidade da implementação de circuitos de recolha de pneus usados, para assegurar uma correcta triagem dos pneus passíveis de recauchutagem e encaminhamento dos restantes para reciclagem ou outras formas de valorização.

No âmbito da recauchutagem de pneus usados, considerando a necessidade de dotar este sector do devido reconhecimento e com vista à prossecução dos objectivos definidos no presente diploma, é apontada a necessidade de serem tomados em consideração os requisitos técnicos e de qualidade adoptados pela Comissão Económica para a Europa da ONU através dos Regulamentos n.ᵒˢ 108 e 109 (nas suas últimas versões), anexos ao Acordo de Genebra Respeitante à Adopção de Condições Uniformes de Homologação e ao Reconhecimento Recíproco da Homologação de Equipamentos e Peças para Veículos a Motor, de 20 de Março de 1958.

Assim:

Nos termos da alínea a) do n.º 1 do artigo 198.º da Constituição, o Governo decreta o seguinte:

Artigo 1.º
Objecto e âmbito

1 — O presente diploma estabelece os princípios e as normas aplicáveis à gestão de pneus e pneus usados, tendo como objectivos a prevenção da produção destes resíduos, a recauchutagem, a reciclagem e outras formas de valorização, por forma a reduzir a quantidade de resíduos a eliminar, bem como a melhoria do desempenho ambiental de todos os intervenientes durante o ciclo de vida dos pneus.

2 — O presente diploma é aplicável a todos os pneus colocados no mercado nacional e a todos os pneus usados.

3 — O disposto no presente diploma não prejudica a sujeição à legislação em vigor em matéria de segurança rodoviária.

Artigo 2.º
Definições

Para efeitos do presente diploma, entende-se por:

a) Pneus: os pneus utilizados em veículos motorizados, aeronaves, reboques, velocípedes e outros equipamentos, motorizados ou não motorizados, que os contenham;

b) Pneus usados: quaisquer pneus de que o respectivo detentor se desfaça ou tenha a intenção ou a obrigação de se desfazer e que constituam resíduos na acepção da alínea a) do artigo 3.º do Decreto-Lei n.º 239/97, de 9 de Setembro, ainda que destinados a reutilização (recauchutagem);

c) Pneu recauchutado: o pneu usado que é objecto de processo industrial de acordo com as especificações técnicas aplicáveis, com vista à sua reutilização, sendo de novo colocado no mercado;

d) Produtor: qualquer entidade que fabrique, importe ou introduza pneus novos ou em segunda mão no mercado nacional, incluindo as que fabriquem, importem ou comercializem veículos, aeronaves ou outros equipamentos que os contenham;

e) Distribuidor: qualquer entidade que comercialize pneus ou veículos, aeronaves ou outros equipamentos que os contenham;

f) Recauchutagem: operação pela qual um pneu já utilizado, após cumprir o seu ciclo de vida para o qual foi projectado e concebido, é reconstruído de modo a permitir a sua utilização para o mesmo fim para que foi concebido;

g) Valorização: operação que visa a utilização de pneus usados para outros fins que não os iniciais, nomeadamente a reciclagem de pneus, a valorização energética, bem como a sua utilização em trabalhos de construção civil e obras públicas, a sua utilização como protecção de embarcações, molhes marítimos ou fluviais e no revestimento dos suportes dos separadores de vias de circulação automóvel;

h) Reciclagem: o processamento de pneus usados para qualquer fim, que não o inicial, nomeadamente como matéria-prima, excluindo a valorização energética;

i) Sistema integrado: sistema que pressupõe a transferência de responsabilidade, pela gestão dos pneus usados, para uma entidade gestora devidamente licenciada.

Artigo 3.º
Princípios de gestão

Constituem princípios fundamentais de gestão de pneus e de pneus usados a prevenção da produção destes resíduos, aliada ao aumento da vida útil dos pneus, a promoção da recauchutagem e a implementação e desenvolvimento de sistemas de reciclagem e de outras formas de valorização de pneus usados.

Artigo 4.º
Objectivo de gestão

Os objectivos de gestão para pneus usados são os seguintes:

1 — Até Janeiro de 2003 deverá ser garantida pelos produtores:

a) A cessação da deposição de pneus usados em aterro, nos termos constantes da legislação nacional ou comunitária relativa a aterros;

b) A recolha de pneus usados numa proporção de, pelo menos, 85% dos pneus anualmente gerados;

c) A recauchutagem de pneus usados numa proporção de, pelo menos, 25% dos pneus anualmente gerados;

d) A valorização da totalidade dos pneus recolhidos e não recauchutados, dos quais pelo menos 60% deverão ser reciclados.

2 — Até Janeiro de 2007 deverá ser garantida pelos produtores:

a) A recolha de pneus usados numa proporção de, pelo menos, 95% dos pneus anualmente gerados;

b) A recauchutagem de pneus usados numa proporção de, pelo menos, 30% dos pneus anualmente gerados;

c) A valorização da totalidade dos pneus recolhidos e não recauchutados, dos quais pelo menos 65% deverão ser reciclados.

3 — Os objectivos constantes dos números anteriores poderão ser revistos sempre que se considere necessário com base em razões tecnológicas, de mercado ou em resultado da evolução das normas de direito comunitário.

ARTIGO 5.º
Proibições

É proibida a combustão de pneus sem recuperação energética, nomeadamente a queima a céu aberto, e o abandono de pneus usados, bem como a sua gestão por entidades não autorizadas e ou licenciadas para o efeito.

ARTIGO 6.º
Responsabilidade pela gestão

1 — O produtor, na acepção da alínea *d)* do artigo 2.º, é responsável pela recolha, transporte e destino final adequado dos pneus usados, devendo esta responsabilidade ser transferida para uma entidade gestora, nos termos do n.º 2 do artigo 7.º

2 — A responsabilidade do produtor pelo destino adequado dos pneus usados só cessa mediante a entrega dos mesmos, por parte da entidade gestora, a uma entidade devidamente autorizada e ou licenciada para a sua recauchutagem, reciclagem ou outras formas de valorização.

3 — As entidades que apenas utilizam pneus usados em trabalhos de construção civil e obras públicas, como protecção de embarcações, molhes marítimos ou fluviais e no revestimento dos suportes dos separadores de vias de circulação automóvel estão dispensadas de autorização ao abrigo da legislação aplicável à gestão de resíduos, para efeito do disposto no número anterior.

ARTIGO 7.º
Sistema integrado

1 — Para efeito do cumprimento das obrigações estabelecidas no artigo anterior, os produtores devem submeter a gestão dos pneus usados a

um sistema integrado, cujas normas de funcionamento são as constantes do presente diploma.

2 — A responsabilidade dos produtores pela gestão de pneus usados deve ser transferida para uma entidade gestora do sistema integrado, desde que devidamente licenciada para exercer essa actividade, nos termos do presente diploma.

3 — Os produtores são responsáveis pela constituição da entidade gestora, no prazo de nove meses a contar da data de publicação do presente diploma.

4 — A entidade gestora deve ser uma entidade sem fins lucrativos, em cuja composição poderão figurar, além dos produtores, os distribuidores, os recauchutadores, recicladores e valorizadores.

5 — São competências da entidade gestora do sistema integrado:
 a) Organizar a rede de recolha e transporte dos pneus usados, efectuando os necessários contratos com distribuidores, sistemas municipais e multimunicipais de gestão de resíduos sólidos urbanos ou seus concessionários ou outros operadores, a quem deverá prestar as correspondentes contrapartidas financeiras;
 b) Decidir sobre o destino a dar a cada lote de pneus usados, respeitando a hierarquia dos princípios de gestão e tendo em conta os objectivos fixados no artigo 4.º;
 c) Estabelecer contratos com os recauchutadores, recicladores e valorizadores para regular as receitas ou encargos determinados pelos respectivos destinos dados aos pneus.

6 — A transferência de responsabilidade de cada produtor para a entidade gestora é objecto de contrato escrito, com a duração mínima de cinco anos, o qual deverá conter obrigatoriamente:
 a) As características dos pneus abrangidos pelo contrato;
 b) A previsão da quantidade de pneus usados a retomar anualmente pela entidade gestora;
 c) As acções de controlo a desenvolver pela entidade gestora, por forma a verificar o cumprimento das condições estipuladas no contrato;
 d) As contrapartidas financeiras devidas à entidade, tendo em conta as respectivas obrigações, definidas no presente diploma.

Artigo 8.º
Licenciamento da entidade gestora

1 — Para tomar a seu cargo a gestão de pneus usados ao abrigo do sistema integrado, a entidade gestora carece de licença, a conceder por

decisão conjunta dos Ministros da Economia e do Ambiente e do Ordenamento do Território.

2 — A concessão da licença depende das capacidades técnicas e financeiras da entidade gestora para as operações em causa, bem como da apreciação do caderno de encargos previsto no n.º 4 do presente artigo, com o qual deve ser instruído o respectivo requerimento.

3 — O requerimento deve ser apresentado ao Instituto dos Resíduos, a quem compete coordenar o respectivo processo e transmitir a decisão final.

4 — O caderno de encargos referido no n.º 2 do presente artigo tem de incluir as seguintes referências:
   a) Tipos e características dos pneus abrangidos;
   b) Previsão das quantidades de pneus usados a recolher anualmente;
   c) Bases da contribuição financeira exigida aos produtores, designadamente a fórmula de cálculo do valor respectivo, tendo em conta as quantidades previstas, os tipos e características dos pneus e a operação a que os mesmos irão ser sujeitos, bem como os custos de gestão das existências actuais de pneus usados;
   d) Condições de articulação da actividade da entidade gestora com os operadores que venham a ser envolvidos na recolha selectiva de pneus, nomeadamente o modo de retoma de pneus usados entregues a estes, e as bases das contrapartidas da entidade aos referidos operadores pelo custo das operações de recolha selectiva de pneus usados, bem como as bases relativas à receita ou ao custo associado aos destinos possíveis, nomeadamente a recauchutagem, a reciclagem ou a valorização;
   e) Definição de uma verba destinada ao financiamento de campanhas de sensibilização dos consumidores para a utilização de pneus recauchutados e dos utilizadores em geral relativamente às medidas a adoptar em termos de gestão de pneus e pneus usados, bem como ao desenvolvimento de novos processos de recauchutagem e de valorização de pneus usados;
   f) Circuito económico concebido para a recauchutagem, reciclagem e valorização, evidenciando os termos da relação entre a entidade gestora e as outras entidades envolvidas.

ARTIGO 9.º
Regras para a comercialização e recolha

1 — Aquando da comercialização de pneus, os produtores e distribuidores discriminam, num item específico a consagrar na respectiva fac-

tura, o valor correspondente à contrapartida financeira fixada a favor da entidade gestora.

2 — Os distribuidores não podem recusar-se a aceitar pneus usados contra a venda de pneus do mesmo tipo e na mesma quantidade, devendo remeter os mesmos para recauchutagem ou para os locais previstos no n.º 4.

3 — A recolha de pneus usados, mediante entrega nos locais adequados, é feita sem qualquer encargo para o detentor.

4 — Os pneus usados recolhidos deverão ser armazenados em locais devidamente autorizados ou licenciados em consonância com a legislação aplicável.

Artigo 10.º
Regras para a recauchutagem e valorização

1 — As entidades que procedam à recauchutagem, reciclagem ou outras formas de valorização de pneus usados têm de estar devidamente autorizadas ou licenciadas em conformidade com o disposto na legislação em vigor sobre a matéria.

2 — As entidades que procedam à recauchutagem de pneus usados devem, sempre que aplicável, respeitar as normas técnicas e de qualidade constantes dos Regulamentos n.os 108 e 109 anexos ao Acordo de Genebra Respeitante à Adopção de Condições Uniformes de Homologação e ao Reconhecimento Recíproco da Homologação de Equipamentos e Peças para Veículos a Motor, de 20 Março de 1958.

3 — Excluem-se da obrigatoriedade referida no n.º 1, no domínio da gestão de resíduos, as entidades que apenas utilizem pneus usados em trabalhos de construção civil e obras públicas e como protecção de embarcações, molhes marítimos ou fluviais e no revestimento dos suportes dos separadores de vias de circulação de veículos.

Artigo 11.º
Resultados contabilísticos da entidade gestora

Os resultados contabilísticos da entidade gestora serão obrigatoriamente reinvestidos ou utilizados na sua actividade ou actividades conexas, designadamente para os efeitos previstos na alínea e) do n.º 4 do artigo 8.º, podendo ser constituídos em provisões ou reservas para operações futuras, mas sendo expressamente vedada a distribuição de resultados, dividendos ou lucros pelos accionistas, sócios ou associados.

Artigo 12.º
Relatório anual da entidade gestora

A entidade gestora fica obrigada a entregar, aos organismos designados pelas entidades licenciadoras, um relatório anual de actividades, demonstrativo dos resultados obtidos em matéria de gestão de pneus usados, nomeadamente no que respeita à recauchutagem, reciclagem e valorização, até 31 de Março do ano imediato àquele a que se reportem os resultados.

Artigo 13.º
Dados estatísticos

1 — Os produtores devem comunicar ao Instituto dos Resíduos, até 31 de Março de cada ano, os dados estatísticos referentes à produção total de pneus, bem como às quantidades de pneus colocados no mercado nacional, por tipo de pneu, reportados ao ano imediatamente anterior.

2 — Os importadores de pneus usados devem comunicar ao Instituto dos Resíduos, até 31 de Março de cada ano, os dados estatísticos referentes às quantidades de pneus importados por tipo de pneu segundo o país de origem, indicando os respectivos destinos, reportados ao ano imediatamente anterior.

3 — No caso dos pneus usados importados destinados a recauchutagem, os recauchutadores deverão, ainda, comunicar ao Instituto dos Resíduos, até 31 de Março de cada ano, os dados estatísticos referentes às quantidades de pneus rejeitados não passíveis de recauchutagem, incluindo o destino dado aos mesmos, reportados ao ano imediatamente anterior.

4 — A entidade gestora deverá comunicar ao Instituto dos Resíduos, até 31 de Março de cada ano, para além da informação constante da respectiva licença, as quantidades de pneus usados recolhidos e as quantidades entregues às empresas que se responsabilizem pela sua recauchutagem, reciclagem e outras formas de valorização.

Artigo 14.º
Comissão de acompanhamento da gestão de pneus e pneus usados

1 — É criada a comissão de acompanhamento da gestão de pneus e pneus usados, adiante designada por CAGEP, presidida por um representante do Ministério do Ambiente e do Ordenamento do Território, a quem cabe zelar pelo cumprimento das disposições do presente diploma.

2 — A CAGEP é uma entidade de consultoria técnica que funciona junto dos membros do Governo responsáveis pelo licenciamento da enti-

dade referida no n.º 2 do artigo 7.º, competindo-lhe elaborar o seu regulamento interno, preparar as decisões a adoptar superiormente, acompanhar a execução de acções inerentes ao sistema referido no n.º 1 do artigo 7.º, bem como dar parecer em todos os domínios de aplicação do presente diploma em que seja chamada a pronunciar-se, assegurando a ligação entre as autoridades públicas e os diversos intervenientes abrangidos pelas presentes disposições.

3 — A CAGEP é composta pelos seguintes membros:
   a) Um representante do Ministério da Economia;
   b) Um representante do Ministério das Finanças;
   c) Um representante do Ministério do Ambiente e do Ordenamento do Território;
   d) Um representante de cada associação representativa dos sectores económicos envolvidos;
   e) Um representante da entidade gestora prevista no n.º 2 do artigo 7.º

4 — Os representantes dos Ministérios referidos nas alíneas a) a c) são designados por despacho do ministro competente.

Artigo 15.º
Disposição transitória

1 — As entidades que à data da entrada em vigor do presente diploma detenham existências de pneus usados terão, num prazo máximo de 90 dias úteis a contar dessa data, de comunicar ao Instituto dos Resíduos a sua existência por tipo de pneu usado.

2 — Estas entidades são obrigadas, no prazo máximo de três anos a contar da data referida no número anterior, a enviar os referidos pneus usados para unidades devidamente autorizadas e ou licenciadas para a sua recauchutagem, reciclagem ou valorização, devendo apresentar ao Instituto dos Resíduos o respectivo comprovativo.

Artigo 16.º
Fiscalização e processamento das contra-ordenações

1 — A fiscalização do cumprimento das disposições constantes do presente diploma compete à Inspecção-Geral das Actividades Económicas, à Direcção-Geral das Alfândegas e dos Impostos Especiais sobre o Consumo, à Inspecção-Geral do Ambiente, ao Instituto dos Resíduos, às direcções regionais do ambiente e do ordenamento do território, às direcções regionais do Ministério da Economia e a outras entidades competentes em razão da matéria, nos termos da lei.

2 — É competente para a instrução do processo a entidade que tenha procedido ao levantamento do auto de notícia.

3 — A aplicação das coimas e sanções acessórias previstas no presente diploma compete ao inspector-geral do Ambiente e ao presidente do Instituto dos Resíduos.

Artigo 17.º
Contra-ordenações

1 — Constitui contra-ordenação, punível com coima de € 50 a € 3740, no caso de pessoa singular, e de € 500 a € 44891, no caso de pessoa colectiva:

a) A colocação no mercado de pneus, pelos produtores, sem que a gestão dos respectivos resíduos tenha sido assegurada nos termos do artigo 7.º;
b) O incumprimento das obrigações constantes do artigo 9.º;
c) A violação do disposto nos artigos 5.º e 15.º;
d) A violação do n.º 1 do artigo 8.º;
e) O incumprimento das obrigações constantes do n.º 1 do artigo 7.º e dos artigos 11.º e 12.º;
f) A omissão do dever de informação, ou a prestação de informações falsas, nos termos do artigo 13.º

2 — A tentativa e a negligência são puníveis.

Artigo 18.º
Sanções acessórias

A entidade competente para a aplicação das coimas previstas no número anterior pode determinar ainda a aplicação das seguintes sanções acessórias, nos termos da lei geral:

a) Interdição do exercício de uma profissão ou actividade;
b) Privação do direito a subsídio ou benefício outorgado por entidades ou serviços públicos;
c) Suspensão de autorizações, licenças e alvarás.

Artigo 19.º
Produto das coimas

O produto das coimas previstas no artigo 17.º é afectado da seguinte forma:

a) 20% para a entidade fiscalizadora que levantou o auto e instruiu o mesmo;

b) 20% para a entidade que decidiu da aplicação da coima;
c) 60% para os cofres do Estado.

ARTIGO 20.º
Entrada em vigor

O presente diploma entra em vigor 30 dias depois da data da sua publicação.

Visto e aprovado em Conselho de Ministros de 7 de Fevereiro de 2001. — *António Manuel de Oliveira Guterres — Joaquim Augusto Nunes Pina Moura — Mário Cristina de Sousa — José Sócrates Carvalho Pinto de Sousa.*

Promulgado em 20 de Março de 2001.

Publique-se.

O Presidente da República, JORGE SAMPAIO.

Referendado em 30 de Março de 2001.

O Primeiro-Ministro, *António Manuel de Oliveira Guterres.*

2.5.4. Pilhas e acumuladores

2.5.4.1. Gestão de pilhas e acumuladores (Decreto-lei n.º 62/2001, de 19 de Fevereiro) 955
2.5.4.2. Licenciamento da gestão de pilhas e acumuladores (Portaria n.º 571/2001, de 6 de Junho) 965

Gestão de pilhas e acumuladores

Decreto-Lei n.º 62/2001
de 19 de Fevereiro

Os objectivos fundamentais de uma política integrada de gestão de resíduos traduzem-se na redução da sua quantidade e da sua perigosidade e na maximização das quantidades recuperadas para valorização tendo em vista a minimização de resíduos enviados para eliminação. Estes objectivos são válidos para a generalidade dos resíduos e especialmente para as pilhas e acumuladores usados, dado que a correcta gestão desses resíduos é uma condição necessária para o desenvolvimento sustentável.

As regras de gestão de pilhas e acumuladores usados contendo substâncias perigosas foram fixadas pelo Decreto-Lei n.º 219/94, de 20 de Agosto, e demais legislação regulamentar, que transpôs para a ordem jurídica interna as Directivas n.os 91/157/CEE, do Conselho, de 18 de Março, e 93/86/CE, da Comissão, de 4 de Outubro.

Passados cerca de seis anos sobre essa iniciativa, considera-se ser chegado o momento de rever estratégias e introduzir na legislação os aperfeiçoamentos que a experiência revelou convenientes — sem deixar de assegurar, no entanto, a transposição do referido normativo comunitário.

Desta forma, o presente decreto-lei confere prioridade à diminuição da perigosidade das pilhas e acumuladores usados, estabelecendo proibições de comercialização para determinadas pilhas e acumuladores contendo substâncias perigosas, em conformidade com a Directiva n.º 98/101/CE, da Comissão, de 22 de Dezembro.

Paralelamente, estimula procedimentos vocacionados prioritariamente para a criação de circuitos de recolha selectiva, e, sempre que tecnicamente possível, para a reciclagem ou outras formas de valorização das pilhas e acumuladores usados, desencorajando a sua eliminação por via da simples deposição em aterro.

A prossecução destes objectivos passa, inevitavelmente, pela co-responsabilidade dos operadores económicos, devidamente articulada com as atribuições e competências dos municípios. Com efeito, aos municípios foi confiada a responsabilidade pelo serviço público de recolha da generalidade dos resíduos sólidos urbanos, na esteira das atribuições definidas nas Leis n.ºs 169/99, de 18 de Setembro, e 42/98, de 6 de Agosto.

Por outro lado e para alcançar os referidos objectivos é necessária a melhoria do desempenho ambiental de todos os intervenientes durante o ciclo de vida das pilhas e acumuladores.

Foram ouvidos a Associação Nacional de Municípios Portugueses e os órgãos de governo próprio das Regiões Autónomas.

Assim:

Nos termos da alínea *a*) do n.º 1 do artigo 198.º da Constituição, o Governo decreta, para valer como lei geral da República, o seguinte:

Artigo 1.º
Objecto e âmbito

1 — O presente diploma estabelece o regime jurídico a que fica sujeita a gestão de pilhas e acumuladores e a gestão de pilhas e acumuladores usados, assumindo como primeira prioridade a prevenção da produção desses resíduos, seguida da reciclagem ou outras formas de valorização, por forma a reduzir a quantidade de resíduos a eliminar.

2 — O presente diploma é aplicável à gestão de todas as pilhas e acumuladores colocados no mercado nacional e à gestão de todas as pilhas e acumuladores usados susceptíveis de recolha e tratamento pelos sistemas existentes ou a criar para o efeito.

Artigo 2.º
Definições

Para efeitos do presente diploma, entende-se por:

a) «Pilha» qualquer fonte de energia eléctrica obtida por transformação directa de energia química, constituída por um ou mais elementos primários, não recarregáveis;

b) «Acumulador» qualquer fonte de energia eléctrica obtida por transformação directa de energia química, constituída por um ou mais elementos secundários, recarregáveis;

c) «Pilha e acumulador usados» qualquer pilha e acumulador não reutilizáveis, abrangidos pela definição de resíduo adoptada na legislação em vigor aplicável nesta matéria;

d) «Acumuladores de veículos, industriais e similares» qualquer acumulador utilizado em veículos ou para fins industriais ou similares, nomeadamente como fonte de energia para tracção, reserva e iluminação de emergência;

e) «Outros acumuladores» acumuladores não incluídos na definição de acumuladores de veículos, industriais e similares;

f) «Reciclagem» reprocessamento de pilhas e acumuladores usados num processo de produção, para o fim inicial ou para outros fins, excluindo a valorização energética;

g) «Valorização» qualquer das operações aplicáveis às pilhas e acumuladores usados previstas na Decisão da Comissão n.º 96/350/CE, de 24 de Maio;

h) «Eliminação» qualquer das operações aplicáveis às pilhas e acumuladores usados previstas na Decisão da Comissão n.º 96/350/CE, de 24 de Maio;

i) «Recolha» qualquer operação de apanha, triagem e ou reagrupamento de pilhas e acumuladores usados;

j) «Produtor» qualquer entidade que produza e comercialize pilhas ou acumuladores sob a sua própria marca ou que revenda, sob a sua própria marca, equipamento produzido por outros fornecedores;

l) «Importador» qualquer entidade que importe, com carácter profissional, pilhas e acumuladores ou equipamentos que os contenham;

m) «Operadores económicos» os produtores e importadores, os comerciantes e as autoridades e organismos públicos com competências na matéria, designadamente as câmaras municipais;

n) «Retalhista» agente económico que exerce como actividade principal o comércio a retalho;

o) «Grossista» agente económico que exerce como actividade principal o comércio por grosso;

p) «Supermercado» estabelecimento de venda a retalho, com uma área de exposição e venda igual ou superior a 400 m2 e inferior a 2500 m2 que, comercializando nomeadamente pilhas e acumuladores, utiliza o método de venda em livre serviço;

q) «Hipermercado» estabelecimento de venda a retalho, com uma área de venda mínima de 2500 m2 que, comercializando nomeadamente pilhas e acumuladores, utiliza o método de venda em livre serviço.

ARTIGO 3.º
Objectivos e princípios de gestão

Constituem princípios fundamentais de gestão de pilhas e acumuladores e de gestão de pilhas e acumuladores usados a prevenção da produção e da perigosidade destes resíduos, bem como a criação de sistemas de reciclagem ou outras formas de valorização, ou de eliminação, de pilhas e acumuladores usados, nomeadamente através da concretização de programas de acção específicos, constantes das portarias previstas no artigo 8.º

ARTIGO 4.º
Responsabilidades pela gestão

1 — Os operadores económicos são co-responsáveis pela gestão das pilhas e acumuladores e pela gestão das pilhas e acumuladores usados, nos termos do disposto no presente diploma e demais legislação aplicável.

2 — As câmaras municipais são responsáveis, nos termos da legislação em vigor, pela recolha dos resíduos urbanos, devendo beneficiar das contrapartidas financeiras que derivem da recolha selectiva das pilhas e outros acumuladores usados. Nas situações previstas na legislação em que essa responsabilidade é transferida para outrem, as contrapartidas financeiras atrás referidas são devidas a quem assegura a recolha selectiva das pilhas e acumuladores.

3 — Os produtores e importadores são responsáveis pela prestação das contrapartidas financeiras previstas no número anterior, destinadas a suportar os acréscimos de custos com a recolha selectiva de pilhas e outros acumuladores usados.

4 — Os operadores económicos são obrigados a recolher pilhas e acumuladores usados, sem quaisquer encargos para o consumidor final ou último detentor.

5 — Os produtores e importadores são responsáveis pela valorização, se tecnicamente viável, ou eliminação de pilhas e acumuladores usados, em unidades legalizadas para o efeito.

6 — Só podem ser comercializados as pilhas e acumuladores que preencham todos os requisitos definidos no presente diploma e demais legislação aplicável.

ARTIGO 5.º
Programas de acção

1 — Para efeitos do cumprimento das obrigações estabelecidas no artigo anterior, os produtores e importadores são obrigados a submeter a

gestão das suas pilhas e acumuladores e a gestão de pilhas e acumuladores usados a um dos dois programas de acção, relativos a acumuladores de veículos, industriais e similares e a pilhas e outros acumuladores, cujas normas de funcionamento e regulamentação são as constantes do presente diploma e das portarias mencionadas no artigo 8.º

2 — No âmbito do programa de acção relativo a pilhas e outros acumuladores, a responsabilidade dos produtores e importadores pela gestão das pilhas e acumuladores usados pode ser transferida para uma entidade gestora devidamente licenciada para exercer essa actividade, nos termos do presente diploma e das portarias mencionadas no artigo 8.º

3 — A entidade gestora referida no número anterior terá de obrigatoriamente estar constituída pelos produtores e importadores, licenciada e operacional, à altura da entrada em vigor do referido programa, isto é, em 1 de Julho de 2001.

ARTIGO 6.º
Restrições à comercialização

1 — É proibida a comercialização de pilhas e acumuladores que contenham mais de 0,0005% de mercúrio em peso, inclusive nos casos em que estejam incorporados em aparelhos.

2 — O disposto no número anterior não se aplica às pilhas do tipo «botão» e às pilhas compostas de elementos do tipo «botão» com um teor de mercúrio não superior a 2% em peso.

3 — Os produtores e importadores não podem comercializar qualquer pilha ou acumulador constante do anexo I a este diploma e que dele é parte integrante que não esteja marcado com um dos símbolos específicos definidos no anexo II deste diploma e que dele é parte integrante.

4 — A marcação é efectuada pelo produtor ou pelo seu mandatário estabelecido em território nacional ou, na sua falta, pelo responsável pela comercialização das pilhas e acumuladores no mercado nacional.

5 — As pilhas e acumuladores só poderão ser incorporados em aparelhos na condição de poderem ser facilmente retirados pelo consumidor após utilização. Esta disposição não se aplica às categorias de aparelhos referidas no anexo III deste diploma e que dele é parte integrante.

ARTIGO 7.º
Comissão de Acompanhamento da Gestão de Pilhas e Acumuladores

1 — É criada a Comissão de Acompanhamento da Gestão de Pilhas e Acumuladores, adiante designada por CAPA, presidida por um represen-

tante do Ministério do Ambiente e do Ordenamento do Território, a quem cabe zelar pelo cumprimento das disposições do presente diploma.

2 — A CAPA é uma entidade de consultoria técnica que funciona junto dos membros do Governo responsáveis pelo licenciamento das entidades referidas no artigo 5.º, competindo-lhe elaborar o seu regulamento interno, preparar as decisões a adoptar superiormente, acompanhar a execução dos programas de acção referidos no artigo 5.º, bem como dar parecer em todos os domínios de aplicação do presente diploma em que seja chamada a pronunciar-se, assegurando a ligação entre as autoridades públicas e os diversos agentes económicos abrangidos pelas presentes disposições.

3 — A CAPA é composta pelos seguintes membros:
 a) Um representante do Ministério da Economia;
 b) Um representante do Ministério das Finanças;
 c) Um representante do Ministério do Ambiente e do Ordenamento do Território;
 d) Um representante da Associação Nacional dos Municípios Portugueses;
 e) Um representante de cada associação representativa dos sectores económicos envolvidos;
 f) Um representante de cada entidade gestora prevista no n.º 2 do artigo 5.º;
 g) Um representante de cada Governo Regional.

4 — Os representantes dos Ministérios previstos nas alíneas *a*) a *c*) são designados por despacho do ministro competente.

Artigo 8.º
Regulamentação

As normas regulamentares de execução técnica previstas no presente diploma respeitantes ao licenciamento da entidade gestora e aos programas de acção previstos no artigo 5.º e ao sistema de transmissão de dados ao Instituto dos Resíduos são definidas por portarias conjuntas dos Ministros da Economia e do Ambiente e do Ordenamento do Território.

Artigo 9.º
Fiscalização e processamento das contra-ordenações

1 — A fiscalização do cumprimento das disposições constantes do presente diploma compete à Inspecção-Geral das Actividades Económicas, à Direcção-Geral das Alfândegas e dos Impostos Especiais sobre o Consumo, à Inspecção-Geral do Ambiente, ao Instituto dos Resíduos, às direcções

regionais do ambiente e do ordenamento do território, às delegações regionais do Ministério da Economia e a outras entidades competentes em razão da matéria, nos termos da lei.

2 — É competente para a instrução do processo e aplicação de coimas a entidade que tenha procedido ao levantamento do competente auto de notícia.

ARTIGO 10.º
Contra-ordenações

1 — Constitui contra-ordenação, punível com coima de 10000$00 a 750000$00, no caso de pessoas singulares, e de 100000$00 a 9000000$00, no caso de pessoa colectiva:
   a) A comercialização, pelo produtor ou importador, de pilhas e acumuladores sem que a gestão dos mesmos e dos respectivos resíduos tenha sido assegurada nos termos do n.º 1 do artigo 5.º e das portarias previstas no artigo 8.º;
   b) A comercialização de pilhas e acumuladores em violação do disposto no artigo 6.º;
   c) A recusa de recolha de pilhas e acumuladores usados, em violação do disposto no n.º 4 do artigo 4.º;
   d) O incumprimento das obrigações constantes das portarias previstas no artigo 8.º;
   e) A omissão do dever de comunicação de dados ao Instituto dos Resíduos, ou a errada transmissão destes, nos termos das portarias previstas no artigo 8.º

2 — A tentativa e a negligência são puníveis.

ARTIGO 11.º
Sanções acessórias

A entidade competente para a aplicação das coimas previstas no artigo anterior pode determinar ainda a aplicação das seguintes sanções acessórias, nos termos da lei geral:
   a) Suspensão do exercício de uma profissão ou actividade;
   b) Privação do direito a subsídio ou benefício outorgado por entidades ou serviços públicos;
   c) Suspensão de autorizações, licenças e alvarás.

ARTIGO 12.º
Produto das coimas

O produto das coimas previstas no artigo 10.º é afectado da seguinte forma:

a) 40% para a entidade fiscalizadora que decidiu da aplicação da coima;
b) 60% para os cofres do Estado.

ARTIGO 13.º
Revogação

São revogados o Decreto-Lei n.º 219/94, de 20 de Agosto, e as Portarias n.ᵒˢ 281/95, de 7 de Abril, e 1081/95, de 1 de Setembro.

ARTIGO 14.º
Entrada em vigor

O presente diploma entra em vigor no dia imediato ao da sua publicação.

Visto e aprovado no Conselho de Ministros de 14 de Dezembro de 2000. — *António Manuel de Oliveira Guterres — Joaquim Augusto Nunes Pina Moura — António Luís Santos Costa — Vítor Manuel da Silva Santos — José Sócrates Carvalho Pinto de Sousa.*

Promulgado em 31 de Janeiro de 2001.

Publique-se.

O Presidente da República, JORGE SAMPAIO.

Referendado em 7 de Fevereiro de 2001.

O Primeiro-Ministro, *António Manuel de Oliveira Guterres.*

ANEXO I

Pilhas e acumuladores contendo substâncias perigosas:
1) Pilhas e acumuladores colocados no mercado a partir de 1 de Janeiro de 1999 e que contenham mais de 0,0005% de mercúrio em peso;
2) Pilhas e acumuladores colocados no mercado a partir de 18 de Setembro de 1992 e que contenham:
   Mais de 25 mg de mercúrio por elemento, com excepção das pilhas alcalinas de manganês;
   Mais de 0,025% em peso de cádmio;
   Mais de 0,4 % em peso de chumbo;
3) Pilhas alcalinas de manganês com mais de 0,025%empeso de mercúrio, colocadas no mercado a partir de 18 de Setembro de 1992.

ANEXO II
Sistema de marcação

1 — De acordo com o n.º 3 do artigo 6.º, os produtores e importadores não podem comercializar qualquer pilha ou acumulador constante do anexo I que não esteja marcado com um dos símbolos ilustrados abaixo:

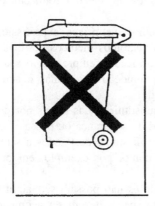
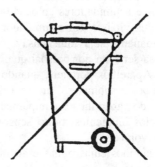

2 — A dimensão do símbolo previsto no número anterior será equivalente a 3% da superfície da face maior da pilha ou do acumulador, não podendo exceder um máximo de 5 cm × 5 cm. Quando se trate de pilhas cilíndricas, a dimensão do símbolo deve ser equivalente a 3% da metade da superfície do cilindro, não podendo exceder um máximo de 5 cm ×5 cm.

Se, devido à dimensão da pilha ou do acumulador, a superfície a ocupar pelo símbolo for inferior a 0,5 cm × 0,5 cm, não é exigida a marcação da pilha ou do acumulador, devendo no entanto ser impresso na embalagem um símbolo com a dimensão 1 cm ×1 cm.

3 — Ainda de acordo com o n.º 3 do artigo 6.º, os produtores e importadores não podem comercializar qualquer pilha ou acumulador constante do anexo I que não esteja marcado com um símbolo indicativo do teor de metais pesados. Este símbolo é constituído pelo símbolo químico do metal em causa, isto é, *Hg, Cd* ou *Pb*, de acordo com a categoria das pilhas ou acumuladores descritos no anexo I.

4 — O símbolo a que se refere o n.º 3 será impresso por baixo do símbolo previsto no n.º 1. A sua dimensão deve equivaler a pelo menos um quarto da superfície do símbolo descrito no n.º 1.

5 — Qualquer dos símbolos mencionados deve ser impresso de forma visível, legível e indelével.

ANEXO III
Lista das categorias dos aparelhos excluídos do âmbito de aplicação do n.º 5 do artigo 6.º

1 — Aparelhos cujas pilhas são soldadas ou fixadas de forma permanente por qualquer outro meio a pontos de contacto, a fim de assegurarem uma alimentação eléctrica contínua para uma utilização industrial intensiva e para preservar a memória e os dados de equipamentos informáticos e buróticos, sempre que a utilização das pilhas e acumuladores referidos no anexo I for tecnicamente necessária.

2 — Pilhas de referência dos aparelhos científicos e profissionais, bem como pilhas e acumuladores colocados em aparelhos médicos destinados a manter as funções vitais e em estimuladores cardíacos, sempre que o seu funcionamento permanente seja indispensável e a remoção das pilhas e acumuladores apenas possa ser feita por pessoal qualificado.

3 — Aparelhos portáteis, quando a substituição das pilhas por pessoal não qualificado possa submeter o utente a riscos de segurança ou possa afectar o funcionamento dos aparelhos e equipamento profissional destinados a serem utilizados em meios ambientes muito sensíveis como, por exemplo, em presença de substâncias voláveis.

Os aparelhos cujas pilhas e acumuladores não possam ser facilmente substituídos pelo utente, nos termos do presente anexo, devem ser acompanhados de instruções de utilização que informem o utente de que o conteúdo das pilhas ou acumuladores apresenta perigos para o ambiente, indicando-lhe a forma de os remover com toda a segurança.

Licenciamento da gestão de pilhas e acumuladores

Portaria n.º 571/2001
de 6 de Junho

Ao abrigo do disposto no artigo 5.º do Decreto-Lei n.º 62/2001, de 19 de Fevereiro, manda o Governo, pelos Ministros da Economia e do Ambiente e do Ordenamento do Território, o seguinte:

1.º A presente portaria define as regras a que fica sujeito o licenciamento da entidade gestora do sistema integrado de pilhas e acumuladores usados prevista no n.º 2 do artigo 5.º do Decreto-Lei n.º 62/2001, de 19 de Fevereiro, adiante designada por entidade gestora.

2.º A entidade gestora carece de licença, a conceder por decisão do Ministro do Ambiente e do Ordenamento do Território.

3.º O requerimento de licenciamento é apresentado ao Instituto dos Resíduos, a quem compete coordenar e instruir o processo, remetendo-o para decisão final.

4.º O processo referido no número anterior deverá ser instruído no prazo de 60 dias.

5.º A concessão da licença depende das capacidades técnicas e financeiras da entidade gestora para as operações em causa, bem como da apreciação do caderno de encargos com que a mesma deve instruir o requerimento referido no n.º 3.º, e que inclui obrigatoriamente as referências constantes do anexo a este diploma, que dele faz parte integrante.

6.º Os resultados contabilísticos da entidade gestora serão obrigatoriamente reinvestidos ou utilizados na sua actividade ou actividades conexas, de acordo com o disposto na alínea *e*) do anexo, podendo ser constituídos em provisões ou reservas para operações futuras, mas sendo expressamente vedada a distribuição de resultados, dividendos ou lucros pelos accionistas, sócios ou associados.

7.º A presente portaria entra em vigor no dia imediato ao da sua publicação.

Em 20 de Fevereiro de 2001.

O Ministro da Economia, *Mário Cristina de Sousa*. — O Ministro do Ambiente e do Ordenamento do Território, *José Sócrates Carvalho Pinto de Sousa*.

ANEXO
Caderno de encargos

O caderno de encargos inclui as seguintes referências:

a) Identificação e características técnicas das pilhas e dos acumuladores usados abrangidos;
b) Previsão das quantidades de pilhas e acumuladores usados a retomar anualmente;
c) Bases da contribuição financeira exigida aos produtores e importadores, designadamente a fórmula de cálculo da taxa respectiva, tendo em conta as quantidades previstas, o volume e o peso, bem como a natureza dos materiais presentes nas mesmas. Esta contribuição deverá reflectir especialmente os teores em mercúrio, cádmio e chumbo das pilhas e acumuladores, bem como deverá fazer face aos custos da sua recolha selectiva e do seu tratamento, de acordo com o artigo 1.º do Decreto-Lei n.º 62//2001, de 19 de Fevereiro;
d) Condições de articulação da actividade da entidade gestora com os municípios ou outros operadores, nomeadamente o modo de retoma das pilhas e dos acumuladores usados recolhidos por estes e as bases das contrapartidas que lhes são devidas pelo custo associado às operações de recolha selectiva;
e) Do orçamento a gerir pela entidade, e para além da verba destinada a suportar os custos com a recolha selectiva e com o tratamento adequado das pilhas e acumuladores, deverá ser estipulada uma verba destinada ao financiamento de:
   a') Campanhas de sensibilização dos consu-midores sobre os perigos de uma eliminação incontrolada destes resíduos, a marcação das pilhas e acumuladores, os aparelhos com pilhas e acumuladores incorporados a título permanente e o modo de retirar essas pilhas e acumuladores;
   b') Estudos de viabilidade técnico-económica de novos processos de reciclagem e de valorização a implantar ao nível nacional;
   c') Estudos que promovam a investigação sobre a redução do teor em metais pesados e substâncias perigosas e sobre a sua substituição por outras menos poluentes, com vista à promoção da colocação no mercado de pilhas e acumuladores contendo menores quantidades de substâncias perigosas e ou substâncias poluentes;
f) Circuito económico concebido para a valorização ou eliminação, evidenciando os termos da relação entre a entidade e os operadores económicos envolvidos.

2.5.5. Equipamentos eléctricos e electrónicos

2.5.5.1. Resíduos de equipamentos eléctricos e electrónicos (Decreto-lei n.º 20/2002, de 30 de Janeiro) 969

Resíduos de equipamentos eléctricos e electrónicos

Decreto-Lei n.º 20/2002
de 30 de Janeiro

Os objectivos fundamentais de uma política integrada de gestão de resíduos traduzem-se, prioritariamente, na prevenção da sua quantidade e da sua perigosidade e na maximização das quantidades recuperadas para valorização, tendo em vista a minimização de resíduos enviados para eliminação. Estes objectivos são válidos para a generalidade dos resíduos e especialmente para os resíduos de equipamentos eléctricos e electrónicos (REEE), dado que a sua correcta gestão é uma condição necessária para o desenvolvimento sustentável.

O presente decreto-lei vem, assim, estabelecer um conjunto de regras de gestão que visam a criação de circuitos de recolha selectiva de resíduos de equipamentos eléctricos e electrónicos, o seu correcto armazenamento e pré-tratamento, nomeadamente no que diz respeito à separação das substâncias perigosas neles contidas, e o posterior envio para reutilização ou reciclagem, desencorajando a sua eliminação por via da simples deposição em aterro.

A prossecução destes objectivos passa, inevitavelmente, pela responsabilização dos produtores pela correcta gestão dos equipamentos eléctricos e electrónicos (EEE) quando estes chegam ao final do ciclo de vida útil, sem prejuízo das responsabilidades de outros intervenientes no circuito de gestão de REEE, nomeadamente consumidores, detentores, distribuidores, municípios e empresas de recolha, armazenamento e tratamento.

Para o efeito, prevê-se a constituição de uma entidade gestora responsável pela gestão dos REEE, cuja acção deverá ser devidamente articulada com os vários intervenientes no sistema de gestão preconizado, especialmente com as atribuições e competências dos municípios.

Foi ouvida a Associação Nacional de Municípios Portugueses.

Assim:

Nos termos da alínea *a*) do n.º 1 do artigo 198.º da Constituição, o Governo decreta o seguinte:

ARTIGO 1.º
Objecto

O presente diploma estabelece o regime jurídico a que fica sujeita a gestão de resíduos de equipamentos eléctricos e electrónicos (REEE), assumindo como objectivos prioritários a prevenção da produção desses resíduos, seguida da reutilização, da reciclagem e de outras formas de valorização, por forma a reduzir a quantidade e a nocividade de resíduos a eliminar.

ARTIGO 2.º
Definições

Para efeitos do presente diploma, entende-se por:

a) «Equipamentos eléctricos e electrónicos (EEE)» os equipamentos que estão dependentes de correntes eléctricas ou campos electromagnéticos para funcionar correctamente, bem como os equipamentos para geração, transferência e medição dessas correntes e campos, referidos expressamente no anexo I deste diploma, e destinados a utilização com uma tensão nominal não superior a 1000 V para corrente alterna e 1500 V para corrente contínua;

b) «Resíduos de equipamentos eléctricos e electrónicos (REEE)» EEE que constituem um resíduo na acepção da alínea *a*) do artigo 3.º do Decreto-Lei n.º 239/97, de 9 de Setembro, incluindo todos os componentes, subconjuntos e consumíveis que fazem parte integrante do equipamento no momento em que este é rejeitado;

c) «Produtor» qualquer entidade que:

Produza e coloque no mercado nacional EEE sob a sua própria marca;

Revenda, sob a sua própria marca, EEE produzidos por outros fornecedores;

Importe ou coloque no mercado nacional EEE, com carácter profissional;

d) «Distribuidor» qualquer entidade que forneça EEE, numa base comercial, para consumo final;

e) «Recolha» qualquer operação de apanha de REEE com vista ao seu transporte;

f) «Valorização» qualquer das operações aplicáveis aos REEE previstas no anexo II-B da Decisão da Comissão n.º 96/350/CE, de 24 de Maio;

g) «Eliminação» qualquer das operações aplicáveis aos REEE previstas no anexo II-A da Decisão da Comissão n.º 96/350/CE, de 24 de Maio;

h) «Reutilização» qualquer operação através da qual os EEE ou seus componentes sejam utilizados para o mesmo fim para o qual foram concebidos; a reutilização inclui a utilização continuada de REEE que são devolvidos a centros de recolha, distribuidores, instalações de reciclagem ou fabricantes;

i) «Reciclagem» reprocessamento de REEE num processo de produção, para o fim inicial ou para outros fins, excluindo a valorização energética;

j) «Prevenção» as medidas destinadas a reduzir a quantidade e nocividade para o ambiente dos REEE e materiais ou substâncias neles contidas;

k) «Sistema integrado» sistema que pressupõe a transferência da responsabilidade pela gestão de EEE e de REEE para uma entidade gestora devidamente licenciada.

Artigo 3.º
Princípios de gestão

1 — Constituem princípios fundamentais de gestão de REEE a prevenção da produção destes resíduos bem como o recurso a sistemas de reutilização, de reciclagem e de outras formas de valorização de REEE, por forma a reduzir a quantidade e a nocividade de resíduos a eliminar.

2 — Só podem ser comercializados os EEE que preencham todos os requisitos definidos no presente diploma e demais legislação aplicável.

Artigo 4.º
Objectivos de gestão

1 — Os produtores devem adoptar as medidas necessárias para que, a partir de 31 de Dezembro de 2003, sejam obrigatoriamente garantidos os seguintes objectivos de gestão:

a) A recolha selectiva de REEE, numa proporção de, pelo menos, 2 kg/habitante/ano;

b) A reutilização e reciclagem dos REEE recolhidos:

Categoria 1 do anexo I deste diploma — de, pelo menos, 75%, em peso, por equipamento;

Categoria 2 do anexo I deste diploma — de, pelo menos, 65%, em peso, por equipamento;

Categoria 3 do anexo I deste diploma — de, pelo menos, 50%, em peso, por equipamento.

2 — Os objectivos constantes do número anterior poderão ser revistos, sempre que necessário, com base em razões tecnológicas, de mercado ou em resultado da evolução das normas de direito comunitário.

ARTIGO 5.º
Responsabilidades pela gestão

1 — Todos os intervenientes no ciclo de vida dos EEE e dos REEE são co-responsáveis pela sua gestão, nos termos do disposto no presente diploma e demais legislação aplicável.

2 — Os municípios, sendo responsáveis, nos termos da legislação em vigor, pela recolha dos resíduos urbanos, devem beneficiar das contrapartidas financeiras necessárias para assegurar a recolha selectiva dos REEE abrangidos pela definição de resíduos urbanos. Nas situações previstas na legislação em que essa responsabilidade é transferida para outrem, as contrapartidas financeiras atrás referidas são devidas a quem assegura a recolha selectiva dos REEE.

3 — Os produtores são responsáveis pela prestação das contrapartidas financeiras previstas no número anterior, destinadas a suportar os custos com a recolha selectiva de REEE.

4 — Os produtores são responsáveis pela gestão dos REEE não abrangidos pela definição de resíduo urbano, constante do Decreto-Lei n.º 239/97, de 9 de Setembro.

5 — Os municípios, os distribuidores e os produtores são obrigados a recolher REEE do consumidor final ou último detentor, sem quaisquer encargos para estes.

6 — Os produtores são responsáveis pelo transporte dos REEE desde os locais de recolha selectiva até às unidades autorizadas e ou licenciadas para a sua valorização, se tecnicamente viável, ou eliminação. São igualmente responsáveis pelos custos de valorização/eliminação dos REEE.

7 — Os produtores são responsáveis pela armazenagem e tratamento dos REEE de acordo com os requisitos constantes do anexo II deste diploma.

ARTIGO 6.º
Sistema integrado

1 — Para o efeito do cumprimento das obrigações estabelecidas no artigo anterior, os produtores devem submeter a gestão dos REEE a um

sistema integrado, cujas normas de funcionamento são as constantes do presente diploma.

2 — A responsabilidade dos produtores pela gestão dos REEE deve ser transferida para uma entidade gestora do sistema integrado, desde que devidamente licenciada para exercer essa actividade, nos termos do presente diploma.

3 — Os produtores são responsáveis pela constituição da entidade gestora referida no número anterior, a qual deverá estar licenciada e operacional no prazo de quatro meses a contar da entrada em vigor do presente diploma.

4 — A entidade gestora é uma entidade sem fins lucrativos, em cuja composição poderão figurar, além dos produtores, os distribuidores e as demais entidades que exerçam a sua actividade na área da reutilização e valorização de REEE.

5 — São competências da entidade gestora do sistema integrado:

a) Organizar a rede de recolha e transporte dos REEE, efectuando os necessários contratos com os municípios, associações de municípios, sistemas municipais, multimunicipais ou seus concessionários ou outros operadores, a quem deverá prestar as correspondentes contrapartidas financeiras;

b) Decidir sobre o destino a dar a cada lote de REEE, respeitando a hierarquia dos princípios de gestão e tendo em conta os objectivos fixados no artigo 4.º;

c) Estabelecer contratos com os produtores e com outras entidades que exerçam a sua actividade no domínio da reutilização e da valorização de REEE para fixar prestações financeiras ou os encargos determinados pelos destinos dados aos REEE.

6 — A transferência de responsabilidades de cada produtor para a entidade gestora é objecto de contrato escrito, com a duração mínima de cinco anos, o qual deverá conter obrigatoriamente:

a) As características dos EEE abrangidos;

b) A previsão da quantidade de REEE a retomar anualmente pela entidade gestora;

c) As acções de controlo a desenvolver pela entidade gestora, por forma a verificar o cumprimento das condições estipuladas no contrato;

d) As prestações financeiras devidas à entidade gestora e a forma da sua actualização, tendo em conta as respectivas obrigações, definidas no presente diploma.

7 — Em alternativa à obrigação prevista nos n.ºs 1 e 2, os produtores poderão optar por assumir as suas obrigações ao nível individual, carecendo

para o efeito de uma autorização especial do Instituto dos Resíduos (INR), que só poderá ser concedida se garantir, pelo menos, o mesmo nível de resultados.

Artigo 7.º
Regras de gestão de REEE

1 — Os municípios, associações de municípios ou sistemas multimunicipais são obrigados a estabelecer sistemas que permitam aos consumidores finais e aos distribuidores entregar os REEE sem encargos. Para esse efeito deverão instalar na sua área de influência locais adequados para a recolha selectiva e ou estabelecer outros esquemas de recolha selectiva, bem como assegurar, caso necessário e em articulação com a entidade gestora do sistema integrado, a criação de um ou mais locais para o armazenamento temporário dos REEE retomados.

2 — Os distribuidores, ao comercializarem um novo EEE, são obrigados a aceitar a retoma de um REEE, livre de encargos, desde que esse REEE seja equivalente e desempenhe as mesmas funções do EEE vendido. Nos casos em que a venda implique uma entrega do EEE ao domicílio, os distribuidores são obrigados a garantir o transporte gratuito do REEE até aos locais de recolha mencionados no número anterior.

3 — Para os efeitos do número anterior, deverão ser prestadas informações claras aos consumidores, através da sua afixação nos locais de venda, divulgação nos catálogos de EEE e por outras formas eficazes.

4 — A entidade gestora do sistema integrado assegura a recolha dos REEE:

   a) Estabelecendo contratos com os municípios, associações de municípios ou sistemas multimunicipais que prevejam uma adequada periodicidade de recolha e a disponibilização de prestações financeiras necessárias para comportar as operações de recolha selectiva;
   b) As prestações financeiras referidas na alínea anterior serão definidas de modo global e único para todo o país, mediante proposta da entidade gestora, a apresentar ao INR até 30 de Setembro do ano imediatamente anterior àquele a que dizem respeito, e aprovadas por despacho do Ministro do Ambiente e do Ordenamento do Território;
   c) Sempre que solicitado pelos distribuidores, e desde que o montante em causa ultrapasse os 25 kg no caso das lâmpadas de mercúrio usadas e 250 kg no caso dos demais REEE;
   d) Sempre que solicitado por detentores de REEE não abrangidos pela definição de resíduo urbano.

5 — A entidade gestora não é obrigada a aceitar REEE que não respeitem os fins para os quais está licenciada.

6 — A entidade gestora assegura, caso necessário, a criação de um ou mais locais para o armazenamento temporário dos REEE retomados das entidades referidas no n.º 4 do presente artigo, podendo igualmente estabelecer contratos com empresas já autorizadas/licenciadas para proceder a essa operação.

7 — O armazenamento temporário dos REEE retomados, referido nos n.ºs 1 e 4 do presente artigo, é efectuado de acordo com as condições referidas no anexo II do presente diploma e em locais autorizados/licenciados, nos termos da legislação em vigor.

8 — A responsabilidade da entidade gestora pelo destino final de REEE só cessa mediante a sua entrega a empresas autorizadas/licenciadas para a sua valorização/eliminação, nos termos da legislação em vigor.

9 — As substâncias, preparações e componentes obtidos no tratamento dos REEE são valorizados ou eliminados em conformidade com o disposto no Decreto-Lei n.º 239/97, de 9 de Setembro, e demais legislação aplicável.

ARTIGO 8.º
Licenciamento da entidade gestora

1 — Para tomar a seu cargo a gestão de REEE ao abrigo do sistema integrado, a entidade gestora carece de licença, a conceder por decisão do Ministro do Ambiente e do Ordenamento do Território.

2 — A concessão da licença depende das capacidades técnicas e financeiras da entidade gestora para as operações em causa, bem como da apreciação do caderno de encargos previsto no n.º 4 do presente artigo, com o qual deve ser instruído o respectivo requerimento.

3 — O requerimento de licenciamento é apresentado ao INR, a quem compete coordenar o respectivo procedimento e transmitir a decisão final.

4 — O caderno de encargos referido no n.º 2 do presente artigo tem de incluir as seguintes referências:

a) Tipos e características técnicas dos EEE abrangidos;
b) Previsão das quantidades de REEE a retomar anualmente;
c) Bases da prestação financeira exigida aos produtores, designadamente a fórmula de cálculo do valor respectivo, tendo em conta as quantidades previstas, os tipos e a natureza dos materiais presentes nos EEE, bem como a operação de tratamento a que os mesmos deverão ser sujeitos;

d) Condições da articulação da actividade da entidade gestora com os municípios, concretamente o modo como se propõe assegurar a retoma dos REEE recolhidos por estes, e as bases das contrapartidas da entidade aos municípios pelo custo das operações de recolha selectiva de REEE;

e) Condições da articulação da actividade da entidade gestora com outras entidades que assegurem a recolha de REEE, concretamente o modo como se propõe assegurar a retoma dos REEE recolhidos por estas;

f) Definição de uma verba destinada ao financiamento de campanhas de sensibilização dos consumidores sobre os procedimentos a adoptar em termos de gestão de REEE bem como sobre os perigos de uma eliminação incontrolada destes resíduos;

g) Circuito económico concebido para a valorização ou eliminação, evidenciando os termos da relação entre a entidade gestora e as outras entidades envolvidas.

Artigo 9.º
Resultados contabilísticos da entidade gestora

Os resultados contabilísticos da entidade gestora serão obrigatoriamente reinvestidos ou utilizados na sua actividade ou actividades conexas, de acordo com o disposto na alínea *f)* do n.º 4 do artigo 8.º, podendo ser constituídos em provisões ou reservas para operações futuras, mas sendo expressamente vedada a distribuição de resultados, dividendos ou lucros pelos accionistas, sócios ou associados.

Artigo 10.º
Obrigação de comunicação de dados

1 — A entidade gestora fica obrigada a enviar ao INR:

Um relatório trimestral, identificando os produtores que lhe transferiram a sua responsabilidade de acordo com o disposto no n.º 2 do artigo 6.º;

Um relatório anual de actividade, até 15 de Fevereiro do ano imediato àquele a que se reportem os resultados, demonstrativo dos resultados obtidos em matéria de gestão de REEE, nomeadamente no que respeita à afectação de recursos para campanhas de divulgação e sensibilização dos vários intervenientes no processo, bem como à reciclagem e outras formas de valorização ou eliminação.

2 — Os produtores ficam obrigados a comunicar anualmente ao INR os dados estatísticos referentes às quantidades de EEE que coloquem no

mercado. Estes dados são comunicados até 15 de Fevereiro do ano imediato àquele a que se reportam, através de impresso, de acordo com o modelo a aprovar por despacho do Ministro do Ambiente e do Ordenamento do Território.

ARTIGO 11.º
Comissão de acompanhamento da gestão de REEE

1 — É criada a comissão de acompanhamento da gestão de REEE, adiante designada por CAGREEE, a quem cabe zelar pelo cumprimento das disposições do presente diploma.

2 — A CAGREEE é uma entidade de consultoria técnica que funciona junto do Ministro do Ambiente e do Ordenamento do Território, competindo-lhe elaborar o seu regulamento interno, preparar as decisões a adoptar superiormente, acompanhar a execução de acções inerentes ao sistema referido no artigo 6.º, bem como dar parecer em todos os domínios de aplicação do presente diploma em que seja chamada a pronunciar-se, assegurando a ligação entre as autoridades públicas e os diversos agentes económicos abrangidos pelas presentes disposições.

3 — A CAGREEE é composta pelos seguintes membros:
 a) Um representante do Ministério do Ambiente e do Ordenamento do Território, que preside;
 b) Um representante do Ministério da Economia;
 c) Um representante do Ministério das Finanças;
 d) Um representante da Associação Nacional dos Municípios Portugueses;
 e) Um representante de cada associação representativa dos sectores económicos envolvidos;
 f) Um representante da entidade gestora prevista no n.º 2 do artigo 6.º

4 — Os representantes dos Ministérios previstos nas alíneas *a)* a *c)* são designados por despacho do ministro competente.

ARTIGO 12.º
Fiscalização e processamento das contra-ordenações

1 — A fiscalização do cumprimento das disposições constantes do presente diploma compete à Inspecção-Geral das Actividades Económicas, à Inspecção-Geral do Ambiente, ao Instituto dos Resíduos, às direcções regionais do ambiente e do ordenamento do território, às direcções regionais do Ministério da Economia e a outras entidades competentes em razão da matéria, nos termos da lei.

2 — É competente para a instrução do processo e aplicação de coimas a entidade que tenha procedido ao levantamento do auto de notícia, com excepção das autoridades policiais.

3 — Nos casos em que o auto de notícia tenha sido levantado pelas autoridades policiais, são competentes para a instrução do processo e aplicação da coima o Instituto dos Resíduos, a Inspecção-Geral do Ambiente e a Inspecção-Geral das Actividades Económicas.

Artigo 13.º
Contra-ordenações

1 — Constitui contra-ordenação, punível com coima de € 250 a € 3740, no caso de pessoas singulares, e de € 500 a € 44890, no caso de pessoa colectiva:

   a) A não entrega de REEE nos locais adequados para a sua recolha selectiva, por parte do último detentor;
   b) A recusa de recolha de REEE, em violação do disposto no n.º 4 do artigo 5.º;
   c) A colocação no mercado de EEE sem que a gestão dos mesmos e dos respectivos resíduos tenha sido assegurada nos termos dos n.os 1, 6 e 7 do artigo 6.º;
   d) O incumprimento das obrigações constantes dos n.os 1, 2, 3, 7 e 9 do artigo 7.º;
   e) A violação do disposto no n.º 1 do artigo 8.º;
   f) A omissão do dever de comunicação de dados ou a errada transmissão destes, nos termos do artigo 10.º

2 — A tentativa e a negligência são puníveis.

Artigo 14.º
Sanções acessórias

A entidade competente para a aplicação das coimas previstas no artigo anterior pode determinar ainda a aplicação das seguintes sanções acessórias, nos termos da lei geral:

   a) Interdição do exercício de uma profissão ou actividade;
   b) Privação do direito a subsídio ou benefício outorgado por entidades ou serviços públicos;
   c) Suspensão de autorizações, licenças e alvarás.

Artigo 15.º
Produto das coimas

O produto das coimas previstas no artigo 13.º é afectado da seguinte forma:
   a) 10% para a entidade fiscalizadora que proceda ao levantamento do auto de notícia;
   b) 30% para a entidade que decida da aplicação da coima;
   c) 60% para os cofres do Estado.

Artigo 16.º
Entrada em vigor

O presente diploma entra em vigor no dia imediatamente a seguir ao da sua publicação.

Visto e aprovado em Conselho de Ministros de 29 de Novembro de 2001. — *António Manuel de Oliveira Guterres — Guilherme d'Oliveira Martins — António Luís Santos Costa — Luís Garcia Braga da Cruz — José Sócrates Carvalho Pinto de Sousa.*

Promulgado em 9 de Janeiro de 2002.

Publique-se.

O Presidente da República, JORGE SAMPAIO.

Referendado em 14 de Janeiro de 2002.

O Primeiro-Ministro, *António Manuel de Oliveira Guterres.*

ANEXO I
Lista de REEE abrangidos por este diploma

Categoria 1:
   Máquinas de lavar roupa;
   Máquinas de secar roupa;
   Máquinas de lavar louça;
   Frigoríficos;
   Arcas congeladoras;
   Combinados;
   Fogões;
   Fornos;
   Placas eléctricas;
   Esquentadores;
   Aparelhos de ar condicionado.

Categoria 2:
   Computadores pessoais (CPU, monitor, teclado e rato);
   Impressoras;
   Fotocopiadoras;
   Aparelhos de fax;
   Telefones (fixos e móveis);
   Televisores.
Categoria 3:
   Lâmpadas contendo mercúrio.

ANEXO II
Armazenamento e tratamento de REEE

1 — Os locais de armazenagem (incluindo armazenagem temporária) de REEE prévia ao seu tratamento deverão, pelo menos, ser equipados com:
   Superfícies impermeáveis, com equipamento de recolha de derrames e, quando apropriado, decantadores e desengorduradores;
   Cobertura à prova de chuva.

2 — Os locais de tratamento de REEE deverão, pelo menos, ser equipados com:
   Balanças para quantificar o peso dos REEE tratados;
   Superfícies impermeáveis e cobertura à prova de chuva, com equipamento de recolha de derrames e, quando apropriado, decantadores e desengorduradores;
   Armazenagem apropriada de peças desmontadas;
   Contentores apropriados para a armazenagem de pilhas e acumuladores, condensadores contendo PCB/PCT e outros resíduos perigosos;
   Equipamento de tratamento de águas residuais, de acordo com a legislação em vigor.

3 — As substâncias, as preparações e os componentes a seguir indicados são obrigatoriamente retirados de todos os REEE entregues nas unidades de tratamento, quando não passíveis de reutilização:
   Condensadores/transformadores com PCB, nos termos do Decreto-Lei n.º 277/99, de 23 de Julho;
   Componentes contendo mercúrio, como interruptores ou lâmpadas de retro-iluminação;
   Pilhas e acumuladores, nos termos do Decreto-Lei n.º 62/2001, de 19 de Fevereiro;
   Placas de circuitos impressos de telemóveis e de outros equipamentos, se a sua superfície for superior a 10 cm^2;
   Cartuchos de *toner;*
   Plásticos contendo retardadores de chama bromados;
   Resíduos de amianto;

Tubos de raios catódicos;
Clorofluorcarbonetos (CFC), hidroclorofluorcarbonetos (HCFC), hidrofluorcarbonetos (HFC) e hidrocarbonetos (HC);
Lâmpadas de descarga de gás;
Ecrãs de cristais líquidos (com a embalagem, sempre que adequado) com uma superfície superior a 100 cm^2 e todos os ecrãs retro-iluminados por lâmpadas de descarga de gás;
Cabos eléctricos exteriores;
Componentes contendo fibras cerâmicas refractárias, tal como definidos na Directiva n.º 97/69/CE, da Comissão Europeia, de 5 de Dezembro;
Componentes contendo substâncias radioactivas;
Condensadores de electrólito.

4 — Os componentes dos REEE a seguir enumerados são obrigatoriamente processados conforme indicado:

Tubos de raios catódicos: o revestimento fluorescente tem de ser retirado;
Equipamentos contendo CFC, HCFC, HFC ou HC:
Os CFC e HCFC presentes na espuma e circuito de refrigeração devem ser devidamente tratados em conformidade com o Regulamento (CE) n.º 2037/2000, de 29 de Junho, relativo às substâncias que empobrecem a camada de ozono. Os HFC e HC presentes na espuma e no circuito de refrigeração devem ser extraídos e devidamente tratados;
Lâmpadas de descarga de gás: o mercúrio tem de ser retirado.

2.5.6. Veículos em fim de vida

2.5.6.1. Gestão de veículos em fim de vida (Decreto-lei n.º 196/2003, de 23 de Agosto) 985
2.5.6.2. Incentivo fiscal à destruição de veículos em fim de vida (Decreto-lei n.º 292-A/2000, de 15 de Novembro) 1015
2.5.6.3. Certificados de destruição qualificada (Decreto-lei n.º 292-B/2000, de 15 de Novembro) 1019

Gestão de veículos em fim de vida

Decreto-Lei n.º 196/2003
de 23 de Agosto

O Decreto-Lei n.º 239/97, de 9 de Setembro, veio estabelecer as regras básicas para a gestão de resíduos, designadamente para a sua recolha, transporte, armazenagem, tratamento, valorização e eliminação, por forma a evitar a produção de perigos ou de danos na saúde humana e no ambiente. Nesse diploma foram consagrados como objectivos gerais da gestão a preferência pela prevenção ou redução da produção ou nocividade dos resíduos, nomeadamente através da reutilização e da alteração dos processos produtivos, por via da adopção de tecnologias mais limpas, bem como da sensibilização dos agentes económicos e dos consumidores. Subsidiariamente, estatuiu-se que a gestão de resíduos visava assegurar a sua valorização, nomeadamente através de reciclagem ou da sua eliminação adequada.

Com a entrada em vigor da Directiva n.º 2000/53/CE, do Parlamento Europeu e do Conselho, de 18 de Setembro, firmou-se no ordenamento jurídico comunitário o regime aplicável à gestão de veículos em fim de vida (VFV), tendo em vista, sobretudo, a prevenção da produção de resíduos provenientes de veículos e a promoção da reutilização, da reciclagem e de outras formas de valorização de VFV. Como objectivos consequentes e acessórios, este diploma comunitário estabeleceu a redução da quantidade de resíduos a eliminar e a melhoria do desempenho ambiental de todos os operadores intervenientes durante o ciclo de vida dos veículos, sobretudo daqueles directamente envolvidos em operações de tratamento de VFV.

Os objectivos que acabam de se enunciar, sendo genericamente válidos para a globalidade dos resíduos, constituem, também, uma condição indispensável para um desenvolvimento sustentável. E a importância deste desiderato assume-se como tanto mais relevante quanto os veículos incorporam, pela sua própria natureza, uma grande variedade de materiais, componentes e substâncias cuja adequada gestão e tratamento se torna imperioso implantar, no mais breve prazo possível, no nosso país.

O presente diploma vem, desta forma, transpor para a ordem jurídica interna a Directiva n.º 2000/53/CE e estabelecer um conjunto de normas de gestão que visa a criação de circuitos de recepção de VFV, o seu correcto transporte, armazenamento e tratamento, designadamente no que respeita à separação das substâncias perigosas neles contidas e ao posterior envio para reutilização ou reciclagem, desencorajando, sempre que possível, o recurso a formas de eliminação tais como a sua deposição em aterros.

A prossecução destes objectivos passa, então, pela responsabilização dos fabricantes ou importadores de veículos pela sua gestão quando estes encerram o seu ciclo de vida útil, sem prejuízo do envolvimento de outros intervenientes no circuito de gestão de resíduos de veículos e de VFV, tais como os consumidores, os detentores, os distribuidores, os municípios e outras entidades públicas, os operadores de recepção, de armazenamento e de tratamento.

Para o efeito — e sem prejuízo do recurso a outros tipos de sistemas, desde que plenamente eficazes na consecução dos objectivos deste diploma —, prevê-se a constituição de um sistema integrado de gestão, no âmbito do qual deverá ser promovida uma articulação de actuações entre os vários intervenientes no ciclo de vida dos veículos.

Foram ouvidos a Associação Nacional de Municípios Portugueses, as entidades representativas dos sectores de actividade económica abrangidos pelo âmbito do presente diploma e os órgãos do governo próprio das Regiões Autónomas.

Assim:

Nos termos da alínea *a*) do n.º 1 do artigo 198.º da Constituição, o Governo decreta o seguinte:

CAPÍTULO I
Disposições gerais

ARTIGO 1.º
Objecto e âmbito

1 — O presente diploma estabelece o regime jurídico a que fica sujeita a gestão de veículos e de veículos em fim de vida, adiante designados abreviadamente por VFV, e seus componentes e materiais, transpondo para o ordenamento jurídico interno a Directiva n.º 2000/53/CE, do Parlamento Europeu e do Conselho, de 18 de Setembro.

2 — O disposto no número anterior é aplicável independentemente do modo como o veículo tenha sido mantido ou reparado e de estar equipado com componentes fornecidos pelo fabricante ou com outros componentes, como peças sobressalentes ou de substituição, cuja montagem cumpra o disposto na legislação aplicável.

3 — O presente regime não prejudica a aplicação da legislação relativa a segurança, emissões para a atmosfera, controlo do ruído, protecção do solo e das águas e gestão de óleos usados, de acumuladores usados e de pneus usados.

4 — Os operadores de tratamento de VFV abrangidos pelo presente diploma ficam excluídos do âmbito de aplicação dos Decretos-Leis n.ºs 268/98, de 28 de Agosto, e 292-B/2000, de 15 de Novembro.

ARTIGO 2.º
Definições

Para efeitos do presente diploma, entende-se por:

a) «Centro de recepção» a instalação destinada à recepção e à armazenagem temporária de VFV, com o objectivo do seu posterior encaminhamento para desmantelamento;
b) «Desmantelamento» a operação de remoção e separação dos componentes de VFV, com vista à sua despoluição e à reutilização, valorização ou eliminação dos materiais que os constituem;
c) «Eliminação» qualquer das operações aplicáveis aos VFV e seus componentes previstas no anexo II-A da Decisão n.º 96/350/CE, da Comissão Europeia, de 24 de Maio;
d) «Fragmentação» a operação de corte e ou retalhamento de VFV;
e) «Operadores» os fabricantes, os importadores e os distribuidores de veículos, os fabricantes e fornecedores de materiais e componentes, os municípios, as autoridades policiais, as companhias de seguro automóvel, os transportadores de VFV e seus componentes, os operadores de centros de recepção, de desmantelamento, de fragmentação, de valorização e de outras instalações de tratamento de VFV, incluindo os seus componentes e materiais;
f) «Prevenção» as medidas destinadas a reduzir a quantidade e a perigosidade para o ambiente de VFV, seus materiais e substâncias;
g) «Reciclagem» o reprocessamento, no âmbito de um processo de produção, de materiais resultantes de VFV para o fim para que foram concebidos ou para outros fins, com exclusão da valorização energética;

h) «Reutilização» qualquer operação através da qual os componentes de VFV sejam utilizados para o mesmo fim para que foram concebidos;
i) «Salvado» o veículo que, em consequência de acidente, tenha sofrido danos que impossibilitem definitivamente a sua circulação ou afectem gravemente as suas condições de segurança, e que integre a esfera jurídica patrimonial de uma companhia de seguros por força de um contrato de seguro automóvel, nos termos do artigo 16.º do Decreto-Lei n.º 2/98, de 3 de Janeiro, com a redacção dada pelo Decreto-Lei n.º 265-A/2001, de 28 de Setembro, e que constitui um resíduo na acepção da alínea a) do artigo 3.º do Decreto-Lei n.º 239/97, de 9 de Setembro;
j) «Sistema integrado» o sistema através do qual é transferida a responsabilidade pela gestão de VFV para uma entidade gestora devidamente licenciada;
l) «Substância perigosa» qualquer substância considerada perigosa nos termos do disposto no Decreto-Lei n.º 82/95, de 22 de Abril, e na Portaria n.º 732-A/96, de 11 de Dezembro, e legislação complementar;
m) «Tratamento» qualquer actividade realizada após a entrega de VFV numa instalação para fins de desmantelamento, fragmentação, valorização ou preparação para a eliminação dos resíduos fragmentados e quaisquer outras operações realizadas para fins de valorização e ou eliminação de VFV e dos seus componentes;
n) «Valorização energética» a utilização de resíduos combustíveis como meio de produção de energia, através de incineração directa com ou sem outros resíduos mas com recuperação do calor;
o) «Valorização» qualquer das operações aplicáveis aos VFV e seus componentes previstas no anexo II-B da Decisão n.º 96/350/CE, da Comissão Europeia, de 24 de Maio;
p) «Veículo» qualquer veículo classificado nas categorias M1 (veículos a motor destinados ao transporte de passageiros com oito lugares sentados, no máximo, além do lugar do condutor) ou N1 (veículos a motor destinados ao transporte de mercadorias, com peso máximo em carga tecnicamente admissível não superior a 3,5 t) definidas no anexo II do Decreto-Lei n.º 72/2000, de 6 de Maio, bem como os veículos a motor de três rodas definidos no Decreto-Lei n.º 30/2002, de 16 de Fevereiro, com exclusão dos triciclos a motor;

q) «Veículo em fim de vida (VFV)» um veículo que constitui um resíduo na acepção da alínea *a*) do artigo 3.º do Decreto-Lei n.º 239/97, de 9 de Setembro.

CAPÍTULO II
Gestão de VFV

Artigo 3.º
Princípios de gestão

1 — Constituem princípios fundamentais da gestão de veículos e de VFV a prevenção da produção de resíduos provenientes de veículos, particularmente reduzindo a incorporação de substâncias perigosas no seu fabrico, bem como o recurso a sistemas de reutilização, de reciclagem e a outras formas de valorização, com vista a reduzir a quantidade e a perigosidade dos resíduos a eliminar.

2 — São, nomeadamente, objectivos do presente regime legal:
 a) Reduzir a quantidade de resíduos a eliminar provenientes de veículos e de VFV;
 b) A melhoria contínua do desempenho ambiental de todos os operadores intervenientes no ciclo de vida dos veículos e, sobretudo, dos operadores directamente envolvidos no tratamento de VFV.

Artigo 4.º
Objectivos de gestão

1 — Os fabricantes ou importadores de veículos devem adoptar as medidas tidas por necessárias para que sejam garantidos os princípios de gestão definidos no artigo anterior.

2 — Até 1 de Janeiro de 2006 deve ser garantido pelos operadores que:
 a) Para veículos produzidos até 1980, exclusive:
  i) A reutilização e a valorização de todos os VFV aumentem para um mínimo de 75% em peso, em média, por veículo e por ano;
  ii) A reutilização e a reciclagem de todos os VFV aumentem para um mínimo de 70% em peso, em média, por veículo e por ano;
 b) Para veículos produzidos a partir de 1980:
  i) A reutilização e a valorização de todos os VFV aumentem para um mínimo de 85% em peso, em média, por veículo e por ano;

ii) A reutilização e a reciclagem de todos os VFV aumentem para um mínimo de 80% em peso, em média, por veículo e por ano.

3 — Até 1 de Janeiro de 2015 deve ser garantido pelos operadores que:

a) A reutilização e a valorização de todos os VFV aumentem para um mínimo de 95% em peso, em média, por veículo e por ano;

b) A reutilização e a reciclagem de todos os VFV aumentem para um mínimo de 85% em peso, em média, por veículo e por ano.

4 — Os objectivos quantitativos constantes dos números anteriores devem ser revistos sempre que necessário, com base em razões tecnológicas, de mercado ou em resultado da evolução das normas de direito comunitário, através de portaria conjunta dos Ministros da Economia, das Obras Públicas, Transportes e Habitação e das Cidades, Ordenamento do Território e Ambiente.

5 — O disposto nos n.ºs 2 e 3 do presente artigo não é aplicável aos veículos destinados a fins especiais (autocaravanas, ambulâncias, veículos funerários e veículos blindados), previstos e definidos no artigo 9.º e no anexo XI do Decreto-Lei n.º 72/2000, de 6 de Maio, nem aos veículos a motor de três rodas previstos no Decreto-Lei n.º 30/2002, de 16 de Fevereiro.

Artigo 5.º
Responsabilidade

1 — Todos os operadores são responsáveis pela gestão dos VFV, seus componentes e materiais.

2 — Os operadores de reparação e manutenção de veículos são responsáveis pelo adequado encaminhamento para tratamento dos componentes ou materiais que constituam resíduos e que sejam resultantes de intervenções por si realizadas em veículos, sem prejuízo da aplicação de outros regimes legais, designadamente em matéria de gestão de óleos usados, de acumuladores usados e de pneus usados, e nos termos do disposto no artigo 7.º do Decreto-Lei n.º 239/97, de 9 de Setembro.

3 — Os proprietários e ou detentores de VFV são responsáveis pelo seu encaminhamento para um centro de recepção ou para um operador de desmantelamento.

4 — Os fabricantes ou importadores de veículos são responsáveis por assegurar a recepção de VFV nos centros de recepção e nos operadores de desmantelamento, nos termos dos n.ºs 7 e 10 do artigo 14.º

5 — Os operadores de recepção, transporte e tratamento de VFV são responsáveis por desenvolver a sua actividade sem colocar em perigo a saúde pública e o ambiente, nos termos dos artigos 18.º, 19.º e 20.º do presente diploma.

6 — Os operadores são responsáveis por adoptar as medidas adequadas para privilegiar a reutilização efectiva dos componentes reutilizáveis, a valorização dos não passíveis de reutilização, com preferência pela reciclagem, sempre que viável do ponto de vista ambiental, não descurando os requisitos de segurança dos veículos e do ambiente, tais como o controlo do ruído e das emissões para a atmosfera.

ARTIGO 6.º
Prevenção

1 — Com vista à promoção da prevenção e da valorização dos resíduos de veículos e de VFV, os fabricantes de veículos, em colaboração com os fabricantes de materiais e equipamentos, devem:
 a) Controlar e reduzir a utilização de substâncias perigosas nos veículos, a partir da fase da sua concepção, com vista a evitar a sua libertação para o ambiente, a facilitar a reciclagem e a evitar a necessidade de eliminar resíduos perigosos;
 b) Nas fases de concepção e de produção de novos veículos, tomar em consideração a necessidade de desmantelamento, reutilização e valorização, especialmente a reciclagem, de VFV, bem como dos seus componentes e materiais;
 c) Integrar, progressivamente, uma quantidade crescente de materiais reciclados nos veículos, seus componentes ou outros produtos, com vista ao desenvolvimento do mercado de materiais reciclados.

2 — Os fabricantes ou importadores de veículos e os fabricantes de materiais e de equipamentos para veículos devem adoptar as medidas necessárias para que, a partir de 1 de Setembro de 2003, os materiais e os componentes dos veículos introduzidos no mercado não contenham chumbo, cádmio, mercúrio e crómio hexavalente, excepto nos casos expressamente admitidos pelo anexo I ao presente diploma e que dele faz parte integrante, e nas condições aí especificadas.

3 — O disposto no presente artigo não é aplicável aos veículos a motor de três rodas definidos no Decreto-Lei n.º 30/2002, de 16 de Fevereiro.

Artigo 7.º
Codificação e informação

1 — Com vista a facilitar a identificação dos componentes e materiais passíveis de reutilização e de valorização, os fabricantes ou importadores de veículos devem utilizar, para rotulagem e identificação de componentes e materiais de veículos, a partir de 1 de Setembro de 2003, em colaboração com os fabricantes de materiais e de equipamentos, a nomenclatura das normas ISO de codificação referidas no anexo II ao presente diploma e que dele faz parte integrante.

2 — Os fabricantes ou importadores de veículos fornecerão informações de ordem ambiental aos eventuais compradores, devendo as mesmas ser incluídas em publicações ou em meios electrónicos de carácter publicitário utilizados na comercialização do novo veículo e referir-se:

   a) À concepção dos veículos e seus componentes, tendo em vista a sua susceptibilidade de valorização, especialmente de reciclagem;

   b) Ao correcto tratamento de VFV e, em especial, à remoção de todos os fluidos e ao desmantelamento;

   c) Ao desenvolvimento e optimização de formas de reutilização e de valorização, especialmente de reciclagem, de VFV e dos seus componentes;

   d) Aos progressos realizados em matéria de valorização, especialmente de reciclagem, no sentido de reduzir a quantidade de resíduos a eliminar e aumentar as taxas correspondentes.

3 — Os operadores de tratamento deverão fornecer aos fabricantes ou importadores de veículos as informações previstas nas alíneas c) e d) do n.º 2.

4 — Os fabricantes ou importadores de veículos fornecerão, no prazo máximo de seis meses após o início da sua comercialização, informações de desmantelamento para cada tipo de novo veículo colocado no mercado, devendo as mesmas identificar os diferentes componentes e materiais, bem como a localização de todas as substâncias perigosas dos veículos, na medida do necessário para que as instalações de tratamento possam cumprir as disposições estabelecidas no presente diploma e, nomeadamente, para que sejam atingidos os objectivos previstos no artigo 4.º

5 — As informações de desmantelamento referidas no número anterior serão, nomeadamente, disponibilizadas pelos fabricantes ou importadores de veículos ou de peças, sob a forma de manuais ou meios electrónicos (por exemplo, CD-ROM e serviços em linha), às instalações de tratamento autorizadas.

6 — Sem prejuízo do segredo comercial e industrial, os fabricantes de componentes utilizados em veículos facultarão às instalações de tratamento, na medida em que estas o solicitem, as devidas informações sobre o desmantelamento, a armazenagem e o controlo dos componentes que podem ser reutilizados.

7 — O disposto no presente artigo não é aplicável aos fabricantes ou importadores de veículos que fabriquem ou importem exclusivamente veículos produzidos em pequenas séries, homologados de acordo com o disposto no artigo 24.º do Decreto-Lei n.º 72/2000, de 6 de Maio, nem aos veículos a motor de três rodas, previstos no Decreto-Lei n.º 30/2002, de 16 de Fevereiro.

Artigo 8.º
Gestão de VFV

1 — Para efeitos do cumprimento das obrigações estabelecidas no presente diploma, designadamente no n.º 1 do artigo 3.º, os fabricantes ou importadores de veículos ficam obrigados a submeter a gestão de VFV a um sistema integrado ou a um sistema individual.

2 — Só poderão ser colocados no mercado nacional e comercializados os veículos cujos fabricantes ou importadores tenham adoptado um dos dois sistemas previstos no número anterior para a gestão de VFV.

CAPÍTULO III
Sistema integrado e sistema individual

SUBCAPÍTULO I
Sistema integrado

Artigo 9.º
Sistema integrado

1 — Para efeitos do cumprimento das obrigações estabelecidas no presente diploma, os fabricantes ou importadores de veículos podem proceder à gestão de VFV através de um sistema integrado.

2 — No âmbito do sistema integrado, a responsabilidade dos fabricantes ou importadores de veículos pela gestão de VFV é transferida destes para uma entidade gestora do sistema integrado, desde que devidamente licenciada para exercer essa actividade, nos termos do artigo 13.º

3 — A transferência de responsabilidade de cada fabricante ou importador para a entidade gestora é objecto de contrato escrito, com a duração mínima de três anos, o qual deverá conter obrigatoriamente:

 a) Os tipos, as quantidades e as características dos veículos abrangidos;
 b) A previsão da quantidade de VFV a retomar anualmente pela entidade gestora;
 c) As acções de controlo a desenvolver pela entidade gestora, por forma a verificar o cumprimento das condições estipuladas no contrato;
 d) As prestações financeiras devidas à entidade gestora, e a forma da sua actualização, tendo em conta as respectivas obrigações, definidas no presente diploma.

4 — Os fabricantes ou importadores de veículos que entendam proceder à gestão de VFV através de um sistema integrado são responsáveis pela constituição da entidade gestora referida no n.º 2, a qual deverá estar constituída e operacional em 1 de Janeiro de 2004.

ARTIGO 10.º
Entidade gestora

1 — A entidade gestora é uma pessoa colectiva, sem fins lucrativos, sendo os seus resultados contabilísticos obrigatoriamente reinvestidos ou utilizados na sua actividade ou actividades conexas, de acordo com o disposto na alínea d) do n.º 1 e na alínea d) do n.º 2 do artigo 11.º, podendo ser constituídos em provisões ou reservas para operações futuras, sendo expressamente vedada a distribuição de resultados, dividendos ou lucros pelos accionistas, sócios ou associados, responsável pela gestão de VFV.

2 — Na composição da entidade gestora poderão figurar, além dos fabricantes ou importadores de veículos, os fabricantes de materiais e de equipamentos para veículos, os distribuidores, os operadores de reparação e manutenção de veículos, bem como os operadores que exerçam a sua actividade na área da recepção, do transporte e do tratamento de VFV.

ARTIGO 11.º
Competências da entidade gestora

A entidade gestora do sistema integrado assegura os objectivos de gestão previstos no presente diploma, devendo, para o efeito:

1 — Até 31 de Dezembro de 2006:
 a) Diligenciar no sentido da progressiva constituição de uma rede de centros de recepção e de operadores de tratamento autorizados,

os quais selecciona e contrata para a recepção e tratamento de VFV por forma a dar cumprimento aos objectivos estabelecidos no artigo 4.º, devendo os critérios da selecção privilegiar os operadores que utilizem sistemas de gestão ambiental devidamente certificados;
b) Assegurar que a recepção de VFV, seus componentes e materiais, cumpre o disposto na alínea a) do n.º 7 do artigo 14.º;
c) Preparar a monitorização do sistema integrado, nomeadamente no que diz respeito ao fluxo de VFV e dos materiais resultantes do seu tratamento;
d) Promover a investigação e o desenvolvimento de novos métodos e ferramentas de desmantelamento, de separação dos materiais resultantes da fragmentação e de soluções de reciclagem dos componentes e materiais de VFV, especialmente dos não metálicos, adequados à realidade nacional;

2 — A partir de 1 de Janeiro de 2007, e sem prejuízo do cumprimento das obrigações previstas nas alíneas a), b) e d) do n.º 1:
a) Assegurar que a recepção de VFV, seus componentes e materiais cumpre o disposto na alínea b) do n.º 7 do artigo 14.º;
b) Organizar uma rede nacional de operadores por si seleccionados e contratados para a recepção, transporte e tratamento de VFV, a qual deverá comportar:
   i) Até 1 de Abril de 2007, pelo menos três centros de recepção ou operadores de desmantelamento por cada circunscrição territorial distrital com mais de 700000 veículos ligeiros matriculados, dois centros de recepção ou operadores de desmantelamento por cada circunscrição territorial distrital com mais de 200000 veículos ligeiros matriculados e um centro de recepção ou operador de desmantelamento por cada circunscrição territorial distrital com menos de 200000 veículos ligeiros matriculados;
   ii) Até 31 de Dezembro de 2009, o número de centros de recepção ou operadores de desmantelamento que garanta uma adequada cobertura territorial, o qual será definido nos termos da licença prevista no n.º 1 do artigo 13.º;
c) Assegurar a monitorização do sistema integrado, nomeadamente no que diz respeito ao fluxo de VFV e dos materiais resultantes do seu tratamento;
d) Promover a sensibilização e a informação públicas sobre os procedimentos a adoptar em termos de gestão de resíduos de veí-

culos e de VFV, seus componentes e materiais, bem como sobre os perigos de uma eliminação incontrolada destes resíduos.

Artigo 12.º
Financiamento da entidade gestora

1 — A entidade gestora é financiada, nomeadamente, através de uma prestação financeira a suportar pelos fabricantes ou importadores por cada veículo introduzido no mercado nacional.

2 — O valor da prestação financeira é determinado em função das características dos veículos e deverá reflectir os princípios gerais estabelecidos neste diploma, nomeadamente a utilização de substâncias perigosas, a incorporação de materiais reciclados e a sua susceptibilidade para o desmantelamento, a reutilização e a valorização.

3 — Caberá à entidade gestora propor, quando do pedido de atribuição de licença previsto no artigo 13.º, o valor da prestação financeira.

4 — O valor exacto da prestação financeira a suportar por cada fabricante ou importador de veículos será estabelecido na licença atribuída à entidade gestora.

5 — O valor da prestação financeira pode ser actualizado nomeadamente através de proposta da entidade gestora, a apresentar ao Instituto dos Resíduos até 30 de Setembro do ano imediatamente anterior àquele a que diz respeito, e aprovado por despacho conjunto dos Ministros da Economia e das Cidades, Ordenamento do Território e Ambiente.

Artigo 13.º
Licenciamento da entidade gestora

1 — Para tomar a seu cargo a gestão de VFV ao abrigo do sistema integrado, a entidade gestora carece de licença a conceder por despacho conjunto dos Ministros da Economia, das Obras Públicas, Transportes e Habitação e das Cidades, Ordenamento do Território e Ambiente.

2 — Para efeitos do estabelecido no número anterior, a entidade gestora, através de requerimento a entregar até 1 de Outubro de 2003, solicita a respectiva licença ao Instituto dos Resíduos, a quem compete instruir e coordenar o respectivo procedimento.

3 — O requerimento mencionado no n.º 2 é acompanhado de um caderno de encargos que deve incluir, de forma detalhada, o sistema logístico definido para a gestão de VFV, nomeadamente:

  a) Tipos, quantidades e características técnicas dos veículos abrangidos;

b) Previsão das quantidades de VFV a retomar anualmente;
c) Proposta do valor a atribuir à prestação financeira e respectiva fórmula de cálculo, explicitando os critérios tidos em consideração, como sejam os tipos, as quantidades e as características de VFV e as operações de recepção, transporte e tratamento a que deverão ser submetidos;
d) Procedimentos previstos para a selecção de operadores de recepção, transporte e tratamento, bem como para o acompanhamento do desempenho das respectivas actividades;
e) Condições de articulação da actividade da entidade gestora com os operadores de recepção, transporte e tratamento por ela seleccionados e com as demais entidades que assegurem a recolha de resíduos de veículos e de VFV, nomeadamente as seguradoras e as autoridades municipais e policiais;
f) Definição de uma verba destinada ao financiamento de cada uma das actividades previstas na alínea *d)* do n.º 1 e na alínea *d)* do n.º 2 do artigo 11.º;
g) Descrição do circuito económico concebido para a recepção, transporte e tratamento de VFV, evidenciando as bases para o cálculo das contrapartidas financeiras a prestar pela entidade gestora a esses operadores nos casos em que os VFV tenham um valor de mercado negativo ou nulo.

4 — A concessão da licença depende da verificação das capacidades técnicas e financeiras da entidade gestora para as operações em causa, bem como da apreciação do caderno de encargos previsto no número anterior.

ARTIGO 14.º
Funcionamento do sistema integrado

1 — Após a concessão da licença à entidade gestora, os fabricantes ou importadores de veículos dispõem de três meses a contar da data da concessão para aderir ao sistema integrado, através da celebração do contrato previsto no n.º 3 do artigo 9.º

2 — Os proprietários ou detentores de VFV são responsáveis, nos termos do disposto no presente artigo, pelo seu encaminhamento, e custos do mesmo, para um centro de recepção ou para um operador de desmantelamento, que exerça a sua actividade de harmonia com o disposto nos artigos 19.º e 20.º

3 — Quando se trate de veículo inutilizado, nos termos do n.º 2 do artigo 119.º do Código da Estrada, o proprietário é responsável pelo seu encaminhamento, e respectivos custos, para um centro de recepção ou

para um operador de desmantelamento, no prazo máximo de 30 dias a contar da data em que o veículo fique inutilizado, com excepção dos casos previstos nas alíneas *a)* e *b)* do artigo 1.º do Decreto-Lei n.º 31/85, de 25 de Janeiro.

4 — Sempre que se verifiquem situações de abandono de veículos, conforme previstas no artigo 171.º do Código da Estrada, as autoridades municipais ou policiais competentes procederão ao respectivo encaminhamento para um centro de recepção ou um operador de desmantelamento, sendo os custos decorrentes dessa operação da responsabilidade do proprietário do veículo abandonado.

5 — Quando se trate de salvados que integrem a esfera patrimonial de uma companhia de seguros, esta fica responsável pelo seu encaminhamento, e custos do mesmo, para um centro de recepção ou para um operador de desmantelamento, no prazo máximo de 30 dias a contar da data em que o veículo seja considerado salvado.

6 — Até 31 de Dezembro de 2006, os custos do transporte e tratamento de VFV que tenham sido introduzidos no mercado antes de 1 de Julho de 2002 e que possuam um valor de mercado negativo ou nulo são suportados pelo seu proprietário ou detentor.

7 — Sem prejuízo do disposto no n.º 10, a entrega de um VFV num centro de recepção ou num operador de desmantelamento designado pelo fabricante ou importador de veículos ou pela entidade gestora é efectuada sem custos para o seu proprietário ou detentor, ainda que esse VFV tenha um valor de mercado negativo ou nulo:

   a) A partir de 1 de Julho de 2002, em relação aos veículos introduzidos no mercado a partir dessa data;
   b) A partir de 1 de Janeiro de 2007, em relação aos veículos introduzidos no mercado antes de 1 de Julho de 2002.

8 — Os fabricantes ou importadores de veículos suportarão os custos das operações de transporte a partir do centro de recepção e tratamento dos VFV, seus componentes e materiais, decorrentes do eventual valor de mercado negativo ou nulo a que se refere o número anterior.

9 — Entende-se existir valor de mercado negativo ou nulo, conforme referido nos n.ºs 6, 7 e 8 do presente artigo, quando a diferença entre os custos com a recepção, o transporte a partir do centro de recepção e o tratamento de um VFV for superior ao valor dos seus materiais e componentes, a definir nos termos da licença referida no n.º 1 do artigo 13.º

10 — A entrega de um VFV num centro de recepção ou num operador de desmantelamento não é, contudo, livre de encargos se:

   a) O VFV em causa foi equipado de origem com motores, veios de transmissão, caixa de velocidades, catalisadores, unidades de comando electrónico e carroçaria mas não contiver algum destes componentes; ou

b) Ao VFV em causa tiverem sido acrescentados resíduos.

11 — A responsabilidade dos fabricantes ou importadores de veículos cessa mediante a entrega de VFV a operadores de tratamento que exerçam a sua actividade de harmonia com o artigo 20.º, sem prejuízo das respectivas obrigações financeiras.

ARTIGO 15.º
Especificações do sistema integrado

1 — Quando da comercialização de um veículo novo, os fabricantes ou importadores e os distribuidores discriminarão, num ponto específico a consagrar na respectiva factura, o valor correspondente à prestação financeira fixada a favor da entidade gestora.

2 — O disposto no número anterior só é aplicável a partir de data a estabelecer na licença prevista no n.º 1 do artigo 13.º

SUBCAPÍTULO II
Sistema individual

ARTIGO 16.º
Sistema individual

1 — Em alternativa ao sistema integrado previsto nos artigos 9.º e seguintes, os fabricantes ou importadores de veículos poderão optar por assumir as suas obrigações a título individual, carecendo para o efeito de uma autorização específica do Instituto dos Resíduos, a qual apenas será concedida se forem garantidas as obrigações previstas para o sistema integrado.

2 — O regime estabelecido para o sistema integrado é aplicável, com as necessárias adaptações, ao sistema individual de gestão de VFV.

CAPÍTULO IV
Certificado de destruição

ARTIGO 17.º
**Cancelamento da matrícula
e emissão do certificado de destruição**

1 — O cancelamento da matrícula de um VFV encontra-se condicionado à exibição, perante a Direcção-Geral de Viação (DGV), de um

certificado de destruição emitido por um operador de desmantelamento que exerça a respectiva actividade de harmonia com o disposto no artigo 20.º

2 — Para efeitos do disposto no n.º 1, quando da entrega de um VFV nos termos do n.º 2 do artigo 14.º o seu proprietário e outros legítimos possuidores devem:

    a) Entregar o documento de identificação do veículo e o título de registo de propriedade;

    b) Requerer o cancelamento da respectiva matrícula, através do preenchimento de impresso de modelo legal, que será disponibilizado pelo centro de recepção ou operador de desmantelamento.

3 — Quando se trate de veículos abandonados que se encontrem na posse das autoridades municipais ou policiais competentes nos termos do artigo 171.º do Código da Estrada, estas ficarão dispensadas da apresentação da documentação referida no n.º 2.

4 — Quando se trate de salvados, a companhia de seguros fica dispensada de apresentar a documentação referida no n.º 2, devendo apenas fazer prova de que remeteu o respectivo documento de identificação do veículo à DGV e o título do registo de propriedade à Conservatória do Registo Automóvel (CRA), nos termos do n.º 6 do artigo 119.º do Código da Estrada.

5 — Quando se trate de VFV cujo possuidor não deva ter em seu poder o documento de identificação do veículo e o título do registo de propriedade, este fica dispensado de os apresentar, devendo apenas fazer prova de que o documento de identificação do veículo foi remetido à DGV e o título do registo de propriedade para à CRA, nos termos do n.º 2 do artigo 16.º e do n.º 3 do artigo 17.º do Decreto-Lei n.º 2/98, de 3 de Janeiro.

6 — O centro de recepção que recebe o VFV deverá proceder à sua identificação, conferir a respectiva documentação e remeter a mesma ao operador de desmantelamento, em conjunto com o VFV.

7 — O operador de desmantelamento que recebe o VFV deverá proceder à sua identificação, conferir a respectiva documentação e proceder à emissão do certificado de destruição, cujo modelo legal será aprovado por despacho do presidente do Instituto dos Resíduos.

8 — O operador de desmantelamento deve conservar uma cópia do certificado de destruição por um período não inferior a cinco anos e remeter, no prazo máximo de cinco dias úteis a contar da data de recepção do VFV:

    a) O original do certificado de destruição ao proprietário ou legal detentor do VFV;

b) Uma cópia do certificado de destruição à entidade gestora prevista no artigo 10.º ou aos fabricantes ou importadores de veículos que tenham optado pela constituição de sistemas individuais nos termos do artigo 16.º;

c) Uma cópia do certificado de destruição, acompanhada da documentação referida no n.º 2, nos casos em que esta deva ser apresentada, à DGV.

9 — Logo que receba a documentação mencionada na alínea *c)* do n.º 8, a DGV procede ao cancelamento da matrícula, com base no requerimento a que se refere a alínea *b)* do n.º 2 ou oficiosamente se aquele requerimento não integrar a documentação apresentada, e comunica tal facto à CRA, para os efeitos previstos na legislação que rege o registo de automóveis.

10 — A emissão de certificados de destruição não confere ao operador de desmantelamento o direito à percepção de qualquer reembolso.

11 — Sem prejuízo do cumprimento do sistema de monitorização a implementar no sistema integrado, os operadores de desmantelamento poderão delegar o procedimento referido nos n.ºs 7 e 8 numa associação representativa do sector e acreditada para o efeito pela DGV.

12 — Os certificados de destruição emitidos por outros Estados membros da União Europeia e que contenham todas as informações requeridas no anexo III são válidos para efeitos de cancelamento da matrícula no território nacional.

CAPÍTULO V
Operações de gestão de VFV

ARTIGO 18.º
Transporte

1 — A actividade de transporte de VFV só pode ser realizada por operadores com número de registo atribuído pelo Instituto dos Resíduos, o qual só será concedido mediante comprovação da adequabilidade dos meios envolvidos, nomeadamente com vista à protecção da saúde e do ambiente.

2 — O transporte de VFV a partir dos operadores de desmantelamento é acompanhado de cópia do respectivo certificado de destruição.

3 — O transporte de VFV está sujeito ao regime constante da Portaria n.º 335/97, de 16 de Maio, sem prejuízo da demais legislação aplicável.

4 — O movimento transfronteiriço de VFV está sujeito ao disposto no Regulamento (CEE) n.º 259/93, de 1 de Fevereiro, e no Decreto-Lei n.º 296/95, de 17 de Novembro.

ARTIGO 19.º
Centros de recepção

1 — O funcionamento dos centros de recepção fica sujeito ao cumprimento dos requisitos técnicos mínimos constantes do n.º 1 do anexo IV ao presente diploma, e que dele faz parte integrante, sem prejuízo da observância do disposto na demais legislação aplicável.

2 — A entrada em funcionamento dos centros de recepção depende de decisão favorável do Instituto dos Resíduos após a realização de uma vistoria a requerimento do interessado, interposto com uma antecedência mínima de 30 dias úteis relativamente à data prevista para o início da respectiva laboração.

3 — A vistoria será levada a cabo, nomeadamente, pelo Instituto dos Resíduos e pela comissão de coordenação e desenvolvimento regional territorialmente competente, dela sendo lavrado um auto a assinar pelos intervenientes e do qual deverá constar a avaliação da conformidade da instalação para com os requisitos técnicos mínimos a que se refere o n.º 1.

4 — Lavrado o auto, a respectiva decisão final é comunicada ao interessado no prazo de 15 dias úteis.

5 — É proibida a realização de operações de tratamento de VFV nos centros de recepção.

ARTIGO 20.º
Operadores de desmantelamento e de fragmentação

1 — As operações de tratamento de VFV estão sujeitas a autorização prévia nos termos do disposto no Decreto-Lei n.º 239/97, de 9 de Setembro, e na Portaria n.º 961/98, de 10 de Novembro, bem como à observância dos requisitos técnicos mínimos constantes dos n.ºˢ 2 e 3 do anexo IV, sem prejuízo da legislação sobre o licenciamento industrial, a avaliação de impactes ambientais e o licenciamento ambiental.

2 — As operações de desmantelamento e de armazenagem devem ser efectuadas por forma a garantir a reutilização e a valorização, especialmente a reciclagem, dos componentes de VFV, devendo os materiais e componentes perigosos ser removidos, seleccionados e separados por forma a não contaminar os resíduos da fragmentação.

3 — Os operadores de desmantelamento ficam obrigados a realizar as operações descritas no n.º 2.1 do anexo IV imediatamente após a recepção de VFV, em todo o caso nunca excedendo o prazo de oito dias úteis.

4 — Os operadores de desmantelamento ficam obrigados a realizar as operações descritas no n.º 2.2 do anexo IV imediatamente após a recepção de VFV, em todo o caso nunca excedendo o prazo de 45 dias úteis.

5 — É proibida a alteração da forma física de VFV, nomeadamente através de compactação ou fragmentação, que não tenham sido submetidos às operações referidas nos n.ºs 2.1 e 2.2 do anexo IV.

6 — É proibida a introdução de resíduos nos VFV antes da sua sujeição às operações de compactação ou fragmentação.

ARTIGO 21.º
Obrigação de comunicação de dados

1 — A entidade gestora fica obrigada a enviar ao Instituto dos Resíduos um relatório anual de actividade, até 31 de Março do ano imediato àquele a que se reporta, demonstrativo das acções levadas a cabo e dos resultados obtidos no âmbito das obrigações previstas no artigo 11.º

2 — Este relatório deverá identificar os fabricantes e importadores de veículos que lhe transferiram a sua responsabilidade e os operadores de recepção, transporte e tratamento de VFV com quem tem contrato, indicar os tipos, as quantidades e as características dos veículos comercializados, demonstrar os resultados obtidos em matéria de gestão de VFV e discriminar a respectiva afectação de recursos financeiros.

3 — O disposto no número anterior é aplicável com as necessárias adaptações aos fabricantes ou importadores de veículos que tenham optado pela constituição de sistemas individuais nos termos do artigo 16.º

4 — Os fabricantes de materiais e de equipamentos para veículos ficam obrigados a enviar anualmente ao Instituto dos Resíduos, até 31 de Março do ano imediato àquele a que se reporta, um relatório relativo às acções levadas a cabo no âmbito do disposto no n.º 1 do artigo 6.º

ARTIGO 22.º
Comissão de acompanhamento

1 — É criada a comissão de acompanhamento da gestão de VFV, adiante designada por CAVFV, a quem cabe zelar pelo cumprimento das disposições do presente diploma.

2 — A CAVFV é uma entidade de consulta técnica que funciona junto dos Ministros da Economia, das Obras Públicas, Transportes e Habitação e das Cidades, Ordenamento do Território e Ambiente, competindo-lhe elaborar o seu regulamento interno, preparar as decisões a adoptar superiormente, acompanhar a execução de acções inerentes aos sistemas de gestão de VFV, bem como dar parecer em todos os domínios de aplicação do presente diploma em que seja chamada a pronunciar-se, assegurando a ligação entre as autoridades públicas e os diversos agentes económicos abrangidos pelo presente diploma.

3 — A CAVFV é composta pelos seguintes membros:

a) Um representante do Ministério das Finanças;
b) Um representante do Ministério da Administração Interna;
c) Um representante do Ministério da Economia;
d) Um representante do Ministério das Obras Públicas, Transportes e Habitação;
e) Um representante do Ministério das Cidades, Ordenamento do Território e Ambiente, que preside;
f) Um representante dos órgãos do governo próprio de cada uma das Regiões Autónomas;
g) Um representante da Associação Nacional dos Municípios Portugueses;
h) Um representante de cada associação representativa dos sectores económicos envolvidos;
i) Um representante do Automóvel Club de Portugal;
j) Um representante da Confederação das Associações de Defesa do Ambiente;
l) Um representante das entidades que procedem às operações de tratamento de VFV;
m)Um representante de cada entidade gestora prevista no artigo 10.º;
n) Um representante de cada fabricante ou importador de veículos que tenha constituído um sistema individual nos termos do artigo 16.º

4 — Os representantes dos Ministérios previstos nas alíneas *a*) a *e*) são designados através de despacho do respectivo Ministro.

CAPÍTULO VI
Fiscalização e sanções

ARTIGO 23.º
Fiscalização e processamento das contra-ordenações

1 — A fiscalização do cumprimento das disposições constantes do presente diploma compete à Inspecção-Geral do Ambiente, sem prejuízo do exercício das competências próprias da Inspecção-Geral das Actividades Económicas (IGAE), das autoridades policiais e das demais entidades intervenientes no processo.

2 — Compete especialmente à IGAE a fiscalização do disposto no artigo 7.º e nos n.ºs 1, 2 e 5 do artigo 14.º, sem prejuízo das competências atribuídas por lei a outras entidades.

3 — Compete especialmente à Inspecção-Geral do Ambiente a fiscalização do disposto no artigo 9.º, no n.º 1 do artigo 13.º e nos artigos 18.º a 21.º

4 — É competente para a instrução do processo de contra-ordenação a entidade que tenha procedido ao levantamento do auto de notícia, excepto no caso de o auto de notícia ter sido levantado pelas autoridades policiais, nomeadamente a Guarda Nacional Republicana e a Polícia de Segurança Pública, em que a autoridade competente para a instrução do processo é a Inspecção-Geral do Ambiente.

5 — A aplicação das coimas e sanções acessórias cabe à Comissão de Coimas em Matéria Económica e de Publicidade e ao inspector-geral do Ambiente, consoante os processos tenham sido instruídos pela IGAE ou pelas demais entidades, respectivamente.

ARTIGO 24.º
Contra-ordenações

1 — Constitui contra-ordenação, punível com coima de € 250 a € 3740, no caso de pessoas singulares, e de € 500 a € 44800, no caso de pessoas colectivas:

  a) A violação do disposto nos n.ºs 2, 3, 4, 5 e 6 do artigo 5.º;
  b) A violação do disposto no artigo 6.º;
  c) A não rotulagem e identificação de componentes e materiais de veículos e a não prestação das informações previstas no artigo 7.º;
  d) A introdução no mercado de veículos em violação do disposto no n.º 2 do artigo 8.º;

e) A não constituição da entidade gestora em violação do disposto no n.º 4 do artigo 9.º;
f) A violação do disposto no n.º 1 do artigo 10.º;
g) O não cumprimento das obrigações previstas para a entidade gestora no artigo 11.º;
h) O incumprimento das condições constantes da licença prevista no n.º 1 do artigo 13.º;
i) O não encaminhamento de VFV para um operador autorizado, em violação do disposto nos n.ᵒˢ 2 a 5, e nos n.ᵒˢ 6, 7, 8 e 11 do artigo 14.º;
j) A omissão do valor da contribuição financeira, em violação do disposto no artigo 15.º;
l) A violação do disposto no artigo 17.º;
m) O exercício de actividade em violação do disposto nos artigos 18.º, 19.º e 20.º;
n) A não comunicação dos relatórios referidos no artigo 21.º ou a prestação de informações incorrectas;
o) A violação do disposto no n.º 1 do artigo 29.º;
p) O impedimento do exercício de fiscalização.
2 — A tentativa e a negligência são puníveis.

ARTIGO 25.º
Sanções acessórias

A entidade competente para a aplicação das coimas previstas no artigo anterior pode determinar ainda a aplicação das seguintes sanções acessórias, nos termos da lei geral:
a) Interdição do exercício de uma profissão ou actividade;
b) Privação do direito a subsídio ou benefício outorgado por entidades ou serviços públicos;
c) Suspensão de autorizações, licenças e alvarás.

ARTIGO 26.º
Produto das coimas

1 — A afectação do produto das coimas previstas no artigo 24.º é estabelecida da seguinte forma:
a) 10% para a entidade fiscalizadora que tenha levantado o auto de notícia;
b) 30% para a entidade fiscalizadora que decidiu da aplicação da coima;
c) 60% para os cofres do Estado.

2 — O produto das coimas resultantes das contra-ordenações previstas no artigo 24.º e o produto das taxas previstas no artigo 28.º constitui receita própria das Regiões Autónomas quando aplicadas no seu território.

CAPÍTULO VII
Disposições finais e transitórias

Artigo 27.º
Relatório

1 — O Instituto dos Resíduos, em colaboração com a CAVFV, elaborará, de três em três anos, um relatório técnico de aplicação do disposto no presente diploma, o qual será disponibilizado ao público.

2 — O relatório referido no número anterior será elaborado com base no questionário adoptado pela Decisão n.º 2001/753/CE, da Comissão, de 17 de Outubro, e será enviado à Comissão Europeia no prazo de nove meses a contar do final do período de três anos a que se refere.

3 — O relatório tem como objectivo criar bases de dados sobre os VFV e o respectivo tratamento, devendo ainda conter informações pertinentes sobre eventuais alterações estruturais das empresas dos sectores da distribuição, transporte, desmantelamento, fragmentação, valorização e reciclagem que provoquem distorções concorrenciais entre os Estados membros ou no interior dos mesmos.

Artigo 28.º
Taxas

1 — É devido o pagamento de taxas, a realizar em prazo a fixar pelo Instituto dos Resíduos, pelos seguintes actos:
  a) Concessão do registo de transporte referido n.º 1 do artigo 18.º;
  b) Concessão da autorização de funcionamento referida no n.º 2 do artigo 19.º;
  c) Concessão da autorização prévia das operações referidas no n.º 1 do artigo 20.º

2 — Os montantes das taxas previstas no número anterior são definidos por portaria conjunta dos Ministros das Finanças e das Cidades, Ordenamento do Território e Ambiente.

Artigo 29.º
Disposições transitórias

1 — Os operadores de transporte e os operadores de tratamento de VFV licenciados/autorizados ou com processo de licenciamento em curso à data de entrada em vigor do presente diploma, ficam obrigados a comunicar ao Instituto dos Resíduos o âmbito da sua actividade, num prazo máximo de 60 dias a contar da mesma data.

2 — O presente diploma aplica-se aos procedimentos de licenciamento/autorização em curso à data da entrada em vigor do mesmo.

Artigo 30.º
Regiões Autónomas

O regime previsto no presente diploma aplica-se às Regiões Autónomas, com as adaptações determinadas pelo interesse específico das mesmas, cabendo a execução administrativa aos órgãos e serviços das respectivas administrações regionais, sem prejuízo da gestão a nível nacional.

Artigo 31.º
Norma revogatória

Com a constituição da rede nacional de centros de recepção e de operadores de desmantelamento, prevista nos n.ºs 1 e 2 do artigo 11.º do presente diploma é revogado o disposto no artigo 3.º do Decreto-Lei n.º 292-A/2000, de 15 de Novembro.

Artigo 32.º
Entrada em vigor

O presente diploma entra em vigor no dia imediato ao da sua publicação.

Visto e aprovado em Conselho de Ministros de 26 de Junho de 2003. — *José Manuel Durão Barroso* — *Maria Manuela Dias Ferreira Leite* — *António Manuel de Mendonça Martins da Cruz* — *António Jorge de Figueiredo Lopes* — *João Luís Mota de Campos* — *Carlos Manuel Tavares da Silva* — *António Pedro de Nobre Carmona Rodrigues* — *Amílcar Augusto Contel Martins Theias.*

Promulgado em 6 de Agosto de 2003.

Publique-se.

O Presidente da República, JORGE SAMPAIO.

Referendado em 8 de Agosto de 2003.

O Primeiro-Ministro, *José Manuel Durão Barroso.*

ANEXO I
Materiais e componentes isentos da aplicação do disposto no n.º 2 do artigo 6.º

Materiais e componentes	Âmbito e data do termo da isenção	Devem ser rotulados ou identificados de qualquer modo adequado
Chumbo como elemento de liga		
1 — Aço para fins de maquinagem e aço galvanizado com um teor de chumbo igual ou inferior a 0,35 % em peso.		
2 — a) Alumínio para fins de maquinagem com um teor de chumbo igual ou inferior a 2 % em peso.	1 de Julho de 2005 ([1]).	
2 — b) Alumínio para fins de maquinagem com um teor de chumbo igual ou inferior a 1 % em peso.	1 de Julho de 2008 ([1]).	
3 — Liga de cobre com um teor em chumbo igual ou inferior a 4 % em peso.		
4 — Capas dos apoios e pistões em chumbo/bronze		
Chumbo e compostos de chumbo em componentes		
5 — Acumuladores		X
6 — Amortecedores de vibrações		X
7 — Peso de equilíbrio das rodas	Veículos homologados antes de 1 de Julho de 2003 e pesos de equilíbrio das rodas destinados à manutenção destes veículos: 1 de Julho de 2005 ([2]).	X
8 — Vulcanizantes e estabilizadores para elastómeros em aplicações de manipulação de fluidos e do grupo motopropulsor.	1 de Julho de 2005 ([1]).	
9 — Estabilizador de tintas de protecção	1 de Julho de 2005.	
10 — Escovas de carbono para motores eléctricos	Veículos homologados antes de 1 de Julho de 2003 e escovas de carbono para motores eléctricos destinadas à manutenção destes veículos: 1 de Janeiro de 2005.	
11 — Soldaduras em placas de circuitos electrónicos e outras aplicações eléctricas.		([3]) X
12 — Cobre em calços de travões com um teor de chumbo superior a 0,5 % em peso.	Veículos homologados antes de 1 de Julho de 2003 e manutenção destes veículos: 1 de Julho de 2004.	X
Chumbo e compostos de chumbo em componentes		
13 — Sedes de válvulas	Tipos de motores desenvolvidos antes de 1 de Julho de 2003: 1 de Julho de 2006.	
14 — Componentes eléctricos com chumbo fixados num composto de matriz de vidro ou de cerâmica, excepto vidro em lâmpadas e vidrado de velas de ignição.		([4]) X (para componentes, com excepção de componentes piezoeléctricos em motores).
15 — Vidro em lâmpadas e vidrado de velas de ignição	1 de Janeiro de 2005.	
16 — Iniciadores pirotécnicos	1 de Julho de 2007.	
Crómio hexavalente		
17 — Revestimentos anticorrosivos	1 de Julho de 2007.	
18 — Frigoríficos de absorção em caravanas de campismo		X
Mercúrio		
19 — Lâmpadas de descarga e mostradores do painel de comando		X
Cádmio		
20 — Pastas para películas espessas	1 de Julho de 2006.	
21 — Acumuladores para veículos eléctricos	31 de Dezembro de 2005 ([5]). Após 31 de Dezembro de 2005, a colocação no mercado de acumuladores de NiCd apenas será permitida como peças de substituição para veículos colocados no mercado antes dessa data.	X

([1]) Até 1 de Janeiro de 2005, a Comissão Europeia avaliará se a eliminação progressiva prevista para esta entrada deve ser revista face à disponibilidade de substitutos para o chumbo, tendo em conta os objectivos estabelecidos no n.º 2 do artigo 6.º

([2]) Até 1 de Janeiro de 2005, a Comissão Europeia avaliará esta exclusão relativamente aos aspectos da segurança rodoviária.

([3]) Desmantelamento obrigatório se for ultrapassado, em relação à entrada 14, um limiar médio de 60 g por veículo. Para a aplicação desta regra, os dispositivos electrónicos que não sejam instalados pelo fabricante na linha de produção não serão tidos em conta.

(⁴) Desmantelamento obrigatório se for ultrapassado, em relação à entrada 11, um limiar médio de 60 g por veículo. Para a aplicação desta regra, os dispositivos electrónicos que não sejam instalados pelo fabricante na linha de produção não serão tidos em conta.

(⁵) A Comissão Europeia continuará a analisar a substituição progressiva do cádmio, tomando em consideração a necessidade de manutenção da disponibilidade de veículos eléctricos, podendo apresentar uma proposta de prorrogação do prazo.

Notas

Será tolerada uma concentração máxima de 0,1%, em peso e por material homogéneo, de chumbo, crómio hexavalente e mercúrio e de 0,01%, em peso por material homogéneo, de cádmio, desde que essas substâncias não sejam introduzidas arbitrariamente. Entende-se por «introdução arbitrária» a utilização deliberada de uma substância na formulação de um material ou componente, no caso em que a sua presença no produto final é pretendida para fornecer uma característica, aparência ou qualidade específicas. A utilização de materiais reciclados como matéria-prima para o fabrico de novos produtos, em que parte dos materiais reciclados pode conter quantidades de metais regulamentados, não é considerada introdução arbitrária.

Será igualmente tolerada uma concentração máxima de 0,4% em peso de chumbo no alumínio, desde que este não seja introduzido arbitrariamente.

Será tolerada até 1 de Julho de 2007 uma concentração máxima de 0,4% em peso de chumbo no cobre destinado a materiais de fricção em calços de travões, desde que este não seja introduzido arbitrariamente.

É permitida a reutilização, sem limitações, de peças de veículos já colocadas no mercado na data do termo de uma isenção, dado que essa reutilização não está abrangida pelo disposto no n.º 2 do artigo 6.º

Até 1 de Julho de 2007, as novas peças de substituição destinadas à reparação de peças de veículos isentas do disposto no n.º 2 do artigo 6.º beneficiam também dessas mesmas isenções (esta cláusula aplica-se a peças de substituição e não a componentes destinados à manutenção normal dos veículos. Não é aplicável a pesos de equilíbrio de rodas, a escovas de carbono para motores eléctricos e a calços de travões, dado que estes componentes constam de entradas específicas).

ANEXO II
Normas de codificação de componentes e materiais para veículos

As seguintes nomenclaturas aplicam-se à rotulagem e identificação de componentes e materiais plásticos, com peso superior a 100 g, utilizados em veículos:

ISO 1043-1 plásticos — símbolos e abreviaturas. Parte 1: polímeros de base e suas características especiais;

ISO 1043-1 plásticos — símbolos e abreviaturas. Parte 2: cargas e materiais de reforço;

ISO 11469 plásticos — identificação genérica e marcação de produtos plásticos.

A seguinte nomenclatura aplica-se à rotulagem e identificação de componentes e materiais elastómeros, com peso superior a 200 g, utilizados em veículos: ISO 1629 borracha e látex — nomenclatura. Esta disposição não se aplica à rotulagem de pneus.

Os símbolos «(<)» e «(>)» utilizados nas normas ISO podem ser substituídos por parêntesis.

ANEXO III
Certificado de destruição

1 — Entidade que emite o certificado de destruição ou desmantelamento qualificado:
    Denominação: ...
    Endereço: ...
    Número da autorização prévia: ...

2 — Autoridade competente responsável pela autorização prévia concedida à entidade que emite o certificado de destruição:
    Denominação: ...
    Endereço: ...

3 — Proprietário/detentor:
    Nome: ...
    Endereço: ...
    Nacionalidade: ...

4 — Veículo em fim de vida:
    Matrícula: ...
    Número de châssis: ...
    Categoria: ...
    Marca: ...
    Modelo: ...

5 — Data em que é emitido o certificado: ...

6 — Assinaturas do emissor do certificado e do proprietário/detentor do veículo entregue: ...

ANEXO IV
Requisitos mínimos para a armazenagem e tratamento de VFV

1 — Instalações de armazenagem temporária de VFV antes do respectivo tratamento (centros de recepção):
    Sistema de controlo dos documentos dos VFV recepcionados e de registo da data da sua recepção, dos seus dados (matrícula, número de châssis, categoria, marca e modelo) e dos dados do último proprietário/detentor (nome, endereço e nacionalidade);

Sistema de registo do destinatário dos VFV recepcionados;
Vedação que impeça o livre acesso às instalações;
Equipamento de combate a incêndios;
Zona de armazenagem de VFV impermeabilizada, com área suficiente para que os VFV não sejam colocados uns em cima dos outros ou de lado, equipada com sistema de recolha e tratamento de águas pluviais, águas de limpeza e de derramamentos, dotado de decantadores e separadores de óleos e gorduras, que permita cumprir a legislação nacional relativa a descarga de águas residuais.

2 — Instalações de desmantelamento de VFV:

Sistema de controlo dos documentos dos VFV recepcionados e de registo da data da sua recepção, dos seus dados (matrícula, número de châssis, categoria, marca e modelo), dos dados do último proprietário/detentor (nome, endereço e nacionalidade) e dos dados do centro de recepção de proveniência (nome e endereço);
Sistema de registo de quantidades de componentes e materiais retirados e encaminhados, por tipo de materiais ou componentes, e do respectivo destinatário (incluindo, em particular, a parte remanescente da carroçaria ou châssis);
Vedação que impeça o livre acesso às instalações;
Equipamento de combate a incêndios;
Zona de armazenagem de VFV impermeabilizada, com área suficiente para que os VFV não sejam colocados uns em cima dos outros ou de lado, equipada com sistema de recolha e tratamento de águas pluviais, águas de limpeza e de derramamentos, dotado de decantadores e separadores de óleos e gorduras, que permita cumprir a legislação nacional relativa a descarga de águas residuais;
Zona de desmantelamento devidamente coberta de forma a proporcionar protecção suficiente contra a chuva e contra o vento, com superfície impermeável e equipada com sistema de recolha e tratamento de águas de limpeza e de derramamentos, dotado de decantadores e separadores de óleos e gorduras, que permita cumprir a legislação nacional relativa a descarga de águas residuais;
Zona de armazenagem de componentes e materiais retirados, devidamente coberta de forma a proporcionar protecção suficiente contra a chuva e contra o vento, com superfície impermeável e equipada com sistema de recolha e tratamento de águas de limpeza e de derramamentos, dotado de decantadores e separadores de óleos e gorduras, que permita cumprir a legislação nacional relativa a descarga de águas residuais.
Esta zona deverá estar equipada com recipientes adequados e devidamente identificados para o armazenamento separado de acumuladores (com neutralização dos electrólitos no próprio local ou noutro local), filtros, condensadores contendo PCB, fluidos (separados de acordo com as classes referidas no n.º 2.1 deste anexo) e de componentes destinados a reutilização.

As operações de armazenagem são realizadas de forma a evitar danos nos componentes que contenham fluidos, nos componentes recuperáveis ou nos sobressalentes;

Zona de armazenagem de pneus usados (sem empilhamento excessivo), com superfície impermeável e equipada com sistema de recolha e tratamento de águas pluviais, águas de limpeza e de derramamentos, dotado de decantadores e separadores de óleos e gorduras, que permita cumprir a legislação nacional relativa a descarga de águas residuais.

2.1 — Operações de tratamento para despoluição dos VFV:

Remoção dos acumuladores e dos depósitos de gás liquefeito (GPL);

Remoção ou neutralização dos componentes pirotécnicos (p. e. *air-bags* e pré-tensores dos cintos de segurança);

Remoção do combustível (incluindo o GPL), do óleo do motor, do óleo da transmissão, do óleo da caixa de velocidades, do óleo dos sistemas hidráulicos, dos líquidos de arrefecimento, do anticongelante, do fluidos dos travões, dos fluidos dos sistemas de ar condicionado e quaisquer outros fluidos contidos no VFV, a menos que sejam necessários para efeitos de reutilização das peças visadas;

Remoção, na medida do possível, de todos os componentes identificados como contendo mercúrio;

Remoção de todos os componentes e materiais rotulados ou de outro modo indicados nos termos do anexo I.

2.2 — Operações de tratamento a fim de promover a reutilização e a reciclagem:

Remoção de todos os componentes susceptíveis de reutilização como peças em segunda mão, quando técnica e economicamente viável;

Remoção dos catalisadores;

Remoção dos componentes metálicos que contenham cobre, alumínio e magnésio, se esses metais não forem separados no acto de fragmentação;

Remoção de pneus;

Remoção de grandes componentes de plástico (p. e. pára-choques, painel de bordo, reservatórios de fluidos, etc.) se estes materiais não forem separados no acto de fragmentação;

Remoção dos vidros.

3 — Instalações de fragmentação de VFV:

Sistema de registo da data de recepção do VFV, dos seus dados (matrícula, número de chássis, categoria, marca e modelo), dos dados do último proprietário/detentor (nome, endereço e nacionalidade) e dos dados do desmantelador de proveniência (nome e endereço). Nos casos em que os VFV chegam compactados, é apenas exigível o registo, em peso, das quantidades recebidas e os dados do desmantelador de proveniência;

Sistema de registo de fracções resultantes da fragmentação, por tipo de materiais, e dos respectivos destinatários;

Vedação que impeça o livre acesso às instalações;

Equipamento de combate a incêndios;

Zona de armazenagem de VFV impermeabilizada, com área suficiente para que os VFV não sejam colocados uns em cima dos outros ou de lado, equipada com sistema de recolha e tratamento de águas pluviais, águas de limpeza e de derramamentos, dotado de decantadores e separadores de óleos e gorduras, que permita cumprir a legislação nacional relativa a descarga de águas residuais;

Zona de armazenagem de fracções resultantes da fragmentação impermeabilizada, equipada com sistema de recolha e tratamento de águas pluviais, águas de limpeza e de derramamentos, dotado de decantadores e separadores de óleos e gorduras, que permita cumprir a legislação nacional relativa a descarga de águas residuais.

Incentivo fiscal à destruição de veículos em fim de vida

Decreto-Lei n.º 292-A/2000
de 15 de Novembro

Tem sido preocupação crescente do Governo melhorar a segurança rodoviária por forma a reduzir os elevados níveis de sinistralidade nas estradas portuguesas.

Para tanto, têm vindo a ser implementadas diversas medidas, mostrando-se ainda aconselhável incentivar a retirada de circulação dos veículos que, pela idade e estado de conservação, sejam susceptíveis de comprometer quer a segurança quer a qualidade do ambiente.

Visa assim o presente diploma criar um incentivo fiscal que motive os proprietários de tais automóveis ligeiros a entregá-los para destruição e, em sua substituição, optar pela aquisição de automóveis ligeiros novos, articulando-se, desde já, com o diploma que, em sede de protecção ambiental, vem definir as regras de emissão dos certificados de destruição.

Assim:

No uso da autorização legislativa concedida pelo n.º 5 do artigo 51.º da Lei n.º 3-B/2000, de 4 de Abril, e nos termos da alínea *b*) do n.º 1 do artigo 198.º da Constituição, o Governo decreta o seguinte:

Artigo 1.º
Objecto

1 — O presente diploma tem por objecto a criação de um incentivo fiscal à destruição de automóveis ligeiros em fim de vida, visando a melhoria da segurança rodoviária e da qualidade do ambiente.

2 — As regras relativas à emissão dos certificados de destruição constam do Decreto-Lei n.º 292-B/2000, de 15 de Novembro.

Artigo 2.º
Incentivo fiscal

1 — O incentivo fiscal referido no artigo anterior reveste a forma de redução no imposto automóvel devido na compra de automóvel ligeiro novo sem matrícula, admitido ou importado.

2 — O incentivo previsto no número anterior deve ser requerido à Direcção-Geral das Alfândegas e dos Impostos Especiais sobre o Consumo (DGAIEC), mediante exibição do certificado de destruição a que alude o n.º 1 do artigo 4.º, e nos termos seguintes:

    a) Automóveis ligeiros a destruir com 10 anos ou mais e menos de 15 anos: redução de 150000$00 no imposto automóvel;

    b) Automóveis ligeiros a destruir com 15 anos ou mais: redução de 200000$00 no imposto automóvel.

3 — Podem beneficiar do incentivo previsto neste diploma os proprietários, há mais de um ano, de automóveis ligeiros, desde que:

    a) Os veículos estejam matriculados há mais de 10 anos;

    b) Sobre os mesmos não incidam ónus ou encargos de ordem fiscal ou outros;

    c) Os veículos estejam em condições de circulação pelos seus próprios meios;

    d) Sejam os mesmos entregues para destruição nos termos do presente diploma.

Artigo 3.º
Controlo de documentação

1 — O proprietário de automóvel ligeiro que pretenda beneficiar da redução do imposto automóvel deverá entregar o veículo a destruir, com os respectivos documentos, num dos centros de inspecção de veículos (CIV) constantes da lista divulgada pela Direcção-Geral de Viação (DGV), bem como o requerimento para cancelamento da matrícula, acompanhado de fotocópia do bilhete de identidade do requerente e a quantia correspondente ao valor fixado para uma inspecção obrigatória.

2 — O CIV que receber o veículo deverá proceder à sua identificação e registo fotográfico, conferir a documentação a ele relativa e remetê-lo ao serviço regional da DGV da sua área.

3 — A DGV procederá ao cancelamento da matrícula e emitirá uma autorização de destruição, que remeterá ao CIV referido no número anterior.

4 — Recebida a autorização no CIV e comunicada por este ao operador autorizado, na área, para a destruição, deverá este proceder ao levantamento do veículo no prazo máximo de oito dias.

ARTIGO 4.º
Controlo de destruição

1 — O operador deverá proceder à destruição do veículo obedecendo às normas ambientais aplicáveis, emitir o certificado de destruição e remetê-lo à DGV, no prazo de cinco dias após recepção do veículo.

2 — A DGV entregará o certificado de destruição, no prazo de cinco dias, ao proprietário do veículo, que o deverá apresentar à DGAIEC para obtenção do incentivo fiscal referido no artigo 1.º

3 — Para efeitos de obtenção do incentivo previsto no presente diploma, o certificado deve ser utilizado no prazo de um ano a contar da respectiva emissão, só podendo ser utilizado um certificado em cada aquisição de veículo novo.

ARTIGO 5.º
Exclusão de aplicabilidade

Aos veículos novos adquiridos ao abrigo do presente diploma não é aplicável o disposto no artigo 12.º do Decreto-Lei n.º 40/93, de 18 de Fevereiro.

ARTIGO 6.º
Regime sancionatório

1 — Constitui contra-ordenação punível com coima de 50000$00 a 250000$00:

a) O incumprimento dos deveres previstos no n.º 2 do artigo 3.º;
b) A falta de comunicação, ao operador autorizado, da autorização de destruição emitida pela DGV, prevista no n.º 3 do artigo 4.º;
c) O levantamento do veículo fora do prazo referido no n.º 4 do artigo 3.º

2 — Constitui contra-ordenação punível com coima de 100000$00 a 500000$00 a destruição de veículo abrangido pelo presente diploma, pelo operador autorizado, sem que possua autorização de destruição emitida pela DGV.

3 — Nas contra-ordenações previstas é punível a negligência.

ARTIGO 7.º
Fiscalização

A fiscalização do cumprimento do presente diploma compete à DGV, à Guarda Nacional Republicana, à Polícia de Segurança Pública, à DGAIEC, à Direcção-Geral da Indústria, à Inspecção-Geral do Ambiente e às direcções regionais do ambiente e ordenamento do território.

Artigo 8.º
Aplicação de sanções

1 — A instrução dos processos de contra-ordenação compete à DGV, aplicando-se ao seu processamento as disposições previstas no Código da Estrada para as infracções rodoviárias.

2 — A aplicação das coimas é da competência da DGV.

Artigo 9.º
Destino das receitas provenientes da aplicação das coimas

A distribuição das receitas provenientes da aplicação das coimas previstas no presente diploma rege-se pelo disposto nos n.ºs 1, 2 e 4 do artigo 1.º do Decreto-Lei n.º 369/99, de 18 de Setembro.

Artigo 10.º
Entrada em vigor

1 — O presente diploma entra em vigor no dia 1 de Dezembro de 2000, vigorando pelo período de um ano.

2 — O disposto no número anterior não prejudica a validade do certificado de destruição emitido pelo operador autorizado, o qual, para efeitos de obtenção do incentivo fiscal previsto no presente diploma, poderá ser utilizado no prazo previsto no n.º 3 do artigo 4.º do mesmo, para além de 30 de Novembro de 2001.

Visto e aprovado em Conselho de Ministros de 28 de Setembro de 2000. — *António Manuel de Oliveira Guterres — Henrique Nuno Pires Severiano Teixeira — Joaquim Augusto Nunes Pina Moura — Mário Cristina de Sousa — António Luís Santos Costa — José Sócrates Carvalho Pinto de Sousa.*

Promulgado em 14 de Novembro de 2000.

Publique-se.

O Presidente da República, Jorge Sampaio.

Referendado em 14 de Novembro de 2000.

O Primeiro-Ministro, *António Manuel de Oliveira Guterres.*

Certificados de destruição qualificada

Decreto-Lei n.º 292-B/2000
de 15 de Novembro

Ao chegarem ao fim da sua vida útil, os veículos automóveis passam a constituir um fluxo de resíduos, cuja gestão está sujeita às regras estabelecidas no Decreto-Lei n.º 239/97, de 9 de Setembro.

Os veículos em fim de vida são resíduos com características muito específicas por conterem uma multiplicidade de componentes, que podem e devem ser valorizados, em elevada proporção, e também pelo facto de alguns desses componentes, uma vez passados à condição de resíduos, serem classificados como perigosos.

No quadro das medidas a tomar, para garantir a qualificação do sector de gestão deste tipo de resíduos, assume especial importância a instituição de um certificado de destruição ou desmantelamento qualificado dos veículos em fim de vida, a emitir por entidades especialmente credenciadas para o efeito, sendo este o objectivo fundamental deste diploma.

No tocante às entidades que, no imediato, podem ter a competência para emitir o referido certificado, entendeu-se que essa faculdade pode ser atribuída aos operadores autorizados que promovam a efectiva destruição dos veículos e àqueles que, dedicando-se exclusivamente ao desmantelamento de veículos com o objectivo de promover a reutilização de componentes em condições de reconhecida segurança, possam garantir a entrega das carcaças que recebem a fragmentadores autorizados.

A extensão da referida faculdade aos desmanteladores justifica-se, por um lado, pelo tempo que pode decorrer desde a entrega do veículo em fim de vida e a sua efectiva destruição por um fragmentador e, por outro, pela necessidade de não subalternizar a reutilização, desde que praticada na base de estritas normas de segurança e de informação ao consumidor.

De qualquer forma, num ou noutro caso — operadores autorizados que promovam a efectiva destruição dos veículos ou o seu desmantelamento — a competência para emitir certificados de destruição ou de desmantelamento qualificado deve obedecer a uma autorização prévia a emitir pela direcção regional do ambiente e do ordenamento do território, a qual deverá ser concedida, apenas, quando os interessados cumpram um conjunto de requisitos demonstrativos da possibilidade de destruição ou desmantelamento de veículos em condições de segurança ambiental.

Foram ouvidos os órgãos de governo próprio das Regiões Autónomas, bem como a Associação Nacional de Municípios Portugueses.

Assim:

Nos termos da alínea a) do n.º 1 do artigo 198.º da Constituição, o Governo decreta, para valer como lei geral da República, o seguinte:

Artigo 1.º
Objectivo e âmbito

1 — O presente diploma estabelece as regras gerais e o procedimento a seguir na emissão de certificados de destruição ou de desmantelamento qualificado de veículos em fim de vida.

2 — O presente diploma abrange todos os veículos que se encontrem no fim da vida útil, bem como os veículos abandonados e os salvados que integram a esfera patrimonial das seguradoras.

3 — O disposto no presente diploma não prejudica a aplicação da legislação relativa à autorização de operações de gestão de resíduos, ao licenciamento industrial e ao licenciamento da instalação e ampliação de depósitos de sucata.

Artigo 2.º
Definições

Para efeitos do disposto no presente diploma, entende-se por:

a) Veículo em fim de vida ou VFV — um veículo que constitui um resíduo na acepção da alínea a) do artigo 3.º do Decreto-Lei n.º 239/97, de 9 de Setembro, bem como os que se mostrem nas condições estabelecidas no Decreto-Lei n.º 292-A/2000, de 15 de Novembro;

b) Veículo abandonado — o que se encontra na situação prevista no artigo 173.º do Código da Estrada, aprovado pelo Decreto-Lei n.º 114/94, de 3 de Maio, revisto e republicado pelo Decreto-Lei n.º 2/98, de 3 de Janeiro;

c) Salvado — veículo que, em consequência de acidente, entre na esfera jurídica patrimonial de uma companhia de seguros por força de um contrato de seguro automóvel, nos termos do artigo 16.º do Decreto-Lei n.º 2/98, de 3 de Janeiro;

d) Operadores autorizados — os que possuem uma autorização para proceder a qualquer operação de gestão de resíduos, nos termos do Decreto-Lei n.º 239/97, de 9 de Setembro;

e) Certificado de destruição ou de desmantelamento qualificado — documento emitido pelo operador autorizado — fragmentador ou desmantelador — que tenha competência para o efeito, pelo qual se atesta que um veículo em fim de vida foi destruído ou desmantelado em condições de segurança ambiental;

f) Autorização especial — autorização emitida pela direcção regional do ambiente e do ordenamento do território, pela qual os operadores autorizados ficam habilitados a emitir certificados de destruição ou de desmantelamento qualificado;

g) Gestão — qualquer actividade efectuada após a entrega do veículo em fim de vida, numa instalação para fins de armazenagem, descontaminação, desmantelamento, compactação e fragmentação ou quaisquer outras operações de valorização e ou eliminação dos seus componentes;

h) Descontaminação — operação de remoção e separação dos resíduos perigosos contidos no VFV;

i) Desmantelamento — operação de remoção de componentes de um VFV, com vista à sua reutilização ou à valorização dos materiais que o constituem;

j) Compactação — operação de redução do volume de um VFV ou dos seus componentes por prensagem, com alteração irreversível da sua forma;

k) Fragmentação — operação de destruição de um VFV ou dos seus componentes, nomeadamente através da passagem por um moinho de martelos.

ARTIGO 3.º
Competência para a emissão de certificados de destruição ou de desmantelamento qualificado

1 — Só têm competência para emitir certificados de destruição ou de desmantelamento qualificado os operadores autorizados que o requeiram e que beneficiem de uma autorização especial concedida pela direcção regional do ambiente e do ordenamento do território da área do respectivo domicílio ou sede.

2 — O requerimento de autorização para emissão de certificados de destruição ou de desmantelamento qualificado deve conter, além da identificação do requerente e da referência à autorização concedida para efeitos

de operação de gestão de VFV, os elementos necessários para demonstrar que se mostram observados os requisitos previstos no anexo I a este diploma, que dele faz parte integrante.

3 — A direcção regional do ambiente e do ordenamento do território competente pronuncia-se no prazo de 30 dias a contar da recepção do requerimento, dando conhecimento da sua decisão ao requerente e ao Instituto dos Resíduos.

4 — As entidades autorizadas a emitir certificados de destruição ou de desmantelamento qualificado devem apresentar à direcção regional do ambiente e do ordenamento do território competente, até ao dia 15 do mês seguinte ao trimestre a que disser respeito, um relatório contendo o número de entradas de VFV e as saídas de materiais, em particular os resíduos resultantes da descontaminação, indicando as quantidades e respectivos destinatários.

5 — As direcções regionais do ambiente e do ordenamento do território devem remeter ao Instituto dos Resíduos, até ao dia 30 do mês seguinte ao trimestre a que disser respeito, o relatório mencionado no número anterior, com vista à centralização neste Instituto da informação nacional relativa aos VFV.

6 — As direcções regionais do ambiente e do ordenamento do território devem elaborar uma lista informativa dos operadores autorizados a emitir certificados de destruição ou de desmantelamento qualificado, que será facultada a quem o solicitar, devendo a mesma ser enviada por esta entidade à Direcção-Geral de Viação.

ARTIGO 4.º
Procedimento

1 — O proprietário ou o legal detentor do VFV deve entregar o veículo a destruir, acompanhado do livrete e do título de registo de propriedade, num operador que beneficie de uma autorização especial de emissão de certificados de destruição ou de desmantelamento qualificado, devendo ainda preencher um requerimento de cancelamento de matrícula.

2 — Quando se trate de veículos salvados, que integram a esfera patrimonial de uma companhia de seguros, esta fica dispensada de apresentar a documentação referida no número anterior, devendo apenas fazer prova de que remeteu, nos termos da lei, o livrete do veículo para a Direcção-Geral de Viação e o respectivo título de registo de propriedade para a Conservatória do Registo Automóvel.

3 — O operador que receba o VFV deverá proceder à sua identificação, conferir a documentação a ele relativa e remetê-la ao serviço regional

da Direcção-Geral de Viação da sua área, acompanhada do requerimento de cancelamento de matrícula.

4 — A Direcção-Geral de Viação, após se certificar que o operador consta da lista dos operadores autorizados que dispõem de uma autorização especial e que o VFV se mostra livre de quaisquer ónus ou encargos, procede ao cancelamento da matrícula, comunica tal facto à Conservatória do Registo Automóvel e emite uma autorização de destruição ou de desmantelamento, a qual será remetida ao operador autorizado.

5 — O operador autorizado, após receber por parte da Direcção--Geral de Viação a autorização de destruição ou de desmantelamento prevista no número anterior, deverá proceder à efectiva destruição ou ao desmantelamento do VFV.

6 — Após a destruição ou desmantelamento do VFV, o operador autorizado deverá remeter ao proprietário ou legal detentor do VFV o respectivo certificado de destruição ou de desmantelamento qualificado, enviando cópia do mesmo à Direcção-Geral de Viação.

7 — O modelo de certificado de destruição ou de desmantelamento qualificado, constante do anexo II a este diploma e que dele faz parte integrante, constitui modelo exclusivo da Imprensa Nacional-Casa da Moeda.

Artigo 5.º
Procedimentos especiais

Para efeitos de obtenção de incentivo fiscal pelo abate de VFV, adopta--se o procedimento especial previsto no Decreto-Lei n.º 292-A/2000, de 15 de Novembro.

Artigo 6.º
Fiscalização

A fiscalização do cumprimento do presente diploma compete à Inspecção-Geral do Ambiente, às direcções regionais do ambiente e do ordenamento do território, ao Instituto dos Resíduos, à Direcção-Geral de Viação e às autoridades policiais.

Artigo 7.º
Contra-ordenações

1 — Constitui contra-ordenação, punível com coima de 100000$00 a 500000$00, o incumprimento dos deveres de comunicação e de conduta previstos no n.º 4 do artigo 3.º e nos n.ºs 3 e 6 do artigo 4.º

2 — Constitui contra-ordenação, punível com coima de 200000$00 a 750000$00, a violação do dever de destruição ou de desmantelamento dos VFV prevista no n.º 5 do artigo 4.º, bem como a emissão de certificados de destruição ou de desmantelamento qualificado por operadores não autorizados para o efeito.

3 — Tratando-se de pessoas colectivas, os limites mínimo e máximo elevar-se-ão a 500000$00 e a 6000000$00, respectivamente.

4 — A negligência é punível.

Artigo 8.º
Instrução de processos e aplicação de sanções

1 — Compete à Inspecção-Geral do Ambiente e às direcções regionais do ambiente e do ordenamento do território instruir processos relativos às contra-ordenações referidas no artigo anterior.

2 — A instrução dos processos cujo auto seja lavrado por autoridade policial compete às direcções regionais do ambiente e do ordenamento do território.

3 — Compete ao dirigente máximo da entidade que instruiu o processo de contra-ordenação decidir da aplicação das coimas.

Artigo 9.º
Produto das coimas

O produto das coimas previstas no presente diploma reverte:

a) 60% para o Estado;
b) 30% para a entidade que processa a contra-ordenação;
c) 10% para a entidade que levanta o auto.

Artigo 10.º
Entrada em vigor

O presente diploma entra em vigor no dia 1 de Dezembro de 2000, salvo as disposições contidas nos n.ºs 1 a 3 do artigo 3.º, que entram em vigor no 5.º dia subsequente ao da sua publicação.

Visto e aprovado em Conselho de Ministros de 28 de Setembro de 2000. — *António Manuel de Oliveira Guterres — Henrique Nuno Pires Severiano Teixeira — Joaquim Augusto Nunes Pina Moura — António Luís Santos Costa — José Sócrates Carvalho Pinto de Sousa.*

Promulgado em 31 de Outubro de 2000.

Publique-se.

O Presidente da República, JORGE SAMPAIO.
Referendado em 3 de Novembro de 2000.
O Primeiro-Ministro, *António Manuel de Oliveira Guterres.*

ANEXO I

1 — Requisitos específicos para a actividade de desmantelamento:
1) Existência de um sistema de registo:
   a) De veículos recepcionados, com controlo por matrícula e por número de carroçaria (ou *châssis*), com informação do último proprietário;
   b) De quantidades de materiais desmontados e encaminhados, por tipo de materiais ou componentes e de destinatário (incluindo, em particular, a parte remanescente da carroçaria ou *châssis*);
2) Existência de instalações com identificação clara de zonas de recepção, de descontaminação, de armazenamento de resíduos e de armazenamento de peças ou sucatas, devendo ainda ser observados os seguintes requisitos:
   a) A zona de recepção deve ter uma superfície impermeável, com área suficiente para que os VFV não sejam colocados uns em cima dos outros ou de lado, e deve estar equipada com sistemas de recolha de águas pluviais e ou de limpeza ou de derramamentos, sistemas esses equipados com decantadores e separadores de óleos e gorduras;
   b) A zona de descontaminação deve ser coberta de forma a haver protecção suficiente contra a chuva e contra o vento, com solo impermeabilizado resistente à contaminação por derrames e provido de sistemas de drenagem de águas pluviais, lavagem e ou derrames de resíduos líquidos, equipados com decantadores e separadores de óleos e gorduras. Deve ainda dispor de dispositivos/equipamen-tos para desactivação de componentes pirotécnicos;
   c) A zona de armazenamento de resíduos deve dispor de contentores ou depósitos, devidamente identificados, estanques nos casos aplicáveis, para armazenamento temporário dos resíduos ou de quaisquer outros componentes que sejam retirados aquando da operação de descontaminação, nomeadamente garrafas de GPL, fluidos da caixa de velocidades e travões, combustível, electrólito de baterias, etc.; a armazenagem deve ser feita em separado na medida em que tal é requerido pelo tratamento aprovado dos resíduos em causa;
   d) A zona de armazenamento de peças ou sucatas deve obedecer às restrições legais (nomeadamente do Decreto-Lei n.º 239/97, de 9 de Setembro) e deve respeitar as condições construtivas adequadas ao controlo de derrames de fluidos não removidos aquando da operação de despoluição (nomeadamente amortecedores) ou dispor de equipamento que assegure tal objectivo;

3) Existência de dispositivos que permitam retirar, enquanto resíduos perigosos ou potencialmente perigosos, os seguintes componentes: óleo do motor e caixa de velocidades, óleo de travões, combustível líquido ou gasoso, gás de equipamento de ar condicionado e baterias.

Os filtros de óleo e de combustível devem ser retirados com tomada de medidas de protecção adequadas para evitar derrames de fluidos;

4) Existência de dispositivos que permitam desactivar, como operação de segurança, os componentes pirotécnicos e desmontar, encaminhando separadamente para recuperação, os reservatórios de GPL;

5) Existência de um sistema de gestão de componentes removidos de VFV enquanto resíduos e de resíduos decorrentes da sua própria actividade (por exemplo, solventes, óleos retirados dos separadores de gorduras, resíduos resultantes da limpeza do sistema de drenagem, etc.), incluindo o registo, por tipo de resíduo, das quantidades e dos destinatários.

2 — Requisitos específicos para a actividade de fragmentação:

1) Existência de um sistema de registo de veículos recebidos, sendo obrigatório o controlo por matrícula e número de carroçaria (ou *châssis*), com informação do último proprietário, e das quantidades de materiais fragmentados e entregues a outros operadores, com informação sobre os respectivos destinatários;

2) Existência de instalações com identificação clara de zonas de recepção, de descontaminação e de armazenamento de resíduos, devendo ainda ser observados os seguintes requisitos:

a) A zona de recepção deve ter uma superfície impermeável, com área suficiente para que os VFV não sejam colocados uns em cima dos outros ou de lado, e deve estar equipada com sistemas de recolha de águas pluviais e ou de limpeza ou de derramamentos, sistemas esses equipados com decantadores e separadores de óleos e gorduras;

b) A zona de descontaminação deve ser coberta de forma a haver protecção suficiente contra a chuva e contra o vento, com solo impermeabilizado resistente à contaminação por derrames e provido de sistemas de drenagem de águas pluviais, lavagem e ou derrames de resíduos líquidos, equipados com decantadores e separadores de óleos e gorduras. Deve ainda dispor de dispositivos/equipamentos para desactivação de componentes pirotécnicos;

c) A zona de armazenamento de resíduos deve dispor de contentores ou depósitos, devidamente identificados, estanques nos casos aplicáveis, para armazenamento temporário dos resíduos ou de quaisquer outros componentes que sejam retirados aquando da operação de descontaminação, nomeadamente garrafas de GPL, fluidos da caixa de velocidades e travões, combustível, electrólito de baterias, etc.; a armazenagem deve ser feita em separado na medida em que tal é requerido pelo tratamento aprovado dos resíduos em causa;

3) Existência de dispositivos que permitam retirar, enquanto resíduos peri-

gosos ou potencialmente perigosos, os seguintes componentes: óleo do motor e caixa de velocidades, óleo de travões, combustível líquido ou gasoso, gás de equipamento de ar condicionado e baterias.

Os filtros de óleo e de combustível devem ser retirados com tomada de medidas de protecção adequadas para evitar derrames de fluidos;

4) Existência de dispositivos que permitam desactivar, como operação de segurança, os componentes pirotécnicos e desmontar, encaminhando separadamente para recuperação, os reservatórios de GPL;

5) Existência de um sistema de gestão de componentes removidos de VFV enquanto resíduos e de resíduos decorrentes da sua própria actividade (por exemplo, solventes, óleos retirados dos separadores de gorduras, resíduos resultantes da limpeza do sistema de drenagem, etc.), incluindo o registo, por tipo de resíduo, das quantidades e dos destinatários.

ANEXO II
Certificado de destruição ou desmantelamento qualificado (*)

Entidade que emite o certificado de destruição ou desmantelamento qualificado

Denominação: . . .
Sede social: . . .
Contribuinte n.º ...

Número de autorização obtida para efeitos de emissão de certificados de destruição ou de desmantelamento: . . .

Proprietário/detentor

Nome: . . .
Morada: . . .
Contribuinte n.º ...

Veículo em fim de vida

Matrícula: . . .
Número de carroçaria (ou de *châssi*s):...
Data: . . . / . . . / . . .
Assinatura da entidade autorizada: . . .
Assinatura do proprietário/detentor: . . .

(*) A emitir em triplicado.

Índices

Ideográfico 1031
Cronológico 1033
Índice geral da obra 1037

Índice ideográfico

Abandono de resíduos 24
Amianto 813-821
Armazenagem 671-683, 899, 980, 1011
Aterros 367-455
Autorização prévia 25, 26, 33-38, 166, 208, 220, 375, 397, 419, 425, 445, 464, 485-529, 637, 828, 845, 846, 850, 861, 865, 866, 898
CIRVER 485-535
Dióxido de titânio 825-841
Eliminação 43-45, 171, 367-482, 813--882
Embalagens 913-938
Gestão integrada 892-897, 930-933, 944, 972, 993-999
Incineração 459-482
Lamas de depuração 689-699
Lista europeia de resíduos 43-81

Óleos 887-910
Pilhas e acumuladores 955-966
Planos de gestão de resíduos 23, 165, 660, 928, 929
Pneus 941-951

Policlorobifenilos 845-855
Registo de resíduos 28, 168, 585-587, 625-631, 584, 649-653
Resíduos da indústria extractiva 443--455
Resíduos de animais 703-762
Resíduos eléctricos e electrónicos 969--981
Resíduos gerados em navios 657-668
Resíduos hospitalares 635-653
Resíduos industriais 625-631
Resíduos para produção de energia 763--807
Resíduos perigosos 173-184, 459-482, 485-535
Resíduos radioactivos 859-882
Resíduos sólidos urbanos 543-622
Sistemas municipais e multimunicipais 543-584
Sucata 671-683
Transporte 27, 197-361, 859-882, 898, 909-910, 1001
Valorização 43-45, 172, 689-807
Veículos em fim de vida 985-1027

Índice cronológico de legislação

1987
Decreto-lei n.º 28/87, de 14 de Janeiro (limita a utilização e comercialização do amianto)

1988
Decreto-lei n.º 138/88, de 22 de Abril (altera o Decreto-lei n.º 28/87, de 14 de Janeiro que limita a utilização e comercialização do amianto)
Decreto-lei n.º 189/88, de 27 de Maio (resíduos para produção de energia
Portaria n.º 768/88, de 30 de Novembro (mapas de registo de RSU)

1991
Decreto-lei n.º 446/91, de 22 de Novembro (utilização agrícola de lamas de depuração)

1992
Portaria n.º 240/92, de 25 de Março (licenciamento da gestão de óleos usados)
Portaria n.º 1028/92, de 5 de Novembro (transporte de óleos usados)

1993
Regulamento 259/93, de 1 de Fevereiro, do Conselho (regime europeu de transporte de resíduos)
Decreto n.º 37/93, de 20 de Outubro (transporte internacional de resíduos perigosos-Convenção de Basileia)
Decreto-lei n.º 379/93, de 5 de Novembro (gestão de Sistemas Municipais e Sistemas Multimunicipais de RSU)

1994
Decreto-lei n.º 228/94, de 13 de Setembro (altera o Decreto-lei n.º 28/87, de 14 de Janeiro que limita a utilização e comercialização do amianto)
Decreto-lei n.º 294/94, de 16 de Novembro (concessão de Sistemas Municipais e Sistemas Multimunicipais de RSU)
Decreto-lei n.º 297/94, de 21 de Novembro (Sistema de gestão de RSU: Lisboa Norte)
Portaria n.º 1147/94, de 26 de Dezembro (licenciamento da gestão resíduos de dióxido de titânio)

1995
Decreto-lei n.º 109/95, de 20 de Maio (Sistema de gestão de RSU: Algar)*
Decreto-lei n.º 142/95, de 14 de Junho (Sistema de gestão de RSU: Sanest)*
Decreto-lei n.º 296/95, de 17 de Novembro (regulamentação nacional

---

* Não incluído na presente publicação. Pode ser consultado em *www.almedina.net*.

do regime europeu de transporte de resíduos)
Decreto-Lei n.º 313/95, de 24 de Novembro (produção de energia eléctrica a partir de recursos renováveis)

1996
Decreto-lei n.º 89/96, de 3 de Julho (Sistema de gestão de RSU: Suldouro)*
Despacho n.º 242/96, de 5 de Julho (classes de resíduos hospitalares)
Decreto-lei n.º 111/96, de 2 de Agosto (Sistema de gestão de RSU: Resicávado)*
Decreto-lei n.º 113/96, de 5 de Agosto (Sistema de gestão de RSU: Valorminho)*
Decreto-lei n.º 116/96, de 6 de Agosto (Sistema de gestão de RSU: Valorlis)*
Decreto-lei n.º 117/96, de 6 de Agosto (Sistema de gestão de RSU: Braval)*
Decreto-lei n.º 114/96, de 15 de Agosto (Sistema de gestão de RSU: Resulima)*
Decreto-lei n.º 166/96, de 5 de Setembro (Sistema de gestão de RSU: Ersuc)*

1997
Decreto-lei n.º 53/97, de 4 de Março (Sistema de gestão de RSU: Amarsul)*
Portaria n.º 147/97, de 10 de Março (autorização de gestão de resíduos hospitalares)
Portaria n.º 178/97, de 11 de Março (mapas de registo de resíduos hospitalares)
Decreto-lei n.º 101/97, de 26 de Abril (Sistema de gestão de RSU: Simria)*
Portaria n.º 335/97, de 16 de Maio (transporte de resíduos em território nacional)
Lei n.º 88-A/97, de 25 de Julho (acesso da iniciativa privada à gestão de RSU: Sistemas Municipais e Multimunicipais)
Decreto-lei n.º 236/97, de 3 de Setembro (Instituto dos Resíduos)
Decreto-lei n.º 239/97, de 9 de Setembro (lei dos resíduos)
Decreto-lei n.º 366/97, de 20 de Dezembro (Sistema de gestão de RSU: Resioeste)*
Decreto-lei n.º 366-A/97, de 20 de Dezembro (gestão de embalagens e resíduos de embalagem)

1998
Portaria n.º 29-B/98, de 15 de Janeiro (gestão de embalagens através dos sistemas integrado e de consignação)
Decreto-lei n.º 268/98, de 28 de Agosto (depósitos de sucata)
Decreto-lei n.º 273/98, de 2 de Setembro (incineração de resíduos perigosos)
Portaria n.º 792/98, de 22 de Setembro (mapas de registo de resíduos industriais)
Portaria n.º 961/98, de 10 de Novembro (autorização prévia)

---

* Não incluído na presente publicação. Pode ser consultado em *www.almedina.net*.

Decreto-lei n.º 362/98, de 18 de Novembro (Instituto Regulador da Água e dos Resíduos)
Decreto-lei n.º 407/98, de 21 de Dezembro (composição das embalagens)

1999

Decreto-lei n.º 168/99, de 18 de Maio (altera o Decreto-lei n.º 189/88, de 27 de Maio sobre resíduos para produção de energia)
Decreto-lei n.º 245/99, de 28 de Junho (controlo da alimentação animal)
Portaria n.º 277/99, de 22 de Julho (eliminação de policlorobifenilos)
Decreto-lei n.º 321/99, de 11 de Agosto (deposição de resíduos industriais banais em aterro)
Lei n.º 176/99, de 25 de Outubro (altera o Decreto-lei n.º 379/93, de 5 de Novembro sobre gestão de Sistemas Municipais e Multimunicipais de RSU)
Decreto-lei n.º 439-A/99, de 29 de Outubro (altera o Decreto-lei n.º 379/93, de 5 de Novembro sobre gestão de Sistemas Municipais e Multimunicipais de RSU)
Decreto-lei n.º 471/99, de 6 de Novembro (altera o Decreto-lei n.º 117/96, de 6 de Agosto, sobre sistemas de gestão de RSU: Braval)*
Decreto-lei n.º 544/99, de 13 de Dezembro (deposição de resíduos da indústria extractiva em aterro)

2000

Decisão 2000/532/CE, da Comissão Europeia, de 3 de Maio (Catálogo Europeu de Resíduos)
Decreto-lei n.º 162/2000, de 27 de Julho (altera o Decreto-lei n.º 366-A/97, de 20 de Dezembro sobre gestão de embalagens e resíduos de embalagem)
Decreto-lei n.º 226/2000, de 9 de Setembro (Sistema de gestão de RSU: Resat)*
Decreto-lei n.º 292-A/2000, de 15 de Novembro (Incentivo fiscal à destruição de veículos em fim de vida)
Decreto-lei n.º 292-B/2000, de 15 de Novembro (certificados de destruição qualificada)
Decreto-lei n.º 323-A/2000, de 20 de Dezembro (Sistema de gestão de RSU: Rebat)*

2001

Decreto-lei n.º 11/2001, de 23 de Janeiro (Sistema de gestão de RSU: Valornor)*
Decreto-lei n.º 62/2001, de 19 de Fevereiro (gestão de pilhas e acumuladores)
Decreto-lei n.º 93/2001, de 23 de Março (Sistema de gestão de RSU: Residouro)*
Decreto-lei n.º 111/2001, de 6 de Abril (gestão de pneus e pneus usados)
Portaria n.º 571/2001, de 6 de Junho (licenciamento da gestão de pilhas e acumuladores)
Decreto-lei n.º 312/2001, de 10 de Dezembro (sistema eléctrico independente)
Decreto-lei n.º 319-A/2001, de 10 de Dezembro (Sistema de gestão de RSU: Águas do Zêzere e Coa, SA)*

---

* Não incluído na presente publicação. Pode ser consultado em *www.almedina.net*.

2002

Decreto-lei n.º 14/2002, de 26 de Janeiro (altera o Decreto-lei n.º 379/93, de 5 de Novembro, sobre gestão de Sistemas Municipais e Multimunicipais de RSU)

Decreto-lei n.º 20/2002, de 30 de Janeiro (Resíduos de equipamentos eléctricos e electrónicos)

Decreto-lei n.º 151/2002, de 23 de Maio (altera o Decreto-lei n.º 362/98, de 18 de Novembro, que cria o Instituto Regulador da Água e dos Resíduos)

Decreto-lei n.º 152/2002, de 23 de Maio (deposição de resíduos em aterro)

2003

Decreto-lei n.º 97/2003, de 7 de Maio (aprova a orgânica do Ministério das Cidades, Ordenamento do Território e Ambiente)

Decreto-lei n.º 103/2003, de 23 de Maio (altera o Decreto-lei n.º 379/93, de 5 de Novembro sobre gestão de Sistemas Municipais e Multimunicipais de RSU)

Decreto-lei n.º 153/2003, de 11 de Julho (gestão de óleos usados)

Decreto-lei n.º 161/2003, de 22 de Julho (controlo da alimentação animal)

Decreto-lei n.º 165/2003, de 24 de Julho (recepção de resíduos gerados em navios)

Decreto-lei n.º 196/2003, de 23 de Agosto (gestão de veículos em fim de vida)

Decreto-lei n.º 221/2003, de 20 de Setembro (altera o Decreto-Lei n.º 294/94, de 16 de Novembro, sobre concessão de SM e SMM e RSU)

Decreto-lei n.º 1187/2003, de 9 de Outubro (avaliação de projectos de engenharia)

2004

Decreto-lei n.º 3/2004, de 3 de Janeiro (Centros Integrados de Recuperação, Valorização e Eliminação de Resíduos Perigosos)

Decreto-lei n.º 43/2004, de 2 de Março (altera o Decreto-Lei n.º 111/2001, de 6 de Abril, sobre gestão de pneus e pneus usados)

Portaria n.º 209/2004, de 3 de Março (Lista Europeia de Resíduos)

---

* Não incluído na presente publicação. Pode ser consultado em *www.almedina.net*.

Índice geral

Nota prévia 7

I. Parte geral

Introdução 13

1. Princípios e normas gerais 17
   1.1. Lei dos resíduos (Decreto-lei n.º 239/97, de 9 de Setembro) 19
   1.2. Autorização prévia (Portaria n.º 961/98, de 10 de Novembro) 33
   1.3. Lista europeia de resíduos (Portaria n.º 209/2004, de 3 de Março) ... 43

2. Direito institucional 83
   2.1. MCOTA (Decreto-lei n.º 97/2003, de 7 de Maio) 85
   2.2 INR (Decreto-lei n.º 236/97, de 3 de Setembro) 119
   2.3. IRAR (Decreto-lei n.º 362/98, de 18 de Novembro) 141

3. Direito Europeu 159
   3.1. Directiva-quadro dos resíduos (Directiva 75/442, de 15 de Julho, do Conselho) 161
   3.2. Directiva sobre resíduos perigosos (Directiva 91/689, de 12 de Dezembro, do Conselho) 173

II. Parte especial

Introdução 187

1. Operações de Gestão 193
   1.1. Transporte 195
      1.1.1. Transporte em território nacional (Portaria n.º 335/97, de 16 de Maio) 197
      1.1.2. Transporte na União Europeia (Regulamento 259/93, de 1 de Fevereiro, do Conselho) 201
      1.1.3. Transporte entre Portugal e a União Europeia (Decreto-lei n.º 296/95, de 17 de Novembro) 303
      1.1.4. Transporte internacional de resíduos perigosos (Decreto n.º 37/93, de 20 de Outubro) 311

1.2. Eliminação 363
    1.2.1. Aterro 365
        1.2.1.1. Deposição de resíduos em aterro (Decreto-lei
        n.º 152/2002, de 23 de Maio)................................ 367
        1.2.1.2. Deposição de resíduos industriais banais em aterro
        (Decreto-lei n.º 321/99, de 11 de Agosto) 415
        1.2.1.3. Deposição de resíduos da indústria extractiva em
        aterro (Decreto-lei n.º 544/99, de 13 de Dezembro).. 443
    1.2.2. Incineração 457
        1.2.2.1. Incineração de resíduos perigosos (Decreto-lei
        n.º 273/98, de 2 de Setembro) 459
1.3. Gestão integrada 483
    1.3.1. Centros integrados de recuperação, valorização e eliminação
    de resíduos perigosos (Decreto-lei n.º 3/2004, de 3 de Janeiro).. 485
2. Gestão de resíduos especiais 537
2.1. Resíduos especiais quanto à origem 539
    2.1.1. Resíduos sólidos urbanos (RSU) 541
        2.1.1.1. Acesso da iniciativa privada à gestão de RSU (siste
        mas municipais – SM – e multimunicipais – SMM)
        (Lei n.º 88-A/97, de 25 de Julho) 543
        2.1.1.2. Concessão de SM e SMM de RSU (Decreto-lei
        n.º 294/94, de 16 de Novembro) 547
        2.1.1.3. Gestão de SM e SMM de RSU (Decreto-lei n.º 379/93,
        de 5 de Novembro)... 567
        2.1.1.4. Avaliação de projectos de engenharia (Portaria
        n.º 1187/2003, de 9 de Outubro) 581
        2.1.1.5. Mapas de registo de RSU (Portaria n.º 768/88, de 30
        de Novembro).. 585
        2.1.1.6. Regulamento Municipal de RSU (Maia) 589
    2.1.2. Resíduos industriais 623
        2.1.2.1. Mapas de registo de resíduos industriais (Portaria
        n.º 792/98, de 22 de Setembro) 625
    2.1.3. Resíduos hospitalares 633
        2.1.3.1. Autorização de gestão de resíduos hospitalares (Por-
        taria n.º 174/97, de 10 de Março)............................ 635
        2.1.3.2. Classes de resíduos hospitalares (Despacho n.º 242/96,
        de 5 de Julho) 643
        2.1.3.3. Mapas de registo de resíduos hospitalares (Portaria
        n.º 178/97, de 11 de Março) 649
    2.1.4. Resíduos gerados em navios 655
        2.1.4.1. Recepção de resíduos gerados em navios (Decreto-
        -Lei n.º 165/2003, de 24 de Julho) 657
2.2. Resíduos para armazenagem 669
    2.2.1. Depósitos de sucata (Decreto-Lei n.º 268/98, de 28 de Agosto) . 671

2.3. Resíduos para valorização 685
2.3.1. Utilização agrícola 687
2.3.1.1. Utilização agrícola de lamas de depuração (Decreto-lei n.º 446/91, de 22 de Novembro) 689
2.3.1.2. Valores-limite de metais pesados (Portaria n.º 176/96, de 3 de Outubro) 697
2.3.2. Alimentação animal 701
2.3.2.1. Alimentação animal (Decreto-lei n.º 161/2003, de 22 de Julho) 703
2.3.2.2. Controlo da alimentação animal (Decreto-lei n.º 245/99, de 28 de Junho) 739
2.3.3. Produção de energia 763
2.3.3. Resíduos para produção de energia (Decreto-lei n.º 189/88, de 27 de Maio) 765
2.3.3. Sistema eléctrico independente (Decreto-lei n.º 312/2001, de 10 de Dezembro) 785
2.4. Resíduos para eliminação 809
2.4.1. Amianto 811
2.4.1.1. Limita a utilização e comercialização do amianto (Decreto-lei n.º 28/87, de 14 de Janeiro) 813
2.4.2. Dióxido de titânio 823
2.4.2.1. Licenciamento da gestão resíduos de dióxido de titânio (Portaria n.º 1147/94, de 26 de Dezembro) ... 825
2.4.3. PCB e PCT 843
2.4.3.1. Eliminação de policlorobifenilos (Decreto-Lei n.º 277/99, de 23 de Julho) 845
2.4.4. Resíduos radioactivos 857
2.4.4.1. Transporte de resíduos radioactivos (Decreto-lei n.º 138/96, de 14 de Agosto) 859
2.5. Resíduos em gestão integrada 883
2.5.1. Óleos 885
2.5.1.1. Gestão de óleos usados (Decreto-lei n.º 153/2003, de 11 de Julho) 887
2.5.1.2. Licenciamento da gestão de óleos usados (Portaria n.º 240/92, de 25 de Março) 907
2.5.1.3. Transporte de óleos usados (Portaria n.º 1028/92, de 5 de Novembro) 909
2.5.2. Embalagens 911
2.5.2.1. Gestão de embalagens e resíduos de embalagem (Decreto-lei n.º 366-A/97, de 20 de Dezembro) 913
2.5.2.2. Sistema integrado e de consignação (Portaria n.º 29-B/98, de 15 de Janeiro) 925
2.5.2.3. Composição das embalagens (Decreto-lei n.º 407/98, de 21 de Dezembro) 935

2.5.3. Pneus 939
    2.5.3.1. Gestão de pneus e pneus usados (Decreto-lei n.º 111/2001, de 6 de Abril) 941
2.5.4. Pilhas e acumuladores 953
    2.5.4.1. Gestão de pilhas e acumuladores (Decreto-lei n.º 62/2001, de 19 de Fevereiro) 955
    2.5.4.2. Licenciamento da gestão de pilhas e acumuladores (Portaria n.º 571/2001, de 6 de Junho) 965
2.5.5. Equipamentos eléctricos e electrónicos 967
    2.5.5.1. Resíduos de equipamentos eléctricos e electrónicos (Decreto-lei n.º 20/2002, de 30 de Janeiro) 969
2.5.6. Veículos em fim de vida 983
    2.5.6.1. Gestão de veículos em fim de vida (Decreto-lei n.º 196/2003, de 23 de Agosto) 985
    2.5.6.2. Incentivo fiscal à destruição de veículos em fim de vida (Decreto-lei n.º 292-A/2000, de 15 de Novembro) 1015
    2.5.6.3. Certificados de destruição qualificada (Decreto-lei n.º 292-B/2000, de 15 de Novembro) 1019

Índices 1029
Ideográfico 1031
Cronológico 1033
Índice geral da obra 1037